WBC 성경주석

에스라 · 느헤미야

솔로몬

WORD BIBLICAL COMMENTARY

Volume 16

Ezra, Nehemiah

H.G.M. WILLIAMSON

WORD BOOKS, PUBLISHER · WACO, TEXAS

목 차

편집자 서문

본 성경 주석 전집(WBC; Word Biblical Commentary)이 세상에 나오기까지는 수 년 간의 기획 과정이 필요했다. 1977년에 본 전집의 편집위원회 위원들은 발행인들과 회합한 자리에서 몇 가지 뚜렷한 특징을 지닌 새로운 성경 주석의 발간 가능성을 면밀하게 검토했다. 그러한 특징이 무엇인지는 독자들이 이 주석서들을 진지한 자세로 읽어 내려가는 과정에서 금방 알게 될 것이다. 하지만 본 성경 주석이 당초에 목표로 삼은 것이 과연 얼마나 완벽하게 성취되었는지는 오로지 시간만이 말해 줄 수 있을 것이다.

우선, 우리는 우리와 뜻을 같이하면서 세계 도처의 대학교, 신학교 등에서 가르침의 사역에 종사하고 있는 학자들을 되도록 폭 넓게 선발하여 본 성경 주석의 기고자로 삼기 위해 많은 노력을 기울여 왔다. 매우 다양한 교단적 배경을 지닌 본서 기고자들의 폭 넓은 시야는 가히 "복음주의적" – 성경을 하나님의 계시로 받아들이고 기독교 복음의 진리와 능력을 자신의 생명처럼 여긴다는 적극적이고 역사적인 의미에서 – 이라 불려지는 것이 마땅하다.

다음으로, 본 전집에 포함된 주석서들은 처음부터 『WBC 성경주석』의 일환으로 쓰여진 책들이다. 오늘날 성경 주석 분야에서 상당한 호평을 받고 있는 몇몇 전집들이 영어 이외의 언어로 쓰여진 저작들을 영어로 번역한 것에 비하여, 본 성경 주석은 오로지 처음부터 영어로 쓰여진 책들만이 포함되어 있다. 또한 본 전집의 주석가들은 성경 원문을 각자 나름대로 영어로 번역한 다음, 그 번역된 성경 본문을 자신들의 주해와 주석의 바탕으로 삼는 것을 원칙으로 삼았다. 나아가서 본 전집의 대표적인 특징으로는, 그 내용이 어디까지나 성경적인 언어를 바탕으로 하면서도 각계 각층의 독자들 – 공부하는 학생들, 현재 목회 사역에 종사하고 있는 교역자들 그리고 이 분야를 전공하는 학자들이나 교수들 – 이 성경에 대한 신학적 이해를 학문적이면서도 실제적으로 쌓아 나갈 수 있고, 또 그들에게 현실적인 도움이 될 수 있도록 구성되어 있다는 점을 들 수 있다.

마지막으로, 본 성경 주석의 구성 양식에 관하여 몇 마디 말을 덧붙이고자 한다. 우리는 여러 계층의 – 그리고 상이한 수준의 – 독자들을 의식하여 확실하게 구분되는 몇 개의 단락으로 나누어 책의 내용을 구성했다. 예를 들어, 번역된 성경 본문의 바탕을 이루는 히브리어와 헬라어 원문에 관하여 좀더 깊이 있게 공부하려는 독자들은 본 성경 본문의 "원문주해"를 살펴보고, 현대 신학자들이 어떠한 해석을 내리고 있는지에 관심이 있다면 "참고문헌" 및 "양식/구조/배경"을 참조하면 될 것이다. 또한 어떤 성경 본문의 의미 및 그 본문에 포함된 성경적 계시를 좀더 폭 넓은 관점에서 이해하려면 "주석"과 "해설"을 보면 된다. 그러므로 본 성경 주석을 펼쳐 든 사람이라면 누구나 자신에게 유익한 자료들을 얻을 수 있으리라 믿어 의심치 않는다.

이상과 같은 우리의 목표가 상당히 만족스러운 수준까지 달성될 때, 우리 편집자들이 당초에 의도했던 것들이 구체적으로 실현됨과 아울러 본 전집의 기고자들이 흘린 땀방울도 충분한 보상을 받을 수 있게 될 것이다.

책임 편집자 : 데이비드 허바드(David A. Hubbard)
글렌 바커(Glenn Barker)
구약 편집자 : 존 와츠(John D. W. Watts)
신약 편집자 : 랠프 마틴(Ralph P. Martin)

저자 서문

몇 년 동안 역대기를 연구한 후 나는 *Word Biblical Commentary*의 편집자로부터 여지껏 내가 에스라·느헤미야서에 기울였던 것보다 더 많은 관심을 기울일 수 있는 기회를 가질 수 있는 부탁을 받고서 당연히 너무나 기뻤다. 나는 에스라·느헤미야서가 역대기로부터 분리되어 있다고 확신하고 있긴 하지만, 그럼에도 불구하고 이 두 권의 성경도 같은 공동체로부터 나온 산물이었고, 그렇기 때문에 역대기와 에스라·느헤미야서 양 부분에 관한 세부적인 지식이 포로기 이후의 성경 역사와 사상을 연구하는 학생에게는 필수적이라고 본다.

사실 지난 3년 반 동안 연구와 저술을 위해서 내가 사용할 수 있는 모든 시간을 이 주석에 다 쏟아 부었음에도 불구하고, 여전히 더 많은 연구가 필요한 영역들이 남아 있음을 느낀다. 독자들은 문학적 역사에 대해서만이 아니라 이 두 권의 성경의 구성 과정 등에 대해서, 그리고 다른 여러 방향들에 대해서도 새로운 분야를 발견하고 개척할 수 있게 되기를 소망해야만 한다. 저자가 그러했듯이 이런 문제들에 대해 특별히 관심을 갖고 있고 이 문제들이 중요하다고 생각하는 사람들은 내가 이런 문제들에 대해 조심스럽게 "양식/구조/배경"에서 관심을 기울였음을 발견하게 될 것이다.

이 두 권의 성경과 관련된 이차적 문헌들에 대해서도 내가 할 수 있는 한 설명을 다하고자 노력하긴 했지만, 어쩔 수 없이 요 근래의 몇몇 중요한 공헌과 기여들에 대해서 간과할 수밖에 없었는데 이 점에 대해서는 유감스럽게 생각한다. 특별히 나는 내가 검토할 수 없었던 금세기 초반에 나온 독일의 두세 개의 논문들에 대해 알고 있다. 더군다나 1983년 이후에 나온 연구들에 관해서도 언급할 수가 없었다. 하지만 여기에서 D. J. A. Clines, *Ezra, Nehemiah, Esther*(NCBC; Grand Rapids: Eerdmans/London: Marshall, Morgan & Scott, 1984; by courtesy of Mr. Clines, however, I was able to make use of his typescript on Ezra), W. D. Davies가 편집한 *The Cambridge History of Judaism* 중 첫 번째 책 그리고 L. Finkelstein(Cambridge: Cambridge University Press, 1984) 등에 대해서는 언급해야만 할 것 같다. 후자의 경우엔 지금 이 주석처럼 동일한 역사적 시기에 관한 내용을 담고 있으며,

자연스럽게 앞으로의 모든 연구에도 필수불가결한 자료가 될 것이다.

나는 참으로 많은 친구들과 동료들로부터 다양한 방식으로 도움과 후원을 받았다. 특히 에머튼(J. A. Emerton) 교수와 스나이스(J. G. Snaith) 씨에게 감사를 표하고 싶다. 이분들은 내가 없는 동안 두 차례나 감수를 해주며 부가적인 가르침을 주셨다. 나는 Carta Publishing House에서도 그 곳에서 나온 *Macmillan Bible Atlas* (p. 109)에서 지도 no. 171을 사용할 수 있게끔 허락해 주신 데 대하여 감사드린다. 또한 특별히 주디스 해켓(Judith Hackett) 여사에게도 최종 원고를 놀랄 만큼 신속하고 효과적으로 준비해 주신 것에 대해 감사드린다.

나의 이전 선생님이자 현재의 동료인 에머튼(J. A. Emerton) 교수께 이 책을 헌정하는 것도 내겐 참으로 기쁜 일이다. 그분이 십 년 넘게 후원해 주시고 격려해 주신 일들은 말로 다 표현할 수 없이 귀한 것이었다. 나는 내가 이 주석에서 채택했던 모든 입장들에 대해 그분이 전부 동의하시는 것처럼 가장할 수는 없다. 하지만 나는 그분이 이 주석 안에서 본문의 증거에 대한 신실함, 다른 사람들의 관점에 대한 공정하고 용기 있는 관심 그리고 그분이 항상 가르쳐 주고 본을 보여 주셨던 명쾌한 표현을 발견하실 수 있었으면 좋겠다고 소망한다.

H. G. M. 윌리암슨
케임브리지
1984년 3월

약어표

단행본, 정기 간행물 및 연속 간행물

AASOR	*Annual of the American Schools of Oriental Research*
AD	Driver, *Aramaic Documents*
AHW	W. von Soden, *Akkadisches Handwörterbuch*
AJBA	*Australian Journal of Biblical Archaeology*
AJSL	*American Journal of Semitic Languages and Literature*
AnBib	Analecta biblica
ANET	*Ancient Near Eastern Texts,* ed. J. B. Pritchard(3rd ed.; Princeton: University Press, 1969)
AnOr	Analecta orientalia
AOAT	Alter Orient und Altes Testament
AOS	American Oriental Series
APEF	*Annual of the Palestine Exploration Fund*
AramP	Cowley, *Aramaic Papyri*
ArOr	*Archiv orientální*
ASTI	*Annual of the Swedish Theological Institute*
ATANT	Abhandlung zur Theologie des Alten und Neuen Testaments
ATD	Das Alte Testament Deutsch
AusBR	*Australian Biblical Review*
AUSS	*Andrews University Seminary Studies*
BA	*Biblical Archaeologist*
BASOR	*Bulletin of the American Schools of Oriental Research*
BDB	F. Brown, S. R. Driver, and C. A. Briggs, *Hebrew and English Lexicon of the Old Testament*(Oxford: Clarendon Press, 1907)
BeO	*Bibbia e oriente*
BET	Beiträge zur biblischen Exegese und Theologie
BEvT	Beiträge zur evangelischen Theologie
BHS	*Biblia hebraica stuttgartensia*
Bib	*Biblica*
BibS	Biblische Studien
BL	H. Bauer and P. Leander, *Grammatik des Biblisch-Aramäischen*(Halle: Max Niemeyer, 1927)
BMAP	E. G. Kraeling, *The Brooklyn Museum Aramaic Papyri*(New Haven:

	Yale University Press, 1953)
BMik	*Beth Mikra*
BO	*Bibliotheca orientalis*
BSac	*Bibliotheca sacra*
BTB	*Biblical Theology Bulletin*
BWANT	Beiträge zur Wissenschaft vom Alten und Neuen Testament
BZ	*Biblische Zeitschrift*
BZAW	Beihefte zur *ZAW*
CAD	*The Assyrian Dictionary of the Oriental Institute of the University of Chicago*
CAH	*Cambridge Ancient History*
CAT	Commentaire de l'Ancien Testament
CB	Century Bible
CBQ	*Catholic Biblical Quarterly*
CRAIBL	*Comptes rendus de l'Académie des inscriptions et belles-lettres*
CV	*Communio Viatorum*
DBSup	*Dictionnaire de la Bible, Supplément*
EI	*Eretz-Israel*
EncJud	*Encyclopaedia Judaica*(1971)
EstBib	*Estudios bíblicos*
EvQ	*Evangelical Quarterly*
ExpTim	*Expository Times*
FRLANT	Forschungen zur Religion und Literatur des Alten und Neuen Testaments
GKC	*Gesenius' Hebrew Grammar*, ed. E. Kautzsch, tr. A. E. Cowley(2nd ed.; Oxford: Clarendon Press, 1910)
GTT	*Gereformeerd Theologisch Tijdschrift*
HAT	Handbuch zum Alten Testament
Hist. Eccl.	Eusebius, *Historia Ecclesiastica*
HKAT	Handkommentar zum Alten Testament
HSAT	Die heilige Schrift des Alten Testaments
HSM	Harvard Semitic Monographs
HTR	*Harvard Theological Review*
HUCA	*Hebrew Union College Annual*
IB	*Interpreter's Bible*
ICC	International Critical Commentary
IDB	G. A. Buttrick(ed.), *Interpreter's Dictionary of the Bible*

IDBSup	Supplementary volume to *IDB*
IEJ	*Israel Exploration Journal*
ISBE	G. W. Bromiley(ed.), *The International Standard Bible Encyclopedia* (rev. ed.; Grand Rapids: Eerdmans, 1982)
JAOS	*Journal of the American Oriental Society*
JBL	*Journal of Biblical Literature*
JBLMS	*JBL* monograph series
JNES	*Journal of Near Eastern Studies*
JNSL	*Journal of North-West Semitic Languages*
JPOS	*Journal of the Palestine Oriental Society*
JQR	*Jewish Quarterly Review*
JSJ	*Journal for the Study of Judaism in the Persian, Hellenistic and Roman Period*
JSOR	*Journal of the Society for Oriental Research*
JSOT	*Journal for the Study of the Old Testament*
JSS	*Journal of Semitic Studies*
JTS	*Journal of Thyeological Studies*
KHAT	Kurzer Hand-Kommentar zum Alten Testament
KS	A. Alt, *Kleine Schriften*(3 vols.; Munich: Beck, 1953-59)
NCB	New Century Bible Commentary
NICOT	New International Commentary on the Old Testament
OBO	Orbis Biblicus et Orientalis
OLZ	*Orientalische Literaturzeitung*
OTS	*Oudtestamentische Studiën*
PEQ	*Palestine Exploration Quarterly*
PJ	*Palästina-Jahrbuch*
PTR	*Princeton Theological Review*
RB	*Revue biblique*
RVV	Religionsgeschichtliche Versuche und Vorarbeiten
SBB	Stuttgarter biblische Monographien
SBLDS	SBL Dissertation Series
SBLSBS	SBL Sources for Biblical Study
SBT	Studies in Biblical Theology
SJLA	Studies in Judaism in Late Antiquity
SNTSMS	Society for New Testament Studies Monograph Series
SSI	J. C. L. Gibson, *Syrian Semitic Inscriptions*(3 vols.; Oxford: Clarendon Press, 1971-82)

ST	*Studia theologica*
SUNT	Studien zur Umwelt des Neuen Testaments
SUNVAO	Skrifter utgitt av Det Norske Videnskaps-Akademi i Oslo
TDOT	G. J. Botterweck and H. Ringgren(ed.), *Theologicl Dictionary of the Old Testament*(tr. J. T. Willis *et al.;* Grand Rapids: Eerdmans, 1977-)
TGUOS	*Transactions of the Glasgow University Oriental Society*
THAT	*Theologisches Handwörterbuch zum Alten Testament*, ed. E. Jenni and C. Westermann(2 vols.; Zurich/Munich: Chr. Kaiser-Verlag, Theologischer Verlag, 1971-6)
TOTC	Tyndale Old Testament Commentaries
TWAT	G. Botterweck and H. Ringgren(eds.), *Theologisches Wörterbuch zum Alten Testament*(Stuttgart: Kohlhammer, 1970-)
TynB	*Tyndale Bulletin*
TZ	*Theologische Zeitschrift*
UF	*Ugaritische Forschungen*
VT	*Vetus Testamentum*
VTSup	VT Supplements
WMANT	Wissenschaftliche Monographien zum Alten und Neuen Testament
WO	*Die Welt des Orients*
WUNT	Wissenschaftliche Untersuchungen zum Neuen Testament
ZA	*Zeitschrift für Assyriologie*
ZAW	*Zeitschrift für die alttestamentliche Wissenschaft*
ZDPV	*Zeitschrift des deutschen Palästina-Vereins*
ZNW	*Zeitschrift für die neutestamentliche Wissenschaft*

사본, 역본 및 고대의 작품들

A	The Alexandrian Codex of the LXX
B	The Vatican Codex of the LXX
B. Bat.	*Baba Batra*
G	Greek
K	Kethibh
L	The Lucianic recension of the LXX
LXX	The Septuagint
MT	Masoretic Text
Q	Qere

Syr.(Pesh.)	The Syriac(Peshiṭta)
Vg	The Vulgate
Vrs	Ancient versions

현대의 번역 성경들

AB	Anchor Bible
AV	Authorized Version
JB	Jerusalem Bible
KJV	King James Version
NAB	New American Bible
NEB	New English Bible
NIV	New International Version
RSV	Revised Standard Version
RV	Revised Version
TEV	Today's English Version

The commentary is based on the printed Hebrew text of the *Biblia Hebraica Stuttgartensia*(Stuttgart: Deutsche Bibelstiftung, 1967-77). Chapter and verse enumeration throughout are those of the Hebrew Bible. Where these differ from the standard English versions, references to the latter have been noted in parentheses or brackets following. When not the author's own, the English translations are drawn from a variety of versions, depending on what makes most clear the topic under discussion. As often as not, this will be found to be the Revised Version of 1884, when not otherwise identified. The LXX text cited is that of A. Rahlfs, *Septuaginta*(Stuttgart: Württembergische Bibelanstalt, 1935) and (for 1 Esdras) R. Hanhart, *Esdrae liber I*(Göttingen: Vandenhoeck & Ruprecht, 1976).

성경과 외경

구약

Gen	Genesis	Josh	Joshua
Exod	Exodus	Judg	Judges
Lev	Leviticus	Ruth	Ruth
Num	Numbers	1 Sam	1 Samuel
Deut	Deuteronomy	2 Sam	2 Samuel

1 Kgs	1 Kings
2 Kgs	2 Kings
1 Chr	1 Chronicles
2 Chr	2 Chronicles
Ezra	Ezra
Neh	Nehemiah
Esth	Esther
Job	Job
Ps(s)	Psalm(s)
Prov	Proverbs
Eccl	Ecclesiastes
Cant	Song of Solomon
Isa	Isaiah
Jer	Jeremiah
Lam	Lamentations
Ezek	Ezekiel
Dan	Daniel
Hos	Hosea
Joel	Joel
Amos	Amos
Obad	Obadiah
Jonah	Jonah
Mic	Micah
Nah	Nahum
Hab	Habakkuk
Zeph	Zephaniah
Hag	Haggai
Zech	Zechariah
Mal	Malachi

신약

Matt	Matthew
Mark	Mark
Luke	Luke
John	John
Acts	Acts
Rom	Romans
1 Cor	1 Corinthians
2 Cor	2 Corinthians
Gal	Galatians
Eph	Ephesians
Phil	Philippians
Col	Colossians
1 Thess	1 Thessalonians
2 Thess	2 Thessalonians
1 Tim	1 Timothy
2 Tim	2 Timothy
Titus	Titus
Phlm	Philemon
Heb	Hebrews
Jas	James
1 Pet	1 Peter
2 Pet	2 Peter
1 John	1 John
2 John	2 John
3 John	3 John
Jude	Jude
Rev	Revelation

외경

Add Esth	Additions to Esther
Bar	Baruch
Bel	Bel and the Dragon
1 Esdr	1 Esdras

2 Esdr	2 Esdras	4 Macc	4 Maccabees
4 Ezra	4 Ezra	Pr Azar	Prayer of Azariah
Jdt	Judith	Pr Man	Prayer of Manasseh
Ep Jer	Epistle of Jeremy	Sir	Sirach
1 Macc	1 Maccabees	Sus	Susanna
2 Macc	2 Maccabees	Tob	Tobit
3 Macc	3 Maccabees	Wis	Wisdom of Solomon

기타

abs	absolute	homoiotel	homoioteleuton
act	active	hoph	hophal verb stem
accus	accusative	impers	impersonal
adj	adjective	impf	imperfect
Akk.	Akkadian	impv	imperative
Arab.	Arabic	indic	indicative
Aram.	Aramaic	indir	indirect
art	article	inf	infinitive
conj	conjunction	Iran.	Iranian
const	construct, construct state	juss	jussive
corr	corrupt, corruption	lit.	literally
def	definite	mg	margin
den	denominative	MS(S)	manuscript(s)
det	determinate, determinative	N.F.	neue Folge
dir	direct	niph	niphal verb stem
dittogr	dittograph, dittography	NM	Nehemiah Memoir
EM	Ezra Memoir	nomin	nominative
Eng.	English	ns	new series
Ev(v)	English verse(verses)	NT	New Testament
fem	feminine	O.A.	Old Aramaic
gen	genitive	O.P.	Old Persian
gl	gloss	obj	object, objective
Gr.	Greek	OT	Old Testament
h.l.	*hapax legomenon*	P	Priestly Source
haplogr	haplography	pass	passive
Heb.	Hebrew	pers	person
hiph	hiphil verb stem	pf	perfect

prep	preposition	subj	subject
pres	present	suff	suffix
ptcp	participle	v(v)	verse(s)
sc.	*scilicet*(namely)	*	the original hand in a MS or word cited
sg	singular		
st	state		

일반 참고문헌

주석류

Ackroyd, P. R. *I & II Chronicles, Ezra, Nehemiah.* Torch Bible. London: SCM Press, 1973. **Batten, L. W.** *A Critical and Exegetical Commentary on the Books of Ezra and Nehemiah.* ICC. Edinburgh: T. & T. Clark, 1913. **Bertheau, E.** *Die Bücher Esra, Nehemia und Ester.* Kurzgefasster exegetisches Handbuch zum Alten Testament. Leipzig: Hirzel, 1862. **Bertholet, A.** *Die Bücher Esra und Nehemia.* KHAT. Tübingen: Mohr, 1902. **Bewer, J. A.** *Der Text des Buches Ezra.* Göttingen: Vandenhoeck & Ruprecht, 1922. **Bowman, R. A.** "Introduction and Exegesis to the Book of Ezra and the Book of Nehemiah." *IB* III, 551-819. **Brockington, L. H.** *Ezra, Nehemiah and Esther.* NCB. London: Nelson, 1969. **Browne, L. E.** "Ezra and Nehemiah." *Peake's Commentary of the Bible,* ed. M. Black and H. H. Rowley. London: Nelson, 1962, 370-80. **Clines, D. J. A.** *Ezra, Nehemiah and Esther.* NCB. Grand Rapids: Wm. B. Eerdmans, 1984. **Coggins, R. J.** *The Books of Ezra and Nehemiah.* The Cambridge Bible Commentary. Cambridge: Cambridge University Press, 1976. **Fensham, F. C.** *The Books of Ezra and Nehemiah.* NICOT. Grand Rapids: Eerdmans, 1982. **Galling, K.** *Die Bücher der Chronik, Esra, Nehemia.* ATD. Göttingen: Vandenhoeck & Ruprecht, 1954. **Gelin, A.** *Le livre de Esdras et Néhémie. La Sainte Bible.* Paris: Les Éditions du Cerf, 1953. **Gotthard, H.** *Der Text des Buches Nehemia.* 2nd ed. Wiesbaden: Otto Harrassowitz, 1958. **Hölscher, G.** "Die Bücher Esra und Nehemia." *Die heilige Schrift des Alten Testaments,* ed. E. Kautzsch and A. Bertholet. 4th ed. Tübingen: Mohr, 1923. **Keil, C. F.** *The Books of Ezra, Nehemiah, and Esther.* TR S. Taylor. Edinburgh: T. & T. Clark, 1873. **Kidner, F. D.** *Ezra and Nehemiah.* TOTC. Leicester: IVP, 1979. **Michaeli, F.** *Les livres des Chroniques, d'Esdras et de Néhémie.* CAT 16. Neuchâtel: Delachaux & Niestlé, 1967. **Myers, J. M.** *Ezra. Nehemiah.* ab. Garden City: Doubleday, 1965. **Noordtzij, A.** *Ezra-Nehemia.* Kampen: Kok, 1951. **North, R.** "The Chronicler: 1-2 Chronicles, Ezra, Nehemiah." *The Jerome Biblical Commentary,* ed. R. E. Browne et al. London, Dublin,

Melbourne: Chapman, 1968, 402-38. **Rudolph, W.** *Esra und Nehemia.* HAT 20. Tübingen: Mohr, 1949. **Ryle, H. E.** *The Books of Ezra and Nehemiah.* The Cambridge Bible for Schools and Colleges. Cambridge: Cambridge University Press, 1897. **Schneider, H.** *Die Bücher Esra und Nehemia.* HSAT IV/2. Bonn: Peter Hanstein, 1959. **Siegfried, D. C.** *Esra, Nehemia und Esther.* HKAT. Göttingen: Vandenhoeck & Ruprecht, 1901. **Witton Davies, T.** *Ezra, Nehemiah and Esther.* CB London: Caxton, 1909.

일반 서적

Ackroyd, P. R. *The Age of the Chronicler.* Auckland: Colloquium, 1970. ______. "God and People in the Chronicler's Presentation of Ezra." *La Notion biblique de Dieu,* ed. J. Coppens. Leuven: University Press, 1976, 145-62. **Ahlemann, F.** "Zur Esra-Quelle." *ZAW* 59(1942-43) 77-98. **Bayer, E.** *Das dritte Buch Esdras.* BibS. Freiburg im Breisgau: Herdersche Verlagshandlung, 1911. **Boyce, M.** *A History of Zoroastrianism,* vol. 2. Leiden: E. J. Brill, 1982. **Braun, R. L.** "Chronicles, Ezra, and Nehemiah: Theology and Literary History." VTSup 30(1979) 52-64. **Bright, J.** *A History of Israel.* 3rd ed. London: SCM Press, 1981. **Cazelles, H.** "La Mission'd Esdras." *VT* 4(1954) 113-40. **Childs, B. S.** *Introduction to the Old Testament as Scripture.* London: SCM Press, 1979. **Cook, J. M.** *The Persian Empire.* London, Melbourne and Toronto: Dent, 1983. **Cowley, A.** *Aramaic Papyri of the Fifth Century B.C.* Oxford: Clarendon Press, 1923. **Cross, F. M.** "A Reconstruction of the Judean Restoration." *JBL* 94(1975) 4-18. **Driver, G. R.** *Aramaic Documents of the Fifth Century B.C.* Oxford: Clarendon Press, 1957. **Driver, S. R.** *A Treatise on the Use of the Tenses in Hebrew.* 3rd ed. Oxford: Clarendon Press, 1892. **Ehrlich, A. B.** *Randglossen zur hebräischen Bibel,* VII. Leipzig: J. C. Hinrichs'sche Buchhandlung, 1914. **Ellenbogen, M.** *Foreign Words in the Old Testament.* London: Luzac, 1962. **Ellison, H. L.** *From Babylon to Bethlehem.* Exeter: Paternoster, 1976. ______. "The Importance of Ezra." *EvQ* 53(1981) 48-53. **Emerton, J. A.** "Did Ezra go to Jerusalem in 428 B.C.?" *JTS* ns 17(1966) 1-19. **Fischer, J.** *Die chronologische Fragen in den Büchern Esra-Nehemia.* BibS. Freiburg im Breisgau: Herdersche Verlagshandlung, 1903. **Frye, R. N.** *The Heritage of Persia.* London: Weidenfeld and Nicolson, 1962. **Gal-**

ling, K. *Studien zur Geschichte Israels im persischen Zeitalter.* Tübingen: Mohr, 1964. **Gunneweg, A. H. J.** "Zur Interpretation der Bücher Esra-Nehemia." VTSup 32(1981) 146-61. ______. "Die aramäische und die hebräische Erzuählung tiber die nachexilische Restauration – ein Vergleich." *ZAW* 94(1982) 299-302. **Hensley, L. V.** *The Official Persian Documents in the Book of Ezra.* University of Liverpool: unpublished dissertation, 1977. **Houtman, C.** "Ezra and the Law." *OTS* 21(1981) 91-115. **In der Smitten, W. Th.** *Esra: Quellen, Überlieferung und Geschichte.* Studia Semitica Neerlandica 15. Assen: Van Gorcum, 1973. ______. "Die Gründe für die Aufnahme der Nehemiaschrift in das chronistische Geschichtswerk." *BZ* N.F. 16(1972) 207-21. **Japhet, S.** "The Supposed Common Authorship of Chronicles and Ezra-Nehemiah Investigated Anew." *VT* 18(1968) 330-71. ______. "Sheshbazzar and Zerubbabel." *ZAW* 94(1982) 66-98 and 95(1983) 218-29. **Joüon, P.** *Grammaire de l'Hébreu Biblique.* Rome: Pontifical Biblical Institute, 1923. ______. "Notes philologiques sur le texte hébreu d'Esdras et de Néhémie." *Biblica* 12(1931) 85-89 **Kapelrud, A. S.** *The Question of Authorship in the Ezra-Narrative: a Lexical Investigation.* SUNVAO. Oslo: Dywbad, 1944. **Kaufmann, Y.** *History of the Religion of Israel. Volume IV: From the Babylonian Captivity to the End of Prophecy.* Tr. C. W. Efroymson. New York: KTAV, 1977. **Kellermann, U.** *Nehemia: Quellen, Überlieferung und Geschichte.* BZAW 102. Berlin: Töpelmann, 1967. ______. "Erwägungen zum Problem der Esradatierung." *ZAW* 80(1968) 55-87. ______. "Erwägungen zum Esragesetz." *ZAW* 80(1968) 373-85. **Kent, R. G.** *Old Persian: Grammar; Texts; Lexicon.* 2nd ed. AOS 33. New Haven: American Oriental Society, 1953. **Klein, R. W.** "Ezra and Nehemiah in Recent Studies." In *The Mighty Acts of God: In Memoriam G. Ernest Wright,* ed. F. M. Cross, W. E. Lemke and P. D. Miller. Garden City: Doubleday, 1976, 361-76. **Koch, K.** "Ezra and the Origins of Judaism." *JSS* 19(1974) 173-97. **König, E.** *Historisch-kritisches Lehrgebäude der Hebräischen Sprache: zweite Hälfte, 2. Theil: Syntax.* Leipzig: J. C. Hinrichs'sche Buchhandlung, 1897. **Kutscher, E. Y.** *Hebrew and Aramaic Studies.* Jerusalem: Magnes Press, 1977. **Lefèvre, A.** "Néhémie et Esdras." *DBSup* 6, 393-424. **Mendels, D.** "Hecataeus of Abdera and a Jewish 'patrios politeia' of the Persian Period(Diodorus Siculus XL, 3)." *ZAW* 95(1983) 96-110. **Meyer, E.** *Die Entstehung des Judenthums.* Halle: Max Niemeyer, 1896. **Mosis, R.** *Untersuchungen zur Theologie des chronistischen Geschichtswerkes.* Freiburger theologische

Studien 92. Freiburg: Herder, 1973. **Mowinckel, S.** "Die vorderasiatischen Königs- und Fürsteninschriften." *Eucharisterion. H. Gunkel zum 60. Geburtstage.* FRLANT 36. Göttingen: Vandenhoeck & Ruprecht, 1923, 278-322. ______. "'Ich' und 'Er' in der Ezrageschichte." In *Verbannung und Heimkehr: Beiträge zur Geschichte und Theologie Israels im 6. und 5. Jahrhundert v. Chr,* ed. A. Kuschke. Tübingen, Mohr, 1961, 211-33. ______. *Studien zu dem Buche Ezra-Nehemia I: Die nachchronistische Redaktion des Buches. Die Listen.* SUNVAO. Oslo: Universitetsforlaget, 1964. ______. *Studien zu dem Buche Ezra-Nehemia II: Die Nehemia-Denkschrift.* SUNVAO. Oslo: Universitetsforlaget, 1964. ______. *Studien zu dem Buche Ezra-Nehemia III: Die Ezrageschichte und das Gesetz Moses.* SUNVAO. Oslo: Universitetsforlaget, 1965. **Nikel, J.** *Die Wiederherstellung des jüdischen Gemeinwesens nach dem babylonischen Exil.* BibS V/2 and 3. Freiburg im Breisgau: Herder, 1900. **North, R.** "Civil Authority in Ezra." In *Studi in Onore di Edoardo Volterra,* vol. 6. Milan: Giuffré, 1971, 377-404. **Noth, M.** *Überlieferungsgeschichtliche Studien.* Halle: Max Niemeyer, 1943. **Olmstead, A. T.** *History of the Persian Empire.* Chicago: University Press, 1948. **Pavlovský, V.** "Die Chronologie der Tätigkeit Esdras. Versuch einer neuen Lösung." *Bib* 38(1957) 275-305 and 428-56. **Plöger, O.** "Reden und Gebete im deuteronomistischen und chronistischen Geschichtswerk." In *Festschrift für Günther Dehn,* ed. W. Schneemelcher. Neukirchen: Kreis Moers, 1957, 35-49. **Pohlmann, K.-F.** *Studien zum dritten Esra. Ein Beltrag zur Frage nach dem ursprünglichen Schluss des chronistischen Geschichtswerkes.* FRLANT 104. Göttingen: Vandenhoeck & Ruprecht, 1970. **Polzin, R.** *Late Biblical Hebrew. Toward an Historical Typoloy of Biblical Hebrew Prose.* HSM 12. Missoula: Scholars Press, 1976. **Porten, B.** *Archives from Elephantine. The Life of an Ancient Jewish Military, Colony.* Berkeley and Los Angeles: University of California Press, 1968. ______. "The Documents in the Book of Ezra and the Mission of Ezra"(Hebrew). *Shnaton* 3(1978-79) 174-96. **von Rad, G.** *Das Geschichtsbild des chronistischen Werkes.* BWANT 54. Stuttgart: W. Kohlhammer, 1930. ______. "Die Nehemia-Denkschrift." *ZAW* 76(1964) 176-87. **Rosenthal, F.** *A Grammar of Biblical Aramaic.* Porta Linguarum Orientalium ns 5. Wiesbaden: Harrassowitz, 1961. **Rowley, H. H.** "Nehemiah's Mission and Its Background." In *Men of God: Studies in Old Testament History and Prophecy.* London: Nelson, 1963, 211-45. ______. "Sanballat and the Samaritan Temple." In *Men of God,* 246-76. ______.

"The Chronological Order of Ezra and Nehemiah." In *The Servant of the Lord and Other Essays on the Old Testament.* 2nd ed. Oxford: Blackwell, 1965, 137-68. **Schaeder, H. H.** *Esra der Schreiber.* Tübingen: Mohr, 1930. **Scott, W. M. F.** "Nehemiah - Ezra?" *ExpTim* 58(1946-47) 263-67. **Smend, R.** *Die Listen der Bücher Esra und Nehemia.* Basel: Schultze, 1881. **Smith, M.** *Palestinian Parties and Politics that Shaped the Old Testament.* New York and London: Columbia University Press, 1971. **Snaith, N. H.** "The Date of Ezra's Arrival in Jerusalem." *ZAW* 63(1951) 53-66. **von Soden, W.** *Akkadisches Handwörterbuch.* Wiesbaden: Harrassowitz, 1965-81. **Stern, E.** *The Material Culture of the Land of the Bible in the Persian Period 538-332 B.C.*, tr. E. Cindorf. Warminster: Aris & Phillips, and Jerusalem: Israel Exploration Society, 1982. **Talmon, S.** "Ezra and Nehemiah." *IDBSup* 317-28. **Theis, J.** *Geschichtliche und literarkritische Fragen in Esra 1-6.* Münster: Verlag der Aschendorffschen Buchhandlung, 1896. **Torrey, C. C.** *The Composition and Historical Value of Ezra-Nehemiah.* BZAW 2. Giessen: J. Ricker'sche Buchhandlung, 1896. ______. *Ezra Studies.* Chicago: University Press, 1910. **Tuland, C. G.** "Ezra-Nehemiah or Nehemiah-Ezra?" *AUSS* 12(1974) 47-62. **de Vaux, R.** *Ancient Israel. Its Life and Institutions*, tr. J. McHugh. London: Darton, Longman & Todd, 1961. ______. "The Decrees of Cyrus and Darius on the Rebuilding of the Temple." *The Bible and the Ancient Near East*, tr. D. McHugh. London: Darton, Longman & Todd, 1972, 63-96. ______. "Israel(Histoire de)." *DBSup* 4, 729-77. **Vogt, E.** *Lexicon Linguae Aramaicae Veteris Testamenti.* Rome: Pontifical Biblical Institute, 1971. **Vogt, H. C. M.** *Studie zur nachexilische Gemeinde in Esra-Nehemia.* Werl: Dietrich Coelde-Verlag, 1966. **Welch, A. C.** *Post-exilic Judaism.* Edinburgh and London: Blackwood, 1935. **Widengren, G.** "The Persian Period." In *Israelite and Judaean History*, ed. J. H. Hayes and J. M. Miller. London: SCM Press, 1977, 489-538. **Williamson, H. G. M.** *Israel in the Books of Chronicles.* Cambridge: University Press, 1977. ______. *1 and 2 Chronicles.* NCB. Grand Rapids: Eerdmans and London: Marshall, Morgan & Scott, 1982. ______. "The Origins of the Twenty-Four Priestly Courses." VTSup 30(1979) 251-68. ______. "The Composition of Ezra i-vi." *JTS* ns 34(1983) 1-30. ______. "Nehemiah's Wall Revisited." *PEQ* 116(1984) 81-88. **Wright, J. S.** *The Date of Ezra's Coming to Jerusalem*, 2nd ed. London: Tyndale Press, 1958. ______. *The Building of the Second Temple.* London: Tyndale Press, 1958. **Yamauchi, E. M.** "The Reverse Order of Ezra/Nehemiah Reconsidered." *Themelios* 5(1980) 7-13. ______. "The Archaeological Background of Ezra." *BSac* 137(1980) 195-211. ______. "The Archaeological Background of Nehemiah." *BSac* 137(1980) 291-309.

서론

단일성과 범위

모든 종류의 문학적 결과물에 접근함에 있어서 연구되는 그 작품이 과연 완성된 작품인지 아니면 발췌물이나 혹은 여러 글들을 합친 것인지를 아는 것은 중요한 일이다. 이런 선행적인 질문에 어떤 대답이 주어지느냐에 따라서 작품을 해석할 때 자연스럽게 여러 가지를 참작하게 된다.

에스라와 느헤미야서의 경우 이 문제는 쉽게 해결되지 않는다. 많은 학자들은 이 두 권의 성경이 역대기로부터 출발했으며 원래는 훨씬 더 긴 작품을 축소해서 결산한 작품이라고 믿는다. 다른 사람들은 역대기 저자가 헬라어 외경인 에스드라1서에 토대를 두고서 에스라 1-10장과 느헤미야 8장을 결론지었다고 주장한다. 느헤미야에 관한 내러티브는 그저 후대에 첨가된 것이라고만 여겨진다.

우리도 자연스럽게 이런 견해들이 토대를 두고 있는 증거에 대해 관심을 기울이긴 하겠지만, 이것들 중 그 어떤 견해도 그들 편을 지지해 주는 전승을 갖고 있지 못하다는 점은 처음 시작할 때부터 잘 관찰해 둘 만한 일이다. 유대교적인 전승은 매우 분명한 견해를 갖고 있다. 이 두 권의 책은 원래 한 권이었으며, 에스라·느헤미야서는 다른 책들에서 분리되어 있는 책으로 간주되어야 한다는 것이다. 라일(Ryle)은 고대 문헌에서 이 두 권의 책이 한 권이었다는 편에 서 있는 증거에 관해 여섯 가지 입장들을 제시한다. (1) 요세푸스의 성경 목록표가 합당하려면(*Contra Apionem* §40), 그가 에스라와 느헤미야서를 한 권으로 헤아렸다고 추측해야만 한다. (2) 사르디스의 감독(Bishop of Sardis)인 멜리토(Melito)는 이 두 권 전체를 "에스라"로 이야기하는 팔레스타인의 유대인 자료들을 인용한다. 참조. Eusebius *Hist. Eccl.* 4.26.14. (3) 탈무드는 느헤미야의 행동들을 에스라서 안에 포함시키고 있으며, 심지어 "도대체 왜 이 책이 그의 이름으로 불려지지 않는가?"라고 반문한다(*Bab. Sanh.* 93b; 참조. *B. Bat.* 14b, 여기에는 오직 에스라만이 목록에 올라 있다). (4) 마소라 사본에서는 분명 이 두 권의 책을 하나로 간주했다. 왜냐하면 마소라 사본에서는 느헤미야 3:22을 정중앙에 위치한 구절로 계산했고, 또한 전체에 대한 주해를 오직 느헤미야의 끝부분에만 첨가했기 때문이다. (5) 중세의 유대교 주석가들은 에스라서에서 느헤미야서로 중간에 아무 중단 없이 직접 옮겨갔다. 이븐 에스라(Ibn Ezra) 그리고 라쉬(Rashi)가 랍비 성경(Rabbinic Bible)에서 한 주석들을 참조하라. 예를 들어 *Biblia Rabbinica*(Jerusalem: Makor, 1972). (6) 가장 초기의 히브리어 문헌들에서 에스라・느헤미야서는 두 권으로 나누어져 있지 않다. 이런 여섯 가지 사항들에다가 우리는 다음 항목도 첨가시켜야 한다 (7) 칠십인경의 가장 초기 사본들에서 이 두 권의 책들은 하나의 책으로 취급된다.

에스라서와 느헤미야서를 분리한 것은 오리겐(Origen, 참조. Eusebius *Hist. Eccl.* 6.25.2, 히브리어 성경 전통에서 이 두 권의 성경이 한 권으로 다루어졌음을 인정하고 있으면서도)에 의해서 처음으로 제시되었고, 그런 뒤에 제롬(Jerome)을 통해 불가타에서 이루어졌는데(그러나 에스라서 그리고 느헤미야서보다는 에스라의 두 권의 책으로서 다루어졌다. 그의 *Prologus galeatus*를 보면, 그도 역시 히브리 전통에서 이 두 권이 단일하게 취급되었다는 것을 알고 있었으면서도 이렇게 했다), 아마도 이것이 기독교회에 영향을 끼쳤을 것이다. 유대 전통에서 에스라・느헤미야서가 두 권으로 채택된 것은 오직 중세 때뿐이었는데, 초기에 인쇄된 히브리어 성경에서만 처음으로 이렇게 받아들여졌다. 느헤미야 1:1의 표제어가 이 점을 이해할 수 있게끔 만들어 주기는 하지만, 이것이 완전히 이차적인 구분이라는 점은 분명하다. 이 책들은 그 자체에서도 개혁자들의 작업이 각기 분리된 것이 아니라 하나의 단일체인 것으로 간주한다. 느헤미야 12:26, 47 그리고 에스라서와 느헤미야서에 관한 내러티브들이 서로 뒤섞여 있다는 점들을 참조하라.

만약 에스라서와 느헤미야서가 한 권의 책이라는 증거가 강력하다면, 이 둘을 역대기 사가의 작품 중 없어서는 안 되는 그의 작품의 일부분으로 여기는 주장은 히브리어 성경 본문 역사에서 외적으로 아무런 뒷받침도 받지 못한다. 정경의 세 번째 부분인 케투빔을 구성하고 있는 책들의 순서에 있어서, 일반적으로 역대기만 제외하고는 끝쪽에 자리잡은 성경 목록으로 되어 있다. 몇몇 전승들에서는 에스라・느헤미야서가 케투빔의 맨 끝부분에, 역대기가 맨 앞부분에 자리잡고 있기도 하다. 하지만 역대기가 에스라서와 느헤미야서 바로 직전에 자리잡고 있는 경우는 발견할 수 없다. 만약 이 책들을 하나로 보아야만 한다면 그렇게 배치되어 있는 것을 기대해 볼 만할 텐데 말이다.

헬라어 성경의 전승에서 살펴본다면, 칠십인경에서는 조금 다른 원칙을 따라 책들을 배열했는데, 바로 이 배열이 오늘날 대부분의 영어 번역본들의 성경 배열 순서에 채택되었고 영향을 주었다. 여기에서 역사서들은 하나로 묶여졌고, 시대적인 순서가 채택되었다. 그렇기 때문에 룻기는 사사기와 사무엘서 중간에 놓여졌고, 역대기는 열왕기서 뒤에 그리고 에스라·느헤미야서와 에스더서가 그 뒤에 놓여졌다. 하지만 다시 한 번 말하지만 에스라·느헤미야서는 헬라어 성경의 전승에서는 항상 분리된 것으로 취급되었으며, 이 사실은 종종 에스드라1서(I Esdr)가 역대기와 에스라·느헤미야서 사이에 자리잡는 것을 통해 강조되곤 했다. 참조. H. B. Swete, *An Introduction to the Old Testament in Greek*(Cambridge: University Press, 1902) 201-10.

물론 고대 세계에서 에스라서와 느헤미야서에 대해 다루었던 이런 외적인 증거를 우리도 무비판적으로 반드시 받아들여야만 하는 것은 아니다. 그러나 그럼에도 불구하고, 나는 다른 곳에서(참조. *Israel*, 5-70; *I and 2 Chronicles*, 4-11) 에스라·느헤미야서와 관련된 경우에는 비평적인 토대들 위에서도 고대 세계의 외적 증거들이 충분히 정당하며 이 점에 대해 다른 많은 학자들도 동의한다고 주장했다. 만약 이런 위치 매김을 연구의 가정으로서 받아들인다면, 틀림없이 이 주석은 에스라·느헤미야서가 역대기에 대한 특별한 참조 없이도 충분히 전체적으로 이해 가능하다는 점을 보여 줄 수 있을 것이다. 사실 역대기에서 역사적으로 가장 중요한 전제 조건으로 간주하고 있는 부분들, 가령 출애굽이 갖는 중심성이나 혹은 북이스라엘 왕조의 역사 등과 같은 부분에 대해서 에스라·느헤미야서는 역대기와는 다른 내용을 갖고 있는 신명기적 역사에 의존한다. 단지 에스라 1-6장의 한두 가지 부분들만이 역대기와 특별한 밀접성을 갖고 있음을 발견할 수 있을 뿐이며, 그나마 이런 부분도 이런 몇몇 장들이 이전에는 역대기의 일부분이었다는 이론에 기대지 않고도 충분히 설명될 수 있다. 참조. *JTS* ns 34(1983) 1-30. 그러므로 지금 이 주석은 이미 이전에 다른 곳에서 제시된 에스라·느헤미야서를 분리적으로 취급한 경우를 다시 강조하는 것으로 주장할 수도 있을 것이다.

이와 반대의 관점을 뒷받침한다고 제시되어 온 외적인 근거는 오직 한 가지뿐인데, 그것은 영어로는 I Esdras(에스드라1서, 독어에서는 3. Esra)로 알려진 헬라어 작품이다. 이 작품은 대개 역대하 35-36장을 헬라어로 번역한 것이다. 에스라 그리고 느헤미야 8:1-13. 여기에는 히브리어 성경에서는 찾아볼 수 없는 다른 몇몇 부분들도 포함되어 있으며(가장 주목할 만한 부분은 에스드라1서 3:1-5:6이다), 또한 에스라 1-4장을 다시 재배열하고 있다. 이런 점에도 불구하고, 몇몇 사람들은 이 작품이 역대기 저자의 "원래의 마무리 부분"에 대한 중요한 증거라고 주장해 왔다.

이 경우에 대해서는 자연스럽게 위에서 언급된 논의 과정 중에 매우 조심스럽게 검토되어 왔으며, 따라서 여기서 다시 재론할 필요는 없다. 하지만 이 주석에는 이전에는 내가 그 설득력을 잘 알아차리지 못했던 두 가지 중요한 주장들이 첨가되어 있다. 첫째로, 아래의 에스라 2장에 대한 "양식"에서, 바벨론에서 돌아온 사람들의 목록이 느헤미야 7장에서 직접 차용된 것이며(스 3:1이 보여 주는 것처럼), 느헤미야 7장과 8장이 이미 함께 묶여 있었다는 입장을 유지할 것이다. 만약 이것이 옳다면, 에스라 2장에 대한 번역을 포함하고 있는 에스드라1서는 느헤미야 7장을 포함하고 있던 히브리어 본문에 대해 이미 알고 있었던 것이 틀림없다. 그러므로 이것을 에스라 8장이 한때는 10장 뒤에 있었다는 증거로 사용할 수는 없다. 둘째로, 느헤미야 8장에서는 이 장이 에스라 10장 뒤가 아니라 한때는 에스라 8장과 9장 사이에 자리잡고 있었을 가능성이 매우 높다고 주장될 것이다. 사실 만약 에스드라1서가 없었다면 과연 전자의 선택(느 8장이 스 10장 뒤에 있었다는)이 계속해서 대접받아 왔을지는 의문스러운 일이다. 다시 말해서 만약 이 주장이 건전하다면, 이 주장 뒤에는 에스드라1서가 분명 이차적인 편집물이라는 주장이 뒤따르게 된다. 그렇기 때문에, 우리는 에스드라1서를 문학 비평적 문제들에서 중요한 증거로 사용하지 않을 것이다. 그러나 본문 자체의 역사에 대한 에스드라1서의 가치는 여전히 중요한 것으로 남게 되며, "원문주해"에서는 적절하게 인용되며 사용될 것이다.

그러므로 우리는 에스라서와 느헤미야서를 단일한 작품의 두 부분으로 간주하고 접근할 만한 충분한 근거가 있다는 점과, 이 작품은 현재 있는 그대로 완전한 한 권의 책이라는 점을 확인하면서 결론지을 수 있다.

원 자료

이 논의의 목적은 에스라서와 느헤미야서에서의 원 자료들에 대해 이 주석이 행한 구체적인 분석 결과들을 요약하고, 다음 부분에서 이 원 자료들이 현재 책의 형태로 조합된 단계들을 보여 주기 위한 것이다.

에스라 1-6장

역대기, 에스라서 그리고 느헤미야서가 모두 단일한 하나의 작품이었다는 주도적인 학문적 의견의 일치 속에서는(느헤미야 비망록〈NM〉이 "첫 번째 편집"에 들어 있었건 혹은 그렇지 않건 간에), 에스라 1-6장은 학문적인 접근을 받을 만하다는 그런 주목을 받지 못했다. 이는 이 부분이 다른 부분과 구별될 만한 어떤 편집적 방법들을 보여 주지 않는다고 여겨졌기 때문이다. 우리가 역대기 사가의 방법들에 관해 더 많이 배울 수 있는 부분은, 평행을 이루지 않는 이런 다른 내러티브에 대해 사색하는 것을 통해서라기보다는 이스라엘 왕조에 대해 공관(共觀)적인 그의 설명을 연구하는 것을 통해서라고 제안되어 왔다. 그가 여기에 끌어다 사용하고 있는 원 자료들이 어떤 것들이었는가에 대해서는 일반적으로 아람어로 되어 있는 부분(4:6-6:22)이 그 중 하나였으며(가장 최근의 것으로는 Gunneweg, *ZAW* 94[1982] 299-302를 보라), 2장의 목록이 두 번째, 그리고 1:9-11에 나오는 성전 물품들에 관한 항목들이 세 번째 원 자료였다는 주장이 있어 왔다. 좀더 논쟁이 되고 있는 점은, 1:2-4에 나오는 고레스의 조서 역시 좀더 앞선 초기 시대의 원 자료에 토대를 두고 있는 것인지 혹은 역대기 사가 자신이 6:3-5에 토대를 두고 구성했는지에 관한 문제다.

이미 주목했던 것처럼, 이 주석은 이 책들이 역대기의 일부분이었다는 관점을 공유하지 않는다. 에스라 1-6장을 이런 전제 없이 세부적으로 연구한다면 이 장들의 구성에 대해 새로운 가정을 형성하게 될 것이다. 이 부분에 대해 충분한 논의를 원한다면 독자들은 나의 논문 *JTS* ns 34(1983) 1-30를 참조해 보아도 좋을 것이다.

이 주석은 저자 앞에 놓여 있는 아직 편집되지 않은 원래 형태의 다양한 원 자료들과 싸울 것이다. 우리는 여러 원 자료들(아람어 원 자료와 같은)이 그의 손에 주어지기 전에 이미 내러티브 구조를 따라 하나로 묶여져 있었다는 견해를 지지해 주는 아무런 증거도 발견하지 못한다. 즉 그가 원래의 문헌들을 가지고 직접 작업하고 있었다는 몇 가지 단서들이 존재한다.

분리된 원 자료들은 다음과 같다. (1) 고레스의 조서(1:2-4), (2) 성전 기명들에 대한 항목(1:9-11), (3) 돌아온 사람들의 목록(2장, 첫 번째 20년 동안 혹은 아케메네스〈Achaemenid〉 제국 통치하에서 귀환한 사람들), (4) 편집자가 4:6과 6절에서 요약하고 있는 두 통의 편지들. 그는 어쩌면 4:1-3을 기록하는 데 있어서 이런 편지들에 포함되어 있던 정보의 일부분을 사용했을 수도 있다. (5) 르훔과 다른 사람들이 아닥사스다 왕에게 아람어로 써서 보낸 편지(4:17-22), (7) 닷드내가 다리오에게 보낸 편지(5:6-17) 그리고 (8) 다리오의 답장(6:3-12), 여기에는 고레스의 조서를 별도의 사본으로 만들어 포함시켰다(3-5절). 이런 원 자료들에 덧붙여서, 예를 들어 학개와 스가랴 1-8장 등과 같은 곳에서 발견되는 관련된 성경 내용들에도 편집자는 당연히 익숙했을 것이다. 거의 모든 내러티브의 구조적 틀이 이런 원 자료들을 하나로 묶어 주고 연결시키는 역할을 한다. 그리고 이런 틀은 이런 문헌들이 원래 갖고 있던 형태들에 대한 정보로부터 추출된 것으로 추정된다. 자연스럽게, 이들은 편집자가 갖고 있는 주도적인 이데올로기와 목적 의식이라는 관점에서 읽혀졌다. 포로지에서의 귀환을 두 번째 출애굽으로 묘사하고 싶은 그의 바람 등과 같은 관점에서 말이다.

느헤미야 비망록

느헤미야의 중요한 부분들이 느헤미야 자신이 설명하고 있는 1인칭 설명으로 거슬러 올라간다는 점(혹은 누군가가 그의 직접적인 지시하에서 기록하고 있는)은 계속해서 인식되어 왔고, 또한 오늘날 일반적으로 인정되고 있는 점이다. 폭넓게 말하자면, 이 재료는 느헤미야 1-7장, 12:27-43의 부분들 그리고 13:4-31에서 발견된다. 3장과 7장에 나오는 목록(두 장은 각기 다른 독자적인 기원을 갖고 있다)이 과연 느헤미야에 의해 포함되었는지 그렇지 않은지, 11:1-2이 그의 설명에 근거를 두고 있는 것인지, 13장과 뒤에 더 남아 있는 부분의 관계와, 또한 후대에 다른 부분들에 어느 정도의 첨가들이 이루어졌는지에 대해서는 아직 논쟁이 진행 중이다. 이런 모든 문제거리들에 대해서는 이 주석에서 적절한 선에서 논의될 것이다. 우리가 지금 갖고 있는 일반적인 판단들에 이런 문제점들이 영향을 미칠 필요는 없다. 그보다 우리가 여기서 가져야 할 관심은 느헤미야의 문학적 행동이 갖고 있었던 목표와 환경에 대한 것이 되어야만 한다.

편의를 위해서 여기서는 관행적 용어인 "느헤미야 비망록"(Nehemiah Memoir: NM)이란 용어를 사용하도록 하겠다. 하지만 이것은 모빙켈(Mowinckel, *Studien II*, 50-92)이 분명하게 보여 준 것처럼 이 자료를 문학적으로 분류한 것으로는 분명히 부적절하다. 이 결론은 이 자료의 내용들이 우리에게 남겨져 있지 않다는 사실 때문에 영향을 받지는 않을 것이다(느 11장에 대한 "양식"을 보라).

어떻게 이 자료를 분류할 것인가에 대해서는 학자들 간에 다양한 제안들이 있어 왔다. 이 주제를 첫 번째로 이야기한 것에 대해서는 모빙켈(Mowinckel)이 인정받아야 하는데, 처음에는 노르웨이어로 1916년에 출간되었고, 그런 뒤에 좀더 접근하기 용이하게 독일어로는 Gunkel *Festschrift*, "Die vorderasiatischen Königs-und Fürsteninschriften"(그의 좀더 최근 연구인 *Studien II*, 92-104를 보라)이 출간되었다. 구약성경 내에는 이와 같은 구성에 평행을 이루는 부분이 없기 때문에, 모빙켈은 왕의 업적들을 칭송하는 고대 근동 왕가 비문들과의 몇 가지 비교 가능한 내용들에 주의를 기울였다.

모빙켈(Mowinckel)의 이론을 좀더 발전시킨 것으로서, 폰 라트(von Rad, *ZAW* 76[1964] 176-87)는 느헤미야 비망록(NM)을 이집트 신전과 궁궐 비문들에 관한 E. Otto, *Die biographischen Inschriften der ägyptischen Spätzeit*(Leiden: Brill, 1954)의 독일어 번역에 나오는 이용 가능한 비문들과 비교했다. 이런 비문들은 시기상 대략 느헤미야 시대 정도에 해당된다. 이 비문들은 1인칭 내러티브 형식을 통해 고위 관원들이 그들이 신실하게 수행했던 직무들에 관해 회상한다. 또한 종종 느헤미야 비망록에 나오는 일반인들의 삶과 매우 비슷한 일반 대중들의 여러 삶의 측면들에 관해서도 회상한다. 몇몇 경우에는, 느헤미야 비망록의 매우 중요한 특징인 "기억하소서" 공식조차 발견되기도 한다. 이런 비교의 결과로서 폰 라트(von Rad)는 일부 중요한 차이점들이 있음에도 불구하고 느헤미야 비망록에 대해 이런 본문 그룹들이 우리에게 알려진 가장 가까운 평행을 공급했다고 결론내릴 수 있었다.

세 번째 접근법은 "기억하소서"라는 두드러진 공식을 출발점으로 삼고 있으며, 느헤미야 비망록(NM)과 가장 밀접한 평행 기록으로 가장 잘 알려진 예닐곱 가지 아람어 방언으로 기록된 후시대의 일반적인 봉헌 비문과 헌정 비문에서 찾는 접근법이다. 이 관점 역시 어떤 의미에서는 모빙켈(Mowinckel)이 애당초 제안한 가정을 보완하고 수정하려는 것으로 볼 수 있다. 이 점은 기초적인 교과서들에 폭넓게 언급되었지만 충분하게 연구되지는 못했다. 그러나 W. Schottroff, *"Gedenken" im alten Orient und im Alten Testament*(WMANT 15, 2nd ed.: Neukirchen-Vluyn: Neukirchener Verlag, 1967), 218-22 그리고 392-93를 보라. 이런 비문들의 두드러진 특징은 기념할 만한 특별한 경건의 행동으로 인해서 하나님께서 저자가 선하다는 것에 대해 "기억하실" 것이라는 기도다.

다음으로, 우리는 이미 수많은 지지자들을 획득한 관점에 대해 짧게 살펴보고자 한다. 즉 느헤미야는 페르시아 왕에게 어떤 식으로건 자기 자신을 정당화하기 위해 무언가를 쓸 필요가 있었다는 제안이다. 이 관점은 다른 원 자료들을 형식적인 측면에서 유추하기보다는 좀더 본문 내용에 토대를 두고 연구하는 관점이다. 이 관점에서는 만약 고소들이 제기되지 않았다면 느헤미야에 대한 의심들이 그의 대적들을 통해 제기되었을 것이라고 추측한다. 하지만 이 이론은 왜 이 문서가 왕이 아니라 하나님께 드려지는 것으로 표현되고 있는지에 대해 설명해야만 하며, 바로 이 점이 이 관점의 중요한 약점 중 하나다.

마지막으로, 느헤미야 비망록(NM)에 대한 가장 최근의 중추적인 연구(Kellermann, *Nehemia*)는 방금 전에 지적한 관점과 비슷한 위치에서 출발하긴 하지만, 느헤미야 비망록(NM)을 종종 "고소당한 사람의 간구"로 불려지는 시편 형태와 비교하면서 연구를 진행시킨다. 이 두 가지 문학적 형태들 간의 명백한 차이점들은 느헤미야 자신이 스스로 생각하는 자기 자신의 특수한 환경들을 통해 설명되어야만 할 것이다.

이런 다섯 가지 중요한 관점들 중에서(변형들이나 다른 제안들에 대해서는 이야기하지 않았지만) 어떤 관점과 연구도 우리에게 의견의 일치를 볼 만하다고 충분히 이야기하게끔 해줄 수 있는 관점이 없다. 켈러만(Kellermann, *Nehemia*, 76-84)은 처음 네 가지 제안들에 대해서 매우 효과적인 수많은 비평들을 제기했다. 그가 제기한 내용은 대체로 이들 제안들 중 그 어느 것도 모든 증거에 타당하지 않다는 것이었다. 이들은 각각 어느 한 부분에는 잘 들어맞으면서 반면에 다른 측면에 대해서는 무시하거나 혹은 모순을 이룬다. 하지만 그가 제시한 그 자신의 제안은 훨씬 더 심각하게 비평받아 왔다(참조. Emerton, *JTS* ns 23[1972] 171-85; Schottroff, "*Gedenken*," 392-93). 여기서는 이런 비평들을 충분히 논의할 여유가 없다. 그러나 이 문제에 대해 아직까지 만족스런 해결책이 발견되지 않은 것만은 틀림없다. 에머튼(Emerton, 185)이 켈러만에 대해 이야기했던 내용은 다른 사람들에게도 마찬가지로 동일하게 잘 적용될 수 있다: "어떤 문제점들에 대한 그의 해결책들이 거부되긴 하지만, 그렇다고 해도 다른 해결책을 제안한다는 것은 항상 어려운 일이다." 뒤이어 나오는 말은 어떤 새로운 제안을 제시한다는 것이 얼마나 어려운 일인지에 관해 충분히 인식해야 한다는 말이다.

내 생각으로는 우선 이 본문 재료의 단일성을 확립해야 했는데, 그 이전에 양식비평이라는 문제에 달려든 것이 근본적인 실수였던 것 같다. 분명히 혼란과 동요에 대한 단서들이 표현되어 왔지만(예를 들어, Galling, 249; Schneider, 35; Ackroyd, *The Age of the Chronicler*, 28-29), 이런 단서들은 결코 충분히 혹은 조직적으로 연구되지 못했다. 만약 매우 깊이 있게 세부적으로 연구하지 못했다면, 그 이후의 사항들은 간과되어서는 안 될 것이다.

성 건축 및 이와 관련된 사건들과 13장에 자세히 기록된 일들 간에는 아직 설명되지 않은 연대기적으로 긴 시간의 격차가 존재한다. 이 주석은 느헤미야 13:6이 역사적으로 정확하다는 관점을 옹호한다. 느헤미야는 12년 동안 예루살렘의 관원이었으며, 그런 뒤에 바벨론에서 잠시 휴식기를 가졌고, 나중에 다시 예루살렘으로 돌아왔다고 이야기한다는 점에서 말이다. 그러므로 느헤미야 비망록(NM)은 대략 일

년 동안의 행동을 상당히 세부적으로 묘사하고, 그런 뒤에 아마 15년 이후의 독립적인 예닐곱 가지 주제들을 포함시키는 모습을 보여 준다. 이 사실은 무시될 수 있는 것이 아니지만, 중간 시간 동안 중요한 일이 아무것도 일어나지 않았다는 제안들은 정말로 믿기가 어렵다.

느헤미야 비망록(NM)의 문제에 대한 해결책은 여하튼 "기억하소서" 공식에 관해 적절하게 설명해야 한다는 점에 대해 동의하지 않는 사람은 거의 없을 것이다. 이 공식은 5:19; 13:14, 22, 31 등에서는 긍정적인 형태로 등장한다. 그리고 부정적인 형태로는(예를 들어, 느헤미야의 대적들을 향하여) 6:14 그리고 13:29 등에 나타난다. 이 문단을 꼼꼼히 읽어 보면 그 누구도 설명하지 않았던 무언가가 드러난다. 즉 이 구절들 중 어느 한 가지도 성벽 건축에 관해 언급하지 않는다는 점이다! 다시 말해서, 오직 한 구절, 그것도 이 공식의 부정적인 사용(6:14)만이 느헤미야의 사역의 초기 시대와 관련된다. 5:19을 포함해서(참조. 5:14) 나머지 다른 모든 구절들은 아무리 빨라야 12년 이후까지는 기록될 수 없었다. 만약 적어도 느헤미야가 그의 비망록 전체를 일종의 봉헌 문헌으로 작성했다고 말한다면, 어떻게 규정되건 간에 그는 자신의 가장 탁월한 성취를 하나님께서 그를 기억하셔야 할 중요한 이유로 특별하게 제시하지 말았어야만 했다. 이것은 이상한 일이 될 것이다.

일단은 우선 느헤미야가 하나님께 기억해 달라고 간구했던 그의 행동들에 집중해 본다면, 우리는 그 행동들이 다음과 같은 것이었음을 발견하게 된다.

5:19 느헤미야는 그의 첫 번째 재임 기간 중 "총독의 녹"을 먹지 않았는데, 이는 백성들의 경제적 부담 때문이었다. 이 장의 앞부분은 이런 녹의 상당 부분이 빚과 노예화라는 결과를 가져왔음을 보여 준다.

13:14 두 가지 사실이 여기에 포함되어 있다. 느헤미야가 "하나님의 집"을 돌보았다는 사실은 도비야를 배제했다는 것에 대해 언급하는 것일 수 있으며, "그 예배들"은 제의에 관련된 사람들을 뒷받침하는 데 필요한 십일조를 복원했다는 것을 언급하는 것일 수 있다.

13:22 안식일의 신성화

13:31 비록 특별한 행동을 언급하지 않았고, 또한 이 표현이 이 장을 세련되게 해주는 일반적인 표현이긴 하지만, 앞에 나온 문단은 혼합 결혼, 제사장들과 레위인들의 의무, 나무를 드림 그리고 첫 열매에 관한 내용들을 다루었다.

이 목록을 자세히 살펴보면 여기 언급된 모든 주제들이 느헤미야 10장에 나오는 맹세 구문들과 직접적으로 연결될 수 있다는 사실이 즉각 드러난다. 그러나 이 주석은 느헤미야 10장이 느헤미야 비망록(NM)의 일부분이었을 수 없다는 것을 보여줄 것이다. 아마도 느헤미야 10장은 느헤미야 13장에 언급된 일련의 사건들 직후에 벌어진 것으로 보이는 상황, 즉 백성들이 어떻게 집단적으로 무언가 의무들을 수행했는지를 독자적으로 설명하는 부분이다. 느헤미야 비망록에 대해 방금 제시한 세 가지 관찰점들은 동시에 일어날 수 있는 범주를 벗어난 것으로 보이고, 또한 설명을 요하는 것으로 보인다. 비록 본문을 분할하는 것은 오래된 해결책처럼 보일지도 모르지만, 본문 재료의 분할은 단연코 가장 쉬운 해결책을 제공한다. 5:14-19을 분할에 귀속시키는 데는 아무런 문제점도 없다. 또한 13:4-14, 15-22, 23-31을 그 이후의 후속적인 부분으로 자리잡게 하는 데도 아무런 어려움이 없다. 이 몇몇 소수의 문단들에는 참으로 많은 공통점들이 있다: 각각의 문단은 긍정적인 "기억하소서" 공식으로 마무리된다. 각각의 문단은 특별한 연대기적 배경 제시가 없는 짧은 묘사만을 제공한다. 각각의 문단의 사건들은 성벽 건축이 있은 지 한참 후에 일어나며, 또한 어떤 방식으로건 10장과 연결될 수 있다. 다른 한편으로는, 느헤미야 비망록의 나머지 부분들도 이제 마찬가지로 어느 정도 조화를 이루면서 취해진다: 모든 문단의 내용들은 즉각적인 결과가 나오면서 동시에 성벽 건축이라는 과제와 연결되어 있다. 만약 그렇다면, 그 어떤 일들도 느헤미야가 예루살렘에 도착한 지 일 년이 지난 이후까지 뒤늦게 벌어져야 할 필요가 없다. 더군다나 "기억하소서" 공식을 제거하면(6:14에 대해서는 바로 직후의 내용을 보라) 이 내러티브는 봉헌이나 헌정문보다는 훨씬 더 묘사적이거나 혹은 보고서적인 글로 남는다.

단지 두 가지 세부 사항만이 이런 단순한 분할을 방해하는 것으로 나타난다. 첫 번째는 5:14-19 단락 내에 성벽 건축이 지속되고 있다는 언급이 있다는 점이다. 하지만 이 점은 진정한 문제를 일으키지 않는다. 이 문단이 느헤미야의 총독으로서의 임기 전체를 반영하고 있으며, 또한 임기 종결 이전에는 결코 기록될 수 없다는 점이 분명하기 때문이다(참조. 14절). 그렇기 때문에 5:16은 어떤 경우건 간에 엄격하게 연대기를 따르려고 한다면 항상 부적절하다고 할 수 있다. 하지만 만약 문단 전체가 후대에 첨가되었다는 점을 인정한다면(그리고 5:1-13은 느헤미야가 정진해 나가는 배경을 분명하게 제공한다), 그럴 경우엔 느헤미야의 통치에 관한 다른 측면들과 더불어 성벽 건축에 관한 이와 같은 일반적인 언급이 포함되었다는 점은 충분히 이해할 수 있는 일이다. 다시 말해서, 5:16은 쉽게 후대에 첨가된 부분으로 포함될 수 있지만, 5:14-19은 전체적인 정황에서 볼 때 동시대의 문헌으로 포함될 수 없다.

내가 생각하기엔, 좀더 문제가 되는 것은 6:14이다. 이 구절은 "기억하소서" 공식을 우리가 좀더 초기 설명이라고 추측하고 있는 부분에 도입했다. 여기에서는 두 가지 제안을 할 수 있다. (1) 비교해 볼 만한 다른 구절들과는 달리, 6:14은 앞에 나오는 내러티브에서 전혀 증명할 수 없는 무언가에 관해서 언급한다. 즉 "여선지 노아댜와 남은 선지자들…"이라는 표현은 느헤미야가 자신이 앞에서 했던 설명을 다시 시작할 때 그의 후기 스타일을 사용해서 좀더 최근의 사건들에 관해 언급하면서 이 구절에 집어넣었던 것일까? 혹시 그렇지 않다면 우리에게 알려져 있지 않은 사건들을 언급하면서 집어넣었던 것일까? (2) 앞에 나온 내러티브의 한 부분에서 느헤미야는 매우 생생한 방식으로 이 사건들을 상기하고 있는 것으로 보이며, 그 결과 그는 도입 부분 없이 기도에 관한 말들을 포함시킨다. 3:36-37(4:4-5)을 보라. 그런 경우라면, 이 문단은 역사적 정황 속에서 하나님께 드려진 기도로 이해해야만 한다. 이것은 저자가 나중에 이 사건들을 묘사하는 것 같은 그런 코멘트가 아니다. 그러므로 느헤미야의 선한 행위를 기억해 달라는 긍정적인 요청이라기보다는 도리어 대적들에 관한 기도인 6:14 역시 이와 마찬가지로 동일한 방식으로 이해되어야만 한다.

우리는 6:14에 대한 일반적인 관점이 문제점을 갖고 있다고 주장하고 있는데, 이 두 가지 설명 중 어떤 가능성이 맞건 간에 그 문제점을 제거할 수 있다. 둘 중에 어느 것이든, 내가 보기엔 느헤미야 비망록(NM)에서 내용 자료가 갖고 있는 분명한 두 가지 형태 사이의 구분이 순전히 우연이라는 것보다는 훨씬 더 받아들이기 쉬운 것으로 보인다.

이제 우리는 느헤미야 비망록(NM)의 발전과 진전에 관한 자세한 설명을 통해 이런 다양한 점들을 설명해야 할 지점에까지 왔다. (1) 2:6로부터 느헤미야의 원래 임무가 비교적 단기간적인 것이었으며 성벽 재건축이라는 특별한 과업에 대한 것이었음을 추론할 수 있다. 여기에선 분명 총독으로서 보낸 12년 간의 기간을 생각하지는 않았다. 그렇지만 느헤미야 비망록의 본질적인 내용은 어떻게 이 임무를 완수했는지에 관한 보고였으며, 또한 그런 목적으로 기록되었다는 것을 의심할 만한 아무런 충분한 근거도 없다. 그렇기 때문에 아마도 이 내용은 느헤미야가 예루살렘에 다녀온 후 1년 정도 혹은 최대한으로 쳐도 2년 정도가 지난 때에 구성되었을 것이다(에스라의 직무 기간에 관해서 참조하라). 이 이론은 모빙켈이 느헤미야 비망록의 스타일에 관해 제시했던 많은 점들을 설명하며, 자연스럽게 느헤미야 비망록의 가장 중요한 토대를 보고라고 간주하는 여러 이론들과 가장 밀접하게 연결되어 있다. 그렇지만 이 이론은 그런 이론들이 직면하게 되는 어려움들을 피한다. 즉 우리가 후대에 첨가된 내용들이라고 이미 제외시켰던 특징들을 정확하게 설명할 수 없다는 문제점을 피한다. (2) 이런 첨가들이 없었다면, 우리가 지금 갖고 있는 현재 본문은 이 보고의 말투를 표현할 수 없다. 이것이 아람어로 기록되었다는 것은 의심할 여지가 없는 것이며, 기도(1:4-11; 3:36-37〈4:4, 5〉 그리고 6:14)는 아마도 포함되지 않았던 것 같다. 하지만 느헤미야의 업적들에 대한 긍정적인 관점과 특히나 인근 지역들의 지도자들로부터 제기될 수 있는 여러 가지 다른 비평들에 대한 방어는 물론 둘 다 중요한 문제였을 것이다. (3) 아주 한참이 지난 뒤인 10장에 나오는 맹세에 인을 친 후에, 느헤미야는 자신이 속해 있는 공동체 안에서 그를 향해 정의가 시행되지 않고 있다고 느꼈을 수도 있다. 우리는 수많은 그의 조치들에 대해 다른 설명들이 있다는 것을 발견하게 될 것이고, 그 안에서 백성들은 느헤미야에 관한 언급 없이 행동한다. 그러므로 우리는 그가 이전 보고서에다가 특히나 자신이 적절한 신뢰를 받지 못하고 있다고 느꼈던 점들을 다루는 여러 가지 짧은 문단들을 첨가함으로써 다시 이 작업을 시작했다고 추측한다. 이렇게 첨가된 부분들의 스타일은 폰 라트(von Rad)가 주목했던 본문들, 후대의 봉헌과 헌정 비문들과 밀접한 성격을 갖고 있다(Schottroff). 만약 우리가 재구성한 그의 동기가 올바른 것이라면, 이는 적절한 스타일이었을 것이다. 이 점은 또한 왜 전체적으로 볼 때 적은 일부분에서만 평행을 이루는 부분들이 잘 어울리는지를 설명해 줄 수도 있을 것이다.

우리의 결론은 느헤미야 비망록(NM)이 두 단계를 통해 발전했으며, 그리고 결과적으로 문학적인 장르에서 뒤섞여 있다는 것이다. 그렇기 때문에 다른 단일한 어떤 본문과의 비교도 확신을 줄 수 있을 만큼 입증되지 못해 왔으며, 이 점은 별로 놀라운 일이 아니다.

에스라 비망록

느헤미야 비망록(NM)의 경우와 마찬가지로, 이 비망록의 문학적 장르가 무엇이냐는 편견과 상관없이 여기서도 관행적 용어인 "에스라 비망록"(Ezra Memoir: EM)이라는 표현을 그저 편의를 위해 계속 사용하고자 한다.

느헤미야가 주도적인 역할을 하는 자료는 에스라 7-10장과 느헤미야 8장에서 발견할 수 있다. (몇몇 사람들은 느 9-10장을 여기에 더 첨가하기도 한다.) 이 장들에 대한 평가는 학문적인 견해에 있어서 매우 넓고 다양한 관점들을 불러일으켜 왔으며, 이는 느헤미야 비망록(NM)의 경우보다 훨씬 더 근본적인 수준에서의 다양성들이다. 더군다나 이 상황은 일반적인 의견의 일치가 모아지고 그것이 발전해 나가는 것에 관해 이야기하기 어렵다는 점으로 인해 더욱 복잡하게 된다. 그보다는 대부분의 주된 관점들에서 동등하게 중요한 대표적 관점들을 논쟁의 모든 단계들에서 발견하는 것이 가능하게 된 것은 비평적인 관심이 우선 이 문제에 초점을 맞추었기 때문이다.

거의 19세기 말까지 에스라 비망록(EM)은 대개 그저 액면 그대로만 취급되었다. 급진적인 중요한 첫 번째 검토는 1896년 토레이(Torrey)가 *Composition and Historical Value*를 출간하면서부터 시작되었다. 토레이는 이 짧은 전문 연구의 뒤를 이어 중요한 많은 에세이들을 썼으며, 1910년에는 *Ezra Studies*라는 제목하에 이 글들을 묶어냈다. 스타일 분석이라는 일반적인 토대 위에서, 토레이는 에스라 비망록이 역대기는 물론이고 다른 부분에 있는 역대기 사가의 편집적인 작품들과 구별될 수 없었다고 결론내렸다. 그렇기 때문에 그는 따로 분리된 에스라 원 자료가 없다고 결론지었다. 여기서부터 시작해서 토레이는 에스라의 역사적 실재성에 대해 의심하는 데까지 나아갔다.

이 마지막 단계는 대부분의 학자들에게는 너무 멀리 나아간 것이어서, 토레이의 문학적 주장은 실제로 그의 주장이 갖고 있는 가치보다 좀 덜 진지한 관심을 받게 되지 않았나 싶다.

그의 증거가 갖고 있는 중요성을 간파한 소수의 학자들 중에는 휄셔(Hölscher)가 있었는데, 그의 주장에 대해서는 특별히 언급할 필요가 있다. 이와는 대조적으로, 토레이(Torrey)가 장들의 순서를 재배치한 것(스 7-8장; 느 8장; 스 9-10장; 느 9-10장)은 훨씬 넓은 범주의 관심과 지지를 이끌어 냈다. 하지만 1944년에 *The Question of Authorship*, 95에서, 카펠루드(Kapelrud)는 이 모든 문제들을 새롭게 검토하고 좀더 그럴듯한 결론에 이르렀다. 즉 "지금 우리가 갖고 있는 대로의 에스라-내러티브는 역대기 써클"에서 비롯된 것이기는 하지만, 지금 다시 복원할 수는 없어도 좀더 앞선 전승에 토대를 두고 있다는 결론이다. 동시에, 노스(Noth, *Studien*, 145-48)는 문학적 · 역사적 비평이라는 조금 다른 근거들을 통해 이와 유사한 결론을 내렸다. 좀더 심화된 이런 연구들의 결과로서, 에스라라는 인물의 역사성을 유지함에도 불구하고 에스라 원 자료의 가능성을 깎아내릴 수 있었던 수많은 학자들을 찾아보는 것이 가능하게 되었다.

최근 몇 해 동안, 두 명의 학자들이 방금 전에 윤곽을 제시한 관점을 좀더 세밀하게 만들어 줄 무언가를 제시했다. 그들은 켈러만(Kellermann, *Nehemia*, 56-69, 그리고 *ZAW* 80[1968] 55-87)과 인 데르 스미텐(In der Smitten, *Esra*, 6-66 그리고 *BZ* NF 16[1972] 207-21)이다. 두 사람 모두 비록 전체는 아니라 하더라도 에스라 7:12-26에 나오는 아르타크세르크세스의 조서 대부분의 진정성을 수용한다. 인 데르 스미텐은 8:1-14이 좀더 초기의 것이라고 생각하는 반면, 켈러만은 별로 비중 없는 태도이긴 하지만 에스라 8:26-27이 좀더 초기의 원 자료에서 비롯되었을 가능성에 대해서도 생각한다. 이 두 사람은 또한 모두 에스라 비망록(EM)의 저자가 느헤미야 비망록(NM)을 알고 있었다고 믿는다. 그렇기 때문에 이들은 에스라 비망록이 역대기 사가가 다른 고대의 원 자료를 사용하지 않고 만든 것이며, 아르타크세르크세스의 조서에 대한 미드라쉬(*midrash*)라고 주장한다. 그러므로 이 내용의 상당수는 이 조서를 느헤미야를 희생시켜 에스라를 격상시키고자 하는 특별한 목적을 가지고 "집필"한 것이다. 과연 이 논의에서 미드라쉬라는 표지를 붙인 도입이 도움이 되는지는 의심스럽다. 실제적인 모든 의도와 목적들에서 이 관점은 이미 언급했던 노스(Noth)의 관점과 비슷하다.

모빙켈(Mowinckel)은 관찰을 통해 전체 기간을 어림잡아 관측하는 데 기여했다. 그의 초기 연구(1916)는 노르웨이어로 저술되었기 때문에 큰 영향력이 없었다.

하지만 그는 루돌프(Rudolph, *Festschrift*, "'Ich' und 'Er'", 1961)에게 기여했으며, 1965년에 후속적인 자세한 연구인 *Studien* III가 나왔다. 모빙켈(Mowinckel)이 다룬 방식은 방금 전에 지적했던 관점보다 훨씬 더 보수적이지만, 역설적으로 전통적인 것과는 많이 다른 것이기도 했다. 한편으로, 모빙켈은 이 장들에서 에스라의 행동에 대한 초기 설명을 "다루어 가는" 편집자의 손길을 발견한다. 켈러만(Kellermann)이나 인 데르 스미텐(In der Smitten)은 예닐곱 단계의 편집자 층들이 있고 그들 중 일부는 역대기 사가보다 더 후기 사람들이라고 보았지만, 모빙켈은 이와는 달리 이 편집자를 역대기 사가와 동일시한다. 그렇기 때문에 그는 역대기 사가가 초기 에스라 원 자료를 가지고 작업했음이 틀림없다고 주장한다. 다른 한편으로, 모빙켈은 이 원 자료를 에스라가 만든 것이라고 보지 않는다. 그는 에스라가 이 원 자료를 기록했어야만 하는 어떤 이유도 발견할 수 없었다. 그보다는 이 원 자료는 에스라의 행동이 이루어지던 시기 동안 젊은 사람이었던 누군가의 작품이며, 그 사람은 몇 해가 지난 뒤(주전 370년) 이 사건들에 대해 그가 이상적으로 생각하는 형식으로 기록했다. 역사적인 설명으로서가 아니라 교훈적인 내러티브로서 말이다("*erbauliche Geschichtserzuählung*"). 비록 역사적 재구성에 토대를 두고 있긴 하지만, 이런 기록을 남긴 주된 목적은 후대에게 도전적인 영감을 불어넣어 주기 위한 것이었다. 그렇기 때문에 우리는 모든 방식의 "전설적인" 윤색들이 있었을 수 있다는 점을 허용해야만 한다. 이것은 1인칭 내러티브를 명료하게 이해하는 것이 아니라는 반대 주장에 대해서 모빙켈은 아무 어려움 없이 성경 안팎의 상당히 많은 본문들을 제시하는데, 이런 본문들은 이런 목적들을 위해 정확하게 이런 방식을 사용한 본문들이다. 에스라 비망록(EM)에 대한 이와 유사한 폭넓은 이해가 Ahlemann in *ZAW* 59(1942-43) 77-98를 통해 진척되었다.

마지막으로, 우리는 에스라 비망록(EM)에 대한 전통적인 접근법을 취했던 사람들이 항상 많았다는 사실을 결코 잊어서는 안 된다. 비록 토레이(Torrey) 시대 이후부터는 단지 극단적인 보수주의자들만이(예를 들어, 최근 몇 년 동안에는 Kidner 그리고 Fensham) 느헤미야 8장이(그리고 아마도 9-10장이) 원래부터 에스라 7-10장과 함께 있었다는 것을 거부해 오고 있긴 하지만 말이다. Schaeder, *Esra der Schreiber*; Rudolph; and Koch, *JSS* 19(1974) 173-97 등은 가장 대표적인 표본들로 인용될 수 있을 것이다. 비록 다른 많은 사람들이 자신들의 주장에 대해서 완전한 정당화를 제시하지 못하면서 비슷한 입장을 유지하고 있긴 하지만 말이다. 이 관점에 의하면, 에스라 비망록은 원래 에스라 자신이 자신의 일에 관해 자신을 임명한 페르시아 군주에게 설명하기 위해 1인칭으로 구성했다는 것이다. 이것이 나중에 다시 역대기 사가에 의해 재작업되었는데, 그는 다른 것들 가운데서 일부분을 채택하여 3인칭으로 여기에 첨가했다. 과연 그가 원래의 내용 자료의 순서들도 재배열했는지, 아니면 이것이 본문을 옮겨 적는 과정에서 우연히 일어난 결과인지에 대해서는 의견이 나뉜다.

비록 여러 견해들에 대해 짧은 요약으로 제시하기는 했지만, 이런 문제점들이 소수의 몇몇 표현들을 통해서 해결될 수 없다는 점을 분명하게 하는 데 충분히 이야기된 것이기를 바란다. 다른 여러 증거들과 함께 아마도 순전히 본문을 모든 측면에서 철저하게 분석하는 것만으로도 증거가 충분할 것이다. 그런 뒤에도 여전히 확실성이나 혹은 완전한 동의를 얻기는 어려운 것으로 남겠지만 말이다.

이 주석에서 다룬 관련된 장들을 통해서 우리는 제기된 문제들을 기억해 왔고, 또한 가능한 한 실제적으로 논의해 왔다. 우리가 여기서 할 수 있는 것은 제시된 결론들을 요약하는 것뿐이며, 이 주석의 독자들에게 이 결론들이 왜 정당한지에 대한 이유들을 밝혀 주는 것뿐이다.

하지만 우리가 반드시 첫 번째로 주목해야 할 점은 앞에서 토레이(Torrey)의 주장의 출발점이었던 것으로 살펴본 방식, 즉 스타일에서 논의를 시작하는 그의 주장은 오늘날 더 이상 결정적인 증거로서의 역할을 할 수가 없다는 점이다. 토레이에 대한 예비적인 반응은 루돌프(Rudolph, 163-65)를 통해 제시되었다. 모빙켈(Mowinckel, *Studien* III, 74) 역시 과정(progress)이 이런 각도에서 만들어질 수 없다는 점을 받아들였다. 최근에 다른 관점들을 가지고 이루어진 연구들은 이 결론을 강화해 왔다. 참조. Williamson, *Israel*, 37-59; Polzin, *Late Biblical Hebrew*; M. A. Throntveit, "Linguistic Analysis and the Question of Authorship in Chronicles, Ezra and Nehemiah," *VT* 32(1982) 201-16. 지금 여기서 또다시 구체적인 내용들을 이야기하지 않는다 하더라도, 토레이가 스타일적인 특성들로 규정했던 대부분의 내용들이 후기 성경 시대의 히브리어에 공통적으로 나타난다는 점은 분명해 보인다. 반면에 다른 특징들은 에스라와 역대기 간의 스타일상의 차이와 분리를 선호하는 증거로 제시될 수 있다. 동시에 본문이 너무 짧기 때문에, 우리는 에스라 비망록(EM)의 스타일이 전혀 다른 분리된 문학적 기원이 있음을 보여 준다는 것을 통해서는 에스라 비망록과 에스라·느헤미야서의 다른 편집적 부분들 간에 중요한 차이점이 있다고 말할 수 없다. 여기에 덧붙여서, 우리는 어쨌거나 느헤미야 비망록(NM) 부분보다 여기서 좀더 편집적인 개입이 있었다는 점을 고려해야만 한다(아래를 보라). 그러므로 현재 우리가 알고 있는 수준에서는 스타일의 문제는 한편으로 젖혀놓는 것이 최상이다. 그 결론의 범주 내에서 이렇게 스타일의 문제를 한편으로 젖혀놓으면서 우리는 올브라이트(W. F. Albright, "The Date and Personality of the Chronicler," *JBL* 40[1921] 104-24)가 제시했던 것, 그러니까 에스라 자신이 역대기 사가였다는 것도 마찬가지로 잠재운다는 점을 지적할 수 있을 것이다(그리고 Myers, lxviii-lxx도 참조하라).

이 주석에서는 에스라 자료의 기초가 되는, 에스라 자료보다 앞서 있었던 원 자료들에 관해 예닐곱 가지의 내용들을 제안한다. 이 내용들 중에서 우리는 여기서 특별히 다음 내용들을 언급하고자 한다. (1) 에스라 7:1-10에는 이후의 내러티브들과 견주어 볼 때 문학적 긴장감이 있다. 그리고 이는 우리가 이미 주장했던 것처럼 어떤 편집자가 이전 내용이었던 일인칭 설명을 다시 쓰고 있다는 이론을 통해 가장 잘 설명된다. (2) 아르타크세르크세스의 조서(7:12-26)의 용어들과 이후에 이어지는 내러티브 간에는 몇몇 밀접한 연관성이 있기도 하다. 그러나 유사성뿐만 아니라 차이점들도 있는데, 그 중에 가장 두드러진 점은 "유사와 재판관들"(25절)의 임명에 관한 언급이 생략되어 있다는 점이다. 이런 불일치점들은 이 내러티브가 조서를 토대로 해서 일종의 허구로 작성된 것이라면 설명하기가 어렵다. 그보다는 여기서 작업하는 데 있어서 역사적으로 조심스러워해야 할 내용이 있었고, 그 내용은 당대나 혹은 거의 당대에 근접한 설명을 나타내는 것이었다고 가정하는 것이 훨씬 더 쉬운 일이다. (3) 느헤미야 8장이 원래는 에스라 8장과 9장 사이에 위치하고 있었다는 점이나, 이런 의도적이고 섬세한 위치 이동이 편집자적인 행동이었다는 점이 주장된다. 이 점은 에스라·느헤미야서의 편집자가 이 점에서 좀더 앞선 시대의 원 자료를 가지고 작업하고 있었음을 강력하게 보여 주는 증거다. (4) 이 편집자에게 알려져 있던 자료가 생략되었거나(예를 들어 10:16, 이에 대해서는 느 9장에 대한 "양식"도 보도록 하라), 혹은 재배치되었을 수 있음을 보여 주는(예를 들어, 10:18-44a에 나오는 목록) 한두 가지 시사점이 있다. 이는 또한 이전 원 자료에 대해 문학적인 작업이나 처리가 있었다는 점도 나타낸다. (5) 일인칭으로부터 삼인칭으로의 전환들에 관해서는 10장에 대한 "양식"에서 충분히 논의했다. 원래의 1인칭 내러브티에 대해 편집자가 무언가 행동을 취했다는 점이 가장 그럴듯한 설명으로 남아 있는 곳은 다름아니라 바로 그 장이다. (6) 세부적인 몇몇 사소한 사항들(예를 들어, 스 8:15, 17, 26-27; 10:9, 13 등)은 이 장들이 훨씬 후대의 저자에 의해 처음부터(*de novo*) 만들어졌다는 관점을 주장하는 데 항상 난처한 점으로 인식되어 왔다.

만약 우리가 1인칭 설명이 에스라 7-8장; 느헤미야 8장 그리고 9-10장의 내러티브의 기초를 이룬다고 결론짓는다면 도대체 누가 그 저자란 말인가? 또한 무슨 목적으로 그런 기록을 했단 말인가? 첫 번째 질문에 대답하면서, 우리는 분명하게 에스라 자신이라고 생각해야만 한다. 우리가 만약 정반대의 다른 어떤 주장도 제시할 수 없다면 말이다. 이런 결론을 부정하는 사람들이 그렇게 반대하는 이유는, 얼핏 살펴보는 것만으로도 그들이 이미 에스라 비망록(EM) 같은 자료가 없다고 결론내렸기 때문임을 알 수 있다. 이는 앞선 논의의 견지에서 생각해 볼 때 분명 받아들일 수 없다. 오직 모빙켈(Mowinckel, Ahlemann이 간략하게 그를 좇았다)만이 매우 진지하게 에스라 원 자료가 있었지만 에스라 비망록은 에스라가 쓴 것이 아니라고 주장했다. 하지만 그는 이미 위에서 지적했던 것처럼 본문에 대한 상당한 편집자적 행동을 고려하는 데도 차례로 실패했다. 모빙켈로 하여금 그의 결론에 다다르게 이끌어 준 것은 이상화(idealization)라는 특징인데, 이 특징이 본문에 가장 그럴듯하게 나타난 부분은 다름아니라 바로 이 부분이다.

그리고 만약 에스라가 원래의 내러티브에 책임을 갖고 있었다면, 그가 저술한 목적은 그의 행동이 그의 직책에 얼마나 잘 부합하는지를 보여 주기 위한 것임을 결코 의심할 수 없다. 그리고 여기서는 그가 정확하게 일 년 동안의 사건들을 기록하고 있다는 점이 중요할 것이다. 성전 보물들의 운송 등과 같이 매우 예민하고 중요한 문제들에 대해서 그의 설명은 매우 정교하고 정확하다. 경우에 따라서는 조금은 기대하지 않았던 방식들을 통해서이긴 했지만, 그는 자신이 조사하도록 임무를 부여받은 중추적 항목들을 모두 수행했음을 보여 준다(자세한 사항에 대해서는 "주석"을 보라). 이 점은 이 글이 후대의 경건하고 이상주의적인 전기 작가에 의해서라기보다는 도리어 그의 기록을 정당화하려고 애쓰고 있는 누군가의 작품인 것으로 보이게 한다. 마지막으로, 이미 지적했던 것처럼 설명들 간에는 얼마간의 차이가 있으며, 이는 역사적 추측을 불러일으켜 왔다. 설령 이런 차이가 없었다 하더라도, 우리의 관점을 지탱하는 것은 불가능하지 않다. 그렇지만 느헤미야 비망록(NM)의 평행 부분이 제시하듯이, 그는 정기적인 조서로서 보고서를 작성하여 제출해야만 했다. 비록 지금 우리가 그의 설명을 재구성할 수는 없지만, 그의 설명에 대해 우리가 알고 있는 내용 가운데서는 무언가에 토대를 두고 주관적인 상상 이상으로 강력하게 말할 수 있는 내용이 아무것도 없다. 에스라 9:6-15에 나오는 기도조차도 페르시아 권력자들이 읽어 본 뒤에도 그가 그것 때문에 수치를 당하지는 않았던 감상과 감정들이 포함되어 있다(참조. 9절).

물론 이런 관점에는 추측적인 요소가 들어 있다. 하지만 이 부분의 시작 부분에서 몇 가지 윤곽을 제시했던 모든 관점들에서 이 점은 사실이라고 주장할 수 있을 것이다. 여기서 진전된 경우는 앞에서 제시했던 관점들 중에서 우리가 좀더 전통적인 접근 방식이라고 주목했던 학자들의 주장과 가깝다. 추측은 본문을 이러이러하게 읽어야 한다는 전제에서 출발하기보다는 본문의 증거에서 직접 도출되어야 한다. 우리는 이런 방법을 공유하면서 동시에 에스라 비망록(EM)에 대해 좀더 만족스러운 설명을 제시하는 이론만을 선호해야 할 것이다.

그 밖의 것들

느헤미야서의 후반부 장들에는 그 기원이 다양하게 설명되는 다양한 형태의 자료들의 집합체가 있다. 이에 관한 최근의 몇 가지 연구들에서는 이 자료들 중 일부분이 심지어 늦게는 주전 2세기경까지 각각의 시대마다 첨가한 내용들이라는 주장을 제기했다. 각각의 문단들에 대해서는 개별적인 연구들을 해야 하기 때문에, 여기서의 논의는 그저 이미 주석 자체에서 발견할 수 있는 내용들, 특히나 각각의 문단에 대한 "양식"에서 발견할 수 있는 내용들을 반복하는 정도가 될 것이다. 그러므로 여기서는 결론들을 요약하는 정도로 만족해야만 할 것이다.

느헤미야 9장과 10장은 비록 느헤미야 8장과 더불어 그들만의 새로운 단위로 묶여져 왔지만, 결코 에스라 비망록(EM)의 일부분으로 간주되어서는 안 된다. 우리가 추측해 온 바로는, 오직 느헤미야 9:1-5을 구성하고 있는 단편 부분만이 에스라 10:15과 16절 사이에 원래 자리잡고 있었을 것이다. 느헤미야 9장의 대부분을 구성하는 내용인 기도문은 당대의 제의적 사용과는 별개로 편집자에게 알려졌을 것이다. 우리는 느헤미야 10:2-28의 목록을 그가 자신의 편찬에 넣은 것으로 여겼는데, 이는 느헤미야 10장의 나머지 부분에 기록되어 있는 맹세에 공동체 전체가 온전히 참여했다는 것을 보여 주기 위해서라고 보았다.

이 맹세의 내용들을 살펴보면, 이 내용이 느헤미야가 이미 시작했던 개혁이라고 주장되는 개혁들과 많은 점에서 밀접한 접촉점을 갖고 있음을 볼 수 있다. 이전에는 이런 관찰점들이 어떤 함축성을 갖는지에 대해서 적절하게 파악하지 못했다. 왜냐하면 우리는 그런 공통점들뿐만 아니라 이 장들에 나오는 다른 내용들과 재료들의 일부분이 사실이라는 점도 마찬가지로 놓쳐서는 안 되기 때문이다. 예를 들어, 목록이 같이 나오는(3-20절) 11:1-2은, 비록 무언가 비교할 수 있는 내용이 느헤미야의 설명 안에 있다는 점이 틀림없음에도 불구하고, 느헤미야 비망록(NM)이 그 출처가 될 수는 없다. 그보다는 11:1-2에는 이 부분의 애당초 기원이 10장에 나오는 맹세와 밀접하게 연관되어 있다는 점을 제시해 주는 한두 가지 작은 암시들이 있다. 그렇기 때문에 이 부분 또한 느헤미야가 주장했던 공동체의 조치에 기여하는 것이었다. 우리는 12:27-43과 13:1-3에 나오는 성벽 봉헌을 묘사하기 위해 느헤미야 비망록과 결합된 원 자료에 대해서도 앞에서 말한 부분에서와 마찬가지로 동일한 집단에서 기원된 것일 수 있다는 점을 주장한다. (12:44-47은 아마도 편집자 자신이 구성한 부분일 것이다.) 마지막으로, 느헤미야 3장은 비록 느헤미야 비망록에 포함되어 있긴 하지만, 원래는 성벽 건축에 대한 독립적인 기록이었으며 성벽 건축 기록에서는 대제사장을 포함하여 공동체 전체가 이 일에 동참했음을 다시 한 번 강조하고 있다는 점을 잊어서는 안 된다. (다른 관점을 통해서는 Japhet, *ZAW* 94 [1982] 86-89를 보라.)

그러므로 이런 문단들이 함께 고려될 때, 이 문단들이 공통적으로 수많은 특징들을 갖고 있으며, 특별히 제사장의 리더십 하에서 모든 백성들이 다양한 행동과 개혁들에 한마음으로 참여했다는 것을 강조하는 공통점을 갖고 있음을 볼 수 있다.

더군다나 이런 행동들은 모든 내용들이 느헤미야 비망록(NM)에서 평행을 이루고 있지만, 느헤미야 자신은 이들 모든 내용 속에 모습을 드러내지 않는다. 그렇기 때문에, 우리는 편집자가 이 기록들을 성전 고문서집에서 이끌어 낸 것이라고 제안한다. 이 문헌들은 한마음이라는 측면보다는 개혁 그 자체에 대해 더 가중치를 두고 선호하는 집단에서 편집했던 부분들이다. 그러므로 그들은 느헤미야가 자기 자신의 성취들을 일방적으로 설명한 것을 수정했으며, 우리는 사실 위에서 그들이 심지어 느헤미야로 하여금 성벽 건축에 대한 그의 원래 설명을 지금 우리가 알고 있는 내용으로 개정해서 넣도록 촉구했을 수도 있다고 주장했다.

마지막으로, 이 주석에서는 11:21-36과 12:1-26에 나오는 목록들에 관해서 이미 존재했던 중심 편집자의 기록 위에 후대에 보충적으로 첨가된 것이라고 주장한다. 이 보충은 동시대의 지식과 다른 고대의 자료를 토대로 해서 이들 목록보다 앞서 벌어진 사건들의 다양한 측면들을 확장하고 강화시킨다.

구성

에스라와 느헤미야서, 이 두 권의 책이 구성 내용과 원 자료들로부터 어떻게 구성되고 만들어졌는가에 관한 논의는, 내가 생각하기엔 이 책들이 역대기의 연속선상에 있다는 전제 때문에 엄청나게 복잡해져 온 것 같다. 일부 학자들(특별히 Mowinckel과 Pohlmann을 보라)은 이 관점을 발전시켜 왔고, 에스드라1서를 역대기 사가 작품의 "원래의 마무리"로 본다. 비록 반드시 그럴 필요는 없지만, 이 접근법은 실제로 독일어를 사용하는 일부 학자들을 통해 결과적으로 다양한 수준으로 "역대기 이후의"(postchronistic) 편집이라는 주장을 낳았으며, 또한 미국의 크로스(Cross) 학파와 그를 좇는 사람들로 하여금 역대기 사가의 작품 자체가 몇 가지로 편집된 작품이라고 여기게 만드는 결과를 가져왔다. 참조. *JBL* 94(1975) 4-18.

여기서 이런 이론들을 검토하고 평가하는 것은 우리 목적에 별로 도움이 되지 않는다. 왜냐하면 이런 이론들은 이 주석을 준비하면서 제시했던 결론들과 근본적으로 별로 어울리지 않고 너무나 모순되기 때문이다. 이런 결론들을 여기서 단순하게 요약하는 일은 우리가 다루는 문제를 명쾌하게 이해하는 데 도움이 될 것이다. 다른 몇몇 접근들에 대해서는 이 주석 중 관련된 부분들에서 검토했다. 역대기 사가의 관점에서 보는 것을 비평적인 측면에서 논쟁한 내용에 대해서는 필자의 *Israel; I and II Chronicles*, 3-17; 그리고 *TynB* 28(1977) 120-30 등을 보도록 하라.

이 문제를 해결하기 위한 가장 중요하고 유일한 단서는 에스라 2:1-3:1이 느헤미야 7장에 나오는 평행 부분에 의존하고 있다는 점에 있다. 주석가들은 대다수가 이 점을 두드러진 근거로 인식해 왔다. 오로지 에스드라1서가 MT보다 더 우선성을 갖고 있다고 주장하려고 하는 사람들만이 이 점에 반대해야만 한다. 그러나 여기저기서 그들의 주장들이 확신해도 좋을 만한 것이 못된다는 점이 발견되고 있다. 참조. *JTS* ns 34(1983) 2-8. 느헤미야 8장은 이미 애당초부터 지금의 위치에 있었던 것이 틀림없다는 점을 에스라 2:1-3:1에 차용된 본문이 보여 준다는 것을 깨달으면, 이 점의 중요성은 다시 한 번 분명해진다. 다른 식으로 말하자면, 에스라 1-6장은 에스라와 느헤미야 비망록들이 결합된 **이후에** 구성되고 만들어진 것임에 틀림없다. 이런 결론을 피하기 위해 루돌프(Rudolph)가 했던 왜곡된 시도(15)는, 에스라·느헤미야서 두 권의 성경이 만들어지고 구성된 것에 대해 그 역시 공유하고 있던 일반적인 관점에 상처를 입힐 뿐이라는 점을 잘 보여 줄 뿐이다.

그렇기 때문에 이 두 권이 만들어진 구성의 역사는 에스라와 느헤미야 비망록들의 결합에서부터 출발해야 한다. 그러나 이 과정은 느헤미야 9-12장의 나머지 내용도 대부분 포함할 것을 요구한다: 8-10장은 언약 갱신이라는 주제를 둘러싸고 조심스럽게 구성된 편집물이다. 11:1-2과 이 부분에 부착된 목록은 분명히 7:4-5에 연속되는 내러티브로서 의도되었다. 성벽 봉헌에 대한 느헤미야의 설명에다가(12:27-43) 다른 내용을 잇대었던 것은 동일한 편집자가 했던 일로서 취급되어야만 하며, 그것이 가장 합리적인 일이다. 또한 12:44-13:3은 느헤미야 비망록(NM)의 나머지 부분을 도입하기 위해 의도적으로 그 위치에 배치되었다. 사실 오직 이 책의 구성에서 중추적 구문으로 간주될 수 없는 것은 오로지 11:21-12:26뿐이다.

이 행동의 동기와 방법이 무엇인지를 발견하는 것은 어렵지 않다. 우리는 다른 원 자료들을 통해서 에스라와 느헤미야서를 가로막았던 많은 문제들이 신속하게 해결되지 않았으며, 다가올 수십 년 동안 공동체를 지속적으로 괴롭혔다는 사실을 알고 있다. 그러므로 개혁자들의 사역을 좀더 넓게 알려지게 하고자 했던 바람에 대해서는 충분히 이해할 만했다. 하지만 그렇게 하는 데 있어서 편집자는 비록 두 사람이 역사적으로 분리되어 있고 따로따로 수행되기는 했지만, 개혁 작업이 신학적으로 단일한 것이었음을 주장하기 위해 매우 조심스럽게 그의 내용들을 판넬 형태(panel fashion, 스 7-10장; 느 1-7장; 느 8-10장; 느 11-13장)로 재배치했다. 더군다나 그의 동시대 사람들에게 새로운 방향을 제시할 때 그는 유형적인 회복과 심지어 이방인들과의 분리가 율법을 받고 그에 반응하기 위한 전제 조건들임을 보여 주었다. 이 형태에 있어서 느헤미야 8-10장이 클라이맥스 부분을 형성하고 있는 것으로 보인다는 점이나, 또한 이 장들이 후대의 공동체를 향해 앞으로도 계속 지켜내기 위해 투쟁해야 할 정체성과 종교적 목적 의식이 무엇인지를 보여 주는 전형으로서 기능하도록 의도되었다는 점은 의심할 여지가 없다. 동시에, 이 일에 관한 마지막 부분에서 백성들 전체가 착수했던 개혁에 대한 수많은 설명들은 지나치게 개개의 지도자들의 주도권이 필요하다는 것에 의존하려는 감정들을 제거하려는 작용을 하게끔 의도되었을 수도 있다.

에스라 7장과 느헤미야 13장의 구성이 모두 끝난 이후에야 비로소 에스라 1-6장이 덧붙여졌다. 이 장들을 편집했던 방법에 관해서는 이미 위에서 언급했다. 즉 확고한 신학적 전제를 사용해서 다양한 원 자료들을 결합하는 방식이었다. 여기서 저자는 긍정적인 것과 논쟁적인 것 두 가지 목적을 모두 갖고 있다. 한편으로는 그는 회복된 공동체와 포로기 이전 시대 이스라엘 간의 연속성에 관해서, 그리고 제2성전과 첫 번째 성전의 연속성과 기타 여러 연속성에 관해 추적하는 데 관심을 두고 있다. 정통성이라는 문제는 분명히 본질적인 문제다. 다른 한편으로 그는 회복 자체에 있어서 북쪽이 참여하고자 제안한 것을 거절한 사실을 정당화하는 데 상당한 분량을 할애한다.

이런 지배적인 주제들은 역대기를 전문적인 제사장 계열의 편집으로 종속시켰던 사람들과 이 편집자가 아마도 연계되어야만 한다는 생각과 결합되어야만 한다. *VTSup* 30(1979) 251-68; *JTS* ns 34(1983) 26-29, 에스라 3:8; 6:18 그리고 아래의 19-22절에 대한 "주석"을 참조하라. 그렇기에 그가 글을 쓴 목적 중 일부분이 그리심 산에 건설된 새로운 사마리아 성전에 관한 주장들에 맞서기 위한 것이라고 추정하는 주장은 흥미를 끈다. 그는 그보다 한참 이전의 선조들인 에스라와 느헤미야의 사역에 관해 소개함으로써 그리고 그들과 첫 번째 성전 세대 간의 비록 끊어졌지만 이제는 회복된 연속성을 보여 줌으로써 특별히 역대기에서 제시된 것처럼 이런 목적을 이루어 냈다. 물론 역대기 역시 이런 후대의 이상들을 미리 투사해 주지는 않지만 말이다.

요약하자면, 에스라와 느헤미야서가 기록되고 구성되기까지는 세 가지 기본적인 단계들이 있었다고 볼 수 있다. (1) 다양하고 기초적인 원 자료들에 대한 기록들, 이 기록들은 모두 관련된 사건들과 어느 정도 동시대적이다. (2) 에스라 비망록(EM), 느헤미야 비망록(NM) 그리고 다른 원 자료들을 결합해서 에스라 7:1-느헤미야 11:20; 12:27-13:31을 형성하는 것(11:21-12:26은 따로 첨가되었다). (3)

도입에 해당하는 에스라 1-6장을 나중에 첨가함. 대부분의 다른 재구성 방식들과 비교해 보았을 때, 이런 전체적인 접근법은 단순성을 갖고 있다. 그리고 이런 특징은 이런 접근 방식을 좀더 지지하게 만드는 장점이라고 주장할 수 있을 것이다.

연대

이 제목하에서의 논의는 물론 에스라・느헤미야서가 언제 구성되었는가에 대한 것이지 원 자료들의 연대에 관한 것은 아니다. 두 가지 핵심적인 표준을 활용하는 것이 가능하다: 연대를 결정할 때 역사책이 언급하고 있는 마지막 인물이나 사건들보다 더 빠른 시기로 연대를 잡지 않는 것, 한 사건의 목적이 확인 가능한 상황을 직접 향하고 있는지를 확인하고, 만약 그럴 경우 그 토대를 사용해서 그 사건의 적절한 연대를 확립하는 것.

이 두 가지 기준 모두 지금 논의하고 있는 에스라・느헤미야서와 관련해서 어려움들을 갖고 있다. 결과적으로 매우 폭넓고 다양한 연대들이 제안되어 왔다. 더군다나 이 문제는 역대기를 동일한 작품의 일부분으로 포함시키는 사람들에게는 훨씬 더 복잡한 문제다. 반면에 이미 우리가 지적했던 것처럼, 다른 사람들은 이 책의 구성과 발전 과정 중 각기 독자적인 연대를 필요로 하는 초기의 중요한 단계들을 중시한다. 예를 들어, 루돌프(Rudolph)는 연대를 주전 400년보다 더 늦게 잡을 필요가 없다고 본다. 물론 이 연대는 에스라가 예루살렘으로 떠난 것을 주전 398년으로 잡는 사람들에게는 불가능한, 이른 연대다. 다른 사람들은 느헤미야 12:11과 22절에 나오는 얏두아가 알렉산더 대왕 시기의 대제사장이라고 믿으며, 반면에 다른 사람들은 이 책들에 대한 후대의 편집된 구문들이 최소한 주전 2세기경의 마카비 시대까지 뻗쳐 있다고 믿는다.

우리는 연대들에 대한 이런 주장들이 종종 매우 빈약한 증거들에 토대를 두고 생겨난 것임을 인식할 필요가 있다. 가령, 한 명의 이름에 토대를 두고 있거나, 혹은 후대에 삽입된 가능성이 있는 본문의 타당성이 의심스러운 구문들에 토대를 두고서 말이다(예를 들어, 느 11:10을 보라). 이런 각도에서 생각해 볼 때, 연대와 관련해서 그 어떤 의견의 일치에도 도달하지 못했다는 점은 그리 놀라운 일이 아니다. 이와 마찬가지로, 여기서 우리가 제안하는 연대도 이 두 권의 성경의 구성에 관해 앞에서 논의했던 내용에서 곧장 읽어낼 수 있는 연대다. 또한 그렇기 때문에 그 문제에 대해 다른 접근 방법을 채택한 사람들로부터 거부될 위험성도 내포하고 있다.

우리가 이해하고 있는 에스라 1-6장의 목적과 유래는 우리로 하여금 합리적으로 헬레니즘 시대 초기로 연대를 잡게끔 한다(대충 말하자면, 주전 300년경). Williamson, *JTS* ns 34(1983) 1-30, 그리고 사마리아 성전 건축 연대에 관해 느헤미야 13:28에 인용된 문헌을 참조하라. 우리는 이 부분이 이 책들의 구성의 마지막 단계라고 주장했으며, 또한 연대를 좀더 후대로 잡아야 할 어떤 증거에 대해서도 아는 바가 없다. 그렇기 때문에 이 책들은 이 시기에 현재의 완성된 형태를 갖추게 되었다고 보아야 한다. 좀더 후대로 연대를 잡고자 하는 사람들은 우리가 정당치 않다고 믿는 요세푸스와 에스드라1서의 증거를 근거 삼아 일반적으로 그렇게 주장한다.

하지만 이 연대 이전에 좀더 앞서 있던 편집자는 에스라와 느헤미야서와 관련된 자료들과 내용들을 이미 결합했었다. 우리는 에스라서를 후대로 간주하는 연대를 수용하지 않기 때문에, 특정한 어휘가 등장하는 이 시점(*terminus post quem*)은 느헤미야의 활동과 행동의 마지막 부분이 되어야만 한다. 느헤미야 13:6을 토대로 본다면, 이는 주전 430년보다 더 이른 시기가 될 수 없으며, 또한 마찬가지로 주전 424년의 아르타크세르크세스의 죽음 이후가 될 수도 없다.

비록 에스라와 느헤미야의 기억과 기록들이 어느 정도 외양을 갖춰 합병되기까지는 이 본문에 상당한 시간이 있었다고 가정하는 것이 합리적인 것으로 보이기는 하지만, 좀더 정확한 시간을 얻는 일은 결코 쉽지 않다. 우리는 12:1-26에 나오는 대제사장들 목록에서 최상의 증거를 얻을 수 있을 것 같다. 우리는 지금 이 부분에서는 그 문단에 대해 "양식"에서 세부적으로 논의했던 내용을 그저 요약하고자 한다: 이 문단 전체가 주도적인 정황이 다 지난 뒤 훗날 첨가된 것이기 때문에, 그 연대는 편집자의 작품에 대해 작품 이전 시기(*terminus ad quem*)로서 좀더 연대를 풍성하게 해준다. 얏두아라는 이름은 후대의 첨가이며, 그렇기 때문에 얏두아가 언제적 사람인지를 아는 것, 그러니까 그의 연대는 이 문단이 전체적으로 편찬된 시기를 알려 주지 못한다. 이 문단에 나오는 목록들을 기록한 저자의 전체적 조망은 *AramP* 30을 통해서 알 수 있는 주전 5세기 말의 대제사장이었던 요나단보다 더 이른 시기일 수가 없다. 그렇기 때문에 아마도 그는 그 시기 바로 직후에 작업을 했을 것이다. 그러니까 주전 4세기 초에 일을 했을 것이다. 그의 전체적 조망은, 그 당시에 제의와 관련된 일을 하던 사람들의 계승의 흐름에 관해 우리가 알고 있는 내용과 잘 맞아떨어진다. 에스라와 느헤미야서의 내용은 이 시기 이전에 결합되었던 것이 틀림없으며, 이는 대략 주전 400년경이라고 할 수 있다.

그러므로 우리는 이 책들이 구성되던 핵심적인 두 단계의 연대에 관해서 주전

400년경이나 300년경으로 추정된다고 결론내릴 수 있다.

역사적 주제

에스라와 느헤미야서는 자연스럽게 역사적 사건의 본질에 관한 질문들을 매우 많이 야기한다. 이 질문들 중 대부분은 주로 하나의 본문 해석과 관련되어 있고, 이런 모든 경우들은 이 주석의 적절한 위치에서 그에 관한 논의를 찾아볼 수 있을 것이다. 개인들의 정체성에 관해서는, 일반적으로 그들의 이름이 본문 중 처음 등장하는 부분에서 논의된다(예를 들어, 세스바살은 스 1:8에서; 스룹바벨은 2:1-2에서 다뤄진다). 역사적 문제에 대한 결정은 종종 문학적 분석 결과들에 의존하기 때문에, 독자들은 구절들에 대한 주해들뿐만 아니라 관련된 문단에 대한 "양식"을 참조하는 것이 도움이 될 것이다. 예를 들어, 많은 논쟁이 이루어지는 제2성전의 재건축 과정이라는 주제는, 모든 문제가 에스라 3장의 내러티브의 본질에 의해 결정된다. 이 문제는 "양식"에서 일단 한 번 해결된 뒤, 당연히 이와 관련된 역사적 재구성이 뒤이어 제안된다.

매우 많은 논쟁이 이루어진 한두 가지 중요한 주제들이 있지만, 이런 주제들을 간단히 정리해서 집어내기란 쉽지 않다. 수많은 본문들로부터 조각조각 찾아낸 증거들은 하나로 맞춰져야 할 필요가 있다. 여기서는 이런 점들을 살펴보면서 자연스럽게 각각의 구절과 문단에 대해 좀더 충분한 주석적 논의가 제시될 것이다.

율법책이 무엇인가에 관하여

엄격하게 이야기하자면, 두 가지 서로 다른 문제들이 구별되어야만 한다. 첫 번째는, 에스라가 예루살렘으로 가져왔던 율법(스 7:12, 25-26)을 무엇으로 규정할 수 있는가에 대한 문제다. 그리고 두 번째로는, 에스라와 느헤미야서 전체의 저자/편찬자는 어떤 율법을 권위 있는 것으로 인식했는가에 대한 문제다. 오경의 발전과의 관련성 때문에, 첫 번째 질문은 매우 큰 관심을 받아 왔다. 이 문제와 관련된 좀더 광범위한 참고문헌들과 학문적인 개관에 관해서는 U. Kellermann, "Erwägungen zum Esragesetz," *ZAW* 80(1968) 373-85, 그리고 C. Houtman, "Ezra and the Law," OTS 21(1981) 91-115 등을 참조하라; 좀더 짧고 간단한 것으로는 Klein, "Ezra and Nehemiah in Recent Studies," 366-68, 그리고 Widengren, "Persian Period," 514-15를 참조하라.

오경의 기원에 대해 문서설의 가정들이 제기된 이후부터 대부분의 학자들은 에스라의 율법책은 P문서이거나 혹은 오경 전체일 것이라고 믿어 왔다. 비록 일부 학자들은 항상 명시적으로 '이것이다'라고 무언가를 구체적으로 지칭하는 것보다는 좀더 뉘앙스적인 입장을 채택하는 것이 필요하다고 느끼지만 말이다. 예를 들어, 폰라트(von Rad, *Geschichtsbild*, 38-41)를 보라. 그는 최소한 주요 율법 법전의 여러 부분이 틀림없이 이 책에 포함되어 있었다고 믿지만, 이 책이 그 자체로 온전한 오경이었다고 할 수는 없다고 믿는다. 이와 비슷한 견해를 표명하는 학자들로는 노스(M. Noth, *The Laws in the Pentateuch and other Essays*(tr. D. R. Ap-Thomas [Edinburgh and London: Oliver & Boyd, 1966], 76)와 루돌프(Rudolph, 169)를 들 수 있다. 하지만 켈러만(Kellermann)과 후트만(Houtman)은 그들의 개괄적인 연구를 따르긴 하지만 급격하고 소수적인 견해들을 채택한다.

켈러만(Kellermann)의 접근법은 그의 문학 비평적 결론을 통해 이루어졌는데, 그는 에스라 7:12-26에서만 에스라에 관한 역사적으로 신빙성 있는 자료를 얻을 수 있으며, 에스라의 나머지 내용과 재료들은 이 문단에 대해 역대기 사가가 훗날 첨가한 미드라쉬(위의 "에스라 비망록"〈The Ezra Memoir〉을 참조하라)라는 입장을 취한다. 그는 7:25-26이 내러티브적인 내용을 포함하는 율법책을 배제하게끔 한다고 믿으며(오경이나 혹은 P문서와 같은), 또한 거의 현재의 느헤미야 비망록(NM)과 말라기에 영향력을 행사한 것으로 보이는 율법 법전은 오로지 신명기뿐이라고 믿는다. 그렇기 때문에 그는 에스라의 율법책을 신명기적 법전 형태라고 규정한다. 여기에 대한 우리의 입장은, 에스라 역사를 재구성하는 데 활용 가능한 내용이 무엇이냐에 관한 문제에 있어서 최소치만을 주장하는 켈러만의 입장을 받아들일 수 없다는 것이다. 켈러만은 7:25-26이 율법책에 내러티브가 포함되는 것을 배제시킨다는 그의 주장에 대해 아무런 건전한 근거도 제시하지 않았다. 그리고 느헤미야 13장이 P문헌에 대해 아무것도 알지 못한다는 것을 보여 준다는 주장은 확실치가 않다: 이 주석에서는 느헤미야 13장과 10장의 관계를 주목한다. 이 문제를 다루게 될 부분에서는 율법을 지키는 것에 포함된 문제들과 또한 그에 대한 해결책으로 제안된 내용들이 몇몇 경우들에는 제사장적인 법전과 다른 법적인 법전들을 병렬적으로 포함하고 있다는 점을 살펴보게 될 것이다.

이 문제에 대한 후트만(Houtman)의 접근은 에스라의 율법책이 무엇이냐는 규정에 있어서 에스라・느헤미야서에서 전체적으로 전제로 삼고 있는 내용을 훌쩍 넘어서 간다. 그는 율법에 관해 명확하게 표현하고 있는 문단들(스 6:18; 느 8:14-

15; 10; 13:1-3)을 연구하면서 이 중 몇몇은 오경이 존재한다는 토대하에서는 설명될 수 없다는 결론에 다다른다. 그렇기 때문에 그는 율법책에 대한 이 언급들이 "우리에게 전수되지 않은, 그 자체만의 특징을 갖고 있는 율법책"을 의미한다는 어드만(B. D. Eerdmans)의 좀더 부정적인 견해를 다시 소생시킨다. 그는 오경 이외에 이와 같은 율법 모음집이 있었다는 증거로서 최근에 인쇄된 쿰란에서 나온 성전 두루마리(Temple Scroll)를 사용한다.

그렇기 때문에 후트만(Houtman)의 연구 주제는 반박할 수 없는 종류의 주제라고 할 수 있다. 그럼에도 불구하고 이 주장은 매우 타당하고 그럴듯한 주장으로 간주될 수 없고, 또한 분명히 불필요한 주장이다.

첫 번째로, 성전 두루마리(Temple Scroll)와의 유사성이 정확하지 않다. 이 두루마리는 하나님께서 일인칭 호칭으로 부르시는 것으로 기록하고 있다. 그리고 이 두루마리는 "자기 자신들을 모세의 이름으로 율법을 새롭게 퍼뜨리는 자들로 부르던 일단의 사람들이 있었다"는 증거가 아니다. 두 번째로, "여호와께서 이스라엘에게 명하신 모세의 율법책"(느 8:1)이 오경에서 분리된 문헌이어야만 한다는 것은 이 책이 유대주의의 형성에서 갖는 중요성에 비추어 볼 때 전혀 그럴듯하지 않다. 이 가정된 문헌이 흔적도 없이 그리고 아무런 언급도 없이 잃어버려지고 없어졌어야만 하고, 반면에 이 관점에 의하면 여기서는 언급되지 않은 오경은 지고한 권위의 자리에 조용히 올라서야만 한다는 것은 정말이지 괴상한 가설로 보일 뿐이다. 우리는 지금 쿰란 사람들처럼 공동체 밖으로 나가 버린 사람들에 대해 다루고 있는 것이 아니며, 또한 성전 두루마리가 있음에도 불구하고 이 후자의 사람들이 오경의 지고한 권위에 대해 어떤 의심을 가졌다는 증거가 있는 것도 아니다. 세 번째로, 느헤미야 13:1에서는 이 율법책에 대해 "모세의 책"이라는 제목을 사용했지만, 1-2절에서 보여 주는 이 책에서 인용한 내용이 현재의 신명기를 포함했음이 틀림없다는 점도 주목해야 할 점이다. 이 본문은 심지어 스타일상 부드러움을 포기하는 대가를 지불하면서까지 밀접하게 연달아 있다. 느헤미야가 좇았던 신명기 23:5(4)에는 인칭의 변화가 거친 방식으로 나타나는데, 이것이 일부 느헤미야의 율법 안에도 보존되었다는 것은 별로 그럴듯하지 못하다. 그러나 이와 동시에 여기의 "모세의 책"과 느헤미야 8:1에 나오는 "모세의 율법책" 사이를 구분해서 갈라놓는 것도 매우 어려운 일이다.

마지막으로, 우리는 후트만(Houtman)의 이론이 과연 필요한지에 대해서도 물어야만 한다. 이 질문에 대한 대답은 우리를 이 문제에 대한 긍정적인 진술로 이끌고 갈 것이다. 이 이론이 토대를 두고 있는 증거는, 본문에 나오는 인용된 율법의 내용과 오경 본문 간의 불일치 및 오경에서 직접 명령되지 않은 율법 항목들이 포함되어 있다는 불일치들로 구성되어 있다(예를 들어, 느 10:35〈34〉과 13:31에 나오는 나무를 드리는 내용). 이 점에 대해서 우리는 그런 정확성을 고대 저자에게 기대해서는 안 된다는 것으로 답변할 수 있을 것이다. 신약성경이 구약성경을 인용하는 경우들에도 이와 마찬가지의 변형들을 보여 주지만, 그 누구도 신약에서 언급하는 인용이 구약의 내용임을 의심하지는 않는다. 정말로 중요한 것은, 당시의 성경 해석 방법론이라는 토대 위에서 어떻게 현재의 공식들이 우리가 알고 있는 지금의 율법들로부터 생겨났는지를 설명할 수 있어야만 한다는 점이다. 그리고 우리는 관련된 문단들, 특히 느헤미야 8장과 10장에서 이렇게 하고자 추구해 왔다.

일단 일반적인 가능성에 토대를 두고서 에스라의 율법책이 적어도 우리가 알고 있는 모세의 율법과 모종의 연관성을 갖고 있음을 받아들인다면, 그리고 좀더 나아가 에스라 9:1-2과 느헤미야 8:13-18 두 부분을 모두 그 책이 포함했던 내용에 대한 증거로 인정하고 받아들인다면, 적어도 거기엔 D문서와 P문서의 부분들이 포함되어 있다는 것을 받아들여야만 하며, 이 경우 비록 전적으로 동일하지는 않다 하더라도 그 당시의 율법책이 지금 우리가 갖고 있는 오경과 상당히 비슷했다고 할 수 있다. 물론 이것은 이 문제를 서로 다른 관점을 통해 연구해 온 여러 학자들이 공유하고 있는 결론이다. 하지만 이미 이 본문에 대해 적용하고 있는 해석에 대한 필요성, 이 해석의 범주, 이 해석의 본질이 갖는 진가에 대해서는 여지껏 충분한 관심을 기울이지 못했다. 에스라가 제시하고 있는 것은 결코 새로운 율법이 아니라 그 율법의 요구들이 당시의 배경 속에서 종종 단순하게 적용되지 못했던 율법들이다. 그의 율법 해석은 몇몇 사람들을 심지어 그의 율법 해석과 적용 이전의 본문 내용들을 인식하는 데 실패하게 이끌어 갈 수조차 있다는 것이 그의 율법 해석에 대한 냉정한 반성이다.

마지막으로 만약 이 결론이 에스라서의 율법에 대해 옳은 것이라면, 에스라・느헤미야서의 나머지 부분들에서도 역시 이 결론을 유지해야 할 것이다. 왜냐하면 에스라・느헤미야서는 대부분 그 이후로 연대를 잡을 수 있기 때문이다. 느헤미야 자신이 신명기와 가장 강력하게 밀접성을 갖고 있었던 것이 사실이지만, 그것은 아마도 일반 백성이었던 그의 지위와 그의 활동 범위 등으로 인해서였을 것이다. 에스라 1-6장 안에 포함된 문헌들은 에스라 이전으로 연대를 잡아야만 하지만, 이 문헌들은 우리의 문제에 대해 아무런 빛도 비춰 주지 않는다. 우리의 관점에서 보자면,

이 문헌들의 편집자는 모든 내용들 중 가장 최근의 요소를 제시한다. 아이러니컬하게도, 가장 어려운 구절들 중 하나를 이 전체 영역 안에 가둔 것은 다름아니라 바로 이 편집자다(스 6:18에 대한 "주석"을 보라).

에스라와 느헤미야서의 연대기적 순서

에스라와 느헤미야서가 야기해 온 비평적인 문제들 중 이 문제가 가장 논쟁적인 문제다. 느헤미야서의 연대에 대해서는 일반적인 동의가 이루어지고 있기 때문에(느 1장에 대해서 보라), 논쟁은 에스라가 언제 예루살렘에 왔느냐는 문제에 초점이 맞춰진다. 이 주제에 관한 문헌은 매우 광대하며, 이 문헌들을 포괄적으로 열거하는 일은 불가능할 지경이다. 문학적인 문제들과 역사적인 문제들이 서로 복잡하게 얽혀 있기 때문에, 이들에 대한 논의는 이스라엘 역사에 대한 대부분의 표준적인 연구들, 구약성경 문헌에 대한 서문들, 이 두 권의 성경에 대한 주석들 그리고 사전/백과사전의 논문들 등 모든 곳에서 발견할 수 있다. 뿐만 아니라, 이 문제에 대한 특별한 연구들(특별히 논문들)도 수없이 많이 진행되어 왔다. 이런 연구에 대한 광범위한 검토들은 Rowley, "Chronological Order"; Kellermann, *ZAW* 80(1968) 55-87; In der Smitten, *Esra*, 91-105; Yamauchi, *Themelios* ns 5(1980) 7-13 등에서 발견할 수 있다. 그리고 좀더 간략한 것으로는 Klein, "Ezra and Nehemiah," 370-72와 Widengren, "Persian Period," 503-9 등을 통해 볼 수 있다. 몇몇 다른 핵심적인 기여들과 업적들은 아래에서 언급될 것이다.

우선 에스라서의 내용에 대한 문학적 분석 결과들을 염두에 두고 시작하는 것이 중요하다. 우리는 오로지 에스라 7-10장과 느헤미야 8장만이 에스라의 행동에 대한 정보를 우리에게 제공하며, 원래의 에스라 비망록(EM)에서는 느헤미야 8장의 내용이 에스라 8장과 9장 사이에 자리잡고 있었다고 주장한다. (물론 이것은 편집자가 자신의 새로운 상황 속에서 확장적으로 작업한 것이었다.) 우리는 이런 두 가지 점으로부터 에스라의 사역으로 기록된 전체 내용이 단지 1년 동안만 지속된 것이었으며, 또한 에스라와 느헤미야의 사역이 시기적으로 겹친다는 역사적 증거가 없다고 결론짓는다. 이 결론은 이 논쟁의 모든 측면에서 야기되어 온 수많은 주장들을 즉각 엉뚱하고 잘못된 것으로 규정한다.

다음으로, 우리는 에스라의 연대에 관해 세 가지 선택 사항이 있다는 점을 관찰해야만 한다. 아르타크세르크세스 1세 제7년, 즉 주전 458년(참조. 스 7:7-8)은 성경 본문이 제시하고 있는 연대로서 1889년까지는 전혀 의심이 되지 않았다. 이 연대는 매우 풍부한 뒷받침들을 갖고 있으며, 최근에는 이 주제에 관해 저술한 많은 사람들이 아래에 언급한 대안들보다는 이 연대를 더 선호하면서 방어해 왔다. 좀더 중요한 연구 결과들 중에서 우리는 de Vaux, *DBSup* 4, 764-69; Scott, *ExpTim* 58 (1946-47) 263-67; Wright, *Date*; Koch, *JSS* 19(1974) 173-97; Tuland, *AUSS* 12 (1974) 47-62; In der Smitten, *Esra*, 91-105; Cross, *JBL* 94(1975) 4-18 등에 대해서 주목해야만 한다. 켈러만(Kellermann, *ZAW* 80[1968] 55-87)은 에스라 7:7-8을 역대기 저자의 미드라쉬 부분으로 절하하면서도, 이 부분의 정확한 연대에 관해서는 다른 토대들을 근거로 해서 비슷한 연대를 주장한다(주전 448년 약간 이전).

또 다른 주된 대안은 에스라서의 연대를 아르타크세르크세스 2세 제7년으로 보는 것이다. 즉 느헤미야서 이후인 주전 398년으로 보는 것이다. 우리가 이미 살펴본 것처럼, 에스라 비망록(EM)이 원래는 느헤미야 비망록(NM)과 뒤섞여 있었던 것이 아니었기 때문에, 이 제안은 처음 제시되었을 때처럼 그렇게 급격한 제안은 아니다. 이 제안은 에스라 7장에 대한 본문 수정을 하지 않아도 되는 것이며, 또한 전통적인 관점이 부딪히게 되는 수많은 어려움들을 제거하는 제안으로 여겨진다. 이 제안은 원래는 A. Van Hoonacker가 1890년에서 1924년 사이에 시리즈물로 출간했던 내용들 안에서 제시되었던 것이었다. 이 관점을 지지하는 중요한 논의들 중에서 우리는 Snaith, *ZAW* 63(1951) 53-66; Cazelles, *VT* 4(1954) 113-40; Bowman; Galling, *Studien*, 149 84; Rowley, "Chronological Order"; Mowinckel, *Studien III*, 99-106; Emerton, *JTS* ns 17(1966) 1-19; 그리고 Widengren, "Persian Period," 503-9 등을 언급할 수 있을 것이다.

몇몇 소수의 사람들은 에스라가 제7년이 아니라 아르타크세르크세스 제37년, 즉 주전 428년에 예루살렘에 왔다고 제안하는 관점을 갖는다. 이 관점은 전통적인 연대가 갖고 있는 어려움들이 무엇인지를 잘 인식하고 있으면서, 또한 동시에 에스라서의 연대를 주전 398년으로 했을 때(바로 위의 제안인 아르타크세르크세스 2세 제7년이라는 연대) 생겨나는 문제들을 피하려는 시도다. 더군다나 이런 제안은 에스라의 개혁들과 느헤미야의 두 번째 재임 기간(느 13장) – 그의 첫 번째 재임 기간이 아니라 – 사이의 밀접한 상관성과 조화를 정당화할 수 있다. 하지만 이 관점을 지지하는 모든 사람들이 연대를 이렇게 잡았을 경우 필연적으로 생겨나는 세부적인 역사적 재구성에 동의하는 것은 아니다. 그럼에도 불구하고, 이들은 지금 연대와 관련된 논의에서는 편의상 하나의 그룹으로 묶여질 수 있을 것이다. 광범위하게 영향력을 끼치고 있는 브라이트(J. Bright, *History of Israel*, 3rd ed.[Philadelphia: Westminster Press, 1981], 391-402)뿐만 아니라, 에스라 · 느헤미야서에 대해 가장 훌륭하게 이용할 수 있는 주석으로 여겨질 수 있는 루돌프(Rudolp)도 여기에 포함된다. 또한 Lefèvre, *DBSup* 6, 414-21, 그리고 Pavlovský, *Bib* 38(1957) 275-305, 428-56 등도 보라.

비록 이 세 번째 관점이 역사적 사건의 배열에 있어서 일정 부분 매력적인 시도들을 하게끔 하기는 하지만, 내가 생각하기에 우리는 이들의 제안을 따르기 전에 오랫동안 주저해야만 한다. 이 이론은 에스라 7:7-8에 대해 전적으로 지지할 수 없는 본문 수정을 요구하며, 그렇기 때문에 시작부터 상당히 심각하게 공격당하는 약점을 갖고 있다. 이 관점은 주전 398년을 선호하는 사람들이 진행시켰던 것과 마찬가지 이유로 인해 전통적인 연대를 거절하는 것에 상당 부분 의존한다. 위에서 지적되었던 것처럼, 이런 제안들은 최근에 심각하게 의문시되어 왔다. 특히 켈러만(Kellermann)을 보라. 그러므로 브라이트(Bright)가 이런 연구들에 대해 그의 *History* 최근 판본에서 반응하지 않았다는 것은 아쉽고 안타까운 일이다. 에머튼(Emerton, *JTS* ns 17[1966] 1-19)의 논문은 철저하게 이 관점을 검토하는 데 골몰한데, 특별히 주전 398년이라는 후대 연도를 선호해야 하는지 그렇지 않은지를 알아보는 데 집중하고 있다. 다시 한 번 브라이트가 그의 *History* 후기 판본에서 에머튼의 주장에 대해 그저 거부만 할 뿐 반박하지 않았다는 점은 실망스러운 일이다. 최근에 이 제안을 지지하고 변호하는 사람이 없었다는 점도 중요할 것이다. 이 이론에 대해 계속해서 증가되어 온 반대 주장들의 관점을 통해서, 위에서 지적된 방법론에 관한 문제로 인해서, 또한 이 제안에서 제시하는 가정이 대부분 정황적인 증거에 의존하고 있어서 가설이 너무 추론적이기 때문에 이 주석에서는 더 이상 이 제안을 좇아가지 않을 것이다.

에스라가 예루살렘에 온 것이 느헤미야보다 이전인지 혹은 이후인지에 대한 주된 주제로 돌아가서 보자면, 우리는 이 문제와 관련된 요점들이 몇 가지 범주가 된다는 것을 발견하게 된다. 첫 번째이자 가장 빈번하게 인용되는 것은, 만약 느헤미야가 에스라보다 앞설 경우에 좀더 의미가 잘 통하게 되는 개별적인 많은 사항들이 있다. 예를 들어, 에스라는 이미 건축되어 있던 성벽을 발견했던 것인가(스 9:9)? 에스라가 그의 방으로 들어갔던 여호하난(스 10:6)은 우리가 *AramP* 30:18을 통해 주전 408년경, 그러니까 에스라에 대한 전통적인 연대보다 한참 뒤에 대제사장으로 봉직했던 것으로 알고 있는 같은 이름의 그 사람인가? 제사장 우리아의 아들 "므레못"은 느헤미야 밑에서는 젊고 능동적인 성벽 건축자였지만(느 3:4, 21) 에스라가 예루살렘에 왔을 때는 공동체에서 연장자에 속했는가(스 8:33-34)? 즉 그는 느헤미야가 이전에 확립해 놓았던 위원회의 일원이었는가(느 13:13)? 이 모든 점들과 이와 유사한 구체적인 몇몇 세부 사항들은 위에서 지적한 구절들에 대한 주석 부분에서 다루어질 것이다. 이런 점들 중 그 무엇도 이 문제에 대한 논의에서 확신을 줄 만큼의 무게를 갖고 있지 못하다. **만약** 에스라가 느헤미야 이후에 왔다면, 이런 구절들은 지적했던 방식으로 설명될 수 있을 것이다. 그러나 각각의 경우에 대해 대안적인 설명들도 충분한 가능성이 있으며, 몇몇 경우들에는 우리는 사실 대안적인 설명들이 좀더 그럴듯하고 가능성이 높다고 주장한다.

두 번째 주장을 펼치는 그룹은 성경 외적인 자료들과 연관되어 있는데, 이들은 그들의 관점이 당시의 주도적인 페르시아 제국의 역사적 환경과 잘 들어맞는다고 주장한다. 에스라 4:11-16에서 윤곽이 제시된 것처럼, 주전 459-448년은 서쪽 지역에서 격동이 휘몰아치던 시기였다. 이집트에서 첫 번째 반란이 도모되었고, 그런 뒤에 메가비주스(Megabyzus)의 반란이 일어났는데, 이 반란은 강 건너편 지역에서 상당한 지지를 얻었다. 이집트는 반란을 일으켜서 주전 401년경에 독립을 쟁취했으며, 아르타크세르크세스 I세는 그런 뒤에 곧장 7년 간이나 지속된 그의 형제 고레스의 반란에 직면하게 되었다. 성경적인 것이건 혹은 다른 것이건 간에, 우리가 갖고 있는 그 어떤 자료도 이런 일련의 사건들과 예루살렘의 상황 간에 직접적인 연관을 짓지 않는다. 그러므로 주전 458년이나 혹은 398년 두 가지 연대를 옹호하는 것이, 페르시아가 그들에게 호의적이고 충성스러웠던 예루살렘에서의 체제를 환영했을 것이라는 토대 위에서 가능하다. 다른 식으로 말하자면, 에스라의 연대에 대한 지식은 우리로 하여금 그의 임명을 페르시아의 정책과 연관시킬 수 있게끔 해주지만, 페르시아의 정책에 대한 지식은 역으로 에스라의 여행 연대를 결정하는 데 우리에게 도움을 주지 못한다.

이런 일반적 제목하에서의 좀더 진전된 주장은 소위 유월절 파피루스(Passover Papyrus, *AramP* 21)로 불리는 문헌과 연관되어 있는데, 이 서신은 하나니아가 주전 419년경 엘레판티네(Elephantine)에 있던 유대인 거류지에 쓴 서신이다. 비록 이 파피루스는 손상이 되기는 했지만, 페르시아 권력자들이 무교절과 유월절에 관한 유대 율법과 관련해서 유대인 거류지에 있는 유대인들에게 압력을 행사한다는 점을 이야기하려는 내용인 것으로 여겨지고 있다. 브라이트(Bright, *History*, 399)는 특히 에스라의 예루살렘으로의 여행이 이보다 더 늦어질 수 없다고 주장했는데, 왜냐하면 "유대적인 관습은 애굽의 한 구석에서 규칙화되었고 – 예루살렘에서도 그렇게 되었는데 – 아마도 이런 관습이 예루살렘 자체에서 행해지기 전에 규칙화되었을 것이기 때문"이다. 에머튼(Emerton, *JTS* ns 17[1966] 8-9)은 이 주장이 토대를 두고 있는 근거가 불확실하다는 점을 강조함으로써 이 주장을 반박했다: 이 파피루스는 훼손되었으며, 해석하기 모호한 그런 파피루스다. 이 파피루스는 율법 전체에 대해 언급하지 않는다. 에스라의 소명 그 자체는 전체적인 쇄신이어야만 할 필요는 없었으며, 그보다는 이미 존재하는 정책과 기타 여러 가지 내용들을 다시 확인하고 확고히 하는 것이었다. 브라이트는 여전히 자신의 해석을 가장 가능성이 많은 것으로 본다고 응답했다. 하지만 비록 우리가 이 파피루스의 일반적인 재구성을 수용한다 하더라도(그리고 Emerton은 아마도 이 부분에 대해 불필요하게 조심스러운 것 같다), 브라이트의 결론을 반드시 좇아야만 하는 것은 아니다. 이 파피루스에 대해 가장 최근의 세부적인 연구라 할 수 있는 포튼(B. Porten, *BA* 42[1979] 74-104⟨88-92⟩)의 연구는 브라이트가 이미 제안했던 것과 동일선상에 서는 관점을 복구하기는 한다. 그러나 이 연구는 가능한 여러 해석들 가운데서 이 서신이 애굽의 적대감에 직면해서도 유대인들이 유월절을 지킬 권리가 있다는 것을 재확인해 주는 서신이라는 제안을 포함시킨다. 율법의 오직 한 가지 측면만이 분명하게 언급되었기 때문에, 이는 그럴듯한 접근법으로 보인다. 결론을 내리자면, 유월절 파피루스(Passover Papyrus)는 에스라서의 연대를 후대로 잡는 것을 뒷받침해 주지 못한다. 이 파피루스에 대한 모종의 해석은 초기 연대를 더 선호하게 할 수는 있지만, 이것도 확실한 것과는 거리가 있다. 그러므로 어떤 방식으로건 이 파피루스를 증거로 제시하지 않는 것이 최상이다.

마지막으로, 이런 일반적인 주제하에서 켈러만(Kellermann, *ZAW* 80[1968] 55-87)은 우리가 첫 번째 범주의 주장들로 지적했던 것들보다 더 폭넓은 고려점들에 호소하고자 한다. 그는 아케메네스(Achaemenids) 제국의 종교 정책과 관련된 증거를 다른 방향으로 돌리고자 했다. (In der Smitten, *Esra*, 110-23에서는 같은 증거를 에스라의 소명에 대한 그의 해석의 근거로 사용한다. 하지만 그는 Kellermann이 했던 식으로 이 증거를 에스라의 연대가 초기라는 것을 입증하기 위해 사용하는 것으로 보이지는 않는다.) 켈러만은 지역 법률을 제정하고 진행시키도록 격려하는 모습은 아케메네스 왕조 통치 후반기와 대치되는 첫 번째 모습이며, 따라서 에스라의 소명은 후기보다는 초기가 더 잘 어울린다고 주장한다. 그는 이렇게 보는 데 있어서 아르타크세르크세스 II세가 통치를 시작한 것을 결정적인 전환점으로 본다. 민용문자 연대기(Demotic Chronicle)처럼 친숙한 증거를 인용하는 것에 덧붙여서(스

7:25에 대한 "주석"을 보라), 켈러만은 또한 초기 아케메네스 왕조는 그들 제국 전체에 유익을 줄 그 어떤 법전조차 갖고 있지 못했다는 점을 제시한다. 각각의 공동체는 자신들의 고유한 법률을 행사할 자유를 누렸다. 이런 모습은 다리오 1세 시기부터 변화하기 시작했으며, 주전 458년경 에스라의 소명은 초기 아케메네스 왕조 정책의 본보기로 후대에 보여졌을 수도 있다.

이런 주장은 에스라서를 초기로 보는 것을 더 선호한다고 이야기할 수 있기는 하지만, 어떤 방식으로건 이 주장이 결정적이라고 판단될 수는 없으며, 또한 켈러만(Kellermann)이 이 문제에 대해 추구하는 바를 담아낼 수도 없다. 그는 정책 변경이 언제 이루어졌는지 확실한 연대를 확립할 수 없었다. 왜냐하면 그는 한편의 연결점으로는 다리오 1세의 통치를, 다른 한편의 연결점으로는 1세기 이후인 아르타크세르크세스 2세의 통치의 시작을 인용하기 때문이다. 그는 에스라의 임무를 좀더 이후인 후대의 연대로 잡는 것이 불가능하다는 것을 보여 주지도 않았다. 만약 유대인들이 고레스와 다리오로부터 종교적 자유를 부여받았다면, 만약 그런 정책이 그들의 이익에 부합할 경우 계승자들이 그 정책을 계속해서 이어나가지 않았을 아무런 이유가 없다. 켈러만의 접근법은 너무 폭넓은 배경을 가로질러 퍼져 나가기 때문에, 에스라의 연대 같은 특정한 문제를 결정지을 수는 없다.

여태까지 우리는 세부적인 문제들이나 아케메네스 왕조 정책에 토대를 둔 주장은 둘 다 에스라의 예루살렘으로의 여행 연대를 결정하는 데 적절하지 못하다고 주장해 왔다. 그렇기 때문에, 우리는 마지막 증거 영역으로 돌아서야만 한다. 즉 성경의 내용 그 자체에 대한 폭넓은 접근법이다. 우리는 이 접근법을 통해 에스라서의 초기 연대를 주장하긴 하겠지만, 입증하기가 어렵다는 이야기를 들을 필요는 없다. 우리는 가장 가능성이 높은 주장을 제시할 수 있을 뿐이다.

첫 번째로, 이 주석에서 제시했던 에스라·느헤미야서가 만들어지고 구성된 역사는 현재 성경의 순서와 사건들이라는 증거가 갖는 일반적인 무게감보다 더 많은 무게감을 요구한다. 예를 들어, 카젤(Cazelles, *VT* 4[1954] 119)은 "역대기 사가"가 엄격한 연대기 순서를 고려하는 데 스스로를 얽어맬 필요가 없다고 느꼈다는 것을 주장하기 위해 에스라 4장을 증거로 사용한다. 다른 많은 학자들은 같은 점을 주장하기 위해서 역대기가 역사성에 있어서 빈약한 수준이라고 그들이 간주하고 있다는 점에 호소해 왔다. 하지만 이 모든 것들은 부적절하다. 에스라와 느헤미야와 관련된 내용은 역대기 사가를 통해 현재 순서대로 배열된 것도 아니다. 뿐만 아니라 에스라 1-6장의 편집자를 통해서조차 이렇게 배열된 것도 아니다. 에스라 2/3장이 느헤미야 7/8장에 의존하고 있다는 것은 압도적인 대다수 학자들을 통해 뒷받침되고 있는데, 이 점(아이러니컬하게도, 그래서 극소수의 학자들만이 그 내용을 자세하게 풀어서 이야기할 준비가 되어 있다)은 에스라와 느헤미야의 내용의 결합이 이 두 권의 책을 구성할 때 가장 초기 국면에 일어났음에 틀림없다는 점을 보여 준다. 사실 우리는 위에서 이 구성 작업이 느헤미야의 사역이 끝난 뒤 약 한 세대도 되지 못해서 일어났다고 추정했다. 만약 그렇다면, 다른 증거들이 너무 모호하고 확실치 않은 지금 같은 경우에 우리는 지금 본문이 있는 그대로의 모습을 통해 분명하게 서술하는 내용에 대해 가능한 한 좀더 큰 무게를 부여해야만 한다고 믿는다.

두 번째로, 어떤 개혁자도 다른 개혁자의 사역에 관해 이야기하지 않는다(비록 아래 12:36에 대한 "주석"을 보아야 하긴 하지만). 이 점은 그 자체만으로는 놀랄 만한 일이 아니다. 우리는 그들이 각자 독립적으로 일해 왔으며, 그들의 설명을 기록해야 할 지극히 개인적인 동기와 목적들을 갖고 있었다고 주장해 왔기 때문이다. 게다가 동시대 인물들인 학개와 스가랴 같은 사람들도 서로에 대해서는 전혀 언급하지 않는다. 하지만 이러함에도 불구하고, 우리는 이들 중 한 사람의 사역이 다른 사람의 사역에 좀더 전제가 되지 않았을까 합리적으로 물어볼 수 있다. 에스라가 느헤미야의 사역의 기초를 놓은 것으로 여겨지는 일부 세부 사항들은 이미 만족스럽지 못한 내용으로 여겨져 제거되었다. 그러나 거꾸로는 어떠한가? 느헤미야가 혼합 결혼 문제를 다룬 것(느 13:23-28)이 에스라가 좀더 격렬하고 조직적으로 이 문제를 다룬 것(스 10장)보다 앞선 시기에 일어났던 것이 틀림없다고 종종 이야기된다. 우리의 주해는 이것이 그렇지 않다는 것을 보여 준다: 느헤미야는 이 문제의 지극히 지역적인 조짐을 다루고 있었다. 일단 이 사건을 이런 견지에서 보았으면, 그런 다음에는 전체적인 주장이 에스라의 우선성을 선호하는 방향으로 나아가게 할 수 있다. 만약 이 폐단이 에스라 시대 이전에 매우 넓게 퍼져 있었던 것처럼 보인다면, 느헤미야는 이와 같은 지역적이고 특별한 조짐에 대해 무엇을 하고 있었던 것인가? 훨씬 더 많은 일반적인 문제들이 이미 해결되었으며, 그는 그저 단순하게 특별한 범법 경우들만을 다루고 있는 것 같다. 다시 한 번, 에스라 9:1-2의 일부 세부 사항에서 에스라는 비록 새로운 율법을 소개하지는 않았지만 새로운 해석 방법을 실제로 소개했고, 이를 통해서 시대에 뒤진 것으로 간주되었던 율법이 새롭게 다시 적용되었다고 주장된다. 느헤미야 13:25에서 느헤미야가 같은 접근법에 자신의 토대를 두었다는 점은 중요하다. 이는 에스라의 율법 해석이 초창기 때는 그렇지 않았지만 지금은 유다에서 일반적으로 받아들여지고 있음을 추측케 한다. 그렇기 때문에 만약 에스라의 사역이 앞서 일어났던 것이라면, 두 가지 별개의 근거들을 통해 느헤미야 13:23-28은 좀더 쉽게 이해할 수 있다.

세 번째 사항은 지금 방금전에 했던 것과 관련되어 있다. 느헤미야 10장과 13장에 대한 주석들에서, 이 두 장에 포함된 개혁들이 펼쳐진 두 개의 세트 간에 밀접한 관련성이 있음이 주목되었다. 또한 이런 사실은 만약 느헤미야 10장이 느헤미야 13장 뒤에 곧장 연달아 나온다면 역사적으로는 가장 잘 설명될 수 있다고 주장되었다. 하지만 느헤미야 10장에서 이루어진 맹세는 두 가지 토대 위에서 이루어졌다. 그 중 하나는 P와 D를 포괄하고 있는 오경 율법이 상당히 폭넓게 휩쓸고 있다는 점을 반영하는 것을 토대로 삼는 것이고, 다른 하나는 우리가 에스라 9장과 느헤미야 8장에서 다시 한 번 에스라의 독특한 특징으로 지적하는 해석적 특징을 토대로 삼는 것이다. 이 점은 다시 한 번 그의 초기 사역의 영향을 추측케 한다.

네 번째로, 에스라가 혼합 결혼 문제를 처리하는 데 있어서 받았던 지지 정도는, 우리로 하여금 과연 이 사건이 느헤미야 뒤에 놓여야만 하는지를 의아스럽게 생각하게끔 한다. 느헤미야는 에스라와는 달리 예루살렘에서 상당한 정도로 극단적인 견해를 가졌던 것으로 보이며, 우리는 그가 도비야(13:4-8)와 산발랏의 시위(13:28)에 대해 처리했던 것을 통해 그가 전체 백성들에게도 관용적으로 엄격한 분리 정책을 적용하지 않았을 것임을 유추해 볼 수 있다. 특히 우리는 그의 정책을 통해 많은 제사장들이 적대시되었을 것임을 추측할 수 있다. 만약 이런 경우가 에스라 시대 이전에 있었던 것이라면, 우리는 그의 정책에 대한 반대와 저항이 좀더 격렬하고 폭넓게 있었을 것이라고 예측할 수 있을 것이다. 하지만 이런 예측과는 달리 느헤미야는 일반적인 동의를 얻었으며, 이 점은 이 문제를 향한 백성들의 태도가 그리 팍팍했던 것이 아님을 추측케 한다.

다섯 번째로, 두 명의 개혁자들의 사역이 일정한 특수 부분에서 중복되기 때문에, 그들 중 한 사람이나 다른 사람이 임무 달성에 실패했던 것이 틀림없다고 종종 가정되곤 한다. 이런 가정을 과장하는 것이 가능하긴 하지만(아래를 보라), 그럼에도 불구하고 이들 중 누가 더 이런 실패를 했을지에 대해서는 물어볼 만하다. 이런 항목들을 놓았을 때, 증거는 확고하게 에스라에게 우선성이 있음을 지적한다: 아르타크세르크세스의 조서에는 우리가 그 조서 내용이 성취되었다는 기록을 갖고 있지 못한 몇 가지 측면이 있다. 다른 한편으로, 느헤미야는 그가 애당초 하라고 보냄 받은 모든 일들을 다 성취했으며(참조. 느 2:1-9), 뿐만 아니라 더 많은 일들을 했다. 유사한 측면에서 느헤미야가 좀더 앞서서 임명된 것이 아니었다면, 적어도 그가 후에 임명된 총독이었다는 점은 느헤미야에게 에스라가 누렸던 것보다 더 큰 공권력이 필요했다는 것을 의미한다. 그렇기 때문에 에스라가 느헤미야가 앞에서 실패했던 일을 완수하기 위해 이와 같은 권력도 없이 나중에 왔다는 것은 좀 이상한 일이 된다.

마지막으로, 우리는 여기서 두 가지 세부적인 사항을 포함시키고자 하는데, 이는 앞선 것과는 잘 들어맞기가 불가능한 내용들이다. (1) 많은 학자들의 주장에도 불구하고, 느헤미야 12:36에서 에스라를 성벽 봉헌식에 관한 설명에서 학사라고 언급한 것은 원래의 것일 가능성이 높다. 이는 그의 역할과 임무에 대해 우리가 주장한 내용에 어떤 중요한 변화가 있다는 것을 의미하지는 않지만(아래를 보라), 이는 그가 느헤미야 이전에 예루살렘에 왔으며 자신이 해야 할 임무를 완성한 이후에 중요한 한 명의 개인으로서 그 곳에서 계속 개인 자격으로 살았다는 것을 보여 준다. (2) 에스라 4:12은 최근에 예루살렘에 막 돌아온 사람들로서 아르타크세르크세스가 잘 알고 있던 사람들의 그룹을 언급하는 것이라고 해야 가장 잘 이해된다고 주장된다. 문제가 되고 있는 서신이 과연 어느 연대의 것이냐는 관점에서 볼 때, 이는 에스라의 주전 458년 여행과 잘 들어맞는다. 물론 이 표현은 다른 그룹을 지칭하는 것일 수도 있지만, 우리는 다른 그룹이 존재했다는 아무런 증거도 갖고 있지 않다. 우리가 믿기로는, 이 서신이 갖고 있는 완전히 독자적인 증언은 중요한 역사적 증거로 취급되어야만 한다. (대조적으로, 느 1:3은 어떤 사람들이 주장하듯 방금전에 어떤 귀환이 있었다는 확실한 증거를 제공하지 않는다.)

그렇기 때문에 우리는 에스라가 아마도 주전 458년경 예루살렘으로 돌아왔다는 관점을 이야기함으로써 이 긴 논의의 결론을 내리고자 한다. 하지만 이 결론은 무엇을 성취하기 위해 그와 그 이후에 느헤미야가 왔느냐는 질문이 생겨나게 한다. 우리는 이제 이 문제 쪽으로 관심을 돌려야 할 것이다.

에스라와 느헤미야의 업적

이 부분에서의 목적은 그저 단순하게 성경의 설명을 되풀이하는 것이 아니다. 그런 요약들은 많은 표준적 교과서들에서 발견할 수 있는 것이고, 이 주석에서는 그런 점에 더해서 본문에서 알아내야만 하는 단서에 대해 폭넓은 자료를 제공하고자 한다. 여기서 우리가 갖고 있는 목적은 이 두 사람에 대한 좀더 외형적인 역사적 자리매김과 단서를 추구하고 시도하는 것이다. 이런 일은 필연적으로 추론적일 수밖에 없는데, 왜냐하면 본문이 말하지 않고 있는 빈 칸들을 정확하게 채워야 할 필요성이 빈번하게 있기 때문이다.

느헤미야는 이 두 사람에 대해 좀더 수월하고 분명한 내용들을 제공하고 있으며, 그래서 우리는 거기에서부터 시작할 것이다. 왕에게 다가갈 수 있는 특권을 향유하고 있었던 사람으로서(일반적으로 뒤이어 나오는 느 1:11은 이 주석이 좀더 충분한 세부 사항들을 제공하는 본문이다) 느헤미야는 아르타크세르크세스 1세가 이전에 반포했던 조서(스 4:21)를 반전시키고, 또한 예루살렘의 재요새화를 허용하게 하는 데 그의 이런 지위를 이용할 수 있었다.

아마도 이 일은 성벽을 재건축하려는 시도가 반역으로 간주되었던 사건 이후 그리 오래되지 않아서였을 것이다(스 4:9-23). 그 당시엔 결과적으로 이전에 분리된 유다 지역이 사마리아의 직접적인 통치하에 들어가게 되었다. 사마리아 총독이었던 산발랏 밑에서 높은 지위에 있었던 도비야는 일정 기간 동안 통제를 확실하게 하기 위해 예루살렘에 보내졌다(느 2:10 그리고 5:14-15을 보라). 느헤미야는 분명하게 처음부터 혹은 약간 이후부터 총독으로 임명되었기 때문에(5:14), 이제 막 자신들의 영향력 범주를 확장해 나가기 시작했던 사람들에게는 그의 도착이 상당히 괘씸한 일이었다는 것은 그리 놀랄 만한 일이 아니다.

느헤미야는 관료로서 일한 첫해가 끝날 때까지, 그가 첫 번째 임무로 부여받았던 처음 과업인 성벽 건설이 성공적으로 완수되었다고 보고할 수 있었다. 우리는 위에서 2:6에 기초를 두고 충분히 예상할 수 있는 이 보고서에 대해, 이 보고서의 내용이 우리가 지금 느헤미야 비망록(NM)이라고 부르는 문헌의 내용을 형성했다고 주장했다. 만약 느헤미야가 한참 후에 그의 보고서를 다시 작성하고 봉헌이나 헌정 스타일로 몇몇 문장들을 첨가하도록 자극받은 경우가 아니었더라면, 우리는 그가 12년 동안 총독으로 일했다는 사실이나 혹은 그가 훗날 정확하게 규정되지 않은 기간 동안 다시 두 번째로 방문하기 위해(총독으로서건 혹은 그렇지 않건 간에) 돌아왔었다는 사실에 대해 결코 알 수 없었을 것이다. 이 점은 우리로 하여금 이들 개혁자들에 대한 우리의 지식이 상당 부분 그들이 특별한 목적을 가지고 기록했던 내용들 덕분이라는 점을 기억하게 해준다.

그러므로 우리는 느헤미야가 총독으로서 재임한 대부분의 기간 동안에 대해서는 실질적으로 거의 아는 것이 없다. 개인적인 재력가로서(2:1-10 그리고 5장을 보라), 그러나 켈러만(Kellermann, *Nehemia*)이 주장하듯 왕가의 후손은 아닌(2:3을 보라) 사람으로서 느헤미야는 외부의 간섭과 개입에 대해 상당히 세심하게 신경을 쓰는 모습이었던 반면, 분명 자기 지역 사람들을 향해서는 상당히 너그러운 마음으로 통치할 수 있었다. 그의 개인적인 확신이나 당시의 관습과 잘 어울리게, 그는 분명히 그의 하나님에 대한 제의와 백성들이 하나님의 율법에 순종해야 한다는 것을 고무시키려고 노력했다(13장). 하지만 이런 일반적인 평가를 넘어서는 다른 부분에 대해서는 우리가 갖고 있는 자료들은 침묵하고 있다. 우리는 이런 침묵을 존중하는 것말고는 다른 선택의 여지가 없기 때문에, 그저 느헤미야가 총독으로서 했던 일들 중 적어도 90퍼센트 이상을 전혀 모른다고 고백해야만 하며, 또한 결국 그에게 어떤 일이 일어났는지에 대해서도 전혀 모른다고 고백해야만 한다. 우리가 확실하게 알고 있는 사실은 주전 408년까지는 그는 더 이상 관리가 아니었다는 점인데, 왜냐하면 *AramP* 30이 유다 총독으로서 바고히(Bagohi)에 대해 이야기하기 때문이다. 그러므로 순수하게 역사적 관점에서만 바라본다면, 느헤미야가 하나님께 기억해 달라고 특별히 기도하지도 않았던 성벽 건축으로 인해 기억되었다는 점은 아이러니다:

느헤미야의 기억(זכרו)이 역시 계속된다:
그는 무너졌던 성벽을 우리를 위해 세워 올렸으며,
그리고 성문들과 빗장들을 세웠으며,
그리고 우리의 파괴된 집들을 다시 세웠다(시락서 49:13).

느헤미야와는 달리, 에스라는 유명한 사람들에 대한 시락의 찬양이나(다른 관점에 대한 언급을 하면서 설명 가능한 방식에 관해서는 P. Höffken, "Warum schwieg Jesus Sirach übr Esra?" *ZAW* 87[1975] 184-202를 참조하라; 또한 Emerton, *JTS* ns 23[1972] 184-85도 보도록 하라), 신약성경 속에서도 전혀 언급되지 않는다. 그럼에도 불구하고, 수많은 위경들에 그의 이름들이 붙어 있다는 점이나 탈무드나 다른 본문들에 그에 관한 수많은 언급들이 나온다는 점에서 알 수 있듯이, 그는 후대 유대교에서 특출하게 중요한 자리를 갖게 되었다(참조. Myers, lxxii-lxxiv; In der Smitten, *Esra*, 81-85). 이는 에스라의 업적들에 대한 양극적인 태도를 이미 어느 정도 제시하고 있는 것인데, 좀더 최근의 학자들 역시 그의 업적에 대한 역사적 평가와 그의 사역에 대한 성경의 표현과 기록 간의 갈림 속에서 빈번하게 양극성을 발견하곤 한다. 그렇기 때문에 에스라가 갖게 된 후대의 명성이 그의 실제적인 역사적 성공에 대해 현재의 성경 본문이 그의 역할을 설명한 것에 많이 의존해서 생긴 것인지 아닌지에 대해서는 그 가능성을 조사해 보아야만 한다.

그가 바벨론의 아케메네스 제국 하의 통치 집단 중 어떤 위치를 점하고 있었는지는 분명치 않다. 에스라가 상당히 특출한 유대 지도자였음이 틀림없다는 점은 자기 확증적이다. 그러나 에스라 7:12에는 쉐이더(Schaeder)가 제안했듯이 그가 "유대인들의 업무를 처리하는 국무장관(Secretary of State)"임을 추측케 하는 사항이 남아 있다. 그가 자신이 가져왔던 법에 복종하지 않는 사람들에게 제재를 실행할 때 시민 권력에 의존하고 있었다 하더라도, 7:12-26에 나오는 왕의 조서는 분명히 그에게 상당한 권위를 부여하고 있다(7:26에 대한 "주석"을 보라).

이 조서에 대한 분석은, 에스라가 네 가지 주요 과업들을 수행하라고 보냄받았음을 보여 준다. 이 네 가지 중 두 가지가 이 편지에 담겨졌는데, 뒤이은 보고서에서 이 내용을 세세한 방식으로 서술한 점은 이 사실을 설명하려는 의도적인 목적이 있음을 보여 준다. 바로 이런 이유들이 그가 예루살렘으로 돌아가서 성전을 위해 무엇이건 헌물하고 드리고자 하던 모든 유대인들을 이끈 목적이었다. 만약 종종 짐작되는 것처럼 에스라가 자신의 행동들에 대해 설명해야 할 필요 때문에 이른 시기에 소환되었다면, 우리는 그가 이 두 가지 사항 중 두 번째 내용에 대해 자신을 정당화하는 데 특히 심혈을 기울였을 것임을 이해할 수 있다.

이 조서의 세 번째 조항인 유다와 예루살렘의 정황에 관한 조사가 필요하다는 점에 대해서는 비록 매우 분명한 방식을 통해서는 아니지만, 에스라 7:14과 10:16-17에 대한 주해를 통해 이 내용도 마찬가지로 수행되었음을 알 수 있다. 현 본문의 강조점은 명백하게 공동체의 정체성을 규정하는 것에 관한 것이지만, 반면에 조서에서는 그보다는 성전과 율법 조항들의 적합성에 초점이 맞추어져 있다. 원래의 에스라 비망록(EM)이 후자의 내용을 포함하고 있었는지 그렇지 않은지는 분별할 수 없다. 하지만 설령 그 내용이 없었다 하더라도, 에스라가 실패했다고 말할 만한 그 어떤 이유도 충분하게 제시되지 않는다.

이 조서의 마지막 조항은 유사와 재판관을 임명하고 율법을 가르치라는 것인데(7:25), 이 내용은 뒤이어 나오는 내러티브에서 부분적인 관심만을 받을 뿐이다. 의심할 여지없이 느헤미야 8장은 원래의 단어 배열이나 그 위치에 있어서(스 8장 뒤이어 나오는 위치) 적어도 이 방향으로의 예비적인 움직임이 있었던 것을 보여 주려는 의도를 갖고 있었다. 하지만 이 일을 지속적으로 행하기 위한 기관들이나 이 일을 유다 지역 밖에 거주하는 유대인들에게 소개하기 위한 일들에 대해서는 우리는 아무것도 듣는 바가 없다.

이 점은 다양하게 설명될 것이다. 예를 들어, 우리는 에스라 10장의 마지막 엔딩 부분이, 편집자가 에스라 비망록(EM)의 원래의 마무리 부분을 자기만의 이유들 때문에 생략해 버렸다고 생각할 수 있을 만큼 상당히 뜻밖이라고 결론지을 수도 있다.

하지만 이런 식의 결론을 적절한 설명이라고 믿기는 어렵다. 우리가 이후 역사에 대해 알고 있는 내용은 무엇이건 아무것도 이를 뒷받침하지 않고 도리어 역으로 반대 증거들만을 제시한다. 아마도 혼합 결혼의 해체가 가져온 결과들로 보이는 내용들과 더불어, 에스라 4장의 후반부의 급격한 상황의 변화는 기록된 에스라의 사역 기간 이후에 일들이 상당히 급속하고 심각하게 잘못되기 시작했다는 것을 보여 준다. 우리는 무위로 끝나 버린 성벽을 재건축하려는 시도에 에스라 자신이 개인적으로 관련되어 있었다는 아무런 증거도 갖고 있지 않다. 그러나 설령 그 당시에 그가 여전히 활동적이었다 하더라도(이것도 불확실하긴 하지만), 이는 아케메네스 제국 법정에서 그의 입장에 결코 도움이 되지 못했을 것이며, 또한 우리는 그가 그 이후에도 여전히 관리로서 계속 일하도록 허락받았을 것이라고 믿기는 상당히 어렵다. 그는 늦어도 그 때까지는 자신의 직책에 대해 책임을 지도록 부름받았던 것이 틀림없으며, 또한 뒤이은 기간 동안 예루살렘이 유다 밖의 유대인 공동체들을 위해 무언가 책임지는 것을 허락받았을 가능성도 거의 있을 수 없다.

하지만 에스라 비망록(EM)이 포함하고 있는 시간 범위에서 생각해 볼 때, 아마도 가장 그럴듯한 설명은 에스라의 임무는 시작할 때부터 조금 제한된 기간 동안이었으며, 또한 그가 만난 어려움들로 인해 그는 그의 임무 전체가 성공적으로 완수되는 것을 볼 수 없었다는 설명이 아닐까 싶다. 더군다나 그가 이미 이전에 시작했던 개혁들을 지탱하고 유지하기 위한 적절한 기관들을 제공할 능력이 없었다는 점은, 그들이 왜 훗날 느헤미야서의 마지막 장에 나타난 것처럼 잘못된 길로 빠져들었는지를 설명하는 데 도움을 줄 것이다.

그러면 우리가 에스라는 실패했다고 말하는 것이 정당한가? 이에 대한 우리의 대답은 우리의 평가가 어떤 토대 위에서 내려지는가에 따라 많이 좌우될 것이다. 외적이고 정치적인 관점에서 보자면, 그는 명백하게 아르타크세르크세스의 조서에 나온 내용들을 성취하는 데 성공하지 못했으며, 이 점은 설령 에스라가 느헤미야 이후 시기에 왔다 하더라도 우리가 반드시 지적해야 할 결론이어야만 한다. 하지만 현재의 본문은 에스라가 그런 일들을 그의 가장 중요한 과제로 생각하지 않았다는 것을 보여 준다(이 주석에서 이루어지는 우리의 분석이 설령 코흐〈Koch, *JSS* 19, 1974, 173-97〉의 광범위한 주장에까지 가도록 허용하지는 않지만). 에스라의 관심은 그보다는 모든 백성들의 삶의 토대로서 하나님의 율법을 확립하는 것이었으며(느 8장에 대한 "주석"과 Ellison, *EvQ* 53[1981] 48-53를 보라), 또한 율법 해석을 소개함으로써 역사적이고 정치적인 변화 때문에 율법에 순종하는 삶이 게을러지는 것을 방지하는 것이었다. 이런 기준을 통해 판단해 본다면, 에스라는 대단히 훌륭하게 성공적이었다. 단기간으로만 본다면, 느헤미야의 개혁들은 에스라가 도입했던 접근이 신속하게 공동체의 삶 속에 스며들었다는 것을 보여 준다. 우리가 느헤미야 비망록(NM)의 많은 부분과 평행을 이루고 있다고 보았던 느헤미야의 사역들에 대한 "또 다른 대안적 설명"은, 그의 업적들이 단순히 개인적인 승리일 뿐만 아니라 좀더 폭넓은 집단에 대해 준비된 응답이기도 했다는 점을 보여 주었다. 장기적인 측면에서 보자면, 다름아니라 바로 유대교의 역사가 에스라의 사역의 영향이 계속해서 남아 있음을 증명한다. 마지막으로, 우리는 편집자가 이 재료를 배치함으로써, 그리고 특별히 느헤미야 8장을 다시 자리잡게 함으로써 어디에 에스라의 진정한 중요성이 자리잡고 있는지 그 진가를 보여 주었다고 결론내려야만 할 것이다. 에스라의 역할은 유지되었으며, 이를 통해서 그는 그와 아케메네스 제국 자체가 머나먼 역사의 지평 속으로 사라진 이후까지도 계속해서 영향을 끼쳤다. 그 어떤 정치적 기구나 장치보다도 바로 이것이 에스라·느헤미야서에서 궁극적으로 충분히 적절하게 평가되어야만 한다.

신학적으로 읽기

어떻게 하는 것이 에스라·느헤미야서에 대해 신학적으로 가장 훌륭하게 요약 정리하는 것인지를 아는 일은 쉬운 일이 아니다. 한 가지 가능한 방법은, 에스라·느헤미야서가 이야기하고 있는 내용을 전통적인 조직신학적 제목들 하에서 분석하는 것이다. 예를 들어, 이런 경향을 따라 에스라·느헤미야서의 내용을 탁월하게 스케치하면서 이와 같은 접근이 얼마나 가치 있는지를 보여 주는 키드너(Kidner, 19-27)를 보라. 하지만 이런 접근법이 갖는 어려움은, 저자가 당연하게 생각하는 것(왜냐하면 그는 구약의 발달 전개와 상당히 멀리 서 있기 때문이다)과 그가 건설적으로 기여하고자 품고 있는 의도 간에 올바른 균형을 유지하는 일이 어렵다는 점이다. 또 다른 타당한 접근법은 주제 중심적인 방식이다: 주석가는 내러티브 내에서 가장 많이 주목받는 점들을 뽑아내고 그것들을 좀더 보기 좋은 모양이 되게끔 몇몇 그룹으로 묶을 수 있다. 물론 이런 문제들은 주석을 하면서 공평하게 다루어져야 할 것이다.

하지만 최근에 본문을 공정하게 다루고자 더 많은 시도를 하는 부분은, 이 성경들이 우리에게 이야기를 전달하기 위해 사용하고 있는 내러티브의 수단들에 대해서

다. 만약 우리가 이 주석의 이후 부분에서 이런 접근법에 끌린다면, 그것은 이 방법이 다른 무엇보다도 에스라・느헤미야서 자체가 갖고 있는 특성을 진지하게 다루는 것이기 때문이다. 이 접근법은 주해에 대단한 탁월성을 공급하고, 더 나아가 본문 해석에 있어서 별로 중요하지 않은 이질적인 우선순위의 카테고리들을 다시금 제대로 제자리가 되게끔 되돌린다. 그리고 우리로 하여금 우리의 문학적 분석 결과 때문에 야기될 수 있는 좀더 분명한 불일치점들 중 몇몇 문제점들을 피할 수 있게끔 해준다. 그 누구도 에스라와 느헤미야서의 본질적인 부분들이 원 자료들에 토대를 두고 있다는 것을 의심하지 않을 것이다. 이에 덧붙여서, 우리는 에스라・느헤미야서가 에스라 7장-느헤미야 13장까지와 후에 서문적인 에스라 1-6장까지를 결합하는 두 단계를 통해 발전되었다고 주장했다. 그렇다면 누구의 신학이 묘사된 것인지에 관해 이야기하는 데 어려움이 생긴다. 에스라의 신학? 느헤미야의 신학? 아니면 편집자의 신학? 그리고 한 부분의 신학이 다른 부분의 신학과 어느 정도로 충분히 동감하고 동의하고 있는지에 대해 이야기하는 것도 마찬가지로 어려운 일이다. 이 두 권의 성경이 발전되어 온 방식이라는 점이 여건으로 주어진 상황에서는 그렇기 때문에 이 성경들의 전체적인 모습에 신경쓰는 것이 가장 안전한 출발점으로 보인다. 왜냐하면 편집자들이 가장 크게 영향을 끼쳤고, 그렇기에 그들의 의도를 가장 분명하게 분별할 수 있는 것은 다름아니라 이 원 자료들의 배열이라는 부분을 통해서이기 때문이다. 참조. Childs, *Introduction*, 630-37; Gunneweg, *VTSup* 32 (1981) 146-61.

우리는 에스라・느헤미야서가 비록 간단한 역사적 내러티브라는 모습을 갖고 있긴 하지만, 우리가 오늘날 하듯 연대기를 엄격한 방식으로 간주하고 취급하지는 않았다는 점을 지적하면서 시작해야만 한다. 기록된 사건들은 전체적인 회복에 기여하는 바를 기록하기 위해 선택되었으며, 그렇기 때문에 시간을 보여 주기 위한 중간 문단을 특별히 배려하지 않고 그냥 하나의 문단으로 묶여졌다. 이런 류의 두드러진 예들로는 에스라 7장에 대한 도입부인 "이 일 후"를 들 수 있는데, 이 표현은 실제 역사에서 약 50년 이상의 시간 간격을 포괄한다. 이 표현은 포로기 이후 공동체가 구성되는 데 있어서 에스라의 사명이 첫 번째 이후 두 번째 단계라는 것을 설명하기 위한 것이다: 에스라와 느헤미야의 개혁이 갖는 연합적 효과를 강조하기 위해 그들의 사역들을 연결하는 것, 느헤미야 12:47에서 스룹바벨과 느헤미야를 한 묶음으로 처리하는 것, 그리고 뒷부분인 12:26에서 요야김, 느헤미야 그리고 에스라를 한 묶음으로 처리하는 것. 이 모든 경우들에서 언급된 모든 사건들은 엄격한 역사적 위치 등에 대해서는 느슨해져 있고, 또한 이 사건들의 원래 배경에 대해서보다는 서로간의 관계성을 좀더 긴밀하고 중요하게 간주한다. 이 점은 구원사의 발전에 관한 유익한 본보기를 제공해 준다. 사건들은 그들의 신학적 중요성을 근거로 판단된다. 연속성이 있다는 점을 인식해야만 하는 것은 다름아니라 바로 이런 수준에서, 즉 하나님께 원인자가 되신다는 수준에서이다. 일상적인 인과 법칙은 이런 관점에 전적으로 종속되어 버린다.

다음으로, 연대기에 대한 이런 관점과 취급의 결과로서 우리는 역사를 다루는 중요 장들에서 일종의 패턴을 발견해 낼 수 있다. 첫 번째 장인 "에스라 1-6장"은 너무나 분명하다. 하나님께서는 그분의 대행자인 페르시아 왕을 통해서 그분의 백성들이 포로기로부터 성전 재건축에 대한 허가를 가지고 유대로 돌아오는 일을 시작하는 것을 확실하게 하셨다(스 1:1-4). 하지만 그들이 도착했을 때, 이런 방향으로 백성들이 처음 움직이기 시작했던 것은 외적인 반대를 통해 좌절되었다(3:3; 4:1-5; 더 자세한 내용들이 이 장의 나머지 부분들에 자세히 묘사되어 있다). 하지만 선지자적인 영향을 통해서 이런 반대는 극복되었고, 또한 성전도 재건축되었다. 즐거이 봉헌식이 거행되었고(6:16-18), 뒤이어 유월절이 이어졌다. 이 장은 세속적인 권위들을 통해 실행된 회복에 대해, 하나님의 손이 그렇게 하셨다는 인정을 좀더 깊이 하는 것으로 결론지어진다.

뒤이어 나오는 두 개의 "장들"은 매우 유사한 방식으로 시작하긴 하지만, 이 장들의 결론은 맨 마지막에 연합적인 축하 의식을 통해 제시되기 위해 유보된다. 그러므로 에스라는 페르시아 왕으로부터 충분한 권위를 부여받아 예루살렘에 보냄 받았는데, 이는 성전을 계속해서 뒷받침하기 위해서만이 아니라 하늘의 하나님의 율법을 가르치고 적용하기 위해서다. 이 점은 또한 하나님께서 왕에게 미치시는 압도적인 영향력의 결과로도 보인다(7:27). 포로 생활로부터 예루살렘으로 귀환하는 것에서는 평행이 계속되지만, 예루살렘에서 만나게 되는 문제의 본질은 상당히 다르다. 이전에 다가왔던 외적인 대적들의 전면적인 반대를 대신해서, 이제 위험은 외부인들과 결혼을 한 공동체 내부의 사람들로부터 오게 된다. 저자의 관점에 의하면 이 일은 성공적으로 극복되었지만(스 10장), 이 부분은 갑작스럽게 그리고 아무런 제의나 의식도 없이 끝난다. 우리는 이 부분의 장들을 물리적으로 재배열하는 것을 통해서 앞에 나온 부분이 갖고 있는 정확한 패턴을 회복해야 한다는 것을 받아들일 수 없다(예를 들어, Rudolph, xxii-xxiii). 본문을 있는 그대로 해석하는 것이 우리가 해야 하는 첫 번째 노력이다.

세 번째 부분(느 1-7장)은 첫 번째 부분의 패턴을 정확하게 좇아간다. 느헤미야 1장과 2:1-10에는 기도문이 나오는데, 이 기도문에서 강조되는 내용은 왕가에서 누군가에게 권위를 부여하는 일이 하나님께서 주도권을 행사하시는 방편으로 여겨진다는 점을 다시 한 번 보여 준다. 여행, 훼방 그리고 과업에 대한 성공적인 완수라는 항목들이 매우 잘 알려진 방식을 통해 나열된다. 하지만 여기서도 마무리하는 의례와 의식은 즉각 나타나지 않고 연기된다. 그리고 이 경우에 느헤미야 비망록(NM)을 전혀 발견할 수 없는 느헤미야 7장과 12:27-43에 대한 재배열은, 이것이 편집자의 의도적인 목적으로 인한 결과임을 분명하게 보여 준다.

그러므로 이후에 우리는 성전, 공동체 그리고 예루살렘 도시의 회복에 관해 제시받게 된다. 이제 느헤미야 8-12장은 아직 마지막이 되지는 않았지만 앞에 나온 세 부분의 모든 관심들을 함께 모아놓은 방식을 통해 절정에 도달하게 된다. 시작 부분에서 우리는 왕의 명령이 나와야 할 자리에 대신 하나님의 율법에 대한 선포가 나오는 것을 발견하게 된다. 에스라는 여기서 자녀들이 강조되었던 것처럼, 이 율법을 이스라엘로 하여금 하나님의 백성이 되도록 개혁하기 위해 읽은 것이 아니었다. "그보다는 그와 정반대 방향의 움직임이었다. 율법을 읽어 준 대상은 이미 개혁된 백성들이었다"(*Introduction*, 636). 이와 같은 상황 속에서 반대는 있을 수 없었고, 도리어 고백(느 9장)과 최소한 성전을 섬기겠다는 재소속만이 있을 뿐이었다. "우리가 하나님의 집을 버리지 않겠다"는 것이 느헤미야 10장의 맹세에 대한 요약적 결론이다. 그리고 느헤미야 11:1-20은 느헤미야의 또 다른 관심사였던 예루살렘 성의 인구 증가라는 문제가 성벽 봉헌 이전에 성공적으로 실현되었다는 기록으로 돌아간다(11:21-12:26은 후에 첨가되었다). 또한 여기서의 결론은 에스라와 느헤미야의 사역이 성전에서 연합 의례를 이루는 데로 이끌고 간다. 이 내용과 에스라 6장의 마지막 부분 간의 평행들은 매우 분명하고 뚜렷하다.

느헤미야 12:43은 에스라·느헤미야서를 이렇게 네 개의 큰 "장들"로 구분해서 읽는 것에 대한 매우 만족스러운 결론으로 보여지는 반면, 도리어 느헤미야 13장은 무언가 당황스럽고 어색해 보인다. 그렇다면 우리가 느헤미야 13장을 후대의 부가물로 취급하고, 그래서 우리의 전체적인 해석에 적절치 않은 것으로 다루는 것이 정당한가(Gunneweg, 158)? 결코 그렇지 않다! 그러나 이 문제로 돌아가기에 앞서, 방금 전에 검토했던 정형화된 내러티브를 통해 제시되는 주요 관심사들에 대해 잠시 요약해 보는 것도 도움이 될 것이다.

첫 번째로, 이 성경책들은 하나님의 목적들에 있어서 페르시아 왕들이 갖는 역할에 대해 매우 분명히 진술한다. 참조. Japhet, *ZAW* 94(1982) 66-98. 첫 번째 구절에 기록된 것처럼 하나님께서 오래된 예언들을 철저하게 성취시키려고 고레스의 심령을 "휘저으셨던" 것에서부터 아르타크세르크세스가 느헤미야에게 두 번째로 예루살렘에 돌아가도록 허용해 준 것에 이르기까지(느 13:6), 원 자료들과 편집자들의 태도는 거의 충돌되는 목소리가 없이 일치된 지속성을 갖고 있다(아래를 보라). 왕가의 결정이 공동체의 이익과 반하는 곳에서조차도, 그것은 고정된 정책에 의해서라기보다는 적대적인 왜곡 때문에 야기된 것이었다(스 4장). 한 목소리로 제기되는 이런 진술은, 바벨론의 손을 통해 정치적 자율성을 상실한 유대교로 하여금 그런 상실을 감수하게 하려는 시도들에 대해 도움을 준다. 선지자들은 종종 그들 자신들은 무의식적이지만 이방 권력자들을 하나님의 손 안에 있는 그분의 도구로 여기는 경향을 발전시키면서(참조. 사 10:5; 렘 25:9; 사 45:1 등), 이 성경들은 외국인 통치하에서의 믿음의 삶의 가능성에 대해 긍정적인 입장을 취한다. 민족주의는 가나안 땅에 남겨져 있었고, 딱딱하게 굳어진 사람들보다는 포로로 끌려갔던 사람들 사이에서 필요에 의해 좀더 긍정적으로 성장했음이 틀림없다. 더군다나 이 점은 피지배민들의 종교적 예민성들에 대해 아케메네스 제국이 보인 특별한 자유 정책으로 인해 더욱 쉬워졌다. 후대의 셀류키드(Seleucids) 왕조 치하에서의 경험은 매우 다른 전환이 된다. 적응하는 시작 과정은 신의 뜻에 의한 것이기에 선호할 만한 것으로 결론지어졌기 때문에, 에스라 · 느헤미야서는 정치적으로 침묵을 지키는 입장이 갖는 장점 등에 대해 아무 거리낌이나 어려움 없이 묘사한다.

두 번째로, 유대인 공동체는 국가를 통해서보다는 종족과 종교를 통해서 규정되고 있었기 때문에, 그들은 정체성을 유지하기 위해 엄격한 분리 프로그램을 준수하도록 다그쳐졌다. 이에 대해서는 이를 수행하기 위해 사용했던 방법들에 대한 비평적인 평가와 더불어 에스라 9장과 10장 뒤이어 나오는 "해설" 부분에서 설명했다. 이 점은 에스라 · 느헤미야서의 네 개의 커다란 부분에서 각각 발견되며, 백성들이 직면했던 반대와 훼방의 내용들 중 상당 부분의 원 자료이기도 하다. 에스라 4:1-5이 기록하고 있는 내용, 즉 북쪽 지역에서 도와주겠다고 한 제안을 거절한 것과, 현재 배열에 의하면 이 장의 나머지 부분이 그 결과에 관해 기록하고 있는 것을 보라. 에스라 9-10장에 나오는 혼합 결혼에 대한 정책, 느헤미야가 예루살렘에서 유다의 이웃들을 향해 "기업도 권리도 명록"도 없다고 거절한 것(느 2:20)과 그 결과로 인해 그들의 모든 움직임에 대해 그들이 애를 먹인 것이며 느헤미야 8-13장에서 구별과 분리에 관해 몇몇 확증한 것. 경우에 따라 엄격한 접근법에 대해 약간씩의 양보와 용인이 있기는 하지만(예를 들어, 스 6:21), 그들이 보여 주는 일반적인 인상은 그들이 전투 태세를 갖춘 공동체라는 것이다. 그럼에도 불구하고 이 공동체는 신앙적 권리나 정치적 권리를 갖고 있지 못했다.

이 내러티브에 나오는 세 번째 관심이 정당성을 얻고자 노력하는 내용이라는 점은 놀라운 일이 아니다. 백성들은 계속해서 그들과 그들이 세운 것들이 포로기 이전 이스라엘과 직접적인 연속선상에 있다는 점을 재확신해야 할 필요가 있었을 것이다. 그렇기 때문에, 기록되어야 할 책들 중 가장 후대의(최근의) 부분들에서 우리는 특별하게도 종종 초기 역사와 맞물린 전형적인 패턴으로 묘사하는 것을 발견하곤 한다. 에스라 1-6장에서 백성들의 귀환은 두 번째 출애굽으로 제시된다. 성전 기명들이 다시 돌아오게 되고 제2성전이 건축되는 일들은 솔로몬 치하 때 성전이 건축되었던 일이나 백성들 자신이 포로기 때 끌려간 사람들과 계보상으로 연결되어 있다는 점 등으로 묘사된다. 일부 유사한 관심들은 에스라서의 내용에 대한 편집적인 과정에서도 역시 다루어진다.

하지만 연속성의 가장 중요한 원 자료는 모세의 율법책이다. 모세의 율법책이라는 표현을 빈번하게 언급하는 것은, 이 표현이 에스라・느헤미야서 두 권의 성경이 갖는 두드러진 특성을 통해 더욱 강화된다(참조. 느 8장). 에스라서의 새로운 해석학을 통해서 오래된 이런 율법들이 다시 한 번 백성들의 삶의 모든 측면에 영향력을 행사할 수 있는 가능성이 활짝 열렸다. 이런 방식을 통해 그들은 앞선 시대의 믿음의 영웅들의 직접적인 계승자들로 우뚝 설 수 있었다(예를 들어, 느 8:17).

공동체 내에 존재하던 두 개의 주요 "분파들"에 관해서는 최근의 연구들에서 이 책들에 대해서와 포로기 이후 일반에 대해 수많은 논의가 있어 왔다. 종종 "신정주의"(theocratic)라고 호칭되는 한 분파는 페르시아 통치자에 대해 일반적으로 복종적인 태도를 갖는 범주 내에서 하나님, 율법 그리고 그 기관들에 대해 신실해야 한다고 역설했던 것으로 알려져 있다. 위에서 이야기된 것들을 통해 볼 때, 이 책들이 일반적으로 이런 입장의 주된 해설자로 간주되었다는 것은 이상한 일이 아니다. 또 다른 분파는 그 지향성에서 "종말론적"이었으며, 현재 상황에 불만족스러워했고, 설령 능동적으로 행동하지 않는다 하더라도 이방인의 통치를 제거하고 독립을 확립하는 것을 추구하며, 심지어 메시아적 왕국을 추구하는 것으로 여겨진다.

페르시아의 통치 기간 동안 유다 백성들이 이런 긴장을 경험했을 수 있다는 점에 대해서는 우리가 기꺼이 받아들일 수 있지만, 이 이론이 추측하는 방식으로 "분파들"에 관해 이야기한다는 것은 별로 확실성이 없다. 우리가 지금 갖고 있는 목적에 있어서 좀더 중요한 점은, 이 두 개의 관점들이 전적으로 서로 배타적인 것이 아니라는 점을 좀더 고려하는 일이다: 한 사람이 현재의 상황을 받아들이거나 심지어 포용하는 것은, 비록 그가 지금 상황이 완전치 않으며 긴 안목으로 변화를 추구해야 한다는 관점을 동시에 유지하고 있다 하더라도 얼마든지 가능하다. 어쨌거나 이것이 에스라와 느헤미야서에서 채택한 태도인 것으로 보인다. 우리는 이미 현재에 관한 태도에 대해 충분히 이야기했다. 그러나 미래에 대해서는 어떠한가? 두 개의 문단에 주의를 기울여야 한다.

첫 번째 문단은 느헤미야 9장이다. 아래에서 분석된 기도문의 구조 및 기도문의 결론행의 단어들은 분명한 진술을 하고 있다. 이 땅에서의 자유에 대한 하나님의 약속과 이방 왕들에 대한 백성들의 현재의 굴종 간에는 참을 수 없는 상호 모순이 있다. 물론 이 문단이 독자적인 기원을 갖고 있으며 이 책들 전체의 전형이 아니라고 대답할 수도 있을 것이다. 그럼에도 불구하고, 에스라 · 느헤미야서의 편찬자는 이 문단을 포함시키기로 신중하게 선택했으며, 또한 다음과 같이 계속해서 이야기함으로써 그가 실제로 느끼고 있는 감정들을 드러냈다. "이러함에도 불구하고, 우리는 견고한 언약을 세워…"(느 10:1〈9:38〉). 그 무엇도 현재를 신실하게 수용하는 일과 미래를 향한 열망을 긴장 속에 유지하는 것을 더 분명하게 보여 줄 수 없다.

우리가 앞서 했던 분석에서 유보되었던 두 번째 문단은 느헤미야 13장이다. 편집자가 그의 작업에서 본문들을 그렇게 배치하지 않았기에 내러티브가 12:43에서 결론내려진다는 점은 중요하다. 이 주석이 보여 주듯이, 비록 연대기적인 표현들은 백성들이 10장에서 최근에 맹세했던 모든 내용들을 매우 신속하게 깨버렸다는 인상을 피하려는 의도를 갖고 있음에도 불구하고, 에스라 · 느헤미야서의 중요한 각각의 관심사들에 대한 실패의 본보기들이 이 마지막 장에 합병되어 있다는 점은 매우 중요하다. 성전과 제사들(예를 들어, 11절), 이방인들과의 분리(23-28절) 그리고 성벽의 사용(15-22절)은 우리에게 에스라 · 느헤미야서의 중요한 세 부분을 기억하게 한다. 결국 교화되어야 하고 바뀌어야 하는 학대들이 여전히 존재한다는 사실은, "지금 그리고 아직…"이라고 남겨 둔 것이 의미하는 바를 우리에게 분명히 알려 준다. 비록 이 책들에는 역대기에서 발견되는 방식처럼 직접적인 하나님의 간섭이라는 방식이 거의 없긴 하지만, 이는 미래가 이미 닫혀 있고 끝장났다는 것을 의미하지는 않는다. 그보다는, 내러티브 구조 그 자체는 과거의 성취를 미래를 향한 열망에 대한 모델로서 보여 준다고 할 수 있다.

에스라

귀환 허락(스 1:1-11)

참고문헌

Ackroyd, P. R. "The Temple Vessels – A Continuity Theme." *VTSup* 23(1972) 166-81. **Bartel, A.** "Once Again – Who Was Sheshbazzar?"(Heb.). *BMik* 79(1979) 357-69. **Ben-Yashar, M.** "On the Problem of Sheshbazzar and Zerubbabel"(Heb.). *BMik* 88(1981) 46-56. **Berger, P.-R.** "Zu den Namen ששבצר und נאצר." *ZAW* 83(1971) 98-100. ______. "Der Kyros-Zylinder mit dem Zusatzfragment BIN II Nr. 32 und die akkadischen Personennamen im Danielbuch." *ZA* 64(1975) 192-234. **Bickerman, E. J.** "The Edict of Cyrus in Ezra 1." *Studies in Jewish and Christian History*. Part One. Leiden: Brill, 1976, 72-108. **Dion, P. E.** "ששבצר and ססנורי." *ZAW* 95(1983) 111-12. **Galling, K.** "Die Proklamation des Kyros in Esra 1." *Studien*, 61-77. ______. "Das Protokoll über die Rückgabe der Tempelgeräte." *Studien*, 78-88. **Ginsberg, H. L.** "Ezra 1:4." *JBL* 79(1960) 167-69. **Goldman, M. D.** "The True Meaning of Ezra 1, 4." *AusBR* 1(1951) 58. **Gray, G. B.** "The Title 'King of Persia,'" *ExpTim* 25(1913-14) 245-51. **Grossheide, H. H.** "Twee Edicten van Cyrus ten gunsten van de Joden." *GTT* 54(1954) 1-12. **Halevi, A. A.** "Investigations in the Books of Ezra and Nehemiah in the Light of Greek Sources"(Heb.). *Yaacov Gil Jubilee Volume*, ed. Y. Hocherman, M. Lahav, and Z. Zemarion. Jerusalem: Rubin Mass, 1979. 109-17 (109-10). **In der Smitten, W. Th.** "Historische Probleme zum Kyrosedikt und zum Jerusalemer Tempelbau von 515." *Persica* 6(1972-74) 167-78. **Japbet, S.** "Sheshbazzar and Zerubbabel." *ZAW* 94(1982) 66-98. **Kuhrt, A.** "The Cyrus Cylinder and Achaemenid Imperial Policy." *JSOT* 25(1983) 83-97. **Levine, B. A.** "Comparative Perspectives on Jewish and Christian History." *JAOS* 99(1979) 81-86. **Liver, J.** "The Beginning of the Restoration of Zion"(Hebrew). *Studies in Bible and Judean Desert Scrolls*. Jerusalem: Bialik Institute, 1971. 249-62. **Mayer, R.** "Das achämenidische Weltreich und seine Bedeutung in der politischen und religiösen Geschichte des antiken Orients." *BZ* N.F. 12(1968) 1-16. **Rost, L.** "Erwägungen zum Kyroserlass." *Verbannung und Heimkehr. Wilhelm Rudolph zum 70. Geburtstage*, ed. A. Kuschke. Tübingen: Mohr, 1961. 301-7. **Tadmor, H.** "The Historical Background to the Decree of

Cyrus"(Heb.). *Sepher Ben Gunon.* Jerusalem: Kiryat Sepher, 1964. 450-73. **Torrey, C. C.** "The First Chapter of Ezra in Its Original Form and Setting." *Ezra Studies*, 115-39. **Vaux, R. de.** "Decrees." **Welch, A. C.** *Post-Exilic Judaism*, 87-107. **Williamson, H. G. M.** "The Composition of Ezra i-vi." *JTS* ns 34(1983) 1-30. **Wilson, R. D.** "The Title 'King of Persia' in the Scriptures." *PTR* 15(1917) 90-145.

본 문

1 바사 왕 고레스 원년에 여호와께서 예레미야의 입으로 하신 말씀을 응하게 하시려고 바사 왕 고레스의 마음을 감동시키시매 저가 온 나라에 공포도 하고 조서도 내려 가로되

1 In[a] the first year[b] of Cyrus, king of Persia, in order that the word of the Lord spoken by[c] Jeremiah might be fulfilled, the Lord stirred up the spirit of Cyrus, king of Persia. He issued a proclamation throughout his kingdom (it was also written down)[d] as follows:

2 바사 왕 고레스는 말하노니 하늘의 신 여호와께서 세상 만국으로 내게 주셨고 나를 명하사 유다 예루살렘에 전을 건축하라 하셨나니

2 "This is what Cyrus, king of Persia, says: 'The Lord, the God of heaven, has given me all the kingdoms of the earth, and he has commanded me[a] to build him a temple in Jerusalem, which is in Judah.

3 이스라엘의 하나님은 참 신이시라 너희 중에 무릇 그 백성 된 자는 다 유다 예루살렘으로 올라가서 거기 있는 여호와의 전을 건축하라 너희 하나님이 함께 하시기를 원하노라

3 Who is there among you of all his people?[a] May his god[b] be with him! And let him go up[c] to Jerusalem, which is in Judah, and build the temple of the Lord, the God of Israel — that is to say, the god[b] who is in Jerusalem.

4 무릇 그 남아 있는 백성이 어느 곳에 우거하였든지 그 곳 사람들이 마땅히 은과 금과 기타 물건과 짐승으로 도와주고 그 외에도 예루살렘 하나님의 전을 위하여 예물을 즐거이 드릴지니라 하였더라

4 And those who remain behind[a] who belong to any of the places[b] where he is living shall help[c] him…[d] with silver and gold, with goods and livestock, together with any freewill offerings for the house of God which is in Jerusalem.'"

5 이에 유다와 베냐민 족장들과 제사장들과 레위 사람들과 무릇 그 마음이 하나님께 감동을 받고 올라가서 예루살렘 여호와의 전을 건축코자 하는 자가 다 일어나니

5 Then the heads of the families of Judah and Benjamin, and the priests and the Levites arose, even all[a] whose spirit God had stirred up to go up to rebuild the house of the Lord in Jerusalem.

6 그 사면 사람들이 은그릇과 황금과 기타 물건과 짐승과 보물로 돕고 그 외에도 예물을 즐거이 드렸더라

6 All their neighbors assisted them[a] with silver vessels,[b] with gold, goods, and livestock, and with choice gifts in abundance[c] in addition to any freewill offering.[d]

7 고레스 왕이 또 여호와의 전 기명을 꺼내니 옛적에 느부갓네살이 예루살렘에서 옮겨다가 자기

7 Furthermore, King Cyrus brought out the vessels of the temple of the Lord which Nebu-

신들의 당에 두었던 것이라	chadnezzar had removed[a] from JerusaLem and which he had put in the temple of his god.
8 바사 왕 고레스가 고지기 미드르닷을 명하여 그 그릇을 꺼내어 계수하여 유다 목백 세스바살에게 붙이니	**8** Cyrus, king of Persia, handed them over to Mithredath[a] the treasurer,[b] who then delivered them with an inventory[c] to Sheshbazzar,[d] the prince of Judah.
9 그 수효는 금반이 삼십이요 은반이 일천이요 칼이 이십구요	**9** And this was the inventory: golden dishes[a] 30 silver dishes 1,000 (of which) duplicates[b] 29
10 금대접이 삼십이요 그보다 차한 은대접이 사백열이요 기타 기명이 일천이니	**10** golden bowls 30 silver bowls …[a] (of which) duplicates[b] 410 other vessels 1,000
11 금은 기명의 도합이 오천사백이라 사로잡힌 자를 바벨론에서 예루살렘으로 데리고 올 때에 세스바살이 그 기명들을 다 가지고 왔더라	**11** total of silver and golden vessels 5,400. Sheshbazzar brought them all up at the time when the exiles were brought up from Babylon to Jerusalem.

원문주해

1.a. 마소라 텍스트(MT)에는 접속사 "그리고"가 있다. 이런 양상은 비록 ויהי의 경우를 제외하고는 구약성경의 내러티브 중심의 성경들에서 공통적인 모습이기는 하다. 그러나 일반적으로 이 접속사는 앞에 나온 내용과 밀접한 연관성이 있다고 추측된다.

1.b. 구조에 대해서는 GKC § 134o-p 그리고 단 9:1, 2; 11:1 등을 참조하라.

1.c. 미피(מפי "…의 입으로부터"). 대하 36:22에는 비피(בפי "…의 입에서")로 되어 있다. 두 가지 모두 의미상 특별한 차이가 없이 공통적으로 사용된다. 역대기 본문이 아마도 이차적이지 않나 싶다. 21절에 나오는 비피(בפי)는 본문 전달에 영향을 끼쳤다.

1.d. 웨감 브미크토브(וגם במכתב, "그리고 또한 글로써")는 본문에 느슨하게 매달려 있다. 여기서의 강조점은 구두로 선포했다는 점에 있으며, 이 표현은 삽입구적인 보충으로 제시된다.

2.a. 알라이(עלי, "내게")를 사용했는데, "나를 지명했다"(NIV, Myers 등)보다는 이런 번역을 더 선호한다. 또한 인 데르 스미텐(In der Smitten, *Persica* 6[1972-74] 170)을 보라.

3.a. 혹은 "너희 중 누구든지"이다(RSV 등). 하지만 연설이라는 문장 형식에는 직접적인 질문 형태가 더 잘 들어맞는다(LXX; Bowman).

3.b. 아마도 이교도적인 의미를 갖는 것으로 의도되었을 것이다(아래를 보라). 이런 이유로 인해 대하 36:23은 그가 예히(יהי)를 대신해서 야웨(יהוה "야웨")를 사용한 것으로 바꾸었다.

3.c. 쩌시브 형태인 야알(יעל)과 이벤(יבן)은 아마도 엄격한 명령보다는 허락을 표현한 것이다. Driver, *Tenses*, 54-55, 그리고 Bewer, 11 등을 참조하라.

4.a. 집합적 단수에 대해서는 아래의 "주석"을 좀더 보라. 몇 가지 본문 수정이 제안되었다. 예를 들어, Bewer, 12(השב, "돌아오는 사람"), 그리고 Ginsberg, *JBL* 79(1960) 167-69(וכל הנושא, 어림짐작한 아람어 원문에서 히브리어로 잘못 번역한 실수라고 간주함: וכל די יטל, "그리고 드리는 누구든지") 등이 있다. 하지만 이들 제안들은 모두 본문상의 지지를 받지 못하고 있을 뿐만 아니라(Bewer에 관해서는 Rudolph를 보라), 또한 지금 형태가 마소라 텍스트(MT)에서 의미가 잘 통하고 있기 때문에 본문 수정을 피하는 것이 더 선호된다.

4.b. 미콜 함코모트(מכל המקמות, "모든 장소들로부터"): 법률적인 용어다. Bickerman, "Edict," 86, 그리고 스 8:17을 참조하라.

4.c. 이런 의미를 갖고 있는 נשא의 피엘형에 대해서는 왕상 9:11; 에 9:3; 스 8:36 등을 참조하라. 이 단어가 "징수를 부과하다"를 의미한다는 골드만(Goldman)의 어림짐작(*AusBR* 1[1951] 58)은 그런 의미를 갖는 평행적인 표현이 없으며, 아마도 이 구절 앞부분을 잘못 이해한 것에 근거를 두고 있을 것이다.

4.d. 마소라 텍스트(MT)에는 이 부분이 아느쉐이 메코모(אנשי מקמו, "그의 장소의 사람들")로 되어 있다. 일반적으로 이 단어는 동사의 주어로 간주된다. 웨콜 하니스아르(וכל הנשאר "그리고 남아 있던 모든 자들")는 독립명사구(*casus pendens*)로서 예나스우후(ינשאוהו)의 동사 어미와 연결되어 있다: "그리고 남은 자들은 누구나, 그가 어디에 체류하든지 간에, 그의 장소에 있는 사람들로 하여금 그를 돕게 하라"(RV). 하지만 이는 해석상 어려움들이 생기게 한다. "주석"을 참조하라. 비커만(Bickerman)은 "Edict," 83-87(그리고 에스드라1서와 Vg가 지지하는)에서 이 의미를 변호했는데, 이것이 더 선호할 만하다. 비록 그의 문법적 분석은 마소라 텍스트(MT)에 대한 설명으로서는 올바르지만 너무 번잡스러워서 확신을 주기엔 어렵다. 나는 아느쉐이 메코모(אנשי מקמו, "그 곳 사람들")에 대해서는 보충 설명적인 난외주로 보거나 혹은 앞에 나온 구문 전체를 "두 번 읽은"것으로 보아야 한다고 주장한다. 일반적인 현상에 관해서는 S. Talmon, "Double Readings in the Massoretic Text," *Textus* 1(1960) 144-84를 참조하라. 법적인 용어들이 종종 그렇듯이 이 구절의 시작 구문 역시 복잡하며, 또한 쉽게 되어 있지 않다. 그렇기 때문에 아느쉐이 메코모(אנשי מקמו, "그의 장소의 사람들")는 원래는 이 구절의 앞부분에 나오는 웨콜 하니스아르 메콜 하메코모트 아쉐르 후 가르 샴(וכל־הנשאר מכל המקמות אשר הוא גר שם, "남아 있는 백성이 어느 곳에 우거하였든지")에 대해 일반인이라는 의미의 동의어 역할을 했을 수도 있다. 다른 방식으로는, 니스아르(נשאר, "남아 있던")의 자음들과 메콤(מקום, "장소")과 더불어 나오는 아느쉐이(אנשי, "…의 사람들")의 자음들이 비슷하다는 점을 통해, 이들 두 단어 중 어느 한 단어는 다른 단어를 잘못 읽은 것에서 비롯되었다는 가능성을 추측할 수도 있다. 어떤 방식이건 간에, 하나의 단일한 본문 내에 서기관이 동일한 의미를 갖고 읽게끔 주의를 기울였다는 근거들이 있다는 점은 분명하다. 이 표현들

에 대한 충분한 변론에 대해서는 *JTS* ns 34(1983) 9-11를 참조하라.

5.a. 레콜(לכל, "모두")은 여기서와 같이 재개적인 기능을 갖고 후기 성경 히브리어에서 규칙적으로 사용된다. BDB: 514b 그리고 GKC § 143e 등을 참조하라. 또 다른 설명(ל = 아라비아어 *la*, "진실로, 특별히")에 관해서는 P. Haupt, "A New Hebrew Particle," *Johns Hopkins University Circulars* 13(1894) 107-8를 참조하라.

6.a. 이 부분은 'חזק+ב'의 피엘형이 이런 의미를 갖는 경우로는 유일하게 등장하는 곳이다. 히필형이 뒤에 ב="유지하다, 지탱하다"가 나오는 반면, 정상적으로는 피엘형은 목적격을 동반해서 나온다. 그렇기 때문에 이 부분은 혼합된 형태를 보여 주는 것이거나, 혹은 서기관의 실수로 생긴 결과일 것이다(ב를 지우라). 참조. Torrey, *Ezra Studies*, 122.

6.b. 에스드라1서는 뻬콜 뻬케쎄(בְּכֹל בְּכֶסֶף, "은, 모든 종류의 선물들과 함께"; NEB, 그리고 많은 현대 번역들)로 읽을 것을 제시하며, 또한 이런 수정이 4절에 나오는 목록에 좀더 가까이 다가서게 해준다는 사실에도 불구하고, 이 표현이 이 문단 내에서 출애굽을 연상케 하는 예닐곱 가지 표현들 중 한 가지라는 점에서 마소라 텍스트(MT)는 그대로 유지되어야만 한다. "주석"을 보라.

6.c. 레바드(לבד)는 "게다가"를 의미하는데, 이 단어는 항상 민(מן)이 나오고 결코 지금 여기서처럼 알(על)이 나오지 않는다. 에스드라1서를 통해 라로드(לָרֹב "풍성하게")로 읽으라.

6.d. 부정사 구문이 명사로 사용되었다. 참조. König, *Syntax* § 233*a*.

7.a. LXX, 에스드라1서 그리고 Vg 모두 두 번 나오는 호치(הוציא, "꺼냈다")를 다른 단어들을 사용해서 번역했다. 이런 방식이 의미는 영향 받지 않으면서도 형태상으로는 더 선호할 만하다. 아마도 헤비(הֵבִיא, "꺼냈다")로 읽어야 할 것이다.

8.a. 매우 흔한 페르시아 이름이다. 참조. F. Justi, *Iranisches Namenbuch*(Marburg: Elwert, 1895), 209-13.

8.b. 차용어이다. 비록 아직까지 구페르시아어에서 발견되지는 않았지만, 이 단어의 존재는 여기서 유래된 다른 언어들을 근거로 분명하게 추측되고 있다. 참조. AD, 77, n. 2; M. Ellenbogen, *Foreign Words*, 55.

8.c. 문자적으로는 "꺼내어 계수했다"이다. 다음 구절에서 미쓰파람(מספרם, "보내다")이 반(半)술어로 사용되었다는 관점은 별로 그럴듯하지 않다. L. Kopf, "Arabische Etymologien und Parallelen zum Bibelwörterbuch," *VT* 9(1959) 268 부분과 대조하라.

8.d. 바벨론의 이름, *šaššu-aba-uṣur*(= *šaššu*[*šamaš*, 태양-신]이여 아버지를 보호하소서); Berger, *ZAW* 83(1971) 98-100, 그리고 Dion, *ZAW* 95(1983) 111-12 등을 참조하라. 상당히 많은 방식들을 통해 이 이름을 헬라어 번역들로 전달했음에도 불구하고(참조. Torrey, *Ezra Studies*, 136-38), 메이어(Meyer, *Entstehung*, 76-77)와 그 이후 많은 다른 사람들이 주장한 것처럼 이 이름을 대상 3:18의 세낫살과 동일시하는 데는 아무런 의문

도 있을 수 없다.

9.a. 이 단어는 오직 이 문단에서만 나타난다. 비록 확실한 어원 연구가 제시되지는 않았지만, 이 단어의 형태(다섯 개의 어근 자음)는 이 단어가 차용된 단어임을 강력하게 지시해 준다. 좀더 이전에는 Ellenbogen, *Foreign Words*, 9-11, 그리고 Galling, *Studien*, 82에서 불만족스러운 주장을 했었다. 정황상 필요한 의미라는 관점에서 볼 때, 이 단어가 그리스어 카르탈로스(*κάρταλλος*, "basket")에서 직접 유래된 것이라는 주장은 그럴듯해 보이지 않는다. 가장 그럴듯한 것은, 히브리어와 헬라어가 후대의 아람어 방언 동의어들과 함께 각기 독자적으로 공통적인 어원에서 유래되었다고 보는 것이다. 고대 번역본들(Vrs)에서는 다양하게 표현하는데, 이는 이 단어의 의미에 대한 공통적인 전승이 남아 있지 않음을 보여 준다. 많은 현대의 번역가들이 "접시들"로 표현하긴 하지만, 이것은 그저 단순한 추측일 뿐이다: 기명들이 어떤 형태였는지에 관해서는 알려지지 않고 있다.

9.b. 마할라핌(מחלפים): 이 또한 불확실하다. 이 단어는 전통적으로 Vg, *cultri*를 따라 "칼들"(חלף = "뚫다")로 번역되어 왔지만, 이는 어원론적으로도 있음직하지 않을 뿐만 아니라 정황에도 잘 어울리지 않는다. 많은 제안들 중 대안으로서 가장 영향력 있게 제시되는 것들은 다음과 같다. (1) Bewer, 15-16, 그는 처음 나오는 ם을 앞에 나온 단어에 붙여서 אלפים "2,000"으로 읽는다. 그리고 남아 있는 חלפים을 중복 기록한 것으로 간주해서 지운다. (2) 루돌프(Rudolph)는 호팔 분사형인 מָחֳלָפִים로 모음을 다시 찍는다. 그는 이 부분이 "바뀌어야"를 의미하는 단어이며 사소하게 윤색된 것으로 간주한다. 이 부분은 원래는 11절에 나오는 전체 숫자가 각각의 숫자들의 합과 일치하지 않는다는 점을 관찰한 서기관이 숫자에 대해 설명한 것이었다. 루돌프는 마찬가지로 10절에 나오는 משנים을 대신해서 메쉬님(מְשֻׁנִּים, "바뀌어야" – 푸알 분사형)으로 읽는다. 그의 관점이 갖고 있는 어려움은 이럴 경우 동일한 문단 내에서 동일한 종류의 설명을 위해 서로 다른 단어들을 사용한 셈이 되는데, 이건 별로 가능성이 없어 보인다는 점이다. (3) Galling, *Studien*, 83-85. 그는 루돌프와 마찬가지로 모음을 다시 찍는 것을 받아들인다. 그러나 첫 번째 부분에 대해서는 "수리가 착수된"(손상된 부분들을 교체하는 것을 통해)으로 그리고 두 번째 부분에 대해서는 "손상된"으로 간주한다. 하지만 만약 은접시들만이 수선되었다면, 그리고(Galling은 이 접시들을 바벨론에서 가져가기 전에 이미 수선했다고 이야기하는데) 창고에 있는 동안 은대접들만이 손상을 입었다면, 그것은 아주 이상한 일이 될 것이다. 그러므로 그 어떤 제안도 확신을 주지는 못한다. 그렇기 때문에, 마소라 텍스트(MT) 근처에 머무르는 것이 가장 신중한 태도인 것으로 보인다. 마소라 텍스트가 변조되었을 수 있다는 가능성을 충분히 인식하고서 말이다. NEB는 이 점을 "다양한 종류의 기명들"과 관련해서 시도하지만, 이것 역시 이례적인 것이 된다. 왜냐하면 그렇게 될 경우 우리는 그들이 이 목록 마지막에 나오는 "다른 기명들"에 포함된 것으로 기대하게 되기 때문이다. 이 목록의 구조에 근거를 두고 있는 좀더 많은 고려 사항들에 관해서는 아래의 "양식

/구조/배경"을 보라.

10.a. 이 목록의 구조는 아마도 כסף("은") 뒤에서 유사문미(동일하거나 비슷한 끝부분으로 인해 생략되는 현상)로 인해 אלף("1,000")이라는 숫자가 누락된 것으로 추측케 한다.

10.b. 위의 9.b.절을 보라.

양식/구조/배경

저자는 그의 작업을 도입해 주는 이 장을 기록함에 있어서 활용 가능한 앞 시대의 자료들인 고레스의 조서(2-4절)와 성전 기명 목록(9-11a절)이라는 두 가지 자료들을 갖고 있었다. 이 자료들은 그가 나머지 내러티브 부분을 구성해 나가는 데 필요한 충분한 정보를 제공했다. 저자는 나머지 내러티브를 구성하는 것을 통해서 또한 그의 자료들에 대해 명료한 신학적 해석을 했다.

언뜻 보기에는, 고레스의 조서의 또 다른 번역이 6:3-5에 보존되어 있는 것으로 여겨진다. 하지만 사실 이 두 가지는 형태와 내용에서 모두 매우 다르다. 후자가 공식적이고 외교적인 각서 형태인 반면(이 부분에 대한 "주석"을 보라), 지금 부분의 조서는 구두 형태의 메시지로 제시되고 있다. 참조. C. Westermann, *Basic Forms of Prophetic Speech*, tr. H. C. White(London: Lutterworth, 1967), 100-115. 구두 형태의 조서가 갖고 있는 일반적인 시작 방식으로, 이 부분도 "그러므로 말하노라"라는 메신저 공식으로 도입된다. 그리고 뒤이어 조서 내용에 관한 기록이 현재와 새로운 상황(2절)을 표현하는 완료형 시제로 나오고, 이후엔 명령형 부분이 나오면서 결론내려진다. 이 부분에서는 조서를 받는 사람에게 결정을 선택하라는 내용이 제시된다(3-4절). 이런 형태에 대한 예들은 구약성경과 다른 부분들에 많이 나온다: 예를 들어 창세기 45:9; 민수기 22:4b-6; 열왕기하 19:3-4. 이들 본문들에 나오는 메시지에서는 그 안에 받는 이에 관한 인칭적 언급을 거의 포함하지 않는다는 점을 주의 깊게 관찰해야만 한다. 그러므로 현재 본문에서도 이 요소가 부족하다는 점은 별로 놀랄 만한 일이 아니다. 갈링(Galling, *Studien*, 66)과 대조하라.

두말할 필요도 없이, 메시지는 한 개인이나 혹은 하나의 단일 그룹에 속한 사람들에게 주어지는 것이다. 하지만 여기서 이 나레이터는 이 메시지가 아마도 사자들을 통해 넓은 지역을 대상으로 선언된 왕의 선포인 것으로 소개했다(1절). 고대 세계에서는 이런 점이 일반적인 관습이었다는 것이 분명하다. 참조. Bickerman, "Edict," 74-76. 하지만 우리는 이런 선포들이 어떤 특징을 갖고 있는지에 관해서는 별다른 지식이 없는데(Bickerman은 비록 확신할 수는 없지만 고레스의 이런 식의 조서를 로마 시대의 *edictum*과 견주어 보려는 시도를 p. 108에서 한다), 왜냐하면 이런 선포들은 그저 간접적으로만 기록되는 것이 일반적인 양상이기 때문이다. 예를 들어, 역대하 24:9; 에스라 10:7. 그러나 선포 내용을 기록한 이 부분에서는 명령형의 내용만을 포함하고 있다. 참조. 출애굽기 36:6; 느헤미야 8:15; 다니엘 3:4-6. (대하 30:5-9은 비교할 만한 부분이 아닌데, 역대기 사가가 그 부분에서는 그저 단순하게 레위적인 설교를 왕의 메신저의 입에만 담아놓은 것이기 때문이다.) 비교할 만한 자료들이 충분치 못하고 부족하다는 점은 이 점에 있어서 독단적인 태도를 갖지 못하게 만든다. 그러나 이 토대 위에서 생각해 볼 때 원래부터 적절하게 지역적인 것으로 의도되었던 선언이, 그러니까 아마도 유대인 공동체의 지도자들에게 선언되었던 것이 나레이터가 1절을 구성하면서 함께 배치한 새로운 배경을 통해서 좀더 보편적인 선포로 확장된 것으로 보인다.

다음으로, 이 선포를 "메시지"로 분석한 좀더 확실한 결론으로서, 이 선포는 예루살렘에 돌아가는 일과 성전을 재건축하는 일에 권위를 부여하고 있다는 점과 결코 나누어질 수 없는 하나로 묶여진 선포라는 점도 강조되어야만 한다. 그가 포로생활을 하던 사람들에게 "돌아가라"(쩌시브)고 권위를 부여하는 것은 다름아니라 하나님께서 고레스에게 성전을 재건축하라고 명령하셨기 때문이다(2절; 이 언어의 본질에 대해서는 "주석"을 보라). 이는 이 조서를 6:3-5의 조서 기록(memorandum)에서 좀더 떨어지게끔 만드는데, 왜냐하면 그 부분의 조서 기록 안에는 귀환에 대한 언급이 전혀 나오지 않을 뿐만 아니라 재건축 허가가 건축 구조의 구체적인 지침이나 그 비용을 공적인 국고에서 충당하도록 하는 내용과 결합되어 있기 때문이다. 마지막으로, 우리는 6:3-5에 성전 기명들에 관한 언급이 등장하지만 지금 1장 내에서는 조서 안에 그 내용이 전혀 언급되어 있지 않고, 성전 기명 내용은 따로 분리된 문단의 새로운 주제로서만 제시되고 있다는 사실에도 주목해야만 한다.

그러므로 형태와 내용에 토대를 두고 생각해 본다면, 1:2-4의 선포가 과연 나레이터가 6:3-5을 근거로 독단적으로 기록한 것인지를 분간하는 일은 그리 쉽지 않다. 더군다나 우리는 이미 선포 그 자체와 이것이 서술되는 배경 간의 긴장관계에 대해서 살펴보기 시작했으며, 이 점은 아래에서 더욱 강조될 것이다. 이런 토대들과 "주석"에서 좀더 첨가될 내용들을 토대로 생각해 볼 때, 이 선포는 나레이터가 물려받았던 자료의 일부분이었던 것으로 보이기 시작한다.

성전 기명 목록이 믿을 만한 원 자료에 토대를 두고 있다는 점은 주석가들 사이에서 훨씬 더 많은 동의를 받고 있다(참조. 특별히 Rudolph와 Galling). 이에 대한 분명한 표시는 10절에 나오는 아람어 כפור("대접")에서부터 나온다. 그리고 불확실한 차용어와 9절에 나오는 *h.l.* אגרטל("접시") 등은 이 목록 자체가 혼란스러운 상태라고 이야기하지 않는다("원문주해"를 보라). 여기에 덧붙여서, 페르시아어에서 차용한 단어인 גזבר("보물")은 다시 한 번 8절이 목록에 대한 소개를 재기록한 형태를 담고 있는 것으로 추측케 한다. 누가 누구에게 이 기명들을 넘겼는지에 관해, 그리고 아마도 언제 그렇게 했는지에 관해 진술하면서 말이다. 반면에 11절의 כל־כלי("모든 〈그〉 기명들")에 독특하게도 정관사가 누락되어 있다는 점은 최종적인 총 합계 역시 여기에 포함되어 있었을 것이라는 점을 지시해 준다. 그러므로 이 목록이 페르시아 제국의 외교 언어였던 아람어에서 번역되었다고 추측하는 것이 합리적이다. 그리고 비슷한 다른 경우들을 통해서 우리에게 알려져 있는 것처럼(예를 들어, 상응하는 아람어들; 참조. J. D. Whitehead, "Some Distinctive Features of the Language of the Aramaic Arsames Correspondence," *JNES* 37[1978] 119-40), 이 부분엔 페르시아어에 어원을 두고 있는 단어들이 흩어져 있었다고 추측하는 것이 합리적이다.

이 목록이 취하고 있는 형태에 관해서는 의심할 필요가 거의 없는데, 왜냐하면 비록 심하게 훼손되기는 했지만 우리는 밀접한 평행적 표현을 *AramP* 61과 63에서 볼 수 있기 때문이다. 그 내용도 아마 "Memorandum"(זכרן)으로 시작되었을 것이며, 뒤이어 고지기 미드르닷이 일정한 기명들을 세스바살에게 넘겨주었다는 점과 그런 뒤에 그 연대가 언제였는지(참조. *AramP* 61:12)를 요약적으로 제시하는 내용이 뒤따라왔을 것이다. 그러므로 *AramP* 61은 이렇게 출발한다: "Memorandum: 청동잔들…학개의 아들 한나가…의 손에(ליד)…." 에스라 5:14에 나오는 좀더 진전된 도움과 더불어서, 이 나레이터는 아무 어려움 없이 그와 같은 제목을 통해 7-8절을 구성했다(Galling, *Studien*, 80-81). 이 목록 자체는 항목과 숫자들은 오른편의 한 컬럼 안에, 그리고 단어들보다는 숫자 표기들을 사용하는 것은 왼편의 한 컬럼 안에 기입하면서 시작되었을 것이다. E. Sachau, *Aramäische Papyrus und Ostraka aus einer jüdischen Militär-Kolonie zu Elephantine: Tafeln*(Leipzig: Heinrich, 1911), plate 55, col. 2, 그리고 plate 53(역으로)에 나오는 일러스트레이션을 참조하라. 이 점은 우리가 현재 갖고 있는 본문에 나타나고 있는 몇몇 혼동을 잘 설명해 줄 수 있을 것이다. 우리는 이 문헌이 최종적인 요약과 더불어 결론맺었을 것이라고 추측할 수 있으며, 아마도 증인이 사인했을 것으로 추측할 수 있다.

이 목록의 구조 역시 질서정연한 것으로 나타나고 있는데, 루돌프(Rudolph)가 이들 중 몇몇 항목들은 생략되었을 수도 있으며 이로 말미암아 숫자의 불일치를 가져왔을 것이라고 생각했던 것은 비록 추측에 불과하긴 하지만 불합리한 것은 아니다. (다른 방식으로는, 만약 이 목록이 심하게 손상되었다면, 원래는 이 항목들 중 일부는 숫자가 아니라 무게를 기록한 것이라고 추측해 볼 수도 있을 것이다. 마치 이 부분과 견주어 볼 수 있는 본문인 민 7:84-86에서처럼 말이다). 이 목록의 중심 부분은 두 개의 평행을 이루는 부분들로 단락이 구분된다: 각각의 부분들은 30개의 금으로 된 항목들로 시작하며("접시들 혹은 대접들") 그 뒤에 은으로 된 항목들이 나온다. 이런 질서정연한 전개 과정은 9b절의 숫자와 균형을 잡게 하기 위해 10절에 빠져 있는 숫자가 1,000이 되어야 한다는 추측을 하게끔 만든다. 그렇기 때문에 이런 대략적인 숫자들은 고레스가 이번에 모든 기명들을 다 돌려보낸 것이 아니라는 추측을 하게 한다(Ackroyd, *VTSup* 23[1972] 178, 그리고 Coggins와는 대조적으로). 그러고 나서 이 목록에서 가장 어리둥절한 요소인 각각의 절반 부분이 나오는데("원문주해"를 보라), 여기에선 불분명한 의미의(그러나 각각의 경우마다 서로 다른) 숫자가 딸린(이번에도 마찬가지로 각각 서로 다른) 단어가 나온다. 이 숫자들은 대략적인 숫자가 아니기 때문에 이 숫자에 대해서도 명확한 설명이 나오지 않는다. 이 목록은 다시 한 번 대략적인 숫자로(1,000, "기타 기명들") 계속 진행되기 때문에, 우리는 두 개의 예외적인 품목들이 각각 앞에 나온 품목들에서 어떤 특징적인 많은 기명들을 언급하는 것이라고 결론내릴 수밖에 없다. 위의 번역이 "중복들"을 허용하는 것은, 오로지 이것이 마소라 텍스트(MT)와 근접한 것이기 때문이다: 왜 다른 단어들이 사용되었는지를 설명하는 것은 불가능하다. 그러므로 이 목록의 구조에 대한 우리의 검토가 상당히 진전되었음에도 불구하고, 여전히 정확한 번역은 불확실한 것으로 남아 있다.

이 장의 나머지 부분들(즉 1, 5-6절, 7-8절과 11b절의 일부분)은 모두 저자가 직접 저술한 것으로 여겨질 수 있을 것이다. 그는 그의 원 자료들이 갖고 있는 정보들을 이용함으로써 이 정보들을 구성할 내러티브 골격을 구성했을 뿐만 아니라 이 내용들에 신학적 해석도 부여했다. 자세한 사항들은 아래에 나올 "주석"에서 다루어야 하겠지만, 바로 이런 점이 2-4절에 나오는 조서와 현재의 정황 사이를 어느 정도 긴장관계가 되게끔 만들고 있다는 점은 여기서 지적해 두는 것이 적절할 것이다: 1절에 관한 위의 "양식"을 주목하도록 하라. 그리고 이 귀환을 두 번째 출애굽으로 제시하려는 관심 때문에 4-6절에서 이루어진 변환에 대해서도 주목하라. 이 점은 2-4절이 독자적인 기원을 갖고 있다는 것을 좀더 깊이 있게 나타내 준다.

주석

1 유대인들이 바벨론에 포로 상태로 있었기 때문에, 성경 저자는 "고레스 원년"을 그가 승리해서 그의 도시로 돌아온 때인 주전 539년 10월부터 계산했다. 그러므로 그의 "선포"는 아마도 주전 538년에 이루어졌을 것이다. 하지만 사실 이 사건은 고레스가 근동 지역을 놀랍도록 급속하게 지배하게 되는 사건의 출발이 아니라, 클라이맥스를 나타내는 사건이었다. 그는 이전에는 고작 20세에 메데의 왕으로서 통치하기 시작했다. 그가 승리를 거두었던 과정과 그의 승리들이 가져온 즉각적인 이후의 영향들은 연대기에 빈번하게 기록되었다. 주요한 원 자료들로는 헤로도투스의 역사(the Histories of Herodotus), 나보니두스 연대기(the Nabonidus Chronicle, *ANET*, 305-7), 나보니두스의 설명(the "Verse Account of Nabonidus", *ANET*, 312-15) 그리고 고레스 원주(the "Cyrus Cylinder", *ANET*, 315-16) 등이 있다. 마지막에 거명된 고레스 원주의 내용에는 이제 버거(Berger, *ZA* 64[1975] 192-234)가 연구한 내용들이 반드시 보충되어야만 한다. 이 연구에서는 미해결로 남아 있던 부분들에 대한 새로운 편집뿐만 아니라 새롭게 발견된 텍스트 파편들(36-45행들)도 포함하고 있다. 이차적인 자료들에 대해서는 G. Widengren, "Persian Period," 515-20, 그리고 *Peoples of Old Testament Times*, ed. D.J. Wiseman(Oxford: Clarendon Press, 1973), 315-20; 좀더 충분한 내용들이 담긴 것으로는 Olmstead, *History*, 34-85; M. E. L. Mallowan, "Cyrus the Great," *Iran* 10(1972) 1-17; D. Stronach, *Pasargadae*(Oxford: Clarendon Press, 1978), 283-95; Cook, *Persian Empire*, 25-43 등을 참조하라; 그리고 *Acta Iranica*, 1ère Série, 1-3(1974)에 실려 있는 다양한 논문들을 참조하라.

그러므로 "페르시아 왕"이라는 호칭은 이 책들에서 아케메네스 제국 왕들에게 규칙적으로 부여되던 호칭과 동일한 것으로 단순하게 이해되어야만 하며, 그의 선포에 대해서도 일반적으로 그의 통치를 시작하던 순간으로 연대를 잡아야 하는 것이 아님을 이해해야만 한다. 그는 이미 이런 호칭으로 나보니두스 연대기(Nabonidus Chronicle, 2:15)에서 언급된 적이 있으며, 그와 그의 계승자들 중 일부에 대해서도 다양한 헬라의 저자들이 페르시아 시대에 관해 저술하면서 이런 형태로 기록했다는 점을 주목해야 할 것이다(Wilson, *PTR* 15[1917] 90-145). 2절에 대한 내용을 좀더 자세히 보라.

하지만 성경 저자는 그저 단순히 외적인 역사적 사실에 대해서, 그러니까 그가 조서 자체의 복사본에 대한 다른 기록이나 표제어 그리고 6:3의 기록 내용 등에서 뽑아낼 수 있었을 내용 등에 대해서 관심이 있었던 것이 아니다. 그보다는 그는 조서 내용들의 거룩한 명령과 목적에 대해 관심이 있었다. 그러므로 그는 믿음의 눈으로 "예레미야를 통해 선포된 주님의 말씀을 성취하기 위해" 고레스를 감동시키셨다고 표현한다. 그가 표현한 "이 말씀"에 대해서, 주석가들은 바벨론의 멸망과 포로기의 종말에 관해 예언한 예레미야 25:11-12 문단을 지칭하는 것이라고 일반적으로 잘못 이해해 왔다. 하지만 이 해석은 너무 지나치게 일반화된 것이다. 아마도 이 표현에 대한 기원은 비교해 볼 수 있을 만한 본문인 역대하 36:21(거기서 "70년"에 대한 언급이 예레미야 본문과의 연결성을 분명하게 만드는 것임을 주목하라)에 있다고 할 수 있다. 지금 현재의 정황이 분명하게 요구하는 것은, 주님께서 고레스의 영혼을 휘젓고 일으키셔서(העיר את־רוח כר) 그가 성전의 재건축과 포로지에서의 귀환을 명령하게 될 것이라는 내용의 문단이다.

이 점은 몇몇 소수의 주석가들로 하여금(예를 들어, Siegfried 그리고 Batten 같은 주석가들) 이런 연결성을 가지고 제2이사야의 여러 본문들을 인용하게끔 이끌었다. 뚜렷한 평행 구절들을 다음 부분들에서 발견할 수 있다.

이사야 41:2

"누가 동방에서 사람을 일으키며(העיר)
승리가 매 단계마다 그를 만나는가…?"
(이는 일반적으로 고레스에 대한 암시로 이해된다.)

이사야 41:25

"내가 한 사람을 일으켜(העירותי) 북방에서
오게 하며…"

이사야 44:28

"…고레스에 대하여는 이르기를 '그는 나의 목자라,
나의 모든 기쁨을 성취하리라 하며',
예루살렘에 대하여는 이르기를 '중건되리라' 하며,
성전에 대하여는 이르기를 '네 기초가 세움이 되리라' 하는 자니라."

이사야 45:1

"나 여호와는 나의 기름 받은 고레스의…."

아마도 이 모든 것들 중에서 가장 두드러진 것은 이사야 45:13일 것이다.

> "내가 의로 그를 일으킨지라(העירתהו),
> 그의 모든 길을 곧게 하리니,
> 그가 나의 성읍을 건축할 것이며,
> 나의 사로잡힌 자들을 값이나 갚음 없이 놓으리라…."

에스라의 저자가 사실 그의 마음속 중심에 이런 문단들을 놓고 있었으며, 따라서 그가 예언의 성취로 묘사하고 있는 언어와 내용이 이런 부분들과 밀접하다고 추측하는 것은 쉬운 일이다. 도리어 그렇게 하지 않는 것이 어려운 일이다.

하지만 그렇다면 왜 이것이 예레미야의 예언에 관한 것으로 여겨졌는지에 관한 일반적인 설명은 우리에게 확신을 주지 못한다. 이 문제를 단순히 본문상의 문제라고 보는 주장("예레미야"를 대신해서 "이사야"라고 읽으라)은 그 무엇이건 외적인 증거가 전혀 없다. 마찬가지로, 포로기에 구성된 이사야 40-55장이 원래는 독립적으로 퍼져 나갔으며 어떤 집단들에서는 이 부분이 예레미야가 기록한 것으로 여겨졌다는 생각(참조. B. Duhm, *Das Buch Jeremia*[Tübingen and Leipzig: Mohr, 1901] ix)도 별로 적절치 못한 것으로 판단되어야만 한다: 이사야 40-55장과 1-39장 간의 연계성들은 계속해서 중요한 것으로 적절하게 인식되어 가고 있다. 그리고 이사야의 후반부 장들은 항상 앞부분의 장들과 동반하는 것을 계획적으로 의도하고 있다는 점이 확인되고 있다. 우리는 이 두 부분이 각기 따로 떨어진 채로 전달되었다는 아무런 증거도 갖고 있지 않다.

그렇기 때문에, 이 점에서 예레미야의 다른 본문에 대한 논의가 이루어져야만 한다. 예레미야 51장은 바벨론의 멸망에 대한 매우 시적인 예언인데, 이 부분은 이사야적인 전통과 여러 가지 점에서 밀접한 연관성을 갖고 있다. 예를 들어, 특징적 호칭인 5절에 나오는 "이스라엘의 거룩하신 자"를 주목하고, 또한 S. Erlandsson, *The Burden of Babylon*(Lund: CWK Gleerup, 1970) 154-59도 참조하라. 이 장의 처음 구절(그리고 50:9도 참조하라)은 "보라(볼지어다), 내가 멸망시키는 자의 마음을 일으켜(מעיר) 바벨론을 치고"라고 선언하는데, 이는 이사야 13:17을 반복하는 것이라고 할 수 있다. 그리고 11절에서 산문이 첨가되어 나오며 이런 정황을 중단시키면서 좀더 자세한 설명이 이루어진다: "여호와께서 메대 왕들의[LXX: 왕] 마음을 격발하사(העיר יהוה את־רוח) 바벨론을 멸하시기로 뜻하시니 이는 여호와의 보응하시는 것 곧 그 성전의 보응하시는 것이라." 에스라서의 저자가 지금 벌어지고 있는 사건들을 통해 성취되고 있는 것으로 묘사하고 있는 예레미야의 말씀, 또한 그의 확신에 찬 어투와 언어들을 이끌어 내고 있는 예레미야의 말씀은 다름아니라 바로 이 예언이라고 우리는 주장할 수 있다. 하지만 중심어인 העיר("일으키다")의 사용과 고레스에 대한 분명한 언급 때문에, 에스라서의 저자는 그의 독자들이 예레미야 51장의 부정적인 예언을 이사야 41장, 44장 그리고 45장의 긍정적인 진술들의 측면에서 해석하기를 기대했을 것이다: 고레스를 들어 세워서 바벨론을 멸망케 하시는 하나님의 전체적인 목적은 예루살렘 성전이 다시 재건축되게 하고 포로지에서 그들을 고향으로 다시 되돌아오게 하는 것을 확실하게 하시려는 것이었다. 저자는 이런 방식으로 이사야 40-55장의 예언만큼이나 고레스가 왕으로서 일어난 것 전체를 포로가 된 그의 백성들을 향한 하나님의 뜻에 공헌하는 것으로 해석하고 사용한다. "그가 온 나라에 공포했다": 구약성경에서 이 표현과 평행을 이루는 부분들에 대해서, 그리고 원래는 이 선포가 지역적인 선포였는데 저자가 이 구문을 통해 자신이 갖고 있던 중추적인 원 자료를 신학적 해석을 해서 보편화시켰다는 관점에 대해서는 위의 "양식"을 참조하라.

("이는 또한 기록되었다" – 개역성경에서는 "조서도 내려"로 되어 있다) : 이 서술은 이것 자체만으로는 전혀 놀라운 일이 아니다. 구약성경이 분명하게 나타내 주듯이, 고대 세계에서는 구두로 선포된 메시지가 기록된 문헌을 통해 다시 재저장되는 일들은 지극히 일상적인 것이었다. 참조. 열왕기하 19:9-14; 역대하 17:9; 30:1. (역대기에 나오는 본문이 과연 역사성이 있느냐는 의문은 여기서는 무의미하다. 역대기 사가가 사건들을 이런 방식으로 만들고자 했다는 것을 관찰하는 것만으로도 충분하기 때문이다.) 더군다나 미크타브(מכתב, "writing")라는 단어는 다른 곳들에서도 정황상 이미 구두로 선포된 무언가를 권위 있는 형태로 기록한 것을 의미할 때 사용되곤 했다. 참조. 출애굽기 32:16; 신명기 10:4; 이사야 38:9; 앞에 나온 8:14에 대한 언급과 더불어 역대하 35:4; 그리고 역대하 21:12도 가능할 것이다(도입적인 "그러므로 주께서 말씀하셨다"를 주목하라). 유일한 예외는 출애굽기 29:30이다. 이 부분은 역시 이스라엘 밖에서의 규율에 관한 것으로 나타난다. 참조. Bickerman, "Edict," 105-8, 그리고 K. A. Kitchen, "*Ancient Orient and Old Testament*"(London: Tyndale Press, 1966), 135-38. *AramP* 32에서는 특별하게 특징적인 평행을 제공한다.

별로 그럴듯하지 않은 것은 비커만(Bickerman, 그리고 Myers를 참조하라)의 주장인데, 그는 이 표현이 모든 사람들이 읽을 수 있도록 공적인 곳에 플래카드처럼 조서를 만든 것에 대한 표현이라고 주장했다. 왜냐하면 이미 위에서 주목했듯이 이 선포는 원래는 좀더 제한적인 청중들에게 선포된 것이었기 때문이다. 그보다는 이 단어를 통해서 저자는 자신이 사용하고 있었던 원 자료에 관한 느슨한 암시를 구문상에 남겨 두었다고 할 수 있다.

2 "고레스는 말하노니"(כה אמר כרש, 코 아마르 고레스, 문자적으로는 "그러므로 고레스가 말했다"이다)는 세속적인 정황이나 종교적 정황 모두에서 무언가 메시지를 도입하는 표준적인 공식이다. 이와 동일한 의미의 표현이 아케메네스 왕들의 고대 페르시아 조서들에서도 종종 발견되곤 하지만(참조. R. G. Kent, *Old Persian*, 107-63), 이 표현들이 좀더 역사적인 보고서라고 할 수 있다. 비록 메시지의 명령형 부분이 부족하긴 하지만 말이다.

"페르시아의 왕"이라는 호칭은 지금의 정황에서는 뜻밖의 놀라운 일이다. 위에서 이 호칭이 (우연히) 내러티브 정황에서 등장한다는 점을 주목하긴 했지만, 고레스가 자기 자신에 대해 이런 호칭을 사용한 적이 있다는 아무런 증거도 없다. 나도 이 호칭이 고레스가 바벨론을 망하게 한 뒤 대중적으로 그에게 사용되었다는 탓모르(Tadmor)의 짐작("Background," 468)을 희망 섞어 지지하는 것 외에는 아무것도 아는 바가 없다. 다른 아케메네스(Achaemenid)왕들에 대해서는 매우 특별한 이유로 인해 다리오가 베히스툰 비문(Behistun inscription)에서 이 표현을 사용했고 (그러나 거기서조차도 여기서처럼 자기 자신에 대해서는 아니었다), 또한 크세르크세스를 통해서 한 번 사용되었다(캄비세스가 에디오피아 사람들에게 그의 메시지를 보내면서 이 호칭을 분명하게 사용했던 것에 대해서는〈Herodotus III:21〉 인정할 수 없다. 왜냐하면 그것은 직접적인 일차적 증거가 아니며, 또한 그것은 1인칭이 아니라 3인칭 메시지 안에 포함되어 있기 때문이다). 이런 관계에 있어서, 에스라서의 나머지 부분들에서 이 호칭은 나레이터를 통해서만 사용되었을 뿐 그가 인용하는 문헌들에서는 결코 사용된 적이 없다는 점도 두드러진 특징이다. 그렇기 때문에 이 특별한 구절에 대해서는 그레이(Gray)의 결론들(*ExpTim* 25[1913-14] 245-51)이 윌슨(Wilson)의 응답(*PTR* 15[917] 90-145)을 통해 뒤집어지지 않았다. 그러므로 단어 "페르시아의"(פרס – 파라쓰)는 (아마도 무의식적으로) 나레이터가 첨가한 것으로 보아야만 한다.

또한 이 조서 안에 나타나는 하나님에 대한 호칭에 관해서도 마찬가지로 어려움을 느끼게 된다: "주(야웨), 하늘의 신 그리고 이스라엘의 하나님". 고레스가 어떻게 이런 호칭들을 알 수 있었으며 그리고 어떤 경우건 간에 그가 자신의 승리들을 이 하나님께 돌렸다는 것이 과연 그럴듯한 일인가? 첫 번째 질문에 대답하면서 이 조서가 유대인들의 탄원에 대한 응답이었으며, 이런 특별한 점들에서 탄원의 언어를 밀접하게 따랐기 때문이라고 주장할 수 있을 것이다. 어쨌든 이것은 지금 유대인들이 만나는 상황과 유사한 다른 환경들에서도 분명하게 발견하고 볼 수 있는 경우다. 참조. *AramP* 32에서는 이집트인들이 성전을 파괴한 이후에 유대인들에게 그들의 성전 재건축과 제의를 유지하도록 허가하는데, 이 모든 내용은 B. Porten, *H. L. Ginsberg Volume*, *EI* 14(1978) 165-77에서 분석된 것처럼 *AramP* 30에 대한 응답이다. 그리고 크산토스 비문(Xanthos trilingual inscription – 세 개의 언어로 동시에 기록된 비문)이 있는데, 그 위에는 새로운 제의를 세우고 유지할 수 있게 허락해 달라는 탄원이 그리스어와 리시아어로 기록되어 있고 사트랩(Satrap: 고대 페르시아의 지방 장관)의 우호적인 답변이 아람어로 기록되어 있다. 참조. A. Dupont-Sommer, *CRAIBL*(1974) 132-49, 그리고 J. Teixidor, "The Aramaic Text in the Trilingual Stele from Xanthus," *JNES* 37(1978) 181-85. 그러므로 조서에 사용된 언어 중 일부분은 그 기원이 유대적인 것으로 보인다.

위에서 제시한 두 번째 질문(고레스가 자신의 승리를 하나님께 돌린 것)에 대해서는 신이나 신들의 호칭을 한 지역의 사람들이 인식했던 대로 사용하는 것이 (앞선 제국의 정책과는 정반대로) 아케메네스 제국의 일관된 정책이었으며, 그렇다고 해서 이것이 그들이 자신들을 아후라 마즈다(Ahura Mazda)를 섬기는 종교에서 다른 피지배 민족들의 종교로 돌아선 것을 의미하는 것은 아니라는 점을 주목할 필요가 있다. Bickerman, "Edict," 79-80, 91-98, Boyce, *History*, 62-66, 그리고 de Vaux, "Decrees," 64-79 등을 참조하라. 이에 대해 잘 알려져 있는 예(例)는 고레스 원주(Cyrus Cylinder)인데, 그 안에다가 고레스는 매우 정교하게 그의 승리들을 바벨론 신인 마르둑(Marduk) 때문인 것으로 돌리는 내용을 기록했다: 예를 들어, 그는 "그가 모든 세상의 통치자임을 선포했으며…벨과 느보가 그의 통치를 사랑하며, 그들은 그를 왕으로서 그들의 마음으로 기쁘게 하기를 원한다." 실제로 고레스는 여기서 자기 자신을 "위대한 주 마르둑"을 예배하는 경배자로 부르는 데까지 나아간다. 그러나 우르에서 고레스는 마찬가지로 다른 방식으로도 이야기할 수 있었다. "위대한 신들이 모든 땅들을 내 손에 주셨다." 참조. C. J. Gadd 그리고 L. Legrain, No. 194 *Ur Excavation Texts 1: Royal Inscriptions*(London: British Museum, 1928) 58. 반면에 바로 같은 도시에 있는 신(Sin)의 사원에서 아마도 고레스가 쓴 것으로 보이는 비문을 갖고 있는 깨진 기둥의 기초가 발견되었는데, 그 내용을 읽어 보면 다음과 같다. “신(Sin), 하늘과 땅의 난나르(Nannar)[illuminator?], 그의 호의적인 신탁이 내 손에 주어졌도다. 이 세상의 네 방위들. 나는 이 신들에게 그들의 상자들로 돌아갔다”(ibid. no. 307, p. 96; 좀더 자세한 예들에 대해서는 de Vaux, “Decrees”를 참조하라). 겉으로 보이는 모습과 심지어 이 본문들의 단어들조차도 현재 구절과 매우 밀접해 보이며, 그 결과 두 번째 질문은 지극히 자연스럽게 대답된다고 할 수 있다.

“하늘의 하나님”이라는 호칭은 여기서 성경의 하나님을 묘사하는 것으로서는 처음 등장한다. 포로기 이전에는 이 표현이 이스라엘의 이웃들 사이에서 지극히 공통적인 표현이었는데, 지금은 이 표현이 유대인 집단들에서도 마찬가지로 분명하게 수용되는 표현이 되었다(참조. 엘레판티네 파피루스들〈the Elephantine Papyri〉; 스 5:12; 6:9-10; 느 1:4-5; 2:4, 20 등). 보우먼(Bowman)은 “페르시아인들의 신이었던 오르마즈드(Ormazd: 아후라 마즈다)가 천체를 주관하는 신이었고, 하늘에서 태양 양원을 날개로 갖고 있는 것으로 묘사되었으며, 하늘과 땅의 창조주로 고백되었기 때문에, 이런 형용어구(하늘의)가 페르시아 사람들을 통해 그들의 신을 표현하는 데 채택되었을 수 있으며, 그러고 나서 대부분의 피지배 민족들에게 별다른 악의 없이 채택할 만한 표현으로 대중화되었을 것이다”라고 추측한다. 이 이론은 맥클로프(W. S. McCullough)가 편집한 *The Seed of Wisdom*(Toronto: University of Toronto Press, 1964), 45-57에 들어 있는 D. K. Andrews, “Yahweh the God of the Heavens”를 통해 더욱 진전되었다. 그는 이 호칭이 여기서 사용된 것에 대해 유대인 탄원자들이 그들의 하나님을 향한 제의를 페르시아인들이 인정해야만 하며, 그래서 지지와 후원을 인정해야 한다고 주장한 것으로 보며, 또한 동시에 이 주장을 페르시아 권력이 수용한 것으로 본다. 그러므로 이 호칭은 행정적 용어의 소산물로 보아야만 하며, 이 행적적 용어를 통해 피지배 민족들의 신들은 아후라 마즈다(Ahura Mazda)와의 관계를 시험받았을 수 있다. 구약성경에서 이 표현의 사용이 크게는 유대인들과 페르시아인들 간의 공식적인 접촉 사이에서만 사용되는 것으로 제한되어 있다는 점에 대해서는 분명 주목할 만한 가치가 있다.

“예루살렘, 유다에 있는”: 이것은 전형적인 관료적 수식어구다. 참조. Hensley, *Documents*, 213-14. 유다라는 지역이 다리오 시대 이전에 혹은 아르타크세르크세스 I세 이전 시대에는 없었다고 하는 반대 주장(Galling, *Studien*, 71은 A. Ah, “Die Rolle Samarias bei der Entstehung des Judentums,” *KS* II, 316-37를 좇는다)은 잘못된 것이다. “유다”는 후대의 “예후드”(Yehud) 지역과 반드시 일치될 필요가 없다. 이 이름은 순전히 지역적인 이름이거나 혹은 이전의 정치적 이름의 연속이었을 수 있다. 하지만 이와 마찬가지로, 유다가 페르시아 통치의 초기부터 하나의 지방으로 구성되었다는 사실을 부인하는 증거도 전혀 없다. 느헤미야 5:14을 보라.

3 "그의 모든 백성 중에서 너희 가운데 누가 있는가?": 이 구문은 종종 구약성경의 선택 전통(선민 전통)을 이 지점까지, 순수한 고레스의 조서에서 나타나는 것은 불가능한 지점까지 반영한 것이라는 이야기를 듣곤 한다(참조. Galling, *Studien*, 72-73). 이런 지적은 아마도 "모든"이라는 단어에 대해서는 사실일 것이다. 이 단어는 현재의 정황 속에서는 불필요한 단어이기 때문이고, 또한 "모든 이스라엘"과 같이 구약성경의 다른 부분에 나오는 육중한 이데올로기적 문구들을 암시하는 단어이기 때문이다. (이와 동등한 단어가 에스드라1서에는 없다는 점을 주목하라.) 하지만 이것조차도 만약 이 조서가 유대인들 스스로가 들이댄 탄원을 인용하고 있는 것이라면 충분히 천명될 수 있었을 것이다. 어떤 방식이건 역사적으로나 혹은 저자의 이데올로기적인 조망을 토대로 해서나 이 언급이 옛 북이스라엘 왕국의 잃어버린 지파들을 의도했다는 것은 거의 가능성이 없다(Rudolph 그리고 Myers와는 대조적으로). 하지만 남아 있던 자들에 대해서는 문제가 전혀 없다(참조. Bickerman, "Edict," 82). 이와 같은 언어는 고대 근동 지역에서는 공통적인 것이었으며(참조. M. Smith, *JBL* 71[1952] 141; 예를 들어, 고레스 원주〈Cyrus Cylinder〉에서는 마르둑〈Marduk〉이 "자기 백성의 보호자"로 묘사된다), 다른 무언가의 표현이 여기에 대신 자기 자리를 잡는 모습은 상당히 보기가 힘들다. 오직 이 조서가 나레이터에게 돌려져야만 한다는 앞선 가정 위에서만이 이 주장은 무게감을 갖는다.

"너희 하나님이 함께 하시기를 원하노라!": Bickerman, "Edict," 81-82, 그리고 보우먼(Bowman)이 보았던 것처럼, 이 문구에 사용된 어근들은 상당히 이교적이다. 또한 신은 마치 개인을 좇아다니며 수종드는 영인 것처럼 이해되고 있다. 어떻게 이 표현이 역대하 36:23에서 해롭지 않고 규칙적인 인사 공식으로 변화했는지를 주목하라. 물론 사실 유대인들은 고레스가 회복시켜 준 다른 민족들과는 달리 회복된 성소로 그들과 더불어 같이 되돌아갈 "신들"(이미지 형태인)을 갖고 있지 않았다. 아래의 내용을 좀더 보라. 이 점 역시 이 조서가 원형이라는 점을 지지한다.

"그로 예루살렘으로 올라가게 하라": 돌아가는 것에 대한 이 허가(명령이라기보다는; 참조. "원문주해")는 현재 정황에서는 필요한 것이지만, 6:3-5의 조서와는 상관없는 것이기도 하다. 이 두 개의 조서가 각각 완벽하게 다른 목적을 위해 그 역할을 한다는 것을 이보다 더 잘 강조할 수 있는 내용은 없다. 이전에는 귀환이라는 개념 전체에 대해 갖고 있었던 극단적인 역사적 회의론(참조. 특히나 Torrey)이 지금은 거의 전적으로 옆으로 치워진 상태다. 참조. Mayer, *BZ* N.F. 12(1968) 1-16. 유대인들의 이 귀환은 유일한 귀환이 아니라는 점이 알려져 있는데, 왜냐하면 고레스가 바벨론 안이나 혹은 근처의 어떤 성읍들에 관해서 "나는 (또한) 그 성읍들 모두의 (이전) 거주자들을 모았고, 그리고 그들 거주지들로 돌려보냈다"라고 말한 것이 알려져 있기 때문이다(Cyrus Cylinder; 참조. *ANET*, 316. 다른 내용들에 관하여 좀더 멀리 떨어져 있는 평행적 표현들에 대해서는 Halevi, "Investigations"을 참조하라).

이 본문의 증거를 과도하게 압박하지 않는 것이 중요하다. 쿠르트(Kuhrt, *JSOT* 25[1983] 83-97)는 그의 중요한 연구를 통해서 이 내용이 전통적인 메소포타미아 왕가의 건축 본문들과 일치되는 방식으로 구성되었음을 보여 주었다. 또한 그는 이 부분이 오직 바벨론의 성쇄와만 관련되며, 좀더 확장적으로는 바벨론의 판테온(만신전)과 연결되어 있고, 파괴된 제의 중심지들을 복구하는 것에 관해서는 이야기하지 않는다는 사실을 보여 주었다. 후자의 요점은 *ANET*, "오랫동안 파괴되었던 성소들"에 대한 영어 번역에서 강조될 필요가 있다. 하지만 1983년 11월 7일, J. N. Postgate와의 개인적인 교제에서 그는 논란거리인 *ša Ištu panā-ma nadûšubatsun* 이라는 구문에 대해 다음과 같이 주해를 했다: "나는 번역이 두 가지로 가능하다고 본다. (a) '그들의 거주지들은 옛것이 확립된 것이었다.' 그리고 (b) '그들의 거주지들은 이전에 포기되었다.' 두 가지는 분명해 보인다. 1) 그는 이미 파괴된 도시들(혹은 성전들)에 대해서는 말하고 있지 않으며, 또한 2) *nadu*가 의미하는 사건들은 고레스가 즉위하기 바로 직전이 아니라 어느 정도 한참 전에 벌어진 사건들이다." 이런 점들로부터 우리는 고레스 원주(Cyrus Cylinder)에서 유대인들이 포함되어 있었을 수도 있는 강제로 끌려온 사람들의 일반적인 귀환에 관해 아무것도 언급하고 있지 않다고 결론내려야만 한다. 또한 비록 매우 가치가 있긴 하지만(참조. Berger, *ZA* 64[1975] 219), 심지어 이와 평행을 이루고 있는 성경 본문조차도 종종 주장되는 것처럼 그렇게 밀접한 관련을 갖고 있는 것이 아니라고 결론내려야만 한다. 더군다나 쿠르트(Kuhrt) 역시 고레스의 행동들이 종종 생각하듯 전례가 없는 그런 행동이 아님을 보여 주었으며, 또한 그의 정책 역시 때때로 필요에 따라 뒤집어지기도 했음을 보여 주었다.

이런 보류들은 우리가 어떤 역사적 재구성을 하건 간에 주로 성경의 증거에 의존해야만 하며, 또한 고레스 원주(Cyrus Cylinder)는 이런 증거에 대한 긍정적인 평가로 사용할 수 있을 때만 양립할 수 있다는 것을 인정해야 한다는 점을 제시한다. 다행스럽게도, 유대인들의 본국 송환이 있었다는 주장은, 그 사건이 포로기 이후 공동체 내에서 야기된 긴장들이나 다양한 범주의 본문들에서 나타나는 긴장들을 통해서 뿐만 아니라 고고학적인 내용들을 통해서도(참조. Vogt, *Studie*, 13-18) 내용적으로 충분히 뒷받침되고 있다. 더군다나 이는 레반트(Levant)에서의 방어적인 건축이라는 측면에서 볼 때도 다시 재구성해 볼 수 있는 초기 아케메네스(Achaemenid)의 정책과 잘 맞아떨어진다. 참조. M. Dunand, "La défense du front mediterranéen de l'empire achéménide," in W. A. Ward(ed.), *The Role of the Phoenicians in the Interaction of Mediterranean Civilizations*(Beirut: American University, 1968) 43-51. 이와 같은 귀환은 자연스럽게 허가를 필요로 했을 것이며, 이는 다른 곳에서는 나타나지 않고 오직 이 곳에만 기록되었을 것이다. 귀환이 단 한 번만 통합된 방식으로 이루어졌다고 생각할 필요는 없다. 이 귀환은 그 시간이 여러 해 동안으로 확대되어 이루어졌을 것이다(참조. "양식", 스 2:1-70). "주의 성전을 건축하라"는 허가가 있었던 것과 마찬가지로(참조. 스 5-6장) 귀환에 대한 허가도 있었을 것이다. 이 조서의 효력은 다시 되풀이될 필요 없이 여러 해에 걸쳐 확장될 수 있었다.

"유다에 있는…즉 예루살렘에 있는 그 신." 2절에 나오는 "유다에 있는 예루살렘"에 관해서 보라. 정확한 평행 구절이 엘레판티네 파피루스들(Elephantine Papyri)에 다시 한 번 나온다.

4 "뒤에 남아 있는 사람들." 비록 니스아르(נשאר)라는 단어가 "남은 자들"이라는 기술적인 의미를 가질 수 있는 것이 사실이기는 하지만, 적어도 에스라・느헤미야서에서는 이 의미가 결코 이 단어의 유일하거나 혹은 필연적인 의미가 아니다. 이 단어는 여기서처럼 단독으로 사용되었을 때 결코 이런 의미를 가질 수 없으며(예를 들어, 느 1:3과 대조하라), 만약 그런 의미를 가질 경우엔 3절에서 4절로의 사고의 흐름이 매우 거슬리게 될 것이다. 이 단어가 좀더 빈번하게 갖는 의미는 나머지, 잔여 사람들이라는 매우 중립적인 의미다. 일부 사람들이 이주된 이후에 남은 사람들; 참조. H. Wildberger, *THAT* II, 844-55. 이 점은 여기에 언급된 사람들이 지금 가고 있는 사람들, 즉 유대인들과 밀접하게 연관되어야만 한다는 점을 가장 자연스럽게 추측케 한다. (정황상 이런 의미가 RSV의 "생존자들", 즉 대하 36:20에서 칼을 피해 살아남은 사람들로 제시되는 사람들보다 더 적절할 것으로 보인다.) 더군다나 "그 곳 사람들"(אנשי מקמו – 아느쉐이 모코모)이라는 표현이 윤색이거나 혹은 두 번 읽은 것이라는 점을 일단 깨닫기만 하면("원문주해"를 보라), 여기 언

굽된 사람들이 이 문장의 주어라는 사실이 즉각 분명해진다. 그러므로 일부 유대인들은 너무 가난해서 갈 수 없었지만, 그들 이웃들의 도움을 받은 후에 그들도 갈 수 있게 되었다는 널리 퍼진 관점은 여기서 제외된다. 이 문단의 의미는 매우 분명하다: 어떤 의미에서건 간에, 모든 유대인들이 돌아가기를 원했던 것은 아니었다. 그렇기 때문에 그들은 돌아가길 원했던 자들을 돕도록 격려되었다. 이방인 이웃들에 관한 언급은 어느 지점에서건 필요하지 않고, 또한 역사적으로 신뢰할 만하지도 않다(아래의 6절을 보아야 하긴 하지만). 이 관점은 이 문단에 대한 몇몇 번역들 속에 합쳐져서 나타나 왔는데, 많은 주석가들은 이에 관해서 본문 자체에 대해 잘못 이해한 것으로 간주하거나, 혹은 이 부분이 본질적으로 원래의 조서를 정확하게 복사한 것이 아니라는 앞의 가정을 정당화하려는 바람 때문인 것으로 생각한다.

"어느 곳에 우거하였든지." 바벨론에 포로로 끌려갔던 유대인들의 경우만이 아니라, 고대 근동 지역 전체를 통해서 비록 끌려왔지만 그룹을 지어 살면서 상당히 오랜 시간 동안 그들 본래의 정체성을 유지했던 민족들의 예들이 있다(Bickerman, "Edict," 86-91). 이 구문은 유대인들의 각각의 "거류지"(colony)가 그들의 그룹이 처한 곳에서 귀환에 착수했을 사람들을 후원해야만 한다는 점을 분명하게 해준다. 가르(גר, "기거, 체류")라는 단어는 앞의 구문에 나온 니스아르(נשאר) 이상의 신학적 어조를 지닐 필요가 없다.

"물건들." 이 단어(רכוש – 레쿠쉬)는 동물들 역시 언급할 수 있다. 만약 여기서 이 단어가 동물들을 언급하는 것이라면, 이 동물들은 여행에서 짐을 나르는 동물들이어야만 한다(참조. NEB mg). 왜냐하면 "가축"(בהמה – 브헤마)은 항상 "집에서 키우는 동물들"을 의미하기 때문이다. 즉 가축 떼와 목자들을 의미하기 때문이다. 하지만 레쿠쉬(רכוש)가 동물들을 지칭하여 언급하는 곳에서는 이 표현 역시 일반적으로 그런 의미를 갖고 있다. 그러므로 현재의 정황 속에서는 좀더 일반적이면서 동시에 잘 표현된 번역인 "물건들"이라는 표현을 유지하는 것이 가장 좋은 선택으로 보인다.

"하나님의 전을 위한 자발적인 예물들." 유대인들이 귀환해도 좋다는 고레스의 허가에는 의심할 여지없이 안전한 여행을 보장해 주는 조치들이 포함되어 있었다(참조. 느 2:7-9 그리고 스 8:22에서 함축하고 있는 내용들). 그렇기 때문에 남아 있는 사람들은 성전 회복을 위한 선물들을 보내는 데 불안감을 가질 필요가 없었다. 또한 자신의 보물들 역시 그 비용의 일부로 보내고 있었던 고레스(6:3-5)는 이와 같은 후원을 격려하는 데 열심을 냈을 것이다. 하지만 이 구문의 정확한 표현은 유대인들 자신들로부터 시작되었음을 보여 준다. 느다바(נדבה, "자발적인 예물")는 지금과 같은 정황 속에서 사용되었던 제사장적인 기술적 용어다.

5 이 구절과 뒤이어 나오는 구절의 언어는 2-4절에 나오는 언어와 매우 밀접하며, 2장의 원 자료를 통해 수많은 유대인들이 귀환했음을 알고 있었던 나레이터가 조서 그 자체에 토대를 두고 그들의 반응을 기록했을 뿐이라는 것이 의심할 수 없는 언어 형태로 되어 있다. 그러므로 즉각적이고 연합적인 귀환을 유일하게 제시하는 이 구절들은 독자적으로 역사적 사건을 설명해 주는 가치는 갖고 있지 않다. 이 구절들의 중요성은 세부적인 내러티브의 내용들보다는 사건들에 대한 해석에 있다. 여러 해에 걸친 이 사건들이 단일한 설명으로 압축되어야만 했다는 점은, 성경의 역사 서술을 생각해 볼 때는 그다지 유별난 모습이 아니다. 저자가 중시했던 점은, 하나님께서 주도하시는 것에 대해 응답하면서 수많은 사람들이 실제로 귀환했다는 점이었다. 세속 역사가들은 여러 해 동안에 걸쳐 있었던 사건으로 제시한다 하더라도, 하나님의 질서에서는 단일한 사건으로 간주될 수 있다(참조. 스 2:1-70, "양식/구조/배경").

에스라・느헤미야서에서는 귀환하는 그룹들이 제사장들, 레위인들 그리고 일반 백성들이라는 세 개의 그룹으로 종종 구분되곤 한다. 후자들에 대해서는 "가족들의 우두머리들"(ראשי האבות - 로쉐이 하아보트)이 있는데, 이는 "아버지들의 집들의 우두머리들"(ראשי בית האבות - 로쉐이 베이트 하아보트)의 축약된 형태다. 이것은 페르시아 시대에 백성들을 구분하던 규칙적인 사회적 구분이다. 그리고 "아버지의 집"은 가족이 확장된 것으로서 좀더 큰 부족과 작은 가족 그룹의 중간에 자리잡고 있으며, 포로기 이전의 "가족"(משפחה)과 동일한 의미다. 참조. J. P. Weinberg, "Das *beit 'āḇōt* im 6.-4. v.u.Z.," *VT* 23(1973) 400-14; H. G. Kippenberg, *Religion und Klassenbildung im antiken Judäa*(Göttingen: Vandenhoeck & Ruprecht, 1978) 23-41. 그러므로 세 지파인 유다, 베냐민 그리고 레위 지파가 대표격으로 제시된다. 이는 에스라・느헤미야서의 전형적인 외양이며, 이전의 남유다 왕국의 연속성을 갖고 있는 이 세 지파는 그 안에서 유일한 참된 공동체로 간주된다.(참조. Vogt, *Studie*. 역대기는 좀 다른 형태를 제공한다. 폰 라트(von Rad, *Geschichtsbild*, 18-37)와 윌리엄슨(Williamson, *Israel*)을 비교해 보라.

"그 마음이 하나님께 감동을 받은 모든 자들": 조서 반포 그 자체 만큼이나(1절에서 동일한 구문이 사용되었음을 참조하라) 그에 대한 반응도 인간적인 기회주의보다는 하나님의 주도하심으로부터 말미암은 것이었다. 동시에 나레이터는 왜 포로 상황에 있던 모든 유대인들이 돌아가지 않았는지에 대해 조용하게 신학적인 설명을 한다.

6 "모든 그들의 이웃들"(사면 사람들). 이 표현은 이방인 이웃들을 지칭하는 것이다. 만약 저자가 동료 유대인들을 염두에 두고 있었다면, 그는 "그들의 형제들"(אחיהם)과 같은 단어를 사용했을 것이다(Rudolph, 220). 이 부분에서는 조서 그 자체에 관한 본문에서부터(참조. 4절) 나레이터가 조서에 대한 반응을 설명하는 부분으로의 전환이 분명하게 나타난다(이 전환은 이 조서가 이전의 원 자료 형태로 존재했다는 강력한 증거를 제공한다). 이는 그가 지금의 귀환을 두 번째 출애굽으로 제시하려는 분명한 관심을 통해 설명되어야만 한다. 출애굽 설명들에서 지극히 두드러진 점은 "애굽인들에 대한 파괴"라는 모티프다(출 3:21-22; 11:2; 12:35-36; 시 105:37); 참조. G. W. Coats, *VT* 18(1968) 450-57. 특히 제2이사야서가 그렇고, 다른 많은 출애굽 모티브들이 귀환과 관련되어 있는 반면(참조. B. W. Anderson, "Exodus Typology in Second Isaiah," in B. W. Anderson and W. Harrelson [ed(s).], *Israel's Prophetic Heritage*[London: SCM Press, 1962], 177-95), 우리의 저자는 이런 특별한 요소를 전형적인 용어들을 통해 재적용하는 유일한 사람인 것으로 보인다. 그가 그렇게 했다는 것은 조서의 단어 배치와 그 성취의 단어 배열 간의 약간의 변화를 통해서, 즉 "기명들"(כלי – 켈레이)이라는 단어의 첨가를 통해서 나타난다. 은기명들과 금기명들은 위에 목록으로 제시한 출애굽과 관련된 세 개의 본문들에서 특별히 언급되어 있다. 곧장 뒤이어 나오는 문단과 8절과 11절을 좀 더 보도록 하라.

7 원 자료에서 분명 성전 기명들이 돌아온다는 것을 강조해서 묘사하고 있는데(위를 보라), 우리는 이것 역시 나레이터가 자신의 출애굽 모형을 더 풍성하게 해주기 때문에 부분적으로 포함시킨 것이라고 의심할 필요는 없다. 제2이사야는 이미 그의 예언 속에서 바벨론에서 떠나는 것에 관해 예언했는데, 여기에는 첫 번째 출애굽을 암시하는 매우 놀라운 몇 가지 내용들이 포함되어 있으며(사 52:11-12), 제2이사야는 "주의 기명들"을 가져올 사람들에 관해서도 이미 부가적인 언급을 했다. 출애굽 그 자체에 대한 명백한 표현이 아니긴 하지만, 그럼에도 불구하고 회복에 대한 소망 속에서 이 요소는 출애굽과 관련되어 있는 것으로 보이며, 우리의 저자는 이것의 성취에 관해 이야기할 수 있다는 것에 대해 기뻐하고 있는 것으로 보인다.

두 번째로, 하지만 우리는 여기서 제시되고 있는 또 다른 중요한 주제에 대해서 주목해야만 하는데, 즉 이런 기명들이 상징적으로 보여 주고 있는 종교적 삶의 연속성이라는 주제다. 특히 Ackroyd, *VTSup* 23(1972) 166-81를 참조하라. 결국에는 성전 파괴로 이어졌던 바벨론의 계속적인 침공 속에서 성전 기명들의 정확한 운명이 어떠했는지에 관해서는 원 자료들에 약간의 혼동이 있다. 참조. 열왕기하 24:13; 25:13-15; 역대하 36:7, 10, 18. 그럼에도 불구하고, 이 기명들 중 일부가 느부갓네살을 통해 예루살렘으로부터 실제로 옮겨졌으며 "그의 신의 성전 안에" 넣어져 보관되었다는 점은 의심할 필요가 없다. 그들은 그렇게 함으로써 패배한 민족들의 신들의 형상을 상징적으로 그 장소에 만들었을 것이다. 이처럼 패배한 민족들의 신들을 승리자의 신 앞에 두는 것은, 그 신들을 섬기는 자들에게 그들의 신들이 그들을 구원할 능력이 없다는 것을 강조하기 위해서였다. 더군다나 바로 이 문단을 강조하고 있는 원 자료는 동일한 목적을 보여 주는 매우 중요한 역사적 증거다.

그의 다른 피지배 민족들에 대한 경우에 고레스는 다음과 같이 선언할 수 있었다. "나는 티그리스 강 이편에 있는 (이) 거룩한 도시들로…그 안에 거하고 있는 형상들…에게로 돌아왔다. 더군다나 나는 재배치했다…나보니두스가 바벨론으로 가져왔던 수메르와 아카드의 여러 신들을…"(*ANET*, 316). 다시 말하지만 유대인들의 경우엔 선택이 가능하지 않았지만, 우리는 예루살렘으로 돌아간 기명들이 다른 민족들의 신상들과 동일한 역할을 했을 것으로 추정할 수 있다. 제의에 있어서는 앞선 초기 세대의 신앙 관습들, 그러니까 본보기로서 규칙적으로 인용되곤 했던 종교적 관습과 행동들이 저자 당시의 종교 관습과 연속성이 있다는 점이 강조되고 있다.

8 기록된 원 자료에서부터 내러티브가 이 구절에서 어떻게 발전했는지에 관해서는 위의 "양식"을 보라.

"세스바살, 유다의 왕자(개역성경에서는 유다의 목백으로 되어 있다-역자 주)": 이 호칭은 다른 곳에서는 전혀 나타나지 않으며, 세스바살이란 인물도 알 수 없는 인물이다. 그는 이 단락 뒷부분에서(11절) 더 이상의 자세한 설명 없이 단순하게 언급되며, 또한 5:14과 16절에서는 고레스가 그를 총독(פחה)으로 임명했고, 그가 성전의 기초를 놓았다고 기록되는 사람이다. 이는 스룹바벨과 관련된 연대와 비교해 볼 수 있다. 스룹바벨 역시 총독(פחה, 학 1:1)이라고 불렸으며, 성전 초기 역사에 관련되어 있었던 것으로 보이는 인물이고(스 3장), 또한 고레스 치하에서 귀환을 이끌도록 많은 사람들을 통해 지지되었던 사람이다(참조. 2:2).

이와 같은 유사성들은 고대와 현대의 많은 저자들로 하여금 이 두 사람을 동일시하게끔 해 왔다. 이 시기에 관해 주로 에스드라1서를 따라 설명하곤 하는 요세푸스

(Josephus)도 명백하게 그렇게 한다(참조. *Ant.* xi: 13-14). 그리고 최근에 이와 동일한 관점을 이야기하는 것에 관해서는 Bartel, *BMik* 79(1979) 357-69를 참조하라. Ben-Yashar, *BMik* 88(1981) 46-56와는 대조하라. 하지만 이런 관점은 두 가지 이유로 인해 별로 그럴듯하지 않은 가설일 뿐이다. 첫 번째로, 두 사람의 이름이 이런 관점에 대해 강력하게 반대한다. 이는 매우 많은 다른 경우들에 이미 확립되어 있는 것, 즉 한 사람이 두 개의 이름으로 알려져 있을 가능성을 부인하는 것이 아니다(예를 들어, 다니엘-벨드사살). 그보다는 이 경우에 두 개의 이름은 모두 바벨론 이름이라는 점을 관찰하자는 것이다. 왜냐하면 이 사람들은 가정이긴 하지만 (*ex hypothesi*) 유대인이었기 때문이다. 우리는 왕가 계열에 속한 사람이 유대식 이름과 바벨론식 이름 두 가지를 모두 가질 수 있었음을 잘 이해할 수 있지만, 그가 바벨론식 이름만을 두 개 갖고 있었으리는 것은 거의 그럴듯해 보이지 않는다.

두 번째로, 에스라 5:14-16은 이 두 사람에 대해서 분명하게 구별하고 있는 것으로 보인다. 스룹바벨은 이 본문이 기록하고 있는 사건과 관련하여 제시되고 있지만, 세스바살은 닷드내에게는 알려지지 않은 사람으로 언급되며 이 경우에 제시되지 않고 있다. 아람어에서(아람어가 이 본문의 언어다) 백성들은 종종 3인칭으로 이야기하곤 하면서 그들에게 특별한 효과를 부여하는 것이 사실이지만, 만약 이 둘이 실제로 동일인이라면 이것은 이 본문 같은 특별한 사건에서 인위적인 수식 변화가 왜 일어났는지를 설명하는 데 불충분하다.

다음으로, 세스바살을 유다 왕가의 가족의 일원으로 간주할 수 있는 직접적인 증거가 없다는 점도 반드시 관찰되어야만 한다. 세스바살을 역대상 3:18에 나오는 세낫살과 동일시해야만 한다는 주장은 이제 포기되어야만 한다("원문주해"를 보라). 또한 "왕자"라는 지칭이 반드시 왕가를 나타낼 필요는 없다(참조. 창 23:6; 출 22:27〈28〉; 레 4:22; 민 1:16; 수 9:15 등). 역대상 3장의 왕가 보계는 포로기와 포로기 이후의 시기를 포괄적으로 포함하는 것으로 보이는데, 그는 이 보계에서 언급되지 않는다. 마지막으로, 이전 통치 계층 구성원을 총독으로 임명하는 것이 비록 아케메네스(Achaemenid) 제국의 통치 정책에 위반되는 것은 아니지만, 그들이 모든 경우에 항상 그렇게 임명했다는 증거는 전혀 없다.

"유다의 왕자"라는 호칭은 결코 만족스럽게 설명된 적이 없다. 그리고 그 어떤 주장도 더욱 일반적인 용어인 "총독"이 똑같은 의미를 잘 전달할 수 있는 이 문단에 굳이 이 독특한 표현이 등장한 것을 설명할 수 있었던 적이 없다. (가장 최근의 연구인 Japhet, *ZAW* 94[1982] 66-98를 보라. 뒤이어 나올 우리의 주장은 전적으로 그녀의 논문의 중심이 되는 관찰점들과 견줄 만하다.) 우리가 앞에서 에스라서의 저자가 이 장을 어떤 본질로 구성했는지를 관찰했던 내용들은 우리로 하여금 이 어려움을 해결할 수 있게끔 한다. 그의 목적은 "두 번째 출애굽"으로 그 본질을 제시하고자 하는 것이었는데, 이와 더불어 이제 그의 목적과 사상들은 자연스럽게 광야를 통한 여행에 관한 설명으로 향하게 될 것이다. 민수기에서 특별히 기록하고 있는 것처럼 말이다. 우리는 민수기에서 몇몇 경우에 내러티브의 잘 알려진 특징으로서 다양한 지파들의 "왕자들"이었던 사람들의 목록이 있음을 발견하게 된다. 참조. 민수기 2:3-31; 7:1-83; 34:18-28. 더군다나 그들은 민수기 7:84-86에 나오는 제단을 위해 드려진 수많은 금은 기명들과 관련되어 있다. 이는 저자가 이와 비슷한 원 자료를 갖고 있는 정황 속에서 저자의 의도에 잘 들어맞는 것이기도 하다. 그렇기 때문에 우리는 5장이 명확하게 표현하고 있는 것처럼, 세스바살이 페르시아 통치하에서 지극히 평범한 유다의 첫 번째 총독이었다고 추측해 볼 수 있다. (그가 "강 건너편" 전체 지역의 총독이었다는 웰치〈Welch, *Post-Exilic Judaism*, 98-101〉의 주장은 스 5:14에서 그가 이 관점에 따르면 그의 계승자라고 할 수 있는 닷드내에게 전혀 알려져 있지 않았다는 전제와 맞물려 생각할 때 별로 그럴듯하지 않다.) 그는 결코 "유다의 왕자"라는 호칭을 갖고 있지 않았는데, 이는 다른 곳에서는 전혀 평행이 나타나지 않는다. 이 수식어는 우리의 저자가 그에 대해 단순히 묘사한 것이었다. 우리의 저자는 이 사건이 벌어진 지 한참 후에 귀환을 다양한 측면에서 두 번째 출애굽으로 제시하고자 했는데, 이 장에서 그렇게 하는 방편의 하나로서 이런 수식어를 사용하여 그를 묘사했다. 그렇기 때문에 그는 세스바살을 유다 지파의 두드러진 구성원으로 여겼으며, 이 짐작에는 어떤 반대도 있을 수 없다. 유대인에 속한 구성원들이 바벨론식 이름들을 갖고 있었다는 점은 잘 알려져 있으며, 자기 백성들로부터 존경을 받는 누군가를 임명하는 것이 아케메네스 제국의 정책과 일맥상통한다는 점도 잘 알려져 있다.

몇 가지 이유들로 인해서 "왕자"라는 호칭을 에스겔 40-48장에 나오는 왕자와 연결시키는 설명을 선호해야만 한다(예를 들어, Rost, "Erwägungen," 302). 첫 번째로, 이 왕자는 다윗 왕가의 인물로 여겨진 것 같다. 마치 에스겔 앞부분의 장들에서 그러했듯이 말이다(7:27; 12:10, 12; 19:1; 21:30〈25〉; 34:24; 37:25 그리고 참조. 43:7, 9); J. D. Levenson, *Theology of the Program of Restoration of Ezekiel 40-48*(Missoula, MT: Scholars Press, 1976) 57-73에 나오는 충분한 논의를 참조하라. 이는 세스바살과 동일시하는 것을 제거한다. H. Gese와 대조하라. 그는 이와 같은 동일시가 (지금은 우리가 이미 불가능한 것으로 알고 있는) 세스바살과 세낫살이 동일인임을 증명해 준다고 주장하는 데까지 나아간다. 참조. *Der Verfassungsentwurf des Ezechiel*(Tübingen: Mohr, 1957), 118. 이렇게 보는 데 있어서 에스겔 1-39장과 40-48장 사이를 가장 크게 갈라놓는 사람들은 사실 후자를 민수기의 P자료와 매우 밀접하게 연관시키고자 하며, 또한 연대도 둘 다 세스바살의 시대보다 좀더 늦은 것으로 보고자 한다. 만약 그들의 입장이 올바르고 정당한 것이라면, 한편으로 이 호칭을 역사적으로 세스바살에게 부여하는 것은 여전히 제거될 것이며, 다른 한편으로 우리는 우리의 저자가 그의 후대 시기까지 에스겔서를 통일된 한 권의 책으로 읽었을 것이라고 가정해야만 한다. 이 경우에 그는 좀더 훌륭한 구분을 적절하게 인식하지 못했을 것이며, 그렇기 때문에 이 왕자를 1-39장의 견지에서 다윗 가문의 사람으로 보면서 이 호칭을 아마도 세스바살에 대한 것으로 사용하지 않았을 것이다.

두 번째로, 에스겔서에서 "그 왕자"라는 호칭은 절대적 의미로 사용되면서 전 이스라엘적인 인물로 여겨지는 경향이 있다. 하지만 지금 우리가 보고 있는 본문에서는 이 호칭이 5절에서 전 이스라엘이 아니라 협소한 의미인 지파로 해석되어야 할 것으로 추측되는(전 이스라엘을 상징하는 것이 아닌) "유다의"라는 표현으로 제한되어 있다. 이 점 역시 민수기의 상황과 훨씬 더 밀접한데, 에스겔서보다 민수기에서는 각각의 지파들이 그들 각자의 왕자들을 갖고 있었다.

마지막으로, 에스겔 40-48장은 이 하나의 표현에만 제한적으로 영향을 미치는 반면에, 우리의 주장은 이 장 전체에 나타나는 좀더 폭넓은 구조와 이 장에 대한 해석에 이 호칭을 통합하게끔 해준다.

이제 세스바살이 다음의 내러티브에서는 완전히 사라져 버리고 나타나지 않는 것에 대해서 어떤 과정과 방식을 통해 이렇게 사라지게 되었건 놀랄 필요가 없다는 점만 첨가하면 된다. 이런 결과는 단순히 우리 저자의 계획 속에서 원 자료를 시간적으로 배열한 결과일 뿐이다. 사실 그가 추진하고 앞장섰던 귀환에 대해서나 혹은 그 이후의 즉각적인 추이에 대해서도 본문에는 그 어떤 직접적인 설명이 제시되지 않았다. 세스바살이 주도했던 모종의 귀환은 5:14과 16절 밑바탕에 깔려 있는 문헌에서 추론해 볼 수 있으며, 그의 모험에 관해서는 1:2-4이 기록하고 있는 귀환 허가와 좀더 특별하게는 1:8-11a의 세부 사항들을 통해 이루어졌다는 가정하에서 추론해 볼 수 있다. 하지만 이를 넘어서는 그 어떤 설명도 남아 있지 않다. 남아 있는 모든 자료들은 스룹바벨과 그의 후대의 행동과 관련되어 있기 때문이다. 그러므로 우리는 세스바살의 운명에 관해 전개되어 온 다양한 상상들 사이에서, 도대체 무엇이 사실인지를 결정할 수 있는 토대를 제공해 주는 절대적인 원 자료는 아무것도 갖고 있지 않다. 아마도 그는 팔레스타인에서 주전 538년과 520년 사이에 죽었을 것이다(Bright, *History*, 366). 아마도 캄비세스가 그의 제국 중 이 지역을 이집트에 대해 공격적으로 강화시키기를 원했을 때나 혹은 그가 다리오의 왕위 계승을 두드러지게 했던 무분별한 반란들에 말려들었기 때문에 관료직에서 물러났을 것이다(E. Sellin, *Geschichte des Israelitisch-Jüdischen Volkes*, II[Leipzig: Quelle und Meyer, 1932] 97). 아마도 그의 처음 직무는 예루살렘에 성전 기명들을 이동시키고 안전하게 성전에 두게끔 하는 것으로 제한되었을 것이며, 그 후에 그는 본국으로 돌아왔을 것이다(Rudolph, 62). 이 모든 것들이 추측일 뿐이며, 이들 중 어느 한편으로 균형을 기울게 할 만한 증거는 없다.

9-10 위의 "원문주해"와 "양식"에서 했던 논의를 보라.

11 이 마지막 문장은 우리의 저자가 자유롭게 구성한 것이라 할 수 있다. 그는 귀환이 단일한 사건으로 발생했던 것이 아니었다는 사실을 알 수 있는 방법이 전혀 없는 사람이었다. 2장에서의 논의를 보라. 수동태 동사인 "데리고 왔다"라는 표현은 하나님의 행하심을 함축하기 위해 신중하게 선택해서 사용되었다. 그러므로 이 단어는 출애굽을 다시 한 번 반복하는 표현이며, 출애굽에서 "…에서 …로" 공식에 따라 나오던 הוציא("데리고 나오다")가 아니라 העלה(여기서처럼 "데리고 올라가다")이다. 창세기 50:24; 출애굽기 3:8, 17; 33:1 그리고 J. Wijngaards, "הוציא and העלה, A Twofold Approach to the Exodus," *VT* 15(1965) 91-102 등을 참조하라. 그러므로 "바벨론에서 예루살렘으로 데리고 오다"라는 서술은 "애굽 땅에서 그 땅으로 데리고 나왔다"(출 33:1)와 한 짝을 이룬다.

해설

주전 587/6년에 있었던 예루살렘의 파괴, 다윗 왕가에 의한 통치의 종말 그리고 대부분의 인구가 바벨론으로 포로가 되어 끌려간 일들은 구약성경의 문학과 믿음의 발전에 있어서 전례가 없던 매우 중요한 사건들이었다. 이 사건들에 대한 다양한 반응들이 기록되었으며, 이런 반응들의 흔적은 이스라엘의 종교로부터 유대교로의 변천으로 추적되어야 한다. 처음에는 심판을 경험한 것이 지향점 상실, 연속성 상실, 과거와의 급격한 단절이라는 문제를 일으켰음이 분명하다.

하지만 에스라와 느헤미야서가 기록된 시대에 이르러서는 회복을 위한 방법이 이미 성취되었다. 우리의 저자는 이 과정과 관련되어 있는 그의 내러티브를 신학적으로 재구성하여 기록하면서, 그의 시대의 공동체와 이전에 앞서 존재했던 역사 속의 공동체 간의 연속성을 강조해야 할 필요가 있음을 분명히 느꼈다. 심판과 불연속성이 어떤 결과들을 가져오는지에 대해서는 이미 충분하게 경험하고 소화해 왔다. 지금 필요한 것은 그의 독자들에게 그들의 유산의 풍성함에 대해서 이야기하는 것이었다. 그리고 이 유산을 후손인 그들에게 중계해 주는 방편으로 존재하고 있는 현재의 여러 기관들이 합법적이라는 것을 기억하게 하고, 이를 통해 그들의 믿음을 독려하는 일이었다. 에스라서의 첫 번째 장은 세 가지 방법을 통해 에스라서의 저자가 이 목적을 달성하는 것에 기여한다.

연속성은 하나님의 행동이라는 점에서 우선적으로 인식된다. 귀환이라는 역사적 사건들을 포로기를 심판의 도구로 허용하셨으며 동시에 포로기가 제한된 기간 동안만 지속될 것임을 예언하셨던 동일한 하나님의 행동으로 해석하는 것에서 연속성이 우선적으로 인식되는 것이다(참조. 1절). 고레스의 조서와 백성들 중 일부의 순종(5절)은 둘 다 유사한 성격을 갖는다. 은혜스럽고 주도적이신 주님께서 예레미야와 제2이사야를 통해 주셨던 자기 자신의 약속에 응답하시는 것으로 제시되면서 말이다.

이 점은 귀환을 두 번째 출애굽이라고 해석하는 설명을 통해 두 번째로 뒷받침된다. 이런 식의 설명에 대한 증거들은 이미 5, 6, 7, 8절과 11절에 대한 "주석"에서 주목한 바 있다. 이런 전형적인 패턴의 목적은, 독자들로 하여금 귀환을 그 중요성에 있어서 이스라엘이라는 나라 그 자체가 처음에 생겨나던 것과 비견할 수 있는 하나님의 은혜와 역사하심으로 해석하게끔 격려하고자 하는 것이다. 이미 벌어진 귀환이라는 사건을 경시하려는 그런 유혹이 있었을 수도 있다. 아마도 이런 유혹은 역사적인 관점에서 본다면 천천히 오랫동안 진행된 과정이었을 것이다. 그러나 예표론은 겉으로만 보이는 역사적 과정 뒤에 숨겨져 있는 하나님의 손에 대한 믿음의 눈을 열게 해주며, 하나님께서 자기 백성을, 다름아니라 이스라엘을 애굽의 종살이에서 구원하면서 성취하셨던 바로 그 놀라운 재탄생의 지점으로 이끌어 주시는 행동에 대해 감사하도록 초청한다.

세 번째로, 이런 전체적인 패턴화 속에서 제의와 관련된 조직, 기구, 도구들의 연속성이 특별하게 강조된다. 가장 단순한 수준에 있어서는 대부분의 다른 민족들이 갖고 있는 형상화된 신의 모습이 없다는 현실 속에서 예루살렘의 새로운 성전과 거기에 부속된 기구들은 사실 이미 과거에 존재했던 것들을 직접적이고 물리적으로 회복한 것임을 보여 주는 수단이었다. 이 일은 결코 역사적 근거가 없는 단순한 혁신이 아니었다. 좀더 중요하게는 과거의 백성들이 성전에서 하나님께 경배하며 반응했던 것처럼, 바로 그런 행동을 지금 백성들이 하는 것이 하나님의 한 분이심과 백성들의 단일성을 보여 주는 직접적인 방법임을 그들은 기억하고 있었다.

기독교 믿음에 있어서의 연속성은 종교의 외적인 모양들보다는 우리의 부활하신 대제사장의 "영원한 생명"(참조. 히 7:16)에 더 많이 의존한다. 그렇지만 "나를 기억하소서"라는 부름이 다름아니라 예배라는 정황 속에서 나타난다는 것은 주목할 만하며, 신약성경에서도 우리의 구원을 출애굽이라는 패턴에서 반복적으로 모델화한다는 것 역시 주목할 만하다. 이스라엘과 교회를 구원하는 데 계속적으로 역사하셨던 하나님 안에서 이들 사이의 연속성을 발견해야 한다는 점을 좀더 충분한 방법으로 보여 주는 것을 통해서 말이다.

귀환한 사람들의 목록(스 2:1-70)

참고문헌

Allrik, H. L. "1 Esdras According to Codex B and Codex A as Appearing in Zerubbabel's List in 1 Esdras 5:8-23." *ZAW* 66(1954) 272-92. ______. "The Lists of Zerubbabel(Nehemiah 7 and Ezra 2) and the Hebrew Numeral Notation." *BASOR* 136 (1954) 21-27. **Cogan, M.** "The Men of Nebo - Repatriated Reubenites." *IEJ* 29 (1979) 37-39. **Galling, K.** "Die Liste der aus dem Exil Heimgekehrten." *Studien*, 89-108. (This is a revision of "The 'Gōlā-List' According to Ezra 2//Nehemiah 7." *JBL* 70[1951] 149-58.) **Haran, M.** "The Gibeonites, the Nethinim and the Sons of Solomon's Servants." *VT* 11(1961) 159-69. **Hervey, A. C.** "The Chronology of Ezra II. and IV. 6-23." *The Expositor* iv/7(1893) 431-43. **In der Smitten, W. Th.** "Der Tirschātā' in Esra-Nehemia." *VT* 21(1971) 618-20. **Japhet, S.** "Sheshbazzar and Zerubbabel." *ZAW* 94(1982) 66-98; 95(1983) 218-29. **Klein, R. W.** "Old Readings in 1 Esdras: The List of Returnees from Babylon(Ezra 2//Nehemiah 7)." *HTR* 62(1969) 99-107. **Levine, B. A.** "The Netînîm." *JBL* 82(1963) 207-12. **Meyer, E.** *Entstehung*, 94-102; 190-98. **Mowinckel, S.** *Studien I*, 29-45; 62-109. **Pohlmann, K.-F.** *Studien*, 57-64. **Schaeder, H. H.** *Esra*, 15-23; 29-30. **Schultz, C.** "The Political Tensions Reflected in Ezra-Nehemiah." In *Scripture in Context. Essays on the Comparative Method*. ed. C. D. Evans, W. W. Hallo, and J. B. White. Pittsburgh: The Pickwick Press, 1980. 221-44. **Sellin, E.** *Geschichte des israelitisch-jüdischen Volkes. Vol. 2. Vom babylonischen Exil bis zu Alexander dem Grossen*. Leipzig: Quelle & Meyer, 1932. 84-91. **Smend, R.** *Listen*, 15-23. **Theis, J.** *Geschichtliche und literarkritische Fragen in Esra* 1-6. Münster: Verlag der Aschendorffschen Buchhandlung, 1910. 60-67. **Thomson, A.** "An Inquiry Concerning the Books of Ezra and Nehemiah." *AJSL* 48(1931-32) 99-132. **Torrey, C. C.** *Composition*, 39-42. **Weinberg, J. P.** "Demographische Notizen zur Geschichte der nachexilischen Gemeinde in Juda." *Klio* 54 (1972) 45-59. ______. "N^{e}tîtnîm und 'Söhne der Sklaven Salomos' in 6.-4. Jh. v. u. Z." *ZAW* 87(1975) 355-71. **Welch, A. C.** *Post-Exilic Judaism*, 126-41. **Williamson, H. G. M.** "The Composition of Ezra i-vi." *JTS* ns 34(1983) 1-30. **Zadok,**

R. "Notes on the Biblical and Extra-Biblical Onomasticon." *JQR* 71(1980) 107-17.

본 문

1 옛적에 바벨론 왕 느부갓네살에게 사로잡혀 바벨론으로 갔던 자의 자손 중에서 놓임을 받고 예루살렘과 유다 도로 돌아와 각기 본성에 이른 자

1 These are the people of the province[a] who came up from the captivity of the exiles whom Nebuchadnezzar[b] king of Babylon had taken into exile to Babylon[c] and who returned to Jerusalem and Judah, each to his own town.

2 곧 스룹바벨과 예수아와 느헤미야와 스라야와 르엘라야와 모르드개와 빌산과 미스발과 비그왜와 르훔과 바아나 등과 함께 나온 이스라엘 백성의 명수가 이러하니

2 They came with Zerubbabel, Jeshua,[a] Nehemiah, Seraiah,[b] Reelaiah,[c] [Nahamani],[d] Mordecai, Bilshan, Mispar,[e] Bigvai, Rehum (and) Baanah. The list[f] of the men of the people of Israel:

3 바로스 자손이 이천일백칠십이 명이요

3 The family[a] of Parosh 2,172

4 스바댜 자손이 삼백칠십이 명이요

4 The family of Shephatiah 372

5 아라 자손이 칠백칠십오 명이요

5 The family of Arah 775[a]

6 바핫모압 자손 곧 예수아와 요압 자손이 이천팔백십이 명이요

6 The family of Pahath-Moab,[a] namely[b] the families of Jeshua and[c] Joab 2,812[d]

7 엘람 자손이 일천이백오십사 명이요

7 The family of Elam 1,254

8 삿두 자손이 구백사십오 명이요

8 The family of Zattu 945[a]

9 삭개 자손이 칠백육십 명이요

9 The family of Zaccai 760

10 바니 자손이 육백사십이 명이요

10 The family of Bani[a] 642[b]

11 브배 자손이 육백이십삼 명이요

11 The family of Bebai 623[a]

12 아스갓 자손이 일천이백이십이 명이요

12 The family of Azgad 1,222[a]

13 아도니감 자손이 육백육십륙 명이요

13 The family of Adonikam 666[a]

14 비그왜 자손이 이천오십륙 명이요

14 The family of Bigvai 2,056[a]

15 아딘 자손이 사백오십사 명이요

15 The family of Adin 454[a]

16 아델 자손 곧 히스기야 자손이 구십팔 명이요

16 The family of Ater, that is,[a] of Hezekiah 98 [The family of Azzur 432 The family of Hodiah 101][b]

17 베새 자손이 삼백이십삼 명이요

17 The family of Bezai 323[a]

18 요라 자손이 일백십이 명이요

18 The family of Jorah[a] 112

19 하숨 자손이 이백이십삼 명이요

19 The family of Hashum 223[a]

20 깁발 자손이 구십오 명이요

20 The family of Gibbar[a] 95

21 베들레헴 사람이 일백이십삼 명이요

21 The men[a] of Bethlehem 123

22 느도바 사람이 오십륙 명이요

22 The men of Netophah 56[a]

23 아나돗 사람이 일백이십팔 명이요

23 The men of Anathoth 128

24 아스마웻 자손이 사십이 명이요

24 The men[a] of (Beth-)Azmaveth[b] 42

25 기랴다림과 그비라와 브에롯 자손이 칠백사십삼 명이요

25 The men[a] of Kiriath-jearim,[b] Kephirah and Beeroth 743

26 라마와 게바 자손이 육백이십일 명이요	**26** The men[a] of Ramah and Geba 621
27 믹마스 사람이 일백이십이 명이요	**27** The men of Michmas 122
28 벧엘과 아이 사람이 이백이십삼 명이요	**28** The men of Bethel and Ai 223[a]
29 느보 자손이 오십이 명이요	**29** The inhabitants[a] of Nebo[b] 52
30 막비스 자손이 일백오십륙 명이요	**30** The inhabitants of Magbish 156
31 다른 엘람 자손이 일천이백오십사 명이요	**31** The inhabitants of the other Elam 1,254[a]
32 하림 자손이 삼백이십 명이요	**32** The inhabitants of Harim 320
33 로드와 하딧과 오노 자손이 칠백이십오 명이요	**33** The inhabitants of Lod, Hadid and Ono 725[a]
34 여리고 자손이 삼백사십오 명이요	**34** The inhabitants of Jericho 345
35 스나아 자손이 삼천육백삼십 명이었더라	**35** The inhabitants of Senaah 3,630[a]
36 제사장들은 예수아의 집 여다야 자손이 구백칠십삼 명이요	**36** The priests: The family of Jedaiah, namely the house of Jeshua 973
37 임멜 자손이 일천오십이 명이요	**37** The family of Immer 1,052
38 바스훌 자손이 일천이백사십칠 명이요	**38** The family of Pashhur 1,247
39 하림 자손이 일천십칠 명이었더라	**39** The family of Harim 1,017
40 레위 사람은 호다위야 자손 곧 예수아와 갓미엘 자손이 칠십사 명이요	**40** The Levites: The families of Jeshua and Kadmiel, namely the family of Hodaviah[a] 74
41 노래하는 자들은 아삽 자손이 일백이십팔 명이요	**41** The singers: The family of Asaph 128[a]
42 문지기의 자손들은 살룸과 아델과 달문과 악굽과 하디다와 소배 자손이 모두 일백삼십구 명이었더라	**42** The gatekeepers:[a] The family of Shallum, the family of Ater, the family of Talmon, the family of Akkub, the family of Hatita, the family of Shobai total: 139[b]
43 느디님 사람들은 시하 자손과 하수바 자손과 답바옷 자손과	**43** The temple servants: The family of Ziha The family of Hasupha The family of Tabbaoth
44 게로스 자손과 시아하 자손과 바돈 자손과	**44** The family of Keros The family of Sia[a] The family of Padon
45 르바나 자손과 하가바 자손과 악굽 자손과	**45** The family of Lebanah The family of Hagabah The family of Akkub[a]
46 하갑 자손과 사믈래 자손과 하난 자손과	**46** The family of Hagab The family of Salmai[a] The family of Hanan
47 깃델 자손과 가할 자손과 르아야 자손과	**47** The family of Giddel[a] The family of Gahar The family of Reaiah
48 르신 자손과 느고다 자손과 갓삼 자손과	**48** The family of Rezin The family of Nekoda The family of Gazzam
49 웃사 자손과 바세아 자손과 베새 자손과	**49** The family of Uzza The family of Paseah The family of Besai
50 아스나 자손과 므우님 자손과 느부심 자손과	**50** The family of Asnah[a] The family of the Meunim[b] The family of the Naphishim[c]
51 박북 자손과 하그바 자손과 할훌 자손과	**51** The family of Bakbuk The family of Hakupha

The family of Harhur

52 바슬룻 자손과 므히다 자손과 하르사 자손과

52 The family of Bazluth[a] The family of Mehira[b] The family of Harsha

53 바르고스 자손과 시스라 자손과 데마 자손과

53 The family of Barkos The family of Sisera The family of Temah

54 느시야 자손과 하디바 자손이었더라

54 The family of Neziah The family of Hatipha

55 솔로몬의 신복의 자손은 소대 자손과 하소베렛 자손과 브루다 자손과

55 The sons of Solomon's servants: The family of Sotai The family of Hassophereth[a] The family of Perudah[b]

56 야알라 자손과 다르곤 자손과 깃델 자손과

56 The family of Jaalah The family of Darkon The family of Giddel[a]

57 스바댜 자손과 하딜 자손과 보게렛하스바임 자손과 아미 자손이니

57 The family of Shephatiah The family of Hattil The family of Pochereth-Hazzebaim[a] The family of Amon[b]

58 모든 느디님 사람과 솔로몬의 신복의 자손이 삼백구십이 명이었더라

58 Total of the temple servants and the sons of Solomon's servants: 392

59 델멜라와 델하르사와 그룹과 앗단과 임멜에서 올라온 자가 있으나 그 종족과 보계가 이스라엘에 속하였는지는 증거할 수 없으니

59 The following came up from Tel-Melah, Tel-Harsha, Kerub, Addan, (and)[a] Immer, but they were unable to demonstrate that their family[b] or their descent were[c] of Israel:

60 저희는 들라야 자손과 도비야 자손과 느고다 자손이라 도합이 육백오십이 명이요

60 The family of Delaiah The family of Tobiah The family of Nekoda 652[a]

61 제사장 중에는 하바야 자손과 학고스 자손과 바르실래 자손이니 바르실래는 길르앗 사람 바르실래의 딸 중에 하나로 아내를 삼고 바르실래의 이름으로 이름한 자라

61 And of[a] the priests: The family of Hobaiah The family of Hakkoz The family of Barzillai. (The latter had married one of the daughters of Barzillai the Gileadite and was called by his[b] name.)

62 이 사람들이 보계 중에서 자기 이름을 찾아도 얻지 못한고로 저희를 부정하게 여겨 제사장의 직분을 행치 못하게 하고

62 These searched for their registration (amongst)[a] those who had been enrolled by genealogy but they could not be found, so they were debarred from the priesthood as unclean.[b]

63 방백이 저희에게 명하여 우림과 둠밈을 가진 제사장이 일어나기 전에는 지성물을 먹지 말라 하였느니라

63 And the governor[a] ordered them not to eat of the most holy food[b] until a priest should arise who could[c] consult Urim and Thummim.

64 온 회중의 합계가 사만이천삼백육십 명이요

64 The whole assembly together 42,360

65 그 외에 노비가 칠천삼백삼십칠 명이요 노래하는 남녀가 이백 명이요

65 (apart from their 7,337 menservants and maidservants; and they also had 200[a] men and women singers).

66 말이 칠백삼십륙이요 노새가 이백사십오요

66 Their horses 736 Their mules 245

67 약대가 사백삼십오요 나귀가 육천칠백이십이었더라

67 Their camels 435 Donkeys[a] 6,720

68 어떤 족장들이 예루살렘 여호와의 전터에 이르러 하나님의 전을 그 곳에 다시 건축하려고 예물을 즐거이 드리되

68 When[a] they arrived at the temple of the Lord in Jerusalem, some of the heads of families gave freewill offerings towards the rebuilding of the temple of God on its original site.

69 역량대로 역사하는 곳간에 드리니 금이 육만 일천 다릭이요 은이 오천 마네요 제사장의 옷이 일백 벌이었더라

69 According to their means they gave to the fund for this work 61,000 drachmas[a] of gold, 5,000 minas of silver, and 100 priestly vestments.

70 이에 제사장들과 레위 사람들과 백성 몇과 노래하는 자들과 문지기들과 느디님 사람들이 그 본성들에 거하고 이스라엘 무리도 그 본성들에 거하였느니라

70 The priests, the Levites, some of the people, the singers, the gatekeepers, and the temple servants settled in their own towns, and all (the rest of) Israel in their own towns.[a]

원문주해

이 목록과 평행을 이루는 번역이 느헤미야 7장에 나온다. 특히 숫자들과 관련해서 많은 차이점들이 있고, 또한 그 외에도 상당히 많은 차이점들이 있지만 말이다. 이렇게 된 이유는 아마도 대부분은 후대에 본문을 옮겨 적는 과정에서 숫자를 표기하는 방식으로 인해 본문이 변조되는 과정 때문이었을 것이다. 참조. Allrik, *BASOR* 136(1954) 21-27. 그렇기 때문에 많은 경우들에 어떤 본문 형태가 정말로 원래의 것인지를 결정하는 것은 불가능하다. 그러므로 이 주석에서 제시한 번역에서는 그런 경우들에 그들의 원본의 정체성이 무엇인지를 판단해서 재도입하려 하지 않고, 그보다는 마소라 텍스트(MT)를 그대로 유지했다. 이와 같이 상당한 불확실성이 있다는 관점에서 생각해 볼 때, 꽤 많은 변형들이 발견되는 헬라어 고대 사본들을 분석하고 논의하는 일과 지금 우리의 작업을 통합하는 것은 별로 그럴 만한 가치가 없어 보인다. 이들에 대해서는 Bewer 그리고 Batten을 참조하라.

1.a. 어원적인 고찰에 대해서는 M. Fraenkel, *ZAW* 70(1958) 253-54 그리고 77(1965) 215를 참조하라.

1.b. 그래서 Q인데, 그 부분에서는 이 본문을 관습대로 잘 확인해 준다. 렘 49:28에서처럼 K에는 나부코도노초르(נבוכדנצור, "느부갓네살")로 되어 있는데, 이는 헬라어 나부코도노소르(*Ναβουχοδονοσορ*, "느부갓네살")처럼 바벨로니안 엔딩 -*uṣur*과 밀접하다.

1.c. 느 7:6에서는 우연하게도 이 부분이 생략되어 있다.

2.a. 예수아(ישוע, "예수아")라는 형태는 여호수아(יהושוע, "여호수아")에서부터 요수아(יושוע, "요수아")에 이르기까지 단축형이다. 이는 또한 우리에게 익숙한 헬라어 형태인 예수(*'Ιησοῦς*, "예수")에도 반영되어 있다.

2.b. 느 7:7에는 아차르야(עזריה, "아사랴")로 되어 있다.

2.c. 느헤미야서에는 라아므야(רעמיה, "라아먀")가 있다. 이들 중 어떤 이름도 다른 곳

에는 나타나지 않는다. 루돌프(Rudolph)는 느헤미야서의 형태를 더 선호하는데, 왜냐하면 비록 결정적인 것은 아니지만 이 형태는 의미가 해석될 수 있기 때문이다("주께서 외치셨다").

2.d. 마소라 텍스트(MT)에는 빠져 있음에도 불구하고, 느헤미야서를 토대로 해서 여기에 넣었다. 이는 지도자들의 숫자를 12명이 되게 하고, 이 숫자는 에스드라1서의 뒷받침을 받는다.

2.e. "숫자", 개인의 이름으로서는 그럴듯하지 않다. 느헤미야서에는 미쓰페렛(מספרת, "미쓰베렛의 여성형")로 되어 있다. 가능한 방법들 중에는 구두점을 미싸페르(מְסַפֵּר, "미싸페르", Rudolph)로 다시 찍는 방법이나 혹은 원래는 페르시아 이름인 아쓰파다트(אספדת, "아쓰파닷")였는데 이 이름을 에스드라1서 5:8에 나오는 아스파라수(*Aσφαρασου*, "아스파라수")에 토대를 두고 수정한 것으로 여기는 방법이 있을 수 있다. 아마도 미쓰페레(מספר)에서 마소라 텍스트(MT)에 끼친 얼마간의 영향도 있었을 것이다.

2.f. 문자적으로는 "숫자"이다. 그러나 대상 11:11 그리고 25:1을 통해 좀더 폭넓은 의미를 갖고 있는 것으로 지지된다.

3.a. 문자적으로는 "…의 아들들"이다.

5.a. 느 7:10에는 652로 되어 있다. 마소라 텍스트(MT)가 갖고 있는 독특성은 오직 이 곳에서만 일 단위의 숫자가 십 단위의 숫자보다 앞서 나온다는 점이다("5 그리고 70"). 그렇기 때문에 만약 이 숫자가 이전에는 757이었다면 설명하기 어려운 부분이 좀 덜해진다. 왜냐하면 이 숫자는 백 단위와 일 단위에서 "5"라고 표기하는 데 있어서 오직 한 숫자에 대해서만 혼란을 포함하고 있으며, 둘 다 이 목록의 다른 부분들에 포함되어 있기 때문이다(참조. Allrik, *BASOR* 136[1954] 21-27).

6.a. = "모압의 총독", 가문 이름인데 아마 모압이 유다의 통치하에 있을 때 연합 왕조에서 유래된 이름일 것이다. 이 이름은 아마도 원래는 바알 모압(בעל־מואב, "모압의 주") 이었을 것이며(비록 이 이름 자체가 등재되어 있지는 않지만, 대상 4:22을 참조하라), 그것이 "바알"이라는 공격적 뉘앙스를 피하기 위해 후대에 현재의 형태로 바뀌었을 것이다(8:4; 10:30; 느 3:11; 10:15〈14〉 등을 참조하라).

6.b. 참조. 1:5.

6.c. 마소라 텍스트(MT)에 요압(יואב "요압")으로 되어 있는 것을 웨요압(וְיֹאָב, "그리고 요압")으로 읽으라. 참조. 느 7:11.

6.d. 느헤미야서에는 2,818로 되어 있다. 이는 아마도 비슷한 단어들인 מנה("8", 7:11)와 נים("2", 10절에서 지적된 것처럼) 사이의 혼돈에서 기인했을 것이다. 그러므로 숫자 표기를 잘못 읽은 것 때문이라기보다는 후대의 본문 전달 단계에서 이런 오류가 생겨났을 것이다.

8.a. 느 7:13에는 845로 되어 있으며 이것은 다시 한 번 백 단위에서의 숫자 하나의

차이에서 생겨났을 것이다(참조. 5절).

10.a. 느 7:15에는 빈누이(בנוי "빈누이")가 있다. 바이어(Bayer, *Das dritte Buch Esdras*, 43)는 10:29, 34과 느 10:15-16을 토대로 해서 이들이 분리된 가족들이며, 아마도 둘 다 원래부터 이 부분에 자리잡고 있었을 것이라고 결론짓는다.

10.b. 느 7:15에는 648로 되어 있다. 참조. 6d절.

11.a. 느 7:16에는 628로 되어 있다.

12.a. 느 7:17에는 2,322로 되어 있는데, 천 단위와 백 단위에서 한 단계씩의 차이점이 있다. אלף에 있어서는 마지막 멤이 중자탈락되었다.

13.a.-15.a. 다음을 비교해 보라.

에스라	느헤미야
666	667
2,056	2,067
454	655

각각의 경우에 느헤미야서의 마지막 단위가 에스라서보다 더 높으며, 반면에 느헤미야서의 경우 13-14절에 나오는 마지막 두 명의 인물이 동일하다(-67). 이 상황은 이런 목록들에서 단수 단위의 숫자를 쉽게 잃어버릴 수 있었던 숫자 표기 체계 때문에 생겨난 오류들인지, 아니면 융합시키거나 parablepsis(필사자가 부주의로 인해 한 단어에서 비슷한 철자의 다른 단어로 건너뛰는 것) 등과 같은 서기관의 규칙적인 오류들 때문에 생겨난 것인지를 결정하는 것이 불가능하다는 점을 잘 보여 준다.

16.a. 1:5을 참조하라.

16.b. 에스드라1서 5:15은 이 점에 있어서 첨가된 내용을 갖고 있는데, Bewer는 이 부분의 본문적 가치에 관해 분석했다. 그는 그 중 일부가 31절에 대한 단순한 부분적 수정에 불과할 뿐임을 보여 주었는데, 31절에 대한 에스드라1서는 변조된 것이지만, 나머지 부분들은 느 10:18-19(17-18)의 목록이 보여 주듯이 권위 있는 *Vorlage*(성경 대본)에 토대를 두고서 확립되었다. 그러므로 (*BHS*와 더불어) ארבע מאות שלשים ושנים בני הודויה מאה ואחד בני עזור("앗술 가족 432, 호디야 가족 101")로 읽으라. 에스드라1서 5:15에서는 느헤미야서에서와 마찬가지로 이 뒤에 곧장 하숨 가족이 따라나온다는 점을 주목하라. 반면에 지금 목록에서는 이들은 두 단계 아래로 내려가서 19절에 나온다.

17.a. 느 7:23에는 324로 되어 있다. 이 부분 또한 차이가 있다.

18.a. 느 7:24에는 하립으로 되어 있으며, 느 10:20(19)로 인해 아마도 이것이 맞을 것이다. 어떻게 이런 오류가 생겨날 수 있었는지를 순수하게 메커니즘의 토대 위에서 분간하는 것은 어려운 일이다. 왜냐하면 이 단어들은 매우 분명한 단어들이기 때문이다. 그렇기 때문에 비록 확실한 것은 아니지만, 이런 변화가 의미와 관련해서 일어났다고 추측하는 것이 좀더 가능성이 있다: יורה("가을비"), חריף("날카로운, 신선한")은 חרף("추수

기")와 연관성이 있을 수도 있다.

19.a. 배열에 관해서는 16.b절에 대한 "원문주해"를 보라. 인물 숫자에 있어서 105명이 차이가 나는 것(느 7:22에는 328명으로 되어 있다)은 위의 5절에서와 동일하다.

20.a. 느 7:25에는 지명인 기브온으로 되어 있다. 어느 편으로 읽건 모두 합리적인데, 왜냐하면 어떤 경우건 간에 이 목록은 다음 구절에서 가족명보다는 지역명으로 전환되기 때문이다. 하지만 이 목록의 두 가지 형태 모두에 브네이(בני, "가족")가 나온다는 점은 매우 미세하기는 하지만 에스라 본문을 좀더 선호하게 한다. 다른 사람들(예를 들어, Batten, Bowman)은 이 목록이 남쪽에서 북쪽으로 이동하는 방식이며, 그렇기 때문에 기브온에 대한 언급은 적절치 않다는 점에 토대를 두고서 이런 방식을 선호한다. 그러나 이런 패턴적인 흐름은 예외가 없을 만큼 그리 명쾌한 것이 아니다.

21.a. 마소라 텍스트(MT)는 여기에 다시 한 번 브네이(בני, "가족")라는 단어를 갖고 있다. 하지만 이것은 명백하게 앞 구절들로 인해 생긴 오류다. 의미로 보건 뒤이어 나오는 구절들을 통해 결정된 정황이나 느 7:26을 통해서 보건, 이 모든 것들이 아느쉐이(אנשי, "사람들")로 읽을 것을 요구한다.

22.a. 비록 느 7:26이 총합에 있어서 에스라서의 조합(123+56=179)보다 9명이 더 많긴 하지만, 느 7:26은 에스라 2:21과 22절을 묶는다("베들레헴과 느도바 사람들: 188").

24.a. 21.a절을 참조하라. 여기서와 25절과 26절에서 본문 수정은 에스드라1서가 부가적으로 뒷받침해 주는 지지를 받는다.

24.b. 마소라 텍스트(MT): "아스마웻"만이 있지만, 에스드라1서와 느 7:28을 참조하라.

25.a. 참조. 24.a.

25.b. 마소라 텍스트(MT)에는 이림(ערים, "성읍들")으로 되어 있다. 느 7:29, LXX, 에스드라1서 그리고 많은 사본들을 토대로 여아림(יערים, "여아림")으로 읽으라.

26.a. 참조. n. 24.a.

28.a. 느 7:32에는 123으로 되어 있으며, 다시 한 번 정확하게 100의 차이가 있다.

29.a. 이 목록은 이제 지속적으로 (35절까지) 브네이(בני, "가족") 형태로 되돌아간다. 하지만 여전히 지리적인 지역성을 통해 그룹을 형성하는 것과 마찬가지로, "…에 거하는 사람들"이 "…의 가족, 아들들"이라는 번역에 있어서 더 선호된다. 느 7:33은 여기서 아느쉐이(אנשי, "사람들")을 유지하지만, 그 이후에는 에스라서와 평행을 이루고 있다. 그렇기 때문에 본문을 수정해야만 한다. 21.a절과 대조하라.

29.b. 느헤미야는 이 부분에 אחר("다른")을 집어넣는다. 하지만 앞부분 어디에서도 느보에 대한 언급이 없었기 때문에, 이런 첨가는 잘못된 방식으로 31절에서 온 것으로 보인다(느헤미야서에서는 30절이 생략되어 있다는 점을 주목하라). 거기서는 7절의 관점에서 볼 때 이 점을 상당히 받아들일 만하다. 느보의 정체성을 규정하는 것에 관해서는 Cogan,

IEJ 29(1979) 37-39를 보라.

31.a. 이 숫자가 7절에 나오는 엘람의 숫자와 동일하다는 점은 적지않게 이상한 일이다. 만약 구절 전체가 잘못된 두 번 쓰기로 생겨난 것이 아니라면, 적어도 이 숫자들은 본문을 전달하는 과정에서 서로 동화된 것이 아닐까 싶다. 헬라어 고대 역본들은 현재 구절의 숫자가 이전에 원래는 더 컸을 수 있음을 보여 준다.

33.a. 33절과 34절의 순서를 뒤집어 놓고 있는 느 7:36-37에는 721로 되어 있는데, 이는 분명한 해결책이 뚜렷하게 나타나지 않는 불일치다.

35.a. 3,930으로 되어 있는 느 7:38과 대조하라.

40.a. 그러므로 마소라 텍스트(MT). 하지만 느 7:43은 "예수아의 가족, 즉 갓미엘, 호다위야의 가족"을 제시한다(ל〈"to"〉이 הודוה〈"호다위야"〉 앞에 생략되어 있다). 포로기 이후의 레위인들의 모든 목록들을 완벽하고 깔끔한 구조로 정돈한다는 것은 불가능한 반면, 느 9:4-5은 Batten, Rudolph 등이 선호했던 방식인 לקדמיאל בְּנֵי הודויה בני ישוע("예수아의 가족, 즉 갓미엘, 바니, 호다위야")로 읽을 것을 제안한다.

41.a. 느 7:44에는 148로 되어 있다.

42.a. 마소라 텍스트(MT)에는 브네이(בני, "가족들, …의 자손들")로 되어 있다. 이는 이 목록의 한 부분의 표제어로서는 부적절하다: 36절, 40절, 41절 그리고 43절과 대조하라(물론 이 상황은 53절과는 매우 다르다). NEB가 이 어려움을 우회하기 위해 "The guild of"라고 번역한 것은 그 자체만으로는 가능할지 모르지만, 이 방식 역시 적절하지 않게 보인다. 이 단어는 느 7:45과 에스드라1서 5:28에서는 생략되어 있기 때문에 지워 버릴 수도 있을 것이다. 뒤이어 나오는 목록의 반복적인 특성의 영향 때문에 이 단어는 우연히 덧붙여진 것으로 취급되기 때문에 말이다.

42.b. 느 7:45에는 138로 되어 있는데 다시 한 번 하나가 차이가 난다.

44.a. 느 7:47. 마소라 텍스트(MT)에는 씨아하(סיעהא)로 되어 있는데, 이는 씨아(סיעא, 느헤미야서에서처럼) 그리고 씨아(סיעה)가 혼합된 형태다.

45.a. 에스드라1서 5:30에서는 이 부분에 두 개의 이름이 더 첨가되어 있다: "우타 가족; 케타브 가족." 이들은 원래 이 목록의 일부분이었을 것이다(참조. Torrey, *Ezra Studies*, 89-90, 그리고 Rudolph, *contra* Bewer). 서기관들이 이 목록을 베껴쓰면서 이 지점에서 경험했을 어려움은 하가바(45절)와 하갑(46절) 간의 유사성으로 인해 최고조에 달했을 것이다. 느 7:48에서는 분명 서기관의 눈이 이 부분에서 저 부분으로 건너뛰었으며, 그 결과 그 사이에 들어 있던 모든 것이 누락되었다.

46.a. K에는 "사믈래"로 되어 있지만, Q, 느 7:48 그리고 몇몇 G에서는 살매(שַׂלְמַי)를 선호한다는 점을 보여 준다.

47.a. 축약된 야웨적 이름이라기보다는(גִּדַּלְיָה – 그돌라이, "주께서 위대하게 하셨다") 이 이름은 가돌(גָּדֹל, "큰"; 참조. 에스드라1서 5:33)로 다시 발음하는 것이 가능하다. 이

이름은 엘레판티네 파피루스들(Elephantine Papyri)에서 종종 발견된다. 이렇게 하면 성전을 섬기는 자들에 대한 이 목록에서 다른 이름들의 숫자가 갖는 특징들과도 더 잘 어울리게 된다. 참조. "주석".

50.a. 느 7:52에서는 우연히 생략되었다.

50.b. K: "므이님". 그러나 Q, 느헤미야서 그리고 Vrs에서는 므우님(מעונים, "므우님")을 선호한다. 이런 개인의 이름은 알려져 있지 않기 때문에(그리고 이 이름에 대한 혼란이 K/Q 변형을 일으켰을 수 있기 때문에), 이 이름은 아마도 대상 4:41; 대상 20:1; 26:7 등에 언급된 백성들과 더불어 이방인으로 취급되어야만 한다. 좀더 자세한 사항은 "주석"을 보라.

50.c. 여기서의 이 경우도 비슷하다. 이번에는 다음 본문들을 근거로 삼아서 선호해야 하는 형태를 정할 때 K가 가장 가까운 형태다. 창 25:15; 대상 1:31; 5:19, 바꿔 말하자면 נפישים(K נפיסים; Q נפוסים; 느 7:52에서는 K נפושסים, Q נפישסים을 혼합한 형태인데, 이 점은 우리가 재구성한 형태를 부분적으로 지지한다).

52.a. 혹은 느 7:54에서처럼 바슬릿.

52.b. 여기와 느 7:54에서 마소라 텍스트(MT)에는 "므히다"라는 설명되지 않은 이름으로 되어 있다. 그러나 많은 사본들과 Syr.에는 므히라(מחירא, "샀다")로 되어 있는데, 이는 지금 정황 속에서는 매력적인 별명이다.

55.a. "그 학사"(여성형)는 종종 일어나곤 하는 경우인데, 이 직업은 적절한 이름이 되곤 했다. 참조. n. 2.e.. 느 7:57에서는 한정사를 생략한다.

55.b. 느 7:57과 에스드라1서 5:33에는 브리다(פרידא)로 되어 있다.

56.a. 참조. n. 47.a.

57.a. "영양 사냥꾼", 다시 한 번 여성형 형태다(참조. n. 55.a.).

57.b. 마소라 텍스트(MT): 아미(אמי, "아미")는 아마도 느 7:59의 아몬(אמון, "아몬")과 상응하는 이름일 것이다.

59.a. 느 7:61에는 연결사(copula)가 포함되어 있다. 여러 곳 중 그 어디에도 이 이름이 알려져 있지 않기 때문에, 이들이 하나의 이름으로 취급되어야 하는지 아니면 두 개의 이름으로 취급되야 하는지를 분명하게 구별해서 확신하기는 불가능한 일이다.

59.b. 1:5을 참조하라.

59.c. 이 위치에서의 헴(הם, "그들")에 대한 구문론에 관해서는 König, *Syntax*, § 414b-d를 참조하라.

60.a. 느 7:62에는 10이 차이가 나는 642로 되어 있는데, 이는 숫자를 표시하는 하나의 모음점이 없어졌기 때문인 것으로 설명할 수 있다.

61.a. 느 7:63과 에스드라1서 5:38에서처럼 우민(ומן־)으로 읽으라.

61.b. 마소라 텍스트(MT): 슈맘(שמם, "그들의 이름"), 이는 바르실래 가문 전체를 조

상으로 전제한다. 참조. König, *Syntax*, § 346h. 하지만 좀더 가능성이 있는 것은 쉬모(שְׁמוֹ, "그의 이름")로 읽는 것이다. 참조. 에스드라1서 5:38.

62.a. 비록 그 의미가 충분히 분명하긴 하지만, 마소라 텍스트(MT)는 거의 현재 형태로는 해석되기가 어렵다(참조. GKC § 131r). 신택스(syntax)를 용이하게 하기 위해 시도하는 모든 가벼운 수정들(가령, Rudolph는 ב를 כתבם 앞에 첨가하자고 제안한다)은 결코 추측적인 작업 그 이상이 될 수 없다.

62.b. 고알(גאל II)은 고알(געל I)의 변형이다. 참조. *TDOT* II, 351, 그리고 III, 45-48; 결과적으로 א을 ע으로 수정할 필요가 없다: *contra* Joüon, *Bib* 12(1931) 85.

63.a. 하트르샤타(התרשׁתא, "방백"). 참조. 느 7:65, 69(70); 8:9; 10:2 (1). 뒷부분의 두 개의 본문에서 이 단어는 느헤미야를 언급한다 (본문상의 문제들에 관해서는 그 부분에 대한 "원문주해"를 보라). 반면에 현재 정황에서 언급되는 사람(스 2:63 = 느 7:65)은 분명하게 규정되어 있지 않다. 문어적으로 생각해 본다면, 이 목록 안에 이 단어가 있다는 것을 통해서 그리고 여기서부터 시작해서 느헤미야의 내러티브 문단들로까지 이 단어가 퍼져 나가는 것을 통해서 이 단어가 성경 본문 안에 들어오게 되었다는 점을 추측케 한다. 그러므로 이 단어의 원래 의미를 성경 저자들이 잘못 이해했을 가능성이 있다. 물론 주해에 있어서 결정적인 것은 다름아니라 성경 저자들이 이 단어에 부여한 의미다. 이 단어가 현재의 성경 본문에서 사용되었다는 점을 통해서 볼 때, 이 단어는 "방백"과 같은 의미를 부여받았다는 것이 분명해 보이며, 세스바살, 스룹바벨 그리고 느헤미야에게 부여되었던 호칭인 פחה과 어느 정도 비슷한 의미일 것으로 보인다. 저자는 현재의 정황 속에서 이들 중 한 사람을 의도하고자 했던 것이 틀림없어 보인다. 몇 가지 다양한 주장들이 이 단어의 어원과 관련해서 제시되어 왔다. 비록 이런 주장들이 모두(그리고 이들 중 일부분은 그럴 수 없다) 현재 본문 수준으로 알려져 있었는지는 의문스러울 수 있지만 말이다. (i) 페르시아 이름 Atarečithra(참조. Mowinckel, *Studien I*, 106-8). 어떤 수준에서건 간에 이 관점이 갖고 있는 문제점은, 이미 위에서 지적했던 바와 같이 이 단어의 원래의 용례는 아마도 스 2장/느 7장의 목록일 가능성이 가장 커 보이는데, 유다와 관련해서 포함될 수 있었던 사람들 중에 이런 이름의 관료에 대해 우리는 어떤 자료에서도 알 수가 없다는 점이다. (ii) 새로운 페르시아어인 *tārash*("자르다")와 더불어 "환관, 내시". 참조. E. Meyer, *Geschichte des Altertums*, IV(3rd ed.; Stuttgart: J. G. Cotta sche Buchhandlung, 1939), 33(Meyer의 다른 설명법이라고 할 수 있는 관점에 대해서는 아래를 참조하라); Theis, *Fragen*, 64-67. 하지만 이 관점은 현재 문단이 느헤미야가 아니라 스룹바벨을 지칭할 가능성이 높다고 생각하는 현대 학자들을 통해 실질적으로 폐기되었다. (iii) "할례받은 사람", In der Smitten, *VT* 21(1971) 618-20. 이것은 (ii)의 관점을 정제한 관점인데, 동일한 어원론을 사용한다. 이 단어는 페르시아 사람들이 스룹바벨과 느헤미야(둘 다 유대인이다)를 향해 별명처럼 사용했던 것으로 여겨지는 단어이지만, 그

의미는 후대에 잊혀졌다고 보는 관점이다. 하지만 이 주장이 안고 있는 어려움은, 이런 별명이 공식적인 문헌에 사용되고 있을 가능성이 거의 없다는 점이다. (iv) (극존칭의) "각하", 구페르시아어인 **tarsa*-("두려워하는")에서부터 "두려운 사람, 존경받는 사람"이 된다. 참조. Meyer, *Entstehung*, 194; I. Scheftelowitz, *Arisches im Alten Testament* I (Berlin: S. Calvary & Co., 1901), 93-94; Rudolph; Galling, *Studien*, 57, 81; E. M. Yamauchi, *ZAW* 92(1980) 136-37 등. 비록 언어학적인 어려움들에서 전적으로 자유롭지는 못하지만, 이 의미가 이 정황에서는 가장 잘 들어맞는다(참조. In der Smitten). 왜냐하면 이 의미는 가장 자연스럽게 "(두려워서) 떨게 된 사람"으로 해석되기 때문이기도 하고, 또한 "각하"라는 의미를 갖고 있는 구페르시아어로부터 알게 된 다른 단어들이 있기 때문이다. 그렇기 때문에 요컨대 이 단어의 유래는 불확실한 것으로 남아 있기는 하지만, 이 단어가 분명 성경 본문 속에서 "총독"과 같은 그런 의미로 사용되었다는 점은 분명하다.

63.b. 62절의 정황은 이것을 "지성물"과 구별하는 것으로 이해해서는 안 된다는 점을 보여 준다. 이 두 개의 용어들은 항상 조심스럽게 구별된 것이 아니었으며(참조. 민 18:9과 10), 그러므로 본문 수정(Rudolph)은 불필요하다.

63.c. 문자적으로는 "…와 함께" 혹은 "…를 위하여".

65.a. 느 7:67에는 245명의 노래하는 자들로 되어 있지만, 이는 믿기 어려운 숫자다: 서기관은 이 구절의 200명으로부터 66절의 200명으로 건너뛰었으며 중간의 자료를 생략해 버렸다. 불행하게도, 느 7:67에 대한 주요한 영어 번역들은 좀더 신뢰성이 약한 내용, 즉 MSS와 Vrs를 조화시키면서 생략되었던 내용을 다시 소개한다. 하지만 잘못된 245라는 숫자를 여전히 수정하지 못한 방식을 좇는다. 에스드라1서 5:42에서 동일하게 기록하고 있다는 점은 느헤미야 7장에 대한 에스드라1서의 지식이 어떤 것인지를 보여 주는 지시점이 되며, 또한 에스드라1서가 이차적인 편찬물이라는 성격을 갖고 있음을 보여 주는 것이기도 하다(참조. *Introduction*, "Unity and Extent").

67.a. 일부 MSS와 Vrs 그리고 목록 전체의 형태로 볼 때 혹은 "그들의 나귀들"일 수도 있다. 이는 철자 하나가 생략된 것을 포함한다(חמרים은 원래 חמריהם). 하지만 비록 충분한 설득력이 있다고는 하나, 마소라 텍스트(MT)는 아마도 좀더 읽기 어려운 상태로 그대로 남아 있어야만 할 것이다.

68.a. 이 점에서부터 스 2장과 느 7장 간에는 내용상의 차이점들이 있다. 아래의 "양식/구조/배경"을 참조하라.

69.a. 나는 ("다릭"보다는) 이 번역을 "Eschatology in Chronicles," *TynB* 28(1977) 123-26에서 옹호했다. 또한 S. Segert, *ArOr* 24(1956) 396를 보도록 하고, 스 8:27과 대조하도록 하라.

70.a. 이 구절 본문에 관한 충분한 논의에 대해서는 느 7:72a(73a)에 대한 논의를 보라.

양식/구조/배경

현재의 양식상으로는 목록이 매우 잘 정돈된 모습을 보여 주고 있으며, 또한 분석도 간단하게 될 수 있다: 표제어(1-2), 일반 백성들의 목록(3-35), 제사장들(36-39), 레위인들(40), 노래하는 사람들(41), 문지기들(42), 성전 일을 보는 다른 종들(43-58), 그들의 가계를 입증할 수 없는 사람들(59-63), 총합(64-67), 성전 건축을 위해 내놓은 물품들의 요약(68-69) 그리고 결론(70).

하지만 정밀하게 조사해 보면 이 배열은 아마 원래는 다양한 자료였던 것들을 배치한 것임이 드러난다. 예를 들어, 일반 백성들의 긴 목록은 아무런 전환 표시도 없이 가족 관계(3-20절)를 중심으로 등록되어 있던 내용으로부터 거주 지역을 중심으로 한 등록 목록(21-35절)으로 전환되는데, 왜 이처럼 다른 배열 원칙이 적용되었는지에 대해서는 분명한 이유가 없다. 두 번째로, 21-35절은 "…의 사람들"(אנשי – 아느쉐이)로 도입되는 목록과 "…의 자손들(בני – 브네이, 문자적으로는 "아들들")로 도입되는 세부 목록으로 더 자세히 서술된다. 이런 문맥에서 이런 용어들은 동의어들이라고 할 수 있기 때문에, 이런 변화는 이 목록 전체가 원래 하나였다는 가정 속에서는 다시 설명할 수 없다. 세 번째로, 2장은 전체를 통해 기록을 남기는 문헌적인 성격을 유지하고 있지만, 마지막의 결론적인 문단은 의도적으로 1절에 나오는 표제어를 넘어서는 내용을 담고 있다.

물론 고대의 기록자에게 현대의 기준들에 정확하게 부합할 것을 요구하는 것은 어리석은 일이 될 것이다. 하지만 이런 점들은 아래에서 인용될 역사적 고려점들과 더불어 생각해 볼 때 이 목록들이 합성된 성격을 갖고 있다는 점을 강력하게 보여준다.

이런 결론은 우리로 하여금 이 목록의 원래 범주가 어디까지냐를 형식적인 고려사항들에 토대를 두고 논쟁하던 옛 논쟁을 우회해서 지나쳐 갈 수 있게끔 해준다(예를 들어, Hölscher; Mowinckel, *Studien I*, Rudolph). 왜냐하면 만약 이 목록이 최초부터(*ab initio*) 하나의 목록의 단위였다고 생각하지 않는다면, 내적 일관성이라는 토대 위에서 이 목록의 결론이 갖고 있는 요점을 결정할 수 없기 때문이다. 유일하게 두드러진 질문은 나레이터 자신이 1장 이후에 다시 구성을 시작하는 지점에 관한 것이다. 하지만 이는 이 장과 평행을 이루는 느헤미야 7장과 이 장 사이의 관계성이라는 문제와 매우 밀접하게 연관되어 있다. 그리고 이 문제는 문학비평적인 토대 위에서(아래를 보라) 결정되어야만 한다. 만약 이 목록이 혼합적인 것이라면, "원래의" 목록이 어느 부분에서 마무리되었는지에 관해 미리 결정해 놓은 토대 위에서는 이 문제는 좀더 진전된 모습으로 해결될 수 없다.

에스라 2장에 대한 논의는 이 부분이 느헤미야 7:6-72(73)과 매우 밀접한 평행을 이루고 있다는 사실 때문에 좀더 복잡해진다. 이 두 부분 간의 대다수의 차이점들은 그저 후대의 본문 교정으로 인해 생겨난 것으로 간단하게 설명될 수 있다(참조. *Notes*). 그러나 이 목록의 끝부분에 대해서는 좀더 본질적인 차이점들이 나타난다.

우리가 관찰해야 할 첫 번째 요점은 두 부분이 각각 결론을 갖고 있긴 하지만 그것을 넘어서서 두 본문이 실제로 평행을 이루고 있다는 점이다. 에스라 3:1 그리고 느헤미야 7:72b(73b)-8:1에 나오는 내러티브들을 비교해 보라. 이 구절들은 두 본문에 있어서 앞에 나온 목록에 대한 결론이나 요약으로서가 아니라 그보다는 다음에 나올 내용을 도입하는 역할들을 하기 때문에, 하나의 문단이 다른 문단에 틀림없이 직접적으로 의존하고 있었다는 점이 매우 분명하게 나타난다. 이런 사실들은 이 두 개의 문단들이 원래는 하나였던 공통적인 원래 자료에서 각기 독자적으로 가져다가 사용되었다는 가정 하에서는 설명될 수 없다.

상황이 이렇기 때문에, 어느 문단이 어느 문단으로부터 내용을 차용했는지를 판별할 수 있어야만 한다. 비평주의 학문이 시작된 이후 이 문제를 연구해 온 대부분의 사람들은 에스라 2장이 느헤미야 7장에 의존하고 있다고 결론내려 왔으며(참조. Galling; Hervey, *The Expositor* IV/7[1893] 431-43; Keil; Meyer, *Entstehung*; Michaeli; Nikel, *Wiederherstellung*, 71-80; Rudolph; Schaeder, *Esra*; Siegfried; Smend, *Die Listen*; Theis, *Geschichtliche…Fragen*; Weinberg, *Klio* 54[1972] 45-59 등), 이렇게 결론내린 중요한 두 가지 근거는 다음과 같다. (i) 내러티브들의 연속에 있어서 느헤미야 7:72(73)에 나오는 "칠 월에"(개역성경에서는 8:1 – 역자주)라는 표현은 8:2에서 똑같은 달이 다시 언급되는 것을 통해 이 표현이 이 정황에서 반드시 필요한 부분임을 보여 준다. 반면에 에스라 3장에서는 이 점이 완전히 막연하게만 남겨져 있다. 이런 판단에 동의하면서, 우리는 한 걸음 더 나아가 이렇게 날짜를 표현하는 양식이 에스라 1-6장에서는 어울리지 않는다는 생각을 덧붙일 수 있다. 에스라 1-6장에서 이야기 화자는 일반적으로 어떤 사건을 왕의 연도와 관련짓곤 하는데(예를 들어, 1:1; 4:24; 6:15), 반면에 날짜들을 특별하게 표시하려 할 때는 다른 방법들(예를 들어, 3:8)이나 혹은 정황을 통해서(6:19) 나타내곤 한다. 다른 한편으로, 이는 에스라와 관련된 자료들 안에 있는 연대를 표현하는 골격, 그러니까 유대인들의 달(月) 표현을 연대를 표현하는 데 사용하는 것과 잘 들어맞는다(참조. 스 8:31; 10:9, 16-17; 느 8:2). (ii) 일반적으로 에스라 2:68-69은 에스라서의 확장인 느헤미야서보다는 도리어 느헤미야 7:69-71을 요약해서 보여 주는 것으로 주장되며(가장 최근의 연구로는 Japhet, *ZAW* 94[1982] 84를 보라), 여기에 포함된 숫자들은 이런 특징을 담고 있는 것으로 보인다. 예를 들어, 제사장 의복과 관련된 문제에 있어서 느헤미야 7:69-70(70-71)은 67+30 항목들을 표시했는데, 이에 대해 에스라 2:69에는 대략 100가지 이상으로 표시되어 있다. 또한 은의 분량이 느헤미야서에서는 500+2,200+2,000인데, 에스라 2장에서는 이를 대략 5,000으로 합산했다. 이 과정이 거꾸로였다고 생각하는 제안(Mowinckel, *Studien I*, 31; Pohlmann, *Studien*)은 이 편집자가 왜 전체 총합을 정확하게 나누지 않았는지를 설명할 수 없다. 이에 반해 일반적인 관점에 따르자면, 우리는 그저 편집자가 가장 근사치의 대략적인 숫자를 가져왔다고 가정하기만 하면 된다. (스 2장이 이 항목들을 왜 요약하는지에 대해서는 "주석"을 보라. 부수적으로는, 우리는 이런 생략을 해야 할 그 어떤 동기도 발견할 수 없다고 말한다 하더라도 아무 이의가 없다. 참조. Mowinckel, *Studien I*, 30; Pohlmann, *Studien*, 60-61. 이런 학자들이 왜 느 7장에 확장된 내용이 있어야만 하는지를 제시하지 못한다고 우리는 단순하게 반박할 수 있다!)

이런 두 가지 주장의 근거들에다가 우리는 두 가지를 더 첨가할 수 있을 것이다. (iii) 일반적으로 길이에 있어서 좀더 짧은 에스라 2:68-69의 설명 안에서, 68절은 사실 느헤미야 7:70을 넘어서는 플러스 요소를 구성한다. 하지만 이런 플러스 요소는 내러티브의 정황, 전체적인 외양 그리고 심지어 에스라 1-6장 내러티브의 특별한 어휘들에까지도 정확하게 잘 들어맞는다. 그렇기 때문에 결과적으로 느헤미야가 이 특별한 구절을 정확하게 생략했다고 보는 것보다는, 편집자가 이 플러스 요소를 그의 *Vorlage*(대본)에 첨가했다고 혐의를 두는 것이 더 적절하다. "예루살렘의 주의 성전"이라는 표현은 주목해 볼 만한데, 이 표현은 1:5의 표현과 잘 맞아떨어진다. 우리는 이 표현에 대해 나레이터 자신의 손으로 쓴 것이라고 보았고, 이는 또한 역시 에스라 1장의 중요한 개념이었던 "자의로 드렸던 예물"(התנדבו)과도 잘 맞아떨어진다. 또한 "그들이 성전에 도착했을 때"를 주목하라. 이 표현은 3:8과 밀접하게 비교되는데, 3:8에서의 표현은 조금은 미묘하고 일상적이지 않은 느낌을 만들어 냈다. 마지막으로, "원래의 바로 그 정확한 자리에 하나님의 성전을 재건축하는 것"은 두말할 필요도 없이 뒤이어 나올 장들의 중요한 주제가 될 것이다. (iv) 우리는 느헤미야 비망록(NM)에서 비롯된 원래의 문장에 대한 흔적을 느헤미야 7:72a (73a)에서 발견할 수 있다고 주장할 것이며, 또한 이 문장이 에스라서의 나레이터를 통해 새로운 정황의 요구에 걸맞게 확장되었다고 주장할 것이다.

이런 주장들에 직면하면서, 에스라 2장이 더 먼저라고 생각하는 사람들의 반대 주장들은 실제로 약해지는 것으로 보인다. 에스라 2장이 더 우선적이라는 주장은 에스드라1서가 역대기 사가 작품의 원래의 결론 부분을 보여 준다는 폭넓게 퍼져 있던 관점의 측면에서 방어되고 지지되어 왔다. 하지만 만약 느헤미야 7장이 문학적인 측면들에서 에스라 2장보다 더 앞선 것이라면, 이런 주장은 더 이상 지탱될 수가 없다. 그리고 이런 점을 깨닫게 되면서 거의 모든 경우들에 에스라 2장이 더 우선적이라는 반대 주장들은 무엇보다 더 많이 약화되었다(예를 들어, Hölscher; Mowinckel, *Studien I*; Pohlmann, *Studien*; Noth, *Studien*, 128-29 등). 나는 이런 주장들을 *JTS* ns 34(1983) 4-7에서 자세하게 검토했으며, 이 주장들의 약점들이 무엇인지를 보여 주고자 노력했다. 그 논의를 지금 여기서 다시 반복할 필요는 없을 것이다. (물론 에스드라1서 5장이 본문상의 우월성을 갖고 있는가는 전혀 별개의 문제다. 이 문제에 대해서는 Klein, *HTR* 62[1969] 99-107를 보도록 하라. 비록 그의 주장들은 Allrik의 강력한 반대 주장을 다루지 못했다는 점에서 상당히 약화될 수밖에 없긴 하지만 말이다.)

그렇기 때문에 에스라 3:1과 더불어 에스라 2장은 현재의 형태에 있어서 느헤미야 7장에 의존하고 있다고 결론내릴 수 있을 것이다. 우리는 에스라・느헤미야서 전체의 구성과 관련해서 이 사실이 함축하고 있는 바를 결코 간과해서는 안 된다. 느헤미야 7-8장이 원래의 독자적인 에스라와 느헤미야서의 내용들이 가장 분명하게 뒤섞이게 된 부분이기 때문에, 에스라 2장의 나레이터는 그가 사용하려는 자료와 내용이 이미 상당히 작업이 이루어진 것이라는 점을 발견했던 것이 틀림없다. 그러므로 에스라 1-6장의 구성은 완전히 별개의 작업으로 후대의 것으로 간주될 수 있을 것이다. 이 결론은 우리가 에스라 1-6장을 나레이터가 구성한 방법에 관해 이미 주목했던 내용을 설명하는 데 충분하다.

토레이(Torrey, *Composition*) 같은 예외가 있기는 하지만, 모든 학자들은 이 목록이 에스라・느헤미야서에 처음 결합된 것보다 그 기원에 있어서는 훨씬 더 이전 시대의 것이라는 데 동의한다. 하지만 이 목록이 애당초 처음에 어떤 목적을 갖고 있었는가에 관해서는 상당히 다양하고 넓은 논쟁이 진행되어 왔다.

이 목록이 고레스의 조서에 즉각적으로 반응해서 단번에 돌아왔던 사람들을 단순하게 기록하고 있는 목록이라는 관점은 계속 주장하기엔 여러 가지 이유들로 인해 어려움이 있다. (i) 이 목록이 자리잡고 있는 위치는 별개로 하더라도, 이 목록은 1장과는 아무런 연결성도 갖고 있지 않다. 세스바살은 전혀 언급되고 있지 않으며, 2:68-69에 나오는 선물 품목들 중에도 성전 기명에 관한 언급이 포함되어 있지 않다. 더군다나 63절에서 "방백"을 도입하고 있는 것은 상당히 뜻밖의 출현이며, 이 점은 이 목록이 처음부터 1장과 통합되어 있었다는 관점과 정반대의 주장을 제기한다. 그러므로 이 목록의 내용들을 단일한 한 번의 귀환이나 혹은 특별한 하나의 연대에만 국한시킬 수 있는 내적 증거는 전혀 없다. (ii) 이 목록의 몇몇 측면들은 백성들이 이미 귀환을 완료한 정황에서 이 목록이 구성된 것처럼 보이게 하기도 한다. 이미 위에서 살펴본 대로 목록에 올라 있는 일부 사람들은 그들이 거주하는 지역을 중심으로 그룹화되어 있다는 것이 이런 생각을 갖게 하는 요소다. 또한 1절에 나오는 "각기 본성에"라는 표현은 이런 관점을 갖게 하는 결정적인 요소다. 다시 한 번 언급하지만 어떤 종류였건 간에 분명 리더임에 틀림없었던 "방백"(63절)이라는 사람이 이미 그가 해야 할 일들을 능동적으로 감당하고 있었던 것으로 추정되며, 이 점도 이런 관점을 갖게 하는 이유가 된다. (iii) 이 목록 중에는 적어도 페르시아 이름 한 가지가 등장하며(비그왜, 2절), 아마도 더 많은 페르시아 이름들이 있는 것 같다("원문주해"를 보라). 이 점은 그 자체로는 별다른 문제가 되지 않는다. 왜냐하면 우리는 일부 유대인들이 페르시아식 이름을 갖고 있었다는 사실을 이미 잘 알고 있기 때문이다. 하지만 페르시아의 통치 첫해라는 상당히 이른 시점에 이미 그런 양상이 나타났다는 점은 매우 놀라운 일이다. 조금 더 시간이 지난 후에 그렇게 했다면 아마 좀더 쉽게 그런 상황을 이해할 수 있을 것이다. (iv) 이미 이 목록이 갖고 있는 복합적인 성격에 관해서는 지적한 바 있으며, 이 목록의 이런 특징은 이 목록이 "단일한 하나의 사건"에 관해서 설명한다는 측면을 제외시킨다.

이와 같은 증거에도 불구하고, 이 목록의 기원을 다른 방식으로 설명하려는 수많은 주장들이 제기되어 왔다(Schultz, "Tensions"에서 이에 관해 부분적으로 정돈한 것을 참조하라). 이런 주장들 중 일부는 역시 이 목록의 복합적인 성격을 무시하고 있으며, 그래서 도외시될 수 있을 것이다(예를 들어, Hölschers는 이 목록이 세금 징수를 위해 작성되었다고 생각했다. 혹은 알트〈A. Alt, *KS* 2, 334-35〉 같은 경우엔 스룹바벨이 땅에 대한 권리를 결정하기 위해 작성했다고 생각했다). 또한 이 목록의 내용들 중에서 연대에 있어서 페르시아 시기 중에서도 상대적으로 초기임을 보여 주는 몇몇 지시점들이 있다는 것을 염두에 두고 있어야만 한다(참조. Meyer,

Entstehung; Sellin, *Geschichte*; Rudolph). (i) 61절에서는 학고스 가족이 제사장 계열에서 제외되어 있지만, 8:33(참조. 느 3:4, 21)과 이후의 역대상 24:10에서는 이미 복직되어 있는 것으로 보인다. (ii) 가계에 대한 기록 없이 그들이 왔던 (불분명한) 바벨론 지명들을 좇아서(59절) 이 목록에 등재된 사람들은 그들이 귀환한지 얼마 지나지 않은 직후여야만 의미가 통할 수 있다. (iii) 이 목록의 배경은 "우림과 둠밈"을 갖고 있는 제사장이 아직 없던 시기를 전제하고 있다. 포로기 이후 시기에는 이는 분명 대제사장에 대한 언급이며(참조. 출 28:30; 레 8:8; 민 27:21), 이 역할은 분명 주전 520년부터 예수아가 계속해서 감당했던 일이었다. (iv) 제의와 관련된 직무들 중 부차적인 일들에 관한 기록이 나타난다는 점(40-58절)은 에스라·느헤미야서의 다른 목록들이나 혹은 역대기와 견주어 볼 때 그들의 지위의 발전 과정에 있어서 초기 시대상을 반영하는 것으로 볼 수 있다. (v) 금 드라크마의 사용(69절)은 아마도 다리오가 다릭을 도입한 것보다 이전 시대임을 보여 준다고 할 수 있다. (vi) 만약 이 목록이 느헤미야 시대의 사항을 제시하고 있는 것이라면, 인구 분포가 우리의 예상과는 전혀 맞아떨어지지 않는다(참조. Sellin, *Geschichte*, 89).

그렇기 때문에 이 목록을 구성하고 있는 대부분이 성전 재건축을 위해 열심을 내기 전에 이미 확정되었다고 결론내려야만 한다. (어쩌면 이 점이 왜 좀더 원초적인 선물 목록이라 할 수 있는 느 7:69-71[70-72]에 성전에 관한 언급이 안 나오는지를 설명해 줄 수 있는 것은 아닐까?) 그리고 만약 이 목록이 실제로 복합적으로 구성된 것이라면, 이 목록은 고레스와 캄비세스 치하 시대 동안 여러 차례에 걸쳐 이루어진 수많은 소소한 귀환 여행들을 반영하고 있다고 보는 것이 가장 합리적인 설명이 될 것이다.

우리는 지금은 도대체 무엇 때문에 이렇게 다양한 요소들이 하나의 목록에 들어왔고, 또한 이 목록이 결국 에스라·느헤미야서에 합병되었는지를 확신할 수 없다. 흥미를 끄는 주장으로 갈링(Galling)은 닷드내의 조사(5:3-4, 10)로 인해 이런 필요가 생겼다고 지적한다. 즉 고레스가 포로지로부터 귀환해도 좋다고 허가했고, 또한 성전 재건축을 허가해 준 모든 사람들의 목록을 만들 필요가 있었다는 것이다. (또한 슐츠〈Schuhz, "Tensions"〉가 이 이론을 뒷받침하기 위해 이와 평행을 이룰 만한 상황인 에안나〈Eanna〉 성전의 건축과 거기서 일하는 사람들의 권리를 보장해 준 본 문헌을 제시했던 점을 주목하라; 참조. D. B. Weisberg, *Guil Structure and Political Allegiance in Early Achaemenid Mesopotamia*[New Haven and London:

Yale University Press, 1967]). 이와 같은 가능성도 충분히 음미해 볼 만할 것이다. 하지만 이런 가능성은 추측일 뿐이며, 이런 추측이 이 장이 갖고 있는 중요한 역사적 증거를 덮어 버리도록 허용되어서는 안 된다. 그러니까 다양한 그룹들이 처음 20년 간이나 혹은 아케메네스 치하 동안 서서히 귀환했다는 증거, 훨씬 후대의 저자가 "처음에"(느 7:6[5])라고 정제해서 기록했던 증거를 덮어 버리게 해서는 안 된다.

주석

1-2 "이스라엘 백성의 남자들"이라는 표현은 3-35절에 나오는 일반 백성들에 대해서만 도입하는 것이고, 따라서 뒤이어 나오는 후속 표제어들인 "제사장들"(36절), "레위인들"(40절) 등과 평행을 이룬다. 그렇기 때문에 이 표현은 뒤이어 나오는 목록 전체에 대한 중복적인 표제어로 취급될 수 없다(Mowinckel, *Studien I*, 63과 대조해 보라). 이 목록은 오직 한 가지 표제어만을 갖고 있다(1-2a절). 이 표제어는 뒤이어 나올 내용들을 도입하고, 또한 지도자들의 이름을 제시한다. 표제어에 나오는 이 이름들이 정확하게 열두 명이고 또한 세스바살이 포함되어 있지 않기 때문에, 이 표제어 전체는 조금은 인위적으로 구성된 것이 아닐까 싶다. 주전 537년에서 520년 사이에 다양하게 귀환했던 사람들 중 중요한 인물들을 열거하는 것을 통해서 말이다. 이렇게 하는 목적은 돌아온 사람들이 이스라엘을 전체적인 측면에서 대표하고 있다는 것(12지파들)을 보여 주는 것이며, 그럼으로써 아마도 첫 번째 출애굽을 모방하는 역할을 하려는 것일 것이다.

우리가 분석하는 견지에서는, 여기 제시된 이름들이 어느 정도 상당히 후대의 유다 지도자들의 목록이라는 주장은 별로 그럴듯하지 않다(비록 이런 관점을 허용해야만 하며, 또한 이런 관점이 전혀 불가능하지는 않지만). 분명히 스룹바벨, 느헤미야 그리고 비그왜 등의 이름으로 불리던 통치자들이 있었지만(참조. *AramP*), 마찬가지로 그 당시 관료직을 맡고 있었던 것으로 여겨지는 사람들의 이름들도 생략되어 있다. 참조. N. Avigad, *Bullae and Seals from a Post-Exilic Judean Archive* (Jerusalem: The Hebrew University, 1976). 더군다나 우리에게조차 너무나 잘 알려진 에스라를 다른 식의 이름으로 불렀다는 추측은 심각하게 생각해 볼 필요가 없는 추측일 것이다(스라야; 느 7:7, 아사랴).

우리는 이 목록에서 제일 처음에 언급된 두 명에 대해서만 또 다른 정보들을 갖고 있다. 그들은 다리오 통치 시대에 유대 공동체의 진짜 지도자들로 등장하기 때문이다. 스룹바벨은 다윗 가문의 후손이었다. 일반적으로는 "스알디엘의 아들"로 언급되지만(예를 들어, 3:2, 8; 학 1:1), 그는 역대상 3장의 족보에서는 스알디엘의 어린 형제들 중 하나인 브다야의 아들(19절)로 나온다. 스룹바벨을 이렇게 표현하는 두 가지 소속 모두 진지하게 다루어져야만 한다. 왜냐하면 전자에서 나오는 것은 스룹바벨과 동시대의 자료에서이고, 반면에 후자는 연대에 있어서 후시대이지만 그에게 좀 덜 높은 지위를 부여하고 있으며 그렇기 때문에 순수한 꾸밈일 것 같지는 않기 때문이다. 이 두 가지를 조화스럽게 하는 다양한 방법들이 가능하다. 그리고 이런 모든 방법들에는 스룹바벨이 육체적으로는 브다야의 아들이지만 입양이나 혹은 역연혼(levirate marriage – 동생이 죽은 형을 대신하여 결혼하는 제도, 신 25:5-10)의 결과와 연결되어 있다는 점이 공통적으로 들어 있다. 여호야긴 타블렛(The Jehoiachin Tablets, *ANET*, 308)은 스룹바벨의 아버지가 여호야긴이 포로가 되었던 초기에 태어났을 수도 있음을 보여 준다. 그렇다면 스룹바벨 자신은 주전 575년 이후에는 어느 때건 출생했을 수 있으며, 따라서 주전 538년 이후에는 어느 때건 귀환을 이끌 만큼 충분히 나이를 먹었을 것이다. 그에 관해 우리가 알고 있는 나머지 대부분의 정보들은 뒤이어 나오는 에스라의 장들을 통해서 얻어진다. 특히 3:1-4:5과 5:1-2, 그리고 K.-M. Beyse, *Serubbabel und die Königserwartungen der Propheten Haggai und Sacharja*(Stuttgart: Calwer Verlag, 1972) 등을 보라. 최근의 가치 있는 논의로는 Japhet, *ZAW* 94(1982) 66-98; 95(1983) 218-29가 있다. 그녀는 스룹바벨이 세스바살 이후의 유대 통치자였을 가능성을 보여 주며, 이에 대한 언급이 에스라·느헤미야서에 누락되어 있는 이유는 (학개와는 대조적으로) 편집자가 갖고 있던 종교-역사적 견해 때문이라고 그럴듯하게 설명한다. 편집자는 유대가 페르시아 제국 내에서 갖고 있는 지위는 하나님의 은혜의 결과라는 확신을 갖고 있었으며(참조. 1:1 등), 이런 그의 확신은 그로 하여금 스룹바벨을 다윗 왕가와 연결시키는 일이나 그의 정치적 지위 등을 중요하게 취급하지 않게끔 이끌었다.

다른 곳에서는 "요사닥의 아들"이라고 불리는 예수아(3:2; 학 1:1 등)는 포로기 이전 대제사장의 직무를 마지막으로 수행했던 사람의 손자였다(참조. 왕하 25:18 그리고 대상 5:40[6:15]). 예수아 자신은 곧 그 직무를 이어받았다. 이미 스가랴 1-8장에서 전조가 보였던 것처럼, 포로기 이후 기간 동안 이 일은 훨씬 더 두드러졌다.

"그 지역의 백성": 이 표현은 일반적으로는 유대를 가리킨다. 그러므로 귀환 이후 남아 있는 자들의 조망을 반영하는 것으로 추측된다. 하지만 F. C. Fensham, "Mědînâ in Ezra and Nehemiah," *VT* 25(1975) 795-97에서는 이 표현이 다른 지역들(예를 들어, 7:16에서처럼)을 지칭할 수 있다는 점을 관찰했으며, 또한 이 표현이 현재 정황 속에서는 포로기에서 돌아온 바벨론을 언급한다고 제안한다. 이 점에 있어서 펜샴(Fensham)은 느헤미야 시대 이전에는 분리된 유대 지역이 존재하지 않았다는 별로 신빙성이 없는 가정에 의존하고 있다. 어떤 경우에서건 מדינה은 단지 "행정적인 지역"만을 의미함에도 불구하고 말이다. 더군다나 일종의 요약으로서 목록에 첨부되어 있는 표제어는 목록 자체에서 묘사하고 있는 사건들보다 여하튼 후대의 것이다. 그러므로 이는 "이 지역에 사는 사람들, 이들은 포로지에서 돌아온 사람들이다"라는 의미로 이해하는 것이 가장 자연스러운 방식이 될 것이다.

3-35 목록의 순서에 있어서 일반 백성들을 제일 처음에 열거하는 것은 후대의 관행과는 대조적이다. 이미 지적된 것처럼 이 목록 부분은 아마도 세 개의 부분으로 만들어진 듯하다: 첫 번째 부분은 가족들을 통해 규정되는 사람들(2-20절)이며, 나머지 두 번째, 세 번째 부분은 거주 지역들을 통해 규정된 두 개의 쌍(21-28절, 29-35절)이다.

2b-20 여기에 열거된 많은 이름들은 뒤이어 나오는 문단에서 또다시 반복된다(스 8장; 느 10장). 그러나 일반적으로 말해서 포로기 이전 본문들에서는 그렇지 않다. 그러므로 이들이 씨족이나 가족들의 이름을 대표한다는 것은 분명하며, 또한 종종 역사적 연대 중 지금 이 단계에서 귀환했던 각각의 씨족들 중 일부만을 (숫자로 세어진 것처럼) 대표한다는 점도 분명하다. 더 이상의 계보적인 연결은 제공되지 않았다. 아마도 그들은 잘 알려진 사람들이었을 것이고, 이스라엘 백성이라는 그들의 정체성은 의심의 여지가 없었을 것이다. 불행하게도 지면상의 이유로 각각의 이름들을 개별적으로 다루는 것은 불가능하다. 히브리어 개인 이름들에 관한 표준적인 교과서들과 보우먼(Bowman), 브락킹튼(Brockington) 그리고 마이어(Myers) 등의 주석들을 참조하라.

21-35 이 목록 중 지명 중심으로 열거되어 있는 이 부분에 대해서는 여러 가지 문제들이 야기되며, 이 모든 문제들에 대해 확실하게 대답할 수 있는 것도 아니다. 이 이름들은 지정학적인 것인가, 혹은 여기에도 역시 몇몇 사람들의 이름들만이 있는 것인가? 이 문제에 대해 주석가들은 의견이 나뉜다. 위의 번역에서 채택된 관점은 틀림없이 많은 숫자가 지정학적인 것이기 때문에, 그리고 이것이 "…의 아들들/거주자들"(בני – 브네이)과 "…의 사람들"(אנשי – 아느쉐이) 둘 다를 통해 도입되

기 때문에, 이들 모두를 그렇게 이해하는 것이 올바를 것이라는 관점이다. 보우먼(Bowman)의 이들에 대한 정체성 규정을 참조하라. 하지만 모든 것이 분명하게 정체성이 규정된 것만은 아니라는 점을 반드시 인식해야만 한다. 덧붙여서 마지막에 기록된 이름은 이와 관련해서 매우 큰 숫자를 갖고 있다는 점과, 그렇기 때문에 고대 문헌에 대해 이런 식으로 접근하는 것은 너무 깔끔하고 정돈된 접근일 수도 있다는 점을 인식해야만 한다. 만약 우리가 이 목록을 일종의 편찬물로 보는 것이 정말로 올바른 관점이라면, 이 목록은 우리가 추측하는 것 이상으로 훨씬 더 뿔뿔이 흩어진 모습일 수도 있다.

어떻게 여기에 나오는 이름들의 지정학적인 분포를 설명해야만 할 것인가? 대부분은 예루살렘 지역들에서, 그리고 원래 베냐민 지파의 지역들에서 왔다. 유다 영역 중 남예루살렘에서 수 마일 이상 떨어진 지역은 한 군데도 나타나지 않지만, 로드, 하딧, 오노 이렇게 세 트리오 지역(33절)은 서쪽으로 훨씬 더 많이 동떨어진 지역들이다. 이런 사실들을 포로기 이후 공동체의 정확한 지경들, 환경들과 연결시키기는 어려운 일이지만, 이들을 이전의 세 가지 사건들과 관련시키는 일은 가능하다. 즉 (i) 요시야 치하에서 남왕국의 팽창은 벧엘과 아이(28절) 같은 장소들이나 서쪽의 트리오 지역들도 포함하게 했고(33절; 참조. Alt, *KS* 2, 276-88), (ii) 고고학적인 탐사를 통해 잘 확립된 사실인, 주전 597년과 587년의 바벨론 침공 때 베냐민 지파의 도시들이 상대적으로 약하게 공격 받았을 뿐만 아니라 도피했었다는 사실(참조. Stern, *Material Culture*, 51; S. S. Weinberg, *Post-exilic Palestine An Archaeological Report* [The Israel Academy of Sciences and Humanities Proceedings, vol. 4, no. 5. Jerusalem: Ahva(Hebrew), 1969]), 그리고 (iii) 유대 남쪽 지역은 이미 첫 번째 바벨론 침공 당시 단절되어 있었고(렘 13:19), 그 결과 여하튼 포로지에서 돌아올 때 이 지역으로부터는 돌아올 사람들이 아무도 없었을 것이라는 사실(Rudolph). 그렇다면 우리는 여기 제시된 목록과 사람들이 실제적으로는 포로로 끌려가지 않고 남아 있었다가 포로지에서 귀환한 공동체와 점차적으로 동화된 사람들의 목록이라고 추측해야만 하는가?(참조. J. P. Weinberg, *ArOr* 42[1974] 341-53, and *JSJ* 6[1975] 242) 이런 추측은 이 목록의 정황과 모순되는 것으로 보인다. 또한 틀림없이 계속해서 사람들이 거주했던 예루살렘과 미스바 등과 같은 장소들이 전혀 나타나지 않는다는 어려움에도 빠져든다. 그러므로 지금 제시했던 이러한 증거들은, 이 성읍들은 사람들이 포로로 끌려갔던 성읍들이며, 모든 경우에 돌아온 사람들이 반드시 이 성읍들로 돌아가야만 했던 것은 아니었다는 관점을 더욱 강력하게 지적해 준다. 예를 들어, 서쪽 지역 그룹인 로드, 하딧, 오노(33절)에의 정착이 가장 그렇지 않았을 것 같다. 느헤미야 시대 때조차도 이들은 분명 여전히 유다 공동체에서 멀리 떨어진 곳으로 여겨졌다(참조. 느 6:2).

가장 불확실한 점으로 남는 것은 왜 몇몇 가족들이 처음부터 지역성을 통해 목록에 올랐느냐는 점이다. 분명히 59-63절의 견지에서 보자면, 그들은 그들의 보계가 불확실하거나 혹은 알려지지 않았던 사람들이 될 수 없다. 그런데도 그들은 지역성을 통해 목록에 올랐다. 포함된 숫자를 토대로 해서 볼 때, 3-20절의 모든 사람들이 예루살렘의 거주민들이었다는 것은 전혀 그럴듯하지 않다(Keil과는 대조적으로). 좀더 그럴듯한 것은 메이어(Meyer, *Entstehung*, 152-54)의 제안인데, 그는 이들이 "그 땅의 가난한 사람들"(왕하 25:12)을 대표하며, 이들은 3-20절의 사람들과는 대조적으로 그들의 이름으로 아무런 땅도 재산도 갖고 있지 않았던 사람들이었다고 제시한다. 하지만 설령 그렇다 하더라도, 이 목록의 분리된 절반 정도의 내용들은 여전히 설명되지 않은 채 남게 된다. 그렇기 때문에 아마도 우리는 그냥 단순하게 귀환한 다른 그룹의 사람들을 다른 체제들을 통해 등록했다고 추측해야만 한다. 이 목록의 편찬자가 이런 이질적인 내용들을 충분히 서로 잘 어울리는 순서로 배열하는 데 관심을 기울이지 않은 채 이 목록에 올렸다고 말이다.

35 스나아: 지정학적으로 규정하는 것이 가능하긴 하지만(참조. Bowman), 여기 제시된 숫자는 일반적이지 않게 매우 크다. 이 점은 일부 초기 주석가들로 하여금 이 단어를 שְׂנוּאָה/ס("미움받는 사람")으로 읽게끔 했는데, 이 단어로 지칭되는 "거주자들"은 예루살렘의 하층 계급 시민들이나 혹은 귀환한 북쪽 지파의 구성원들을 경멸하는 용어다(참조. 대상 9:3). 하지만 이런 공식적인 목록에서 이런 저급한 단어를 사용하는 일은 별로 일어남직하지 않다. 이 문제는 이 단어를 느헤미야 3:3에 근거를 두고 개인적인 이름으로 규정한다 하더라도 해결되지 않는데, 왜냐하면 3-20절에 열거된 사람들 중 어느 누구도 그처럼 큰 숫자를 가진 사람이 없기 때문이다. 그러므로 이 문제는 여전히 해결되지 못한 채 남는다. 본문상의 오류라는 가능성도 간과되어서는 안 될 것이다.

36-39 오직 네 개의 제사장 가문들만이 목록에 올라 있지만(다른 사람들은 훗날 귀환했다. 참조. 에스라 8:2-3), 그들의 숫자는 전체 중 십분의 일을 구성할 만큼 충분히 많다. 이 점은 의심할 여지없이 그들이 귀환해서 모여야만 했음을 반영한다. 포로기 이후 시기에는 제사장 계급이 꾸준히 성장했으며, 이 성장은 구약성경의 다양한 목록들에 나타나 있는데, 24단계의 제사장 코스 체제에서 정점으로 나타

난다. 비록 그 이름들은 이후에는 확장된 목록으로 남아 있지만, 다른 요소가 섞이지 않은 이런 명료한 제사장 목록은 분명 제사장 그룹의 성장의 출발점에 자리잡고 있다. 참조. 10:18-22; 느헤미야 12:1-7; 역대상 24:7-18. 제사장들에 대해서 후대에 규칙적으로 사용했던 "아론의 자손들"이라는 표현을 전혀 사용하고 있지 않음을 주목하라.

36 "예수아의 집": 만약 이것이 2절에 나오는 예수아를 언급하는 것이라면, 이 설명은 후대에 첨가된 것임에 틀림없다.

40 에스라가 훗날 보았던 것처럼, 귀환하기를 원했던 레위인들이 그리 많지 않았다는 점은 매우 분명하다. 참조. 8:15. 이것은 아마도 그들의 지위가 낮았기 때문일 것이라는 가능성과 더불어, 이 시기에 그들의 중요성이 퇴락했기 때문일 것이다(참조. 겔 44:10-14). 그래서 처음에 귀환한 레위인들은 그리 많지 않았다.

41 노래하는 자들이나 문지기들은 둘 다 분명하게 레위인들로 분류되지 않았다. 이 점은 뒷부분에서 발전된 내용과 다시 한 번 대조를 이룬다(참조. 대상 6:23-26 등, 그리고 아래의 3:10에 대한 "주석"을 보라). 더군다나 그 시대까지 그들은 아삽 자손, 헤만 자손 그리고 여두둔 자손들, 이렇게 세 계층으로 나누어져 있었다. H. Gese, *Vom Sinai zum Zion*(Munich: Chr. Kaiser Verlag, 1974), 147-58에서는 이 점에 대해 단순히 귀환하지 않은 다른 가족 구성원에 관한 문제라기보다는, 오히려 길드의 발전이라는 근본적인 부분을 반영하는 것으로 설명해야만 한다고 주장했다.

42 이와 유사한 견해들이 문지기들에 대해서도 마찬가지로 제시될 수 있다. 이들의 지위의 발전과 이들의 배열도 마찬가지로 포로기 이후의 목록들을 통해서 추적할 수 있다. 참조. 느헤미야 11:19; 12:25; 역대상 9:17-32; 26:1-19 그리고 VTSup 30(1979) 251-68.

43-58 성전을 섬기던 자들과 솔로몬의 신복들의 자손들은 그들 전체의 숫자가 58절에서 통합되어 제시된 것처럼 한 묶음으로 다루어졌다. 역대상 9:2에서는 어쨌거나 지금과 밀접한 정황이어서 이들을 단일하게 언급했지만, 이와는 별개로 이들 두 그룹은 구약성경 내에서 에스라와 느헤미야서에서만 제시된다. 비록 그들의 기원을 포로기 이전 시기에서 찾아야 한다는 점에는 대부분 동의하지만 말이다.

7:24을 통해 적어도 성전을 섬기는 사람들인 "느디님 사람들"(נְתִינִים – 느디님)과 솔로몬 신복의 자손들은 종교적인 일들을 하던 사람들이었다는 점이 분명하게 나타난다(Weinberg, *ZAW* 87[1975] 355-71과 대조하라). 이 점은 8:20을 통해서도 확인되는데, 이 부분에서는 이들을 "다윗과 왕자들(개역성경에서는 방백들로 번

역함 – 역자주)이 레위인들을 수종들도록 그들에게 준" 사람들로 묘사한다. 설령 이런 진술을 종교적인 일을 돌보는 사람들에 대해 다윗이 모든 일을 규정하고 분배한 것으로 돌려 버리려는 시대착오적인 견지에서 읽어야만 한다 하더라도, 이는 저자 당시에 그들의 지위에 대한 논쟁할 수 없는 증거로 자리잡는다. (그러므로 겔 44:6-9은 동일한 그룹에 대해 언급하는 것일 수 있다.) 그러므로 제사장들을 섬기라고(민 3:9; 8:19 등) 레위인들이 "주어진"(נתן – 나탄) 것과 마찬가지로, **느디님 사람들**도 레위인들을 섬기라고 "주어진" 것일 수 있다. 기껏해야 성전 주변에서 반드시 필요했던 사소하고 하찮은 일들을 책임지라는 것이었다 하더라도 말이다. 우리는 그들의 직무와 솔로몬의 신복의 자손들의 직무가 어떤 점에서 다른지를 구분할 아무런 방법도 갖고 있지 않다. 하랑(Haran, *VT* 11[1961] 159-69)은 전자는 성전 안쪽에서 섬기고, 후자는 성전 바깥쪽에서 일을 했다고 제안하는데, 이는 단순한 추측일 뿐 본문상의 아무런 근거도 없다.

그들의 이름과는 별도로, 엄격한 의미에서 그들이 노예였다고 추측할 근거도 전혀 없다. 사실 정반대의 많은 증거들이 있다. 참조. Levine, *JBL* 82(1963) 207-12. 그들은 이 목록들에 "회중"(64절)의 일부로 포함되었는데, 종들은 재물들과 더불어 따로 취급되었다(65-67절). 그들은 세금 내는 것이 면제되었으며(7:24), 예루살렘에 그들만의 지역을 갖고 있었고, 또한 느헤미야 10장에서는 새 언약에 서명했었다. 그러므로 **느디님 사람들**은 "드려진" 사람들(위를 보라)이라는 것 이상을 의미할 필요가 없다. 반면에 "종"(עבד – 솔로몬 "신복들"에서처럼)이라는 표현은 심지어 왕족을 섬기는 일을 하는 높은 지위의 사람들까지도 포함하는 매우 폭넓은 개념이다.

그들의 기원에 대해서는 포로기 이후 그들의 지위로부터 생각해 볼 때 기브온 사람들(수 9:27)과의 연관성이나 혹은 기껏해야 순수한 추론에 불과하긴 하지만 열왕기상 9장에 나오는 솔로몬 신복들과 연관성이 있는 것이 분명해 보인다. 그들의 이름을 통해서 좀더 확실한 점을 알 수 있는데, 그들의 이름 중 상당히 높은 비율이 이방인의 이름들이라는 것이다. 참조. Zadok, *JQR* 71(1980) 107-17. 더군다나 보우먼(Bowman)은 "많은 이름들이 종들에게나 주어지곤 하는 비공식적인 별명 같은 이름들"임을 관찰한다. 특별히 주목할 만한 점은 므우님과 느부심 가족들인데 (50절; 참조. "원문주해"), 이는 이들 가족들 중 많은 사람들이 처음에는 전쟁 포로로 왔을 수도 있음을 보여 준다. 왜냐하면 이들의 이름은 우리가 알고 있기로는 이스라엘 왕조 시대 동안 이스라엘에 패배했던 부족들의 이름들이기 때문이다. 이런 추측은 그들에게 부과된 것으로 추측했던 사소한 직무와 의무들에 잘 들어맞는다. 탈무드 시대에 이들을 향해 나타난 적대적인 태도들에 대해서는 B. A. Levine, "Later Sources on the *Netînîm*," in H. A. Hoffner(ed.), *Orient and Occident*(AOAT 22. Neukirchen-Vluyn, Neukirchener Verlag, 1973), 101-7 등을 참조하라.

44 게로스는 아랏(Arad)에서 나온 도편 위의 본문에 등장하는데, 이는 그가 제의적인 배경 속에서 활동적인 사람이었음을 보여 준다. 이 두 개의 이름들을 동일인이라고 규정하려는 것은 매우 끌리는 일이며, 이 계층에선 거의 드물게 나타나는 이런 이름을 명확하게 포로기 이전 배경에서 발견한다는 것도 마찬가지다. 참조. B. A. Levine, "Notes on a Hebrew Ostracon From Arad," *IEJ* 19(1969) 49-51.

46 하갑은 라키시(Lachish)에서 나온 도편에 그 이름이 등장한다. 르메르(A. Lemaire)는 이런 기록의 발굴에 대해 느디님 사람들에 대한 포로기 이전의 또 다른 언급일 가능성이 있다고 본다. 참조. *Inscriptions Hébraïques* I(Paris: Les éditions du Cerf, 1977), 96 그리고 182-83. 하지만 그 도편에 제의적인 언급이 전혀 나타나지 않는다는 점에서 생각해 볼 때, 이는 별로 그럴듯하지 않은 경우다.

58 이런 마이너 관료 인물들이 씨족들마다 고작 평균 8-9명 정도밖에 안 된다는 것도 주목할 만한 일이다.

59-63 비록 우리는 다른 부분들을 통해서(예를 들어, 6:21) 이 당시에 공동체로 들어오는 상이한 통로들이 있었다는 것을 알고 있기는 하지만, 그럼에도 불구하고 혈통적인 순수성에 대한 관심이 지배적이었다(참조. 9:1-2). 분명히 가계 기록에 대단히 큰 정성을 기울였으며, 아마도 연속성을 보호해 주던 땅 그 자체를 상실했던 포로기 시기 동안 특히 더 그러했을 것이다. 이 점은 이 시기에 이런 목록들이 왜 풍부한지에 대해서, 그리고 어떻게 이런 목록들이 기원되었는지에 대해서 설명해 준다. 현재 본문이 보여 주듯이 에스라와 느헤미야서에서 이런 목록들은 주로 공동체로부터 이방적이고 외적인 요소들을 제거하는 방법으로서의 역할을 한다(그들을 포함시켜 표현하는 대상 1-9장과 대조하라; 참조. 나의 *1 and 2 Chronicles*, 38-39, 46-47). "그러나 정통성과 혈통적 순수성이라는 개념 아래에는 하나님의 백성의 연속성을 표현하려는 욕구가 있다. 즉 옛 이스라엘 왕조가 회복된 새 이스라엘의 정체성을 표현하려는 욕구가 있다." M. D. Johnson, *The Purpose of the Biblical Genealogies*(Cambridge and New York: Cambridge University Press, 1969), 43-44.

59-60 세 그룹의 일반 백성들은 그들이 이스라엘에 속해 있다는 것을 증명해

보일 수가 없었다. 그러나 우리는 그들에게 결국 어떤 상황이 전개되었는지 전혀 알 수 없지만, 그들이 여기에 그들의 숫자와 더불어 기록되었다는 사실은 그들이 그들의 신분이 명료화될 때까지 기다리기는 했어도 이미 앞부분에 기록되었던 다른 가족들과 마찬가지로 동등하게 취급되었음을 보여 준다. 그들의 이러한 불확실성은 그들의 기원이 개종자였기 때문이라고 추측되어 오긴 했지만, 이것은 그저 어림짐작일 뿐이고 본문이나 그들의 야웨 신앙적인 이름들이 이런 추측을 뒷받침해 주는 것은 아니다. 그들이 왔던 성읍들의 이름들도 마찬가지로 알 수 없는 것들이다. 하지만 여러 정황은 이 성읍들이 틀림없이 바벨론에 있던 포로지들이었음을 보여 준다(Brockington은 다른 의견을 갖는다). 아마도 여기서 이 성읍들이 언급된 것은 보계의 비어 있는 부분들을 대체하기 위해서일 것이다.

61-63 이 부분의 정황은 제사장들과 관련되어 있고 좀더 심각한데, 왜냐하면 이들이 제의를 불결한 것으로 만들 위험성이 있기 때문이다. 그렇기 때문에 이들은 직무를 담당하는 일에서 유보되었고, 이는 동시에 그들이 거룩한 헌물들을 통해 생활을 유지할 수 있는 방법도 상실했다는 것을 의미했다.

61 적어도 학고스는 나중에 제사장 직분을 회복한 것으로 나타난다(참조. "양식", p. 31). 다른 두 사람의 운명은 알 수 없다. 바실래이의 경우, 아마도 그가 제사장 가문이 아니었던 그의 아내의 이름을 취했다는 것에 어려움이 있었을 것이다. 어쩌면 그는 가족의 상속자가 되기 위해 그렇게 했을지도 모른다. 키드너(Kidner)는 이런 그의 행동이 제사장 직분을 포기하는 행동으로 여겨졌을 수도 있다고 생각한다. 왜냐하면 제사장들은 땅을 상속받는 것이 금지되었기 때문이다(민 18:20). 어떤 경우건 간에, 이 경우는 가문을 연결시켜 주는 보계가 다윗 시대까지 거슬러 올라간다는 흥미로운 사실을 보여 준다(참조. 삼하 17:27; 19:32; 왕상 2:7).

63 "방백": 참조. "원문주해". 이처럼 페르시아적인 호칭을 사용하는 것은, 여하튼 이 목록이 일종의 공식적인 조사에 응하기 위해 최종적인 형태를 갖추게 되었다는 갈링(Galling)의 관점을 뒷받침해 준다. 이 방백은 지금 이 부분에서는 구체적으로 자세하게 규정하지는 않았지만, 느헤미야 7:70에 나오는 좀더 충분한 선물 목록은 그가 유대인이었으며, 따라서 아마도 세스바살이나 혹은 스룹바벨이었다는 것을 보여 준다. 만약 두 가지 가정이 맞다면, 그러니까 스룹바벨의 귀환이 주전 538년보다 늦게 이루어졌으며, 또한 이 장에서 요약하고 있는 귀환 시기 때 이 방백이 이미 활동하고 있었던 것으로 이 문단이 제시하고 있는 것이라면, 이 방백은 세스바살이었을 가능성이 좀더 높다.

"우림과 둠밈"은 어떤 질문에 대해 직접적인 대답을 얻을 수 있는 거룩한 물건들이었다. 이것들은 조각들이나 혹은 나무 막대기 같은 작은 물건들이었을 수도 있는데, 모종의 방식으로 표식이 되어 있었고 조합을 통해서 "예", "아니오" 혹은 무응답이라는 반응을 얻을 수 있도록 에봇에서 꺼내곤 했다. 참조. 사무엘상 14:36-37; 23:9-12; 30:7-8 등. 이 단어들 자체가 갖고 있는 의미는 매우 불분명하다. 이들은 각각 히브리어 알파벳의 처음과 마지막 철자를 갖고 있다는 것이 중요한가? 이들은 통일 왕조 시기 이후에는 사용되었다는 기록이 나오지 않으며, 그렇기 때문에 여기서 이들의 갑작스런 등장은 평가하기가 참으로 어렵다. 의심할 여지없이 방백은 풀기 어려운 문제에 대해서 막연하게 기다리고만 있을 수 없었을 것이다. 우리는 현재 본문의 정황에서는 공동체가 대제사장과 더불어 앞으로 제의적 삶을 다시 재구성하게 될 시간을 언급하기 위해 이 표현을 사용했다고 가정해야만 한다. 위의 122페이지에서 지적했던 오경 본문들에 의하면, 대제사장들은 우림과 둠밈을 갖고 운용했던 것으로 생각된다. 실제로 대제사장이 우림과 둠밈을 갖고 무언가를 했는지 그렇지 않은지의 문제는, 그가 이처럼 논란거리가 될 만한 문제에 있어서 결정을 내릴 권위를 갖고 있는 사람이라는 점에 비한다면 그리 중요한 점이 아니다. 어쨌든 이러는 동안 방백은 "신중을 기했다."

64 여기 주어진 전체 숫자는 앞에 나온 숫자들의 총합보다 약 11,000명이 더 많은데, 정확한 인물의 숫자는 서로 다른 편집들마다 다르게 나타난다. 그러므로 이 상황은 1:9-11과 견줄 만하다. 만약 본문의 전달 과정에 우리가 이미 알고 있는 것 이상으로 인물들을 상당히 많이 더 포함시키는 확장적인 개정이 이루어지지 않았다면, 아마도 이런 숫자상의 차이는 전체 총계에 여자들을 포함시켰다는 것으로 설명해야만 할 것이다. 여자들도 신앙 공동체를 표현하는 용어인 카할(קהל, "회중")에 분명히 포함될 수 있었다(참조. 10:1; 느 8:2 등). 와인버그(Weinberg, *Klio* 54 [1972] 45-59)는 여자들의 숫자가 남자들보다 적은 것에 대해 아마도 귀환한 사람들이 대부분 아직 결혼하지 않은 젊은 남성들이었을 것이라는 제안을 통해 설명하려고 한다.

65 노비들이 회중 안에 포함되지 않은 것을 평범하게 처리하기 위해 조심스럽게 주의를 기울였다. 그들은 마치 다음 구절에 나오는 동물들처럼 재산 목록에 좀더 가깝게 제시된다. 남자들과 여자들이 모두 포함된 것은 이들이 앞 구절의 전체 총합에도 포함된다는 것에 찬성한다. 물론 여기에 나오는 노래하는 사람들은 제의적인 역할을 한다기보다는(41절과 대조하라) 부자들이 그들의 여흥이나 오락을 위해

존속시켰던 사람들을 의미한다고 보아야 할 것이다(참조. 삼하 19:35; 전 2:8). 공동체의 경제적 지위에 관한 그림은 학개 1장과 날카롭게 대조된다. 우리는 초기에 일찍 귀환했던 사람들의 재산은 계속되는 흉작으로 인해 급속하게 증발되었으며(참조. 학 1:6, 10-11), 반면에 주전 520년경 막 귀환했던 사람들의 재산이 이미 다 말라 버린 초기 귀환자들에게 새로운 희망과 결단을 자극하는 데 도움을 주었다고 추측해 볼 수도 있을 것이다.

66-67 여기 목록에 올라 있는 짐승들은 다름아니라 여행과 짐을 운반하던 짐승들이라고 보는 것이 적절할 것이다. 이 숫자들은 성전 재건축에 필요한 것들로만 제한해서 생각하기엔 숫자가 너무 많다(Galling, *Studien*, 101).

68-69 우리는 위의 119-120페이지에서 68절은 나레이터가 자신의 *Vorlage*(대본)에 첨가한 것으로 보인다고 지적했으며, 이를 통해서 이 목록을 현재의 문학적 정황에 더 잘 들어맞게끔 통합한 것이라고 지적했다. 사실 "제사장의 옷들"이라는 선물은 성전이 이미 재건축된 시점에서 잘 어울리는 선물이라고 생각해 볼 수 있을 것이다. 나레이터는 69절에서는 대조를 통해 느헤미야 7:69-71(70-72)을 축약해서 제시하고 있는 것으로 보인다. 이는 그저 느헤미야서에 나오는 내용을 반복하지 않기 위해 이렇게 했을 것으로 추측해 볼 수 있다. 그러나 갈링(Galling)의 제안(*Studien*, 104-5)이 좀더 그럴듯하다. 그는 나레이터가 방백(Tirshatha)이 드린 선물들(느 7:70)에 관한 언급이 자신이 이 목록에 대해 제시한 새로운 정황과는 잘 어울리지 않고 어색하다는 점을 발견했기 때문에 이렇게 했을 것이라고 설명한다. 아마도 이 나레이터는 이 방백을 스룹바벨과 동일시했을 것이다(참조. 63절). 그는 이미 세스바살이 가져왔던 기명들에 관해 세부적인 목록들을 제시했었다(1:9-11). 그렇기 때문에 그는 만약 기부 물품 목록을 자신의 *Vorlage*(대본)에 합병시켜 버리면 혼란이나 오해를 미리 막을 수 있다고 생각했을 것이다. "드라크마"에 대해서는 "원문주해"를 참조하라. 페르시아 화폐인 다릭은 아직 주조되지 않았다. 미나는 바벨론에서 기원된 화폐인데 포로기에서 돌아온 사람들에게는 은 동전으로서 매우 친숙한 화폐였다. 참조. 에스겔 45:12.

70 이 구절이 본문으로서 어떻게 발전했는지에 대한 논의는 느헤미야 7:72a(73a)에 대한 논의를 보도록 하라. 현재 본문의 저자는 뒤이어 나오게 될 내러티브로 좀더 용이하게 전환할 방편으로 앞의 목록에 나오는 모든 그룹들의 정착을 어느 정도 구조적으로 보여 주기 위해 이 구절을 여기에 합병시켰다. 만약 이 목록에 대한 우리의 분석이 올바르다면, 분명히 큰 규모의 귀환자들이 단 한 번에 몽땅 다

분산했다는 것은 역사적으로 과장되게 단순화시킨 것이 될 것이다. 그러나 본문을 이런 식으로 다루는 것은 지금 정황에서 이 본문이 갖고 있는 문학적 목적을 오해하는 일이 될 것이다.

해설

에스라 2장 같은 장들은 지루한 성격을 갖고 있는데다가 민족적인 배타주의와 자존심을 담고 있기 때문에 현대 독자들에게는 성경 중에서 별로 끌리지 않는 그런 장들에 속한다. 아무리 에스라 2장이 골동품 수집가들에게 흥미진진하고 황홀한 내용이라 하더라도, 그런 류의 관심과 열광은 지극히 소수의 사람들끼리만 공유할 수 있을 뿐이다. 아예 처음 시작할 때부터 많은 어려움들이 있다는 사실을 인정하고 대신 목록 전체를 살펴보면서 발견해 내는 가치 있는 한두 가지 요점을 제시하는 것이 좀더 현명한 처사일 것이다.

1장에서는 포로기 때의 이스라엘과 회복된 공동체 간의 몇 가지 연속성을 발견할 수 있다. 2장에서는 나라의 리더십이 열두 명에게 있었다는 것을 강조함으로써(참조. 1-2절), 그리고 좀더 중요하게는 파괴 이전과 이후의 이스라엘이 연속적인 멤버십을 갖고 있다는 측면을 두드러지게 강조함으로써 이 주제를 강조한다. 59-63절은 그 당시에 그들의 보계를 정확하게 증명할 수 없었던 사람들에 관한 내용을 다루고 있는데, 이 부분은 귀환에 참여했던 모든 사람들이 그들이 틀림없이 이런 연속성을 갖고 있다는 사실을 어느 정도의 시기까지 확인하도록 준비되어 있었는지를 보여 주는 역할을 한다. 마지막으로, 이 장은 지리적인 관심을 통해서도 이 주제에 좀더 진전된 기여를 하고 있다. 이 장은 백성들이 각기 본성에 거했다는 백성들의 분산에 관한 언급을 통해 장을 열고 닫으며(1, 70절), 또한 그들의 기원을 도시에 두고 있는 백성들을 다루는 부분을 포함하고 있다(21-35절). 우리는 이 기록을 첫 번째 정착에 관해 설명하고 있는 여호수아서 후반부의 기록과 견주어 볼 수 있을 것이다.

백성들과 땅 이 두 가지 요소는 이스라엘을 향한 하나님의 약속에 있어서 가장 정확한 요소들이었다. 이 두 가지 요소는 하나님께서 아브라함을 첫 번째로 부르실 때(창 12:1-3) 핵심적인 내용으로 자리잡고 있었으며, 또한 이후에 족장들이나 혹은 이 요소들에서 비롯된 나라를 다루실 때 가장 중요한 핵심적인 위치에 있었기 때문이다. 물론 이런 축복들을 배타적이거나 혹은 우월적인 태도로 향유해야만 한다는 그런 의도가 결코 없었던 것도 사실이다. 이 점 역시 처음 부름의 중요한 요소였으며(창 12:2-3), 또한 이스라엘이 갖고 있던 하나님의 종으로서의 역할이나 이스라엘이 "열방의 빛"으로서 역할을 해야 한다는 점도 마찬가지 요소였다(사 42:6; 49:6). 즉 이 목록 자체는 과거의 용어들을 통해 이런 사실에 대한 증거를 거의 분명하게 포함하고 있다. 왜냐하면 이 목록은 그들의 기원이 비이스라엘인 많은 사람들(참조. 특히 43-58절)을 틀림없이 포함하고 있으며, 또한 장래에 있어서 바로 이 공동체는 다시 한 번(비록 제한된 방법을 통해서이긴 하지만) 그런 자기 인식을 보여 주었기 때문이다. 참조. 6:21. 그러나 이런 중차대한 변환 시점에서 강조점은 정체성의 연속성을 유지하는 데 있었는데, 이는 이해할 수 있는 일이다.

하지만 이 상황이 갖고 있는 위험들이 무엇인지는 너무나 명백하다. 가계도와 순수성에 대한 관심은 손쉽게 자긍심과 우월감으로 변해 버릴 수 있다. 우리는 비극적이게도 이 공동체의 이후의 후손들을 통해서 이런 경향의 실례를 수없이 많이 찾아볼 수 있다. 비록 선지자들의 외침들이 때때로 구약성경 안에서 울려퍼졌지만 말이다. 두 번째 세대들은 언제든지 이 위험성에 쉽게 빠져들 수 있으며, 신약성경은 매우 빈번하게 "외양상의 유대인이 유대인이 아니며"(롬 9:6) "하나님께서는 이 돌들로도 들어 아브라함의 자손이 되게 하실 수 있다"(마 3:9)고 지적한다. 더군다나 이 위험성은 교회조차도 너무나 쉽게 이런 경향에 빠질 수 있음을 보여 준 그런 위험성이다. 비록 복음이 하나님과 우리의 관계를 토대로 해서 우리가 자만할 수 있는 모든 이유들을 실질적으로 제거함에도 불구하고 말이다. 참조. 에베소서 2:8-9. 만약 에스라 2장을 향한 우리의 부정적인 느낌들조차 이런 자만하는 태도를 교회와 개개인의 신자들로부터 제거하는 데 도움이 된다면, 이는 성경 전체의 정황 속에서 매우 가치 있는 역할을 하게 될 것이다.

예배의 회복(스 3:1-4:5)

참고문헌

Ackroyd, P. R. *Exile and Restoration. A Study of Hebrew Thought of the Sixth Century BC.* OTL. London: SCM Press, 1968, 138-52. **Alt, A.** "Die Rolle Samarias bei der Entstehung des Judentums." *KS* 2, 316-37. **Andersen, F. I.** "Who Built the Second Temple?" *AusBR* 6(1958) 3-35. **Baynes, N. H.** "Zerubbabel's Rebuilding of the Temple." *JTS* 25(1924) 154-60. **Coggins, R. J.** "The Interpretation of Ezra iv.4." *JTS* ns 16(1965) 124-27. **Gelston, A.** "The Foundations of the Second Temple." *VT* 16(1966) 232-35. **Goettsberger, J.** "Über das III. Kapitel des Ezrabuches." *JSOR* 10(1926) 270-80. **Heltzer, M.** "A propos des banquets des rois achéménides et du retour d'exil sous Zorobabel." *RB* 86(1979) 102-6. **Hogg, W. E.** "The Founding of the Second Temple." *PTR* 25(1927) 457-61. **Petersen, D. L.** "Zerubbabel and Jerusalem Temple Construction." *CBQ* 36(1974) 366-72. **Rothstein, J. W.** *Juden und Samaritaner.* BWANT 3. Leipzig: J. C. Hinrichs'sche Buchhandlung, 1908. **Smith, M.** *Palestinian Parties and Politics that Shaped the Old Testament.* New York and London: Columbia University Press, 1971. 193-201. **Theis, J.** *Geschichtliche und literarkritischen Fragen in Esra 1-6*, 68-82. **Würthwein, E.** *Der 'amm ha' arez im Alten Testament.* Stuttgart: W. Kohlhammer Verlag, 1936. 57-64.

본 문

1 이스라엘 자손이 그 본성에 거하였더니 칠 월
에 이르러 일제히 예루살렘에 모인지라

1 When the seventh month came, the Israelites
being[a] settled in their towns,[b] the people all[c]
gathered together as one man to Jerusalem.

2 요사닥의 아들 예수아와 그 형제 제사장들과
스알디엘의 아들 스룹바벨과 그 형제들이 다 일
어나 이스라엘 하나님의 단을 만들고 하나님의
사람 모세의 율법에 기록한 대로 번제를 그 위에
드리려 할새

2 Then Jeshua the son of Jozadak and his
fellow-priests and Zerubbabel the son of Shealtiel
with his kinsmen started to rebuild the altar of
the God of Israel so that they might be able to
sacrifice burnt offerings upon it as prescribed in
the law of Moses, the man of God.

3 무리가 열국 백성을 두려워하여 단을 그 터에 세
우고 그 위에 조석으로 여호와께 번제를 드리며

3 They set up the altar on its original site,[a] for
they were in a state of fear[b] because of the

peoples of the land,[c] and they sacrificed[d] burnt offerings to the Lord upon it, both the morning and the evening offerings.

4 기록된 규례대로 초막절을 지켜 번제를 매일 정수대로 날마다 드리고

4 They kept the Feast of Tabernacles as prescribed, [a]offering each day the number of burnt offerings required by ordinance for that day,[a]

5 그 후에는 항상 드리는 번제와 초하루와 여호와의 모든 거룩한 절기의 번제와 사람이 여호와께 즐거이 드리는 예물을 드리되

5 and afterwards (they sacrificed)[a] the regular burnt offerings,[b] the offerings for new moons and for all the sacred appointed feasts of the Lord as well as sacrificing on behalf of[c] any who brought a freewill offering to the Lord.

6 칠 월 초하루부터 비로소 여호와께 번제를 드렸으나 그 때에 여호와의 전 지대는 오히려 놓지 못한지라

6 From the first day of the seventh month they began to sacrifice burnt offerings to the Lord, though the foundation of the temple of the Lord itself had not yet been laid.

7 이에 석수와 목수에게 돈을 주고 또 시돈 사람과 두로 사람에게 먹을 것과 마실 것과 기름을 주고 바사 왕 고레스의 조서대로 백향목을 레바논에서 욥바 해변까지 수운하게 하였더라

7 Then they gave money to the quarrymen and the stone-masons,[a] and food, drink, and oil to the Sidonians and the Tyrians to bring cedarwood by sea[b] from Lebanon to Joppa according to the permission granted them by Cyrus, king of Persia.

8 예루살렘 하나님의 전에 이른 지 이 년 이 월에 스알디엘의 아들 스룹바벨과 요사닥의 아들 예수아와 다른 형제 제사장들과 레위 사람들과 무릇 사로잡혔다가 예루살렘에 돌아온 자들이 역사를 시작하고 이십 세 이상의 레위 사람들을 세워 여호와의 전 역사를 감독하게 하매

8 In the second year after their arrival at the house of God in Jerusalem, in thesecond month, Zerubbabel the son of Shealtiel and Jeshua the son of Jozadak and the rest of their kinsmen (namely the priests and the Levites and all who had come from the captivity to Jerusalem) started by appointing the Levites of twenty years old and more to supervise the work on the house of the Lord.

9 이에 예수아와 그 아들들과 그 형제들과 갓미엘과 그 아들들과 유다 자손과 헤나닷 자손과 그 형제 레위 사람들이 일제히 일어나 하나님의 전 공장을 감독하니라

9 Jeshua, with his sons and brothers, Kadmiel, Binnui, and Hodaviah,[a] joined together to supervise those engaged[b] in the work on the house of God [the sons of Henadad, their sons and their brothers, the Levites].[c]

10 건축자가 여호와의 전 지대를 놓을 때에 제사장들은 예복을 입고 나팔을 들고 아삽 자손 레위 사람들은 제금을 들고 서서 이스라엘 왕 다윗의 규례대로 여호와를 찬송하되

10 When the builders laid the foundation[a] of the temple of the Lord, then the priests in their vestments with trumpets, and the Levites, the sons of Asaph, with cymbals, took their places[b] to praise the Lord in the manner prescribed by

David, king of Israel.

11 서로 찬송가를 화답하며 여호와께 감사하여 가로되 주는 지선하시므로 그 인자하심이 이스라엘에게 영원하시도다 하니 모든 백성이 여호와의 전 지대가 놓임을 보고 여호와를 찬송하며 큰 소리로 즐거이 부르며

11 They sang antiphonally as they gave praise and thanks to the Lord, chanting "For he is good; his steadfast love for Israel endures for ever." And all the people raised a great festal shout of praise to the Lord, because the foundation of the house of the Lord had been laid.

12 제사장들과 레위 사람들과 족장들 중에 여러 노인은 첫 성전을 보았던고로 이제 이 전 지대 놓임을 보고 대성 통곡하며 여러 사람은 기뻐하여 즐거이 부르니

12 But many of the older priests, Levites, and heads of families, who had seen the first temple, wept out loud when they saw the foundation[a] of this house, while many others shouted for joy at the tops of their voices.

13 백성의 크게 외치는 소리가 멀리 들리므로 즐거이 부르는 소리와 통곡하는 소리를 백성들이 분변치 못하였느니라

13 Consequently, no one[a] could distinguish the sound of the shout of joy from that of the weeping because the people were shouting so very loudly; the noise could be heard from far away.

4:1 유다와 베냐민의 대적이 사로잡혔던 자의 자손이 이스라엘 하나님 여호와를 위하여 전을 건축한다 함을 듣고

2 스룹바벨과 족장들에게 나아와 이르되 우리로 너희와 함께 건축하게 하라 우리도 너희같이 너희 하나님을 구하노라 앗수르 왕 에살핫돈이 우리를 이리로 오게 한 날부터 우리가 하나님께 제사를 드리노라

4:1 When the enemies of Judah and Benjamin heard that the returned exiles were building a temple for the Lord, the God of Israel,

2 they approached Zerubbabel[a] and the heads of families and said to them, "Let us build with you, for like you we seek your God, and we have been sacrificing to him[b] ever since the time of Esarhaddon, king of Assyria, who brought us here."

3 스룹바벨과 예수아와 기타 이스라엘 족장들이 이르되 우리 하나님의 전을 건축하는데 너희는 우리와 상관이 없느니라 바사 왕 고레스가 우리에게 명하신 대로 우리가 이스라엘 하나님 여호와를 위하여 홀로 건축하리라 하였더니

3 But Zerubbabel, Jeshua, and the rest of the heads of families of Israel replied, "You have nothing in common with us to enable you to build[a] a house for our God; rather, we alone[b] will build (it) for the Lord, the God of Israel, as King Cyrus, king of Persia, has commanded us."

4 이로부터 그 땅 백성이 유다 백성의 손을 약하게 하여 그 건축을 방해하되

5 바사 왕 고레스의 시대부터 바사 왕 다리오가 즉위할 때까지 의사들에게 뇌물을 주어 그 경영을 저희하였으며

4 Thus[a] the people of the land discouraged[b] the people of Judah and made them afraid[c] to build[d]

5 and bribed counselors to work against them so as to frustrate their purpose all the days of Cyrus, king of Persia, and until the reign[a] of Darius, king of Persia.

원문주해

3:1.a. 상황절; 참조. GKC § 156.

1.b. 베아레이헴(בעריהם "그들의 성")으로 읽어라. 느 7:72(73)과 *BHS*를 참조하라.

1.c. 아마도 뒤이어 나오는 케이쉬 에하드(כאיש אחד, "마치 한 사람처럼"; 개역성경에서는 "일제히")와 균형을 맞추기 위해 느 8:1에서와 더불어 콜(כל־, "모든")을 하암(העם, "그 백성") 앞에 넣어야 할 것이다.

3.a. 이는 분명 2:68에 나오는 알 메코노이(על־מכונו, "원래 그 자리 위에〈그 곳에〉")와 동의어이다. 만약 마소라 텍스트(MT)의 복수형을 진지하게 취급해야만 한다면(비록 이 점이 특별히 잘 입증된 것은 아니지만), "그 (이전) 기초들 위에"를 의미할 것이다.

3.b. 일반적으로 생각해 온 것처럼 마소라 텍스트(MT)가 그렇게 불가능한 것은 아니다. 기준이나 입장에 있어서 이 부분은 키 베차앞 임모 알 조트(כי־בזעף עמו על־זאת, "이 일에 대해 그를 향한 분노로 인하여")라고 되어 있는 대하 16:10과 **정확한** 동등성을 갖고 있다. 만약 두 가지 본문 모두 변조된 것으로 여겨진다면, 이 구문은 가장 간단하게 바 에이마(בָּא אֵימָה, "두려움이 엄습했다")로 수정될 수 있다(같은 의미를 부여하기 위해). 이는 종종 잘 탈락되는 것으로 알려져 있는 알렙(א)이 중첩탈락되었다고 추측한 것이다. 참조. F. Delitzsch, *Die Lese- und Schreibfehler im alten Testament*(Berlin/Leipzig; de Gruyter, 1920) § 14c, and Williamson, "Sources and Redaction in the Chronicler's Genealogy of Judah," *JBL* 98(1979) 354. 비록 에이마(אימה, "두려움")가 여성형이긴 하지만 앞에 나온 남성형 술부와 결코 짝을 이룰 수 없는 것은 아니다. 참조. GKC § 145o. 그런 경우에 이 점은 서기관으로 하여금 마소라 텍스트에서 기록한 대로 옮겨 적도록 영향을 끼친 미묘한 변형이 있었다는 사실을 보여 준다. 에스드라1서 5:50은 일단 이에 대해 올바르게 이해한 후에는 좀더 대담한 수정을 하지 않는다(참조. Bewer). 이 구문을 각주로 취급하여 제거해 버리는 것도 반드시 필요한 것은 아닌데(Rudolph), 여하튼 어떤 경우건 간에 이 표현에 대한 구문론적인 문제를 해결하지는 못한다. 왜 그들이 그런 정황성을 가지고 행동했는지를 설명할 필요가 있었다(참조. n. 3.a.). 더군다나 4:4-5의 "요약적인 표기"(아래의 "양식"을 참조하라)는 마소라 텍스트가 일반적으로 더욱 정확하다는 점을 더 잘 확인해 준다.

3.c. 이는 단순한 스타일상의 변형일 뿐이며, 아미 하아레츠(עמי הארץ "그 땅의 백성들(열국 백성들)"는 후기 성경 히브리어에 공통적으로 나타난다.

3.d. Q에서대로 와야알루(וַיַּעֲלוּ, "그리고 그들이 올려드렸다")로 읽으라.

4.a-a. 문자적으로는 "매일 정수대로 번제를, (각각의) 매일 매일의 규례(혹은 관습)대로"이다.

5.a. 마소라 텍스트(MT)에는 제시되어 있지 않지만, 이 표현은 문장을 완성시키기 위

한 것으로 이해되어야 한다(참조. Keil).

5.b. 에스드라1서 5:51은 여기에 레샤바토트(לשבתות, "안식일들을 위하여")를 삽입하는 것을 제안하며, 그리고 NEB를 포함해서 많은 사람들이 이런 삽입을 더 선호한다. 이 삽입이 에스드라1서에 이루어진 것에 대해서는 매일 드리는 규칙적인 제사가 이미 재개되었다는 점이 3b절에서 벌써 언급되었다는 것을 느낀 누군가가 그렇게 했다고 설명할 수 있는 반면, 이 표현을 삭제하는 것은 설명하기가 어렵다. 하지만 사실 3b절에서의 설명은 회복된 제단을 정화하기 위해 드려진 제사에 대해서만 언급할 뿐이다.

5.c. 나레이터는 오직 제사장들만이 실제로 제사를 드릴 수 있다고 자연스럽게 생각했을 것이며, 이것은 외관상 이 부분의 거친 전환이 왜 그러한지를 설명해 준다. 자유의지로 제물들을 가져온 사람들을 위해 제사를 드릴 필요가 있었다는 점에 대해서는 전혀 제시되고 있지 않다. 이 문제점이 많은 본문 수정들의 첫 출발점이었는데, 이 어려움은 아예 존재하지도 않는다.

7.a. 하로쉬(חרש)는 폭넓은 의미의 범주를 갖고 있는데 분명 돌을 다루는 기술이라는 의미도 포함하고 있다(참조. 삼하 5:11). 그리고 지금의 정황은 일반적 번역인 "목수들"보다는 이런 표현을 더 선호한다.

7.b. 문자적으로는 "욥바, 바다로"이다.

9.a. 2:40을 토대로 마소라 텍스트(MT)의 우바나이 베네이 예후다(ובניו בני־יהודה, "그리고 그의 아들들, 유다의 아들들")는 이와 비슷한 ובנוי והודויה에서 변조된 것으로 폭넓게 추측되어 왔다. 분명 캇미엘(קדמיאל) 앞에 연결사가 없다는 점은 의심을 불러일으킬 만하다.

9.b. 복수 형태로서의 오세(עשה, "공장〈만드는 사람〉")에 관해서는 대상 23:24에 대한 케일(Keil)을 참조하라.

9.c. 괄호로 묶여진 부분은 원래부터 이 부분에 있었던 것일 수 없다. 이 부분은 앞서 말한 부분과 아무런 연결성도 없기 때문이다. 이 부분은 이 구절의 앞부분을 통해 잘못 배치되었을 수도 있으며, 혹은 이보다 좀더 가능성이 있는 것으로는 느 3:18, 24; 10:10(9) 등에 토대를 두고 후대에 확장되었을 수도 있다.

10.a. 내러티브의 시제에 있어서 'ו+완료형'은 점차적으로 성경 히브리어에서 공통적인 것이 되었다. 참조. Driver, *Tenses* §§ 30-34.

10.b. 부정사 3인칭 복수형은 수동태를 통해서 해석될 수 있다. "제사장들은 출발했다." 하지만 에트(את)가 하코하님(הכהנים, "그 제사장들")과 하레위임(הלוים, "그 레위인들") 앞에 없다는 점은, 8절에서 동일한 동사 뒤에서 이 단어가 사용되었다는 관점에서 본다면 뜻밖이다. 와야암두(וַיַּעֲמְדוּ, "그리고 그들은 그들의 자리들을 놓았다")라고 칼형으로 읽는 것을 뒷받침해 주는 일부 MS와 Vrs들이 있는데, 이런 독법을 더 선호할 만하다.

12.a. 마소라처럼 모음을 찍는 것은 지대와 기초와 관련된 이 언급을 첫 번째 성전과

연결시킨다. 그러나 이것은 역사적으로는 불가능한 반면, 문법적으로는 뒤이어 나오는 단어들을 분리된 채로 남겨놓게 된다. 그렇기 때문에 베야쓰도(ביסדו, "기초가 놓였을 때")는 뒤이어 나오는 내용과 더불어 이해되어야만 한다. 제 하바이트(זה הבית, "이것은 〈이다〉 그 집")를 설명적인 것으로서 접미사를 윤색한 것으로 여길 필요는 없다(Rudolph). 조금은 어색한 단어 배열 순서는 "첫 번째 집"과 "지금 집" 사이를 대조시키는 것을 강조하기 위해 고안되었다.

13.a. 하암(העם, "이 백성")을 이 부분에서와 이 구절의 후반부에서 생략할 것인가 말 것인가가 가장 중요한 요점이지만(참조. *BHS*, Ehrlich, *Randglossen*), 어떤 식으로 처리하건 그 의미는 충분히 명확하다.

4:2.a. 에스드라1서는 이 부분에 "그리고 예수아"를 첨가하는 것을 제시하며, 많은 사람들은 3절 때문에 이렇게 하는 편에 선다. 하지만 후대의 제사장의 경쟁이라는 관점에서 본다면, 이런 가능성과 마찬가지로 이 나레이터는 일부러 일반 백성들의 리더십을 갖고 있는 사람에게만 직접적으로 향하는 접근법을 제시하길 원했을 수도 있다. 왜냐하면 그들은 좀더 공감되는 반응을 기대했을 것이기 때문이다.

2.b. Q 그리고 여러 Vre에서처럼 웨로(ולו)로 읽으라. K에는 "and not"으로 되어 있는데, 이런 표현은 이 정황에서는 좀 덜 어울린다. 그렇긴 하지만 D. Kellermann, "Korrektur, Variante, Wahllesart?" *BZ* 24(1980) 66-67를 참조하라. 이 "대적들"이 훨씬 후대의 사마리아 사람들로 규정된 때 이후에 이 부분은 논쟁적으로 교정되면서 도입되었다.

3.a. 문자적으로는 "건축을 해야 하는 것은 너희도 아니고 우리도 아니다…"이다.

3.b. 지금은 이것이 야하드(יחד, "함께 혹은 홀로")의 수용할 만한 표현으로 확립된 것으로 보인다. J. C. de Moor, "Lexical Remarks Concerning *YAḤAD* and *YAḤDĀU*," *VT* 7(1957) 350-55, 그리고 J. Mauchline, "The Uses of *YAḤAD* and *YAḤDĀU* in the Old Testament," *TGUOS* 13(1947-49) 51-53 등과 같은 초기의 논문들과 M. D. Goldman, *AusBR* 1(1951) 61-63 등을 참조하라. 이것은 "우리가 함께", 즉 "너희들의 도움 없이"라는 개념에서부터 나온 것이다. S. Talmon, "The Sectarian יחד A Biblical Noun," *VT* 3(1953) 133-40의 시도와는 달리 여기서 성경적 명사인 "공동체"를 볼 수 있는데, 여기엔 관사가 없다는 점을 주목하라.

4.a. 아래의 "양식"을 참조하라.

4.b. 문자적으로는 "…의 손을 약하게 하다"이다.

4.c. 비록 Q에는 좀더 공통적인 메바할림(מבהלים, "두려워했다")으로 되어 있지만, K에는 메발레힘(מְבַלְהִים, "그들로 하여금 떨게 하다": בלה로부터)으로 되어 있으며, 이 표현이 좀더 채택할 만하다. 하지만 의미는 심각하게 영향받지 않는다.

4.d. "그들로 하여금 건축하는 것을 계속해서 두려워하게 하다"와 같은 역사적으로 조화를 이루는 표현들에 대해서는 그 어떤 문법적 정당성도 없다는 점을 주목하라(NEB;

참조. NIV).

5.a. 연대기 표시 형태가 전환되는 것에 관해서는 G. Brin, *ZAW* 93(1981) 190를 참조하라.

양식/구조/배경

소수의 극단적인 제안들을 제외하고는(예를 들어, Goettsberger, *JSOR* 10[1926] 270-80), 이 장을 다루는 대부분의 방식들은 두 가지 중 하나라고 할 수 있다. 첫 번째는, 이 장이 있는 그대로의 역사적 내러티브를 표현하고 있다고 이해하는 방식이다. 이렇게 생각하는 사람들은 또한 이 장의 역사적 배경과 현재 모습의 본문이 갖고 있는 문학적 배경이 동일한 것으로 본다. 이들은 역사적 상황에 관해 다음과 같이 읽는다: 고레스 왕 원년이나 혹은 아마도 2년째에 연합 귀환이 있었고, 바로 그 직후에 사로잡혔다 돌아온 자들은 제단을 봉헌하기 위해 예루살렘에 모였다(1-6절). 1년 혹은 2년 후에 스룹바벨과 예수아의 인솔하에 성전 건축이 시작되었지만(7-13절), 곧 외적인 훼방 때문에 중단되었다(4:1-5). 이 재건축 작업은 다리오 2년이 되어서야 학개와 스가랴의 영향으로 인해 다시 시작되었다(5-6장).

이 관점이 어떤 명백한 문제와 해결하기 어려운 어려움들을 갖고 있는지는 매우 간단하게 설명된다. (i) 이런 설명은 어떻게 스룹바벨이 아니라 세스바살이 새 성전의 토대를 놓았다는 5:16과 조화를 이룰 수 있는가? 세스바살과 스룹바벨을 동일인으로 취급하는 학자들은 별개로 하고, 스룹바벨이 실제로 기초를 놓는 책임을 가지고 있었지만 5장에서 유대인들이 이 작업을 세스바살에게 돌리고 있는 것은 스룹바벨이 그의 권위하에서 일했기 때문이며, 또한 페르시아 문헌에 기록된 것도 그의 이름이었기 때문이다(참조. 1:8). (ii) 학개서에서 얻을 수 있는 인상과 어떻게 조화될 수 있는가? 즉 주전 520년에 시작된 이 작업이 훼방으로 인해 중단되었던 일을 다시 시작했다기보다는 새롭게 착수한 것처럼 보이는 인상과 이런 역사적 설명을 어떻게 일치시킬 수 있는가? 이 점은 대략 20년 정도의 시간 차가 생겼기 때문에, 그 이후에 작업에 실패한 첫 번째 과정에 대해 거의 증거가 남아 있지 않다는 식으로 설명된다. 더군다나 학개 2:18에 나오는 유싸드(יסד, "쌓다")라는 단어는 완전히 새로운 출발을 의미할 필요가 없다. 이 단어는 "다시 쌓다"라는 의미도 가질 수 있다. 참조. 역대하 24:27. 마찬가지로, 호렙(חרב, "황무하다": 학 1:4, 9)이라는 단어도 거기에 "전혀 아무것도 없다"라는 의미일 필요는 없으며, "황폐하게 되었다"나 혹은 이와 비슷한 다른 의미일 수 있다. 참조. Hogg, Andersen, and Gelston, *inter alia.*

이 장에 대한 두 번째 주된 접근 방식은 학개서 그리고 스가랴서의 내용과의 분명한 연결점들을 좀더 심각하게 취급하는 것인데, 특히나 리더십 문제에 있어서 그렇다. 이 방식에서는 이 부분의 나레이터가 이 기간의 정확한 연대를 알지 못했던 것 같다는 점과 아마도 스룹바벨과 세스바살을 동일인으로 잘못 취급하면서 내용을 이끌어 갔다는 점을 인정하면서 전체 설명을 5-6장과 평행을 이루는 주전 520년경으로 잡는다. 세스바살이 얼마나 일찍 사역에 착수했는지를 측정하는 것은 별로 의미가 없다. 이 장은 스룹바벨이 시작한 새로운 사역과 작업의 착수를 묘사하는데, 사실 그는 바벨론으로부터 다리우스 통치 바로 직전까지나 혹은 심지어 그의 통치 원년까지도 귀환하지 않았을지 모른다.

이 두 가지 관점 모두 전체적으로 저자가 이 부분을 구성하는 데 있어서 어떤 특징과 본질을 갖고 했는지 혹은 저자가 어떤 활용 가능한 원 자료들을 다루고 있는지에 대해 논의하지 않는다는 점에서 심각한 결함을 갖고 있다. 이 문제에 관한 짧지만 결정적인 진전이 매우 중요한 탈몬(S. Talmon)의 기여를 통해 이루어졌는데, 그는 *IDBSup* 322에서 4:4-5을 요약 부호로 규정했다. 그러니까 그는 이 부분이 내용을 반복해서 표현하고, 그렇게 함으로써 앞서 나온 본문 범위의 윤곽을 잡아주는 문학적 장치라고 설명한다. 이 관점에 의하면, 4:4에 나오는 이 땅의 백성들이 유대인들로 하여금 건축을 두렵게 만들었다는 언급은 역사적 진행에 있어서 새로운 단계를 표현해 준다기보다는 앞서 나온 3:3의 설명을 다시 되풀이한다는 것이다. 만약 이런 제안이 옳다면, 4:5b의 진술은 다리오 제2년이 될 때까지 성전에 관한 아무런 일도 이루어지지 않았다는 뜻이 될 것이다. 다시 말하면, 4:4-5은 3:1-6이 고레스 통치하에서의 제단 봉헌을 언급하고 있으며, 그 땅 백성들을 두려워해서 그 당시에는 아무런 건축도 시작되지 못했다는 것에 대해서, 그리고 3:7-4:3은 이 일이 다리오 시대에 시작되었음을 묘사한다는 것에 대해서 나레이터가 나름대로 설명하는 방식이 될 것이다. 본문 해석에 있어서 그토록 많은 어려움에 봉착하도록 만들어 온 것은 다름아니라 바로 이 양 부분 간의 중요한 차이점을 제대로 구별하고 인식하지 못했기 때문이다.

이런 점들은 관찰하다 보면 자연스럽게 이 부분 전체가 어떻게 구성되었으며, 또한 그 특징이 무엇인지에 관해 좀더 날카로운 형태로 궁금증을 갖게 된다. 왜냐하면 여지껏 일반적으로 가정해 왔던 것처럼 이 부분은 역사적인 내용을 있는 그대로 쓴 것만은 아니라는 점이 명백해지기 때문이다. 좀더 자세히 살펴보면 이 부분은 지극히 정형화된 형태로 구성되어 있다는 사실을 알 수 있는데, 왜냐하면 거의 대부분의 모든 전환 부분들에서 구문론적으로나 혹은 내용적으로 솔로몬 치하의 첫 번째 성전 건축과 평행을 이루고 있기 때문이다. 자세한 내용에 대해서는 아래의 "주석"을 보라. 이 부분에서는 평행을 이루는 내용들 중 일부분이 다른 내용들보다는 좀더 멀리 떨어져 있다는 사실을 관찰할 수 있을 것이다. 그러나 저자가 전체적으로 이런 설명을 하는 것에 관심을 두고 있었다는 점을 분명하게 보여 주기 위해 충분한 예들이 첨가되었다고 해석하는 것이 적절할 것이다. 우리는 바로 이 점이 1장의 저자가 1장을 구성하면서 보여 준 그의 특징임을 알고, 그렇기 때문에 우리는 현재의 내러티브도 마찬가지로 바로 그가 구성하고 책임지고 있다는 강한 인상을 갖게 된다.

더군다나 이 부분에는 그가 배치한 것으로 우리가 이미 알고 있는 내용들 외에 다른 자료들을 요구하는 내용이 실질적으로 아무것도 없다는 점은 이 결론을 좀더 뒷받침해 준다. "주석"에서는 다음의 토대들 위에서 거의 모든 구절들에 대해 설명하는 것이 가능할 것이다. (i) 에스라 · 느헤미야서에 포함되어 있는 다른 자료들, (ii) 선지자 학개와 스가랴, (iii) 첫 번째 성전 건축과 평행을 이루는 내용들에 주목하고자 의도된 언어와 사상들을 포함하는 것, 그리고 (iv) 저자 자신의 시대에서의 제의적인 관습들.

이에 대해서는 딱 두 가지의 예외만이 있다. 첫 번째는, 4:2에 의아스럽게도 에살하돈에 대한 언급이 분명하게 나온다는 점이다. 이 사실은 4:1-3에 설명된 사건이 초기의 독자적인 자료에 토대를 두었을 가능성이 있을 수 있음을 보여 준다(아래의 "주석"을 보라). 이 부분에 대해서는 저자가 4:6-7에서 그저 요약만 했던 두 개의 편지 중 하나가 이 부분에 나타난 것이라고 추측해 볼 수도 있다. 4:10에서 자기를 스스로 규정하는 또 다른 그룹은 이와 비교해 볼 수 있는 4:2b의 정보도 마찬가지로 비슷하게 보존되었을 수 있다는 관점을 지지해 준다. 더군다나 사건 전체의 내용이 이 편지 본론 부분에서 유대와 사마리아의 관계들에 대한 역사적 고찰로서 자세히 서술되었을지도 모른다(참조. 4:15). 우리의 저자는 훨씬 한참 후에 좀더 배타적인 자세들이 보편화된 상황에서 글을 썼다. 그런데 왜 이 그룹 중 외국에 기원을 두고 있던 의문스런 사람들이 우리의 저자로 하여금 4:1-3에서 우리가 지금 갖고 있듯이 상황 설명을 다시 하도록 만들었는지, 또한 왜 4장의 나머지 부분에서 그런 뉘앙스와 어조를 정당화하기 위해 상당히 정교하게 노력하게끔 만들었는지에 대한 이유를 아는 것은 그리 어려운 일이 아니다. 뿐만 아니라 4:1-3이 어떻게 그와 같은 고발에 대해 도움을 주었을지를 찾아내는 것은 어려운 일이 아니다.

둘째로, 우리의 저자는 3:1-6에 나오는 성전 회복을 향한 첫 번째 움직임들에 대해 스룹바벨과 예수아가 책임이 있는 것으로 만듦으로써 5:16과 모종의 분명한 긴장관계를 형성하고 있는데, 이는 그가 여기서도 원 자료의 제한 하에서 작업을 하고 있기 때문에 그렇게 된 것일 수도 있다. 그가 지도자들을 언급할 때 오직 이 구절에서만 예수아, 스룹바벨의 순서로 인용하고 있다는 사실에서 지금 지적한 것과 같은 방향성을 지적해 주는 또 다른 첨가적인 표식을 발견할 수도 있다. 그러나 이 점은 첫 번째 예만큼 안정적인 것은 아니다. 왜냐하면 그는 그저 후대의 재건축에 있어서 그들의 탁월함에 이끌린 것뿐이었을 수도 있고, 또한 이런 순수한 종교의식을 기록함에 있어서 처음으로 목록에 올라 있는 예수아를 통해 다윗 가문의 구성원을 첫 출발 때부터 포함시키려는 열망을 갖고 있었기 때문일 수도 있기 때문이다. 여기서의 불확실성이 특히나 유감스러운 이유는, 이 불확실성이 결과적으로 역사적인 재구성에 영향을 주기 때문이다. 만약 스룹바벨이 제단 봉헌에 함께하고 있었다면, 그는 유대에 일차 귀환한 사람들 중에 포함되어 있었음이 틀림없다. 만약 그렇지 않다면, 그의 귀환은 다리오 제2년 이전 어느 때건 될 수 있다. 2장을 "단순하게" 읽는 토대 위에서, 우리의 저자는 아마도 전자의 시기들을 생각했던 것 같다. 만약 여기서 주장했던 내용, 즉 원 자료에 대한 보다 뉘앙스적인 접근이 맞다면, 그는 아마도 세스바살을 대신할 사람으로서 좀더 후기에 왔을 가능성이 남는다. 이집트에 승리하기 위해 서쪽으로 진군한 캄비세스나 통치 초기부터 많은 반란들에 직면했던 다리오 두 사람 모두 예루살렘에 그 지역민들로부터 지지를 얻을 수 있는 같은 민족 출신의 충성스러운 총독을 두고자 했던 데는 충분한 이유가 있었다고 할 수 있다. 다윗 가문의 스룹바벨이 이런 역할을 충분히 감당할 수 있다는 점은 의심할 여지가 없다. (이런 연관성 속에서 우리는 에스드라1서 3:1-5:6에서 스룹바벨이 예루살렘에 온 것은 다리오의 통치 시작 시점이라고 기록한 내용이 함축하는 바를 주목해도 좋을 것이다. 하지만 이런 설명은 역사적으로는 아무 가치가 없다는 데 일반적으로 의견의 일치를 보고 있다. 참조. Pohlmann, *Studien*, 35-52. Heltzer, *RB* 86[1979] 102-6에서는 이 이야기의 측면이 갖는 가능성만을 보여 주는 데 성공했을 뿐 개연성을 보여 주지는 못했다.) 그럼에도 불구하고, 이 증거는 이런 시작 구절들에서 조금 이른 초기 전승이 균형 있게 사용되었음을 지적해 주는 것으로 보이며, 그렇기 때문에 스룹바벨의 귀환을 좀더 일찍 잡는 것을 선호한다고 할 수 있다.

요약하자면, 이 문단에서의 저자의 목적은 제2차 성전 건축을 예표적으로 설명하며 기록하는 것이며, 이 목적을 위해서 그는 고레스와 다리오 통치하의 여러 사건들을 통합시켰다. 그러므로 그가 여기서 하고 있는 설명 중 많은 부분들이 5-6장 그리고 학개서와 평행을 이루고 있으며, 또한 이는 그가 훗날 그의 자료들을 토대로 좀더 사실 중심으로 기록하게 될 사건들에 대한 신학적 해석을 제공한다. 한 가지 혹은 아마도 두 가지 예외들만을 갖고 있을 뿐 이 내러티브가 다른 성경 자료들로부터 구성되었기 때문에, 이 부분을 주로 역사적 재구성을 위해 사용하는 것은 방법론적으로도 잘못된 것이고 이 부분에 대해 잘못 이해한다는 측면에서도 잘못된 것이다.

주석

1-6 제단 봉헌과 정기적인 희생 제사의 회복.

1 2장에 대한 논의를 통해서 앞에 나온 목록과 더불어 이 구절이 느헤미야 7장과 8:1에서 취한 내용이라는 점은 이미 살펴보았다. 유일하게 필요했던 점은 이 구절을 새로운 역사적 배경에 맞추기 위해 수문 앞의 "공개적인 장소에서부터 좀 덜 특별한 '예루살렘'으로" 바꾸는 것뿐이었다. 그러므로 고레스 첫 해이건 혹은 둘째 해이건 간에 "제칠월"이 언제인지를 좀더 긴밀하게 취급하고자 하는 것은 분명히 온당치 않다. 느헤미야서에서 날짜 표시가 우리에게 생각하게끔 했던 것처럼, 유대인들에게 이 달은 대단히 거룩한 달이었으며, 이 달에는 가장 중요한 절기 몇 가지가 포함되어 있었다. 참조. 레위기 23:23-36. 그러므로 저자는 그의 원 자료에서 이런 사건에 가장 적합한 달을 인계받으면서 행복했을 것이다.

2 이 구절이 야기하는 역사적 문제들에 관해서는 위의 "양식"을 보라. 스룹바벨의 "형제들"은 제사장들과는 구분되는 동료 일반 백성들이었을 것이며, 왕가 사람들은 아니었을 것이다. 야펫(Japhet, *ZAW* 94[1982] 84)에 의하면, 그들이 여기에 언급된 이유는 저자의 의도가 회복의 강조점을 지도자들로부터 백성들로 전환시키기 위해서다. 1, 7-8, 13절과 4:2-3도 보라. 돌아온 공동체의 첫 번째 관심에 대해서는 제의를 이전 모습대로 다시 회복하는 것으로 제시하고 있다: "모세의 율법이 서술하고 있는 대로"(그리고 4절을 참조하라). 1장의 후반부에서 지적했던 제의의 연속성이라는 주제가 여기서는 관련된 행동들로까지 범위가 확장된다. "그 결과

그들은 제사드릴 수 있게 되었다." 포로기 동안 여기서 계속해서 제사가 드려졌다는 일은 결코 있을 것 같지 않은 그런 일은 아니다. 참조. 렘 41:5, 그러나 D. R. Jones, "The Cessation of Sacrifice after the Destruction of the Temple in 586 BC", *JTS* ns 14(1963) 12-31과 대조하라. 하지만 우리 저자의 목적대로 종교적 전승의 연속성이 포로기 동안의 공동체를 통해 면면히 흘러내려왔다는 점이 점차적으로 분명해질 것이며, 그렇기에 제단을 새롭게 봉헌하는 일은 필수불가결한 것으로 여겨졌을 것이다.

3 연속성이라는 주제는 또한 새 제단이 어느 터에 자리잡았는가에 대한 강조로 나아간다. 고고학적인 발견들을 통해서 비록 거룩한 장소들이 물질적으로 파괴되었음에도 불구하고, 그 이후에도 오랫동안 거룩한 장소들에 대한 경외가 유지되었음을 반복적으로 볼 수 있다. 지금의 경우에는, 저자 당시의 공동체에서는 두말할 것도 없고 포로기 공동체에서도 그들이 그들의 제사 의식을 하나님께서 "이스라엘을 위한 번제 제단"이 반드시 자리잡아야 한다고 계시하셨던 바로 그 정확한 장소에 중심을 두게 했다는 점(대상 22:1)을 확인하고자 했다. 이 장의 후반부에 하나의 동일한 건물이라는 문학적 패턴화가 나타나는 것은 의심할 여지없이 처음 성전과 지금 두 번째 성전 간의 물리적 연속성이 매우 중요하다는 확신에서 비롯된 것이다.

"그 땅 거민들"이라는 표현은 구약성경에 등장할 때마다 늘 동일한 의미를 부여할 수 있는 표현이 아니다. 참조. E. W. Nicholson, "The Meaning of the Expression עם הארץ in the Old Testament," *JSS* 10(1965) 59-66. 그러나 현재 본문의 정황이 우리로 하여금 이 표현이 매우 특별한 의미를 갖고 있다고 확신하게 해주는 것은 아니고, 여기서 이 표현은 일반적인 의미를 갖는다. 그러니까 이 표현은 이들이 유다 지역 내에나 혹은 그 근방 지역들로 돌아온 귀환한 이스라엘 공동체가 아니라는 점을 매우 일반적인 방식으로 언급한다(참조. Vogt, *Studie*, 152-54). 에스라·느헤미야서에서는 그들 중에 참 유대인들이 있다는 가능성을 전혀 상상하지 않는다. 포로지에서 돌아온 소규모의 사람들이 그들에 대해 일종의 두려움을 갖고 있었다는 사실은 그리 놀라운 일이 아니다. 이런 두려움으로 인해 생긴 그들의 반응은 두 가지였다. 첫 번째로, 그들은 하나님의 보호하심을 유지하기 위해 올바른 제의 과정을 행하고자 모든 심혈을 기울였다. 두 번째로, 그럼에도 불구하고 (조금 모순적이기는 하지만) 그들은 초기 단계에 성전을 재건축하지 않는 것을 통해 훼방과 대적을 당하지 않으려고 주의했다(6절; 4:4). 시간이 한참 흐른 뒤에야 그들은 좀더 나아간 이 단계를 취해야겠다는 확신을 갖게 되었다.

4-**6** 초막절은 칠 월에 있으며(속죄일이 그렇듯이. 그러나 이 점은 성전이 재건축되기 전에는 거의 찾아볼 수 없다), 또한 민수기 29:12-38에서 자세하게 묘사한 대로 잘 지켜졌다. 하지만 이것은 매달과 매일 드리는 전체적인 희생 제사를 다시 시작한 일들 중 그저 한 가지 측면일 따름이다. 6절에 의하면, 이런 제사들은 "칠 월 첫날"에 시작되었다. 반면에 5절에서는 이 제사들이 초막절을 지킨 뒤 이 달 후반부에 시작되었다고 나타난다. 아마도 우리는 이런 명백한 불일치를 억지로 억누르려해서는 안 될 것이다. 6절은 그저 제단 봉헌(3절)에 대한 희생 제사들만을 언급하는 것일 수도 있고, 실제 그 목적은 아마도 매우 다른 것이었을 수도 있다. 만약 이 공동체가 "칠 월이 시작했을 때"(1절; 시간에 대해 평행적이지 않은 ויגע이라는 표현을 사용했다는 점을 주목하라) 그저 모이기만 했던 것이라면, 이들이 도대체 어떻게 그렇게 빨리 희생 제사를 시작할 수 있었던 것인지 알아내기가 쉽지 않다. 6절의 의도는 그들이 시간을 허비하지 않고 가능한 한 희생 제사를 최대한 빨리 다시 시작하고 회복했다는 것을 강조하는 것이다. 역대하 29:3, 17에 나오는 히스기야의 성전 개혁에 관한 묘사와 비교하라.

"여호와의 전 지대는 오히려 놓지 못한지라." 에스라 3장의 첫 번째 부분은 이 부분에서 결론지어진다. 이후에 4:4-5에 의하면, 우리는 지대가 놓인 때인 다리오 통치기로 건너뛰게 된다(3:10; 학 2:18). 이 사실은 저자의 내러티브가 두 부분을 묘사하면서 시간 차가 있다는 점을 강조하려 했던 점에 도움을 주지 않는다. 왜냐하면 저자의 초점은 공동체의 예배에 대한 열망에 대해서 매우 긍정적인 것이었고, 또한 그들이 회복하고 있었던 첫 번째 성전에서의 제사와의 연속성에 대해서도 전적으로 긍정적인 것이었기 때문이다. 하지만 저자는 다른 부분들에서는 그가 사실 역사적인 사실들이 무엇이었는지에 대해서 충분히 알고 있었다는 점을 분명하게 표현하고 있다.

7-**13** 성전 재건축을 위한 준비 사항들이 시행되었고, 또한 기초들도 놓여졌다. 이 부분에서는 첫 번째 성전 건축(솔로몬의 성전 건축)과의 평행점들이 반복적으로 묘사된다.

7 필요한 재료들을 모으는 것은 우리에게 즉각 역대상 22:2-4; 역대하 2:7-15(8-16)을 떠오르게 한다. 역사적인 필요성 때문에 일반적인 유사성들을 기록했을 것이란 점은 의심할 여지없는 사실이다. 그러나 문자 그대로의 평행적 표현들(욥바로 바다를 통해 배로 운송하는 것; 음식, 음료 그리고 기름에 대한 지불; 시돈 사람들과 두로 사람들을 한 묶음으로 처리하는 것)은 이런 표현들이 의식적으로 첫 번

째 성전(솔로몬 성전) 건축에 대한 묘사를 암시하고 있다는 점을 충분히 두드러지게 보여 준다.

[8] 이 일을 시작한 날짜도 첫 번째 성전과 두 번째 성전 간의 유형론적인 비교를 더욱 심화시키는데, 왜냐하면 솔로몬 역시 "둘째 달"에 건축을 시작했기 때문이다. 참조. 역대하 3:2. 일반적으로 "두 번째 해"는 포로로 잡혀 있다가 귀환해서 돌아온 해와 상관이 있다고 추측된다. 그러므로 이 부분은 여전히 고레스 통치하의 시대에 있다고 할 수 있다. 하지만 사실 이 부분의 기록자는 "하나님의 전에 돌아온 지"라는 분명한 규정을 첨가함으로써 고레스 통치하의 시대를 의미하려고 했던 것이 아님을 분명히 한다. 앞 구절과 2:68의 정황 속에서 이 시간 기록은 그들이 재료들을 모으기 시작하면서 성전 재건축에 열정적인 관심을 기울이기 시작했던 시간임을 명백하게 보여 준다. (우리의 저자는 포로지로부터 귀환하는 것을 의도했을 때는 "바벨론에서 예루살렘으로" 오는 것으로 직접적으로 표현하고 이야기한다〈1:11〉.) 목재를 레바논에서부터 실어오는 데는 상당히 많은 시간이 걸렸을 것이다. 그리고 그들은 현명하게도 준비한 재료들이 충분히 진척되기 전까지는 건축을 시작하지 않았다. 이 경우 "제2년"은 유형론적인 비교의 일부분이다: 첫 번째 성전은 건축하는데 7년이 소요되었다(왕상 6:38). 이제 6:15에 의하면 두 번째 성전은 다리오 왕 제6년의 열두 번째 달(아달월)에 완성되었으며, 건축은 그의 통치 제2년에 시작되었다(4:24 그리고 5:1). 그러므로 건축을 시작한 날짜를 그들이 하나님의 집에 돌아온 "제2년"에 위치하게 함으로써, 우리의 저자는 모든 과정이 대략 7년 간 지속되었다고 제시할 수 있었다.

레위인들로 하여금 "주의 집 역사를 감독하게"(לנצח על־מלאכת בית־יהוה) 한 것도 역대상 23:4에서 다윗이 첫 번째 성전 건축을 위해 레위인들을 배치했던 내용과 동일한 내용을 담고 있는 것으로 비교될 수 있다. 그들이 20세의 나이에 사역을 시작한다는 점은 역대상 23:24과 27절과 비견되지만, 23:3과는 대비된다(그리고 민 4:3 등). 역대상 23장은 훨씬 후대의 것이라는 증거를 보여 주는데(cf. *VTSup* 30 [1979] 251-68), 우리의 저자는 이 본문 발전 단계 중 가장 최근의 것에 동의하고 있다. 그러므로 그의 서술은 그가 어떤 집단에 속해 있는 사람인지를 보여 주는 작은 암시로서의 역할을 할 수 있을 것이다(참조. 서론, "구성").

[9] 레위인들로 하여금 이 일을 감독하게 함으로써 전체적인 책임이 그들의 주도적인 가족들에게 있어야만 하게끔 한 것은 적절한 일이었다. 결과적으로, 그들은 2:40부터 시작해서 여기서 소개된다.

10-11 이 부분의 설명에서 관심을 두고 있는 부분은 기초를 놓는 과정에 대해서보다는 종교적 의식을 수행하는 것에 대해서다(참조. Petersen, *CBQ* 36[1974] 366-72). 이와 유사한 묘사들이 역대상 15-16장; 역대하 5장; 7장 등과 같은 다른 포로기 이후의 본문들에서도 발견된다. 이것은 이 부분들이 동일한 사람을 통해 기록되었다는 것을 제시하는 것이 아니라, 이런 제의 의식이 저자들 당시의 종교 의식의 모습이었다는 사실 때문에 생겨난 것이다. 그렇기 때문에 이런 종교제의 실행이 민수기 10:8과 10절과 같은 규정들에 잘 맞는다는 것은 그리 놀랄 일이 아니다.

다시 한 번 이 묘사는 솔로몬 성전의 봉헌을 모방한다. 역대하 5:11 그리고 7:6과의 문자 그대로의 평행적 표현들이 특별히 두드러진다. 지금 취해지는 모든 행동들을 "다윗이 지정했던 방식"대로 지속시키는 것을 통해 포로기 이전과 이후 예배의 연속성에 대한 인식을 좀더 강조하고 있다. 모세가 제사 패턴들을 확립했다고 믿어지는 것과 마찬가지로(2-6절을 보라), 다윗도 성전을 건축하면서 더 이상 법궤를 이동할 필요가 없어졌을 때 레위인들이 해야 할 일과 관련된 규정들에 대해 어떻게든 변화를 도입해야 할 필요가 있다고 믿었다. 참조. 역대상 15-16장; 23-26장; 역대하 7:6; 29:25-26; 그리고 폰 라트(von Rad, *Geschichtsbild*, 98-115). 포로 생활에도 불구하고, 그리고 실제적으로 두 번째 성전이 첫 번째 성전과 동일하지 않았음에도 불구하고, 예배의 형태라는 관점에서 보면 아무것도 변하지 않았다는 것을 저자는 강조하고 싶어했던 것으로 보인다.

"아삽 자손인 레위인들"에 관한 언급은 저자가 본문을 구성함에 있어서 그에게 제도적인 변화가 영향을 끼치고 있다는 점을 반영한다. 한편으로는, 저자의 시대까지는 성전에서 노래하는 자들은 레위인들로 분류되었지만 세 가족들로 나뉘어져 있었다. 다른 한편으로는, 에스라 2:41에 나오는 노래하는 자들에 관한 목록은 귀환한 자들 가운데서 오직 아삽 자손들에 관해서만 이야기한다(비록 이 부분에서는 그들이 레위인들로 나타내지 않지만). 그렇기에 저자에게는 이 자료에서 그리고 그가 역사적으로 확정적인 것이라고 보았을 요소들에서 숫자 계산을 구성하는 일이 어렵지 않았다.

여기에 인용된 시편 단편들은 시편에서 예닐곱 차례 나타난다. 참조. 시편 100:4-5; 106:1; 107:1; 118:1; 136:1. 그러므로 역대기 사가가 시편들을 사용한 것과 마찬가지로, 여기서도 그런 경우에 사용되었을 시편들을 찬양 시편의 형태로 제시하려는 의도였을 것이다.

12-13 첫 번째 성전과 두 번째 성전 간의 마지막 특별한 연속성이 회중들 중

나이 많은 구성원들에 관한 언급을 통해 제시된다. 이들의 오랜 삶은 이 곳에서의 단절된 예배에 가교를 놓는 데 많은 도움을 주었다. 의심할 여지없이 일부 사람들은 학개 2:3에 토대를 두고 양자 간의 매우 실망스러운 비교점을 분명하게 찾아냈다. 하지만 다른 사람들은 이런 차이를 단순하게 지극히 "사소한 차이점"으로 생각하고(슥 4:10), 도리어 그보다는 믿음 안에서 이와 같은 회복의 날이 주어진 것에 대해 큰 목소리로 기뻐했다.

4:[1]-[3] 이 짧은 문단에는 악하다고 규정된 그룹이 도움을 주겠다고 제안한 것을 스룹바벨과 그의 동료들이 거절했다는 내용이 들어 있으며, 이 점이 주석가들을 많이 어렵게 만든다. 그렇기 때문에 몇 가지 일반적인 예비적 지식들이 잘못된 이해를 피하게 하는 데 도움을 줄 수 있을 것이다. (i) 여기에 제시된 4-5절에 대한 해석은 이 부분을 1-3절에 직접 연속된 것으로 읽어서는 안 된다는 관점에서 제시되었다. 이 점이 의미하는 바는 다른 여러 가지 상황들을 통해서 생각해 볼 때 1-3절의 연대를 고레스가 통치하던 시대로 잡을 필요가 없으며, 또한 유다와 베냐민의 대적들(1절)이 지칭하는 사람들을 "그 땅 백성"(4절)과 동일하다고 여길 필요도 없다는 것이다. (ii) 사실 우리는 이 사건의 연대를 다리오가 통치하던 시기로 보아야 할 이유들을 제시해 왔다. 이 부분을 이렇게 연대를 잡는 것은 상황에 잘 맞을 뿐만 아니라, 사실 5:3이 요청하는 바이기도 하다. 닷드내가 누가 유대인들에게 성전을 재건축하도록 허락했는지 물어 온 것은, 이 문단에서 도와주겠다는 제안을 했다가 거절당한 사람들이 유대 공동체에 앙갚음하고자 닷드내에게 조사를 부추킨 행동으로 이해할 수 있다(Rudolph). 물론 앞에서도 이야기했듯이, 이 일의 연대를 잡는 데 있어서 고레스 시대라는 초기 시대는 배제한다. 하지만 학개 2:10-14의 배경을 이 사건에서 발견하려고 하는 롯스타인(Rothstein)의 제안(*Juden und Samaritaner*)을 따라가는 것도 마찬가지로 별로 그럴듯하지 않을 것 같다. 참조. K. Koch, "Haggais unreines Volk," *ZAW* 79(1967) 52-66; H. G. May, "'This People' and 'This Nation' in Haggai," *VT* 18(1968) 190-97. (iii) 이 사건에 대해 평가하면서 훨씬 후대인 유대-사마리아 논쟁에 토대를 두는 것도 별반 도움이 되지 않는 시도다. 참조. M. Cogan, *Imperialism and Religion: Assyria, Judah and Israel in the Eighth and Seventh Centuries B.C.E.*(Missoula, MT: Scholars Press, 1974), 103-10. 지금은 그 논쟁이 훨씬 후대에 벌어졌다는 것에 폭넓게 동의하고 있다. 참조. R. J. Coggins, *Samaritans and Jews. The Origins of Samaritanism Reconsidered*(Oxford: Blackwell, 1975). 후대의 유대 논쟁에도 불구하고, 후대의 사마리아 분파를

왕국이 멸망한 뒤 북쪽 이스라엘로 이주시킨 거주자들과 동일시하는 것은 이를 정당화해 주는 성경상의 증거가 전혀 없다.

1 "유다와 베냐민의 대적"이라는 표현은 오랜 대결 기간 동안 상당히 굳어져 버린 태도에 토대를 두고서 저자가 이 그룹에 대해 자신만의 묘사를 한 것이다. 4장의 나머지 부분에 그가 포함시킨 내용들이 자리잡게 된 것은 그의 이런 묘사를 정당화시키려는 바람도 일정 부분 이유로 작용했기 때문이다. 사실 지금은 이들은 이런 식으로 제시될 필요가 없었다.

2 우리는 그들의 자기 묘사를 의심할 아무런 이유가 없다. 그들은(혹은 아마도 그들 중 일부 사람들은) 앗수르 사람들이 과거 북왕국 지역으로 이주시킨 사람들이었으며, 그 지역의 종교를 받아들인 사람들이었다(참조. 왕하 17:24-41). 북쪽에서 온 일부 사람들이 포로기 동안 사실 예루살렘을 방문하면서 계속해서 희생 제사를 드렸다는 점은 예레미야 41:5을 통해 확인된다. 그렇기 때문에 그들이 도와주겠다고 제안한 것은 그들의 독점적인 권리들이 침해받았다는 느낌이 일어나서였을 수도 있으며, 또한 기록된 그들의 제안 이외에도 숨겨진 동기들이 있었을 수도 있다.

구약성경 중 그 어느 부분에서도 우리는 앗수르 왕 에살핫돈이 이스라엘에 이방인들을 정착시키는 책임을 졌다는 이야기를 듣지 못한다. 열왕기하 17장에서 볼 수 있는 것처럼, 주류 전승은 좀더 앞선 시대인 사르곤 2세 때까지 정착이 이루어졌다고 추측한다. 그러므로 후대의 부가적인 정착이 이루어졌다는 이 증거는(그리고 10절을 참조하라) 순수한 거짓 꾸밈은 아닌 듯하다. 비록 각각의 새로운 이주 정착민들이 그들의 구분된 정체성들을 어느 정도까지 유지했는지 확신할 수는 없지만 말이다. 이에 대한 역사성은 우선 이사야 7:8에서부터 뒷받침 받을 수 있는데, 이 부분에서의 65년에 대한 언급은 우리를 에살핫돈 치하로 데려가 준다. 그 다음으로는 에살핫돈의 통치에 대한 역사적 기록들을 통해서 얻을 수 있는데(*ANET*, 289-94), 이런 기록들은 그의 서쪽에서의 성공적인 전투들에 대해 기록하고 있으며, 이로 말미암아 재정착 정책이 있었을 수도 있는 그럴듯한 배경을 제시한다.

3 스룹바벨과 그의 동료들이 그들의 요구에 가시적인 것 이상의 무언가가 숨겨져 있을 수 있다는 가능성을 보았건 그렇지 않건 간에, 그들은 그들의 제안을 단호하게 거절했다. 엄격하게 말하자면, 그들이 제시했던 거절의 이유는 매우 올바른 것이었다: 고레스가 성전을 건축하도록 허가해 준 것은 다름아니라 그들이었으며, 다른 사람들이 아니라 오직 그들에게만이었다. 참조. 1:2-4. 정치적인 입장에서 생각해 볼 때 도움을 주겠다고 제안하던 사람들이 스스로 이방인 혈통임을 고백한 것은

유대 공동체가 그들을 참여하지 못하게 가로막을 만한 충분한 이유였다. 닷드내의 뒤이은 조사가 보여 주듯이, 만약 그들이 그들에게 건축 허가를 내준 서신을 갖고 있지 않았더라면 재건축에 관한 모든 일들이 위태롭게 되었을 수도 있다(이 점은 그들이 자신들의 재건축 작업이 이미 세스바살 시대 때 시작된 작업을 직접적으로 중단없이 계승하는 것이라고 주장했던 이유이기도 하다. 조금 잘못된 것이기는 하지만 말이다. 참조. 5:16). 현 시점에서 우리는 정치적으로 충분히 이해할 만한 반응 이면에 종교적 배타주의가 자리잡고 있는 것인지에 대해서는 이야기할 수 없다. 비록 그들이 뚜렷하게 다른 정체성을 갖고 있는 그룹들에 대해서와는 다르게 최소한 개개인들을 그들 공동체에 흡수할 의지가 있었다는 점을 지적해야 하긴 하겠지만, 어쩌면 아마도 그런 종교적 배타성이 있었을 것이다. 참조. 6:21. 그러나 이런 요청을 했던 사람들이 그렇게 훌륭하게 구별된 행동을 했을 것이라고 기대하기는 어려웠다. 또한 이 거부를 통해 자극된 그들의 후속 행동들을 통해서 볼 때, 그들은 결국 궁극적으로는 그들 자신이 유다와 베냐민의 대적임을 의심할 여지없이 드러냈다.

4-5 이 "요약적 기록"의 목적과 중요성에 대해서는 위의 "양식"을 보라. "그 땅 백성"은 3:3에서와 동일한 의미를 가질 것이다. 이들 안에는 1-3절에 나오는 "대적들"도 포함될 수 있지만, 그들로만 한정할 수는 없다. 이 해석은 훨씬 멀리 범주를 확장하는 알트(Alt, *KS* 2, 316-37)와 부스바인(Würthwein, *Der amm ha arez*, 57-64)의 이론들을 제외한다. 후자의 경우 이 표현 속에 사마리아의 지배 계층들에 대한 언급이 있다고 보며, 그렇기 때문에 이 구절들을 통해서 지역 간의 정치사라는 결과물들에 대해서까지 그려낸다(참조. Smith, *Parties*, 193-201).

"그리고 의사(議士)들." 우리의 저자는 정확하게 어떤 일이 벌어졌는지에 대해 좀더 명확한 정보를 갖고 있지 않았다는 점이 분명하다. 뒤이은 문단들을 보면 이와 유사한 책략들이 초기 시대에도 사용되었을 것이라고 짐작케 되는데, 그는 이를 염두에 두었을 수도 있다.

해설

"너희는 먼저 그의 나라와 그의 의를 구하라. 그리하면 이 모든 것을 너희에게 더하시리라"(마 6:33). 지금 본문은 성경의 이런 변치 않는 주제에 대해 자신만의 독특한 방식으로 자기만의 목소리를 더하고 있다. 학개 선지자는 여기에 기록된 사건들이 위치하고 있는 역사적 시기에 관해 부분적으로 기록하면서, 그의 동시대 사람들을 향해 그들이 그들 가운데 자리잡고 있는 파괴된 성전에서 게으름을 피우는 것을 통해 보여 주듯이 하나님께서 명령하셨던 우선순위에 적절하게 대응하지 않고 있으며, 모든 관심을 오로지 물질적 번성에만 집중하고 있다고 책망했었다. 이와 같은 접근법은 독자들에게 역사적 내러티브라는 방식을 통해 영향을 끼치고자 했던 본문의 저자에게는 열려 있지 않은 방식이었다. 지금 본문의 저자는 귀환한 공동체를 향해 학개가 그들에게 부족한 점으로 발견했던 바로 그 덕목들 중 일부에 대해 학개의 방식이 아니라 그 대신 본보기적인 방식을 통해 제시한다. 그는 4:4-5과 그 이후의 내러티브를 통해서 이것이 이 이야기의 일부분에 불과하다는 점을 분명하게 보여 준다. 그러나 그의 관점에서 보자면, 이 공동체는 이 점을 이해할 수 있을 만큼 충분히 문제거리들에 직면해 있었다. 또한 그들은 제단을 새롭게 하는 초기의 움직임과 규칙적인 제사들을 회복시키는 것을 통해서 처음 출발할 때는 그들의 우선순위가 매우 올바른 모습이었음을 보여 준 적이 있었다. 그가 자세히 설명하기로 선택한 것은 다름아니라 바로 이 긍정적인 모습이었다.

두 번째로, 우리는 제사들과 예배에 시종일관 동반되는 기쁨과 자발성이라는 요소를 주목해야만 한다. 비록 이런 요소들은 표현에 있어서 남을 의식하지 않는(일면 뻔뻔스러워 보일 수도 있는) 의례이긴 하지만 말이다. 사실 몇몇 일부 늙은 사람들의 실망(3:12)은 다른 사람들의 억제할 수 없는 열광을 더욱더 도드라지게 보여 줄 뿐이다. 바로 이 점은 신앙 공동체 밖의 사람들에게는 거의 이해할 수 없는 중요한 부분인데, 그들에겐 제사나 예배가 그저 건조하거나 혹은 형식주의적인 것으로 보이는데 신앙 공동체의 반응은 전혀 그렇지 않기 때문이다. 하지만 예배가 마음의 사랑과 열정을 표현하는 의례인 곳에서는 경험이 이해를 가져다 준다. 그리고 그 결과 이런 사건들에 참여하는 사람들은 의심할 여지없이 시편 기자와 동일한 감정을 느낀다. 시편 기자는 "주의 성전 뜰을 애타게 그리워하는" 사람이며, 또한 그에게는 "당신의 성전 뜰에서의 하루가 다른 곳에서의 천 날보다 더 나은" 사람이다(시 84:2, 10). 이와 마찬가지로, 기독교인들도 사실 구약의 예배 경험들을 크게 보면 다른 방식으로 대체해서 경험하는 사람들이며, 또한 설명할 수 없는 예배의 기쁨을 알고 있고, 예배를 의무가 아니라 즐거움으로 생각하는 사람들이다.

세 번째로, 이 부분에서는 점차 친숙해진 연속성이라는 주제가 다시 나타난다. 1장에서 연속성은 구원 경험이라는 측면에서 제시되었다. 2장에서 연속성은 공동체와 그들의 땅이라는 측면에서 제시되었다. 지금 3장에서는 첫 번째 성전과 동일한 자리에서의 예배의 회복이라는 그들의 목적을 향해 이런 두 가지 움직임들에 대해 모세와 다윗이 이전에 정했던 바로 그 형태와 경험들을 재도입함으로써 연속성을 제시한다.

마지막으로, 이 지점에서는 공동체가 회복을 향해 진전을 이루어 나가는 것으로 보일 때 첫 번째 불길한 훼방의 징조가 나타났다. 그리고 이 훼방이 에스라 · 느헤미야서의 나머지 상당한 부분을 점유하게 된다. 결국 결과를 통해 매우 분명한 메시지가 제시된다: 아무리 도와주겠다는 제안이 매력적으로 보인다 하더라도, 이 일은 고레스의 조서를 통해 표현되고 드러난 하나님의 뜻에만 토대를 두고 진행될 수 있다. 개개인들은 그들의 정체성을 공동체와 하나가 되게 하는 것을 통해서 분명하게 공동체에 참여해야 하지만, 이 공동체는 역으로 다른 공동체들과 정체성을 같이 하는 것을 통해 그 정체성을 위태롭게 해서는 안 된다. 시간은 그리고 이후의 결과는 겉으로 보기엔 별로 매력적이지 않은 이런 입장이 결국 올바른 입장임을 보여준다. 교회의 경우에는 환경들이 매우 급속하게 변화되었으며, 그 결과 상당히 심화된 고려 없이 적어도 구약성경 그 자체로부터 그저 단순하게 어떤 태도나 의제를 취하는 것은 불가능하다. 그럼에도 불구하고, 교회가 "빛과 소금"으로서의 역할을 타협을 통해서나 긍정적인 정체성의 결여를 통해서 지탱하지 않을 것이라는 점은 분명하다. 그보다는 사랑과 화합을 분명하게 모든 곳에서 요청하고 있는 이 세상을 향해 정말로 필요한 빛과 소금의 역할들을 사랑과 화합의 정신을 통해 적용할 수 있는 새로운 방식들을 추구해야만 한다.

방해(스 4:6-24)

참고문헌

Alexander, P. S. "Remarks on Aramaic Epistolography in the Persian Period." *JSS* 23(1978) 155-70. **Altheim, F.** and **Stiehl, R.** *Die aramäische Sprache unter den Achaimeniden.* Frankfurt am Main: Klostermann, 1963. **Cameron, G. G.** *History of Early Iran.* Chicago: University of Chicago Press, 1936, 185-211. **Dion, P.-E.** "Les types épistolaires hébréo-araméens jusqu'au temps de Bar-Kokhbah." *RB* 96(1979) 544-79. **Driver, G. R.** "Studies in the Vocabulary of the Old Testament. III." *JTS* 32(1931) 361-66. **Eilers, W.** *Iranische Beamtennamen in der Keilschriftlichen Überlieferung.* Leipzig: Brockhaus, 1940. **Fitzmyer, J. A.** "Some Notes on Aramaic Epistolography." *JBL* 93(1974) 201-25. A slightly revised form of this article appears in *A Wandering Aramean: Collected Aramaic Essays.* Missoula, MT: Scholars Press, 1979, 183-204, and in *Semeia* 22(1981) 25-57. **Galling, K.** "Kronzeugen des Artaxerxes? Eine Interpretation von Esra 4, 9f." *ZAW* 63(1951) 66-74. **Hensley, L. V.** *Documents.* **Hervey, A. C.** "The Chronology of Ezra iv. 6-23." *The Expositor* iv/8 (1893) 50-63. **Hoffmann, G.** "Namen und Sachen." *ZA* 2(1887) 54-55. **Jensen, P.** "Alttestamentlich - Keilinschriftliches." *ZAW* 52(1934) 121-23. **Kutscher, E. Y.** "Aramaic." *Current Trends in Linguistics.* Vol. 6. *Linguistics in South West Asia and North Africa,* ed. T. A. Seboek. The Hague: Mouton, 1970, 347-412. **Leuze, O.** *Die Satrapieneinteilung in Syrien und im Zweistromlande von 520-320.* Halle: Max Niemeyer, 1935. **Liagre Böhl, F. M. Th. de.** "Die babylonischen Prätendenten zur Zeit des Xerxes." *BO* 19(1962) 110-14. **Liver, J.** "The Problem of the Order of the Kings of Persia in the Books of Ezra and Nehemiah"(Heb.). *Studies in Bible and Judean Desert Scrolls.* Jerusalem: Bialik Institute, 1971. 263-76. **Luria, B. Z.** "There have been Mighty Kings also over Jerusalem (Ezra 4:20)" (Hebrew). *BMik* 53/2(1973) 176-82. **Malamat, A.** "The Historical Background of the Assassination of Amon, King of Judah." *IEJ* 3(1953) 26-29. **Meyer, E.** *Entstehung.* **Morgenstern, J.** "Jerusalem – 485 B.C." *HUCA* 27(1956) 101-79; 28(1957) 15-47; 31(1960) 1-29. ______. "Isaiah 49-55." *HUCA* 36(1965) 1-35. ______. "Further Light from the Book of Isaiah upon the Catastrope of 485 B.C." *HUCA* 37(1966)

1-28. ________. "The Dates of Ezra and Nehemiah." *JSS* 7(1962) 1-11. **Polotsky, H. J.** "Aramäisch *prš* und das 'Huzvaresch'." *Le Muséon* 45(1932) 273-83. **Rainey, A. F.** "The Satrapy 'Beyond the River'." *AJBA* 1(1969) 51-78. **Rowley, H. H.** "Nehemiah's Mission." **Schaeder, H. H.** *Iranische Beiträge* 1. Halle: Max Niemeyer, 1930. **Smith, S.** "Foundations: Ezra iv, 12; v, 16; vi, 3." *Essays in Honour of the Very Rev. Dr. J. H. Hertz*, ed. I. Epstein, E. Levine, and C. Roth. London: Edward Golston, 1945, 385-96. **Snell, D. C.** "Why Is There Aramaic in the Bible?" *JSOT* 18 (1980) 32-51. **Torrey, C. C.** "Old Testament Notes: 1. The Meaning of וּכְעֶנֶת." *JBL* 16(1897) 166-68. ______. *Ezra Studies*, 140-207. **Tuland, C. G.** "'uššayyā' and 'uššarnâ: a Clarification of Terms, Date, and Text." *JNES* 17(1958) 269-75. **White, J. L.** (ed.). *Studies in Ancient Letter Writing. Semeia* 22(1982). **Whitehead, J. D.** "Some Distinctive Features of the Language of the Aramaic Arsames Correspondence." *JNES* 37(1978) 119-40. **Williamson, H. G. M.** "The Composition of Ezra i-vi." *JTS* ns 34(1983) 1-30.

본 문

6 또 아하수에로가 즉위할 때에 저희가 글을 올려 유다와 예루살렘 거민을 고소하니라

7 아닥사스다 때에 비슬람과 미드르닷과 다브엘과 그 동료들이 바사 왕 아닥사스다에게 글을 올렸으니 그 글은 아람 문자와 아람 방언으로 써서 진술하였더라

8 방백 르훔과 서기관 심새가 아닥사스다 왕에게 올려 예루살렘 백성을 고소한 그 글에

9 방백 르훔과 서기관 심새와 그 동료 디나 사람과 아바삿 사람과 다블래 사람과 아바새 사람과 아렉 사람과 바벨론 사람과 수산 사람과 데해 사람과 엘람 사람과

10 기타 백성 곧 존귀한 오스납발이 사마리아 성과 강 서편 다른 땅에 옮겨 둔 자들과 함께 고한다 하였더라

6 In the reign of Xerxes,[a] at the beginning of his reign, they wrote an accusation against the residents of Judah and Jerusalem.

7 And in the days of Artaxerxes,[a] Bishlam,[b] Mithredath, Tabeel, and the rest of his colleagues wrote to Artaxerxes, king of Persia, and the document[c] was written in the Aramaic script but translated. (Aramaic:)[d]

8 Then[a] Rehum the chancellor[b] and Shimshai the secretary wrote a letter about[c] Jerusalem to Artaxerxes the king as follows:

9 Rehum[a] the chancellor and Shimshai the secretary and the rest of their colleagues — the judges[b] and the envoys,[c] the men of Tarpel,[d] Sippar,[e] Erech, Babylon, Susa[f] (that is,[g] Elam)

10 and the rest of the peoples whom the great and illustrious Osnappar[a] deported and resettled in the city[b] of Samaria and in the rest of the province Beyond the River.[c]

11 아닥사스다 왕에게 올린 그 글의 초본은 이러하니 강 서편에 있는 신복들은

12 왕에게 고하나이다 왕에게서 올라온 유다 사람들이 우리의 곳 예루살렘에 이르러 이 패역하고 악한 성읍을 건축하는데 이미 그 지대를 수축하고 성곽을 건축하오니

13 이제 왕은 아시옵소서 만일 이 성읍을 건축하며 그 성곽을 마치면 저 무리가 다시는 조공과 잡세와 부세를 바치지 아니하리니 필경 왕들에게 손해가 되리이다

14 우리가 이제 궁의 소금을 먹는고로 왕의 수치 당함을 참아 보지 못하여 보내어 왕에게 고하오니

15 왕은 열조의 사기를 살피시면 그 사기에서 이 성읍은 패역한 성읍이라 예로부터 그 중에서 항상 반역하는 일을 행하여 열왕과 각 도에 손해가 된 것을 보시고 아실지라 이 성읍이 훼파됨도 이 까닭이니이다

16 이제 감히 왕에게 고하오니 이 성읍이 중건되어 성곽을 필역하면 이로 말미암아 왕의 강 서편 영지가 없어지리이다 하였더라

17 왕이 방백 르훔과 서기관 심새와 사마리아에 거한 저희 동료와 강 서편 다른 땅 백성에게 조서를 내리니 일렀으되 너희는 평안할지어다

18 너희의 올린 글을 내 앞에서 낭독시키고

19 명하여 살펴보니 과연 이 성읍이 예로부터 열왕을 거역하며 그 중에서 항상 패역하고 모반하는 일을 행하였으며

20 옛적에는 예루살렘을 주재하는 큰 군왕이 있어서 강 서편 모든 땅도 주재하매 조공과 잡세와

11 (This is a copy of the letter which they sent to him:) To King Artaxerxes (from) your servants, the men of Beyond the River.

12 And now: Be it known to the king that the Jews who came up from you to us (and who) have arrived at Jerusalem are rebuilding the rebellious and wicked city: they are moving towards the completion of the walls[a] and have (already) laid[b] the foundations.[c]

13 Now be it known to the king that if this city is rebuilt and its walls[a] completed, then they will no longer pay tribute, tax, or dues,[b] and in the end[c] it[d] will prove damaging to the royal interests.[e]

14 Now, since we are under obligation to[a] the court, and it is not fitting for us to witness the king's dishonor,[b] therefore we are sending herewith to inform[c] the king,

15 so that a search may be made[a] in your fathers' record-books.[b] In the record-books you will discover and learn that this city is a rebellious city, damaging to kings and provinces, and that sedition has been fomented within it in times past. That is why this city was laid waste.

16 We submit to your majesty[a] that if this city is rebuilt and its walls[b] completed, then you will have no more stake in the province Beyond the River.

17 The king sent this reply: To Rehum the chancellor and Shimshai the secretary and the rest of their colleagues resident in Samaria and elsewhere in Beyond the River, greetings.

18 And now: the letter which you sent us has been read verbatim[a] in my presence.

19 I ordered a search to be made and it was discovered[a] that in times past this city has risen in revolt against kings and that rebellion and sedition have been fomented there.

20 However,[a] there have been powerful kings over Jerusalem who also ruled over the whole of

부세를 저에게 다 바쳤도다

21 이제 너희는 명을 전하여 그 사람들로 역사를 그치게 하여 그 성을 건축지 못하게 하고 내가 다시 조서 내리기를 기다리라

22 너희는 삼가서 이 일에 게으르지 말라 어찌하여 화를 더하여 왕들에게 손해가 되게 하랴 하였더라

23 아닥사스다 왕의 조서 초본이 르훔과 서기관 심새와 그 동료 앞에서 낭독되매 저희가 예루살렘으로 급히 가서 유다 사람들을 보고 권력으로 억제하여 그 역사를 그치게 하니

24 이에 예루살렘에서 하나님의 전 역사가 그쳐서 바사 왕 다리오 제이년까지 이르니라

Beyond the River, and tribute, tax, and dues were paid to them.

21 Now, therefore, issue orders to stop these men; that city is not to be rebuilt except by my express command.[a]

22 Be warned against acting negligently in this matter, lest the threat grow to the point of damaging the royal interests.

23 Then as soon as a copy of the letter from King Artaxerxes had been read to Rehum[a] and Shimshai the secretary and their colleagues, they burned to Jerusalem to oppose the Jews and forcibly compelled them to stop.

24 Then the work on the house of God in Jerusalem stopped and it remained at a standstill until the second year of the reign of Darius, king of Persia.

원문주해

6.a.아하스웨로쉬(אֲחַשְׁוֵרוֹשׁ, "아하수에로")는 일반적으로는 아하수에로라고 번역되었다. 이는 고대 페르시아어인 *Khshayârshâ*에서 비롯된 것인데, *AramP*에서는 חשירש(2:1) 그리고 חשיארש(5:1)로 나타나며, 따라서 크세르크세스와 분명한 동일인으로 나타난다. Schaeder, *Beiträge*, 71-72에서는 구약성경의 형태가 아카드어의 철자 *ḫ-ši-ar-ši*(*u*) 등을 잘못 표시해서 생긴 것이라고 추측한다.

7.a. 이 이름을 기록하는 데 있어서는 구약성경 범주 내에서나 (지금 이 구절도 포함해서) 다른 부분들에서 세부적으로는 상당히 많은 변형들이 있다. 이 구절에 나오는 첫 번째 형태는 구페르시아어(Old Persian)에 가장 가깝다. Schaeder, *Beiträge*, 70.

7.b. 비록 에스드라1서와 불가타에서는 개인 이름으로 이해되고 있긴 하지만, 다른 곳들에서는 그렇게 알려져 있는 부분이 없다. 다른 고대 역본들의 뒷받침을 통해 몇몇 사람들은 이것이 비슈람(בשלום, "동의하는, 찬성하는")과 동일한 의미의 아람어라고 이해한다. 참조. NEB, "미드르닷, 다브엘 그리고 그의 모든 동료들의 동의를 받아 썼다." 이런 이해는 단수 동사를 설명하는 데 있어서나 כנותו("그의 동료들")에 붙은 단수 접미사를 설명하는 데 장점을 갖고 있다. 그럼에도 불구하고 이것은 받아들이기 어려운데, 왜냐하면 이렇게 일반적인 단어에 아람어 형태가 끼어들었다는 것은 설명하기 어려우며 또한 단어 배열 순서도 유별나기 때문이다: 우리는 히브리어에서 이런 구문은 이 구문이 한정하고 수식하는 단어 뒤에 나와야 한다고 기대하는 것이 당연하다. 또 다른 대안적인 제안

(참조. *BHS*)은 בירושלם("예루살렘에서", Rudolph)나 혹은 בשם ירושלם(Galling; "한 곳에서 다른 곳으로", "예루살렘에 관련된 문제에 있어서") 등으로 읽는 것이다. 이는 아주 훌륭하게 의미를 만들지만, 말 그대로 순수한 추측일 뿐이다. 물론 이 방식도 단수 동사와 단수 접미어라는 어려움을 제거하지는 못한다. 그러므로 마소라 텍스트(MT)를 그대로 유지하는 것이 최상인 것으로 보인다. 복수형 주어에 대해 단수형 동사가 사용되는 것은 에스라・느헤미야서에서는 일반적인 일이다. 단수 접미어는 아마도 그의 가장 현저한 동료들로서 미드르닷, 다브엘이 언급될 때 그보다 하나 더 앞에 나온 비슬람을 언급할 것이다.

7.c. 디온(Dion, *Semeia* 22[1981] 80-81)에도 불구하고, *AramP* 17:3(נשתונא כתיב)에서는 니슈테완(נשתון)이 반드시 기록된 문헌은 아닌 것으로 나타난다(어원론에 관해서는 Ellenbogen, *Foreign Words*, 116를 참조하라). 여기서 케토브(כתב, "쓰다")를 이 단어 앞에서 미묘하게 어색함을 안고 사용했다는 점(문자적으로는 "그 문서의 글은 기록되었다…"이다)은 저자가 이 사실을 인식하고 있음을 드러내며, 또한 그 어떤 오해도 일어나서는 안 된다는 점을 확보해 준다. 그러므로 메이어(Meyer, *Entstehung*, 18, et al.)를 따라 케토브(כתב, "쓰다")를 후대의 설명적인 윤색으로 여길 필요는 없을 듯하다.

7.d. 단 2:4과 유추해 보는 것을 통해 아라미트(ארמית "아람 방언")라는 단어가 두 번째 등장하는 것은 독자들에게 뒤이어 나올 내용(4:8-6:18)이 아람어라는 것을 예고하기 위한 서기관의 지적일 것이다. 아래의 "주석"을 좀더 보라.

8.a. 참조. 9.a.

8.b. 또한 *AramP* 26:23을 보라. 어느 경우에서건 어떠한 군사적 동맹도 명확하게 나타나지 않으며, 그러므로 "명령권자 관료"(개역성경에서는 "방백")는 부적절한 번역이다. 이 단어는 아마도 아카드어에서 차입된 것 같으며, 관료적인 중재자를 언급하기 위해 나타난 것으로 보인다. *Porten, Archives from Elephantine*, 56, 그리고 Hensley, *Documents*, 54-56, 둘 다 좀더 자세한 문헌과 함께 참조하도록 하라.

8.c. 혹은 "반대하여".

9.a. 이 구절은 에다인(אדין, "그런 뒤")에서부터 시작하는데, 우리는 이 뒤에 동사가 나올 것으로 기대한다. RV와 RSV는 "썼다"를 넣었지만, 이는 아무 뚜렷한 이유도 없이 이 문단을 8절을 중복하는 부분으로 만들어 버린다. 다른 사람들은 암묵적으로 이 단어를 생략해 버리곤 하지만(예를 들어, NEB, NIV), 베르톨렛(Bertholet)은 이 단어가 다야나야(דיניא, "사사들")가 혼란스럽게 중복된 것으로 보며, 루돌프(Rudolph)는 이 단어를 די אנון("그들은 〈보낸 자들은〉 …이었다")라고 수정한다. 만약 이 전체 이름 목록이 주된 본문과 별개의 문서나 혹은 요약 같은(아래의 "양식"을 보라) 다른 문헌의 일부분에서 유래된 것이 맞다면, 우리는 여기서 에다인(אדין)이나 혹은 다른 수정된 형태를 기대하지 않는다. 시작 부분이 두 구절에서 동일하기 때문에, 8절 처음 부분에서부터(8절에서

는 이 내용이 자연스럽게 잘 어울리며, 만약 이 부분을 생략한다면 분명히 어색해진다) 전달되는 과정에서 잘못 배치되는 일이 일어났다고 임시적으로 추측할 수 있을 것이다.

9.b. 에스드라1서 2:16을 통해서 다야나야(דִּינַיָּא, "재판관들")로 읽으라(Hoffmann, *ZA* 2[1887] 54-55). 비록 여전히 이 구절에는 상당한 불확실성이 수반되어 있지만, 여기서는 이 목록 앞부분에 있는 친숙하지 않은 호칭들은 연속성이라는 관점에서 볼 때 이들이 이교적인 것으로 잘못 이해되던 과정 동안 생겨난 것이라는 보편적인 관점을 채택한다. 참조. Rosenthal, *Grammar* § 58. 급진적으로 다른 접근에 관해서는 갈링(Galling, *ZAW* 63[1951] 66-74)을 참조하라.

9.c. 이 번역에 대해서는 에일러스(Eilers, *Beamtennamen*, 30-40)를 참조하라. 그는 이것이 O.P. **fraištaka* – 나 혹은 **fraistaka*-.를 대표한다고 생각한다. 그러므로 5:6과 6:6의 아파르쓰카예(אפרסכיא, "아바삭 사람들")와는 구별되어야 하는데, 왜냐하면 이것은 **fra-saka*("감찰자, 조사자")에서 기인한 것이기 때문이다.

9.d. 도대체 어디에서 관료들로부터 백성들로의 변화가 생겼는지는 확실치 않다. 목록 중 오로지 처음 두 개의 단어들만이 연결 접속사로 연결되어 있기 때문에 이 지점에 자리잡게 되었다. 참조. Vogt s Lexicon, *sub* אפרסי. 갈링(Galling)은 "다블래"를 비록 "세 개의 도시들(Tripolis)"(참조. NIV 그리고 *VT* 4[1954] 418-22)로 추측하고 있기는 하지만, 정황상 바벨론의 알려지지 않은 장소나 지역인 듯하다. 하지만 보우먼(Bowman)은 그 뒤의 두 개의 이름들 역시 관료들의 이름이라고 주장하며(참조. NEB: "재판관들, 방백들, 감독들, 우두머리 관리들"), 반면에 루돌프(Rudolph)는 세 번째, 네 번째 단어들을 טרפליא פַּרְסָיֵא(철자를 겹쳐서 기록한 데서 생긴 א를 생략; 참조. Bewer)라고 읽으면서 아직 명확하게 밝혀지지 않은 관료 계층인 "페르시아 다블래들"을 산출하는 것과 연결한다. (Rudolph는 올바르게도 라틴어 *tabellarius*〈"밀사"〉에 호소하는 Jensen, *ZAW* 52[1934] 121-23의 제안을 거부한다). 이 구절의 문제점들에 대한 그 어떤 해결책도 충분히 만족스럽지 못하다.

9.e. 긴스버그(Ginsberg)를 따르고 있는 보그트(Vogt, *Lexicon*)를 따라 씨프라예(סָפְרַיָּא, "시프라〈사람들〉")로 읽으라. 위의 n. 9.d.를 보라. 후대에 본문을 옮겨적는 사람에게는 너무 많은 내용들이 틀림없이 거의 이해할 수 없는 것들이었기 때문에, 방금 전에 나온 아파르싸트카예(אפרסתכיא, "방백들")라는 첫 단어의 영향하에 본문을 옮겨적는 과정에서 이 단어가 현재 형태로 변형되었다고 가정하는 것은 별로 어려운 일이 아니다. 또 다른 방식의 제안처럼 이 단어와 아파르싸트카예(אפרסתכיא)라는 단어 사이의 유사성을 주목해 볼 수도 있으며, 비교해 볼 만한 정황에 있는 5:6과 6:6에서 나타나는 아파르쓰카예(אפרסכיא)와의 유사성도 주목해 볼 수 있다. 메이어(Meyer, *Entstehung*, 35-41)는 후자를 "페르시안 사람들", 즉 פרס라고 설명하려고 애썼다. 이란 이름에 잘 붙는 접두요소인 א과 이란의 형용사 접미사인 -*ka*(n. 9.f.을 보라)와 더불어 말이다. 만약 그가 맞

는다면, 아파르싸트카예(אפרסתכיא)는 예외적인 모습으로 있게 된 것이라 할 수 있고, 우리는 אפרסיא가 원래는 이에 대한 보충 설명적인 난외 설명이었다고 볼 수 있을 것이다. 목록 중 이 부분은 아마도 "사사들 그리고 페르시아 사람들(즉 페르시아 관료들), 다블래 사람들…아렉 사람들 등"이라고 번역되었을 것이다. 처음 언급된 두 개의 이름들은 접속사를 통해 이 목록의 나머지 이름들과 여전히 차별된다. 그들이 아슈르바니팔(Ashurbanipal) 왕을 통해 재정착되었다는 것에 대해서는 아무것도 추정할 수 없다. 하지만 이에 반하는 내용에 대해서는 9.c.를 참조하라.

9.f. 수산카예(שושנכיא, "수산 사람들"). כ는 페르시아어적인 요소로서 *AramP* 67:3 등에 나타나는 סונכן("Syene 사람들")과 비슷하다.

9.g. K에 나타나듯 די הוא 혹은 דֶּהוּא로 읽으라(Rosenthal, *Grammar* § 35).

10.a. 즉 아슈르바니팔(Ashurbanipal). 이 단어 끝부분에 있는 l과 r에 대한 혼돈은 페르시아어의 영향을 반영하는 것이라고 할 수 있지만, 중간에 있는 רב의 누락은 그런 언어적인 토대를 통해서는 설명할 수 없다. 루돌프(Rudolph) 그리고 A. R. Millard, "Assyrian Royal Names in Biblical Hebrew," *JSS* 21(1976) 11-12를 참조하라.

10.b. 많은 수의 Vrs들이 복수 형태를 갖고 있지만, 우리는 어떤 경우건 여기에 한정사 형태가 나오기를 기대해야만 한다(קריתא). 그렇기 때문에 많은 사람들이 토레이(Torrey, *Studies*, 186)를 좇아서 קִרְיְתָה(선행적인 접미어를 갖고 있는 복수형)라고 읽어 왔다. 반면에 로젠탈(Rosenthal, *Grammar* § 62)은 קִרְיָה 이 자체가 불규칙적인 한정사 복수 형태라고 간단하게 규정한다. 하지만 뒤이어 나오는 구문의 관점에서 볼 때 복수 형태는 필요하지 않다. 우리도 마찬가지로 קִרְיָה에 대해서 선행적인 접미어를 갖고 있는 불규칙 단수 명사이며 후대의 서기관이 잘못 이해한 것이라고 제시할 수 있다.

10.c. וכענת("그리고 지금")는 마소라 텍스트(MT)에서는 이 지점에 나타나지만, 이 단어는 항상 서신의 새로운 부분을 도입하는 역할을 하며, 그렇기 때문에 적절치 못한 위치에 있다고 할 수 있다. 이 단어는 우연히 11절 말미에 있는 것을 옮겨적어서 생긴 것일 수 있다. 후대의 마소라 학자들이 이 단어의 의미와 용례를 잘못 이해했다는 토레이(Torrey, *JBL* 16[1897] 166-68)의 추측들은 파피루스들을 통해 엄격하게 입증된다.

12.a. K는 아주 명백하게 불가능하지만, Q(וְשׁוּרַיָּא שַׁכְלִילוּ, "그리고 그 성벽을 완성했다")도 더 나을 것이 없는데, 왜냐하면 13절과 16절에서 동일한 어휘를 성벽이 아직 완성되지 않았다는 점을 보이기 위해 사용했기 때문이다. NEB는 Vg를 따라 미완료 형태로 읽지만(ישכללון), 토레이(Torrey, *Studies*, 186-87)는 K를 앞부분의 א을 갖는 미완료 형태로서 두둔하기조차 한다. 루돌프(Rudolph)는 좀더 추측적인 제안을 하는데, 그는 원래의 문장인 ושריו שוריא לשכללה("그리고 그들은 성벽을 완성하기 시작했다")가 중자탈락을 통해 변조된 것이라고 주장한다. 마소라 텍스트(MT)에 밀접하게 나타나고 있는 일부 몇몇 미완료 형태들은 여기서 요구하는 의미들을 담고 있기도 하다.

12.b. 이 단어는 일반적으로 חוט/חיט의 조금 다른 미완료 호팔형으로 취급되어 왔다. 그러나 마지막 부분에 눈(*nūn*)이 없는 형태이기 때문에, 엄격하게는 쩌시브 형태라고 할 수 있다. 여하튼 어떤 경우건 간에 작업이 이미 성벽 자체에 대해 진행 중이라는 앞에 나온 구문의 뜻과는 조금 거북하다. 마찬가지 반대들이 חטט("파내다", 참조. Syr.)와 아카드어 *ḫāṭu*("검사하다"; Driver, *JTS* 32[1931] 364; NEB가 본문 수정은 물론이고 이 구문의 어순 배열을 도치하는 방식을 통해 이 문제를 에둘러 가려고 시도하는 것은 정당하지 못하다)를 연결시키려는 시도들에 대해서 반대 입장을 이야기한다. 로젠탈(Rosenthal, *Grammar* § 178)을 좇아 *יחט을 חוט의 다른 형태로 추측하는 것(Vogt는 그의 Lexicon에서 טיב 그리고 יטב와 비교한다)은 훨씬 더 선호할 만하며, 이럴 경우 이 단어는 3인칭 남성 복수 파엘 완료형이 된다. 이는 지레짐작으로 יהיבו("놓았다")라고 수정하지 않고도 필요한 의미를 제공한다(Seybold, *OLZ* 8[1905] 353; Bewer; Rudolph 등).

12.c. 비록 초창기 때는 논쟁이 되었지만, 이제는 아카드어 *uššu*(궁극적으로는 수메르어)에서 나왔다는 점과 그 의미가 무엇인지에 대해서 충분히 확신되고 있다. 참조. Smith, "Foundations," 그리고 Tuland, *JNES* 17(1958) 269-75.

13.a. 마지막 철자인 *hē*와 Vrs은 접미어에 대해 모음을 찍는 것을 강력하게 선호한다: וְשׁוּרַיָּה, "그리고 그 성벽들"

13.b. 여기 나오는 세 가지 종류의 세금들이 정확하게 무엇을 의미하는지 아는 것은 불가능하다. 첫 번째와 세 번째는, 그리고 아마도 두 번째도 마찬가지로 아카드어에서 차용된 단어일 것이다: *maddattu, biltu* 그리고 *ilku*. 좀더 세부적인 사항들에 대해서는 이들 단어들의 의미의 범위와 용례들에 관해 설명하는 아카드어 사전들을 참조하라. 여기서는 *alāku*, הלך("가다")와의 연관성으로 인해 세 번째 항목이 종종 "사용세"를 표현했다는 점을 주목해야 할 것이다. 그러나 지금은 이 항목이 현금이나 물건으로 그 지역 봉토의 영주에게 바쳐졌던 것으로 알려져 있다. 참조. a.d., 70(on 8:5).

13.c. 의미가 불확실하며 차용된 단어다. 그 의미를 많은 영어 번역들에서처럼 명사형인 "세금 수입, 국고" 등으로 찾아보려는 시도는 성공적이지 못하다는 점만이 입증되었다. 왜냐하면 아베스타어로 *pathma*는 그저 "창고"만을 의미하기 때문이다. 좀더 만족스러운 것으로는 O.P. **apatam-am*("결국에는"; Schaeder, *Beiträge*, 74)을 손꼽아볼 수 있지만, 이것은 그저 추측된 형태에 불과할 뿐이다. 혹은 아카드어 *appitti(-ma)*를 생각해 볼 수도 있는데, 이 단어는 "…에 의하자면"(*CAD*)이나 혹은 "결국에는"(von Soden)을 의미하지만 "갑작스럽게"(Driver, *JTS* 32[1931] 364-65)를 의미하지는 않는다. 여하튼 어느 것이건 간에 이 정황에는 잘 들어맞지 않는다. 다른 많은 제안들(별로 그럴듯하지 않은)에 대한 논의에 관해서는 Rudolph; Ellenbogen, *Foreign Words*, 36-37; Hensley, *Documents*, 46-49 등을 참조하라.

13.d. 여성형 단수인데 추상적인 의미로 사용되었거나 혹은 "성읍"에 대해 다시 언급

하는 것일 것이다.

13.e. 문자적으로는 "왕들"인데 히브리어화하는 복수형 어미를 갖고 있다. 이 두 가지 점은 분명히 둘 다 교란적인 역할을 한다. 하지만 상당히 많은 정황들이 불확실한 곳에서는, 만약 가능하기만 하다면 마소라 텍스트(MT)를 그대로 유지하는 것이 가장 현명한 방법으로 받아들여져 왔다. 그렇지 않다면 מלכי מהנזק("나의 왕은 손해를 당할 것이다")로 수정하는 것이 한 번 해볼 만한 방식으로 보인다.

14.a. 이것은 마이어스(Myers)가 표현한 것이다. 마소라 텍스트(MT)에서는 문자적으로는 "우리가 궁의 소금에서 소금을 먹기 때문에" 혹은 밀르하나(מִלְחָנָא)로 모음을 다시 찍어서 "왜냐하면 우리의 소금은 왕궁의 소금이기 때문이다"라는 의미다. 이 말은 무언가 엄숙한 맹세에 관한 것인데, 고대 세계에서는 종종 맹세가 소금과 관련되어 이루어지곤 했다. 참조. 레 2:13; 민 18:19; 대하 13:5. 별로 가능성이 있어 보이지는 않지만, 이는 "궁의 지불을 통해서"를 의미할 수도 있다.

14.b. 문자적으로는 "벌거벗음".

14.c. 문자적으로는 "우리는 보냈으며 우리는 알렸다"인데, 이는 소위 말하는 서간체적 완료형이다. 이에 대한 히브리어 동의어에 대해서는 GKC § 106i; Driver, *Tenses* § 10; 그리고 대하 2:12(13) 등을 참조하라.

15.a. 비인칭 3인칭 남성 단수.

15.b. 참조. Torrey, *Studies*, 188.

16.a. neb. 문자적으로는 "우리가 왕에게 알린다"이다.

16.b. 참조. n. 13.a.

18.a. 전통적 번역인 "분명히, 뚜렷하게" 등은 이 정황에서는 거의 뜻이 맞지 않는다. 그렇다면 우리는 이 단어가 왕에게 읽혀질 때 어떤 다른 것을 의미한다고 기대할 수 있는가? 매력적이기는 하지만, 불행하게도 완전히 추측에 불과하고 언어적인 아무런 정당화도 갖고 있지 않은 방식이 있긴 한데, 그것은 쉐이더(Schaeder, *Beiträge*, 6-8)의 제안이다. 그는 이 단어에 대해서 읽는 사람이 왕이 좀더 쉽게 이해할 수 있는 언어로 즉석에서 번역한 것을 표현하는 기술적인 용어라고 제안한다. 더군다나 이와 같은 번역은 아람어로 이 단어가 들어 있는 그 당시의 유일한 문단인 *AramP* 17:3에도 잘 맞지 않는다. (Schaeder의 관점은 Altheim-Stiehl, *Die aramäaische Sprache*, 5-9 등의 근거들을 통해 거부되었으며, Altheim-Stiehl은 "뚜렷하게"라는 번역을 선호한다. Polotsky, *Le Muséon* 45 [1932] 273-83 그리고 Kutscher, "Aramaic," 393-99, 이 두 사람은 현재 문단에 관한 중심적인 결론에 있어서는 이 관점을 선호하지만 그의 이론 중 어떤 측면들에 대해서는 비평적이다.) 어근인 "분리하다, 나누다"로부터 파엘 분사형은 "한조각 한조각"이라는 의미를 갖는 모습으로 나타나며, 따라서 현재 정황에서는 "한단어 한단어"라는 의미, 즉 "충분하게, 그저 요약적으로가 아니라"라는 의미를 갖는다.

19.a. 두 개의 비인칭 복수형.

20.a. 반의접속사 *wāw*. 이 구절의 이런 해석에 대해서는 "주석"을 보라. 이런 식으로 번역되는 것은 일반적으로 페르시아가 아니라 유대 왕들을 함축하는 것으로서이다. 예를 들어, NIV: "예루살렘에는 트랜스 유브라데 전체 지역을 주재하는 강력한 왕이 있었다."

21.a. 문자적으로는 "내가 다시 조서를 반포할 때까지"이다. 이런 숙어 구문에 대해서는 Kutscher, *Studies*, 87를 참조하라.

23.a. 우리는 비록 번역상의 입증이 매우 빈약하기는 하지만 르훔의 호칭인 "방백"이 여기에 포함되어야 한다는 것을 분명히 기대한다.

양식/구조/배경

이 문단에서는 여기 기록된 사건들의 역사적 배경과 문학적 배경을 주의 깊게 구분하는 것이 중요하다.

역사적으로는, 문자의 변화는 확실히 크세르크세스(6절)와 아르타크세르크세스(7, 8-23절), 즉 5절에 나오는 다리오 왕 이후 두 명의 왕들의 통치 시기로 연대를 잡을 수 있다. 이 점은 이 부분의 내용이 성전이 아니라 성벽 재건축을 다루고 있다는 사실을 통해 뒷받침된다. 이 점은 분명히 나중에는 의견이 분분한 문제였지만(참조. 느 1장), 우리는 이전 시기 때는 이것이 중요한 점이라는 증거를 갖고 있지 못했다. 비록 몇몇 초기 학자들은 크세르크세스와 아르타크세르크세스를 좀더 초기의 캄비세스와 거짓 스메르디스(혹은 어떤 경우엔 심지어 고레스)와 동일인이라고 제안함으로써 이런 결론을 피하려고 했지만, 그들의 제안은 더 이상 그 누구로부터도 변호되지 않았다. 이 관점들을 현명한 논의와 더불어 충분히 요약한 것으로는 로울리(Rowley, "Nehemiah's Mission")를 참조하라. 이에 덧붙여서 이 같은 동일시가 요세푸스 같은 고대의 기록들에서 생겨난 이유는 이 문단이 갖고 있는 어려움들 때문이다. 그러므로 이런 자료들을 본문 해석을 위한 독자적인 원 자료들로 사용할 수 없다는 점은 분명하다. 좀더 역사적인 기록과 언급들에 관한 내용에 대해서는 "주석"을 보라.

이와는 대조적으로 이 장의 마지막 구절은 우리를 다리오 시대로 이끌고 가는데, 이는 5장과 6장에 이르기까지 역사적 배경으로서 계속된다. 그러므로 문학적 배경이 역사적 배경과 동일시되어서는 안 된다는 점은 매우 분명하다. 이런 기이한 상황은 도대체 어떻게 설명되어야 하는가?

내 생각에는, 24절을 이미 "반복적인 요약"으로 알려져 있는 방식으로 제대로 규정한다면 만족스럽게 즉각 해결될 수 있다(참조. C. Kuhl, "Die Wiederaufnahme eine literarisches Prinzip," *ZAW* 64[1952] 1-11; B. Lang, "A Neglected Method in Ezekiel Research," *VT* 29[1979] 42-44. 이 방식을 통해 사실 Kuhl이나 Lang이 논의하는 것보다 더 긴 부분을 괄호로 묶을 수 있다는 점이 I. L. Seeligmann, "Hebräische Erzählung und biblische Geschichtsschreibung," *TZ* 18[1962] 314-24를 통해 보여졌다. S. Talmon 그리고 M. Fishbane, *ASTI* 10[1975-76] 129-53; Williamson, VTSup 30[1979] 265; 그리고 H. Van Dyke Parunak, *Bib* 62 [1981] 160-62). 4-5절의 내용이 반복적이라는 점을 주목해야 할 것이다(그리고 부분적으로 단어 배열도). 이제는 상당히 많은 수의 이런 반복에 대한 본보기들을 인식하고 있다. 또한 각각의 경우들에 있어서 이런 반복적 요약의 목적은 내용 전개 중 주제의 흐름에서 이탈한 내용이 침투했기 때문에 잠시 깨져 버린 내러티브의 흐름을 다시 시작하는 표시를 하는 것이다. 우리는 이것을 고대의 저자가 사용한 괄호나 혹은 각주 등으로 이해할 수 있다고 말해도 무방할 것이다. 만약 24절을 이런 방식으로 취급한다면, 그 목적은 이 내러티브에 새로운 발전 단계를 첨가하려는 것이 아니라, 그보다는 아르타크세르크세스가 다리오를 좇았다는 점을 제시하려는 것이었을 것이다. 이 구절은 6-23절이 내러티브가 전개되던 중 잠시 이탈하는 내용을 다루고 있음을 표시해 주는 방편이었을 것이다. 24절에 대한 "주석"을 좀더 보라.

저자가 왜 여기에 이처럼 내러티브에서 잠시 벗어난 이탈적인 내용을 포함시키고자 했는지를 설명하는 것은 그리 어려운 일이 아니다. 그는 성전 재건축을 돕겠다는 제의를 거칠게 거부했다는 점을 방금 전에 분명히 기록했다. 그리고 그는 이 부분에서(6-23절) 역사적 측면에서 그가 이 그룹을 향해 "유다와 베냐민의 대적"(4:1)이라고 규정했던 것이 왜 정당했는지를 보여 줌으로써 그들의 행동이 정당한 것임을 보여 주려고 했다(10절과 2절 간의 유사성이 여기 언급된 그룹들을 어떻게 함께 묶고 있는지를 주목하라). 그러므로 내러티브의 관점에서 볼 때 잠시 이탈하는 내용을 제시하는 이 부분에 대해서도 저자의 전체적인 목적이라는 측면에서 생각해 볼 때 충분히 이해할 수 있다.

좀 덜하기는 하지만 두 번째로 생각해 봐야 할 점이 있다. 이 점에서 또 다른 요소가 그에게 영향을 미쳤을 수도 있다고 추측할 수 있다는 것이다. 만약 에스라 1-6장의 저자가 에스라의 나머지 부분을 썼으며, 또한 느헤미야가 이미 함께 사역을 하고 있었지만 그럼에도 불구하고 이 저자가 자신이 활용할 수 있었던 공식적인 문헌들 중 이 내용에 관한 언급을 포함시키길 원했다는 주장이 옳다면, 그러면 이들을 포함시킨 것은 필연적으로 연대기적으로 혼란스러울 수밖에 없다. 왜냐하면 기록된 사건들은 에스라서의 내용에 처음에 기록된 것보다 더 후대까지 내려가기 때문이다. 이런 딜레마에 부딪히면서, 그는 이 내용을 그의 주제를 전개하는 데 긍정적으로 기여할 수 있는 부분에 삽입하기로 선택했을 것이다. 그러나 동시에 4:4-5과 4:24에 문학적인 표식을 사용함으로써 그가 한 작업이 무엇이었는지를 분명하게 문학적인 흔적으로 남겨 두었다.

물론 이 저자의 방법에 대해 모든 학자들이 수용하는 것은 아니다. 이에 대한 수많은 대안들 가운데 여기서는 광범위하게 주장되는 내용 두 가지만을 언급하고자 한다. 첫 번째로, 이 저자가 그저 단순하게 연대기에 관해 실수를 저질렀을 뿐이거나 혹은 이와 마찬가지기는 하지만 크세르크세스와 아르타크세르크세스가 "전형적인" 아케메네스(Achaemenid) 제국의 이름들이었고, 그래서 이 사건들이 더 초기 왕들과 관련된 것으로 잘못 기록되었다는 주장이다. 이처럼 대담한 주장을 펼치는 소수 학자들은 항상 있었다. 이러한 관점에서는 베다인(באדין, "이에〈그 후에〉", 24절)이라는 표현이 순차적인 의미로서 중요성을 갖는다: "일어났던 그 다음 일." 이런 관점이 갖는 특별한 장점은 בטלת("그쳤다") 그리고 הות בטלא("이것이 중단된 채 남아 있었다")라는 표현들을 앞 구절에 나오는 ובטלו("그리고 〈그들로〉 그치게 하니라")라는 표현이나 그 이후의 직접적인 연속성으로 손쉽게 취급할 수 있다는 점이다.

이런 가능성을 제거해 버려서는 안 되겠지만, 이런 관점은 장점을 갖고 있으면서 또한 동시에 어려움도 갖고 있다. 가장 주된 어려움은 앞서 나온 서신에서는 명백하게 예루살렘 성벽에 관해 다루다가 변화된 반면, 24절에서는 매우 분명하게 성전에 관해 언급하고 있다는 점이다. 저자가 이처럼 매우 분명한 차이에 대해 혼란을 겪었을 것 같지는 않다. 두 번째로, 6:14은 편집자가 아르타크세르크세스가 성전에 관해 반포했던 다리오 이전이 아니라 이후에 등극했다는 사실을 알고 있었음을 추측케 한다. 세 번째로, 우리는 요세푸스를 통해서 초기 아케메네스 제국 왕들의 정확한 순서를 훨씬 후대에까지도 예루살렘에서 보존하고 있었음을 알 수 있다. 네 번째로 그리고 좀더 일반적으로, 이 관점은 종종 이 편집자가 역대기 사가와 동일시되어야 한다는 전제와 연관되어 있으며, 또한 이 역대기 사가는 부정확하거나 혹은 혼합적인 역사가로 인식된다는 점을 주목해야 할 것이다. 이런 동일화를 이 주석에서는 채택하지 않았고, 대조적으로 우리는 에스라 1-6장의 편찬자가 그가 사용할 수 있는 원 자료들을 상당한 기술로 매우 조심스럽게 사용하고 있음을 보여 준다고 지적했다. 다섯 번째로, 그렇기 때문에 그가 글을 구성한 목적이 무엇이었으며 그가 사용한 문학적 장치들(그가 다른 곳에서 사용하는, 우리가 알고 있는)이 무엇인지를 규정함으로써 만약 이 문단에 대해 이런 조잡한 연대기적 오류에 면죄부를 줄 수 있는 설명을 할 수 있다면, 우리는 방법론적인 관점에서 이런 설명을 선호해야만 한다. 우리가 이런 설명을 할 수 없을 경우에만 이와 같은 실수를 또 다른 조심스러운 저자에게 돌리는 것이 정당할 것이다. 여섯 번째로, 이미 5절에서 이 내러티브가 명백하게 다리오 통치하라고 되어 있다는 점을 주목해야만 한다. 우리는 24절에서의 실수를 성급하게 찾느라고 저자가 연대기에 대해 지식을 갖고 있음을 보여 주는 이런 증거를 결코 간과해서는 안 된다. 그보다는 이 후반부의 구절을 전자의 구절의 측면에서 이해해야만 한다. 물론 우리는 위에서 이 점을 추구해 왔다. 그러므로 우리는 4:24에 대한 이런 관점과 주장이 앞에서 우리가 선호했던 것보다 더 많은 어려움들을 갖고 있다고 결론내린다.

두 번째이자 표면적으로는 훨씬 더 매력적인 대안적 접근법은 클로스터만(Klostermann)이 초기에 제안했던 내용을 확충시킨 쉐이더(Schaeder, *Beiträge*, 14-27)를 통해 진전되었다. 쉐이더는 7절이 다브엘이 비망록을 도입해 사용한 것이라고 주장했다. 다브엘은 유대인이었으며, 미드르닷의 동의와 더불어 아르타크세르크세스에게 유대인의 경우 성벽 재건축 허가가 주어져야 한다고 주장하는 글을 썼다. 그러므로 그는 우선적으로 공동체의 대적들이 고소한 내용을 포함시켰으며, 그런 뒤에 이전의 페르시아 왕들이 유대인들을 향해 얼마나 호의적인 생각들을 갖고 있었으며, 또한 성전을 재건축하도록 격려했었는지를 보여 줌으로써 그들의 고소를 반박했다. 역대기 사가는 (Schaeder가 생각하는 것처럼) 이 비망록을 현재 배경 속에 첨가할 때 그의 내러티브와 관련 없는 내용들을 생략했는데, 이 내용들은 비망록의 원래 목적이 무엇인지에 관한 단서들을 실제적으로 포함하고 있는 것들이었다. 또한 그는 5:1-2 등과 같은 한두 개의 부분들을 여기에 첨가시켰다.

루돌프(Rudolph), 로울리(Rowley, "Nehemiah's Mission"), 리버(Liver, "Problem") 그리고 다른 사람들은 매우 강력하게 쉐이더(Schaeder)에 반대하는 주장을 펴 왔으며, 그 결과 그의 주장은 이제 더 이상 과거만큼 인기가 있지는 않다. 하지만 루돌프의 "역대기 사가"가 아람어로 기록하지 않았다는 그의 원칙적인 주장 그 자체는 받아들일 수 없는 것이며, 이 점에 관해서는 이제 5장과 6장에서 좀더 논의될 것이다. 그보다는, 우리는 이 부분이 원 자료 문헌 자체와 에스라 1-6장의 최종 편찬물 사이에 글을 구성하는 단계를 집어넣는 부분이라는 쉐이더(Schaeder)의 추측에 반대 주장을 편다. 왜냐하면 이를 뒷받침할 증거를 전혀 발견할 수 없기 때문이다. 여기서의 글 구성의 방법들은 형식에 있어서나 혹은 4:24과 5:1-2 같은 "연결 구절들"의 사용 등과 같이 앞에 나온 장들에서 사용한 방법들에서 아무런 차이점을 보여 주지 않는다. *JTS* ns 34(1983) 1-30를 좀더 보라. 더군다나 우리는 4장의 연대기를 만족스럽게 설명하는 것이 가능하다는 점을 이미 보여 주었다. 이 설명은 쉐이더가 처음 출발할 때부터 갖고 있는 어려움을 제거한다. 세 번째로, "다브엘의 주장은 단순한 확신이 아니었다. 왜냐하면 고레스와 다리오의 반포들은 **성전** 재건축에 관심을 갖고 있었기 때문이다. 그는 비록 이들을 거명하는 것을 통해 성읍의 **성벽** 재건축 허가를 받으려 했지만 말이다"(de Vaux, "Decrees," 82). 페르시아인들이 두 개의 재건축 사업들 간의 이런 근본적인 차이점을 간과했을 것이라고 추측할 근거는 전혀 없다. 마지막으로, 쉐이더의 주장에는 최종적인 나래이터를 통해 생략들과 첨가들이 있었을 것이라고 추측해야 할 필요가 있다. 우연하게도 이 비망록의 원래 목적과 배치되는 모든 증거 조각들을 말소했다고 가정하는 것보다는, 이 주석에서 주장하듯이 원 자료 문헌들에서 직접적인 편찬을 했다고 가정하는 것이 더 손쉽고 어렵지 않은 방법이다. 쉐이더의 제안에 대해 더 많은 점들을 이야기할 수 있겠지만, 지금 우리의 목적을 위해서는 이 정도만으로도 충분할 것이다. 만약 그의 주장에 관심을 갖고 있는 독자가 있다면, 각각의 구절들에 대해 쉐이더가 제시한 내용들을 살펴보도록 하라.

그러므로 우리는 우리의 저자가 의도적으로 이 부분에서 엄격한 역사적 배경을 변화시켜 문학적 배경을 부여했지만, 이는 그의 목적에 부합하는 것이었고, 그는 자신이 하고 있던 일이 무엇이었는지를 보여 줄 수 있는 문학적 표식들을 분명하게 남겨 놓았다고 결론내릴 수 있을 것이다. 그는 편집되지 않은 공식적인 문헌 모음에서 글의 내용들을 끌어왔으며, 이는 에스라 1-6장 내용의 상당 부분에 대해 기초로 사용되었다. 우리는 에스라·느헤미야서의 글의 구성에 있어서 중간 단계가 있었다는 어떤 증거도 갖고 있지 않다. 그러므로 그가 6장 뒤에 붙는 초기의 문학적 배경에서 이 문단을 "옮겼다"고 주장하는 것이나(예를 들어, Galling; Myers) 혹은 "느헤미야의 적절한 위치에서 곁나가 버렸다"고 주장하는 것(Witton Davies)은 옳지 않다.

이 부분은 단순한 병렬 형태를 취하고 있는데, 유대인들에게 적대적인 지역 관료들과 크세르크세스 그리고 아르타크세르크세스 간의 서신 왕래에 관한 보고서 그리고 실제 서신의 본문 내용들이 병렬을 이루고 있다. 대체로 23절에서는 오직 최소한의 내러티브 골격만이 제공되었다. 이 부분을 설명하는 데 있어서는 서신들 그 자체의 본문을 넘어서는 그 어떤 원 자료도 필요치 않고, 또한 이 서신들의 내용 이외의 그 무엇도 필요치 않다.

적어도 부분적으로는 번역되어 기록된(8-16, 17-22절) 두 개의 서신을 엄격하게 양식비평적으로 분석하는 일은 지금 우리로서는 제한적일 수밖에 없다. 저자가 이 서신들을 좀더 만족스러운 내러티브 형태로 작업하기 위해 어느 정도까지 미묘하게 변화시켜 도입했는지 확신할 수 없기 때문이다. 예를 들어, 현재 우리가 갖고 있는 수많은 실례들을 통해서 아람어 편지들은 편지의 주된 본문과 별개로 부가 기록, 내용 요약, 설명 등을 포함할 수 있다는 사실이 알려져 있다. 우리의 저자도 아마 이런 서신 자료를 그의 편집물에서 사용했을 수도 있어 보이지만(예를 들어, 9-10절에서), 이런 서신 자료들이 도대체 그가 글을 구성하는 데 어느 정도까지 영향을 끼쳤을지에 대해서는 아무것도 확신할 수가 없다.

이와 같은 불확실성에도 불구하고, 우리는 이 서신들의 본문에 대해서 이 본문을 대하자마자 아케메네스(Achaemenid) 시대의 공식적인 아람어 서신 왕래라는 배경에서만 만족스럽게 설명될 수 있다고 자신 있게 주장할 수 있다. 이러한 결론은 이 서신들이 사실상 권위가 있음을 강력하게 이야기해 준다. (아람어 서간학에 관한 광범위한 지식의 증가는 이제 더 이상 이 서신의 권위에 반대하는 사람들의 목소리를 듣지 않게 해주지만, 여하튼 이 서신들의 권위에 반대해 온 오래된 주장들에 대해서는 메이어〈Meyer, *Entstehung*, 54-59〉 때부터 이미 대답되어 왔다. Schaeder, *Beiträge*, 27-56를 참조하라.) 아람어 서간학에 관한 연구는 최근 들어 급격하게 발전했다(Fitzmyer, *JBL* 93[1974] 201-25; Hensley, *Documents*; Alexander, *JSS* 23[1978] 155-70; Whitehead, *JNES* 37[1978] 119-40; Dion, *RB* 96[1979] 544-79; 참조. *Bibliography*; 그리고 이런 발전을 통해 아람어 편지 기록이나 편지 안에서 나타나는 다양한 변화의 정도에 관해 합리적인 동의가 이루어져 왔다. 예를 들어, 편지를 쓰는 사람과 편지를 받는 사람의 관계적인 입장에 근거를 두고 나타날 수 있는 변화 등에 관해서 말이다.

이런 특징들 중 예닐곱 가지가 현재 문단에도 등장한다: 서신을 상관에게 보낼 때 무뚝뚝한 답신의 호칭을 사용하기보다는 좀더 정교하게 개인적인 형태의 호칭을 사용하는 것, 참조. 9-11절 그리고 17절; 인사 공식을 호칭 이후에 사용한 것, 17절; 서신의 본론에서 훈령이나 요구가 정보 교환 뒤에 따라나오는 것, 12-16절, 18-

22절; 서신의 한 부분에서 다음 부분으로 전환할 때(וכען 그리고 이와 동일한 의미의 표현들, "그리고 지금", 11, 13, 14, 17, 21절 등)와 도입적인 용어들(예를 들어, ידיע להוא ל, 문자적으로는 "…에게 알려지게 하라", 12, 13절)을 사용할 때 정형화된 공식을 사용하는 것 등. 이 모든 특징들은 당시의 문헌들과 정확하게 평행을 이룰 수 있으며, 이 특징들이 매우 다른 후대의 그리스어 서간체와 비교해 보면 아주 두드러지게 나타난다는 점(Hensley, *Documents*). 그러므로 우리는 우리의 저자가 작성한 이 문헌들이 아케메네스 시대에 일반적으로 이루어지던 공식적인 아람어 서신 왕래 형식을 취하고 있다고 결론지을 수 있을 것이다.

주석

6 크세르크세스는 주전 486년에 왕위에 올랐지만, 그의 통치 원년은 주전 485년부터 계산될 수 있다. "즉위할 때에"라는 표현은 아마도 다섯 달을 생략해서 언급하는 기술적인 용어일 것이다. 비교해 볼 만한 상황에 대해서는 *AramP* 6:1-2을 참조하라. 비록 그 부분에서는 이 기간을 말하면서 여기서처럼 "즉위할 때에"(תחלת מלכותו)라는 표현보다는 "그의 통치가 시작될 때에"(ראש למלוכתא)라는 표현을 사용하고 있긴 하지만 말이다.

크세르크세스가 즉위하기 바로 직전에 이집트가 페르시아 지배자인 크세르크세스에 대항해 주전 485년에 반란을 일으켰던 것으로 알려져 있다(참조. Olmstead, *History*, 227-28 그리고 234-36). 아마도 이것은 이 시대의 수많은 장소들에서 소란이 있었다는 고고학적인 증거들이 무슨 내용인지를 설명해 준다. 참조. G. E. Wright, *Shechem*(London: Duckworth, 1965) 167-69.

결국에는 추측에 불과하긴 하지만, 유대인들을 고소한 것과 이런 사건들을 연결시키려고 부추겨 보는 경우들이 있다. 물론 고소자들이 고소를 한 특별한 이유는 알려져 있지 않은 채 남아 있지만 말이다. 이 부분에는 1-3절에서처럼 이전과 동일한 "대적들"의 기본 그룹들이 포함되어 있었음이 분명하다. 비록 우리의 저자는 의심할 여지없이 자기 눈앞에 이 서신의 복사본을 갖고 있었지만(참조. 7절), 그는 가능한 한 그 구체적인 내용을 포함하는 것을 선택하지 않았다. 왜냐하면 그 서신은 12-16절에 나오는 공공연하고 불합리한 고소들과는 달리 유대인들을 지극히 나쁜 관점으로 보았기 때문이다. 하지만 이런 가능성들이 모르겐스턴(Morgenstern, 참조. *Bibliography*)의 전체적인 이론이나 이 당시에 유대 공동체에 속한 대부분의 사람들에게 참사가 일어났다는 de Liagre Böhl, "Die babylonischen Prätendenten zur Zeit des Xerxes," *BO* 19(1962) 110-14에서의 주장을 정당화시켜 주는 것은 아니다. Rowley, "Nehemiah's Mission," 그리고 Widengren, "Persian Period," 525-26 등을 참조하라.

7 이 두 번째 고소는 (정황이 보여 주듯이) "아르타크세르크세스의 시대"(주전 465-424년)라는 표현보다 더 특별하게 구체적인 연대가 정해져 있는 것이 아니기 때문에, 이 사건에 관해 위험스런 제안을 해볼 만한 근거나 토대가 있는 것은 더더욱 아니다. 레이니(Rainey, *AJBA* 1[1969] 62)는 "상당히 조건부이기는 하지만" 비슬람이 벨슈누(Belshunu)와 동일인이었을 수 있다고 추측한다. 벨슈누는 주전 462년의 문헌에서 강 건너편의 총독이었으며, 주전 456년경 메가비주스(Megabyzus)와 교체된 인물이었다. 하지만 설령 이런 추측이 맞다 하더라도, 이런 사실조차도 우리에게 이 사건을 좀더 정확하게 규정하도록 해줄 수 있는 것은 아니다.

다시 한 번 이야기하지만, 이 서신은 아마도 사마리아에서 온 것 같다. 미드르닷은 그의 이름을 통해 판단해 보건대 페르시아 관료였던 것 같으며, 반면에 아람어 이름인 다브엘은 지역 거주민이었던 것으로 보인다.

이들이 누구인지 세부적인 사항을 이해하는 것과는 상관없이, 이 구절의 후반부는 이 서신의 복사본이 본문의 저자가 글을 쓸 때 바로 앞에 놓여져 있었음을 분명하게 보여 주지만, 그가 그 내용을 충분히 드러내지 않기로 했다는 점도 보여 준다. 이와 유사한 편지들에 대한 분석은 이 서신이 원래는 아람어로 기록되었을 것이라는 관점을 강력하게 뒷받침해 준다. 그러므로 이 구절의 결론 부분의 단어들을 "그리고 아람어로 번역해서 썼다"로 표현하는 것은 정말이지 그럴듯하지 않다. 그보다는 지금 본문에 등장하는 "아람어"라는 표현에 대해서는 뒤이어 나올 구절들을 언급하는 서기관의 각주로서("원문주해"를 보라) 보아야 하며, "번역된"(개역성경에는 "번역된"이라는 표현이 등장하지 않고 그냥 "썼다"라고만 되어 있다 – 역자주)이라는 표현은 현재 본문의 저자가 갖고 있었던 서신의 복사본이 이미 아람어에서 다른 언어로 번역되었다는 것을 의미한다고 보아야 한다. 물론 정황상 이렇게 번역되었을 가능성이 가장 높은 후보는 히브리어다. 이 점은 이 구절의 아람어 용례들(예를 들어, 'to'를 표현하는 데 사용된 עַל)을 설명해 줄 수 있으며, 우리의 저자가 내러티브를 기록하면서 이 지점까지 히브리어를 사용하고 있다는 사실에 관해서도 충분한 설명을 해줄 수 있다. 그는 이런 문제들에 관해 이 구절에서 특별한 언급들을 하고 있다. 왜냐하면 지금 히브리어로 기록된 서신의 내용이 사실은 "아람어"로 기록되었어야 한다는 점을 지적해 두는 것이 분명히 필요하다고 생각했기 때문이다(바로 이와 같은 정황에서 케토브〈כתוב, "써서"〉라는 단어가 중요성을 갖는다는 사실은 에 1:22을 통해 확인된다. 에스더서에서 "언어"라는 단어로 레숀〈לשון〉을 사용한 것과 대조하라). 그러므로 이 구절은 히브리어로 기록하기 위해 고대 히브리어(old Hebrew) 문헌에서 아람어 문헌으로 전환했다는 증거로 자리매김한다. 그러나 이런 일은 우리 저자의 시대인 약 주전 300년경에는 분명히 일반적인 일은 아니었다(참조. 서론, "연대").

8 세 번째 고발 고소는 저자가 기록하고 있듯이 아람어로 기록되었다. 저자는 그 내용을 광범위하게 인용할 것이기 때문에 이 짧은 도입을 위해 적절하게 아람어로 변환시킨다. (이런 전환에 대한 또 다른 설명에 관해서는 Snell, *JSOT* 18[1980] 32-51를 참조하라.) 이 고발 고소를 보낸 사람들의 이름들은 이 고소가 7절의 고소와 다르다는 점을 분명하게 구별해 준다.

비록 르훔을 총독이라고 생각할 필요는 없어 보이지만, 르훔은 매우 높은 지위의 행정 관료로 제시된다(군사적 관료가 아니라: "원문주해"를 보라). 아케메네스(Achaemenids) 제국에서는 해마다 왕실의 대리자들을 통해 각 지역을 독자적으로 감찰하기도 했지만, 반면에 지방 지도자들의 권력을 감시하기 위해 일정 관할 구역 내의 일부 편지들에 대해서는 직접 왕에게 전달되고 답장을 받을 수 있게끔 보장했었다는 점도 잘 알려져 있는 사실이다(참조. Olmstead, *History*, 59). 그러므로 르훔에게 적절할 수 있었던 몇 가지 역할들이 있었고, 그는 지방의 불평들에 대해 왕의 대변자로서 이 역할들을 사용할 수 있었다.

"그 글에(다음처럼)"라는 표현이 나왔기 때문에, 우리는 이 서신 자체의 시작 부분이 나올 것으로 기대하게 되지만, 그 내용은 11b절까지는 등장하지 않는다. 만약 9-10절이 뒤이어 나오는 11절의 위치에 들어가야 하는데 9-10절에 잘못 배치된 것이 아니라면, 우리는 우리의 저자가 이 서신의 일정 부분에서 보내는 사람들의 전체 목록을 별 특징 없이 어색하게 베껴 썼다고 추측해야만 한다. 아마도 본문의 저자 자신은 이렇게 어색하게 베껴 쓴 결과가 기대한 만큼 문장을 부드럽게 연결시켜 주지 못할 것임을 적절히 인식하고 있었을 것이고, 따라서 어떤 모호함도 생기지 않도록 하기 위해 일종의 반복으로서 11a절을 첨가했을 것이다.

9-10 이 구절들에 대한 해석이 불확실하기는 하지만("원문주해"를 보라), 주요한 발신인의 두 명의 "동료들"은 지역 관리들과 이전에 그들의 조상들이 바벨론의 여러 다양한 지역들에서 추방되었던 사마리아인들 중 여러 사람들(아마도 주도

적인)이 조합된 것으로 보인다. 이 목록이 과연 모든 경우들에 있어서 문자 그대로 사실이었는지는 확신하기가 어렵다. 이 목록은 그들 자신을 이렇게 제시함으로써 그들의 목적을 위해서는 그 기능을 잘 수행했을 것이다. 왜냐하면 이런 목록은 그들이 토착민들로부터 멀리 떨어져 있는 사람들이라는 인상을 주었을 것이고, 그렇게 함으로써 왕을 향해 더 큰 충성심을 갖고 있다는 인상을 주었을 것이기 때문이다.

하지만 이 목록에 대해 이렇게 생각하는 것은 그들의 자기 묘사를 전적으로 부정하기 위함이 아니다. 도대체 왜 후대의 기록자가 강제 이주와 별로 연결되어 있지 않은 오스납발을 한데 묶어서 기록했는지 그 이유를 알기가 어렵다. 다른 한편으로는, 지금 우리는 주전 642년 그가 엘람(Elam)에서 거둔 승리를 알고 있으며, 그 다음해에 수산 성을 포획한 유일한 앗수르 왕이 되었다는 점도 알고 있으며, 반면에 그 이듬해(주전 640-639년)에는 서쪽 지역에서 확장되고 있던 반란들을 진압하기 위해 다시 전쟁을 벌였다는 점도 알고 있다(참조. Malamat, *IEJ* 3[1953] 26-29; Cameron, *History*). 그렇기 때문에 바벨론의 이런 지역들에서부터 서쪽 지역으로 인구 이동이 있었다는 것은 이런 시점에서는 대단히 가능성이 높은 이야기다.

"강 저편"(עבר־נהרה – 아바르-나하라) 혹은 종종 번역되곤 하는 "트랜스-유브라데"라는 표현은 원래는 유브라데 강에서부터 서편으로 지중해까지를 포함하는 넓은 지역 전체를 포괄하는 순수하게 지리적인 호칭이었다. 그러므로 여기에는 유다와 사마리아 지역도 포함되어 있었다. 하지만 이미 앗시리아 시대 때부터 이 표현은 동일한 지역에 대한 행정적 호칭로 채용되어 사용되었으며, 그렇기에 바벨론과 페르시아 통치 시기를 통틀어서도 계속 그렇게 사용되었다. 페르시아인들의 통치하에서 이 표현은 처음엔 한 명의 총독하에 있던 바벨론과 연결되었으나, 좀더 시간이 흐른 뒤인 아마도 다리오 치하 동안에는 원래의 지방을 의미하게 되었을 것이다(참조. Leuze, *Satrapieneinteilung*; Rainey, *AJBA* 1[1969] 51-78). 이 표현은 에스라・느헤미야서에서는 더 특별한 규정 없이 규칙적으로 언급되었다.

11-16 이 서신은 연대가 없다. 이 서신이 기록된 연대가 성벽 건축에 최종적으로 성공했던 느헤미야보다 더 늦을 수 없다는 점은 분명하지만(주전 445년), 이러한 사실 이상의 다른 어떤 확실성도 전혀 알 수 없다(지금 이 본문에서 언급된 내용이 다름아니라 느헤미야의 성벽이라고 주장하는 소수의 견해를 반박하는 것에 대해서는 Rowley, "Nehemiah's Mission," 238를 참조하라). 만약 12절이 에스라와 그의 귀환민들을 언급하는 것이라면, 이럴 경우 이 서신은 통치 제7년인 주전 458년

보다 더 앞선 시기에 기록되었을 수 없다. 그렇기 때문에 가장 광범위하게 퍼진 관점은 이 고소들을 강 저편 지역의 총독이었던 메가비주스(Megabyzus)의 주전 448년의 반역과 연결시키는 것이다(예를 들어, Olmstead, *History*, 313; Rudolph; Galling 등). 그러나 레이니(Rainey, *AJBA* 1[1969] 63)는 이 구절들에서는 "이 지방의 관리들이 페르시아 제국의 지지자들"로 제시되고 있으며, 그렇기 때문에 이 점은 "메가니주스의 반란과 어떤 식으로건 연결하는 것이 적절치 않다는 점"을 보여 준다는 토대하에서 이 주장을 반대한다. 그 결과 레이니(Rainey)는 좀더 앞선 연대를 선호하는데, 그는 이 고소들을 사실 에스라 시대보다 더 이전 시대인 주전 459년에 이집트에서 일어난 반란과 연결시킨다. 그러나 이 반란은 주전 454년까지 최종적으로 진압되지 못했다. 정확하게는 주전 456년에 페르시아가 (메가비주스를 통해) 이집트에 대한 그들의 움직임을 시작했기 때문에(Olmstead, *History*, 308), 레이니가 제기하는 좀더 이른 연대는 연대기적으로는 불가능하다고 할 수 있다. 하지만 일반적인 관점에 대한 그의 반대는 그리 치명적인 것은 아니다.

그러므로 연대와 관련된 이런 두 가지 제안 중 무엇을 선택해야 할지를 선택함에 있어서 근거로 삼을 만한 내용상의 증거는 거의 없다고 할 수 있다. 하지만 느헤미야 1장의 생동감을 설명하기 위해서는, 레이니(Rainey)는 재건축 작업이 23절에서 이미 중단된 이후에도 성벽을 파괴하는 좀더 심각한 조치들이 "메가비주스"(Megabyzus)의 반란의 여파 중에도 여전히 취해졌다고 추측해야만 한다. 이 점을 주목하라(별로 그럴 것 같지 않다).

12 루돌프(Rudolph)는 "저들로부터 우리에게로"(유다 사람들이 우리에게로)라는 표현이 그저 단순하게 지정학적인 묘사에 불과하며, 그렇기 때문에 이는 고레스 시대에 이루어진 첫 귀환을 지칭한다고 단언한다. 그러나 만약 이 부분이 아르타크세르크세스가 알고 있었던 최근의 이주를 암시하는 것이라면 본문을 훨씬 더 자연스럽게 읽을 수 있다. 그렇기 때문에 비록 가설이긴 하지만 우리가 이 표현을 에스라의 임무와 연결시킨다면, 루돌프가 생각하듯 에스라 자신이 귀환을 독려하는 행동에 열중했었다고 볼 필요가 없다. 우리는 이 점도 지적해야만 한다. 또한 우리는 여기에 언급된 성벽 회복에 관한 세부 사항들에 대해 정보를 주는 다른 원 자료들이 전혀 없다는 점도 주목하라. 사실 "지대"는 "낮은 지대"를 지칭하는데, 메소포타미아 건축에서는 이런 지대는 실제 성벽 두께의 두 배로 놓여졌다(Smith, "Foundations").

13-16 유대 공동체가 우선 지금 당장은 세금들을 내지 않을 위치를 갖게 되며

(13절), 또한 그 뒤에는 반역을 퍼뜨려서 결국 페르시아의 강 서편 영지를 잃게 할 것(16절)이라는 고소는 물론 말도 안 되는 부조리한 것이었다. 그러나 제국이 문제거리가 많은 시기들을 보내는 동안(위를 보라), 제국에서 멀리 떨어진 지역에 관한 이런 소문들은 의심할 여지없이 경계심을 불러일으키기에 충분한 것이었고, 또한 이 서신을 보내는 사람들은 이와 같은 있음직한 반응들을 충분히 이용했다.

이들은 그들의 고소가 좀더 신뢰성을 얻을 수 있게끔 하고자 우선 아첨하는 듯한 충성의 표현들을 사용했고(14절), 두 번째로는 왕으로 하여금 예루살렘의 과거를 기록한 연대기를 보도록 청했다. 그들이 "열조의 사기"를 들먹이는 것은 그저 바로 직전 조상인 아르타크세르크세스만을 언급하는 것이 아니다. 그보다 이 언급은 그의 앞선 조상들을 지칭하는 것이며, 그들은 이런 조상들 속에 분명 바벨론과 아마도 심지어 앗시리아의 왕들까지도 포함시켰던 것 같다. 페르시아인들은 그들 자신을 바벨론의 적법한 계승자라고 여겼으며, 자신들이 바벨론 제국을 이어받았다고 생각했다. 물론 이런 기록들에서는 느부갓네살 왕이 주전 597년과 587년에 예루살렘을 성공적으로 사로잡은 것과 결국 예루살렘을 파괴한 내용도 발견될 수 있었을 것이다(15절). 서신을 쓴 사람들은 지금 거기에 살고 있었던 유대 공동체의 완전히 변화된 환경들과 긴 시간의 흐름을 자연스럽게 간과하고 넘어간다.

17-22 왕의 답신은 정확하게 그 당시 서간체의 관습을 좇고 있는데, 원본 편지의 상당히 많은 부분을 되풀이하고 있고, 또한 조사 결과 탄원이 사실임이 판명되었음을 확인하고 있다. 왕이 정말로 현재 예루살렘의 대적들이 제기한 의혹들을 정당하다고 생각했는지(19절), 혹은 이 후대 시기까지도 앞에서 언급되었던 "의사들"(5절)이 유대 공동체에 불리하게 왕에게 조언했다고 혐의를 두어야 하는지는 말하기 어려운 문제다.

20 일반적으로 확신할 수 있는 점은, 이 구절에서 언급하고 있는 것이 강력한 유대 왕들에 관한 것이며, 이 왕들은 세금을 거두어들이던 영토를 제국으로 갖고 통치했던 사람들이라는 점이다. 그러나 도대체 어떤 왕들이 여기에 포함되는지를 결정하는 데는 다양한 견해들이 있다. 예를 들어, 다윗, 솔로몬, 북이스라엘의 여로보암 2세, 웃시아, 히스기야 등이다(참조. Luria, *BMik* 53/2[1973] 176-82). 하지만 이런 해석은 정황상 별로 적절하지 않다. 왜냐하면 (i) 이것은 선동의 책임과는 아무 상관이 없으며, 또한 (ii) 이 내용이 역사 사료에 실려 있을 만한 적절한 종류의 정보라고 보기는 어렵기 때문이다: 다윗과 솔로몬은 앗시리아나 바벨론의 통치 시기보다 훨씬 이전의 왕들이고, 또한 지금 추측해 본 후대의 왕들도 여기에 제시

된 서술과 잘 어울리지 않는다. 연대기 역사 사료에서 이들은 분명 그저 단순히 제국에 조공을 바치지 않은 사람들 정도로만 언급되어 있었을 것이다.

그렇기 때문에 위에서 제시한 번역을 더 선호할 만하다. 갈링(Galling)도 보라. 그의 주장은 사실 "강 서편 전체를 통치했던 아르타크세르크세스의 선조들"이 심지어 선동적이었던 예루살렘에서조차 조공을 받았었다는 내용이다. 그렇다면 왜 아르타크세르크세스는 그들보다 더 강력한 지위를 점하고 있음을 보여 주기 위해 다른 단계들을 밟지 않았단 말인가?

21 이런 토대 위에서 왕은 그의 신하들에게 무엇이건 필요한 단계들을 밟으라고 명령한다. "내가 다시 조서 내리기를 기다리라"는 표현은 어떻게 이런 명령을 내렸던 동일한 왕이 나중에는 느헤미야에게 성벽을 건축하게끔 허락했는지를 설명하기 위해 후대에 첨가된 내용일 것이라고 주장되어 왔다. 비록 AD 1년과 8년은 아케메네스(Achaemenid) 제국의 조서 반포와 실행이 전적으로 유연성이 없다는 점을 보여 주긴 하지만, 그럼에도 이런 변화는 가능하다. 그렇기 때문에 지금 이 본문에서의 통치 행위가 잠정적인 것일 수 있다는 가능성을 제거해서는 안 된다.

22 이 서신은 게으르지 말 것에 대한 약간의 경계와 더불어 마무리된다. 참조. AD 4년 그리고 7년.

23 왕의 명령은 단지 작업이 중단되어야만 한다는 것이었고, 작업한 것이 파괴되어야 한다는 것은 아니었다. 그리고 나레이터는 가장 강력한 요소들을 동원해서 르훔과 그의 동료들을 부정적으로 묘사하고 설명하고 있지만, 그들도 이 명령의 한도를 넘어가지는 않았다. 나레이터는 이 서신에 대한 복사본 이외에는 다른 어떤 원 자료도 갖고 있지 않기 때문에 성벽이 이 시기에 파괴되었다는 사실을 알지 못했을 가능성이 있다(참조. 느 1:3). 이와는 다른 설명 방식인 레이니(Rainey, *AJBA* 1[1969] 51-78)의 주장, 그러니까 파괴에 관해 그 부분에서 언급했던 것이 후대에 첨가된 것이라는 주장도 동일하게 올바른 것일 수 있다(위의 11-16절에 대한 "주석"을 보라). 지금 이 구절은 서신의 본문에 토대를 두고 있기 때문에, 이 구절을 서신의 연대를 결정짓는 독자적인 증거로 사용하는 것은 분명 지레짐작에 불과할 뿐이다.

24 이 구절의 문학적 기능에 관해서는 이미 위의 "양식"에서 이야기했다. 이 구절은 나레이터가 내러티브에서 일탈한 내용인 6-23절을 처음에 도입했던 바로 그 지점으로 독자들을 다시 돌아오게 하는 자신만의 역할을 한다.

이 결론은 역사적으로 매우 중요하다. 우리는 위의 3:1-4:5에서 성전 건축이

(제단 봉헌과 대립되는 것으로서) 전적으로 다리오 통치하의 시기로 제한된다는 점을 유지하고자 해 왔다. 하지만 바로 이·구절만이 유일하게 다른 내용을 제시하고 있는 듯하다. 그러니까 좀더 이른 시기에 성전 건축이 시작되었고, 그 뒤에 방해를 받았다고 말이다. 마찬가지로 액면 그대로만 본다면 이 구절과 조화를 이룰 수 없는 세 번째 대안에 대해서는 5:16과 비교하라. 그러므로 이 문제에 대한 우리의 원 자료들에는 상당한 변형이 있다. 그러나 우리는 원 자료들이 이 점에서 모순적이며 세 가지 중 두 가지는 틀렸다고 선언해야만 한다고 결론내리기 전에 이 세 가지 부분들이 서로 다르게 이해되야만 하는 부분들은 아닌지 검토해 보는 것이 더 바람직할 것이다. 지금 구절과 연결해서 생각해 볼 때, 그 부분이 그저 문학적 표식으로 동일한 성격을 갖고 있다는 뜻은 그 부분을 역사적인 것으로 압박해서는 안 된다는 것을 의미한다.

게다가, 도리어 그 부분은 한 걸음 더 나아가 이 구절의 첫 번째 단어인 "이에(이후에)"(באדין – 베다인)는 앞에 나온 정황(9절과 23절)에서 시제를 표현하기 위해 사용된 "그런 뒤"(אדין)와 지극히 다른 것이라는 결론을 뒷받침할 수도 있다. 비록 "이에"가 순서적인 중요성을 가질 수 있고, 그래서 저자가 아르타크세르크세스를 뒤이어 다리오가 왕위에 올랐다고 생각했을 수도 있긴 하지만 말이다. 저자는 24절에서 다른 형태의 단어를 사용함으로써 아마도 이 단어의 색다른 뉘앙스에 주의를 기울이게 하고자 했을 것이다. 하지만 5:2과 6:1에서도 "이에"(באדַין – 베다인)라는 동일한 단어를 사용했다는 사실은 이런 주장을 뒷받침해 주지 않는다. 그럼에도 불구하고, 이 구절에 "이에(이후에)"(באדַין – 베다인)라는 단어가 존재한다는 점만으로도 여기서 선호했던 해석이 무용지물처럼 제거되어서는 안 된다. 참조. 케일(Keil).

마지막으로, 루돌프(Rudolph)의 좀더 급진적인 주장은 이렇다. (i) 이 구절은 원래는 히브리어로 기록되었는데 이후에 정황상의 이유로 인해 아람어로 변환되었다. 그리고 (ii) "이에(이후에")(באדַין – 베다인)라는 단어는 "그러므로, 비슷한 방식으로"(כדנה)를 수정한 것이라는 것이다. 그러나 그의 주장은 정당화되지 못한다. 이런 급진적인 주장은 좀더 이전의 그의 가정에서부터 나온다. 즉 우리의 저자가 아람어가 아니라 오직 히브리어로만 기록했으며, 이 구절만이 4:6-6:18 중 그가 유일하게 기록한 부분이라는 가정이다. 하지만 6-7절에서 히브리어를 사용한 이유에 대해서는 이미 위에서 설명했다. 반면에 이제 뒷부분에서는 앞에 나온 장들에서 우리의 나레이터의 손이 작용했던 것처럼 뒤이어 나올 5-6장의 연결 부분들에서도 우리의 나레이터의 손이 작용한다는 점을 부인해야 할 아무런 근거가 없다는 점을 보게 될 것이다. 이와 마찬가지로, 루돌프의 수정 역시 순수한 추측에 불과할 뿐이다. 이런 추측은 그가 이 구절이 반복적 요약이라는 문학적 장치라는 것을 인식하지 못했다는 점으로 인해 필요하게 되었을 뿐이다.

해설

비록 내러티브 관점에서 볼 때 이 부분은 삽입구적인 것으로 여겨야 하겠지만, 그럼에도 불구하고 이 부분은 바로 직전에 어떤 일이 있었는지에 대해서와 앞으로 어떤 일이 전개될 것인지에 대해 적절한 설명을 해주는 중요한 역할을 감당한다.

저자는 성전 재건축을 도와주겠다는 외관상 순수한 제안을 거칠게 거절하는 내용을 방금전에 기록했다(4:1-3). 그 제안에 대한 반응과 대답은 정치적인 측면에서는 "적절하고 올바른" 것이었지만(4:1-3에 대한 "주석"을 보라), 종교적인 관점에서 보자면 분명히 불만족스러운 것이었다. 바로 이런 점으로 인해, 지금 이 부분을 바로 이 자리에 포함시켜야 할 필요가 생겼다. 처음에 도와주겠다고 접근했던 사람들의 진정한 의도와 색깔이 무엇인지를 보여 주기 위해서 말이다. 비록 상당한 시간이 경과했지만, 6절에 나오는 불명확한 주어("그들은")는 이 호칭에 포함된 사람들의 본질적인 정체성이 무엇인지를 보여 준다.

그러므로 앞부분의 장들에서 볼 수 있었던 것과는 전혀 다른 종류의 연속성이 여기서 소개되었다고 할 수 있다. 이전에는 긍정적인 연속성이 제시되었지만, 지금은 부정적인 연속성이 제시되었다. 이 점은 에스라・느헤미야서 두 권의 성경 중 아직 남아 있는 상당히 많은 나머지 부분들의 어조와 뉘앙스를 형성한다. 반대자들은 이제 나머지 부분들에서 회복 추구자들의 발목을 잡으며, 또한 공동체의 존재 자체를 빈번하게 위협하곤 한다. 지금의 경우엔 그들의 공격은 정면대응이었다. 같은 원 자료나 혹은 유사한 원 자료를 통해 나타나는 다른 부분들에서는, 그들의 공격은 좀더 공동체 내적인 교활한 모습으로 나타나게 될 것이다. 만약 여지껏 나왔던 연속성이 독자들이 이를 읽으면서 쉼을 누릴 것으로 기대했던 다면적인 주제였다면, 지금 나오는 이것과 정반대인 대적들의 반주제적인 연속성은 독자들을 향한 경고로서의 역할을 할 것이다. 또한 대적들의 위협이 안으로 들어오는 것을 허락하기보다는, 그것이 아직 "바깥쪽"에 있을 때 그 위협과 대면하도록 독자들을 격려하는 역할을 했을 것이다. 이런 위협들은 매우 쉽게 안으로 침투해 들어오곤 하며,

발판을 마련하여 내부에서부터 움직이기 시작하면 훨씬 더 파괴적이 되기 때문이다.

모든 세대들에 나타나는 하나님의 역사하심은 그런 역사하심이 진전되는 것을 가로막고자 하는 사람들의 압박과 박해를 받아 왔다. 세금 부과에 있어서 이 문단에서 유대인들에게 제기되었던 심각한 왜곡과 그 결론으로서 유대인들에게 명백하게 불필요한 힘의 과시를 했던 모습은, 이스라엘만이 아니라 교회를 향해서도 더 이상 이상하고 낯선 모습이 아니다. 사실 영적인 태도를 정치적인 것으로 잘못 해석하는 모습은 예수님 자신께서 고난받으시던 과정에서 가장 분명하게 볼 수 있다. 그렇기 때문에 그분은 성도들에게 어떻게 반응해야 하는지에 대한 패턴을 제시하고 알려 주셨다: 죄에 대한 화해할 수 없는 증오 그리고 조직체를 통해서나 혹은 사람들을 통해서 나타나는 죄의 징후들과 투쟁하려는 우리의 의지는, 우리 죄인들이 이해할 수 없는 권능의 손으로 개개의 죄인들을 붙드시는 하나님의 한없는 사랑과 동시에 짝을 이룬다. 사람 편에서와 하나님 편에서의 이 두 가지 모습은 우리가 싸우는 전쟁의 무기가 영적인 것이며, 또한 십자가의 승리가 대립을 통해서가 아니라 자기 자신을 주는 희생적인 사랑을 통해서 얻어졌다는 사실을 깨달았을 때만 비로소 하나로 함께 묶여질 수 있다. 그러므로 역사와 온전한 계시는 대적들의 훼방이 어떤 본질을 갖고 있으며, 또한 우리가 보여야 할 적절한 반응이 무엇인지에 대해 우리의 생각과 이해를 정련해 준다. 그리고 우리 하나님의 백성들은 이 부분이 우리가 그토록 끈질기게 직면하게 되는 위협들에 관해 우리 하나님의 백성들에게 선포하는 내용을 감히 무시하지 말아야 할 것이다.

성전 재건축(스 5-6장)

참고문헌

Beyse, K. M. *Serubbabel und die Königserwartungen der Propheten Haggai und Sacharja*. Stuttgart: Calwer Verlag, 1972. **Bickerman, E. J.** "The Edict of Cyrus in Ezra 1." *Studies in Jewish and Christian History*. Part One. Leiden: Brill, 1976, 72-108. **Bowman, R. A.** "An Aramaic Journal Page." *AJSL* 58(1941) 302-13. ______. "אֶבֶן גְּלָל – *aban galâlu*(Ezra 5:8; 6:4)." *Doron: Hebraic Studies*, ed. I. T. Naamani and D. Rudavsky. New York: National Association of Professors of Hebrew, 1965. 64-74. **Fitzmyer, J. A.** "The Syntax of כל, כלא, 'All' in Aramaic." In *A Wandering Aramean: Collected Aramaic Essays*. Missoula: Scholars Press, 1979. 205-17. **Galling, K.** "Kyrusedikt und Tempelbau." *OLZ* 40(1937) 473-78. **Gershevitch, I.** "Iranian Nouns and Names in Elamite Garb." *Transactions of the Philological Society*(1969) 165-200. **Gunneweg, A. H. J.** "Die aramäische und die hebräische Erzählung über die nachexilische Restauration - ein Vergleich." *ZAW* 94(1982) 299-302. **Hensley, L. V.** *Documents*. **Joüon, P.** "Le mot אֻשַּׁרְנָא dans Esdras 5, 3(9)." *Bib* 22(1941) 38-40. **Leuze, O.** *Die Satrapieneinteilung in Syrien und im Zweistromlande von 520-320*. Halle: Max Niemeyer, 1935. 36-42. **LiagreBöhl, F. M. Th. de.** "Die babylonischen Prätendenten zur Anfangszeit des Darius(Dareios) I." *BO* 25(1968) 150-53. **Mowinckel, S.** "אֻשַּׁרְנָא Ezr. 5:3," 9. *ST* 19(1965) 130-35. **Olmstead, A. T.** "Tattenai, Governor of 'Across the River.'" *JNES* 3(1944) 46. **Parente, F.** "Ezra, 6.11. La pena comminata a chi altera l'editto di Dario." *Henoch* 1(1979) 189-200. **Porten, B.** "Aramaic Papyri and Parchments: A New Look." *BA* 49(1979) 74-104. ______. "Structure and Chiasm in Aramaic Contracts and Letters." In *Chiasmus in Antiquity*, ed. J. W. Welch. Hildesheim: Gerstenberg Verlag, 1981. 169-82. **Rundgren, F.** "Über einen juristischen Terminus bei Esra 6:6." *ZAW* 70(1958) 209-15. **Segal, J. B.** *The Hebrew Passover from the Earliest Times to A.D. 70*. London: Oxford University Press, 1963. **Thomson, H. C.** "A Row of Cedar Beams." *PEQ* 92(1960) 57-63. **Tuland, C. G.** "'uššayyā' and 'uššayyâ'. A Clarification of Terms, Date, and Text." *JNES* 17(1958) 269-75. **Ungnad, A.** "Keilinschriftliche Beiträge zum Buch Esra und Ester." *ZAW*

58(1940-41) 240-44. **Vaux, R. de.** "Decrees." **Wright, J. S.** *Building.*

본 문

1 선지자들 곧 선지자 학개와 잇도의 손자 스가랴가 이스라엘 하나님의 이름을 받들어 유다와 예루살렘에 거하는 유다 사람들에게 예언하였더니

1 Now the prophets Haggai the prophet[a] and Zechariah the son of Iddo prophesied to the Jews in Judah and Jerusalem in the name of the God of Israel which was over them.[b]

2 이에 스알디엘의 아들 스룹바벨과 요사닥의 아들 예수아가 일어나 예루살렘 하나님의 전 건축하기를 시작하매 하나님의 선지자들이 함께 하여 돕더니

2 Then Zerubbabel the son of Shealtiel and Jeshua the son of Jozadak set about beginning to build the house of God in Jerusalem. The prophets of God were with them and supported them.[a]

3 그 때에 강 서편 총독 닷드내와 스달보스내와 그 동료가 다 나아와 저희에게 이르되 누가 너희를 명하여 이 전을 건축하고 이 성곽을 마치게 하였느냐 하기로

3 At that time there came to them Tattenai, the governor of Beyond the River, and Shetharbozenai[a] and their associates, and they spoke to them in this manner: "Who authorized you to build[b] this house and to complete (the preparation of) this material?"[c]

4 우리가 이 건축하는 자의 이름을 고하였으나

4 Then they[a] also asked them, "What are the names of the men who are erecting this building?"

5 하나님이 유다 장로들을 돌아보셨으므로 저희가 능히 역사를 폐하게 못하고 이 일을 다리오에게 고하고 그 답조가 오기를 기다렸더라

5 But the eye of their God was upon the elders of the Jews and they did not stop them before a report should reach Darius[a] and a written order about this be returned.

6 강 서편 총독 닷드내와 스달보스내와 그 동료 강 서편 아바삭 사람이 다리오 왕에게 올린 글의 초본이 이러하니라

6 A copy of the letter which Tattenai the governor of Beyond the River and Shetharbozenai and his colleagues, the inspectors[a] of Beyond the River, sent to Darius the king:

7 그 글에 일렀으되 다리오 왕은 만안하옵소서

7 they sent him a report, and in it there was written as follows: To King Darius, all peace.[a]

8 왕께 아시게 하나이다 우리가 유다도에 가서 지극히 크신 하나님의 전에 나아가 보온즉 전을 큰 돌로 세우며 벽에 나무를 얹고 부지런히 하므로 역사가 그 손에서 형통하옵기로

8 Be it known to the king that we went to the province of Judah [a]and found the elders of the Jews in the city of Jerusalem building[a] the house of the great God. It is being built with dressed stone[b] with timber set in the walls. This work is being done thoroughly[c] and is making good progress in their hands.

9 우리가 그 장로들에게 물어 보기를 누가 너희를 명하여 이 전을 건축하고 이 성곽을 마치게 하

9 Then we questioned these elders, asking them: "Who authorized you to build[a] this house and to

였느냐 하고

complete (the preparation of) this material?"

10 우리가 또 그 두목의 이름을 적어 왕에게 고하고자 하여 그 이름을 물은즉

10 Moreover, we asked them their names so that we could inform you: [a]what we are recording in writing[a] is the names[b] of their leaders.

11 저희가 우리에게 대답하여 이르기를 우리는 천지의 하나님의 종이라 오랜 옛적에 건축되었던 전을 우리가 다시 건축하노라 이는 본래 이스라엘의 큰 왕이 완전히 건축한 것이더니

11 They gave us the following reply: "We are the servants of the God of heaven and earth, and we are rebuilding the house which was originally built many years ago; a great king of Israel built and completed it.

12 우리 열조가 하늘에 계신 하나님을 격노케 하였으므로 하나님이 저희를 갈대아 사람 바벨론 왕 느부갓네살의 손에 붙이시매 저가 이 전을 헐며 이 백성을 사로잡아 바벨론으로 옮겼더니

12 But because our fathers angered the God of heaven, he gave them over into the power of Nebuchadnezzar the Chaldean, king of Babylon; he both destroyed this house and exiled the people to Babylon.

13 바벨론 왕 고레스 원년에 고레스 왕이 조서를 내려 하나님의 이 전을 건축하게 하고

13 However, in the first year[a] of Cyrus, king of Babylon, King Cyrus issued a decree[b] to rebuild[c] this house of God.

14 또 느부갓네살의 예루살렘 하나님의 전 속에서 금, 은 기명을 옮겨다가 바벨론 신당에 두었던 것을 고레스 왕이 그 신당에서 취하여 그 세운 총독 세스바살이라 이름한 자에게 내어주고

14 Furthermore King Cyrus brought out of the temple in Babylon the gold and silver vessels of the house of God which Nebuchadnezzar had removed from the temple in Jerusalem and had brought to the temple in Babylon, and he gave them to a man named[a] Sheshbazzar, whom he had appointed governor.

15 일러 가로되 너는 이 기명들을 가지고 가서 예루살렘 전에 두고 하나님의 전을 그 본처에 건축하라 하매

15 He said to him, 'Take these[a] vessels and go and put them in the temple which is in Jerusalem, and let the house of God be rebuilt on its original site.'

16 이에 이 세스바살이 이르러 예루살렘 하나님의 전 지대를 놓았고 그 때로부터 지금까지 건축하여 오나 오히려 필역하지 못하였다 하였사오니

16 Then this Sheshbazzar came (and) laid the foundations of the house of God in Jerusalem. From that day to this it has been under construction but it has not yet been finished."

17 이제 왕이 선히 여기시거든 바벨론에서 왕의 국고에 조사하사 과연 고레스 왕이 조서를 내려 하나님의 이 전을 예루살렘에 건축하라 하셨는지 보시고 왕은 이 일에 대하여 왕의 기쁘신 뜻을 우리에게 보이소서 하였더라

17 And now, if it please your majesty, let a search be made in the royal archives[a] there[b] in Babylon to see if it is really so that King Cyrus issued a decree to rebuild that house of God in Jerusalem. Then let the king send us his good pleasure about this.

6:1 이에 다리오 왕이 조서를 내려 서적 곳간 곧 바벨론에서 보물을 쌓아둔 곳에서 조사하게 하였

6:1 Then King Darius issued an order, and a search was made in the archives where the

더니
2 메대도 악메다 궁에서 한 두루마리를 얻으니 거기 기록하였으되

3 고레스 왕 원년에 조서를 내려 이르기를 예루살렘 하나님의 전에 대하여 이르노니 이 전 곧 제사 드리는 처소를 건축하되 지대를 견고히 쌓고 그 전의 고는 육십 규빗으로, 광도 육십 규빗으로 하고

4 큰 돌 세 켜에 새 나무 한 켜를 놓으라 그 경비는 다 왕실에서 내리라

5 또 느부갓네살이 예루살렘 전에서 취하여 바벨론으로 옮겼던 하나님의 전 금, 은 기명을 돌려보내어 예루살렘 전에 가져다가 하나님의 전 안 각기 본처에 둘지니라 하였더라

6 이제 강 서편 총독 닷드내와 스달보스내와 너희 동료 강 서편 아바삭 사람들은 그 곳을 멀리하여

7 하나님의 전 역사를 막지 말고 유다 총독과 장로들로 하나님의 이 전을 본처에 건축하게 하라

8 내가 또 조서를 내려서 하나님의 이 전을 건축함에 대하여 너희가 유다 사람의 장로들에게 행할 것을 알게 하노니 왕의 재산 곧 강 서편 세금 중에서 그 경비를 이 사람들에게 신속히 주어 저희로 지체치 않게 하라

9 또 그 수용물 곧 하늘의 하나님께 드릴 번제의 수송아지와 숫양과 어린양과 또 밀과 소금과 포도주와 기름을 예루살렘 제사장의 소청대로 영락없이 날마다 주어

10 저희로 하늘의 하나님께 향기로운 제물을 드려 왕과 왕자들의 생명을 위하여 기도하게 하라

treasures were deposited in Babylon.
2 But it was in the fortress[a] of Ecbatana, in the province of Media, that a scroll was found[b] in which was written as follows: Memorandum
3 In the first year of King Cyrus, King Cyrus issued a decree: The House of God in Jerusalem Let the house be rebuilt on the place where they used to offer sacrifices[a] and let its foundations be retained.[b] Its height shall be [c]thirty cubits, its length[c] sixty cubits and its width twenty[d] cubits,
4 with three courses of dressed stone and one[a] course of timber. The cost will be paid from the royal treasury.
5 Furthermore, the gold and silver vessels belonging to the house of God which Nebuchadnezzar removed from the temple in Jerusalem and brought to Babylon are to be restored;[a] each one is to be put[b] in its own place in the temple in Jerusalem, and you[c] shall deposit them in the house of God.[d]
6 Now, Tattenai, governor of Beyond the River, Shethar-bozenai [a]and you, their[a] colleagues, the inspectors of Beyond the River, keep away from there!
7 Leave the work on this house of God alone; let the governor of the Jews and the elders[a] of the jews rebuild this house of God on its original site.
8 I hereby issue an order detailing what you shall do for these elders of the Jews for the rebuilding of this house of God: the expenditure is to be paid to these men in full from the royal account made up from the taxes of Beyond the River so that the work be not discontinued,[a]
9 And whatever is needed in the way of bullocks, rams, or sheep for the burnt offerings to the God of heaven, or wheat, salt, wine, or oil as requested by the priests in JerusaLem is to be given them daily without fail,
10 so that they may offer pleasing sacrifices to the God of heaven and may pray for the life of

11 내가 또 조서를 내리노니 무론 누구든지 이 명령을 변개하면 그 집에서 들보를 빼어내고 저를 그 위에 매어달게 하고 그 집은 이로 인하여 거름더미가 되게 하라

12 만일 열왕이나 백성이 이 조서를 변개하고 손을 들어 예루살렘 하나님의 전을 헐진대 그 곳에 이름을 두신 하나님이 저희를 멸하시기를 원하노라 나 다리오가 조서를 내렸노니 신속히 행할지어다 하였더라

13 다리오 왕의 조서가 내리매 강 서편 총독 닷드내와 스달보스내와 그 동료들이 신속히 준행한지라

14 유다 사람의 장로들이 선지자 학개와 잇도의 손자 스가랴의 권면함으로 인하여 전 건축할 일이 형통한지라 이스라엘 하나님의 명령과 바사왕 고레스 와 다리오와 아닥사스다의 조서를 좇아 전을 건축하며 필역하되

15 다리오 왕 육 년 아달 월 삼 일에 전을 필역하니라

16 이스라엘 자손과 제사장들과 레위 사람들과 기타 사로잡혔던 자의 자손이 즐거이 하나님의 전 봉헌식을 행하니

17 하나님의 전 봉헌식을 행할 때에 수소 일백과 숫양 이백과 어린양 사백을 드리고 또 이스라엘 지파의 수를 따라 숫염소 열 둘로 이스라엘 전체를 위하여 속죄제를 드리고

18 제사장을 그 분반대로, 레위 사람을 그 반차대로 세워 예루살렘에서 하나님을 섬기게 하되 모세의 책에 기록된 대로 하게 하니라

19 사로잡혔던 자의 자손이 정월 십사 일에 유월절을 지키되

20 제사장들과 레위 사람들이 일제히 몸을 정결

the king and his sons.

11 I hereby further decree that if anyone violates[a] this edict, a beam is to be pulled out of his house and, fastened erect to it, he shall be flogged,[b] and his house is to be made into a dunghill[c] for this.

12 May the God who has caused his name to dwell there overthrow any king or people who lifts a hand to violate (this edict)[a] or to destroy[b] this house of God in Jerusalem. I, Darius, have decreed it; let it be diligently carried out.

13 Then Tattenai, the governor of Beyond the River, Shethar-bozenai, and their colleagues acted diligently in accordance with the decree which King Darius had sent.

14 The elders of the Jews [a]went on successfully with the building[a] under the prophesying of Haggai the prophet and Zechariah the son of Iddo, and they completed the building according to the command[b] of the God of Israel and the decree[b] of Cyrus and Darius and Artaxerxes the king of Persia.

15 So this house was completed[a] on the twenty-third[b] day of the month of Adar, in the sixth year of the reign of King Darius.

16 Then the people of Israel, the priests and the Levites and the rest of the exiles, celebrated the dedication of this house of God with joy.

17 For the dedication of this house of God they offered a hundred bulls, two hundred rams, and four hundred lambs, and, as a sin offering for all Israel, twelve he-goats, corresponding to the number of the tribes of Israel.

18 They installed the priests in their divisions and the Levites in their courses for the service of the house of[a] God in Jerusalem, as prescribed in the book of Moses.

19 The exiles kept the Passover on the fourteenth day of the first month,

20 for the priests had purified themselves, and

케 하여 다 정결하매 사로잡혔던 자의 모든 자손과 자기 형제 제사장들과 자기를 위하여 유월절 양을 잡으니

the Levites[a] were all pure to a man, and they slaughtered the Passover for all the exiles, and for their brothers the priests, and for themselves.

21 사로잡혔다가 돌아온 이스라엘 자손과 무릇 스스로 구별하여 자기 땅 이방 사람의 더러운 것을 버리고 이스라엘 무리에게 속하여 이스라엘 하나님 여호와를 구하는 자가 다 먹고

21 The Israelites who had returned from exile ate it, together with all who had joined them by separating themselves[a] from the uncleanness of the Gentiles of the land to seek the Lord, the God of Israel.

22 즐거우므로 칠 일 동안 무교절을 지켰으니 이는 여호와께서 저희로 즐겁게 하시고 또 앗수르 왕의 마음을 저희에게로 돌이켜 이스라엘의 하나님이신 하나님의 전 역사하는 손을 힘있게 하도록 하셨음이었느니라

22 And for seven days they celebrated the Feast of Unleavened Bread with joy, because the Lord had made them glad by changing the attitude of the king of Assyria toward them so that he supported them in the work of the house of God, the God of Israel.

원문주해

1.a. 에스드라1서 6장에는 생략되어 있는데, 이는 분명히 반복 때문이다. 하지만 아버지 이름을 딴 이름이 나오지 않는 상황 속에서(그리고 아마도 신분 표시로서; 참조. J. R. Porter, "Son or Grandson〈Ezra X.6〉?" *JTS* ns 17[1966] 57-58) 학개 역시 이 호칭을 통해 표현된다(참조. 6:14; 학 1:1 등). 그렇기 때문에 이 호칭은 계속 유지되어야만 한다.

1.b. 모호한. 이 단어도 마찬가지로 유대인들(참조. 신 28:10 등)이나 혹은 선지자들을 지칭하는 것일 수도 있다(참조. 렘 15:16).

2.a. 6:14은 메뉴얼보다는 도덕적 뒷받침을 제안한다.

3.a. 이 이름을 수정해야 한다는 초기의 급진적인 제안들은 *AramP* 5:16에 나오는 매우 유사한 שתברזן로 인해 제거되었다. 반면에 보우먼(Bowman, *AJSL* 58[1941] 304-5 그리고 312)은 아람어 파피루스 파편에서 תרבוזן(OP, *Xšathrabūjyāna*)를 읽을 수도 있다고 생각한다. 이 두 가지 형태는 모두 명백하게 이란적인(페르시아적인) 이름일 수 있다.

3.b. 부정사를 만들기 위해 일반적으로 사용되는 접두어 *mēm*이 없다는 점이 이제는 예닐곱 가지 아람어 초기 문장들을 통해 인정되고 있다. 참조. J. C. L. Gibson, *Textbook of Syrian Semitic Inscriptions*, Vol. II(Oxford: Clarendon Press, 1975), 63.

3.c. 비록 이 단어는 상당히 많이 논의가 되고 있긴 하지만, 파피루스에 빈번하게 나오는 용례들을 통해 이제는 이 단어의 의미의 범주가 별다른 무리없이 분명해지고 있다. 참조. *AramP* 26:5, 9, 21; 27:18; 30:11; *BMAP* 3:23. 이 단어는 배, 집, 성전 등을 건축할 때 사용되는 재료를 지칭하는데, 각각의 경우에 나무 작업과 관련된 것으로 보는 것이

가장 가능성이 높다(Mowinckel, *ST* 19[1965] 130-35: Joüon, *Bib* 22[1941] 38-40). 이 점은 예루살렘 성전에도 마찬가지로 적절한데, 예루살렘 성전은 분명히 그 건축에 있어서 목재를 사용했고(참조. 8절과 6:4), 또한 이 일을 위해 나무를 모으는 것이 첫 번째 요구 중 하나였다(참조. 3:7; 학 1:8). 따라서 오래 전 번역인 "성벽"(Vg를 좇아서) 혹은 "구조" 등은 포기되어야만 하며, 또한 좀더 최근의 제안이라 할 수 있는 "설명서"도 포기되어야 한다(Galling, *OLZ* 40[1937] 473-78, 그는 결과적으로 자기 자신이 이 생각을 포기한 것으로 보인다). O.P. **ăčarna* – 에서 파생된 단어도 마찬가지로 확실하다(Gershevitch, *Transactions of the Philological Society*[1969] 165-200). 이는 확실치도 않은데 아라비어에 호소해야 하는 상황을 방지한다(Joüon; Rudolph). 하지만 불확실한 것으로 남아 있는 것은 이 목재의 정확한 본질과 용처에 관한 것인데, 그렇기에 건축이 어디까지 다다랐는지에 관해서도 마찬가지로 불확실하다. 툴랜드(Tuland, *JNES* 17[1958] 269-75)는 이것이 심지어 기초를 놓는 것보다 앞서 일어난 과정임에 틀림없다고 주장하지만, 이는 8절의 진술을 완전히 간과한 주장이다. NEB는 다른 극단으로 나아가서 "그리고 가구 비품들을 마치다"라는 번역을 제안하는데, 이는 이 일이 거의 끝났다는 것을 의미한다. 그러나 닷드내가 과연 조사를 하기 전에 건축일이 다 마무리될 만큼 그렇게 오랫동안 기다렸겠는가? 그리고 건축이 계속되도록 허락한 다리오의 답신(6:7-8)은 그 목적이 무엇이었겠는가? 그러므로 현재 본문의 정황은 중심 구조 건축이 진행되는 시간을 추측케 하며, 결국 이 언급은 아마도 성벽(8절)과 지붕에 특별히 사용될 건축 자재들인 재목을 언급하는 것일 것이다.

4.a. 마소라 텍스트(MT)에는 "그런 뒤에 우리는 그러므로 그들에게 이야기했다"로 되어 있지만, 이는 거의 옳을 수 없다. 만약 "우리"가 닷드내와 그의 동료들을 언급하는 것이라면, 이와 같은 일인칭의 언급은 이 곳의 내러티브 정황상 적절치 못한 것이 될 것이다. 만약 이것이 유대인들("그런 뒤에 우리는 그들에게 이름이 무엇인지에 대해 이야기했다")을 언급하는 것이라면 כנמא는 직접적인 연설을 도입하는 것일 수 없는데, 이 단어는 다른 모든 곳들에서는 항상 직접적으로 연설을 도입한다(6:13에서 사용된 것은 전혀 다른데, 이는 연설과는 아무런 상관이 없다). 그리고 그들의 대꾸는 제기된 질문들에 대한 응답이 될 수 없을 것이다(Rudolph). 분명히 9절 때문에 생긴 혼탁함이 있다. 일부 Vrs이 했듯이 אמרין(비록 철자가 온전한 것과는 사뭇 거리가 있기는 하지만 혹은 "그들은 말했다"〈אמרו – 아마루〉일 수도 있다)라고 수정하거나, 아니면 이 구 전체를 생략하라. 그러나 나레이터가 그의 설명을 7-17절에 나오는 서신에서부터 구성하고 있기 때문에, 나레이터 자신이 이 경우 1인칭에서 3인칭으로 변화가 필요했음에도 불구하고 그저 단순하게 그렇게 변화시키지 않았던 것일 수도 있다. 우리는 이런 가능성을 결코 간과해서는 안 된다.

5.a. 성경 아람어에서 좀더 규칙적인 טעם의 의미를 갖고 있다. 알(על)이 아니라 전치사 라멘(ל)을 사용했다는 점과 더불어, 다른 방식으로는 "다리오의 명령이 올 때까지"일

수도 있다. 참조. Vogt, *Lexicon*, sub דך, and Rosenthal, *Grammar* § 178. 하지만 이럴 경우 뒤이어 나오는 구문에서 좀더 만족스러운 의미를 이끌어 내기가 어려워진다. 디온(Dion, *Semeia* 22[1981] 80)을 좀더 보라.

6.a. 참조. n. 4:9.c.

7.a. 콜레(כלא "all")의 구문론은 오랫동안 논쟁거리였는데 Fitzmyer, *Wandering Aramean*, 205-17(כל이 강조적 상태로서 한정명사 뒤에서 동격으로 사용되었다)를 통해 정착되었다.

8.a-a. 이 절은 마소라 텍스트(MT)에서는 빠져 있는데, "유다 지방으로, 집으로…"로 번역되어야만 한다. 하지만 에스드라1서에서는 여기 본문에 제시된 번역에 상응하는 내용이 6:8에 첨가되어 있다. 9절은 서신 앞부분에서 "장로들"이 언급되어 있다고 전제하고 있기 때문에(NIV에서는 "이들⟨These⟩"이 생략됨으로써 분명치가 않다) 이 번역을 선호해야만 한다.

8.b. 대부분의 영어 번역들은 겔라(גלל)를 어근 "구르다"와 연결시키고 있으며, 너무나 커서 굴려질 필요가 있는 돌들을 생각했다. 그렇기에 이 단어는 "큰 돌들"(RSV) 등으로 번역되었다. 다른 사람들은 정황을 통해 "정사각형 돌들"로 추정하기도 했다. 하지만 지금은 평행적인 표현이 없는 이런 추정들은 제거되었다. 왜냐하면 돌과 관련된 이 어근이 수없이 많은 아카드어, 아람어 본문들에서 첨탑, 창문틀, 접시들 등과 같이 다양한 물건들을 언급하는 것으로 나타나고 있기 때문이다. 이 단어의 의미가 규정되었던 방법은 이 단어가 단순히 "돌"을 의미한다는 것을 보여 주지만, 정황들은 종종 그 어원이 무엇이건 간에 "매끄럽게 연마된 (돌)"을 의미하는 것으로 보는 것이 가장 적절하다고 추측케 한다(*CAD* sub *galālu*). 만약 저자가 그저 "돌"만을 의미하고자 했던 것이라면 에벤(אבן) 만으로도 충분했을 것이다. 그러므로 이 부분에서는 이 단어를 제시한 방식대로 의미를 규정하는 것이 더 좋을 것이다(Bowman, *Doron*, 64-74과 대조하라).

8.c. 비록 P. Nober, "El significado de la palabra aramea '*āsparnā*' en Esdras," *Est Bib* 16(1957) 393-401, 그리고 "De nuevo sobre el significado de *āsparnā* en Esdras," *Est Bib* 19(1960) 111-12 등을 참조해야 하긴 하지만 이 의미는 일반적으로 동의되고 있다.

9.a. 종종 모음을 לְמִבְנְיָה처럼 찍는 것으로 수정하곤 하지만, 로젠탈(Rosenthal, *Grammar* § 149)은 이것이 [부정사] 형태라고 주장한다. 이와 같은 형태들은 다른 곳들에서도 나타난다.

10.a-a. 명사 문장의 주어로 사용된 관계절이다. 참조. A. Spitaler, *al-ḥamdu lillāhi lladī* und Verwandtes, *Oriens* 15(1962) 112-14.

10.b. 배분사 단수형이다. 참조. BL § 87k.

13.a. 1:1.b. 그리고 로젠탈(Rosenthal, *Grammar* § 74)을 참조하라.

13.b. 다르게 번역되긴 했으나, 관용구는 3절과 동일하다.

13.c. 참조. 3.b.

14.a. 문자적으로는 "세스바살, 그의 이름"이다. 파피루스에 나오는 동일한 관용어구에 대한 언급들과 더불어 BL §§ 108p-q를 참조하고 쿠쳐(Kutscher, *Studies*, 71)도 참조하라.

15.a. 왕실 아람어가 나타나는 형태로서 K를 선호해야만 한다. 명사 앞에 이 단어가 위치해서 나오는 일은 드물지 않다. 참조. Rosenthal, *Grammar* § 34.

17.a. 문자적으로는 "보물들"이다. 우리는 6:1에서처럼 베베리트 씨프라야(בבית ספריא, "서적 곳간에서")를 기대할 수도 있지만, 그 의미는 의심할 여지가 없다.

17.b. 모든 Vrs에서는 생략되었으며, 뒤이어 나오는 디(די) 앞에서 조금은 어색한 모양새이다. 비록 헨슬리(Hensley)가 *Documents*, 162-63에서 이것이 관료적 형태가 나타난 믿을 만한 표식이라고 주장하기는 하지만, 아마도 이것은 6:1에서 이차적으로 삽입된 것일 것이다.

2.a. 동격. 처음에 나오는 ב를 생략하라. 루돌프(Rudolph)는 매우 확신 있게 다음과 같이 주장한다. (i) 이것은 예닐곱 개의 Vrs에서 읽은 것이다. (ii) 뒤이어 나오는 구문은 "요새"가 아니라 엑바타나(Ecbatana "악메다")를 언급하는 것이 틀림없으며, 그렇기 때문에 이는 동격이다. 그리고 (iii) 이는 일반적으로 나타나는 형태다. 엘레판티네 파피루스들(Elephantine Papyri)의 יב בירתא와 느 1:1 그리고 단 8:2에서의 용례를 참조하라.

2.b. 남성형 형태는 여성형 주어가 이 동사 뒤에 따라나올 때 허용될 수 있다. 참조. BL §§ 98g-h.

3.a. 루돌프(Rudolph)가 이 표현을 영향과 효과를 표현하는 목적격으로서 정당화한 것을 통해 "제사드리는 처소"(NEB)라는 번역이 일반적인 것으로 받아들여지게 되었다. 하지만 이와 유사한 다른 정황들 속에서는 항상 성전이나 제단의 재건축이 "그 원래의 자리"에 이루어진다는 점이 강조된다(2:68; 3:3; 5:15; 그리고 같은 단어를 사용하고 있는 6:7; 또한 *AramP* 32:5을 보라). 그렇기 때문에 여기서는 아타르(אתר)를 장소를 표현하는 목적격으로 취급하는 것이 더 선호할 만하다. 분사형인 다브힌(דבחין)은 현재에 관한 언급도 의미할 수 있지만, 첫 번째 성전 장소와의 연속성에 대한 강조라는 점에서 생각해 볼 때 연속적이고 습관적인 과거 행동을 언급한다는 점을 더 찬성한다. 이 점이 새로운 성소가 이전에 번제를 드리던 옛 제단 자리 위에 세워져야만 한다는 것을 의미한다는 것으로 오해되어서는 안 된다는 점은 뒤이어 나오는 구문을 통해 확인된다. 참조. Galling, *Studien*, 130-31.

3.b. 어근 *sbl*(Akk. *zabālu*)은 "나르다, 전하다"를 의미하는데, 여기서부터 "주장하다, 뒷받침하다"라는 의미도 나온다. (아카드어 〈*w*〉*abālu*에서 파생된 것이라고 제안된 내용에 관해서는 S. A. Kaufman, *The Akkadian Influences on Aramaic*[Chicago and London: University of Chicago Press, 1974], 103를 참조하라.) 그러므로 전통적 번역인 "그 기초가 놓이게 하라"(NIV 등)는 것은 적절하게 정당화하기가 어렵다. 우리는 뒤이어 나올 건축

에 관한 지침들을 예측하기 때문에, 그리고 아마도 (앞선 구문들을 좇아서) 성소의 정확한 배경에 관한 지침이 나올 것으로 예측하기 때문에 가장 일반적으로 행해지는 ואשרהי를 웨우쇼히(וְאֶשּׁוֹהִי, "그리고 번제들이 〈드려졌다〉"; RSV; 참조. 에스드라1서 6:24)로 수정하는 것은 만족스럽지 않은 일이다. 또한 이런 수정은 설명되지 않는 3인칭 남성 단수 어미를 남겨 둔다. 위에서 제공된 번역은 Kraeling, *BMAP*, 186를 따른 것인데, 그는 (*inter alia*) Galling; Vogt, *Lexicon*; Myers; 그리고 Th. A. Busink, *Der Tempel von Jerusalem*, vol. 2(Leiden: Brill, 1980), 803-7 등을 통해 지지되었다. 형태상 이 단어는 포엘 분사형으로 나타난다. 다른 사람들은 파엘형인 מסבלין으로 어림잡아 읽지만, 이는 별로 필요하지 않은 일이다.

3.c-c. אַמִּין אַרְכֵּהּ תְּלָתִין("30규빗, 그 길이는")은 루돌프(Rudolph)를 좇아 추측으로 재구성된 것이다. 길이 치수는 동의어 생략을 통해 마소라 텍스트(MT)에서 지워진 것이 분명하다(אמין 에서부터 다음으로). 왕상 6:2과 비교해 보면 이를 어떻게 재구성해야 할지 그 방법을 보여 준다.

3.d. 마소라 텍스트(MT)에서는 "60"으로 되어 있는데, 이는 불합리하다. 이는 분명 앞 구절에 나오는 "60"에 동화된 것이다. 시리아어역과 왕상 6:2을 근거로 עשרין로 읽도록 하라.

4.a. 마소라 텍스트(MT)에는 하다트(חדת "새로운")로 되어 있다. 하지만 이는 건축 기술이 여기서 미리 규정되는 것이기 때문에 부적절하다. 참조. 왕상 6:36 그리고 "주석". LXX과 앞의 "3"과의 평행은 마지막 철자를 지우고 חד로 읽는 것을 더 선호한다.

5.a. 비인칭 복수 형태다.

5.b. 문자적으로는 "그리고 그것으로 가게 하라…"이며, 레아트레흐(לאתרה)의 단수형 어미가 보여 주듯이 분배적인 단수형이다. 그렇기 때문에 כלה을 복구하는 것이 필요해 보이지는 않는다.

5.c. 비커만(Bickermann, *Studies*, 74)은 외관상 부자연스러워 보이는 인칭 변화와 평행을 이루는 몇몇 예들을 들어 보였다.

5.d. 종종 이 부분에서 한 행이 누락되었다고 가정되었다. 예를 들어, "그런 뒤에 다리오 왕이 이 명령을 내렸다"(NEB). 그러나 아래의 "양식"을 보라.

6.a. 3인칭 남성 복수형 어미다. 이 형태는 호칭되는 사람이 없을 때 매우 규칙적으로 호격으로 사용되었으며, 그러므로 본문 수정은 필요하지 않다. 참조. König, *Syntax* § 344l, 그리고 Torrey, *Studies*, 193. NIV의 번역은 이와 동격인 단어를 훌륭하게 잘 잡아내었고 위에서 잘 재현했다.

7.a. 우리가 우레샤베이(ולשבי, "그리고 장로들")에 대해서 F. Nötscher, "Zum emphatischen Lamedh," *VT* 3(1953) 380에서 주장했던 소위 말하는 강조적 라멛으로 봐야 하는지는 의심스럽다. 그리고 케일(Keil)을 참조하라. 그보다는 도입이나 열거를 위한 라멛으

로 보는 것이 더 적절하지 않을까 싶다. 참조. BDB, 514B. 하지만 일부 사람들은 "유다 총독"이라는 표현을 삭제하는 것을 더 선호한다. 이런 경우에는 비록 단어 배열 순서가 조금 어색하기는 하지만 "장로들"을 이 구절 처음에 나오는 동사의 목적어로 보는 것도 가능할 수 있다. 어떤 방식이건 간에, 전체적인 의미는 별로 심각하게 영향을 받지 않는다.

8.a. 문자적으로는 목적어가 표현되지 않은 채 "중단되지 않게끔 하기 위해서"라는 의미다. 이 표현은 돈을 지불하는 것에 관한 것이 될 수 있지만, 제사를 드리는 것에 관한 내용으로 옮겨가기 전에 건축 일에 대해 요약적으로 표현한 것으로 보는 것이 더 적절할 것이다.

11.a. 일반적으로 번역되듯이 "변개하지" 말라. 참조. 단 3:28 그리고 Syr. שנא מן="불복종하다."

11.b. 문자적으로는 "그리고 들어올려 그는 거기에 매달리게 될 것이다"이다. 이 형벌은 말뚝으로 찌르는 형벌을 이야기하는 것으로 빈번하게 이해되어 왔는데(가장 최근에는 Parente, *Henoch* 1[1979] 189-200), 헤로도투스(Herodotus III:159)와 베히스툰 비문(Behistun Inscription §§ 32, 33, 43, 50) 등에 의하면 페르시아에서 이 형벌을 시행했던 것으로 알려져 있다. 이는 바른 것일 수 있지만, 마하(מחא)는 이런 개념에 사용하기에는 좀 어색한 동사일 수 있다. 다른 사람들은 "십자가에 못 박는" 것을 지지하는데, 왜냐하면 "들어올린다"가 좀더 기술적으로 이런 의미에 부합하기 때문이다. 그러나 그런 형태의 형벌은 페르시아 시대 때는 아직 일반적으로 실행되지 않았으며, 이것이 זקיף의 의미라는 증거는 후대의 증거다.

11.c. 이 단어의 의미는 매우 불확실하다. 참조. Hensley, *Documents*, 56-57. NIV가 "거름더미"라고 번역한 것은 이 어근을 아카드어 중에 제시된 *nawālu*와 연관시키는 초기 주석가들을 따른 것이 분명하다. 그러나 지금은 이 단어가 존재하는지조차도 의심스럽다. 시리아어인 *nawwel*, 아랍어인 *nw/yl* 등을 "몰수하다"라는 의미를 부여하기 위해 비교해야만 한다는 것은 가능하다. 참조. NEB, "그의 집은 몰수될 것이다". 이는 분명하게 LXX에서의 번역을 설명한다. 위에서 제공한 번역은 매우 오랜 전통이 그 뒤에 깔려 있는 번역인데, 후대의 아람어와 히브리어 נול에 토대를 두고 있다.

12.a. 비록 표현되지는 않았지만 무엇이 목적어인지가 정황을 통해 분명하게 나타난다. 11절과의 평행을 참조하라.

12.b. 다른 방식으로는, 이 부분은 부정사 구조의 형용사적 용법으로 구성될 수 있을 것이다, "허무는 것을 통해".

14.a-a. 문자적으로는 "건축했고 형통했다"이다.

14.b. 각각의 경우마다 타암(טעם)이 사용되었지만, 아마도 하나님과 사람의 명령 간을 구분지을 목적으로 발음은 서로 다르게 했다.

15.a. 참조. S. A. Kaufman, *The Akkadian Influences on Aramaic*, 104-5. 그는 아카드어 (*w*)*aṣû*의 원인격으로서 이 단어가 사용되었다는 설명에 대해 논쟁한다.

15.b. 마소라 텍스트(MT)에는 "3일"로 되어 있지만, 에스드라1서 7:5에는 "23일"로 되어 있다. 덧붙여서 말하자면, 본문상으로는 단어가 첨가되었다는 것보다는 누락되었다고 설명하는 것이 더 손쉬운 방법이다. 참조. "주석".

18.a. 뒤이어 나오는 디 비루슈렘(די בירושלם)으로 인해 베이트(בית "집")가 여기에 복구되어야만 한다(참조. LXXL 그리고 Syr.).

20.a. 이 구절 후반부를 통해서 볼 때, 만약 "제사장들과 레위인들이 그들을 함께 정결케 했기 때문에, 그들은 모두 정결했다"(RSV)라고 번역한다면 마소라 텍스트(MT)는 전혀 뜻이 통하지 않는다. NIV는 이 구절 후반부에 있는 "잡았다(죽였다)"의 주어로서 "레위인들"을 삽입하는 것을 통해 이 어려움을 비켜 지나간다. 선택 가능한 다른 방식으로서 많은 주석가들은 "제사장들과 그리고"라는 부분을 후대의 편집으로 보아 삭제한다. 만약 스 1-6장을 저술한 단체에 대한 우리의 이해가 올바른 것이라면(참조. 서론, "구성"), 그럴 경우엔 제사장들에 관한 언급은 정황상 매력적인 것이라 할 수 있다(참조. "주석"). 위에 제공된 번역은 이런 모든 요구들과도 양립할 수 있고, 또한 문법적으로도 가능한 번역이다. 비록 한눈에 보기에 가장 분명한 번역은 아닐 수도 있지만 말이다.

21.a. 문자적으로는 "자신들을 그들로부터 분리시켰던 사람들"이다. 이와 같은 창의적인 구문 구성에서 전치사들을 사용하는 것에 관해서는 GKC §§ 119ee-gg를 참조하라.

양식/구조/배경

비록 이 부분이 대부분의 다른 부분들보다 훨씬 더 길음에도 불구하고, 이 부분의 내용은 모두 두 번째 성전 재건축을 다루고 있다는 사실에서뿐만 아니라 도입이나 결론과는 별개로 이 부분이 전적으로 닷드내의 조사와 결과에 초점을 맞추고 있다는 사실에서 명쾌한 하나의 단위로 되어 있다. 그러므로 이 부분을 좀더 작은 독립 단위들로 구분하려는 것은 분명 독단적인 시도가 될 것이다. 물론 이 내러티브는 쉽게 구분될 수 있는 여러 문단들로 구성되어 있긴 하지만, 이런 문단들은 서로서로 매우 밀접하게 연관되어 있으며 주해적으로 볼 때도 독립적으로 취급될 수 없다.

건축과 관련된 일은 6:15에서 결론에 다다르게 된다. 14절에서 학개와 스가랴의 예언 사역에 대해 언급한 것과 이스라엘의 하나님의 명령에 대해 언급한 것은 5:1에서 출발하는 이 부분의 분명한 인클루지오(*inclusio*: 편지 봉투의 맨 윗부분과 아랫부분처럼 여는 부분과 닫는 부분이 쌍을 이루는 방식 – 역자주)를 형성하는 반면,

페르시아 왕들의 조서들에 대한 암시는 이 부분을 전체적으로 요약 반복하는 역할을 한다. 하지만 내용적인 측면에서 볼 때 이 부분은 다음 문단과 분리될 수 없으며, 다음 문단은 성전 봉헌에 관해 묘사한다(6:16-18). 그렇기 때문에 저자가 여기서 계속해서 아람어를 사용하는 것은 매우 적절하다고 할 수 있다. 왜냐하면 재건축에 관한 설명은 계속해서 아람어를 사용해 이루어졌기 때문이다(아래를 좀더 보라).

그러므로 오로지 6:19-22만이 어느 정도 덜 밀접하게 덧붙여진 것으로 간주될 수 있을 것이다. 이 부분은 성전 봉헌 이후 첫 유월절이 곧장 뒤이어 나오는 내용을 묘사한다. 주께서 유대인들을 향한 왕의 태도를 변화시키셨고, 그 결과 그가 유대인들을 후원했다는 것에 관한 언급은 정확하게 1:1에서 이미 제시된 신학적 조망과 동일한 것이다. 반면에 일부 다른 사람들은 이 점이 3장의 마지막 부분과 갖는 유사성들에 주목했다. 그러므로 이 작은 문단은 에스라 1-6장에 대한 가장 적절한 결론으로서의 역할을 한다. 우리는 이런 사실을 의식한 것이 저자로 하여금 히브리어로 전환하게끔 했다고 추측할 수 있다. 이 때문에 그는 이 문단이 그저 단순하게 주전 520-515년 사이에 벌어졌던 사건들에 관한 것만이 아니라, 자신이 한 전체적인 설명의 결론 부분으로서 갖는 성격에 주의를 기울였다. 그는 또한 히브리어로 그의 내러티브를 마무리하는 것이 더 적절하다고 생각했을 수도 있을 것이다. 히브리어는 그의 백성들이 전통적으로 사용하는 언어이며, 그가 그의 내용의 대부분을 기록하고 제공한 언어이기도 하다.

이 부분에서 저자가 사용한 일반적인 방법은 그가 이미 다른 곳들에서 사용했던 방법과 전혀 다르지 않다. 그렇기 때문에 중간 단계의 편집이 있었다고 추측할 필요는 없으며, 그러므로 아람어 부분 전체에 대해서도 나레이터가 통일된 단일한 원자료로 이 부분을 이용할 수 있었다고 생각해야 한다. 그는 닷드내가 다리오에게 보낸 편지 형태(5:7-17)와 다리오의 답신 형태로 되어 있는 몇몇 중심적인 원 자료들을 갖고 있었으며, 아마도 여기에는 다리오의 조서 반포 사본도 포함되어 있었을 것이다(6:3-12). 이 부분은 적절하게 확장된 형태이기 때문에, 이것의 나머지 부분을 구성하는 그의 내러티브 골격을 모두 어려움 없이 설명할 수 있다.

이 내러티브 골격은 5:1-6; 6:1-2 그리고 13-22절로 구성되어 있다. 아래의 "주석"에서는 이 구절들을 구성하기 위해 알려지지 않은 다른 자료가 있었다고 추측할 필요가 없다는 점을 주장할 것이다. 지금 이 부분은 다른 성경책들과 저자 당시의 관습들에서 찾아낸 지식과 더불어 이 장들의 두 개의 주된 문헌들(5:7-17; 6:3b-12)을 통해 구성되고 기록된 것으로 자연스럽게 설명될 수 있다.

이 사실은 부가적인 관찰 내용을 통해서, 그러니까 성전 재건축에 관한 다른 많은 측면들에 대해 우리에게 아무것도 들려지는 것이 없다는 점을 통해서 확인된다. 우리가 자세히 설명을 듣기를 기대했던 것은 활용 가능한 좀더 진전된 원 자료들의 내용이었으며, 이 내용은 가정된 인물이기는 하지만 대부분의 학자들이 당연하게 추측하는 첫 번째 편집자에게도 대단한 관심의 대상이었고, 동시에 우리의 저자에게도 대단한 관심거리였을 것이다. 그러나 건축 자체에 관한 절차나 과정들에 대한 묘사는 전혀 없으며, 스룹바벨, 예수아 혹은 다른 지도자들의 역할이나 혹은 기타 사항들에 관한 내용도 전혀 없다. 비록 침묵을 통해서 다른 주장을 할 여지를 남기기는 하지만, 이와 같은 정보들이 남겨져 있지 않다는 점은 우리의 저자는 우리가 본문을 통해서 알고 있는 원 자료들만을 이용할 수 있었음을 추측케 한다.

이 결론으로부터 매우 중요한 함축들이 도출된다. 첫 번째로, 이 모든 부분의 작성과 구성은 다른 부분인 에스라 1-6장에서 볼 수 있는 것과 마찬가지로 동일한 저자가 직접 한 것으로 생각할 수 있다. 그는 동일한 기록 방법을 사용해서 연결 역할을 하는 내러티브를 기록했는데, 이 내러티브는 그가 이용할 수 있었고 또한 충분히 인용하고 있는 원 자료에서 나온 것이었다. 그렇기 때문에 그가 물려받았던 중간 단계의 아람어 원 자료라는 것은 없었다(가장 최근의 연구인 Gunneweg, *ZAW* 94[1982] 299-302와 대조하라). 그가 아람어로 기록할 수 없었다고 단언하는 것은 독단일 뿐이다. 루돌프(Rudolph)의 필사적인 제안인 4:24이 히브리어로 쓰여졌고 나중에 아람어로 번역되었다는 것은 매우 불필요한 주장이다. 그는 자신이 갖고 있던 원 자료를 그것의 원래 언어로 인용하기 위해 4:8에서 아람어로 전환했다. 4-6장의 나머지 부분들을 기록하기 위해 사용했던 그의 중추적인 원 자료들 역시 아람어였기 때문에, 그는 건축과 관련된 모든 설명 부분을 이 언어로 계속 진행했으며, 이미 앞에서 지적된 것과 마찬가지로 히브리어로 돌아가는 것은 그저 단순하게 건축이 종료되었다는 설명과 정기적 예배의 시작과 그의 글의 결론을 보여 주기 위해서였다.

두 번째로, 이 부분은 이 저자가 역대기 사가와 동일시될 수 없다는 좀더 분명한 증거를 제공한다. 특별히 아래의 6:18과 20절을 더 보라. 마지막으로, 그는 에스라·느헤미야서 나머지 부분의 저자들이나 편집자와도 구분될 수 있다. 예를 들어, 아래의 5:5에 대한 "주석"을 보라.

이 부분과 상응하는 내용의 부분으로 관심을 돌려보자면(5:7-17; 6:6-12), 이 두 개의 서신들의 형태와 관련하여 여기서 취한 입장은 4장에서의 두 개의 서신들과 비교해 볼 만하다. de Vaux, "Decrees," 그리고 Hensley, *Documents*를 참조하라. 수신인은 부분적으로 내러티브의 도입 부분을 좀더 풍성하게 하기 위해서 사용되었다. 이 서신들은 분명히 원래 형태 그대로 모두 보전된 것이 아니라 이 통보와 더불어 보존된 것이기 때문에, 우리는 이 서신들이 우리의 저자 앞에 아케메네스(Achaemenid) 시기의 원본을 복사한 복사본으로 놓여 있었다고 추측하는 것을 주저할 필요가 없다. (재구성된 것처럼), 인사말, 도입부, 요구의 제시(참조. 5:17), 인용들 등 이런 모든 공식적인 특징들은 페르시아인들의 서간체의 강한 영향 때문이라고 묶을 수 있으며, 그렇기 때문에 이런 결론을 분명하게 나타낸다. 4장과 비교해 보면서 생겨나는 실제로 유일한 새로운 요소라면, 그것은 6:11에 나오는 형벌을 줄 것이라는 위협과 6:12의 경고다. 이런 특징들에 대한 평행들은 아래의 "주석"에서 다루어질 것이다. 여러 시대를 통해 역사적 측면이나 혹은 문학적 측면에서 제기된 각각의 어려운 점들에 관한 논의와 더불어서 말이다.

고레스의 비망록의 형태와 관련된 몇몇 부수적인 점들(6:3-5)도 언급되어야 한다. 첫 번째로, 이것은 "비망록, 조서"(דכרונה – 디케로나)라고 불렸다. *AramP*에서 이 용어(엄격하게는 זכרן)는 이미 1:9-11에서 지적된 것처럼 두 종류의 본문 목록들 혹은 표들에서 사용되었으며, *AramP* 32에 대해 사용되었다. 여기 나오는 고레스의 조서와 마찬가지로 후자의 본문 역시 성전 재건축을 허가하고 있지만, 이런 중요한 유사성만이 아니라 수많은 차이점들이 분명하게 나타난다. 참조. Dion, *Semeia* 22(1981) 84. *AramP* 32는 건축을 구두로 허락하는 외교 각서인데 조금은 부주의하게 실행되었다(참조. Porten, *BA* 49[1979] 74-104). 반면에 우리 본문은 왕가 문헌에서 보류를 결정했다는 기록이다. 본문은 내용이 어떻게 구성되어 있는지를 보여줄 텐데, 이에 관해서는 헨슬리(Hensley, *Documents*, 87)가 타당하게 분석했다. (1) 표제어 "조서"(דכרונה – 다케로나), (2) 날짜, (3) 예루살렘에 있는 하나님의 집에 대한 "요약", (4) 본문 3b-5절. 이 형태는 문헌의 고대적 배경이라는 측면에서 잘 맞아떨어지는데(독자적인 것이건 혹은 이와 같은 수많은 결정들을 다루었던 더 큰 본문의 일부분이었건 간에), 왜냐하면 도입적인 사건들은(1-3 부분들) 이 내용을 신속하게 파악하고 규정하는 데 필요한 모든 요소들을 포함하고 있기 때문이다. 그러므로 날짜가 마지막 부분이 아니라 처음 부분에 나오는 것은 매우 적절하며, 그래서 잘 다듬기보다는 신속하게 처리하기 위해 만들어졌던 동시대의 다른 문헌들의 관습을 뒤집고 있다(참조. Hensley, *Documents*, 112). *AramP* 32와 에스라 6:3-5 사이에 존재하는 이런 중요한 차이점들은 우리가 "고레스와 바고아스(Bagoas)의 두 가지 문헌을 통해서는 조서를 받은 사람이 명령을 직접적으로 그리고 개인적으로 받았다"는 사실에서 아무런 결론도 이끌어 낼 수 없다는 것을 의미한다(Hensley, *Documents*, 88, *AramP* 32:1-2에서는 일인칭 언급이 나타나고, 스 6:5에서는 이인칭 언급이 나타나고 있다는 점을 주목한다). 이 두 개의 문헌의 배경들은 마치 에스라 6:3-5과 1:2-4의 배경들이 그런 것처럼 매우 상이하다. 비록 자세한 세부 내용을 확증하기는 불가능하지만 비커만(Bickerman, *Studies*, 73)과 같은 일부 학자들의 결론은 합리적인 것으로 보인다: "이것은 비인칭적인 법령 형태의 명령이다. 이와 같은 초고는 사적인 만남에서 구두로 주어졌거나 혹은 고려해 보도록 제시한 보고서를 통해 하나의 결정만을 기록했다." 조금 다른 결론을 마이어스(Myers)를 통해 얻을 수 있다. 페르세폴리스(Persepolis: 아케메네스 왕조의 수도)에서 두 가지 형태의 문헌이 발견되었는데, 그 중 하나는 "비용을 지불하라고 지시하는 서신들"이었고 다른 하나는 "그런 비용을 지불했다는 점을 보여 주는 비망록"이었다. 마이어스는 이들을 검토하는 데 있어서 R. T. Hallock, "A New Look at the Persepolis Treasury Tablets," *JNES* 19(1960) 90를 따른다. 비커만의 제안은 지금 이 본문의 선포를 전자의 범주에 집어넣는 반면, 마이어스는 후자를 선호한다. 조서에 관한 본문 자체는 비커만의 입장을 지지한다. 1:8-11을 이루고 있는 원 자료는 마이어스가 선호하는 비망록 형태에 더 잘 들어맞는 것으로 보인다.

마지막으로, 우리는 이 선포의 복사본이 다리오가 닷드내에게 보낸 편지 안에 포함되어 있는지 혹은 그렇지 않은지에 관해 생각해야만 한다. 편지는 지금 상황에서는 공식적인 수신인이 누락되어 있기 때문에, 어디에서 이 편지가 시작되는 것인지에 관해 의견이 일치하지 않는다. 많은 주석가들은 이 편지가 6절에서야 시작한다고 넌지시 생각하며, 이런 효과를 위해 심지어 표제어를 그 위치에 집어넣기도 한다. 그러나 이는 단순한 억측에 불과할 뿐이다. 동시에 만약 다리오의 편지 자체를 통해서가 아니라면 도대체 어떻게 고레스의 조서 복사본이 예루살렘에 도착할 수 있었느냐는 대답되지 않은 질문을 남기게 된다. (조서 복사본은 분명히 이전에는 이용할 수 없었다. 참조. 5:17.) 그렇기 때문에 이 내용이 서신 안에 포함되어 있었다고 추측하는 것이 좀더 합리적이다. 그리고 수신인들의 이름을 반복하면서 정형화된 표식인 케안(כען, "지금")을 사용함으로써, 그 내용을 인용이 아니라 다리오 자신의 직접적인 명령으로 전환했다는 점을 표현하고 있다. 그러므로 우리는 이전에는 좀더 충실하고 충분한 도입 부분이 고레스의 조서 복사본 이전에 이 편지의 앞부분에 있었다고 결론내려야만 한다. 그 도입 부분에는 수신인과 인사말 그리고 도입 부분에 인용한 조서를 발견했다는 기록 등이 포함되어 있었을 것이다. 우리 저자는 1-2절에 나오는 그의 내러티브를 풍성하게 하기 위해 이런 내용을 추출해서 축약한 뒤 이를 다시 반복하지 않았다. 이 점이 현재의 미묘한 혼란에 대해 잘 설명해 준다.

주석

1-2 이 내용은 학개와 스가랴서가 담고 있는 내용 자체에 토대를 두고 있는데, 이 부분은 선지자들이 어떻게 백성들로 하여금 다리오 제2년에 행동하게끔 격려하고 움직였는지에 관해 이야기한다. 참조. 4:24. 다리오 통치의 처음 두 해 동안은 그의 베히스툰 비문이 증언하는 것처럼 전세계적으로 정치적으로 융기하는 그런 시기였다. 또한 de Liagre-Böhl, *BO* 25(1968) 150-53도 보라. 이 점이 어느 정도까지 선지자들에게 영향을 끼쳤을 수 있는지에 관해서는 논쟁이 되고 있지만, 이 사건이 있은 지 한참 지난 후에 기록된 현재 문단에서는 이 점이 전혀 강조되고 있지 않다.

스가랴가 스가랴 1:1에서 "베레갸의 아들, 잇도의 손자"라고 불린 것을 제외한다면, 선지자들은 일반적인 방식으로 소개된다. 이 부분은 신분을 언급하는 방식에 있어서 "아들"이 "손자"와 동일한 그런 경우인 것 같지는 않다. 잇도는 제사장 가문의 우두머리였다. 느헤미야 12:4과 16, 그리고 J. R. Porter, *JTS* ns 17(1966) 57-58 등을 참조하라.

스룹바벨과 예수아에 관해서는 2:1-2에 대한 "주석"을 보라. 이 부분에서 나레이터가 사용한 방법 면에서 본다면, 이들이 다시는 이름을 통해 언급되지 않았다는 사실에 무게를 두어서는 안 된다(6:7을 참조해야 하긴 하지만). 그는 자신이 사용 가능한 원 자료를 직접적으로 끌어다가 그의 내러티브를 구성했으며, 이 원 자료들에서 유대인들과 닷드내는 고레스가 유대인들에게 내준 허가라는 측면에서 집단적으로 다루어졌다. 스룹바벨이 페르시아 기록들에는 언급되어 있지 않기 때문에, 그의 리더십을 강조하는 주장을 돕지는 못했을 것이다. 그러므로 스룹바벨에게 어떤 일이 벌어졌는지에 대한 침묵은 종종 추측되는 것처럼 그가 선동적인 행동이나 그와 비슷한 일들에 연루되었기 때문에 관료직에서 쫓겨났음을 의미한다고 해석되어서는 안 된다. 어떤 경우건 간에 이런 추측은 그럴듯하지 않은데, 왜냐하면 (a) 아무도 예수아가 직책을 계속 이어나갔다는 점을 의심하지 않지만 사실 예수아 역시 다시 언급되지 않기 때문이다. (b) 다리오는 매우 분명하게 스룹바벨을 관료로 확인했으며, 닷드내의 조사 이후에도 그의 일이 계속 추진되는 것을 허락했다(6:6-7). 만약 그가 선동에 포함되어 있었다는 어떤 근거 있는 주장이라도 있었다면, 그는 아마 이런 허락을 받을 수 없었을 것이다. (c) 에스라 4장에서는 "유다와 베냐민의 대적"들이 아르타크세르크세스 치하 시기에 이 성읍과 거주자들이 "반역적이고 사악하다"고 고소하기 전에 예루살렘 성벽 재건축이 진행될 때까지 기다렸던 것으로 나타난다. 만약 한 번 더 이전 시기에 이와 같은 고소의 경우가 있었다면 이런 연기는 매우 설명하기가 어렵다. 그러므로 비록 스가랴 4:9에 토대를 두고 생각해 볼 때 스룹바벨이 적어도 건축이 완공된 것을 볼 만큼 오랫동안 살았던 것으로 보이긴 하지만, 우리는 이 장에 나온 사건들 이후에 스룹바벨에게 어떤 일들이 생겼는지를 쉽게 알 수는 없다(아마도 저자에게 무슨 일이 생겼는지도 알 수 없다).

비록 "건축하기를 시작하매"라는 표현이 완벽하게 새로운 첫 출발을 의미해야만 하는 것은 아니지만, 이 경우에는 위의 3장에서 주장된 것처럼 그런 경우를 의미한다. 이 점은 또한 학개의 선포들의 의미에 가장 자연스럽게 잘 들어맞는다. 아래의 16절에 대한 "주석"을 보라.

3-4 이 구절들은 뒤이어 나오는 닷드내 자신이 직접 쓴 편지 내용에서 구성한 내러티브 요약이다. 평행을 이루고 있는 동사들은 우리가 더 심화된 그들만의 원 자료들을 찾을 필요가 없다는 점을 충분히 보여 준다.

3 본문상으로는 닷드내의 고소가 내용상 적대적인 것이거나 혹은 북쪽 지역 사람들이 악의적으로 부추긴 것으로 생각해야 할 이유가 전혀 없다. 사실 "이 고소의 형태는 지금 벌어지고 있는 일에 대해 그가 무언가 법적인 정당성이 있을 것으로 예측하고 있음"을 추측케 한다(H. L. Ellison, *From Babylon to Bethlehem*[Exeter: Paternoster, 1976], 21). 닷드내 자신은 지금 이 당시에 강 건너편만의 총독으로 알려져 있다. 그러므로 강 건너편과 바벨론의 총독이었던 우쉬탄누(Ushtannu)의 하급자였다. 참조. Olmstead, *JNES* 3(1944) 46, 그리고 Ungnad, *ZAW* 58(1940-41) 240-44. (언제 이 두 지역이 각기 분립적으로 페르시아의 통치하에 들어가게 되었는지는 확실하게 알려져 있지 않다.) 그러므로 "총독"(פחה)이라는 호칭의 사용은 매우 가변성이 있는 것으로 보이며(참조. Leuze, *Satrapieneinteilung*, 38-39), 그렇기 때문에 스룹바벨 역시 이 직임을 수행했었다는 학개 1:1, 14; 2:2, 21의 증거를 부인할 필요는 없다. 비록 스룹바벨의 총독 직임이 권위 면에서 많이 축소된 범주라는 것이 분명하긴 하지만 말이다.

닷드내는 스달보스내라는 알려지지 않은 다른 인물과 함께하고 있었는데, 많은 사람들은 그가 이와 명백하게 유사한 경우인 심새(4:8)와 마찬가지로 닷드내의 비서였을 것이라고 확신해 왔다. 하지만 본문에선 이 점은 서술되지 않았다. 반면에 아래 6절에서 그의 동료들은 아마도 "감찰관"이었을 것으로 이야기된다. 이렇게 보는 이유는 페르시아 제국의 행정 내에서 그들이 했던 역할 때문이다. 4:8에 대한 "주석"을 보라. 그들이 정확하게 이와 같은 감찰의 상황 속에서 출현한다는 점은 이런 추측이 매우 그럴듯하다는 점을 보여 준다.

이 감찰이 언제 이루어졌는지는 특별히 지적되지 않는다. 루돌프(Rudolph)는 이 일이 주전 520년보다는 515년에 좀더 근접해서 일어났을 수 있을 것이라고 생각한다. 왜냐하면 그는 이 구절의 마지막 구문이 성전 내부의 나무 널판 작업을 언급하는 것이라고 해석하기 때문이다. 그러나 위의 "원문주해"에서 지적된 것처럼 이 부분이 언급하는 것은 아마도 건축 과정 중 훨씬 더 앞부분에 관한 것으로 보인다(8절에 대한 "주석"도 보라). 비록 정확한 날짜나 연대는 여전히 알 수 없는 상태로 남게 되지만 말이다.

4 닷드내의 요청이 에스라 2장에 나오는 목록을 수집하도록 고무했을 가능성에 관해서는 "양식"에서 그 문제를 다룬 부분을 보라.

5 이 구절이 뒤이어 나오는 편지나 혹은 그에 대한 답신에서 음성적으로 소리 내어 읽혀지는 것은 아니지만(비록 이 부분에 "유대인의 장로들"을 분명하게 언급하는 내용이 나옴에도 불구하고), 서신에서 이런 내용을 유추하는 것은 불합리하지 않다. 그러므로 루돌프(Rudolph)가 이 구절은 그 밑바탕에 다른 종류의 원 자료나 직접적인 지식이 깔려 있긴 하지만 우리에게 활용 가능한 정보를 제공한다고 이야기하는 것은 지나친 과장이라 할 수 있다. 기록된 대로의 내러티브에 대해 신학적으로 언급하자면, 이 구절은 분명히 그 구성에 있어서 편집된 것이다.

"하나님의 눈"(개역성경에서는 "하나님께서 돌아보셨으므로")이라는 표현은 분명히 무언가 독특한 표현인데(참조. 시 33:18; 34:16〈15〉; 욥 36:7), 이 표현은 하나님께서 그의 백성을 지켜 주시고 돌보시는 것을 나타낸다. 이 표현은 에스라와 느헤미야서 두 곳 모두의 내러티브들에서 빈번하게 나타나는 "하나님의 손"이라는 좀더 공통된 표현과 대비될 수 있다. 이런 서로 다른 표현과 용례들 속에는 에스라 1-6장의 나레이터와 에스라·느헤미야서의 나머지 부분을 현재의 형태로 만든 사람을 구별해야 한다는 암시가 들어 있는 것일 수도 있다.

아마도 이 표현은 페르시아 감찰자들과 대조를 이루려는 의도였을 것이다. 이들은 대중적으로는 "왕의 눈"으로 알려져 있었으며, 또한 무언가 위협적이고 불길한 존재로 간주되었던 것이 틀림없다. 성경의 저자는 하나님의 돌보심이 그들의 강력한 위협조차도 짓눌러 이기신다는 것을 알고 있었다.

6 서신으로 나아가는 이 내러티브는 서신 자체의 인사말에 토대를 두고 기록되었을 것이다. 이 점은 왜 이 서신 자체의 인사말(7b절)이 우리가 다른 곳들에서 볼 수 있는 내용보다 더 짧은지를 설명해 준다. 여기에 이미 포함된 내용은 그 부분에서는 불필요한 반복을 피하기 위해 생략되었다.

7-17 닷드내는 분명히 유대인들의 대답에 대해 합리적으로는 만족했었음에 틀림없지만, 건축 허가에 관한 확인은 국가 공문서에 의뢰하는 것과 왕의 최종 결정을 통해서만 얻을 수 있었다(17절). 그렇기 때문에 그는 그 당시의 전형적인 형태로 이에 관해 묻는 글을 쓴다. 위의 "양식"을 참조하라.

7 "그 안에(그 글에)"(בגוה – 베가웨흐)라는 표현은 몇몇 아람의 법적 문헌들에서 부가적인 내용이 아니라 서신의 중심 내용에 기록된 부분을 특별히 지칭하고자 할 때 전문적인 용어로 사용되었다. 참조. Y. Yaron, *Introduction to the Law of the Aramaic Papyri*(Oxford: Clarendon Press, 1961), 16-17. 이런 사실은 저자가 이 부분에서 이 단어를 선택할 때 영향을 끼쳤을 수도 있다.

8 "위대하신 하나님(지극히 크신 하나님)"이라는 표현이 페르세폴리스(아르케메네스 왕조의 수도) 성곽 돌판들에서 나타나기 때문에, 페르시아 관리들이 이 호칭을 사용하는 것은 더 이상 이상한 일이 아니다. 참조. R. T. Hallock, *Persepolis Fortification Tablets*, nos 353 그리고 354(Chicago: University of Chicago Press, 1969).

목재를 구조적인 구성 요소로 사용했던 것은 제2성전이나 다른 건물들에서뿐만 아니라 제1성전에서도 확실하다(참조. 왕상 6:36; 7:12; 스 6:4). 톰슨(Thomson, *PEQ* 92[1960] 57-63)은 고대 근동의 거의 모든 시기 동안 이런 방식이 많은 장소에서 건축 관습이었음을 보여 주었다. 이런 목재는 건물을 하나로 붙여 주고 연결시키는 역할뿐만 아니라, 지진에 대해서도 건물을 보호하는 데 도움을 주고자 계획되었을 것이다. 그렇기 때문에 이 때까지 이 건물은 분명히 잘 지어지고 있는 중이었다.

"유대인의 장로들"은 우리의 저자가 당시의 지도자들을 자기 자신의 용어로 표현한 것이 아니다. 그는 "가족의 우두머리(족장들)"라는 표현을 더 선호했다(1:5; 3:12; 4:3). 그러므로 5절과 6:13에서 "장로"라는 표현을 사용한 것은 이 구절과 뒤이어 나오는 구절에서 추출된 것이고, 다리오의 답신과 더불어 6:7과 8절에서 또 다시 이 서신에 토대를 두고 있는 것이다. 따라서 이 표현은 닷드내 자신이 사용한 호칭이었을 것이다. 이 호칭이 당시 유대 행정의 근간에 관한 세부 결론들을 이끌어 내는 증거로 사용되어서는 안 된다.

9-10 위의 3-4절에 대한 "주석"을 보라. 10절의 결론으로부터 지도자들의 이름 목록이 개별적으로 보내졌거나 혹은 이 서신이 우리 저자를 통해 간결하게 축약되었다는 점이 나온다. 아마도 2장의 내용을 계속해서 반복하는 것을 피하거나 유사한 내용을 피하기 위해서 말이다.

11-16 유대인들은 닷드내의 조사에 대답하면서, 그들의 계획이 갖고 있는 연속성을 강조하고 싶어했다. 제1성전의 존재와 상당히 오래 전에 고레스로부터 재건축에 관해 허가받았던 내용 간의 연속성을 말이다. 이 두 가지 고려할 사항들은 자연스럽게 닷드내의 찬성을 가장 잘 확보할 것으로 여겨졌으며, 그들은 이런 연속성이 갖고 있는 특징들을 대부분 설명한다.

11 "하늘의 하나님"에 관해서는 1:2에 대한 "주석"을 보라. "그리고 땅의"가 이 호칭에 첨가됨으로써 신성의 중요성을 매우 두드러지게 나타내며, 그렇기 때문에 이분은 성전에 계실 고귀한 분으로 여겨져야만 한다는 점이 강조된다. 솔로몬이라는 이름은 언급되지 않고 "이스라엘의 큰 왕"으로 언급되는데, 이는 그가 페르시아 사람들에게 알려져 있지 않았기 때문이다.

12 만약 원래의 성전이 이 위대한 하나님께 봉헌되었었다면, 그 뒤엔 왜 이 성전이 파괴되었는지를 물어보는 것이 합리적일 것이다. 유대인들은 그들의 고소에 대한 반대 이유를 허심탄회하게 제시하길 원한다. 그 이유는 포로기 선지자들과 역사가들이 끌려간 사람들을 종교적 절망에서 건져내고 또한 자기 백성들의 종교적 제도들에 대해서조차 그분께서 주권을 갖고 계심을 보여 주였던 바로 그 하나님을 향한 믿음을 회복시키는 데 어느 정도로 성공했었는지를 보여 주기 때문이다.

바벨론에 포로가 되어 끌려갔던 백성들에 대한 이 언급은 후대의 귀환을 조용히 확신하며 또한 돌아온 사람들과 함께 현재 공동체의 정체성을 제시한다.

13 고레스에 대해 "바벨론 왕"이라는 호칭을 선택한 것은 의심할 여지없이 앞 구절에 나온 사건들과의 연속성을 보여 주려는 열망 때문이었을 것이다("바벨론으로…사로잡히다"). 그럼에도 불구하고, 동시에 고레스 자신이 이 호칭을 고레스 원주에서 사용했음을 잊어서는 안 된다. 참조. *ANET*, 316. 여기 언급된 "조서"는 1:2-4과 6:3-5에 자리잡고 있는 자료와는 그 형태나 내용에 있어서 다르게 기록되었

다. 고레스의 결정이 유대인들에게 알려지게 된 것은 전자를 통해서였던 반면, 왕궁 문서들에서 발견된 것이 후자라는 사실은 놀라운 일이 아니다.

14-15 세스바살을 총독으로 임명했다는 사실을 분명하게 들을 수 있는 부분이 이 곳이라는 점을 제외한다면, 이 부분은 이미 우리가 1:7-11을 통해 알고 있는 내용들에 아무것도 첨가적으로 더 알려 주지 않는다. 하지만 이 사실은 편의상 이미 앞에 나온 문단에 대한 언급에 포함되어 있었다.

일부 사람들은 고레스가 세스바살로 하여금 아직 건축되지도 않은 성전 안에 기명들을 갖다 두는 것을 명령하지 않았을 것이라고 단언해 왔다. 이런 토대 위에서 (다른 근거들보다도) 그들은 이 서신의 진정성을 부정한다. 하지만 이 부분이 유대인들이 닷드내에 관해 유일하게 기술한 부분임을 기억해야만 한다. 여기엔 이 부분이 고레스의 명령을 문자 그대로 정확하게 기록했다는 주장은 없다. 6:3-5에서는 건축과 기명들의 회복에 관한 좀더 논리적인 명령이 제시되어 있다(그리고 1장에서도 함축적인 표현을 통해 제시되어 있다).

유대인들이 의문스러워하고 있을 때 조금은 느슨한 방식으로 이야기했을 수도 있다는 점을 부인하는 것은 가장 나쁜 종류의 현학적인 비평일 뿐이다. 성전에 대한 첫 번째 언급은 그저 단순하게 성전을 재건축하기를 갈망하는 것이었음을 기억해야 한다. 물론 그들이 강조하고자 했던 점은 이런 고려사항들에 의존하는 것이 아니라, 지금 우리가 갖고 있는 본문을 통해 분명하게 제시된다. 본문은 고레스 바로 그 자신이 성전 재건축을 명령했으며, 기명들의 회복을 통해 그는 이 새 건물이 이전 성전의 계승이 되어야만 한다는 점을 인식하고 있다는 것을 보여 준다.

16 유대인들이 여기서 이런 진술을 하는 목적은 매우 많은 시간이 흘렀음에도 불구하고 성전 재건축 일이 아직도 고레스가 허가해 주었던 그 때와 비슷한 상태라는 것을 강조하기 위해서다. 이 진술은 학개 선지자의 직접적인 설명을 포함해서 우리의 다른 모든 원 자료들과 충돌을 일으킨다. 일차 귀환이 이루어졌던 당시에 어떤 일이 일어났었건 간에, 주전 520년 이전에는 수 년 동안 성전 자리에 아무런 건축도 시행되지 않았다는 점이 분명하다.

모든 사람들이 이 점에 동의하기 때문에, "그 때로부터 지금까지 건축하여 오나"라는 진술을 문자 그대로만 본다면 일반적으로 사실이 아닌 진술이라고 인정된다. 그러므로 동일한 이 구절만을 증거로 삼아 세스바살이 "하나님의 집"의 지대를 놓았던 것이 틀림없다고 주장하는 것은 독단적인 것으로 보인다(그렇긴 하지만 Japhet, *ZAW* 94[1982] 89-94를 참조하라).

우리는 위의 3장에서 이 제단이 고레스 치하에서 귀환한 지 얼마 안 되었을 때, 세스바살이 아직 총독이었던 것으로 우리가 추정하는 때에 재봉헌되었다고 주장했다. 우리는 또한 그 장의 후반부에서 성전 지대를 놓은 것에 관해 설명한 것이 다리오 시대로 언급되어야만 한다고 주장했다. 유대인들에게 중요한 문제였던 것은, 이미 이전에 충분히 무언가가 진행되고 시행되었음을 통해 우선 고레스의 칙령이 단순히 잊혀진 칙령이 아님을 보여 주는 것이었다. 이렇게 함으로써 그들은 그들의 현재 행동을 이 연장선에 있는 것이라고 정당화할 수 있다고 느꼈으며, 이는 비록 분명하게 문자적으로는 사실이 아니었다 하더라도 정서상으로는 사실이었을 수 있다(참조. Meyer, *Entstehung*, 44-45). 그러므로 바로 이 구절이라는 시금석 위에서 볼 때, 세스바살이 성전 지대를 놓았다고 계속해서 매달리는 것은 불필요한 일이다.

이러하기 때문에, 왜 유대인들이 이 지점에서 그를 언급하는 것을 역설하는지 물어볼 필요가 있다. 3:1-6에 그에 관한 설명이 없다는 점을 주목하라. 대답은 그가 공식적인 페르시아 기록들에 언급되어 있는 사람이었기 때문이라는 것이다. 1:8-11 그리고 이와 명백하게 연결되어 있는 6:3-5을 참조하라. 이 점을 알고 있었기 때문에, 유대인들은 그들의 건축 일과 고레스의 칙령 그리고 관련된 문헌들과의 연결성을 강조하기 위해 그의 이름을 지혜롭게 사용했다.

17 이제 닷드내는 이런 대답과 보고에 관해 생겨나는 질문들을 간략하게 제시한다. "만약 X를 선히 여기시거든"(הן על־X טב – 헨 알-X 토브)이라는 공식은 공식적인 아람어 서간체에 나타나는 또 다른 특징이다. 예를 들어, *AramP* 27:21, 22; 30:23; *AD* 3:5; 10:2 등등.

당연히 그는 바벨론에서 만들어진 조서의 사본들을 조사해 줄 것을 요구한다. 이 문헌이 다른 장소에 보관되어 있었음이 입증되었다는 사실은 "우리가 실제 이 서신의 복사본을 읽고 있다는 점을 작게나마 확인해 준다"(Kidner).

6:1-2 5:6의 경우에서처럼 이 구절들을 위한 자료는 다음에 이어질 서신 자체의 본문에서 나왔다. 결과적으로 이 서신은 상당히 축약되었고, 그리고 이 점은 3-5절과 6-12절의 엉성한 병렬을 설명하는 데 도움을 준다(위의 "양식"을 보라).

보우먼(Bowman)은 고문서를 보관하기 위한 페르세폴리스 방들이 보물 창고와 연결되어 있다는 점을 관찰했다. 그러므로 표면적으로 흥미롭게 보이는 구문인 1절의 내용은 당연히 수용할 만하다.

이 조사는 당연히 바벨론에서 우선적으로 이루어졌지만, 결국 문서가 발견된 곳은 악메다(Ecbatana)였다. 이 곳은 좀 덜 무더운 기후로 인해 아케메네스(Achaemenid) 왕들이 여름에 거주하던 지역이었다. 고레스는 주전 538년 봄에 바벨론을 떠난 것으로 알려져 있는데, 그의 목적지가 악메다였다고 보는 것은 합리적인 추측일 것이다. 우리가 갖고 있는 이런 정보 없이 그저 팔레스타인에서 일하고 있었던 외국인은 이렇게 세부적으로까지 정확할 수는 없었을 것이다(de Vaux, "Decrees," 89).

일단 칙령이 기록되도록 허용된 이후에는 고대 페르시아어보다는 아람어를 사용하여 "두루마리"에 기록했다는 점은 놀랄 일이 아니다. 고대 페르시아어 칙령을 위해서는 서판이 사용되곤 했다. 이런 용례를 두둔하는 문학적 증거에 덧붙여서(de Vaux, "Decrees," 90, 그리고 *AD*, 1-3), 우리는 지금은 성읍의 공무 내에서 가죽을 기록 재료로 사용했다는 것을 뒷받침해 주는 *AD*도 갖고 있다.

3-5 조서 그 자체는 두 개의 중심 부분을 갖고 있다: 필요한 재료들의 공급과 더불어 성전 재건축에 대한 허가, 그리고 성전 기명들을 회복하는 것에 대한 허가. 1장에 대한 언급들은 이미 잘 알려져 있는 아케메네스(Achaemenid) 왕조의 종교 정책, 그러니까 그들에게 종속된 민족들에게 폈던 종교 정책과 이 두 가지 요소들이 어떻게 연계되는지에 관해 이미 충분히 보여 주고 알려 주었다(또한 관련된 자료들을 편리하게 모아놓은 de Vaux, "Decrees"를 보라). 반면에 표면적인 고려 사항들에 대해서는 위의 "양식"에서 다루었기 때문에, 여기서는 소수의 특별한 세부 사항들에 대해서 다루는 것만 필요하다.

3 제2성전이 자리잡은 위치의 정체성을 설명하면서, 이 자리가 첫 번째 성전과 관련하여 어떤 중요성을 갖느냐는 점에 관해서는 "원문주해"를 보라.

3b-4 고레스가 성전의 크기나 성전을 만드는 재료 등에 관해서는 관심을 기울이지 않았다고 주장하면서 이 조서의 권위와 진정성을 의심하고 부정해 온 오래된 생각은 더 이상 계속해서 유지될 수 없다. 마치 회복된 것처럼 본문은 첫 번째 성전의 치수들을 상세하게 기록하고 있으며, 구조적인 본질 또한 첫 번째 성전과 비슷한 것처럼 보인다(5:8에 대한 "주석"을 보라). 그는 이런 점들을 별다른 어려움 없이 발견해 낼 수 있었을 것이고, 또한 자신이 전혀 알지 못하고 있었던 성전을 회복시키라고 명령할 수는 없었을 것이다. 그리고 그의 조서가 유대인들의 탄원에 대한 응답 때문에 나왔을 가능성도 매우 강력하게 남아 있다. 1:2에 대한 "주석"을 보라. 그렇기 때문에 고레스는 첫 번째 성전의 회복이나 혹은 대체할 수 있는 무언가를 허락하는 것으로 보이며, 그 이상은 아닌 것으로 보인다. 또한 그 비용은 왕실 창고에서 지불해야만 했기 때문에, 이처럼 치수를 제시하고 제한하는 것은 지극히

당연하며 이해할 수 있는 일이다.

두 번째로, 이런 관대함은 전례가 없는 것이라고 주장할 수도 없다. 드 보(De Vaux, "Decrees," 92-93)는 캄비세스와 다리오 치하 동안 그들이 피지배 민족들인 종속민들에게 이처럼 제의적 뒷받침을 해준 수많은 경우들을 열거한다. 그리고 페르시아가 수리했던 우룩에 위치한 에안나(Eanna)와 우르에 위치한 에눈마(Enun-mah) 등에서 고레스의 직인이 찍힌 벽돌들이 발견된 점은 의심할 여지없이 이 지역들과 이 곳들이 공적인 재정적 뒷받침을 받아 국가적으로 착수된 일들이었음을 입증한다.

세 번째로, 횔셔(Hölscher)는 이처럼 재정을 이용하는 것이 불가능했다고 반대한다. 왜냐하면 학개와 스가랴는 이런 재정에 대해 전혀 아무것도 알지 못했고, 도리어 청중들을 향해 경제적 어려움 때문에 건축 이전 시기로 돌아가지 말라고 격려했기 때문이다. 하지만 우리는 여기서 8절이 지금 문단에 비춰 주는 조명을 주목해야 한다. 그 부분에서는 다리오 시절에 성전 재건축 비용을 강 건너편 지역의 세금에서 감당하라고 진술했다. 아마 동일한 내용이 좀더 이른 시기인 고레스 치하에서도 마찬가지였다고 추정하는 것이 합리적일 것이다. 그럴 경우 (a) 고레스 시기까지 이런 특권의 활용성이 잊혀졌거나 혹은 간과되었을 가능성이 있다. (b) 그들은 어쨌거나 납세의 의무를 면하게 해주는 형태를 취했을 것이고, 이것은 이미 경제적으로 힘겹게 투쟁하고 있던 공동체에는 아무런 도움이 되지 못했을 수 있으며, 또한 (c) 이는 강 건너편 총독의 재량에 속한 문제였을 수도 있는데, 그는 이와 같이 늦은 연대에 왕궁에서 직접적인 명령도 없는 상황에서 이런 공급에 대해 별다르게 염려하지 않았을 수도 있다.

[5] 위의 1:8-11 그리고 5:14-15에 대한 "주석"을 보라.

[6]-[12] 많은 점에서 캄비세스보다는 고레스의 진정한 승계자였다고 할 수 있는 다리오(참조. Boyce, *History*, 124-28)는 전임자의 조서 반포를 뒷받침했으며 좀더 세부적인 내용들을 첨가하고 자신의 경고도 더했다. 이 구절들과 3-5절들 간의 연결성에 대해서는 위의 "양식"을 보라.

[6] 닷드내와 그의 조력자들(5:3에 대한 "주석"을 보라)은 "성전에서 멀리 떨어지라"는 명령을 들었다. 분명히 이는 문자적인 의미로 보아서는 안 된다: 한 지방의 총독은 감독 등을 위해 틀림없이 접근이 허용되었을 것이다. 그러므로 이 말의 의미는 "건축 일을 방해하거나 훼방하지 말라"는 것이었음에 틀림없다. 하지만 룬트그렌(Rundgren, *ZAW* 70[1958] 209-15)은 이보다 더 멀리 나아가는데, 그는 여

기서의 이 표현(문자적으로는 "멀리")이 이집트의 아람어 파피루스에서처럼 누군가에게 무언가에 대한 "주장을 포기하라"는 것과 동일한 뉘앙스라고 생각하기 때문이다: 예를 들어, *AramP* 13:6-7; 14:6과 11; 20:9; 28:11; *BMAP* 3:11 등. 하지만 비록 지금 본문이 우리에게 알려 주는 것 이상으로 이 사건의 배경에 관해 더 많은 지식이 없다 하더라도, 여기에는 전혀 언급되어 있지 않지만 사마리아의 리더 같은 사람들이 예루살렘에 대한 관할권을 주장하거나 혹은 심지어 재산 권리를 주장했을 가능성이 있으며, 또한 비록 증거는 없지만 그들이 닷드내와 같은 계열이었을 가능성이 있다. 만약 그렇다면 이 구문이 담고 있는 의미가 파피루스들에 나온 의미와 동일한 것인지를 구분하는 것은 어려운 일이다. 어떤 경우건 간에 파피루스들에서조차도 이 구문은 하나의 단일한 의미 이상의 의미를 갖는다. 참조. Y. Yaron, *Introduction to the Law of the Aramaic Papyri*(Oxford: Clarendon Press, 1961), 81-82. 그렇기 때문에 이 조서가 법적인 용어인지를 살펴보는 것은 아마도 어려운 일이며, 결국 이 조서의 정확한 중요성은 정황을 통해 결정되어야만 한다.

7 이 구절은 그저 이미 언급되었던 내용을 다시 강조하고 있다. "유다 총독"은 스룹바벨이었다. 만약 이 부분의 본문이 확실하다면 이 구절은 페르시아가 그를 총독으로 인정했다는 결정적인 증거를 제시하는 것이며, 귀환 이후 강 건너편 지역에서 유다가 자율권을 누리고 있었다는 결정적 증거가 된다. 비록 가능하기는 하지만, 이 본문은 우리가 생각하듯이 그렇게 부드럽고 자연스럽지만은 않기 때문에, 몇몇 사람들은 이 부분의 언급을 생략하는 것을 더 선호한다.

8 다리오는 또한 건축 경비를 그 지역의 세금에서 충당케 하라는 고레스의 명령을 그대로 유지한다. 위의 6:3b-4에 대한 "주석"을 참조하라.

9-10 하지만 이에 덧붙여서 그는 성전에서 매일 드리는 제물들에 소용되는 것도 공급해야 한다고 명령한다. 이 명령은 이 제사들이 왕실 가족들을 위한 기도를 포함해야만 했기 때문일 것이다. 마찬가지 이유로 인해 해마다의 절기들을 위해서가 아니라 오직 날마다의 제사를 위해서만 이런 후원을 하라고 규정했다. 이 요소 역시 페르시아 편에서건 혹은 유대인들 편에서건 우리를 놀라게 할 필요가 없다. 고레스 원주(The Cyrus Cylinder)는 이와 비슷한 관심을 포함한다: "내가 그들의 거룩한 곳들에 자리잡게 했던 신들로 하여금 매일 벨과 느보에게 내가 장수하도록 빌게 하라…나의 주인 마르둑에게 그들은 이렇게 간구해야 할 것이다: 당신을 경배하는 왕 고레스와 그의 아들 캄비세스…"(*ANET*, 316). 반면에 유대인들이 이런 요구에 대해 응하기 싫어했을 것임은 분명하다. 참조. 예레미야 29:7 그리고 *AramP*

30:25-26. 루돌프(Rudolph)는 같은 관습의 본보기들을 열거했다.

일부 주석가들은 이 두 구절의 세부 사항들에서 어려움을 발견해 왔다. 특히나 일부 용어들이 주목할 만큼 특징적으로 "유대적"이라는 점에서 그렇다. 가령, "향기로운 제물"(ניחוחין – 니호힌). 출애굽기 29:18; 레위기 1:9 등을 참조하라. 목록 안에 들어 있는 모든 요소들은 다양한 방식으로 매일 드려지는 제사들에서의 기능들을 감당한다(특히 출 29:40을 주목하라. 여기엔 좋은 가루와 〈밀에서 나온〉 기름이 매일 드리는 제사에 덧붙여져 있으며, 전제에 포도가 함께 드려지는 것으로 언급되어 있다. 소금도 매일 드리는 제사에 덧붙여져 있다. 참조. 레 2:13). 그리고 보우먼(Bowman)은 "제사들이 역대기 사가가 선호하는 순서대로 배열되어 있으며…'날마다'라는 용어도 그가 선호하는 것이기에 이 구절들은 역대기 사가가 확장한 것으로 설명할 때 가장 잘 설명된다"고 주장한다.

하지만 이와 같은 반대들은 중요한 것이 아니다. (a) 페르시아가 그들의 종속민들의 종교 의례를 규칙화하는 데 있어서 그들이 그 일을 시작하게 하는 다른 풍성한 예들이 있다. De Vaux, "Decrees," 92에서는 효과적으로 유월절 파피루스(Passover Papyrus, *AramP* 21)를 지적하는데, 이 파피루스에는 왕(Darius II)이 아르사메스(Arsames)에게 보낸 말들이 기록되어 있다. 이 말들에는 누룩 없는 빵의 절기와 아마도 유월절 행사로 보이는 절기 내용들을 정례화하는 것에 관해 매우 세부적인 내용들이 담겨 있다. 우리는 캄비세스와 다리오 I세 치하에서 이와 유사한 성격을 갖는 예들을 얼마든지 찾을 수 있다(de Vaux, "Decrees," 73-74). (b) 희생 제사가 열거되어 있는 배열 순서에서 제기된 보우먼(Bowman)의 주장은 강력한 것이 아니다. 왜냐하면 이 순서는 처음 세 개의 항목들, 즉 "수송아지, 숫양 혹은 어린양"에 대해서만 적용되기 때문이다. 배열 순서를 근거로 하는 것은 이후에 열거된 항목들에 대해서는 적용되지 않는다. 그러나 이 동물들에 대한 순서는 좀더 분명하고 표준적인 것인데, 예를 들어 이 순서는 레위기에 나오는 희생제사와도 평행을 이룬다. 번제와 관련해서는 레위기 1:3과 10절 등을 참조하라. 그렇지만 이 점을 단일 저자의 특징을 보여 주는 본보기로 취급해서는 안 된다. (c) 이 목록의 "유대적인 특징"은 마찬가지로 반대 이유가 되지 못하는데, 왜냐하면 이미 우리가 반복해서 살펴보았듯이 유대인들은 그들의 종교나 제의와 관련된 법령들을 변환시키는 이런 저런 방식들을 포함했기 때문이다. 위의 1:2과 6:3b-4에 대한 "주석"을 보라.

11 법률이나 계약에 형벌을 첨가하는 것은 고대 근동에서는 일반적으로 공통적인 것이었다. 다리오 자신의 비문에서 보려면 베히스툰 비문(Behistun Inscription)

§ 67(Kent, *Old Persian*, 132)과 Naqš-i-Rustam, § 9b(Kent, 140)의 무덤 비문을 보라. 불행하게도 형벌의 본질이 무엇인지는 명확하지가 않다("원문주해"를 보라). 위에서 제시한 번역은 NEB를 따른 것이지만, 이 형벌이 집에서 뽑아낸 날카로운 말뚝으로 찌르는 형벌일 가능성을 배제할 수가 없다. 하지만 이것은 이 상황 속에서는 지나치게 격한 형벌 방식이 아닐까 싶다. 범하는 자의 집을 파괴한다는 것에 관해서는 다니엘 2:5; 3:29 등을 참조하라.

12 일부 사람들은 다리오가 실제로는 이 구절에 언급된 일이 일어날 것이라는 점을 염두에 두지 않았을 것이라고 주장하기는 하지만, 11절에서 방금 전에 언급된 그의 비문과 이와 비슷한 성격을 갖고 있는 다른 내용들은 이런 명령 불복이 유효하지 않다는 것을 보여 준다. 관련된 신에게 그의 이익과 관련된 것으로 여겨지는 것을 보호해 달라고 간구하는 것 역시 공통적이다. 조서를 변환시키는 유대적 영향이 다시 한 번 전형적인 신명기적 구문인 "그 곳에 이름을 두신 하나님"이라는 표현을 통해 뚜렷하게 식별된다. 참조. 신명기 12:11 등.

13-15 이 장의 나머지 부분에 다른 원 자료를 사용했다고 추측할 필요는 없다. 현재 문단은 다리오의 명령을 신속하게 시행했다는 것을 기록하는데, 이는 저자의 합리적인 결론이다. 13-14a절에서 특히 그가 서로 상응하는 특징적인 어휘를 사용하고 있다는 것은 다시 한 번 주목해야 할 점이다(예를 들어, "신속히 준행하니라"를 12절 마지막 부분과 비교하라). 반면에 14b절의 신학적 견해는 22절의 신학적 견해와 결코 분리될 수 없는데, 이 견해는 의심할 여지없이 나레이터로부터 온 것이다. 그러므로 14절을 학개와 스가랴의 사역 기간에 대한 증거로 삼는 것은 실수가 될 것이다. 그들의 지속적인 조력은 5:1에서처럼 그저 단순하게 가정될 뿐이며, 그들은 여기에 성전 건축 사역 주변에서 인클루지오(*inclusio*)를 형성하기 위해 포함되었을 뿐이다.

이 문단이 담고 있는 유일하게 새로운 정보는 성전이 완공된 연대에 관한 것이다. 이 기록은 아마도 저자에게 알려져 있던 비문이나 혹은 성전 기록을 통해 보존되었을 것이다. 아케메네스(Achaemenid) 시기의 건축물들 중에서 우리는 벽돌 위에 기록이 남아 있는 벽돌들을 잘 알고 있는데, 일부 중요한 날짜에 대한 기록이 그렇게 남겨져 있었을 것이라고 추정해 볼 수 있다. 어느 쪽 가능성이건 15-17절에서 어색하게 반복되는 "이(this)"(דנה – 데나)를 설명하는 데 도움을 줄 것이다.

하지만 동시에 저자는 다른 토대들을 통해서 정확한 날짜를 계산할 수 있었을 것이다. 브라킹톤(Brockington)이 설명하듯이 아달월 23일이라는 날짜는 제의상 적합한 날짜로 여겨졌을 날짜에 맞추려는 바람에 기인했을 것이다. 아달월은 열두 번째 달이며, 만약 봉헌식이 8일 동안 절기로 지켜졌다면 절기를 지킨 뒤 그 이후에 새해를 맞이하는 일이 있었을 수 있다. 또한 J. Morgenstern, "The Calendar of the Book of Jubilees, Its Origin and Its Character," *VT* 5(1955) 63를 보라.

14 이 지점에서 아르타크세르크세스를 포함하는 것은 놀라운 일인데, 왜냐하면 이 장의 사건들은 그의 통치 이전의 일들이기 때문이다. (물론 위의 3-12절에서 고레스와 다리오에 관한 언급이 자연스럽게 나온다.) 때때로 이 점은 저자가 4장에서 그의 연대기를 진짜로 혼돈했다는 사실을 확인시켜 준다고 주장되어 왔지만(예를 들어, Meyer, *Entstehung*, 14), 이런 주장은 옳지 않다. 왜냐하면 (i) 그 누구도 4장에 나오는 아르타크세르크세스가 예루살렘에 있던 유대인들에게 긍정적으로 무언가를 행했다고 추측할 수 없기 때문이며, 또한 (ii) 그 장은 어쨌거나 성전이 아니라 성벽 건축과 연관되어 있기 때문이다. 이보다 훨씬 더 가능성이 있는 것은 우리는 여기서 아르타크세르크세스가 7:15-24, 27에서 성전과 성전 예배를 후원하는 것을 예견하게 된다는 점이다(그리고 아마도 9:9). 그러나 저자 자신이 이렇게 한 것인지 아니면 후대의 편찬자가 이렇게 한 것인지를 구분하는 것은 어려운 일이다. 만약 에스라 1-6장의 편집자가 에스라와 느헤미야서 나머지 부분에 대한 지식을 갖고 1-6장을 썼다면, 전자의 가능성을 서둘러 지워 버릴 필요는 없다.

15 "다리오 왕 육 년"은 주전 515년으로서 성전이 파괴된 지 72년 이후다. 이는 예레미야 25:11-12; 29:10 등에 나오는 70년과 매우 유사한 기간인데, 예레미야에 나온 숫자 그 자체는 아마도 원래 대략적인 숫자로 의도되었을 것이다(참조. R. Borger, "An Additional Remark," *JNES* 18[1959] 74). 이는 계시록적인 저자들(예를 들어, 단 9:2, 24-27)의 연대기 추측이라는 잘 알려져 있는 결과들과 더불어, 70년 동안이라는 표현을 지극히 문학적인 용어로서 해석하게끔 이끌었을 것이다.

16-18 비록 성전 고문헌의 일부분에 접근했을 가능성을 전적으로 배제할 수는 없겠지만, 여기서도 원 자료가 사용되었다고 추측할 필요는 없다. 이것은 저자의 형태라는 점이 분명하다. 저자 당시의 관습들은 첫 번째 성전 봉헌(왕상 8장)에 대한 회고와 결합되었고, 일반적인 그럴듯한 내용들이 이 문단을 구성하기에 충분한 내용을 제공했을 것이다. 이미 "양식"에서 주목했던 것처럼 18절 이후에 아람어에서 다시 히브리어로 전환되는데, 이것이 저자가 바뀐 것을 보여 준다고 보아서는 안 된다.

16-17 이 엄숙한 순간에 공동체는 유다의 남성들로만 구성된 공동체가 아니라

전체 "이스라엘 백성들"로 이해된다. 저자는 속죄제로 드려진 숫염소의 숫자를 조심스럽게 지적하면서 이런 특징을 다시 한 번 설명한다. 보그트(Vogt, *Studie*, 48-55)는 "이스라엘"이라는 단어가 에스라 4-6장에서 정확하게 12번 언급되었다는 점을 관찰하면서, 이 점도 저자가 이 숫자를 중요하게 강조하는 한 걸음 더 나아간 예라고 주장한다. 하지만 본문이 갖는 문학적 분할과 지금 분석했던 구성 방법이라는 관점에서 볼 때, 이는 순전히 우연일 것이다. 백성들을 제사장들, 레위인들 그리고 일반 백성들이라는 세 개의 범주로 구분한 것은 저자에게는 일반적인 것이며, 그의 시대의 정기적인 패턴을 반영하는 모습이다. 1:5에 대한 "주석"을 보라.

18 제사장과 레위인들의 반차들 그리고 과정들을 "모세의 책"에 돌리는 것은 (비록 이런 구분에 대한 직접적인 정당화를 오경에서 찾을 수 없긴 하지만) 역대기 사가로부터 온 것일 수 없는데, 그는 이런 양상에 대해 지속적으로 다윗에게 책임을 돌리기 때문이다(대상 23-27장 등). 하지만 역대기 내에서도 어느 정도 후대의 편집을 분간해야만 하는데, 이 편집은 특별히 제사장의 특권들을 보호하는 데 관심을 두는 특징을 갖는다. 참조. *VTSup* 30(1979) 251-68. 에스라 1-6장의 저자가 후대의 역대기 개정자 제사장과 동일한 단체일 가능성은 상당히 높다. 아래의 내용을 좀더 보라. 이 구절을 "모세의 책"이 오경과 구별되어야 한다는 증거로 사용하려는 후트만(Houtman, *OTS* 21[1981] 91-115)의 시도에 관해서는 *Introduction*, "율법책이 무엇인가에 관하여" 부분을 보라.

19-22 이미 지적했듯이 저자는 여러 가지 이유로 인해 히브리어로 전환하면서 자신의 내러티브를 새해에 나오는 첫 번째 절기(13-15절에 대한 "주석"을 보라), 즉 유월절에 관한 내용과 에스라 1-6장 전체에 나오는 건축 과정을 회고하는 결론적인 요약을 통해 마무리짓는다.

20-21 이 부분의 설명에 대해서는 역대기에서 역시 일종의 성전 회복을 따라 기록된 히스기야와 요시야에 대해 설명한 것을 곁눈질하듯 기록되었다고 가정하게 된다(참조. 대하 30장과 35장). 하지만 이 양자 간에는 중요한 차이점이 있다. 앞서 있었던 경우에서는 제사장들이 레위인들과 비교했을 때 "그들 스스로를 정결케 한 숫자가 충분치 않았기에" 비난받는 것으로 등장하지만(대하 30:3), 반면에 여기서는 제사장들의 준비가 가장 먼저 강조된다. 이 점은 에스라 1-6장의 저자가 어떤 단체에 속해 있었는지를 보여 주는 작은 지침으로 간주될 수 있을 것이다. 위의 18절에 대한 "주석"을 보라.

오경에서는 레위인들이 유월절 어린양들을 잡는 것이 그려지고 있지 않다(출

12:6; 신 16:2). 그러나 제2성전 시기 때는 이 일이 분명하게 관습으로 확립되었다. 이와 마찬가지로 좀더 두드러진 점은 제의적 정결에 대한 강조인데(cf. Segal, *Passover*, 12 그리고 226), 이 점은 제사 일을 보는 사람들과 일반 백성들 모두에게 중요했다(21b절). 이 점 역시 이 시기에는 공통적인 사항이었다. 역대기에서의 설명들과 유월절 파피루스(Passover papyrus, *AramP* 21)에 대한 포튼(Porten, *BA* 49[1979] 92)의 분석도 참조하라. 이 시기가 되어서야 비로소 이 점에 대한 강조가 시작되었을지도 모른다. 이 시기는 유대교가 점차적으로 종교적 공동체로서의 특징을 취하기 시작했고, 그 당연한 결과로서 사람들이 그들 근처에 살거나 혹은 그들 가운데서 살고 있었던 "이방인"과의 접촉을 통해 오염될 수 있다고 느꼈던 시기였다. 이런 측면에서 볼 때 "스스로 구별하여 자기 땅 이방 사람의 더러운 것을 버리고 여호와를 구하는" 자들은 개종자들로 여겨져야만 한다: 저자가 속한 단체의 견지에서 볼 때 적통의 유대인이라 하더라도 그들 자신의 전통과 다른 전통에 서 있었던 유대인들은 일반적으로 유대인으로 인정받지 못하고 부정되었다. 포로지에서 귀환한 이스라엘 백성들은 어떤 배경을 갖고 있느냐와는 상관없이 온 마음을 다해 그들에게 합류한 사람들과 더불어 공동체의 유일한 구성원들로 인식되었다.

22 우리가 기대해야 하는 것처럼 "누룩 없는 빵의 절기"가 유월절에 뒤이어 나왔다. 참조. 출애굽기 12:15; 레위기 23:6. 성전 예배의 재개와 더불어 기쁨을 있는 그대로 표현하는 일이 동반되어 있다는 점(3:10-13도 보라)을 간과해서는 안 된다. 포로기 이후 시기의 유대교가 차갑고 제의적인 형식주의로 퇴보했다는 주장은 우리가 갖고 있는 본문에서 제시된 증거와는 완전히 정반대다.

저자는 이미 그가 처음 시작 부분에서(참조. 1:1) 지적했던 것처럼, 그의 독자들에게 순전히 인간의 행운으로 보이는 사건들이 사실은 이스라엘의 하나님의 보이지 않는 섭리를 통해 이루어진 것임을 상기시키면서 결론을 맺는다. 그러므로 그는 역사적 설명들을 자신이 신학적 용어들로 제시한 것을 우리에게 해석하도록 초청한다. 그리고 이런 해석이 이런 기록을 읽는 그의 독자들도 시간의 제약과 상관없이 교훈을 얻을 수 있고 결론들을 이끌어 낼 수 있다는 점도 함축한다.

"앗수르의 왕"이라고 불려지는 한 사람은 다리오라고만 규정될 수 있는데, 이 사람에 대한 언급(Bowman은 놀랍게도 이 사람을 아르타크세르크세스라고 생각한다)은 아직 완전히 만족스럽게 해결되지 않은 어려운 문제를 제시한다. 이 실수는 순전히 서기관의 몫일 가능성이 있다. 비록 우리는 본문이 교정된 것이라고 추측할 수 있는 아무런 근거도 없지만 말이다. 그러나 만약 교정된 것이 맞다면, 그렇다면 우리는 이 문구를 외국 통치자에 대한 전형적인 묘사로 보아야만 한다. 왜냐하면 바벨론은 앗수르 제국을 물려받았고, 페르시아는 바벨론 제국을 물려받았기 때문이다. 비록 묵시론적인 문학들에서나 혹은 다른 부분들에서(예를 들어, 벧전 5:13; 계 14:8; 18:2 등) 이런 상징적인 가치를 갖게 된 것은 결국엔 다름아니라 바벨론이었지만, 느헤미야 9:32은 훨씬 이전 시기인 그 당시에는 바벨론의 이런 지위를 앗수르가 차지하고 있었다는 관점을 뒷받침해 준다. 야펫(Japhet, *ZAW* 94[1982] 74)을 좀더 보라. 이런 발전은 아마도 몇몇 일부 측면들에서 아케메네스(Achaemenids) 왕조가 그들 자신을 바벨론뿐만 아니라 앗수르의 계승자로 간주했었다는 사실을 통해 도움을 얻었을 것이다. 참조. 새롭게 얻게 된 고레스 원주(Cyrus Cylinder, 위의 1:1에 대한 "주석"을 보라)의 조각에 대해 Kuhrt, *JSOT* 25(1983) 88-89에서 논의한 것을 참조하라. 그리고 메데가 앗수르의 직통 계승자들로 제시된다. 참조. A. Kuhrt, "Assyrian and Babylonian Traditions in Classical Authors: a Critical Synthesis," *Mesopotamien und seine Nachbarn*(2 vols.), ed. H. Kühne, H.-J. Nissen, and J. Renger(Berlin: Dietrich Reimer, 1982), 539-53.

해설

주전 6세기가 시작될 무렵에 이루어진 바벨론에 의한 예루살렘의 멸망은 필연적으로 "이스라엘의 종교"를 이제는 더 이상 정치적으로 한정할 수 없는 "공동체의 종교"로 옮겨가게 하는 일을 시작하게끔 했다. 유대인들 스스로는 이제 그들 자신의 일들을 명령할 자유가 없었으며, 어떤 경우건 간에 여하튼 유다 사람들은 이미 모두가 하나의 종교만을 갖고 있는 것이 아니라 지극히 혼합적인 상황에 놓여 있었다. 동시에 종교 의례를 돕는 사람들은 대다수가 유다 지역 경계선 밖에 살고 있었다. 초기 이스라엘 땅 중 나머지 부분이나 혹은 바벨론이나 혹은 다른 디아스포라 지역들에 말이다.

이는 포로기 이후 공동체가 회복과 관련해서 직면했던 근본적인 문제들 중 하나가 같은 지역 안에 살고 있던 사람들과의 관계 속에서 공동체를 어떻게 규정하느냐는 것이었음을 의미했다. 그리고 이런 관계들 중에서 가장 중요한 부분 중 하나는 지배적인 통치 권력들과의 관계를 어떻게 할 것인지를 결정하는 것이었다. 우리가 갖고 있는 증거는 서로 상이한 태도들이 제시되고 채택되었으며, 제2성전 기간 동안 그 어떤 해결책도 최종적인 것으로 간주되지 않았다는 점을 보여 준다.

우리의 저자는 성전 건축에 관한 설명을 제시하는 데 있어서 그의 편집적인 언급을 통해 그의 주된 목적 중 하나가 유대교는 이런 변화된 환경으로 인해 고민할 필요가 없다는 점을 역설하는 것임을 분명히 한다. 첫 번째로, 4장의 입장과는 정반대로 그는 성실한 페르시아 관료인 닷드내가 새로 시작된 건축 작업에 대해 공정하고 열린 자세로 조사했음을 보여 준다. 더군다나 궁궐에 보낸 서신은 고레스가 원래 건축을 허가했다는 사실을 발견하게끔 했을 뿐만 아니라, 다리오가 모든 가능한 방법들을 통해 이 일을 돕도록 명령하면서 일관된 태도를 갖는 것을 이끌어 낸다. 그렇기 때문에 정치적인 단계에서 보자면, 우리의 저자는 그의 독자들에게 비록 지금도 여전히 페르시아의 지배적인 환경 속에 있기는 하지만 독자들이 그들만의 종교적 삶을 살아갈 권리와 후원을 갖고 있으며 이를 행사하는 데 주저할 필요가 없다는 점을 제시한다.

두 번째로, 이처럼 정치적으로 "침묵"하는 입장이 하나님의 통치하심을 부정하는 것이라고 주장하는 사람들과는 대조적으로, 저자는 그의 설명의 처음 부분(5:1-5)과 마지막 부분(6:14, 22) 모두에서 다름아니라 바로 하나님 그분께서 페르시아 왕으로 하여금 우호적인 태도를 갖게끔 역사하고 계시며, 또한 그의 선지자 학개와 스가랴를 사용해서 백성들로 하여금 성전을 건축하고자 일어서게끔 하셨다는 점을 분명히 한다. 지금 엄연히 존재하는 현실적 상황들을 우선 타도하고 뒤집어 엎어야 한다는 그런 식의 생각은 전혀 없이 말이다.

지금 우리로서는 이 저자의 태도가 훗날 어떻게 되었을지에 대해서는 전혀 이야기할 수 없다. 성경의 하나님을 예배하는 것이 금지되었거나 혹은 뒤틀려진 상황은 그의 시대에선 단순한 생활의 문제가 아니었다. 하지만 긍정적으로는, 그는 최소한 통치 권력과 대립하지 않으면서 가능한 한 최대한 종교적 실행을 추구했던 것만은 분명하다. 이 점에 있어서 교회의 관심과 국가의 관심 간에는 자동적으로 불협화음이 생기는 것도 아니고 갈등이 필요한 것도 아니다. 교회와 국가가 갖는 관심과 책임의 측면들은 일반적으로 둘 다 존중받을 수 있다. 사실 하나님께서는 "인간의 나라를 다스리시지" 못하거나 혹은 "그것을 그분이 원하는 사람에게 주시지" 못할 만큼 작은 분이 아니시다(단 4:17). 우리 주님께서도 이런 접근을 채택하셨으며(참조. 마 22:15-22) 후대의 신약성경 저자들도 마찬가지로 채택했다(예를 들어, 롬 13:1-7; 벧전 2:13-17). 이런 특성이 더 이상 불가능하다고 느껴지는 상황에서는, 독재자 자신의 방법을 사용해서 독재자를 타도하려는 태도보다는 그저 수동적인 불순종의 태도를 갖게 되었다. 물론 그에 따른 법적인 결과들을 받아들이려는 모습과 함께 말이다. 우리의 저자는 이런 특별한 종류의 관심사들을 넘어서서, 여기서 포로기 이후의 회복의 첫 번째 단면을 설명하면서 승리를 얻었다는 결론으로 묘사한다. 우리는 그가 포로기 이전 시대와의 연속성을 강조했다는 점을 주목했는데, 여기서 이 주제는 다시 한 번 제시된다. 그는 앞부분에 나온 장들에서는 이 주제와 관련된 특별한 측면들을 통해 이 문제를 세부적으로 다루었다. 이 부분에서는 이와는 대조적으로 그런 방식의 어떤 측면도 이 설명의 주를 이루지 않는다. 그보다는, 이 주제는 여러 구체적인 세부 사항들을 통해(예를 들어, 5:15; 6:3, 4 그리고 성전과 제의들이 회복되었다는 바로 그 사실에서) 반복되고 요약된다. 이런 방식을 통해서 다음 내용은 거의 당연시된다: 성전과 모든 부속 기관들과 제의와 관련된 사람들을 갖고 있는 이 공동체는 이제 앞선 시대의 직접적인 연속으로 간주되며, 또한 동시에 이전 시대의 모든 특권과 책임들의 상속자로 간주된다. 이런 방식으로 저자는 그의 독자들에게 이전 지위를 성취하기 위해 투쟁하라고 독려하는 것이 아니라, 그들 자신이 누구인지를 인식하고 믿음을 갖고 자신의 종교를 추구할 것을 독려한다. 그러므로 그가 자신의 내러티브를 결론지으면서 "주께서 그들을 즐겁게 하셨으므로" 기뻐하라고 지적한 것은 크게 이상한 일이 아니다.

에스라에 대한 소개(스 7:1-10)

참고문헌

Bibliography relevant to the particular issue of the date of Ezra's journey to Jerusalem is listed in the *Introduction*, "The Chronological Order."

Ackroyd, P. R. "The Chronicler as Exegete." *JSOT* 2(1977) 2-32. ______. "God and People." **In der Smitten, W. Th.** *Esra*, 7-11. **Kellermann, U.** *Nehemia*, 57-59. **Koch, K.** "Ezra and the Origins of Judaism." *JSS* 19(1974) 173-97. **McKane, W.** *Prophets and Wise Men*. SBT 44. London: SCM Press, 1965. **Mowinckel, S.** *Studien III*, 18-20. **Noth, M.** *Studien*. **Schaeder, H. H.** *Esra der Schreiber*.

본 문

1 이 일 후 바사 왕 아닥사스다가 위에 있을 때에 에스라라 하는 자가 있으니라 저는 스라야의 아들이요 아사랴의 손자요 힐기야의 증손이요	**1** After these things, in the reign of Artaxerxes, king of Persia, Ezra the son of Seraiah, son of Azariah, son of Hilkiah,
2 살룸의 현손이요 사독의 오대손이요 아히둡의 육대손이요	**2** son of Shallum, son of Zadok, son of Ahitub,
3 아마랴의 칠대손이요 아사랴의 팔대손이요 므라욧의 구대손이요	**3** son of Amariah, son of Azariah, son of Meraioth,
4 스라히야의 십대손이요 웃시엘의 십일대손이요 북기의 십이대손이요	**4** son of Zerahiah, son of Uzzi, son of Bukki,
5 아비수아의 십삼대손이요 비느하스의 십사대손이요 엘르아살의 십오대손이요 대제사장 아론의 십륙대손이라	**5** son of Abishua, son of Phinehas, son of Eleazar, son of Aaron the first[a] priest –
6 이 에스라가 바벨론에서 올라왔으니 저는 이스라엘 하나님 여호와께서 주신 바 모세의 율법에 익숙한 학사로서 그 하나님 여호와의 도우심을 입으므로 왕에게 구하는 것은 다 받는 자더니	**6** this Ezra[a] came up from Babylon. Now he was a scribe who was skilled in the law of Moses which the Lord, the God of Israel, had given; and the king granted him all that he asked for, according to[b] the hand of the Lord his God upon him.
7 아닥사스다 왕 칠 년에 이스라엘 자손과 제사장들과 레위 사람들과 노래하는 자들과 문지기들과 느디님 사람들 중에 몇 사람이 예루살렘으로	**7** Some of the Israelites and some of the priests, the Levites, the singers, the gatekeepers, and the temple servants came up[a] to Jerusalem in the

올라올 때에	seventh year of Artaxerxes the king,
8 이 에스라가 올라왔으니 왕의 칠 년 오 월이라	**8** and they reached[a] Jerusalem in the fifth month, in the seventh year of the king;
9 정월 초하루에 바벨론에서 길을 떠났고 하나님의 선한 손의 도우심을 입어 오 월 초하루에 예루살렘에 이르니라	**9** for he had arranged[a] the day of departure[b] from Babylon on the first day of the first month, and on the first day of the fifth month he reached Jerusalem, according to the good hand of his God upon him.
10 에스라가 여호와의 율법을 연구하여 준행하며 율례와 규례를 이스라엘에게 가르치기로 결심하였었더라	**10** For Ezra had committed himself[a] to the study of the law of the Lord and its practice and to the teaching of statute and ordinance in Israel.

원문주해

5.a. "우두머리 제사장"이라는 표현도 가능할 수 있지만, 이 정황 속에서는 별로 타당해 보이지 않는다. 참조. S. Japhet, *VT* 18(1968) 343-44.

6.a. 긴 계통도 이후의 요약적 표현이다. 이런 용법의 후(הוא, "그")에 대해서는 BDB 215b(1.e)를 참조하라. 뒤이어질 논의를 분명하게 하기 위해서 여기서는 히브리어의 일반적인 배열 순서를 그대로 유지했다. NEB는 동사를 1절 쪽으로 이동시키는 것을 통해 좀더 관용적으로 번역한다: "…스라야의 아들 이 에스라가 바벨론에서 올라왔으니…."

6.b. 키 야드(כי יד, "그 손으로 인하여…")라는 수정은 다른 곳에 나오는 표현 방식으로 인해 제외된다(가령, 9절).

7.a. 에스라가 이 구절에 언급되지 않기 때문에 와야라우(ויעלו, "그들이 올라왔다")를 와야라(ויעל, "그리고 그가〈에스라가〉 데리고 왔다")로 수정할 것이 제안되어 왔다(그가 여기 언급된 다양한 그룹의 사람들을 데리고 왔다). 이 제안은 어떤 외적인 뒷받침도 받지 못한다. 이 문제에 대해서는 다른 해답을 찾아보는 것을 선호해야 할 것이다(참조. "양식").

8.a. 마소라 텍스트(MT)에는 "그리고 그는 도착했다"로 되어 있지만, MS와 Vrs 등에서는 복수형인 우야보우(ויבאו)를 강력하게 뒷받침한다. 와우가 요드 뒤에 나오면서 비슷하게 보이는 철자가 탈락하는 현상 때문에 누락되었을 수 있다. 9절 때문에 마소라 텍스트를 따라야 할 필요는 없다(Bewer): 그 부분에서는 리더로서의 에스라의 행동만이 분명하게 나타나지만, 여기서는 전체 귀향민들이 포함된다.

9.a. 마소라 텍스트(MT)의 "그것이 올라가는 일의 토대였다"라는 표현은 대단히 어색하다. 후(הוא, "그")를 주어가 8절과는 다른 것으로 변화되었다는 표식이며, 동시에 이 표현이 에스라에 관한 언급을 강조하는 것으로 이해하고, 예수드(יְסֻד)를 이사드(יִסַּד)로 모음을 새롭게 찍는 것이 가장 좋을 듯하다. "첫 번째 달"이라는 것을 설명하기 위해 후

니싼(גסן 〈הוא〉, "〈즉〉 닛산")이라는 표현을 첨가하는 것은 거부되어야만 하는데, 에스라 내용에서는 달(月)들이 이름이 아니라 숫자로만 표시되기 때문이다.

9.b. 문자적으로는 "올라가는"이다.

10.a. 문자적으로는 "그의 마음을 준비했었다"이다.

양식/구조/배경

이 주석에서는 에스라 1-6장까지가 에스라와 느헤미야서에 관한 자료들의 편집보다 더 후대에 기록되었다고 주장했다(참조. "연대", *Introduction*). 이 부분의 첫 번째 구문("이 일 후")도 같은 시기에 첨가되었을 것이다. 정확하게는, 이 부분은 에스라와 느헤미야서에 대한 복합적인 첫 번째 설명으로서 자리잡게 되었다. 그러므로 이 부분과 6장 마지막 부분 간의 모든 명백한 연결점들, 가령 6:15의 여섯 번째 해 그리고 7:7의 일곱 번째 해, 혹은 6:22; 7:6 그리고 9절 등에서 하나님께서 페르시아 왕을 이끌어 주신 것에 대한 강조 등(Rudolph)은 매우 우연한 것이다.

여기서 중요한 비평적 문제들은 이 문단의 문학적 단일성, 이 문단이 1인칭의 에스라 자료와 갖는 관계성 그리고 이 문단의 역사적 배경 등에 관한 것이다. 마지막 문제에 대해서는 서론의 "연대기적 순서"에서 따로 취급했다. 거기에서 우리가 변호한 결론은, 에스라가 아르타크세르크세스 1세 제7년에 예루살렘에 왔다는 것이었다(주전 458년). 하지만 방금 전에 언급했던 첫 번째 두 가지 문제는 여기서 살펴보아야만 한다.

이 문단의 발전 과정에는 해결하기가 쉽지 않은 예닐곱 가지 전환들이 있다. 에스라의 족보(1-5절)는 "이 에스라가"(6절)라는 요약적 표현이 보여 주듯이 이 내러티브에 잘 통합된 모습이 아니다. 6절과 7절에서 주어들이 단수에서 복수형으로 전환되는 것과 다시 9절에서 단수형으로 되돌아가는 것은 어색한 모습이지만, 본문 수정 때문이라는 방식으로 이 어려움을 해결하려고 시도하는 것도 순수한 억측에 불과할 뿐이다. 마지막으로, 많은 사람들이 7절과 8절에서 왕의 제7년째라고 날짜를 반복하는 것이 어색하다는 사실을 발견해 왔다.

학자들은 종종 이 본문이 후대의 재개정에 종속되었기 때문이라고 제시하면서 이 문제거리들에 대답하려 해 왔다. 예를 들어, 몇몇 학자들은 7절이 삽입된 것이라고 생각한다. 반면에 노스(Noth, *Studien*, 125)는 8절과 9절 역시 원래의 본문에 첨가된 것이라고 추측한다. 다른 학자들은 계보도 마찬가지로 첨가되었거나 혹은 적어도 이차적으로 확장된 것이라고 주장한다.

이 문제에 관해 결정하기 전에, 우리는 이 문단 전체와 에스라가 임명받은 내용 및 뒤이어 나오는 여행에 관한 일인칭 설명 간에도 마찬가지로 얼마간의 긴장이 있다는 점을 관찰해야만 한다. (i) "왕에게 구하는 것은 다 받는 자"라는 진술(6절)은 8:22에서 여행하는 동안 보디가드를 요청하는 것을 에스라가 거절한 것과 대조를 이룬다. 뒤이어 나오는 다른 어느 내러티브들에서도 우리는 그가 왕에게 무언가를 요구했다는 것에 관해 들을 수 없다. (ii) 9절에서는 출발이 정월 초하루로 고정되어 이야기되지만, 8:31은 실제적인 출발을 12일로 제시한다. 초하루에 관한 언급은 이후에는 다시 등장하지 않는다. (iii) 7절에서는 노래하는 자들과 문지기들이 에스라의 귀환 무리 중 일부분을 구성하는 것으로 이야기되지만, 에스라와 동행했던 사람들에 관한 후대의 목록에는 이들이 언급되지 않는다(8:1-20). (iv) 미세한 차이점이라는 단계에서 보자면, "학사"(6절)라는 단어는 후대에 의도된 것(12절과 21절)과는 다른 의미로 사용된 듯하다. "주석"을 보라.

하지만 이런 명백한 불일치점들 중 그 무엇도 "주석"에서 보여지겠지만 심각한 모순을 이룰 만한 것은 없다. 그럼에도 불구하고, 한편으로는 만약 저자가 에스라 7-8장 전체의 구성에 책임을 지고 있었다면(역사적 설명으로서든 혹은 사실적인 설명으로서든 간에) 저자의 설명 없이 이들이 도입되었다는 것은 그럴듯하지 않다. 다른 한편으로는 만약 편집자가 이런 도입적인 문단을 후대의 일인칭 설명만을 토대로 해서 단순하게 엮어 짠 것이라면, 어떻게 해서 이런 차이점들이 생겨난 것인지를 설명하는 일 역시 어렵게 된다. 그렇기 때문에 가장 그럴듯한 설명은 편집자가 이전에 있던 설명을 다시 재기록했다는 것이다. 그리고 다른 가능성들도 있긴 하지만 이 부분은 그 중에서도 일인칭 내러티브 중 시작 부분이라는 설명이다. 그는 전체적으로 봤을 때 이렇게 하는 것이 그의 기록 작업 중 적절한 시작이 될 것이라고 느꼈기 때문에 이와 같이 했을 것이며, 그런 뒤에 뒤이어 합쳐져서 나오는 아르타크세르크세스의 서신이 일인칭 설명으로 변화되는 것을 허용했을 것이다.

이 추측은 이 문단에서 찾아지는 일련의 어려움들을 설명하는 데 장점을 갖고 있다. 이전에 있던 설명은 에스라의 요구가 무엇이었는지를 충분히 자세하게 포함하고 있었을 수도 있으며, 또한 첫 번째 달의 첫째 날이 그저 출발 목표 날짜에 불과했음을 보여 주는 표현도 포함하고 있었을 수 있다. 반면에 "학사"라는 단어를 사용하는 것으로 전환하는 일이나 제의 중 부수적인 일들을 돌보는 사람들을 포함시키기 위해 레위인들을 확충(참조. 8:18-19)하는 일들 같은 내용은 후대의 관습이라는 측면에서 자연스럽게 편집자가 한 것으로 돌려질 수 있을 것이다.

하지만 동시에 우리는 일부 사람들이 이차적인 설명으로 보아야 한다고 생각하는 요소들을 아무 어려움 없이 그가 한 것으로 생각할 수도 있다. 예를 들어, 이미 "나는"이라는 표현이 잘 정제되어 나타나는 부분에서는 주어의 변화들이 일인칭 설명에 있어서 그다지 큰 문제가 되지 않는다. 그러므로 추측적으로 전체를 단수로 만들기보다는 7절에서는 복수 형태를 그대로 유지하고 9절에서 분명하게 단수로 되돌아가는 것과 더불어(원래의 일인칭 단수를 반영하고 있는 대명사 "그"〈הוא – 후〉가 잘 보여 주듯이) 8절에서도 이를 단수로 회복시키는 것을 더 선호할 만하다. 만약 복수 형태들이 원래부터 일인칭이었다면, 에스라 자신은 그 안에 포함되어 있었을 것이다. 비록 7절과 8절의 3인칭에서는 이 점이 더 이상 분명하지 않긴 하지만 말이다. 다시 한 번 이야기하지만 1절에 나오는 호칭을 설령 전부는 아니라 하더라도 가계도와 더불어 확장시킨 사람은 다름아니라 바로 이 편집자이며, 또한 6-10절에 나오는 에스라를 좋게 표현하는 내용을 첨가한 사람도 물론 바로 이 편집자다. 세 번째로, 비록 가정이기는 하지만(*ex hypothesi*) 이 편집자가 느헤미야 비망록(NM)을 알고 있었기 때문에 자신의 느헤미야 2:8b에 대한 지식을 활용해 에스라가 왕에게 요구했던 것을 압축해서 표현했다고 보는 데는 아무 문제가 없다. 마지막으로, 코흐(Koch, *JSS* 19[1974] 177)가 관찰한 것처럼, 7-8절에서 차이가 있는 날짜들과 유일하게 평행을 이루는 부분은 느헤미야서에서는 8:2과 더불어 7:72b(73b)뿐인데, 그 부분에서도 에스라와 관련된 설명은 다시 한 번 3인칭 설명이다. 이는 원래의 1인칭 설명의 형태였을 수도 있다. 그러나 그보다는 편집자가 그의 *Vorlage*(대본)에서 연대들을 좀더 구체적으로 만들 때 자기 자신의 스타일을 사용했다고 보는 것이 더욱 가능성이 있다.

그렇기 때문에 우리는 처음 세 단어를 예외로 하고, 이 문단이 에스라의 원래의 설명을 에스라와 느헤미야서의 내용을 처음으로 조합했던 편집자가 다시 쓴 것이라고 결론짓는다. 그는 자신의 목적에 맞게끔 일부분은 확장시키고 다른 부분은 축약시켰다. 이 결론이 함축하는 점을 간과해서는 안 된다. 내러티브들에서 발견되는 긴장들은 이전 본문이 전제되어 있었음을 충분히 추측하게끔 한다. 만약 이것이 이런 긴장들에 대한 올바른 해석이라면, 이는 원래의 에스라 비망록(EM)의 일부 형태임을 강력하게 지지해 준다(서론, "에스라 비망록" 부분을 보라).

주석

1a 이 왕이 아르타크세르크세스 I세(주전 465-425년)라고 했을 경우, "이 일 후에"라는 표현은 대략 57년 정도가 흘렀음을 가리킨다(물론 만약 아르타크세르크세스 II를 의도했던 것이라면 훨씬 더 많은 시간이 흘렀다고 할 수 있다). 그러나 이 구문은 이 책이 구성되던 마지막 국면에서야 첨가되었으며(위를 보라), 저자가 과연 얼마만큼 세부적인 연대기 지식을 갖고 있었는지는 확실치가 않다. 이 표현의 의도는 포로기 이후의 회복에 있어서 에스라의 귀환 여행을 다음 두 번째 단계로 꺼내기 위한 것이다. 비록 몇몇 측면들에서 본다면 에스라·느헤미야서가 구약성경 중에서 가장 연대기적인 책들이긴 하다. 그러나 이런 표현 방식은 역사 서술을 신학적으로 접근하는 일종의 전형으로서 에스라·느헤미야서의 밑바닥에 깔려 있는 방식이기도 하다. 원인과 결과에 연결점들을 갖고 있는 역사의 흐름은, 여기서는 사회적 혹은 정치적 중요성보다는 종교적 측면에서 접근된다. 좀더 자세한 내용은 서론: 신학적으로 읽기와 Gunneweg, *VTSup* 32(1981) 146-61를 읽도록 하라.

1b-5 에스라(아마도 עזריה〈"주께서 도우셨다"〉의 단축형인 현재의 본문들에서는 그는 결코 이렇게 불려지지 않지만)에 대해서는 비록 완벽하지는 않지만 충분한 계보가 제시되었다. 이 모든 것들이 원래의 에스라 비망록(느 1:1과 대조하라)에 자리잡고 있었던 것 같지는 않다. 아마 유대인인 그의 정체성을 확립하는 데 필요한 내용 정도만 주어져 있었을 것이다. 하지만 후대의 편집자에게는 이후에 이어지는 에스라의 행동들을 정당화하기 위해 그의 제사장 신분을 강조하는 것이 중요했을 뿐만 아니라, 대제사장이 정치적인 영역에서도 점차 증가하는 두드러진 역할을 갖게 되었다는 관점에서 에스라와 대제사장 가문의 연결을 강조하고 싶었을 것이다. 그러므로 에스라의 행동들은 특히나 율법과 관련해서 페르시아 사람들 편에서만이 아니라 유대인들 편에서도 충분히 타당하고 합법적인 것으로 여겨졌다.

코흐(Koch, *JSS* 19[1974] 190-93)는 이 내용을 그의 주장에 대한 증거로 사용하는데, 이 점은 아크로이드(Ackroyd, *JSOT* 2[1977] 18-19)의 지지를 받는다. 그의 주장은 "에스라가 정말로 아론 가문의 대제사장으로서 예루살렘에 왔다"는 것이다. 하지만 이 주장은 전혀 그럴듯하지 않다. 역사적 측면에서 볼 때, 우리의 문학적 분석은 에스라 자신이 이 긴 계보를 포함시킨 것이 아니라고 추측해 왔다. 편집자의 측면에서 볼 때 그가 에스라를 느헤미야 12:10-12에 나오는 대제사장 목록에서 빠뜨린 점이나 혹은 그가 예수아를 이 지점에서 대제사장에 포함시키지 않았다는 점(2:2에 대한 "주석"을 보라)은 그의 의도가 에스라에 대해 그런 식으로 주장하려는 것이었음을 보여 준다.

이 계보를 역대상 5:27-41(6:1-15)의 계보와 면밀하게 비교하라. 비록 우리의 저자가 역대기 사가로부터 직접 내용을 차용했는지 아니면 공통적인 원 자료(이 원 자료는 분명 제사장 단체에는 폭넓게 알려져 있었음이 틀림없다)에서 차용했는지를 결정지을 수는 없지만, 바틀렛(J. R. Bartlett, "Zadok and his Successors at Jerusalem," *JTS* ns 19[1968] 1-18)을 참조하라. 비교를 해보면 적어도 이 계보에는 두 가지 점에서 결여된 부분이 있음을 알 수 있다: 아사랴와 므라욧 사이에(3절) 여섯 명의 이름이 누락되어 있다. 그리고 에스라의 아버지는 역대상 5:40(6:14)의 스라야가 될 수 없는데, 왜냐하면 그는 포로기 이전에 살았기 때문이다. 첫 번째 누락은 목록에서 이름들의 반복으로 인해 순수한 실수로 생겨난 것 같다. 루돌프(Rudolph)는 두 번째 누락도 마찬가지로 우연이었다고 주장한다. 그는 에스라가 실제로 스라야의 아들이었으며, 이 점이 스라야와 그 다음 사람 사이의 이름들을 누락시키게끔 이끌었다고 생각한다. 이것도 가능하긴 하지만, 에스라가 포로기 이전 시대 스라야로부터 내려온 "방계 가족에 속해 있었을" 가능성이 더 크며(Clines), 편집자는 이 점을 넘어서는 세부적인 사항들에 대해서는 관심을 기울이지 않았을 가능성이 크다.

6 이 구절에서 에스라를 "모세의 율법에 정통한" 학사로 묘사한 것(좀더 세부적인 내용에 대해서는 10절을 참조하라)은 의심할 여지없이 에스라 비망록(EM)에 있었을 이와 필적할 만한 단어들의 영향을 받았을 것이다(참조. 12절과 21절). 그러나 이 문단의 최종적인 형태에 대해 책임을 지고 있는 편집자는 무언가 조금 다른 의미를 의도했었을 수도 있다. 이 곳과 10절에서 사용된 그의 문체는 그가 이 단어를 통해 의미하려 했던 것이 하나님의 기록된 말씀에 대한 학생이자 연구가였음을 분명히 하고 있으며, 이는 지금 우리에게 뒤이어 나오는 내러티브를 통해 에스라를 제시하는 모습과 동일한 모습이다(특별히 느 8장을 참조하라). 이는 포로기 이후 기간 동안 중요성에 있어서 상당히 매우 강화된 역할인데, 정경 문헌을 규정하려는 움직임이나 정경에 대한 유대교의 점층적인 의존과 더불어 이런 역할을 하도록 기대되었다. 참조. H. Stadelmann, *Ben Sira als Schriftgelehrter*(WUNT II/6 [Tübingen: Mohr, 1980]). 에스라와 느헤미야서와 관련된 자료들을 편집자가 배열한 것을 보면(참조. 서론, "신학적으로 읽기"), 그가 이 역할을 최고로 중요한 역할로 여겼음을 알 수 있다. 그는 자기 자신을 "학사들" 속에 포함시켜 숫자를 헤아

렸던 것일까, 그리고 심지어 에스라를 자기 자신의 모델로 삼았던 것일까?

"익숙한"(מָהִיר – 마히르)이라는 단어는 다른 곳들에서도 이와 마찬가지 조합으로 사용되었다. 이 단어의 원래 의미인 "신속한"에서부터 이 단어는 고등법원 관료의 경험과 지혜를 언급하는 것으로 발전해 갔다(그러나 E. Ullendorff, *Ethiopia and the Bible*[London: Oxford University Press, 1968], 129에서는 셈어 어근 *mhr*의 기본적인 의미가 "숙련되다"라고 주장했음을 주목하라). 이 점은 시편 45:2(1)에 나오는 "내 혀는 필객의 붓과 같도다"(סופר מהיר – 쏘페르 마히르)라는 표현과 비교할 때 요점이 될 것이다. 비록 NEB는 좀 덜 발전된 의미와 밀접한 "내 혀는 숙련된 필사가의 펜과 같다"는 표현을 유지하고 있긴 하지만 말이다. 하지만 아히카르(Ahikar, 1:1; *AramP* 212)를 "현명하고 준비된 학사"(ספר חכים ומהיר – 쎄페르 하호캄 우 마히르)라고 묘사했을 때의 정황으로 보아 이는 분명 글을 빨리 쓸 수 있다는 것 이상의 의미를 포함하고 있다. 그러므로 이 표현은 그가 어떤 기능을 했건 간에 학사에 대한 긍정적인 어휘로서 분명한 표준이 되었으며(참조. McKane, *Prophets*, 29-36), 여기서도 마찬가지 의도로 기록되었다. 에스라 자신이 사역하면서 활용했던 율법책의 정체성이 무엇이 되었건 간에, 이 문단의 편집자에게는 "이스라엘의 하나님이신 주께서 주신 모세의 율법책"이 오경을 언급한다는 점은 의심할 여지가 없다. 다른 어떤 해석도 에스라를 발전된 의미에서 학사라고 묘사한 것과 맞아떨어지지 않는다.

위의 "양식"에서 언급했던 것처럼, 6절의 마지막 부분은 원래 에스라 비망록(EM)의 모든 설명을 압축하기 위해서 느헤미야 2:8의 언어를 사용하고 있는 듯하다("그리고 왕은 내게 〈내가 원하는 것들을〉 내 하나님의 선한 손이 나를 도우시므로 허락했다." 또한 느 2:4에 나오는 "원〈하는 것〉"〈בקּ〉이란 표현도 주목하라). 비록 이 요구 안에 어떤 내용이 들어 있었는지는 기록으로 남아 있지 않지만, 에스라가 귀환 여행을 시작하면서 어떤 필요들에 직면했을지를 추측해 보는 것은 어렵지 않다. 8:22은 그가 무장한 호위병들은 특별히 원하지 않았다는 점만을 기록한다. 하지만 정황은 이것 말고는 모든 위험스런 여행을 대비하기 위한 허가가 포함되었음을 제시하며, 그렇기에 12-26절에 나오는 서신도 마찬가지로 왕의 응답 중 일부분으로 보아야 한다.

"그 하나님 여호와의 도우심을 입으므로." 참조. 9, 28; 8:18, 22, 31 등; 느헤미야 2:8, 18. 만약 이 표현이 왕의 하사품이라는 의미의 세속적인 측면에서 도출된 것이라면(왕상 10:13; 에 1:7; 2:18), 그렇다면 여기서 이 표현을 사용한 것은 특

별히 중요하다: 페르시아 왕이 허가를 하사하는 모양으로 제시된 것은 왕의 왕께서 이를 통해 자기 백성에게 하사품을 주시는 것임을 드러내는 것이기도 하다.

7 편집자는 그의 대본(*Vorlage*)에서 아마도 일인칭 복수형("우리가 올라왔다")을 설명하고 채우기 위해 당시 공동체 내에 있는 백성들의 중요 그룹들 중 대표자들을 열거한다. 일반 백성을 처음에 자리잡게 하는 것은 독특한 것이 아니지만(참조. 느 7장; 스 2장), 현재 목록과 관련이 있는 8:1-20의 목록과는 대조를 이룬다. 레위인들의 목록이 이와 유사하게 노래하는 자들과 문지기들을 포함하면서 확장된 것(8:18-19과 대조하라)은 후대의 정황과 잘 어울린다. 이러한 두 가지 요소들은 모두 다 이 확장이 편집자가 한 일이라는 점과, 이 목록이 원래의 에스라 비망록(EM) 그대로의 모습이 아님을 보여 준다.

"성전을 섬기는 사람들"에 관해서는 2:43에 대한 "주석"을 보라. 그리고 "제7년"에 관한 논의에 대해서는 서론, "연대기적 순서" 부분을 보라.

8-9 우리는 귀환 여행에 시간이 얼마나 소요되었는지에 관한 정보를 이후의 설명에서 뽑아낼 수 없다. 8:31에서 실제 출발일을 정월 12일이라고 진술하기 때문에(레위인들을 찾아내는 동안 얼마간 출발이 연기되었다. 8:15-16), 이 내용 전체는 에스라 비망록(EM)에서 나온 것으로 보인다. 어떤 일이 벌어졌는지 그 세부적인 사항들은 다음 장들에서 제시되어 있다.

코흐(Koch, *JSS* 19[1974] 185-86)는 여기서 에스라가 그의 귀환 여행을 "두 번째 출애굽으로서 그리고 선지자들 예언의 부분적인 성취로서" 수행했었다는 그의 관점을 뒷받침해 주는 몇 가지 요소들을 발견한다. 그는 알라(עלה, "올라가다")라는 동사가 예닐곱 번 사용되었으며, 또한 일상적이지 않은 단어인 메알라(מעלה, "올라가다")가 "그는 출발 날짜를 조정했다"라는 표현 속에서 사용되고 있다는 점도 주목한다. 특별히 코흐는 이 구절과 다음 구절 사이가 원인절 키(כי, "왜냐하면")를 통해 연결되어 있음을 지적하면서, 에스라가 어느 날 출발해야 하는지를 결정한 것은 다름아니라 토라에 대한 연구를 통해서였다고 주장한다. 정월 초하루는 유월절 절기를 지시하며(출 12:2), 그러므로 이 귀환 여행을 두 번째 출애굽으로 지적한다. 이런 관찰점들은 코흐가 관심을 기울이고 있는 다른 점들과 마찬가지로 암시적이다. 하지만 이것이 에스라 자신이 그의 소명에 관해 이해하고 있던 내용인지 아닌지, 혹은 편집자의 해석이었는지 아니었는지도 확실치가 않다. 10절을 첨가해 넣은 사람은 아마도 편집자였던 것으로 보이며, 이 내용은 에스라 비망록에는 동일한 내용이 없었던 것 같다.

10 우리는 학사가 성경에 대한 연구자일 뿐만 아니라 분명 전문가였고, 특히 율법의 요구들을 가르치는 선생이었음을 주목해야만 한다. 그리고 우리는 이런 본보기들을 에스라의 사역 안에서 발견한다. 그는 자신이 가르친 대로 실제로 살았던 처음 사람이었다는 점에서, 그리고 그가 살았던 것은 그가 성경 안에서 처음에 확신했던 내용이었다는 점에서 모델이 되는 개혁자다. 연구, 준행 그리고 이런 올바른 방향의 신중한 가르침 등을 통해서 이런 항목들은 각각 최상의 모습으로 적절한 역할을 했다: 연구는 비현실성에서부터 건져내 주고, 준행은 불확실에서부터 벗어나게 해주며, 가르침은 위선과 천박함에서 벗어나게 해준다(Kidner). "연구"(לדרו – 레바보)의 이런 의미는 의심할 여지없이 편집자가 7:14(그리고 10:16을 참조하라)에 토대를 두고 도출했는데, 이 부분에서의 의미는 조금 다른 것이었다.

해설

에스라는 독자들에게 제사장과 학사라는 두 개의 중심 호칭으로 소개된다. 이 두 가지는 이후 그를 기억하게끔 했던 하나의 위대한 사역과 연결되어 있는데, 그것은 율법 해설자라는 역할이다.

포로기 이전 시대 때는 율법을 수호하고 또한 율법을 백성들에게 이상적으로 가르쳐야만 했던 사람들은 다름아니라 바로 제사장들이었다. 레위인들 역시 이 일과 관련해서 제사장들과 연관되어 있었다. 비록 이들 간의 관계성이 항상 분명했던 것은 아니지만 말이다. 에스라는 그의 조상을 아론 자신에게로까지 추적해 올라갈 수 있었던 사람으로서, 분명히 이 전통을 계속해 나갈 충분한 자격을 갖춘 사람이었다.

하지만 제2성전 기간 동안 유대교가 발전해 감에 따라, 기록된 토라의 연구자와 선생으로서의 학사 계층은 점차 두드러지게 되었다. 에스라는 이 계층의 위대한 본보기로 묘사되었다. 그러므로 그는 토라를 백성들에게 중개해 주는 형식이 포로기 이전과 포로기 이후 시기에 어떻게 다르게 변환되었는지를 독특한 방식을 통해 제시한다.

아마도 역사적인 측면에서 보자면, 에스라가 해야 하는 일은 이보다 훨씬 더 복잡했을 것이다(7:11-28에 대한 "해설"을 보라). 하지만 문학적인 차원에서 그가 소개되고 제시된 방식은 후대의 전통에 있어서 매우 결정적인 것이었다. 그렇기 때문에 그를 두 번째 모세라는 측면에서 묘사한 것을 발견하는 일은 드문 일이 아니다. 에스드라2서 14장이 그런 측면을 가장 잘 보여 준다. 이 부분에서 그는 예루살렘이 멸망했을 때 파괴된(그렇게 생각되었다) 성경들을 이스라엘에게 다시 회복시키겠다는 영감을 받은 것으로 되어 있다. 뒤에서 다시 한 번 보게 되겠지만, 유대교의 발전에 있어서 역사적인 에스라가 실제로 감당했던 중요한 역할과 마찬가지로, 이 문헌에서 에스라를 제시하는 모습도 유대교 역사에 적어도 상당한 영향을 주었을 것이다.

에스라의 귀환을 두 번째 출애굽으로 지적하는 암시들에도 마찬가지로 동일한 생각들을 적용할 수 있다. 이런 점들은 에스라 비망록(EM)보다는 편집자로부터 나온 것들이며, 에스라를 두 번째 모세로 해석한 꾸러미들 중 일부분일 뿐이다. 이런 방식을 통해서 인물들과 사건들은 구원 역사라는 익숙한 틀과 패턴으로 묘사되며, 그러므로 인간사를 향한 하나님의 통치하심, 특히 그분의 백성들을 향한 하나님의 통치하심을 인식하는 것을 더 용이하게 한다.

에스라의 임무(스 7:11-28a)

참고문헌

Bin-Nun, Y. "גְּמִיר." *BMik* 65(1976) 296-302. **Driver, G. R.** "Studies in the Vocabulary of the Old Testament." *JTS* 31(1930) 275-84. **Falk, Z. W.** "Ezra vii 26." *VT* 9(1959) 88-89. **Fruhstorfer, K.** "Ein Alttestamentliches Konkordat(Esr 7.8)." *Studia Anselmiana* 27-28(1951) 178-86. **Hensley, L. V.** *Documents.* **In der Smitten, W. Th.** *Esra.* **Kapelrud, A. S.** *Authorship.* **Kellermann, U.** "Erwägungen zum Problem der Esradatierung." *ZAW* 80(1968) 55-87. **Mantel, H.** "The Dichotomy of Judaism during the Second Temple." *HUCA* 44(1973) 55-87. **Meyer, E.** *Entstehung.* **Mowinckel, S.** *Studien III.* **Nober, P.** "אַדְרַזְדָּא(Esdras 7, 23)." *BZ* 2(1958) 134-38. **North, R.** "Civil Authority in Ezra." **Noth, M.** *Studien.* ______. *The Laws in the Pentateuch and Other Studies.* Tr. D. R. Ap-Thomas. Edinburgh and London: Oliver & Boyd, 1966. **Porten, B.** "The Documents in the Book of Ezra and the Mission of Ezra" (Heb.). *Shnaton* 3(1978-79) 174-96. **Rinaldi, G.** "Note." *BeO* 3(1961) 85. **Rundgren, F.** "Zur Bedeutung von šršw – Ezra vii 26." *VT* 7(1957) 400-4. **Schaeder, H. H.** *Esra.* **Vaux, R. de.** "Decrees." **Welch, A. C.** *Post-Exilic Judaism.* 245-79.

본 문

11 여호와의 계명의 말씀과 이스라엘에게 주신 율례의 학사인 학사 겸 제사장 에스라에게 아닥사스다 왕이 내린 조서 초본은 아래와 같으니라

11 This is a copy of the letter which Artaxerxes gave to Ezra the priest, the scribe, one learned in[a] matters relating to the commandments of the Lord and his statutes laid upon Israel:

12 모든 왕의 왕 아닥사스다는 하늘의 하나님의 율법에 완전한 학사 겸 제사장 에스라에게

12[a] Artaxerxes, king of kings, to Ezra the priest, the scribe of the law of the God of heaven, all peace![b] And now:[c]

13 조서하노니 우리나라에 있는 이스라엘 백성과 저희 제사장들과 레위 사람들 중에 예루살렘으로 올라갈 뜻이 있는 자는 누구든지 너와 함께 갈지어다

13 I hereby issue an order that any one of the people of Israel or of its priests or Levites in my kingdom who volunteers to go to Jerusalem with you may go,

14 너는 네 손에 있는 네 하나님의 율법을 좇아 유다와 예루살렘의 정형을 살피기 위하여 왕과

14 for you are sent[a] by the king and his seven counselors to conduct an inquiry into the

일곱 모사의 보냄을 받았으니

situation in Judah and Jerusalem[b] on the basis of
the law of your God which is in your hand,

15 왕과 모사들이 예루살렘에 거하신 이스라엘
하나님께 성심으로 드리는 은금을 가져가고

15 and to transport some silver and gold which
the king and his counselors have freely offered to
the God of Israel whose dwelling is in Jerusalem,

16 또 네가 바벨론 온 도에서 얻을 모든 은금과
및 백성과 제사장들이 예루살렘 그 하나님의 전
을 위하여 즐거이 드릴 예물을 가져다가

16 together with any silver and gold which you
may acquire[a] anywhere in the province of
Babylon as well as the voluntary offerings of the
people and the priests which they contribute
freely[b] for the home of their God in Jerusalem.

17 그 돈으로 수송아지와 숫양과 어린양과 그 소
제와 그 전제의 물품을 신속히 사서 예루살렘 네
하나님의 전 단 위에 드리고

17 Consequently with this money you are specifi-
cally[a] to buy bulls, rams, lambs, [b]and the appro-
priate meal-offerings and drink offerings,[b] and
you are to offer[c] them on the altar of the house
of your[d] God in Jerusalem.

18 그 나머지 은금은 너와 너의 형제가 선히 여
기는 일에 너희 하나님의 뜻을 좇아 쓸지며

18 Whatever seems best to you and your
brethren to do with the rest of the silver and
gold you may do, according to the will of your
God.

19 네 하나님의 전에서 섬기는 일을 위하여 네게
준 기명은 예루살렘 하나님 앞에 드리고

19 The vessels which have been entrusted to
you for the service of the house of your God you
shall deliver in full before the God of Jerusalem.[a]

20 그 외에도 네 하나님의 전에 쓰일 것이 있어
서 네가 드리고자 하거든 무엇이든지 왕의 내탕
고에서 취하여 드릴지니라

20 Whatever else is needed for the house of
your God which it falls to you to provide, you
may provide it from the royal exchequer.

21 나 곧 나 아닥사스다 왕이 강 서편 모든 고지
기에게 조서를 내려 이르기를 하늘의 하나님의
율법의 학사 겸 제사장 에스라가 무릇 너희에게
구하는 것은 신속히 시행하되

21 I, King Artaxerxes, hereby issue an order to
all the treasurers[a] of Beyond the River: Whate-
ver Ezra the priest, the scribe of the law of the
God of heaven, shall request of you is to be
provided precisely,

22 은은 일백 달란트까지 밀은 일백 고르까지, 포
도주는 일백 밧까지, 기름도 일백 밧까지 하고 소
금은 정수 없이 하라

22 up to a maximum of a hundred talents of
silver, a hundred kors of wheat, a hundred baths
of wine, a hundred baths of oil, and salt without
prescribed limit.[a]

23 무릇 하늘의 하나님의 전을 위하여 하늘의 하
나님의 명하신 것은 삼가 행하라 어찌하여 진노
가 왕과 왕자의 나라에 임하게 하랴

23 Whatever the God of heaven commands is to be
faithfully[a] executed for the house of the God of
heaven, lest his wrath fall upon[b] the realm of the
king and his sons.

24 내가 너희에게 이르노니 제사장들이나 레위
사람들이나 노래하는 자들이나 문지기들이나 느

24 Be it further known to you[a] that you have no
authority to impose tribute, tax, or dues[b] upon any

디님 사람들이나 혹 하나님의 전에서 일하는 자들에게 조공과 잡세와 부세를 받는 것이 불가하니라 하였노라
25 에스라여 너는 네 손에 있는 네 하나님의 지혜를 따라 네 하나님의 율법을 아는 자로 유사와 재판관을 삼아 강 서편 모든 백성을 재판하게 하고 그 알지 못하는 자는 너희가 가르치라
26 무릇 네 하나님의 명령과 왕의 명령을 준행치 아니하는 자는 속히 그 죄를 정하여 혹 죽이거나 정배하거나 가산을 적몰하거나 옥에 가둘지니라 하였더라
27 우리 열조의 하나님 여호와를 송축할지로다 그가 왕의 마음에 예루살렘 여호와의 전을 아름답게 할 뜻을 두시고
28 또 나로 왕과 그 모사들의 앞과 왕의 권세 있는 모든 방백의 앞에서 은혜를 얻게 하셨도다 나의 하나님 여호와의 손이 나의 위에 있으므로 내가 힘을 얻어 이스라엘 중에 두목을 모아 나와 함께 올라오게 하였노라

of the priests and Levites, the musicians, gatekeepers, temple servants, or (other) servants[c] of this house of God.
25 And you, Ezra, according to the wisdom of your God which is in your hand, appoint magistrates[a] and judges to judge all the people in Beyond the River, that is to say[b] all those who practice the laws[c] of your God; and you[d] must instruct any who do not acknowledge them.
26 But anyone who does not obey the law of your God and the law of the king, judgment is to be rigorously[a] executed against him, whether by death, banishment,[b] fine[c] or imprisonment.
27 "Blessed be the Lord the God of our fathers who has influenced the king's thoughts in this way[a] to beautify the house of the Lord in Jerusalem,
28 and who has extended to me his steadfast love before the king[a] and his counselors and all[b] the powerful royal officials."

원문주해

11.a. 문자적으로는 "…학사"이다. 쎄페르(ספר, "학사")가 어색하게 반복되는 점이나 6절과 10절에서와 비슷한 방식으로 이 단어의 해석이 반복되는 것은 편집자가 이 구절 후반부를 에스라 비망록(EM)의 원래 표제어 부분에 첨가했음을 추측케 한다. 좀더 자세한 내용은 아래의 "양식"을 보라. 루돌프(Rudolph)는 쎄페르(ספר)가 결코 저자를 의미하지 않는다는 점을 관찰했는데, 이는 우리에게 도움을 준다. 그 결과 이 구절을 토대로 해서 에스라를 오경의 구성이나 편집에 전체적으로나 아니면 부분적으로 연관시키고자 하는 것은 잘못된 방향으로 나아간 것이라 할 수 있다.

12.a. 12-26절은 아람어로 되어 있다.

12.b. 마소라 텍스트(MT)는 여기에 단순하게 게미르(גמיר, "완전한, 완벽한")로만 되어 있다. 이 단어의 중요성을 설명하기 위해 다양한 주장들이 발전되어 왔다. (i) 이는 "기타 등등"(참조. 히브리어 וגומר)이라는 의미의 관료적인 지적일 수 있으며, 따라서 에스라의 전체 호칭이나 혹은 올바른 공식적인 인사를 나타내는 표현이 공급되어야만 한다. (ii) 드라이버(Driver, *JTS* 31[1930] 283)는 "헌신된"이라는 의미라고 제시하며 "그의 마

음이 그의 주께 헌신되어 있는 종인…에스라"의 축약된 형태라고 생각한다. 왜냐하면 그런 식의 묘사는 유대 공동체로부터 받아들여지기가 쉽지 않았을 것이기 때문이다. (iii) 이는 원래 목회적인 측면에서 "다루다"라는 의미를 갖는 것으로서 난외에 있던 것이 합병된 것이었을 수도 있다(Rinaldi, *BeO* 3[1961] 85). (iv) 이는 6절에 나오는 마히르(מהיר, "익숙한")와 평행을 이루면서 "교양 있는, 학식 있는, 조예가 깊은"이라는 의미에서 에스라를 언급하는 것일 수도 있다(Bin-Nun, *BMik* 65[1976] 296-302). (v) 아마도 가장 단순한 해결책은 토레이(Torrey, *Studies*, 197)의 것일 수 있다. 그는 샬롬(שלם, "평화")을 게미르(גמיר) 앞에 복구시킨다(왕은 결코 피지배자들에게 평화를 보내지 않는다는 Driver의 반대는 근거가 없다. 참조. 4:17). 하지만 이와 같은 단어를 첨가한 여러 고대의 역본들이 실제로 샬롬(שלם, "평화")이라고 읽었는지는 확실치 않다.

12.c. 참조. n. 4:10.c.

14.a. 대명사 주어가 없는 수동태 분사형이다. 비록 많은 사람들이 2인칭 남성 단수 페일형(שְׁלִיחַתְּ)으로 수정하고 싶어하기는 하지만, 이 구절의 마지막 부분까지 에스라가 호칭되고 있다는 점이 분명하기 때문에 이런 수정은 불필요할 것이다. (그러므로 이 구성은 명백하게 평행을 이루고 있는 *AramP* 21:3과는 사뭇 다르다.) 어떤 방식이건 간에 의미는 의심스럽지 않다.

14.b. 다른 전치사의 연속으로서의 ל에 관해서는 토레이(Torrey, *Studies*, 193n)를 참조하라.

16.a. 이런 뉘앙스를 갖고 있는 쉐카(שכח, "함께")에 대해서는 *AramP* 13:5; 42:7 등을 참조하라.

16.b. BL § 100*n*.

17.a. 참조. "원문주해" 5:8.c.

17.b-b. 문자적으로는 "그들의 소제들과 그들의 전제들"이다.

17.c. 제물을 드리는 것을 표현하기 위한 기술적 용어로서 카렙(קרב, "드리다")을 사용하는 것에 관해서는 I. Rabinowitz, "Aramaic Inscriptions of the Fifth Century B.C.E. from a North Arab Shrine in Egypt," *JNES* 15(1956) 5를 참조하라.

17.d. 조금은 놀랍게도 여기서의 어미는 복수형이다.

19.a. 비록 이 구문이 다른 부분들에서는 나타나지 않지만, 이 점은 이 구문을 אלה ישראל די בירושלם처럼 수정해서 사용하는 것이 좀더 일반적인 용례라는 것을 확인해 주는 강력하고 필수적인 충분한 증거가 되지는 못한다.

21.a. 참조. E. Lipiński, review of A. Lacocque, *Le Livre de Daniel*, *VT* 28(1978) 237.

22.a. 문자적으로는 "쓰는 것 없이", 즉 "기록 요청 없이"다.

23.a. 페르시아어에서 차용한 이 단어(אדרזדא)에 관한 논의에 대해서는 Nober, *BZ* 2(1958) 134-38를 참조하라.

23.b. 문자적으로는 "진노가 임하지 않게 하고자"이다.

24.a. 비인칭 복수형 구성으로서 "(그들은) 네게 …를 알려 준다"이다. 참조. BL § 99d.

24.b. 참조. n. 4:13.b.

24.c. J. P. Weinberg, *ZAW* 87(1975) 366-68에서는 팔레헤인(פלחין, "종들, 일하는 사람들")이 공동체의 제의와 관련 없는 모든 구성원들을 언급하는 것이며, 따라서 전체 공동체가 세금에서 면제되었다는 것을 보여 주고자 노력했다. 하지만 이런 주장이 본래적으로 불가능하다는 것과는 별개로, 와인버그(Weinberg)는 이 단어가 제의적 관리들이 포함되어 있는 것을 분명하게 하는 베이트 엘라하 데나(בית אלהא דנה, "이 하나님의 성전")라는 구문 앞에 나온다는 것을 관찰하지 못했다. 이 목록에서 그들의 지위는 그들이 솔로몬의 신복들의 자손들임을 추측케 한다. 참조. 2:55. 다른 방식으로는, 와우(*wāw*)는 보충적으로 사용된 것일 수 있으며, 이 구문은 앞선 목록 전체에 대해 요약적으로 묘사하는 것으로 볼 수도 있다.

25.a. 아람어인 שפטין("유사들")은 비록 그 어근이 아람어에서 완전하게 알려져 있지는 않지만, 현재 정황에서는 아마도 히브리어에서 차용된 단어일 것으로 보인다. "유사들과 재판관들"은 동의어로 등장하지만(그러므로 한 단어가 개념적으로는 다른 단어를 보충적으로 설명하는 역할을 한다), 이 점으로 인해 이 단어들이 여기에 함께 나타나는 것은 전혀 이상하지 않다. 법률적인 전문용어에서는 이런 반복적 구문들을 더불어 사용하는 경향이 있다. 우리는 이와 유사한 애매모호함을 이집트의 아람어 파피루스에서도 볼 수 있다. 참조. Porten, *Archives*, 49. 에스드라1서 8:23은 이 부분에서 마소라 텍스트(MT)를 지지하지만, 칠십인경(LXX)에는 그람마테이스(*γραμματεῖς*, "학사들")로 되어 있다. 이는 단순히 명백한 동의어의 반복을 피하기 위한 시도였을 수 있기 때문에(Batten), 우리가 이것을 근거로 하여 ספרין("장관들", Rudolph)으로 수정해야만 하는가에 대해서는 생각해 볼 필요가 있다.

25.b. 1:5을 참조하라.

25.c. 일부 사람들은 14절과 26절로 인해 이 복수형을 이해하는 데 어려움이 있음을 발견한다. 비록 여러 고대의 역본들이 그렇게 하는 것처럼 단수 형태로 수정해 버리는 것이 손쉬운 방법이기는 하지만, 현재의 정황 속에서는 율법이 개개인들에게 갖는 요구들을 언급하는 것으로 보는 것이 부적절한 것은 아니다.

25.d. 복수 형태다. 즉 에스라와 재판관들이 함께.

26.a. 다른 방식으로는, 이 단어는 앞에 나온 "순종"을 지칭하고 규정하는 것일 수도 있다.

26.b. 룬트그렌(Rundgren, *VT* 7[1957] 400-404), 포크(Falk, *VT* 9[1959] 88-89) 그리고 다른 사람들은 이 표현이 "채찍질하다"나 혹은 그와 비슷한 의미로 번역되어야만

한다고 주장해 왔다. 룬트그렌은 형벌을 의미하는 단어로서 페르시아어에서 차용된 단어인 *AD* 3:6의 סרושיתא을 지적하면서 이 단어를 신체적인 형벌을 의미하는 것으로 번역한다. 그렇기 때문에 그는 첫 번째 철자를 ש로 보는 것을 더 선호한다. 그리고 그는 마소라 텍스트(MT)가 Vg의 *exilium*을 일으키는 모음 방점 찍기를 통해(שרש, "뿌리채 뽑다, 몰아내다") 어원론적인 추측으로 나중에 생겨난 것이라고 생각한다. 하지만 (i) "형벌"로부터 "채찍질하기"로의 단계는 추측적인 것이며, 채찍질은 분명히 이 단어에 원래부터 내재된 의미가 아니었다는 점과 (ii) 에스라 10:8이 "추방"으로 해석되는 것의 초기 시금석으로 이해될 수 있다는 점 그리고 (iii) Vrs에서는 이렇게 제안된 의미를 지지하지 않는다는 점 등을 주목해야만 한다. 칠십인경(LXX)에 나오는 파이데이안(*παιδείαν*, "훈련, 제자화")이라는 단어는 그 어디에서도 "Prügel, Bastonade" "채찍질하다, 마구 때리다"(Rundgren)와 같이 무언가 특별한 의미에 근접한 의미로 사용된 적이 없으며, 에스드라1서 8:24의 티모리아(*τιμωρία*, "형벌")도 마찬가지로 이란어에서처럼 일반적인 의미를 갖고 있을 뿐이다. 하지만 이와 같이 일반화된 의미들은 이 정황에 잘 어울리지 않는다. 그렇기 때문에 드라이버(Driver)의 주장인 "동화가 일어났으며, 이란-아람어인 סרושי("형벌")이 히브리어 세레쉬(שְׁרֵשׁ "뿌리채 뽑다, 몰아내다")에서 제시된 의미로 사용되었다는 주장이 옳을 수도 있다(*AD*, 99).

26.c. 문자적으로는 "재화들의 형벌"이다.

27.a. 문자적으로는 "그러므로 그가 왕의 마음에 두셨다"이다. 폰 라트(Von Rad, *ZAW* 76[1964] 184-85)는 이 관용어가 이집트에 그 기원을 두고 있을 수 있다고 추측한다.

28.a. 나는 대부분의 주석가들과는 달리 "The Sure Mercies of David: Subjective or Objective Genitive?" *JSS* 23(1978) 38-39에서 이 해석과 번역을 변론했다.

28.b. 위의 n. 14.b.를 참조하라.

양식/구조/배경

위에서 우리는 7:1-10이 원래는 일인칭 내러티브였던 것을 다시 재기록한 형태라고 주장했다. 현재 부분은 아르타크세르크세스의 조서를 직접 인용하는 쪽으로 나아가는데, 이는 별도의 도입 없이 27-28a절의 일인칭 감사 기도로 이끌고 간다. 9장과 10장 사이에서 3인칭 나레이션으로 되돌아가 전환되는 것이 느슨해지는 것은 다름아니라 기도라는 방식을 통해서라는 점도 주목할 만하다.

11a절은 뒤이어 나오는 서신의 직접적이고 간단한 표제어를 제시하는데, 12절에 나오는 수신인에 토대를 두고 에스라 비망록(EM)으로부터 자세히 상술될 수 있었을 것이다. 유사한 과정에 대해서는 5:6에 대한 "주석"을 보라. 하지만 11b절은 쎄

페르(ספר, "학사")를 어색하게 반복하면서 첨부되어 있다("원문주해"를 보라). 이 단어의 감성, 문체 그리고 여호와를 표현하는 네 개의 거룩한 문자는 편집자가 이 단어를 첨가했음을 나타낸다. 이는 다시 한 번 그가 "학사"라는 호칭을 재해석했음을 입증해 준다(7:6에 대한 "주석"을 보라).

12-26절의 조서는 서신이라는 형식을 취하고 있으며, 일반적으로 말해서 그 당시 서간체의 특징들을 보여 준다. 위의 4:6-24과 5-6장에 나오는 "양식"에 관한 언급을 보라. 그러므로 우리는 여기서 개요적으로 수신인, 짧은 인사말, 서신의 본론으로 들어가는 공식(וכענת, "그리고 이제", 12절) 등을 볼 수 있으며, 그런 뒤에 나오는 서신의 본체를 구성하는 여러 항목들과 마지막으로 이 명령들을 위배했을 때에 대한 경고를 볼 수 있다(26절). 이런 모든 요소들은 4:17-22에 나오는 또 다른 아르타크세르크세스의 서신과 매우 엄격한 유사성을 갖고 있다(또한 6:11-12도 보라).

이 서신의 본론은 4개의 주요 항목으로 구성되어 있다. (1) 원하는 모든 유대인들에게 예루살렘으로 돌아가도 좋다는 허락(13절). (2) 유다와 예루살렘의 정형을 살펴보는 임무(14절). (3) 성전 제의를 위한 선물들과 물품들을 운반하고 사용하는 것에 관한 규정들(15-20절). (4) 이 내용을 시행하기 위해 유사와 재판관을 임명하고(완전한 법적 재량권을 갖고 있는, 26절) 또한 율법을 가르치는 것(25절)에 대한 허락. 이 항목들에 관한 세부적인 해석에 대해서는 "주석"을 보라.

그러므로 순수하게 공식적인 관점에서만 보자면, 이 본문 중 중간에 끼어들어가 있는 유일한 요소는 21-24절에 나오는 강 서편 모든 고지기들에게 내리는 명령뿐이다. 이 명령은 자체적인 수신인, 완전한 호칭을 다 사용해서 에스라를 소개한 내용(12절)을 3인칭으로 표현하고 있으며(25절과 대조하라) 이 내용 자체가 상당히 자기 충족적인 모습으로 구성되어 있다. 만약 8:36을 믿어야만 한다면, 이 부분은 상당히 독립적으로 사용될 수 있는 방식으로 구성되었을 것이다. 하지만 그렇다고 해서 이 내용에 대한 이런 결론이 이 문단이 원래 조서에 포함되어 있지 않았다는 것을 의미할 필요는 없다. 비록 몇몇 사람들은 그렇게 여겨 왔지만, 켈러만(Kellermann, *ZAW* 80[1968] 58-60)은 21절과 25절에서 수신인이 분명하게 변화된다는 점과 더불어 이 부분이 현재의 배경과 매우 잘 통합되어 있음을 적절하고 올바르게 관찰해 냈다. 그렇기 때문에 편집자는 아마도 이미 현재 위치의 내용을 에스라 비망록(EM) 안에서 발견했을 것이다. 또한 이 내용이 원래의 조서 내용에 있었다는 점도 확립될 수 없지만(에스라 비망록의 저자가 첨가했다는 주장이 반대에 직면하는 것과 마찬가지로), 마찬가지로 왜 그렇다고 주장되어야만 하는지에 대해서도 아무런 근거가 없다. 한 서신에 대한 인용을 다른 서신에서 하는 것에 관해서는 헨슬리(Hensley, *Documents*, 224)와 6:3-12을 참조하라. 에스라는 물품 관리자들이 이 명령의 세부 사항들에 관해 알아야 했던 것만큼이나 마찬가지로 그 세부 사항들을 알 필요가 있었다.

옛날에는 이 조서의 진정성을 수많은 학자들이 의심했지만(예를 들어, Batten; Torrey), 적어도 그 윤곽에 대해서 만큼은 지금은 거의 대부분의 학자들이 인정하고 있다. 개별적인 요소들에 대한 역사적 측면에서의 반대들은 아래의 "주석"에서 다뤄질 것이다. 그러나 지금 본문은 그 당시 본문들 중 황실 아람어에 원조를 두고 있는데, 이 황실 아람어를 사용한 것에 관해서(비록 이들은 한때 추측된 것처럼 매우 획일적인 단일성을 보여 주는 것이 아니고, 후대의 서기관들이 철자에 있어서 일부 현대화를 했던 것으로 추측되기는 하지만), 이란어에서 차용한 단어들의 숫자에 대해서, 서신 형태에 대해서 그리고 사용된 용어들이 피지배 민족들에 대한 아케메네스(Achaemenid) 제국의 정책과 합치한다는 점에 대해서는 여기서 지적해야 할 것이다(참조. Boyce, *History*, 188-95). 이 부분이 유대교적인 용어들이나 관습들과 너무 밀접한 내용을 보여 준다는 측면에서의 반대는, 여기서 다루는 문제들에 대해 정확성을 확보하기 위해 아마도 에스라 자신이나 혹은 유대인이 이 문헌을 기안했을 것이라는 메이어(Meyer, *Entstehung*, 65)의 주장을 통해 대답되었다. 이 주장과 다른 해결책으로는, 기록 양식으로 답변하도록 요구받은 에스라가 그에 대해 기록으로 응답하면서 작성되었고, 그렇기 때문에 에스라 자신이 구성했던 언어와 표현들을 사용했다고 추측해 볼 수도 있다. 메이어의 연구 이후에 발견된 수많은 본문들을 통해 이것이 사실 페르시아의 공통적인 관습이었다는 점이 뚜렷하게 확인되어 왔다. 자세한 세부 사항에 관해서는 1:2에 대한 "주석"을 참조하라.

마지막으로, 이 조서에서 사용된 용어들과 이후의 내러티브에서 자세하게 설명되고 있는 에스라의 행동들 간의 관계성에 대한 이야기가 반드시 이루어져야만 할 것이다. 이와 관련된 구체적이고 세부적인 내용들은 연관된 부분들에서 다루어질 것이다. 그러나 전체적인 결론들은 여기서 요약할 수 있을 것이다. 이 둘 간에는 놀랄 만큼 많은 부분에서 매우 밀접한 상응점들이 있다. 그럼에도 불구하고 조서의 몇몇 항목들은 뒷부분에 나오는 에스라의 행동들 속에서 언급되지 않기도 하고, 또한 다른 몇몇 항목들은 처음에 제시되었던 것과는 사뭇 다른 방식으로 수행되기도 한다.

노스(Noth, *Studies*; Kellermann, *ZAW* 80[1968] 55-87)와 인 데르 스미텐(In der Smitten, *Esra*) 등은 이런 차이점들을 이용해서 다음과 같이 주장한다. 첫 번째로 일치점들이 있는 부분들이 있는데, 이것은 후대의 기록자(이들은 이 기록자를 역대기 사가와 동일시한다)가 에스라 내러티브를 조서에 토대를 두고서 미드라쉬로서 기록했기 때문이며 혹은 후대의 기록자가 느헤미야 비망록(NM) 등처럼 그가 이용할 수 있었던 자료들을 사용하여 그런 견지에서 기록했기 때문이다. 두 번째로 일치하지 않는 부분들이 있는데(예를 들어, 24절처럼), 이것은 편집자만이 그 부분을 조서에 덧붙였기 때문이다.

하지만 이런 접근법에는 두 가지 문제점이 있다. 첫 번째로, 우리는 이미 7:1-10에서 조서 이전에 초기 원 자료가 자리잡고 있으며, 또한 이 원 자료는 아르타크세르크세스의 조서에 나온 내용보다 더 많은 내용을 포함했었다는 점을 지적했다. 두 번째로, 조서와 내러티브 간의 모든 상응점들은 우리가 생각하듯 그렇게 부드럽게 연결되어 있는 것만은 아니다. 예를 들어, 켈러만(Kellermann)이 주장하는 것처럼 14절에 토대를 두고 연구하는 모든 사람들은 느헤미야 8-10장과 에스라 9-10장의 설명에 도달하게 되는가? 혹은 25a절에 토대를 두고 연구하는 사람은 에스라 10:8, 14, 16-17에 도달하게 되는가? 혹은 25b절에 토대를 두고 연구하면 느헤미야 8:7 이하 등에 도달하게 되는가?

그러므로 이런 증거에 대해서는 다음과 같이 주장할 수 있을 것이다. 에스라의 사역 과정이 어느 정도는 왕의 조서에서 생각했던 것과 다른 것임이 판명되긴 했지만, 적어도 부분적으로는 조서의 요구들이 무시된 것이 아니었다는 점을 보여 주려는 시도로서 비망록(memoir)이 만들어졌다는 가정을 통해서 이 증거가 좀더 만족스럽게 설명될 수 있다고 말이다. 몇몇 경우들에 있어서는, 특별히 경제적인 도움을 공급하는 것과 관련해서는, 비망록은 사실 조서의 내용들이 문자 그대로 실행되었음을 강조하기 위해 비상한 노력을 기울이고 있는 것으로 보이며, 이는 그리 놀랄 만한 일이 아니다. 다른 곳에서도 이 조서와 실제로 그대로 행한 실재성(reality)은 비록 세부적이지는 않다 하더라도 일반적으로 일치한다. 비록 우리가 활용 가능한 증거를 놓고 생각해 볼 때, 에스라가 최종적으로는 조서의 내용들 중 한두 가지 점들에 대해서는 실제 그 효능을 발휘하기 시작하도록 하는 것에서조차 성공하지 못했지만 말이다. 만약 이런 분석이 맞다면, 위에서 제시했던 학자들의 주장은 그저 뒤이어 나오는 내러티브 하나만을 근거로 삼아 이 본문의 단일성을 의심하고 도전하는 실수를 범한 것이 될 것이다.

27-28a절에 나오는 에스라의 송축은 선포적인 찬양 시편의 가장 단순한 형태다(참조. C. Westermann, *The Praise of God in the Psalms*[London: Epworth, 1966], 81-90). 즉 "송축할지어다"가 나오고 그 뒤에 "하나님의 역사하심"을 설명하는 형태다. 이전 시대의 역사서들에서처럼, 하나님의 즉각적인 섭리하심에 대한 응답으로서 나타난다(Westermann, 87). 이 송축은 우선 그 내용에 있어서나(특히나 이 방식으로 사용된 카초트〈כזאת〉를 주목하라) 그리고 그 어떤 도입적인 내러티브도 없다는 점에서 모두 정황과 관련하여 내적인 통합성을 갖고 있다(에스드라1서 8:25에는 "그런 뒤에 에스라가 말했다"[NEB]가 첨가되어 있지만, 이는 분명 이차적인 첨가다). 이런 후자의 특징(도입적 내러티브가 없다는 점)은 원래의 것이 일인칭 설명이라는 상황 속에서는 이해할 수 있는 점이지만, 이 부분이 후대에 순수하게 문학적으로 형성된 부분이라는 가설 하에서는 설명하기가 쉽지 않다.

주석

11 위의 "양식"을 보라.

12 비록 종종 바벨론에서 사용되기는 했지만, "왕의 왕"이라는 호칭(참조. 겔 26:7; 단 2:37)은 아케메네스(Achaemenid) 제국의 왕들이 사용한 자기 표현 방식이었다. 참조. Kent, *Old Persian*, 107-63 passim, 그리고 F. M. Cross, *IEJ* 29(1979) 40-44. 반면에 이런 표현은 헬라 왕조들에서는 사용되지 않았으며, 그렇기 때문에 이 위치에 이 표현이 사용된 것은 이 조서의 진정성을 보여 주는 작은 지침 역할을 할 것이다.

"제사장"에 관해서는 7:1-5에 대한 "주석"을 보라. 쉐이더(Schaeder)의 연구 이후 "하늘의 하나님의 율법의 학사"라는 표현이 공식적인 페르시아 호칭임이 인정되어 왔고, 그 결과 몇몇 사람들은 이 표현을 "유대인들과 관련된 일을 위한 국가의 사역자/비서관"으로 번역하는 데까지 나아가기도 한다. 이런 주장은 드 보(de Vaux, "Decrees," 90)를 통해서 더욱 뒷받침되고 진전되었는데, 그는 느헤미야 11:24이 "왕의 수하에서 백성과 관련된 모든 일들을 관할하는" 관리에 대해 언급하고 있다는 점을 주목했다.

이런 이론에 대해 모빙켈(Mowinckel, *Studien III*, 117-24)은 유대인들이 페르시아 제국 내에서 그렇게 높은 서열의 대표자를 가져야 할 만큼 중요한 요소가 아니었으며, 또한 느헤미야 11:24이 언급하는 것은 페르시아 궁궐이 아니라 예루살렘에서의 대표자에 관한 것이라며 반대했다. 두 번째 점은 아래의 느헤미야 11:24에 대한 주해를 통해 반대된다. 그렇지만 여기서 잠시 덧붙인다면, 모빙켈(Mowinckel)은 두 가지 중요한 요소들을 간과했다. 첫 번째는, 이 조서가 진짜라는 가정하에 그리고 에스라에게 부여된 권력이라는 관점에서 이 호칭은 여전히 페르시아 권력자들이 공식적으로 인정했던 호칭이어야만 한다는 것이다. 그들이 이 호칭을 그저 후대에 예루살렘에서만 발전된 의미로 이해했었다고 추측하는 것은 현실적이지 않다(참조. 7:6). 두 번째는, 이 조서가 에스라에게 직접 주어졌을 뿐만 아니라 그에게 일정한 정도의 권위를 부여하고 있기 때문에, 이 호칭은 사실 그가 오직 현 시점에서만 예루살렘에서 가져야 할 지위로서 그에게 부여된 것이었다는 점이다. 그렇기 때문에, 심지어 모빙켈 자신의 관점에서도 드 보(de Vaux)가 느헤미야 11:24과 비교하는 것은 정당화될 수 있다. 비록 그 역할들이 동일했던 것인지 혹은 단순하게 비슷하기만 했던 것인지를 우리가 분명하게 구분할 수는 없지만 말이다. 만약 이런 점들이 건전한 것이라면, 그래서 적어도 에스라가 이전에 어떤 지위를 갖고 있었는지를 알 수 있는 방법을 우리는 전혀 갖고 있지 않다고 주장하는 데 있어서 모빙켈이 옳다면, 이 점에 대한 쉐이더(Schaeder)의 주장은 순전한 추측으로만 남게 된다. (엄격한 비평적 검토에 대해서는 North, "Civil Authority in Ezra."를 참조하라. 우리의 관점에 의하면, 그는 이 조서 반포에서 에스라가 부여받은 권위에 대해 좀더 약하게 평가한다.)

7:6에서 에스라서 내용의 최종 편집자는 "하늘의 하나님의 율법"을 분명 오경으로 이해했던 것이 틀림없었다고 주장했지만, 그렇다고 해서 에스라 자신도 그렇게 이해했었는지는 확실치 않다. 그의 율법책의 내용들은 에스라가 그 책에 근거를 두고 취한 것으로 보여지는 그의 행동들을 연구한 이후에야 비로소 결정될 수 있다. 그렇기 때문에 관련된 본문들이 분석될 때까지는 결론 도출을 피하는 것이 가장 좋을 것이다. 구문론에 대한 시도에 관해서는 서론, "율법책" 부분을 참조하라.

"하늘의 하나님"에 관해서는 1:2에 대한 "주석"을 보라.

13 아르타크세르크세스는 에스라의 일반적인 귀환을 허락함에 있어서 그저 단순하게 고레스의 정책을 계승하고 있었을 뿐이다(참조. 1:3). 아마도 그는 그의 다른 정책들 역시 계승했을 것이다. "이스라엘 백성"이라는 용어를 일반 백성을 표현하기 위해 사용했다는 점과 제사장이나 레위인들(그리고 24절에 나오는 다른 제의적 관리들)과 구분되는 표현으로 사용했다는 점은 이미 위의 "양식"에서 설명했듯이 이 본문이 갖고 있는 좀더 두드러진 "유대적" 특징들이다.

[14] 왕의 "일곱 모사"는 왕실에서 가장 신뢰받는 조언자들이었는데, 이들은 왕 앞에 나아가는 것을 허락받은 자들이었다. 참조. 에스더 1:14; Herodotus III §§ 31, 84, 118; Xenophon, *Anabasis* I § 6. 그러므로 에스라는 페르시아 제국에서 가장 높은 권위자들을 통해 보냄받은 것이었다.

우리는 불행하게도 그의 파송 목적들 중 처음으로 언급된 "네 하나님의 율법을 좇아 유다와 예루살렘의 정형을 살피는 것"(לבקרא)이 어떤 의미인지를 정확하게 알 수가 없다. 이는 이 서신의 명령들이 뒤이어 나오는 내러티브들과 잘 매치되지 않는 예들 중 하나다. 이 동사는 에스라서의 다른 곳에서는 기록을 위해 단지 조사하는 것을 언급하며, 여기서와는 달리 결코 전치사 알(על)과 더불어 사용되지 않는다(참조. 4:15, 19; 5:17; 6:1). 이 동사는 황실 아람어의 다른 부분에서는 입증되지 않는다. 뿐만 아니라 이 단어에 대한 어려움은 다음의 두 가지 이유로 인해 더욱 더 복합적이다. 우선 이 단어는 거의 "율법을 가르치고 실행하다"라는 의미를 지닐 만큼 폭넓게 규정되기가 어려우며(25-26절에서는 어떤 경우건 간에 구체적이고 분명한 의미가 요구된다), 다른 한편으로는 에스라의 목적을 그저 단순하게 율법이 준수되고 있는지 아닌지를 조사하는 것이었다고 생각하기엔 어려움이 있다. 그러나 비록 여전히 많은 부분들이 불분명하게 남게 되긴 하지만, 반면에 해결점으로 나아가는 것을 도와줄 두 가지 단서도 있다. 첫 번째로, 이 서신은 내용이 진행되면서 예루살렘 성전에서의 경배에 관해 상당히 자세한 관심을 다루고 있다. 아케메네스(Achaemenids) 왕조가 피지배 민족들의 종교적 웰-빙에 대해 가졌던 관점에서 생각해 보자면(6:9-10에 대한 "주석"을 보라), 에스라가 살펴보는 일은 아마도 성전 예배가 얼마나 밀접하게 모세의 율법과 관련되어 있는지에 주된 초점이 맞추어져 있었을 것이다(Galling, *Studien*, 170).

두 번째로, 에스라 내러티브의 상당 부분이 혼합 결혼이라는 문제와 관련되어 있다는 점이 우리를 항상 당황케 하는 점으로 보인다. 사실 이 주석에서 선호하는 에스라서의 내용 순서에 의하자면, 그 문제는 비망록(memoir)의 클라이맥스 부분에 위치한다(10장). 하지만 10:16에 의하면, 에스라와 함께 앉았던 중요 인물들이 이 문제를 "조사하는" 것과 더불어 이 일 전체는 극도로 위기에 처하게 된다. 참조. Gunneweg, *VTSup* 32(1981) 146-61. 이 점은 에스라가 행했어야만 했던 첫 번째 의무가 도대체 누가 유대 율법에 복종해야만 하는가를 결정하는 것이었으며, 또한 이와 관련해서 공식적인 조사가 이루어져야 할 필요성이 있었을 가능성을 제시한다. 자연스럽게 혼합 결혼들은 여기서 (조사가 필요한) 특별한 어려움으로 자리잡았을 것이다.

마지막으로, 이런 두 가지 점들이 성전 제의에 대해 국가에서 도움을 주는 문제와 연관되어 있었을 수 있다는 점을 주목해야 할 것이다. 에스라에게 주어진 처분과 사용에 대한 권한(아래를 보라)은 그리 오랫동안 지속되지는 않았던 것 같다. 아르타크세르크세스는 더 이상의 허가들이나 혹은 양해들을 하기 전에 제의 그 자체의 상태와 그와 관련된 사람들의 정황이 어떤지를 확신할 수 있기를 원했을 것으로 추측하는 것이 합리적이다. 노스(Noth, *Laws*, 76-78)는 이 점에 덧붙여 페르시아의 동기들에는 군사적 고려들도 영향을 끼쳤다고 주장하지만, 이는 그리 확실치 않다.

"네 손에 있는"이라는 구문에 대해서는 문자 그대로 에스라가 유다에 새로운 율법 체계를 가지고 왔다는 의미로 압박해서는 안 된다. 사실 25절은 이 율법을 유다에서 이미 알고 있었음을 보여 준다. 하지만 오경의 일정 부분들은 특별히 제사장들에 관한 내용으로 되어 있고, 에스라는 제사장들 중 한 사람이었으며, 다른 사람들은 유대 공동체의 정치적 환경들이 변했기 때문에 이런 규정들을 중시하지 않고 경시했을 수도 있을 것이다(아래의 9:1-2에 대한 "주석"을 보라). 그렇기 때문에 토라 전체의 내용을 모든 백성들의 관심사가 되게끔 바꾸는 것이 에스라의 사역의 일부분이었다고 계속해서 주장되어 왔다(참조. Ellison, *EvQ* 53[1981] 48-49). 그러나 이 서신의 "네 손에 있는 권한으로"(Brockington)라는 정황은 의도적인 의미를 담는다. 참조. *AD*, 49.

15 왕과 그의 모사들이 드리는 헌물들은 뒤에 언급된 하사품들과 더불어(21-24절) 일반적인 의미의 선의를 분명하게 보여 줄 뿐만 아니라, 왕과 페르시아 제국이 성전에서 드려지는 기도와 제사들을 뒷받침하고자 드려진 것이었다(참조. 6:10).

16 또한 여전히 바벨론에 남기를 선호하는 유대인들이 성전을 위해 드리는 예물들을 운송하는 것도 마찬가지로 허가되었다. 좀더 놀라운 일은, 이 구절의 시작 부분에는 비유대인들의 선물들에 관한 언급이 나온다는 점이다. 하지만 이런 선물들은 상당히 제한적이었을 것이다: 8:25은 왕의 왕자들(개역성경에는 "방백들"로 되어 있다 – 역자주)이 드린 예물들에 관해 이야기한다(이미 제시되었던 다른 그룹들에 덧붙여서). 그렇기 때문에, 아마도 소수의 귀족들이 거의 당연한 일로서 왕가의 본보기를 좇았을 것이라고 볼 수 있다.

다음 장에서 에스라가 어떻게 이런 책임들을 수행했었는지를 조심스럽고 매우 자세하게 기록하고 있다는 점은, 이 내러티브의 목적 중 일부분이 그가 어떻게 왕의 바람대로 순종했는지를 정확하게 보여 주는 것임을 추측케 한다.

17-18 처음에는 동물들에 대해서(참조. 6:9 그리고 17절) 그리고 이에 수반되는 제물들을 위해 돈을 사용해야만 했다(참조. 민 15:1-16). 사용하고 남은 돈이 어떻게 사용되어야 하는지에 관해서도 언급되었기 때문에, 그리고 20-24절이 전체가 아니라 하더라도 매일의 규칙적인 제사를 위해 소용되는 물품들에 관한 많은 내용을 담고 있기 때문에, 우리가 여기서 염두에 두고 있는 것은 하나의 단일한 의례일 것이며 아마도 예루살렘에 무사히 도착한 것에 관한 감사제를 염두에 둔 것으로 추측해야만 한다(참조. 8:35).

"너의 형제: 즉 동료 제사장들." "너희 하나님의 뜻을 좇아": 앞 구절의 엄격한 명령이 나온 후 아마도 제의적 목적들을 위해 사용되도록 제한되었던 것 같다.

19 "네 하나님의 전에서 섬기는 일을 위하여…기명은"이라는 주제에 관해서는 1:7에 대한 "주석"을 보라. 그 부분에서는, 이 기명들은 느부갓네살이 성전을 파괴하기 전에 옮겨갔던 것들과 동일한 것들이었다. 그러나 여기서 우리는 이것들이 왕의 자비로운 선물의 일부로서 새롭게 만들어진 것들이라고 추측해야만 한다. 8:26-27을 좀더 보라.

20 마지막으로, 성전과 관련해서 소모되는 일반적인 비용들을 공적인 재물들에서 공급하여 사용할 수 있다는 내용이 제시된다. 뒤이어 나오는 문단은 반복되는 경비를 염두에 두고 있음을 제시하는 반면, 후대의 저자는 이 내용을 6:14에서 좀더 건축 그 자체의 비용에 관해 언급하는 것으로 이해하고 있다(아마도 27절의 영향하에서). 이와 같은 재정적 뒷받침에 대한 다른 본보기들에 관해서는 6:3-5과 8절의 "주석"을 보라.

21-24 이 서신 내에서 이 문단이 차지하고 있는 위치와 수신인들(21절)에 대해서는 위의 "양식"을 보라. 제2성전 건물에서처럼(6:3-4), 비록 자비스럽게 하사품들이 주어지긴 했으나 지금은 조심스럽고 제한적인 것들이었다. 이 내용은 외적인 하사품들(21-22절)과 제의와 관련된 일을 하는 사람들에게 세금을 면제해 주는(24절) 두 가지 형식을 모두 취한다.

22 고대의 측량 단위들이 현대에서는 얼마만큼의 분량인지를 확실하게 제시하는 것은 거의 불가능하다. 고대의 단위들은 사실 당시에조차도 보편적으로 통일된 단위였다고 완전히 확신할 수 없기 때문이다. 하지만 상당한 양의 밀(곡식으로 드리는 제물로서), 포도주(음료로 드려지는 제물로서) 그리고 기름(다른 제물의 부속물로서, 독립적인 제물로서 그리고 성전 등불에 사용하기 위해; 참조. 출 27:20;

29:2; 레 2:4; 14:10-18; 민 28:5) 등이 성전을 위해 약 2년여 동안 공급되었다고 추정되어 왔다(Rudolph가 A. Bertholet을 인용한 것을 참조하라). 아마도 어림잡아 에스라가 사명을 감당하던 기간 동안 말이다. 밧이라는 단위는 요즘으로 말하면 대략 21리터나 혹은 그보다 조금 적은 분량이 아닐까 생각되며(참조. D. Ussishkin, "Excavations at Tel-Lachish, 1973-1977," TelAviv 5[1978] 87), 고르는 10밧에 해당한다(겔 45:14). 소금은 훨씬 더 적은 분량으로 사용되었고, 또한 모든 경우에 유용한 필수품이었던 것은 아니었기에 제한 없이 공급될 수 있었다.

그렇기 때문에 이 목록에서 "은 일백 달란트"는 지극히 불균형적인 총량이다. 1 달란트는 대략 75파운드다. (은은 희생제물들을 구입하는 데 필요했을 것이다.) 헤로도투스(Herodotus III § 91)에 의하면, 매해 강 건너편 모든 지역들에서 거두어들인 세금은 350달란트에 불과하다. 만약 이 부분에 의도적인 과장이 있었던 것이 아니라면, 우리는 숫자들을 옮겨적는 과정 속에서 약간의 오류가 있었던 것으로 추측해야만 할 것이다(스 2장에 대한 "원문주해"를 보라). 아마도 뒤이어지는 일련의 백단위들의 영향 때문에 말이다.

23 다리오가 왕족들을 위한 기도가 올려지게 하고자 하는 목적으로 성전 제의를 뒷받침했던 것처럼(6:10), 아르타크세르크세스도 그의 제국에 재앙이 임하는 것을 막고자 하는 희망을 가졌다. "진노"(קצף – 케샤프)라는 단어는 히브리어 성경에서 전쟁 중 하나님께서 간섭하시는 것을 표현할 때 종종 사용되곤 했으며(예를 들어, 수 22:20; 왕하 3:27; 대하 29:8; 32:25-26), 유다가 갖고 있는 전술적 중요성에서 생각해 볼 때 여기서도 마찬가지 의도가 있었을 것이다.

24 페르시아 왕이 제의와 관련된 관리들에게 세금 납부를 예외로 해준 것은 전례가 없는 일이 아니다. 헤로도투스(Herodotus III § 91)와 다리오가 가다타스(Gadatas)에게 보낸 편지를 참조하라. 이 편지에서 다리오는 그가 아폴로를 섬기는 성직자들에게 공물을 부과했다는 것에 대해서 비난했다. 참조. Meyer, *Entstehung*, 19-21; Olmstead, *History*, 156. 2장과 밀접하게 연관되어 있는 관리들의 목록에 관해서는 13절에 대한 "주석"을 보라.

25 이 구절에 대한 해석은 폭넓게 논쟁이 되고 있으며, 이 문제들에 대한 그 어떤 해결책도 가능성 이상의 확정적인 것으로 주장할 수 없다.

첫 번째로, 이 구절이 원래의 조서에 후대에 첨가된 것이라고 보는 사람들이 있다. 참조. Galling, *Studien*, 168, 176-77. 하지만 문학적인 문제들에 대해서는 이미 위의 "양식"에서 다루었다. 만약 이 구절의 내용이 정황 속에서 만족스럽게 설명될 수 있다면, 그럴 경우 이 구절은 첨가라고 보기보다는 원래부터 단일한 문헌이었다고 보는 것이 더 선호할 만한 것으로 여겨진다.

두 번째로, 아마도 대부분의 주석가들은 이 구절이 14절 항목을 좀더 강화시키는 것으로 보는 듯하다. 그들은 겉으로 보이는 외양에도 불구하고, 이는 여전히 유대 공동체에 관해 언급하는 것이라고 주장한다. 왜냐하면 이 명령이 적용될 만한 곳이 강 건너편에는 아무 데도 없기 때문이다. 여기서 모든 지역에 관한 언급이 이루어진 것은, 21-24절에서 그저 이 지역의 모든 고지기들에게 이 편지가 주어진다는 본문의 위치 때문에 발생했다. 하지만 이 관점 역시 받아들이기가 어려운데, 왜냐하면 두 구절 사이의 차이점들에 관해 적절하게 설명하지 않기 때문이다. (i) "살피는 것"(14절)은 이런 관점을 갖고 있는 사람들이 생각하는 것보다 더 제한적인 행동이다. (ii) 만약 "유다와 예루살렘"(14절)과 "강 건너편"(25절) 간에 아무런 차이점도 의도되지 않았다면, 법적인 문헌에서 그것은 놀라운 일이다. (iii) 도대체 왜 이 구절은 이 구절이 설명하려고 했던 내용에서부터 이렇게 멀찍이 떨어져 있단 말인가? 서신 전체의 구성과 구조는 마치 15-20절이 14절을 설명하고, 25절은 ("그리고 에스라여 어는…"를 주목하라) 훨씬 더 진전된 단계를 표시하고 있는 것처럼 보이게 한다. (iv) 역사적으로 말하자면, 유다와 예루살렘 밖에 있는 모든 사람들과 그룹들이 자기 자신을 "하늘의 하나님의 율법" 하에서(즉 근본적으로 모세의 율법, 어떤 발전 단계가 있던 것이건 간에) 살고 있는 사람들로 간주했다는 것은 정말이지 그럴듯하지 않다.

세 번째로, 그렇다면 우리는 아크로이드(Ackroyd)만큼 멀리 나아가야 한단 말인가? 그는 이 본문은 "전체 지역들이 하나의 공동체를 형성했으며, 모든 사람들이 율법에 순종하고 있는 상황"을 염두에 두고 있다고 추측한다. 역사적인 측면에서 바라보았을 때, 이런 추정 역시 받아들이기가 매우 힘들다. 왜냐하면 강 건너편 지역은 이전 유다와 이스라엘 왕국들보다 훨씬 더 넓은 지역들이라는 점을 기억해야만 하기 때문이다. 이 지역들은 매우 다양한 배경의 수많은 그룹들이 살고 있었던 곳이었으며, 심지어 가장 비전을 품고 있던 유대인들조차도 이 지역에 거하던 다른 사람들이 그들로 하여금 페르시아 제국 내에서 유대적인 율법에 복종케 할 것이라고는 기대할 수 없었을 것이다. (물론 종말론적인 소망은 전혀 별개의 문제지만, 여기에 그런 소망이 포함되어 있다는 증거는 없다.) 더군다나 "모든 백성들"은 매우 조심스럽게 "너희 하나님의 율법을 행하는 모든 사람들"이라고 다시 설명되고 있기 때문에, "그 알지 못하는 자"라는 표현은 "이 율법을 알지 못하지만 그들의 배경상 알아야만 하는 사람들"을 의미한다고 이해하는 것이 타당할 것이다.

그러므로 모든 새로운 해결책은 이 구절과 14절 간의 차이점들에 대해 충분히 고려해야만 하며, 역사적 가능성의 범주들 내에 머물러야 한다. 위의 14절에서 에스라의 조사는 뒤이어 나오는 구절들의 정황이 보여 주듯이 주로 성전 제의 행동과 관련되어 있다. 하지만 이는 유다와 예루살렘과 가장 관련이 있는 것이었다. 제의의 중심지에서 매우 멀리 떨어져서 살고 있던 유대인들의 종교적 삶은 필연적으로 조금씩 다른 모습들로 구성될 수밖에 없었다. 이 점은 이미 신명기에서도 염두에 두어졌던 점이다. 그렇기 때문에 현재 구절은 에스라에게 그런 그룹들의 생활들을 그들에게 가장 적용 가능했던 율법에 따라 규칙화할 수 있는 권위를 부여하는 것이라고 추측할 수 있다. 그러므로 "유사들과 재판관들"은 신명기 16:18에 나오는 "재판장과 유사"와 동일한 의도를 갖고 있었던 것이라고 주목할 수 있으며, 여기서 묘사된 가르치는 일도 잘 알려진 신명기의 특징이다.

이런 추측에 성스러운 율법과 시민 사회의 법 간에 무언가 차이가 있다는 점이 포함된다는 것은 결코 어려운 일이 아니다. 왜냐하면 다음 구절이 매우 정확하게 그리고 동일하게 구분하기 때문이다("네 하나님의 율법과 왕의 명령"). 이 프로그램이 실제로 효과를 발휘했는지를 알아보는 데는 어려움이 있을 수밖에 없다. 모세의 율법은 아무런 구분 없이 삶의 양 영역 모두에 효력을 갖고 있는 것이기 때문이다. 그럼에도 불구하고, 포로 생활을 하던 유대인들은 이미 족히 수 세기 동안 이 문제와 더불어 생활해 왔다는 점을 가정해야만 하며, 그 결과 지금에 이르기까지 생활 방식(*modus vivendi*)이 나타난 것임에 틀림없다. 그러므로 주도적인 바벨론의 유대인 대표보다 강 건너편에서 유사한 체제를 형성하는 데 누가 더 좋단 말인가? 분명히 의심할 여지없이 후대의 다른 제국들과 마찬가지로 페르시아는 종교적 측면만이 아니라 사회적 여러 측면들에서 삶이 유대적 율법을 통해 규제되고 진행되는 것을 허락했다.

마지막으로, 이와 같은 움직임은 전례가 없는 것이 아님을 주목해야 할 것이다. 다리오가 애굽에 있었을 때 이와 유사한 방법을 취했다는 증거가 있다. 주전 519년에 다리오는 애굽 총독에게 "전사들, 제사장들 그리고 애굽의 학사들 중에서 현명한 사람들을 불러 모으고 그들로 애굽의 고대 법들을 기록하는 자리에 앉게끔" 명령했다. 이후에 이 본문은 "파라오의 법, 성전의 법 그리고 백성들의 법"에 관해 이야기한다. 이런 법률 내용을 좀더 구체적으로 확정하는 일에는 새로운 몇몇 방법들 또한 도입되었다고 주장되어 왔다. 이런 모든 점들이 우리의 목적들에 대해 갖는 중요성은, 아케메네스(Achaemenid) 제국은 그들 안에 있던 민족들의 고대 법들을 종교적 율법을 포함해서 존중했으며, 또한 심지어 그들 제국 내에서조차 가능한 대로 효과적으로 그런 율법들을 사용하려는 의지를 갖고 있었다는 사실 때문이다. 이에 관한 본문과 주석들에 대해서는 W. Spiegelberg, *Die sogenannte Demotische Chronik*(Leipzig: Hinrichs, 1914), 30-32; E. Meyer, *Kleine Schriften* II(Halle: Niemeyer, 1924), 91-100; N.J. Reich, "The Codification of the Egyptian Laws by Darius and the Origin of the 'Demotic Chronicle,'" *Mizraim* 1(1933) 178-85; A. T. Olmstead, "Darius as Lawgiver," *AJSL* 51(1934-35) 247-49; de Vaux, "Decrees," 73-76 등을 참조하라.

"네 하나님의 지혜": 이 표현은 14절에 나오는 평행적인 표현 때문에 종종 토라와 지혜를 동일시한 가장 오래된 증거로 생각해 왔다. 참조. 시락서 24장. 만약 그렇다면, 이 표현은 특별히 여기서 추측했던 신명기를 언급할 것이다. 하지만 왜 이 표현이 단순하게 에스라 자신의 지혜를 의미하면 안 되는지에 대해서는 아무런 실제적 근거가 없다.

26 이런 문헌에 형벌에 관한 구문을 덧붙이는 것은 지극히 일반적인 것이었다. 여기 사용된 수동태 구조는 에스라 자신은 형벌을 부과할 권한을 부여받았다기보다는(North, "Civil Authority in Ezra," 384-85를 좀더 보도록 하라), 페르시아의 권력자들이 법률적 힘을 가지고 그의 임무를 뒷받침해야 한다는 것을 추측케 한다. (특별히 투옥을 주목하도록 하라. 투옥은 전형적인 유대적 형벌 방식이 아니었다.) 우리가 만약 이런 형벌들이 나중에 실제로 사용되고 있는 장면을 읽지 못하게 된다면, 그것은 아마도 이 형벌들이 필요하지 않았기 때문일 것이다: 10:8은 이보다 더 약한 몇몇 형벌들을 위협으로 사용하는 것만으로도 굳이 죽이겠다는 선언을 실시할 필요 없이 충분하다는 점을 추측케 한다.

27-28 이 영광송에 대해서는 위의 "양식"을 보라. 비록 이 조서는 성전을 "아름답게" 치장하라는 직접적인 언급을 담고 있지는 않지만, 에스라는 그렇게 하는 것이 18절에 언급된 물질들 중 남아 있는 것들을 사용하는 적절한 방식이라고 생각했을 것이다. 또한 6:14도 보라.

해설

아르타크세르크세스의 조서 기록에 대해 에스라가 처음으로 보인 반응은 찬양과 감사였다. 이 문헌은 유대교의 발전사라는 측면에서 매우 중요한 문헌이지만, 에스라는 여기서 그저 그의 백성들의 예배 중심지이자 하나님의 성실한 사랑의 표현인 예루살렘 성전을 위해 무언가를 좀더 제공하는 것에 대해서만 생각할 뿐이다. 하나님께서 아브라함을 여러 약속들과 더불어 처음 부르신 이래로 수 세기를 거쳐 상황이 급속하게 변화되어 왔지만, 하나님께서는 여전히 "우리 열조의 하나님"(27절)이셨으며 심지어 페르시와 왕조나 궁정들까지도 그분의 목적들을 위해 움직일 수 있는 분이셨다.

이 주석에서 이해했던 것처럼, 이 문헌은 유대인들과 이방인 통치자 사이의 역할 관계를 확립하는 과정에 있어서 분명히 상당히 중요한 문헌이었다. 하나님의 은혜는 에스라에게 그 땅에 있던 자기 백성들에게 제의는 물론이고 좀더 넓게는 사회적 문제들까지도 규제하고 법률을 만들 수 있는 자유와 책임을 부여했다는 점에서 발견되어야만 한다. 그럼에도 불구하고, "교회"와 "국가"를 조심스럽게 구분하는 새로운 구별이 시작되고 있다. "너의 하나님의 율법"과 "왕의 법률"은 그저 단순하게 동일한 것으로 여겨져서는 안 된다. 그리고 성전에서의 예배를 위해 자비롭게 이것저것을 공급해 준 것에는, 유대인들에게 그들의 세속적인 통치자의 웰빙을 위해 기도해야 할 책임이 부여되어 있다는 점을 인식해야만 할 것이다. 매우 단순한 문제처럼 보이지만, 유대인들이나 기독교인들이나 교회와 국가의 경계선들이 도대체 어디에 그려져야만 하는지를 알고 있다고 보여 주지 못해 왔다. 그럼에도 불구하고, 이 양자간에 구별이 있다는 점을 발견할 수 있는 상황을 적어도 원칙에서만이라도 깨닫는 데 있어서 에스라 시대 때 큰 진전이 있었던 것만은 틀림없는 사실이다. 이 세상이 아니라 하나님 나라의 시민이 되라는 부름과 더불어 주어진 예수님의 급격한 메시지는 오로지 이런 배경을 통해서만 받아들여져 왔다. 비록 사회에서 버림받은 자들과 학대받는 자들에 대한 책임을 감당하라는 역설적인 메시지이지만 말이다. 아이러니컬하게도, 이런 주님의 메시지를 거부했던 사람들로 하여금 산헤드린과 로마 사이의 구별을 교묘히 이용해서 십자가에 처형시킬 수 있도록 만든 것도 다름아니라 바로 이와 같은 구분이었다.

에스라와 함께 귀환한 사람들의 목록(스 7:28b-8:14)

참고문헌

In der Smitten, W. Th. *Esra.* **Koch, K.** "Ezra and the Origins of Judaism." *JSS* 19(1974) 173-97. **Mowinckel, S.** *Studien I.*

본 문

7:28 또 나로 왕과 그 모사들의 앞과 왕의 권세 있는 모든 방백의 앞에서 은혜를 얻게 하셨도다 나의 하나님 여호와의 손이 나의 위에 있으므로 내가 힘을 얻어 이스라엘 중에 두목을 모아 나와 함께 올라오게 하였노라	**7:28**[b] So, according to the hand of the Lord my God upon me, I took courage and gathered leading men out of Israel to go up with me.
8:1 아닥사스다 왕이 위에 있을 때에 나와 함께 바벨론에서 올라온 족장들과 그들의 보계가 이러하니라	**8:1** These are the heads of families[a] (together with their genealogy) who went up with me from Babylon in the reign of King Artaxerxes:
2 비느하스 자손 중에서는 게르솜이요 이다말 자손 중에서는 다니엘이요 다윗 자손 중에서는 핫두스요	**2** Of the family of[a] Phinehas: Gershom Of the family of Ithamar: Daniel
3 스가냐 자손 곧 바로스 자손 중에서는 스가랴니 그와 함께 족보에 기록된 남자가 일백오십 명이요	**3** Of the family of David: Hattush the son of Shecaniah[a] Of the family of Parosh: Zechariah,[b] and with him were registered[c] 150 men
4 바핫모압 자손 중에서는 스라히야의 아들 엘여호에내니 그와 함께한 남자가 이백 명이요	**4** Of the family of Pahath-moab: Elihoenai the son of Zerahiah, and with him 200 men
5 스가냐 자손 중에서는 야하시엘의 아들이니 그와 함께한 남자가 삼백 명이요	**5** Of the family of Zattu:[a] Shecaniah the son of Jahaziel, and with him 300 men
6 아딘 자손 중에서는 요나단의 아들 에벳이니 그와 함께한 남자가 오십 명이요	**6** And of the family of Adin: Ebed the son of Jonathan, and with him 50 men
7 엘람 자손 중에서는 아달리야의 아들 여사야니 그와 함께한 남자가 칠십 명이요	**7** And of the family of Elam: Jeshaiah the son of Athaliah, and with him 70 men
8 스바댜 자손 중에서는 미가엘의 아들 스바댜니 그와 함께한 남자가 팔십 명이요	**8** And of the family of Shephatiah: Zebadiah the son of Michael, and with him 80 men
9 요압 자손 중에서는 여히엘의 아들 오바댜니 그와 함께한 남자가 이백십팔 명이요	**9** Of the family of Joab: Obadiah the son of Jehiel, and with him 218 men
10 슬로밋 자손 중에서는 요시뱌의 아들이니 그와 함께한 남자가 일백육십 명이요	**10** And of the family of Bani:[a] Shelomoth[b] the son of Josiphiah, and with him 160 men

11 베배 자손 중에서는 베배의 아들 스가랴니 그와 함께한 남자가 이십팔 명이요
12 아스갓 자손 중에서는 학가단의 아들 요하난이니 그와 함께한 남자가 일백십 명이요
13 아도니감 자손 중에 나중 된 자의 이름은 엘리벨렛과 여우엘과 스마야니 그와 함께한 남자가 육십 명이요
14 비그왜 자손 중에서는 우대와 사붓이니 그와 함께한 남자가 칠십 명이었느니라

11 And of the family of Bebai: Zechariah the son of Bebai, and with him 28 men
12 And of the family of Azgad: Johanan the son of Hakkatan, and with him 110 men
13 And of the family of Adonikam the last ones,[a] namely[b] Eliphelet, Jeiel, and Shemaiah, and with them 60 men
14 And of the family of Bigvai: Uthai the son of[a] Zabud,[b] and with him[c] 70 men.

원문주해

1.a. 3인칭 남성 복수형 어미는 뒤이어서 하올림(העלים, "올라간 자들")이 나올 것을 예견한다.

2.a. 문자적으로는 "…의 아들"이며, 이 목록 전체를 통해 마찬가지로 나타난다.

3.a. 마소라 텍스트(MT)에는 "스가냐 자손"으로 되어 있는데, 이는 외관상 이 이후에 이름 하나가 누락된 것처럼 보이게 만든다. 하지만 아마도 마소라 텍스트(MT)가 목록의 패턴에 잘못 동화된 것으로 보인다. 이에 반해 에스드라1서 8:29을 통해 미브네이(מבני)를 벤(בן, "아들")으로 약간 수정하는 것은 대상 3:22의 (수정된) 계보를 확인해 준다. 그럼에도 불구하고, 관련된 세 가지 경우들(대상 3:22; 스 8:3 그리고 5절)에 있어서 마소라 텍스트를 수정하지 않고 읽으면 스가냐의 아들이 계속해서 목록들에서 누락된다는 점은 참으로 묘한 일이다. (5절에 대해서는 아래를 보라; 대상 3:22에서 "스가냐의 자손들" 뒤에는 오직 하나의 이름만이 좇아 나온다. 하지만 이 구절 마지막 부분에 나오는 "6" 때문에, "그리고 스마야의 자손들"이 중복된 글자를 생략하는 실수로 인해 만들어진 것으로 보인다. 이렇게 함으로써 앞부분의 어려움을 제거한다).

3.b. 뒤이어 나오는 목록의 패턴은 스가랴 아버지의 이름이 여기에 누락되어 있음을 보여 준다.

3.c. 노래하다 동사가 복수형 주어 앞에; 참조. GKC § 145o: 문자적으로는 "그리고 그와 더불어 150명이 남성들로서 등록되었다"이다.

5.a. 칠십인경과 에스드라1서를 토대로 해서 복원되었다. 이 목록의 양식은 마소라 텍스트(MT)에서부터 이름이 누락되었다는 점을 아주 분명하게 보여 준다. 엄격하게 말한다면, 마소라 텍스트는 "스가냐의 가족의"라고 읽을 수 있다(위의 "원문주해" 3.a.를 참조하라). 그러나 이렇게 바꾸는 것을 뒷받침해 줄 외적 증거는 전혀 없다.

10.a. 마소라 텍스트(MT)에는 나와 있지 않지만, 5.a.와 마찬가지 사항을 고려해서 복원되었다.

10.b. 마소라 텍스트(MT)에는 "슬로밋"으로 되어 있지만, 이 이름은 오직 여성형으로만 사용된다. 예닐곱 가지 Vrs들은 모음을 다시 수정해서 찍는 것을 선호한다. 그리고 M. Noth, *Die israelitischen Personennamen im Rahmen der gemeinsemitischen Namengebung* (BWANT; Stuttgart: Kohlhammer, 1928), 165를 참조하라.

13.a. 만약 관사 없이 온다면, 이 단어는 분명히 이상하다. 이 단어는 1절의 관점에서 볼 때 "나중에 온 사람들"(RSV)을 의미할 수 없으며, 또한 "마지막 사람들은…"(NEB)을 의미할 수도 없다. 왜냐하면 이 목록은 다음 구절에서 다른 그룹들에 대한 언급이 나오면서 끝나기 때문이다. 그렇기 때문에 아마도 이 단어는 바벨론에 남아 있었던 아도니감의 가족들 중 마지막 사람을 뜻할 것이다.

13.b. 문자적으로는 "그리고 이것이 그들의 이름들이다"이다.

14.a. 에스드라1서 8:40과 뒤이어 나오는 "그와 더불어"라는 표현은 웨차붓(וזבוד, "그리고 사붓")을 ובְּנוֹ으로 수정할 것을 제안한다.

14.b. K(זַבּוּד); Q와 일부 Vrs에는 Zakkur로 되어 있으며, RSV는 이 기록을 더 선호한다. 어느 형태건 가능하다.

14.c. MSS와 Vrs는 "그리고 그들과 함께"로 읽는데, 이는 14.a.에서 지적된 변형으로 생긴 이차적인 수정의 결과로 설명되어야만 한다.

양식/구조/배경

표제어에 이어서(1절) 이 목록은 제사장들(2절), 왕가 계열(2b-3a절) 그리고 일반인들(3b-14절)을 다루는 세 부분으로 구성되어 있다. 이 점은 앞서 나왔던 포로에서 귀환한 사람들의 목록(스 2장)과 날카롭게 대조를 이루지만, 다른 점에서는 이 문단은 그 부분과 어느 정도의 접촉을 보여 준다. 그러므로 이 목록은 에스라 2장을 토대로 해서 합성된 것 같지는 않다(Mowinckel, *Studien I*, 122과 대조하라. 좀더 진전된 주장들에 대해서는 아래를 보라).

일반 백성들에 대해서 다루고 있는 가장 긴 부분에서는 12가족들이 열거되어 있다. 이 구문들은 각각의 조상들 집의 현재의 우두머리를 알려 주는 규칙적인 구조를 갖고 있으며(1:5에 대한 "주석"을 보라), 또한 그와 함께 갔던 남성 구성원들의 숫자, 조상 집의 이름을 기록하는 구조로 되어 있다. 이런 후자의 내용들이 에스라 2장에도 나타난다는 점에 대해서 놀랍게 생각해서는 안 된다.

이 목록의 문학적 배경은 상당히 많이 논쟁이 되어 왔는데, 이 목록이 완전히 이차적인 첨가물인지, 아니면 진품이긴 하지만 에스라 내용의 중심 편집자(때때로 역대기 사가와 동일시되곤 하는)가 첨가한 독립적 조각인지, 혹은 에스라 자신이 이

것을 그의 비망록(memoir) 안에 포함시켰는지 등에 관해 아무런 의견의 일치도 보지 못한 채 그저 논쟁만 되어 왔다. 이 주장들은 각기 매우 훌륭하게 잘 균형이 잡혀 있지만, 여기서는 이 목록이 원래 독립적인 문헌으로 작성된 것이었으며, 따라서 에스라 비망록(EM)의 첫 번째 저자가 기록하고 포함시킨 것으로 볼 것이다.

이 목록이 독자적인 기원을 갖고 있다는 점은, 1절에 "아르타크세르크세스 왕이 다스릴 때에"라는 표현이 포함되어 있는 것을 통해 강력하게 추측되어 왔다. 만약 이 목록이 현재의 배경으로 특별하게 편집되고 구성되었다면, 이 표현은 지나치게 과다한 내용이라고 할 수 있다. 사실 이 표현은 이미 이 사건들에 대해 에스라 7장에서 알려 준 연대들보다도 더 일반적인 표현이다. 두 번째로, 7:28b과 8:1 간에는 어느 정도의 구어적인 중복이 있다. 이 점은 7:28의 저자가 이미 8:1을 자기 앞에 놓고 있었으며, 의식적으로 문학적 결합의 효과를 얻을 목적이었다고 가정하면 가장 그럴듯하게 설명될 수 있다.

이 부분을 원래의 에스라 내용에 포함시키는 것 역시 후자를 통해 선호되며, 노스(Noth, *Studien*, 125)가 보여 주었듯이 8:15이 7:28(*pace* Mowinckel, *Studien I*, 118)과 부드럽게 연결되지 않는다는 점을 통해 좀더 뒷받침된다. 그보다는, 동사 "모으다"가 반복되는 것은 "반복적인 재개"로 보아야만 한다(4:6-24의 "양식"을 보라). 그러므로 중간에 삽입된 내용은 그 주변을 둘러싸고 있는 내러티브의 저자가 의도적으로 이 부분에 집어넣은 것임을 추측케 한다. (15절에서 사용된 접미어 ואקבצם〈"그리고 나는 그들을 모았다"〉 역시 이런 결론을 뒷받침한다. 참조. In der Smitten, *Esra*, 21.) 마지막으로, 아르타크세르크세스의 조서와 에스라서 내용의 나머지 부분 간에 많은 접촉점들이 있다는 관점에서 볼 때, 우리는 이와 같은 목록이 7:13의 성취를 보여 줄 목적으로 무언가를 포함했어야만 한다는 점을 기대하게 된다. 이런 결론에 반하는 대부분의 주장들은 사실 이 목록의 진정성과 관련되어 있다. 비록 이런 주장들이 엄격하게는 이 부분의 문학적 배경과 연관되어 있다고 할 수 없지만, 그래도 아래 부분에서 즉각 다루어질 것이다. 하지만 이 부분이 내러티브의 흐름을 방해하기 때문에 에스라 비망록(EM)에 포함되어 있었던 것으로 볼 수 없다고 주장하는 것은 분명히 시대착오적인 것임을 여기서 주목해야만 한다.

만약 이 목록이 사실 에스라 비망록(EM)의 저자가 포함시킨 독자적 문헌이었다면, 이 목록의 진정성을 지원해 줄 강력한 추정의 근거가 있어야만 한다. 에스라가 예루살렘에 도착한 직후에 처음으로 이 내용을 기록했지만, 그 이후 그의 모든 행동들에 대한 설명과 기록을 에스라 자신이나 혹은 다른 사람이 할 때 이 부분을 적절한 지점에 포함시켰다고 추정하는 것은 8:34에 근거를 두고 볼 때 타당하다. (만약 이 목록이 원래부터 여행 이후에 완성된 것이었다면, 레위인들은 포함되지 않았을 것이다. 레위인들은 내러티브의 고려 사항들 중 이 연결점에서는 누락되어 있었으며, 그들을 다루고 있는 이 목록의 일부분은 대신 18-20절의 근거가 되었다.) 이 목록의 진정성을 공격하고 있는 이 주장들은 강요적인 것이 아니다. Hölscher가 발전시킨 주장들은 이미 루돌프(Rudolph, 또한 Michaeli; In der Smitten, *Esra* 등도 보라)를 통해 만족스럽게 대답되었다.

8:16에 나오는 모든 이름들이 이 목록에 등장하는 것은 아니다. 그것은 사실이지만, 이들은 숫자가 헤아려진 많은 사람들 속에 포함되었을 것이며, 그저 이름만 언급되지는 않았을 것이다. 이제 앞으로 보게 되겠지만 8:16은 불확실하다. 하지만 7:28과 8:1의 비교를 통해 이 목록에서 열거된 사람들은 (이름들을 통해서가 아니라) "우두머리들, 주도적인 사람들"(ראשים – 로쉬임)이라는 점이 이미 분명해졌다(7:28절 그리고 아마도 8:16). 반면, 이름으로 표현된 사람들은 8:1에서 "가족들의 우두머리들, 족장들"(ראשי אבותיהם – 로쉐이 아보테이헴)로 표현되었다. 사실 이런 명백한 불일치에 관해서 이야기하는 쪽은 이 목록의 진정성을 찬성하는 쪽이다. 왜냐하면 만약 그렇지 않을 경우 우리는 이 이름들이 동일한 것이라고 생각했어야 하기 때문이다.

일반 백성들의 이름들도 에스라 2장에서 역시 발견된다. 이런 반대에 대해서도 역시 쉽게 대답할 수 있는데, 다양하게 확장된 가족들 중 단지 몇몇 사람들만이 우선 처음에 여행을 했으며, 이제 다른 사람들이 그 뒤를 좇았다고 하는 것은 놀라운 일이 아니기 때문이다. 마이어스(Myers)는 두 가지 좀더 진전된 반론들을 펼친다: "첫 번째로 여기서 제사장들은 아론 계열을 좇는 것으로 기록되었지만, 반면에 에스라 2장에서 그들은 사독 계열을 좇는다. 스룹바벨과 에스라 시대 사이에 있어서, 바벨론에서 제사장적인 권위의 우선권은 분명하게 전환되었다." 두 번째로 요압 계열은 이전에는 바핫모압 가족으로 계수되었는데(스 2:6), 지금은 독립적인 지위를 누리고 있다(8:9).

일반 백성 가족들의 숫자(12)는 분명히 개요적이다. 하지만 이 숫자가 개요적이라면 이는 다른 사람의 작업일 수 있기도 하지만, 그와 마찬가지로 에스라의 작품일 수도 있다. 비록 그 설명이 의문스럽기는 하지만, 코흐(Koch, *JSS* 19[1974] 194)는 특별히 에스라가 이 숫자를 더 선호했음을 발견한다("주석"을 보라).

모빙켈(Mowinckel, *Studien I*, 116-17)은 좀더 심화된 주장을 첨가했는데, 그는 여기서 아르타크세르크세스를 "바벨론 왕"으로 부른 것으로 생각하고 있고, 이런 일은 권위 있는 문헌에서는 일어나지 않을 것 같기 때문이다. 하지만 위의 번역이 제시하듯이 그리고 일반적으로 동의되듯이 "바벨론으로부터"(מבבל – 메바벨)라는 표현은 "왕"이라는 호칭이 아니라 동사 "올라갔다"를 한정하는 것이다. 만약 모빙켈의 생각처럼 그렇다면, 전치사 민(מן, "…로부터")은 필요하지 않았을 것이다(참조. 1:1, 2, 8; 2:1; 3:7, 10; 4:2, 3 등). 그러므로 모빙켈의 반대는 본문을 잘못 읽은 것에 토대를 두고 있다.

그러므로 이 목록의 권위에 대해서는 실제적인 반대가 없는 것이므로, 그리고 문학적인 토대를 통해 보았을 때 이 목록은 초기에 작성된 것으로 추측되어 왔으므로, 이 목록은 에스라의 귀환 당시 참여했던 사람들을 정확하게 반영하고 있는 것으로 보인다.

주석

2 제사장들은 에스라 2장과는 대조적으로 그리고 왕가 계열보다 우선적으로 가장 먼저 목록에 포함되었다. 이런 의미에서 이런 외양은 초기의 것인 에스겔 40-48장과 견주어질 만하다. 에스겔 부분 역시 바벨론에서의 제사장 단체에 뿌리를 두고 있고, 왕족이 제사장 계층에 종속적으로 나타나며, 또한 이스라엘의 충만함이 강조되고 있다. 참조. J. D. Levenson, *Theology of the Program of Restoration of Ezekiel 40-48*(HSM 10; Missoula, MT: Scholars Press, 1976).

비록 게르솜이나 다니엘에 대해서는 다른 아무 내용도 알려진 바가 없지만, 2-4절을 통해서 볼 때 이들은 가족들의 우두머리들이었던 것 같다. (이 점은 핫두스에 대해서도 마찬가지로 언급되지 않았다. 이런 방법을 통해서 지금 나온 이 세 사람의 이름들은 뒤이어 나오는 일반 백성인 열두 가족과 구분된다). 이 때는 제사장 보계의 급격한 전환기였기 때문에, 다른 부분들에서 그들에 대해 아무런 언급도 하고 있지 않다는 점이 그들의 존재를 희석시킬 충분한 증거가 되지 못한다(Mowinckel, *Studien I*, 119와 대조하라). 비느하스와 이다말 가족들은 아론 계열의 연결을 나타내며(참조. 출 6:23-25), 많은 주석가들은 이 부분이 "아론의 제사장직을 추적해 올라가는 가장 오래된 기록 중 하나"라고 생각한다(Brockington). 에스라 자신의 보계는 7:1-5에서 비느하스를 통해 거슬러 올라간다.

2b-3a 핫두스는 역대상 3:22에서는 왕가 계열로 알려져 있었다. 이는 에스

라・느헤미야서에 나오는 몇 안 되는 다윗 왕가에 관한 계속적인 관심 중 하나이며(스룹바벨을 스 2-6장에서 취급한 것을 참조하라), 이는 어떤 경우건 간에 최종 편찬자보다는 에스라 비망록(EM) 저자가 기록한 것으로 생각해야 한다. 하지만 여기서는 특별한 중요성을 갖고 있는데, 왜냐하면 이 목록은 분명하게 이상주의적으로 배열되었고, 그러므로 이 기록은 비록 감소되기는 했다고 하나 당시에 왕가 계열에 대한 관심이 있었음을 보여 주기 때문이다.

3b-14 가족들대로 12명이 열거되어 있는데, 대략적인 남성들의 숫자는 1,500여 명이다. 그러므로 여자들과 아이들을 포함해서 전체적인 귀환자들은 대략 5천여 명 정도였을 것이다. 위에서 살펴본 것처럼, 여기 나온 이름들이 에스라 2:3-15과 밀접하게 연결되어 있다는 점은 그리 놀랄 만한 일이 아니다. 하지만 세부적인 내용들에 있어서나 이 이름들이 열거되어 있는 순서 등에 있어서는 차이점들이 있다.

이 목록에 인위적인 요소가 있다는 점은 목록의 순서와 12라는 숫자가 두드러지게 나타나는 모습을 통해서만이 아니라, 각각의 가족들에 대해 제시된 주변 숫자들을 통해서도 추측된다. 거의 전체를 통해 십의 배수들이 사용되었다. 제사장들을 처음에 배치했던 것과 마찬가지로, 12가족들은 에스라 자신의 관점에 잘 들어맞는다. 참조. 24, 35절과 느헤미야 8:4(Koch, *JSS* 19 [1974] 194). 만약 12라는 숫자가 흔히 생각하듯이 전통적인 이스라엘 지파의 숫자에서 추출된 것이라면, 이 점은 에스라가 이전 이스라엘의 남은 자들을 재통합하는 것을 목적으로 하고 있었다기보다는, 코흐(Koch)가 제시하듯이 그의 제한된 공동체만을 이스라엘의 유일하고 합법적인 상속자로 간주했음을 추측케 한다.

해설

에스라가 귀환 그룹을 모으는 데는 거의 아무런 매력도 없었을 것이다. 개척자 정신을 갖고 있었거나 혹은 이스라엘 땅에 대한 강한 집념을 갖고 있던 사람들은 이미 오래 전에 떠났을 것이며, 비록 역사가 침묵하고 있기는 하지만 그 땅으로 간 사람들로부터 바벨론에 있는 가족들에게 보내진 소식들은 귀환을 매우 격려하는 내용은 아니었던 것으로 보인다. 뒤이어 나오는 구절들이 보여 주듯이, 일정 그룹들은 귀환에 대해 어떤 인센티브를 준다고 하더라도 귀환하겠다는 숫자가 특히나 부족했다.

그럼에도 불구하고 상당한 사람들이 모였다. 그리고 이 목록이 구성되어 있는 방식은 분명하게 이들이 제사장적인 관점에서 보았을 때 이상적인 이스라엘이었음을 보여 준다. 비록 에스라 1-3장에서와는 사뭇 다른 강조점들을 보여 주긴 하지만, 그럼에도 불구하고 힘겨운 사막 여행과 그 땅으로 들어가는 내용을 통해 여기에도 제2의 출애굽에 대한 명확한 인상이 포함되어 있다. 그러므로 우리는 여기서 포로지에서 돌아오게 될 것이라는 이스라엘 선지자들의 소망이 이전보다 더 성취되었음을 발견한다. 그들의 소망은 표현상 출애굽의 언어와 이미지들을 사용한 것들이었다. 그렇기 때문에, 이 책에서 제시된 것처럼 제2의 출애굽은 군사적인 사건이 아니라 뒤이은 세대들이 계속해서 향유할 수 있는 그런 경험적인 형태였다. 귀환에 대한 약속과 소망은 귀환했던 첫 번째 그룹을 통해서 소진되지 않았으며, 또한 뒤늦게 훗날 돌아가기로 선택한 사람들에 대한 어떤 비난도 분명히 나타나지 않는다. 새로운 삶에 대한 전망은 여전히 열려 있으며, 이후의 각각의 세대들은 결정하라는 도전을 만난다. 이는 신명기의 반복적인 훈계와 비슷한데, 이 또한 두 번째 세대로 하여금 "생명을 선택"하라고 독려한다(신 30:15-20; 참조. 5:3 등). 신약성경 역시 이전에 했던 회개들보다는 복음의 도전에 대한 응답으로 최종적으로 회개하는 것의 중요성에 대해 강조한다. 참조. 마태복음 20:1-16; 21:28-31; 누가복음 15장 등.

에스라의 예루살렘 여행(스 8:15-36)

참고문헌

Browne, L. E. "A Jewish Sanctuary in Babylonia." *JTS* 17(1916) 400-401. **Driver, G. R.** "Babylonian and Hebrew Notes." *WO* 2(1954-58) 19-26. **In der Smitten, W. Th.** *Esra.* **Kapelrud, A. S.** *Authorship.* **Koch, K.** "Ezra and the Origins of Judaism." *JSS* 19(1974) 173-97. **Pelzl, B.** "Philologisches zu Esra 8:27." *ZAW* 87(1975) 221-24. **Snaith, N.H.** "A Note on Ezra viii.35." *JTS* ns 22(1971) 150-52.

본 문

15 내가 무리를 아하와로 흐르는 강가에 모으고 거기서 삼 일 동안 장막에 유하며 백성과 제사장들을 살핀즉 그 중에 레위 자손이 하나도 없는지라

15 I assembled them by the canal which flows to Ahava, and we encamped there for three days. I noted the presence of laymen and priests, but discovered that none of the Levites were there.

16 이에 모든 족장 곧 엘리에셀과 아리엘과 스마야와 엘라단과 야립과 엘라단과 나단과 스가랴와 므술람을 부르고 또 명철한 사람 요야립과 엘라단을 불러

16 So I summoned[a] Eliezer, Ariel, Shemaiah, [b]Elnathan, Jarib, Zechariah, and Meshullam, intelligent leaders,[b]

17 가시뱌 지방으로 보내어 그 곳 족장 잇도에게 나아가게 하고 잇도와 그 형제 곧 가시뱌 지방에 거한 느디님 사람들에게 할 말을 일러 주고 우리 하나님의 전을 위하여 수종들 자를 데리고 오라 하였더니

17 and sent[a] them to Iddo, the leading man at the place Casiphia, giving them a message to relay to Iddo [b]and his brethren and the temple servants[b] at the place Casiphia that they should bring us ministers for the house of our God.

18 우리 하나님의 선한 손의 도우심을 입고 저희가 이스라엘의 손자 레위의 아들 말리의 자손 중에서 한 명철한 사람을 데려오고 또 세레뱌와 그 아들들과 형제 십팔 명과

18 Then, according to the good hand of our God upon us, they brought us a man of discretion from the family of Mahli son of Levi, the son of Israel, namely[a] Sherebiah, together with his sons and kinsmen: eighteen;

19 하사뱌와 므라리 자손 중 여사야와 그 형제와 저의 아들들 이십 명을 데려오고

19 also Hashabiah and with him Jeshaiah from the family of Merari, his kinsmen[a] and their sons: twenty;

20 또 느디님 사람 곧 다윗과 방백들이 주어 레위 사람에게 수종들게 한 그 느디님 사람 중 이백이십 명을 데려왔으니 그 이름이 다 기록되었느니라

20 and of the temple servants whom David and the princes had appointed to serve the Levites: 220 temple servants; they were all recorded by name.

21 때에 내가 아하와 강가에서 금식을 선포하고 우리 하나님 앞에서 스스로 겸비하여 우리와 우리 어린것과 모든 소유를 위하여 평탄한 길을 그에게 간구하였으니

21 Then I proclaimed a fast there by the canal Ahava in order that we might humble ourselves before our God so as to ask of him a safe journey[a] for ourselves, for our children and for all our goods,[b]

22 이는 우리가 전에 왕에게 고하기를 우리 하나님의 손은 자기를 찾는 모든 자에게 선을 베푸시고 자기를 배반하는 모든 자에게는 권능과 진노를 베푸신다 하였으므로 길에서 적군을 막고 우리를 도울 보병과 마병을 왕에게 구하기를 부끄러워하였음이라

22 for I was ashamed to ask the king for a detachment of soldiers and cavalry, to help us against enemy attack on the way, since we had already said to the king, "The hand of our God rests in favor upon all those who seek him, whereas his fierce wrath[a] is upon all those who forsake him."

23 그러므로 우리가 이를 위하여 금식하며 우리 하나님께 간구하였더니 그 응낙하심을 입었느니라

23 So we fasted and besought our God for this and he heard our entreaty.

24 그 때에 내가 제사장의 두목 중 십이 인 곧 세레뱌와 하사뱌와 그 형제 십 인을 따로 세우고

24 Then I set apart twelve of the priests' chiefs and [a]Sherebiah and Hashabiah[a] and with them ten of their kinsmen,

25 저희에게 왕과 모사들과 방백들과 또 그 곳에 있는 이스라엘 무리가 우리 하나님의 전을 위하여 드린 은과 금과 기명들을 달아서 주었으니

25 and I weighed out to them the silver, the gold, and the vessels – the offering for the house of our God – which the king, his counselors, and his chiefs, as well as all Israel who were present, had offered.

26 내가 달아서 저희 손에 준 것은 은이 육백오십 달란트요 은 기명이 일백 달란트요 금이 일백 달란트며

26 I weighed out into their keeping: 650 talents of silver 100 silver vessels weighing…talents[a] 100 talents of gold

27 또 금잔이 이십 개라 중수는 일천 다릭이요 또 아름답고 빛나 금같이 보배로운 놋그릇이 두 개라

27 20 gold bowls worth 1,000 darics[a] 2 vessels of brightly gleaming copper[b] as precious as gold.

28 내가 저희에게 이르되 너희는 여호와께 거룩한 자요 이 기명들도 거룩하고 그 은과 금은 너희 열조의 하나님 여호와께 즐거이 드린 예물이니

28 And I said to them, "You are holy to the Lord, and the vessels are holy; the silver and the gold are a freewill offering to the Lord the God of your fathers.

29 너희는 예루살렘 여호와의 전 골방에 이르러 제사장의 두목들과 레위 사람의 두목들과 이스라엘 족장 앞에서이 기명을 달기까지 삼가 지키라

29[a] Take the greatest care of them[a] until you weigh them out before the chiefs of the priests and the Levites and the fatale chiefs[b] of Israel in Jerusalem in the chambers of[c] the house of the Lord."

30 이에 제사장들과 레위 사람들이 은과 금과 기명을 예루살렘 우리 하나님의 전으로 가져가려하여 그 중수대로 받으니라

30 Thus the priests and the Levites [a]took responsibility for the consignment of[a] silver and gold and vessels, to bring them to Jerusalem, to the house of our God.

31 정월 십이 일에 우리가 아하와 강을 떠나 예루살렘으로 갈새 우리 하나님의 손이 우리를 도우사 대적과 길에 매복한 자의 손에서 건지신지라

31 We departed from the river Abava on the twelfth day of the first month to go to Jerusalem; the hand of our God was upon us and he saved us from enemy attacks and from ambush on the way.

32 이에 예루살렘에 이르러 거기서 삼 일을 유하고

32 When we arrived at Jerusalem, we rested there for three days.

33 제사일에 우리 하나님의 전에서 은과 금과 기명을 달아서 제사장 우리아의 아들 므레못의 손에 붙이니 비느하스의 아들 엘르아살과 레위 사람 예수아의 아들 요사밧과 빈누이의 아들 노아댜가 함께 있어

33 Then on the fourth day the silver, the gold, and the vessels were weighed out in the house of our God into the care of Meremoth, son of Uriah, the priest, together with Eleazar, son of Phinehas, and assisting them were the Levites Jozabad, son of Jeshua, and Noadiah, son of Binnui.

34 모든 것을 다 계수하고 달아 보고 그 중수를 당장에 책에 기록하였느니라

34 Everything was checked[a] by number and by weight and the total weight was recorded in writing.

35 사로잡혔던 자의 자손 곧 이방에서 돌아온 자들이 이스라엘 하나님께 번제를 드렸는데 이스라엘 전체를 위한 수송아지가 열둘이요 또 숫양이 아흔여섯이요 어린양이 일흔일곱이요 또 속죄제의 숫염소가 열둘이니 모두 여호와께 드린 번제물이라

35 At that time[a] those who had come[b] from the captivity, the exiles, offered as burnt offerings to the God of Israel twelve bulls for all Israel, ninety-six rams, and seventy-two[c] lambs (and twelve he-goats as a sin-offering),[d] the whole being a burnt offering to the Lord.

36 무리가 또 왕의 조서를 왕의 관원과 강 서편 총독들에게 부치매 저희가 백성과 하나님의 전을 도왔느니라

36 And they delivered the king's orders to the royal satraps and governors of Beyond the River who then gave support to the people and to the house of God.

원문주해

16.a. 문자적으로는 "보냈다"이다. 다른 방식으로는 라멘(ל)이 목적격을 도입할 수도 있다. 참조. NEB, "그러므로 나는 엘리에셀을 보냈다…." Vrs는 올바른 해석을 공유하고 있다. 16a절을 반복하지 않도록 피하는 것이 여기에 제시된 번역을 더욱 지지한다.

16.b-b. 이 부분에서 NEB는 마소라 텍스트(MT)를 문자 그대로 표현했다: "엘라단, 야립, 나단, 스가랴 그리고 므술람, 명철한 사람들, 그리고 요야립과 엘라단, 분별력 있는 사람들." 두 그룹 간의 구별은 메비님(מבינים, "명철한 사람")이라는 표현이 "가르치는 사람들"을 의미할 경우이고, 그래서 제사장들일 경우에만 정당화될 수 있다. 그러나 왜 이들을 이런 방식으로 수식하도록 구상되어야만 했는지에 대해서는 아무런 이유도 나타나지 않는다. 이름들 목록 역시 어려운 점들을 갖고 있다: 엘라단은 세 차례 등장하고, 동의

어로 여겨지는 나단은 한 번 등장하지만, 반면에 야립과 요야립은 같은 이름을 단순하게 변형시킨 이름들일 뿐이다. 만약 다른 사람들을 언급한 것이라면, 우리는 구별을 분명하게 하기 위해서 아버지의 이름을 본딴 이름들도 포함되었을 것으로 기대할 수 있다. 그러므로 "그리고 요야립 그리고 엘라단"은 제거되어야만 할 것이다. 이 두 명의 이름들은 메비님(מבינים, "명철한 사람")과 로쉼(ראשים, "우두머리들, 족장들")을 함께 결합하면서 초기에 만들어진 이 목록을 윤색할 때 잘못 놓여진 이름들로 말이다. 이는 에스드라1서 8:44에 여전히 나타난다. 하지만 윤색을 하게끔 했던 혼란은 분명히 에스드라1서 시기 때에 이미 일어났으며, 그래서 우리는 다만 추측해야 하는 상황으로 빠져들게 된다. 생각건대, 윤색이 함축하는 것처럼 엘라단의 한 번의 등장과 나단의 등장은 초기의 변형이나 수정으로 여겨 제거되어야만 한다. (Rudolph[80]는 다른 방식으로 여섯 개의 MSS에 토대를 두고서 엘라단의 한 번의 등장을 요나단으로 읽어야만 한다고 주장한다. 하지만 이는 초기 Vrs을 통해 뒷받침되지 않으며, 그렇기 때문에 아마도 반복적인 마소라 텍스트 〈MT〉를 개선하려는 이차적인 노력을 보여 주는 것으로 보아야 할 것이다.)

17.a. 그래서 K의 와오치아(וְאוֹצִאָה)를 좇았고, Q에는 와아차웨(וָאֲצַוֶּה, "나는 그들에게 명령했다")로 되어 있다. 비록 엄격하게는 번역할 때 이들을 묶어 주는 것이 타당하지 않지만, 그 의미에 있어서는 심각한 영향을 받지 않는다 (예를 들면, NEB에는 "가라고 하는 지시를 가지고서"로 되어 있다).

17.b-b. 에스드라1서 8:46의 지지를 통해서 ואחיו והנתינים로 읽으라. 접속사는 겹치는 글자를 탈락시키는 방식을 통해 각각의 경우에 제거될 것이다. 마소라 텍스트(MT)에서는("잇도 그의 형제 성전을 섬기는 종들") 의미가 통하지 않으며, 레위인들의 리더로서 권위를 갖고 있던 잇도가 성전을 섬기는 사람들 중 한 사람이었다는 의미를 갖게 만드는 어떤 수정도 피해야만 한다. K의 הנתונים은 "임명된 사람"이라는 뜻으로 해석될 수 있다. 이는 무언가 일종의 성소가 카시피아(Casiphia, "주석"을 보라)에 있었다는 추측과 잘 들어맞으며, 이 점은 이전의 여러 번역들의 지지도 누린다. 그럼에도 불구하고, 뒤이어 나오는 목록에 토대를 두고서 Q가 더욱 선호되어야만 한다. K는 한때 접속사의 상실이 일어났을 수 있으며, 이것은 "그의 형제"와 관련을 맺게 하고, 그래서 "성전을 수종드는 자들"과는 부적절한 것으로 만들었다. 이는 "헌신된, 바쳐진" 등으로 이해될 수 있었다.

18.a. 해설적인 *wāw*이다.

19.a. 문자적으로만 본다면, 위와 같이 표현하는 마소라 텍스트(MT)는 분명 조금 이상한 표현이다. 그러나 그렇다고 해서 불가능한 것은 아니다. 그럼에도 불구하고, 많은 주석가들은 אחיו("그의 동족 남자들")을 אָחִיו("그의 형제")로 모음을 수정해서 다시 찍는 편에 서 있으며, 이를 여사야와 동일시하는 데까지 나아간다.

21.a. 문자적으로는 "곧은, 평평한 길"이다.

21.b. 1:4에 대한 "주석"을 보라.

22.a. 중언법(헨디아디스).

24.a-a. 에스드라1서를 통해 ושרביה וחשביה로 읽으라. 그들이 이 구절의 첫 번째 부분에서 제사장들과 연결되지 않아야 한다는 점은 분명하다. 왜냐하면 그들은 레위인들이기 때문이고(18-19절), 또한 이미 포함된 숫자들 때문이다. 마치 재구성된 것처럼, 이 본문은 우리에게 열두 명의 제사장들과 열두 명의 레위인들에 관해 알려 준다.

26.a. 27절 처음 시작 부분의 평행적 구조가 보여 주듯이 여기엔 숫자가 빠져 있다. 많은 사람들(예를 들어, Ehrlich, *Randglossen*; Bewer; Rudolph; NEB)은 비록 증거가 없긴 하지만 이 단어에 단순하게 모음 처리를 해서 복수 형태인 달란트들로 만든다: 리키카라임(לְכִכָּרַיִם "두 달란트"). 칠십인경과 Vg는 "달란트"를 함께 누락하고 있으며, 반면에 에스드라1서(RV는 이것을 좇는다)는 온당치 않게 מאה("100")을 "은 기명들"보다는 "달란트"와 연결시킨다.

27.a. 참조. Williamson, *TynB* 28(1977) 123-25. 칠십인경(LXX)은 이 본문이 원래는 2:69에서처럼 "드라크마"로 되어 있었다는 또 다른 가능성을 제시한다.

27.b. 참조. Pelzl, *ZAW* 87(1975) 221-24. 그는 토바(טובה)를 부사적 의미인 "밝게"로 해석해야 한다고 주장한다.

29.a-a. 문자적으로는 "보고 지키다"이다.

29.b. 이 자리에 있어야 할 것으로 기대되는 로쉐이(ראשי, "우두머리들")를 대신하여 소레이(שרי, "두목들")라는 일반적이지 않은 표현이 사용된 것(그리고 정자법상 전적으로 비슷하지 않다고 할 수 없는)은 앞에 나온 구문의 영향으로 인해 잘못 자리잡게 된 것으로 보인다. 그러나 "주석"을 참조하라.

29.c. 마소라 텍스트(MT)는 이 부분의 구성 속에 명사에 대해 정관사를 갖고 있다. 만약 루돌프(Rudolph)가 옳다면, 수정해야 한다는 제안들은 불필요한 것이 될 것이다. 그는 전체 구문에 대해서 의도적으로 לְשְׁכוֹת와 הַלְּשָׁכוֹת가 "혼합된 형태"인 이 단어가 나오는 것으로 이해하면서 이를 장소적인 목적격으로 본다.

30.a-a. 문자적으로는 "…무게로 받다"이다.

34.a. 이 동사는 좀더 부드럽게 읽기 위해 번역 과정에서 첨가되었다. 마소라 텍스트(MT)에서는 "숫자대로, 전체 무게대로"가 앞 구절에서의 "무게를 쟀다"를 한정해 준다.

35.a. 마소라 텍스트(MT)에서 이 구문은 앞 구절을 결론짓는데, 이는 "같은 시간에"로 번역되어야만 한다. 다른 한편으로 지금 구절의 갑작스러운 시작은 35-36절에서 3인칭 내러티브로의 전환과 더불어 이 구문을 이 내러티브의 도입으로 취급하는 것을 지지한다. 칠십인경(LXX)은 이를 지지할 수도 있지만, 그 증거가 애매모호하다.

35.b. *BHS*에서는 Ehrlich의 추측을 통해 수정한 רבבאם("그리고 그들이 도착했을 때")를 반복하는데, 사실 이를 뒷받침할 아무런 증거도 없다.

35.c. 마소라 텍스트(MT)에는 "77"로 되어 있지만, 다른 모든 숫자들은 12의 복수형들

이며 에스드라1서는 수정하는 것을 지지한다. 이 오류는 동일 철자 반복과 앞에 나온 단어의 영향이 결합되어서 생겨났을 수 있다.

35.d. Snaith, *JTS* ns 22(1971) 150-52는 이처럼 괄호 처리해서 사용한 것에 대해 속죄제가 번제의 일부분이었다는 불가능한 추측을 피하기 위해서라고 주장한다.

양식/구조/배경

비록 이 부분은 에피소드 단위로서는 예닐곱 개의 소단락들로 구성되어 있지만, 그럼에도 불구하고 준비, 이후의 순서, 예루살렘으로의 여행 등에 집중함으로써 전체적으로 한 단위를 형성한다. 성전에 드려진 것들을 다루는 일(24-30, 33-34절)과 3일이라는 기간이 이 부분의 골격을 형성한다. 이 삼 일 동안은 여행을 떠나기 전에 집합하고 점호하는 일(15절) 그리고 마지막 결론 부분에서 쉼과 관련하여 사용된다(32절). 이 내러티브는 전체적으로 중단없이 계속되는 방식으로 진행된다. 하지만 15절에 나타나는 반복적인 재개("양식", 7:28b-8:14 등을 보라)를 통해 앞에 나온 목록(1-14절)과 전혀 다른 부분으로 구별되며, 또한 35-36절에 나오는 3인칭의 요약을 통해 이어지는 사건들과도 구별된다.

이 문단에서는 세 단계의 구성 단계를 식별할 수 있다. 첫 번째로는, 두 개의 짧은 목록들이 있는데 둘 다 아마도 기록과 연관되어 있거나 혹은 관련된 사건들 직후와 연관되어 있을 것이다. 이 점은 20절의 결론 부분에서 레위인들과 성전을 수종드는 사람들의 목록을 요약하고 있다는 점을 통해 나타나는데, "이들 모두는 이름으로 기록되어 있다". 다른 식으로 말하자면, 현재 본문의 저자는 그가 사용하는 자료를 좀더 앞선 원 자료에서 발췌하여 사용했다. 8:1-14에서와 마찬가지로, 많은 학자들은 이 목록을 훨씬 후대의 이차적인 보충과 확장으로 본다(예를 들어, Noth, *Studien*, 125; Mowinckel, *Studien III*, 29; Kellermann, *Nehemia*, 64). 하지만 그들이 내세우는 근거는 매우 약한 것들이고, 분명히 위의 8:1-14과 같이 비교 가능한 문단들에 대한 유사한 결론들과 동떨어질 수 없는 것들이다. 하지만 위에서 이 두 개의 목록들은 원래는 하나였을 것이라고 추측했으며(참조. 8:1에 나오는 포괄적인 표제어는 이 목록이 결국 유대인들을 포함해서 예루살렘에 돌아온 모든 사람들의 목록임을 제시하고 있다), 또한 이 두 개의 목록은 내러티브의 요구 때문에 단지 분리되었을 뿐이라고 추측했다. 그렇기 때문에 8:1-14이 문학적 완전성과 진정성을 갖고 있다고 앞서 우리가 내렸던 결론은 여기서도 마찬가지로 적용될 것이다.

두 번째 목록은 성전에 바쳐진 제물들에 관한 내용인데(26-27절), 이 목록은 이 사건들이 일어난 시기에 글을 쓰면서 기록된 것으로 이야기된다(34절). 내러티브가 진술하는 것과 마찬가지로, 이 목록은 여행 이전과 이후 두 시기 모두에서 목적을 서술하는 데 필요했을 것이며, 그들 손에 맡겨진 제물과 물품들에 대한 책임을 지적하고 있다. 이와 같은 목록은 애당초 처음부터 성전 문헌들에 보존되어 있었을 것이다.

이 두 가지 목록들은 모두 이미 우리에게 친숙한 형태이며, 이들은 주목할 만한 독특성이나 형태상의 발전을 보여 주지 않는다. 다만 레위인들을 기록하는 방식이 일반 백성들에 대한 방식과 조금 다를 뿐이다. 8:1-14에 대한 "양식"을 보라. 그리고 (제물 목록에 대해서는) 1:7-11에 대한 "양식"을 보라.

이 문단에는 이 두 개의 목록들이 서로 얽혀 있는데, 이 문단의 대부분의 내용 또한 에스라 비망록(EM)이다. 이 부분이 단일성을 갖고 있다는 점은 폭넓게 인정되고 있으며, 이 부분에서 단일한 작문과 구성을 보여 준다는 것을 부인할 아무런 이유도 없다. 그렇기 때문에 이 부분의 일반적인 배경과 진성성에 대한 결정은 에스라서의 내용에 대한 우리의 전체적인 평가에 크게 의존한다(서론, "에스라 비망록"을 보라).

하지만 이 문단에는 이 평가에 기여하는 자체적인 한두 가지 특징들이 있다. 첫 번째로는, 아하와 그리고 가시뱌라는 두 개의 지명이 나오는데, 이 지명들은 다른 곳에서는 등장하지 않는 곳들이다. 어떤 사람들은 이 지명들이 한때는 유대인들의 중심지 역할을 하던 지명들이었으며, 그래서 후대의 저자에게 알려진 곳이었다고 생각했다. 하지만 2:59에 나오는 이름들처럼, 이 지명들은 여기 묘사된 사건에 연루된 사람들을 통해 이 지역들에 대해 알게 된 그런 이름들일 가능성이 높다. 이는 작긴 하지만 에스라 비망록(EM)의 진정성을 지시해 주는 부분이다.

두 번째로는, 7:1-10에서 주목했던 것처럼 이 두 문단의 연대들 간의 흥미로운 관계성은 좀더 이전 내용이 7:1-10에서 편집자 앞에 놓여 있었다는 이론을 통해 가장 잘 설명된다. 이런 추측은 현재 부분이 이미 앞서 구성되었고 독자적으로 구성되었음을 자연적으로 지적한다.

마지막으로, 이 주장과 논쟁하는 과정 속에서 이 내러티브에는 느헤미야 비망록(NM)의 내용을 되풀이하는 몇 가지 특징적인 요소들이 있다는 점이 관찰되어 왔으며(참조. In der Smitten, *Esra*, 22-23), 이 요소들은 에스라를 느헤미야보다 더 높이기 위해 신중하게 기록되고 구성된 것들이었다. 각각의 요소들에 대해서는 아래의 "주석"에서 검토할 것이다. 우리는 여기서 이 주장을 뒷받침할 만큼 증거가 강력하지 않다는 입장을 유지함으로써 우리의 결론을 요약할 수 있다: 수많은 예들은 단순히 내러티브의 요구 때문에 생겨난 것이지 역사적으로나 관례적으로 이야기해서 생겨난 것들이 아니다. 그렇기 때문에 이 요소들은 직접적인 의존을 요구하지 않는다. 여기에 덧붙여서, 7:1-10(혹은 8:35-36; 아래를 보라)이 이 주장을 뒷받침해 준다고 할 수 없다. 왜냐하면 거기에서 이 구절들은 현재의 형태가 틀림없이 느헤미야 비망록(NM)에서 지식을 빌려온 후대의 편집자가 형성한 것이라고 주장되었기 때문이다. 세 번째로, 만약 흔히 이야기하는 것처럼 에스라 7-10장과 느헤미야 8-13장의 상당 부분의 내러티브들이 에스라가 느헤미야를 무색케 할 목적으로 역대기 사가를 통해 창작된 것이라면, 이 일이 "좀더 효과적으로" 충분히 성취되지 않았다는 점은 이상하고 놀라운 일이다(J. A. Emerton, review of Kellermann, *Nehemia*; *JTS* ns 23[1972] 183). 우리가 지금 제시한 처음 두 가지 구성 단계에 포함되지 않은 극소수의 예들은 이 경우 의도적으로 느헤미야를 모델로 삼기 위해 만들어진 것이라는 주장을 충분히 유지할 수 있는 것이 아니다. 그리고 이런 예들이 생겨난 것은, 이 두 사람이 일반적으로 동일한 역사적 시기라 할 수 있는 시기 동안 비슷한 모험적 사역을 감당했다는 역사적 일치점 때문에 생겨난 것으로 보아야만 한다. 구성의 세 번째와 마지막 단계는 3인칭 서술인 35-36절에서 볼 수 있을 것이다. 이 부분을 에스라 비망록(EM)에서의 인칭 변화라는 문제와 관련해서 충분히 다루지 않는다 하더라도(아래의 10장에 관한 논의를 보라), 후대의 편집자가 이 부분을 책임지고 있다고 보는 것이 그럴듯해 보인다. 이 내용을 에스라 비망록(EM)에서 얻었을 것이라고 추측하는 것이 비합리적인 것은 아니지만, 이와 같은 추론은 엄격하게 말해서 별로 필요하지 않다: 35절은 편집자가 익숙했던 제의적 관행이라는 측면에서 볼 때 그가 기대했던 내용의 토대로 삼기에 그만하면 충분했던 반면, 36절은 이 편집자가 물론 알고 있었던 7:21과 느헤미야 2:9을 통해 제시되었을 것이다. 루돌프(Rudolph)는 편집자가 에스라 비망록의 다음 부분을 느헤미야 8장으로 옮기는 데 있어서 이 문단도 동일한 기능을 하는 부분으로 여기에 자리잡게 했다고 주장하는데, 그의 주장이 옳을지도 모른다.

주석

15-20 모인 회중들 가운데 레위인들이 부족한 문제를 해결하다.

15 이 내러티브는 앞에 나온 혼잡한 목록 이후에 의도적으로 7장 마지막 부분에

서부터 다시 시작한다. 지금은 회중들 모임이 "아하와로 흐르는 강가에서" 이루어졌다는 새로운 정보와 더불어 시작한다. 비록 21절을 보면 강가와 지역이 같은 이름을 공유하고 있긴 하지만, 여기가 어디인지는 아직 정확하게 알려져 있지 않다. 우리는 정황상 이 곳이 바벨론에 가까운 넓고 개방된 장소였다고 추정해야만 한다. 바벨론 자체도 유브라데 위에 세워졌는데, 여기서 방어적인 목적으로 만들어진 수많은 물길들과 수로들이 흘러나왔다(참조. *IDB* 1, 334-38; 겔 1:1; 시 137:1). 아하와도 틀림없이 이들 중 하나였다.

모이고 준비하는 "3일" 동안(비록 이 숫자 자체도 훌륭하게 합리적이긴 하지만, 이 숫자는 어느 정도 관례적인 표현이었을 것이다. 32절에 대한 "주석"을 보라) 레위인들이 전혀 없다는 사실을 알게 되었다. 그 이유들은 아마 2:40에서 주목했던 것과 마찬가지였을 것이다. 이미 그 땅으로 돌아간 활동하는 레위인들이 있었기 때문에, 이 부분에서 에스라의 관심을 주로 미래에 레위인들이 필요할 것이라는 그의 예견에 맞추어 판단할 수는 없다. 그보다는, 코흐(Koch, *JSS* 19[1974] 187)가 관찰하듯이 최소한 상징적인 레위인 그룹을 포함시키기 위해 출발을 연기하는 일은 원래의 출애굽 이후 사막을 통한 행진 명령이 어떻게 이루어지는가라는 배경에서만 이해할 수 있다. P자료에 따라서(민 10:13 이하) 일반 백성이나 제사장들은 물론이고 특별한 임무들을 위해 레위인들도 있어야만 했다.

16-17 에스라는 상당한 지도자들을 특별히 파송하는 데 지체하지 않았던 것으로 보이고, 또한 직접 가시뱌(다른 곳에서는 이 지명이 알려져 있지 않은)로 보냈기 때문에 그 곳이 제의 중심지였거나 혹은 심지어 성막이 그 곳에 있었다고까지 주장되어 왔다(참조. Browne, *JTS* 17[1916] 400-401). 이 주장에 대한 뒷받침은 "그 장소"(המקום – 하마콤, 개역성경에서는 "지방")라는 한정어가 반복적으로 사용되는 데서 더 발견된다: 이 표현은 "성막"과 관련된 경우에 사용되었다(참조. A. Cowley, "The Meaning of מקום in Hebrew," *JTS* 17[1916] 174-76). 반면에 보우먼(Bowman)의 주장은 이 표현이 여기서는 마치 아카디아어에서처럼 읽는 데 도움을 주기 위해 그저 한정적인 의미로만 사용되었다는 것이다. 그러나 이는 확신할 수 없는 추측일 뿐인데, 왜냐하면 이는 히브리어에서 사용된 그런 용법이 아니기 때문이다. 유대인들의 예배 중심지가 포로기 동안에 다른 민족들의 디아스포라들에서처럼 발전했으며 엘레판티네(Elephantine)에 성전이 있었다는 것은 잘 알려져 있다. 그러므로 이 제안은 비록 입증되지는 않았지만 합리적이다. 그러나 잇도의 정확한 역할이 무엇인지는 여전히 알 수 없는 채로 남아 있다. "그의 형제"는 물론 레위인

들이었다. 반면에 "성전에 수종드는 사람들"에 관해서는 2:43-58에 대한 논의를 보라.

18-19 38명의 레위인들이 응했다. 이는 매우 적은 숫자로 보일 수도 있지만, 이들이 이런 결정을 해야만 했다는 측면에서나 이렇게 중요한 이동을 준비하는 데 걸린 속도라는 측면에서 생각해 본다면 여지껏 레위인들의 뒷받침을 확보하는 데 있었던 어려움들이 무엇이었건 그것과는 별개로, 에스라는 그들이 있다는 것만으로도 하나님의 특별한 은혜의 표식으로 보았으며 모든 일들을 해나가는 데 하나님의 축복이 임하고 있음을 보여 주는 것으로 여겼다.

세레뱌는 에스라 내러티브에서 예닐곱 번 등장한다. 참조. 24절; 느헤미야 8:7; 9:4, 5; 10:12; 12:8, 24. 레위인들 중에서("레위의 아들") 그는 므라리 자손 중 레위의 손자인 말리 계열의 사람이며, 전통적으로 성막 운반을 책임지던 가족이었다(민 3:33-37; 4:29-33). 만약 "이스라엘의 아들"이라는 호칭(개역성경에는 "이스라엘의 손자"로 되어 있다)이 "야곱의 아들"을 의미한다면, 비록 야곱을 이스라엘이라고 사용하는 것이 역대기에서는 규칙적인 용례이긴 하지만 에스라·느헤미야서에서는 독특한 모습이다. 다른 가능성으로는 본문상의 수정이 있었을 수도 있으며(Batten), 혹은 이 표현은 마치 "레위의 아들"이 "레위인들"을 뜻하는 것처럼 그저 이스라엘 백성들을 의미하는 것일 수도 있다.

20 2:43-58에서처럼 많은 수의 성전을 수종드는 자들이 돌아가고자 했다. 저자는 그들 이름의 전체 목록을 이용할 수 있었던 것 같다. 이 부분은 우리에게 그들의 기원에 대해 명백하게 이야기해 주는 유일한 문단이다. 아마도 "솔로몬 아들들의 종들"(개역성경에서는 "솔로몬 신복들의 종들")과의 유사성을 통해(참조. 2:55-57), 이들은 다윗과 그의 왕자들이 레위인들을 섬기도록 임명했던 자들로 이야기된다. 이는 오경에서 제의와 관련하여 했던 규정을 넘어서는 제의 기관들이 어떻게 생겨나고 발전했는지를 설명할 때, 다윗에 의해 그런 변화가 생긴 것으로 돌리면서 합법화하던 시기의 일반적인 경향과 동일선상에 있다. 비록 이 특별한 그룹에 관한 언급이 역대상 9:2에서 그저 지나치듯 나올 뿐이고, 또한 거기서 언급된 이들의 기원에 관한 내용이 지금 이 구절과 다르기는 하지만, 이들에 대한 대여섯 가지 예들을 역대기에서 발견할 수 있다(참조. 대상 15-16장; 23-27장). 참조. S. Japhet, *VT* 18(1968) 351-54. 여기서 좀더 일반적으로 사용되는 아쉐르(אשר)가 아니라 관계사인 ש가 사용된 점은 이 구문이 후대에 첨가된 것임을 보여 준다는 주장이 계속되어 왔다. 하지만 이런 주장은 불필요하다. 이 관계사는 그 당시에 일반적으로 사용

되기 시작하기는 했지만, 당시까지는 아직 어떤 단일 저자도 지속적으로 사용하지는 않았다(예를 들어, 역대기 사가에 관해서는 대상 5:20을 참조하라. 역대기 사가의 제사장적인 관점에서의 수정에 대해서는 대상 27:27을 참조하라. 그러나 두 명의 저자 모두 일상적으로 אשר를 사용한다. 훗날 전도서에서는 이 관계사를 68번, אשר를 89번 사용했다.). 이데올로기적으로만 본다면, 성전을 수종드는 사람들의 기원을 이렇게 보는 관점은 에스라 시대 정도부터 일찍 채택되었을 수 있다는 점에 대해 의심할 아무런 이유가 없다.

21-23 여행을 위한 마지막 준비는 하나님의 긍휼을 구하는 종교적 행동들(21-23절)과 성전을 위해 드려진 상당한 양의 보물들을 안전하게 운송하기 위한 실질적인 단계들(24-30절)로 나뉘어져 있다.

21 금식하는 일은 포로기 이후 시대의 유대인들 사이에서는 특별히 넓게 퍼져 있었던 것으로 보이는데(예를 들어, 10:6; 느 9:1; 에 4:3, 16; 사 58:3; 욜 1-2장; 참조. *IDB* 2, 241-44), 이는 부분적으로는 개인이나 공동체가 하나님께 드리는 간청을 강화하는 방편이었다. 그러므로 이 구절을 어떤 경우건 인 데르 스미텐(In der Smitten, *Esra*, 22)이 느헤미야의 금식(느 1:4; 2:1)에 의존하는 것으로 여기듯이 그렇게 볼 아무런 이유가 없다. 느헤미야의 부분에서는 어떤 경우건 여행 그 자체를 위한 준비로서 금식이 이루어진 것은 아니었다.

그러므로 그들 자신들을 "겸비"하게 함으로써(문자적으로는 그들 스스로를 "괴롭게 하다"; 역대기에서 동일한 의미를 표현하기 위해 규칙적으로 사용되던 단어와 전혀 다른 단어가 사용되었다는 점을 주목하라), 이 공동체는 스스로를 괴롭게 하는 자들을 향해 매우 자주 특별한 돌보심을 베푸셨던 하나님의 직접적인 보호하에 그들 스스로를 두고자 했다. 이 보호하심은 그들의 육체적인 연약함 때문에 필요했고("아이들"을 언급하고 있음을 주목하라), 또한 그들이 운반하고 있던 보물들 때문에 필요했다.

22 특히 그들이 하나님의 보호하심이 필요했던 것은, 무장 군인들의 특별 호위를 요구할 수 있는 가능성을 에스라가 하나님께서 자기 백성을 인격적으로 돌보신다는 믿음을 증거하는 행위로서 거절했기 때문이다. 여기에 인용한 단어들은 아마도 전통적인 대구인 듯하다. 이 부분은 대조적인 평행법으로 되어 있고, 대적은 "그분을 배반하는 자들"로 묘사되어 있다. 엄격하게 말하자면, 이 표현은 여행 중 만날 것으로 예측되는 약탈자들에게는 적절하지 않는 표현이다. 비교해 볼 만한 표현 공식에 대해서는 역대상 28:9과 역대하 15:2 등을 보라. 많은 시편들은 비슷한 문장

들을 표현한다. 그러므로 에스라가 왕을 향한 확신을 표현하는 데 있어서 그에게 친숙했던 예배 의식적인 언어를 사용해 왔기 때문에, 실제로도 믿음의 범주에 익숙한 표현을 사용했다는 것은 갑작스러워 보이긴 해도 불가능한 일이 아니다. 이와 유사한 표현에 대해서는 이사야 40:21-23을 참조하라. 전자의 경우에 이런 표현을 사용함으로써 장차 이웃들이 될 민족들에게 더욱 적대감을 자극시키거나 혹은 그 결과 생겨날 수 있는 "그들의 미래의 이웃들의 주의를 과도하게 끄는 것을 피하는 것"이 목적은 아니었을 것이다(Myers). 왜냐하면 에스라가 왕으로부터 가져온 서신들은 그의 도착을 비밀스럽게 할 수 없는 그런 것들이었기 때문이다. 여기에는 느헤미야를 능가하는 에스라의 영적 우월성을 보여 주는 자랑거리가 들어 있었던 것이라고도 할 수 있는데, 느헤미야는 에스라와는 달리 여행을 위해 무장한 군인들의 호위를 받았기 때문이다. 참조. 느헤미야 2:9(Kapelrud, *Authorship*, 50-51; In der Smitten, *Esra*, 22). 이는 에스라 비망록 자체에서 나온 내용들과의 접촉점들 중 가장 인상적인 내용이겠지만(위의 "양식"을 참조하라), 사실 이는 에스라 편에서의 자랑과는 거리가 멀다: 위에서 해석된 것처럼, 이는 왜 그가 이처럼 중대한 위험을 감수했는지에 대해 조금은 당혹스럽게 설명한 것으로 보아야만 한다. 그러므로 이는 실제적이고 실천적인 행정가 느헤미야와 종교적 이상주의자인 에스라 간의 이미 예견된 대조의 좋은 본보기를 제공한다(Bowman).

[23] 에스라는 여행을 마무리한 뒤 과거를 돌아보면서 백성들의 간구가 응답되었다고 감사하게 기록한다. 좀더 세부적인 사항들에 대해서는 31절에 대한 "주석"을 보라.

[24]-[30] 마지막으로, 성전을 위해 자유롭게 드린 예물들을 안전하게 옮겨놓기 위한 준비가 이루어진다.

[24] 이 일을 위해 특별히 선발된 열두 명의 제사장들과 열두 명의 레위인들에게 책임이 부여되었다. 이런 점은 성막 집기들을 돌보고 이동하는 일에 대한 오경의 규정들과 일맥상통한다(민 3-4장). 또한 다른 곳들에서와 마찬가지로 12라는 숫자는 아마도 에스라 비망록(EM)에서 전체 이스라엘에 대한 상징적인 숫자였을 것이다. 그러나 지금의 경우에는 이것이 좀 덜 확실한데, 왜냐하면 언급된 12라는 모든 경우들이 레위 지파 하나에 대한 것뿐이기 때문이다.

[25] 에스라가 다른 백성들의 거룩한 제물들을 취급하고 있었기 때문에, 그는 이 제물들 중 아무것도 잃어버려지거나 혹은 도둑질당하지 않았다는 확신을 심어 주는 일이나, 그가 여기서 개인적으로 무언가 이익을 취했다는 어떤 주장에 대해서도 자

신을 지켜내는 일 모두에 지극히 양심적이었다. 물품들은 여행 이전과 이후에 무게를 달았으며(그리고 우리가 추측하기로는 기록으로 영수증을 남겼던 것 같다. 참조. 34절), 그 결과 이 예물들이 이동되는 매 단계마다 조심스러운 점검과 기록이 이루어질 수 있었다. 기부자들은 7:15-16의 아르타크세르크세스의 조서와 부합하는 방식으로 열거되었다.

26-27 1:9-11에서처럼 기명들의 목록은 잘 정렬된 방식으로 제시된다(은에 이어서 은 기명들; 금과 뒤이어 금 기명들; 특별한 물품들). 비록 두 번째 물품은 1장에서와 마찬가지로 분명히 본문이 변조되었음을 보여 주긴 하지만 말이다. 현재 본문의 모습으로서는, 이 본문은 역사적으로 신뢰할 만한 것과 그렇지 못한 것이 흥미롭게 뒤섞여 나타난다. 마지막 두 가지 품목은 완벽하게 합리적이다: 금 다릭을 의미하려던 것으로 추정한다면(일반적으로 1다릭은 대략 8.4그램으로 간주되었다), 이 잔들은 적어도 20파운드 이상의 금의 가치를 갖고 있었을 것이다. 이것은 고대 세계에서는 결코 과도한 것이 아니었다. 두 번째 품목의 가치는 본문 수정으로 인해 확실치 않지만, 만약 "두 달란트"가 정확한 본문 표기라면("원문주해"를 보라) 이 역시도 합리적이다. 이 품목들 중 첫 번째와 세 번째 품목들인 은과 금은 아마도 금괴라면 믿기 어려운 내용으로 남는다. 만약 이것이 실제적인 무게로 포함된 것이라면 말이다: 만약 1달란트가 대략적으로 75파운드 무게라면, 은은 아마도 24.5톤 이상이 되어야 하고 금은 대략 3.75톤 이상이 되어야 한다. 이런 총합이 얼마만큼의 상업적 가치를 갖는지에 관해 파블로브스키(*Pavlovsky*, *Bib* 35[1957] 297-301)가 계산해 본 바는 그저 이 수치가 실제성이 없다는 것을 강조하는 데 도움을 주었을 뿐이다. 이 상황은 7:22과 매우 유사한데, 이 부분에서도 "은의 달란트"가 목록 중에서 전혀 어울리지 않을 만큼 큰 품목이었다. 그러므로 아마도 원래의 "합리적인" 목록이 부정확하게 옮겨진 듯하고, 드려진 제물의 양을 과도하게 표현함으로써 성전의 영광을 과장되게 표현하고자 했거나, 혹은 좀더 가능성 있는 것은 두 번째 품목의 관점에서나 1장의 증거들을 통해서 볼 때 숫자나 무게에 대해 잘못 이해해서 생긴 오류였을 수도 있다.

이 목록을 마무리짓고 있는 두 개의 그릇들이 정확하게 무엇을 의미하는지는 아직 알려진 바가 없다. 이들이 예외적으로 값비싼 품목이라는 점이 분명하긴 하지만 말이다. 드라이버(Driver, *WO* 2[1954-58] 24-25)는 "보배로운 놋그릇"이라는 번역에 근거를 두고서 이들이 고대 근동에서 대단히 고귀하게 여겨지던 구리 합금인 orichalc로 만들어졌던 것이라고 주장한다. 반면에 Pelzl, *ZAW* 87(1975) 221-24에서는 이 표현이 구리의 반짝임을 나타내는 것이라는 관점을 방어한다.

28-30 거룩함은 하나님 그분의 특성이며, 그러므로 확대하면 마찬가지로 그분께 드려진 사람이나 물건의 특징이기도 하다. 이 점은 특별히 제사장들에게 그러했고(출 29:1; 39:30; 레 21:6), 레위인들(민 3:12-13)과 성막 그리고 그 비품들에 있어서도 그러했는데(출 29:36; 30:29; 40:9 등), 이 비품들 중 이 구절들에 언급된 기명들은 이 거룩함의 연장선상에서 간주되었다. 웬함(G. J. Wenham, *Leviticus* (Grand Rapids: Eerdmans, 1979, 22)이 보았던 것처럼 "불결함과 거룩함 간의 접촉은 재앙이다. 이들은 이론적으로 완전히 구별되었고, 실제에 있어서도 하나님의 심판이 임하지 않게 하기 위해서는 마찬가지로 구별되어야만 한다." 이 사상은 정확하게 에스라의 엄격한 명령의 기초가 되고 있으며, 이 점은 두 가지 방향에서 명령되었다: 거룩한 분이신 하나님께서는 외부의 공격으로부터 보호해 주실 분으로 의지할 수 있는 분이시다. 특히나 그분에게 속한 것들, 지금은 거룩한 사람들을 말이다. 동시에 그의 말을 듣는 에스라 자신의 동행들은 그들이 이 보물들 중 무엇이라도 훔치고자 하는 유혹에 빠지게 될 경우 어떤 두려운 결과들이 생겨나게 될 것인지를 잘 인식하고 있었다.

29 33절에 "이스라엘의 가족 우두머리들"이 나오지 않는 것은 일부 주석가들로 하여금 그들이 여기에 단지 이차적으로 삽입된 것임을 보여 주는 것이라고 추측케 했다. 하지만 이들이 원래부터 에스라 비망록(EM)에 포함되어 있었다는 것보다는 나중 단계에 첨가되었다는 것이 더 어려운 이해 방식이다. 아마도 그만큼이나 정확한 일관성을 추구한다는 것이 실수일 것이다. 성전 "골방"들(참조. 10:6; 느 10:38-39; 13:5, 8)은 성전 일부분의 가장자리들을 둘러가며 있는 방들이었는데 관리와 저장을 위해 사용되기도 했고 제사장들의 개인적인 편의를 위해 사용되기도 했다.

31-34 예루살렘으로의 여행과 안전한 도착이 짧게 기록되었다. 하지만 이 구절과 앞 구절들 모두 느헤미야의 경우보다는 상당히 자세한 내용들이 제시되어 있으며(느 2:8-11), 따라서 한 부분이 다른 부분에 영향을 끼친 것으로 여길 필요는 없다(In der Smitten, *Esra*, 23과는 반대로). 이미 제시되었듯이, 여행 그 자체와 관련하여 이를 넘어서는 세부적인 내용은 에스라 비망록(EM)에서는 유용한 목적으로 역할을 하지 못했다.

31 7:9에서 출발 시기를 초하루가 되도록 계획했지만, 여기서는 실제 출발한 날짜가 첫달 12일째라고 되어 있다. 이런 연기는 의심할 여지없이 레위인들을 찾기 위해 사람들을 보내야 했던 것 때문에 야기되었을 것이다(15-20절). 여기에는 예루

살렘에 도착한 날짜는 나오지 않는데, 그것은 이미 7:9에 제시되어 있기 때문이다. 그 부분에서는 7:1-10이 다시 쓰여진 것이고, 또한 에스라 비망록(EM)의 원래 형태를 가능한 한 간결하게 기록한 것이라고 주장했다. 그러므로 편집자가 7:9의 관점에서 날짜를 일부러 누락시켰다고 추측할 필요는 없다. 아마도 날짜는 여기에 결코 포함되지 않았을 것이다.

준비 과정 중 중요한 순간들마다 강조적으로 주목되고 있는 하나님의 선하심은 귀환 과정 속에서 그분의 보호하심을 통해 다시 확증된다. 하지만 이 보호하심의 범주는 분명치 않다. 우리는 전혀 공격이 없었다고 이해해야만 하는가, 혹은 하나님께서 여행자들을 공격으로부터 건져내셨다고 이해해야만 하는가? "구원했다"라는 단어는 일반적으로는 후자를 의미하지만, 일반적인 정황은 전자를 좀더 생각하게 한다. 위에서 제시한 "그가 우리를 대적의 공격들에서 구원하셨다"라는 번역은 의도적으로 이런 모호함을 반영한다.

32 이 여행은 대략 넉 달 정도 지속되었다. 여행 경로가 알려져 있지 않기 때문에 정확하게 여행 진행 속도를 계산할 수는 없지만, 일반적으로 하루에 9마일 정도를 가는 것으로 측정한다면 어림잡아서 9백 마일 이상을 여행했다고 할 수 있다. 아케메네스(Achaemenid) 제국이 유지했던 도로망과 치안을 위한 순찰을 통해 정기적으로 감독했던 것에 관해서는 R. N. Frye, *The Heritage of Persia*(London: Weidenfeld and Nicholson, 1962), 102-3를 참조하라. 우리가 추측한 진행 속도는 이런 조건들 하에서는 가능했던 것으로 보인다.

도착한 후 3일 간 휴식을 취한 것은 환경으로 미루어 볼 때 비합리적이라고 할 수 없는 것으로 보인다. 이 숫자는 어느 정도 표준적이라고 할 수 있다("며칠"). 참조. 여호수아 3:1-2; 느헤미야 2:11. 그들이 안식일 바로 직전에 도착했다는 것 역시 이미 주장되었으며, 그래서 쉬는 기간이 필요했다. 참조. A. Jaubert, "Le Calendrier des Jubilés et de la Secte de Qumrâan: Ses Origines Bibliques," *VT* 3 (1953) 261. 어떤 경우들에서건, 이는 문학적으로 느헤미야서를 의존하고 있다는 증거를 형성하지 않는다. 이 내용은 내러티브 중 이 지점의 필요에 의해 생겨난 것이다.

33-34 다음날 여행에 관한 묘사를 할 때 가장 초점이 맞추어졌던 보물들은 다시 한 번 새로운 관리자들에게 넘겨진다(25절에 대한 "주석"을 보라). 34절에서는 책임을 다했음을 주장하고 변호하는 측면에 있던 누군가를 연상케 하는 데 좀더 중요한 강조점이 놓여 있다. 위의 7:11-28a에 대한 "양식"을 보라.

두 명의 제사장과 두 명의 레위인이 이 제물들을 성전에서 받았다(이들이 이전에 느헤미야를 통해 세워진 위원회를 지속시키던 사람들인지에 관해서는 느 13:13에 대한 "주석"을 보라). 일반적으로 이 개인들이 누구냐는 문제는 불확실한 것으로 남아 있다. 레위인들 중에서는 요사밧이 언급되었는데, 그는 느헤미야 11:16에서는 성전 바깥일을 맡은 사람으로 언급되는 반면, 에스라 10:23에서는 이방 아내들과 결혼한 사람들 목록에 포함되어 있다. 느헤미야 11:16에서 미세하기는 하지만 그에 관해 조금 덜 책임 있는 위치로 설명했다는 점은 이 세 사람이 동일인이란 점을 가정하고서 이루어진 것인가? 노아댜는 오직 여기서만 언급되고 있지만, 그의 가족은 아마도 2:10에 나오는 고향으로 귀환한 사람들의 목록에 있는 듯하다.

제사장들 중에서는 엘르아살이 10:18에서 다시 언급되는 것처럼 보이기는 하지만, 이 이름은 그렇다는 확실성을 무시해 버릴 수 있을 만큼 매우 충분히 일반적인 이름이다. 그러나 "제사장 우리아의 아들 므레못"의 경우는 많은 논쟁을 불러일으켜 왔다. 느헤미야 3:4과 21에서 학고스의 손자 우리아의 아들 므레못은 왕성한 성벽 건축자로서 열거되고 있다. 그는 거기서는 제사장으로 불려지지 않지만, 목록 중에서 제사장이나 레위인들을 다루는 부분에서 나타난다. 느헤미야 3:4과 21의 학고스라는 이름은 그들의 보계를 입증할 수 없었던 제사장 가문 중 한 사람으로, 우리로 하여금 이 이름이 언급되는 2:61로 다시 향하게 한다. 적어도 네 가지 방식을 통해서 이런 자료들을 설명할 수 있다:

므레못과 우리아라는 이름은 둘 다 일반적인 이름들이었기 때문에 그들이 누구인지를 규정할 필요가 전혀 없었다. 참조. Kellermann, *ZAW* 80(1968) 69. 느헤미야 3장에 나오는 학고스에 대한 언급은 에스라 2장과 잘 연결될 수 있으며, 느헤미야 3장에서 그가 "제사장"으로 특별하게 불려지지 않는다는 사실은 그의 가족 신분이 여전히 불확실했다는 것을 추측케 한다. 하지만 지금 구절에서 학고스는 언급되지 않았고, 므레못은 "제사장"으로 지칭되었다.

이 데이터는 에스라와 느헤미야서의 순서가 역전되어 있다는 것을 보여 주는 증거로 사용되어 왔다: 느헤미야 시대에는 이 가족은 아직 제사장으로 인정받지 못하고 있었지만, 현재 구절이 증거하듯이 성벽 건축에 있어서 므레못의 탁월한 노력들은 신속하게(Rudolph) 혹은 늦게(즉 주전 398년) 그들을 복권시켰다. 하지만 이 관점과는 반대로, "제사장"이라는 호칭은 여기서 설령 그가 최고의 제사장은 아니었다 하더라도 주도적인 제사장이었음을 보여 주는 것임을 관찰해야만 한다(Koch, *JSS* 19[1974] 190-91). 루돌프의 관점에 대해서 그가 이처럼 탁월한 지위까지 이렇게 신속하게 높여질 수 있었을까?(Schneider, 69) 좀더 일반적인 관점에 의하면, 만약 2:61이 우리아가 이미 첫 번째 귀환 당시까지 살아 있었던 것을 함축하는 것이라면, 므레못은 주전 398년까지는 살아 있기가 불가능할 만큼 나이가 들었을 것이다(In der Smitten, *Esra*, 133).

코흐(Koch)는 므레못의 승격보다는 좌천을 주장한다. 그리고 그렇기 때문에 전통적 순서인 에스라·느헤미야서의 순서를 고수한다. 현재 문단에서 그는 최고의 제사장으로 제시된다. 느헤미야 10:6에서는 므레못은 제사장들 중 열한 번째로 목록에 올라 있으며, 반면에 느헤미야 3장에서는 일반 백성으로 구분되어 있다. 에스라는 예루살렘에 도착하던 당시에 므레못을 알고 있었던 것처럼 보이지만, 그 이후 얼마 지나지 않아 자신이 그에게 적용했던 율법을 통해서 예루살렘에서 인구 조사를 수행하면서 그를 물러나게 했던 것으로 보인다. 하지만 이는 상당히 추측에 불과하며, 특별히 10장에는 므레못에 대한 언급이 나오지 않는다.

동일 인물이 여기서와 느헤미야 3장에서 동시에 언급되었다는 가정을 한다 하더라도, 전통적인 순서가 옳다는 것을 믿는 것은 어렵지 않다. 비록 느헤미야 3장에서는 므레못에게 "제사장"이라는 호칭이 부여되어 있지 않지만, 이 목록에서 그의 위치는 사실 그가 제사장 중 한 사람이었음을 추측케 하며, 로울리(Rowley, "Order," 167)조차도 이에 기꺼이 동의한다. 이 목록에 나오는 다른 사람들도 비록 그렇다고 명시되어 있지는 않지만 아마 제사장들이었을 것이다. 그러므로 에스라는 주전 458년경 귀환했을 때 성전 보물지기였을 수도 있으며("그 제사장"이 반드시 대제사장을 의미해야만 하는 것은 아니다. 느 12장에서는 그렇게 목록에 올라 있지 않다), 또한 13년 이후 여전히 성벽 건축에 있어서도 한 부분의 리더로서 손쉽게 행동할 수 있었다.

불확실성이라는 관점에서 볼 때, 므레못의 경우는 에스라와 느헤미야서의 순서에 관한 문제를 해결하는 데 어떤 점에서건 분명 도움을 줄 수 없다. 위에서 제시한 가능성들 중 첫 번째와 마지막 가능성들이 문제점이 가장 적으며, 두 이름 간의 일치와 아버지 이름을 좇아 이름을 짓는 것은 마지막 가능성을 강하게 선호한다.

35-36 이 문단의 기원에 관해서는 이미 위의 "양식"에서 논의했다. 이 문단은 최종 편집자로부터 기인했을 수도 있다. 하지만 에스라와 그의 조력자들이 감사를 표현하는 방편으로서 또한 여행 전에 서약했던 것을 지키고 갚기 위해서 제사를 드렸다고 추측하는 것이 합리적이다. 결국, 이전에 바벨론에 있었을 때는 제사를 드릴 기회를 갖지 못했다. 속죄제는 제의적 불결함을 깨끗하게 하기 위한 것이었으며, 상

당히 길었던 여행에서 필연적으로 불결하게 된 것을 정결케 하는 것이었다. 이 모든 것들에 있어서 아르타크세르크세스 조서(7:17)가 담고 있는 항목들이 성취되고 있다는 점이 제시되고 있다.

12라는 숫자를 반복적으로 강조하는 것은 의심할 여지없이 최종 편집자 때문이다. 그렇기 때문에 다시 한 번(7:1-10을 보라) 이 사건들에 대한 좀더 무게 있는 해석은 에스라 자신이나 혹은 에스라 비망록(EM)보다는 다름아니라 바로 그에게 돌려져야만 한다. 귀환하고 있는 공동체는 모든 이스라엘의 상속자이며, 또한 이 점은 에스라・느헤미야서의 다른 부분들에서와 마찬가지로 아마도 독점적인 태도로 읽혀져야 할 것이다.

서신들은 7:21-24이 담고 있는 내용들과 조화를 이루면서 그 지역의 페르시아 행정 관리들에게 전달되었다. 유다를 관할하는 총독에 대한 언급이 없다는 것은 놀라운 일이 아니다: 그는 오직 지역적 사건들에 대해서만 책임을 갖고 있는 유대인이었으며, 반면에 에스라가 자신에게 부여된 임무를 뒷받침하기 위해 필요한 권위는 좀더 높은 수준의 것이었다.

36 "관원과 총독들"이라는 표현은 낯선 것들인데, 왜냐하면 하나의 관할구("강 건너편"과 같은)는 각기 총독(פחה, 이 단어는 상당히 유동성을 갖고 사용된다)을 갖고 있는 수많은 교구들과 지역들로 이루어져 있고, 관할구에는 오직 한 명의 관원만이 있었기 때문이다. 만약 "관할구들"이 그에 대한 보충적인 언급으로서 "총독들"이라는 표현과 더불어 느슨하게 사용되고 있는 것이라면, 이 부정확성은 다시 한 번 에스라 비망록(EM) 자체보다는 에스라・느헤미야서의 내용을 편집한 편집자를 보여 주고 지시해 주는 것일 것이다.

이 구절이 갖고 있는 중요성은 다시 한 번 페르시아 관리들이 예루살렘에서의 성전 경배에 적절하게 권위를 부여하고 있으며, 성전 경배를 구성하는 데 충분히 뒷받침하는 모습으로 나타나고 있다는 점에 있다.

해설

이 부분의 내러티브에는 세 가지 주된 요소들이 있으며, 하나님의 선하신 손이 에스라와 그의 동료들에게 있다는 언급을 통해 각각의 요소들은 하나님의 섭리와 축복을 통해 진행된 것으로 나타난다(18, 22 그리고 31절). 이 세 가지 요소들은 레위인들을 모으는 일, 성전에 드려질 보물들을 돌보는 일, 귀환 여행인데, 모두 참여자들에게는 위험스러운 일들이었다. 조금 의외인 점은 감사 제사가 이 결론 부분에서 드려졌다는 점이다!

각각의 경우들마다 이 모험이 처음에는 전혀 성공할 것 같지 않아 보이는 것을 통해 하나님의 은혜가 더욱더 두드러지게 빛을 발한다. 레위인들의 경우에는, 처음엔 단 한 명도 에스라의 귀환에 동참하지 않았다. 이 점은 에스라가 추진하는 귀환이 그들에게 정말이지 별다른 매력이 없었다는 점을 너무나 분명하게 보여 준다. 하지만 에스라의 귀환 여행은 레위인들이 거룩한 기명들을 운반해야 한다는 점과 더불어 오경의 규정에 어쨌거나 잘 들어맞으려면 레위인들이 참여해야 한다는 점은 그들의 숫자가 아무리 적다 하더라도 반드시 필요한 일이었다. 결국 38명의 레위인들이 응하기로 한 이 속도는 단순히 인간적인 설득에 의해서 이 일이 이루어진 것이 아님을 보여 준다.

여행에 관해서는 안전한 도착이라는 측면에서의 성공 역시 처음에는 상당히 불안한 모습이었다. 왜냐하면 에스라가 무장 호위를 거절했기 때문이다(22절). 에스라는 나중에 자신이 했던 거절을 성급한 행동으로 조금은 후회했던 것으로 보이기도 한다. 하지만 그가 처음에 했던 호언장담, 즉 "하나님의 손이 그를 찾는 모든 사람들을 도우신다"는 말은 결국 올바른 것임이 입증되었다.

그러나 이 부분의 대부분을 주도하고 있는 내용은 성전을 위해 하나님께 드려진 값비싼 예물들을 옮기는 것과 관련되어 있다. 이 내용은 24절 이후의 부분에서 가장 핵심적인 관심사이지만, 사실 24절 이전에도 이미 지적했듯이 바로 이 문제가 에스라로 하여금 레위인들의 지원을 추구하게끔 만들었다. 더군다나 이 귀환 여행이 이처럼 값나가는 물품들을 운반하고 있다는 바로 이 사실은, 귀환 여행이 세속적으로 매복 등에 상당히 위험스럽게 노출되도록 만들었다. 그러나 여기서도 다시 한 번 "하나님의 손이 우리 위에 계셔서" 이런 물품들을 안전하게 운반할 수 있게끔 하셨다(31절).

이 모든 점들에 있어서 "영적인" 접근이 좀더 "실제적인" 접근과 대조를 이루는 것처럼 제시되는 것처럼 보일 수도 있다. 사실 이 부분은 에스라가 느헤미야보다 더 탁월하다는 점을 제시하려는 정교한 시도로 보는 관점이 어느 정도 통용되어 왔다. 하지만 실제에 있어서는 전혀 그렇지 않다. 에스라는 레위인들을 모으기 위해 대표단을 파견한 내용을 16-17절에서 볼 수 있듯이 조심스럽게 배열했으며, 성전 기명 같은 경우에는 그가 도적들이나 손실되는 것에 대해 사전에 치밀하게 준비했다는 점이 25-30절과 33-34절에 나온다. 적어도 이런 두 가지 경우들을 통해서 본다면, 하나님의 선하심이 사람이라는 채널과 자원들을 통해 역사했던 것이지 사람들과 대조적으로 무언가를 움직였던 것은 아니었다. 오직 무장 호위를 받지 않았다는 점에서만 분명 사람의 손길을 통하지 않았던 것이지만, 우리는 이 점에 대해 에스라가 난처해했음을 이미 살펴보았다. 마지막으로, 이 장의 결론적인 지적은 우리에게 페르시아 사람들 역시 성전 경배를 후원했으며, 이런 후원도 하나님의 축복을 좀더 깊이 보여 주는 증거로서 분명히 환영되었다는 점을 기억하게끔 한다. 그러므로 하나님의 은혜와 사람의 노력은 손에 손을 맞잡고 나아간다. 초기 성경 내러티브에서는 종종 이 두 가지를 대립시키는 경향이 있곤 했다: "너희는 가만히 서서 주께서 베푸시는 구원을 보라"(출 14:13)는 표현은 역대기와 거의 동시대의 수많은 설명들을 포함하여 다른 많은 설명들 속에서 사용될 수 있었다(예를 들어, 대하 20장). 이와 같은 본문은 우리에게 하나님의 주권을 향한 믿음이 필요하다는 점과 사람은 그분의 은혜를 떠나서는 자기 자신을 구원할 능력이 없다는 점을 기억하게끔 한다. 하지만 이런 점에도 불구하고, 우리는 이 장에서처럼 하나님의 은혜가 일반적으로 사람이라는 채널을 통해 역사하신다는 주제도 동일하게 필요하다는 점을 보게 된다. 이 주제는 성육신 자체를 통해 절정에 다다른다(요 1:14). 이 사실은 믿음을 갖고 살아가는 독자들로 하여금 자신들을 다시 한 번 새롭게 하나님의 선하시고 은혜로우신 손길 아래 순종하도록 격려하는 것이 되어야만 하며, 세상이 인정하건 인정하지 않건 하나님께서 믿음의 사람들을 통해 축복을 베푸시는 일을 하시며 계속해서 그분의 사랑의 나라가 확장되게 하신다는 것을 바라보게 하는 역할을 해야 할 것이다.

혼합 결혼에 대한 보고와 에스라의 반응(스 9:1-15)

참고문헌

Bossman, D. "Ezra's Marriage Reform: Israel Redefined." *BTB* 9(1979) 32-38. **Braun, R. L.** "Chronicles, Ezra, and Nehemiah: theology and literary history." VTSup 30(1979) 52-64. **Eichhorst, W. R.** "Ezra's Ethics on Intermarriage and Divorce." *Grace Journal* 10(1969) 16-28. **Emerton, J. A.** "Review of Vogt, *Studie.*" *JTS* ns 18(1967) 169-75. **Fernández, A.** "La Voz גָּדֵר en Esd. 9, 9." *Bib* 16(1935) 82-84. ______. "Esdr. 9, 9 y un Texto de Josefo." *Bib* 18(1937) 207-8. **In der Smitten, W. Th.** "Die Gründe für die Aufnahme der Nehemiaschrift in das chronistische Geschichtswerk." *BZ* N.F. 16(1972) 207-21. **Kaupel, H.** "Die Bedeutung von גדר in Esr. 9, 9." *BZ* 22(1934) 89-92. ______. "Zu גָּדֵר in Esr. 9, 9." *Bib* 16(1935) 213-14. **Lohfink, N.** "Enthielten die im Alten Testament bezeugten Klageriten eine Phase des Schweigens?" *VT* 12(1962) 260-77. **Plöger, O.** "Reden und Gebete im deuteronomistischen und chronistischen Geschichtswerk." *Festschrift für Günther Dehn.* W. Schneemelcher(ed.). Neukirchen: Verlag der Buchhandlung des Erziehungsvereins, 1957, 35-49. **Rad, G. von.** "Gerichtsdoxologie." *Gesammelte Studien zum Alten Testament*, vol. 2. Munich: Chr. Kaiser, 1973, 245-54.

본 문

1 이 일 후에 방백들이 내게 나아와 가로되 이스라엘 백성과 제사장들과 레위 사람들이 이 땅 백성과 떠나지 아니하고 가나안 사람과 헷 사람과 브리스 사람과 여부스 사람과 암몬 사람과 모압 사람과 애굽 사람과 아모리 사람의 가증한 일을 행하여

1 When these things were finished, the chiefs approached me and said, "The people of Israel, including[a] the priests and Levites, have not kept themselves separate from the peoples of the lands, [b]but have acted according to the abominations of[b] the Canaanites, the Hittites, the Perizzites, the Jebusites, the Ammonites, the Moabites, the Egyptians, and the Amorites.[c]

2 그들의 딸을 취하여 아내와 며느리를 삼아 거룩한 자손으로 이방 족속과 서로 섞이게 하는데 방백들과 두목들이 이 죄에 더욱 으뜸이 되었다 하는지라

2 For they have taken some of their daughters as wives for themselves and their sons, so that the holy seed has become mixed with the peoples of the land; [a]what is more, the chiefs and officials

have led the way in this unfaithfulness."[a]

3 내가 이 일을 듣고 속옷과 겉옷을 찢고 머리털 과 수염을 뜯으며 기가 막혀 앉으니

3 When I heard this I rent my garment and cloak, pulled hair from my head and beard and sat in a state of severe shock.

4 이에 이스라엘 하나님의 말씀을 인하여 떠는 자가 이 사로잡혔던 자의 죄를 인하여 다 내게로 모여 오더라 내가 저녁 제사 드릴 때까지 기가 막혀 앉았더니

4 Then all who trembled at the words of the God of Israel gathered[a] round me on account of the exiles' unfaithfulness while I continued sitting in a state of severe shock until the evening offering.

5 저녁 제사를 드릴 때에 내가 근심 중에 일어나서 속옷과 겉옷을 찢은 대로 무릎을 꿇고 나의 하나님 여호와를 향하여 손을 들고

5 Then at the time of the evening sacrifice [a]I got up from where I had sat in humiliation[a] and, with my garment and cloak torn, I bowed down on my knees and spread out my hands to the Lord my God

6 말하기를 나의 하나님이여 내가 부끄러워 낯이 뜨뜻하여 감히 나의 하나님을 향하여 얼굴을 들지 못하오니 이는 우리 죄악이 많아 정수리에 넘치고 우리 허물이 커서 하늘에 미침이니이다

6 saying, "O my God, [a]I am too utterly ashamed[a] to lift up my face to you, O my God, for our iniquities have increased [b]until they are higher than our heads[b] and our guilt has mounted up to heaven.

7 우리의 열조 때로부터 오늘까지 우리 죄가 심하매 우리의 죄악으로 인하여 우리와 우리 왕들과 우리 제사장들을 열방 왕들의 손에 붙이사 칼에 죽으며 사로잡히며 노략을 당하며 얼굴을 부끄럽게 하심이 오늘날 같으니이다

7 From the days of our fathers until this very day we have been in great guilt. Because of our iniquities we, our kings, and[a] our priests [b]have been at the mercy of[b] the kings of the lands, of sword, captivity, pillage, and open shame, as we are today.

8 이제 우리 하나님 여호와께서 우리에게 잠깐 은혜를 베푸사 얼마를 남겨두어 피하게 하신 우리를 그 거룩한 처소에 박힌 못과 같게 하시고 우리 눈을 밝히사 우리로 종노릇 하는 중에서 조금 소성하게 하셨나이다

8 But now for a brief moment grace has been shown by the Lord our God in leaving us a remnant, and in giving us a secure hold[a] in his holy place, so that our God brightens[b] our eyes and gives us[c] a measure of revival in our bondage.

9 우리가 비록 노예가 되었사오나 우리 하나님이 우리를 그 복역하는 중에 버리지 아니하시고 바사 열왕 앞에서 우리로 긍휼히 여김을 입고 소성하여 우리 하나님의 전을 세우게 하시며 그 퇴락한 것을 수리하게 하시며 유다와 예루살렘에서 우리에게 울을 주셨나이다

9 For though indeed we are slaves, our God has not abandoned us in our bondage, but has extended to us his steadfast love[a] before the kings of Persia in reviving us[b] to erect the house of our God and to repair its ruins and in giving us a protective wall in Judah and Jerusalem.

10 우리 하나님이여 이렇게 하신 후에도 우리가 주의 계명을 배반하였사오니 이제 무슨 말씀을 하오리이까

10 "And now, O our God, what can we say after this? Only that[a] we have neglected your commandments,

11 전에 주께서 주의 종 선지자들로 명하여 이르시되 너희가 가서 얻으려 하는 땅은 더러운 땅이

11 which you gave through your servants the prophets, when they said, 'The land which you

니 이는 이방 백성들이 더럽고 가증한 일을 행하여 이 가에서 저 가까지 그 더러움으로 채웠음이라

are going in to possess is a land polluted by the impurity of the peoples of the lands with their abominations whereby they have filled it with their uncleanness from end to end.

12 그런즉 너희 여자들을 저희 아들들에게 주지 말고 저희 딸을 너희 아들을 위하여 데려오지 말며 그들을 위하여 평강과 형통을 영영히 구하지 말라 그리하면 너희가 왕성하여 그 땅의 아름다운 것을 먹으며 그 땅을 자손에게 유전하여 영원한 기업을 삼게 되리라 하셨나이다

12 So now do not give your daughters in marriage to their sons nor marry their daughters to your sons, and never seek their peace or welfare, so that you may be strong and eat the good things of the land and bequeath it to your children for ever.'

13 우리의 악한 행실과 큰 죄로 인하여 이 모든 일을 당하였사오나 우리 하나님이 우리 죄악보다 형벌을 경하게 하시고 이만큼 백성을 남겨 주셨사오니

13 "After all that has happened to us because of our evil deeds and our great guilt – although, O our God, you have punished us less than our iniquity deserved[a] and have given us a remnant like this –

14 우리가 어찌 다시 주의 계명을 거역하고 이 가증한 일을 행하는 족속들과 연혼하오리이까 그리하오면 주께서 어찌 진노하사 우리를 멸하시고 남아 피할 자가 없도록 하시지 아니하시리이까

14 shall we again break your commandments and intermarry, with the peoples who practice these abominations? Would you not be angry, with us to the point of completely destroying us without remnant or survivor?

15 이스라엘 하나님 여호와여 주는 의롭도소이다 우리가 남아 피한 것이 오늘날과 같사옵거늘 도리어 주께 범죄하였사오니 이로 인하여 주 앞에 한 사람도 감히 서지 못하겠나이다

15 O Lord, God of Israel, you are in the right! Yet we are now left as an escaped remnant. Here we are before you in our guilt, though in such a condition no one can stand before you."

원문주해

1.a. 참조. Vogt, *Studie*, 136-38에서는 이 접속사를 *wāw premens* 혹은 *wāw concomitantiae*로 보는데(참조. GKC § 154a[1]; Joüon, *Grammaire* §§ 150p 그리고 151a) 이는 완전한 그룹 중 한 부분에 대해 특별한 관심을 기울인다. 가능성이 좀더 낮은 것으로는, 하암(העם, "그 백성")을 삽입구적 설명인 세 개의 뒤이은 단어들과 더불어 절대형으로 해석할 수 있다는 점이다: "이스라엘(= 일반 백성), 제사장들과 레위인들" 혹은 전체 구문인 하암 이스라엘(העם ישראל, "〈이스라엘의〉 그 백성")은 일반 백성들을 나타냈을 수 있으며, 그 뒤에 "제사장들과 레위인들"이 따라 붙었을 수도 있다(Rudolph).

1.b-b. 문자적으로는 "그들의 가증한 일을 따라…"이다. 그러므로 "행했다"라는 단어는 영어로 부드럽게 표현하기 위해 덧붙여진 것이다. 여기서 대명사 접미사인 헴(ـהם, "그들의")은 뒤이어 나오는 목록이 소위 도입적인 라멘과 더불어 시작되거나 혹은 소유격을 표현하는 라멘으로(GKC § 129) 시작된다는 점과 더불어 이미 예견된 것으로 간주

된다.

1.c. 많은 주석가들은 에스드라1서 8:69을 따라 והאדמי("그리고 에돔")라고 보지만 이는 불필요하다. 아래의 "주석"을 보라.

2.a-a. 문자적으로는 "방백들과 두목들의 손이 이 불순종에 으뜸이 되었다"이다.

4.a. 이 동사는 미완료 시제다. 뒤이어서 상황절이 나온다는 점은 에스라가 앉아 있는 시간 동안 군중들이 점차적으로 계속해서 증가했다는 것을 추측케 한다.

5.a. 문자적으로는 "나는 나의 수치 가운데서부터 일어났다"이다.

6.a-a. 문자적으로는 "나는 부끄럽고 수치스럽다"이다.

6.b-b. 여기서 레마엘라(למעלה)는 이 단어의 일반적 의미인 "앞에"이다. 그리고 로쉬(ראש, "머리")는 부사적 목적격인 "머리에 관해서는"이라는 의미로 뒤이어 나온다. 그러므로 역대기 사가가 매우 특이하게도 레마엘라(למעלה)를 "대단히"라는 의미로 사용한 것과 혼동해서는 안 된다. 이 부분에 추측적이고 불필요한 메알리 하(מֵעַל הָ׳ "그 …위에")가 첨가되어 있다(Rudolph; *BHS*)는 점을 발견하고서, 야펫(S. Japhet, *VT* 18[1968] 357-58)은 원래 본문은 처음엔 메알 하로쉬(מֵעַל הָרֹאשׁ)로 되어 있었지만 후대로 전달되고 옮겨적는 과정 등에서 단어들이 잘못 분리된 것이라고 추측했다. 일단 이런 일이 일어난 후에는 의미가 되게끔 만들기 위해 라멘이 첨가되었다. 가능하긴 하지만, 불필요한 이런 추측은 부분적으로는 마소라 사람들을 통해 지지될 수도 있다. 매우 변칙적으로는, 그들은 레쉬 안에 다게쉬를 찍기도 했다. 그들은 헤를 정관사로 이해해야 한다고 원했다는 점을 이런 방식을 통해서 표시했던 것일까?

7.a. 비록 접속사가 절대적으로 필요한 것은 아니지만, 아마도 중첩되는 철자를 생략하는 방식을 통해 접속사가 제거되었을 것이다. 참조. Vogt, *Studie*, 23-24.

7.b-b. 문자적으로는 "…의 손에 받았다"이다.

8.a. 이 이미지에 대해서는 "주석"을 보라. 그러므로 예테르(יֶתֶר, "찌꺼기, 얼마")로 수정할 필요가 없다.

8.b. 참조. GKC § 116k.

8.c. 이론상으로는 동사의 접미어를 직접 목적어로 해석할 수 있었다. 그럴 경우엔 "그리고 우리를 만드소서"가 된다(참조. Keil; Vogt, *Studie*, 23-25). 그러나 "주석"을 참조하라.

9.a. 나는 이런 표현을 *JSS* 23(1978) 38-39에서 두둔했다.

9.b. 문자적으로는 "우리에게 부흥을 주기 위하여"이다. 8.b절에서와는 달리 전치사 라멘을 사용해서 애매모호함을 제거해 준다. 비록 제의적인 배경 속에서는 이와 같은 반복이 놀랄 만한 일이 아니지만, 에머튼(Emerton, *JTS* ns 18[1967] 174-75)은 다른 방식으로 이해하는 주장을 발전시켰는데(G. R. Driver의 제안을 좇아서), 이 주장은 미헤야(מחיה)에 관해서 단어들이 갖는 역할을 소개한다. 이 주장은 חיה의 피엘형이 "회복하다"

혹은 "재건축하다"라는 의미를 갖는 대상 11:8 그리고 느 3:34(4:2) 등에 토대를 두고 주장되었다. 따라서 동족 명사는 여기서 "재건축" 혹은 "회복"을 표현할 수 있었다. 하지만 내 생각으로는, 이 관점은 대상 11:8(내가 한 나의 "주석"을 보라)에 대한 잘못된 생각에 토대를 두고 있는 것 같다. 반면에 느 3:34(4:2)(q.v.)의 심하게 빈정되는 뉘앙스와 톤은 우리가 חיה의 피엘형이 갖는 새로운 의미를 오로지 이 용례 하나에만 근거를 두고 구축하고자 한다면 매우 조심스러워야만 한다는 점을 보여 준다.

10.a. 혹은 "왜냐하면".

13.a. 문자적으로는 "당신께서 우리의 범죄 이하로 (우리 형벌을) 억누르셨다"이다. 다른 방식으로는 메아오네누(מעוננו)가 호사케타(חשכת, 부분을 표현하는 민⟨מן⟩과 더불어)의 직접 목적어가 될 수 있으며, 레맛타(למטה)는 부사적으로 사용되고 있는 것일 수 있다. 참조. BDB 641A: 당신께서는 "뒤로 물러나셨고, **아래로 향하셨다**. 우리 죄악 부분의 (그것이 나타나지 못하게 금하셨으며, 우리에게 불리해지는 것을 금하셨다)." 그저 추측만 가지고 레맛테(לְמַטֶּה)로 수정할 필요는 없다(예를 들어, "당신께선 우리의 죄악에 대해 막대기를 억누르셨다". 목적격을 도입하기 위한 ל과 더불어).

양식/구조/배경

일반적으로 에스라 9-10장은 혼합 결혼에 관한 문제를 다루는 단일하고 확장된 내러티브 단위로 인식된다. 이 장들에서 인칭의 변화는 이런 측면에서 크게 중요한 문제가 아니다(아래의 10장에 대한 "양식"을 보라). 즉 K. Baltzer, *The Covenant Formulary*(tr. D. E. Green, Oxford: Blackwell, 1971) 47-48에서는 이 장들은 언약 갱신이라는 단일한 의식을 함께 묘사하고 있다고 주장하는데, 설령 그가 옳다고 하더라도 그것은 현재 본문 자체의 수준에서라기보다는 역사적인 수준에서 그렇게 나타난다고 할 수 있다. 하지만 이 내러티브 안에는 경계선이 명확하게 잘 보이는 예닐곱 개의 부분들이 있다. 그렇기 때문에 여기서는 편의상 9장만을 독자적으로 다루어도 될 것이다.

내러티브의 골격에 관해서는(1-5절) 다른 많은 주석가들과 공통적으로 이 주석에서도 에스라가 율법을 읽은 사건을 에스라 8장과 9장 사이에서 벌어진 것으로 자리잡게는 관점을 채택한다(느 8장에 대한 "양식"을 보라). 그러므로 원래의 에스라 내러티브 내에서 그들 지도자들로 하여금 양심에 가책을 받아 "에스라에게 고백하게끔" 만든 것은 다름아니라 율법에 대한 공동체적인 이해와 수용이었다.

더군다나 저자가 율법을 읽은 뒤에 에스라가 했던 사역에 관한 설명을 빠뜨렸음을 추측케 하는 몇몇 증거들이 있다. 첫 번째로, 10:3은 여기에 기록된 사건들이 에스라가 혼합 결혼이라는 문제에 관해 알고 있었거나 이야기했던 첫 번째 부분이 아니었음을 보여 준다. 두 번째로, 포함된 날짜들(1절에 대한 "주석"을 보라)은 율법을 읽은 것과 이 장 사이에 상당한 차이를 남겨 둔다. 만약 우리가 에스라가 이 기간 동안 각각의 가정들을 향해 그가 시정해야 할 문제를 율법이 가르치는 대로 행할 것을 요구하고 있었다고 가정한다면(7:14에 대한 "주석"을 보라), 이런 시차 간격과 백성들의 근본적인 고백은 모두 잘 설명된다. 세 번째로, 우리는 편집자가 요약을 하거나 혹은 원래의 에스라 비망록(EM)을 "간섭"할 때마다 규칙적으로 3인칭 내러티브로 전환해 왔다는 점을 이미 앞에서 여러 차례 살펴보았다. 반면에 8:35-36에 대해서는 그가 느헤미야 8장에서 발견한 내용을 지금 여기서 전환하여 다루고 있다는 사실을 통해 적절하게 설명될 수 있을 것이다. 혹시 그는 유대인들이 에스라의 사역에 응답하는 데 너무 오랜 시간이 걸렸다는 것에 당혹스러워하고 있는 것일까?

율법 선포는 절정에 치다른 중요한 내용으로 제시되지만, 반면에 내러티브를 재배치한 모습에서 현재 문단은 적절한 도입 부분이나 혹은 지도자들이 어떤 동기로 고백하게 되었는지 등에 관한 설명이 나타나지 않는다. 그렇기 때문에 현재 문단의 "배경"은 드라마틱하게 전환되었다. 원래의 내러티브에서는 에스라의 사역의 마지막 장면에 대한 설명을 시작했으며, 이는 다음 장에서(특히 10:16을 보라) 7:14에 나오는 요구들이 성취된 것을 향해 나아간다. 하지만 지금 내러티브에서는 두 명의 개혁자들인 에스라와 느헤미야가 착수했던 일련의 사건의 순서들이 아니라 그저 단순한 하나의 사건으로만 되었다. 이들의 성취는 율법을 읽고 받아들인 것에 좀더 집중되어 제시된다.

이런 주요한 제한성과는 별개로, 이 문단은 별다른 어려움 없이 에스라 비망록(EM)에서 자기 위치를 차지한다. 이미 우리가 위에서 에스라・느헤미야서의 최종 편집자가 자기 앞에 이와 같은 원 자료를 갖고 있었다는 관점을 지지해 주는 증거들을 축적했던 것에 대해서 이 문단은 증거를 덧붙여 주지도 않고 또한 증거에서 이탈하지도 않는다. 자연스럽게 에스라 7-8장에 나오는 내용의 원래 출처가 지금 이 문단이 채택한 출처와는 전혀 다르다고 생각하는 학자들은 지금 문단에 대해서도 마찬가지로 비슷한 견해들을 보일 것이다. 그들은 이 문단의 형태가 역대기 사가의 것과 동일하며, 또한 그렇기 때문에 오직 역대기 사가만을 이 부분을 기록하고 구성한 유일한 사람으로 보아야 한다고 주장하며, 이런 주장을 하는 데 있어서 특히 토레이(Torrey *Composition*, 14-21)와 카펠루드(Kapelrud, *Authorship*, 59-63)

를 좇는다(하지만 Kapelrud가 3-5절에 대해 그 부분의 단어 선택이 앞 부분에서와는 달리 역대기 사가의 독특한 어휘들과 별로 밀접해 보이지 않는다는 것을 인정한 점을 주목하라. *Authorship*, 63). 하지만 이런 주장은 든든한 토대를 갖고 있지 못하다. 예를 들어, 첫 번째 구절의 구문론(syntax)은 역대기 사가의 특징이라기보다 후기 성경 히브리어의 일반적인 특징으로 간주되어야만 한다. 그리고 "(죄)신실치 못함"(מעל – 마알, 2절과 4절)이라는 단어는 역대기에서와는 상당히 다른 방식으로 사용되었다. 이런 점들에 대해서는 윌리암슨(Williamson, *Israel*, 49 그리고 53)을 보라.

6-15절에 나오는 에스라의 기도 내용은 이 기도문이 특별히 지금의 정황을 위해 기록되었음을 보여 준다. 다른 예를 들어 보자면, 다니엘 9:4-19에 나오는 기도는 다니엘서가 아닌 다른 정황들에서도 충분히 적용될 수 있는 공통점들을 갖고 있는데, 이 기도문은 그와는 달리 전혀 그렇지 않다. 8-9절과 11-14절에 나오는 현재의 환경들에 대한 언급은 너무나 구체적이고 특정적이기 때문에, 지금 이 기도문을 후대의 편집자가 이 부분에 넣는 것이 적절하겠다고 판단해서 독립적인 기도문을 여기에 집어넣은 것으로 생각하기엔 어려움이 많다. 더군다나 이 구절들은 우리로 하여금 이 기도의 앞부분과 뒷부분에서 이 기도문이 이 위치에 포함될 것을 예상하게끔 한다. 반면에 이 기도문이 없다면, 두 장 사이의 1인칭 내러티브에서에서 3인칭 내러티브로의 전환은 지나칠 정도로 상당히 거칠게 될 것이다. 비록 어떻게든 설명하려고 하면 설명할 수 있긴 하겠지만 말이다. 그러므로 우리는 이 기도문이 이 부분의 가장 초기 형성 단계부터 이 부분에 문학적으로 통합되어 있던 것이라고 결론 내릴 수 있다. 이런 결론은 지금 이 주석에서는 이 부분이 원래의 에스라 비망록(EM)에 처음부터 포함되어 있었다는 것을 의미한다.

이 결론은 양식 비평적인 관점에서 볼 때 이 기도문이 독특하다는 점을 통해서 더욱더 강조된다. 대략적으로, 이 기도문은 다음과 같이 분석될 수 있다: 일반적인 고백, 여기에는 단수에서 복수로 회개와 참회가 전환되는 것이 포함된다(6-7절). 하나님께서 지금 베풀어 주고 계신 은혜에 대한 고백(8-9절), 특별한 고백(10-12절), 미래에 대한 진술(13-14절) 그리고 결론적인 일반적 고백(15절).

전체적인 윤곽을 살펴보면, 첫 번째로 우선 여기에는 명령형이나 혹은 쩌시브 형태는 전혀 나오지 않고 오직 고백으로만 구성되어 있음을 알 수 있다. 참조. In der Smitten, *BZ* N.F. 16(1972) 217-20. 이 점은 이 문단을 회개의 내용을 담고 있는 탄식 시편들과 구분해 줄 뿐만 아니라(참조. S. Mowinckel, *The Psalms in Israel's*

Worship, vol. 1[TR D. R. Ap-Thomas; Oxford: Blackwell; New York and Nashville: Abingdon, 1962], 193-224), 심지어 느헤미야 1:5-11, 9:6-38; 다니엘 9:4-19 그리고 이 문단과 빈번하게 비교되곤 하는 바룩서 1:15-3:8 등의 내용들과도 구분되게 한다. 하지만 두 번째로 우리는 이 고백 안에는 마치 에스라가 주변에 있던 청중을 상당히 의식하고 있는 것처럼 보이게 하는 요소, 그러니까 좀더 정확하게는 권면으로 묘사될 수 있는 요소들이 있음을 알 수 있다. 이 기도문에서 관찰할 수 있는 이 두 가지 요소들은 이 기도문이 현재 상황을 위해 특별하게 만들어진 기도문이며, 결과적으로 이 기도문을 단일체로 취급할 수 있다는 관점을 뒷받침해 준다(O. H. Steck, *Israel und das gewaltsame Geschick der Propheten*[WMANT 23; Neukirchen-Vluyn: Neukirchener Verlag, 1967], 111와 대조하라).

물론 이미 이야기했던 것처럼 이 기도문의 일반적인 구성이 당시에는 별로 익숙하지 않은 형태라는 점도 살펴볼 수 있다. 앞 단락에는 후기 성경 히브리어 산문과 다른 형태가 아니라 "고등"(high) 산문으로 기록된 문단들의 목록이 나오는데, 이 문단의 형태도 그런 문단들과 함께한다고 할 수 있다. (바룩서를 히브리어로 재구성한 것에 관해서는 E. Tov, *The Book of Baruch*[Missoula, MT: Scholars Press, 1975]을 참조하라.) 특별히 이런 문단들은 초기 성경 본문들을 빈번하고 풍성하게 인용하는 특징들을 갖고 있다. 하지만 여기에 덧붙여서, 우리는 폰 라트가 이런 본문들을 "Gerichtsdoxologie"("판결 영광송"; 15절에 대한 "주석"을 보라)라는 범주에 하나의 그룹으로 묶을 때 중요한 기준으로 사용했던 "당신은 의로우십니다"(צדיק אתה – 차아크 앗타) 같은 구문에 대해서도 주목해야만 한다. 또한 인용한 성경 본문 내용들을 주도하는 내용인 땅을 선물로 주신다는(11절) 것과 같은 익숙한 주제들에 이 문단들이 집중한다는 점도 주목해야만 한다(이런 평행들 중 일부에 대해서는 아래의 주석에서도 관심을 기울여 다루었다). 그러므로 지금껏 설명된 이 문단과 역대기 사가 사이의 언어적 유사성들은 그 시대에 특히 제의와 관련해서 사용한 언어 용례들 때문에 생겨난 것으로 생각해 볼 수 있다. 분명히 죄와 응보라는 이데올로기 측면에서 생각해 보았을 때, 이 문단에 표현된 사상들은 이 문단이 역대기서와는 별개로 구성된 것임을 보여 준다. 참조. Braun, *VTSup* 30(1979) 53-56; Koch, *JSS* 19(1974) 178.

주석

1 혼합 결혼이라는 문제를 에스라가 어떻게 처리했는지와 관련된 이 길고 중요한 문단은 "이 일 후에"라는 단지 모호한 연대기적 도입만을 제공할 뿐이다. 현재 상태의 본문이 보여 주듯이, 이는 앞으로 거슬러 올라가 에스라가 예루살렘에 도착하고 동참자들이 감사 의식을 거행한 때를 언급하는 것으로 보인다. 하지만 이는 다섯 번째 달에 일어났던 일이고(참조. 7:9), 반면에 우리는 10:9을 통해서 현재의 사건들은 약 넉 달 정도가 지난 뒤인 아홉 번째 달에 발생한 것으로 알고 있다.

이런 간격은 부분적으로는 제7월에 벌어진 느헤미야 8장에 기록되어 있는 사건들로 채워졌을 가능성이 있다(느 8장, "양식"을 보라). 설령 그렇다 하더라도, 만약 에스라가 예루살렘에 도착한 지 넉 달이나 지난 뒤에서야 비로소 혼합 결혼이라는 문제를 알게 되었다면, 그것 자체도 매우 놀라운 일이다. 하지만 10:3에는 에스라가 이미 이 문제에 대해 인식하고 있었을 뿐만 아니라 심지어 해결을 위한 계획의 윤곽을 잡고 있었음을 보여 주는 내용이 있다. 중요하게도, 그는 백성들 스스로가 회개하면서 나아올 때까지, 그리고 그들에게 내키지 않는 강압적인 해결책이 아니라 그들이 행동하려는 의지를 갖고 나올 때까지 기다렸다.

위의 "양식"에서는 이 사역이 원래는 에스라 비망록(EM)에 포함되어 있었을 수 있다는 설명에 대해 주목했다. 만약 그렇다면, 이런 방식의 연대기적 도입은 목적을 가지고 매우 특별하게 불명확한 표현을 한 것이 된다(참조. 7:1!). 공동체가 율법에 대한 설교에 상당히 늦게 반응한 것을 얼버무릴 목적으로 말이다.

공동체의 일반적 리더십을 보여 주려고 2절에 "두목들"이 첨가되었다는 점은 그들이 상대적으로 작은 그룹이었음을 추측케 하지만, "방백들"이 누구인지는 알려져 있지 않다. 본문의 정황은 그들이 에스라와 함께 돌아온 사람들이 아니라 이미 그 땅에 거주하고 있던 사람들의 리더였음을 분명하게 전제하고 있다. 그러므로 그들이 지역 총독이었다는 추측은 상당히 매력적이다(참조. 느 3:9 등). 그들이 7:25에 부합해서 임명했던 재판관들 중 일부였다는 엘리슨(Ellison)의 추측(*From Babylon to Bethlehem*, 49)을 뒷받침해 주는 증거는 없다.

이 고백의 내용은 그들의 영적 지도자들을 포함해서 종교적 공동체의 구성원들(근본적으로는 이전에 이미 포로지에서 귀환했던 사람들과 그들의 가족들, 그리고 비록 포로로 끌려가지는 않았지만 온 마음을 다하여 자기 땅의 더러운 것을 버리고 그들과 함께했던 사람들; 참조. 6:21)이 혼합 결혼을 했으며("그들 스스로를 구별하지 않았다〈떠나지 않았다〉"에 관한 설명은 2절에 나온다), 또한 팔레스타인에 남아 있던 사람들의 종교적 관습들을 받아들였다는 것이다("그 땅 민족들"; 3:3에 대한 "주석"을 보라). 두말할 필요도 없이, 최근에 에스라와 함께 돌아왔던 사람들만이 이 혼합 결혼과 관련되어 있었다는 웰치(Welch)의 주장은 시간적인 측면에서 고려해 볼 때 무시될 수 있다.

모세의 법에 의하면 이방 사람과의 결혼 자체가 금지된 것은 아니었다는 점을 주목해야만 한다. 또한 실제로 적지 않은 족장들과 이스라엘의 믿음의 영웅들이 이런 이방인들과 결혼을 했던 것으로 이야기된다(예를 들어, 다음 본문들을 보라. 창 16:3; 41:45; 출 2:21; 민 12:1; 삼하 3:3 등). 하지만 가나안 토착민들과의 결혼을 통한 인척관계는 거의 분명하게 종교적 타락이나 혼합주의로 이끌어 가는 특별한 위험성이 있다는 점이 인식되었다. 참조. 출애굽기 34:11-16; 신명기 7:1-4; 20:10-18. 그렇기 때문에 이와 같은 결혼들은 명백하게 금지되었으며, 이런 결혼을 했던 족장들조차도 이런 위험성을 잘 인식하고 있었던 것으로 묘사되고 있다는 점에 대해서도 마찬가지로 관심을 두어야 한다(창 24장; 28:1-9). 왕조 시기의 역사적 결과가 이 경고가 얼마나 쉽게 이루어졌는지를 보여 주었다는 데는 의심할 여지가 없다.

우리는 지금 구절을 통해서 상황이 이 율법을 문자적으로 적용할 수 있는 지점을 넘어서 이미 변화했음에도 불구하고 이 원칙이 어떻게 지탱되었는지를 보게 된다. 이런 방식의 "주해"와 관련된 세 가지 사항을 살펴보아야 할 것이다. 첫 번째로, 가나안 토착민들과 관련된 내용을 다루고 있는 율법들(이 구절의 마지막 부분에 있는 목록을 보라)은 지금은 "이 땅의 민족들(거민들)"이라는 표현을 통해 해석되었다. 민족적으로 말하자면, 엄격한 의미에서의 균일함은 없지만 가장 가까이에 있는 사람들로부터 주된 종교적 위험이 온다는 이 율법의 의도가 정확하게 제시되었다. 하지만 이 본문은 매우 조심스럽게 "이 땅의 민족들"을 "가나안 족속들"과 동일시하지 않고 있음을 주목하라. 이 구절의 마지막 부분에 나오는 목록은 "혐오스런 사람들"을 규정하고 있다. 그러므로 이는 율법에서 전형적인 형식만을 차용했음을 의미한다. 또한 이 부분이 성경 본문을 해석한 것으로 이야기하는 것은 올바르다고 할 수 있다.

두 번째로, 이 고백은 이 지점에서 혼합 결혼을 민족적인 것이 아니라 종교적인 것으로 보는 데 있어서는 율법과 보조를 맞추고 있다(비록 아래의 2절과는 대조적이지만). 배우자는 "가나안 사람들의 가증스러운 일"들로 이끌려 간다("가증스러운 행동들"이란 표현은 지금까지는 오경 본문에서 가져다가 단순한 기술적 용어로 사용되고 있으며, 이방 종교 행위들을 나타낸다. 참조. P. Humbert, "Le substantif *toʿēbā* et le verb *tʿb* dans l Ancien Testament," *ZAW* 82[1960] 217-37).

마지막으로, 어떤 민족들인지 그에 대한 목록이 드러나 있다. 이와 같은 목록들은 구약성경에서는 서로간에 조금씩 변형들을 가지고 수없이 반복된다. 참조. R. North, "The Hivites," *Bib* 54(1973) 43-62, 그리고 T. Ishida, "The Structure and Historical Implications of the Lists of Pre-Israelite Nations," *Bib* 60(1979) 461-90. 하지만 그 어떤 목록도 지금의 목록과 정확하게 평행을 이루고 있는 것은 없다. 첫 번째 네 민족들의 이름과 마지막 이름은 의심할 여지없이 신명기 7:1에서 왔다. 왜냐하면 신명기 7:3을 나중에 인용하기 때문이다. 남아 있는 민족들 중 둘, 즉 암몬 사람들과 모압 사람들은 비슷한 이유로 인해 신명기 23:3에서 끌어왔다(아래 12절에서 신 23:6을 인용하고 있는 것을 주목하라). 그러므로 우리는 이 목록에서 앞부분의 예, 그러니까 견줄 만한 성경 본문을 함께 묘사한 예를 발견하게 되며, 이렇게 짝을 이루는 구절들 중 한 구절이 나머지 다른 한 구절을 해석하도록 하는 예를 발견하게 된다. 실제로 신명기 23장은 혼합 결혼에 관해서는 아무것도 이야기하지 않지만, 지금 구절들을 통해서 해석되는 셈이다.

그러나 두 가지 문제점이 여전히 남는다. 몇몇 주석가들은 이 목록의 마지막 부분에서 에스드라1서 8:69을 통해 "암몬 사람들"을 대신하여 "에돔 사람들"로 읽기를 원한다. 하지만 이것은 그럴 것 같지 않다. 신명기 23:7-8의 연속선상에서 에돔 사람들은 암몬 사람들이나 모암 사람들과는 매우 구별된 범주에 속한 것으로 제시된다: "너는 에돔 사람을 미워하지 말라. 그는 너의 형제니라." 포로기 동안 유다에 대해 에돔 사람들이 했던 행동으로 인해 심각한 적대감이 유발되었음에도 불구하고, 이 지점에 에돔 사람들이 자리잡고 있었을 것 같지는 않다. 더군다나 반 씨터스(J. Van Seters)에 의하면, "암몬 사람들"은 이 시기에 이 공동체에 대한 동시대의 마찬가지 위협이었던 "아랍 사람들"로 이해되었을 수도 있다는 점을 주목해야 할 필요가 있다. 참조. J. Van Seters, "The Terms 'Amorite' and 'Hittite' in the Old Testament," *VT* 22(1972) 74(다른 주장들에 대해서는 A. R. Hulst, *OTS* 9[1951] 92-95를 참조하라).

두 번째로, 도대체 왜 "애굽 사람들"이 이 목록에서 언급되었단 말인가? 비슷한 이유로 인해 그들 역시 신명기 23:7에서 뽑아낼 수 없었다면 말이다. 가장 그럴듯한 설명은, 우리가 이 부분에서 오경 중 좀더 진전된 문단인 레위기 18장의 영향을 보게 된다고 생각하는 것이다. 이 장은 모든 종류의 금지된 결혼관계를 다루고 있는데, 3절에서 "너희는 그 거하던 애굽 땅의 풍속을 좇지 말라. 그리고 내가 너희를 인도할 가나안 땅의 풍속과 유례도 행하지 말라"는 내용으로 시작된다. 신명기 7:1-5이 가나안 백성들과 관련해서 혼합 결혼을 금지함으로써 가나안 풍습을 좇을 위험을 피해야만 한다는 점을 명확히 하고 있기 때문에, 동일한 원칙이 애굽 사람들에게도 확장적으로 적용되어야 한다고 결론내릴 수 있었을 것이다.

그러므로 방백들과 두목들의 고백은 몇몇 율법적인 본문들을 훨씬 넘어서는 것이었다. 이 점은 다시 한 번 앞선 몇 달 동안 이루어진 에스라의 가르치는 사역이 어떤 본질을 갖고 있는지를 알려 준다.

2 신명기 7:3에 대한 인용 뒤에는 혼합 결혼의 위험들에 관한 설명이 나온다. 이는 비록 성경적인 말이기는 하지만, 사실 구약성경 본문에서 정당화되지는 않는다. 이미 주목했던 것처럼, 오경은 혼합 결혼의 위험성을 이방인 아내가 남편을 하나님에 대한 굳건한 믿음에서 떠나게 유혹할 수 있다는 가능성에서 본다. 물론 룻의 이야기에서처럼 아내가 남편의 종교로 돌아섰다면 이러한 문제는 일어나지 않았을 것이다. 이와 같은 해결책은 여기서는 염두에 두어지지 않고 있다. 그 대신 종류가 다른 동물들, 곡물들 혹은 재료들을 섞는 것을 금하고 있는 율법, 거룩함에 대한 율법에 대한 강조가 이루어졌다(레 19:19). 그러므로 이 공동체는 여기서 그 율법 자체를 이웃과의 종족적인 구별로 여기고 있다는 결론을 피하기가 어렵다. 하나님께서 "거룩한 백성"으로 선택하신 아브라함의 자손이라는 개념은, 어떤 우월성으로 인한 것이 아니고 열방을 축복하기 위한 하나님의 종으로서 세우고자 하심이기 때문에(예를 들어, 창 12:1-3, 7; 신 7:6-7), 지금 이미 뒤틀어졌다. 전혀 다른 내용으로 구별되어 있는 율법을 종족이라는 개념에 잘못 적용하는 것을 통해서 말이다. 이 대조는 히트아렙(התערב, "섞여서")이 사용된 몇 안 되는 예들 중 하나인 시편 106:35을 통해 잘 나타난다. 이 부분에서는 가나안 사람들과의 결혼을 그 뒤에 나오는 구절에서 배타적인 종교적 근거들을 토대로 비난한다.

"거룩한 씨"에 대한 묘사는 이 설명에 잘 들어맞는다. 신명기적인 "거룩한 백성"과는 달리, 이 표현은 거룩함의 육체적, 혈통적 전달에 초점을 맞춘다. 이 표현은 종종 사용되는 "아브라함의 씨"라는 구문, 레위기 19:19에서 사용된 동족어 동사인 "씨를 뿌리다" 그리고 "거룩한 백성"이라는 용어들이 심적인 조합을 이루면서 만들어졌을 수도 있다. 만약 그렇다면 이 구문은 지금의 역사적 배경에서는 처음으로 사용되었던 것 같으며, 이사야 6:13에 대한 주해로서의 용례는 이것이 직접적으로 반영된 것일 것이다.

이 설명에서 "거룩"이라는 단어가 강조되고 있다는 점은, 이 구절 마지막 부분에서 이에 대한 위반을 "(죄) 신실치 못함"(מעל – 마알)이라고 묘사한 것을 통해서 볼 수 있다. 이 단어는 거룩한 것을 범함으로써 하나님께 죄를 짓거나 혹은 하나님의 이름으로 맹세한 것을 깨뜨려서 죄를 범한 것에 대해 사용되었다. J. Milgrom, *Cult and Conscience*(SJLA 18; Leiden: Brill, 1976), 16-35 그리고 71-73를 참조하라. 그는 이 표현을 이야기하는 사람(에스라 자신이 아니라 다른 사람이라고 생각하는 것으로 보인다)은 이스라엘을 "거룩한 백성"으로 묘사하는 신명기적 묘사와, 만약 이스라엘의 대적들이 이스라엘을 더럽힌다면 그들을 멸망시키겠다고 은유적으로 위협하면서 이 내용을 사용하는 예레미야 2:3 사이를 장황하게 이야기했다고 주장한다. 지금 문단은 이 내용을 문학적으로 이스라엘에 관한 비유로 바꾸어 취급하며, 이스라엘이 "불결한" 이방인들과의 접촉과 그로 인한 신성모독으로 인해 위험해진 것으로 여긴다.

이 공동체가 직면하고 있는 문제는, 지도자들이 이 문제에 있어서 지금 가장 최악의 범법자라는 사실로 인해 복잡해져 있다. "방백들"에 대해서는 1절에 대한 "주석"을 보라. 그들이 이 문제에 대한 그들 자신의 실패와 과오를 고백하지 않는 것으로 볼 아무런 이유가 없다. "두목들"(סגנים)은 넓은 범주의 단어이기 때문에, 여기서 이 단어는 좀 아래층의 지도자들을 손쉽게 의미할 수 있다. 함께 더불어 사용된 이 두 개의 단어들은 바꾸어 말하면 "전체 리더십"이라고 할 수 있다.

3 우리는 이미 위에서 혼합 결혼에 관한 소식이 에스라에게 결코 놀라운 것이 아니었다고 주장했다. 그렇기 때문에, 어떤 의미에서 그의 반응은 어느 정도 정형화된 것으로서 혹은 상징적인 것으로서 간주되어야만 한다. 하지만 이것은 그가 그저 단순하게 연극을 하고 있다는 것을 의미할 필요는 없다. 지도자들의 고백은 이 문제를 전체 공동체에게 심각한 영향과 결과를 불러일으키는 종교적 문제로서 공개된 자리에 처음으로 드러나게 했다. 그렇기 때문에 에스라의 반응은 개인적인 슬픔의 표현이라기보다는 오히려 모든 백성들 편의 대표로서 행동하려고 하는 것으로 보아야만 한다. 그의 간구는 이후에도 이런 전체 공동체의 반응을 구현하는 것으로서 계속되었으며, 그가 공적인 장소에("하나님 전 앞에", 10:1과 6) 두드러지게 계속 남아 있었다는 사실이 이런 해석을 더욱 뒷받침한다. 이와 같이 그의 행동들은 지극히 성실하고 진지한 것으로 여겨져야 할 것이다. 10:6에 대한 "주석"도 보라.

여기에 묘사된 세 가지 행동들은 각각의 행동들을 다른 정황들 속에서도 발견할 수 있지만, 함께 묶어서 볼 땐 죽은 자들에 대한 탄식을 표현하는 행동들로 보아야만 한다. 옷을 찢는 행동은 죽음 앞에서 자신의 슬픔을 표현하기 위해 자기 자신을 벌거벗게 만드는 정형화된 방식이었다. 참조. 창세기 37:34; 사무엘하 1:11; 욥기 1:20; 미가 1:8 등. 그리고 M. Jastrow, "The Tearing of Garments as a Symbol of Mourning with Especial Reference to the Customs of the Ancient Hebrews," *JAOS* 21(1900) 23-39도 참조하라. 에스라가 그의 겉옷만이 아니라 속옷까지도 찢었다는 점은 그의 행동이 얼마나 격렬했는지를 보여 준다.

탄식은 (적어도 부분적으로라도) 종종 머리털과 수염을 미는 일과 동반해서 나타나곤 했다(참조. 욥 1:20; 사 22:12; 렘 16:6; 41:5; 겔 7:18; 암 8:10 등). 하지만 율법은 이를 부적절한 행동으로 판단했으며(참조. 레 19:27-28; 신 14:1), 그래서 에스라 등과 같이 엄격한 일단의 무리들은 이를 대신하여 머리털과 수염을 쥐어뜯는 행동을 했다.

마지막으로, 로핑크(Lohfink, *VT* 12[1962] 265-67)는 얼마 동안 기가 막혀 앉아 있는 것 역시 제의적인 탄식의 일부분으로 인식되었다는 점을 주목했다. 참조. 욥기 2:13; 에스겔 26:16.

그러므로 에스라는 행동을 통해 이미 지도자들의 고백 안에 함축되어 있던 회개를 표현하고자 했고, 또한 뒤이어 나오는 기도를 통해 이 내용을 좀더 충분히 설명했다. 이 죄로 인해서 이 공동체는 죽음의 심판을 받아 마땅하다. 회개가 갖고 있는 한 측면은 개인이나 혹은 그룹이 "잘못 가운데 있음"을 받아들이는 것을 포함하며, 심지어 그에 대한 심판이 죽음이라 하더라도 정당하다는 것을 받아들이는 것을 포함한다. 참조. 14-15절. 하나님께서는 "의로우시다"! 말하자면, 공동체의 죽음에 대해 탄식하는 행동을 함으로써 에스라는 자신과 그들은 그들을 향한 판결을 받아들인다는 점을 보여 준다.

4 혼합 결혼이라는 문제를 에스라가 다루는 모습이 느헤미야와는 사뭇 다르다는 점을 주목해야 할 필요가 있다(참조. 느 13:23-27). 그는 직접적인 강압은 아무것도 하지 않았으며, 그보다는 백성들로 하여금 이 문제를 그들 스스로가 바라보게 하고 그들 자신의 반응을 형성하도록 격려했다(위의 1절과 아래의 10:1-4, 7, 14 등을 참조하라). 하지만 그의 행동들은 부분적으로는 이런 과정들을 돕기 위해 의도된 것들이었다고 할 수 있으며, 현재 구절에서는 그의 접근 방식이 성공했다는 점을 볼 수 있다.

"이스라엘 하나님의 말씀을 인하여 떠는 모든 자"라는 표현은 10:3; 이사야 66:

2, 5 등에서 포로기 이후 공동체에서 율법을 엄격하게 지키는 사람들을 표현하는 정형화된 표현으로 보인다. 어떤 일이 벌어지고 있는지에 관한 소식이 점차 넓게 퍼져 감에 따라 이 유대인들은 지지를 표현하기 위해, 그리고 지난 몇 달 동안 계속되어 온 에스라의 가르치는 사역이 이제 정점에 다다르고 있다는 것을 느끼면서 그 가르침이 어떻게 발전하는지를 기다리려고 점차 에스라 주변에 모여들었다.

"저녁 제사"는 아마도 제구시와 동일한 것으로 보이며(대략 오후 3시경), 이는 사도행전 3:1의 "기도 시간"과 동일한 듯하다. 그러므로 이 때는 에스라가 자신의 침묵을 깰 아주 적절한 시간이었다.

5 "근심"이란 표현은 지금까지 이미 행해 온 모든 일들을 총괄해 주는 일반적인 단어다. 후기 유대주의에서는 금식을 통해 표현되었는데, 그렇다고 해서 그런 사실이 이 부분을 금식이라고 번역하는 것을 정당화해 주는 것은 아니다(RSV와 대조하라). 사실 에스라는 분명 이 기간 동안 금식하면서 아무것도 먹지 않았겠지만, 이 지점에서의 주된 관심사는 8:21이나 혹은 10:6과는 달리 금식이라는 점에 직접적인 관심을 기울이지 않는다.

구약성경은 하나의 기도 자세에 관해서만 이야기하지 않는다. 에스라는 여기서 그가 드리고자 하는 고백에 적절한 태도를 취했다: 그는 겸손과 자기 낮춤의 표시로서 무릎을 꿇고 기도했으며, 그의 필요를 표현하기 위한 제스처로서 두 손을 펼쳤다.

6-15 에스라의 기도에 대한 일반적인 서언에 대해서는 위의 "양식"을 보라. 그곳에서 이 내용이 에스라 비망록(EM)에 원래 속해 있던 부분임을 이미 지적했다. 하지만 이 점은 에스라 자신이 정말로 이 기도나 혹은 이와 비슷한 무언가를 하나님께 아뢰었는지 아니면 그렇지 않은지에 관한 질문에 궁극적인 대답을 주지 못한다. 많은 사람들은 그가 실제로 그렇게 행했다고 생각해 왔다. 가령, 루돌프(Rudolph)는 에스라가 자신이 "근심"하는 긴 시간 동안 무엇을 말해야 할 것인지를 충분히 깊게 생각했으며, 그래서 그 이후 정확하게 그 내용을 기억해 내어 하나님께 고했을 것이라고 이야기한다. 이것도 가능성이 있기는 하지만, 고대의 저자들은 종종 인물들의 입에 저자들이 상황에 필요하고 적절하다고 생각하는 이야기들을 심어 두곤 한다는 분명한 사실에 입각하여 생각해 본다면, 이 문제는 결정된 것이 아니라 개방된 문제로 남겨져야만 한다.

6 처음 시작하는 그리고 일반적인 죄 고백 부분에서 에스라는 이 기도의 나머지 부분에서 일인칭 복수형으로 전환하여 공동체의 대표로서 이야기하기 전에 우선

일인칭 단수형을 사용함으로써 공동체와 자신이 하나임을 분명히 하고 이야기한다. 이런 모습은 구약에서 공적으로 고백하는 많은 기도들의 특징인데, 여기서처럼 기도하는 사람 자신이 비록 그 죄에 개인적으로 포함되어 있지 않은 때라 하더라도 그렇게 고백하고 기도했다. 참조. 느헤미야 1:6; 9:33; 다니엘 9:5-19 등.

7 이런 하나됨은 비단 동시대의 사람들과만 이루어지는 것이 아니다. 이는 세대와 세대를 통해서도 마찬가지다. 포로기라는 심판의 결과를 낳은 이스라엘의 죄의 역사는 현재 공동체의 역사이기도 하다. "우리의 열조의 때로부터"라는 표현은 포로기 이전 시기를 언급한다. 참조. 스가랴 1:4-6. 신명기적 역사가는 선지자들의 경고들이 있었음에도 불구하고 이스라엘이 얼마나 계속해서 죄를 범해 왔으며, 결국 치유될 수 없는 지경에까지 다다랐는지를 보여 주었다. 특히 열왕기하 17:7-23을 보라. 이런 인식은 에스라에게 이르기까지 계속된다: 하나님의 백성의 근본적인 고통은 그들이 여전히 포로기적 상황과 마찬가지 상황에 머무르고 있다는 점이다. "칼, 사로잡힘, 노략질당함, 얼굴을 부끄럽게 하심" 등은 신명기적 역사에서 심판이 내려지는 여러 가지 형태로 이야기되는 내용들이다. 참조. 사사기 2:14; 열왕기상 8:44-50; 열왕기하 17:20 등. 하지만 사실 에스라는 현재 세대의 죄악이 실제로 더 크다는 점을 지적하고 있다. 왜냐하면 이들은 이미 하나님의 구원을 경험했기 때문이다. 그러므로 "에스라는 현재 세대의 죄악들을 앞선 세대들의 죄악으로 인한 것으로 돌리지는 않지만, 반면에 그는 자기 세대의 사람들이 그들의 열조와 죄악으로 연합해 있다는 점을 분명하게 인식하고 있다"(Clines).

분명 역대기 사가와는 날카롭게 대조를 이루고 있는 그의 이런 신학은 개인적인 책임성을 강조하는 에스겔의 가르침과도 반대의 위치를 점한다. 하지만 사실 이 점에는 근본적인 어려움이 없다. 에스겔 역시 그의 백성들의 역사에까지 뻗치고 있는 죄의 연합을 인식하기 때문이다. 참조. 에스겔 16, 20장 그리고 23장. 하지만 유명한 에스겔 18장에서 그가 제시하는 요점은 두 가지다. 첫 번째는, 현 세대는 그들 조상들과는 다르다고 하면서 자신들은 완전히 무죄하다는 주장 하에 심판에서 면제되어야 한다고 주장할 수 없다는 것이다. 두 번째는, 각각의 개인들에게 즉각 회개하고 돌아와서 하나님을 직면하며 살라는 초청이다. 지나간 과거의 죄악은 그것이 자신의 죄악이건 혹은 조상의 죄악이건 간에 더 위대하고 압도적인 하나님의 용서하시는 은혜를 가로막는 장벽이 될 수 없다는 사실을 이야기하는 것이다. W. Zimmerli, *Ezekiel 1*(tr. R. E. Clements: Philadelphia: Fortress, 1979) ad loc를 보라. 에스라가 여기서 지적하고 있는 점은 이 두 가지 중 첫 번째와 정확하게 일치하며, 또한 비록 현재 그의 관심이 아니긴 하지만, 그가 두 번째 점에 관해서도 이야기했었다는 점을 부인할 아무런 증거가 없다.

"열방 왕들": 앗수르, 바벨론, 페르시아(바사)의 왕들; 참조. 느헤미야 9:32. "오늘날 같으니이다": 이 부분들은 느슨하게 붙어 있으며, 이미 이 구절에 "(바로) 오늘까지"라는 표현이 포함되어 있기 때문에, 이런 표현들이 이 구절에 별다른 의미를 더해 주지는 못한다. 에스라는 한편으로는 그의 동료 사역자들이 아직 포로 상황에 남아 있거나 혹은 뿔뿔이 흩어져 있다는 점에 대해서 생각하고 있었을 것이고, 또한 그 땅에 거하던 사람들의 침울한 상황에 대해서도 어느 정도 생각하고 있었을 것이다. 참조. 9절.

8 에스라는 이 구절과 뒤이어 나오는 구절에서 관심을 현재로 돌리면서, 공동체가 최근에 하나님의 은혜를 경험한 것에 대해 대략적으로 이야기한다. 이는 믿음을 격려하기 위한 것이라기보다는 그들이 정말로 얼마나 범죄했는지를 강조하기 위한 것이다(10-11절). 이 은혜가 "잠깐" 베풀어졌다고 이야기함으로써, 그는 고레스의 조서 반포 이후 18년 간 그리고 앗수르와 바벨론을 통해 수 세기 동안 압제받았던 것을 그저 단순하게 대조시키려 하고 있다. 여기엔 그 어떤 서운함이나 실망 등의 의미가 함축되어 있지 않다.

이 은혜는 우선 첫 번째로 "얼마간 남은 사람들"을 남겨두셨다는 것에서 볼 수 있는데, 엄격하게 말하자면 하나님께서는 그의 백성 전체를 다 멸절시키셔도 정당하기 때문이다. 포로기 이후에 일반적으로 그렇듯이, 에스라・느헤미야서에서도 "남은 자들"은 바벨론 포로지에서 돌아온 귀환 공동체라는 좀더 특별한 의미를 갖고 있다. 그렇기 때문에 이 표현은 세속적으로나 혹은 귀환 이전 시대 때는 그저 단순하게 재앙을 피했던 사람들이나 물건들을 의미하는 것이었지만, 여기서는 하나님 편에서 회복을 허락하시는 긍정적인 행동을 함축한다.

예닐곱 개의 구문들이 라테트(נתן, "주다")를 통해 도입된다. Vogt, *Studie*, 23-43에서는 이 내용들이 병렬대구(chiastically)적으로 정렬되어 있으며, 이 동사들은 "우리를 만드소서"로 번역되어야만 하며, 그렇기 때문에 "박힌 못", "소생하는", "성벽" 등은 "남은 자들"과 마찬가지로 이 공동체의 호칭이 되어야만 한다고 주장했다. 그러나 에머튼(Emerton, *JTS* ns 18[1967] 169-75)이 이 관점을 조심스럽게 반박했는데, 그는 언어학적으로 볼 때도 그렇지만(동사의 접미어는 간접 목적어를 표현할 수 있다는 점에서나, 어떤 경우건 간에 "우리를 소생시키시고"라는 시 21:7과의 유사성이 "우리를 소성하게 하셨나이다"와 동일한 의미를 가질 수 있다는 점에서) 해석학적인 측면에서 볼 때도(이 문단에 대칭적인 구성이 나타나지 않는다는 점은 병렬대구적인 구성을 의도했다는 제안이 별로 그럴듯하지 않다는 점을 보여 주기 때문에) 이런 주장이 필요치 않다는 것을 성공적으로 보여 주었다. 그러므로 우리는 이 구절들에 나오는 명사들이 이 공동체에 주어진 하나님의 은혜를 표현하려는 의도를 갖고 있다는 토대 하에서 진행시켜 나갈 수 있을 것이다(에머튼 자신의 또 다른 대안들에 관해서는 n. 9.b.를 보라).

에스라는 가장 먼저 야테드(יָתֵד)를 언급하는데, 이는 문자적으로는 "텐트 못"을 뜻하지만 위에서는 이 표현의 비유적 적용을 표현하기 위해 "단단한 고정"으로 번역되었다. 이를 이해하기 위한 두 가지 가능한 방법들이 발전되어 왔다. 첫 번째는 유목민적인 삶의 방식을 언급하는 것이다. 유목민적인 삶에서 텐트 못은 텐트와 그 안에 있는 사람들을 안전하게 단단히 붙들어 준다. 이 이미지는 이사야 54:2에서 회복된 공동체의 이미지로 사용되었다. 다른 가능성으로는 이사야 22:23에서 사용된 것을 생각해 볼 수 있는데, 여기서는 (동일한 단어를 사용해서) 엘리야김이 공동체가 의존할 수 있는 "견고한 곳"에 잘 박힌 못으로 비유된다. 이 두 가지 중 어떤 해석을 선호하건 간에, 결과는 거의 비슷하게 된다. "그분의 거룩한 곳"인 성전은 공동체의 안전과 안정성을 담보해 주는 곳으로 여겨진다. 그러므로 우리는 클라인스(Clines)가 못이나 고정대의 용례를 고대 메소포타미아에서 확고한 기초의 요소로서 사용되고 있는 것으로 설명하는 것도 흥미를 가지고 주목할 필요가 있다. 이 표현의 상징주의가 비록 혼란스럽기는 하지만, 이 표현은 건물의 안정성과 연관되어 있거나 혹은 사람과 하나님 간의 확고한 동의와 연관되어 있다고 할 수 있다. 참조. R. S. Ellis, *Foundation Deposits in Ancient Mesopotamia*(New Haven and London: Yale University Press, 1968), 46-93; E. A. Speiser in R. C. Dentan(ed.), *The Idea of History in the Ancient Near East*(New Haven and London: Yale University Press, 1955), 47, 그리고 *ANET* 356a.

이런 회복은 "눈을 밝히는" 결과를 가져온다. 문자적으로 본다면, 이는 배고픔이나 목마름의 기간 이후에 재충전이 가져다 주는 신속한 육체적 소생의 느낌에 관한 것이다. 참조. 사무엘상 14:27. 현재 정황 속에서 이 표현이 갖고 있는 비유적인 적용은 매우 분명하다. 뒤이어 나오는 구문은 동일한 사항을 좀더 직접적으로 나타내면서(9a절과 더불어) 최종적인 성취까지는 아직 도달한 것이 아니라는 점을 덧붙인다. "얽매임"과 "종노릇"은 훗날의 정책들이 얼마나 계몽적이 되었는가와는 상관없이 유대인들이 아직 정치적 자유를 획득하지 못했고 여전히 페르시아 지배자의 속박 가운데 있다는 사실을 언급하는 것이 틀림없다. 그러므로 유대인들의 종교적 소망 가운데서도 여전히 정치적 열망이 중대한 부분으로 간주되고 있었다는 점을 보는 것도 흥미로운 일이다. 구약 시대에서 지금은 후기에 속한 때다. 그럼에도 불구하고 축복을 전적으로 영적인 것으로 취급하거나 또는 하나님께서 족장들과 그 후손들에게 약속하신 땅에 관한 약속의 영역에서 쫓겨난 것과 관련해서만 주장한다면, 이는 지극히 시대착오적인 일일 것이다. 참조. 느헤미야 9:36-37.

9 이 구절은 크게 본다면 지금 진행되고 있는 성전 재건축에 관한 내용을 좀더 직접적으로 다시 반복한다. "페르시아 왕"의 긍정적 역할도 인정되고 있는데, 그것은 아마도 그들을 보호해 준 것을 뜻하는 것 같다. 이 보호는 이 구절 마지막 부분에서 비유적으로 유다와 예루살렘에 대한 울(타리)로 여겨졌다.

분명히 많은 학자들은 이 표현을 예루살렘 도시의 문자적인 성벽을 언급하는 것으로 보아야 한다고 주장해 왔으며, 따라서 이 구절을 에스라가 느헤미야보다 후대여야 한다고 주장하는 근거로 사용해 왔다(비록 전자가 후자를 반드시 포함해야만 하는 것은 아니지만; 참조. Bowman). 이차적인 문헌에 대한 전체적인 목록에 관해서는 로울리(Rowley, "Chronological Order," 147-51)를 참조하라. 하지만 현재 정황에서는 비유적 해석이 결코 불가능한 것이 아니며, 이 구문들 중 몇 가지 표현들은 이미 이런 패턴이 된 것으로 보여진다(시 80:12을 참조하라). 실제로 두 가지 고려사항들은 이를 좀더 그럴듯하게 만든다. 첫 번째는, 만약 한정적 구문인 "유다 왕 예루살렘에서"라는 구문이 그저 단순하게 성읍 벽에 관한 언급이라면 매우 이상하게 된다. 두 번째는, 여기에 사용된 단어(גדר)가 평상적으로 성읍 벽(חומה)에 사용되던 단어가 아니라는 점이다. 이 단어는 일반적으로는 포도원이나 혹은 길가를 따라 있는 벽이나 울타리를 지칭한다. 다른 본문들 중에서는 오직 한 군데서만 이 단어가 "성벽"을 의미하는 것이 가능할 뿐이고(미 7:11), 거기에서조차 이 단어가 이런 의미를 갖는 것은 완전히 확실한 것이 아니다(가장 최근의 연구로서 K. Jeppesen, review of B. Renaud's *La Formation du Livre de Michée: Tradition et Actualisation*, *VT* 29[1979] 255를 보라). 어떤 경우건 간에, 저자는 회복에 대한 예언 속에서 "포도원의 울타리, 야웨와의 건강한 관계에서 이스라엘이 기쁨을 누리는 것에 대한 전통적인 비유"를 표현하는 단어를 사용하는 데 더욱더 신경을 쓰고 있다(L. C. Allen, *The Books of Joel, Obadiah, Jonah and Micah*[NICOT: Grand Rapids: Eerdmans, 1976], 396-97). 그러므로 미가 7:11에 토대를 두고서 에스라가 사용한 단어들이 성읍 벽을 언급하는 것으로 사용되었다고 주장하는 것은 모험이 될 것이다.

마지막으로, 우리는 마이어스(Myers)처럼 비유적 의미를 좀더 강화시켜 나타내고자 하는 다른 사람들에 대해서도 주목해야 한다: גדר라는 단어는 종종 기브온에서 발굴된 병 항아리 손잡이 부분들에서 포도원 자체를 의미하는 확장적 의미로 나타나기도 한다. 참조. J. B. Pritchard, *Hebrew Inscriptions and Stamps from Gibeon* (Philadelphia: University of Pennsylvania, 1959), 9-10; H. Michaud, "Review of Pritchard's *Inscriptions*," *VT* 10(1960) 103. 이런 견지에서, 마이어스는 지금 본문을 이사야 5:5-6과 비교하면서 "소생된 이스라엘은 울타리를 갖고 있는 야웨의 포도원이다"라는 의미라고 결론짓는다. 하지만 기브온에서 출토된 병 항아리 손잡이에 쓰여져 있는 단어에 대한 해석이 지극히 불확실하기 때문에, 우리는 이 주장을 받아들이기 전에 주저해야만 한다. 참조. J. C. L. Gibson, *Syrian Semitic Inscriptions* 1(Oxford: Clarendon Press, 1973) 56.

10-12 에스라는 현재의 회복된 공동체에 베푸신 하나님의 긍휼을 요약한 이후에, 곧장 현 세대의 특별한 불성실과 죄악에 집중한다. 그래서 대조를 통해 그들의 배은망덕을 더욱더 두드러지게 표현한다.

이 부분에서는 강조하기 위해 구약성경이 인용된다. 여기서 두 가지 좀더 확장적인 내용에 대한 관심이 일어난다. 첫 번째로, 이 인용은 단일 본문에서 뽑아낸 것이 아니라 여러 본문들에서 모자이크처럼 인용한 것이라는 점이다. 이 점은 제의적 정황에서는 이해할 수 있는 것이기도 하고, 또한 구약성경을 단일체로 보면서 동일한 권위로 여기는 관점이 출현했음을 지시해 주는 중요한 의미를 갖기도 한다. 두 번째로, 이 인용이 "주의 종 선지자들"의 선포에서 뽑아낸 것으로 제시되었는데, 이런 외양은 다니엘 9:6-10과 매우 흡사하다. (이 구문 자체에 대해서는 왕하 17:23을 참조하라. 이 문단이 이 기도에 대해 끼친 영향에 대해서는 이미 언급했다. 왕하 21:10; 렘 7:25 등도 참조하라.) 하지만 인용된 부분들이 대부분 오경이기 때문에, 에스라는 모세를 선지자적인 인물로 여겼던 모습이 나타났을 뿐만 아니라(참조. 신 18:15; 34:10), 또한 때로 율법과 예언 간의 지나친 구별이 있었던 것을 이 모두가 하나님의 선포된 예언의 말씀이라는 범주 안에 포함시키는 것을 통해 완화시키는 모습도 나타난다.

여기에 사용된 문장론 중 일부분은 구약성경에 폭넓게 퍼져 있기는 하지만, 언급된 중추적 문단은 신명기 7:1-3; 11:8; 23:6; 열왕기하 21:16; 이사야 1:19 등이다. 이 땅이 "이 땅의 불결한 민족들과 그들의 가증스러운 행동들로 인해 더렵혀졌다"는 생각은 앞에 나온 본문들보다 여기서 좀더 강력하게 표현되지만(특히 레 18:24-30을 참조하라), "우리는 이 생각이 그들의 종교적 관습들이 불결한 사람들로 여겼던 열방 사람들이 이 땅을 이전부터 차지했었다는 생각에서 지극히 논리적으로 발전된 것임을 볼 수 있다"(Ackroyd).

13-14 이 기도의 설교적 어조는 이 부분에서 가장 강력하게 나타난다. 이스라엘은 포로기 동안 하나님의 심판을 경험했으며 용서하심이 전적으로 그분의 은혜임도 경험했다. 어떻게 그들이 하나님의 명령을 무시한 채 전멸을 불러올 위험스러운 행동을 배은망덕하게 혹은 뻔뻔스럽게 할 수 있단 말인가?

15 에스라는 그의 기도를 마무리하면서 거의 아무런 양보도 하지 않는다: 이 고백은 예외를 두지 않으며, 또한 하나님의 관용을 기대할 수 없는 지경임을 일깨운다. 그의 동료들이 갖고 있는 이와 같은 상태에서는 그 누구도 "서지" 못한다. 하나님 앞에 설 수 없다. 유일한 긍정적 암시는 남은 자들이라는 주제가 다시 나타난다는 점을 통해서만 볼 수 있다. 이 주제는 기도 전체를 통해서 하나님께서 긍휼을 베푸신 표식으로서 사용되었으며, 그렇기 때문에 여기서 유독 다른 의미를 갖는다고 생각할 이유가 없다. 에스라가 지금 제11시까지도 그들이 아직 살아 있다는 것을 "피하고 남아 있는 자들"로 생각했던 것으로 볼 수 있을까?

이 고백의 절정은 이 구절의 시작 구문에서 볼 수 있다: 문자적으로는 "당신은 의로우시니이다"(צדיק אתה – 차다크 앗타). 이런 인정과 고백은 다른 비교 가능한 기도들의 비슷한 위치에서도 나타난다(출 9:27; 대하 12:6; 느 9:33; 단 9:14; 참조. 시 119:137; 129:4). 하나님의 의로우심은 구약성경에서 많은 형태들을 취하는데, 때로는 그의 백성을 위한 전능한 구원의 행동도 여기에 포함된다. 하지만 지금 본문과 같은 정황에서는 좀더 변론적인 뉘앙스로 사용되었다. 설령 하나님께서 그의 백성을 완전히 멸망케 하셔야만 한다 하더라도, 그들은 하나님이 온전히 정의로우시다고 인정한다. 그들은 아마도 하나님과 그의 백성 간의 언약 중 없어서는 안 되는 것으로 간주된 중요한 계명들을 어겼으며, 반면에 하나님께서는 여전히 이 관계에 충실하게 남아 계신다. 그러므로 이 작은 구문은 경배의 최고점을 형성한다: 하나님을 향한 시인, 비록 이것이 동시에 경배자로 하여금 자신의 생명을 하나님 앞에서 몰수케 하는 것을 수용하는 것이라 하더라도 말이다. 그러므로 하나님께서는 경배자가 그분으로부터 무엇을 얻을 것인가를 소망하는 것을 통해서가 아니라 오로지 그분의 그분 되심으로 인해서 찬양 받으신다.

해설

이 장에 대한 해설은 혼합 결혼이라는 문제에 대한 9장과 10장이 공통적인 관심을 갖고 있다는 관점에서 10장에 대한 해설 속에 포함되어 있다.

혼합 결혼 문제를 해결함(스 10:1-44)

참고문헌

Blidstein, G. J. "Atimia: a Greek parallel to Ezra x 8 and to post-biblical exclusion from the community." *VT* 24(1974) 357-60. **Cogan, M.** "The Men of Nebo – Repatriated Reubenites." *IEJ* 29(1979) 37-39. **Cross, F. M.** "A Reconstruction of the Judean Restoration." *JBL* 94(1975) 4-18. **Gray, G. B.** "Nebo as an Element in Hebrew Proper Names." *ExpTim* 10(1898 99) 232-34. **In der Smitten**. *Esra*, 28-35. **Mowinckel, S.** "'Ich' und 'Er' in der Ezrageschichte." *Verbannung und Heimkehr: Beiträge zur Geschichte und Theologie Israels im 6. und 5. Jahrhundert v Chr.*, ed. A. Kuschke. Tübingen: J. C. B. Mohr, 1961, 211-33. ______. *Studien I*, 124-35. ______. *Studien III*, 75-94. **Porter, J. R.** "Son or Grandson(Ezra x.6)?" *JTS* ns 17(1966) 54-67. **Williamson, H. G. M.** "The Historical Value of Josephus' *Jewish Antiquities* xi.297-301." *JTS* ns 28(1977) 49-66.

본 문

1 에스라가 하나님의 전 앞에 엎드려 울며 기도하여 죄를 자복할 때에 많은 백성이 심히 통곡하매 이스라엘 중에서 백성의 남녀와 어린 아이의 큰 무리가 그 앞에 모인지라

1 While Ezra was praying and confessing, weeping and prostrate[a] in front of the house of God, a very large crowd[b] of Israelites – men, women and children – gathered around him, for the people[c] were weeping very bitterly.[d]

2 엘람 자손 중 여히엘의 아들 스가냐가 에스라에게 이르되 우리가 우리 하나님께 범죄하여 이 땅 이방 여자를 취하여 아내를 삼았으나 이스라엘에게 오히려 소망이 있나니

2 Then Shecaniah the son of Jehiel, one of the family of Elam, [a]responded by saying to Ezra, "We have been unfaithful to our God in marrying[b] foreign women from the peoples of the land, but now there is some hope for Israel in this matter.

3 곧 내 주의 교훈을 좇으며 우리 하나님의 명령을 떨며 준행하는 자의 의논을 좇아 이 모든 아내와 그 소생을 다 내어 보내기로 우리 하나님과 언약을 세우고 율법대로 행할 것이라

3 Let us now make a covenant before[a] our God to send away all our wives[b] and the children born of them, according to the advice of my lord[c] and of those who tremble at the command of our God, and let it be done according to the law.

4 이는 당신의 주장할 일이니 일어나소서 우리가

4 Arise! for it is your duty to deal with this

도우리니 힘써 행하소서

matter, but we will support you. Take courage and act."

5 이에 에스라가 일어나 제사장들과 레위 사람들과 온 이스라엘에게 이 말대로 행하기를 맹세하게 하매 무리가 맹세하는지라

5 So Ezra arose and made all the chiefs of the priests, the Levites and all Israel swear an oath that they would act according to this suggestion; and they took the oath.

6 이에 에스라가 하나님의 전 앞에서 일어나 엘리아십의 아들 여호하난의 방으로 들어가니라 저가 들어가서 사로잡혔던 자의 죄를 근심하여 떡도 먹지 아니하며 물도 마시지 아니하더니

6 Then Ezra departed from in front of the house of God and withdrew to the room of Jehohanan the son of Eliashib and he spent the night[a] there without eating any food or drinking any water became he was still mourning over the unaithfulness of the exiles.

7 유다와 예루살렘의 사로잡혔던 자의 자손들에게 공포하기를 너희는 예루살렘으로 모이라

7 A proclamation was then made throughout Judah and Jerusalem summoning all the exiles to gather in Jerusalem;

8 누구든지 방백들과 장로들의 훈시를 좇아 삼 일 내에 오지 아니하면 그 재산을 적몰하고 사로잡혔던 자의 회에서 쫓아내리라 하매

8 anyone who did not come within three days might, on the decision of the chiefs and elders, have all his property forfeited and he himself be excluded from the assembly of the exiles.

9 유다와 베냐민 모든 사람이 삼 일 내에 예루살렘에 모이니 때는 구 월 이십 일이라 무리가 하나님의 전 앞 광장에 앉아서 이 일과 큰 비를 인하여 떨더니

9 So within the three days all the men of Judah and Benjamin gathered in Jerusalem; it was the twentieth day of the ninth month. All the people were sitting in the square in front of the house of God, trembling because of the affair[a] and became of the heavy rain.[b]

10 제사장 에스라가 일어서서 저희에게 이르되 너희가 범죄하여 이방 여자로 아내를 삼아 이스라엘의 죄를 더하게 하였으니
11 이제 너희 열조의 하나님 앞에서 죄를 자복하고 그 뜻대로 행하여 이 땅 족속들과 이방 여인을 끊어 버리라

10 Then Ezra the priest stood up and said to them, "You have been unfaithful in marrying foreign women, thereby adding to Israel's guilt.
11 But now, make confession[a] to the Lord, the God of your fathers, and do his will. Separate yourselves from the peoples of the land and from the foreign women."

12 회 무리가 큰 소리로 대답하여 가로되 당신의 말씀대로 우리가 마땅히 행할 것이니이다
13 그러나 백성이 많고 또 큰 비가 내리는 때니 능히 밖에 서지 못할 것이요 우리가 이 일로 크게 범죄하였은즉 하루 이틀에 할 일이 아니오니

12 Then the whole assembly shouted in reply,
13 "Yes! We must[a] do as you say. But there are a lot of people and it's the rainy season;[a] we can't go on standing around outside. [b]In any case it will take longer than a day or two, [b]for we have been exceedingly unfaithful in this affair.

14 이제 온 회중을 위하여 우리 방백들을 세우고

14 Let our chiefs act for the whole assembly,

우리 모든 성읍에 이방 여자에게 장가든 자는 다
기한에 본성 장로들과 재판장과 함께 오게 하여
우리 하나님의 이 일로 인하신 진노가 우리에게
서 떠나게 하소서 하나

15 오직 아사헬의 아들 요나단과 디과의 아들 야
스야가 일어나 그 일을 반대하고 므술람과 레위
사람 삽브대가 저희를 돕더라
16 사로잡혔던 자의 자손이 그대로 한지라 제사
장 에스라가 그 종족을 따라 각기 지명된 족장 몇
사람을 위임하고 시월 초하루에 앉아 그 일을 조
사하여

17 정월 초하루에 이르러 이방 여인을 취한 자의
일 조사하기를 마치니라

18 제사장의 무리 중에 이방 여인을 취한 자는
예수아 자손 중 요사닥의 아들과 그 형제 마아세
야와 엘리에셀과 야립과 그달랴라

19 저희가 다 손을 잡아 맹세하여 그 아내를 보
내기로 하고 또 그 죄를 인하여 숫양 하나를 속건
제로 드렸으며
20 또 임멜 자손 중에는 하나니와 스바댜요
21 하림 자손 중에는 마아세야와 엘리야와 스마
야와 여히엘과 웃시야요
22 바스훌 자손 중에는 엘료에내와 마아세야와
이스마엘과 느다넬과 요사밧과 엘라사였더라
23 레위 사람 중에는 요사밧과 시므이와 글라야
라 하는 글리다와 브다히야와 유다와 엘리에셀이
었더라
24 노래하는 자 중에는 엘리아십이요 문지기 중
에는 살룸과 델렘과 우리였더라
25 이스라엘 중에는 바로스 자손 중 라먀와 잇시
야와 말기야와 미야민과 엘르아살과 말기야와 브
나야요
26 엘람 자손 중 맛다냐와 스가랴와 여히엘과 압
디와 여레못과 엘리야요
27 삿두 자손 중 엘료에내와 엘리아십과 맛다냐
와 여레못과 사밧과 아시사요

and let all in our towns who have married
foreign women come at appointed times, together
with the elders and judges each of his own town,
so as to[a] turn away from us God's fierce anger
concerning[b] this affair."
15 (Only Jonathan the son of Asahel and Jahzeiah
the son of Tikvah, supported by Meshullam and
Shabbethai the Levite, opposed this.)[a]
16 So that is what the exiles did. Ezra the priest
selected[a] various men, heads of families to
represent their families, designating each of them
by name. They held their first sitting to investi-
gate[b] the affair on the first day of the tenth month,
17 and they finished (dealing) with all the men[a]
who had married foreign women by the first day
of the first month.
18 Of the families of priests there were found
the following who had married foreign women:
Of the family of Jeshua the son of Jozadak and
his brothers: Maaseiah Eliezer[a] Jarib Gedaliah.
19 They pledged themselves to divorce[a] their
wives and each to offer as a guilt offering[b] a ram
of the flock for their guilt.
20 Of the family of Immer: Hanani Zebadiah
21 of the family of Harim: Maaseiah Elijah[a]
Shemaiah Jehiel Uzziah
22 of the family of Pashhur: Elioenai Maaseiah
Ishmael Nethanel Jozabad Elasah.
23 Of the Levites: Jozabad Shimei Kelaiah (that
is, Kelita) Pethahiah Judah Eliezer.

24 Of the singers: Eliashib. Of the gatekeepers:
Shallum Telem Uri.
25 Of Israel: of the family of Parosh: Ramiah Izziah
Malchiah Mijamin Eleazar Malchiah[a] Benaiah

26 of the family of Elam: Mattaniah Zechariah
Jehiel Abdi Jeremoth Elijah[a]
27 of the family of Zattu: Elioenai Eliashib
Mattaniah Jeremoth Zabad Aziza

28 베배 자손 중 여호하난과 하나냐와 삽배와 아들래요
29 바니 자손 중 므술람과 말룩과 아다야와 야숩과 스알과 여레못이요
30 바핫모압 자손 중 앗나와 글랄과 브나야와 마아세야와 맛다냐와 브살렐과 빈누이와 므낫세요
31 하림 자손 중 엘리에셀과 잇시야와 말기야와 스마야와 시므온과
32 베냐민과 말룩과 스마랴요
33 하숨 자손 중 맛드내와 맛닷다와 사밧과 엘리벨렛과 여레매와 므낫세와 시므이요
34 바니 자손 중 마아대와 아므람과 우엘과
35 브나야와 베드야와 글루히와
36 와냐와 므레못과 에랴십과
37 맛다냐와 맛드내와 야아수와
38 바니와 빈누이와 시므이와
39 셀레먀와 나단과 아다야와
40 막나드배와 사새와 사래와
41 아사렐과 셀레먀와 스마랴와
42 살룸과 아마랴와 요셉이요
43 느보 자손 중 여이엘과 맛디디야와 사밧과 스비내와 잇도와 요엘과 브나야더라
44 이상은 모두 이방 여인을 취한 자라 그 중에 자녀를 낳은 여인도 있었더라

28 of the family of Bebai: Jehohanan Hananiah Zabbai Athlai
29 of the family of Bani:[a] Meshullam Malluch Adaiah Jashub Yishal[b] Jeremoth
30 of the family of Pahath-Moab: Adna Kelal Benaiah Maaseiah Mattaniah Bezalel Binnui Manasseh
31 of the family[a] of Harim: Eliezer Isshijah Malchiah Shemaiah Simeon[b]
32 Benjamin Malluch Shemariah
33 of the family of Hashum: Mattenai Mattattah Zabed Eliphelet Jeremai Manasseh Shimei
34 of the family of Bani:[a] Maadai Amram Joel[b]
35 Benaiah Bedeiah Keluhu[a]
36 Vaniah[a] Meremoth Eliashib
37 Mattaniah Mattenai Jaasau
38 of the family of Binnui:[a] Shimei
39 Shelemiah Nathan Adaiah
40 of the family of Azzur:[a] Shashai Sharai
41 Azarel Shelemiah Shemariah
42 Shallum Amariah Joseph
43 of the family of Nebo: Jeiel Mattithiah Zabad Zebina Jaddai Joel Benaiah.
44 All these had married foreign women, [a]and some of the women had even borne children.[a]

원문주해

1.a. 문자적으로는 "자기 자신을 내팽개치다"이다. 하지만 이 구문 전체는 도입적인 것으로서 분명 에스라의 기도가 이루어지던 환경들을 묘사할 뿐이며 어떤 새로운 행동에 대해서도 전혀 기록하지 않는다. 따라서 이 동사는 9:5과 느슨한 평행을 이루는 것으로 볼 수도 있을 것이다.

1.b. 현재 정황에서는 이것이 아마도 카할(קהל, "무리")에 대한 최상의 번역이겠지만, 이 단어는 의도적으로 종교적인 모임이나 회합에 대한 뉘앙스를 풍기고 있는 듯하다.

1.c. 루돌프(Rudolph)는 이 구문에서 non sequitur를 발견하며, 이 부분을 급진적으로 수정한다. 하지만 만약 "백성들"이라는 표현이 이미 기도하기 시작했던 느헤미야(9:4) 앞에 모여든 사람들을 지칭하는 것이라면 마소라 텍스트(MT)에는 아무런 어려움도 없다.

1.d. 문자적으로는 "매우 많이 울면서"이다.

2.a. Q에서 나온 대로이며, 대부분의 Vrs은 K의 "올람"(Olam)에 반대한다.

2.b. 문자적으로는 "(집에) 거주하게 하다"이다. 비록 이 단어는 결혼을 나타내는 일상적인 표현은 아니지만, 지금 이 장과 느 13장에 상당히 많이 등장한다. 이 단어의 반대 의미는 "내보내다"(3절)인데, 마찬가지로 일상적 표현인 쇨라(שלח, 피엘형, "해고하다, 이혼하다")와는 다른 표현이다. 이런 단어들이 함축하고 있을 수 있는 의미에 대해서는 "주석"을 보라.

3.a. 다른 곳에서의 용례는 이 단어가 하나님과의 관계성에 있어서 이 백성이 지배적인 파트너였다는 모순된 내용을 담는다는 것을 보여 주지만, 지금 이 부분에서는 그런 "좇아"가 아니다. 백성들은 좀더 엄숙한 전념을 시작하며 이에 대해 하나님께서 증인이 되어 주실 것을 호소한다. 그러므로 이는 5절에 나오는 맹세처럼 매우 효과적이다. 참조. S. Japhet, *The Ideology of the Book of Chronicles and Its Place in Biblical Thought*(Heb.; Jerusalem: Bialik, 1977) 101-3.

3.b. 칠십인경(LXX[L])과 에스드라1서 8:90(93)을 통해 마소라 텍스트(MT)에서는 규정되지 않은 나쉼(נשים, "여자들")을 נשינו로 읽으라. 이 오류는 아마도 서기관이 마지막 멤과 연결된 와우를 눈으로 잘못 읽어서 생겼을 것이다. 참조. R. Weiss, "On Ligatures in the Hebrew Bible(נו = ם)," *JBL* 82(1963) 188-94.

3.c. 마소라 텍스트(MT)에는 아도나이(אֲדֹנָי, "주")로 되어 있는데, 이는 별로 그럴듯하지 않다. 그 이유는 다음과 같다. (i) 그분은 이런 문제들에 대해서 조언을 하지 않고 명령을 하신다(Rudolph). (ii) 성경에는 이런 상황들에 대한 "조언"이 없다. (iii) 하나님을 포함시키는 것은 이 구절의 좀더 마지막 부분에서 언급된다. 그리고 (iv) 스가냐는 지속적으로 주를 "우리 하나님"으로 언급한다. 하지만 "주"에 대해 אדני를 점차 더 많이 사용하는 것은 아도니(אֲדֹנִי "나의 주")라고 모음을 잘못 찍은 것을 이해할 수 있게끔 만들어 준다.

6.a. 마소라 텍스트(MT)에는 "갔다"로 되어 있는데, 이 구절 초반부터 동일한 단어가 계속해서 반복된다. Vrs를 따르는 것이 더 좋은데, Vrs에서는 철자를 매우 미세하게 수정해서 ויּלן로 전환하는 것을 전제로 한다.

9.a. Joüon이 *Bib* 12(1931) 85에서 제시했던 하다바르(הדבר, "이 일")를 הברד("해일")로 수정해야 한다는 것은 옳지 않아 보인다. 해일은 평행을 이루는 13절에 전혀 등장하지 않으며, 반면에 다바르(דבר, "일")는 혼합 결혼에 관한 모든 일을 언급하기 위해 이 문단 내에서 여러 차례 사용되었다(즉 13절과 14절).

9.b. 히브리어로는 "비들"(rains)이며, 복수형은 강렬함을 나타낸다. 참조. GKC § 124d-e.

11.a. 문자적으로는 "찬양하다"이다. "주석"을 보라.

13.a. 참조. GKC § 141d.

13.b. 문자적으로는 "그리고 이 일은 하루치나 혹은 이틀치가 아니다"이다. 명확하지 않은 숫자적 가치를 관용적으로 표현하는 것에 관해서는 W. M. W. Roth, "The Numerical Sequence x/x+1 in the Old Testament," *VT* 12(1962) 300-11를 참조하라.

14.a. 아드 라멘(עד ל)은 시기적인 의미("…까지)나 혹은 최종을 의미할 수 있다. 대부분의 영어 번역들이 전자로 번역했음에도 불구하고, 여기서는 후자가 좀더 의미에 잘 들어맞는 것으로 보인다.

14.b. 마소라 텍스트(MT)에는 "이 문제가 지속되는 한"(Keil)으로 되어 있으며, 이는 עד להשיב("so as to turn away")와 대등한 의미다. 하지만 특히나 앞선 구문이 최종(마지막)이란 의미로 적절하게 해석된다면 이는 매우 어색한 것이 된다. Vrs(그리고 두 개의 히브리어 MSS)는 원래의 알 하다바르(על־הדבר)가 앞에 나온 עד ל의 영향하에서 훼손되었음을 보여 준다.

15.a. 가능한 다른 번역들에 대해서는 아래의 "주석"을 보라.

16.a. 마소라 텍스트(MT)에서는 현재 갖고 있는 본문 그대로는 해석되기가 거의 어렵다: "에스라 그 제사장, 남자들, 가족들의 우두머리들…이 구별되었다(즉 그 일을 위해 따로 나누어 구별했다)." "…와 더불어"와 같은 전치사를 "남자들" 앞에 집어넣을 때만 의미가 통할 수 있다. 참조. LXX[A,B] 그리고 Vg. 하지만 이렇게 하면 우리는 누가 이 위원회를 임명했는지 들을 수 없게 되며, 이 과정은 또한 이 지점까지 에스라가 이끌어 온 전략도 거스른다. 우리는 그가 개인적으로 논쟁적인 경우들에 대해서 결정을 내렸다고 기대할 수 없게 되고, 도리어 그보다는 공동체의 지도자들로 하여금 전적인 책임이 그들에게 있음을 수용하게끔 독려하는 일련의 행동 과정을 시작한 것으로만 이해하게 된다. 이런 모든 점들은 에스드라1서 9:16, LXX[L] 그리고 Syr.를 좇아 로(לו, "그 자신을 위하여")가 뒤에 붙을 수 있는 ויבדל("그리고 그가 선택했다")라고 읽는 것을 통해서 해결될 수 있다(이 경우에 마소라 텍스트〈MT〉는 중첩되는 철자를 탈락시키는 방식을 통해 생겨났을 것이다). 이는 대부분의 현대 학자들이 선호하는 해결책이다.

16.b. 레다르요쉬(לדרוש, "조사하다")는 일부 MSS 그리고 Vrs와 더불어 읽어야만 하는데 마소라 텍스트(MT, "다리오의")만이 조금 다르다(요드가 첨가되어 있다). 이는 아마도 이와 같은 언급은 연대 뒤에 나와야 한다고 예견했던 조심성 없는 서기관의 작업 때문이라고 설명되어야만 할 것이다.

17.a. 일반적인 의미에 대해서는 의심할 여지가 없지만 문법적으로는 불확실하다. 아나쉼(אנשים, "남자들")이 무관사 단어이기 때문이다. 이 단어는 좀더 가까이에 있는 한정사의 목적어일 수도 있다. 그러나 산문체인 여기서는 이런 특별한 문장 구성은 드문 경우다(참조. GKC § 127b-c). 대부분의 사람들은 관사를 첨가한다. 베콜 하아나쉼(בכל־האנשים, "모든 그 남자들과 더불어"). 비록 루돌프(Rudolph)는 이 오류를 좀더 쉽

게 설명할 수 있다는 이유로 인해 바콜 라아나쉼(בְּכֹל לָאֲנָשִׁים)을 더 선호하긴 하지만 말이다.

18.a. 이 목록 전체를 통해서 이름들은 종종 연결사와 결합되어 있곤 하다. 그러나 이 부분에 나오는 이 이름에 대해서는 계속해서 생략되어 왔다.

19.a. 2.b.절에 대한 "원문주해"와 "주석"을 보라.

19.b. 마소라 텍스트(MT)에는 "죄가 있다"고 말하는 식으로 되어 있는데, 라일(Ryle)은 이에 대해서 "각각의 경우들을 조사한 뒤 이 위원회가 선언하는 것처럼 들린다"고 주장한다. 대부분의 사람들은 모음을 아솨밈(אֲשָׁמִים, "속죄제")이나 혹은 아솨맘(אֲשָׁמָם, "그들의 속죄제로서")이라고 다시 찍는 것을 선호한다. 의미를 통하게 하기 위해서 "드리다"를 보충해 넣거나 혹은 이 구절의 전반부로부터 "그리고 그들은 주었다"(ויתנו, "누군가의 손에 주기 위해"="맹세하기 위해")라는 의미가 전해져야 한다.

21.a. 이 이름을 인장 위에 처음으로 기입한 것에 관해서는 C. Graesser, "The Seal of Elijah," *BASOR* 220(1975) 63-66를 참조하라.

25.a. 확장적인 동일한 가문에서 두 명의 구성원이 왜 동일한 이름을 가져서는 안 되는지에 대해서는 특별한 이유가 없다. 하지만 이 경우에는 에스드라1서 9:26은 하사비(חשביה, "하사비아")를 전제하고 있으며, 어떻게 해서 다양한 본문에서 이 이름을 별개로 표현할 수 있었는지를 알아내는 것은 어려운 일이기 때문에 RSV가 이를 채택하는 것은 당연히 옳은 것이다.

26.a. 참조. n. 21.a.

29.a. 바니는 34절에서 가문 이름으로 반복된다. 그렇기 때문에 이 곳과 그 곳 중 하나는 반드시 수정되어야만 한다. 빈누이가 가장 단순한 수정이 될 텐데, 38절에서 반복되지 않게끔 그렇게 수정하라. 그렇기 때문에 한 구절이나 다른 구절에 대해서 비그왜(בגוי, "비그왜")라고 읽는 것이 제안되어 왔다(참조. 2:14). 봐니(בָּנִי)라고 읽는 것도 또 다른 제안이 될 수 있을 테지만, 이 이름은 에스라 2장에 등장하지 않는다.

29.b. 마소라 텍스트(MT)의 별로 그럴듯하지 않은 웨스알(ושאל, "〈그리고〉 스알")을 대신해서 ישאל로 읽으라. 참조. Bewer.

31.a. 이 목록의 변하지 않는 패턴, Vrs 그리고 많은 MSS 등은 ובני를 웨미브나이(ומבני, "그리고 …가족으로부터")로 수정하는 것을 지지한다.

31.b. 이 족장 이름이 재도입되고 있는 것이 헬라어로부터 영향 받은 것의 초기 단계를 보여 주는 증거라는 주장에 대해서는 N. G. Cohen, "Jewish Names as Cultural Indicators in Antiquity," *JSJ* 7(1976) 97-128를 참조하라.

34.a. 참조. n. 29.a.

34.b. 아마도 마소라 텍스트(MT)의 우엘(אואל, "우엘")을 대신하여 수정했을 것이다(יואל).

35.a. 비록 이름 형태로는 조금 이상한 것이기는 하지만 Q를 따른다. K에는 כְּלוּהִי 혹은 כְּלוּהַי로 되어 있는데, 이 역시 이상하긴 마찬가지다. כליה의 훼손일 수도 있다.

36.a. 루돌프(Rudolph)는 여기서 웨미브나이(ומבני, "〈그리고〉 …의 가족 중에서")로 수정하고 싶어한다. 하지만 와냐라는 이름은 받아들일 만한 것으로 보이기는 하지만 이에 대한 진짜 증거가 없다(참조. *AramP* 22:40). 만약 루돌프(Rudolph)가 맞는다면, 이 목록에서 대표되는 가문들은 12개가 아니라 13개로 복구되어야 할 것이다.

38.a. 마소라 텍스트(MT)의 웨바니 웨빈누이(ובני ובנוי, "그리고 바니 그리고 빈누이")는 분명 매우 유사한 ומבני בנוי로 수정되어야만 한다. 칠십인경(LXX)과 에스드라1서를 참조하라. 또한 만약 이런 수정이 이루어지지 않는다면, 바니의 가족 목록(34절)은 어울리지 않게 길어질 것이다.

40.a. 마소라 텍스트(MT)에는 מכנדבי로 되어 있는데 분명 적절한 이름인 "막나드배"를 의도한 것이다. 하지만 이 이름은 설명할 수 없는 이름이다. 또한 그레이(Gray)가 מכרנבו("느보의 소유물")이라고 수정한 것은 확신을 주지 못하는 이름이다. *ExpTim* 10 (1898-99) 232-34. 에스드라1서 9:34은 우리가 여기서 또 다른 가족 목록의 출발점을 갖고 있으며, 이 목록은 ומבני עזור를 전제한다는 점을 추측케 한다. 비록 일반적으로 인정하듯이 웨미브나이 삭개(ומבני זכי, "삭개의 가족은", 참조. 2:9)가 철자법상으로는 마소라 텍스트에 좀더 가까운 것이겠지만, 앞서 제시한 내용이 좀더 합리적인 것으로 보인다(2:16에 대한 "원문주해"를 보라).

44.a-a. 이 유명한 십자가에 대해서 무엇을 해야 할지 분별하는 일은 어려운 일이다. (i) 비록 문제 투성이이긴 하지만 마소라 텍스트(MT)가 불가능한 것은 아니다: "그리고 그들의(남성형) 아내들이 있었으며, 그리고 그들은(남성형) 자녀들을 낳았다." שִׂים = "(자녀들을) 낳다"에 대해서는 아랍어 평행을 제시한 L. Kopf, "Arabische Etymologien und Parallelen zum Bibelwörterbuch," *VT* 9(1959) 276를 보라. 여성형 복수 주어에 대해서 남성형 복수 동사를 사용한 것도 마찬가지로 전례가 없는 것이 아니며, 특별히 후기 성경 히브리어에서는 더더욱 그렇다. 참조. GKC § 135o 그리고 145p. 마소라 텍스트(MT)는 LXX^{L}와 Vg 그리고 아마도 Syr.과 $LXX^{A,B}$를 통해서 뒷받침된다고 할 수 있다. 비록 이들 문헌들이 문자적으로 그렇게 번역하고 있는 것은 아니지만 말이다. 위에서 제시한 번역은 마소라 텍스트(MT)를 정황에 잘 맞는 방식으로 표현하고자 했다. (ii) 아마도 대부분의 학자들은 에스드라1서 9:36을 좇으며, 그래서 וישלחום נשים ובנים("그리고 그들은 그들을 내어쫓았다, 아내들과 자녀들을 함께")라고 수정한다. 이런 수정은 정황 속에서 아주 탁월하게 의미를 통하게 만들어 주며, 마소라 텍스트가 여기서 훼손된 것임을 재구성하는 것이 불가능한 것도 아니다(Bewer). (iii) 슈나이더(Schneider)는 독창적으로 마소라 텍스트에 있는 두 단어의 명령을 집어넣어서(가까이 인접해 있는 단어들이 아님에도 불구하고) וישימו מהם נשים ויש בנים("그리고 그들은 아이들이 있다 하더라도 그들의

아내들을 그들로부터 떠나가게 했다")라고 읽는다. 하지만 비록 클라인스(Clines)가 시험적으로 이 관점을 편들기는 하지만, 그는 שים이 다른 곳에서는 이혼과 관련된 공식으로 사용된 적이 없다는 사실을 정확하게 관찰한다.

이 세 가지 제안들이 여지껏 진전되어 온 다양하고 많은 의견들 중에서 가장 좋은 것으로 보인다(예를 들어, 이 문제가 원래의 아람어에서 히브리어로 잘못 번역된 것에서 생겨난 것이라는 짐머만⟨Zimmermann⟩의 관점에 반대하는 주장에 대해서는 S. P. Brock, review of Zimmerman, *Biblical Books Translated from the Aramaic*, *JSS* 22[1977] 97-98를 참조하라). 만약 우리가 임시로라도 마소라 텍스트 편에 선다면, 오직 그것은 제시된 의미대로 본문을 구성할 수 있다는 원칙 때문이다(*lectio difficilior potior*). 다른 식으로 말하자면, 의미나 정황에 의하면 마소라 텍스트가 좀더 용이한 에스드라1서 본문에서 훼손된 것이라고 보기보다는, 에스드라1서 9:36이 자유로운 표현을 하고 있다고 가정하는 것이 좀더 용이한 일이다. 그러나 모든 사건들이 다 끝나고 이야기된 이후에, 고대 MSS들은 종종 전달되는 과정에서 훼손되곤 했다. 그러므로 현재라는 입장에서의 교조주의는 전혀 말도 안 된다.

양식/구조/배경

우리는 9장에 대한 "양식" 처음 부분에서 10장의 내러티브인 10:1-17, 44b이 아무런 중단없이 계속된다는 점을 이미 지적했다. 하지만 형식적인 차원에서 보자면, 뒤이어지는 에스라의 기도 내러티브는 1인칭이 아니라 3인칭이라는 중요한 차이점이 있다. 이 점은 7:1-10과 8:35-36에서도 에스라와 관련해서 마찬가지로 보이는 경우이기도 했다. 그리고 앞으로 느헤미야 8장에서 또다시 이런 경우가 발생할 것이다. 하지만 왜 이런 변화가 나타났는지에 대한 이유들은 이제 앞으로 좀더 분명해질 것이다. 이런 현상들에 대한 논의에서 일반적으로 초점이 맞추어지는 부분은 다름아니라 바로 지금 살펴보고 있는 에스라 10장이다. 한 걸음 더 나아가, 우리는 이 논의가 에스라 자료의 진정성과 역사성에 매우 크게 의존하고 있다는 점도 반드시 지적해야만 한다.

모빙켈(Mowinckel, "'Ich' und 'Er'"; *Studien III*, 75)은 인칭과 관련해서 네 가지 가능한 설명들을 제시한다. (i) 하나는 일인칭이고 다른 하나는 3인칭인 서로 분리된 다른 두 개의 원 자료가 하나로 묶여졌을 수 있다. (ii) 원래의 일인칭 내러티브가 후에 수많은 문단들에서 삼인칭으로 변환되었다. (iii) 원래의 삼인칭 내러티브가 후에 일인칭으로 변환되었다. (iv) 이런 차이가 있는 것이 원래의 것이며, 이는 처음부터 저자를 통해 의도된 것이었다. 포러(G. Fohrer, *Introduction to the*

Old Testament[tr. D. Green; London: S.P.C.K., 1970] 243)가 선호하는 다섯 번째 가능성도 여기에 첨가할 수 있을 것이다. 즉 에스라 10장은 역대기 사가가 처음부터 물려받은 비망록(Memoir)이 갖고 있던 패턴대로 구성하고 만든 것이라는 가능성이다.

첫 번째 가능성은 일반적으로 아이스펠트(O. Eissfeldt, 참조. *The Old Testament: an Introduction*[tr. P. R. Ackroyd; Oxford: Blackwell, 1966], 544)와 연결되어 있으며, 확신에 찬 모습은 아니지만 마이어스(Myers)도 이 입장을 좇고 있다. 이 관점이 갖고 있는 어려움은 인칭 변화를 넘어서서 좀더 심도 있게 이 관점을 뒷받침해 주는 증거가 없다는 점이다. 생각해 보건대, 10:1이 9:4과 겹친다고 주장할 수도 있을 것이다. 그러나 아무도 그렇게 하지 않았다. 왜냐하면 다른 모든 방식들에는 연속된 내러티브의 흐름이 있으며, 또한 10:1은 앞에 나온 내용을 뒷부분과 직접 연결해 주는 부분으로 매우 자연스럽게 이해될 수 있기 때문이다.

세 번째 가능성도 마찬가지로 매우 신속하게 제거될 수 있다. 이 가능성은 그 누구를 통해서도 진지하고 심각하게 제안된 적이 없는데, 특히 이 제안에서 상상하고 있는 과정에는 동기도 이유도 없기 때문이다. 이 관점은 나레이터가 아주 고도의 의도적인 결정을 했다는 점을 포함하는데(우리는 나래이터가 에스라 자료를 느헤미야 자료에 맞추고자 했다고 추측해 볼 수 있을 것이다), 하지만 일단 그렇게 한 뒤에 그가 자신의 목적을 지속적으로 수행하지 않았다는 점은 설명하기 어려운 문제로 남는다.

(위에서 다섯 번째 가능성으로 언급된) 포러(Fohrer)의 제안은 불행하게도 평가하기가 어렵다. 왜냐하면 그는 자신의 주장을 제시함에 있어서 어떤 내용적인 뒷받침을 갖고 했던 것이 아니기 때문이다. 그는 에스라 7:11-9:5이 (8:1-14보다는) 에스라에게로 거슬러 올라간다는 점에 동의하지만, 이 자료의 연속성에 관해서는 논의하지 않는다. 그 누구도 이 문헌이 9:5에서 끝났다고 추측할 수는 없었다! 후대의 편집자가 그에게 친숙했던 원래의 결론 부분에 대해 한마디도 언급하지 않은 채 이 기록에 결론을 구성하여 첨가했다는 것은 믿기 어려운 것으로 보인다. 포러(Fohrer)가 에스라 10장과 9:5 이후의 에스라 자료 간에 적어도 얼마간의 연결성이 있음을 기꺼이 인정할 것이라고 가정해 본다면, 그의 제안은 모빙켈이 제시한 네 가지 가능성 중 두 번째 가능성의 단순한 변형이 된다.

모빙켈(Mowinckel) 자신은 네 번째 가능성을 선호한다. 즉 애당초 처음부터 문체적인 이유로 인해 인칭의 변화가 의도적으로 제시되었다는 것이다. 토레이(Torrey, *Ezra Studies*, 244-46)는 비록 모빙켈과는 달리 역대기 사가가 이 부분의 저자라고 주장하긴 하지만, 그도 모빙켈과 비슷한 견해를 갖고 있다. 모빙켈의 주장은 기본적으로 두 가지 방향성을 갖고 있다. 우선 첫 번째로, 그는 위에서 제시한 다섯 가지 가능성 중 자신이 선호하는 가능성을 제외한 다른 가능성들을 탈락시키려고 노력한다(위에서 제시했던 항목들 중 대다수의 관점인 두 번째 가능성을 포함해서). 그러고 난 뒤 이와 같은 인칭의 변화가 고대 근동의 문학에 비교해 볼 만한 평행적 본문이 없는 것이 아님을 제시한다. 모빙켈은 이렇게 하면 그의 주장을 확립하는 데 충분하다고 생각했던 것으로 보인다. 왜냐하면 그는 이렇게 논거를 제시하고 나서는 저자가 이런 구성 방식을 사용함으로써 어떤 효과를 얻길 희망했었는지에 대해 곧장 논의를 진전시키기 때문이다.

모빙켈(Mowinckel)의 제안들을 평가함에 있어서, 그의 주장이 다른 모든 경쟁적인 이론들을 탈락시키는 데 성공해야 한다는 점에 크게 의존하고 있다는 점은 분명한 사실이다. 하지만 아래 부분에서 나는 사실 그가 이 일에 있어서 성공적이지 못했다고 주장할 것이다. 긍정적인 측면에서 생각해 볼 때, 그가 인칭의 변화가 나타나는 평행적인 내러티브들로 제시했던 부분들은 그저 가능성들만을 제시해 줄 뿐이다. 그나마도 이런 가능성은 충분히 그럴 수 있다는 개연성조차 되지 못하는데, 이것 역시 에스라서와 관련해서 볼 경우에만 가능성이 제시될 뿐이다. 하지만 과연 그가 비교한 내용들이 적절한 것인지에 대해서도 의문을 제기할 수 있다. 대부분의 경우들에(명백하게 아히카〈Ahikar〉를 포함해서, 비록 그 본문이 우리가 이 점을 확신할 수 있을 만큼 충분히 잘 보존되어 있지는 못하지만) 이 평행 구문들은 3인칭 내러티브나 표제어가 일인칭 설명이나 문헌을 도입하기 위해 사용된 본문들이다. 이는 결코 주목할 만한 것이 아니다. 사실 느헤미야 비망록(NM, 느 1:1)에 대한 도입에서도 이와 동일한 특징을 갖고 있는 매우 짧은 예를 제공한다. 에스라 비망록(EM)도 마찬가지로 한때는 비슷한 표제어를 갖고 있었을 수 있다. 우리가 1인칭과 3인칭을 오가며 전환하는 예문들을 찾을 때, 모빙켈이 가장 훌륭한 평행으로 예를 들 수 있는 것은 토빗서이다. 하지만 이 책은 분명 에스라 이후 시대의 책이며, 이렇게 특징적인 형식에 있어서 에스라서에 의존하고 있었을 가능성이 전혀 없는 것이 아니다. 토빗서는 이런 전환 효과를 내기 위해 비슷한 방식들을 사용한다. 비록 에스라서에는 나타나지 않는 내러티브의 다른 고려사항들이 일정한 역할을 하긴 하지만 말이다. 참조. D. C. Simpson in *The Apocrypha and Pseudepigrapha of the Old Testament in English*, Vol. 1: *Apocrypha*, ed. R. H. Charles(Oxford: Clarendon

Press, 1913), 195. 이와 비슷한 점들을 모빙켈의(그리고 Torrey의) 다른 후대 예문들에 대해서도 적용할 수 있다. 그러므로 우리는 인칭의 변화가 비망록에서부터 원래 그랬을 가능성이 있다는 점을 인정할 수도 있을 것이다. 그러나 에스라서가 구성되던 당시에 이런 변화들이 지금의 이런 형태를 정확하게 취했다고 보는 것은 지극히 유별난 것이라고 결론내릴 수 있다.

우리는 인칭의 변화들이 일인칭 설명이 지속적으로 나오던 것을 편집자가 편집자적인 작업을 가해서 만들어 낸 것이라는 관점에 대해 마지막으로 생각해 봐야 할 것이다. 이미 연구한 내용의 일부 특징들은 이런 방식의 설명을 요구하며, 다른 특징들도 이런 관점을 통해 가장 훌륭하게 설명할 수 있다고 주장할 수 있다(비록 다른 설명들도 가능하긴 하지만). 그리고 이런 두 가지 주장과 더불어 이 관점에 반대하는 다른 주장들이 확실한 것이 아니라는 점도 주장할 수 있다.

첫 번째 범주 하에서 이미 위의 7:1-10에서 검토했던 점이 특별히 두드러지게 나타나고, 또한 9장의 "양식" 부분에서 주목했던 점도 나타나는데, 그것은 다름아니라 일부 자료가 원래의 에스라 비망록(EM)에서 생략되었다는 점이다. 여기에 덧붙여서, 이 장 16절의 단어들을 통해서 볼 때 편집자가 그 지점에서 아마도 이름 목록을 생략하는 선택을 한 것으로 보인다. 그리고 몇 개의 소수 문장들도 15절과 16절 사이의 지점에서부터 느헤미야 9장의 처음 부분으로 옮겨진 것으로 보인다. 느헤미야 9장에 대한 "양식" 부분을 보라. 마지막으로, 이 장의 후반부에 있는 목록은 훗날 편집자가 재배열한 것으로 보인다.

다음으로, 우리는 이런 가설들이 지금 이 부분의 현상들에 대해 매우 적절한 설명을 제공한다는 점을 분명하게 관찰해야만 한다: 7:1-10의 3인칭 내러티브는 편집자의 생략을 통해 생겨났다고 주장되어 왔으며, 8:35-36은 편집자가 아마도 일정 부분 느헤미야 8장을 이동시킨 것을 감추기 위해 삽입한 것이라고 주장되어 왔다. 물론 느헤미야 8장 그 자체는 새로운 문학적 배경 속에서 3인칭 내러티브로 구성되어야만 했다. 그렇게 하지 않는다면, 느헤미야 8장에서 독자들은 느헤미야 자신의 설명과 그 부분을 구분할 수 없었을 것이다. 그렇기 때문에, 마찬가지 고려사항들이 에스라 10장에도 영향을 끼쳤을 가능성이 있다: 동일한 방식, 기도 등이 인칭의 변화를 감추기 위해 사용되었다(7:27-28과 9:6-15을 비교하라). 편집자의 생략이 여기서도 다시 한 번 일어났을 수 있다(즉 3절과 15절). 그리고 마지막으로, 이렇게 한 동기를 에스라서의 내용을 처음 시작 부분에서 채택한 스타일로 다듬고자 하는 바람 때문이었다는 점에서 발견할 수도 있을 것이다.

마지막으로, 우리는 이런 결론에 반해서 모빙켈(Mowinckel)이 제기하는 중요한 반대 주장들에 대해서 살펴보아야만 한다. 첫 번째로, 그는 이 문제가 에스라 자신이 1인칭 자료를 기록했다는 관점과 하나로 묶여 있다고 생각한다. 모빙켈은 내러티브의 주어가 사실은 1인칭이 아니면서도 실제로는 1인칭으로 기록된 본문들을 별반 어려움 없이 제시한다. 이런 그의 주장에 대응하면서, 대부분의 학자들이 에스라 자신이 원래의 저자라고 가정해 왔다는 점에 대해서는 기꺼이 동의할 수 있다. 하지만 (에스라가 저자라는) 이 결론은 지금 문제가 되고 있는 점과 필연적으로 관련이 있는 것이 아니다. 에스라 비망록(EM)은 이런 목적들을 위해 전체적으로 1인칭으로 구성되었을 수 있으며, 또한 여기서 유지되고 있는 방식으로 여전히 편집되었을 수 있다. 이는 만약 에스라가 저자가 아니었다면 1인칭과 3인칭 문단들이 항상 이편 저편으로 따로 자리잡고 있었던 것이 틀림없었다는 것을 따르지 않는다.

두 번째로, 모빙켈(Mowinckel)은 에스라서의 내용에서 편집 작업이 있었다는 증거라는 것들이, 그가 보기엔 쉽게 분리해서 역대기 사가가 한 일로 돌릴 수 있는 하찮고 제한적인 구문이나 문장들일 뿐이라고 주장한다. 인칭 변화가 아닌 그 어떤 점도 에스라 7:1-10; 10장; 그리고 느헤미야 8장에 편집자의 작업이 있었다고 주장하지 않는다. 이 지점에서는 그의 이런 주장에 대해 응답할 필요가 없다. 왜냐하면 반대 경우들을 이미 앞부분과 다른 부분들에서 제시했기 때문이다. 느헤미야 8장의 경우는 조금 다르다고 할 수 있다. 왜냐하면 모빙켈은 느헤미야 8장이 에스라・느헤미야서가 구성되는 늦은 단계에 에스라 10장 이후의 위치에서부터 현재의 위치로 옮겨졌다고 주장하기 때문이다. 하지만 이 주석에서 선호하는 관점에 의하면, 느헤미야 8장은 원래는 에스라 8장 뒤에 있었으며, 에스라 자료와 느헤미야 자료를 하나로 연결시키고 또한 에스라 자료를 편집하기 위해 이동되었다고 본다. 이 관점에 의하면, 느헤미야 8장의 위치라는 한 가지 측면만이 모빙켈이 허용하는 것보다 편집 작업을 좀더 넓게 확장적으로 주장하는 셈이다.

마지막으로, 에스라 내용 전체에 있어서 스타일의 명백한 고정성, 불변성이 있다는 주장은 결정적이라고 할 수 없다. 이런 불변성과 관련하여 일반적으로 논의되는 대부분의 요소들은 그저 단순하게 후기 성경 히브리어의 일반적인 예들일 뿐이기 때문이다. 반면에 편집자는 모든 경우에 스타일을 선택하는 데 있어서 아마도 그가 작업하고 있던 본문의 스타일에 의해서 영향을 받았을 것이다. 더군다나 이런 특별한 경우를 검토하기 위해 분석한 샘플이 너무 작았기 때문에 아마도 확고한 결과들이 제시되기는 어려웠을 것이다. 참조. Rudolph, 163-65; Williamson, *Israel*, 37-

59; R. Polzin, *Late Bibilical Hebrew*(Missoula, MT: Scholars Press, 1976).

그렇기 때문에 우리는 10장에서의 인칭 변화가 편집 작업으로 인해 생긴 결과임을 확신하는 것을 통해, 그러나 다른 점에서 보자면 내러티브가 9장에서부터 매끄럽게 연속된다는 점을 통해 이 논의에 대한 결론을 내릴 수 있을 것이다. 왜 편집자의 손이 앞부분에서보다 여기서 좀더 분명하게 나타나는지에 대해서는 이미 진전시켜 왔고, 또한 이 결론에 반대하는 주장들에 대해서도 그런 반대 주장들이 별로 확실치 못하다는 점을 살펴보았다.

이 목록의 중심 부분인 10:18-44a은 조심스럽게 순서가 배열되어 있다. 제의와 관련된 사람들이 우선 중요도를 따라 제일 먼저 나온다: 대제사장 가족 구성원들(18절), 다른 제사장들(20-22절), 레위인들(23절), 노래하는 자들과 문지기들(24절). 그런 뒤에 곧이어 일반 백성들이 나온다. 이들은 아마도 12개의 가족들로 구분된 것 같다. 비록 본문은 이 점에 대해서 완벽하게 확신을 주지는 못하지만 말이다. 그러므로 이 목록에는 8장의 시작 부분에 나오는 목록과 많은 점에서 공식적인 접촉점들이 있다.

8장에서처럼 이 목록의 배경에 대해서는 많은 논쟁이 이루어져 왔으며, 이 목록이 포함된 본문이 어떤 발전 단계에 있는지에 대해서도 거의 동의가 이루어지지 못했다. 또한 이 목록이 원래는 독립적인 목록이었는지에 관해서도, 그리고 만약 그렇다면 이 목록이 이전에는 지금보다 더 확장적이고 자세한 목록이었는지 그렇지 않은지에 대해서도 거의 동의가 이루어지지 못했다.

우리는 내러티브 관점에서 볼 때 이 목록이 사실 현재의 정황에 상당히 잘 통합되어 있다는 점을 살펴보면서 출발해야 할 것이다. 이 목록은 18절에서부터 시작되지만, 그 뒤인 19절에는 도대체 어떤 사건이 일어났는지를 이해하는 데 핵심적으로 필요한 내러티브 요소가 뒤따라 나온다. 그렇지만 19절이 원래는 17절에 곧장 붙어 있었다는 식으로 주장할 수는 없다. 왜냐하면 그렇게 될 경우, 인 데르 스미텐(In der Smitten, *Esra*, 34)이 올바르게 강조하고 있는 것처럼 주어가 "그리고 그들은 끝냈다(마치니라)"(ויכלו – 와예칼루, 17절)와 "그들은 맹세했다(맹세하여)"(ויתנו ידם – 와잇트누 야담, 19절) 사이에서 불가능할 정도로 거칠게 변화하기 때문이다. 다른 한편으로, 우리는 켈러만(Kellermann)의 관점(*Nehemia*, 68)도 받아들일 수 없다. 그는 18절이 원래 내러티브의 일부분이었지만 이 목록에 붙어 있던 것은 아니라고 주장한다. 그렇기 때문에 그의 관점에 의하면 이 목록은 20절에서 시작된다. 18절과 20절은 분명히 동일한 목록의 일부분들이다. 이에 덧붙여서 내러티브의 관점에서 볼 때 이 목록은 8:1-14에서 주목되었던 특징들, 그러니까 이 목록의 현재 형태는 순수한 이차적 문학 작업을 통해 이 부분에 첨가된 독립적인 부분이라는 특징이 결여되어 있다. 그렇기 때문에 우리는 에스라·느헤미야서 내용의 편찬이 이루어지던 시기가 될 때까지 이 목록이 지금의 배경을 형성했던 것으로 결론내려야만 한다.

위에서 바로 앞에 나온 장보다도 지금 이 장을 좀더 확장적으로 재기록한 것이 바로 이 편집자가 진행했던 편집 때문이라고 주장했기 때문에, 이 목록을 지금 상황 속에 통합시킨 사람이 그가 아니었다고 자신 있게 단언할 수가 없다. 그럼에도 불구하고, 사실 이것이 에스라 비망록(EM)에 포함되어 있었을 것이라고 생각하게 해주는 네 가지 사항이 있다. 7:12-26에서 주장했던 것처럼, 혼합 결혼 문제에 대한 조사는 에스라에게 착수하라고 지시된 과업의 중요한 요소가 되었다. 지금 본문에서는 이 문제가 그렇게 여겨지지 않는다는 점, 지금 본문에서는 이 점이 느헤미야 8장에 가려진다는 점, 그럼에도 불구하고 이 점이 매우 두드러진 모습으로 남아 있다는 점은 이 문제가 원래의 비망록에서 매우 중요한 것이었음을 뒷받침해 주는 강력한 주장의 근거다. 그렇기 때문에 이는 이미 빈번하게 주목했던 관점, 즉 비망록의 목적 중 일부는 에스라가 자신에게 부과된 과업들을 어떻게 성취했는지를 보여주는 것이라는 관점과 잘 일치한다. 그럴 경우 이 목록을 비망록에 포함시키는 것은 실질적으로 필요했을 것이며, 8:1-14보다도 더 필요했을 것이다.

현재 형태의 목록은 원래의 형태에서 무언가가 조금은 변화되었을 수도 있다(Rudolph와 아래의 "주석"을 참조하라). 이런 변화는 어쩌면 목록을 전체 형태로 제시하는 것이 그의 전체적인 작업에서 불균형적이라고 느꼈을 수도 있는 최종 편집자 때문에 생겼다고 추측해 보는 것은 흥미롭다. 우리는 이미 이 최종 편집자가 에스라 9-10장에서 다른 부분을 축약하고 생략했다는 주장을 펼쳐 왔다. 그럴 경우, 만약 그 편집자가 이 목록을 다른 곳에서부터 도입했다면 그의 동기를 이해하는 것은 상당히 어려운 일이다. 그러므로 좀더 그럴듯한 생각은, 그가 단일 *Vorlage*(대본)와 관련해서 편집의 지속적인 원칙을 따르고 있다고 보는 것이다.

이 목록과 8:1-14의 비교는 수많은 일반적인 유사성들이 있음을 보여 준다. 이런 유사성들은 에스라 비망록(EM)이 8:1-14을 처음부터 포함했었다는 독자적인 다른 증거들과 더불어 이 문단이 원래의 비망록에 속해 있었다는 관점을 더욱 확실하게 제시한다.

이 목록은 혼합 결혼과 관련된 용어에 있어서 에스라 비망록(EM)의 나머지 부분들이 특징적으로 사용하는 단어를 사용한다: להושיב, לחוציא("결혼하다, 보내다") 그리고 נשים נכריות("이방 여자들"). 이런 일관성은 이 부분들이 후대에 편집적인 작업을 통해 통합되었다기보다는 항상 함께 있었을 가능성이 높다는 점을 보여 준다.

그러므로 우리는 이 목록이 처음 출발부터 에스라 비망록(EM)에 포함되어 있었다고 결론내릴 수 있을 것이다. 이 목록이 배경 설정을 위해 우선적으로 구성된 것인지 아닌지를 보여 주는 증거나, 혹은 이 목록이 원래부터 독자적으로 묘사된 것이었을 수도 있다는 점을 보여 주는 증거는 전혀 없다. 하지만 이 목록의 현재 형태는 아마도 후대의 편집적인 행동에 무언가 빚을 지고 있을 수 있다. 원래 목록의 확실성에 대한 가능성은 이 결론을 따른다. 비록 이 목록이 편집을 통해 다시 재구성된 것이라면, 우리는 이 목록의 모습이 역사적 재구성의 목적들을 위해 좀더 뒤틀려졌을 것임을 인식해야만 하지만 말이다.

주석

1 이미 9장에서 에스라의 기도가 하나님을 향해 죄악을 순수하게 고백하는 것이면서 동시에 백성들로 하여금 강압에 의해서가 아니라 그들 스스로 확신에 찬 반응을 할 수 있게끔 이끌기 위한 목적을 갖고 있다는 점을 지적했다. 이런 두 번째 목적에 있어서 에스라는 분명히 성공을 거두었다. 이미 모인 무리들이 울고 있는 것으로 묘사되었다. 그리고 오랫동안 지속되어 온 문제가 의심할 여지없이 해결책에 가까워져 있었음을 느끼고 있었기 때문에 큰 무리는 기대하면서 모여들었다. "남녀와 어린아이"라는 규정은 여기 모인 무리들이 매우 큰 무리였으며 대부분의 보통 사람들로 구성되어 있음을 보여 준다. 이 구절은 또한 독자들에게 이제 막 시작되려 하고 있는 과정들이 어떤 사회적 결과들을 가져올지를 생각하게끔 하면서 9장 마지막 구절의 내용을 반복하며 심상치 않은 비극을 도입하고 있다.

오직 여기서만 우리는 에스라가 하나님의 전 앞에서, 그러니까 성전의 바깥 뜰 중 한 곳에서 기도하고 있었다는 점을 듣게 되는데, 이런 배경은 이 사건의 장중함을 더해 준다.

2a 스가냐는 바벨론에서 첫 번째 귀환 기회 때 유다로 돌아온(엘람) 가족에 속해 있다(참조. 2:7). 주로 혼합 결혼과 관련된 사람들은 다름아니라 바로 이 그룹의 사람들이었기 때문에(9:1에 대한 "주석"을 보라), 그는 마치 대변인처럼 행동하

는 데 적절한 사람이었다. 하지만 그는 이 죄를 범한 사람들 목록이 나오는 18-44절에는 포함되어 있지 않다. 만약 이 점이 편집적인 생략의 결과가 아니라면(이 경우에는 아마도 그럴 것 같지 않다), 우리는 그의 뒤이어지는 고백을 마치 에스라가 했던 것처럼 대표로서 고백한 것으로 이해해야만 할 것이다.

이 점은 스가랴가 순수하게 자발적으로 이야기하고 있는 것이 아닐 수도 있다는 가능성이 생기게 한다. 그는 사실 에스라의 초기 사역에 영향을 받은 사람들 중 하나였을 수 있으며(참조. 3절), 또한 이미 이전에 그가 백성들의 반응을 이끌어 내는 데 동의했던 사람이었을 수도 있다. 어쨌든 그가 제안하는 급진적인 해결책이 일반적인 동의를 얻는다는 것은 주목해야 할 점이다. 그렇다면 원래의 설명 부분에는 그가 대변인으로서 행동할 것을 미리 사전에 협의했던 것에 관한 설명이 포함되어 있었던 것일까?

26절과의 비교는 스가냐 자신의 아버지인 여히엘이 혼합 결혼에 포함되어 있었을 수 있음을 추측케 한다. 그러나 이런 사실 자체가 스가냐로 하여금 이야기하지 못하게 하지는 않았다. 그렇기 때문에 그가 자기 자신이 파문당하는 것에 대해 변호하고 있었던 것이라는 클라인스(Clines)의 주장은 불확실하다고 할 수 있다. 왜냐하면 여히엘은 충분히 두 번 결혼했을 수 있으며, 이방 어미와 더불어 파문되고 쫓겨난 아이들은 아마도 소수였을 수 있기 때문이다. 그가 혼합 결혼 출신이라는 추측에도 불구하고, 분명 어른이었던 스가냐는 자기 본래의 권리로 유대 공동체의 일원이 될 수 있었다. 6:21을 참조하라. 하지만 이 점에도 불구하고, 여히엘이라는 이름은 심지어 단일 가문 내에서조차도 쉽게 발견될 수 있는 흔한 이름이어서 그가 누군지를 확실하게 규정할 수 없는 이름이었다.

2b-4 스가냐는 이미 9장에 나왔던 고백을 다시 반복하면서 이야기를 시작한다. 하지만 그는 이 문제를 제거하기 위해 신속한 행동을 취하게끔 했던 에스라의 기도에서 표현된 것보다 더 많은 소망을 보고 있다. 마지막으로, 그는 에스라에게 이 일을 이끌어 나가도록 독려한다.

2b "범죄하였다"에 관해서는 9:2을 참조하라. 이 장과 느헤미야 13장에서 사용된 "결혼하다"에 관한 표현(그러나 다른 구약성경에서는 사용되지 않은)은 ישב의 히필형이 사용되었는데, 문자적으로는 "살게끔 하다", 즉 "집을 주다"를 뜻한다. 이 단어는 오직 혼합 결혼에 대해서만 적용된다. 위튼 데이비스(Witton Davies)는 곧이어 나오는 "외국"(이방)이라는 단어가 잠언에서는 매춘부를 묘사하면서 사용된다는 점을 주목하면서 이런 용례는 "의문시되는 연합은 참된 결혼이 아니다"라는

함축을 담고 있다고 추측한다. 그들이 함께 데리고 살고 있었던 여자들은 아내들이 아니라 매춘부들이었다.

3 에스라의 기도에서의 우울한 결혼과는 대조적으로("이와 같이"⟨על־זאת – 알-조트, 2b절⟩를 주목하라. 이는 명백하게 9:15의 마지막 부분에 나오는 "이와 같은 상황에서"로 번역된 동일한 구문을 뽑아내어 사용한 것이다), 스가냐는 위험에 처한 공동체를 구해낼 계획을 품을 수 있다. 앞 장(9장)에서는 이에 대해 전혀 아무런 암시도 제시되지 않았지만, 그는 여전히 이에 대해서 "내 주(즉 에스라)의 교훈"과 "하나님의 명령을 떨며 준행하는 자들"을 좇아 생긴 것으로 언급하는데, 이는 분명 9:4에 나오는 에스라 주변에 모여든 사람들을 매우 분명하게 언급한다. 그러므로 에스라가 이전에 이 문제에 대해 무언가 지시를 내렸으며, 또한 공동체 내의 제한된 부분에서 이에 대한 추종을 얻었다는 점이 분명하다(9:1에 대한 "주석"도 보라). 그렇기 때문에 여기서 이 문제에 직접적으로 관련된 사람들을 포함하여 좀 더 폭넓은 사람들이 이 계획을 받아들이는 중요한 발전이 이루어졌음을 알 수 있다.

이 계획은 매우 간단하다: 공동체의 모든 구성원들은 이방인 아내들과 그들의 자녀들을 내어보내기로 동의하고 약속을 맺어야만 한다. 다시 말하지만 여기서(3절) 사용된 단어(להוציא – 레호치)는 이혼에 대해 사용되던 단어가 아니다. 또한 이 점은 2절에서 그랬듯이 이런 결합에 대해 경멸적인 태도를 반영하는 것일 수 있다. 이 구절의 마지막 구문의 구속력은 분명하지가 않다. 이혼은 신명기 24:1-4에 나오는 분명한 환경 속에서만 허락되었으며, 몇몇 기본적인 절차들을 밟아야만 한다. 그렇기 때문에 에스라의 교훈의 영향하에서(9:1-2에 대한 "주석"을 보라) 남편들은 이제 자기 아내들의 이방인이라는 출신이 "수치스러운, 부끄러운 무엇"(ערות דבר – 에르와트 다바르, 신 24:1에 나오는데 의미가 불분명한 구문이다)이라고 여겼으며, 그래서 이혼을 진행하는 것이 정당한 것으로 느꼈을 수도 있다. 만약 이런 과정들을 밟았다면, 적어도 이 아내들은 다시 결혼하는 자유를 누릴 수 있었을 것이다. 이와 다른 방식으로 생각해 보자면, 이 구문은 율법이 이해하고 있는 상황 즉 혼합 결혼이 없는 상황으로 돌아가라는 단순하고 일반적인 격려일 수도 있다.

4 스가냐가 에스라에게 리더십이 있는 것으로 간주했던 것은 놀라운 일이 아니다. 에스라는 앞 장에서 문제들을 처리하는 데 있어서 공동체가 어떻게 행할 것인지를 표현했던 것보다 문제들을 더 깊이 처리하는 것에 일종의 마지못해하는 모습을 보였고, 지금도 그는 그와 비슷하게 마지못해하는 모습을 보였음에도 불구하고 말이다. 스가냐는 "취임 장르" 형태와 구문론을 사용하는데(참조. H. G. M. Willi-

amson, "The Accession of Solomon in the Books of Chronicles," *VT* 26[1976] 351-61), 이는 신명기 31:23; 여호수아 1:6, 9b; 역대상 22:11; 28:10과 20 등과 같은 본문들에서 찾아볼 수 있는 익숙한 형식이다. 하지만 이는 순수하게 관습의 문제이고 그 형식이 무엇이건 간에 분명히 공식적인 중요성을 갖고 있다고 할 수 없다. 왜냐하면 여기에는 관료직 계승의 요소가 포함된 것이 없을 뿐만 아니라, 이 장르의 일반적인 요소라고 할 수 있는 하나님의 도우심에 대한 확신을 대신해서 공동체의 뒷받침에 대한 약속이 자리잡고 있기 때문이다.

5 에스라는 아직 감정적으로는 고양되어 있었지만, 백성들로 하여금 제시된 행동 과정을 따를 것을 맹세케 함으로써 최근의 상황으로 다시 되돌아가지 못하도록 상황을 확보했다. 당분간 그는 이런 확신에 대해서 만족해했다. 즉각 일을 진행시키는 것은 최종적인 조사에서 나타난 혼합 결혼의 오랜 기간과 심각한 정도로 미루어 보아 비현실적이었을 것이다.

6 에스라는 이 문제에 대해 공적인 관점에서 관심을 돌린 이후에도 여전히 계속해서 탄식하고 금식했다. 이 점은 앞 장에서 나타났던 그의 모든 행동들이 단순히 효과를 노리기 위한 것이 아님을 보여 준다. 에스라는 백성들이 반드시 반응해야 하는 모습으로 반응하게끔 자극하는 데 자신의 감정조차도 활용코자 했는데, 바로 지금이 그런 상황이라고 절실하게 느꼈기 때문에 이처럼 행동했다.

에스라가 "엘리아십의 아들 여호하난의 방으로" 들어갔다는 기록은 에스라의 연대에 관한 논의에서 두드러진 특징을 갖고 있다. 간단히 말해서, 요점과 사실들은 이렇다. 엘리아십은 일반적이고 흔한 이름이다. 이 장의 후반부에 나오는 목록에는 이 이름이 세 차례 등장한다. 이 이름은 느헤미야 시대의 대제사장의 이름에서 나타나며(느 3:1 등), 그는 의심할 여지없이 느헤미야 12:10-11에 나오는 대제사장 가문의 사람과 동일인으로 여겨진다. 그리고 느헤미야 12:22의 대제사장 목록과 느헤미야 13:28의 목록에 나오는 사람도 동일인으로 여겨진다. 이 사람이 "하나님의 전 골방을 맡은 제사장 엘리아십"(느 13:4, 7)과도 동일인인지 아닌지에 대해서는 의견의 일치가 이루어지지 않고 있다. 에스라 10:6에 나오는 사람도 동일인인지 아니면 다른 엘리아십을 지칭하는 것인지에 대해서 역시 동의되지 않고 있다.

여호하난(그리고 이 이름의 변형인 요하난)도 마찬가지로 일반적이고 흔한 이름이다. 예를 들어, 느헤미야 12:13에 나오는 제사장 목록에서도 이 이름을 갖고 있는 사람이 한 명 언급되었다. 특별하게 주목해야 할 점은 이 이름이 대제사장들의 목록이 나오는 느헤미야 12:22-23에 등장한다는 점이다. 그리고 그는 다음번에 언급될 때는 느헤미야 시대 때의 대제사장인 엘리아십 뒤에 나오기 때문에, 바로 그가 엘레판티네 파피루스들(Elephantine papyri) 중에서 대제사장으로 언급되는 여호하난과 동일 인물로 간주되어야만 한다는 점이 확실해 보인다(*AramP* 30:18). 이 서신은 주전 408년경이 연대이며 여호하난이 대제사장으로서 3년 일찍 행동했었음을 보여 준다. 하지만 느헤미야 12:22-23은 가문 관계들이 전혀 언급되지 않은 단순한 대제사장 목록이라는 점을 주목해야만 한다. 그러나 이런 가족관계들이 관심 있는 주제로 다루어지는 부분에서는(느 12:10-11), 우리는 가계도가 엘리아십-요야다-요나단으로 이어지며 여기엔 여호하난에 관한 어떤 언급도 없음을 발견하게 된다.

마지막으로, 많은 학자들은 요세푸스가 이 논의와 관련된 이야기를 하는 것을 중시해 왔는데, 왜냐하면 요세푸스는 대제사장인 요안네(요하난)가 그의 형제 예수를 성전에서 살해한 사건과 그 결과 매일 드리는 제사들에 대해 총독 바고세스(Bagoses)가 세금을 부과했다는 사실에 대해 자세히 설명하기 때문이다. 하지만 나는 다른 곳에서 이 설명이 아르타크세르크세스 III세 오쿠스(주전 358-338년) 치하에서 벌어진 사건임을 구체적으로 주장했다. 참조. *JTS* ns 28(1977) 49-66. 이는 우리가 생각해 볼 수 있는 모든 종류의 에스라 연대보다 훨씬 이후의 시기다. 그러므로 이런 논의들에 있어서 요세푸스가 기록한 이 내용이 빈번하게 특징적으로 등장하기는 하지만, 내 생각에는 에스라의 연대를 결정하는 데 있어서 이 내용은 생략되어야만 한다. 이 내용은 여기서는 더 깊이 다루어지지 않을 것이고, 여기에 근거를 둔 다른 논의들도 마찬가지로 다루어지지 않을 것이다.

위에서 지금껏 이야기한 여러 가지 사실들은 다양한 설명들을 제시하는데, 이들 중에서 가장 중요한 것은 지금부터 제시되는 내용들이다. (a) 이 구절의 엘리아십은 느헤미야 시대의 대제사장과 동일시되며, 요하난은 느헤미야 12:22-23과 엘레판티네 파피루스들(Elephantine papyri)에 나오는 대제사장과 동일시된다. 그렇기에 이 점은 에스라의 연대를 느헤미야 이후로 잡는 가장 강력한 논거 중 하나로 간주되며, 그래서 그의 연대를 아르타크세르크세스 II세 때인 주전 398년경으로 잡는다. 참조. Rowley, "Chronological Order," 153-59; Bowman.

만약 이런 동일시가 정확한 것이라면 다음의 결론이 뒤따라 나올 수 있다. 하지만 이들이 정확하다는 것은 결코 분명하지 않다. 첫 번째로, 비록 이 주장은 이 경우에 절대적으로 필요한 것이 아니지만 일반적으로 좀더 진전된 단계로 취급된다. 느헤미야 12:22을 통해서 요하난은 엘리아십의 손자로 추정된다. 우선 느헤미야 12:10-11에서 서기관이 요하난을 요나단이라고 잘못 기록했다는 추측과 더불어서 말이다. 이 부분에서 요나단은 분명 엘리아십의 손자이며, 에스라 10:6과 느헤미야 12:23에서의 두 번째 "아들"이라는 표현은 "손자"를 의미한다. 하지만 이런 점들 중 그 무엇도 확고한 토대를 갖고 있는 것은 아니다. 느헤미야 12:10-11에 본문 수정이 있었다는 아무런 증거도 없으며(이 부분에서 사실 요나단이라는 이름은 두 번 등장한다), 또한 비록 "아들"이라는 표현이 종종 "후손"이라는 좀더 일반적인 의미를 갖기도 하지만, 이는 왕조 설립자의 후손이라는 경우에서처럼 일반적으로 이런 용법으로 사용해야 할 이유가 있는 정황 속에서만 그런 의미로 사용된다. 여기에는 그런 이유가 없기 때문에, 요하난은 엘리아십의 실제 아들로 보아야만 한다. 참조. Mowinckel, *Studien I*, 158-60; Porter, *JTS* ns 17(1966) 54-67.

설령 그렇다 하더라도, 에스라 10:6에 나오는 요하난이 후대의 대제사장이었다고 여전히 주장할 수 있을 것이다. 하지만 그는 우리가 기대하는 그런 호칭을 갖고 있지 않았으며, 우리는 이미 요세푸스에 나오는 이야기가 이 점을 설명해 줄 수 있다고 호소하는 것이 타당치 않다는 점을 살펴보았다(Rowley와는 달리). 그러므로 아래 지적된 다른 여러 가지 설명 방식들에 길이 열려 있으며, 또한 이름이 일치함에도 불구하고 이 부분에서는 대제사장 가문이 전혀 언급되지 않았다는 가능성에 대해서도 마찬가지로 가능성이 열려 있다. 다른 여러 가지 내용들이 이런 관점을 더욱 뒷받침해 줄 것이다. (e) 아래의 Scott *ExpTim* 58(1946-47) 265, 그리고 Tuland, *AUSS* 12(1974) 55-59를 참조하라.

(b) 여전히 위에서 주장했던 정체성을 주장한다면, 요하난이 엘리아십의 손자가 아니라 실제로 아들이었으며, 또한 느헤미야 13:28에 의하면 엘리아십의 손자들 중 한 사람이 이미 느헤미야 시대에 결혼을 했고 그는 에스라 10:6에서 대제사장으로 불려지는 사람이 아니라는 가능성은, 그가 비록 성전 경내에 자신의 방을 갖고 있긴 했지만 에스라 시대 때 젊은 사람이었다는 가능성을 열어 둔다. 그렇다면 이는 에스라의 연대를 좀더 초기로 잡는 것을 허용한다. 브라이트(Bright, *History*, 391-402)가 제안한 주전 428년이나, 혹은 루돌프(Rudolph)가 제안하는 주전 433년이나 432년, 혹은 그가 예루살렘으로 여행했던 것에 대한 전통적 연대인 주전 458년까지도 말이다. 더군다나 일부 사람들이 주장했듯이 에스라가 대제사장의 방으로만 돌아갔을 것이라고 추측할 아무런 특별한 이유가 없다.

(c) 그럼에도 불구하고 이런 동일한 정체성을 주장하는 세 번째 가능성이 있다. 이는 저자 자신의 시대 때 이 이름으로 특별한 방이 알려져 있었는데, 이는 이 방이 이전에 유명한 대제사장과 연관되어 있었기 때문이라고 추측하는 것이다. 이 관점

은 에스라의 연대를 초기로 잡는 것을 선호하는 사람들이 일반적으로 견지하는 관점이기 때문에, 이들은 이 방이 에스라 비망록(EM)에서는 이런 식으로 이름 붙여져 있지 않았으며, 후대에 편집자가 원래 본문에 있었던 것과 같은 의미를 갖는 것으로서 그의 시대 때 잘 알려져 있던 이런 이름을 대신 집어넣은 것이라고 주장한다. 그러므로 이런 언급을 통해서는 에스라의 연대에 관해서 아무런 결론도 도출해 낼 수 없다. 참조. Meyer, *Entstehung*, 91 ; Ryle ; Siegfried ; In der Smitten, *Esra*, 98.

(d) 우리는 이제 정체성 규정에 대한 다른 설명을 제시하지만, 여기에 대제사장 가문이 언급되어 있다고 주장하는 제안으로 옮겨가고자 한다. 느헤미야 12장의 대제사장 목록은 관련된 시기들을 채우기엔 이름들이 충분치 않기 때문에 무언가 결함이 있다는 점이 관찰되어 왔다. 관련된 자료들에 대해서는 Williamson, *JTS* ns 28(1977) 62-63를 참조하라. 이 점으로부터 크로스(Cross, *JBL* 94[1975] 4-18)는 대제사장들이 부모의 이름을 좇아 이름을 짓는 관습을 채택했었다는 가정하에 비어 있은 갭들을 채우려고 시도했다. 다른 증거가 이 가정이 그럴듯한 것임을 보여 준다. 가장 최근의 한 가지 결과는, 클라인스(Clines)가 따르는 크로스(Cross)가 엘리아십과 요하난을 느헤미야 시대의 엘리아십 **이전에** 포함시킨다는 점이다.

크로스(Cross)의 이론에 대해서, 비텐그렌(Widengren, "The Persian Period," 506-9)은 그가 "한 가지 근본적인 실수 이외에도 너무 많은 불확실성과 재구성들 위에 토대를 두고 있다"고 심각하게 비평했다. 그럼에도 불구하고, 내 생각으로는 대제사장 목록이 결함을 갖고 있다는 크로스의 출발점은 전적으로 정당하다. 물론 우리는 어떻게 그 부분을 채워야만 하는지에 대해서는 확신할 수 없는 것이 분명하다. 이런 경우에 엘리아십의 아들인 앞부분의 요하난을 쉽게 제거해서는 안 된다.

(e) 마지막으로, 본문의 목적과 의도가 전적으로 제사장 가문에 관해 이야기하려는 것이냐는 문제에 대해 질문을 던져 봐야만 한다. 수많은 주석가들이 올바르게 관찰해 왔고(예를 들어, Bertholet ; Rudolph) 또한 위에서도 강조되었던 것처럼, 의문시되는 두 개의 이름들은 당시에 지극히 평범하고 일반적인 이름들이었다.

내 생각으로는, 여지껏 적절하게 인식되어 오지는 못했지만 사실 여기에는 다른 가문을 의도하고 있었다는 관점을 지지해 주는 일련의 증거들이 있다. 느헤미야 13:4에서 우리는 "여호와의 전 골방을 맡은 제사장 엘리아십"에 관해 읽었다. 이런 정의는 엘리아십이 누군지를 규정하려는 의도를 갖고 있는 것으로 보이며, 그렇기 때문에 그를 대제사장 엘리아십과 **구별하려는** 의도를 갖고 있는 것으로 추측해 볼 수 있다. 우리는 대제사장이 관리인으로서의 역할을 할 것이라고는 생각하지 않는다. 엘리아십이 성전 "골방"과 관련된 이 점은 즉각 이 구절을 에스라 10:6과 연관되도록 하며(동일한 단어인 לשכה가 사용되었다), 또한 이 언급이 대제사장들이 아니라 이 가문과 관련되어서 사용되고 있음을 추측케 한다. 만약 그렇다면, 당연히 에스라를 느헤미야 이후 시대로 연대를 잡을 수 있다. 만약 이 두 구절에 나오는 엘리아십이 동일인이라면 말이다. 하지만 이와 마찬가지로, 아버지의 이름을 좇아 아들의 이름을 부르는 관습이 넓게 퍼지고 확립된 것으로 간주될 수도 있기 때문에, 이 구절의 엘리아십은 느헤미야 13:4에 나오는 사람의 할아버지로 쉽게 인정될 수도 있으며, 결국 에스라의 연대를 더 일찍 잡는 것을 허용하는 것이 될 수도 있다.

여기에 언급된 모든 제안들은 각기 직면하는 어려움들을 갖고 있을 뿐만 아니라 이들 주장을 선호하는 몇몇 장점들도 갖고 있다. 이 문제는 에스라를 느헤미야 이후에 자리잡게 하는 사람들에게는 플랫폼의 커다란 간판처럼 중요한 것이기는 하지만 너무나 불확실해서 에스라의 연대를 결정짓는 증거로 인정될 수가 없다. 이 질문은 다른 토대들 위에서 해결되어야만 한다(서론, "연대기적인 순서"를 보라). 전체적으로 볼 때 비록 임시로 선호할 정도의 증거밖에 없을 정도로 증거가 불충분하긴 하지만, 나는 여지껏 제시한 제안들 중에서 마지막 제안을 좀더 선호한다.

7-8 유대 공동체의 모든 구성원들은 이 문제를 해결하기 위해 예루살렘으로 소집되었다. 뒤따르는 사건들이 앞선 문단 이후 어느 정도 시간 격차를 두고 벌어졌는지에 대해서는 아무런 언급도 없다. 그러나 오랜 시간이 걸렸을 것 같지는 않다. 포로기 이후의 유다 지경은 지정학적인 범주에서 매우 협소했으며, 그렇기 때문에 "3일 이내에" 모이라는 소집 명령에는 별다른 어려움이 없었을 것이다.

8절에서는 이 선포가 에스라 자신을 통해서가 아니라 "방백들과 장로들"(즉 지역 지도자들)을 통해 이루어졌음을 기록하고 있다. 이는 그가 공동체로 하여금 외적인 권위를 통해 강압적으로 문제를 해결하기보다는 자발적으로 공동체의 단점들을 극복하도록 했던 방식, 우리가 반복적으로 보아 왔던 그가 격려했던 방식들과도 잘 맞는다. 그럼에도 불구하고, 순종하지 않았을 경우 제재를 받게 될 것이라는 위협(8b절)은 에스라가 지금 행해지고 있는 일들에 자신의 권위를 담고 있음을 알 수 있을 만큼 충분히 심각한 내용들이었다.

형벌로서 위협적으로 제시된 내용은 7:26에서 에스라가 아르타크세르크세스의 직임을 받으면서 활용 가능했던 두 번째, 세 번째 형벌의 선택과 일치한다. 그 선택사항들 중 사형시키라는 형벌은 매우 심각한 상황에서만 시행될 것으로 여겨졌을 것이다. 반면에 옥에 가두는 것은 유대인들이 일반적으로 행하던 형벌 형식으로는 보이지 않는다. 하지만 언급된 두 가지는 오경의 법률에 포함된 형벌들과 어느 정도 적절하게 동일선상에 있는 것으로 볼 수 있으며, 따라서 에스라의 형식이나 목적에 더 잘 들어맞는 것이라 할 수 있다.

재산을 "몰수"하는 것에 대해서는 본문에서 어근 חרם(헤렘)을 사용하고 있는데, 이 어근은 성경 본문들에서 다양한 방식으로 사용된다. 참조. M. Greenberg, "Herem" *EncJud* 8, 344-50. 이 어근은 이스라엘이 초기에 가나안에 정착하던 부분을 설명하는 것과 연결되어 있다는 점에서 가장 잘 알려져 있는데, 예를 들어 여리고에서 이 성읍이 "바쳐졌으며, 성읍과 심지어 그 안에 있는 모든 것들이 주님께 드려졌다"는 부분에서(수 6:17; 참조. 6:21과 7:1, 11, 13 등) 이 어근이 사용되었다. 하지만 이 단어는 개인적으로 드려진 재물이나 성전과 제사장 직무를 위해 영원히 드려진 재물을 언급하는 데도 마찬가지로 사용될 수 있다. 참조. 레위기 27:28; 민수기 18:14; 에스겔 44:29. 이스라엘에서 쫓아내는 형벌을 사용했던 것은 출애굽기 22:19(20)에 나온다. 이런 다양한 율법들이 서로서로의 견지에서 해석되었던 것으로 보이며(비교해 볼 수 있는 과정에 대해서는 9:1-2에 대한 "주석"을 보라), 그 결과 이 율법들은 성전에서의 사용을 위해 재산을 몰수하는 것과 연결될 수 있었다(에스드라1서 9:4이 올바르게 이해하고 있듯이). 그리고 공동체에서 축출되는, 개인적으로 관련된 일과도 연결될 수 있었다. 물론 이런 후자의 발전은 우리가 주장했듯이 에스라가 그의 직임 중 일부로서 시작해야만 했던 일, 즉 공동체의 멤버십을 분명하고 날카롭게 정비하는 정황 속에서만 일어날 수 있는 것이었다. 이와 같은 추방은 오경에서 묘사된 형벌은 아니었지만, 우리는 후대에 사형이라는 형벌이 이런 방식으로 해석된 과정이 여기서 시작되고 있음을 분명하게 볼 수 있다. 블리트스타인(Blidstein, *VT* 24[1974] 357-60)은 이 단어가 그리스도에 대해 갖는 평행적인 관련성에 관해 이야기한다.

9 이런 형벌들을 동원한 위협은 백성들의 충분한 협력을 얻어내기에 충분한 것이었다. 아홉 번째 달은 오늘날로는 대략 12월경에 해당된다. 이 시기는 팔레스타인에서 초겨울 비가 내리는 시기이며, 이 비는 매우 강한 것일 수 있었다. 어느 정도 상당한 거리를 여행해야만 하는 사람들에게 이런 경우는 여행을 상당히 불편하게 만들 수 있었을 것이다. 하지만 상황의 중대함과 진중함이 그들을 떨게끔 하는 가장 중요한 요소였을 것이다. 그리고 아마도 백성들이 이미 두 달 전에 에스라가 율법을 읽는 것을 듣기 위해 동일한 광장에 모였었다는 사실(참조. 느 8:1)은 이 상황의 진중함에 무게를 더했을 것이다.

10-11 에스라는 시간을 허비하지 않고 지체없이 우선 이미 9장에서 이야기했던 것을 다시 요약해서 이야기했다. 10절에서 사용된 언어와 사상에 대해서는 9:1-2, 7 그리고 15절에 대한 "주석"을 보라. 그런 뒤에 그는 백성들로 하여금 자복하게끔 독려했고, 또한 공동체의 경계선을 분명하게 다시 긋게 함으로써 하나님의 뜻에 따르도록 독려했다.

"자복"한다는 것은 문자적으로는 "감사하다/찬양하다"(נתן תודה ל׳ – 나탄 토다…)를 의미한다. 참조. H. Grimme, "Der Begriff von hebräischen הודה und תודה" *ZAW* 58(1940-41) 236-37. 이 표현은 비교해 볼 수 있는 다른 정황으로는 오직 여호수아 7:19 한 군데서만 등장하는데, 이 부분에서 여호수아는 아간에게 그의 죄를 자복하도록 이야기했다. 그 곳에서 이 표현은 실질적으로는 "…께 영광을 돌리라"(שים כבוד ל׳ – 심 카보드…)와 평행을 이루는 의미다. 이 사상은 하나님께서 "의로우시다"라고 고백하고 인정하는 것과 관련된 9:15에서 주목되었던 사상과 상당히 동일선상에 서 있다. 찬양을 하나님께 돌려드릴 때 경배자는 필연적으로 자기 자신이 죄인임과 이에 대해 하나님의 심판이 임한다는 것을 받아들이는 것과 마찬가지로, 역으로 하나님께서 의로우신 심판자이심을 고백하고 영광 돌리는 것도 표현한다. 자복을 함으로써 "찬양"을 하나님께 돌린다. 자신의 죄를 끊어내고 자기 자신을 하나님의 은혜에 던진 회개자는 "자복"을 통해 솟구치는 신뢰와 사랑의 참된 찬양을 드린다(Ryle).

12-14 여기에는 부분적으로는 의논 형태를 통해 나온 것으로 보이는 여론이 요약되어 있다. 육체적으로 힘겨운 상황들이 숙고하는 일을 상당히 신속하게 했을 것은 틀림없는 사실이다. 백성들은 행동을 취해야만 한다는 점에는 동의했지만, 현재 상황 속에서 그렇게 한다는 것은 실제적이지 않다고 이야기했다: 혼합 결혼을 한 숫자는 만족스럽게 조사를 마무리하는 데 상당한 시간이 걸릴 것임을 의미했다. 또한 예루살렘으로 여행을 하긴 했지만, 그들 중 대다수가 어떤 경우건 간에 직접적으로 이 문제에 포함되지 않은 사람들이었고, 이들이 이런 날씨 속에서 적절한 조정 없이 계속해서 서 있는다는 것도 어려운 일이었다.

어떻게 일을 진행시킬 것인가에 대한 제안은 매우 예민한 문제였다. 아마도 예루살렘에서 "방백들"(שרים, 이런 상황에서는 좀 모호한 단어다. 아마도 공동체에서 일반적으로 높은 위치의 존경받는 구성원들을 의미할 것이다)을 대표로 세우고 임무를 맡기는 방안이 세워져야만 했다. 이 일과 관련된 개인들이 그들 지역의 지도자들과 더불어 언제까지 나와야만 하는지 시한들이 정해졌다. 후자의 경우 그들의 동료 시민들이 찬성하는지 혹은 반대하는지를 증언하기 위해 가장 좋은 곳에 자리 잡았을 것이다. (물론 이들은 7:25에 나오는 유사와 재판관들과 동일시될 수 없을 것이다. 그 구절에 대한 "주석"을 보라.) 비록 분명하게 기록되지는 않았지만, 각각의 지역 등에서 일단 이방 결혼 사건이 어떠한지를 우선적으로 듣고 또한 사건에 대한 대답을 어디에서 들어야 할 것인지를 결정했을 가능성을 염두에 두고 있다.

에스라는 이미 하나님의 진노가 그들의 불순종으로 인해 공동체에 임할 것이라는 가능성에 관해 이야기했던 적이 있었다(9:14). 그렇기 때문에 백성들은 그런 재앙이 그들에게서 떠나게 하고자 충분히 행동하겠다는 표현을 함으로써 결론을 맺는다.

15 이 구절이 갖는 중요성에 대해서는 여전히 논쟁 중인 문제거리다. 위에서 "반대하다"로 번역된 단어는 문자적으로는 "반대편에 섰다"이다. 이 점은 몇몇 사람들로 하여금 이 단어가 실제적으로는 "후원했다"를 의미한다고 생각하게끔 했다. 하지만 이것은 별로 그럴듯하지 않은데, 왜냐하면 대부분의 사람들이 이 제안들을 분명하게 지지하고 후원했기 때문이다. 여기 나온 네 명의 사람들 중 유독 한 사람만 따로 특별하게 언급할 이유도 없어 보인다. 그리고 이 구절의 처음 부분에 나오는 접두사 아크(אַךְ)는 우리로 하여금 앞서 나온 내용과 대조적인 내용이 나올 것을 예상케 한다. 루돌프(Rudolph)는 몇몇 Vrs들이 잘못 이해하고 표시한 것은, 16절이 14절로부터 직접 내러티브를 이어받는다는 점과 15절 전체를 삽입구로 이해해야 한다는 점을 관찰하지 못한 데서 비롯된 것이라고 지적한다.

또 다른 접근법으로서 제안되어야 하는 것은 "섰다"를 뒤의 14절에 나오는 "…을 위해 행동하다"로 번역된 동일한 단어와 연결시키는 것이다. 이러한 관점에 의하면, 이 구절은 이 위원회의 첫 번째 구성원들을 열거한 것이라 할 수 있다. 하지만 이 해석 역시 전혀 그럴듯하지 않다. 이 또한 아크(אַךְ)의 역할을 정당하게 평가하지 못한 것이다. 두 번 등장하는 "서다"(עמד, 아마드)라는 단어에는 14절과 15절에서 각기 다른 전치사들이 붙어 있다. 이는 이 두 번의 동사들을 반드시 하나로 함께 취급해야만 하는 것이 아님을 추측케 한다. 그리고 위원회의 위원 지명은 내러티브 후반부가 되어서야 나온다(16절).

그러므로 이 구절은 말 그대로 반대하는 사람들을 표현하고 있다고 보는 것이 가장 타당할 것이다. 그러나 그렇다면 무엇에 대한 반대인가? 이혼하라는 호소에 대해서 혹은 그 목적을 이루기 위해 제안된 계획에 대해서인가? 전자는 이 반대가 "느슨한" 그룹에 의해서 이루어졌음을, 후자는 이 문제를 좀더 신속하고 심각하게 다루길 원하는 엄격한 그룹에 의해서 이루어졌음을 나타낸다. 이 두 번째 제안이 가장 그럴듯해 보인다: 므술람과 삽브대가 요나단과 야스야를 도왔다는 그럴듯한 가능성에 대해 우선적으로 관심을 기울여야만 한다. 일부 사람들은 이 구절의 후반부를 전반부의 내용과 대조를 이루는 것으로 읽어야만 한다고 주장해 왔으며, 그래서 "도왔다"는 14절의 계획을 목적어로 갖는다고 주장해 왔다. 하지만 이와는 반대로, עזרם에 붙어 있는 3인칭 남성 복수형 어미(문자적으로는 "그들은 그들을 도왔다")는 요나단과 야스야를 가장 자연스러운 선행사로 언급한다. 만약 이 계획들이 의도된 것이었다면, 우리는 앞에 나온 조트(זאת)를 언급하는 단수형 여성 어미를 기대해야 하거나 혹은 לדבר הזה를 언급하는 남성형 단수 어미를 기대해야 한다. 그렇기 때문에 15절은 여기 언급된 네 명의 개인들을 그들이 반대하고 있다는 측면에서 하나로 묶은 것으로 이해해야만 한다. 이제 삽브대는 분명하게 레위인으로 표현되고 있으며, 므술람(매우 일반적인 이름)은 다른 방식으로 표현되거나 수식되지 않고 있기 때문에, 이 사람을 8:16에 두드러지게 나타나는 므술람과 연결시키는 것이 가장 합리적일 것이다. 이방인 아내들과 결혼한 레위인들이 기록된 10:23에서 삽브대는 전혀 목록에 올라 있지 않다. 그리고 므술람은 에스라와 더불어 여행했던 사람이기 때문에, 그는 그들이 예루살렘에 도착한 이후 그 짧은 시간 동안 결혼하기는 거의 어려웠을 것이다. 따라서 그는 29절의 므술람과 연결되어서는 안 된다. 마찬가지로, 그 목록에 등장하는 다른 두 번의 경우와도 연결되어서는 안 된다. 그러므로 왜 이들이 이방 아내들과 이혼하는 계획에 대해 반대했어야만 하는지에 대한 명확한 이유는 없다. 므술람의 지위와 삽브대의 레위인이라는 신분(느 8:4과 7절에서 에스라 정책의 견고한 후원자로 언급되었던 사람들이 다름아니라 바로 이 사람들이었을 가능성에 대해서도 첨가하라. 역사적으로 말하자면, 이 점은 지금 문단보다 앞선 시기의 문단이다)은 이들이 최종적으로 채택된 방식보다 더 엄격한 계열의 입장을 취하려는 편에 서 있었을 가능성 쪽으로 기울게 한다.

편집자를 통해 이 부분에서 일부 내용이 제거되었다는 주장에 대해서는 느헤미야 9장에 대한 "양식"을 보라.

16-17 위원회의 설립과 사역에 관한 내용은 짧게 기록되었다. (위에서 본문이 올바르게 복구되었다는 가정하에) 에스라를 개인적으로 포함시키는 것을 절대적으로 필요한 요소로 취급하지 않았다는 점은 주목할 만하다. 그는 공동체 자체의 지도자들에게 의사 결정을 하도록 맡기는 것을 선호한다. 이 위원회의 구성원들 이름은 여기에 나오지 않지만, 단어 배열 등은 그들의 이름이 원래 설명에는 들어 있었

을 것으로 추측케 한다.

그들의 임무는 단순하게 "사건을 조사"하는 것이었다. 그들이 발견한 것에 대해서 무엇을 할 것인지에 관한 결정은 이와는 별개로 분리된 문제로서 이미 이전에 공동체 전체가 동의했으며, 이 문제에 포함된 사람들이 분명하게 수용했다(19절). 그러므로 비망록(Memoir)에서는 아르타크세르크세스의 조서에 의하면 이 위원회를 만들었다는 것 자체가 에스라가 중요한 의무를 수행한 것으로 제시된다. 언뜻 보기엔 놀라울지 모르겠지만, 이 일은 일반적으로 인식하는 것보다는 훨씬 더 아르타크세르크세스가 의도했던 바에 밀접하게 잘 맞아떨어진다고 할 수 있다. 7:14에 대한 "주석"을 보라.

이 일은 대략 석 달 정도 지속되었으며, 이는 에스라와 관련된 첫 번째 연대에서 정확하게 일 년이 지난 후다(참조. 7:9). 루돌프(Rudolph)는 이 기간이 일하는 날짜로만 친다면 대략 75일 정도라고 어림잡는데, 그는 이 장의 후반부에 열거되어 있는 110가지 이방 결혼 사건들(Rudolph에 의하면 109가지)에 대해서 조금은 오래 걸린 것으로 보고 있다. 설사 조사된 것 중 일부 경우들이 누락되었다고 인정한다 하더라도, 그는 뒤이어 나오는 목록이 불완전하다는 주장을 뒷받침하는 것으로서 이 부분을 여전히 사용한다. 하지만 이는 지극히 추론적인 것에 불과하다. 이 기간은 겨울이었는데, 이 기간 동안 의사소통 등에 어려움이 있었을 것이라는 점을 고려해 본다면, 이 위원회가 일할 수 있는 모든 날에 이 일을 처리하기 위해 책상에 앉을 수 없었을 것이라는 결과와 더불어 당연히 지체되고 연기되는 일들이 일어났을 것이다. 우리는 얼마나 많은 이방 결혼의 경우들이 조사되었지만 누락되거나 결정되지 않은 채 남아 있었는지 알지 못한다. 그리고 이 위원회에서 어떤 절차들을 거쳤는지에 대해서도 전혀 아는 바가 없다.

18-44 이 목록이 갖고 있는 일반적이고 도입적인 표현들에 대해서는 위의 "양식"을 보라. 하지만 이 목록의 원래 형태에 대한 연구는 지금까지 계속되어 왔다.

이 문제를 끄집어내 온 학자들은 일반적으로 마지막 편집자가 원래의 목록을 축약시켰다고 주장해 왔다. 하지만 이 주석에서는 그 편집자가 이 목록을 상당한 정도로 축약했다기보다는 재배열했을 것이라고 주장할 것이다. 반복적인 요소를 그가 제거했다는 예외와 더불어 말이다.

루돌프(Rudolph)는 축약했다고 주장하는 사람들의 대표자로 간주될 수 있다. 그는 두 가지 주장을 한다. 첫 번째로(위의 16-17절에 대한 "주석" 말미에서 추론적인 것으로 지적되었던 주장에 덧붙여서), 그는 더 많은 백성들이 혼합 결혼 문제에 포함되어 있었던 것이 틀림없다고 느낀다. 그는 에스라 2장과 비교하면서, 일반인들과 제의적인 사람들(가령 성전 일을 하는 사람들)이 모두 다 여기에 언급되지 않았다는 점을 주목한다. 그가 생각하기엔 이들도 이런 결혼 문제에 비슷하게 연루되었을 텐데 말이다.

하지만 우리는 이 주장을 거부해야만 한다. 우리에겐 이 목록이 얼마나 길어야만 하는지를 결정할 권리가 없다. 왜냐하면 에스라의 이데올로기에서는 모든 혼합 결혼들은 그것이 아무리 소수라 하더라도 그것만으로도 공동체를 날카롭게 위협하는 것이기 때문이다(9:1-2에 대한 "주석"을 보라). 더군다나 이 문제가 대부분 사회 지도층에 국한된 것이었다는 점은 전혀 놀랄 만한 일이 아니다(성전 일을 하던 사람들이 궁극적으로는 이방인 혈통의 기원을 갖고 있었을 것이라는 사실〈참조. 2:43-58〉은 지금 단계에서는 더 이상 아무 상관도 없었을 것이다). 낮은 계층들은 혼합결혼에 포함되었다 하더라도, 그들은 아마도 주도적인 문화나 종교적 상황들에 쉽게 동화될 수 있었던 지역 거주민들과 결혼했을 것이다. 6:21을 참조하라. 진정한 위험은 그들의 이교적인 문화적 정체성과 종교를 계속해서 유지하는 지위에 있는 사람들로부터 왔으며, 이는 그들이 실제로 해외로부터 왔기 때문이거나 혹은 그들은 재정적인 지위로 인해 어느 정도 사회의 일반적 상황들에 얽매이지 않는 사람들이기 때문이었을 것이다. 이런 관점은 20-24절에 포함되어 있는 숫자를 통해서 좀더 뒷받침된다. 아래의 "주석"을 보라. 마지막으로 가능한 설명은 아크로이드(Ackroyd)를 통해 제시되었는데, 그는 이 목록의 작성을 구약성경이 종종 일반인들보다는 제사장들에게 좀더 엄격한 정결 규정을 부과하고 있다는 사실과 연결시킨다. 그는 이런 규정이 여기서 이스라엘 사회의 상위 계층에까지 전체적으로 확장되었으며, 그들에게는 믿음을 견고하게 유지하는 것이 중요했다고 추측한다. 낮은 계층들에게는 "이런 점들은 덜 중요한 고려사항이었다." 그들에게 정말로 중요한 점은 중심지가 정말로 정확하게 바로 그 자리에 자리잡았다는 확신이었다. 왜냐하면 이런 확신이 없다면 공동체가 위기에 처할 것이기 때문이다. 그러므로 뒤이어 생각해 봐야 할 점들이 비록 이 목록이 "여기저기에서" 손질되었다는 결론을 허용하기는 하지만, 그럼에도 불구하고 이 목록은 원래 모습과 범주에 매우 근접하다고 주장할 수 있을 것이다.

루돌프(Rudolph)의 두 번째 주장은 조금 다른 본질을 갖는 것으로서 더욱 무게감이 있다. 19절 전반부에 나오는 절차는 이 목록에 나오는 모든 사람들에게 적용되며 대제사장 가문의 대표들에게만 적용되는 것이 아니다. 이 구절이 다른 부분에서부터 뒤섞여 들어온 것이라고 추측할 아무런 근거가 없기 때문에, 이 구절의 원래 위치는 각각의 이름 그룹들 뒤에 유사한 진술로 따라 나왔던 것이 틀림없다(이와 유사한 구조에 대해서는 민 7장을 참조하라). 다만 후대의 편집자가 형식상의 이유들 때문에 이 부분들을 생략했을 뿐임을 추측케 한다. 이런 추론은 건실한 것으로 보이며, 또한 아래의 19절에서는 사실 이 점이 단지 전반부에 대해서만이 아니라 후반부에 대해서까지도 적용된다고 주장할 것이다.

위에서 제시한 본문 비평 연구는 우리로 하여금 루돌프(Rudolph)에겐 활용 가능하지 않았던 좀더 심화된 제안을 덧붙일 수 있게끔 해준다. 그는 13개의 일반 백성 가문 구성원들이 열거되어 있다고 믿었지만, 우리가 재구성한 바로는 12개 가문만이 있다. 이는 인위적인 재배열을 한 결과 때문인 것으로 보인다. 물론 이 목록이 8:1-14처럼 처음부터 제시된 것일 수도 있다. 하지만 우리는 이와 같은 전형적인 도식화가 나타나는 많은 곳들이 후대의 편집자의 작품이라는 점을 지적해 왔다(예를 들어, 7:1-10; 8:35-36). 이 장에서도 편집자적인 작업이 있었다는 데 무게를 두는 다른 증거가 이미 축적되어 왔기 때문에, 이 부분의 도식화도 마찬가지로 편집자에게 돌리는 것이 더 타당할 것이다. 왜 편집자가 이 목록을 짧게 만들어야만 했는지를 설명해 줄 타당한 근거가 없기는 하지만, 이 목록이 엄격한 축약이라기보다는 편집자적인 재배열이라는 점을 더 선호하게 하는 두 가지 점이 있다(참조. Mowinckel, *Studien I*, 127-29, Rudolph는 이에 반대다).

18 이 구절은 대제사장과 관련된 인물들을 열거하고 있으며, 다른 제사장들은 뒤이어 나오는 20-22절에 나온다.

19 뒤이어진 과정은 우선 첫 번째로는 그들의 아내들과 이혼하기로 엄숙하게 맹세하는 것이었고, 두 번째로는 그들의 죄악을 속죄하기 위해 제사를 드리는 것이었다. 몇몇 사람들은 후자의 경우 오직 제사장들에게만 해당되는 것이었으며, 그렇기 때문에 이 구절이 다른 그룹의 사람들에게는 반복되지 않는다고 생각해 왔다. 하지만 밀그롬(J. Milgrom, *Cult and Conscience*[SJLA 18; Leiden: Brill, 1976], 71-73)은 이런 생각은 그럴듯하지 않다고 주장했다. 다른 종족과 결혼하는 죄악은 몇 차례에 걸쳐 "(죄) 신실치 못함"(מעל – 마알)으로 표현되었다. 9:2에 대한 "주석"을 보라. 여호와의 성소에 대한 이런 범죄에 대해 올바르게 드려져야 하는 제사는 레위기 5:14-16에 의하면 "속건제"(אשם – 아샴)이다. "모든 이스라엘이 결혼에 대해 마알(*maal*)을 범했다고 하는 것은 이치에 닿지 않고(9:2, 4; 10:2, 6, 10; 느 13:27), 오직 제사장들만이 아샴(*asham*)을 드릴 필요가 있었다"(Milgrom, 73).

20-24 이제 제의와 관련된 남아 있는 사람들이 관례적인 순서를 따라 목록으로 제시된다. 계층이 아래로 내려감에 따라 숫자가 감소한다는 점은, 우리가 위에서 성전을 섬기던 사람들 같은 하류 계층 구성원들이 없다는 점에 관해 설명한 내용과 부합한다.

25-43 일반 백성들은 열두 개의 가문 그룹들로 나뉘어져 있다. 제의를 담당하던 사람들을 구분한 내용과 마찬가지로, 이 그룹들도 종종 에스라 8장의 상황과 대조를 이루면서 역시 에스라 2장과 친숙하다. 이 점은 예상해야만 하는 점인데, 왜냐하면 이 문제는 이방인과의 결혼관계에 들어갈 수 있을 만큼 이미 오래 전에 그 땅에 돌아와 있었던 사람들과 관련된 것이기 때문이다. 그러므로 에스라 2장과의 관련성은 이 목록의 진정성에 금이 가게 하는 것이 아니다.

43 코건(Cogan, *IEJ* 29[1979] 37-39)은 이들이 포로기 이후 고향인 트랜스 요르단 지역으로 돌아온 르우벤 지파 사람들이라고 주장하며, 이 주장의 일부분으로서 이 구절에 나오는 이름들과 역대상 5:4-8에 나오는 이름들 간에 연결성이 있다는 점을 발견한다. 그의 일반적인 주장이 어떤 장점들을 갖고 있건 간에, 인명이나 지명 중심의 주장들은 근거가 얇고 단순한 우연의 일치에서 나온 결과일 수 있다는 점을 인정해야만 한다.

44 이 구절의 본문은 너무나 불명확하기 때문에("원문주해"를 보라), 여기에 토대를 두고 너무 많은 것을 세워 간다면 그것은 현명치 못한 일이 될 것이다. 만약 원래의 목록에서 19절이나 혹은 그와 동등한 내용이 이 목록의 중요 부분들 중 각각의 마지막 부분들에서 반복되었다는 것이 사실이라면, 그럴 경우 아마도 이 구절 뒷부분에도 그 내용이 다시 한 번 나왔을 것이다. 그럴 경우 이 구절을 아내들이 쫓겨났다고 진술하는 것으로 수정할 필요가 없다(에스드라1서 9:36에서 하듯이). 그리고 마소라 텍스트(MT)의 표현은 나레이터가 그가 기록하고 있던 사건들이 갖는 개인적인 비극들에 대해 무감각했던 것이 아님을 표현하는 것으로서 그대로 유지될 수 있을 것이다.

이 내러티브는 갑작스럽게 중단되고, 곧장 느헤미야의 사역에 대한 설명으로 이어진다. 이 점에 대한 몇몇 논의들에 관해서는 "서론, 에스라와 느헤미야의 업적들"을 참조하라. 거기서는 비록 이 부분이 원래의 에스라 비망록(EM)의 정확한 마무리 부분을 제시하는 것이 아닐 수도 있긴 하지만, 그리 많은 부분을 잃어버린 것은 아닌 것으로 주장했었다. 이와는 다른 제안들에 관해서는 느헤미야 8장과 9장에 대한 "양식"을 보라.

해설(9-10장)

이 두 장은 에스라가 혼합 결혼이라는 문제에 어떻게 달려들었고 처리했는지를 묘사한다. 비록 이 두 장의 내용이 구약 전체에서 가장 매력 없는 부분은 아니겠지만, 적어도 에스라・느헤미야서에서는 별로 매력적이지 않은 부분이다. 우리에게는 이 처리 과정을 성경 본문의 전체적인 시각에서 평가하기 전에, 우선 이 처리 과정을 정당화했던 이유들에 대해 이 과정에 참여했던 사람들 자신의 시선을 통해서 이해하고자 하는 노력을 기울여야만 할 책임이 있다.

에스라가 돌아왔던 유다와 예루살렘의 유대인 공동체는 그들이 양면적인 상황, 그러니까 정치적인 정체성과 종교적인 정체성 사이에 걸려 있음을 발견했다. 우리가 보기에는, 에스라에게 명령을 내린 아르타크세르크세스의 조서에는 유대주의를 종교적 공동체로 발전시키려 했던 의도가 들어 있었던 것 같다(위의 7:11-26에 대한 "주석"을 보라). 만약 조서가 그런 것이었다면, 공동체 구성원의 자격은 다시 재정의되어야만 했다. 그렇게 하지 않는다면, 유대인들의 믿음이 갖고 있는 특수한 요소들은 아마도 우리가 생각하는 것 이상으로 주변 문화들과 동화되는 것을 통해 깊이 가라앉아 버릴 위험이 있었기 때문이다(혹은 적어도 그렇게 느껴졌다).

이 위험은 여기서 "이 땅 거민들"이라고 이름붙여진 사람들 중 일부가 휘둘렀던 경제적 권력을 통해 가중되었다. 포로기 동안 이방인 지역의 토호들은 분명 유다의 상당히 넓은 영토를 통솔하고 있었으며, 귀환해서 돌아온 사람들이 직면해야만 했던 힘겹고 어려운 경제적 환경들은 이내 그들로 하여금 이런 강력한 주변 이웃들이 처분하는 데로 어쩔 수 없이 따라가야 하는 처지에 놓이게 만들었다.

이처럼 남에게 의존할 수밖에 없는 배경 속에서 왜 그들이 이전에 했던 일에서 돌아서는 사건들이 일어나게 되었는지에 대한 이유를 이해하는 데는 다섯 가지 사항이 도움을 줄 수 있을 것이다. 모세의 율법은 말하자면 이처럼 지금 생겨나고 있는 공동체에게는 토대가 되는 것이었지만, 에스라가 직면해야만 했던 중심적인 문제에 대해서는 직접적인 길잡이가 되지 못했다. 결과적으로, 우리가 9:1-2에 대한 주해에서 보여 주려고 노력했던 것처럼, 에스라는 자신이 이해한 율법의 "정신"에 따라 율법에 대한 해석을 가르쳤고, 공동체는 그 가르침을 받아들였다. 우리는 에스라의 해석 중 몇몇 측면들에 대해서는 동의하지 않을 수도 있다. 그러나 우리는 지금 여기서 발견할 수 있는 그의 동기와 방법에 대해서 그것들이 오늘날에도 여전히 유효하다는 점을 인정해야 할 것이다.

우리는 10장 후반부에 나오는 이 목록과 관련해서 오직 공동체의 리더십을 갖고 있던 구성원들만이 이런 처리 과정들에 직접적으로 포함되어 있었다는 점을 주목해야만 한다. 만약 이 중심적인 사람들이 "흐물흐물"해진다면, 전체가 살아남을 가능성은 전혀 없게 된다. 이스라엘의 선택은 그저 단순하게 그들의 안위만을 위한 것이 아니었다. 그보다는 그렇게 함으로써 이스라엘이 하나님을 위한 나라와 기준들에 대해 밝게 빛나는 증인이 되게 하기 위해서였다(창 26:4을 보라). 이 역할은 이스라엘이 뚜렷한 자기 정체성을 유지하지 못한다면 도무지 이루어질 수 없다. 그리고 이런 정체성 유지가 지금 혼합 결혼들을 통해 위협받고 있는 것으로 여겨졌다.

말라기 2:10-16(대략적으로 본다면 비슷한 시기라고 할 수 있다)에는 어떤 경우에는 유대인 남성들이 새로운 이방인 배우자와 결혼하기 위해 이미 그들의 유대인 아내들과 이혼했다는 내용이 나온다. 비록 이런 사실들이 여기에 언급되지는 않았지만, 이런 사실에 대한 지식은 이방 결혼과 관련되어 있던 대부분의 가족들에 대한 동정심을 축소시켰을 수도 있다. 이 점은 또한 어쨌거나 이혼에 대해서 과거에는 오늘날과는 다른 견지에서 바라보았음을 생각하게 한다. 오늘날 교회에서는 결혼에 대해 교회 나름의 기대치를 갖고 있는데, 이는 예수님께서 결혼의 가치에 대해 높게 평가하신 것을 통해 더욱 높아진 기대치다.

우리는 에스라가 그의 해결 방안을 별로 해결 의지가 없는 백성들에게 위로부터 강제적으로 주입하지 않았다는 점을 반복해서 강조해 왔다. 그는 아마도 중간 과정 동안 백성들에게 율법에 대한 그의 해석을 가르쳤을 것이다. 그러나 내러티브 전체를 통해 여기에 반응하고 행동하는 주도권은 공동체 그 자체와 지도자들로부터 시작되었다. 우리가 갖고 있는 기록에 의하면, 이 문제에 직접적으로 연루되어 있는 거의 대부분의 그룹들의 사람들로부터 반대 표현조차 나오지 않았다.

마지막으로, 이혼한 가정들을 위해 어떤 것들을 공급해 줄 수 있었는지를 보여주는 내용은 전혀 나타나지 않는다는 점에 대해서도 주목해야만 할 것이다. 이 내러티브의 관심은 다른 곳에 있었으며, 또한 우리가 보기에 좀 조건을 완화시켜 줄 만한 요소들이 있다고 보여지는 것들에 대해서도 저자는 부적절한 것으로 생각했을 것이다.

그러므로 이런 환경들 속에서 이방 여자들과의 이혼은 두 종류의 죄악 중 좀더 미약한 죄악으로 여겨졌던 것이 틀림없다. 하지만 주석가는 그에게 주어진 본문을 이해하기 위해 모든 노력을 기울여야만 하는 반면, 모든 본문을 주어진 그대로 아무 비평 없이 받아들일 필요는 없다. 이 두 개의 장들은 묘사적이다. 그러나 이런 점이 이 두 개의 장들을 자동적으로 기독교 신앙의 규범적인 내용을 담고 있게 만드는 것은 아니다. 좀더 넓게 본문의 정황을 생각하고 고려한다면 다른 고민스런 목소리들이 움직이기 시작한다.

첫 번째로, 9:2을 보면 뒤이어 나와야 할 행동 과정을 결정하는 데 있어서 민족적인 요소가 한데 엉켜 있다는 점이 나타난다. 이런 모습은 성경 본문에서 직접적으로 가르치는 바가 아니다. 그러나 우리가 오늘날 반드시 거부해야 할 방식이기는 하지만, 여러 다양한 본문들을 결합하는 것을 통해 거기서 추출해 낸 해석의 일부분이었다. 혼합 결혼을 금지하고 있는 신명기 본문은 유대인 배우자가 율법을 준수하는 신실한 믿음에서 이탈하게 될 수 있다는 종교적 토대만을 들어 이방 결혼을 금지한다. 이방인 배우자가 유대교로 회심한 사례인 룻 같은 경우, 상황은 자연스럽게 다르다. 하지만 지금 본문은 그런 가능성을 인식하고 있다는 점을 전혀 보여 주지 않고 있다. 이는 율법의 원칙을 민족주의 계열을 따라 잘못 해석한 것이다. 구약성경이 민족주의적인 관점과 견해를 거부하고 있다는 점은 신약성경에서 다시 한 번 강력하게 강조된다(예를 들어, 행 17:26; 갈 3:28 등).

두 번째로, 성도가 자신이 기독교인인 남편이나 아내로서 발견할 수 있는 가장 비슷한 유추적 상황에 대해서, 즉 불신 배우자와 결혼한 상황에 대해서 신약성경은 분명하게 이야기한다. 신약성경은 이혼을 활용 가능한 선택 사항에서 제외한다(고전 7:12-13). 즉 고린도전서 7장과 베드로전서 3:1-7은 그보다는 신자에게 삶의 방식을 격려한다. 삶의 방식을 통해 불신 배우자로 하여금 믿음을 갖게 할 수도 있다고 말이다.

여하튼, 이 문단이 갖고 있는 협소하고 민족주의적인 측면에만 집중하는 것으로 인해 신자가 불신자와 결혼하는 것이 신자의 믿음을 위험하게 할 수 있고 또한 결혼도 약화시킬 수 있다는 좀더 일반적인 성경의 가르침에 눈멀게 만들어서는 안 된다. 이렇게 믿음에 좋지 않은 영향을 끼치는 이유는 한쪽 배우자가 가장 사랑하는 것들을 함께 공유할 수 없기 때문이다. 이 점은 신명기적 율법들이 이미 언급했던 의도와 목적이었으며, 또한 기독교인들에게도 마찬가지로 진리로 남아 있다(즉 고후 6:14).

마지막으로, 이 두 개의 장들은 영속적인 가치를 갖고 있을 뿐만 아니라 그 어떤 일반적인 평가 속에서도 결코 간과해서는 안 되는 수많은 요소를 갖고 있다.

에스라의 리더십의 본질에 관해서는 조심스럽게 연구해 보아야 할 것이다. 설령 우리가 그가 공동체를 이끌고 가려 했던 방향성에 대해 완전하게 동의할 수 없다 하더라도, 그럼에도 불구하고 우리는 가르치고, 인내하고 또한 본보기를 보여 주면서 백성들로 하여금 강압을 통해서가 아니라 그들 스스로 결정하도록 했던 그의 리더십 방식들을 통해 많은 것을 배울 수 있을 것이다. 에스라는 무엇이 유익한가에 관해 생각했다. 단기간 동안에는 이런 일들이 고통스러울 수도 있었겠지만 말이다.

클라인스(Clines)는 매우 적절하게도 공동체와 성경 본문 간의 창조적인 상호작용에 관심을 기울였다. 우리는 한편으로는 도대체 어떤 환경들이 그들로 하여금 오늘날 우리가 받아들이지 않는 성경 해석을 하게끔 이끌었는지에 대해 살펴보았다. 이 점은 성경 본문의 권위를 받아들이는 것이 우리의 행동들을 다스리는 가이드 라인을 정하는 출발점일 뿐임을 기억하게 하는 역할을 해야만 한다. 하지만 다른 한편으로는, "성경 본문은 공동체가 해석해야 할 대상이었을 뿐만 아니라 공동체의 삶에 있어서 능동적인 주체였다." 그리고 일단 성경 본문을 이해한 뒤 그 해석이 유대교를 형성하는 데 창조적인 요소로서 역할을 했던 범위는 정말이지 너무나 놀라울 정도다.

에스라의 고백하는 기도와 백성들이 보인 이에 대한 반응에는 어떤 교만이나 자기 정당화의 흔적이 없다. 이 점은 그들이 민족적인 선택이라는 개념을 통해 자기 자신을 인식하는 데 있어서 과장적이었다는 측면에서 생각해 본다면 주목해 볼 만한 점이다. 그들의 오염되지 않은 겸허함은 자신이 선택되었음을 그리스도를 통한 은혜로 말미암아 인식하는 사람들에게 여전히 이야기를 하고 있다.

또한 우리는 잘못이라고 인식한 내용을 제거하기 위해 회개를 고백과 행동을 통합한 단계로서 제시했다는 점을 통해서 교훈들을 얻을 수 있을 것이다.

마지막으로, 우리가 만약 에스라가 어떻게 유대인들의 구별됨이라는 원칙을 위해 일했는지 그 세부적인 모습을 잠시 동안만이라고 살펴본다면, 우리는 그의 기초적인 관심이 절대적으로 옳다는 점을 발견하게 될 것이다. 이스라엘의 사명은, 만약 이스라엘이 그들이 하나님과의 관계에서 중재해야 할 열방들과 자기 자신을 구별시키셔 종이라는 정체성을 유지했다면 충분히 진전될 수 있었을 것이다. 마찬가지로, 성도들은 개인적으로든 단체적으로든 교회로서 "빛과 소금"의 역할을 하라고 부르심을 받았다. 성도들은 그들이 보냄받은 자리의 환경과 달라야 하며 이로 인해 효과적으로 역할을 해야만 한다. "그러나 만일 소금이 그 맛을 잃으면…"(참조. 마 5:13-16).

느헤미야

느헤미야의 소명(느 1:1-11)

참고문헌

Ararat, N. "Nehemiah's Only Arrival in the Twenty-Fifth Year of Ezra's Arrival(433 B.C.E.)"(Heb.). *BMik* 65(1976) 293-95. **Bickerman, E. J.** "En marge de l'Écriture. I. - Le comput des années de règne des Achéménides(Néh., i, 2; ii, 1 et Thuc., viii, 58." *RB* 88(1981) 19-23. **Deliceto, G. de.** "Epoca della partenza di Hanani per Gerusalemme e anno della petizione di Neemia ad Artaserse. Neem. 1, 1 e Neem. 2, 1." *Laurentianum* 4(1963) 431-68. **Kellermann, U.** *Nehemia*, 8-11, 84-86, 154-59. **Mowinckel, S.** *Studien II*, 14-20. **Rowley, H. H.** "Nehemiah's Mission and Its Background." *Men of God*, 211-45. ______. "Sanballat and the Samaritan Temple." *Men of God*, 246-76. **Saley, R. J.** "The Date of Nehemiah Reconsidered." *Biblical and Near Eastern Studies. Essays in Honor of William Sanford LaSor*, ed. G. A. Tuttle. Grand Rapids: Eerdmans, 1978, 151-65. **Tuland, C. G.** "Hanani – Hananiah," *JBL* 77(1968) 157-61. **Vogt, H. C. M.** *Studie*, 43-46. **Yamauchi, E. M.** "Was Nehemiah the Cupbearer a Eunuch?" *ZAW* 92(1980) 132-42.

본 문

1 하가랴의 아들 느헤미야의 말이라 아닥사스다 왕 제이십년 기슬르월에 내가 수산 궁에 있더니	1 The words of Nehemiah, son of Hecaliah: In the month Kislev of the twentieth year, while I was in the fortress of Susa,
2 나의 한 형제 중 하나니가 두어 사람과 함께 유다에서 이르렀기로 내가 그 사로잡힘을 면하고 남아 있는 유다 사람과 예루살렘 형편을 물은즉	2 Hanani, one of my brothers came with some other men from Judah. I asked them about the Jews –those who, having escaped, were left of the captivity –and about Jerusalem.
3 저희가 내게 이르되 사로잡힘을 면하고 남은 자가 그 도에서 큰 환난을 만나고 능욕을 받으며 예루살렘 성은 훼파되고 성문들은 소화되었다 하는지라	3 They told me, "The remnant who are left of the captivity there in the province are in great trouble and disgrace. The wall of Jerusalem has been broken down and its gates burned with fire."
4 내가 이 말을 듣고 앉아서 울고 수 일 동안 슬퍼하며 하늘의 하나님 앞에 금식하며 기도하여	4 When I heard this news I sat down and wept; for days I was in mourning; I fasted and prayed to the God of heaven.

5 가로되 하늘의 하나님 여호와 크고 두려우신 하나님이여 주를 사랑하고 주의 계명을 지키는 자에게 언약을 지키시며 긍휼을 베푸시는 주여 간구하나이다

5 I said, "O Lord God of heaven, you great and awe-inspiring God, who keeps covenant and faith[a] with those who love him and observe his commandments,

6 이제 종이 주의 종 이스라엘 자손을 위하여 주야로 기도하오며 이스라엘 자손의 주 앞에 범죄함을 자복하오니 주는 귀를 기울이시며 눈을 여시사 종의 기도를 들으시옵소서 나와 나의 아비집이 범죄하여

6 let your ear be attentive and your eyes open to hear your servant's prayer which I now[a] pray before you night and day on behalf of your servants the sons of Israel. I confess the sins of the sons of Israel which we have committed against you: even I and my father's house have sinned.

7 주를 향하여 심히 악을 행하여 주의 종 모세에게 주께서 명하신 계명과 율례와 규례를 지키지 아니하였나이다

7 We have acted very[a] corruptly towards you: we have not observed the commandments, the statutes and the ordinances which you commanded your servant Moses.

8 옛적에 주께서 주의 종 모세에게 명하여 가라사대 만일 너희가 범죄하면 내가 너희를 열국 중에 흩을 것이요

8 Remember the command which you gave to your servant Moses when you said, 'If you[a] are unfaithful, I will scatter you among the nations,

9 만일 내게로 돌아와서 내 계명을 지켜 행하면 너희 쫓긴 자가 하늘 끝에 있을지라도 내가 거기서부터 모아 내 이름을 두려고 택한 곳에 돌아오게 하리라 하신 말씀을 이제 청컨대 기억하옵소서

9 but if you return to me and observe my commandments by keeping them, then, even if those of your number who have been banished are at the farthest horizon,[a] yet I will gather them from thence and bring them to the place which I have chosen as a dwelling for my Name.'

10 이들은 주께서 일찍 큰 권능과 강한 손으로 구속하신 주의 종이요 주의 백성이니이다

10 They are your servants and your people whom you redeemed by your great power and your mighty hand.

11 주여 구하오니 귀를 기울이사 종의 기도와 주의 이름을 경외하기를 기뻐하는 종들의 기도를 들으시고 오늘날 종으로 형통하여 이 사람 앞에서 은혜를 입게 하옵소서 하였나니 그 때에 내가 왕의 술 관원이 되었었느니라

11 O Lord, let your ear be attentive to your servant's prayer and to the prayer of your servants who delight to reverence your name and grant success to your servant today by giving him favor in this man's presence." Now I was the king's cupbearer.

원문주해

5.a. 이 공식에서 헤쎄드(חסד, "믿음", "긍휼" 혹은 "충성")는 일반적으로 제한적인 대상에게만 사용되는 한정적인 수사다. 참조. 신 7:9 그리고 단 9:4. 그렇기 때문에 비록 이것이 본질적인 문제가 아닐 수도 있지만, 이 부분에서도 이렇게 읽는 많은 MSS의 독법

이 옳다고 할 수 있다.

6.a. 문자적으로는 "오늘"이지만, 이렇게 번역할 경우 4절과 앞부분에 나온 "주야"와 관련해서 부적절한 번역이 된다. 이 단어는 아주 전형적인 방식으로 사용되고 있다.

7.a. 일반적으로 이런 경우들에는 부정사 구문이 절대형 부정사를 대신해서 사용되곤 한다. 하지만 그렇다고 해서 이것이 평행을 이루지 않는 것은 아니다. 그러므로 우리는 이 부분을 고쳐 읽어서는 안 된다. 참조. GKC § 113x; Joüon, *Grammaire* § 123q.

8.a. 이 부분과 8-9절의 남은 부분에서는 2인칭 복수형이 사용되고 있다.

9.a. 문자적으로는 "천국/하늘 끝에서"이다. 이 표현은 단순한 과장적 언어일 수도 있지만, 눈에 보이는 높은 창공의 가장 먼 부분을 상상하는 것도 매우 매력적인 일이다. 즉 영어에서 이와 비슷한 방식으로 표현할 때 사용하듯이 지평선이 의도되어 있다고 할 수 있다.

양식/구조/배경

느헤미야에 나오는 1인칭으로 기록된 것들은 전부가 다 그런 것은 아니라 하더라도 일반적으로 대부분이 느헤미야 비망록(memoir)에서 직접 나온 것으로 인정되고 있다. 느헤미야 비망록(NM)이 어떤 형태의 작품이었는지에 대해서는 또 다른 논의가 필요하다(참조. 서론, "느헤미야 비망록"). 현재의 장인 느헤미야 1장에 나오는 세 가지 항목들에 대해서는 각각 주의를 기울여야 한다.

그 중 첫 번째는 표제어이다. 원래의 비망록의 시작 부분과 현재 느헤미야 1장의 1절 부분이 정확하게 부합하는 것처럼 보이지는 않는다. 대부분은 "제12년"이라는 불특정한 연대 표현에 관해서 이야기한다. 이 표현 자체는 문제를 일으키기는 하지만(아래를 보라), 아마 한때는 이 표현이 나오는 이 부분에 분명히 왕의 통치와 관련된 언급이 첨가되어 있었을 것이다(참조. 2:1). 그러나 이런 언급이 사후에 누락되었다고 추측할 만한 본문상의 증거가 전혀 없기 때문에(Rudolph는 이에 반대다), 우리는 이 점이 에스라·느헤미야 자료들을 편집한 편집자로 인해 생겨난 것이라고 결론지어야 한다. 편집자는 에스라와 느헤미야의 활동들에 관한 설명들을 통합할 때 에스라 7:1, 7 등을 알고 있었고 또한 따르고 있었기 때문에, 지금 이 부분에 왕의 통치 몇 년이라는 특별한 연대 표현을 다시 포함시켜야 할 필요를 느끼지 못했을 것이다.

그러므로 우리는 원래의 표제어에 정확하게 어떤 내용이 포함되어 있었는지에 대해서는 알 수 없다. 많은 사람들은 현재 11b절에 나오는 느헤미야의 신분에 관한 정보가 원래는 처음 부분에 자리잡고 있었을 것이라고 추측한다. 특별히 모빙켈(Mowinckel, *Studien II*, 15)은 그가 느헤미야 비망록(NM)과 견주어 비교했던 고대 근동 왕가의 비문들에 토대를 두고서 이런 결론을 지지하는 편에 서서 주장한다. 반면에 이런 관점이 가능하다는 점이 틀림없기는 하지만, 11b절 자체를 제거할 수도 있다는 식으로 결론내려서는 안 된다. 이 부분은 느헤미야의 기도와 그 이후 2장에 나오는 내러티브 사이를 연결하는 데 매우 효과적일 뿐만 아니라 반드시 필요한 문학적 역할을 하기 때문이다.

이 장을 시작하는 첫머리 부분에는 다른 곳에서는 우리에게 알려져 있지 않은 느헤미야의 아버지에 관한 정보가 나온다. 그렇기 때문에 이 부분 역시 후대의 편집자를 통해 전수된 자료의 일부분이었던 것이 틀림없다. 하지만 이 부분이 처음부터 비망록의 일부분이었는지, 아니면 초기에 비망록에 첨부된 서기관의 주해였는지는 지금으로선 분간할 수가 없다. 하지만 이 두 가지 가능성 중 어떤 것이었건 간에, 아크로이드(Ackroyd)가 제안한 것처럼 이 부분이 구성되던 매우 이른 시기에 선지서들이 이 부분에 그렇게 많은 영향을 끼쳤던 것 같지는 않다.

그렇기 때문에 우리는 에스라·느헤미야 자료의 편집자가 매우 치밀하게 자신이 새롭게 얻은 원 자료를 따라서 작업을 진행하기 전에 하나의 설명에서 다른 설명으로의 전환을 하는 데 있어서 최소한으로만 간섭을 한 채 그 전환을 분명하게 나타냈다고 결론내린다.

우리가 관심을 기울여야 할 두 번째 사항은 5-11a절에 나오는 느헤미야의 기도다. 횔셔(Hölscher), 모빙켈(Mowinckel, *Studien II*), 노스(Noth, *Studien*) 그리고 슈나이더(Schneider) 등과 같은 수많은 학자들은 이 부분이 후대에 느헤미야 비망록(NM)에 삽입된 것이라고 주장해 왔다. 이 부분은 일반적으로는 역대기 사가의 작품인 것으로 추측되어 왔다. 켈러만(Kellermann, *Nehemia*, 9)은 이 학자들이 내세우는 근거와 이유들을 아주 간편하게 요약해서 모아놓았다. (i) 이 기도가 다루고 있는 대체적인 내용은 이 장의 특별한 상황보다는 오히려 포로와 귀환의 문제에 관한 것이다. (ii) 11절에서 사용된 "오늘(이제)"(היום – 하욤)이라는 단어는 4절에서 언급되었던 긴 기간과 모순을 이룰 뿐만 아니라, 이미 2장의 설명을 전제로 깔고 있는 표현이다. (iii) 이 기도문에 드러나는 강한 신명기적 스타일은 이 기도문이 역대기 사가의 작업임을 드러낸다. (iv) 에스라 9장과 다니엘 9장 사이에는 밀접한 유사성이 있는데, 이는 이 기도의 저자가 느헤미야라는 가능성을 제거한다. (v) 하나님의 거룩한 이름인 야웨(יהוה, 5절)라는 호칭이나 "이스라엘 자손들"(בני ישראל

– 브네이 이스라엘)이라는 표현(6절)은 느헤미야의 특징이 아니다. (vi) 11절에서 "이 사람"이라고 호칭한 것은 이런 비망록에는 부적절하다. (vii) 이 기도는 다른 부분들에 나오는 느헤미야의 좀더 짧은 형태의 기도들과 비교해 볼 때 그 형식과 분량이 길다. (viii) 몇몇 어휘적인 부분들은 역대기 사가가 사용한 전형적인 어휘들로 여겨지고 있다. 그리고 (ix) 모빙켈(Mowinckel, *Studien II*, 18)은 요세푸스가 이 기도문을 좀더 짧게 재번역해서 기록한 것이 현재 정황에 더욱 적절한 설명을 제시한다는 점을 발견한다.

이렇게 제시된 여러 가지 근거들 중에 많은 내용들은 이 기도가 제의적 언어를 사용했다는 점을 통해 설명할 수 있고, 또한 그렇게 설명되어야만 한다(다른 근거들에 대해서는 아래의 "주석"에서 다루었다). 느헤미야가 적어도 자신의 비망록을 썼던 정도의 초기까지, 그리고 아마도 역사적인 정황 그 자체에서도 그가 이처럼 정형화된 제의적 문체를 사용할 수 있었을 것이라는 점을 의심할 적절한 근거는 없다. 즉 이런 문체는 느헤미야가 위기 상황에서 방향성을 분명하게 잡기 위해 사용했을 것이라고 우리가 예상할 수 있는 형식이었을 것이다. 가장 두드러지게 나타나는 평행 부분과 인용 중 몇몇 부분에 대해서는 아래의 "주석"에서 지적할 것이다.

이 점과 더불어서 우리가 알고 있는 그 어떤 공식적인 범주와도 이 기도가 적절하게 잘 어울리지 않는다는 사실 역시 반드시 생각해야만 한다. 예를 들어, 이 기도문은 때때로 공동체 탄식과 비교되곤 하지만, 사실 이 기도문에는 공동체 탄식 형식이 갖고 있는 가장 두드러진 특징인 다양한 형태의 불평들이 결여되어 있다(예를 들어, 하나님을 향해 "왜?" 그리고 "언제까지?"라는 특징적인 질문을 던지는 질문사를 제시하면서 문제거리와 그로 말미암아 생기는 수치들에 대해 불평하고, 나아가 대적을 하나님께 고소하는 그런 내용들). 이와 비슷하게, 이 기도문은 별다른 특징 없이 1인칭 단수형에서 복수형으로 손쉽게 전환된다.

전체적인 구성 개요에 있어서 이 기도는 확장적인 연설(5절; 특별히 단 9:4을 참조하라), 들어 달라는 간청(6a절; 참조. 왕상 8:28-29; 대하 6:40; 7:15; 시 130:2; 사 37:17), 고백(6b-7절) 그리고 백성들을 위한 애원(10절)과 느헤미야의 개인적인 상황(11a절)에 대해 하나님의 언약적 약속들(8-9절)에 호소하는 내용들로 구성되어 있다. 마지막 한 가지 항목을 제외한다면 다른 나머지 모든 요소들은 매우 익숙한 것들이지만, 이들이 통합되어 있는 양상은 다른 곳에서는 평행을 찾기 어려운 방식이다. 또한 이 점은 이 부분을 구성한 사람이 이사야의 제의적 전승에 상당히 정통한 사람이지만 그 전승에 얽매이지 않는 특정한 개인이었을 것이라고 추측케 한다. 이 기도는 국가적으로 수치스러운 현재 상황에 잘 맞는 양상으로 사용되었고(10절, 이는 위에서 제시한 주석가들의 반대에도 불구하고 3절을 합리적으로 읽고 반응을 보이는 관점이라고 할 수 있다), 또한 개인적인 필요를 하나님께 간청하는 데 있어서도(11a절) 창조적으로 사용되었다.

하지만 제의-역사적으로 볼 때 이 기도가 이 시기에 드려졌다는 점에 대해서 놀라서는 안 된다. 이 기도는 에스라 9장; 느헤미야 9장; 다니엘 9장 그리고 바룩서 1:15-3:8(위의 스 9장에 대한 "양식"을 보라)과 비교해 볼 수 있는데, 우리는 이와 같이 다양한 부분들에 각기 나름대로의 독특한 요소들이 나타난다는 점과 더불어, 공통적으로 각각 회개의 표현들이 나타난다는 점을 발견하게 된다. 베스터만(Westermann)이 관찰하듯이, 옛적에 예배를(제의를) 하나님 앞에 드리던 것을 회고하면서 "공동체적인 탄식의 시편들"(communal psalms of lament)이 생겨났는데, 일단 이스라엘이 제국 안으로 편입된 후에는 그 자리를 "에스라 9장에서 묘사되는 것과 같은 참회의 예배가 이어받았다. 에스라 9장에서 전달되는 기도는 탄식 시편으로부터 참회의 기도로 전환되는 예를 보여 준다". C. Westermann, *The Psalms: Structure, Content and Message*(tr. R. D. Gehrke; Minneapolis: Augsburg, 1980), 31.

마지막으로, 이 기도의 길이는 그리 두드러진 특징적 모습은 아니다. 이 기도는 느헤미야가 몇 달 동안 계속해서 간구했던 내용을 요약적으로 제시하려는 의도를 갖고 있다. 그리고 3절에서 알게 된 소식에 관해 그가 보인 일반적인 반응과 왕에게 나아갈 기회를 갖게 되었을 때 그가 했던 특별한 기도(11절)를 결합하려는 그런 의도도 갖고 있다. 이는 우리가 이 기도가 쓰여진 시기가 느헤미야가 훗날 자신의 업적들을 기록할 때였을 것이라고 예견하는 것과 정확하게 잘 들어맞는다. 그러므로 11절을 통해 앞으로 2장에서 어떤 내용이 나올지를 추측하고 기대하는 것은 충분히 가능한 일이다. 더군다나 이 기도의 배경에는 이후에 그가 했던 짧은 탄식이나 그의 열정적인 행동 속에서 토로했던 탄식과 견줄 만한 아무런 요소도 담겨 있지 않다. 끝으로, 요세푸스가 자신의 책에 기록한 기도문이 지금 본문에 나오는 기도의 대안이 될 만한 증거가 된다거나 혹은 좀더 원래의 것에 가까운 히브리어 본문이라고 생각하는 것은 정말로 그럴듯하지 않다. 우리가 판단할 수 있는 한에 있어서 요세푸스는 우리가 갖고 있는 성경책들과 에스드라1서만을 갖고 있었으며, 이를 토대로 이 시기의 세부적인 역사를 짜맞추었을 뿐이다. 참조. Williamson, *Israel*, 21-29.

역사적 배경과 관련해서 생각해 볼 때 1절이 2:1과 접속되어 있는 것으로 취급할 경우 두 가지 연대기적인 문제점들이 생겨난다. 여기에 나오는 아르타크세르크세스는 도대체 어떤 아르타크세르크세스를 지칭하는 것인가? 그리고 여기에 나온 달(月)들의 순서는 연대기적으로 의미가 통할 수 있는가?

거의 모든 학자들은 엘레판티네 파피루스들(Elephantine papyri)에 나온 기록들 때문에 느헤미야가 아르타크세르크세스 I세 때 봉직했다는 관점을 받아들이고 있다. 좀더 충분한 요약을 원한다면 로울리(Rowley, "Nehemiah's Mission")를 참조하라. 특히 *AramP* 30(주전 408년경)에 의하면 산발랏이 당시에 여전히 사마리아 총독이었으며 그의 두 아들이 실제로 행정적인 일들을 책임지고 있었다는 점은 주목할 만하다. 이는 산발랏이 그 당시에 나이가 많았다는 점을 추측케 하며, 이 점은 수십 년 전에 그가 능동적으로 느헤미야를 대적했었다는 사실과도 잘 들어맞는다. 같은 편지 안에 나오는 대제사장 요하난의 이름도 이런 연대기와 잘 들어맞는다(위의 스 10:6에 대한 "주석"을 보라).

그러나 이런 합의점들은 최근 와디 엘 달리예 파피루스들(Wadi ed-Daliyeh papyri)에서 발견된 증거에 토대를 두고 실리(Saley, "The Date of Nehemiah")가 제시한 주장을 통해 도전을 받고 있다. 이 파피루스들에서는 아르타크세르크세스 II세의 통치기 동안 사마리아 총독으로 봉직했던 또 다른 산발랏이 있었음을 설명한다. 참조. F. M. Cross, "Aspects of Samaritan and Jewish History in Late Persian and Hellenistic Times," *HTR* 59(1966) 201-11. 이 시기에는 아버지의 이름을 따라 아들이 이름을 짓는 관습이 널리 퍼져 있었다는 것을 생각해 본다면, 실리는 산발랏과 관련해서만이 아니라 또한 느헤미야와 관련되어 있는 대제사장들의 이름들도 이런 후기 연대로 조정할 수 있다.

하지만 실리(Saley) 자신이 자유롭게 인정하듯이, 그는 그저 느헤미야의 연대가 아르타크세르크세스 II세 때일 수도 있다는 공식적인 가능성만을 제시할 뿐이다. 이제는 더 이상 엘레판티네 파피루스들(Elephantine papyri)이 아르타크세르크세스 I세 치하 때를 입증한다고 이야기할 수 없게 되었다. 그럼에도 불구하고, 필자의 관점으로 보기엔 후자(엘레판티네 파피루스들에 근거를 둔 아르타크세르크세스 I세 시기)가 좀더 그럴듯한 연대인 것으로 보인다. 왜냐하면 실리가 가능성을 제시한 연대는 1:3-4의 배경을 적절하게 찾는 데 어려움이 있으며(아래를 보라), 또한 산발랏을 "호론 사람"(참조. 2:10과 19절 등)으로 언급한 것은 아마도 그가 그의 가족들 중 첫 번째로 총독 직책을 맡은 사람이었음을 추측케 하기 때문이다. 뿐만 아니라 느헤미야의 대적 중 한 사람이었던 아라비아인 게셈은 주전 5세기 중반경으로 연대를 잡아야만 하기 때문이다(2:19에 대한 "주석"을 보라). 그리고 우리가 알고 있는 주전 5세기의 유대인 역사에서는 실리가 가능성을 제시한 연대는 너무 과도하게 큰, 그래서 가능성이 없는 시간 격차를 요구한다. 더욱이 그의 주장은 추측을 통해 대제사장들을 재구성한 것에 의존하고 있지만, 반면에 초기 연대를 주장하는 입장은 추측이 아니라 확고한 증거들을 갖고 있다. 초기 학자들 중 토레이(C. C. Torrey, "Sanballat 'the Horonite'," *JBL* 47[1928] 380-89) 같은 몇몇 소수의 사람들이 후기 연대 쪽을 주장하긴 했지만, 무엇이 되었건 간에 늦은 연대를 더 선호하게 해주는 긍정적인 근거는 없는 것으로 보인다. 로울리(Rowley, "Sanballat")는 토레이(Torrey)의 관점에 대해서 조심스럽게 검토했는데, 그는 다른 토대들 위에서도 토레이의 관점은 확신할 수 없는 것이라고 결론지었다. 그렇기 때문에 느헤미야의 연대는 아르타크세르크세스 I세 통치 때로 잡아야만 한다.

그러나 이외에도 다른 문제점이 있다. 우리가 느헤미야 1:1과 2:1을 비교해 볼 때 좀더 중요한 문제가 생겨난다. 왜냐하면 페르시아 행정 체계에서나 일반적으로 이 당시 유대인들도 따라 사용했던 것으로 생각되는 바벨론 달력에 의하면, 닛산월(2:1)은 일년 중 첫째 달이었기 때문에 아홉째 달이었던 기슬르월(1:1) 이후에 나올 수 없기 때문이다. 이런 불일치를 설명하기 위한 몇 가지 방안들이 제시되어 왔는데 한결같이 별로 그럴듯하지 못하다.

느헤미야가 사용했던 달력은 새해를 일곱 번째 달인 티쉬리(Tishri)에서부터 계산하는 달력이었다고 주장되어 왔다. 이는 포로기 이전 유대의 관습이었을 수 있는데, 만약 그렇다면 "느헤미야는 이전에 유다 왕들이 즉위하던 해를 계산할 때 티쉬리에서부터 계산한다는 사실을 잘 알고 있었으며, 열정적인 민족주의를 가지고 이런 유대적인 관습을 페르시아 왕에게까지 적용했다고 보는 것이 합리적이지 않겠는가?"(E. R. Thiele, *The Mysterious Numbers of the Hebrew Kings*[Exeter: Paternoster, 1966], 30). 하지만 아무런 설명도 없이 이렇게 한다면, 이는 단지 혼란만 가중시키는 과정이 될 뿐이다. 왜냐하면 이런 방식은 이미 알려져 있는 당시의 모든 유대적 관습과 다르게 연대를 표기하고 진행하는 것이기 때문이다. 뿐만 아니라, 포로기 이전 유다에서 정말로 그런 방식으로 연대 계산이 진행되었는지에 대해서도 의문이 제기되어 왔다. 참조. D. J. A. Clines, "The Evidence for an Autumnal New Year in Pre-exilic Israel Reconsidered," *JBL* 93(1974) 22-40. 지금 우리가 이 부분에서 만나고 있는 어려움을 설명하기 위해 불확실한 내용에 호소하는 것은 도리어 위험스러운 일이다.

이와 같은 이론이지만 조금 다른 형태의 제안도 있다. 이 제안은 한참 후대에는 새해를 축하하는 유대의 제의 관습이 가을에 있었다는 점에 착안한다. 하지만 이 제안도 앞선 제안과 마찬가지로 이런 관습이 일찍이 느헤미야 시대 때부터 실행되었다는 증거를 우리는 가지고 있지 않다.

루돌프(W. Rudolph)는 본문 수정을 통해서만 이 어려움들을 해결할 수 있다고 주장했다. 그는 1:1에 나오는 연대가 원래는 "아르타크세르크세스 왕 제19년에"(שנת תשע עשרה לארתחשסתא המלך)라고 되어 있던 것으로 읽어야 한다고 주장한다. 그는 지금 제시한 본문에 대해서 כסלו와 המלך 두 개의 단어 간에는 마지막 철자 두 개가 서로 유사하기 때문에 이 때문에 이 단어들을 잃어버리게 된 것이라고 주장한다. 그래서 본문을 수정할 경우 두 구절 사이의 시간 간격은 "기계적으로" 채워진다고 추측했다. 하지만 이 설명은 그리 많은 확신을 주지 못한다. 동시에 이 설명은 순수한 추측에 의존하고 있기 때문에 최종적인 수단으로만 채택해야 한다.

우리는 위에서 1:1이 편집자가 원래의 자료에 간섭했다는 증거를 보여 준다는 점을 주목했다. 그렇기 때문에 이 주장은 느헤미야보다 후대에 살았던 이 편집자는 당연히 느헤미야 이후 시대의 유대적 제의 관습에 영향을 받았으며, 그래서 편집자 당시의 달력과 일관성을 갖게 하기 위해 2:1과 비교해서 이런 연대를 제공했다는 주장으로 발전되었다. 이 주장은 좀더 합리적이기는 하다. 그러나 느헤미야서의 내용이 분명히 상당히 일찍 편집되었으며 에스라 1-6장보다 일찍 편집되었다는 점과 관련해서 문제가 생기게 한다(참조. 서론, "구성"). 또한 이렇게 생각할 경우 앞에서의 제안과 마찬가지로 가을 신년 제의가 이미 도입되어 있었다는 가정도 마찬가지로 확실성이 없다. 반면에 클라인스(Clines, "The Evidence for an Autumnal New Year in Pre-Exilic Israel Reconsidered," *JBL* 93[1974] 34-36)는 원래는 "제19년"이었지만 편집자가 헬라 시대 때 가을에 신년을 두는 셀류키드 왕가 체제로 왕의 통치 햇수를 계산하는 방식으로 전환시키면서 "제20년"이 되었다고 추산한다. 그는 이런 방식을 통해 이 제안에 대한 반대를 극복하려고 한다(참조. Schneider).

아라랏(Ararat)은 이 이론을 훨씬 더 급격하게 진전시켜 자기 제안을 주장했다(*BMik* 65[1976] 293-95). 그는 이 연대가 원래는 "에스라(도착) 제25년"이었으며 에스라·느헤미야서 내용의 편집자가 이 연대를 덧붙였다고 주장한다. 그러나 우리는 이 주장을 분명히 거부해야만 한다. 그는 요세푸스(*Antiquities* 11:168)에 근거를 두고 자기 주장을 전개했다. 그런데 요세푸스는 자기 자신만의 이유들로 인해 느헤미야를 아르타크세르크세스가 아니라 크세르크세스 치하 시대로 연대를 잡았으며, 이로 인해 요세푸스를 근거로 삼는 것은 적절하지 못하다. 그러나 그는 이 점을 관찰하지 못했다. 더군다나 느헤미야가 아르타크세르크세스 치하 제32년에 단 한 번만 예루살렘에 왔었다는 추측적인 관점을 편들기 위해서 느헤미야 1:1; 2:1 그리고 5:14의 연합적인 표준을 거부하는 것은 지나치게 독단적인 생각이다(참조. 13:6). 드 델리세토(de Deliceto, *Laurentianum* 4[1963] 431-68)의 제안, 즉 1:1의 편집자가 하나니가 수산에서 예루살렘으로 떠난 시기를 언급할 목적으로 제20년이라는 표현을 사용했다는 제안도 마찬가지로 거의 확신할 수 없는 내용이다. 다른 한편으로, 이 언급이 달력이 아니라 통치한 햇수와 관련된 언급이라는 가능성에 대해서도 생각해 볼 수 있다. 그러나 대부분의 주석가들은 일반적으로 이 제안을 거부한다. 왜냐하면 아르타크세르크세스가 즉위했던 달은 알려져 있지 않기 때문이며, 또한 이런 방식으로 연대를 헤아리는 체제가 사용되었다는 관점을 뒷받침해 줄 증거도 전혀 없기 때문이다. 최근에 비커만(Bickerman, RB 88[1981] 19-23)은 이런 두 가지 반대들에 대한 해답을 찾고자 노력을 기울여 왔다. 그는 느헤미야가 일했던 궁중에서는 달력보다는 통치 햇수를 따르는 것이 흔한 연대 계산 방식이었다고 주장한다. 그리고 그의 주장을 뒷받침하기 위해 투키디데스(Thucydides, 8:58)의 독자적인 예를 인용한다. 여기에 덧붙여서, 그는 아르타크세르크세스가 아브월(7월 22일-8월 20일)에 즉위했다고 주장한다. 이런 연대에 기초한다면 통치 햇수 기준으로 볼 때, 기슬르월은 다섯 번째 달이 되고 니삿월은 아홉 번째 달이 될 것이다. 이렇게 본다면 1:1은 주전 446년을, 그리고 2:1은 그 이듬해 봄을 지칭할 것이다.

만약 비커만(Bickerman)의 주장들이 건전하다면, 그의 제안은 분명히 이 문제에 대해 가장 깔끔한 설명을 제공한다. 느헤미야는 지극히 개인적으로 이 글을 구성하면서 아마도 그에게 가장 친숙한 달력을 사용하지 않았을까 싶다. 왜냐하면 그가 당시에 서신을 보내고 있는 중심 대상은 그의 비망록에 나오는 유대 동료들이 아니기 때문이다. 지금까지 다룬 연대와 관련된 문제에 대해 내세울 수 있는 가장 훌륭한 다른 대안은, 글이 구성되는 일정 단계에서 편집자가 글의 내용을 다루는 동안 일종의 혼란이 일어나고 있어서 이런 현상이 발생했다고 보는 것이다(위의 내용을 참조하라).

주석

[1] 표제어의 형태와 연대에 관해서는 위의 "양식"에서 다룬 내용을 보라. "느헤미야"("주께서 위로하셨다")라는 이름은 이름 전체로서나(참조. 스 2:2; 느 3:16) 나훔이라는 축약된 형태로서나 그리 독특한 이름이 아니었다. 이 이름은 포로기 이전이나 이후 시기에 모두 공히 성경 외적인 원 자료들에서 잘 나타난다. 가장 최근의 것으로는 와디 엘-달리예(Wadi ed-Daliyeh)에서 발굴된 여러 아람어 파피루스들(the Aramaic papyri, 주전 4세기경) 중 한 파피루스에서 노예의 이름으로 나온 것이다. 참조. F. M. Cross, *BA* 26(1963) 111-12. 하지만 느헤미야의 아버지 "하가랴"는 별로 흔치 않은 이름인데, 여전히 설명할 수 없는 상태로 남아 있다.

"수산 궁"은 페르시아 왕들의 겨울 거주지였다(악메다는 여름 거주지였다. 스 6:1을 참조하라). 그러나 사실 아르타크세르크세스는 그의 대부분의 시간을 이 곳 수산 궁에서 보냈다. 참조. Olmstead, *History*, 352. 지금 단계에서 성경은 그가 이 곳에 있었는지 그렇지 않은지, 혹은 느헤미야가 그 이후의 몇 달 동안 왕을 직접 섬길 의무가 있었는지 그렇지 않은지 등에 대해서는 언급하지 않았다.

[2] 느헤미야가 지금 막 유다에서 도착한 사람들과 만난 것에 대한 설명도 본질적인 부분들에 대해서는 마찬가지로 설명한 내용이 상당히 제한적이다. 예를 들어, 우리는 그들이 유다에 거주하는 사람들인지, 혹은 에스라 4:17-22에 기록된 아르타크세르크세스의 조서의 영향력과 결과들을 조사하기 위해 그저 단순하게 유다를 방문하고 돌아온 사람들인지, 혹은 느헤미야에게 유대인들의 형편을 궁정에 알려 달라고 특별히 요청하기 위해 그를 찾아온 공식적인 방문단이었던 것은 아닌지, 혹은 그가 그저 단순하게 예루살렘의 상황들을 몇 가지 질문만 해보고 알게 되었고, 그래서 자신이 이후에는 주도권을 가지고 행동했던 것인지 등에 대해서는 아무런 내용도 알 수 없다. 만약 우리가 느헤미야가 이미 예루살렘에 대해 경제적 관심들을 갖고 있었다고 가정하는 것이 옳다면(느 2:3 그리고 8절), 어쨌거나 그가 예루살렘에 기울인 관심은 충분히 이해할 수 있는 것이라 할 수 있을 것이다.

이 그룹 중 두드러진 사람은 하나니(하나냐의 단축된 형태)인데, 그의 이름은 "주께서 자비로우시다"라는 뜻이다. 비록 "형제들 중 한 명"이라는 표현은 그저 단순하게 동료 유대인이라는 의미에 불과하겠지만, 7:2에서 언급된 사람과 여기의 하나니가 동일 인물이라고 가정하면서 여기서는 이 이름을 문자적으로 취급해야 한다. 하지만 이는 절대적으로 확실한 것은 아니다. 이 이름은 당시에 매우 흔한 이름이었기 때문이다(예를 들어, 3:8과 30절; 12:36; 스 10:20 그리고 28절). 그러므로 아놀드(W. R. Arnold, "The Passover Papyrus from Elephantine," *JBL* 31[1912] 30-31)가 주장했고 툴랜드(Tuland, *JBL* 77[1958] 157-61)가 좀더 진전시켜서 밀어붙였던 주장, 그러니까 이 사람을 엘리판티네 파피루스들(Elephantine papyri)에서 상당히 두드러지게 나오는 인물인 하나니/하나냐와 동일 인물로 다루어야 한다는 주장은 확실하다고 할 수 없다.

느헤미야가 예루살렘과 그 거주민들의 상태에 관해 물어본 것은 확실하지만, 거주민들에 관한 설명은 이해하기가 쉽지 않다. 그가 대답했던 거주민들은 바벨론에서 예루살렘으로 귀환한 유대인들을 지칭했던 것인가, 아니면 처음부터 포로로 끌려가지 않았던 사람들을 지칭했던 것인가? 이 문제와 관련된 견해는 상당히 고르게 나누어져 있다. 예를 들어, 베르톨렛(Bertholet)은 니쉬아루(נשארו, "남은 자")라는 표현에 대해서는 "남은 자들에 속해 있는"이라는 기술적 의미를 취하는 반면, 쉐비(שבי, "사로잡힘")라는 단어는 느헤미야의 다른 부분들에서 특정한 의미를 가져야 한다고 주장한다. 즉 바벨론으로 포로로 끌려간 것을 의미해야 한다는 것이다. 그러므로 이 구문은 "그들이 한때 속해 있었던 포로 생활에서 이미 벗어났고, 그래서 지금은 남은 자들에 속해 있는 사람들"을 의미하는 것으로 이해해야 한다고 주장한다. 이에 대해서 루돌프(Rudolph)는 만약 이 관점대로 하자면 느헤미야는 자기 자신을 아직 남은 자들의 일부분으로 간주하지 않았어야 한다고 대답한다. 그렇기 때문에 그는 이 언급이 포로로 잡히지 않았던 유대인들에 대한 것이라고 생각한다. 여기에는 귀환을 오래 전 사건으로 희미하게 기억할 뿐인 바벨론에서 초기에 귀환한 사람들을 제외시키지 않는다(스 2장).

하지만 뒷부분의 생각은 좀 의문스럽다. 에스라 4:12은 포로지에서 귀환한 기억들이 (초기이건 혹은 좀더 최근이건 간에) 그 당시 공식적인 부류의 사람들에게는 매우 생생했음을 보여 주기 때문이다. 그리고 느헤미야 7:6은 귀환에 대한 느헤미야 자신의 느낌을 지적하는 것일 수도 있다. 더군다나 그가 예루살렘으로 귀환한 이후에 그의 비망록을 작성했다는 가정하에서 생각해 본다면, 그가 귀환을 잊어버렸다는 것은 상당히 설득력이 없다. 그러므로 보그트(Vogt, *Studie*, 45)가 주장하듯이 이 구절이나 다음 구절에서는 그런 식으로 사람들을 구분하려는 생각이 전혀 없었다고 보는 것이 좀더 그럴듯하고 가능성이 있다. 본문의 정황은 느헤미야가 남은 자라는 용어를 유다에서 살아 남은 모든 유대인들(그의 비망록의 다른 부분들에서도 그는 포로로 끌려가지 않고 유다에 남은 자들과 바벨론에서 돌아온 자들을 명확하게 구별하지 않는다)에게 적용하여 사용했다는 점을 충분히 보여 준다. 그리고 이 점은 3절에 나오는 대답에 "그 지역에서(그 도에서)"라는 단어가 첨가되었다는 점을 통해서 뒷받침된다. 그러므로 이 구문은 에스라의 귀환이 몇 해 앞에 있었을 수는 없다는 주장으로 변화될 수 없다. 물론 후대의 편집자가 이 구문을 좀더 엄격하게 제한적인 의미로 사용했을 가능성은 남아 있다(참조. 스 9장).

3 이 소식에 대해 느헤미야가 보인 반응이 너무나 강렬했기 때문에(4절), 이 내용은 대략 140년 전에 있었던 느부갓네살의 예루살렘 파괴에 대한 것일 수 없다. 아직 수산 궁에서는 확인하지 못한 좀더 최근의 사건을 염두에 둔 것이 틀림없다. 이 사건에 대해서는 에스라 4:23에서 짧게 언급되었던 파괴가 아마도 실제로 동일한 사건일 가능성이 있는 유일한 후보 사건이라 할 수 있다. 만약 이런 결론이 올바르다면, 그리고 만약 에스라가 예루살렘으로 여행했던 것을 주전 458년으로 연대를 잡아야 한다면, 에스라 4장의 사건들은 에스라가 아직 있을 때 벌어졌던 사건일 수 있다. 이와 관련해서 역사적 재구성을 할 때 생각해 볼 수 있는 가능한 여러 관계들에 대해서는 서론, "업적" 부분을 참조하라.

4 다소 전형적인 방식으로 느헤미야의 반응을 묘사하고 있지만(참조. 스 9:3-5), 그럼에도 불구하고 뒤이어 나오는 내용은 이 표현들이 진실한 감정을 표현하고 있음을 보여 준다. 더군다나 몇 달 이상 동안 계속된 그의 기도(참조. 느 2:1)는 그가 얼마나 그의 동료 유대인들의 운명에 완전히 몰입해 있는지를 여실히 드러내 준다. 그의 중보 기도에는 "기도의 힘을 강화시키기 위한 효과적인 방법으로서" 금식도 덧붙여졌다. 참조. H. A. Brongers, *OTS* 20(1977) 11 그리고 에스라 8:23. "하늘의 하나님"에 대해서는 에스라 1:2에 대한 "주석"을 보라.

5-11a 느헤미야의 기도에 대한 윤곽과 이 기도에 대해 생각해 보아야 할 중요한 몇 가지 문제점들에 관한 논의는 위의 "양식"에서 이미 제시했다. 느헤미야의 기도 내용에는 일반적인 기도 내용도 포함되어 있지만, 동시에 그가 앞으로 왕과 만나게 될 것에 대해 개인적으로 중보하는 내용은 물론이고, 그가 지금 막 전해들어 알게 된 자기 백성들의 전체적인 상황과 관련된 고백도 함께 결합되어 있다는 사실을 우리는 특히 중요하게 생각하고 염두에 두어야 한다.

기도 내용 중 상당히 많은 부분이 분명히 제의적 패턴에 녹아들어 있었으며, 느헤미야가 상당히 익숙했던 초기 성경 구문들의 모자이크로 구성되어 있다. 그렇기 때문에 그는 이 기도문을 구성하는 모자이크 부분들이 원래 어떤 것이었는지를 특별히 의식할 필요가 없었다. 이 기도문에 신명기적 언어가 지배적으로 나타난다는 점은 느헤미야에게 신명기가 개인적으로 독특한 중요성을 갖는다는 점을 나타내기보다는, 신명기의 영향이 포로기 이후 시기 때 일반 백성들의 부류에 특히나 상당히 넓게 스며들어 있었음을 보여 준다.

구약성경들 중 에스라·느헤미야서가 아닌 다른 곳에서 이 구절들과 가장 밀접한 평행을 이루는 부분들은 다음과 같다: 5절 – 신명기 7:9, 21; 10:17; 다니엘 9:4. 이 마지막 구절은 거의 동일하며, 기도를 구성하는 전형적인 언어를 보여 준다. 6절 – 위의 "양식" 부분에서 열거하여 제시한 제의적 언급들 을 보라; 7절 – 신명기 6:1; 8절 – 신명기 4:27; 28:64; 9절 – 신명기 30:1-4; 12:5 등; 10절 – 신명기 9:29; 출애굽기 32:11. 라일(Ryle)은 여기에 덧붙여서 "명령들, 법령들 그리고 의례들"(7절) 등과 연결시킬 수 있는 좀더 비주류적인 평행구들도 열거했다.

5 "정교한 시작 부분에는 수사학(rhetoric) 이상의 것이 있다. 도움을 요청하는 부르짖음은 조금 뒤로 연기되는데, 이런 부르짖음은 다른 식으로는 믿음 없음이나 혹은 자기 연민이 될 수도 있었다. 부르짖음은 (주님께서 가르치신 기도에서 그러하듯이) 곧장 **하늘**을 향하며, 그 곳은 바라보아야 할 올바른 곳이고, 이런 바라봄에 대해 하나님의 특성이 반영되어 나타나는 곳이다"(Kidner). 하나님께서 언약에 대해 성실하시다는 것을 인식하는 것은 그로 하여금 이전에 주신 약속에 토대를 두고 간구할 수 있게끔 해주었지만, 반면에 "두려움을 자아내게 하는" 하나님의 특성은 이 구절 마지막 부분에서 사랑과 순종에 대한 그분의 명령을 이야기하는 것과 더불어 느헤미야로 하여금 고백으로 나아가게끔 이끌어 간다. 이 모든 것을 아우르는 주제가 있다. 바로 자기 백성들을 향한 하나님의 목적들을 성취하는 위대한 권능을 갖고 계신 "하늘의 하나님"이란 주제다.

6a 하나님을 향해 귀기울여 달라고 이런 식으로 호소하는 일은 일반적으로 일어나는 일이었다. "눈"과 "듣는 것"을 피상적으로 병렬시키는 것은 매우 이해하기 쉬운 비유로서 흥미롭게 제시되곤 하는데, 우리는 이런 방식을 열왕기상 8:52에서도 볼 수 있다.

6b-7 느헤미야의 고백은 지극히 일반적이며, 7절의 어투는 율법 전체를 포괄적으로 요약하고 설명하는 어투다. 그러나 그는 자기 가족의 죄와 자기 자신의 개인적인 책임도 명백하게 인정하고 있다. 마치 에스라가 이전에 그보다 앞서 행했던 것처럼 말이다(참조. 스 9:6). "나와 나의 아비 집이 범죄하여"라는 표현은 토빗서 3:3이 보여 주듯이 느헤미야가 결코 다윗 가문의 일원이었다는 뜻을 함축하는 것이 아니다(Kellermann, *Nehemia*, 157). 아래에 나오는 2:3과 6:6에 대한 "주석"을 좀

더 보도록 하라.

8-10 느헤미야의 간구 중 첫 번째 내용으로 나아감에 있어서 느헤미야는 유대인들이 포로로 끌려오고, 또한 지금 지속적으로 억압받는 상태에 있다는 것 자체가 하나님께서 이미 백성들이 오랫동안 계속해서 범해 온 죄악을 심판하겠다던 말씀을 성취하신 것이라는 점을 인식하고 있다(3절에서 사용된 "큰 환난"과"능욕"이라는 단어는 예전에는 "포로 생활"을 의미하는 것으로 이해되던 표현이었다. 아마도 그는 이 표현들을 다른 여러 재난적인 상황들을 포함해서 예표론적으로 확장시켰다는 생각이 든다). 신명기적인 신정론(神正論)과 맥락을 같이하기 때문에, 느헤미야는 이런 상황들을 하나님의 약하심이 아니라 그분의 권능의 징표들로 생각한다. 그러므로 그는 간구한다. 이제 그와 백성들이 일반적으로(10절) 회개하는 모습들을 보여 드리고 있으며, 하나님께서는 동일하게 그들의 운명들을 다시 회복시키실 수 있다고 말이다.

그러나 이 간구가 지금 정황에 잘 어울리지 않는다는 주장이 계속해서 제기되어 왔다. 왜냐하면 지금 이 간구에서는 포로지에서의 귀환에 관해 이야기하지만, 반면 가나안의 주도적인 상황(3절)은 이미 귀환한 백성들 사이에 재앙들이 있는 것이기 때문이다. 하지만 이런 주장은 두 가지 요소를 간과한 것이다. 첫 번째로, 8-9절은 간구 그 자체가 아니다. 이 구절들은 하나님께서 자기 백성들이 회개하면 그들을 향한 태도를 바꾸겠다고 약속하신 것을 제시하는 내용들이다. 느헤미야는 10절에서 그의 간구에 이 약속을 적용하면서 문자 그대로의 약속보다는 그 약속에서 강조하는 신학을 강조한다. 그 구절에서, 그는 하나님께서 이전에 그들을 구원하셨음을 기억하게 하는 존재들로서 하나님의 백성들을 하나님 앞에 세운다. 말하자면 이렇게 한 뒤에 도대체 어떤 결론이 내려져야 하는가에 관해서는 전적으로 하나님께서 내리실 그분의 몫으로 남겨 둔 것이다. 두 번째로, 느헤미야는 어쨌거나 9절에서 이야기했던 약속 안에는 포로지에서 예루살렘으로 단순히 이동하는 것 훨씬 이상의 많은 내용이 들어 있다고 믿었을 것이다. 약속 안에 함축되어 있는 것은 회복이다. "하나님께서 [그분의] 이름을 거하게 하는 장소로 [하나님께서 이미] 선택하셨던 바로 그 장소로"의 귀환은, 하나님께서 그분의 임재하심이 회복된 공동체와 함께 거하시겠다는 의미를 함축한다. 느헤미야에 의하면, 정확하게 말해서 지금의 주도적인 상황들이 보여 주는 모습은 이 약속이 아직 미래에 있을 뿐 현실속에서 완전히 성취된 것은 아니라는 것이다.

11a 느헤미야의 두 번째 간구는 자신이 왕과 더불어 이야기하는 것을 준비하는

것이 성공할 수 있게 해 달라는 것이었다. 생각컨대, 이 기도는 느헤미야가 수 개월 동안 기도해 왔을 내용을 요약적으로 제시하는 듯하다. 그러므로 이 간구의 마지막 부분에 앞으로 2장에 나올 특별한 사건을 기대하는 내용이 들어가 있는 것은 결코 부적절하지 않다. 그러나 우리가 이 내용 역시 "주야로"(6절) 반복해서 기도했던 내용이었다고 추측할 필요는 없을 것이다.

이 간구는 지극히 일반적으로 표현되었다. 느헤미야는 자신이 어떤 종류건 성공을 거두려면 아르타크세르크세스가 그의 이전 조서(스 4:21)를 뒤집을 필요가 있다는 점을 분명하게 잘 알고 있었다. 그런 요구를 하는 것은 왕의 사랑을 받는 자라 하더라도(참조. 에 4:11-16) 상당히 위험스러운 일이었다. 그렇기 때문에 그는 자신이 접근할 것인지 말 것인지를 결정하는 일을 자기 자신이 하지 않고 지혜롭게도 자제했으며, 그 대신 적절한 방식으로 길이 열리는 것을 하나님께 맡겨 두었다. 그 이후의 장면은 느헤미야가 일단 왕에게 나아갈 길이 열린 것을 보고서는 담대함을 가지고 움직였다는 점을 보여 준다.

왕을 언급하는 방식에 있어서 "이 사람"이라고 표현한 것은 그 안에 많은 생각해야 할 내용들이 담겨져 있다. 이 표현은 이교도 왕가를 향한 유대적인 경멸감을 드러낸 것인가(Rudolph)? 이 표현은 그가 페르시아 왕가에 불충한다는 고소를 받고 그것을 변호하기 위해 느헤미야 비망록(memoir)을 만들었기 때문에 그가 법률적인 용어를 사용했음을 보여 주는 것인가(Kellermann, *Nehemia*, 85-86)? 이런 식의 추측들은 불필요하다. 그의 비망록이 기록되었을 때, 느헤미야는 자신이 왕에게 포도주를 갖다드렸던 일(2:1)을 분명 생생하게 기억할 수 있었다(2:1). 그리고 그는 지극히 중성적인 단어들을 가지고 이 일을 단순하게 다른 방식으로 재생산했을 뿐이다. 역사적인 배경 속에서 그리고 훗날 그의 마음에 가장 자연스럽게 떠오르는 단어들을 가지고서 말이다. "느헤미야 1:11에서 페르시아 왕을 언급할 때 소송을 진행하는 대적으로 간주하는 정황에서 이 표현을 사용했다고 보는 것은 부적절하다. 도리어 이 표현이 사용된 정황은 하나님께 이 왕이 느헤미야의 요구를 허락하게 해 달라고 기도하는 정황이다. 또한 이 정황은 전체적인 내러티브 내에서는 어떻게 느헤미야가 왕에게 나아갈 수 있었는지를 보여 준다"(J. A. Emerton, review of Kellermann's *Nehemia*, *JTS* ns 23[1972] 175).

마지막으로, "이 사람"에 대한 선행사가 없다는 사실도 아무런 문제가 되지 않는다. 그보다는 뒤에 나오는 왕, 그리고 다음 구절에서 좀더 구체적으로 아르타크세르크세스로 규정되는 왕과 "이 사람"을 동일시할 때 더욱 효과적으로 내러티브의 크레센도(crescendo)가 이루어진다. 독자들이 얼마나 느헤미야의 상황이 불확실했는지를 좀더 풍성하게 인식하면 인식할수록 에피소드는 독자를 다음 내러티브의 에피소드로 매우 성공리에 데려가 준다.

11b 느헤미야가 왕의 "술 맡은 관원"이었다는 삽입구적인 설명은 독자로 하여금 다음 구절에 아르타크세르크세스에 대한 언급(위를 보라)이 나올 것을 기대하게 만들어 준다. 뿐만 아니라, 가장 경제적인 단어 수를 활용해서 우리가 다음 장면을 준비하기 위해 알 필요가 있는 모든 내용을 우리에게 이야기해 준다. 우리는 이 설명을 통해 느헤미야가 왕에게 나아가는 것에 대해서나 궁정에서의 그의 지위에 대해서 즉각 이해하게 된다.

고대 세계에서 왕의 술 맡은 관원은 술을 선택하는 기술이 있어야 했고, 포도주를 드리는 일이나 독이 있는지를 검사하기 위해 술을 맛보는 의무 등만이 아니라 왕에게 쾌활하고 재치 있는 동료가 되어야 하는 역할을 감당할 것도 기대되었다. 그러므로 만약 왕이 많은 신임을 술 맡은 관원에게 주고 있었다면, 그들은 비공식적인 대화와 상담 등을 통해 상당한 영향을 주고받았을 수 있다. 야마우치(Yamauchi, *ZAW* 92[1980] 132-42)는 이 점을 뒷받침해 주는 많은 고대 근동의 원 자료들에 나오는 글과 그림들을 (아케메니드를 포함해서) 수집했으며, 우리는 이를 통해 상당히 많은 도움을 얻을 수 있다. 이 묘사는 감탄스러울 만큼 2장의 모습과 잘 들어맞는다. 또한 술 맡은 관원이 다른 중요한 관직을 겸해서 맡았을 수도 있다는 점에 대해서도 주목해야 할 것이다. 참조. 토빗서 1:22: "이제 아히카(Ahikar)는 술 맡은 관원이었고, 옥새를 지키는 자였으며, 또한 재정 관련 행정을 보는 자였다. 에살핫돈이 그를 자신에 이어 2인자로 지명했기 때문이다."

하지만 이 사실을 넘어서서 많은 학자들은 느헤미야가 환관(내시)이었다고 주장해 왔다. LXX^{B,S} 등에서 이런 주장에 대한 뒷받침을 발견할 수 있는데, 이 부분들에서는 "환관(내시)"(*εὐνοῦχος* – 유누코스)라고 되어 있다. 하지만 이는 분명히 서기관이 LXX^{A}에 나와 있는 "술 맡은 자"(*οἰνοχόος* – 오이노코오스)를 잘못 기록한 데서 생겼을 것이다. 이 이론을 선호하는 다양한 다른 주장들에 대해서는 야마구치(Yamauchi)가 검토를 했지만, 확신해도 좋을 만큼의 분명한 내용은 아무것도 발견되지 않았다. 예를 들어, 비록 그 당시에 일부 몇몇 술 맡은 관원들이 환관(내시)들이었다는 증거가 있긴 하지만, 모든 사람들이 그랬던 것은 아니라는 강력한 본문상의 증거도 있다. 마찬가지로, 2:6에 나오는 왕비에 대한 언급도 느헤미야가 환관(내시)이었던 것이 틀림없다는 사실을 입증해 주지 않는다. 왜냐하면 환관(내시)

이 분명하게 등장하고 언급되는 에스더서의 경우를 보면, 왕의 중요 대신이었고 또한 왕비에게 나아갈 수 있었던 하만 같은 사람은 분명 환관(내시)이 아니었기 때문이다(참조. 스 7:8). 더군다나 앗시리아 시대와 아케메니드 시대의 본문들은 모두 술 맡은 관원들과 환관(내시)을 구별하고 있으며, 환관(내시)이 아닌 사람들이 궁정에서 여자들 앞이나 혹은 하렘(여자들의 방)에서 어떻게 행동해야 하는지에 관해서도 윤곽이 정해져 있었다.

느헤미야가 환관(내시) 상태였다는 것에 대해서 본문이 철저하게 침묵하고 있을 뿐만 아니라, 실질적으로 그런 가정을 할 수 없도록 만드는 몇몇 사항들도 있다. 예를 들어 이사야 56:4-5에도 불구하고 신명기 23:2의 관점에 의하면, (1) 환관(내시)이었던 느헤미야가 유대인들의 지도자로 받아들여졌고, 또한 그런 상태에서 다양한 제의 개혁들을 수행했다는 것은 정말 그럴듯한 생각이 아니다. 아크로이드(Ackroyd)가 관찰하듯이, 느헤미야의 대적들은 그를 공격할 모든 방법들을 다 동원했던 것으로 제시되고 있기 때문에, 우리는 만약 그가 환관이었다면 그의 공동체 구성원들 중 몇몇이 보기에 그를 충분히 불신임하게 할 수 있는 이와 관련된 일부 언급이 나왔어야 한다고 예측해 볼 수 있다. 그러므로 느헤미야가 환관(내시)이었다는 것을 완벽하게 반대할 확고한 증거가 없다는 관점에서는 그가 환관이었을 수도 있다는 가능성이 열려 있어야 하겠지만 실제로 그가 환관이었을 가능성은 거의 없으며, 최근의 주석가들도 이렇게 바라보는 것에 대해 적절하게 주의하고 있다(예를 들어, Ackroyd, Coggins, Michaeli, North, Kellermann, *Nehemia*, 154-55). 이런 결론으로부터 느헤미야가 그의 비망록을 후손들이 아니라 자기 이름을 위한 기념물로 작성할 필요가 없었다는 결론도 나오게 된다.

해설

우리가 느헤미야를 아르타크세르크세스의 술 맡은 관원으로 처음 소개받았을 때, 그가 동료 유대인들과 함께 자신의 비교적 좋은 지위를 멀리 떨어져 있고 별로 특별할 것도 없이 시시해 보이는 예루살렘을 위해 던져 버릴 생각을 이전부터 해 왔다는 암시는 전혀 보이지 않았다.

성경의 내러티브에 제시되어 있는 것처럼, 예루살렘이 최근에 참사를 겪었다는 소식은 거의 우연처럼 그에게 전해졌다. 이 소식이 느헤미야에게 끼친 영향은 너무나 압도적인 것이어서 하나님께서 그를 새로운 섬김으로 급격하게 부르고 계심을 갑작스레 깨달았다는 것으로만 묘사될 수 있을 정도였다. 여지껏은 잘 알지 못했지만, 그가 갖고 있는 지위와 그가 받아 온 훈련 등도 이런 부르심을 위해 그를 준비시켜 왔던 과정으로 이야기될 만큼 말이다. 그러므로 지금 그를 붙들고 있는 결심과 목적에 대해서는 그의 백성들과의 강력한 일치감이라고만 설명할 수 있는데, 이 점은 그의 기도 중에도 분명하게 나타나며, 또한 훗날 강력한 반대에 직면해서 그가 보여 줄 내구력에도 나타난다. 이런 모습들은 하나님의 진정한 부르심이 있다는 것을 보여 주는 증거들인데, 우리는 예수 그리스도의 사역에서 그 온전하고 충만한 모습을 볼 수 있다. 그러나 동시에 우리는 한 사람이 어떠한 능력을 가지고 하나님을 경배하고 섬기는 사람이건 간에, 낮은 사람이건 혹은 고귀한 사람이건 그들 모두 속에서 이 모습을 볼 수 있는 그런 모습이기도 하다.

느헤미야는 그를 향한 부르심에 응답하면서 즉각적으로 행동하는 것을 통해서가 아니라, 우선적으로 기도하고 또 기도하는 것을 통해서, 그것도 대략 넉 달 정도 동안 지속적으로 기도하는 것을 통해서 응답했다! 하나님을 의지하며 기다리는 이런 기간은 그가 나약하다는 것을 보여 주는 것으로 취급되어서는 안 된다. 뒤에 나오는 내러티브를 통해서 우리는 그가 매우 활동적인 행동 중심의 사람이라는 사실을 알 수 있다. 그러나 만약 하나님을 섬기라는 진정한 소명이 주어진 것이라면, 이와 같이 기다리며 점검하는 시간을 갖는 것이 종종 있어야만 한다. 이런 기간 동안의 기도는 과연 그 부르심이 진실한 것인지 아닌지, 또한 이에 대한 응답과 좇아감이 확고부동한 것인지 아닌지를 보여 주게 될 것이다.

이런 점을 넘어서 느헤미야의 사명에 있어서 그가 매우 적기에 왕에게 나아간 것이 성공에 결정적이었다는 점도 반드시 기억해야만 한다. 그렇기 때문에, 현명하게도 그는 자신이 움직여야 할 하나님의 시간이 나타나기를 기다렸다. 반면에 그는 하나님의 언약과 은혜에 대한 자신의 지식에 토대를 두고서 그의 백성들의 회복을 위해서 기도하는 믿음을 갖고 있었을 뿐만 아니라, 왕이 이전에 포고했던 내용이 특별하게 반전될 것에 대해 기도하는 믿음도 갖고 있었다(11절을 스 4:17-22과 비교하라). 여기서의 성공은 결국 그의 소명을 확증해 준다는 의미를 갖고 있으며, 또한 그렇기에 그의 이후 행동들에 대해 결코 흔들리지 않는 목적 의식을 가져다 주었다.

느헤미야의 사명(느 2:1-10)

참고문헌

Alt, A. "Judas Nachbarn zur Zeit Nehemias." *KS* 2, 338-45. **In der Smitten, W. Th.** "Erwägungen zu Nehemias Davidizität." *JSJ* 5(1974) 41-48. **Jepsen, A.** "Pardes." *ZDPV* 74(1958) 64-68. **Kellermann, U.** *Nehemia*, 11-13, 156-59, 166-70. **Mazar, B.** "The Tobiads," *IEJ* 7(1957) 137-45, 229-38. **McCown, C. C.** "The ʿAraq el-Emir and the Tobiads." *BA* 20(1957) 63-76. **Torrey, C. C.** "Sanballat 'The Horonite.'" *JBL* 47(1928) 380-89.

본 문

1 아닥사스다 왕 이십 년 니산월에 왕의 앞에 술
이 있기로 내가 들어 왕에게 드렸는데 이전에는
내가 왕의 앞에서 수색이 없었더니

2 왕이 내게 이르시되 네가 병이 없거늘 어찌하
여 얼굴에 수색이 있느냐 이는 필연 네 마음에 근
심이 있음이로다 그 때에 내가 크게 두려워하여
3 왕께 대답하되 왕은 만세수를 하옵소서 나의
열조의 묘실 있는 성읍이 이제까지 황무하고 성
문이 소화되었사오니 내가 어찌 얼굴에 수색이
없사오리이까
4 왕이 내게 이르시되 그러면 네가 무엇을 원하느
냐 하시기로 내가 곧 하늘의 하나님께 묵도하고
5 왕에게 고하되 왕이 만일 즐겨하시고 종이 왕
의 목전에서 은혜를 얻었사오면 나를 유다 땅 나
의 열조의 묘실 있는 성읍에 보내어 그 성을 중건
하게 하옵소서 하였는데

6 그 때에 왕후도 왕의 곁에 앉았더라 왕이 내게
이르시되 네가 몇 날에 행할 길이며 어느 때에 돌
아오겠느냐 하고 왕이 나를 보내기를 즐겨하시기
로 내가 기한을 정하고

1 In the month of Nisan of the twentieth year of
Artaxerxes the king [a]when wine was before him,[a]
I took the wine and gave it to the king. [b]Now
I had not previously appeared sad in his presence,[b]
2 and so the king asked me, "Why do you look
so sad? You're not ill, are you? This is nothing
but sadness of heart!" Then I was much afraid,
3 but I replied to the king, "May the king live[a]
for ever! How can I help looking sad[b] when the
city, where my ancestors' graves are, lies in ruins
and its gates have been destroyed by fire?"
4 The king then said to me, "What is it that you
want?" So I prayed to the God of heaven
5 and said to the king, "If it pleases your
majesty and if your servant has found favor
before you, that you would send me to Judah, to
the city where my ancestors' graves are, so that
I may rebuild it."
6 Then, with the queen consort sitting beside
him, the king asked me, "How long would your
journey last, and when would you return?" Thus
it pleased the king to send me, [a]when I had told
him how long I should be.[a]

7 내가 또 왕에게 아뢰되 왕이 만일 즐겨하시거든 강 서편 총독들에게 내리시는 조서를 내게 주사 저희로 나를 용납하여 유다까지 통과하게 하시고

7 I also said to the king, "If it pleases your majesty, let letters be given[a] me addressed to the governors of Beyond the River so that they grant me a safe conduct until I reach Judah,

8 또 왕의 삼림 감독 아삽에게 조서를 내리사 저로 전에 속한 영문의 문과 성곽과 나의 거할 집을 위하여 들보 재목을 주게 하옵소서 하매 내 하나님의 선한 손이 나를 도우심으로 왕이 허락하고

8 and a letter too for Asaph, the keeper of the king's park, so that he may supply me with timber to make beams for the gates of the temple fortress, for the city wall, and for the residence which I shall occupy."[a] The king granted my requests, according to[b] the good hand of my God upon me.

9 군대 장관과 마병을 보내어 나와 함께하게 하시기로 내가 강 서편에 있는 총독들에게 이르러 왕의 조서를 전하였더니

9 Then I came to the governors of Beyond the River and delivered the king's letters to them. The king had sent army officers and cavalry to accompany me.

10 호론 사람 산발랏과 종 되었던 암몬 사람 도비야가 이스라엘 자손을 흥왕케 하려는 사람이 왔다 함을 듣고 심히 근심하더라

10 When Sanballat the Horonite and Tobiah the Ammonite servant heard about this, they were extremely annoyed that someone had come to promote the welfare of the Israelites.

원문주해

1.a-a. 앞에 나왔던 연대를 좀더 구체적으로 규정해 주는 상황절이다. 70인경(LXX)은 이 구문을 카이(*καὶ*, "그리고", Vg 등 여러 본문들을 참조하라)를 통해서 도입한다. 그렇기 때문에 많은 주석가들은 와우가 요드 앞에서 중자탈락(haplogrphy)된 것으로 설명하면서 이 와우를 다시 야인(יין, "포도주") 앞에 집어넣는 것을 선호한다. 비록 의미상으로는 아무런 변화가 없지만, 엄격하게 말해서 이런 첨가는 필요하지 않다. 명사적인 상황절들은 연결사(copula) 없이 사용되는 경우가 드물지 않게 나타나기 때문이다. 참조. GKC § 156c. 시간을 진술해 주는 도입 진술에 있어서 이와 같이 단축된 스타일이 세 번째 구문으로 사용된 것은 결코 부적절하지 않다. 르파나이(לפניו, "그의 앞에서") 역시 70인경(LXX)과 Syr.을 토대로 해서 르파네이(לפני, 문자적으로는 "내 앞에")로 빈번하게 수정되곤 한다(예를 들어, "내가 포도주를 맡았을 때에", Myers). 이 부분에 대해서는 마소라 텍스트(MT)가 틀림없이 틀렸다고 주장되어 왔다. 왜냐하면 느헤미야는 이 구절 후반부까지도 실제로는 포도주를 가지고 가지 않았기 때문이다. 그리고 이 실수는 글자를 중복해서 기록했기 때문에 생겨난 것으로 설명된다. 하지만 마소라 텍스트를 반대하면서 마소라 텍스트가 틀렸다고 주장하는 내용은 설득력이 없다. 이 절은 그저 단순하게 느헤미야가 왕 앞에 나아가는 일반적인 경우에 대해서 규정할 뿐이기 때문이다. 참조. 라일

(Ryle): "히브리어 본문은 이 사건의 상황들에 대해서 매우 세밀한 주의를 기울여 제시한다. (1) 달과 연도, (2) 하루 중 시간, 저녁 식사 때, (3) 저녁 식사 단계에서 술 맡은 관원이 왕에게 포도주를 드렸을 때. 히브리어 본문은 식사의 경우에도 '포도주…그 앞에'와 왕의 술잔을 드리는 '내가 드렸다…포도주를' 사이를 구별한다." 여기에 덧붙여서, 르파네이(לפני, "내 앞에")는 "내가 맡았을 때에"를 말하는 부드럽고 자연스러운 방식이 아니다. 루돌프(Rudolph)가 자신의 주장을 지지해 주는 본문이라고 인용하는 부분들(민 8:22; 삼상 3:1; 대상 24:6)은 모두 다른 사람들 "앞에서" 섬기는 사람들에 대해 언급하는 본문들이며, 따라서 정확하게 평행을 이루지 않는다. 이 본문의 배경을 이해하는 데 있어서 이 표현이 함축하는 바가 무엇인지에 관해서는 아래의 "주석"을 보라.

1.b-b. 마소라 텍스트(MT)에는 "그리고 그의 앞에서 슬프지 않았다"로 되어 있는데, 이는 뒤이어 나오는 구절과 조화를 이루지 못한다. 하지만 마찬가지로 거기에서 "슬프다"라는 뜻으로 라아(רע, "슬픔")라는 단어를 사용한 것은 이 구문을 "나는 그의 눈밖에 났다"(Batten)라고 번역하는 것도 올바르지 않은 것으로 제외시킨다. 더군다나 부정어를 생략하고 있는 Vrs에 대해서는(혹은 이 표현을 맹세코 단언하는 것으로 간주하는; 참조. Myers) 이 문제를 쉽게 만들어 보려고 후대에 그런 노력을 했던 것으로 설명하는 방법이 가장 그럴듯하다. 베르톨렛(Bertholet)을 좇아 르파님(לפנים, "이전에는")으로 복구하는 것이 가장 좋을 듯하다. 하지만 그는 이 수정을 르파니(לפניו, "그 앞에서")에 대한 수정으로서 제안했다. 만약 우리가 두 개의 단어가 원래부터 모두 있었으며, 그 중 한 개가 옆의 단어와의 유사성으로 인해 우연히 생략되었다고 추측한다면 전체 절을 읽는 것이 훨씬 더 쉬워진다. 일부 히브리어 글자체에 있어서는 합자를 사용하는 것으로 인해 ם과 יו이 매우 비슷해 보인다는 점을 주목하라. 참조. R. Weiss, *Studies in the Text and Language of the Bible*(Heb.; Jerusalem: Magnes, 1981), 14-16.

3.a. 이 위치에 있는 라멘 헤(*lamedh he*) 동사의 미완료형을 좀더 일반적으로 나타나는 쩌시브 형태와 구분해야 한다고 보는 것은 별로 그럴듯하지 않다. 참조. GKC § 109a[2]. Syr.와 Vg에도 불구하고, Joöon, *Bib* 12(1931) 85-86에서 제안한 것처럼 명령형인 חיה로 수정하는 것은 별로 그럴 필요가 없어 보인다. 이 사본들은 아마도 다니엘서에 빈번하게 나타나는 공통적인 공식을 그저 흉내내고 있을 뿐일 것이다. 이와는 대조적으로, 드 보어(P. A. H. de Boer, "Vive le Roi!," *VT* 5[1955] 225-31)는 쩌시브 형태로서 공통적으로 나타나는 평행적 표현인 יחי המלך을 직설법으로 취급해야 한다고 주장한다.

3.b. 문자적으로는 "왜 슬프게 보이지 않아야만 하는가?"이다. 이 동사의 발음에 대해서는 GKC § 67dd를 참조하라.

6.a-a. 문자적으로는 "그리고 나는 그에게 시간을 정했다(주었다)"이다. 그러나 문장의 논리는 위에서 제시한 번역을 전제로 한다. 참조. Keil. 이 구절의 전반부에 나오는 왕의 질문을 염두에 두고 생각해 본다면, "그가 내게 시간을 정했다"라는 시리아어역을 좇

을 필요가 없다.

7.a. 과거를 표현하는 비인칭 복수형 동사.

8.a. Joüon, *Bib* 12 (1931) 86를 좇아 אבנה לי("그리고 내가 지을 집을 위하여")로 수정하는 것은 필요하지 않은 일이다. 마소라 텍스트(MT)는 현재 본문 상태로도 심각한 어려움이 없다. 아래의 "주석"을 좀더 보라.

8.b. 스 7:6b에 대한 "원문주해"를 참조하라.

양식/구조/배경

2:1의 날짜는 새로운 문단이 시작된다는 점을 보여 준다. 하지만 이미 앞선 1:11에 대한 "주석"에서 이 두 장 간에 긴밀한 문학적 일관성이 있다는 점을 효과적으로 보여 주었다. 그렇기 때문에 모빙켈(Mowinckel, *Studien II*, 19-20)이 했듯이 요세푸스에게 토대를 두고 이 두 장 사이의 연결성을 좀더 재구성해서 보여 주고자 할 필요는 없다.

느헤미야 2장은 2장 자체의 지속적인 내러티브를 통해 분명한 단일성을 갖고 있기는 하지만, 10절에서 느헤미야의 대적들이 반응하기 시작하는 것을 언급함으로써 2장 안에서의 일종의 구획이 표시된다. 대적들은 분명히 비망록(memoir) 전체에서 매우 중요한 요소다. 이 점은 이들이 언급될 때 느헤미야가 종종 그의 기도를 상기하거나 혹은 직접 하나님께 그가 여지껏 해 온 일들을 돌아봐 달라고 호소한다는 사실을 통해 알 수 있다. 그러므로 느헤미야 2장은 이런 대적들에 대해 언급하는 10절과 19-20절을 통해 깔끔하게 두 부분으로 나누어진다. 이런 결론은 10절과 19절 두 부분이 모두 동일한 단어 배치로 시작된다는 점을 통해서 더욱 강화된다. 3:33과 4:1에 대한 "양식"을 보라(4:1 그리고 7절).

이따금씩 6-9a절과 10절이 원래의 느헤미야 비망록(NM)에 포함되어 있던 내용이 아니라는 목소리들이 있곤 했지만, 이런 주장들은 대다수를 확신시키는 데는 실패해 왔다. 해결하기 힘겨운 것으로 제시되는 여러 어려움들은 사실 정황적인 부분들을 생각해 보면 적절하게 설명할 수 있다(참조. Kellermann, *Nehemia*, 11-13). 이 문단의 어휘와 문체에 근거를 두고 있는 주장들은 별다른 무게를 갖지 못한다. 왜냐하면 어휘와 문체 중 증거로 제시되는 일부분은 후대의 편집자가 느헤미야서에서 영향을 받았다는 점을 통해 더 잘 설명될 수 있기 때문이다(스 7:1-10에 대한 "양식"을 보라). 유일하게 남아 있는 심각한 어려움은 6b절이다. 아래의 "주석"을 보라.

이 문단의 주된 부분은 느헤미야가 왕과 나눈 대화로 구성되어 있다. 왕은 느헤미야가 왕에게 나아가는 것과 또한 전혀 긴장하지 않고 있는 모습을 통해 실제적이고 직접적으로 묘사된다. 처음에는 분명한 결례로 인해 기분이 좋지 않지만(2절), 그런 뒤에는 거의 태평하게 기쁜 모습으로 그가 좋아하던 궁중 사람을 만족스럽게 해준다. 반면에 느헤미야는 그의 편에서 보자면 처음에는 그가 갖고 있는 분명한 이유들을 이야기할 때까지(2-6절) 두려움이 있었고, 또한 말을 꺼내기 시작하면서도 극도로 조심스럽게 단어들을 선택했다. 하지만 일단 그의 기본적인 요구가 허락된 후에는, 느헤미야는 왕에게 자신에게 무엇이 필요한지를 역설한다(7-8절). 이런 모습을 통해 그의 좀더 자연스럽고 솔직한 용기가 빛을 발하게 된다. 그리고 그는 새로운 임무를 수행하는데, 가장 먼저는 필요한 물품들을 집행하게끔 조서를 기록하는 데로 직접 나아간다(9절).

주석

1 날짜에 대해서는 1:1-11에 대한 "양식"을 보라. "그의 앞에 술이 있을 때"는 연회처럼 술이 제공되는 단순한 경우를 의미한다. 에스더 7:2; 에스드라1서 3장; 그리고 일부 예들에 대해서는 헤로도투스(Herodotus 9:110-11) 부분을 참조하라. 외관상 흥미롭게 보이는 이런 표현 방식은 생각의 흐름을 뒤따르는 내러티브와 자연스럽게 연결하고자 사용되었다: 이 표현은 1:11b에 뒤이어 나오면서 독자로 하여금 느헤미야가 왕을 만날 것을 기대하게끔 이끌어 간다.

70인경의 번역을 채택했기 때문에(위의 "원문주해"를 참조하라), 많은 주석가들은 이것이 하나니의 방문 이후 처음이라고 생각했다. 그러니까 느헤미야가 이전에 왕에게 나아갔던 약 넉 달 전 이후로, 지금이 다시 왕에게 나아간 첫 장면인 것으로 생각하게끔 했다. 이것은 아마도 일종의 교대 체계 때문이었을 것이다. 그러나 본문상에서는 이런 내용을 알려 주는 내용이 전혀 없으며, 라일(Ryle)이 말하듯이 "왕의 사랑을 누리던 술 맡은 관원이 그렇게 드문드문 왕 앞에 나아갔어야만 했다고 가정하는 점은 별로 그럴듯해 보이지 않는다." 만약 이와는 달리 우리가 위의 번역에서처럼 마소라 텍스트(MT)를 지지한다면, 이 구절 후반부에 나오는 (회복된) "이전에는"이라는 표현은 특별히 하나니의 방문 이후의 기간을 지칭하는 것일 수도 있다. 느헤미야는 금식하며 기도하고 있긴 했지만, 그는 왕을 섬겨야 할 때는 여지껏 "계속해서 왕에게 나아갔었"다. 이제 느헤미야는 자기 자신의 감정을 온전히 다

드러내는 것을 허용한다. 이것은 계획적인 것이었을까? 한 해를 시작하는 때인 닛산이라는 날짜는 충분히 그렇게 감정을 다 드러낼 수도 있었을 것이라는 암시를 준다. 헤로도투스(9:110)는 페르시아 왕이 일 년 중 몇몇 축제 때는 특별한 관대함을 보이는 관습이 있었다고 이야기한다. 그는 이런 모습에 대해서 "그 날에 왕의 식탁에서 은혜를 구하는 자는 그 누구도 그 부탁을 거절당해서는 안 되는 축제의 법칙"이라고 묘사한다. 이 축제는 "왕의 생일을 축하하는 동안"으로 이야기되지만, 이 축제가 한 해의 시작 지점에서 열리거나 혹은 유사한 관습이 다른 경우들에서도 비슷하게 효력이 있었을 것이라는 점도 전혀 불가능한 일이 아니다. 참조. 에스더 2:18; 5:6; 에스드라1서 5:6과 4:42, 그리고 좀더 멀리 있는 것으로는 마태복음 6:22-23; 또한 켈러만(Kellermann, *Nehemia*, 151-52)을 보라. 그렇기 때문에 우리는 느헤미야가 상당한 주의를 기울여 자신이 행동할 순간을 결정한 것이 아닌지를 물어볼 수 있다.

2 설령 이런 경우라 하더라도(그리고 만약 이런 경우가 아니라면 더 말할 것도 없고), 느헤미야는 자기 자신을 상당한 위험에 드러내놓고 있다는 점을 의식하고 있었다. 아르타크세르크세스는 쉽게 그의 이전 조서(스 4:21)를 폐지하지 않았을 것이다. 동시에 정중함이 결여되어 있는 것은 물론이고 우울한 모습을 보인다는 것은 충분히 왕에게 적대적인 계획을 꾸미고 있는 것으로 해석될 수도 있었다. 왕의 시험적인 첫 질문들은 왕의 편에서 그런 의구심을 갖고 있었을 수 있다는 점을 추측케 하며, 느헤미야의 두려움을 충분히 이해할 만한 것으로 만들어 준다.

3 느헤미야의 공손한 대답은 조심스럽게 잠시 동안 주도권을 왕에게 넘겨준다. 그의 대답은 왕의 질문에 대해 충분한 대답으로 여겨졌을 수도 있고, 혹은 실제로 그 후 일어난 상황처럼 좀더 자세한 질문들을 할 수 있도록 길을 열어 주는 역할을 할 수도 있었을 것이다. 느헤미야의 조심스러운 접근 이면에는, 지금이 과연 행동해야 할 하나님의 시간인지 아닌지를 결정하고자 하는 바람이 자리잡고 있었을 수도 있다.

느헤미야는 아르타크세르크세스가 정확하게 그의 마음을 읽었다고 인정했지만, 왕의 동감을 이끌어 낼 수 있는 가장 좋은 방식으로 자신이 요구한 내용의 이유를 설명한다. 조상들의 무덤에 대한 공경은 고대 근동 지역에서는 보편적인 것이었고, 특히나 귀족이나 왕족들에게서는 일반적인 것이었다. 동시에 그는 예루살렘이나 성벽에 관해 직접적으로 언급하는 일은 피했는데, 만약 이 둘 중 어느 것이건 한 가지라도 언급했다면 에스라 4장의 서신을 기억하게 해서 즉각적인 역효과를 거두게 했을 수도 있을 것이다.

여기와 5절에서의 표현에 대해서 켈러만(Kellermann, *Nehemia*, 156-59)은 느헤미야가 오래되고 부유한(참조. 8절과 5장) 유대 사람이라기보다는 다윗 가문의 왕족에 속한 사람임을 보여 주는 것으로 취급했다. 하지만 켈러만의 이런 주장에 대한 대답으로서, 에머튼(J. A. Emerton, review of Kellermann's *Nehemiah*, *JTS* ns 23[1972] 177)과 인 데르 스미텐(In der Smitten, *JSJ* 5[1974] 41-48)의 연구를 살펴볼 필요가 있다. 또한 동시에 이 무덤들이 도시 성벽 안에 있었다고 본문을 통해 추론할 필요가 없다는 점에 대해서도 반드시 살펴보아야만 한다. 느헤미야가 성경의 다른 곳에서는 사용하지 않는 표현 양식을 사용한 것(문자적으로는 "내 조상들의 무덤들의 집") 역시 그의 변증적인 관심 때문에 그랬던 것일 수도 있겠지만, 그보다는 느헤미야가 다른 환경들을 통해 그의 조상들의 무덤들에 관해 이야기하도록 인도받았다는 점에 대해서도 우리는 이미 살펴보았다. 고레스의 경우에 아케메니드(Achaemenid) 왕가의 무덤은 집의 디자인과 상당히 많이 흡사했다(참조. Galling 그리고 In der Smitten; 좀더 충분한 묘사에 대해서는 D. Stronach, *Pasargadae*[Oxford: Clarendon, 1978] 24-43를 참조하라). 다리오와 아르타크세르크세스를 포함한 후대의 몇몇 왕들이 Naqš-i-Rustam에 있는 바위 무덤에 묻힌 것이 사실이긴 하지만, 이 곳 무덤에서도 무덤 정면 부분은 궁궐 현관 문양으로 덮여졌다(참조. Olmstead, *History*, 228).

4-5 왕이 느헤미야로 하여금 그의 요구를 이야기하도록 길을 열어 준 것은 이 대화가 전환점을 맞이했음을 표시한다. 느헤미야는 이제부터 그의 근본적인 관심을 이야기하는 것뿐만 아니라 그가 필요로 하는 모든 재료와 도덕적 뒷받침까지 요구한다. 그리고 이런 과정을 통해 다름아니라 바로 느헤미야가 계속해서 대화의 주도권을 잡는다.

느헤미야는 대화가 전환점을 지나고 있다는 점을 의식하면서 지난 여러 달 동안 그가 하나님께 드렸던 기도를 스쳐 지나가듯 생각하고(1:4과 5절에 나오는 "하늘의 하나님"이라는 주제를 통한 연결을 주목하라), 동시에(4절과 5절 사이의 분할은 어울리지 않는다) 그가 간구했던 내용들을 이 땅의 주에게 대화를 통해 알려 드렸다. 그가 성을 재건축하겠다고 말한 것에 함축적으로 들어 있던 내용들은 이후에 자세한 항목들로 가득 채워지게 될 것이다(8절). 지금 느헤미야가 처음 왕에게 요구하는 부분에서는 그저 원칙적인 이야기를 하는 것만으로도 충분하다.

6 이 구절은 세 가지 문제를 야기한다: 왜 갑작스럽게 왕비가 언급되었는가?

왕의 질문들은 얼마나 진지하게 취급되어야 하는가? 그리고 마지막 구(句)는 후대의 첨가인가?

"왕비"(참조. NEB)라는 무언가 애매모호한 히브리어 שֵׁגַל는 아람어 שֵׁגַל를 번역에 있어서도 여전히 유지하려는 시도로서 제시되었다. 비록 이 단어는 드물게 나타나는 단어이긴 하지만, 적어도 이 단어가 직설적으로 "왕비"(מלכה – 말레카)와 동의어가 아니라는 것 정도는 알려져 있다. 시편 45:10(9)은 왕비가 하렘(harem, 여자들의 방)의 여인들과는 별도로 다른 쪽에 설 수 있다는 점을 보여 주며, 이 점은 다니엘 5장에서 이런 계층의 여자들과 후궁들(לחנה – 레헤나) 사이를 구별하고 있다는 점을 통해서도 뒷받침된다. 하지만 거기에서 왕비를 뜻하는 이 단어는 그럼에도 불구하고 복수형으로 사용되었으며, 따라서 "왕비"라는 표현은 오해일 것이다(단 5:10에서 "왕비"〈מלכה – 말레카〉는 분명하게 왕의 어머니 왕비를 지칭한다는 점을 주목하라). 이 단어의 용례에는 명백한 가변성이 있다. 지금 본문에서는 과연 이 왕비(정관사가 붙은 단수형)가 아르타크세르크세스의 법적 왕비인 다마스피아(Damaspia)를 의미하는지, 아니면 하렘(harem)에서 사랑받던 다른 어떤 사람을 의미하는지를 결정할 아무런 근거도 우리에게 남겨두지 않고 있다.

좌우간에 이 장면에 그녀가 자리잡고 있다는 점은 그 자리가 아마도 친숙하고 개인적인 경우였을 것이라는 점을 보여 준다. 공적인 연회 자리에 그녀가 등장하는 것은 일반적이지 않은 일이었을 것이다(참조. 에 1장, 그러나 단 5장과 대조하라. 고전 문학 원 자료들 중 이를 뒷받침해 주는 본문들에 대해서는 Bowman을 참조하라). 그러므로 우리는 왕비에 대한 이 언급을 몇 가지 방식들 중 하나로 이해할 수 있을 것이다. (1) 대부분의 주석가들은 느헤미야가 그녀와 친숙한 사람이었으며, 그렇기 때문에 그녀가 느헤미야의 요구를 후원해 주고 있었다는 견해를 갖는다. 여성의 영향력이 아르타크세르크세스 통치 시기 동안 상당히 강력했다는 점(참조. W. W. Tarn, "Xerxes and His Successors: Artaxerxes I and Darius II," in *CAH* 6, 2-3)은 빈번하게 발견되며, 몇몇 학자들은 사전 동의가 있었다는 주장을 진전시킨다. 두말할 필요도 없이, 이런 극단적인 이론은 우리로 하여금 느헤미야가 환관(내시)이었는 결론을 내리게끔 부추긴다(1:11b에 대한 "주석"을 보라). (2) 베튼(Batten)이 주장한 것처럼 왕에게 탄원을 올리던 느헤미야는 그녀가 있다는 것을 그의 계획에 대한 장애물로 보았다는 주장을 견지하는 것도 가능하다. 왕은 그녀 때문에 마음이 산란해졌을 수도 있다. 그러나 이런 점에도 불구하고 그리고 느헤미야를 향한 하나님의 은혜가 좀더 진전된 징표로서 느헤미야는 끝까지 왕에게 이야기를 했다. (3) 이런 두 가지 관점 중 그 어느 것도 직접적인 본문상의 증거가 없기 때문에 세 번째 가능성을 제시하고 주장할 수도 있다. 즉 공적인 연회자리 장면에서부터(1절에 대한 "주석"을 보라) 좀더 개인적인 자리로 장면이 전환되었다는 것을 나타낼 의도로 이 구문을 사용하여 표현했다는 관점이다. 이 마지막 관점은 왕과 느헤미야 간의 대화가 이미 원칙적으로 동의가 이루어졌고, 이제 세부 사항들에 대해 논의가 어떻게 진행되었는지를 보여 주는 데 있어서 적절한 배경을 제시한다. 그러나 느헤미야는 주제의 연속성을 유지하기 위해 시간이 한참 지난 뒤 이 사건에 대한 설명을 기록하면서 이런 점에 대해서는 충분하고 자세한 설명을 생략하는 방식을 선택했다.

왕의 질문들은 단지 총애하는 신하에게 던지는 사랑스런 이야기에 불과할 뿐이며, 이런 경우 대답이 요구되지 않는다고 추측되어 왔다. 이 점은 이 질문의 요지를 오해한 후대의 서기관이 이 구절의 마지막 구를 첨가한 것이라는 제안으로 다시금 이끌고 간다.

하지만 이는 별로 그럴듯하지 않은 해석이다. 전체 장면은 최대한 경제적으로 서술되고 있다. 느헤미야가 그의 설명 안에다가 말 그대로 하찮은 의견들을 계속해서 포함시켰다는 것은 별로 그럴듯한 생각이 아니다. 만약 위에서 제시했던 장면 전환에 대한 주장이 옳다면, 이 주장은 여기서 다시금 강조된다. 더군다나 느헤미야가 지금 여기에서 유다 총독으로 임명되고 있다는 암시는 전혀 없다. 그보다는 느헤미야는 자신이 특별한 임무를 착수하도록 허락해 달라고 요청하고 있다. 그렇기 때문에 소요될 시간에 대한 합의도 여기에서 이루어졌어야만 했다는 것은 결코 비합리적인 것이 아니다(참조. Kellermann, *Nehemia*, 11-12, Mowinckel, *Studien II*, 20-21는 이에 반대다). 적어도 지금 이 장면에서는 느헤미야가 총독으로 재임했던 첫 번째 기간인 12년(스 5:14)보다 상대적으로 짧은 시간을 염두에 두고 있다는 점이 매우 분명해 보인다. 느헤미야 비망록(NM)이 갖고 있던 원래의 목적들과 배경이 무엇인지를 이해하려고 노력할 때, 이 점은 본문의 내적인 여러 가지 고려 사항들과 반드시 연결해서 생각해야만 한다. 참조. 서론, "느헤미야 비망록".

7 느헤미야는 자신이 지지를 얻었음을 확신했으며, 이제 그는 좀더 진전된 요구들과 더불어 묻지 않은 것들에 대한 내용으로 이야기를 진전시켜 나간다. 첫 번째로, 그는 "강 서편" 총독 밑에서 일하는 여러 지방 관료들에게 보내는 편지들을 필요로 했다. 에스라 4:9-10 그리고 5:3에 대한 "주석"을 보라. 이 책의 남은 부분이 보여 주듯이 그들은 종종 "법보다도 그들 자신들이 하고 싶은 대로 행동하곤"

했으며, 그래서 느헤미야가 모종의 안전보장 장치를 요구한 것은 불합리한 요구가 아니었다. 슈나이더(Schneider)는 비록 모든 상황들이 결코 동일한 것은 아니라는 점을 강조해야겠지만, 이런 종류의 편지의 예가 우리에게 보존되어 전달되었다고 주장한다. 아마도 9절에서 이야기된 호위 역시 이 단계에서 배열되었을 것이다.

8 느헤미야의 두 번째 요구는 건축에 착수할 경우 거기에 사용할 목재 공급에 대한 것이었다. 이 점은 책임 있는 관리에게 보낼 권위 있는 서신을 다시 한 번 필요로 하는 사항이었다(참조. 스 7:21-24; 8:36). 그리고 느헤미야는 이미 어느 관료에게 이 서신을 보내야 할지, 그 관료의 이름까지도 알고 있었다: "아삽, 왕의 산림 감독." 뒤에 나온 פרדס는 페르시아어에서 차용한 단어이며, 성경 중 다른 곳에서는 오로지 아가 4:13과 전도서 2:5에서만 등장한다. 아가서에서는 본문의 정황상 나무들도 함께 언급되었다. 이 정황은 여기서의 이 표현이 왕의 영지나 소유를 언급한다는 점을 명료하게 보여 준다.

왕의 삼림이 어디 있었는지에 관한 문제는 논쟁이 되고 있다. 몇몇 사람들은 즉각 레바논을 생각하곤 한다. 왜냐하면 첫 번째와 두 번째 성전을 지을 때 그 곳에서 목재 공급이 이루어졌기 때문이다. 하지만 아삽이라는 (유대적) 이름은 유대 지역을 좀더 생각하게 만든다. 그러므로 일부 사람들은 역대상 27:28에서 언급했던 목재를 갖고 있는 연해 지역 평지가 왕의 삼림이라는 추측을 하기도 하고, 혹은 일부 다른 사람들은 예루살렘 인근의 알려지지 않은 장소라고 생각하기도 한다(참조. 학 1:8 그리고 Josephus, *Ant.* 8:186). 옙센(Jepsen, *ZDPV* 74[1958] 64-68)은 좀 위험스럽기는 하지만 이 이름이 헤로디움(Herodium) 주변 지구이며 현대의 *dschebel ferdēs*에 보존되어 있다고 특별하고 구체적인 제안을 한다. 그는 고대엔 이 지역에서 나무들을 제공할 수 있었을 것이라고 주장한다. 분명한 점은, 지금보다 더 충분한 증거가 없이는 확실성을 얻을 수 없다는 점이다. 특히나 지금보다도 그 때는 팔레스타인의 훨씬 많은 지역들에 삼림이 우거져 있었다. 참조. B. S. J. Isserlin, "Ancient Forests in Palestine: Some Archaeological Indications," *PEQ* 86(1955) 87-88.

세 가지 특별한 과제를 위해 목재가 필요했다. 첫 번째로, "전에 속한 영문의 문들을 만들기 위해" 필요했는데, 이와 관련된 최초의 언급은 여기에 나오고, 그 존재에 대한 확인은 7:2에 나온다. 지금 단계에서는 이에 대해 알려진 바가 거의 없지만, 이 부분들은 후대에 헤롯 대왕이 성전을 재건축할 때 북쪽 지역에 세운 "안토니아" 요새의 선구자로 여겨진다(마카비1서 13:52도 참조하라). 이 문들의 목적은 성전 산에 공격해 들어오기 쉬운 부분을 지키는 것이었으며, 그래서 이 문들은 분명 예루살렘 성벽 내에 위치하고 있었다. 보우먼(Bowman)은 하나넬 망대와 아마도 함메아 망대(Tower of the Hundred, 3:1)가 그 일부분이었을 것이라고 생각한다.

두 번째로, 성곽을 건설하기 위해서는 목재가 필요했는데, 느헤미야는 재치 있게도 이 내용을 앞부분의 대화에는 포함시키지 않았다. 목재들은 특별히 성벽 문들과 망루들을 만드는 데 필요했을 것이며, 나머지는 대부분 돌들로 구성되었을 것이다(참조. 3:33-38〈4:1-6〉).

마지막으로, 느헤미야는 자기 자신이 거할 집에 관해서 이야기한다. 이 부분에 대해서는 완전히 새로운 건축을 한다고 생각할 필요는 없다. 특히나 지금 단계에서 만약 그가 아주 오랫동안 거주할 것을 생각하고 있었던 것이 아니었다면 말이다. 느헤미야가 부요한 유대 가문 출신이라는 가정하에서는(5:10, 14, 17-18에 대한 "주석"을 보라) 거주할 집을 수리하는 것은 합리적인 관심이었다고 할 수 있다. 느헤미야가 하나니(1:2)와 예루살렘의 개인적인 가정사에 관해 의논하지 않았다고 가정할 필요는 없으며, 그렇기 때문에 그는 자신에게 무엇이 필요한지를 알고 있었을 수도 있다.

느헤미야가 이런 일들을 위해 필요한 물품들을 얻게 된 것에 대해서 "내 하나님의 선한 손이 나를 도우심으로" 이루어졌다고 하나님께 감사를 돌리는 것에 관해서는 에스라 7:6에 대한 "주석"을 참조하라.

9 귀환 여행의 세부적인 과정 등에 대해서는 아무런 기록도 남아 있지 않다. 그저 여기 기록된 계획들만이 담겨 있을 뿐이다. 이 구절의 후반부는 내러티브 효과를 강화하기 위해 "비연대순 내러티브"로 구성된 아주 훌륭한 예이다(참조. W. J. Martin, "'Dischronologized' Narrative in the Old Testament," VTSup 17[1969] 179-86). 물론 연대기적으로 보자면 이 부분은 7절에 속한다. 그러나 느헤미야는 안전 보장을 요구하는 편지를 전달했다는 매우 냉소적이지만 특징적인 언급을 제시하기 위해 이 언급을 여기에 자리잡게 한다. 그렇기 때문에, 대적들이 훼방하는 내용을 후대에 첨가된 내용이라고 추측하는 것은 문학적 감성이 심각하게 결여되어 있다는 것을 드러내는 것에 불과할 뿐이다.

10 이 문단은 대적과 훼방에 대한 불길한 첫 번째 기록으로 마무리되는데, 느헤미야는 앞으로 이 일을 다시 만나야만 한다. 유다의 거주민들에 대해서는 예전의 표현 방식인 "이스라엘의 아들들"(בני ישראל – 브네이 이스라엘)이라는 표현을 좀 더 묵직하고 분명히 별 특징 없이 사용하고 있다는 점을 통해 여기에 나온 대적과

훼방이 순수하게 정치적인 반대만이 아니라 종교적인 반대도 포함되어 있다고 주장된다.

이 부분에서는 두 명의 대적들을 언급하며, 19절에서는 세 번째 대적을 첨가한다. 첫 번째 사람은 "호론 사람 산발랏"인데 그는 느헤미야에 대한 주된 대적자로 나타난다. 그의 이름은 바벨론어로는 *Sin-uballiṭ*이며, "달신"(Sin-신)이 생명을 준다"는 뜻이다. 참조. *AramP* 30:29에서는 이 단어의 철자를 סנאבלט로 기록하고 있다(이 두 개의 단어의 정체성에 관해서는 1:1-11에 대한 "양식"을 참조하라). 하지만 이 이름 자체는 우리에게 그의 출신이나 신분 혹은 종교에 관해서 아무것도 알려 주지 않는다(참조. 스룹바벨!). 두 번째 사람에 대해서는 그가 자신의 아들들에게 야웨 신앙적인 이름을 지어 주었다는 것(Delaiah and Shelemiah, *AramP* 30:29) 외에는 알고 있는 바가 거의 없다. 이렇게 이름을 지어 준 것은 여하튼 그가 스스로를 이스라엘 공동체에 속한 사람으로 간주했음을 추측케 한다.

엘레판티네 파피루스들(Elephantine papiri)에 의하면 그는 주전 408년에 사마리아의 통치자였지만(פחת שמרין), 그 때는 분명 그의 나이가 지긋했고 그의 아들들이 그를 위해 일하고 있었다. 느헤미야가 그를 이런 호칭(פחת שמרין)으로 부르거나 인정한 적이 결코 없었기 때문에, 우리는 그가 주전 445년까지 과연 그 지위에 올랐었는지에 대해 확신할 수 없다. 하지만 느헤미야 6장에 나오는 느헤미야에 대한 그의 접근이 다른 부분에 나타나는 접근과 마찬가지 양상이었기 때문에, 그가 이미 그 당시에도 사마리아의 통치자였을 가능성이 있다. 사실 그가 느헤미야의 선임자가 죽거나 다른 임지로 이동한 뒤에 당시 유다를 아우르는 능력을 갖는 모종의 "관리자"로서 일하고 있었다면, 에스라 4장의 사건들 이후 일의 시작부터 그가 시샘했던 모습을 좀더 쉽게 설명할 수 있을 것이다. 느헤미야는 그를 어떤 호칭을 붙여서 부르지 않고 그저 의미가 불확실한 "호론 사람"이라고만 줄곧 불렀다. 이 호칭을 설명하기 위한 주된 제안들은 다음과 같다. (a) 그가 예루살렘에서 북쪽으로 몇 마일 정도 떨어져 있던 벧-호론(수 16:3 그리고 5절)의 위쪽이나 아래쪽에서 왔거나 혹은 그 지역에 거주했다고 보는 주장이다. 대다수의 관점이 이런 생각을 갖고 있는 듯하다(참조. Rowley, "Sanballat," 246; Rudolph, 그는 "발디 사람"〈הפלטי – 하팔티, 삼하 23:26〉과의 유사성을 관찰한다. 일반적으로 이 단어가 "벨렛의 집"〈בית פלט – 베이트 펠렛, 수 15:27〉에서 유래된 것으로 가정되고 있긴 하지만, 산발랏의 경우 "호론 사람의 집"〈בית החרני – 베이트 하호로나이〉이라는 식으로 정형화할 필요가 없다는 점을 보여 준다. Torrey, *JBL* 47, 1928, 380-89, 토레이의 경우 좀더 확신할 수 없는 이론으로서). 이 관점에 반대하는 제안은 이런 용어가 여기에 남발된 것에 대해서 도비야에 관한 용어와 평행을 이룬다고 본다. 또한 이런 호칭은 느헤미야가 "사마리아 총독"이라는 호칭이 아니라 이런 식의 용어를 사용했는지를 뒤에서 설명할 것임을 예견할 수 있게 해준다고 주장하는 입장이다. 이 두 가지 생각은 모두 일정한 무게감을 갖고 있긴 하지만, 다른 가능성들을 제거해 줄 수 있을 만큼 충분히 결론적인 생각은 아니다. (b) 마지막 두 가지 내용들에 대한 해답을 제시하기 위해서 다른 학자들(가장 최근에는 Kellermann, *Nehemia*, 167)은 이 이름을 모압의 호로나임(Horonaim, 참조. 사 15:5; 렘 48:3)과 연결한다. 이런 연결은 도비야가 암몬 사람인 것처럼 산발랏을 모압 사람으로 만들어 줄 것이며, 이렇게 함으로써 두 사람 모두를 "하나님의 성회"에서 배제시킨다. 신명기 23:4-7(3-6)과 더불어 느헤미야 13:1-3을 참조하라. 13:28에 나오는 느헤미야의 행동 역시 그가 외국인 출신이었다는 점을 함축한다. 비록 느헤미야에게는 그 부분에서 보인 행동이 모든 비유대인들에게 다 적용되는 것이었겠지만 말이다. 이 제안은 분명한 장점과 매력을 갖고 있긴 하지만, 그렇다면 왜 산발랏을 "모압 사람"이라는 식으로 표현하지 않았는지를 설명하지 못한다. 당시의 독자들은 이미 충분하게 이런 암시를 이해했던 것일까? 그렇기 때문에 결국 이런 두 가지 주장은 모두 문제점을 갖고 있으며, 따라서 지금 우리가 갖고 있는 지식 수준에서는 이 두 가지 주장 중 무엇이 옳은 주장인지를 결정할 수 없다. (c) 그러나 הַחָרָנִי라고 모음을 다시 찍어서 진전시킨 주장들, 그러니까 산발랏을 메소포타미아에 있던 달신 신(Sin)을 숭배하던 중심지 하란(참조. S. Feigin, "Etymological Notes", *AJSL* 43[1926-27] 58, 그리고 Galling)과 연결시키는 것이건, 아니면 그를 갈릴리 동편의 하완과 연관시키는 것이건(*BMAP*, 107-8), 혹은 심지어 호론(Horon) 신의 숭배자였다고 주장하건 간에(이 마지막 관점을 몇몇 주석가들은 J. Gray, "The Canaanite God Horon," *JNES* 8[1949] 27-34에서 나온 것으로 잘못 돌리고 있다. 사실 Gray는 이 신〈神〉에 관한 자료 증거들을 단순히 수집했을 뿐이었다. 필자는 누가 처음에 산발랏과 이 신을 연관지어서 주장했는지를 결정할 수가 없다) 이런 주장들 중 하나가 앞에 나온 주장들보다도 더 선호할 만할 것이다.

"종 되었던 암몬 사람 도비야"는 트랜스 요르단 지역에서 영향력이 있었던 것으로 알려진 도비야 가문과 매우 빈번하게 연결되어 왔다. 그렇기에 그는 사실상 암몬의 총독이었으며, 느헤미야는 중요한 관료를 의미할 때도 사용할 수 있는 "종"(עבד – 에베드)이라는 모호한 단어를 사용해서 경멸적인 뉘앙스를 넣어 그의 호칭으로 사용했다고 주장된다. 참조. Alt, *KS* 2, 338-45; McCown, *BA* 20(1957) 63-76; Mazar, *IEJ* 7(1957) 137-45, 229-38; Bowman; Myers 등.

루돌프(Rudolph)와 켈러만(Kellermann, *Nehemia*, 167-70)은 문제점들을 적절하게 지적하면서 다른 해결 방안을 찾아야만 한다고 주장한다. 첫 번째로, 만약 대다수의 관점이 올바르다면 우리는 분명 "종"(עבד – 에베드)이라는 단어가 문장 구성에 있어서 지금처럼 "암몬 사람"이 아니라 "암몬"이란 표현 앞에 형용사로서 사용되었어야 한다고 기대할 수 있다. 두 번째로, 3:35(4:3)에서 도비야는 그저 단순하게 "암몬 사람"이라고만 불렸다. 이 점은 이 형용사가 사실 그의 종족 기원이 무엇인지를 묘사할 목적이었음을 보여 주며("호론 사람 산발랏"과 평행을 이루면서), 그의 행동이 어떤 성격을 갖고 있는지를 설명하려는 것이 아니었다. 세 번째로, 우리는 당시에 암몬 지역이 분리된 독자적인 지역이었는지에 관해 직접적인 증거를 갖고 있지 않다. 그리고 설령 그랬다 하더라도 이후의 사건들이 보여 주듯이 암몬 총독이 예루살렘의 몇몇 부류의 사람들과 그토록 밀접한 연관성을 갖고 행동했었다는 점을 보게 되는 것은 흥미로운 일이다. 또한 그를 느헤미야의 대적 속에 포함시킨 동기를 설명하기란 어려운 일이다. 마지막으로, 이 이름 자체는 매우 흔한 이름이었다는 점을 기억해야만 한다. 마자르(Mazar)는 이 도비야를 트랜스 요르단 지역의 ʿAraq el-Emir에 있는 동굴 무덤 입구에 두 번 새겨진 도비야라는 이름과 연결지으려고 한다. 하지만 이제는 고문서학의 토대 위에서 거기에 새겨진 이름을 중시해서는 안 된다는 점도 기억해야만 한다. 참조. J. Naveh, *The Development of the Aramaic Script*(Jerusalem: The Israel Academy of Sciences and Humanities, 1970) 62-64.

그러므로 도비야를 산발랏의 하위 동료로 보는 것이 더 선호할 만한 입장인 것으로 여겨진다. "그 종"이란 표현 역시 이 관점에 의하면 이 단어가 갖고 있는 아이러니컬한 역할을 통해서 잘 설명할 수 있다. 그러므로 "암몬 사람"은 실제로 그의 조상과 관련된 표현일 것이며, 반면에 이런 배경하에서 그가 야웨적인 이름을 갖고 있다는 것은 아무 문제도 되지 않는다. 신명기 23:4(23:3)의 견지에서 생각해 볼 때 느헤미야는 이 묘사를 분명히 경멸적인 의미로 사용했을 것이다. 물론 이 구절의 마지막 부분에 나오는 "이스라엘 자손들"이라는 표현(위를 보라)과도 대조를 이룬다. 마지막으로, 우리는 켈러만(Kellermann)의 좀더 진전된 주장인 에스라 4:7에 나오는 다브엘과 그를 동일인으로 취급해야 한다는 주장에 대해서도 주목해야만 한다(그 부분에서 이름이 아람어 형태로 되어 있다는 점은 아람어로 구성된 서신 배경을 통해 설명되어야만 하며, 따라서 켈러만의 주장에 장애 요소가 되지 않는다. W. Th. In der Smitten, "Nehemias Parteigänger," *BO* 29[1972] 155-57.) 그는 그 부분에서는 일종의 사라미아 관료로서 나타난다. 그렇기 때문에 아마도 예루살렘에서의 건축 작업을 강제적으로 중단시킨 이후에(스 4:23), 그는 다음번에 완전한 총독이 임명될 때까지 사마리아의 관할하에서 유다의 임시 권력자로 임명되었을 것이다. 물론 이런 생각은 순전히 상상일 뿐이기는 하지만, 이런 가정은 그가 산발랏에게 포함되어 있었고 예루살렘과 밀접한 관련을 맺고 있었다는 점들을 잘 설명해 준다. 특별히 6:10-13과 17-19절에 대한 "주석"을 보라.

해설

실제적으로는 이 문단에서 벌어지고 있는 모든 일들은 이미 1장에 나오는 기도 내용에 포함되어 있는 내용들이었다. 결과적으로, 우리는 느헤미야가 자신이 예루살렘으로 가게 되는 여러 단계들에서 분명한 확신을 가지고 움직이고 있다는 점을 발견하게 된다(11-20절과 대조하라).

역설적이긴 하지만, 이런 그의 확신은 그가 자신의 기도에 하나님께서 응답하실 시간을 기다리는 그의 의지를 통해 우선적으로 볼 수 있다. 하나님께 간구하던 몇 달이라는 시간은, 느헤미야처럼 매우 활동적인 사람에게는 개인적으로는 틀림없이 특별한 시험 기간이었을 것이다. 그러나 그가 자신이 말하고 싶어했던 문제를 왕에게 억지로 가지고 갔다면, 아마도 그 결과는 그가 생각하던 모든 일들이 재앙을 만나게 되는 모습이 되었을 것이다. 그 대신 그는 그의 확신이 철저하게 하나님께 있음을 보여 준다. 그러므로 비록 이 장을 시작하는 첫 구절들에 느헤미야가 왕에게 자신의 소원을 말하기 시작할 수 있게끔 해준 "손잡이"가 되는 제안이 있기는 하지만, 그럼에도 불구하고 그는 아마도 지금이 행동할 수 있는 적기라는 확신을 가졌을 텐데도 처음에는 반응하는 데 있어서 조금은 소극적이고 모호한 모습을 보였다.

두 번째로, 느헤미야는 지금이 적기라는 사실을 깨닫자마자 그가 무엇을 필요로 하는지를 매우 솔직한 방식으로 정확하게 요구할 만큼의 충분한 확신을 갖고 있었다. 그는 이미 이 모든 것들을 지난 몇 달 동안 매우 구체적이고 자세하게 생각해 왔던 것이 분명하다. 그래서 그는 시간표를 확정할 수 있었고, 자신에게 앞으로 어떤 재료와 준비물들이 필요할지를 알 수 있었다.

마지막으로, 이 확신은 하나님에 대한 것이었기 때문에, 그는 왕이 물질적으로 제공하는 것은 물론 여행의 안전을 위해 제공하는 모든 것을 주저하지 않고 받아들였다(이런 모습은 스 8:22에 나오는 에스라의 난처해함과는 대조적이다). 느헤미야는 이 모든 일들이 궁극적으로 하나님의 "선하신 손"이 그의 기도에 대한 응답으로 주신 것이라는 사실을 인식하고 있었기 때문에, 그는 하나님께서 그분의 선한 공급을 사람이라는 채널들을 선택하여 공급하시는 것에 대해서 거짓되게 경건한 척하면서 거부하지 않았다.

그러므로 이 문단 전체는 한편으로는 기도와 그에 대한 응답으로 나타나는 하나님의 전적인 주권성과, 다른 한편으로는 지혜롭고 사려 깊게 행동하는 파트너로서의 인간의 책임성 사이에 적절하게 유지되어야 할 균형을 보여 주는 모델이라 할 수 있다. 이 상황의 실용적인 측면들에서 느헤미야가 보여 주는 모습은 이 두 가지가 어떤 충돌을 일으킨다는 생각을 전혀 하지 않는 모습이다. 왜냐하면 그는 본질적인 진전을 이루어 나가려면 이 두 가지 진리를 모두 알아야만 했기 때문이다.

느헤미야의 예루살렘에서의 첫 번째 행보(느 2:11-20)

참고문헌

Arian, D. "The 'Fountain of Siloam' and 'Solomon's Pool' in First Century C. E. Jerusalem." *IEJ* 29(1979) 92-100. **Alt, A.** "Das Taltor von Jerusalem." *KS* 3, 326-47. **Avi-Yonah, M.** "The Newly-Found Wall of Jerusalem and Its Topographical Significance." *IEJ* 21(1971) 168-69. ______. "The Walls of Nehemiah – a Minimalist View." *IEJ* 4(1954) 239-48. **Braslavi, J.** "En-Tannin(Neh. 2:13)"(Heb.). *EI* 10(1971) 90-93. **Burrows, M.** "Nehemiah's Tour of Inspection." *BASOR* 64(1936) 11-21. **Cross, F. M.** "Geshem the Arabian, Enemy of Nehemiah." *BA* 18(1955) 46-47. **Dumbrell, W. J.** "The Tell el-Maskhuṭa Bowls and the 'Kingdom' of Qedar in the Persian Period." *BASOR* 203(1971) 33-44. **Heller, J.** "Die abgeschlagene Mauer." *CV* 11(1968) 175-78. **In der Smitten, W. Th.** "Nehemias Parteigänger." *BO* 29(1972) 155-57. **Kaupel, H.** "Der Sinn von עֹשֵׂה הַמְּלָאכָה in Neh 2, 16." *Bib* 21(1940) 40-44. **Kenyon, K. M.** *Digging up Jerusalem.* London and Tonbridge: Benn, 1974. **LaSor, W. S.** "Jerusalem." *ISBE* 2, 998-1032. **Rabinowitz, I.** "Aramaic Inscriptions of the Fifth Century B.C.E. from a North-Arab Shrine in Egypt." *JNES* 15(1956) 1-9. **van Selms, A.** "The Origin of the Name Tyropoeon in Jerusalem." *ZAW* 91(1979) 170-76. **Simons, J.** *Jerusalem in the Old Testament.* Leiden: Brill, 1952. **Ussishkin, D.** "The Original Length of the Siloam Tunnel in Jerusalem." *Levant* 8(1976) 82-95. **Wilkinson, J.** "The Pool of Siloam." *Levant* 10(1978) 116-25. **Williamson, H. G. M.** "Nehemiah's Wall Revisited." *PEQ* 116(1984) 81-88.

본 문

11 내가 예루살렘에 이르러 거한 지 삼 일에	11 After I had reached Jerusalem and had been there for three days,
12 내 하나님이 내 마음을 감화하사 예루살렘을 위하여 행하게 하신 일을 내가 아무 사람에게도 말하지 아니하고 밤에 일어나 두어 사람과 함께 나갈새 내가 탄 짐승 외에는 다른 짐승이 없더라	12 I set out by night, taking only a few men with me and without having told anyone what my God was prompting me[a] to do for Jerusalem. Moreover I took no animal with me except the one which I myself was riding on.

13 그 밤에 골짜기 문으로 나가서 용정으로 분문에 이르는 동안에 보니 예루살렘 성벽이 다 무너졌고 성문은 소화되었더라

13 I went out through the Valley Gate by night, past[a] the Dragon Spring and as far as the Dung Gate. As I went[b] I inspected[c] the wall[d] of Jerusalem which had breaches there[e] and whose gates had been destroyed by fire.

14 앞으로 행하여 샘문과 왕의 못에 이르러는 탄 짐승이 지나갈 곳이 없는지라

14 I passed on to the Spring Gate and to the King's Pool, but then there was no room for the animal which I was riding[a] to pass.

15 그 밤에 시내를 좇아 올라가서 성벽을 살펴 본 후에 돌이켜 골짜기 문으로 들어와서 돌아왔으나

15 So I went up the valley (instead)[a] by night and inspected the wall before turning back[b] and re-entering through the Valley Gate; so I returned.

16 방백들은 내가 어디 갔었으며 무엇을 하였는지 알지 못하였고 나도 그 일을 유다 사람들에게나 제사장들에게나 귀인들에게나 방백들에게나 그 외에 일하는 자들에게 고하지 아니하다가

16 Now the officials did not know where I had gone or what I was doing; I had not yet told the Jews, the priests, the nobles, the officials, or the rest of the administration.[a]

17 후에 저희에게 이르기를 우리의 당한 곤경은 너희도 목도하는 바라 예루살렘이 황무하고 성문이 소화되었으니 자 예루살렘 성을 중건하여 다시 수치를 받지 말자 하고

17 So I said to them, "You can see the plight which we are in – how Jerusalem is in ruins and its gates are burned with fire. Come, let us rebuild the wall of Jerusalem, so that we are no longer an object of reproach."

18 또 저희에게 하나님의 선한 손이 나를 도우신 일과 왕이 내게 이른 말씀을 고하였더니 저희의 말이 일어나 건축하자 하고 모두 힘을 내어 이 선한 일을 하려 하매

18 Then I told them about how good the hand of my God had been upon me and also what the king had said to me. "Let us start to rebuild," they replied, and thus they encouraged themselves in preparation for the good work.[a]

19 호론 사람 산발랏과 종이 되었던 암몬 사람 도비야와 아라비아 사람 게셈이 이 말을 듣고 우리를 업신여기고 비웃어 가로되 너희의 하는 일이 무엇이냐 왕을 배반코자 하느냐 하기로

19 When Sanballat the Horonite and Tobiah the Ammonite servant and Geshem[a] the Arabian heard about it, they jeered at us with contempt. "What's this you are up to?" they asked; "are you in rebellion against the king?"

20 내가 대답하여 가로되 하늘의 하나님이 우리로 형통케 하시리니 그의 종 우리가 일어나 건축하려니와 오직 너희는 예루살렘에서 아무 기업도 없고 권리도 없고 명록도 없다 하였느니라

20 I answered them by saying, "The God of heaven will give us success. We, his servants, will start to rebuild; but you have no share, right, or traditional claim in Jerusalem."

원문주해

12.a. NEB; 문자적으로는 "나의 하나님께서 내 마음속에 두신(현재분사형) 것"이다. 평행 구절들에 대해서는 폰 라트(von Rad, "Die Nehemia-Denkschrift," *ZAW* 76[1964]

176-87)를 참조하라.

13.a. 혹은 용정(Dragon Spring)의 위치에 기준을 두고서 "…방향으로"(아래의 "주석"을 보라)이다. 그리고 엘-프네이(אל־פני)와 함께 사용되면 알-프네이(על־פני)와 동격인 의미로 이해할 수 있다. 전치사 엘-프네이(אל־פני)는 정상적으로는 "…의 앞에서"를 의미한다. 그러므로 좀더 구체적인 다른 증거가 없다면, 우리는 느헤미야가 샘 "앞을" 지나갔다고 가정해야만 한다(전치사 앞에 사용된 와우는 이것이 샘의 반대편이나 혹은 앞에 있었던 골짜기 문이었다는 주장을 가능성에서 제외시킨다). 다른 대안으로는, 이 전치사가 "용정 정반대편 쪽 성벽의 한 지점"을 지적하기 위해 사용되었다고 보는 것이다. 달먼(Dalman)의 견해를 따르는 뷰로우(Burrows, *BASOR* 64[1936] 13-14)를 참조하라.

13.b. 뒤에 나오는 상황절의 구문론적인 의미를 번역에서 전달하기 위해 이 단어들을 사용했다.

13.c. 이 동사는 오직 이 곳과 15절에서만 사용되는데, 피엘 형태로 사용되면서 좀더 일반적 모습인 시베르(שׂבר, "기다리다, 소망")와는 아마도 상관이 없는 듯하다. 하지만 이 단어의 일반적인 의미는 정황을 통해 분명하게 알 수 있으며, 대부분의 Vrs(70인경에서 사용된 쉰트리본〈συντρίβων〉은 올바를 수 없지만, 그럼에도 불구하고 마소라 텍스트〈MT〉의 자음들에 대한 증거로서는 가치를 갖고 있다)를 통해 뒷받침된다. 이 단어의 어원은 불확실하다. 다른 대안들에 대해서는 루돌프(Rudolph, Gesenius를 따르는)와 드라이버(G. R. Driver, "Studies in the Vocabulary of the Old Testament VII," *JTS* 35(1934) 382-83) 등을 참조하라. 헬러(Heller, *CV* 11[1968] 175-78)는 완전히 다른 접근법을 취했다. 그는 쇼베르(שֹׁבֵר)라고 모음을 찍는 것을 지지하는 본문상의 증거를 주목한다. 그래서 다른 본문들에서 제의적으로 불결한 대상을 "없애 버리다"라는 뜻으로 사용된 동사의 용례와 이 부분을 연결시킨다. 그렇기 때문에 그는 성벽의 틈 사이들에는 하나님의 심판의 경고를 담아 사람들에게 지나가지 말라고 경고하는 내용의 표식들이 들어 있었을 것이라고 추측한다("amulettartige Warnungen, die im Namen Jahwes denen mit dem Bann gedroht haben, die die Mauerlücken betreten würden"). 훗날 이 단어는 경건상의 이유들로 인해 שֹׁבֵר로 다시 읽혀졌다. 하지만 이런 흥미로운 주장은 별로 타당하지는 않은 것 같다. 이는 느헤미야의 처음 잠행을 설명해 주기는 하지만, 우리는 그가 뒤이어서나 혹은 정황상 다른 곳에서 무엇을 했었는지에 관한 일종의 암시가 나오기를 기대한다(삿 6:25-32에 나오는 불평들과는 대조적으로). 두 번째로, בר가 헬러가 원하는 특별한 의미를 갖는 경우는 오직 피엘 형태일 때뿐이다. 하지만 지금 여기에서 분명 이 동사는 칼(qal) 형태다. 그리고 칼 형태에서 בר는 직접목적어, 제한적 목적어를 도입하기 위한 전치사 ב를 절대로 갖지 않는다. 따라서 느헤미야의 독자들은 헬러가 여기서 발견했던 그런 암시를 발견하지 못했을 것 같다. 마지막으로, 헬러의 관점에 의하면 느헤미야가 맞부딪혔던 것은 진짜 성벽이 아니었으며, 사실 어떻게 그가 그토록 거의 도움도 받지 않고

수행원들도 대동하지 않은 채 그런 일을 할 수 있었는지를 알아내기란 힘든 일이라는 관점이다. 그렇기 때문에 בר의 목적어가 명백히 성벽이라는 것은 흥미로운 점이다.

13.d. 뒤이어 나오는 내용의 측면에서 보자면, 70인경(LXX), Vg 그리고 일부 MSS(그리고 1:3과 15절을 참조하라) 등과 같이 단수 형태(חוֹמַת, 호마트)로 다시 모음을 찍도록 하라.

13.e. 함므포라침(הַמְּפוֹרָצִים, "틈새가 갈라져 있던")으로 되어 있는 K나 헴 페루침(הֵם פְּרוּצִים, "그들은 갈라져 있었다")으로 되어 있는 Q나 둘 다 상당한 어려움이 있다. 왜냐하면 이들은 모두 남성형들인데, 반면에 이들의 선행사("성벽들")는 변함없이 여성형이기 때문이다. K에는 이외에도 또 다른 부가적인 어려움이 있는데, 그것은 앞에 있는 관계대명사 아세르(אשר)가 별 필요가 없는데도 자리잡고 있다는 점이다. 많은 현대의 주석가들과 더불어 클로스터만(Klostermann)이 쉠 피로침(שם פרצים, "틈들 거기에")이라고 수정한 것을 받아들이는 것이 가장 쉬운 방법이다. 그럴 경우 마소라 텍스트(MT)는 1:3의 영향하에서 부분적으로 수정된 것이라고 설명될 수 있을 것이며, 그 결과 생겨나는 복수 형태로의 수정으로 인해 "성벽들"(위의 n. 13.d.를 보라)이라고 복수형으로 모음을 찍는 것이 필요하게 되었을 것이다.

14.a. 문자적으로는 "내 아래에"이다.

15.a. 이와 같은 설명적 첨가에 대해서는 뷰로우(Burrows, *BASOR* 64[1936] 19-20)를 참조하라.

15.b. 여기서의 슈브(שׁוּב, "돌아가다")의 용례는 좀 모호하다. 이 표현은 위에서 번역했듯이 "그리고 나는 돌았으며 골짜기 문 옆으로 들어갔다"일 수도 있고, 혹은 일상적으로 사용되듯이 동사 중언법으로서 "골짜기 문을 통해 다시 들어가기 전에"라고 번역할 수도 있다. 그러므로 느헤미야가 그의 성벽 조사를 완료했는지, 아니면 돌아갈 때 그가 왔던 길을 다시 되돌아갔는지를 결정하는 것은 상당히 어려운 일이 되어 버렸다. 아래의 "주석"을 참조하라.

16.a. 참조. 대상 29:6; 단 8:27; 에 3:9 그리고 9:3. 이는 이 구문이 성읍 관리를 언급할 수 있었다는 점을 추측케 한다(Kaupel, *Bib* 21[1940] 40-44). 예테르(יתר, "그 외에, 나머지")라는 단어의 사용은 이 그룹이 앞에 나온 그룹들과 동일한 범주에 들어가야 하며, 따라서 이들이 일종의 관리들이었다는 점을 보여 준다. 멜라카(מלאכה, "일")를 앞으로 있게 될 성벽 건축과 연결지을 필요는 없으며, 그렇게 연결하는 것은 지나친 기대를 품는 것이다.

18.a. 문자적으로는 "그리고 그들은 이 선한 일을 위하여 그들의 손을 힘있게 했다"이다. 이 표현이 어떤 의미인지는 분명치가 않다. 많은 주석가들은 "그들은 이 선한 일을 시작했다"(NIV)라고 생각하지만, 뒤이어 나오는 두 개의 구절들은 그보다는 그저 준비 작업을 암시한다.

19.a. 6:6에서는 동일한 이름을 "가스무"(Gashmu)라는 철자로 기록했다. 이 이름의 원래 형태라고 추정해 볼 수 있는 Gušamu에는 후자가 좀더 가까우며, 이 추정된 단어의 마지막 모음은 주격 마무리를 표시한다. 히브리어에서는 이 마무리를 누락시킨 뒤에 결과적으로 남게 되는 자음 덩어리들을 종종 그렇게 하듯이 세골 형태로 처리했을 것이다.

양식/구조/배경

이 문단의 문학적 배경이 느헤미야 비망록(NM)이라는 점이나 혹은 이 문단의 역사적 배경을 느헤미야가 예루살렘에 돌아온 직후로 보는 것이 가장 자연스러워 보이며, 이를 의심할 만한 근거는 전혀 없다. 이런 의견의 일치에 도전하는 소수의 비주류적인 주장들은 대부분 잘못된 주해에 근거를 두고 있다(예를 들어, 위의 16.a.를 보라). 가장 최근에는 켈러만(Kellermann, *Nehemia*, 13)이 형식적인 측면에서 생각하더라도 이 결론을 지지하게 된다는 점을 덧붙였다. 16절과 17절 사이에 원래 있었지만 지금은 잃어버린 부분을 요세푸스에게 호소함으로써 복원 가능하다는 주장도 마찬가지로 필요가 없다. 설령 느헤미야 내러티브 중 이 부분이 간결하다는 점을 인정해야 한다 하더라도, 그것은 그의 비망록에서도 마찬가지로 그러했을 것이다. 여기서는 그저 몇 가지 본질들에 대해서만 자세히 이야기했을 뿐이다. 하지만 이런 제한 속에서조차도 사건들의 순서는 충분히 명확하게 나타난다. 그리고 그는 독자들이 산문적인 자세한 내용들을 분명히 상상을 통해 공급받을 수 있을 것이라는 점에 의존한다.

이 문단은 세 부분으로 이루어져 있다: 느헤미야가 앞으로 자신이 직면해야 할 과제를 비밀스럽게 조사해 보는 것(11-15절), 자신과 더불어 성벽 재건축에 나서 달라고 동료 시민들에게 요청하는 것(16-18절) 그리고 대적들에 대해 좀더 자세히 언급하는 것. 그러므로 결론은 이 장 전반부의 결론과 평행을 이룬다. 만약 이 요소를 2:1-10과 좀더 깊이 비교해 본다면, 느헤미야의 접근법에 대조되는 점이 있다는 것을 주목하게 될 것이다. 우리는 그 부분(2:1-10)에서는 느헤미야가 이전에 기도했던 대로 모든 일들이 진행되었기 때문에 그가 상당한 자신감을 가지고 행동할 수 있었다는 점을 살펴보았다. 하지만 지금 그는 미지의 영역으로 들어서고 있으며, 그의 접근법은 상당히 조심스럽다는 것을 볼 수 있다.

주석

11 예루살렘으로의 여행 이후 삼 일 간 휴식을 취한 것에 대해서는 에스라 8:32에 대한 "주석"을 참조하라. 이 기간 동안 느헤미야에게는 그가 처리해야 할 어떤 직무들이 있었을 수도 있고, 혹은 그의 가정적인 일들에 신경을 써야 했을 수도 있으며(그가 이미 예루살렘에 관심을 두고 있었다는 전제하에서; 5장에 대한 "주석"을 보라), 혹은 이 성읍의 (정치적인 것만이 아니라) 일반적인 상황에 익숙해질 필요가 있었을 수도 있다.

12 느헤미야가 가장 우선적으로 이미 파괴된 성벽에 관한 문제에 관심을 돌리면서 안전에 대해 신경을 쓰는 것은 이해하기 어려운 일이 아니다. 그는 대적들의 훼방이 성벽의 파괴를 야기했다는 점을 알고 있었을 것이고(스 4장), 또한 성읍 내의 한 패거리들이 그의 일거수일투족을 신속하게 산발랏과 도비야에게 보고할 것이라는 점에 대해서도 분명히 잘 알고 있었을 것이다. 느헤미야는 문제의 정도가 어떠한지를 측정하기까지, 어떻게 이 문제를 처리할 것인지를 결정하기까지 그리고 시작할 준비가 되기까지 문제가 불거지는 것을 원치 않았다. 만약 문제가 불거지면 그가 계획하고 추진하던 작업의 어떤 단계에서건 큰 어려움들이 생겨날 수 있을 것이고, 심지어 작업을 시작하기도 전에 큰 위협들이 이 계획에 가해질 것이기 때문이다. 이런 관심의 부산물 중 하나가 바로 예외적일 만큼 흥미로운 이 내러티브 문단이다.

실제적인 어떤 어려움이 있었건 간에 "밤에" 움직였어야 할 필요성은 너무나 자명했다. 루돌프(Rudolph)가 삽입구적으로 살펴보았듯이, 그 밤은 적어도 달빛이 비치는 밤이기를 희망했어야만 했다. 느헤미야와 함께 동행했던 "두어 사람"은 틀림없이 그의 계획에 비밀스럽게 참여하고 있던 사람들이었을 것이며, 그래서 아마도 그들은 예루살렘에 거주하고 있었던 그의 가족 구성원들이었을 것이다. 그들은 아마도 안내원 역할을 할 수 있는 사람들이었을 것이고, 느헤미야가 의논 상대로 신뢰할 수 있을 만한 사람들이었을 것이다. 어쩌면 그들은 바벨론에서부터 그와 동행했던 사람들이었을지도 모른다. 그가 타고 갔던 한 마리의 짐승은 분명히 일반적으로 조용한 당나귀나 노새였을 것이다.

13-15 느헤미야가 여기에서 이름을 붙여 부르고 있는 장소들이 과연 어디냐에 관한 문제는 오랫동안 격렬한 논쟁거리가 되어 왔다. 이 문단은 이 문단 독자적으로만 연구할 수는 없고, 예루살렘 성벽과 성문들에 관해 상당히 자세한 세부 사항

들을 담고 있는 3장 및 12장과 연결해서 연구해야만 한다. 여기에 언급된 각각의 장소들이 어디에 위치하고 있었는지에 대해 의견이 불일치한다는 점과 더불어, 당시 예루살렘의 전체적인 모양과 크기에 관해서도 좀더 근본적인 논쟁이 있다. 이 성읍은 포로기 이전 왕조 후기 시대 때 이미 "다윗 성읍"인 동편 언덕에서부터 서편 언덕(오늘날에는 정확한 위치가 조금 혼란스럽기는 하지만 흔히 시온 산으로 알려져 있다)까지 넓게 확장되어 있었다. 하지만 포로기 이후에 이 모든 지역들이 회복된 도시 안에 포함되어 있었는지, 그리고 백성들의 거주(혹은 최소한 요새)가 다시 한 번 동편 언덕으로 제한되어 있었는지에 대해서는 여전히 논쟁이 되고 있다. 이 점은 느헤미야의 성벽을 따라 세웠던 기존의 성벽 라인을 추정하는 데 번갈아가면서 근본적인 영향을 끼칠 것이다. 전자의 경우에 "골짜기 문"은 서편 언덕의 남쪽에 자리잡고 있었을 것이다(참조. 3:13). 후자의 경우에 골짜기 문은 동편 언덕의 서쪽 면으로 조금 올라간 길에서 가운데 골짜기를 내려다보며 서 있었을 것이다(요세푸스에 의하면 일반적으로 이 골짜기는 두로베온〈Tyropoeon〉 골짜기로 알려져 있으며, 이에 대해서는 A. van Selms, *ZAW* 91[1979] 170-76를 보라.)

이 문제와 관련된 모든 논쟁들은 지금 이 주석이 다룰 수 있는 범위를 넘어서는 것이기 때문에 이 점에 관해서는 특별한 연구가 필요할 것이다. 참조. *PEQ* 116 (1984) 81-88. 이 연구에서는 다양하고 폭넓은 증거들에 토대를 두고서 느헤미야의 성읍은 서편 언덕을 포함하지 않았으며 동편 산등성이와 그 북편의 성전산까지로만 제한되었다고 결론짓는다. 이 주석에서는 이 결론을 지금부터 뒤따르는 논의들과 3장 및 12장을 다루는 전제로 사용할 것이다.

13 느헤미야는 골짜기 문을 통해 성읍에서 밖으로 나갔다. 우리가 알고 있는 바에 의하면, 이 문은 두로베온(Tyropoeon) 골짜기를 내려다보는 곳에 위치하고 있으며 분문(Dung Gate, 참조. 3:13)에서 일천 규빗 떨어진 곳에 있다. 이 지점에 있던 문은 크로푸트(J. W. Crowfoot)를 통해 1927년에 발굴되었다. 참조. J. W. Crowfoot and G. M. Fitzgerald, *Excavations in the Tyropoeon Valley, Jerusalem, 1927* (London: *APEF* for 1927, 1929) 12-23. 그가 발견한 그 문의 연대는 불확실하지만 느헤미야 시대의 것일 수 있다. 참조. Kenyon, *Digging up Jerusalem*, 194-95. 설령 그 문이 느헤미야 시대의 것이 아니라 하더라도, 적어도 그 지점에 문이 우뚝 서 있었다는 합리적인 증거의 역할은 한다. 그 다음 언급은 "용정"(Dragon Spring)인데, 이 이름은 다른 곳에서는 전혀 등장하지 않는다. 가장 일반적으로는 이 곳을 힌놈 골짜기와 기드론 시냇가가 합류하는 곳에서 약 210미터 정도 남쪽에 위치한

엔-로겔(En-rogel, 오늘날의 *Bîr Ayyûb*, "욥의 샘")로 추정하곤 한다. 그렇다면 느헤미야가 이 샘이 있는 "방향으로 앞으로" 나아간 것으로 추측해야 한다. 하지만 이 설명은 가장 받아들이기가 어렵다. 우리는 이미 분문(Dung Gate)에 대한 언급을 통해서 느헤미야가 그 방향으로 향했음을 알고 있으며, 그가 자신이 나아간 방향을 경계표를 통해 표현했을 가능성은 거의 없기 때문이다. 또한 이는 "그가 샘 반대편 지점에서 성벽을 넘어갔다"(Bowman)를 의미할 수도 없다. 엔-로겔은 분문의 (남)동쪽에 있기 때문이다. 가장 가능성 있는 설명은, 용정은 지금 언급된 두 개의 문들 사이의 두로베온(Tyropoeon) 골짜기 쪽에 있는 샘이었으며, 그 이후에 이 샘이 말라 버려서 잊혀졌다는 것이다(n. 13.a.도 보라). 혹시 이 샘은 어떤 식으로건 실로암 연못이 흘러넘친 것과 연결되어 있는 것일까? 사실 브라슬라비(Braslavi, *EI* 10[1971] 90-93)는 심지어 용정이 실로암 그 자체였다고까지 주장한다. 성읍의 동편이 파되되었기 때문에 기혼 샘에 다다르기가 점점 더 어려워졌을 때, 실로암은 성읍의 중심 물 공급원으로서 점차 중요성이 증가했다. 물론 이 주장은 실로암 못이 다음 구절에 나오는 왕의 못과 동일하다는 주장과 상반되는 좀더 확실한 증거를 제공한다. 다른 방안으로는, 라솔(LaSor)이 우리에게 상기시키는 것처럼(*ISBE* 2, 998-1032) 이 구문을 "용의 눈"이라고 번역하는 것도 타당하다. 이렇게 볼 경우 샘이 아니라 다른 경계석을 지칭하는 것으로 볼 수도 있다.

"분문"(Dung Gate)에 대해서는 대체로 다윗 성읍의 최남단에 있었던 것으로 동의하고 있는데, 이 곳은 쓰레기를 버리던 곳으로 골짜기 아래 부분으로 쓰레기가 쌓이는 것을 금하던 곳이었다. 보통은 이 곳을 예레미야 19:2에 나오는 하시드 문(질그릇 조각문)과 동일시한다. 이 구절의 마지막 구문은 그 구조상(보조동사와 분사) 느헤미야가 이 두 개의 문(門) 사이를 따라오는 내내 성벽을 조사하고 있었음을 추측케 한다.

14 느헤미야는 다음으로 "샘문과 왕의 못"에 이르렀다. 우리는 샘문이 샘물가로 가는 문이었을 것으로 추정한다. 기혼은 "동편의 수문"(3:26)과 연관되어 있으므로 제외되기 때문에, 이 샘문은 아마도 엔-로겔(En-Rogel)이었을 가능성이 높다. 이 곳의 위치(위의 13절에 대한 "주석"을 보라)는 성읍의 남동쪽 성문 위치로 적합한데, 우리는 느헤미야가 지금 분문 뒤편에 있다고 추측할 수 있다. 분문과 이 문은 합치할 수 없는 각기 다른 기능들을 갖고 있었기 때문에 서로 상당히 밀접하게 가까이 있을 필요가 있었다.

왕의 못의 위치는 해결하기가 더 어려운 문제다. 현재까지는 이와 관련해서 아무런 의견의 일치도 보지 못하고 있다. 첫 번째로, 몇몇 사람들은 이 왕의 못이 히스기야 터널 끝에 있는 실로암 연못이라고 믿는다. 이런 관점에서 본다면, 느헤미야는 성벽의 남서쪽 부분을 안쪽에서부터 조사하기 위해 샘문을 통해 도시 안으로 들어갔던 것이 틀림없다(Kenyon, *Digging up Jerusalem*, 181. Kidner는 그의 의견을 좇아서 느헤미야가 실로암 연못 옆을 바깥편으로 지나갔다고 생각하는 것으로 보인다. 그러나 이는 실로암에 대한 묘사가 샘문 이후에 나온다는 점에서 생각해 볼 때 불가능한 것으로 보인다). 알트(Alt, *KS* 3, 326-47)는 느헤미야가 그런 뒤에 곧장 이 성벽의 안쪽을 따라 골짜기 문(Valley Gate)으로 들어왔다고 생각한다. 하지만 이런 생각도 받아들이기가 어렵다. 왜냐하면 이런 생각은 15절에 나오는 "골짜기" (נחל – 나할)가 두로베온(Tyropoeon) 골짜기라는 점도 포함해야만 하는데, 반면에 다른 곳들에서 이 단어는 항상 기드론 골짜기를 지칭하기 때문이다. 후자의 사실을 받아들이기 위해서는 느헤미야가 샘문 밖을 통해 돌아왔으며, 그래서 기드론 골짜기까지 왔다고 가정할 필요가 있다(van Selms, *ZAW* 91[1979] 170-76). 그러나 이 점에 대해서는 본문이 아무런 암시도 제공하지 않는다.

왕의 못을 오늘날의 Birket el Ḥamra와 연결시키려는 시도에도 이와 마찬가지 문제점이 있다. 윌킨슨(Wilkinson, *Levant* 10[1978] 116-25)에 의하면, Birket el Ḥamra는 히스기야 이전 시대 때 기혼에서부터 기드론 골짜기까지 내려가던 언덕편 수로(hillside channel)에 물을 공급하기 위해 물을 받던 못인 "실로아(Shiloah) 연못"의 원래의 위치였을 수 있다(3:15에 대한 "주석"을 좀더 보라).

우리는 본문상의 증거를 토대로 샘문 근처의 기드론 골짜기 안 성벽 바깥쪽에 못이 있었다고 예측할 수 있다. 이런 못이 존재했다는 것은 항상 타당한 것은 아니지만 몇 가지 근거를 통해 추측되어 왔다. 특히 다음의 사람들을 보라. Simons, *Jerusalem in the Old Testament*, 192-93; Ussishkin, *Levant* 8(1976) 82-95; Wilkinson, Levant 10(1978) 116-25. 그 지역에는 틀림없이 실로암 못에서 흘러넘치는 물을 받아 두기 위한 못이 있었다고 생각되며, 실로암 연못에는 그 방향으로 수로가 만들어져 있었을 것이다(즉 Ussishkin은 이 부분이 히스기야 터널에 없어서는 안 되는 부분이었다고 믿는다). 그리고 이와 같은 추측은 같은 장소를 "솔로몬 못"으로 언급하는 요세푸스를 가장 잘 설명하는 방법이 될 것이다. 이 이름들은 이 연못들이 동일한 연못을 지칭할 수 있음(수 세기 동안의 시간 격차를 두고)을 추측케 한다. 최근에는 석고 처리된 연못 일부가 바로 이 지점에서 발굴되었는데, 그 길이가 대략 18미터를 넘는 규모였다(너비는 확실하게 측량할 수 없었다). 참조. Adan,

IEJ 29(1979) 92-100. 지금의 이 연못은 관련된 도자기를 통해 볼 때 분명히 기독교 첫 세기 이전 시대의 것이며, 요세푸스가 "솔로몬의 못"이라고 말한 바로 그 연못일 수 있는 훌륭한 후보다. 하지만 이 연못은 훨씬 더 오래된 물 공급 체계를 통해 물을 공급받은 것으로 보이기 때문에, 이전에 같은 장소에 있었던 연못을 대체했을 가능성이 있다. 아직까지는 가설로만 남아 있긴 하지만, 이것이 "왕의 못"에 대해 가장 만족스러운 설명인 것으로 보인다. 왕의 못이라는 이름은 아마도 원래는 근처에 있는 "왕의 정원"과 관련해서 지어졌을 것이다.

그렇기 때문에 우리는 느헤미야가 샘문에 도착했을 때 성벽의 정확한 라인을 남겨두고 조금씩 골짜기 아래로 이동하기 위해 가파른 산허리나 잡석 곁을 따라갔을 것으로 추측해야 한다. 지금부터 왕의 못에 대한 언급이 나온 곳까지. 그 이후에는 그가 북쪽을 향해 이동하려고 함에 따라 상황이 점차 더 안 좋아졌으며, 그 결과 그는 길을 내기 위해 발로 돌들을 치워내기 시작해야 했을 것이다. 케년(Kenyon, *Digging up Jerusalem*, 182)은 이런 가설을 확증한다.

15 이전처럼 성벽 라인을 따라서 가는 것 대신에, 느헤미야는 이제 어느 정도 아래편인 골짜기 바닥을 따라서 움직여야만 했다(위의 n. 15.a.을 보라). 그가 얼마나 멀리까지 기드론을 향한 이 북쪽 방향으로 갔었는지는 기록되어 있지 않다. 분명히 그는 성벽에서 이 부분을 다시 재건축하려고 하는 것은 길이가 너무 길기 때문에 어렵다는 사실과, 산등성이 꼭대기 부분을 따라 새로운 성벽 라인을 구축하는 것이 시간을 훨씬 더 절약하게 될 것이라는 점을 금방 깨달았을 것이다(3:16-31에 대한 "주석"을 참조하라).

히브리어 성경 본문은 그 이후에 도대체 어떤 일이 일어났는지에 대한 기록에 있어서 불분명하다("원문주해"를 보라). 느헤미야는 성벽 전체를 완벽하게 순회해서 갔을 수도 있다. 이 관점을 갖고 있는 사람들은 북쪽과 북동쪽 부분들이 그렇게 험하지 않았으며, 따라서 느헤미야가 그쪽 부분을 여기에서 그렇게 자세히 다루지 않았다고 주장한다.

하지만 본문에서 이와 관련된 어떤 언급도 기록하지 않았다는 사실은, 이런 관점에 대해 어떤 의미에서건 여하튼 심각하게 반대하는 입장을 보여 주는 것이라는 점을 이야기해 두어야겠다. 만약 오른쪽으로 빙 둘러가는 것이 느헤미야의 의도였다면, 동편을 따라 상당히 좋지 못한 상황들이었기 때문에 어둠 속에서 그쪽 방향으로 진행할 때 생길 수 있는 위험들로 인해 그는 계획을 바꿀 수밖에 없었을 것이다. 그러나 느헤미야가 일단 이 지점까지 온 것으로 그의 목적을 이루었다고 보는 것이 좀더 타당할 것이다. 그는 성읍 북쪽의 공개된 지역들에 있는 성벽의 상태에 관해서는 전날 낮에 사람들의 관심을 별로 끌지 않으면서도 이미 충분한 양의 정보를 수집할 수 있었을 것이다. 그러나 그가 비밀스럽게 할 수 없었던 일은, 동편을 따라 이전 성벽 라인에 걸쳐 있는 상당히 위험한 높은 지대의 상황을 조사하는 것이었다. 이 일은 비밀을 유지하기 위해 밤에 해야만 했다. 느헤미야는 그런 뒤에 이렇게 조사한 내용들을 바탕으로 해서 이후의 계획들을 잡을 수 있었으며, 이미 지적했던 것처럼 이 계획들은 성읍 중 이 부분에 대해서는 매우 급진적인 것이었다. 이렇게 한 뒤에야 비로소 그는 그의 동료 백성들에게 자신의 계획을 밝힐 수 있었다.

16-18 느헤미야가 밤에 조사를 한 후 어느 정도 시간이 흐른 뒤에 얼마나 신속하게 자신의 계획을 예루살렘 거주민들과 공유했는지에 관해서는 아무런 언급이 없다. 그가 예루살렘에 도착했다는 것이 자아냈을 호기심과 그 결과 루머들이 만들어졌을 것이라는 점에서 생각해 본다면, 그는 아마도 가능한 한 신속하게 일들을 진행했을 것이다.

16 "방백들"(סגנים – 쎄가님)이라는 단어는 이 구절의 후반부에서야 나오지만, 이것은 공동체의 지도자들을 지칭하는 일반적인 용어로서 이 구절 앞부분에도 충분히 가변적으로 자리잡을 수 있는 단어다. 에스라 9:2과 J. van der Ploeg, "Les Chefs du Peuple d'Israel et Leurs Titres," *RB* 57(1950) 51-52 등을 참조하라. "유다 사람들"이란 표현은 전체적인 백성들을 지칭한다. 참조. 3:33-34(4:1-2). 이 표현을 뒤에 기록된 목록에 나오는 지도자들로만 국한해서 생각할 필요는 없다.

"제사장들"은 우리가 알고 있듯이 포로기 이후 시기에 유다 행정에서 점차적으로 중요한 역할을 담당했다. 특히나 작은 소지역들의 경제는 성전에 의해 주도되었다. 그 다음의 두 그룹인 "귀인들"과 "방백들"은 지금 우리가 갖고 있는 지식을 토대로 해서는 구별할 수가 없다. 사실 13:11을 13:17 그리고 5:7과 비교해 보면 이들의 역할에 있어서 설령 완전히 동일하지는 않다 하더라도 유사성이 있음을 추측케 한다. 이 단어가 이 부분에서 갖고 있는 연속성과 더불어 느헤미야 13장에서 사용된 용례("나머지 행정 관료들")는 느헤미야에게는 이 단어가 귀족(고귀함)이라는 의미보다는 기능을 지칭하는 것임을 보여 준다. 반면에 귀족(고귀함)이라는 측면이 포로기 이전 시대와 연속성을 갖는 특징은 느헤미야 5장에서 좀더 두드러지게 나타난다. 그러므로 켈러만(Kellermann, *Nehemia*, 161)이 "귀족들"에 대해서는 제의 공동체의 지역적 리더십을 갖고 있는 사람들을 지칭하는 것으로, "방백들"에 대해서는 페르시아 제국의 행정적 관료들을 지칭하는 것으로 제한하려 했던 시도는 어느 정도 추론적인 것이라 할 수 있다.

17 이제 느헤미야가 자신의 계획들을 동료 유대인들과 공유하려 했을 때, 그는 우선 그들의 힘겹고 곤경스런 상황들을 1:3에서 사용한 것과 동일한 용어들을 사용하여 묘사했다. 과거에 그가 이런 비참한 현실들에 대한 소식을 들었을 때 그 소식이 느헤미야 자신의 삶에 주었던 충격이 너무나 컸기 때문에, 그는 이 내용이 다른 사람들에게도 비슷한 역할을 할 것이라고 기대한다. 키드너(Kidner)가 지적하는 것처럼, 그들의 상황에 대한 느헤미야의 관점은 매우 중요하다: "그를 찌르고 있는 것은 그들 지위의 불안정성이 아니라 바로 능욕과 수치다." 특히나 "수치"(חרפה – 헤르파)라는 단어는 형벌로 주어진 포로 생활에 대한 뉘앙스를 갖는 무거운 표현이며, 포로기 이면에는 하나님의 종들이 되었어야 할 열방들이 도리어 하나님의 이름을 악평하는 것이 자리잡고 있다.

18 느헤미야는 비록 강력한 행동의 사람이었음에도 불구하고 그들의 운명이 변해야 할 이유에 대해 이야기하면서 우선적으로 하나님의 호의를 지적한다(참조. 2:8 그리고 스 7:6). 그리고 그 이후에 단지 두 번째로 하나님의 도구로 사용된 왕을 지적하고 있다는 점을 통해서 우리는 그의 관점이 올바르다는 것을 여기에서도 다시 한 번 볼 수 있다. 느헤미야는 그의 말들에 대해 백성들이 단합되고 열정적인 반응을 보이는 것을 보면서 틀림없이 자신의 소명에 대해 좀더 깊이 확신하게 되었을 것이다.

19 이 부분은 다른 대적에 대해 지적하면서 끝을 맺는다. 이 부분과 이후의 부분에서 느헤미야의 대적들이 예루살렘에서의 사건들에 대해 보인 반응의 속도가 상당히 빨랐다는 점은 예루살렘에 그들에게 동조하던 사람들이 있어서 상황의 진척에 대해 계속해서 정보를 전달했음을 추측케 한다. 그들은 처음의 불쾌감에서부터(10절) 이내 느헤미야를 향해 정치적 고소를 할 수 있다는 암시를 하면서 조소하고 경멸하는 태도로 변했으며, 이 두 가지 전술은 이후에 진행될 장들에서 실제로도 상당히 진전되어 실행에 옮겨졌다. 특히 이 지점에서는 "왕에 대한 반란"의 책임 때문에 바로 얼마 전에(스 4장) 성벽을 재건축하려는 시도들을 힘으로 금지하는 결과를 낳았다는 점을 예루살렘 거주민들 중 상당수 사람들이 경험했고 기억하고 있다는 점을 주목해야만 한다. 설령 대적들의 연합된 힘이 느헤미야에게 영향력을 행사하지 못했다 하더라도, 산발랏이나 다른 대적들은 분명히 몇몇 사람들이 이전에 있었던 건축이 중단되고 와해되었다는 점을 떠올리게 하면 그것만으로도 많은 사람들이 느헤미야의 새로운 시도를 지지하지 못하도록 단념시키는 데 충분할 것이라고

생각했을 것이다.

여기에는 산발랏과 도비야에 이어서(참조. 10절) "아라비아 사람 게셈"이라는 세 번째 대적의 이름이 덧붙여졌다. 그의 이름이 그의 아들 Qainū가 여신 Han-'Ilat에게 헌정한 은그릇에 새겨져 있었다는 점이나 남부 이집트의 Tell el-Maskhūṭa에서도 발견되었다는 점, 그리고 아라비아 Dedan에서 발굴된 Liḥyanite 비문에 아마도 그의 이름으로 보이는 이름이 새겨져 있었다는 사실 등은 이 왕조가 매우 광범위한 권력을 휘둘렀다는 점을 입증해 준다(그는 "Qēdār의 왕"이라는 형태로 표기되곤 한다). 참조. Rabinowitz, *JNES* 15(1956) 1-9, 그리고 Cross, *BA* 18(1955) 46-47. 페르시아 시기의 Qedarite 역사에 대해 덤브렐(Dumbrell)이 잠정적으로 했던 설명을 통해 이 결론은 더욱더 강화되었다. *BASOR* 203(1971) 33-44: "케다르와 연합했거나 혹은 동맹했던 민족들은 시리아 사막에서부터 북아라비아까지 분포되어 있었으며, 페르시아 시기 때는 팔레스타인 남부와 델라 지역에서까지 발견된다"(p. 44). 게셈의 영향력이 뻗쳐 있었던 지리적인 영역은 명목상으로는 페르시아의 통제하에 있었지만 아마도 실질적으로는 독립된 것이나 다름없는 그런 것이었다. 그러므로 그는 유다에 대해 남쪽에서부터 동쪽에 이르기까지 상당한 위협으로 자리잡고 있었다. 우리가 산발랏이나 도비야에 대해 추측했던 개인적인 기득권과 관련된 사건들(위의 10절을 보라)이 그에게는 없었던 것 같다. 그리고 그가 왜 느헤미야에게 적대적이었는지에 대한 이유들이 분명하게 나타나지 않는다. 그러므로 그의 이름이 다른 두 사람의 이름만큼 빈번하게 등장하지 않는다는 점은 별로 놀라운 일이 아니다. 비록 느헤미야가 그의 영토들에 대해 중요한 위협으로 자리매김할 수는 없었겠지만, 그는 어쩌면 그의 주변 지역들로 하여금 페르시아의 영향력이 강화되고 있다는 불만을 갖게 만들었을지도 모른다.

20 느헤미야는 비슷한 방식으로 보복하기보다는 하나님의 권능이 그에게 성공을 주실 것이라는 확신을 단순하게 이야기한다. 그는 "하늘의 하나님"이라는 호칭을 사용함으로써 우리로 하여금 그가 이전에 했던 기도를 다시 생각하게끔 지적한다(참조. 1:5; 2:4). 또한 자신의 궁극적인 권위가 어디로부터 나왔다고 믿고 있는지도 보여 준다.

이 장에서 결론을 내리는 데 사용된 단어들은 법적인 용어들로부터 선택되어 사용되었다는 인상을 준다. "기업"은 국가에서의 물질적인 이익관계를 언급한다. 일부 다른 본문들에서는 이 단어가 땅 분배와 관련해서 사용되었는데, 여기서는 그런 의미로는 부적절하다. 그보다는 마치 반란에 대해 선포하면서 누군가가 그는 더 이상 앞으로 구성될 나라에서 "기업"을 갖지 않고 있다고 말할 때 사용되는 것처럼 좀더 은유적으로 사용되고 있다(Brockington이 삼하 20:1 그리고 왕상 12:16 등에 대해 지적하는 것을 참조하라). "권리"는 그 지역 내에서나 혹은 넘어서는 곳들에서의 법률적인 권리들을 언급할 것이다. 전자(한 지역 내에서의 권리)의 경우는 어떤 형태의 시민권에 대해서도 부정하는 것이라 할 수 있고, 후자의 경우는 특히 산발랏과 도비야가 행사하고자 했을 모든 권위를 삭감한다는 의미라 할 수 있다. 마지막으로, 우리는 어려운 단어인 "명록-전통적인 주장"(זכרון – 치카론)을 보게 된다. 가능한 다양한 의미들에 대해서는 *TDOT* 4, 77-79를 참조하라. 이 단어가 빈번하게 제의와 연관되어 나타난다는 점은, 몇몇 사람들로 하여금 이 단어가 성전 안에서 지도자들의 주권과 권한을 받들어 주고 축하해 주는 특별한 행동을 의미한다고 생각하게끔 해 왔다. 지금 본문의 정황에서는 이 단어가 일반적으로 제의에 참석하는 것을 금지하고 거절하는 것을 언급한다고 보는 것이 좀더 그럴듯하다. 참조. 에스라 4:3. 이런 이해 위에서 느헤미야는 그의 대적들이 예루살렘 공동체에서 시민적이고 법률적인, 그리고 제의적인 권리들이 없다고 부정하고 있다. 하지만 그의 강조점은 긍정적이다: 어떤 일이 오건 간에 "우리는…재건축을 시작할 것이다."

해설

이 장의 전반부에 대한 논의를 하면서, 우리는 느헤미야가 행동하는 데 있어서 확신을 가지고 행동했다는 점을 지적했다. 왕과 더불어 대화를 나누고 앞으로의 일들을 다룰 때 느헤미야는 그 모든 것들이 이미 1장의 기도를 통해 준비된 것이라는 토대 위에서 행동했었다고 말이다. 이 장의 후반부에서는 이것과 완벽한 대조를 이루는 내용을 제공한다: 느헤미야는 이제 예측하지 않았던 상황 그리고 그의 행동에 대해 큰 반대와 어려움들이 따르는 상황 속으로 움직여 들어갔다.

그렇기 때문에 그가 예루살렘에 도착한 이후 취했다고 기록된 첫 번째 행동은, 그가 해야 할 일들을 위해 실제적으로 필요한 것들을 판단하기 위해 그의 손에 맡겨진 일이 갖고 있는 어려움들을 어렵사리 살펴보는 일이었다. 이 일을 그는 밤중에 은밀하게 개인적으로 했다. 느헤미야로 하여금 이렇게 행동하도록 감동을 주는 무언가가 있었으며, 그래서 그는 자신의 소명을 확신했다. 그럼에도 불구하고 그는 그 일이 현실적으로나 물질적으로 얼마나 광범위한 일인지를 측정했고, 또한 분명히 기도 가운데 거기에 소요될 비용을 계산할 때까지는 자신의 제안들을 이야기하지 않고 자제하고 있었다. 참조. 누가복음 9:57-62; 14:28-32.

이 부분의 두 번째 문단에서(16-18절) 그의 백성들을 향해 느헤미야가 접근했던 방식은 비교해 볼 만하다. 그는 자신이 뭘 하려 하고 있는지를 그저 단순하게 이야기하지 않았으며, 자신의 의지를 청중들에게 강요하지도 않았다. 그보다는 위의 주석에서 설명했던 것처럼 신학적으로 생각해야 할 점들에 대해 확고하게 강조를 하면서 하나님의 부르심을 성취하는 일에 참여하도록 백성들을 초청한다. 그는 심지어 애당초 처음에(17절과 1:3을 비교하라) 자신에게 다가왔던 바로 그 동일한 초청의 언어를 사용한다. 백성들의 놀랄 만한 만장일치적인 반응은 느헤미야로 하여금 그가 올바른 길에 있음을 확인하고 확신하도록 도와주었을 것이다. 이와 마찬가지로, 교회에서도 우리는 한 개인의 소명도 그것이 어떤 일이건 간에 믿음의 공동체를 통해 전체적으로 인정받아야 한다고 기대해야만 한다. 참조. 사도행전 13:1-2.

마지막으로, 느헤미야는 그의 대적들을 대하고 다루는 데 있어서조차 대적들의 연합에 대해 성급하게 보복하는 것을 통해서가 아니라 하나님의 능력이 자신의 목적을 흥왕케 하실 것임을 확고하게 표현하는 것을 통해 반응한다. 느헤미야는 자신이 주로 해야 할 일에만 편향적으로 치우치기보다는 "그분의 종들인 우리가 재건축을 시작할 것이다"(20절)라는 점을 긍정적으로 역설한다. 이 처음 단계에서 그는 대적들의 부정적인 개입을 하나님의 책임으로 남겨 두고 맡겨 드리는 것에 만족해 한다. 이것 역시 모든 교회들이나 개인들이 배워야만 하는 가장 어려운 교훈 중의 하나다. 참조. 로마서 12:19; 베드로전서 2:21-23; 4:19.

성벽 재건축(느 3:1-32)

참고문헌

Burrows, M. "Nehemiah 3:1-32 as a Source for the Topography of Ancient Jerusalem." *AASOR* 14(1933-34) 115-40. **Cook, S. A.** "Notes on 1 Kings x.25; Neh. iii. 19." *ExpTim* 10(1898-99) 279-81. **Grafman, R.** "Nehemiah's 'Broad Wall.'" *IEJ* 24(1974) 50-51. **Kellermann, U.** *Nehemia*, 14-17. **Kenyon, K. M.** *Digging up Jerusalem.* London and Tonbridge: Benn, 1974. **Mowinckel, S.** *Studien I*, 109-16. **Simons, J.** *Jerusalem in the Old Testament.* Leiden: Brill, 1952. **Tuland, C. G.** "*'zb* in Nehemiah 3:8. A Reconsideration of Maximalist and Minimalist Views." *AUSS* 5(1967) 158-80. **Wilkinson, J.** "The Pool of Siloam." *Levant* 10(1978) 116-25.

본 문

1 때에 대제사장 엘리아십이 그 형제 제사장들과 함께 일어나 양문을 건축하여 성별하고 문짝을 달고 또 성벽을 건축하여 함메아 망대에서부터 하나넬 망대까지 성별하였고

1 Then Eliasbib the high priest and his fellow priests started to build the Sheep Gate. They boarded it[a] and set up its doors.[b]…and as far as the Tower of the Hundred; they consecrated it. …as far as the Tower of Hananel.[b]

2 그 다음은 여리고 사람들이 건축하였고 또 그 다음은 이므리의 아들 삭굴이 건축하였으며

2 And next to him[a] the men of Jericho built. And next to them[b] built Zaccur, son of Imri.

3 어문은 하스나아의 자손들이 건축하여 그 들보를 얹고 문짝을 달고 자물쇠와 빗장을 갖추었고

3 The sons of Hassenaah built the Fish Gate; they laid its beams and put its doors, bolts, and bars in place.

4 그 다음은 학고스의 손자 우리아의 아들 므레못이 중수하였고 그 다음은 므세사벨의 손자 베레갸의 아들 므술람이 중수하였고 그 다음은 바아나의 아들 사독이 중수하였고

4 Next to them repaired Meremoth, son of Uriah, son of Hakkoz. Next to them[a] repaired Meshullam, son of Berechiah, son of Meshezabel. Next to them repaired Zadok, son of Baana.

5 그 다음은 드고아 사람들이 중수하였으나 그 귀족들은 그 주의 역사에 담부치 아니하였으며

5 Next to them the men of Tekoa repaired, but their nobles would not stoop[a] to serving their lord.[b]

6 옛 문은 바세아의 아들 요야다와 브소드야의 아들 므술람이 중수하여 그 들보를 얹고 문짝을 달고 자물쇠와 빗장을 갖추었고

6 Joiada, son of Paseah, and Meshullam, son of Besodeiah, repaired the Mishneh Gate;[a] they laid its beams, and set its doors, bolts, and bars in place.

7 그 다음은 기브온 사람 믈라댜와 메로놋 사람
야돈이 강 서편 총독의 관할에 속한 기브온 사람
들과 미스바 사람들로 더불어 중수하였고

8 그 다음은 금장색 할해야의 아들 웃시엘 등이
중수하였고 그 다음은 향품 장사 하나냐 등이 중
수하되 저희가 예루살렘 넓은 성벽까지 하였고

9 그 다음은 예루살렘 지방 절반을 다스리는 자
후르의 아들 르바야가 중수하였고
10 하루맙의 아들 여다야는 자기 집과 마주 대한
곳을 중수하였고 그 다음은 하삽느야의 아들 핫
두스가 중수하였고
11 하림의 아들 말기야와 바핫모압의 아들 핫숩
이 한 부분과 풀무 망대를 중수하였고

12 그 다음은 예루살렘 지방 절반을 다스리는 자
할로헤스의 아들 살룸과 그 딸들이 중수하였고

13 골짜기 문은 하눈과 사노아 거민이 중수하여
문을 세우며 문짝을 달고 자물쇠와 빗장을 갖추
고 또 분문까지 성벽 일천 규빗을 중수하였고

14 분문은 벧학게렘 지방을 다스리는 레갑의 아
들 말기야가 중수하여 문을 세우며 문짝을 달고
자물쇠와 빗장을 갖추었고

15 샘문은 미스바 지방을 다스리는 골호세의 아
들 살룬이 중수하여 문을 세우고 덮으며 문짝을
달며 자물쇠와 빗장을 갖추고 또 왕의 동산 근처
셀라 못가의 성벽을 중수하여 다윗 성에서 내려
오는 층계까지 이르렀고

16 그 다음은 벧술 지방 절반을 다스리는 자 아
스북의 아들 느헤미야가 중수하여 다윗의 묘실과
마주 대한 곳에 이르고 또 파서 만든 못을 지나
용사의 집까지 이르렀고
17 그 다음은 레위 사람 바니의 아들 르훔이 중
수하였고 그 다음은 그일라 지방 절반을 다스리

7 Next to them there repaired Melatiah the Gib-
eonite and Jadon the Meronothite with[a] the men
of Gibeon and of Mizpah, the[b] seat of the gover-
nor of Beyond the River.
8 Next to them[a] Uzziel, son of Harhaiah, one of
the[b] goldsmiths, repaired. Next to him Hananiah,
one of the perfumers, repaired, and they left out
(part of)[c] Jerusalem as far as the broad wall.
9 Next to them there repaired Rephaiah, son of
Hur, ruler of half the district of Jerusalem.
10 Next to them Jedaiah, son of Harumaph, re-
paired opposite[a] his own house. And next to him
Hattush, son of Hashabniah, repaired.
11 Malchiah, son of Harim, and Hasshub, son of
Pahath-Moab, repaired a second section, inclu-
ding[a] the Tower of the Ovens.
12 Next to them[a] there repaired Shallum, son of
Hallohesh, ruler of half the district of Jerusalem,
he and his daughters together.
13 Hanun and the inhabitants of Zanoah repai-
red the Valley Gate; they rebuilt it, and set its
doors, bolts, and bars in place, and they repai-
red[a] a thousand cubits of the wall as far as the
Dung[b] Gate.
14 Malchiah, son of Rechab, ruler of the district
of Beth-hakkerem, repaired the Dung Gate; he
rebuilt[a] it, and set its doors, bolts, and bars in
place.
15 Shallun,[a] son of Col-hozeh,[b] the ruler of the
district of Mizpah, repaired the Spring Gate; he
rebuilt it, roofed it, and set[c] its doors, bolts, and
bars in place. He also repaired[d] the wall of the
Pool of Shelah of[e] the King's Garden, and as far
as the steps which go down from the City of David.
16 After him Nehemiah, son of Azbuk, ruler of
half the district of Beth-zur, repaired to a point
opposite the tombs of David, as far as the artifi-
cial pool and the House of the Warriors.[a]
17 After him the Levites repaired—Rehum, son
of Bani, (and) next to him Hashabiah, ruler of

는 자 하사뱌가 그 지방을 대표하여 중수하였고

18 그 다음은 그 형제 그일라 지방 절반을 다스
리는 자 헤나닷의 아들 바왜가 중수하였고
19 그 다음은 미스바를 다스리는 자 예수아의 아
들 에셀이 한 부분을 중수하여 성 굽이에 있는 군
기고 맞은편까지 이르렀고
20 그 다음은 삽배의 아들 바룩이 한 부분을 힘
써 중수하여 성 굽이에서부터 대제사장 엘리아십
의 집 문에 이르렀고
21 그 다음은 학고스의 손자 우리야의 아들 므레
못이 한 부분을 중수하여 엘리아십의 집 문에서
부터 엘리아십의 집 모퉁이에 이르렀고
22 그 다음은 평지에 사는 제사장들이 중수하였
고
23 그 다음은 베냐민과 핫숩이 자기 집 맞은편
부분을 중수하였고 그 다음은 아나냐의 손자 마
아세야의 아들 아사랴가 자기 집에서 가까운 부
분을 중수하였고
24 그 다음은 헤나닷의 아들 빈누이가 한 부분을
중수하되 아사랴의 집에서부터 성 굽이를 지나
성 모퉁이에 이르렀고
25 우새의 아들 발랄은 성 굽이 맞은편과 왕의
윗 궁에서 내어민 망대 맞은편 곧 시위청에서 가
까운 부분을 중수하였고 그 다음은 바로스의 아
들 브다야가 중수하였고

26 (때에 느디님 사람은 오벨에 거하여 동편 수
문과 마주 대한 곳에서부터 내어민 망대까지 미
쳤느니라)
27 그 다음은 드고아 사람들이 한 부분을 중수하
여 내어민 큰 망대와 마주 대한 곳에서부터 오벨
성벽까지 이르렀느니라
28 마문 위로부터는 제사장들이 각각 자기 집과
마주 대한 부분을 중수하였고
29 그 다음은 임멜의 아들 사독이 자기 집과 마
주 대한 부분을 중수하였고 그 다음은 동문지기
스가냐의 아들 스마야가 중수하였고
30 그 다음은 셀레먀의 아들 하나냐와 살랍의 여
섯째 아들 하눈이 한 부분을 중수하였고 그 다음

half the district of Keilah, repaired on behalf of
his district.
18 After him their brethren repaired: Binnui,[a] son
of Henadad, ruler of half the district of Keilah:
19 and beside him Ezer, son of Jeshua, ruler of
Mizpah, repaired a second section, [a]opposite the
ascent to the armory by the buttress.[a]
20 After him Baruch, son of Zabbai,[a] repaired[b] a
second section, from the buttress to the door of
the house of Eliasbib the high priest.
21 After him Meremoth, son of Uriah, son of
Hakkoz, repaired a second section, from the door
of Eliashib's house to the end of Eliashib's house.
22 After him the priests from the surrounding
region[a] repaired.
23 After them[a] Benjamin and Hasshub repaired
opposite their own house. After them[a] Azariah, son
of Maaseiah, son of Ananiah, repaired next to his
house.
24 After him Binnui, son of Henadad, repaired a
second section, from Azariah's house to the but-
tress and the corner.
25 (After him there repaired)[a] Palal, son of
Uzai, from a point opposite the buttress and the
upper[b] tower which projects from the king's
house, and which belongs to the court of the
guard. After him Pedaiah son of Parosh
26 and the temple servants who were living[a] on
Ophel (repaired)[b] as far as a point opposite the
Water Gate to the east and the projecting tower.
27 After them[a] the men of Tekoa repaired a second
section, from a point opposite the great projecting
tower to the wall of Ophel.
28 Above the Horse Gate the priests repaired,
each one opposite his own house.
29 After them[a] Zadok, son of Immer, repaired
opposite his house. And after him Shemaiah, son
of Shecaniah, keeper of the East Gate, repaired.
30 After him[a] Hananiah, son of Shelemaiah, and
Hanun, the sixth son of Zalaph, repaired a

은 베레갸의 아들 므술람이 자기 침방과 마주 대
한 부분을 중수하였고
31 그 다음은 금장색 말기야가 함밉갓 문과 마주
대한 부분을 중수하여 느디님 사람과 상고들의
집에서부터 성 모퉁이 누에 이르렀고
32 성 모퉁이 누에서 양문까지는 금장색과 상고
들이 중수하였느니라

second[b] section. After them[c] Meshullam, son of Berechiah, repaired opposite his own room.
31 After him[a] Malchiah, one of the goldsmiths,[b] repaired as far as the house of the temple servants and the merchants, opposite the Muster Gate, and as far as the upper room at the Corner.
32 And between the upper room at the Corner and the Sheep Gate the goldsmiths and the merchants repaired.

원문주해

1.a. 이 구절에는 완전히 독자적인 문제로만 취급될 수 없는 예닐곱 가지의 본문상의 어려움이 포함되어 있다: 키드슈후(קדשוהו, "그들은 그것을 성별했다")라는 단어는 두 번 등장하는데, 각각의 경우마다 나름대로 문제들을 일으킨다. 일부 사람들은 이 표현의 전체적인 개념을 장소에서 찾아왔는데, 왜냐하면 이 표현은 목록 중 다른 어떤 곳에서도 반복되지 않기 때문이며, 또한 12장에서 나중에 성벽 전체를 성별하는 것과 조화를 이루지 않는 것처럼 보이기 때문이다. 하지만 이 두 가지 반대 모두 조금은 억지스럽다: 대제사장이 그가 건축한 부분에 대해서는 다른 곳에서는 반복되지 않는 상징적이고 대표적인 성별을 했을 수도 있다. 더군다나 원래부터 이 목록이 독자적으로 구성되었다는 관점에서는(아래 "양식"을 보라), 성문에 대한 세부 사항들이 분명하게 보여 주듯이(6:1과 대조하라) 느헤미야의 설명이 충분한 일관성을 가져야 한다고 기대할 필요가 없다. 그럼에도 불구하고, 이 단어는 각각의 어려움들을 야기한다. 이 단어가 처음 나오는 부분은 성문 건축과 문짝들을 다는 것 사이의 부분이다. 하지만 그 사이에 정말로 이렇게 했을 것 같지는 않고, 또한 성문들에 대해 평행을 이루는 설명들에서(3, 6, 13, 14, 15절) 우리는 건축의 다른 측면을 다루는 다른 동사를 발견하게 된다. 그렇기 때문에 3절과 6절을 근거로 해서 일부 주석가들은 케루후(קֵרוּהוּ, "그들은 들보들을 놓았다")로 수정하곤 한다. 왜냐하면 철자법상 이 단어가 훨씬 더 키드슈후(קדשוהו)에 가깝기 때문이다. 하지만 13, 14절과 15절은 비슷한 의미의 다른 동사들도 이 부분에 마찬가지로 사용될 수 있음을 보여 주기 때문에, 에를리히(Ehrlich, *Randglossen*, vii, 188)가 제안한 방안인 케르슈후(קֵרְשׁוּהוּ, "they boarded it")로 읽는 것이 좀더 그럴듯해 보인다. 비록 구약성경의 다른 부분들을 통해 입증된 것은 아니지만, קֹרָה이 קָרָה에서 유래된 것처럼 קרש("판")도 피엘 명사 유래어인 것으로 추측된다. 이 오류는 모양이 아주 유사한 ד과 ר를 혼동한 데서 생겨났을 것이다. 하지만 아마도 서기관의 눈은 המה קרשוהו("그들은 거기에 널판을 댔다")로부터 이 구절 후반부에 나오는 המאה קדשוהו("함메아 망대, 그들이 건축했던")으로 비켜 갔을 것이다.

1.b-b. 두 번째로 나오는 킷도슈후(קדשוהו, "그들은 그것을 성별했다")도 마찬가지로 어려움들을 야기한다. 전체 구문을 문자적으로 읽는다면, "그리고 그들은 일백 망대(개역성경에서는 함메아 망대 – 역자주)에서부터 하나넬 망대까지 성별하였다"이다. 남성형 접미사인 "그것"은 양문을 지칭하는 것처럼 보일 수도 있지만, 이 접미사는 아무런 의미가 없다. 이 접미사는 첫 번째에서 추측된 것처럼 성벽을 언급하는 것일 수 없다. 왜냐하면 חומה가 여성형이기 때문이다. 게다가 "하나넬 망대까지"에는 앞에 나온 내용과 연결해 주는 부분이 전혀 없다. 이 표현은 "함메아 망대"의 보충어가 될 수 없는데, 왜냐하면 12:39(여기엔 이 망대들이 거기에서의 진행 방향에 적절하게 역순으로 나타난다)은 실제로 두 개의 다른 망대가 있었음을 보여 주기 때문이다. 만약 "그들이 건축했다"가 이 구절의 전반부에서 두 번 반복된다면, 그럴 경우에만 동사의 접미사는 "그 망대"를 언급하는 것으로 만들어지면서 마소라 텍스트(MT)에서 뜻이 통할 수 있다(Keil, 그리고 NEB를 참조하라): "그들은 함메아 망대를 건축했고, 그들은 그것을 성별했으며, 그들은 하나넬 망대에 이르기까지 더 건축했다." 하지만 이것은 별로 그럴듯하지 않은 구성이며, 설령 이렇게 하더라도 우리는 킷도슈후(קדשוהו) 앞부분과 두 번째 아드(עד, "까지") 앞부분에 접속사가 있어야 한다고 요구할 수 있다. 마지막으로, 가장 폭넓게 제안된 수정 방안은 킷도슈후(קדשוהו)를 삭제해 버리고 와우(ו, "그리고")를 두 번째 아드(עד)에 첨가하는 것인데, 이것은 확실하지가 않다. 이 방식은 어떻게 현재 본문이 생겨났는지를 설명하지 않으며, 또한 의미가 통하도록 문장을 완성하기 위해 여전히 "그리고 그들이 건축했다"를 남겨놓는다. 그러므로 새로운 접근이 요구된다. 주석가들 중 어느 누구도 본문의 이 부분에서 무언가 중요한 것이 누락되었음을 보여 주는 증거에 주목하지 않는다는 것은 정말이지 놀라운 일이다. (i) 이것은 성문 수리에 관한 언급이면서, 달레토타이우(דלתתיו, "그 문짝들")라는 표현 뒤에 있으면서 마네울라이우 우베리하이우(מנעוליו ובריחיו, "그 자물쇠와 빗장들")라는 표현을 갖고 있지 않은 유일한 경우다. (ii) 비록 이 목록에 언급된 많은 장소들의 위치가 명확하진 않지만, 현재 본문 형태에서 이 구절에서 제사장들이 건축 작업을 했던 부분으로 보여 주는 지역은 2절에서 하나넬 망대에서 어문까지의 재건축에 대해 언급했던 두 부분과 견주어 볼 때 비정상적으로 넓어 보인다. (iii) 2절 처음 부분의 웨알-야도(ועל־ידו, "그 다음은")란 표현은 우리로 하여금 지금 제시되고 있는 큰 그룹이 아니라 앞부분에서 그러했듯이 한 개인이 등장할 것을 기대하게 한다. 이 목록은 이런 관점에서 일반적으로 단수와 복수를 매우 주의 깊게 구분하고 있다(그리고 12절은 이 점에서 예외가 아닐 것이다). 이 주장은 2절 후반부가 보여 주듯이(만약 그 부분에 좀더 심각한 손상이 없었다면) 완벽하게 확신할 수 있는 것은 아니지만, 적어도 중요한 기여를 하는 요소임에는 틀림없다. (iv) 비록 이 목록이 빙 둘러선 성벽의 완전한 모습을 묘사하고 있긴 하지만, 일부 항목들이 누락되었다는 점에 대해서는 일반적으로 동의하고 있다(아래의 "양식"을 보라). 그렇기 때문에 우리는 이처럼 누락된 흔적들을 발견하면서 놀랄

필요가 없다. 손상된 본문을 어떤 식으로 재구성하건 그건 전적으로 추측일 수밖에 없기 때문에 위에서처럼 번역하는 것이 가장 좋은 방법인 것으로 보인다. 본문상의 손실이 어느 부분에 있었을 수 있는지를 나타내 주는 방식으로, 그리고 우리가 이후에 두 번째 부분을 건축했던 사람들이라고 듣게 되는 사람들 중 한 명이나 혹은 그 이상의 이름이 원래는 여기에 있었던 것일 수도 있다는 점을 그저 단순하게 제시하는 정도의 방식으로 말이다. 다른 대안으로는, 2절의 전·후반부 중 하나나 혹은 둘 다가 잘못 놓여졌을 수 있다고 볼 수도 있다.

2.a. 단수 접미어에 대해서는 앞부분의 "원문주해"를 보라. 현재 본문을 그대로 유지한다면 이는 엘리아십을 지칭한다. 이 목록의 전반부 전체에서 사용되고 있는 이 구문이 이 목록에서 이런 식으로 나타날 때는 문자적으로는 "그의(그들의) 손으로", 따라서 "그 옆은", 그리고 "그 다음은"이다.

2.b. 마소라 텍스트(MT)에서는 이 부분이 단수 접미어로 되어 있는데, 이는 다양하게 설명될 수 있다: 이 부분은 집합적인 것일 수도 있겠지만, 이 본문에서 이처럼 단수 처리가 된 것은 예외적인 것이라 할 수 있다. 비록 다른 증거가 있는 것은 아니지만, 이 부분은 본문이 좀더 사라졌다는 점을 보여 주는 것일 수도 있다. 그러므로 일단 현재의 1-2a절 형태가 발전된 이후에 서기관이 그제서야 원래는 복수형 접미어였던 것을 2a절에서 지금처럼 하는 것이 더 낫겠다고 생각해서 이렇게 수정했을 수도 있다.

4.a. 이 부분과 목록 중 여러 군데서 나타나는 복수형 접미어는 개개인의 이름들이 이전에는 아마도 그들의 가족이었던 것으로 보이는 그룹의 우두머리로서 역할을 했음을 추측케 한다. 이 점은 2절의 접미어를 좀더 예외적인 것으로 만든다.

5.a. 문자적으로는 "그들의 목을 …을 섬기는 데 가져오지 않다"이다. 이 이미지는 열정의 부족보다는 교만한 이미지를 떠올리게 한다(참조. "곧은 목").

5.b. "장엄 복수 형태"(Rudolph)는 명백하게 느헤미야에 대한 것이다: 참조. 스 10:3.

6.a. "옛 문"은 받아들이기 적절한 번역이 아니다. 왜냐하면 솨아르(שׁער, "문")는 남성형이지만 예솨나(ישׁנה)는 여성형 형용사이기 때문이다. 여기에 덧붙여서 솨아르(שׁער, "문")에는 정관사적인 표현이 결여되어 있는데, 이는 이런 구성에서는 문법적으로 불가능한 모습이다. 그렇기 때문에 이는 앞부분과 상관 있는 것이 틀림없다. 그래서 많은 학자들은 예솨나(ישׁנה)를 벧엘 근처에 있는 성읍인 "Jeshanah"에 대한 이름으로 보는 것이 적절하다고 생각하기도 한다. 하지만 그렇게 볼 경우 정관사를 통해서 설명되지 않았다는 점이나, 상관성이 모호한 성읍의 이름을 따서 문의 이름을 만들었다는 것은 이상한 일이 될 것이다. 그렇기 때문에, המשׁנה라고 본문을 약간 수정하는 것이 가장 그럴듯하다. 지형적으로는 이 곳을 "옛 성읍의 문"이라고 가정하는 것도 마찬가지 중요성을 갖고 있는 제안이며, "성읍"이라는 단어(여성형 명사)는 이해할 수 있는 단어다(Brockington).

7.a. 우리는 접속사를 집어넣어야만 한다(참조. Syr.). 와우(ו)는 앞에 나온 단어의 요

드(ׄ)와 비슷하게 생긴 모양새 때문에 여기에서 누락되어 버린 것일까? 이 구문은 플라댜와 관련해서 동어를 반복한 것일 수 없다. 그러니까 앞에 나온 구와 동격일 수가 없다(NIV와는 달리). 그보다는 우리는 그가 그의 성읍 동료들을 이끌었다고 이해해야만 한다. 그러므로 이런 유추를 통해서 메로놋은 미스바와 연결되어야만 한다. 아마도 메로놋은 미스바 경내의 성읍이었을 것이다(참조. 15절과 19절).

7.b. 전치사 ל이 사용되었다는 점은 그들이 "총독이 거주하는 지경에까지 수리했다"는 해석을 가능성에서 제외시킨다. 왜냐하면 이 목록은 그런 구조에 대해서는 항상 전치사 에드(עד)를 사용하기 때문이다. 그러므로 총독이 예루살렘 안에 거주지를 갖고 있었다는 증거는 전혀 없다. 이 구문은 그보다는 미스바라고 불려지던 몇몇 장소들이 어떤 의미인지를 구별하려는 의도로 사용되었다: "…의 자리에 속한 미스바는…." 스 1:5a에 대한 "원문주해"도 보도록 하라. 그러므로 왕하 25:23과 렘 40:5-12에서 언급된 미스바는 예루살렘 함락 이후의 행정 중심지였던 것이 틀림없다.

8.a. 마소라 텍스트(MT)의 단수형 접미어는 플라댜를 앞에 나온 그룹의 리더로 언급한다. 7절에 나온 동사도 마찬가지로 단수형이라는 점을 주목하라. 참조. n. 12.a.

8.b. 마소라 텍스트(MT)에는 "금장색 할해야의 아들"로 되어 있다. 이 이름은 다른 곳에서는 전혀 발견되지 않기 때문에, 몇몇 사람들은 בן־חבר הצ׳("금장색 무리들 중의 하나")라고 수정하곤 한다. 하지만 이 목록 중 그 어디에서도 길드의 구성원을 이런 식으로 소개하지 않았다는 점을 생각해 보면, 이런 수정은 상당히 과감하게 입증되지 않은 수정을 하는 것이다. 그보다는 차라리 하르하야(חרהיה) 뒤에다가 벤-하(בן־ה, "아들-")를 복원시켜서(참조. Syr.) 우리가 기대하는 형태의 표현을 만들어 주는 것이 좀더 간단한 방법이라고 할 수 있다(참조. 8b, 31절). 아마도 이 단어는 바로 직전에 나오는 유사한 벤-하(בן־ה)로 인해 누락되었을 것이다. 쿡(Cook, *ExpTim* 10[1898-99] 279-81)은 이와는 다른 방식으로 하르하야(חרהיה)라는 단어가 나중에 윤색된 표현이라고 간주한다. 그는 19-20절을 통해 이 단어가 본문 수정을 위해 나중에 첨가된 것이라고 보고 이 단어를 삭제하는 방안을 제시한다(참조. 19.b.). 이 제안대로 하면 지금 본문은 뒤이어 나오는 구문과 정확하게 평행을 이루는 모습으로 복구된다. 또한 아래의 10.a.에서 제시된 제안을 통해서도 일정 부분 뒷받침될 수 있다.

8.c. 문자적으로는 "포기했다"이다. 이 단어는 정황 속에서 훌륭하게 의미가 통하게 만들어 주기 때문에(아래의 "주석"을 보라) 수정을 하거나 혹은 대부분의 주석가들이나 현대 번역가들과 마찬가지로 일반적인 עזב 이외의 다른 어근을 생각할 필요가 없다. 이런 모든 접근법들이 갖고 있는 문제점은 이들 접근법들이 모두 왜 "성벽"이 아니라 "예루살렘"이 목적어인지를 설명해야 한다는 점이다. 비록 히브리어와 언어적으로 동족어인 단어들 중에 여기에서 제시한 것과 밀접한 의미를 갖는 단어들이 있기는 하지만, 면밀한 조사를 통해서 그런 의미들을 갖는 단어들은 히브리어에도 마찬가지 의미의 단어들로 존

재한다는 점이 확립되었다. 아래의 3:34(4:2)에 대한 "원문주해"를 보라. 히브리어 동사의 일상적인 의미가 여기에서는 아주 탁월하게 뜻이 통하게 해주기 때문에(아래의 "주석"을 참조하라) 가설적인 또 다른 어근을 찾을 필요가 전혀 없다. Tuland, *AUSS* 5(1967) 158-80도 보도록 하라.

10.a. 마소라 텍스트(MT)에는 ונגד 앞부분과 "그리고 맞은편" 앞부분에 연결 접속사가 있다. 이 접속사는, 강조적인 역할도 할 수도 있지만 LXXL 그리고 Vg 등을 통해서 볼 때 생략해야만 한다. 하지만 동편 측면에 대한 부분들에서는 이런 표현이 빈번하게 등장하는 반면, 서쪽 측면에 대한 부분에서는 이 구문에서만 이런 접속사가 나온다는 점을 주목해야 할 것이다(참조. 23, 28-30절). 여기서의 접속사는 그 부분에서부터 잘못 유래되었을 수도 있다: 만약 이 접속사가 난외 부분에 있던 한 개의 칼럼을 정정하기 위해 첨가된 것이었다면, 주변의 다른 단어에도 잘못해서 옮겨졌을 수 있다.

11.a. 루돌프(Rudolph)가 좇고 있는 에를리히(Ehrlich, *Randglossen* vii, 190)는 와우(ו)를 생략하고 에트(את)를 전치사 "with"로 취급하는 관점을 취해서 결국 "by"를 나타낸다는 방안을 선호한다. 반면에 70인경(LXX)은 웨아드(ועד, "그리고 …까지")로 읽는다. 우리는 망대와 성벽 간의 정확한 관계가 무엇인지를 알 방법이 없기 때문에(이 단어는 오직 12:38에서만 한 번 더 언급되었다) 무엇이 올바른지를 결정하는 것은 불가능하다. 이런 경우들에는 마소라 텍스트(MT)와 밀접한 자세를 갖는 것이 신중한 태도일 것이다.

12.a. 마소라 텍스트(MT)에서 단수어 접미어를 사용하고 있다는 점은 다시 한 번 앞 구절에서 말기야의 두드러진 모습도 이 동사의 단수형을 사용하여 강조되었다는 측면을 통해 설명되어야만 한다. 참조. 8.a절.

13.a. 마소라 텍스트(MT)에는 이 동사가 표현되어 있지 않다: 이 구절의 처음 부분에서의 연속성으로 이해되어야만 한다.

13.b. 다음 구절은 이것이 의도된 성문이었음을 분명히 한다. 하지만 마소라 텍스트(MT)에서는 예견되는 האשפות가 아니라 하솨포트(השפות)로 되어 있다. 이 점에 대해선 몇 가지 설명들이 가능하다. (i) 이것은 단순히 서기관의 실수일 수 있다. (ii) 이것은 관사와 함께 사용되었을 때 א을 생략하는 데서 생긴 변형일 수 있다. 참조. GKC § 35d. (iii) 이것은 "치즈 문"의 완곡한 호칭일 수 있다(Rudolph는 요세푸스의 용어인 "두로베온 골짜기"〈Tyropoeon Valley: 치즈 제조자들의 골짜기〉와 적절하게 비교한다: A. van Selms, *ZAW* 91[1979] 170-76도 보도록 하라).

14.a. 일부 초기 주석가들과 마찬가지로, 70인경(LXX)을 통해 "그리고 그의 아들들"이라고 수정할 필요는 없다. 70인경 번역자들은 분명 여기에서와 다음 구절에서 갑작스럽게 미완료 시제를 사용한 것으로 인해 혼돈스러웠을 것이다(*yaqtul concomitans*; 참조. König, *Syntax* § 154). 그래서 יבננו("그는 그것을 중건했다", 13절의 동일한 위치에 나오는

בנוה〈"그들은 그것을 중건했다"〉를 통해 뒷받침된다)를 ובניו("그리고 그의 아들들")로 잘못 읽었을 것이다. 이는 그들로 하여금 그 이후에 다른 동사를 더 첨가해야만 하게 했을 것이며, 이를 위해 그들은 이 장의 앞부분에 나오는 비슷한 표현 공식에 눈을 돌렸으리라는 것은 당연한 일이다.

15.a. 이는 살룸과 동일한 이름이며, 몇몇 Vrs과 MSS에서 이렇게 읽는다.

15.b. 즉 "모든 것을 보는" 혹은 "모든 사람들의 관찰자". 이는 분명 직업에서 유래된 가족 이름이다.

15.c. K에서는 이 동사가 복수 형태로 되어 있다. 하지만 이는 분명히 변칙적인 것인데, 왜냐하면 이 구절에 나오는 다른 모든 동사들은 우리가 기대하는 대로 모두 단수형이기 때문이다. 그렇기 때문에 이 복수형은 다른 수정을 하는 토대로 사용되어서는 안 되며, 도리어 우리는 Q를 통해 단수형인 ויעמיד로 읽어야만 한다.

15.d. 참조. n. 13.a.

15.e. 전치사 라멘(ל)은 상당히 넓은 의미의 범위를 갖고 있다. 여기에서 이 전치사를 정확하게 번역하는 것("of, by, at, towards 등 중에서")은 우리가 갖고 있는 것보다 훨씬 더 많은 지정학적 정보에 달려 있다. 참조. "주석".

16.a. 즉 "병영", 만약 과거 영웅들의 무덤에 관한 언급이 아니라면.

18.a. 마소라 텍스트(MT)는 빈누이(בִּנֻּי)라고 약간 수정되어야만 한다. 참조. 24절과 Vrs 그리고 MSS.

19.a-a. 이 구문에 대한 번역은 지극히 불확실하다. 각각의 단어들이 어떤 의미인지에 대해서는 논쟁 중이고, 이 단어들이 서로 구문론적으로 갖는 관련성도 명확하지 않다. 예를 들어, "맞은편은 올라가 절벽에 이른다"로 번역한 NIV를 보라. 여기에서는 목적격으로서 자리하고 있는 "부벽"(개역성경에서는 "굽이"라고 번역했음 – 역자주: 참조. 20, 25절, 그리고 대하 26:9)은 합핀나(הפנה, "모퉁이", 24절과 31절)와는 구별된다. 그러므로 일반적 번역인 "귀퉁이"는 잘못된 것이라 할 수 있다.

20.a. MSS와 Vrs는 삽배와 삭개로 읽는 것으로 나누어져 있다.

20.b. 마소라 텍스트(MT)는 일반적으로 "열정적으로, 열심히"를 의미하는 헤헤라(החרה)를 첨가하고 있다. 이는 이 동사의 히필형 의미로는 타당하지 않다("분노를, 불붙여, 타다"). 차라리 אחריו를 중복해서 잘못 기록한 것으로 간주하여 생략해 버리거나, 혹은 원래 19절의 마지막 구문을 언급했던 가장자리 칼럼의 윤색 부분을 잘못 배치한 것으로 간주하여 지워 버리는 것이 더 낫다. 참조. Cook, *ExpTim* 10(1898-99) 279-81.

22.a. 근본적으로 무언가 평지와 관련된 표현인 하키카르(הככר, "주변 지역")는 넓은 범위의 의미들을 갖고 있으며, 심지어 한 지역이나 구역에 대한 적절한 이름이었을 수도 있다. 구체적인 증거가 없는 상황에서 12:28은 현재 정황을 알려 주는 결정적인 요소임에 틀림없으며, 그 부분에서는 "예루살렘 주변에"라는 단어들을 사용하여 윤색했다.

23.a. 단수형 접미어다. 사실 전치사 아하라이오(אחריו)는 이 목록에서는 복수형 접미어와 함께 사용된 적이 없었으며, 그 결과 이 용례는 이 장의 전반부에 나오는 על־יד와 견줄 만한 것으로 취급되어서는 안 된다. 우리는 일부 사람들이 주장해 온 것처럼 앞 구절에 무언가 단수형 선행사를 보여 주는 내용이 누락되었다고 결론내려서는 안 된다.

25.a. 의미가 통하게 하기 위해서는 삽입구문들에 단어들이 보충되어야만 한다. 그러나 이것이 비록 가능하긴 하지만, 우리가 실제로 אחריו החזיק("그 사람 이후에 중수했다")라는 표현을 마소라 텍스트(MT)에 복구해야만 하느냐는 문제는 확실치가 않다: החזיק가 이 구절 후반부에서도 생략되어 있다는 점을 주목하라. 그리고 nn 13.a. 그리고 15.d.를 참조하라.

25.b. 문법적으로 보자면, 이 단어는 "망대"나 혹은 "왕궁"을 수식할 수 있다. 왕궁과 관련이 있다는 입장을 취하는 사람들은 왕궁이 포로기 이전 시기 때 "솔로몬 왕궁"을 대신해서 왕가가 거주하던 곳이었다고 설명한다. 하지만 이 곳이 어떻게 해서 "윗쪽의"라고 불려지게 되었는지를 설명하는 것은 어려운 일이다. 왜냐하면 우리는 여전히 궁궐-성전 단지의 상당히 남쪽 지점에 있는 것으로 보기 때문이다.

26.a. 마소라 텍스트(MT)에는 "그리고 성전을 수종드는 사람들은 오벨에 살았다"로 되어 있는데, 이는 브다야가 중수한 부분에 대한 규정을 가로막는 것이며, 또한 현재 정황에 지극히 불필요한 정보를 공급하는 것이기도 하다. 많은 주석가들은 이를 11:21을 통해 27절을 윤색하고자 잘못 놓여진 것으로 보아 지워 버린다. 하지만 이 어법은 무엇을 의미하는지 정확하게 규정되지 않으며, 어떤 경우건 간에 그렇게 윤색해야 할 분명한 이유도 없다. Ehrlich, *Randglossen* vii, 190에서는 두 개의 단어들을 함께 묶어서 위에서 번역한 것처럼 היושבים로 읽을 것을 제안한다.

26.b. 위의 25.a.를 참조하라.

27.a. 참조. 23.a.

29.a. 참조. 23.a.

30.a. K에서는 "내 뒤에"로 되어 있는데, 이는 올바른 표현일 수가 없다. Q와 많은 MSS, 그리고 Vrs 등을 통해서 우리는 אחריו을 복구해야만 한다.

30.b. Read שנית.

30.c. 참조. n. 23.a.

31.a. 참조. 30.a.

31.b. 벤-하초레핌(בן־הצרפים, 문자적으로는 "금장색의 아들")으로 읽는다. 이는 한 부류의 멤버십에 속한 사람을 표현하는 동의어적인 표현 방식이다.

양식/구조/배경

예루살렘 성벽 재건축에 종사했던 사람들의 목록은 성벽 주변을 시계 반대 방향으로 도는 형태로 한 부분에서 다른 부분으로, 양문에서 출발해서 양문으로 순회하면서(1절과 32절) 움직여 나간다. 각각의 부분들에 나오는 묘사들에는 각기 다른 다양성들이 있지만, 전체적인 모습으로 보자면 앞에 나온 부분과의 연결을 나타내고 그 부분을 재건축하거나 중수하는 일을 했던 사람들과 관련된 이름들이 있고, 성벽을 중심으로 해서 출발점과 마치는 지점에 관한 언급이 있으며, 또한 그 안에 포함되어 있는 언급해야 할 만한 모든 항목들이 기록되어 있다. 이 항목들 안에는 일반적인 유사성이 있음에도 불구하고 다양성이 매우 크기 때문에, 각각의 요소들에 대해 상당히 엄격한 획일성을 찾으려는 그 어떤 시도도 정당화될 수 없을 것이다.

비록 성벽을 완벽하게 순회한 것으로 묘사된 것처럼 보이기는 하지만, 이 목록이 원래의 전체 모습 그대로 보존되어 온 것이 아니라는 점은 분명하다. 수많은 개인들과 그룹들이 "두 번째 부분(section)"을 중수했다고 언급된다. 일부 경우들에 있어서는 그들이 첫 번째로 중수했던 부분이 이 목록 앞부분에 언급되어 있기는 하지만(21절과 4절; 24절과 18절; 27절과 5절을 비교하라) 항상 그런 것은 아니다(참조. 11, 19, 20절과 30절). 이는 그들이 이전에 했던 일에 관한 기록이 분실되었을 수도 있음을 추측케 한다. 그리고 이와 같은 추측을 뒷받침해 주는 독자적인 증거에 대해서는 위의 1절에 대한 "원문주해"에서 발전시켰다(다른 사람들은 12:39에 토대를 두고 우리가 기대할 수 있는 에브라임 문에 관한 언급이 여기에 나오지 않는다는 점을 주목한다. 그래서 8절 앞부분에 비슷한 생략이 있었을 것이라고 추측한다. 하지만 이는 이 주석이 지적한 바와 같이 별로 확실치가 않다). 각 부분들은 서기관들의 눈이 한 부분에서 다음 부분으로 옮겨가는 과정에서 쉽게 분실될 수 있었다. 왜냐하면 동일한 단어들로 그것들이 시작되기 때문이다. 비록 겉으로는 완전해 보인다 하더라도 사실은 이 목록이 완전한 것이 아닐 수도 있다는 가능성은 우리에게 지금 본문의 외양에만 토대를 두고 과도하게 지리적인 결론들을 내려서는 안 된다는 점을 경고해 준다.

이 목록의 전반부에 대해서(1-15절) 뷰로우(Burrows, *AASOR* 14[1933-34] 115-40)는 "일꾼들은 재건축된 여섯 개의 성문을 따라 여섯 그룹으로 나뉘었다"고 주장했다. 이 그룹들은 1-2절, 3-5절, 6-12절, 13절, 14절 그리고 15절이다. 뷰로우는 처음에 언급된 사람 혹은 백성들은 뒤이어 나올 모든 부분의 지도자들이며, 이 점은 "그/그들 다음에"라는 표현에 나오는 접미어들이 왜 바로 앞에 있는 선행사들과 일치하지 않는 경우들이 있는지를 설명하는 데 도움을 준다고 본다. 마찬가지로 우리가 예측해 볼 수 있는 것과는 달리, 각각의 구분된 부분들에 대해서가 아니라 각각의 그룹들에 대해서 이 작업은 오직 하나의 "종착점"만을 언급한다.

하지만 이런 독창적인 제안은 본문을 정교하고 세밀하게 관찰하지는 못하고 있다. 우선 첫 번째로 13절, 14절 그리고 15절은 여하튼 오로지 한 개의 부분만을 갖고 있으며, 뷰로우(Burrows)의 이론은 아무것도 이 구절들에 근거를 둘 수가 없다. 나머지 부분들에 대해서는, 뷰로우는 자신의 이론이 사실 "그/그들 다음에"라는 표현이 야기하는 문제들을 충분히 해결하지 못한다는 점을 인정해야만 하며, 또한 우리가 선호할 수 있는 또 다른 대안적인 제안들이 마찬가지로 가능하다는 점도 인정해야만 한다. 위의 nn 2.a. 그리고 2.b.를 보라. 마지막으로, 뷰로우가 관심을 두고 있는 가장 강력한 부분은 각각의 그룹들의 작업이 갖고 있는 "종착점"에 대한 것이다. 하지만 첫 번째 그룹은 하나가 아니라 두 개의 종착점을 갖고 있었으며, 반면에 두 번째 그룹은 전혀 종착점이 없었다. 세 번째 그룹에 대해서는 뷰로우는 두 개의 종착점이 있었다고 생각하지만, 위에서 제시한 번역을 토대로 이해해 본다면 이 그룹에도 종착점이 없었다. 어떤 식으로 이해한다 하더라도 뷰로우의 이론을 뒷받침해 주지 않는다.

그렇기 때문에 우리는 일부 부분들이 좀더 큰 그룹들의 일부분이었다는 주장을 거부해야만 한다. 각각의 부분들은 본문상에서 독립적인 단위들이며, 오로지 지형적인 연속성을 통해서만 다른 단위들과 연결되어 있다.

뷰로우(Burrows)는 이 장을 전반부와 후반부 두 개의 부분으로 구분한 것을 지지하는 편에서 매우 강력한 주장을 했다. 1-15절에서는 부분들이 문자적으로는 알-야도(על־יד, "그의 손으로")라는 구문을 통해 연결되어 있지만, 16-32절에서는 아하라이오(אחריו, "그〈him〉 다음은")라는 전치사를 통해서 연결되어 있다. 마찬가지로, 성문 재건축에 대한 묘사는 전반부로만 국한된다. 이런 점은 이 목록이 원래는 각기 분리된 두 개의 원 자료들이었는데 이를 편집했거나 혹은 후대의 저자가 완성시킨 것이었을 가능성을 제기한다. 흥미로운 가설들이 주장될 수 있었다. 예를 들어, 엘리아십에 대한 두드러진 모습(1절)이 느헤미야가 그를 향해 비판적인 태도를 취한 13:4-9과 비교되면서 나타난다는 점은 이 목록 전반부가 초기 성벽 건축에 대한 초기 기록(스 4장)의 흔적인지를 궁금하게 만든다.

하지만 사실 뷰로우(Burrows)는 그런 식의 급진적인 구분을 거부하고, 이 목록이 본질적으로 하나의 단위라는 주장을 유지하는 데 있어서 올바른 입장을 견지한다. 두 개의 전혀 다른 부분들에 대해 일을 했던 몇몇 사람들에 대한 언급들(위를 보라)은 이 장의 전·후반부에 걸쳐 펴져 있다. 이는 만약 이들이 각기 다른 경우들에 기록되었다면 불가능했을 것이다. 마찬가지로, "절반을 다스리는 자"나 혹은 "중수했다"(החזיק – 헤헤치크)와 같은 특징적인 단어들과 구문들이 전반부와 후반부 모두에서 나타나며, 심지어 이후에 느헤미야와 충돌하는 사람들까지도 (적어도 암시를 통해서라도) 양편 모두에 나타난다. 엘리아십(1절)에 덧붙여서, 30절에 나오는 므술람에 대한 "주석"도 보라. 묘사 패턴이 마지막 구절인 32절에서 중단된다는 점은 저자가 의식적으로 그의 출발점으로 되돌아가고 있다는 것을 추측케 한다. 마지막으로, 전반부와 후반부 양편 사이에는 분명히 지리적인 간격이나 중복이 전혀 없다.

그렇다면 도대체 어떻게 양편 사이의 차이점들을 설명해야만 한단 말인가? 뷰로우(Burrows)는 이런 차이점들이 순전히 형태상의 것이라고 생각한다. 하지만 좀더 확실한 설명을 발견할 수 있다고 주장되어 왔다. 형태의 변화는 성벽 라인에 대한 묘사가 성벽 자체가 아닌 다른 지형적인 특징들을 언급하면서 규정되는 바로 그 지점에서 나온다. 이 주석에서는 이 지점이 느헤미야가 더 이상 옛 성벽 라인을 따를 수 없었지만 다윗 성 동편 산등성이를 따라 좀더 높은 곳에 새로운 라인을 완성하기 위해 분투해야만 했던 지점들임을 보여 줄 것이다. 이 목록의 편찬자는 옛 성벽 라인을 따라 "그 다음은"이라는 의미로(이 표현이 즉각적으로 사용되지 않았던 포로기 이전 성벽 서편에 대해서도 우리는 훨씬 이전이나 혹은 스 4장에서 언급된 노력들로 이루어진 좀더 초기의 일부 성벽 라인들이 있었다고 추측할 수 있다) על־יד와 אחריו를 사용했을지도 모른다. 성문들에 대한 분배가 관련되어 있는 한, 같은 고려사항들을 어느 정도까지는 적용할 것이다. 분명히 동편 측에는 이전에 있던 성문들을 중수하는 지점이 없었다. 왜냐하면 그쪽의 성문들은 더 이상 새로운 성벽의 일부분을 형성하지 않았기 때문이다. 그럼에도 불구하고 이 구절들에서 성문들이 언급되는 부분들에서는 그저 단순히 확인하기 위한 목적 때문이지 성문들 자체가 재건축되고 있었기 때문은 아니었다.

원래 이 목록을 편집한 것이 느헤미야가 아니라는 점은 일반적으로 동의되고 있다. 이 목록의 관점은 모든 곳에 있는 성문들이 "문짝, 자물쇠, 빗장" 등을 다 갖추고 재건축 작업이 완료된 상황의 관점이다. 하지만 느헤미야의 일인칭 설명에서는 이 작업이 6장까지는 완료되지 못했으며, 그 부분에서조차 "내가 아직 성문에 문짝을 달지 못한 때라"고 분명하게 서술되어 있다(1절: 참조. 7:1). 두 번째로, 느헤미야의 설명은 항상 1인칭인 데 비해 이 설명은 3인칭으로 이루어져 있다. 세 번째로, "귀족들"(אדירים – 아디림)이라는 단어를 사용한 것은 느헤미야가 지역 지도자들을 언급하기 위해 사용한 방식들과 대조를 이룬다. 참조. 2:16. 마지막으로, 아마도 느헤미야를 지칭해서 5절에서 "그들의 주(lord)"라고 언급한 부분이 있는 듯한데 이것 역시 다른 부분의 형태와 대조를 이룬다.

이 목록이 독자적인 기원을 갖고 있다는 이런 강력한 증거들은 그 배경과 관련해서 두 가지 의문점을 씻어낸다: 첫 번째는 역사적인 의문점인데, 왜냐하면 이 의문점은 이 목록의 구성 배경과 관련되어 있기 때문이다. 두 번째는 문학적인 의문점인데, 왜냐하면 우리는 느헤미야가 이 목록을 그의 비망록에 사용했었는지 혹은 후대의 편집자가 이 목록을 현재 위치에 집어넣은 것인지를 물어보아야만 하기 때문이다.

오직 몇몇 소수의 학자들만이, 그러니까 중요 인물로는 토레이(Torrey, *Composition*, 37-38, 그리고 *Ezra Studies*, 225 그리고 249) 같은 사람만이 이 목록이 후대 편집자의 허구적인 창작물이라고 주장하면서 이 목록의 역사적 진정성을 부인해 왔다. 그러나 이런 극단적인 관점은 최근의 모든 연구들과 저자들을 통해 적절하게 거부되어 왔다. 이 목록의 통일성이라는 관점에서도 우리는 이 목록을 느헤미야의 리더십 하에서 그가 추진하던 일이 성공적으로 완성되었다는 것 이외에는 이 목록이 다른 그 무엇에서 기인했다고 생각할 수 없다. 대제사장 엘리아십(1절)에게 주어진 두드러짐은 이 목록이 원래부터 제사장적인 영향하에서 작성되었으며, 그 결과 성전 문서고에 보전되었을 것임을 추측케 한다. 느헤미야를 지칭함에 있어서 "그들의 주"라는 말을 사용했다는 것을 주목하는 것은 좀더 흥미로운 일이다(5절). 한참 이전에 1차 귀환에 참여했던 가족들의 입술을 통해 에스라에 대해서도 10:3에서 동일한 호칭을 사용했던 적이 있었다(스 2장). 지금 우리가 보고 있는 목록의 원본이 동일한 단체들 내에 있었다는 것은 그럴듯한 일이다. 엘리아십이 두드러지게 나타나고 있다는 점이나 도비야와의 결혼과 관련된(30절에 대한 "주석"을 보라) 므술람에 대한 언급이 나온다는 관점에서 생각해 볼 때, 원래는 이 목록이 훗날 느헤미야에게 반대하는 입장이 되었던 사람들을 자극하고자 이 일이 성공적으로 완성되었다는 점을 상당히 신뢰할 수 있다고 주장하는 시도로서 작성되었던 것이라고 주장할 수도 있을 것이다. 그저 추측으로서 말이다.

도대체 언제 이 목록이 현재의 문학적 형태를 갖추게 되었느냐는 문제에 대해서는 좀더 날카롭게 의견이 나뉜다. 이 목록이 후대 편집자의 작품이라고 보는 가장 확고한 주장은 모빙켈(Mowinckel, *Studien I*, 109-116)을 통해 발전되었다. 그의 원칙적인 주장은 이 목록이 2:20과 3:33(4:1) 간의 연결성을 방해한다는 것이다. 그는 2:18에서 작업의 시작을 묘사하고 있으며, 그런 뒤에 주제가 건축자들이 직면했던 어려움들에 대한 것으로 전환되었다고 믿는다. 그러므로 3:1-32은 중간에 끼어든 부분이다. 모빙켈은 한 걸음 더 나아가 성벽 건축에 대한 이런 객관적인 묘사는 느헤미야 비망록(NM)의 그 어떤 목적에도 도움을 주지 않는다고 주장한다. 그는 또한 요세푸스가 아직 이 목록을 포함하지 않았던 비망록의 복사본을 볼 수 있었다고 주장한다. 그렇기 때문에 그는 이 목록이 포함된 것은 상당히 늦은 후기의 편집 단계 때의 일이라고 간주한다. 모빙켈이 한 일반적인 주장은 베튼(Batten)이나 횔셔(Hölscher) 등과 같은 주석가들을 통해 수용되었다.

켈러만(Kellermann, *Nehemia*, 14-17)은 다른 대안적인 관점을 제시했다. 참조. 노스(Noth, *Studien*, 127), 루돌프(Rudolph), 갈링(Galling), 슈나이더(Schneider), 미첼리(Michaeli) 등. 그는 이 목록이 느헤미야의 조직화라는 능력을 찬란하게 빛나도록 해주기 때문에 비망록에 포함되기에 적합하다고 주장한다. 더군다나 우리는 2:13-15과 12:31-39을 통해서 느헤미야는 자신이 성취한 내용들을 강조하는 데 도움이 되었을 때 예루살렘의 세부적인 지형에 대해서 상당히 큰 관심을 보였을 수 있다는 점을 알고 있다. 세 번째로, 켈러만은 만약 이 목록이 없다면 2:20과 3:33(4:1)은 부드럽게 연결되지 못하고 도리어 독자들에게 균형이 잘 맞지 않는 쌍방을 제시하게 될 것이라고 주장한다. 그는 2장 마지막 부분이 건축 준비에 관해 집중하고 있기 때문에 정황상 건축 그 자체에 대한 일부 설명이 필요하다는 관점을 받아들인다. 2:18과 20절은 느헤미야의 가장 뛰어난 업적에 대한 묘사로서는 충분치가 않다. 마지막으로, 먼저 느헤미야의 주도권이 나오고 그 이후에 대적의 부정적인 반응이 나오는 패턴은 오로지 3:1-32이 원래의 비망록에 포함되어 있었을 경우에만 주장될 수 있다.

이 문제에 대한 결정은 궁극적으로 독자가 3:33(4:1)을 2:20과 직접적으로 연결된 것으로 보아야 하는지 그렇지 않은지에 관해 어떤 의견을 갖고 있는가에 달려 있다는 점이 분명해 보인다. 지금 현재의 저자는 모빙켈(Mowinckel)이 주장하듯이 2:18-20이 주로 건축 준비들을 다루고 있는 것으로 보고 있으며, 건축 시작을 다루고 있는 것은 아닌 것으로 보고 있다. 그런 경우 만약 건축과 관련해서 중간에 설명이 들어가 있지 않다면 3:33(4:1)로의 즉각적인 이행은 분명히 거친 연결이 되었을 것이다. 우리가 만약 느헤미야가 이 작업에 대한 독자적인 기록을 접했다는 전제를 받아들인다면(이 기록의 정확한 세부사항들을 그는 나중에 다시 완전하게 회상해 낼 수는 없었을 것이다), 그가 그 기록 내용을 이 지점에서 사용하지 말았어야 할 아무런 타당한 근거도 없어 보인다.

예루살렘의 지형에 관한 논의는 아래의 "주석"에서 이루어질 것이다. 하지만 루돌프(Rudolph)가 조심스럽게 당시 유다 지역의 폭넓은 정치적 지형 상황에 관해 관찰한 내용은 여기에서 다시 생각해 볼 가치가 있을 것이다. 아래의 지도 사진도 다시 보도록 하라. 그는 "다스리는 자"라는 단어의 사용에 토대를 두고서 다섯 개의 행정 중심지들이 언급되었다는 점을 관찰한다: 예루살렘, 벧-학게렘, 미스바, 벧술 그리고 그일라. 이 곳들은 분명히 페르시아가 이 지역을 행정적으로 구분한 것과 관련되어 있었다. 비록 우리는 여기 포함되지 않은 다른 지역들이 있었는지 그렇지 않은지를 확실히 이야기할 아무런 증거나 방법이 없긴 하지만 말이다.

그러므로 비록 여리고, 드고아 그리고 기브온과 같은 일부 다른 성읍들이 독자적으로 언급되었다는 점이나, 베들레헴과 같은 성읍에 대한 언급이 결여되어 있다는 점에 대해서 이 성읍의 거주자들이 느헤미야와 협력하는 것을 거부했다는 것을 보여 준다는 것 이상으로 지나치게 많은 의미가 부여되어서는 안 된다. 이 성읍들은 아마도 벧학게렘 지경 내에 포함되어 있었을 수도 있다.

지명들이 보여 주는 증거는 남쪽 지역의 경계가 이미 느부갓네살이 확립했던 것과 마찬가지로 벧술과 헤브론에 걸쳐 있었음을 좀더 분명하게 보여 준다. 사노아와 그일라는 에스라 2장에서 그렸던 것과 대충 동일한 서쪽 경계선을 보여 준다(비록 여기에서는 로드, 하딧, 오노 트리오가 언급되지 않긴 했지만 말이다. 또한 아래의 6:2에 대한 "주석"을 보라). 반면에 여리고를 동편에 포함시킨 것은 요단 강이 자연적인 경계선임을 나타낸다. 그러므로 루돌프(Rudolph)는 이 지역이 그 폭이 40-50킬로미터 이상이 되지는 않았고, 포로기 이전 유다 왕국의 대략 절반 이하 정도의 넓이였다고 추정한다.

마지막으로, 루돌프(Rudolph)는 개인 이름들이 증거로서 제시되고 있는 것처럼, 페르시아가 한 지역의 행정적인 리더십을 그 지역민들의 손에 맡겨 두었다는 점을 관찰한다. 그리고 메이어(Meyer, *Entstehung*, 166-68)가 관찰했던 것처럼 이 지도자들은 대부분 포로로 끌려가지 않았던 가족들에게서 나온 것으로 보인다(비록 일부 소수의 사람들은 스 2장 목록에 다시 나타나긴 하지만 말이다). 그러므로 느헤미야가 에스라 2장에서 신중함을 보였던 것이 설명되며, 또한 그가 그처럼 넓은 지지와 뒷받침을 획득하는 데 성공했다는 점은 그 무엇보다도 가장 주목할 만한 놀라운 일이다.

주석

1 본문의 현재 양식으로 보자면 이 장은 문자적으로 생각해 볼 때 계속적으로 나오는 "그리고 그는 일어났다···그리고 그들은 건축했다"(ויקם···ויבנו – 와야캄···와야이브누)라는 표현과 밀접하게 연관되어 있다. 이 표현은 백성들이 2:18에서 "일어나 건축하자(우리로 일어나 건축하게 하소서)"(נקום···ובנינו – 와쿰 우바니누)라고 말한 것에 뒤이어 나온다. 지금 여기에서의 주도권은 예수아의 손자(참조. 12:

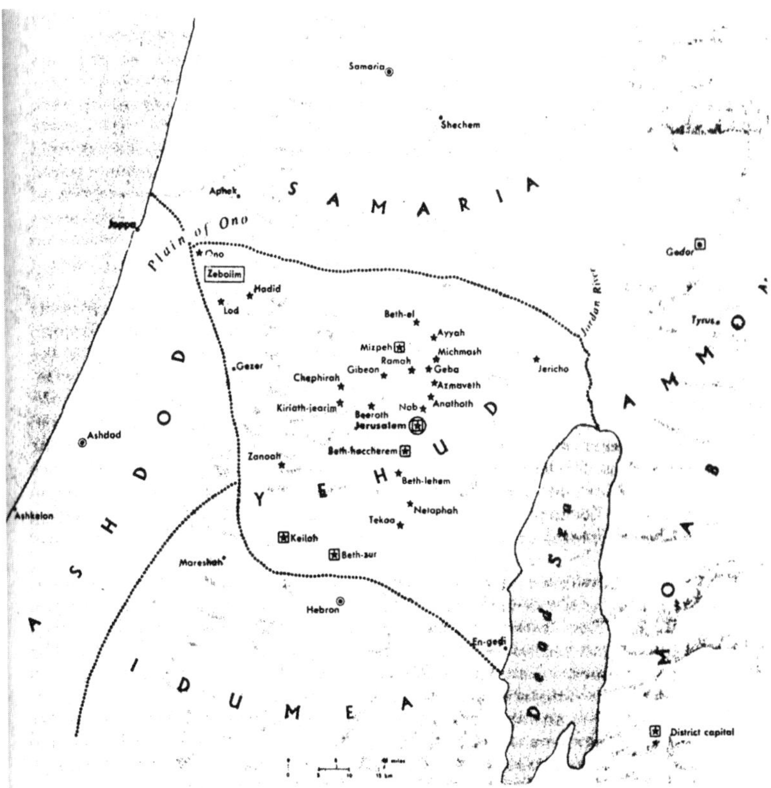

Fig. 1. 포로기 이후의 유다 영역(아하로니와 아비 요나)

10-11) 대제사장 "엘리아십"이 갖고 있었다. 나중에(13:28) 느헤미야는 그가 산발랏과 연관되어 있다는 점 때문에 이 가문의 구성원들과 충돌해야만 했다. 그리고 이 점은 느헤미야와 엘리아십 이 두 사람 간에 유다 인근 사람들을 향해 어떤 정책을 채택하느냐에 있어서 뿌리 깊은 차이점들이 있었음을 추측케 한다. 하지만 이런 근본적인 차이점들이 있다고 해서 이 목록에 그가 들어 있는 점이 어울리지 않는 일이 되는 것은 아니다: 느헤미야는 그가 해야 할 일에 대해서 궁정의 충분한 후원을 받으면서 돌아왔다. 사실 다른 문제들에 대한 그의 정책은 아직 알려지지 않았을 수도 있으며, 혹은 아직 구체적으로 정해지지 않았을 수도 있다. 느헤미야가 만났던 반대가 그에게 상당한 정도로 영향을 끼쳤을 것이라고 추측하는 것이 합리적일 것이다.

"양문"(The Sheep Gate, 32절; 12:39)은 성벽의 북동쪽 모퉁이에 있었다(참조. 요 5:2을 보면 양문 곁에는 베데스다 연못이 있었다). 그리고 아마도 양문이라는 이름은 성전 근처에서 희생 제사를 드리기 위해 양을 그 곳을 통해 데리고 드나들던 데서 유래했을 것이다. 그러므로 이 부분에 대해 제사장들이 관심을 갖는다는 것은 자명한 일이다. 이 구절의 시작하는 부분이 수리가 아니라 "건축"을 강조하고 있다는 점은 상당히 특징적이다. 이는 다른 지역들보다는 이 부분을 따라서 파괴되기 쉬운 부분들이 훨씬 더 광범위하게 파괴되었음을 추측케 한다. 하지만 황폐화된 동쪽 부분에 대해서 이 장의 후반부에서 "중수(수리)했다"라는 표현을 사용했다는 것은 이런 세세한 어휘의 변화에 너무 큰 무게를 두어서는 안 된다는 점도 보여준다.

이 구절의 나머지 본문 내용은 빈약하게 보존되어 있을 뿐만 아니라("원문주해"를 보라) 우리가 갖고 있는 더 이상의 정보들이 없기 때문에, 이 목록 뒷부분에 대해서 유사한 판단을 할 수가 없다. 하지만 12:39은 북쪽 성벽을 따라서 "함메아 망대"와 "하나넬 망대"라고 불리던 두 개의 분리된 망대들이 있었음을 확인해 준다. 이 망대들은 성전에 속한 영문과 어느 정도 상관된 역할을 갖고 있었을 것이다. 2:8에 대한 "주석"을 보라. 함메아 망대의 경우엔 이 두 개의 본문들 이외의 다른 본문에서는 등장하지 않지만, 좀더 서쪽에 있었던 하나넬 망대는 예레미야 31:38과 스가랴 14:10 등에서도 언급된다. 이처럼 하나넬 망대에 관한 언급이 나온다는 점은 이 망대가 경계표로서 두드러진 역할을 했다는 것을 보여 주며, 또한 성읍 전체의 범위를 확정하는 데 사용되었음을 보여 준다. 스가랴 14:10을 근거로 해서 이 망대가 성벽의 가장 북쪽 지점을 나타내 준다고 종종 추론되곤 한다.

3 "어문"(The Fish Gate, 참조. 12:39; 습 1:10; 대하 33:14)은 위치를 정확하게 자리매김할 수 없다. 이 문은 생선을 성안의 생선 가게로 들여오는 길 위에 있었을 수도 있지만, 우리는 이 문이 갈릴리에서 북쪽으로 들어오는 방향에 있었는지 아니면 지중해 연안에서 서쪽으로 들어오는 방향에 있었는지 알지 못한다. 스바냐 1:10은 이 문을 옛문(Mishneh)과 연관지어 이야기한다. 그러나 이 부분과 12:39(복구한 본문)에서는 이 문을 옛문 다음의 문으로 이야기한다. 마지막으로, 역대하 33:14에 의하면 므낫세가 "다윗 성 밖 기혼 서편 골짜기 안에 외성을 쌓되 생선문 어귀까지" 이르렀다고 되어 있다. 만약 이런 관련성들을 전부 다 의미 있는 것으로 취급한다면, 어문은 포로기 이후 후대 시대의 성벽보다는 도리어 느헤미야가 "원래의" 성벽을 따라가기 시작했던 바로 그 지점 근처에 있었던 것이 틀림없다. 북서쪽 모퉁이 지점이나 혹은 바로 그 남쪽 지점이 이 모든 증거들에 가장 잘 들어맞는 위치다.

각각의 문들의 건축에 관한 묘사들은 정형화된 방식으로 이루어졌다. 문짝을 다는 것은 분명히 건축 과정 중 마지막 단계임에 틀림없다. 참조. 6:1; 7:1. 아마도 "자물쇠와 빗장"은 문짝과 연결되어 있는 작업 중 마지막 손질이었을 것이며, 문을 닫았을 때 안전을 확보하기 위한 방법들이었을 것이다. 그 이전 요소(여기에서는 "그들은 빗장을 갖추었다")는 한 부분의 묘사와 다른 부분의 묘사가 사뭇 다르고 다양하게 나타난다. 다양한 구절들을 서로서로 견주어 보고 비교해 보는 것을 통해서(참조. 1, 6, 13, 14, 15절), 빗장은 문짝을 걸 때 반드시 필요했던 기본적인 구조와 상관이 있다는 점을 추론할 수 있다. 때때로 "성문"의 이 부분은 일련의 초소들을 포함하고 있었으며, "성문에서" 재판을 했던 장로들 그룹이 숙박하기에 적절한 좀더 작은 망대들도 포함했다.

4 므레못에 관해서는 8:33-34에 대한 "주석"을 보라.

5 드고아 사람들의 지도자들이 왜 이 일을 섬기는 데 마음 내켜하지 않았는지에 관해서는 아무런 이유도 제시되지 않고 있다. 하지만 여기 사용된 표현 양식("원문 주해"를 보라)은 새로운 리더십에 대한 분노를 표현하는 직설법이다. 이 점은 놀라운 일이 아니다. 어쨌건 간에 바벨론 포로 생활로부터의 귀환은 그 땅에 남아 있었던 사람들과의 긴장관계를 촉발시킬 수밖에 없었으며, 특히나 그 땅의 다른 거주자들과의 관계 문제에서는 더더욱 그러했다. 드고아의 지리적 위치는 좋건 싫건 게셈의 영향력을 받을 수 없었다. 에스라・느헤미야서의 관점은 이런 긴장성들을 적당하게 얼버무리거나 혹은 좀 다른 측면에서 제시하는 식의 관점이다(참조. 혼합 결혼

에 대한 처리). 그러므로 지금 본문 같은 구절은 유다 공동체 내의 폭넓고 날카로운 의견 차이들이 결코 수면 아래 깊이 잠겨 있는 것이 아니었음을 상기시켜 준다.

6 "옛문"은 왕조 시대 동안 예루살렘 서쪽으로 발전하고 성장한 새로운 지역 안쪽으로 이스라엘의 원래 성읍 성벽이 이 문을 통해 들어가게끔 열어 주었던 문이다. 그리고 히스기야와 므낫세의 통치 기간 동안 마지막으로 건축된 성벽이었다. 이 지역은 미슈네(Mishneh, 참조. 왕하 22:14; 대하 34:22; 슥 1:10; 느 11:9)라고 알려져 있는데, 이 이름은 "둘, 두 번째, 반복하다" 등과 관련된 어근에서 유래되었다. 그렇기 때문에 이 문은 성읍의 서편 쪽에 있었던 것이 틀림없다. 12:39은 아마도 이 성문을 에브라임 문과 구분하고 있는 듯하지만, 열왕기하 14:13에 나오는 성 모퉁이 문과는 동일한 것으로 여겨질 수 있다.

7 이 구절을 해석하는 데 있어서 중심이 되는 문제들은 위의 "원문주해"에서 논의했다. 미스바가 "강 서편 총독의 자리(관할)"라고 규정되었다고 해서 총독이 계속해서 그 곳에 머물렀다는 것을 의미하는 것은 아니다. 그보다는 총독이 유다 지역에 실제로 방문했을 때(참조. 예를 들어 스 5:3), 그가 공적인 사무를 보며 거주했던 곳이 다름아니라 미스바였다는 의미다.

8 "금장색"과 "향품 장사"에 관한 언급(그리고 31절에 나오는 "상고들〈장사치들〉")에 대해서는 비록 이런 직업에 종사했던 대부분의 사람들이 가족이나 지역적인 연계성을 통해 그룹이 결정되어 직업에 종사하긴 했지만, 일부 사람들은 그보다는 그들의 직업적인 길드를 토대로 일을 했다는 사실을 통해 설명되어야만 한다. 제사장들이나 레위인들이 건축에 동참하는 것도 느슨하긴 하지만 이와 비슷한 양상을 보여 준다. 특별한 기술들을 갖고 있었던 사람들이 훨씬 이전 시기부터 함께 일하고 함께 살았다는 증거가 있다. 참조. I. Mendelsohn, "Guilds in Ancient Palestine," *BASOR* 80(1940) 17-21. 그들은 아마도 유다 사회에서 중간 계층을 형성했을 것이다(Fensham). 그들은 성읍의 안전에 관심을 갖게 되었을 것이다. 31절에서와는 달리, 그들이 성벽의 이 범위의 건축에 참여했다는 즉각적이고 분명한 설명이 없다. 만약 이것이 포로기 이전 시대가 아니라면, 그들은 그들의 무역 거래를 원래는 성문 밖 옛성 장터에서 확립했을 것이고, 우리가 알고 있는 바로는 이 장터는 여기 묘사된 곳에서 그리 먼 곳이었을 수 없다.

이 구절의 마지막 구문인 "그들은 예루살렘의 넓은 성벽까지 남겨 두었다"(개역성경에서는 "남겨 두었다"가 아니라 "건축했다"는 것으로 번역되어 있다 – 역자주)라는 내용은 몇 가지 방식들로 해석되어 왔다. 만약 이 단어들을 액면 그대로 받아들인다면, 이 구문은 느헤미야의 성벽이 포로기 이전 성읍의 안쪽 부분으로 파고들었다는 관점을 좀더 지지해 주는 증거를 제공하게 될 것이다. 왜냐하면 우리는 이 부분이 갈래가 나뉘기 시작하는 분기점이 아니라는 사실을 알고 있으며, 도리어 우리는 이 부분이 성벽 라인들이 다시 모이는 지점이라고 추측할 수 있기 때문이다. 그렇다면 "그들은"이라는 단어는 앞에 나온 수많은 부분들을 일반적이고 요약적으로 지칭하는 것이 될 것이다. 이 관점을 통해서 보면 성벽 라인들은 북동쪽에서나 혹은 그 근방에서 나뉘어질 것이며, 비록 여전히 골짜기 문보다 북쪽이기는 하지만 (13절) 어느 정도 서쪽 편으로 내려온 지점에서 다시 합쳐지게 될 것이다. 이런 해석은 케년(Kenyon, *Digging up Jerusalem*, 146⟨fig. 26⟩)이 가설을 토대로 재구성한 모습과 상당히 가깝게 연관되어 있다는 점을 주목할 필요가 있다. 물론 이 해석이 서쪽 언덕에서 좀더 남쪽 지역까지 거주가 이루어졌다는 가능성을 완전히 배제하는 것은 아니다. 이 해석은 그저 초기 성벽이 한때는 성읍 서편의 북쪽 면만을 둘러싸고 있었음을 추측케 할 뿐이다.

그라프만(Grafman, *IEJ* 24[1974] 50-51)은 동일한 일반적인 이론에 대해 이와는 다른 대안적인 관점을 발전시켰다. 하지만 그는 "넓은 성벽"이 실질적으로 서편 언덕을 둘러싸고 있었다고 주장한다. 우리는 그의 첫 번째 결론인 "넓은 성벽"이라는 표현은 성벽의 두께에 관한 것이 아니라 성읍을 둘러싸고 있는 넓게 퍼진 범위를 지칭하는 것이라는 결론을 받아들일 수 있다. 하지만 그가 성벽 라인에 대해 좀 더 정확하게 규정한 내용은 분명히 어려움들을 갖고 있다: 왜 이 구문이 다른 곳이 아니라 바로 이 지점에 관한 논의에서 등장했는지, 그러니까 "넓은 성벽"의 출발점이나 혹은 마지막 부분에 관한 지점이 아니라 여기에 등장했는지에 대해서 그는 아무런 설명도 제공하지 않는다. 이 문제점은 우리가 일단 12:38에 다다르면 해결하기 어려운 지경이 되어 버리는데, 왜냐하면 그 부분에 나오는 성벽의 진행 양상은 틀림없이 넓은 문이 "풀무 망대"와 에브라임 성문 사이에서 만나는 것으로 되어 있기 때문이다. 그라프만의 관점대로라면 이 일은 불가능할 것이다. 여기에 덧붙여서, 우리는 넓은 성벽이 남쪽으로 확장되어 있었다는 아무런 외적이고 물질적인 증거가 없다는 일반적인 사항도 지적할 수 있을 것이다. 아비가드(Avigad)가 현대 유대에서 예루살렘의 옛 성읍에 대해 구획 구분을 했는데, 케년(Kenyon)의 추측은 이를 받아들인 것이었다. 반면에 철기 시대 때라고 양보해서 추정한 서편 언덕의 대부분의 지점들이 사실 그라프만이 주장한 라인에서조차 바깥편에 자리잡고 있다는 건 묘한 일이다. 구획 구분과 성벽 라인들에 관해서는 브로쉬(M. Broshi, "The Expansion of Jerusalem in the Reigns of Hezekiah and Manasseh," *IEJ* 24[1974] 24)를 참조하라. 마지막으로, 설령 게바(H. Geva, "The Western Boundary of Jerusalem at the End of the Monarchy," *IEJ* 29[1979] 84-91)가 포로기 이전 성벽의 요소들을 케년이 제안했던 서쪽 라인과 동일시한 것이 옳다 하더라도(그리고 이는 확실하지가 않다), 그 라인은 대략 현재의 옛 성읍 남쪽 라인을 따라 뒤쪽으로 우리가 성읍 라인을 추측하고 있는 지점에서 치고 들어가서 다윗 성과 합쳐졌을 수 있다. 게바(Geva)는 그 성벽이 다윗 성의 남쪽 끝부분 지점까지 뻗어 있었다는 아무런 증거도 제시하지 못했다.

9 이 구절에는 앞으로 수없이 등장하는 한 지방의 절반을 다스리는 자라는 표현이 첫 번째로 나온다. 참조. 12, 14, 15, 16, 17 그리고 18절. 이 구절들에서는 예루살렘, 벧학게렘, 미스바, 벧술 그리고 그일라가 언급된다. 의문스러운 단어인 펠렉(פלך, "지방")이라는 단어는 히브리어 성경 다른 부분에서는 이런 의미로 사용된 적이 없다. 행정과 관련된 많은 용어들이 앗시리아 시대 때 그리고 이후 바벨론의 영향하에서 히브리어에 들어왔기 때문에, 아마도 이 단어는 아카드어인 *pilku*의 동족어일 것이다. 이 단어의 주된 의미는 "지역, 영역"(참조. *AHW* 863)이다. 15절과 19절에서 "미스바 지방을 다스리는 자"와 "미스바를 다스리는 자" 사이를 구분해서 묘사했기 때문에, 이 표현은 성읍 그 자체보다는 도심 주변 지역의(그리고 이 부분은 다시 둘로 세분화된다) 행정적인 영역들을 언급하는 것으로 보인다. 그일라처럼(분명히) 별로 대수롭지 않은 성읍조차도 두 개의 지방을 갖고 있었다는 사실에서(17절과 18절) 이런 관점을 뒷받침해 주는 증거를 찾을 수 있다. 이 다섯 개의 지방들이 유다 지역의 모든 행정적인 구분들을 대표하는지는 언급되지 않았다.

이와는 달리, 보우먼(Bowman)은 *pilku*가 때때로 건축 작업에 있어서 "허가받은 지역"을 의미할 수 있었다고 주장한다(참조. "Bauabschnitt"의 다섯 번째 의미, *AHW*). 그렇기 때문에 그는 지금 성경 본문에 나오는 표현이 성벽 건축을 할당받은 성읍의 작업 책임자를 의미한다고 생각한다. 하지만 이런 주장은 15절과 19절 두 부분을 모두 "미스바에 할당된 지역의 절반을 책임지고 있는 자"라고 수정할 것을 필요로 하는데 이와 관련된 그 어떤 증거도 없다.

10 "자기 집과 마주 대한 곳"이라는 표현에 관해서는 20-21절에 대한 "주석"을 보라. 그러나 "원문주해"도 참조하도록 하라.

11 "하림의 아들 말기야": 참조. 에스라 10:31. 만약 이 두 구절이 동일인에 대해 언급하는 것이라면, 이 지점은 에스라의 연대를 후기로 잡을 수 있다는(즉 주전

398년) 가능성에 반(反)하는 역할을 할 수 있다. "두 번째 부분"에 대해서는 위의 "양식"을 보라. "풀무 망대"(The Tower of the Ovens)는 다른 부분에서는 오직 12:38에만 나타나는데, 그 부분에서 이야기하는 이 망대의 위치는 지금 현재 본문이 함축하고 있는 위치와 일치한다. 즉 골짜기 문과 넓은 성벽 사이이다. 그렇기 때문에, 이 망대는 성벽 라인에 대한 논의에서 어떤 독자적인 기여도 할 수 없다. 풀무라는 확실치 않은 표현은 아마도 빵을 굽는 데 사용된 무언가를 의미할 것이다.

12 살룸의 딸들이 참여했다는 언급은 매우 흥미롭다. "아들들"로 수정해 버리려는 유혹은 반드시 저지되어야만 한다: 수정하지 않는 것이 정확한 것이 될 것이다. 왜냐하면 애당초 처음부터 이렇게 기록되어 있었다는 사실은 단순히 유별나다는 것 이상으로 중요한 것이기 때문이다. 우리는 이 표현을 예루살렘에 있는 (딸의-) 마을들을 지칭하는 것으로 해석할 수도 없다. 왜냐하면 접미어인 "그의"가 남성형이기 때문이다(예루살렘은 여성형이다). 만약 살룸에게 아들들이 없었다면, "이런 경우 딸들이 도움을 주었을 것은 지극히 자연스러운 일이었을 것이다. 왜냐하면 딸들이 그의 재산과 이름을 물려받았을 것이기 때문이다"(Brockington, 민 36:8에 대한 언급과 더불어).

13-14 "골짜기 문"(The Valley Gate)과 "분문"(Dung Gate): 2:13-15에 대한 "주석"을 보라. 이 두 문 사이의 거리는 "일천 규빗"으로 설정되어 있다. 일 규빗의 정확한 길이는 시대마다 조금씩 다르긴 하지만, 여기서 두 문 사이의 길이는 일반적으로 약 500야드로 계산된다. 또한 얼마나 많은 성벽을 각각의 그룹들이 중건할 수 있었을지에 대해 "상식"이라는 토대에서 생각해 볼 때 이 숫자를 의심할 필요는 없다(예를 들어, Burrows, *AASOR* 14[1933-34] 131에서 하듯이 말이다). 이 길이가 여기에 기록된 것은 이 길이가 너무 드물게 긴 거리였기 때문이다. 아마도 이 부분의 성벽은 중건하기에 훨씬 좋은 상태였을 것이다: 이쪽 면은 고대에 예루살렘을 공격할 때 공격을 감행하던 쪽이 아니었다. 여기에 덧붙여서, 이 부분은 가까운 과거에 이미 일부분이 중건되었을 가능성도 있다(참조. 스 4장).

15 "샘문"(Spring Gate)은 위의 2:14에 대한 "주석"에서 이미 논의했다. "왕의 동산 근처 셀라 못가의 성벽"이 어딘지를 규정하는 일은 좀더 어렵다. 특히나 이 부분이 반드시 성읍의 성벽 그 자체의 일부분일 필요는 없다. 우리는 여기다가 다음 구절에 의하면 "파서 만든 못"이라고 불리는 또 다른 연못이 좀더 북쪽 지역에 하나 더 있었다는 사실을 지적해 두어야만 한다.

아마도 이 장에서 언급된 두 개의 연못 중 하나는 2:14에 나오는 "왕의 못"과 동일한 것으로 규정되어야만 할 것이다. 구체적인 이름에서 차이가 있다는 것은 이 장이 독자적인 기원을 갖고 있다는 관점에서 생각해 본다면 별다른 문제가 되지 않는다. 최근까지도 두 가지 가능성이 모두 가능성이 있다는 점을 견지해 왔다(2:14에 대한 "주석"에서 언급된 논문들을 참조하라). "셀라 못"은 "왕의 동산"과 밀접하게 연계되어 있기 때문에, 이 연못이 "왕의 못"이라고도 불렸을 것이라고 가정하는 것은 상당히 매력적인 일이다(후에는 솔로몬의 연못). 그럴 경우 여기서 언급된 성벽을 좀더 구체적으로 규정할 수는 없지만, 이 성벽에 대한 중수는 만약 중수하지 않았을 경우 불필요하게 물을 낭비하게 된다는 측면에서 좀더 이해할 수 있는 일이 될 것이다. 그렇다면 "파서 만든 못"은 알려지지 않은 또 다른 특징적인 장소가 될 것이다.

또 다른 대안은 왕의 못을 파서 만든 못이라고 규정하는 것이다. 이렇게 하면 우리는 셀라 못을 좀더 남쪽에 자리잡게 할 수 있고, 실질적으로는 "실로아 못"과 같은 것으로 간주할 수 있게 된다. 두 못의 경우 이름을 구성하는 자음들이 각기 동일하다. 윌킨슨(Wilkinson, *Levant* 10[1978] 116-25)은 구약성경 시대 때는 이 못이 오늘날의 Birket el Hamra에 자리잡고 있었다는 것을 훌륭하게 잘 주장했다. 만약 그렇다면, [이 구문에 대한] 가장 자연스러운 해석은 경사지를 따라 있던 성벽이 위의 Birket el Hamra 위쪽에 자리잡고 있는 성읍 남쪽을 따라 있었다는 것이 될 것이다(p. 120).

두 가지 규정 모두 나름대로의 장점들과 매력들을 갖고 있지만, 이름을 부르는 것만 다를 뿐인 두 개의 연못이 서로 가까이에 자리잡고 있었다는 것은 별로 그럴 듯하지 않다는 점에서 생각해 볼 때 두 번째 것을 더 선호해야만 한다. 이는 위에서 제시된 증거를 수용하기 위해서는 살룸이 성벽을 샘문 서쪽 편까지 중수했던 것이 틀림없다는 것을 의미한다. 하지만 그가 중수했던 북쪽의 마지막 부분이 어디까지인지는 정확하지가 않다. 일반적으로는 다윗 성에서부터 내려오는 층계가 샘문 그 자체를 통과하는 것으로 여겨지는데, 이럴 경우엔 살룬이 맡았던 부분을 이미 이 문과 관련해서 언급한 정황에서 묘사하는 것은 좀 이상한 방식이 되고 만다. 하지만 바로 이 지점이 느헤미야가 초기 성벽 라인을 포기했던 곳이기 때문에(아래를 보라), 살룬이 샘문에서부터 새로운 성벽 작업을 시작했으며 예전에 성읍의 일부분이었던 언덕으로 올라가는 층계 라인을 따라 성벽 작업을 했다고 주장할 수 있을 것이다.

16-31 이미 위의 "양식"에서 지적했던 것처럼, 이 장의 두 번째 부분인 이 곳에

서의 묘사 형태는 전반부와는 사뭇 다르다. 이제는 더 이상 이전에 존재했던 성벽들, 성문이나 다른 특징적인 모습들을 따라가지 않는다는 점이 분명해진다. 그보다는 성벽이 지나가는 새로운 위치들이 새로운 경계표들에 대한 언급을 통해 조심스럽게 규정된다. 이 경계표들은 거의 모든 경우에 우리에게는 거의 알려져 있지 않은 것들이지만, 분명히 당시 사람들에게는 매우 친숙하고 익숙한 것들이었을 것이다. 고고학적인 증거는 이런 인상과 잘 맞는 듯하다. 왜냐하면 케년(Kenyon)이 이 시기의 성벽이라고 규정하는 성벽은 포로기 이전 성벽들보다는 동쪽 경사지의 상당히 높은 부분이기 때문이다. 참조. *Digging up Jerusalem*, 183-84. 이렇게 된 이유는 매우 분명하다. 동쪽 경사지는 매우 가파르다. 성벽들은 심각하게 훼손되었고, 전체 지역은 엄청난 양의 돌덩이들이 굴러 내려와 채워졌다고 할 정도였다. 이것을 치워버리고 경사진 곳을 다시 평평하게 하는 일이 중심적인 일이었을 것이고, 이 일은 느헤미야 시대 때 그가 이 문제를 해결하기 위해 사용할 수 있었던 수단들로는 할 수 없는 일이었으며, 사실상 성읍의 감소한 인구의 측면에서 생각해 볼 때도 불필요한 일이었을 것이다.

16 "파서 만든 못"(the artificial pool)에 관해서는 15절에 대한 "주석"을 보라. 종종 다윗 성 남동편 쪽에 있는 바위를 잘라 만든 몇몇 큰 무덤들이 "다윗의 묘실"(즉 다윗과 그의 후손들의 묘실)이라고 여겨졌다. 하지만 이는 매우 불확실하다. 비록 신약 시대 때까지도(참조. 행 2:29) 이 묘실이 어디에 있는지 알려져 있긴 했지만, 훗날 그 지역에서 광범위하게 시행된 채석 작업들로 인해 아마 그 흔적들조차 사라졌을 것이다. 하지만 케년(Kenyon)은 성읍 안에 무덤을 두는 것은 셈족의 관습이 아니며, 열왕기상 2:10 같은 성경 본문들도 반드시 그런 것을 요구했던 것이 아니라는 점을 지적한다. 그는 소위 무덤이라고 불려지던 것들은 실제로는 저장기 같은 것들이었으며, 왕가의 무덤은 주변 골짜기의 반대편 경사지들에 있는 성벽 바깥쪽에서 찾아야만 한다고 주장한다(*Digging up Jerusalem*, 31-32). 이런 의견의 불일치는 이 장에 나오는 지형들에 대해 얼마나 우리가 확실하게 알고 있는 것이 적은지를 잘 보여 준다.

만약 "용사"가 원래는 사무엘하 23:8-39에 나오는 다윗의 사람들이고 또한 다른 곳들에서도 언급되는 사람들이라면, "용사의 집"이라는 표현은 다윗 시대부터 내려오는 몇몇 막사들을 언급했던 것일 수 있다. 그러나 "원문주해"를 참조하라. 이 곳의 위치도 알려져 있지 않다.

17 참여했던 레위인들의 목록이 도대체 어디까지 뻗어 있는 것인지는 분명하지

않다. 레위인들의 목록은 분명히 22절까지는 끝난다. 그리고 21절에 나오는 므레못은 아마도 제사장이었을 것이다(참조. 스 8:33). 그러나 본문은 이 부분의 구절들을 전혀 부드럽게 읽을 수가 없다. 아마도 설명 역할을 하는 주석적인 자료가 분실된 것이 아닐까 싶다. 하지만 일부 레위인들은 성읍 행정에 두드러지게 참여했었다는 점이 분명하게 나타난다. 아마도 포로기 동안 그 땅에 남아 있었던 일부 사람들은 어떤 형태의 성전 제사도 존재하지 않던 시기 동안 이 일을 감당하는 사람들로 전환했을 것이다.

19 이 구절 마지막 부분의 세부 사항들은 전혀 확실치가 않다. 참조. "원문주해". 역대하 26:9에도 불구하고, "굽이"(המקצע – 함미프초아)라는 표현이 어떤 특정한 위치를 지칭하는 것이 아니라는 점을 반드시 주목해야만 한다. 왜냐하면 이 표현은 24-25절에서도 마찬가지로 반복되기 때문이다. 또한 이 표현은 이 목록 자체 안에서는 다시 등장하지 않지만, 다른 특정한 요소들과는 매우 긴밀한 관계를 갖는 것으로 등장하곤 한다. 그러므로 어떤 곳에서는 공통적으로 등장하지만 동시에 구별된 특징을 갖고 있다는 것은 아마도 의도된 것이 아닐까 싶다. 이 표현은 "무언가가 잘려지거나 혹은 갑작스럽게 끝나는 지점"을 의미하는 것이 아닐까 싶다. 그러므로 만약 건축적인 특징이라면 "굽이"가 적합할 것이고, 자연 경관적인 특징이라면 "경사"(NEB)가 적절할 것이다. 우리가 지금 알고 있는 수준에서는 더 이상 이에 대해 뭐라고 말할 수가 없다.

20-21 이제 목록의 한 부분이 시작되는데, 여기에서는 성벽 라인이 개개인의 집에 관한 언급을 통해 자취를 좇아가는 방식으로 되어 있다. 통상적으로 느헤미야는 성벽의 이런 부분들을 관련된 집주인들에게 할당했는데, 그들이 성벽 건축 일을 잘 감당했다는 사실을 확인하는 것에 대단히 관심을 갖고 있었기 때문이다. 하지만 엘리아십의 경우에는 그의 지위로 인해 그가 전략적으로 중요한 북쪽 성벽, 그러니까 성전에 밀접한 성벽 건축에 참여할 필요가 있었다. 므레못의 두 번째 부분은 매우 짧은 범위였던 것으로 보인다. 이는 성읍의 동편을 따라 이루어진 황폐화의 규모를 반영하는 것일 것이다.

22 우리에게 분명하게 알려져 있지는 않지만, "평지에 사는"이라는 표현은 여기 나오는 제사장들을 1절의 제사장들과 분명하게 구분한다.

24 19절에 대한 "주석"을 보라. "모퉁이"는 아마도 성벽 방향이 급격하게 변화하는 부분을 의미할 것이다. 물론 성벽의 주된 흐름은 남쪽에서 북쪽으로 향하고 있겠지만 말이다.

25 이 구절에서 묘사하고 있는 부분은 궁궐에 대한 언급을 통해 분명하게 위치를 잡을 수 있다. 또한 분명히 기혼 샘을 내려다보는 부분에서 약간 남쪽에 자리잡고 있었을 것이다(26절). "시위청"은 예레미야 32:2에 의하면 궁궐에 속해 있었다. 망대는 종종 추정되듯이 포로기 이전 성벽과 연결성이 있는 것으로 간주되어서는 안 된다(예를 들어, 수문의 일부로서 혹은 대하 26:9에 나오는 언급을 통해서). 이 부분 역시 궁궐의 일부분이었다. 궁궐 같은 경우 몇 개의 망대들을 갖고 있었기 때문에, 이 망대는 시위청 인근에 위치한 망대로 규정된다.

26 "성전을 섬기는 사람들"에 관해서는 에스라 2:43-58에 대한 "주석"을 보라. 비록 "오벨"이 남동쪽 언덕 전체에 대해 적용되는 일반적인 이름이기는 하지만, 이 지명은 원래 단 하나의 특정한 지역에 대한 이름이었던 것으로 보인다(참조. 사 32:14; 미 4:8). 이 단어는 "솟아오르다"라는 의미의 어근에서 유래된 단어다. 남동쪽 언덕이 북쪽 끝자락(이 묘사가 지금 도달한 지점)을 향해 계속적으로 가팔라지는 형국인 것처럼, 여기가 오벨이 있는 지점으로서는 적절하다 할 수 있다.

그렇기 때문에 "수문"은 포로기 이전 기혼 샘 바로 앞에 있었던 문이면서 거기에 들어갈 때 사용되었던 문을 언급하는 것임에 틀림없다. 물론 이는 느헤미야가 다시 재건축했던 것이 아니었다. 그가 이 지점에 그의 새로운 문을 포함시켰는지 그렇지 않은지는 기록되지 않았다. 아마도 언덕을 내려가 직접 기혼에 들어가는 것은 돌무더기 등으로 인해 가로막혔을 것이다. "동편"이라는 의미는 어쩌면 "남쪽"의 샘문과 이 문을 구별하기 위해 지칭된 표현일 수도 있고, 아니면 좀더 가능성 있는 것은 이 문이 새로운 성벽 라인의 "동쪽"에 있었기 때문에 그로 인해 이렇게 표현되었을 수도 있다. 후자 같은 경우, 우리는 "내어민 큰 망대"(25절에 나온 것과 동일한?)라는 표현에도 "서편"이라는 단어를 보충해 주어야만 한다. 그러므로 문과 망대 사이의 동쪽-서쪽 라인은 이 부분의 북쪽 한계가 어디인지를 규정해 준다.

27 "오벨"에 대해서는 위의 26절을 보라. "오벨 성벽"(참조. 대하 27:3)은 정황으로 보건대 지금 건축되고 있는 성벽의 일부분으로 제시되지 않는다. 그보다는, 이 성벽은 오벨 북편의 대략 동서 부분을 둘러싸고 자리잡고 있는 성벽이었을 것이다. 이 부분은 성읍이 북편으로 확장되어서 성전 지점을 포함하게 되었을 때인 솔로몬 시대까지는 성읍의 북편 성벽 라인이었다. 느헤미야의 새로운 성벽은 이 목록 중 바로 이 지점에 도달해서 이 라인을 통과했던 것이 틀림없다. 지형론적으로는 성벽을 역대하 33:14에 언급되었던 내용과 연결시키려는 시도들보다는 이 주장이 좀더 의미가 잘 통하게끔 해준다.

28 "마문"(the Horse Gate)이 포로기 이전 성읍의 성벽에 있는 문이었는지, 아니면 단순히 성전-궁궐 단지 내에 있던 문이었는지에 대해서는 의견의 일치가 이루어지지 않고 있다. 일단 얼핏 보기에는 열왕기하 11:16은 후자를 제시하는 것처럼 보이지만, 왕궁으로 들어가는 "말들의 길"이 마문과 동일한 것인지는 확신할 수가 없다. 이와는 대조적으로, 마문을 분명하게 지칭하여 언급하는 예레미야 31:40에서는 다른 대안적인 관점을 두둔하는 강력한 증거를 제시한다. 참조. Simons, *Jerusalem*, 338-40. 그렇기 때문에 마문은 아마도 성전 근처 지역인 동편 쪽에 있던 성읍 성벽의 한 문이었을 것이다. 이 점은 역으로 이 지역에 제사장들이 거주했다는 점에 대해서나("각각 자기 집과 마주 대한 부분을") 전치사 "위로부터"를 사용한 점에 대해서 만족스러운 설명을 제시한다: 새로운 성벽 라인은 분명 이전 성벽 라인보다 더 경사에서 높은 부분에 있었다.

29 일반적으로 동문은 성전으로 들어가는 문이었고 성읍 안에 있던 문은 아니었던 것으로 생각된다. 여기서 동문이 언급된 것은 "동문지기"였던 스마야를 그저 좀더 자세하게 설명하는 데 도움을 주기 위해서였다. 그렇기 때문에 그는 아마도 레위인이었을 것이다. 이 점을 분명히 해야 할 필요성은, 포로기 이후 다윗 가문의 구성원 중 한 사람이었던 스가냐(참조. 대상 3:22)의 아들인 또 다른 "스마야"와 혼동되는 것을 피하기 위해서였을 것이다.

30 위에서 제시한 번역은 가능한 한 마소라 텍스트(MT)에 밀접한 상태를 유지하고자 노력했다. 비록 그렇게 한다 하더라도 두 가지 작은 본문 수정이 요청되긴 하지만 말이다("원문주해"를 보라). 비록 본문상으로는 본문 수정을 좀더 뒷받침해 주는 증거가 없긴 하지만, 이 구절에는 옮겨적는 과정에서 이 구절 전체가 혼동되었을 수 있음을 보여 주는 흥미로운 다른 두 가지 특징이 있다. (i) 하눈을 "살랍의 여섯째 아들"로 지칭한 것은 이 목록 내에는 평행을 이루는 부분이 없다. 더군다나 "두 번째 부분"에 대한 언급이 우리의 관심을 13절로 돌리게 한다면, 우리는 거기에서 하눈이 가문의 이름이 아니라 그보다는 "사노아 거민들"과 관련되어 있다는 점을 발견하게 된다. 많은 주석가들은 후자의 경우가 지금 본문의 원래의 모습이었을 것이라고 믿고 있다. (ii) "베레갸의 아들 므술람"은 이미 4절에서 언급된 바 있다. 그렇기 때문에 "두 번째 부분"은 원래 이 구절의 후반부에 속해 있었던 것이라고 주장되어 왔다. 우리가 알고 있는 지금 수준의 지식에서는 이런 묘한 특징들을 관찰하는 것 외에는 더 이상 할 수 있는 일이 없다. 우리는 이 목록이 장소들에 있어서 상당히 심각하게 훼손되었음을 보여 주는 증거에 대해서 이미 주목했다. 위의

"양식"을 참조하라.

뜻밖에 등장하는 "자기 침방"은 일종의 공식적인 침실로서 성전 안에 있던 침실 등과 같은 그런 침실을 연상시킨다(참조. 스 10:6; 느 12:44; 13:4-9). 사실 결혼을 통해 므술람과 연관성을 갖게 된(참조. 6:18) 도비야가 훗날 자기 자신도 성전 안에서 그와 같은 방을 갖게 된 것은 단순한 우연의 일치만은 아닐 것이다(13:4-9).

31 "금장색"에 관해서는 8절에 대한 "주석"을 보라. "성전을 섬기는 사람들"(참조. 스 2:43-58)은 다른 곳에서 거주했던 것으로 이야기된다(참조. 26절). 그렇기 때문에 여기에 언급된 집은 아마도 그들이 성전에서 의무를 감당할 때 사용하던 집이었을 것이다. 그들이 이것을 "상고들"(상인들)과 공유했다는 점은 상인들도 성전에 제사를 드리기 위해 들어오는 예배자들에게 제사에 필요한 물품들을 공급하고 파는 것을 통해 성전 제사에 기여했다는 측면에서 설명되어야만 한다.

"함밉갓 문"은 정확하게 어디에 위치하고 있었는지 알 수 없다. 이 단어도 어떤 의미인지 정확하게 알려져 있지 않다: "조사"와 "장소 지정"이 마찬가지로 제시되었다. 이 문이 성전 문인지 혹은 성읍 문인지도 알 수 없다. 만약 성읍 문이라면 이 문은 동편 쪽 중 가장 북쪽 지점에 자리잡고 있었던 것으로 보이며, 이 문을 베냐민 문(렘 37:13; 38:7; 슥 14:10)과 동일시하는 것이 매력적인 방안으로 보인다(그리고 12:39에 나오는 "감옥문"과 동일시할 수도 있을 것이다).

32 "모퉁이 누"(윗층 방)는 아마도 성읍의 북동쪽 모퉁이 경계 역할을 했을 것이다. 북쪽 성벽을 따라 결국 양문(1절)과 다시 만나는 부분은 "금장색들과 상고들(상인들)"이 담당했다. 이는 분명히 이 서벽 바로 안쪽에 성전으로 가는 길인 사람들의 편의를 위해 시장이 있었기 때문일 것이다.

해설

거의 필연적으로, 이 장에 대한 언급들은 지형적인 관심사들에 대해서 그리고 관련된 문제들에 대해서 초점을 맞추어 왔다. 결론적으로 이야기하자면, 이 장에서 보여 주고 있는 성취가 무엇인지를 본질적으로 살펴보기 위해서는 그런 문제와 관련된 세부 사항들에 너무 과도하게 집착하는 데서 한 걸음 뒤로 물러서서 볼 필요가 있다.

우리는 우선 이 장이 제시하고 있는 **단일한 의도(동일한 목적)**로 인해 놀라게 된다. 대략 40여 개 이상의 부분들이 이 목록 안에서 언급되고 있는데, 우리는 이들 대부분이 동시적으로 작업되고 있다고 추측해야만 한다. 여기에서 꼭 기억해야만 하는 점은, 이 건축 작업에는 완전히 새로운 성벽 라인을 따라 건축하는 부분도 포함되어 있다는 점이다. 더군다나 우리는 다음 장을 통해서 이 작업이 산발랏이 상당히 놀랄 만큼 매우 신속하게 진행되고 마무리되었음을 알게 된다.

이는 비록 본문 자체에서는 아무런 언급도 나타나지 않지만 조직과 리더십이 두드러진 업적을 남겼다는 점을 분명하게 증명해 준다. 그럼에도 불구하고, 위에서 제시된 증거들이 추측케 하듯이 성벽 건축 작업에 참여했던 사람들 사이에서조차도 정치적·종교적 견해 차이가 있는 사람들 간에 상당한 긴장관계가 있었을 것이라는 점이 강조된다. 목록의 길이와 세부 사항은 각각의 개인들과 그룹들이 분명한 자발성을 갖고 헌신적으로 서로 협력했음을 보여 준다. 만약 개인적인 긍지와 야망을 좀더 큰 일을 위해 내려놓기로 결심하지 않았다면, 이 작업은 결코 그렇게 신속하고 성공적으로 완수될 수 없었을 것이다. 조금 후에 다시 살펴보겠지만, 이는 결코 여러 그룹들 간에 존재하는 많은 차이점들을 간과한다는 의미가 아니다. 이는 만약 특별한 어떤 하나의 목표와 작업에 대해 우선적으로 공통적인 참여를 하지 않았다면, 그 결과는 아마도 자기 파괴적인 혼돈이 되고 말았을 것임을 관찰한 것뿐이다.

그러므로 여기 나타나는 패턴은 신약성경에서 교회의 단일성에 관해 사용한 많은 언어에 대해 본보기를 제시하는 것으로서 유익하게 살펴보고 생각해 볼 수 있을 것이다. 요한 문헌에서 제자들을 향해 주님께서 "아버지여, 당신께서 내 안에 계시고 내가 당신 안에 있듯이 저들도 모두 하나가 되게 해 달라"(요 17:21)고 기도하셨던 것은 분명히 존재론적인 시각에서 읽어서는 안 된다. 여기에 묘사된 하나됨은 목적과 뜻의 하나됨이다. 왜냐하면 이를 설명하는 구문들은 우리를 10:28-30로 데리고 가는데, 그 부분에서는 아버지 성부와 아들 성자의 목적이 모두 양을 돌보는 데서 동일하다는 것을 이야기하면서 다음과 같이 결론을 맺고 있기 때문이다. "나와 아버지는 하나이니라." 만약 아버지 성자와 아들 성자가 제자들을 사랑한다는 목적에 있어서 하나라면, 제자들도 역으로 하나님과 동료 제자들을 사랑하고 섬기는 것을 목적으로 삼아야만 한다.

바울 서신들은 조금 다른 언어와 이미지들을 사용해서 비슷한 개념을 제시한다. 예를 들어, 단일성을 상당히 강조하고 있는 고린도전서 12:4-6과 에베소서 4:1-6 등을 보면 곧장 뒤이어 다양한 은사의 필요성과 가치들을 강조하는 성경 본문들이 나온다는 점이다. 사랑 안에서 교회를 건설해 나가는 공통의 목적을 촉진하기 위해서는 많은 기여들이 필요하지만, 동일한 목적이 없다면 성벽은 길게 서 있는 중간중간 심각한 균열과 결함을 갖게 될 것이다.

하지만 이미 지적했듯이, 단일성과 획일성을 혼동해서는 안 된다. 이 목록은 이 작업에 참여했던 사람들이 **다양한 관심**을 갖고 있었다는 점을 상당히 풍부하게 이야기한다. 예를 들어, 우리는 일부 사람들은 가족적인 연관성에 토대를 두고 참여했으며, 다른 사람들은 개인적으로 그리고 다른 사람들은 지역성에 토대를 두고 참여했고, 일부 사람들은 공동체 안에서의 지위나 입지로 인해서 참여했으며, 심지어 일부 다른 사람들은 직업적인 연관성 때문에 참여했음을 주목할 수 있다. 더군다나 느헤미야는 가능한 한 각각의 그룹들이 그들의 집을 지키거나, 그들의 생업터와 상관이 있거나 혹은 기타 여러 가지 이유로 인해 성벽 중에서 그들이 가장 크게 관심을 기울이고 있는 부분을 책임지도록 허용했다.

우리는 여기에서처럼 기독교 교회 내에서도 그것이 지역적인 것이건 혹은 좀더 폭넓은 것이건 간에 다양한 종류의 참여가 있다는 것을 인정하고 바라보는 데 주저할 필요가 없다. 우리는 하나님께서 우리를 지금 우리의 모습대로 만드셨다는 것을 믿는 믿음을 가져야 할 것이다. 왜냐하면 우리가 성령을 통해 인도되는 것처럼, 하나님께서는 우리 각자의 은사들과 능력들을 사용하시기 때문이다. 만약 그런 은사들이 우리 자신들이 갖고 있는 가장 밀접한 관심사를 경로로 해서 가장 쉽게 그리고 큰 동기 부여를 하면서 주어지는 것을 보게 된다 하더라도, 우리는 불안해 할 필요가 없다.

마지막으로, 우리는 **다양한 종류의 참여**가 제시되어 있다는 점도 주목해야만 한다. 우리가 관찰한 바로는, 교만이나 독점적인 이익으로 인해 성벽 건축에 전혀 참가하지 않고 거절했던 사람들이 있었다. 우리가 알고 있기로는 대부분의 사람들은 그들에게 할당된 일을 효율적으로 열심히 감당했으며, 반면에 몇몇 소수의 사람들만이 “두 번째 부분(section)”까지도 감당했다. 이런 증언을 통해서 느헤미야 3장은 이 부분을 읽는 모든 독자들에게 그들 자신의 섬김의 측면들에 대해 계속적으로 격려하며 자리매김하고 있다.

새로운 훼방과 방해(느 3:33-37〈개역. 4:1-5〉)

참고문헌

Bauer, J. B. "Der 'Fuchs' Neh 3, 35 ein Belagerungsturm?" *BZ* N.F. 19(1975) 97-98.
Burrows, M. "The Origin of Neh. 3:33-37." *AJSL* 52(1935-36) 235-44.

본 문

1 산발랏이 우리가 성을 건축한다 함을 듣고 크게 분노하여 유다 사람을 비웃으며

3:33(4:1) When Sanballat heard that we were building the wall be became angry and was very indignant. He heaped scorn upon the Jews,

2 자기 형제들과 사마리아 군대 앞에서 말하여 가로되 이 미약한 유다 사람들의 하는 일이 무엇인가 스스로 견고케 하려는가 제사를 드리려는가 하루에 필역하려는가 소화된 돌을 흙무더기에서 다시 일으키려는가 하고

34(2) saying[a] in front of his allies and the army of Samaria, "Whatever do those[b] feeble Jews think they are doing? Will they commit their cause to God?[c] Will they simply offer some sacrifices? Do they hope to finish this very day?[d] Can they raise stones to life[e] from the heaps of rubble, all burnt as they are?"[f]

3 암몬 사람 도비야는 곁에 섰다가 가로되 저들의 건축하는 성벽은 여우가 올라가도 곧 무너지리라 하더라

35(3) Tobiah the Ammonite, who was beside him, said, "Whatever they try to build, if a fox[a] climbs up, it would break down their stone wall."

4 우리 하나님이여 들으시옵소서 우리가 업신여김을 당하나이다 원컨대 저희의 욕하는 것으로 자기의 머리에 돌리사 노략거리가 되어 이방에 사로잡히게 하시고

36(4) Hear, O our God! For we have become an object of contempt. Turn their reproach back on to their own heads and deliver them up as plunder in a land of captivity,

5 주의 앞에서 그 악을 덮어 두지 마옵시며 그 죄를 도말하지 마옵소서 저희가 건축하는 자 앞에서 주의 노를 격동하였음이니이다 하고

37(5) Do not forgive their iniquity or blot out their sins from your sight, for they have provoked you to anger[a] right in the presence of the builders.

원문주해

3:34(4:2).a. 마소라 텍스트(MT)는 좀더 일반적 형태인 ויאמר…לאמר("그리고 말했다…말하기를")을 대신해서 와요메르(ויאמר, "그리고 그는 말했다")를 반복한다.

34.b. 70인경(LXX)의 설명에 대해서는 루돌프(Rudolph)를 참조하라. 하지만 그를 좇

아서 하알레(האלה, "these")를 하아멜라림(האמללים, "미약한") 뒤에 복구할 필요는 없다. 이렇게 복구하면 산발랏이 예루살렘이 보이는 곳에서 이야기하는 내용을 함축하게 되는데, 이 점에 대해서는 아무런 증거가 없다. "…사람들"은 영어 표현의 편의를 위해 번역에 첨가시킨 것이다.

34.c. 하야아쯔부 라헴(היעזבו להם)이라는 이 구문은 상당한 어려움을 야기해 왔다. 이미 이 구문과 관련된 주된 제안들에 대해서는, 비록 지금은 몇 가지 부가적인 고려사항들을 좀더 첨가해야겠지만, 라일(Ryle)이 잘 요약 정돈해 놓았다. 도입적인 세 가지 일반적인 사항들에 대해서 미리 염두에 둘 필요가 있을 듯하다. (i) Vrs에서는 마소라 텍스트(MT)를 뒷받침하기는 하지만, 그렇다고 해서 통합되어 있거나 강제적인 해석 전승을 제시하는 것은 아니다. 그들의 해결 방안들은 일반적으로 라일이 지적하고 제안했던 좀더 현대적인 비평주의에 대해서도 열려 있다. (ii) 이 질문 뒤에는 세 가지 다른 질문들이 뒤따른다. 정황상 각각의 질문들마다 상당히 풍자적인 성격들을 갖고 있기 때문에, 이 첫 번째 질문도 그렇게 이해되어야만 한다. (iii) 유대인들이 이 구절의 다른 모든 복수형 동사들의 주어이기 때문에, 여기서도 그들을 주어로 보는 것이 타당하다. 이런 고려사항들은 "사람들이 그들을 홀로 내버려 두겠는가?"라는 옛 번역을 배제한다. 즉 정부나 이웃 민족들이 유대인들이 건축하게끔 내버려 두겠느냐는 번역을 배제한다. 최근의 많은 번역자들과 주석가들은 이 부분에서 두 번째 어근 עזב를 발견한다. 이는 어떤 방식으로건 여하튼 건축 일과 관련된 사항을 언급하는 것으로 생각된다. 그러므로 RV: "그들이 그들 스스로를 요새화할 것인가?" RSV: "그들이 일들을 회복시킬 것인가?" NEB: "그들은 그 장소를 재구성하려는 의도인가?" NIV: "그들은 그들의 성벽을 회복할 것인가?" 등등. 이를 뒷받침하기 위해서 일반적으로는 3:8에서 동일한 어근을 사용했다는 점을 인용하곤 한다. 만약 히브리어에 עזב II이 존재했다면, 우가릿어와 남아라비아 비문에 이런 종류의 의미를 갖는 어근이 있었던 것이 틀림없다. 더군다나 성경 이후 히브리어에 מעזיבה("회반죽, 회복")이 나타난다는 점은 이 단어가 성경 시대 히브리어에서도 마찬가지로 알려져 있었다는 관점을 뒷받침해 준다고 주장할 수 있다. 하지만 그와 같은 가정은 우선 עזב("떠나다, 포기하다")의 의미보다는 이를 대신해서 추측하고 있는 의미가 정황에 더 잘 들어맞는다는 점이 확립되어야만 한다. 그러나 우리는 이미 지금 3:8의 경우에는 그렇지 않다는 점을 살펴보았다. 이제 또한 확언하게 되겠지만, 여기에서도 이 의미가 충분히 들어맞지 않는다. 왜냐하면 이 경우에도 질문 뒤에 어떤 특별한 비아냥이 없기 때문이다. 그렇기 때문에, 시 10:14에 토대를 두고 있는 케일(Keil)의 접근법이 더 좋은 방식이 될 것이다. 그는 עזב 뒤에 ל가 나오면서 "떠나다, 어떤 문제를 누군가에에 맡기다"라는 의미를 갖게 되었을 것이라고 주장하면서, 여기에서는 결국 "그들은 요새화된 성벽 건축일을 그들 자신에게 맡길 것인가"가 된다고 보았다. 즉 "그들은 그렇게 빈약한 자재들을 가지고서 이토록 큰 일을 감당할 수 있다고 생각하는가?"가 된다. 이런 해석은 분명히 지금

정황에 잘 들어맞는 의미를 제공하며, 마소라 텍스트(MT)를 있는 그대로 받아들일 수 있는 최상의 방식이 될 것이다. 그럼에도 불구하고, 대다수의 많은 학자들이 이 구문이 나타내는 의미와 관련해서 어려움을 겪은 것처럼 이 표현도 어색하고 여러 가지 의구심들을 불러일으킨다. 이런 이유로 인해서, 라일(Ryle)이 좇았던 Bertheau, Witton, Davies나 다른 학자들은 라헴(להם)을 על־אלהים이나 혹은 לאלהים으로 수정해서 "그들이 그들 자신을 하나님께 드릴 것인가?"라는 번역이 되게끔 하자고 제안한다. 사실 Bertheau는 이 제안을 결국에는 평가절하했지만, 이런 본문 수정은 좀더 발전될 수도 있으며 또한 지금 본문에 대한 가능한 설명으로 제시될 수도 있다. 첫 번째로, 이런 방식으로 עזב을 사용하는 것은 욥 39:11에 분명하게 나타난다: התבטח־בו כי רב כחו ותעזב אליו יגיעך, "그것이 힘이 많다고 네가 그것을 의지하겠느냐? 네 수고하는 일을 그것에게 맡기겠느냐?"(AV) 여기에서의 평행법은 "떠나다"가 "맡기다"를 의미한다는 점을 분명하게 보여 준다. 시 10:14b에서도 평행법은 다시 한 번 유사한 의미를 보여 주지만 이 경우엔 목적어를 갖고 있다: עליך יעזב חלכה יתום אתה היית :עוזר. RV에서는 재귀목적어를 보충하지만("외로운 자가 **자기 자신을** 주께 의지하나이다. 주는 벌써부터 고아를 도우시는 자니이다"), 욥 39:11을 토대로 해서 생각해 본다면 우리는 "그의 도움을"과 같은 목적어를 첨가해 주어야 할 것이다. 그렇게 하면 이 구절(욥 39:11)은 지금 우리가 살펴보고 있는 구절에 대해 본문 수정을 해야 한다고 제시한 내용과 매우 밀접한 평행을 제공할 것이며, 위에서 제시한 번역처럼 표현하게 될 것이다. 이런 정황 속에서는 이것이 가장 적합하고 어울린다고 할 수 있다. 뒤이어 나오는 동사들이 보여 주는 것처럼, 그리고 위협을 가하는 대적들이 유대인의 믿음을 조롱하는 본보기로서 종종 인용되곤 하는 왕하 18:30, 32과 35절에서처럼 말이다. 산발랏의 퉁명스러운 어조는 뒤이어 나오는 두 개의 구문에도 마찬가지로 반영되어 있다. 그렇다면 어떻게 해서 오류가 생겨났던 것일까? 이에 대해서는 이미 제시되었던 앞부분의 본문 수정을 채택했던 사람들처럼 그저 단순하게 본문을 수정하고 훼손시키는 추측을 하는 것보다는, 경건한 서기관이 신학적인 동기를 가지고 본문을 수정하고 고친 것으로 제시할 수 있을 것이다(Tiqqun Sopherim, 티쿤 소페림). 퉁명스러운 표현 형태로 인해서 아람어의 영향하에서 ל이 종종 직접 목적어를 도입했던 시기 때는 하야아쯔부 레엘로힘(היעזבו לאלהים)이 "그들이 하나님을 포기할 것인가?"라고 오해되었을 수 있다. 이후에 그런 생각은 받아들여질 수 없다는 것을 발견했기 때문에 라헴(להם)으로 대체되었고, 또한 케일(Keil)이 설명한 방식으로 이해되었다(위를 보라). 이런 대체와 평행을 이루는 부분, 그러니까 서기관의 수정에서 라헴(להם)이 엘로힘(אלהים)을 대신하는 경우가 삼상 3:13에도 나온다. 일반적인 서기관의 수정 목록에 포함되어 있지는 않지만, 그럼에도 불구하고 이런 방식의 정정들을 마소라 텍스트(MT)에서도 찾아볼 수 있다는 사실을 맥카시(C. McCarthy, *The Tiqqune Sopherim and Other Theological Corrections in the Masoretic Text of the Old Testament*(OBO 36; Freiburg: Universitätsverlag, and

Göttingen: Vandenhoeck & Ruprecht, 1981)는 인정했다.

34.d. 바욤(ביום, "낮에"). 하욤(היום, "이 날")이 갖고 있는 정관사를 사용한 지시적인 역할이 이 표현을 통해 수용되었다(참조. GKC § 126b). 그리고 이 점은 여기서의 문장 구성인 "이 날에", 즉 직접적으로는 "오늘"이라는 표현에 영향을 끼쳤을 것이다. 이 구문과 앞에 나온 구문은 영어 표현을 위해 번역 과정에서 약간씩은 과장적으로 확대되었다. 문자적으로는 "그들이 희생제사를 드릴 것인가? 그들이 이 날에 끝낼 것인가?"이다.

34.e. 하예(חיה, "살게 하다, 일으키다")라는 표현이, 이 단어가 갖고 있는 일반적인 의미는 이 문단의 어조나 "돌무더기에서부터"라는 제한적인 표현 속에 사용되면서 여기에서는 돌들에 대해 조롱 섞인 의미로 적용되었음을 보여 준다. 좀더 깊이 있는 주석에 대해서는 스 9:9.b에 대한 "원문주해"를 참조하라. 그러므로 동일한 어근이 페니키아 비문 중에서(참조. Gibson, *SSI* 3, 18) "회복하다"의 의미를 갖고 사용된 것은 우리가 그 단어를 여기에서 이런 식으로 번역한 것에 정당성을 부여하지 않는다.

34.f. 다른 많은 성경 본문들에서처럼 헨나(הנה)를 대신해서 헴마(המה)를 사용했다. 참조. GKC § 32n. 이 조건절이 갖는 역할에 관해서는 아래의 "주석"을 보라.

35.a. 바우어(Bauer, *BZ* NF 19[1975] 97-98)는 "여우"가 아마도 성곽을 공격하는 무기의 이름이었을 것이라고 추측한다. 그는 수많은 동물 이름들이 이런 방식으로 사용되었던 예들을 주목하며, 이렇게 볼 경우에만 파라츠(פרץ, "무너지다")를 적절하게 이해할 수 있다고 주장한다. 이 주장도 가능하긴 하지만, 이렇게 이해하는 방식을 선택한다면 우리가 본문 정황을 통해서 기대하는 조롱과 비웃음이라는 요소를 도비야의 이야기에서 없애 버리게 된다.

37.a. 대부분의 현대 번역들은 "건축하는 자(들)"을 이 동사의 직접 목적어로 취급한다. 그러나 레네게드(לנגד, "앞에서")는 이런 관점으로는 극복해 내기 어려운 문제점으로 자리잡고 있는 것으로 보인다. 이 단어를 NEB에서 적용한 것처럼 부사적으로 이해하는 것은 어려운 일이다: "그들은 건축하는 자들을 공개적으로 격동시켰다." 하지만 히크이쓰(הכעיס, "격동케 하다")는 목적어 없이 사용되면서 하나님으로 하여금 분노하시게끔 격동시키는 것으로 표현되었다. 참조. 왕상 21:22; 왕하 21:6; 23:19; 호 12:15(14); 시 106:29(본문을 수정하고 정정한 것이 이 모든 성경 본문들에 영향을 끼쳤다는 것은 별로 그럴듯하지 않다. 비록 다양한 주석가들이 이 모든 본문들에 대해 이 본문 수정이 독립적으로 책임을 갖고 있다는 입장을 견지하긴 하지만 말이다). 이는 본문 정황에서 적절한 의미를 부여하며(아래의 "주석"을 참조하라), 또한 레네게드(לנגד)로 하여금 이 단어의 일상적인 의미를 갖도록 허용해 준다.

양식/구조/배경

우리는 2장에 나오는 내러티브에서 산발랏과 그의 동료들의 훼방과 대적에 관한 언급이 각각 중요한 진전이 이루어질 때마다 마치 표식처럼 제시되는 문학적 패턴이 나타난다는 점을 살펴보았다. 2:10과 19절에서 동일한 표현 공식이 사용되었다는 점에서, 이것은 의도적인 표현 방식이었을 가능성이 상당히 높은 것으로 보았다. 이 패턴은 현재 문단에서도 계속 나타난다: 이제 현재 본문에서 좀더 분명하게 나타나는 훼방(33-35)은 3:1-32에 기록되어 있는 중추적인 진전을 대적한다. 3:33(4:1)과 4:1(7) 두 구절의 시작 부분이 동일하다는 점은 저자가 다시 한 번 조심스럽게 패턴화를 추구하고 있음을 추측케 한다. 다만 동일한 부분들이 2:10이나 19절보다 더 길다는 점은 3:1-32이 2장보다 분량에 있어서 좀더 긴 문단이었고 또한 느헤미야가 임무를 수행하는 데 있어서 특별하게 중요한 내용을 담고 있었다는 사실을 통해서 설명할 수 있다.

36-37(4:4-5)에 나오는 느헤미야의 응답 역시 2장에 나타난 패턴을 좀더 확장했음을 보여 준다: 2:10에서는 그 어떤 대꾸나 반응도 기록하지 않았다. 2:20에서 느헤미야는 대적들의 책임 추궁에 대해 무뚝뚝하게 대답해 버리곤 아무 대응도 하지 않았다. 지금 느헤미야는 훨씬 더 긴 분량으로 하나님께 호소하고 있으며, 이어지는 문단들에서는 이 요소(즉 대적들에 대한 느헤미야의 처리와 대처)가 점차적으로 전체 내용을 주도하게 된다. 그러므로 문학적인 구조는 갈등과 다툼의 강도가 점차 커지며, 결과적으로 느헤미야 편에서 그런 위협에 대해 좀더 힘과 관심을 기울여 견제해야 한다는 내용을 더 반영하는 구조이다.

느헤미야의 기도가 갖고 있는 양식(36-37〈4:4-5〉절)은 일반적으로 시편의 탄식 시편들과 견주어지곤 한다. 사실 양자 간에는 밀접한 접촉점들이 있다. 참조. C. Westermann, "The Structure and History of the Lament in the Old Testament," *Praise and Lament in the Psalms*(tr. K. R. Crim and R. N. Soulen: Edinburgh: T. & T. Clark, 1981), 165-213: 이 연구에서는 하나님과의 관계를 탄식하는 사람 그리고 대적과 관련해서 묘사한다. 부름(도입적인 간구와 더불어), 탄식 그리고 간구 등의 요소들. 하지만 이는 그저 우리가 기대해야 할 요소들에 불과하다. 우리는 이미 1장에서 느헤미야가 기도할 때 매우 자연스럽게 그가 살던 시대의 제의적 언어를 사용했다는 점을 살펴보았다. 또한 두말할 필요도 없이 기도 양식은 기도할 필요가 있는 내용에서부터 생겨난다. 정반대(*vice versa*)가 아니라(그러니까 기도 양식에 맞추어 기도 내용이 생겨난 것이 아니라) 말이다. 그러므로 여기에 나오는 느헤미야의 기도와 탄식 시편들 간에 공통적인 요소들이 있음을 발견하는 것은 결코 놀라운 일이 아니다. 하지만 이런 관찰을 통해서는 목적이나 배경에 대해 중요한 결론을 타당하게 끌어낼 수가 없다.

거의 모든 주석가들은 이 문단이 원래의 느헤미야 비망록(NM)에 포함되어 있었다는 점에 만족스럽게 동의한다. 이 내러티브의 전체적인 구조에서 위에서 문학적 패턴으로 사용된 표현 공식이 역할을 감당한다고 살펴본 내용은 이 관점을 강력하게 지지해 준다. 특히나 설령 느헤미야가 직접 이 부분을 기록한 것이 아니라 하더라도, 느헤미야 자신이 3:1-32 자체를 포함시켰다는 것을 수용한다면 더더욱 그렇다. 토레이(Torrey, *Ezra Studies*, 225-26), 베튼(Batten) 그리고 뷰로우(Burrows, *AJSL* 52[1935-36] 235-44) 등의 학자들은 이와는 반대의 견해를 피력했다. 이들은 이 문단의 일부분이나 혹은 전체가 역대기 사가의 편집 작업을 통해 이루어진 것이라고 간주한다. 그렇지만 그들 주장의 출발점은 2:19과 3:33-35(4:1-3)이 완전히 새로운 무언가를 이야기하기보다는 서로 중복되거나 혹은 반복되는 것이라는 관점에서 출발하며, 두 번째로 3:1-32은 그저 후대에 첨가된 것에 불과하다는 견해에서 출발한다. 하지만 이 주석에서는 이런 두 가지 전제를 모두 받아들이지 않으며 공유하지 않는다. 관련된 부분들에 대한 주석을 참조하라. 좀더 진전된 반대 주장들에 대해서는 켈러만(Kellermann, *Nehemia*, 17)을 참조하라.

주석

33 **(4:1)** 3:1-32은 성벽 재건축이 지금 열정적인 모습으로 다시 시작되었다는 점을 나타내려는 의도로 포함되었다. 이런 진행 양상에 대한 산발랏의 반응은 2장에 나왔던 반응보다 훨씬 더 심각한 것이었다. 2장에서 산발랏이 조롱했던 것은 유다 백성들에 대한 경멸감과 자신의 우월감, 그리고 느헤미야의 계획이 단순한 공상에 불과하다는 확신에서 나온 것으로 보인다. 그러나 이 부분에서는 그가 극심하게 분노했다는 점을 대조적으로 강조한다. 이는 느헤미야가 결국엔 성공했을 것이라는 점에 대해 그가 절망하기 시작했다는 것을 보여 준다. 더군다나 다음 구절이 보여 주듯이 그는 그저 성벽 건축자들이 듣는 데서만이 아니라 자신의 형제들 앞에서도 비웃음을 말로 표현했다. 이것은 그가 자기 백성들의 사기를 진작시키는 방법으로 그렇게 했으며, 이제 그가 이 위협이 상당히 심각한 지경이 된 것으로 보고 있음을

알려 준다.

34 (2) 산발랏이 이렇게 조롱하는 말들을 한 배경이 무엇인지를 우선적으로 설명한다: 그 내용은 "내국인들"을 위한 것이기도 했고, 또한 그만큼 유대인들을 협박하기 위한 것이기도 했다. 그의 "동맹들"이라는 표현은 문자적으로 "그의 형제들"을 의미하는 단어로서는 가장 적절한 번역으로 여겨진다(이 주석의 저자는 개역성경에서 "형제들"로 되어 있는 부분을 "동맹들"로 번역해서 사용하고 있다 – 역자 주). 육체적인 혈연적 형제들이라는 표현은 분명히 너무 협소한 의미일 것이고, 반면에 "동료 사마리아인들"이라는 표현이나 의미는 뒤이어 나오는 그룹과 "동맹들"을 차별화하는 데 쉽지 않다. 그러므로 "동맹들"(참조. 암 1:9; *TDOT* 1, 191)이라는 표현에 담겨 있는 합리적인 의미가 가장 적절하다고 할 수 있다. 특히나 뒷부분에서 언급되는 도비야가 포함되어 있다는 관점에서는 더욱 그러하다. "사마리아 군대"는 더 이상 구체적으로 규정되지 않았다. 이 군대는 공식적인 페르시아 주둔군이었을까, 아니면 지역 군대 그룹이었을까? 어떤 경우건 간에 사마리아 총독이 자기 명령하에 일종의 군대들을 두고 있었다는 것은 분명하다(참조. 4:2〈8〉; 스 4:23). 그러므로 산발랏은 자기 후원자들과 아랫사람들 앞에서 망신당하지 않기 위한 방법으로 비웃음을 사용한다.

산발랏의 첫 번째 질문은 유대인들을 "미약"하다고 평가한 것과 해야 할 일이 규모가 크다는 것을 단순히 대조시키는 것이었다. 그래서 그들은 그 일을 성취할 수 없다는 의미를 함축시켜서 말이다. 아멜랄림(אמללים, "미약한")이란 단어는 히브리어 성경에선 오직 이 곳에만 나온다. 이 단어는 "약해지다, 기운이 없어지다"라는 의미의 어근과 관련되어 있으며, 상당히 넓고 다양한 범위의 생물과 무생물체들에 대해 적용되는데, 일반적으로 힘을 공급하는 기관들이 작용하지 않는 것을 통해 약해지는 것을 지칭할 수 있다.

뒤이어 나오는 산발랏의 질문들은 더욱 분명치 않다. 위의 "원문주해"를 보라. 이 주석에서 번역한 것처럼 이 질문들은 두 개의 짝으로 이루어져 있다. 이 질문들 중 첫 번째 짝은 이 일을 흥케 하시도록 하나님을 설득할 수 있다는 주장에 대해 그건 마치 요술 지팡이를 흔드는 일인 양 조롱한다. 이런 조롱은 인간의 책임성이란 하나님의 주권으로부터 나오는 것이라는(2장에 대한 "해설"을 보라) 느헤미야의 성숙한 깨달음과 자연스럽게 완벽한 대조를 이룬다.

질문 내용들 중 두 번째 짝은 유대인들이 가망 없는 지나친 낙관주의자들이라는 의미를 갖고 있다: 이 일은 그들이 생각하는 것보다 훨씬 더 큰 규모의 일이고, 그들이 계산했던 것보다 훨씬 더 많은 시간이 소요될 것이다. 이 점은 이 구절의 마지막 구문을 통해 재차 강조된다: 불에 탄 돌들은 재건축에 적합하지 않을 뿐만 아니라, 그것은 석회암에 불과하기 때문에 그 돌들은 너무나 약한 건축물이 될 것이고 심지어 가루가 되어 버릴 것이다. 요컨대 파괴된 모습은 다시 복구할 수 없는 지경이라는 것이다.

35 **(3)** 도비야의 조롱은 산발랏의 빈정거림과 장단이 잘 맞는데, 유대인들은 그들이 사용하고 있는 부적절한 재료들을 가지고서는 그들이 하고 있는 일을 결국 이룰 수 없다는 점과 깔끔하게 결합되어 있다.

36-37 **(4-5)** 이 부분은 느헤미야의 첫 번째 짧은 기도인데, 이 기도는 상당히 특징적으로 그의 비망록에 포함되어 있다(참조. 5:19; 6:9b, 14; 13:14, 22, 31). 이 부분은 이런 설명에다가 생생한 동시대성도 첨가해 준다. 이 부분이 전체적인 구성 단계에서 갖는 위치에 대해서는 서론, "느헤미야 비망록"을 참조하라.

36 **(4)** 여기에 사용된 언어와 감상은 어느 정도는 정형화된 것이지만, 그럼에도 불구하고 느헤미야같이 행동적인 사람이 그런 자극에 대해 직접적인 반응과 행동을 통해서가 아니라 "우리의 하나님이여, 들으소서"라고 부르짖는 것을 통해 반응해야만 했다는 점에 대해서는 주목해야 할 것이다. 자기 자신과 동료들이 "욕"(בוזה)을 당하는 대상이 되었다는 점을 특징적으로 표현함으로써 그는 자신의 사명(참조. 1:3)의 처음 동기를 회고할 뿐만 아니라 또한 하나님의 든든한 반응을 불러일으킬 단어를 사용하고 있다: "야웨께서 택하신 자들을 향해 *bazah*를 행하는 자들로 하여금 그들 자신이 볼품없는 모습이 되게 하소서"(M. Görg, *TDOT* 2, 63). 하나님께서 이런 일들과 아무 상관없는 듯 경멸받지 않으실 수는 없기 때문에(이 단어는 종종 하나님의 확고한 뜻을 공격하는 것을 반격하는 것에 대해 사용되곤 한다), 확장해서 생각해 본다면 그분의 대표자들도 경멸받지 않을 수가 없다. 하나님의 명예는 현재의 대립 속에서 위기에 처해 있다.

그렇기에 이 구절의 나머지 부분들에서 이런 생각이 명확하게 표현된다: 그들로 하여금 그들이 다른 사람들에게 처방하는 대로 고통당하게 하소서! 그리고 좀더 나아가서는 방금 전 유대인들이 구원을 경험했던 바로 그 형벌을 그들이 당하게 해 달라는 내용이 표현된다. 이 전체 기도는 시편 44, 74 그리고 79편 등과 같은 시편들을 회상하게 만들며, 특히 히스기야가 산헤립으로부터 위협을 당할 때 만났던 상황을 생각하게 만든다. 열왕기하 19:14-19에 나오는 히스기야의 기도를 참고하라.

37 **(5)** 느헤미야는 이제 예레미야 18:23의 저주 기도를 한다. 여기에서 "용서하

다"라는 뜻으로 사용된 단어는 문자적으로는 "덮다"이다. 만약 이 단어가 아니라면, 여기서의 이미지는 구약성경에서 속죄에 대해 표준적으로 이해하고 접근하는 "지우다"(얼룩을 없애다)의 이미지다. 참조. F. D. Kidner, "Sacrifice Metaphors and Meaning," *TynB* 33(1982) 119-36(127-28). 하지만 느헤미야는 그의 대적들에게는 이것이 부인되기를 바라고 있다. 왜냐하면 그가 자신의 짧은 기도를 시작했을 때의 생각으로 돌아와서 보여 주듯이, 지금 여기서 비난당하고 있는 것은 다름아니라 하나님 그분 자신의 명예이기 때문이다. 아래의 "해설"에 나오는 좀더 자세한 설명을 보라.

"건축하는 자들 바로 앞에서": 이 표현은 이 전체 장면이 건축자들이 소리를 들을 수 있는 가까운 거리에서 벌어졌다는 점을 보여 주는 첫 번째 표현이다. 지금이 부분까지 이 정보를 보류함으로써 느헤미야는 분명히 이 사실에 최대한 극적으로 강한 인상을 준다: 이 변화들은 문을 닫고 뒷편에서 고립된 양상으로 일어난 것이 아니라, 정신적인 충격이 일어나는 양상으로 일어난다. 그러므로 히스기야에게 보낸 랍사게의 대사와의 평행적인 특징이 강화된다. 열왕기하 18:26을 특별히 참조하라. 그 부분에서는 예루살렘의 지도자들이 랍사게에게 "우리가 다 알아들을 수 있으니 아람어로 이야기하고, 성벽에 있는 백성들 귀에 대고 우리에게 유대 언어로 이야기하지 말라"고 설득한다. 역대기 사가가 이 에피소드를 역대하 32:1-23에서 나중에 다시 자세히 이야기할 때 그 부분에 잠재되어 있는 신학적 갈등을 강화시켜 표현했다는 점도 마찬가지로 주목하라. 참조. 필자의 *1 and 2 Chronicles* 378-85.

해설

불안함 그 자체는 상당히 놀라울 만큼 다양한 방식으로 자기 자신을 표현하는데, 아마도 이런 불안 표현의 최소한의 공통점은 소심함일 것이다. 이런 불안함이 신앙적인 측면에 투영되면 그 표현은 정말로 소름이 돋힐 지경이 된다.

지금의 짧은 문단은 두 가지 다른 방식으로 이런 불안감을 표현하고 있다. 산발랏과 그의 형제들(동맹들)의 경우는 좀더 직설적인 방식이라고 할 수 있다. 하나님의 역사하심이 그 안에 진짜로 들어 있는 것이 아닌가 하고 생각해 볼 수 있는 사건에 직면했을 때 조롱과 비웃음을 사용하는 경우들이 있다. 이런 모습은 성경 안에서는 물론이고 지금 우리 시대까지 수 세기 동안 계속해서 내려온 교회 역사를 통해 하나님의 백성들의 경험 속에서 볼 수 있다. 더군다나 이런 모습은 개인적인 수준에서뿐만 아니라 단체와 조직의 수준에서도 볼 수 있다. 아마도 이런 모습을 보여 주는 가장 통렬한 아이러니는 예수님께서 다음의 말씀을 들으셨을 때 찾아볼 수 있을 것이다. "저가 남은 구원하였으되 자기는 구원할 수 없도다…저가 하나님을 신뢰하니…이제 구원하실지라…"(마 27:42-43).

좀더 다루기 어려운 문제는 마지막 두 구절에 나오는 내용이다. 느헤미야가 그의 대적들에게 복수해 달라고 하나님께 요청하는 기도를 하는 부분이다. 분명히 이 부분은 정서상 소위 "복수의 시편들"(psalms of imprecation, 예를 들어 시 35, 58, 59, 69, 109, 그리고 137편 등)에 속한다고 할 수 있는데, 이런 본문 그룹들은 종종 기독교 독자들을 당황스럽게 만드는 자료들이다. 이런 내용들을 어떻게 사용해야 하는지와 더불어 이런 내용들을 이해하는 데 도움이 될 수 있을 만한 시도들에 대해서는 C. S. Lewis, *Reflections on the Psalms*(London: Geoffrey Bles, 1958), 20-33; 그리고 F. D. Kidner, *Psalms 1-72*(TOTC London: Inter-Varsity, 1973), 25-32 등의 부분들을 참조하라.

한편으로는 이렇게 표현된 감정들에 대해서 변증법적인 입장을 채택하는 것이 가능하다. 그들을 그들의 정황 속에서 이해하고자 노력하고, 그래서 그들의 공격적인 충돌들을 조금 부드럽게 하고자 하면서 말이다. 우리는 느헤미야가 이 모욕들을 자기 자신에 대한 것만이 아니라 하나님을 향한 것으로 여겼으며, 따라서 이에 대해 옹호하고 변명해야 할 필요를 하나님께 넘기고 있다고 어느 정도 정당성을 갖고 이야기할 수 있다. 그는 그의 대적들을 향해 물리적으로 행동하는 것보다는 그의 분노를 기도를 통해 표현하는 것이 더 나은 것으로 여겼다. 그가 기도한 내용들은 의와 불의에 대한 궁극적인 도덕적 가치들에 대해서 우리가 종종 제시하는 것보다 훨씬 더 날카롭게 인식하고 있음을 보여 준다. 그렇지만 결국 그는 복수의 시편들이나 예레미야 18:23 등과 견주어 볼 때 당시의 관행들을 뛰어넘지는 못했다는 점을 분명히 보여 준다. 무엇보다도 우리는 느헤미야와 다른 저자들이 품었던 분노의 정도에 대해서 결코 평가절하해서는 안 된다.

이런 점들은 그들이 일들을 진행해 가는 데 있어서 도움을 주지만, 최종적인 회복에 있어서는 기독교인들에게 적절치 못하다. 기독교인들을 향해 신약성경은 "너희를 핍박하는 자를 축복하라. 축복하고 저주하지 말라", "악을 악으로 갚지 말라", "네가 원수를 갚지 말라. 분노하지 말고 사랑하라", "원수가 굶주릴 때 먹이라" 그리고 "선으로 악을 이기라"(롬 12:14-21, KJV; 참조. 마 5:43-48; 눅 23:34; 행

7:60; 딤전 2:1-4)고 가르친다. 이와 마찬가지로, 이성적인 측면을 넘어서서 용서하라는 지속적인 부름과 명령이 있으며(예를 들어, 마 18:21-22), 그리고 마지막으로 예수께서 친히 보여 주신 본보기가 있다. 그분의 고난은 불의한 고소를 참는 것이나 그의 제자들을 향한 불의한 대우를 참는 것에 관해 먼저 길을 마련하신다(벧전 2:20-23). 게다가 이런 가치들은 구약성경 시대 때 알려지지 않았던 것이 아니다. 바울이 로마서 12장에서 인용했던 것은 다름아니라 바로 잠언 25:21-22이었다. 그리고 출애굽기 23:4-5; 레위기 19:17-18; 잠언 24:17 등을 참조하라. 그렇기 때문에 아마도 우리는 느헤미야의 기도 안에도 역시 불안함이 깔려 있으며, 이 불안함은 하나님을 향해 적대적으로 서 있었던 인류를 향해 십자가가 하나님의 끝없는 사랑이 어느 정도인지를 보여 줄 때까지, 빈 무덤이 사랑으로 악을 이기고 승리한 것을 선포할 때까지 그리고 하나님 나라가 시작되었다는 선포가 의로움이 궁극적으로 승리할 것이라는 확신을 주게 될 때까지 필연적일 수밖에 없다는 사실을 깨달아야만 할 것이다. 그러므로 이 확신에 이미 들어간 사람들은 안정성을 갖게 되며, 그 안에서 기독교 윤리의 실천이 가능해진다. 설령 그런 사람이 있다 하더라도 지극히 극소수의 사람들만이 이미 이런 이상을 성취하고 획득했다고 느낄 것이다. 그리고 정직은 우리를 향해 우리가 느헤미야의 기도 같은 그런 분위기 속에서 호흡하고 있다는 것을 인정할 수밖에 없게 만든다. 그러나 그런 고백을 하는 것을 통해서 우리는 우리의 확신을 나타낸다. 예수께서 오신 이후로 우리 앞에 좀더 나은 방법과 비전의 길이 열렸다고 말이다.

더욱 심화된 반대와 훼방(느 3:38-4:17〈개역. 4:6-23〉)

참고문헌

Alt, A. "Judas Nachbarn zur Zeit Nehemias." *KS* 2, 338-45. **Warner, H. J.** "A Simple Solution of Nehemiah iv. 23(Heb. verse 17)." *ExpTim* 63(1951-52) 322.

본 문

6 이에 우리가 성을 건축하여 전부가 연락되고 고가 절반에 미쳤으니 이는 백성이 마음들여 역사하였음이니라

3:38(4:6) So we built the wall and the whole wall was joined up to half its height,[a] for the people had a will to work.

7 산발랏과 도비야와 아라비아 사람들과 암몬 사람들과 아스돗 사람들이 예루살렘 성이 중수되어 그 퇴락한 곳이 수보되어 간다 함을 듣고 심히 분하여

4:1(7) When Sanballat, together with Tobiah, the Arabs, the Ammonites, and the Ashdodites, heard that the restoration of the walls[a] of Jerusalem was going ahead (and) that the parts which had been broken down were beginning to be stopped up, they became very angry.

8 다함께 꾀하기를 예루살렘으로 가서 쳐서 요란하게 하자 하기로

2(8) So they all conspired together to come and fight against Jerusalem and to cause confusion,[a]

9 우리가 우리 하나님께 기도하며 저희를 인하여 파수꾼을 두어 주야로 방비하는데

3(9) but we prayed to our God and posted a guard over the city[a] day and night because of them.

10 유다 사람들은 이르기를 흙 무더기가 아직도 많거늘 담부하는 자의 힘이 쇠하였으니 우리가 성을 건축하지 못하리라 하고

4(10) Then, however, it became a saying in the Judean community:[a] The strength of the porters is failing, There is so much rubble! On our own we shall never be able To rebuild the wall.

11 우리의 대적은 이르기를 저희가 알지 못하고 보지 못하는 사이에 우리가 저희 중에 달려들어 가서 살륙하여 역사를 그치게 하리라 하고

5(11) Meanwhile, our adversaries said, "Before they know anything about it or realize what is happening we shall come amongst them and kill them and so make the work stop."

12 그 대적의 근처에 거하는 유다 사람들도 그 각처에서 와서 열 번이나 우리에게 고하기를 너희가 우리에게로 와야 하리라 하기로

6(12) When the Jews who lived near them came and said to us time and again[a] from all sides, "You must return to us."[b]

13 내가 성 뒤 낮고 넓은 곳에 백성으로 그 종족을 따라 칼과 창과 활을 가지고 서게 하고

7(13) then I took up a position[a] in the lowest parts of[b] the space behind the wall in an exposed place[c] and I made the people stand[d] by families with their swords, their spears, and their bows.

14 내가 돌아본 후에 일어나서 귀인들과 민장과 남은 백성에게 고하기를 너희는 저희를 두려워 말고 지극히 크시고 두려우신 주를 기억하고 너희 형제와 자녀와 아내와 집을 위하여 싸우라 하였었느니라

8(14) Then I reviewed them and immediately spoke[a] to the nobles, the officials, and the rest of the people: "Do not be afraid of them: remember the Lord, who is great and awesome, and fight for your brothers, your sons, and your daughters, your wives and your homes."

15 우리의 대적이 자기의 뜻을 우리가 알았다 함을 들으니라 하나님이 저희의 꾀를 폐하셨으므로 우리가 다 성에 돌아와서 각각 역사하였는데

9(15) When our enemies heard that all was known to us and that God had frustrated their plan,[a] we all returned to the wall, everyone to his own work.

16 그 때로부터 내 종자의 절반은 역사하고 절반은 갑옷을 입고 창과 방패와 활을 가졌고 민장은 유다 온 족속의 뒤에 있었으며

10(16) From that day on half my men were engaged in the work while the other half held the shields, the spears,[a] the bows, and the coats of mail. Meanwhile the officers[b] were (stationed) behind all the house of Judah

17 성을 건축하는 자와 담부하는 자는 다 각각 한 손으로 일을 하며 한 손에는 병기를 잡았는데

11(17) [a]who were building the wall.[a] The basket-carriers[b] did their work[c] with one hand supporting the load[d] and one holding a weapon.

18 건축하는 자는 각각 칼을 차고 건축하며 나팔 부는 자는 내 곁에 섰었느니라

12(18) As for the builders themselves, each one had his sword fastened[a] at his side as he built, while the man who sounded the trumpet stayed close to me.

19 내가 귀인들과 민장들과 남은 백성에게 이르기를 이 역사는 크고 넓으므로 우리가 성에서 나뉘어 상거가 먼즉

13(19) Then I said to the nobles, the officials, and the rest of the people, "The work is very spread out[a] and we are widely separated from one another along the wall.

20 너희가 무론 어디서든지 나팔 소리를 듣거든 그리로 모여서 우리에게로 나아오라 우리 하나님이 우리를 위하여 싸우시리라 하였느니라

14(20) In whatever place you hear the sound of the trumpet, rally to us there: our God will fight for us."

21 우리가 이같이 역사하는데 무리의 절반은 동틀 때부터 별이 나기까지 창을 잡았었으며

15(21) Thus we progressed with the work(…)[a] from the crack of dawn until the stars came out.

22 그 때에 내가 또 백성에게 고하기를 사람마다 그 종자와 함께 예루살렘 안에서 잘지니 밤에는 우리를 위하여 파수하겠고 낮에는 역사하리라 하고

16(22) At the same time I also said to the people, "Let every man and his servant spend the night in Jerusalem, so that they can act as guards for us by night and as workmen by day."[a]

23 내나 내 형제들이나 종자들이나 나를 좇아 파수하는 사람들이나 다 그 옷을 벗지 아니하였으며 물을 길으러 갈 때에도 기계를 잡았었느니라

17(23) So neither I nor my kinsmen nor my men nor the men of the guard who supported me ever took off our clothes: each man kept his weapon at his right hand.[a]

원문주해

3.38(4:6).a. 문자적으로는 "그 절반"이다. 정황상 이 표현은 지금 진행되고 있는 상황이나 환경들에 대한 언급이라기보다는 성벽의 높이를 의미하는 것이 틀림없다. 어떤 사람들은 성벽의 모든 부분들을 재건축해야 했던 것은 아니라는 이유를 대면서 이런 표현이 불가능하다고 반대하곤 하는데, 이는 단순한 탁상공론에 불과하다.

4:1(7).a. 성벽은 느헤미야서에서는 일반적으로 단수로 표현한다. 그리고 이렇게 단수로 읽는 것에 대해 MS와 Vrs 등도 마찬가지로 상당히 뒷받침해 준다. 하지만 문법적으로만 보자면 영어 표현에서처럼 복수 형태로 표현하는 것도 가능하다. 그리고 이 부분을 단수 형태로 제시하는 MSS와 Vrs들에 대해서 순전히 우연하게 예외적으로 단수 형태가 생겨났다고 보기보다는 이 부분이 다른 부분들에서 나타나는 관행에 동화되었다고 추측하는 것이 더욱 간단하다.

2(8).a. 마소라 텍스트(MT)에서는 이 부분에 남성 단수인 로(לוֹ, "그것에")를 첨가한다. 이 표현은 예루살렘을 지칭하는 단어일 수 없는데, 만약 그러려면 여성형이 되어야만 한다. 동시에 이 표현이 과연 집합 단수로서 거주민들을 지칭할 수 있는 것인지에 대해서도 의심스럽다. 일부 사람들은 리(לִי, "내게")나 혹은 라누(לָנוּ, "우리에게")라고 추측하기도 하지만, 이런 추측은 아무런 확실성도 갖고 있지 않다. 후대의 서기관이 무의식적으로 이 두 가지 표현 중 하나를 느헤미야를 지칭하는 3인칭으로 동화시켜서 바꿔 버렸던 것일까? 다행스럽게도 영어 표현은 우리가 이 단어를 생략해도 의미가 불분명해지지 않게끔 해준다.

3(9).a. 마소라 텍스트(MT)에는 "저희에 대항하여…저희를 인하여"로 되어 있다. 비록 이런 표현이 완전히 불가능한 것은 아니지만(참조. Ryle) 별로 있음직하지 않은 반복으로 보인다. 가장 간단한 것은 에를리히(Ehrlich, *Randglossen*)가 한 본문 수정이다. 그는 알레이헴(עֲלֵיהֶם, "저희에 대하여")을 대신해서 알레이헤(עָלֶיהָ, "그녀에 대하여")라고 읽는다. 그리고 이런 본문 수정에서의 여성형 접미어는 예루살렘을 지칭한다. Vg는 이렇게 읽는 것을 뒷받침해 주는데, 거기에선 동일한 접미어가 분명 호마(חוֹמָה, "성벽")를 지칭하는 모습을 반영하고 있다.

4(10).a. 문자적으로는 "그리고 유다가 말했다"인데, 여기서의 유다는 포로기 이후 공동체 전체를 나타낸다.

6(12).a. 문자적으로는 "열 번"이다. 이는 대략적인 숫자의 표현으로 보인다. 정황상 지금 강조되고 있는 것은 다름아니라 분명히 요청이 매우 빈번했다는 점이다.

6(12).b. 이 구절의 후반부는 불확실하며, 이에 대해서는 많은 해결책들이 제시되어 왔다. Vrs들은 거의 아무런 도움도 주지 못한다. 참조. Rudolph. 어떤 해결책이건 간에, 이 모든 구절이 느헤미야의 방어적 대비책을 담고 있는 뒷 구절에 종속되어 있다는 사실

을 고려해야만 한다. 그러므로 이 구절들 간에는 적절한 원인-결과 관계성이 있어야만 한다. 이 점은 의문스러운 유대인들이 그들 자신에 대한 염려와 그들의 집들에 대한 우려를 표현하는 내용을 담고 있는 마소라 텍스트(MT, 참조. Keil, Ryle 등)에 대한 전통적인 이해를 배제한다. 이미 일할 수 있는 육체를 갖고 있는 남자들을 예루살렘에 있는 성벽 건축 공사에 보냈기 때문에, 이런 작은 성읍과 마을들은 지금 몰려오는 두려움에 대항하여 그들 자신을 보호할 소망을 가질 수가 없었다. 이런 까닭으로 인해 그들은 지도자들을 통해 예루살렘 인근에 거주하고 있는 그들 동료-성읍 사람들에게 자신들의 상황을 알렸다. "너희는 우리에게로 돌아와야만 한다"(Ryle). 하지만 어떻게 느헤미야가 예루살렘 안에서 이런 두려움에 맞대응하기 위해 파수대를 자리 배치했는지는 분명치가 않다. 본문상에는 예루살렘이 아닌 다른 성읍들이 위협을 받고 있었다는 그 어떤 제시도 나오지 않는다. 하지만 예루살렘의 맹세가 소망이 없다고 느낀 사람들이 그렇기에 동료들을 향해 그 맹세를 포기하고 다른 성읍들의 안전을 위해 "철수"하라고 독려하고 있었다면 동일한 번역도 아주 훌륭하게 의미가 통할 수 있다. 문장 구조상 관계대상사 아쉐르(אשר, "that")는 직접 화법을 도입한다. 아람어에는 비교할 만한 숙어 구문이 있으며 그 용례는 성경 히브리어의 다른 부분에도 나타난다. 참조. GKC § 157c. 이와 마찬가지로, 전치사 -אל과 -על 간의 전환도 특히나 후기 성경 히브리어에서는 전혀 유별난 일이 아니다. 예를 들어, 역대하 30:9을 보라. 루돌프(Rudolph)는 "우리를"이 같은 구절 내의 다른 그룹들을 지칭하는 표현이라고 이야기하며 반대한다. 이는 본문을 관찰한다는 면에서는 올바른 것이지만, 그다지 중요한 무게감이 있는 반대는 아니다. 직접 화법을 도입하는 데 있어서 지칭하는 것을 전환하는 일은 필연적인 것이기 때문이다. 여기에는 어떤 모호함이나 이중성도 없다. 두말할 것도 없이, 마소라 텍스트를 잘 이해할 수 있도록 번역하는 것을 본문을 수정하는 것보다 더 선호해야만 한다. 본문 수정과 관련해서 많은 경우들이 제안되어 왔지만, 지금 여기에서는 그 중 가장 영향력 있는 경우들에 대해서만 간략하게 주목할 필요가 있다. (i) יעלו를 알레이누(עלינו) 뒤에 집어넣으라. 참조. NIV, "네가 향하는 곳마다 그들이 우리를 공격할 것이다." 하지만 슈브(שוב)는 이런 방식으로 "향하다"를 의미할 수 없다. 참조. W. L. Holladay, *The Root šûbh in the Old Testament*(Leiden: Brill, 1958). (ii) 똑같이 하는데 거기다가 부가적으로 타슈부(תשובו)를 예슈부(ישבו)로 수정하는 것이다: "그들이 거하는 모든 곳들로부터 그들은 우리를 공격할 것이다"(Bertholet). 이런 양상은 마소라 텍스트에서 좀더 멀리 떨어져 있다는 것 이외에도, 앞에 나온 표현인 "그들이 우리에게 열 번이나 말했다"와도 쉽게 어울리지 못한다. (iii) 콜-함코모트 아쉐르 하슈바 알레이누(כל-המזמות אשר חשבע עלינו, "그들이 우리를 대적해서 세우고 있던 모든 계획들")라고 읽어라(Rudolph가 Ehrlich를 받아들이면서). 이렇게 하면 의미는 잘 통하지만, 이는 전적으로 추측일 뿐이다. (iv) 마찬가지 내용이 NEB에 적용되었고, NEB는 또한 יעלו를 페아밈(פעמים, 70인경이 뒷받침해 주기 때문에 가능하긴 하다. 위를 보라) 뒤에 첨가했으며, 타슈부(תשובו)를 예슈부(ישבו)로 수정하고 다음 구절에 나오는 와아아미드(ואעמיד)를 ויעמדד로 수정한다: "그들은 우리에게 그들이 거하는 모든 곳에서 함께 모여 우리를 공격할 것이라고 여러 차례 경고했으며, 그들이 성벽 아래 가장 낮은 지대에 주둔할 것이라고 경고했다. 이에 따라서 나는 내 백성들을 가족대로…." 이 관점이 갖고 있는 또 다른 어려움은, 이것이 대적이 갖고 있는 매우 흥미로운 군사적인 전술들을 함축하고 있다는 점이다.

7(13). 이 구절의 전반부 역시 매우 어려운 부분이며, 그렇기 때문에 본문을 전달하고 옮겨적는 과정에서 6b-7a절이 물리적인 손상을 입었을 가능성을 결코 배제할 수 없다. 다시 한 번 가능한 한 문법에 가까이 자리잡고 본문을 해석하는 것이 가장 좋은 방법으로 보인다. 다른 방식으로 본문을 읽는 것에 대해서 아무런 확고한 증거가 없는 지금 상황에서는, 본문의 의미가 우리가 갖고 있는 본문 형태를 인정해 줄 것이다. 일부 주석가들이 선호하는 몇몇 70인경(LXX) 문헌들에서는 첫 번째 동사가 반드시 대적을 지칭하는 것이어야만 하는데, 이는 "성 뒤"라는 표현을 통해 배제된다.

7(13).a. 나는 마소라 텍스트(MT)에서 와아아미드(ואעמיד, "그리고 나는 자리잡게 했다")로 되어 있는 부분을 ואעמוד로 읽을 것을 제안한다. 마소라 사본에서는 타동사로 되어 있지만 아무 목적어도 나타나지 않는다. 뒤에 나오는 단어들에서 목적어를 찾으려는 것은 확신할 수 없는 시도들이다. 왜냐하면 이런 시도들은 너무나 공상적이거나, 혹은 역사적 정황에서는 도저히 일어날 수 없는 그런 것들이기 때문이거나(예를 들어, Bertheau, מחשבות 혹은 חשבונות 혹은 מטחויות, 이 모든 단어들은 일종의 투석기를 지칭한다), 혹은 이 구절 후반부와 이런 시도를 동떨어지게 만들 이유가 전혀 없기 때문이다(예를 들어, Rudolph, מתי חנית, "창 쓰는 군사들"). 이 구절 후반부에 나오는 에트-하암(את־העם, "그 백성들을")을 목적어로 보는 것도 별로 가능성이 없는데, 왜냐하면 문장 구성적으로 볼 때 이 단어는 동사에서 너무 멀리 떨어져 있고 이럴 경우 동사를 다시 반복할 이유도 전혀 없기 때문이다. 마지막으로, 와아아미드(ואעמיד)가 한 번 나타난 것은 다른 부분에서 중복해서 기록하여 생겨난 것이라고 보는 관점(즉 Fensham)도 마찬가지로 별로 그럴듯하지 않다: 이 단어는 분명히 이 구절 후반부에 나오는 에트-하암(את־העם, "그 백성을") 이전에 나타났다. 그렇다면 도대체 어떻게 "중복 기록"이 거꾸로 이 구절 처음 부분에서 나타날 수 있었단 말인가? 여하튼 이런 반복이 나타난다는 점은 여전히 어색한 모습으로 남게 된다. 여기에다가 전반부에 직접 목적어가 없다는 점까지 짝을 이루었을 때, 위에서 제시했던 약간의 본문 수정을 하는 것이 가장 간단한 해결책으로 보인다(실제적으로는 이것은 그저 발음하는 것을 약간 바꾸는 것에 불과할 뿐이다). 내적으로는, 느헤미야는 자기 백성들의 사기를 실제적인 방어 대책들을 취할 만큼 격려하고 고무시킬 필요가 있었다. 이 구절과 다음 구절은 그가 어떻게 이 일을 했는지를 설명해 준다. 아래의 "주석"을 좀더 보라.

7(13).b. 이 구성(מן…ל)은 관련된 복합 전치사인 מתחת ל와 유사할 수 있다. 뒤이어 나오는 מאחרי ל도 보라.

7(13).c. Q에 기록된 밧츠히힘(בצחיחים)은 일반적으로 צחח("눈부신")에서 유래된 것으로 여겨지고 있는데, 이 단어는 (말이) "분명한"이라는 형용사 צח를 만들어 내고, 또한 겔 24:7, 8; 26:4과 14절에서 츠히하 쎌라(צחיח סלע, "맨 바위")라는 표현에서 츠히하(צחיח)라는 명사를 만들어 낸다. 장소에 대한 언급과 더불어 복수 형태를 사용한 것에 관해서는 GKC § 124b를 참조하라. 비록 이런 번역이 확실할 수도 없고, 또한 다른 번역들도 충분히 가능하긴 하지만, 이와 같은 의미는 정황 속에서 아주 훌륭하게 의미가 통한다.

7(13).d. עמד 히필형은 일반적으로 "자리잡게 하다"로 번역되는데, 이 부분에서는 이런 번역도 가능하기는 하다. 하지만 여기에서 이해했던 것처럼, 느헤미야는 백성들을 성벽 주변에 분산 배치한 것이 아니라 하나의 트인 공간에 모든 백성들을 집합시켰다. 뒤이어 나오는 그의 연설이나 그의 백성들을 격려하는 것 못지않게 대적들에게 강한 인상을 심어 주어야 한다는 측면에서 이 해석은 지지받는다. 아래의 "주석"을 보라.

8(14).a. 문자적으로는 "그리고 나는 보았고 일어나서 말했다"인데, 이는 급박한 상황이라는 의미를 담고 있다. 정황상 명백하게 알 수 있는 "보았다"의 목적어가 표현되지는 않았지만, 이 사실은 이 점을 충분히 설명해 준다.

9(15).a. 루돌프(Rudolph)는 여기에다가 וישובו ממנת("저들이 그것을〈즉 그들의 계획을〉 단념했다")를 첨가할 것을 제안한다. 하지만 이런 표현을 복구시켜야 할 아무런 증거도 없다. 설령 실제로 구체적으로 자세하게 설명하지 않는다 하더라도, 본문 그 자체만으로도 충분히 그런 의미를 함축하고 있는 것으로 생각할 수 있다.

10(16).a. 마소라 텍스트(MT)에는 "잡았다, 그리고 창들을, 방패를"로 되어 있는데, 이는 분명 옳을 수가 없다: 첫 번째 항목에 대해서는 접속사가 있을 수 없으며, 반면에 두 번째 항목에 대해서는 반드시 접속사가 있어야만 한다. 여기에다가 처음 부분에 "칼들"을 집어넣는 것은 이 중 첫 번째 문제만을 풀어 줄 것이고 두 번째 문제는 해결해 주지 못한다. 여기에 덧붙여서, 이것은 성벽을 건축하는 사람들이 들고 있을 수 없었던 무기를 이 그룹이 특별히 들고 있었다는 관점과도 잘 맞지 않는다. 왜냐하면 우리는 12(18)절에서 모든 사람들이 칼들을 들고 있었다는 기록을 읽게 되기 때문이다. 그렇기 때문에, 대부분의 주석가들은 MSS와 Vrs를 근거로 인용하면서 접속사를 처음 단어에서 두 번째 단어 쪽으로 옮긴다(הרמחים והמגנים, "창들 그리고 방패들"). 하지만 후자(MSS Vrs)의 증거는 그리 강력하지 않다: 이것 말고는 어떻게 마소라 텍스트를 번역할 수 있을까? 좀더 만족스러운 해결책은 이 두 개의 단어 순서를 위에서 번역한 것처럼 바꾸는 것이다(המגנים והרמחים). 본문을 옮겨적는 과정에서 단어 순서가 뒤집히는 것은 흔히 나타나는 현상인데, 이는 처음에 어쩌다가 생략된 단어를 다시 기록해 주던 것에서 생겨나곤 했다. 필자가 쓴 "Word Order in Isaiah xliii.12," *JTS* ns 30(1979) 499-502를 참조하라. 무기에

대한 다른 표현들에서도 방패가 일반적으로 창보다 앞에 나온다는 점이 이런 추측을 지지하는 편에 선다. 좀더 특별하게 밀접한 평행을 이루고 있는 대하 26:14을 참조하라. 또한 이 장의 7(13)절에서도 창과 활이 그런 식으로 배열되어 있다.

10(16).b. 이 단어를 실수로 중복한 것으로 보아 생략해야 한다는 주장을 뒷받침해 주는 본문상의 증거는 전혀 없다. 이 문단에서는 의미가 훌륭하게 잘 통하기 때문에(아래의 "주석"을 보라) 이 단어는 계속 남아 있어야 한다.

11(17).a-a. 의미상으로 볼 때나 혹은 Vrs을 통해서 볼 때 이 단어들은 10(16)절과 함께 취급되어야만 한다. 만약 그렇게 하지 않는다면, 우리는 건축하는 사람들이 한 손에 무기를 들고 일하고 있는 이상한 그림을 갖게 된다! 여기에서 다룬 것처럼 담부하는 자들은 각각 무기를 들고 있었다고 보는 것이 합리적이며, 반면에 건축하는 자들(12〈18〉절)은 그들의 무기를 허리춤에 차고 있었다고 보는 것이 타당하다.

11(17).b. 이 번역에 대해서는 M. Held, "The Root *zbl/sbl* in Akkadian, Ugaritic and Biblical Hebrew," *JAOS* 88(1968) 90-96를 참조하라.

11(17).c. עמשׂ는 עמס의 변형이라고 보아야만 한다. 이런 현상은 동족 언어들이나 히브리어에서 "나르다, 붙잡다"라는 의미로 종종 나타나곤 한다. 참조. Held, *JAOS* 88[1968] 90-96. 목적어는 기록되지 않았지만 정황상 무엇이 목적어인지가 매우 분명하며, 이 동사는 다른 본문들에서도 마찬가지로 조금 동떨어져 있는 모습으로 사용되었다. 나사(נשׂא)와 עמס가 밀접하게 연결되어 사용된 것에 대해서는 사 46:3을 참조하라. 그러므로 위에서 제시한 번역은 문학적인 번역에 토대를 둔 것이라 할 수 있다. "담부하는 자들은 (그들의 짐들을) 날랐다." 그렇기 때문에 70인경(LXX)이 주도해서 חמשים("무장했다")로 본문을 수정하는 것을 따라갈 필요가 없다. 아마도 번역자들은 마소라 텍스트(MT)를 번역하는 데 어려움을 느꼈을 것이고, 그래서 분명히 동일하게 소리가 나는 ע와 ח 사이에 변형이 있었다고 추측했을 것이다.

11(17).d. 본문을 지금 있는 그대로 본다면 마소라 텍스트(MT)는 문자적으로는 "(각 사람은) 한 손으로는 일을 하고"(정황상 이는 그가 일과 관련된 짐을 나르고 있다는 것을 의미하는 것이 틀림없다)라고 번역할 수 있다. 하지만 이런 표현은 배분적인 단수로 어색하게 전환하는 모습이며, 또한 뒤이어 나오는 구문과의 평행이 나타나지 않는다. 이쉬(אִישׁ, "사람, 남자")를 עשה("만들었다") 앞에 복원하는 것보다는(Rudolph; 그러나 이런 복원은 위에서 지적했던 두 번째 어려움에 대해 해답을 제시하지 않는다), 나는 동사 עֲשָׂה를 야드(יד, "손")와 잘 맞도록 모음을 다시 찍는 것을 제안한다: "그의 손들 중 하나는 그 일을 하고…." 지금처럼 모음을 찍은 것은 이미 앞에서 지적했던 것처럼 절을 잘못 구분했기 때문에 생긴 필연적인 결과다. 일단 이런 일이 벌어졌기 때문에 지금 구절은 주된 구분이 오므심(עמשים, *'athnāḥ*를 주목하라)에서 이루어지게 되었고, 그와 더불어 오쉐(עשה)가 동사적으로 이해되는 결과가 생겨났다. 그래서 오쉐(עשה)를 야드(יד, "손")

와의 관계 속에서 형용사적으로 이해하는 것보다는 도리어 주어(분명히 "일꾼들"로 이해되는)가 필요했다.

12(18).a. 구문론에 대해서는 GKC § 116k[2]를 참조하라.

13(19).a. 하렙베 우레하바(הרבה ורחבה, 문자적으로는 "크고 확장되었다")는 중언법(hendiadys)으로 이해해야만 한다.

15(21).a. 마소라 텍스트(MT)에는 이 부분이 "그리고 그들 중 절반은 창을 잡고 있었다"로 되어 있다. 하지만 이 구문은 대단히 어색하다. (i) 이 내러티브 정황은 1인칭으로 되어 있기 때문에, 첫 번째 단어에 붙어 있는 접미사(וחצים, "그리고 그들 중 절반")는 선행사가 없다. (ii) 건축자들의 절반이 자기 창을 잡았다는 것은 사실이 아니다. 12절과 대조해 보라(18). (iii) 다른 어떤 본문에서도 창으로만 무장한 그룹에 관한 언급이 나오지 않는다. (iv) 이 단어들은 10(16)절에 나온 구문들을 조금 의심스럽게 반복하고 있다. 더군다나 이 두 구절의 앞부분에 나오는 단어들이 똑같다(עשים במלאכה – 오심 밤멜라카, "역사하고"). 그러므로 이 구문은 서기관이 잘못된 곳에서 실수로 옮겨적었기 때문에 생겨났을 수도 있다(Bowman. 이 단어가 10절에 대한 난외주를 정정한 것에서 시작되었다는 Rudolph의 관점보다는 이 관점이 더욱 선호할 만한 것으로 보인다. 두 본문 사이의 미묘한 차이점은 그 이후의 옮겨적는 단계에서 15절을 좀더 일반적 구문인 החזיק ב로 조화시켰다는 방식으로 설명될 수 있을 것이다).

16(22).a. 문자적으로는 "밤에는 파수 그리고 낮에는 일(역사)"이다. 추상적인 표현이 구체적인 "파수꾼"이나 "일꾼"이라는 의미로서의 역할을 한다(Keil). 하라엘라(הלילה, "밤")와 하욤(היום, "낮")은 일반적으로 분명히 각각 "오늘 밤"과 "오늘"을 의미한다. 그러나 이 부분의 구문론에 관해서는 GKC § 118i를 참조하라. 그러므로 굳이 본문을 수정할 필요가 없다(*contra* Joüon, *Bib* 12 [1931] 85, 그리고 Rudolph).

17(23).a. 마소라 텍스트(MT): "한 사람 그의 무기 물"(a man his weapon the water)로 되어 있다. 고대에서는 물론이고(참조. Vrs) 그 이후의 다양한 시도들에도 불구하고, 지금 본문을 그대로 가지고서는 도무지 의미를 통하게 만드는 것이 가능하지 않았다. 이 부분에 대한 해석을 정리해 놓은 긴 제안 목록에 대해서는 라일(Ryle)을 참조하라. 그러므로 AV(Vg를 좇고 있는)에서는 לחו를 동사로 모음을 다시 찍었다: "모든 사람이 씻기 위해 옷을 벗는 것을 지키고 있는." 비록 이런 번역조차도 억지스럽긴 하지만 말이다. RV, "모든 사람은 물로 갈 때 무기를 가져갔다"라는 번역은 상당히 많은 것을 보충해 주어야만 하며, 설령 그렇게 한 이후에도 이 구절의 나머지 부분과 불만족스러운 연결을 해야만 한다. 그렇기 때문에, 본문 훼손은 매우 이른 시기 때 된 것으로 보이고, 이후 후대의 Vrs(예를 들어, Syr.에서는 המים을 הימים과 연결시키면서 "각 사람은 그의 손에 자신의 무기를 들고 완전히 한 달 동안"으로 기록한다)에 토대를 두고 이루어진 본문 수정들은 별로 성공적이지 않은 것으로 보인다. 이런 경우 가장 확신할 만한 본문 수정은 마소

라 텍스트에 가장 근접하면서도 의미가 통하고, 또한 어떻게 이런 오류가 생겨났는지를 설명할 수 있는 본문 수정이다. 그러므로 여기에서는 Böttcher(Keil 그리고 Rudolph)를 좇아서 우리는 ה(י)מינו를 복원한다. נו와 ם 간의 혼란은 드문 일이 아니고, 필체에 있어서 글자를 합해 기록하는 합자의 사용 때문에 생겨났을 수도 있다. 이에 관한 논의와 예들에 대해서는 R. Weiss, "On Ligatures in the Hebrew Bible(נו = ם)," JBL 82(1963) 188-94를 참조하라. 이 동사는 ימין에서 유래된 매우 드문 명사 유래적 동사인데, ימין의 의미는 "…의 오른손으로 잡고"가 합리적으로 보인다. 그렇다면 이쉬(אי, "남자, 사람")와 쉬레호(שלחו, "그의 무기")는 분배적 단수형으로 보아야만 한다. 이런 관점과는 따로 제기된 주장인 쉴로하(שִׁלוֹחַ, "물이 흘러나오는 곳에서" 혹은 "실로암에서")라고 읽어야 한다는(이 장소가 원래부터 옷을 빨래하던 잘 알려진 장소라는 토대하에서 정당화했던) 워너의 제안(Warner, *ExpTim* 63[1951-52] 322)은 별로 그럴듯해 보이지 않는다.

양식/구조/배경

그 누구도 과연 이 문단이 느헤미야 비망록(NM)에서 비롯된 것인지에 관해서나, 이 문단의 배경을 액면 그대로 취급해야 한다는 것에 관해서 진지하게 의심을 품지 않는다: 성벽 건설 기간 동안 성공적으로 통과했던 위기점.

하지만 이 문단이 후대의 사람을 통해 광범위하게 윤색되었으며, 특별히 한 가지 중요한 역사적 결과가 윤색되었음을 발견해 내는 사람들이 있다(중요하게는 Hölscher 그리고 Mowinckel, *Studien II*, 24-26): 느헤미야를 대적하는 원래의 **내적** 반항이 외적인 위협으로 전환되었다. 하지만 이와 관련된 많은 점들은 과연 현재 있는 모습 그대로의 본문을 통해 적절한 의미가 만들어질 수 있느냐 없느냐에 의존하게 될 것이다. 이에 대해서는 아래의 "주석"을 보라. 반면에 켈러만(Kellermann, *Nehemia*, 18-20)은 윤색으로 취급되어 온 각각의 구문과 관련해서 발전되어 온 주장들을 검토했으며, 이런 주장들의 대부분에 대해 불합격 판정을 내렸는데, 이는 적절한 판단이었다.

이 문단의 구조에 관해 관찰할 수 있는 두 가지 점이 주류의 관점을 좀더 뒷받침한다. 첫 번째로, 이 문단은 이미 비망록의 특징으로 지적된 패턴을 계속해서 유지하고 있다(참조. 3:33-37에 대한 "양식"). 한 단계 더 내러티브 안으로 나아가면, 3:38(4:6)은 "산발랏과…들었을 때"라는 공식으로 시작되는 대적들과 훼방을 만나게 된다. 그런 뒤에 느헤미야의 대응책들이 뒤따라 나온다. 이런 동일한 패턴을 통해서 4:9(15)은 이런 형태의 정면대응적인 반대가 결국 실패했다는 것을 보여 주는 것으로서 이 공식을 되풀이한다("우리의 대적이 우리가 자기의 뜻을 알았다 함을 들었을 때"). 느헤미야와 그의 백성들은 비록 필요한 경계 조치를 취해야 하기는 했지만 이제 방해받지 않고 일을 계속해 나갈 수 있다. 이런 역전적인 구조는 내러티브의 한 부분을 깔끔하게 마무리짓게 한다. 대적들이 6장에서 다시 등장했을 때, 그들의 계책들은 전혀 다른 것들이었다.

이쯤에서 이미 3:33-37(4:1-5)에서 지적했던 느헤미야의 대응책에 대한 점층적인 강조가 여기서도 계속되고 있다는 사실을 짧게라도 지적해야 할 것이다. 사실 3:38(4:6)에 나오는 긍정적인 도입적 서술과 비교해 보면 이런 점층적인 강조는 완전히 우위를 차지한다. 그렇기 때문에 이 점은 여기가 이 내러티브의 분명한 클라이맥스 부분임을 뚜렷하게 지시해 주는데, 왜냐하면 이런 방식의 전개 발전이 여기에서 이제 확장 가능한 가장 넓은 범주까지 도달했기 때문이다.

두 번째로, 켈러만(Kellermann, *Nehemia*, 18)은 4:1-14(7-20)을 통틀어서 초기 시대, 특히 신명기적인 본문들의 "거룩한 전쟁"에 대한 율법들이나 그에 대한 묘사들과의 접촉점들이 있음을 관찰했다. 참조. G. von Rad, *Der Heilige Krieg ira alten Israel*(ATANT 20; Zürich: Zwingli-Verlag, 1951). 비록 모든 요소들이 초기 원 자료들에서처럼 거의 동일한 역할을 하는 것은 아니지만, 그는 다음 사항들을 지적한다: 대적들은 예루살렘에 대항하여 연합전선을 형성한다. 백성들은 스스로를 무장하기에 앞서 기도한다. 방어를 위한 인간적인 재원들은 빈약하기 그지없다. 군사력은 상비군이라기보다는 징집된 시민군들이다. 지도자는 하나님께서 전투에 함께하실 것이라고 선포하면서 믿음을 북돋우고 두려워 말라고 격려한다. 적은 전의를 상실했다. 그리고 나팔 소리가 전투의 시작을 알려 준다. 그렇기 때문에, 저자가 전쟁에 대한 초기 시대의 표준적인 전쟁 준비 묘사로부터 어느 정도 영향을 받은 것이나, 실제로 그런 방식으로 전쟁 준비를 하는 것은 어찌 보면 무리가 아니라 당연한 일이다. 만약 그렇다면, 이 문단의 중심 부분 전체를 통틀어 이런 요소들이 분포된 것조차 이 문단의 단일성과 조화를 두둔하는 측면이라 할 수 있다.

주석

38 **(4:6)** 일반적인 표현임에도 불구하고, 이 구절은 대체로 이 일이 어느 정도 진척되었는지를 정확하게 묘사하면서 자리매김하고 있다. 반대하던 사람들 중에는 오로지 몇몇 소수의 사람들만이 여기에 포함되지 않고 제외되었으며(3:5), 산발랏

과 도비야의 빈정거림은 그다지 큰 충격을 주지는 못한 것으로 보인다. 하지만 그들이 다음 문단에서 전략을 바꾸어 정면으로 대응해서 위협을 준 것은 즉각 혼란스럽게 만드는 효과를 거두었다. 그렇기 때문에, 일이 이만큼 많이 진행되었고 열정도 높은 상황임에도 불구하고, 느헤미야는 "외부에서의 싸움"에 대항해야 했을 뿐만 아니라 잠재적으로는 "내적인 두려움"을 제거해야만 했다.

4: 1 **(7)** 새로운 방식의 방해가 문자 그대로 모든 측면에서부터 다가왔다. 물론 산발랏은 북쪽 사마리아를 대표한다. 나머지 사람들에 대해서는 Ah, *KS* 2, 338-45를 참조하라. 그는 페르시아 제국의 지방 체제에서 "아라비아"가 유다의 직접적인 남쪽 이웃이었으며 이두메(에돔)가 그들에게 함께 속해 있었다고 추측한다. 그들의 주도적인 관리였던 게셈에 대해서는 2:19을 보라. "암몬 족속"은 유다의 동쪽에 바로 근접한 지역이었다. 비록 이들도 페르시아 지방 체제에서 독자적으로 분리되어 있는 지역이었는지 혹은 느헤미야가 여기서 좀 덜 특별하게 언급하고 있는 것인지에 대해 증거를 갖고 있지 못하지만 말이다. 하지만 "아스돗 사람들"의 경우에, 그는 다시 한 번 유다 서쪽에 접한 이웃 민족이라고 분명한 용어를 사용한다: 블레셋 사람들의 영토인 이 곳이 주전 711년경에 앗수르인들에게 포획된 이후, 아스돗은 그들이 거기에 세운 새로운 지역에 붙여진 이름이었으며, 이 이름은 분명히 페르시아에 의해 대신 붙여진 이름이었다.

"도비야"에 관해서는 위의 2:10에 대한 "주석"을 보라. 이 구절의 목록에 나오는 이름의 순서는 거기에서 진전했던 관점인 그가 암몬 사람들의 통치와 관련되어서는 안 된다는 생각을 좀더 뒷받침해 준다. 그가 언급된 이유는 유다에 대한 그의 개인적이고 특별한 관심 때문이며, 또한 이 목록에서 그가 갖는 순서상의 위치는 산발랏이 그의 주인이었다는 사실 때문에 결정된다.

"성벽의 회복"은 부상자를 치료하는 것에서 파생된 비유를 사용하여 언급된다. 이 표현은 역대하 24:13에서도 발견되기 때문에, 이것은 규칙적으로 사용되던 숙어 구문이었을 수도 있다. 그럼에도 불구하고, 이 표현은 느헤미야가 이 성읍의 건강과 형통한 삶에 대해 품고 있던 강렬한 관심이 무엇이었는지에 관해 무언가를 볼 수 있게끔 부추긴다. 좀더 단조롭게 보자면, 그는 과거에 완전하게 갈라져 있었던 성벽 부분들이 지금은 부분적으로 채워졌다는 점을 설명한다("멈춰지기 시작했다": 즉 "높이의 절반을 채우다": 참조. 3:38〈4:6〉).

2 **(8)** 이 동맹이 과연 "예루살렘을 치고" 5절에서 설명된 것처럼 "그들 모두를 죽여서 건축을 중단시켜 버리자"던 동맹의 목적에 대해 진지한 것이었는지는 선불

리 결정할 수가 없다. 한편으로는, 지역 관료들의 이와 같은 행동은 분명히 그들의 상관들이었던 총독들이나 법정으로부터 용인되지 않았을 것이다. 특별히 느헤미야의 권위가 너무나 분명하다면 이 점은 더더욱 그러했을 것이다. 다른 한편으로는 그들이 만약 충분히 신속하게 행동하고 또한 그들의 상관들에게 **기정사실화해서** 제시한다면, 설령 보복이 있다 하더라도 거의 보복이 없는 수준밖에 안 될 것이라고 생각했을 수도 있다. 결국 에스라 4:21-23에 의하면, 그들은 그저 행동하기 직전에 허가받았던 것만을 행했을 따름이었다. 하지만 좀더 중요한 것은 이미 이전에 좌절과 저지를 경험했던 예루살렘 사람들(이들은 틀림없이 광범위한 대부분의 사람들이었음에 틀림없다)이 위협의 타당성을 생각하기 위해 멈추지는 않았을 것이라는 점이다: 그들에게는 최근의 역사가 다시 반복되려는 듯이 나타났다! 산발랏과 그의 동맹자들은 이런 반응에 의지하고 있었을지도 모른다. 마치 느헤미야가 자신이 이전에 경험했던 것과 마찬가지로 굳게 결심하는 대응책을 가지고 이에 저항해야만 했던 것처럼 말이다.

3 **(9)** 우리는 이미 예닐곱 가지 경우들을 통해서 진행되는 각각의 상황을 만날 때마다 기도와 행동을 서로 필요하고 보완적인 것으로 보는 것이 느헤미야의 특징이었음을 주목했다.

이런 구절들의 연대기가 전적으로 명료한 것만은 아니다. 각각의 에피소드는 시간적인 순서대로 이어지는 것으로 보아야만 하는가, 아니면 이 구절은 요약적 진술로서만 제시되고 보다 자세한 내용은 이 장의 나머지 부분에서 상세하게 부연되는 것인가? 2-6(8-12)절에서 보여지는 인상은 상황이 일반적으로 악화되고 있는 것이며, 외적인 위협이 내적인 낙담에 기름을 부어대는 듯한 모습이다. 그런 뒤에 느헤미야는 7(13)절에서 완전히 결정적인 반응을 하는데, 이 반응 이후 이 장의 후반부에서 묘사한 배치는 아마도 이 일이 끝날 때까지 계속 유지되었을 것이다.

4 **(10)** 만약 "나쁜 소식이 빨리 전달된다면" 불평 불만이 그 나쁜 소식을 거드는 것도 마찬가지로 빠른 속도로 퍼진다. 이 경우에도 급속하게 퍼진 낙담하는 소리를 통해 이 과정이 빨라졌다. 이 구절의 대구는 *qinah* 혹은 탄식, 보격(3+2; 3+2), 침울한 절망의 직설법을 이룬다. 성경 구절에서 가장 두드러진 점은 내적인 운(韻)이 있다는 것이다(נוכל···הסבל). 이는 하찮은 느낌, 거의 무용지물이라는 인상을 주고, 그렇기에 이 단어들이 표현하는 공허함을 울려퍼지게 한다. 작업이 절반쯤 이루어진 이런 단계에서 외적인 압박이 기승을 부리고 있을 때 느끼게 되는 감정은 매우 분명하다: "우리는 결코 완공할 수 없을 것이다."

5 (11) 위의 2(8)절에 대한 "주석"을 보라. 갑작스런 공격이 이루어질 것이라는 소문이 퍼지는 것을 통해(다음 구절을 보라), 대적은 건축자들을 좀더 불안정하게 만들었고 구석으로 몰아세웠다.

6-7 (12-13) 이 구절들에서는 히브리어 본문을 이해하는 것이 가장 중추적인 문제다. 일단 이 문제가 결정되면 해석은 자연스럽게 뒤따라 나오게 된다. 이 문제들은 위의 "원문주해"에서 대안이 될 수 있는 관점들에 주의를 기울이면서 다루어졌다. 여기에 나오고 있는 장면은 번역에 반영되었다.

우리가 3장에 나오는 목록을 통해 알 수 있는 것처럼, 유다 외곽에 자리잡고 있는 많은 마을들과 성읍들은 성벽 재건축을 돕기 위해 그들을 대표하는 일꾼들을 보냈었다. 대적 "연합"이 정확하게 어디에 소집되었는지 우리는 알 수 없지만, 그들은 이를 볼 수 있는 모든 사람들에게 그들의 힘을 충분히 과시하면서 연합을 이루었을 것이다. 더군다나 그들의 계획이 오로지 예루살렘과 성벽 건축자들에 대한 것임을 각지의 유대인들도 알고 있다는 점을 분명히 알고 있었다. 누구건 자기 집으로 돌아갔던 사람들은 위협을 받지 않게 되었을 것이다. 그러므로 관련되어 있는 사람들과 동료 마을 사람들도 예루살렘에 와서 "수 차례나" 그들 남자들에게 간청했다: "너희가 우리에게로 돌아와야 하리라."

느헤미야는 자신이 아무런 대응도 결정하지 않는다면 집단적으로 건축을 포기하는 일이 생길 수도 있다는 가능성과 직면하면서 자기 사람들을 격려하고 용기를 북돋아 주며 또한 대적에게 그의 결단에 대해 강한 인상을 심어 줄 수 있는 두 가지 방법을 발견했다. 느헤미야는 성벽 주변의 다양한 전략적 요충지들에 그의 백성들을 즉각 배치했다는 것이 일반적인 관점이다(예를 들어, RSV를 보라: "그래서 성벽 뒤 낮고 개방된 장소에, 나는 백성들을 배치했고…"). 하지만 이 번역과 위의 "원문주해"는 정황 속에 좀더 적절해 보이는 본문 이해를 방어하는 것을 추구한다. 이 관점에서 보자면 느헤미야는 고대의 징집군 방식으로 백성들을 완전한 전투 대열로 모았고, 또한 "거룩한 전쟁"을 떠오르게 하는 방식으로 그들에게 연설했다. 아래의 8(14)절에 대한 "주석"을 보라. 이전에는 성벽을 따라 작은 그룹들로 흩어져 있던 모든 사람들을 다함께 불러모아서 그들의 힘을 보여 주고 과시함으로써 그는 신속하게 사기를 진작시키고 용기를 회복시킬 수 있었다.

동시에 느헤미야는 이런 모임의 장소를 신중하게 선택했고, 적들이 눈치채지 못하게끔 했다. 그들은 그의 준비들을 관찰하면서 그들이 성벽 건축자들을 급습을 통해 제거할 수 없다는 사실과 느헤미야에 대한 지원을 침식하려던 시도들이 이미 실패했다는 점을 확인했을 것이다.

8 **(14)** 백성들은 특별히 잘 무장된 것은 아니었다. 앞 구절은 시골 사람들이 기본적으로 사냥에 나가는 정도의 가벼운 무기들로 무장했었다고 이야기한다. 뿐만 아니라 우리가 알고 있는 한, 그들은 무장하고 전투에 참여해 본 경험도 없다. 하지만 느헤미야는 매우 다르지만 유용한 두 가지 장점을 이용한다. 가장 단순한 것으로서, 느헤미야는 그들 가족들과 집에 대한 책임과 관심을 기울이게 함으로써 그들에게 동기를 부여한다: "너희 형제와 자녀와 아내와 집을 위하여 싸우라." 이런 격려는 그가 이미 그들을 가족과 종족을 따라 배열했었다는 사실로 인해 좀더 효과적이 될 수 있었다(참조. 7절).

하지만 이보다 더 중요한 것은, 느헤미야가 이 모든 과업들을 고대의 백성들이 자유를 위해 그들에게 약속된 땅에서 투쟁했던 종교적 전통에 자리잡게 했다는 점이다. 사실 이 투쟁은 단지 그들 조상들이 그들에게 부과했던 것만이 아니라, 성경 전통에 따르면 그들 편에 서서 싸우시는 하나님께서 그들에게 부과하신 것이기도 하다. 물론 이 전통은 느헤미야와 그의 백성들에게 잘 알려져 있었다. 그렇기 때문에 느헤미야는 전형적인 언어로 연설할 수 있었는데, 이 연설에는 자체적인 의미가 담겨 있었고 또한 이 연설은 하나님께서 자기 백성을 위해 싸우신 과거의 승리를 회상케 함으로써 강화되었다. 특별히 출애굽기 14:13-14과 von Rad, *Heilige Krieg*, 6-14에 열거되어 있는 많은 내용들과 위의 "양식"을 보라.

9 **(15)** 느헤미야는 겸손하게 사실 그대로 이야기하는 방식으로 그의 방책이 성공한 것에 대해서 자세히 설명한다: 대적들의 계획을 알고 있었고, 그래서 그들로 하여금 계획을 철수하게끔 만든 것은 느헤미야의 작전 실행이었지만, 그럼에도 불구하고 칭송은 하나님께 돌려졌다. 하나님께서는 "그들의 계획을 좌절시키신" 분이다. 이는 하나님께서 그의 백성들의 대적을 옛적에 혼란과 절망으로 집어던지셨던 것과 평행을 이룬다(출 15:14-16; 23:27-28; 신 2:25;11:25 등). 따라서 이제 시급한 위험이 지나갔고, 백성들은 (분명히 의견의 불일치 없이) 자신들의 일로 돌아간다.

10 **(16)** 다음 문단은 느헤미야가 취했던 방어적인 사전 경계에 관해 윤곽을 제시하는데, 이는 성벽 건축이 완료될 때까지 계속되야만 하는 것이었다. 그는 우선 "내 종자"(נערי)의 배치에 관해 설명한다. 이는 일반적인 성벽 건축자들에 관한 것이 아니라, 이유가 무엇이 되었건 간에 느헤미야에게 충성을 다하던 훈련된 소그룹의 사람들을 지칭한다. 이들의 사회적 지위(다른 일반적인 "종"보다 높은 지위라는

것은 분명하다), 중요성과 충성심 등은 4:17(23); 5:10, 16; 13:19 등에서 찾아볼 수 있다. 반면에 이와 유사한 장면이 동일한 단어를 예루살렘이나 사마리아의 다른 주도적인 시민들과 연결시켜 4:16(22); 5:15; 6:5 등에서 사용한 용례를 통해 나타난다. 구약성경의 나머지 부분에 대해서는 J. MacDonald, "The Status and Role of the Na〉ar in Israelite Society," *JNES* 35(1976) 147-70와 특별히 H.-P. Stäihli, *Knabe-Jüngling-Knecht: Untersuchungen zum Begriff נער in Alten Testament*(BET 7. Frankfurt am Main: Peter Lang, 1978)를 참조하라. 후자는 162-67페이지에서 נערים이 느헤미야가 배열한 대로 총독인 그의 능력 안에서 배치되었다고 추측한다. 봉인들을 통해 얻을 수 있는 증거에 대해서는 N. Avigad, "New Light on the *Na'ar* Seals," in F. M. Cross, W. E. Lemke and P. D. Miller(ed〈s〉.), *Magnalia Dei: the Mighty Acts of God*(Garden City: Doubleday, 1976) 294-300를 참조하라. 지금까지 이들은 분명하게 건축 일에 포함되어 있었다(비록 확실하게 언급되어 있는 것은 아니지만, 아마도 감독의 직책으로〈참조. 5:16〉). 하지만 이제 절반의 사람들은 만약 전쟁을 피할 수 없는 상황이 될 경우 선두에 서기 위해 선발되어 섬겨야만 했다. 이들의 무장이 징집된 백성들의 무기보다 얼마나 더 잘 정제되어 있는지를 주목하라(7〈13〉절). 의심할 여지없이 잘 무장된 군대의 모습은 성벽 건축자들에게도 확신을 심어 주었을 것이다.

다음으로, 느헤미야는 건축 일 그 자체에서 뒤로 물러나 있는 "민장들"에 관해서 언급한다. 우리는 이들에 대해 징집된 백성들을 지휘하는 지휘관들로 이해해야만 하는데(동일한 단어가 신 20:9에서 사용된 것을 보라), 이들은 초기 시대에는 적어도 대규모 가족들이나 종족을 토대로 구성되었다. 이들은 경계를 서고 느헤미야와 연락하기 위해 일에서 별개로 따로 떨어져 있었으며(참조. 14〈20〉절), 결정적인 순간 그들의 백성들을 건축에서부터 수비로 전환시키고 명령하기 위해 준비하고 있었다. 그러므로 우리는 비록 적은 숫자의 사람들이었지만, 느헤미야는 그의 배치를 통해서 왕조 시대의 직업적으로 준비된 군대와 백성들을 징집한 군대와는 무언가 달라진, 그런 군대를 변화시킨 규모로 유지했던 것임을 볼 수 있다. 참조. de Vaux, *Ancient Israel*, 218-28.

11-12 **(17-18)** 비록 그들이 해야 하는 일들의 대부분은 재건축에 집중하는 것이었지만, 그들은 계속해서 무장 상태로 준비되어 있었다. "담부하는 자들"은 돌들을 제거하고 건축 자재들을 모았는데, 이들은 무기를 들기 위해 한 손은 짐으로부터 자유롭게 했다. 이들이 좀더 노출된 장소인 성벽 밖으로 이동할 때 이런 모습은

매우 필요했다. 여기에서 사용된 단어인 שֶׁלַח는 미사일처럼 일종의 날아가는 무기를 추측케 한다. "돌들 사이에서 일을 하던 사람들이 돌(미사일)을 집어다가 그것을 자신을 보호하기 위해 한 손에 운반하는 것은 매우 자연스럽게 보인다"(Fensham).

물론 "건축자 그들 자신"은 건축 일을 하기 위해 양손이 모두 자유로울 필요가 있었지만, 그럼에도 불구하고 칼을 양편 허리춤에 차고 있을 수 있었다.

13-14 **(19-20)** 그의 백성들이 성벽 주변에 얇은 층으로 흩어져 둘러서 있는 상황이었기 때문에, 느헤미야는 공격을 당했을 때 그들을 신속하게 어느 장소로건 불러모을 수 있어야만 했다. 그는 언제든지 자신이 명령만 하면 트럼펫 소리를 내서 백성들이 이 소리를 신호로 들을 수 있게끔 준비함으로써 이 문제를 해결했다. 이 문제에 대해 백성들에게 내려진 그의 지침들을 통해서, 그는 다시 한 번 전통적인 "거룩한 전쟁"과 관련된 언어를 사용했다(8절에 대한 "주석"과 위의 "양식"을 보라). 행동을 취하라는 신호로서 트럼펫 소리가 초기 시대와 동일했다는 점뿐만 아니라(참조. 삿 3:27; 6:34; 7:18; 삼상 13:3), 느헤미야의 결론적인 격려사인 "우리 하나님이 우리를 위하여 싸우시리라"는 표현도 정확하게 이전 시대의 전형적인 공식을 그대로 되풀이하는 것이었다. 참조. 출애굽기 14:14; 신명기 1:30; 3:22; 20:4; 여호수아 10:14, 42; 23:10. Kidner는 시편 127:1b에 대해서도 적절하게 관심을 기울인다: "여호와께서 성을 지키지 아니하시면 파수꾼의 경성함이 허사로다."

16 **(22)** 두 가지 이유로 인해 모든 일꾼들로 하여금 예루살렘 안에서 자게 하는 긴급한 방법을 사용하게끔 만들었다. 가장 단순한 수준에서 보자면, 이렇게 하는 것이 근처 동네들에 있는 집으로 오고가는 데 소요되는 시간을 절약해 주었을 것이다. 하지만 동시에 이는 이 일이 진행되던 가장 험한 장소에서 무엇이건 이 일에 관련되어 있다는 소속감에서 분산되지 못하도록 막아 주었을 것이다. 의심할 여지없이 이 모든 기간 동안에는 위의 6-7(12-13)절에서 분석해 보았던 정신적인 압박이 계속되었다.

"그의 종자들"에 관해서는 위의 10(16)절에 대한 "주석"을 보라. 이 점은 포함된 이 사람들("모든 사람")이 주도적인 시민들이었음을 함축적으로 보여 준다. 느헤미야가 특정한 그룹의 사람들이 매일 오후 집으로 돌아가는 것을 금지하는 조치를 취한 것은 크게 보면 백성들 사이에서 인기가 있었을 것이다. 특별히 후속적인 5장의 관점에서 보면 더더욱 그렇다.

앞 구절과 이 구절의 언어는 자연스럽게 종합적인 것으로 이해될 수 있다. 당연히 변동 체제(shift system)는 모든 사람들이 얼마간 잠잘 수 있도록 잠자는 시간을 확보했다!

17 **(23)** 하지만 깨어 있든 아니면 잠들어 있든, 느헤미야와 그의 최측근(다시 한 번 10〈16〉절을 보라)은 계속적인 불침번의 본보기를 보였다. 무기를 손에 들고 언제건 행동을 취할 수 있는 준비를 한 모습이었기에, 그들은 그들 스스로의 어깨 위에 짐을 지기보다 다른 사람들에게 더 고된 짐들을 부과한다는 비난을 받지 않을 수 있었다.

해설

모든 분명한 성공들에도 불구하고, 이 부분을 시작하는 구절은 무언가 불길한 어조를 띄고 있다: 절반 정도까지 마쳤다. 종종 모든 중요한 일들에 있어서 이 지점은 비판적으로 자기 자신을 반성해야 하는 곳이다. 처음의 열정은 소진되어 약해졌고, 마지막 지점은 아직 최후의 노력을 경주하라고 격려할 수 있을 만큼 충분히 시야에 들어오지도 않는다. 그러므로 입에서 입으로 절망감들이 급속하게 퍼져 나가고 어두침침한 분위기를 극복하는 데 아무런 도움도 되지 않는 소문들이 흘러넘치게 되면서(4〈10〉절) 느헤미야의 리더십은 위기에 부딪혔다.

대적들의 계책이 점차적으로 불안을 가중시키는 효과를 발휘하고 있었기에 상황은 더욱더 악화되어 갔다. 1(7)절에서 사악한 동맹이 이루어졌다는 것은 유다가 적대적인 세력들에 에워싸였다는 점을 의미했다. 그리고 그들의 위협은 그들이 실제로 어떤 적법성을 갖고 있건 간에 이 위협과 가장 밀접하게 연관된 사람들에게는 전혀 빈틈이 없는 큰 위협으로 보였을 것이다. 느헤미야가 이런 양면적인 위험들을 제지하지 않고 진행되도록 놓아 두었기 때문에, 전체 프로젝트의 포기라는 결과를 낳을 수도 있는 거대하고 심각한 상황들이 있었다.

하지만 그가 보인 반응은 지혜로운 리더십의 모델이었다. 그는 비난하는 데는 아무런 행동도 취하지 않았다. 각각의 위협들에 대해서 아직 직접 맞대응하지 않았다. 첫 번째로, 외적인 위협에 대항해서 그는 **상식적인 유연성**을 보여 주었다. 그는 그의 백성들을 준비시키고 결연한 태도를 갖게 하기 위해서, 이전에는 건축 일에 종사하던 일부 사람들을 풀타임 파수꾼으로 전환시키기 위해서, 어느 정도 작업 속도가 늦어지더라도 거추장스러운 무기들을 휴대하게끔 하기 위해서 그리고 의사소통의 효과적인 방법들을 구성하기 위해서 잠시 동안 건축 일을 중단할 준비를 했다.

두 번째로, 그는 백성들의 불안정한 불안감에 대해서는 **전통에 호소**하면서 반응했다. 이 점은 그가 이스라엘의 긴 역사를 통해 이 방법만큼은 신뢰할 수 있다는 사실을 수없이 발견할 수 있는 그런 방법들을 도입했다는 것을 통해서 볼 수 있다. 그가 일반 대중을 군대로 조직했던 일이나 그들에게 했던 말들은 이미 우리가 위의 "주석"에서 살펴보았던 것처럼 백성들로 하여금 확신으로 가득 차게끔 지도하는 그런 방식이었다: "우리 하나님께서 우리를 위해 싸우실 것이다"라는 말은 과거의 경험을 통해 결코 빈말이 아니라는 것을 알 수 있었다. 그러므로 느헤미야는 그의 백성들의 혼란스러운 생각들에다가 그들에게 친숙했던 해석적 틀을 인상 깊게 갖도록 하는 것을 통해서 그들이 갖고 있었던 바로 그 두려움을 새로운 믿음의 토대가 되도록 사용하는 데 성공했다. 그리고 우리는 바로 여기에서도 이미 느헤미야의 설명 속에서 몇 번에 걸쳐 살펴보았던 것처럼 믿음과 책임 있는 행동을 이분법으로 나눌 수 없다는 분명한 사실을 좀더 주목해야만 한다: 기도와 하나님을 향한 신뢰는 활용 가능한 자원들을 예민하고 감각적으로 구성하는 것과 더불어 손에 손을 맞잡고 함께 나아가야 한다. 즉 "관찰하라 그리고 기도하라"는 말은 이 장 위에 크게 써붙여 놓을 수 있는 그런 표현이다. 의심할 여지없이 느헤미야는 그가 취했던 실제적인 방법들, 그러니까 가령 나팔을 사용해서 그 누구도 자신이 일하는 데 있어서 혼자 외롭게 동떨어져 있다는 느낌을 갖지 못하게 했던 것 등과 같은 방법들이 실질적으로 도움을 줄 수 있으리라는 점을 계산했을 것이다. 건축자들의 "믿음"의 대안으로서가 아니라 도움을 주는 것으로서 말이다.

마지막으로, 이 일이 갖고 있는 어려움들 때문에 포기해 버리려는 유혹에 대해서는 **본보기를 보여 주는 리더십**을 통해 대응했다. 물론 이 장의 마지막 구절이 여기에서 가장 분명하게 이 점을 제시하지만, 앞에 나온 구절들의 이면에도 이런 점들이 내포되어 있었을 것이다. 위에서 진전시킨 이해를 토대로 생각해 본다면, 내러티브 전체가 진행되는 내내 느헤미야는 쉼없이 이 작업이 계속해서 방해받지 않고 진행될 것이라는 확신을 주고자 노력을 기울였던 것으로 보인다.

> 예수께서 이르시되 "손에 쟁기를 잡고 뒤를 돌아보는 자는 하나님의 나라에 합당치 아니하니라" 하시니라(눅 9:62).

> "Grant us, O Lord, to remember that it is not the undertaking of any great matter, but the continuing of the same until it be thoroughly finished, which yieldeth the true glory."

내적 어려움들(느 5:1-19)

참고문헌

Alt, A. "Die Rolle Samarias bei der Entstehung des Judentums." *KS* 2, 316-37. **Avigad, N.** *Bullae and Seals from a Post-Exilic Judean Archive.* Qedem: Monographs of the Institute of Archaeology 4. Jerusalem: Institute of Archaeology, The Hebrew University, 1976. **Cohen, A.** "ה'עפרים' בארוחת נחמיה." *BMik* 12/3(1966/67) 139-40. **Kellermann, U.** *Nehemia,* 19-21, 154-66. **Kippenberg, H. G.** *Religion und Klassenbildung im antiken Judäa. Eine religionssoziologische Studie zum Verhältnis yon Tradition und gesellschaftlicher Entwicklung.* SUNT 14. Göttingen: Vandenhoeck & Ruprecht, 1978. 54-77. **Kreissig, H.** *Die Sozialökonomische Situation in Juda zur Achämenidenzeit.* Schriften zur Geschichte und Kultur des alten Orients 7. Berlin: Akademie-Verlag, 1973. **McEvenue, S. E.** "The Political Structure in Judah from Cyrus to Nehemiah." *CBQ* 43(1981) 353-64. **Neufeld, E.** "The Rate of Interest and the Text of Nehemiah 5.11." *JQR* ns 44(1953-54) 194-204. **North, R.** *Sociology of the Biblical Jubilee.* AnBib 4. Rome: Pontifical Biblical Institute, 1954. ______. "Civil Authority in Ezra."(See *Main Bibliography.*) **Pons, J.** *L'Oppression dans l'Ancien Testament.* Paris: Letouzey et Ané, 1981. **Smith, M.** *Palestinian Parties and Politics that Shaped the Old Testament.* New York: Columbia U. Press, 1971. chap. 6 and pp. 193-201(="Appendix: Alt's Account of the Samaritans"). **Stern, E.** *Material Culture of the Land of the Bible in the Persian Period 538-332 B.C.* Warminster: Aris and Phillips, 1982. 196-214. **Vogt, H. C. M.** *Studie,* 108-17. **Watson, W. G. E.** "Reclustering Hebrew *l'lyd-*." *Bib* 58(1977) 213-15. **Yamauchi, E. M.** "Two Reformers Compared: Solon of Athens and Nehemiah of Jerusalem." *The Bible World. Essays in Honor of Cyrus H. Gordon,* ed. G. Rendsburg, R. Adler, M. Arfa and N. H. Winter. New York: Ktav and The Institute of Hebrew Culture and Education of New York University, 1980. 269-92. **Zimmermann, F.** "The Root *KAHAL* in Some Scriptural Passages." *JBL* 50(1931) 311-12. **Zwaan, J. de.** "Shaking out the Lap." *The Expositor* vii/5(1908) 249-52.

본 문

1 때에 백성이 그 아내와 함께 크게 부르짖어 그 형제 유다 사람을 원망하는데

1 Then there arose a great outcry of the people and their wives against their fellow Jews.

2 혹은 말하기를 우리와 우리 자녀가 많으니 곡식을 얻어 먹고 살아야 하겠다 하고

2 There were some who said, "With our sons and daughters we are numerous;[a] so let us have[b] some grain so that we may eat and live."

3 혹은 말하기를 우리의 밭과 포도원과 집이라도 전당 잡히고 이 흉년을 위하여 곡식을 얻자 하고

3 Others said, "We are mortgaging our fields, our vineyards, and our houses to get[a] some grain during the famine."

4 혹은 말하기를 우리는 밭과 포도원으로 돈을 빚내어 세금을 바쳤도다

4 Still others were saying, "We have had to borrow money on[a] our fields and vineyards for the royal tribute."[b]

5 우리 육체도 우리 형제의 육체와 같고 우리 자녀도 저희 자녀 같거늘 이제 우리 자녀를 종으로 파는도다 우리 딸 중에 벌써 종 된 자가 있으나 우리의 밭과 포도원이 이미 남의 것이 되었으니 속량할 힘이 없도다

5 "Now,[a] we are of the same flesh and blood as our brothers[b] and our children are as their children. But we are on the point of bringing our sons and daughters into the bondage of slavery; indeed, some of our daughters are (already) enslaved, and we are powerless to do anything about it,[c] for our fields and our vineyards belong to others."

6 내가 백성의 부르짖음과 이런 말을 듣고 크게 노하여

6 I was very angry when I heard their outcry and these words.

7 중심에 계획하고 귀인과 민장을 꾸짖어 이르기를 너희가 각기 형제에게 취리를 하는도다 하고 대회를 열고 저희를 쳐서

7 After turning the matter over in my mind[a] I contended with the nobles and officials and said to them, "Each of you is acting the creditor[b] against his own brother." I summoned a great assembly[c] because of them,

8 이르기를 우리는 이방인의 손에 팔린 우리 형제 유다 사람들을 우리의 힘을 다하여 속량하였거늘 너희는 너희 형제를 팔고자 하느냐 더구나 우리의 손에 팔리게 하겠느냐 하매 저희가 잠잠하여 말이 없기로

8 and said to them, "As far as possible, we have been buying back our fellow Jews who had to sell themselves to the Gentiles, whereas you are selling off your brethren with the result that they will have to be sold back[a] to us again." At this they were silent, unable to find a word in reply.

9 내가 또 이르기를 너희의 소위가 좋지 못하도다 우리 대적 이방 사람의 비방을 생각하고 우리 하나님을 경외함에 행할 것이 아니냐

9 So I continued,[a] "What you are doing is not good. Will you not walk in the fear of our God in order to avoid the reproach of our Gentile enemies?

10 나와 내 형제와 종자들도 역시 돈과 곡식을 백성에게 취하여 주나니 우리가 그 이식 받기를

10 Yes, I too, my brothers and my men have been advancing them loans of money and grain;

그치자
11 그런즉 너희는 오늘이라도 그 밭과 포도원과
감람원과 집이며 취한 바 돈이나 곡식이나 새 포
도주나 기름의 백분지 일을 돌려보내라 하였더니

12 저희가 말하기를 우리가 당신의 말씀대로 행
하여 돌려보내고 아무것도 요구하지 아니하리이
다 하기로 내가 제사장들을 불러 저희에게 그 말
대로 행하리라는 맹세를 시키게 하고
13 내가 옷자락을 떨치며 이르기를 이 말대로 행
치 아니하는 자는 하나님이 또한 이와 같이 그 집
과 산업에서 떨치실지니 저는 곧 이렇게 떨쳐져
빌지로다 하매 회중이 다 아멘 하고 여호와를 찬
송하고 백성들이 그 말한 대로 행하였느니라

14 내가 유다 땅 총독으로 세움을 받은 때 곧 아
닥사스다 왕 이십 년부터 삼십이 년까지 십이 년
동안은 나와 내 형제가 총독의 녹을 먹지 아니하
였느니라

15 이전 총독들은 백성에게 토색하여 양식과 포
도주와 또 은 사십 세겔을 취하였고 그 종자들도
백성을 압제하였으나 나는 하나님을 경외하므로
이같이 행치 아니하고

16 도리어 이 성 역사에 힘을 다하며 땅을 사지
아니하였고 나의 모든 종자도 모여서 역사를 하
였으며
17 또 내 상에는 유다 사람들과 민장들 일백오십
인이 있고 그 외에도 우리 사면 이방인 중에서 우
리에게 나아온 자들이 있었는데
18 매일 나를 위하여 소 하나와 살진 양 여섯을
준비하며 닭도 많이 준비하고 열흘에 한 번씩은
각종 포도주를 갖추었나니 비록 이같이 하였을지
라도 내가 총독의 녹을 요구하지 아니하였음은
백성의 부역이 중함이니라

let us now abandon this practice of loans.[a]
11 Return to them today their fields, their vine-
yards, their olive groves, and their houses and
the percentage on[a] the money, grain, new wine,
and oil which you are loaning to them."
12 "We will return them," they said, "and we will
not exact anything from them. We will do as you
say." So I called the priests and made them swear
to act accordingly.
13 Then I shook out the fold of my garment and
said, "Thus may God shake out[a] from his house
and property any man who does not keep this
promise: thus may he be shaken out and left
empty!" The whole assembly said "Amen," and
praised the Lord, and the people did as they had
promised.
14 Moreover from the day when I was ap-
pointed[a] to be governor[b] in the land of Judah –
from the twentieth to the thirty-second year of
King Artaxerxes, twelve years in all – neither I
nor my brothers ate of the governor's food
allowance.
15 The earlier governors who came before me
laid a heavy burden[a] on the people and exacted
from them[b] for their daily ration[b] forty shekels of
silver. Their retainers too used to lord it over the
people. Out of reverence for God, however, I
have not acted like that.
16 On the contrary, I stuck to the work on this
wall, even though we[a] acquired no land: all my
men were gathered there for the work.
17 As for the Jews[a] – there were[b] 150 officials
together with any who came to us from the sur-
rounding nations, at my table.
18 What was prepared each day at my expense[a]
was: one ox, six choice[b] sheep, and some poul-
try,[c] and, at ten day intervals,[d] wine of every
kind in abundance.[e] Yet for all this I never
claimed the governor's food allowance because
the service weighed so heavily on this people.

19 내 하나님이여 내가 이 백성을 위하여 행한 모든 일을 생각하시고 내게 은혜를 베푸시옵소서

19 Remember in my favor, O my God, all that I have done for this people.[a]

원문주해

2.a. 마소라 텍스트(MT)에는 간결하고 뭉툭하게 표현되어 있다("우리 아들들과 우리 딸들 우리는 많다"). 그러나 만약 이것이 절망을 대표적으로 표현하는 부르짖음이라면, 이런 간결하고 뭉툭한 표현이 반드시 불가능한 것은 아니다. 본문 수정을 해야 할 표면적인 본문상의 근거는 없다(Vg의 첨가는 해석적인 것이고, 다른 본문에 대한 증거는 아니다). 만약 정황을 통해 마소라 텍스트의 본문이 의미가 통할 수 있다면 그 의미를 수용해야만 한다. 아래의 "주석"을 참조하라. 하지만 많은 주석가들은 추측적인 약간의 본문 수정, 그러니까 רבים을 ערבים으로 수정하는 것을 선호한다(1753년에 처음으로 제안되었다). 참조. NEB: "그들은 그들의 아들과 딸들을 자신들이 살아남기 위해 먹을 음식을 위한 담보로 주고 있다고 불평했다." 수정한 본문은 3절과 밀접한 평행을 이루지만, 마소라 텍스트는 1절이 보여 주는 정황과 잘 맞지 않으며 느헤미야가 취한 방법들과 편안하게 잘 맞아떨어지지 않는다고 주장되어 왔다. 하지만 수정한 본문이 3절과 밀접한 평행을 이룬다는 점은 3절과 4절 간에 평행이 결여되어 있다는 점으로 인해 별 효력이 없어진다. 또한 자녀를 빚-노예로 파는 것과 관련된 5절의 내용을 미리 예견한다는 점에서 불리하다.

2.b. 이 와우는 뒤이어 나오는 귀결절을 도입해 주는 것으로 해석할 수 있다.

3.a. 혹은 "우리는 이제 막 저당잡히고…그래서 얻을 것이다." 이 구조는 앞 구절의 구조와 동일하다. 하지만 11절은 위에서 제시한 번역을 더 선호할 근거를 제공해 준다.

4.a. 만약 세도테이누 우케라메이누(שדתינו וכרמינו, "우리 밭과 우리 포도원들")라는 표현이 앞 구절에서부터 잘못 반복된 것이 아니라면, 라와(לוה, "빚내다")는 여기서 반드시 이중 목적어를 가져야만 한다. 다른 사람들은 비록 의미의 변화는 전혀 없지만 전치사 알(על, "upon")을 첨가하는 것을 선호한다. 그러나 이런 표현이 정확하게 평행을 이루는 용례가 없다는 점은 과연 이 단어를 첨가해야 할 것인지에 대한 확실성을 배제하게 한다.

4.b. 이 단어는 다른 부분에서는 전혀 나타나지 않는다. 그러나 아람어로 동일한 의미를 나타내는 단어에 대해서는 스 4:13을 참조하라.

5.a. 웨앗타(ועתה)가 사용되었다는 점은 이 구절이 그저 단순하게 4절의 연속이라기보다는 여지껏 앞에 나왔던 모든 불평들을 요약적으로 제시하는 것일 수 있다는 점을 보여 준다.

5.b. 문자적으로는 "우리 살은 우리 형제들의 살과 마찬가지다"이다.

5.c. 이 구문의 의미가 의문스러운 것은 아니지만, 이 구문의 정확한 설명에 대해서는

논란이 되고 있다. 평행을 이루는 부분에 대해서는 창 31:29; 신 28:32; 미 2:1; 잠 3:27; 시락서 5:1; 14:11 등을 참조하라. 일반적으로는 엘(אל)은 "힘"을 의미한다고 이야기되고 있으며, 따라서 "우리 손에는 힘이 없다"가 된다. 하지만 최근에는 크로스(F. M. Cross, *TDOT* 1,260-61)와 왓슨(Watson, *Bib* 58[1977] 213-15) 등이 독자적으로 이 단어들을 לידנו לא אין로 나눌 것을 제안해 왔으며, 또한 לא를 "힘"으로 이해할 것을 제안해 왔다. 비록 이렇게 하는 것이 구문을 좀더 용이하게 해주며 또한 이 단어가 다른 동족 언어들에는 상당히 많이 등장하지만, 과연 히브리어에도 이 단어가 존재하는지는 확실치가 않다. 또한 과연 마소라 텍스트(MT)가 여지껏 그토록 계속적으로 자음들을 부정확하게 나누어 놓았을지도 매우 의심스럽다.

7.a. 아람어와 아카드어에서의 *mlk*를 참조하고, 또한 H. R. Cohen, *Biblical Hapax Legomena in the Light of Akkadian and Ugaritic*(SBLDS 37; Missoula: Scholars Press, 1978), 143도 참조하라. "나의 마음이 그것을 계획했다." NEB에서는 מלך을 명사 유래 동사인 "다스리다"와 연결하면서 "나는 나의 감정들을 억제했다"라고 번역했지만, 이런 식의 형태는 니팔형에서는 그 어디에서도 나타나지 않으며, 결과적으로는 특별하게 이런 의미가 있다고 확증할 수도 없다.

7.b. 느헤미야가 꾸짖었던 내용이 정확하게 본질적으로 무엇에 관한 것이냐는 문제는 계속해서 논쟁이 되고 있다("주석"도 보라). 여기에 포함된 관행이 과연 그토록 부적절하고 확고하게 불법적인 일인지는 확실치가 않다(10절에 의하면 느헤미야 자신도 여기에 포함되어 있었다). 이 점은 유별난 단어 배열이 왜 그렇게 되었는지를 설명해 줄 수 있다. 히브리어에서는 "빌리다"와 "이자"에 대해 다른 단어들을 사용한다. 그렇기 때문에 נשא는 담보를 제공하고 빚을 꾸어오는 것을 의미할 수도 있는 것으로 보인다(출 22:24; 신 24:10 등도 보라). 적어도 이 점은 앞 구절들의 불평들에 대한 비판과 잘 어울린다. 루돌프(Rudolph)가 마사(משא) 그리고 노심(נשאים)이라고 읽고 "너희들 각자가 그의 형제에게 짐을 부과하고 있다"(Myers)로 번역하자고 제안한 것은 받아들이기가 어렵다. נשא는 "나르다, 옮기다"라는 뜻이며 "부과하다"가 아니다. 또한 전치사 ב(예측되는 על보다는)는 이 관점에 좀더 어려움을 준다.

7.c. 비록 케힐라(קהלה)가 이보다 좀더 공통적으로 사용되는 케할(קהל, "회중") 자리에 사용되긴 했지만, 13절이 그 의미를 보장해 주는 것으로 보인다. 짐머만(Zimmermann, *JBL* 50[1931] 311-12)은 아랍어 동족어에 토대를 두고 이 단어의 의미가 "꾸짖다"라고 주장했다. 브락킹튼(Brockington)과 NRB(독자적으로?)가 그의 입장을 따랐다: "나는 그들을 심각하게 꾸짖었다." 하지만 NEB는 신 33:4(이 단어가 등장하는 유일한 다른 본문)에서 갖고 있는 일반적인 의미를 올바르게 유지하고 있으며, 이 점은 이 단어를 현재 본문에서처럼 번역하는 것이 별로 그럴듯하지 않게끔 만든다. 마지막으로, 시락서 7:7에서는 케힐라(קהלה)가 분명하게 עדה와 평행을 이루고 있다(Zimmermann과는 달리). 이는

전통적인 번역에 좀더 확정적인 증거를 제공한다.

8.a. 루돌프(Rudolph)는 여기서의 생각의 흐름과 결과가 갑작스럽다는 것에 반대한다. 그렇기 때문에 그는 נמכרו로 읽고 "그들이 속량되게 하다"로 번역할 것을 제시한다. 하지만 느헤미야는 분명히 מכר("팔다")라는 단어를 활용하고 있다. 설령 여기에서 완벽하게 수동적인 의미를 갖는 니팔형이 사용되었다고 인정한다 하더라도(앞에 나온 구절에서처럼 재귀적인 것이 아니라), 마소라 텍스트(MT)를 그대로 유지하는 것을 더 선호할 수 있다.

9.a. Q와 Vrs에서처럼 와오마르(וָאֹמַר)로 읽으라.

10.a. 펜샴(Fensham)은 느헤미야의 제안이 좀더 멀리 진전된다고 생각한다: "우리가 이 빚을 방면해 주자!" 분명히 명확하게 표현되어 있는 것은 아니지만 이는 가능한 일이다. 여하튼 느헤미야가 이 점을 염두에 두고 있었다는 점은 다음 구절에서 분명해진다.

11.a. 이런 기술적인 의미에서 메아트(מאת, 문자적으로는 "백분의 일")라는 단어가 사용된 것은 이 곳이 유일하다. 이 단어는 일반적으로 1%(아마도 매달)를 의미하는 것으로 취급된다. 즉 연이율 12%인 셈이다. 하지만 다른 용례가 없기 때문에 "백분율"이라고 좀더 일반적으로 번역해야 할 가능성을 제외해서는 안 된다. 둘 중 어떤 방식이건 간에, 다음 구절에서 백성들이 보인 반응을 보면 돈을 꾸어주고 이자를 받으려 했다는 점이 분명해 보인다(참조. Keil; Ryle). 그러므로 מַשַּׁאת("부채")나 혹은 מַשְּׂאת("짐 혹은 아마도 수입", NEB)으로 본문을 수정한 것이 넓게 채택되었지만, 이런 본문 수정은 불필요하다. 키드너(Kidner)는 번역에 있어서 후자("채권자가 그들이 담보로 잡고 있던 재산에서부터 뽑아낸 수입")를 더 선호하지만, 나는 그가 마소라 텍스트(**"백분의 일"**이라는 단어는… 아마도 이런 양보를 보여 주고, 그에 대해 어느 정도가 부과되었는지를 확정한다)를 변호하기 위해 이런 번역을 추구하는 것이라면 거기에 동의할 수가 없다. 만약 이 문제가 지극히 최근에 불거져 나온 것이었다면, 이 이자가 아직 지불되지 않았을 수도 있다. 또한 12절도 이 점을 다시 한 번 암시한다. 이런 경우라면, 하시부(השיבו, "돌려보내다")라는 단어는 이 구절의 후반부 앞에서 "면제해 주다"를 의미하는 것으로 이해해야만 한다. 참조. Neufeld, *JQR* ns 44(1953-54) 201.

13.a. 이 피엘형(이 구절의 앞에서는 칼형이 나왔었다)에 대해서는 E. Jenni, *Das hebräische Pi'el*(Zürich: EVZ Verlag, 1968) 136-37를 참조하라.

14.a. 지금 본문 그대로 본다면 마소라 텍스트(MT)를 비인칭 단수 구조("나를 임명했다")로 되어 있다고 보거나 혹은 "왕"이 주어라고 이해해야만 한다. 둘 중 어떤 것도 별로 그럴듯하지 않기 때문에 루돌프(Rudolph)의 추측(צואתי = צויתי)이 흥미롭다.

14.b. MS, Vg 그리고 Syr을 통해서 פחה라고 읽으라. 후기 성경 히브리어에 접미어가 있어야 한다고 생각할 수도 있는데, 그럴 경우 פחתם가 되어야 할 것이다. 전체적인 정황이라는 측면에서 본다면, 우리는 노스(North)가 마소라 텍스트(MT)의 이 구절이 갖고

있는 문제점들을 부당하게 활용해서("Civil Authority in Ezra") 느헤미야가 총독이었다는 것을 부인하려고 시도한 것(그는 פחם를 대신해서 בחם라고 읽어야 한다고 주장한다)을 거부해야만 한다.

15.a. 마소라 텍스트(MT)는 이 부분에서 כבד의 히필 절대형을 예견된 목적어를 조금 떨어뜨린 모습으로 사용한다. 하지만 이런 구조에 대해 평행을 이루는 본문이 없는 것처럼, 많은 사람들은 על(멍에)라는 단어가 על 앞에서 필기자의 실수로 누락되었다는 관점을 선호한다. 참조. Joüon, Bib 12(1931) 87, 그는 왕상 12:10, 14 그리고 이 부분에 대한 Lucianic: *κλοιόν*(클로이온)과 비교한다.

15.b-b. Joüon이 올바르게 관찰한 것처럼, 마소라 텍스트(MT)에서 아하르(אחר, "이후에, 뒤에")를 사용한 것은 불가능하며, 예인(יין, "포도주")을 특별하게 언급하기 위해 따로 선택해서는 안 된다. 18절이 지칭하는 것을 따라서, 레욤 에하드(ליום אחד, "하루 동안")라고 읽으라(참조. Vg). 그럴 경우 레헴(לחם)은 일반적인 의미에서의 음식으로 이해할 수 있을 것이며, "배급량, 정량"으로 이해할 수 있을 것이다. 그리고 전치사 ב는 창 29:18에서 אעבדך שבע שנים ברחל("나는 라헬을 위해 7년 동안 봉사할 것이다")라고 사용된 것과 같은 용법으로 ב(참조. GKC § 119p)를 그 앞에 유지할 수 있다(Rudolph와는 달리).

16.a. 뒤이어 나오는 구문에서 충분히 예견할 수 있는 것이기는 하지만, 일부 MSS와 Vrs에는 1인칭 단수형으로 되어 있는 것은 그리 놀랍지 않다.

17.a. "유다 사람들"은 사회 내에 있던 어떤 그룹에 대한 호칭이 될 수 없다. 그보다는 뒤이어 나오는 와우 **귀결절**(*apodosis*)에 대한 원인절로 취급되어야만 한다(참조. GKC § 143). 그러므로 앞 구절과 훌륭한 대조가 이루어진다: 편히 쉬고 있었을 것으로 생각되었던 느헤미야의 종자들은 총독의 테이블에서 지역민들의 대표들이 넉넉하게 즐기는 동안 성벽에서 일을 했다.

17.b. 영어 형태를 위해서 이 표현이 첨가되어야만 한다. 히브리어 구문에서는 명목상의 구문만을 포함했다.

18.a. 일반적으로 리(לי)의 역할로 이런 표현이 생겨난다는 점에 대해서는 동의하고 있다. 이 구절 전반부의 구문론은 여하튼 무언가 특이하다. 문자적인 번역은 다음과 같이 될 것이다: "그리고 하루치를 위해 준비되었던 것은 소 하나와 양과 가축들 중 여섯(이었다). 이들이 나를 위해 준비되었다." 몇몇 현대의 번역들(즉 RSV와 NEB)은 "가축" 앞에서 구절을 나눔으로써 좀더 쉽게 만들려고 한다: "하루치를 위해 준비되었던 것은 소 하나와 양 여섯; 가축 등등이 나를 위해 준비되었다." 하지만 마소라 텍스트의 모음은 이에 반(反)한다는 사실을 올바르게 보여 준다. 왜냐하면 구문론에도 불구하고 가축은 일반적으로 제공된 것들 안에 포함되어야만 하며, 리(לי, "내가 비용을 지불하는")는 전체 목록을 규정하는 것이기 때문이다.

18.b. 베루림(ברורים)이 동물과 관련해서 사용된 곳이 전혀 없다는 사실이 Joüon, *Bib* 12(1931) 87-88의 주장처럼 이 단어를 בריות(בריאות, "살찐")로 수정해야만 하는 근거가 되지는 못한다. 이 구절에서 느헤미야의 스타일을 정형화된 틀로 강요하고 압박할 수는 없다.

18.c. 코헨(Cohen, *BMik* 12/3[1966-67] 139-40)과는 달리, 본문을 치파림(צְפִרִים, "염소들")으로 수정하도록 강요할 아무런 이유가 없다.

18.d. 베인(בין)은 여기에서 명사적으로 이해되어야만 한다. 참조. L. Köhler, "Hebräische Vokabeln III," *ZAW* 58(1940-41) 229.

18.e. 일반적으로 네벨리 야인(נבלי יין)이나 혹은 켈리 야인(כלי יין, "포도주 푸대 혹은 잔들")으로 수정하곤 한다. 어떤 제안도 가장 중요한 어려움을 제거하지는 못한다. 즉 정확한 수량이 얼마만큼인지가 규정되지 않는다. 그렇기 때문에 다시 한 번 마소라 텍스트(Vrs를 전적으로 뒷받침해 주는)를 느헤미야의 독특한 스타일을 보여 주는 예로서 그대로 유지하는 것이 좀더 나은 것으로 보인다. 물론 이 동사는 앞 구문을 통해 이해된다. ב를 분할적인 용례로 사용하는 것에 관해서는 GKC § 119m을 참조하라.

19.a. 느헤미야서에 반복적으로 나타나는 이 공식에 대한 문법적 분석은 내가 쓴 "The Sure Mercies of David: Subjective or Objective Genitive?," *JSS* 23(1978) 37-38과 W. Schottroff, *"Gedenken" im Alten Orient und im Alten Testament*(WMANT 15, 2nd ed.; Neukirchen-Vluyn: Neukirchener Verlag, 1967), 218-19 그리고 222를 참조하라.

양식/구조/배경

이 장은 서로 다른 길이의 두 부분으로 나누어진다. 느헤미야는 처음 부분(1-13절)에서 아마도 성벽을 건축하는 동안 일어난 것으로 보이는 사회・경제적 문제를 처리하며, 나머지 부분(14-18절)에서는 그런 문제에 대해 그가 총독으로서 (처음) 통치 기간 동안 어떻게 했는지를 자기 변호적인 분위기로 이야기한다. 마지막 결론 구절에서 그는 하나님께 그의 선한 행동들을 기억해 주시고 은혜를 베풀어 달라고 호소한다.

이 장이 원래 느헤미야 비망록(NM)에 포함되어 있던 부분이라는 점을 의심하는 사람은 거의 없다. 1인칭 내러티브, 마지막 구절에 나오는 표현 공식 그리고 무언가를 제시하는 스타일, 이 모든 것들이 이런 결론을 강력하게 지지하는 입장에 서 있다(Kellermann, *Nehemia*, 19-21). 후대에 약간의 보정과 첨가를 했을 가능성이 있다는 점이 받아들여져 왔지만(예를 들어, 아래 14절에 대한 "주석"을 보라), 이런 점들은 이 부분을 구성한 자료가 느헤미야 비망록에 속해 있다는 자리매김에 영향을 끼치지 않으며, 또한 어떤 경우건 간에 그런 가정은 확실하지도 않다.

내 생각으로는 느헤미야 비망록 전체의 장르와 구성 등에 관해 폭넓게 생각해 보면 여러 가지 근거들이 생겨나기 때문에, 마지막 문단은 후대에 느헤미야가 자신의 원래 설명에다가 첨가한 것으로 보아야 한다. 이 문제는 서론, "느헤미야 비망록"에서 다루었다. 이 점은 이 장의 두 부분 사이에 분명하게 존재하는 시간적인 불연속성을 설명하는 데 도움을 준다. 이 문단은 결코 느헤미야를 통해 현재 상태로 작성되고 구성된 것이 아니었기 때문에, 주해를 위한 이런 문학 비평적 결론은 그저 사소한 것일 뿐이다.

주석가들 사이에 의견의 불일치를 이루는 주요한 요점은 1-13절의 배경에 관한 것이다. 중요한 소수의 주석가들은 이 부분의 사건들이 느헤미야가 관리로서 재임하던 기간 중 상당히 후기 때, 아마도 거의 막바지에 다다랐을 때 발생했을 것이라고 주장한다. 그렇기 때문에 베튼(Batten)은(그리고 아크로이드〈Ackroyd〉와 미첼리〈Michaeli〉를 참조하라) 다음과 같이 주장한다. (i) 성벽 건축에 걸린 시간은 이와 같이 중요한 위기가 일어나기에는 너무나 짧았다. (ii) 본문은 이 위기를 성벽 작업과 연결시키지 않는다. (iii) 느헤미야는 이와 같은 문제에도 불구하고 성벽 건축하는 일을 중단시키지 않았다. (iv) 14절은 훨씬 더 긴 시간 범위가 보이는 것을 나타낸다. 마지막으로, (v) 보우만(Bowman)은 느헤미야가 현재의 연대기적 순서에서 성벽이 건설되고 있던 중 시간이 흘러가고 있었다는 것을 표시하기 위해 이 지점에 이 장을 자리잡게 했을 수도 있다고 제시한다.

하지만 사실 다른 관점을 선호하게 하는 가장 강력한 주장은 다름아니라 이 장이 갖고 있는 문학적 배경이다(Pons, *Oppression*, 135-36). 이 장이 잘못 배치된 것이라는 아무런 증거도 없기 때문에, 느헤미야가 단순히 이 사건이 여기에서 일어났기 때문에 여기에다가 기록했다는 것을 의심할 진짜 그럴듯한 이유는 전혀 없다. 이와 반대로 보우만(Bowman)의 제안은 이미 3장과 4장에서 시간이 흘러갔다는 것을 표시해 줄 만한 충분한 내용이 있었다는 주장과 직면하게 되거나 혹은 어떤 경우건 간에 성벽 건축과 관련된 전체적인 요점이 그 일이 매우 신속하게 이루어졌다는 점이라는 주장과 직면해서는 실패하게 된다.

만약 앞에서 다룬 내용들을 거꾸로 순서를 잡아 본다면, (iv) 14-18절이 좀더 긴 기간을 반영한다는 점을 인정하게 되지만, 이 점은 본문상 분명하며 1-13절의 사건의 배경과 아무 상관도 없다. 14-18절의 배경은 별개의 문제이며 앞에 나온 서론, "느헤미야 비망록" 부분에서 논의했다. 이 내용이 1-13절을 생각하는 데 편견을 갖게 해서는 안 된다. (iii) 느헤미야가 이 문제를 처리함에 있어서 이 일이 발생하자마자 즉각 처리하는 것 말고는 다른 선택의 여지가 없었으며, 건축 중단을 오래 지속할 필요가 없었다는 점을 모든 표현들이 나타내 준다. 만약 그가 아무 행동도 취하지 않았더라면, 아무리 잘된 경우라 하더라도 그는 그의 일꾼들 중 많은 사람들이 건축을 위해 봉사하는 것을 상실했을 것이며, 나쁜 경우에는 도시의 불안이 증가되었을 것이다. (ii) 11-13절에 성벽 건설과 관련된 분명한 언급이 빠져 있다는 점은 별로 중요하지 않다. 이 연관성은 이미 문학적 정황을 통해 분명해져 있으며, 불평들 또한 이런 배경에서 의미를 두고 읽을 때 가장 잘 이해된다. (i) 모든 요소의 유일한 논쟁은 과연 이 위기가 그렇게 신속하게 진행되고 발전될 수 있었는가, 그렇지 않은가에 관한 것이다. 하지만 우리는 여기에서 작은 농장 하나에만 의존해서 살아가는 대다수의 많은 사람들에게는 돈이나 물품 등을 끌어올 수 있는 다른 예비나 저장이 없었다는 점을 반드시 기억해야만 한다. 우리가 갖고 있는 이 모든 증거들은 이 계층의 사람들이 그저 단순하게 그들 자신과 가족들의 기본적인 생계를 유지하는 수준에서 직면한 문제들을 지적한다. 그저 한 해 농사의 실패만으로도 수많은 사람들을 재앙으로 내몰 수 있었다. 그렇기 때문에 경제적인 침체가 얼마간 폭발 직전인 상태였다는 것은 그럴듯하지 않은 일이 아니다. 이제 느헤미야가 건축자들에게 요청했던 소속감이 이 장의 앞 구절들에 묘사된 불안에 불을 지필 만큼 심각했다는 것을 믿을 충분한 근거가 있다. (i) Neufeld, *JQR* ns 44(1953-54) 203-4이 관찰했던 것처럼 성벽은 엘룰월 제25일에 완성되었으며, 이 불평들은 그 날짜 바로 직전에 일어났을 수 있다(8월/9월). "이 불평이 땅의 모든 중요한 소산물들에 대한 수확이 끝난 순간에 일어났을 것이라고 확신해도 우리는 정당하다. 그 때가 바로 채권자들이 그들의 원금과 이자를 꼼꼼하게 헤아리는 때다." 뉴펠트(Neufeld)는 그의 주장을 약간 과도하게 말했을 수도 있다. 왜냐하면 수확하는 일의 모든 측면들이 그렇게 일찍 끝났을지 의심스럽기 때문이다. 그럼에도 불구하고, 만약 상황이 내포하고 있는 점들이 이 시점에서 명확해지기 시작했다면, 그의 주된 요점은 여전히 의미 있다고 할 수 있다. (ii) 4:16(22)에 의하면 느헤미야는 백성들이 성벽이 아직 건축되고 있는 동안에는 예루살렘에서 집으로 돌아가는 것을 금지했기 때문에, 농경지들은 수확해서 거둬들이는 결정적인 시기 동안 아주 심각하게 일손이 부족했을지도 모른다. (다른 여러 가지 요소들 중 이 점이 1절에 아내들이 두드러지게 나오는 것을 설명하는 데 도움을 줄 수도 있다.) 그러므로 느헤미야의 결심이 많은 가족들의 경제에 미친 영향과 결과들은 매우 갑작스럽게 표출되었을 수도 있다. (iii) 2-5절의 세부 내용들이 우리가 원하는 것만큼 명료하지는 않지만, 그럼에도 불구하고 아직 완전히 절망적인 상황이라기보다는 즉각적인 행동이 취해지지 않았다면 많은 사람들이 재앙을 예견할 수 있었던 상황인 것으로 제시되고 있다. (iv) 2절에서 언급된 땅을 소유하지 못한 계층들에 대해서는 단지 약 몇 주 동안만이라도 무언가를 얻을 수 있는 고용이 이루어지지 않는다면 아주 특별하게 힘겨운 결과들을 맞이해야만 했을 것이다. 그러므로 대체로 우리는 성벽 건축이 여기에 묘사된 방식으로 여러 가지 문제들을 심각한 위기로 몰아넣었을 수도 있었다고 결론내릴 수 있을 것이다. 사실 느헤미야가 속량하는 율법(즉 신 15장)을 발효하는 데 실패했다는 점은 당장의 상황이 좀더 오랜 기간의 문제로 표현되어 있는 것보다는 도리어 갑작스럽게 발전된 것이라고 보는 관점을 선호한다.

이제 마지막으로, 예닐곱 명의 학자들(가장 최근에는 Kippenberg, *Religion und Klassenbildung*; Smith, *Palestinian Parties*; 그리고 Yamauchi, "Two Reformers")이 여기에 묘사된 느헤미야의 개혁들과 몇 세기 이전에 멀리 아테네에서 벌어진 솔론의 개혁 간에 평행적인 공통점이 있다는 데 관심을 기울였다는 점을 주목하는 것만 남았다. 이 둘 사이에 직접적인 영향이 오고갔다고 이야기할 수는 없다. 사실 키펜버그(Kippenberg)가 지적했듯이, 이 관점에서는 이 두 사회의 특성 간의 차이점들을 명확하게 유지할 필요가 있다. 그렇기 때문에 이런 비교를 할 때는 우선 각각의 개혁자들이 한 일들을 각각 그들 나름의 본래적인 모습과 의미로 이해하는 것이 중요하다. 그러므로 자기의 용어들을 토대로 이루어진 느헤미야 5장에 대한 주해가 우선성을 갖고 있으며, 따라서 우리는 이제 이런 주해를 향해 나아가야만 한다.

주석

1 이 장의 연대기적 배경에 관해서는 위의 "양식"을 보라. 아내들에 대한 좀 독특한 언급은 일반적으로 생각하듯 고통의 강도를 그렇게 많이 반영하는 것은 아니다. 이들의 등장은 이들이 좀더 재난에 접근해 가고 있다는 점을 의식하고 있다는 사실을 보여 준다. 왜냐하면 이들은 남편들이 성벽 건축에 매달리는 동안 집에서 살림을 하고 있었어야 했기 때문이다.

2 2-4절에는 세 개의 그룹들이 도입 공식인 "그리고 혹은 말하기를"(ויש אשר אמרים – 웨예쉬 아쉐르 오므림)을 통해 구분되었는데, 이 도입 공식은 각각의 구절들 처음 부분에서 반복된다. 이들의 불평들은 그들 모두가 심각한 빚을 지고 있

다는 사실과 연관되어 있었지만, 이렇게 된 이유와 배경에 대한 설명은 각각의 그룹들마다 다양하게 벌어졌다. 이 그룹들은 아마도 모든 개개인들의 불평을 철저하게 열거한 것이라기보다는, 일반적인 문제를 대표적으로 제시하고 보여 주려는 의도로 구성되었을 것이다.

우리가 언급하려는 첫 번째 그룹은 아무 땅도 소유하고 있지 못했던 가족들이다. 이들은 어떤 종류이건 간에 노동을 통해서 얻는 수입에 의존했던 사람들이었다. 우리는 느헤미야가 성벽 건축 종사자들에게 임금을 지불했다는 아무런 증거도 갖고 있지 않기 때문에, 이런 사람들의 가족들은 계속해서 궁핍해져만 갔을 것이다. 비합리적인 요구가 아니라, 그들은 기본적인 생계를 유지할 수 있게 해 달라고 요구했다.

많은 주석가들은 이 기록에 대해 많은 어려움들을 발견해 왔고, 그래서 이 본문을 수정하길 원한다. 순수한 본문상의 증거는 위의 "원문주해"에 제시되어 있지만, 좀더 폭넓은 문제들은 여기에서 다루어져야 할 것이다. 우선 첫 번째로, 유대인들은 그들 가족들의 숫자와 크기에 대해서는 결코 불평하지 않았다고 주장되곤 한다. 왜냐하면 아이들은 하나님이 주시는 축복의 증표로 간주되었기 때문이다. 이에 대해서는 현재 본문이 갖고 있는 모습에서는 이것이 이 본문의 핵심이 아니라는 점을 이야기해야만 한다. 아이들의 숫자는 단순하게 상황의 심각성을 강조하고 두드러지게 하고자 언급되었을 뿐이며, 또한 아마도 좀더 큰 동정심을 유발시키고자 제시되었을 것이다. 두 번째이자 좀더 중요한 것은, 느헤미야가 이 장의 후반부에서 취했던 방법들이 이 특별한 불평에 대해 대답하는 내용이 아닌 것으로 여겨진다는 점이다. 하지만 한편으로는 이런 가족들은 살아남기 위해 그들의 자녀들을 보증물로 넘겨주었거나, 아니면 심지어 종으로 팔았을 수도 있으며, 그 결과 그들은 5절에서 요약된 그런 지경에까지 이르렀을 수도 있다. 다른 한편으로는, 여기 제시된 불평들은 이미 지적했듯이 대표적인 불평들로 취급해야 할 것이다. 이 장의 두 부분의 세부 사항들을 너무 밀접하게 연결시키고 묶으려고 하는 것은 별로 바람직하지 못한 실수가 될 것이다. 더군다나 이후 부분에서 느헤미야의 개인적인 아량에 관한 언급 역시 이런 특별한 어려움에 대한 해결책을 지시해 준다.

마지막으로, 마소라 텍스트(MT)를 그대로 유지한다면, 2-4절의 그룹들이 분명히 분리되어 있었다고 지적할 수 있을 것이다. 그리고 키펜버그(Kippenberg, *Religion und Klassenbildung*, 56-57)가 크레이시(Kreissig, *Sozialökonomische Situation in Juda*, 78-79)와 논쟁을 벌이면서 제안했던 것처럼, 이 단계들이 빚-노예가 되는 순차적인 세 단계로 간주되어서는 안 된다고 지적할 수 있을 것이다.

[3] 두 번째 그룹은 땅을 갖고 있었던 그룹이다. 이들은 부채가 그들을 힘겨운 시기로 밀어넣을 동안 그나마 이 땅을 안전장치로 사용할 수 있었다는 점에서 첫 번째 그룹과는 분명하게 차별된다(거의 동시대의 것이면서 비슷한 내용을 다루고 있는 평행적 내용이 *BMAP* 11에 나타나는데, 이 부분은 지금 본문과 유사한 부채 문제를 다루고 있다). 하지만 우리는 이제 그들이 그들에게 부과된 성벽 건축이라는 짐으로 인해 이런 부채들을 갚을 수 없는 위험이 서서히 나타나고 있다고 추측해야만 한다. 이런 환경들 속에서 그들은 아마 우선 그들의 자녀들을 파는 선택을 했을 것이다(5절의 요약을 보라. 그리고 Kippenberg, *Religion und Klassenbildung*, 57를 보라). 비록 힘겹게 보이기는 하지만, 일단 그렇게 한 후에도 그들은 아직까지는 그들의 생계 수단들을 동원해서 자녀들을 다시 사서 데리고 올 수 있었을 것이다. 하지만 일단 그들이 땅을 박탈당해 버린 이후에는 다시 되돌릴 수 없는 빚-노예가 필연적으로 뒤따라왔을 것이다.

이 구절만이 "흉년과 기근"이 문제의 발단이라는 점을 이야기한다. 이런 언급이 성벽 건축에 몰두하느라 생겨난 결핍과 부족들에 관해 이야기하는 또 다른 방법이었을 수도 있지만, 이런 언급은 아마도 궁핍한 시기에 관해 좀더 일반적으로 이야기하는 것이었던 것 같다(이런 문제점들은 분명히 반복되는 것들이었다. 참조. 학 1장; 말 3장). 정상적으로라면 이런 가족들은 추수가 끝난 뒤 그들의 빚을 갚을 수 있게 될 것이라고 기대했을 수 있었겠지만, 만약 느헤미야의 요구가 그들의 수입에 심각하게 영향을 끼쳤다면 당해에는 그들은 그렇게 할 수가 없었을 것이다.

[4] 세 번째 그룹이 처한 상황도 미묘하지만 조금 다른 면을 갖고 있다: 그들 역시 분명히 땅을 소유하고 있었던 사람들이고, 이제 빚을 지고 있는 사람들이었지만, 이번에는 세금을 내기 위해 그들은 빚을 지고 있었다는 차이점이 있다. 먹을 음식이 부족하다는 것에 대해서는 아무런 언급도 나오지 않기 때문에, 우리는 그들의 곤궁한 상황이 지금 즉각적인 위협이 될 정도는 아니라고 추론할 수 있다. 그럼에도 불구하고, 만약 상황이 호전되지 않은 채 계속된다면 그들 역시 분명히 5절에서 기록하고 있는 불행한 해결책에 의존해야만 했다.

"왕가 공물(세금)"에 관해서는 프라이(Frye, *The Heritage of Persia*, 112-14)를 참조하라. 그는 다리오 시대 이후부터는 땅에서 얻는 평균 수입을 토대로 해서 부과되는 고정된 매해의 토지세가 있었으며, 각각의 통치 지역들에서는 당연히 매해 얼마만큼의 수확이 있었고 어떤 작물을 거두었는지를 보고해야만 했다는 점에 대해 조사했다. 이런 개혁에도 불구하고 세금 부담은 컸으며, 그 결과는 시간이 흐를수록 계속해서 더 심각해졌고, 점차 채권자들에게 의존하는 결과들이 나타났다. 참조. Olmstead, *History*, 297-99; Yamauchi, "Two Reformers Compared."

5 이미 언급했던 다른 고려사항들과 더불어, 앞 구절들에 나온 도입 구문 공식이 여기에선 나오지 않는다는 점은 이 구절이 별개의 네 번째 그룹을 묘사하는 것이 아니라는 점을 추측케 한다. 이 내용은 세 번째 그룹의 불평들이 계속 진행되는 것일 수 있다. 혹은 좀더 그럴듯한 생각은, 앞에 나온 세 그룹의 불평들을 요약하는 위치에 있다고 보는 것이다. 그들의 땅들이 이미 저당잡혀 있기 때문에(그들이 땅들을 소유하고 있는 경우들에), 채무자들은 그들의 자녀들을 빚-노예로 팔아야 하는 그런 시점(הנה + 분사)에 있었다. 즉 그들의 딸들이 이미 "노예가 되어 버린" 것처럼 그 과정은 이미 시작되었다. 니크바쇼트(נכבשות)라는 이 단어는 에스더 7:8에서는 성적인 어감을 갖고 있다. 여기서 딸들에 대해서만 유독 이 단어를 따로 이야기했다는 점은 빚-노예가 되는 것과 별개로 무언가 다른 처리를 했다는 점을 추측케 한다. 그러므로 아마도 그들은 빚 때문에 담보로 잡힌 땅이 처분되는 것을 연기하기 위해 채권자들의 욕망을 채워 주고자 무언가를 대가로 지불해야만 했을 수도 있다.

담보를 제공하고 빚을 꾸어오는 관행이나 혹은 빚-노예 관행은 불법이 아니었다. 참조. 출애굽기 21:2-11; 22:24-26(25-27); 레위기 25장; 신명기 15:1-18; 24:10-13(여기서 주로 관심을 갖고 보는 것은 이자를 받는 것에 대해서가 아니라 바로 이와 같은 방식으로 돈을 꾸어주는 관행에 대한 것이다. 참조. n. 7.b.). 율법은 지극히 가난한 사람의 최소한의 권리들을 보호하는 것에만 관련되어 있다. 이런 율법 조항들 중 일부는 분명히 현재의 긴급 상황에는 적절치 않다. 예를 들어, "(7년마다) 빚을 면제해 주는 해"는 만약 정기적으로 이 제도가 지켜졌다 하더라도 빚이 신속하게 경감될 만큼 빚을 면제해 주는 해가 충분하게 자주 온 것은 아니었다. 이런 가능성에 대해서는 아무 언급 없이 그냥 단순하게 넘어갔다. 하지만 이런 제도적 안전장치와 더불어서, 히브리 율법에 동료 이스라엘 백성들을 다루는 것과 관련하여 좀더 일반적인 의미에서의 정의(正義)와 적절성을 세우려는 시도들이 있었다. 이런 시도는 다른 방법들 사이에서 "너의 형제"라는 표현을 레위기 25장에서 반복적으로 사용하는 것을 통해 표현되었고, 여기서 지금 그들이 호소하며 불평하는 토대도 바로 이런 부분들이었다(레 25장을 암시하는 좀더 다른 측면들에 대해서는 아래의 8절과 9절에서 지적했다). 그들은 유대인의 "형제애"는 법률 조항들보다 한 걸음 더 나아간 행동 규범들을 포함한다고 주장한다. 물론 이는 8세기 선지자들의 선포에서도 매우 중요한 요소들이었으며, 느헤미야의 양심을 건드린 것도 다름아니라 바로 이것이었다(이 시기의 유대인들의 "형제애"의 중요성에 대해서는 Vogt, *Studie*, 106-117, 그리고 E. Neufeld, "The Prohibitions against Loans at Interest in Ancient Hebrew Laws," *HUCA* 26[1955] 355-412 등을 참조하라. 비록 흥미롭게도 뉴펠트〈Neufeld〉는 그가 "신정주의적 형제애의 개념"이라고 용어 정의를 해서 논의한 부분에서는 이 구절을 포함시키지 않았다). 그럼에도 불구하고, 백성들이 레위기 25장에 토대를 두고 불평을 했다거나 혹은 느헤미야가 레위기 25장에 토대를 두고 반응했다는 것을 보여 주는 증거는 전혀 없다는 사실을 결론적으로 주목해야만 한다. 노스(North, *Sociology*, 205-6)가 적절하고 올바르게 관찰했듯이, 느헤미야는 즉각적이고 절대적으로 행동했으며, 그렇기 때문에 자기 자신의 권위에 토대를 두고 행동을 했던 것이지 다른 어떤 구체적인 율법 조항에 근거를 두고 행동했던 것은 아니었다. 만약 레위기 25장과 평행을 이루는 부분들이 의도적인 암시들이었다면, 그럴 경우 우리는 느헤미야가 율법의 잣구대로가 아니라 율법의 정신에 토대를 두고 행동했다고 결론내려야만 한다.

6-7 느헤미야가 앞으로 어떻게 하는 것이 가장 좋은 방법일지를 숙고한 후 채권자로 행동하고 있었던 "귀인과 민장들"과 더불어 준율법적인 논의를 시작했을 때(אריבה, "나는 꾸짖었다"), 그는 처음 선포한 내용을 통해서 자신의 양심을 건드린 것이 율법 준수에 대한 것보다는 도덕성에 대한 두드러진 관심이었음을 보여 준다. 그는 이들에 대해 그들의 형제들 – 즉 동료 유대인들과 유다 사람들 – 이 자신들이 당하고 있다고 불평하는 내용들을 구체적으로 제시하며 언급한다.

처음에 분노가 분출하려는 충동을 억제했던 느헤미야의 지혜는 지금도 매우 분명하게 나타난다: 신중하게 계획해서 제시했던 것에 대해 아무런 응답이 없었고, 그래서 그는 자신이 제시한 문제점과 해결책을 확인하기 위해 공적인 모임(대회)을 소집할 수 있었다. 그러므로 대규모의 사람들이 모여들었기 때문에, 채권자들은 그들이 확보하고 처리하려 했던 담보물들을 예전처럼 취급하기가 어려워졌다는 것을 발견하게 되었을 것이다. 동시에 그들은 결국 공동체의 지도자들이었으며, 느헤미야가 행정을 하는 데 있어서 후원자들로 의지했던 사람들이었는데, 이런 상황 전개는 느헤미야로 하여금 이 그룹의 사람들과 개인적으로 거리가 생기는 것을 피할 수 있게끔 해주었다.

8 느헤미야는 그가 꾸짖는 내용을 확장해서 이야기하면서, 우선 지금 진행되고

있는 일들의 도덕적 불합리성을 지적한다. 레위기 25:47-48에서 제시되고 있는 과정을 따라서, 유대인 공동체는 이미 자신들을 이방인들에게 팔아야만 했던 동료 유대인들을 그들이 갖고 있던 제한적인 자원이 허락하는 한도 내에서 구출해 내고 있었다. 유대인들은 만약 피할 수만 있다면 이방인들에게 팔려 나가는 일을 결코 받아들일 수 없는 것으로 여겼다. 그러나 지금 느헤미야는 공동체가 다른 지체들에 대해 확립하려 했던 내용을 이 곳의 채권자들이 사실상 원래 상태로 다시 악화시키고 있다는 점을 보고 있다. 의심할 여지없이 그들은 동료 유대인들에게 팔려가는 것이 이방인에게 팔려가는 것과는 결코 같은 일이 아니라면서 자신들을 변호했을 것이다. 하지만 느헤미야는 첫 번째로 이런 일이 공동체에 동일한 짐을 지우게 하고 있다는 점과, 두 번째로 가난한 유대인 "형제"의 관점에서 볼 때 이런 일은 도리어 더욱 수치스럽고 부끄러운 일이라고 주장함으로써 이런 입장을 잘라 버렸다.

본문에 대한 이런 해석은 여기서 언급된 내용이 유다의 특별한 풍습이라는 것을 가정한다. 다른 주석가들은 그보다는 느헤미야가 바벨론에서 유대 공동체가 갖고 있던 풍습을 상기하고 있다고 주장한다. 이 풍습은 다른 곳에서는 언급되고 있지 않기 때문에, 이 문제에 대한 최종적인 확실성은 있을 수가 없다. 그럼에도 불구하고, 이 경우에 느헤미야가 펼치고 있는 논리는 만약 그가 유대인들의 행동이 갖고 있는 자기 모순적인 성격을 지적하는 것이라면 좀더 효과적인 논리라고 할 수 있다. 이 점은 종이 된 유대인들을 이웃 이방인들로부터 구해내는 것이 느헤미야의 개인적인 실행만은 아니었음을 추측케 한다. 결국 그는 예루살렘에 충분할 만큼 긴 시간 동안 머무르지는 않았다. 우리는 그보다는 이 구절이 유다 공동체가 상당히 긴 기간 동안 흐뭇한 인간애적 장면을 갖고 있었다는 내용을 담고 있었다고 결론내린다.

9 느헤미야는 두 번째로 종교적으로 고려해야 할 점들을 이야기한다: 그는 레위기 25장을 좀더 함축하는 것으로 보이는 내용을 통해서(참조. 36절과 43절), 하나님을 향한 온당한 공경 혹은 "두려움"은 설령 개인적인 소득에 좀 손실이 있다 하더라도 하나님의 명예를 유지하려는 데 더욱 큰 관심을 갖도록 이끈다고 주장한다.

10 마지막으로, 느헤미야는 솔직하게 자기 자신, 그의 가족들(여기서 "내 형제들"은 그의 나머지 측근들과는 별개의 다른 그룹인 것으로 보인다. 1:2도 보도록 하라) 그리고 그의 개인적인 추종자들("내 종자들"; 4:10〈16〉에 대한 "주석"을 보라)도 마찬가지로 이런 관습에 포함되어 있다는 점을 인정한다. 이런 고백을 통해

서 느헤미야는 아마도 공동체의 단일성을 유지하는 데 성공했을 것이다. 동시에 이런 고백은 느헤미야가 땅을 소유하고 있던 유다의 부요한 가족들 중 하나에 속해 있다는 점을 좀더 확증해 준다(2:3과 8절 그리고 아래의 14-18절에 대한 "주석"을 보라).

느헤미야가 의도한 첫 번째이자 일반적인 이야기 역시 일인칭으로 표현되어 있다: "우리가 이제…그치자." 그가 다음 구절에서는 2인칭으로 계속 이야기해 나간다는 점은 중요하다. 아마도 느헤미야는 자신이 포함된 부분에 대해서는 다른 사항들보다 좀 덜 확장적인 내용을 이야기했던 것 같다. 분명히 그 내용은 진전이 덜 된 내용이었다. 아래 11절에 나오는 설명은 느헤미야가 예루살렘에 도착한 이후에 느헤미야 개인의 경우에 일어날 수 있는 상황보다 훨씬 더 심각하게 상황이 진전되었음을 보여 준다. 그러므로 비록 느헤미야가 정치적인 이유들로 인해 자기 자신을 다른 범죄자들과 연결시키고는 있지만, 오랜 기간의 문제들이나 그런 문제들의 해결책에 대해서는 다른 사람들이 책임을 져야 하는 것이었고 그는 깨끗했다.

11 느헤미야는 이제 두 가지 특별한 계획을 수립한다. 첫 번째 계획은 매우 분명하다: 담보로 잡혔었거나 혹은 채무자가 그들이 지고 있던 빚을 갚을 수 없었기 때문에 내어준 모든 땅들을 무조건적으로 다시 원주인에게 돌려주는 계획이다. 두 번째 계획이 뜻하는 바에 대해서는 논쟁이 되고 있다. 이와 관련된 주된 주장들은 위에서 이 구절에 대한 "원문주해"에서 요약해 놓았는데, 거기서는 뒤이어 나오는 구절을 통해서 빌려온 돈에 대한 이자를 돌려주는 것(혹은 포기하는 것)을 의도했던 것으로 결론내렸었다. 이자와 관련된 문제는 앞에서는 제기되지 않았는데, 왜냐하면 근본적인 문제는 빚과 관련해서 담보를 제공하는 것이었기 때문이다. 하지만 이는 이자 역시 징수되지 않았다는 이유는 아니다. 출애굽기 22:24(25)과 레위기 25:35-37에서 가난한 이스라엘 백성에게 돈을 빌려주고 이자를 받는 것을 금지했던 것이 사실이며, 신명기 23:20-21(19-20)에서는 빌려준 돈에 대해서 다른 이스라엘 사람에게 어떤 이자도 받아서는 안 된다고 절대적으로 금지했다는 것도 사실이다. 그러나 이 율법 규정은 일반적으로 준수되지 않은 것이 사실이다.

느헤미야가 이 부분에서 사용한 표현은 다른 성경 본문에서 중요하게 다루어지거나 발견되지 않는다. 많은 주석가들이 믿고 있는 것처럼 만약 이것이 문자적으로 "백분의 일"을 의미하는 것이라면, 그리고 그럴 경우 이것이 매달 지불해야 할 이자로 이해되어야만 한다면, 이는 연간 약 12퍼센트의 이자를 의미하게 된다. 이는 그 당시 국제적인 표준에 의하면 매우 낮은 이율이다. 페르시아 시대 때 일반적으로 적용되었던 최소치의 이율은 20퍼센트였다. 실제로는 훨씬 높은 이율이 적용되기도 했지만 말이다. 참조. R. P. Maloney, "Usury and Restrictions on Interest-Taking in the Ancient Near East," *CBQ* 36(1974) 1-20. 그렇기 때문에, 아마도 이 단어는 좀더 일반적으로 "이자"를 지칭한다고 할 수 있다.

그렇다면 이런 관점에서 생각해 볼 때 느헤미야가 요구한 것은 담보로 취해 간 재산(혹은 좀더 가능성 있는 것은 빚을 대신해서 가져가 버린)과 원래의 빚에 대해 부과한 이자를 돌려주라는 것이라고 볼 수 있다. 그렇기 때문에, 부채 상환이나 혹은 원래의 채무 그 자체를 탕감해 주는 것에 관해서는 전혀 이야기하지 않은 것으로 보인다(10절 역시 이 점에 대해서 아무것도 보여 주지 않는다. "원문주해"를 보라). 하지만 만약 부채 상환을 대신해서 가져가 버린 재산을 돌려주어야만 했다면, 여기엔 부채 탕감도 분명하게 함축되어 있다고 보아야 할 것이다. 느헤미야는 이제 심각한 가난의 깊이는 꾸어쓰는 돈이 아니라 선물들을 요청한다는 점을 보고 있다(Kidner).

요약하자면, 지금의 위기를 처리하기 위한 즉각적인 방법으로서 느헤미야는 모든 부채와 그에 따른 이자를 탕감할 것과, 그로 말미암아 상환에 이미 사용된 재산을 귀환토록 요구한다. 좀더 긴 시기의 방안으로서는, 그는 담보를 잡고 돈을 꾸어주는 이런 형태, 즉 너무나 쉽게 재산을 잃고 빚-노예로 전락해 버리는 이런 형태를 포기할 것을 요구한다(10절). 느헤미야는 앞으로 만약 누군가가 돈을 빌려주고 빌려쓰는 일이 필요할 경우 어떻게 해야 하는지에 관해서 구체적으로 이야기하지는 않지만, 자기 자신의 예를 통해서(14-18절) 개인적인 이익보다는 공동체의 긍휼과 자비가 훨씬 더 중시되어야만 한다는 점을 보여 준다.

12 채권자들은 느헤미야의 두 가지 특별한 요구들을 받아들였으며, 또한 그가 이야기한 일반적인 관심사에 대해서도 분명하게 수용했다: "우리가 당신의 말씀대로 행할 것입니다." 그런 뒤에 느헤미야는 제사장들을 불러서 그들로 제사장들 앞에서 그대로 행하겠다고 맹세하게끔 했다. 느헤미야가 이렇게 한 이유가 그들이 마지못해하는 모습을 보였기 때문인지, 혹은 느헤미야가 백성들에게 이 문제가 진정 해결되었다는 인상을 강하게 심어 주어 이제는 아무 염려 없이 자기들의 일로 돌아갈 수 있게끔 하기 위해서인지는 서술되지 않았다. 어떤 이유에서였건 간에, 이런 과정이 맥카시(D. J. McCarthy, "Covenant and Law in Chronicles-Nehemiah," *CBQ* 44[1982] 25-44)가 주장한 것 같은 언약 갱신 의례의 일부분이었다는 증거는 없다. 설령 맥카시가 자신의 입장에 대해 "이 주제는 전체적인 언약은 아니지만 제의적

의무가 아니라 사회적 의무를 다루는 단일 규정에 관한 것이다" (p. 33)라고 말한 것이 적절하고 공평한 것이었다 하더라도 말이다. 회개, 맹세를 하는 것 그리고 어겼을 때의 저주 등과 같은 요소들(13절)은 독립적인 하나의 사회적 배경이나 혹은 제의적 배경 이상의 무언가였을 것이다.

13 느헤미야는 과거 선지자들이 했던 상징적인 행동을 떠오르게 하는 행동을 취하면서, 지금 막 했던 맹세를 어기는 자를 향한 저주를 선포했다. 작은 개인적 항목들은 길게 흘러내리는 의복에 담겨 있었고, 허리띠나 거들을 통해 단단하게 묶여 있었다. 이런 차림의 느헤미야가 이것들을 떨쳐 버렸고 동시에 위협을 선포했다. 좀 더 무리한 평행 구문들에 대해서는 Zwaan, *The Expositor* vii/5(1908) 249-52를 참조하라. 고대 세계에서는 이렇게 규정되고 선포한 말들이 특별한 권능을 갖고 있다고 믿었다. 그렇기 때문에 백성들은 지금 막 이루어진 합의에 대해 하나님께서 지켜 주실 것이라는 점을 확신하고 신뢰할 수 있었다. 그러므로 그들의 반응은 느헤미야가 행한 행동에 대해서만 동시적으로 나타난 것이 아니라("아멘") 이 무거운 짐 같은 문제가 해결되어 참으로 구제받았다는 느낌에 대해서도 동시에 반응한 것이었다: 그들은 "하나님을 찬송했다!"

이 구절의 마지막 구문은 의미가 모호하다. 이 구문은 전체 회중들이 "이 일을 따라 행했다"(כדבר הזה)라는 의미가 될 수 있다. 즉 느헤미야를 흉내내서 그들의 옷을 흔들고 떨쳤다는 의미일 수 있다. 하지만 12절 마지막 부분에 똑같은 구문이 사용되었다는 점이나, 13절 중간 부분에 평행을 이루는 표현(위에서는 "이 약속"이라고 번역되었다)이 나타난다는 점은 이 문단이 느헤미야의 계획과 제안들이 실제로 실행되었다는 표현으로 결론내려졌음을 나타내 준다고 보는 것이 가장 좋을 것이다. 폭넓은 묘사인 "백성들"이라는 표현은 채권자들만이 아니라 채무자들까지도 모두 원상회복되는 과정을 지켜보고 있었다는 점에서 사용될 수 있는 표현이다.

14 느헤미야는 이후 자신이 총독으로 재임하던 내내 그의 개인적인 재정적 아량에 관한 문제를 언급할 적절한 지점이 바로 이 곳임을 찾아냈다. 이것은 놀라운 일이 아니다. 서론, "느헤미야 비망록" 부분을 보라. 정황상 이 기록은 그가 자기 자신을 본보기로 제시함으로써 유다에 거주하던 더욱 부유한 사람들에게 좀더 큰 사회적 책임감을 갖게 하기 위해 어떻게 이끌었는지를 보여 주는 역할을 한다. 그러므로 이 점은 그의 리더십 하에서 성벽 건축을 하면서 발생된 내적인 긴장들이 장기적인 해결책을 찾게 되었다는 것을 함축한다. 특별히 그는 우선적으로 문제를 일으켰던 세금 문제로부터(4절) 구제받을 방법을 제시했다.

동시에 이 문단은 정치사(史) 영역을 재구성하는 데 흥미로운 정보를 담고 있다. 우선 첫 번째로, 우리는 오직 이 부분에서만 느헤미야가 "총독"으로 임명되었다는 사실을 듣는다. 여기에 사용된 פחה라는 단어가 갖고 있는 가변성에 대해서는 이미 수 차례 지적한 바 있다(즉 스 5:3과 8:36 등에서). 하지만 이 총독이란 단어는 강 건너편 영역 내에 있는 작고 독립적인 지역에 대한 총독을 의미한다는 점에 일반적으로 동의하고 있다. 이런 임명에 대한 기록이 느헤미야가 직책을 맡아 일을 시작하던 처음 순간이나 혹은 가장 나타남직한 사역의 시작 직후에 전혀 나타나지 않는다는 점을 주목하는 것도 유익하다. 이 사실은 우리가 핵심적인 문제라고 자동적으로 간주하는 많은 문제들에 대해 우리의 원 자료들이 침묵하고 있다는 점을 두드러지게 보여 준다. 그렇기 때문에 우리는 느헤미야 이전의 유다가 갖고 있었던 정치적 상황에 대한 논의에 있어서, 우리가 원 자료는 침묵함에도 불구하고 그 당시의 두드러진 특징이라고 생각했던 다른 주장들에 대해서도 조심해야만 한다(아래를 보라).

두 번째로, 느헤미야의 (첫 번째) 재임 기간이 분명하게 진술되어 있다: "아르타크세르크세스 왕 20년부터 32년까지 모두 12년 동안." 몇몇 주석가들은 이 표현의 전반부가 후대에 첨가되고 윤색된 것이라고 여겨 왔다. 비록 이런 사실로 인해 이 내용과 정보를 수정하거나 뒤집어야 하는 것은 아니지만 말이다(참조. Rudolph). 이 구절을 담고 있는 본문이 후대에 첨가되었다는 혐의가 없는 것은 아니다(참조. "원문주해"). 그럼에도 불구하고 현재 있는 본문 그대로를 놓고 구문을 본다면, 의문을 품게 만드는 이 구문이 후대에 윤색된 것이라는 생각은 옆으로 치워 버리게 된다: 이 구절은 감 미욤(גם מיום, "더군다나, 바로 그날부터…")이라는 표현으로 시작된다. 전치사 민(מן, "…로부터")의 사용은 "모두 12년 동안"이라는 시간 구문을 부드럽게 연결시키지 않는다. 이런 시간 구문을 좀더 잘 이해할 수 있도록, 나중에 선행사로서 "…부터 …까지"라는 구조를 필요로 했다. 하지만 이런 연대에 관한 설명을 후대에 덧붙여진 것이라고 보는 사람들도, 설령 그렇다 하더라도 시간 구문(기간을 설명하는)만큼은 유지해야만 한다. 만약 이 시간 구문이 없으면 그들이 주장하는 덧붙임은 아예 이 구문에 더해질 수조차 없을 것이기 때문이다. 미욤(מיום, "…날로부터")을 미슈나트(משנת, "…해로부터") 옆에 자리잡도록 복원해 놓는 것이나 시간 구문인 "모두 12년 동안"을 위해 미슈나트가 필요하다는 점 등은 함께 결합되면서 본문이 이 지점에서 완전하다는 점을 지지해 준다.

세 번째로, 우리는 우리가 기대하는 것처럼 총독은 페르시아 제국을 위해 자기 지역에서 징수하는 세금에서 자기 월급을 받을 권리가 있다는 사실을 알 수 있다. 하지만 느헤미야는 그가 많은 지역들에 대한 책임들을 갖고 있음에도 불구하고(아래를 보라), 한 번 더 그가 이미 개인적으로 상당한 수입을 갖고 있었다는 점을 확인하면서 이 권리를 사용하지 않고 포기했다고 이야기한다. 그가 책임지고 있던 범위에 대해서는 그의 지위가 주후에 인쇄된 편지를 통해 우리에게 알려진 이집트의 총독이었던 아르사메스(Arsames)와 비교할 수 있을 것이다. 하지만 아르사메스의 재산들은 바벨론에 있는 집으로 옮겨졌지만, 반면에 우리는 느헤미야 가족의 재산들은 아마도 유다 그 자체에 있었던 것 같다고 주장한다는 사실에서 이들에겐 차이점이 있다.

15 네 번째로, 우리는 느헤미야 앞에 또 다른 통치자가 있었다는 사실을 알게 된다. 하지만 이 점이 정확하게 어떤 중요성을 갖는지에 관해서는 계속해서 격렬하게 논쟁이 되어 왔다. 한편으로는 느헤미야를 총독으로 임명한 것이 유다의 정치적 신분을 근본적으로 변화시키는 것에 대해 아무런 예고가 되지 않는다고 주장하는 사람들이 있다: 느헤미야는 여지껏 오랫동안 계속되어 온 이전 관료 역사를 그저 승계했을 뿐이다. 다른 한편으로는, 느헤미야 시기까지는 유다가 사마리아 지역의 일부분으로서 통치되었지만 이후 분리되었다는 분리적 증거로 확신하는 사람들이 있다. 오직 느헤미야와 더불어서만 유다는 분리된 지역적 신분을 얻게 되었다. 이 관점에 대해 생각해 보자면, 현재의 구절은 사마리아에 거주했던 총독들에 관해 이야기한다.

이 두 번째 입장은 알트(Alt)가 그의 논문 "Die Rolle Samarias bei der Entstehung des Judentums"에서 쉽고 충분하게 잘 설명했다. 이 입장에 대해 정교하게 잘 다듬고 다시 언급한 내용들이 제시되었는데, 특히 Galling, *Studien*; Rudolph; Kellermann, Nehemia 154-66; 그리고 가장 최근에는 McEvenue, *CBQ* 43(1981) 353-64 등에 잘 나타나 있다. 이에 관한 고고학적인 뒷받침은 스턴(Stern, Material *Culture*, chap. 7)을 통해 제시되었다. 하지만 사마리아의 행정적 권위가 유다를 총괄하고 있었다는 증거는 이 지역들 간의 이전 관계 역사를 설명하는 가정으로서만 남아 있다. 이와 관련된 본문들, 특히나 에스라 4장에 대한 우리의 해석과 설명은 이 가정이 적절한 생각과 이해를 위해 반드시 필요한 가설이라는 점을 보여 주지 않는다. 이 영역에 대해 침묵하고 있는 점들을 근거 삼아서 무언가를 주장하는 것이 얼마나 위험한 일인가에 대해서는 이미 위의 14절에서 지적한 바 있다(그리고 이 위험성은 스 1-6장에서 왜 이 영역에 관해 침묵하는지를 설명해 줄 훌륭한 근거들이 있을 수 있다는 사실을 통해 다시 강조되었다. 참조. Japhet, *ZAW* 94[1982] 66-98). 반면에 다른 한편으로 우리는 세스바살(스 5:14)과 스룹바벨(학 1:1, 14) 모두에게 붙여졌던 "총독"이라는 칭호를 성급하게 제거해서는 안 된다. 더군다나 우리는 느헤미야 2:10에서 예루살렘에서 건축 일이 강제로 중단된 이후에(스 4:23) 산발랏의 하수인인 도비야가 느헤미야가 도착할 때까지 일시적으로 예루살렘을 통치하도록 임명받았을 수도 있다고 주장했다. 이 점은 사마리아가 느헤미야를 총독으로 임명하는 것에 반대한다는 점을 충분히 설명해 줄 것이다. 마지막으로, 느헤미야가 유다의 정치적 삶의 다양한 부분들에 있어서 수많은 개혁들을 추진했으며, 또한 유다가 단호하게 독자적인 입장을 갖도록 개척했다는 것은 의심할 여지가 없다. 이 점에 대해서 우리는 스턴(Stern, *Material Culture*, 209-13)이 인장 형태의 변화를 통해 진전시킨 증거를 통해 충분히 설명할 수 있다고 주장한다.

최근에는 다른 대안적 관점을 (특히) 다음의 몇몇 학자들이 옹호해 왔다: Smith, *Parties and Politics*; Widengren, "Persian Period," *Israelite and Judean History*, 509-11; 그리고 Avigad, *Bullae and Seals*. 우리는 아비가드(Avigad)가 제시한 증거가 불확실하다는 점을 즉각 인정해야만 한다. 그는 유다 총독의 이름과 호칭을 포함하고 있는 것으로 보이는 공문서용 관리인과 인장(seal)에 관한 내용을 출간했으며, 그는 이것을 Ramat Raḥel에서 발굴된 다른 것들과 연결시킨다. 하지만 이 도장들의 연대는 느헤미야 시대보다 이른 시기의 것이라고 확고하게 결론지을 수 있을 만큼 충분히 확실치가 않다. 아비가드는 연대를 결정하는 데 있어서 고문서학 한 가지만을 증거로 의존해야만 했다. 지금 활용 가능한 자료들을 토대로 볼 때, 그의 주장은 아주 강력하며 느헤미야 이전에 예루살렘에 총독들이 있었다는 사실을 분명히 확인해 준다. 아비가드는 고문서학 한 가지에만 의존하는 것이 항상 위험스러운 일이라는 사실을 알고 있었으며(p. 36), 새로운 발견이 이루어질 경우 자신의 책을 재개정할 수 있다는 점에 대해 개방되어 있었다. 그럼에도 불구하고, 그의 결론들에 이의를 제기하는 사람들 중 어느 누구도 아직 거기에 충분히 대항할 만한 주장을 제시하지 못했다(예를 들어, Stern 그리고 McEvenue; 후자의 경우 Avigad의 주장을 다루는 데 있어서, 특히 p. 362에 대한 n. 22에 있어서 전체적으로 부적절하며, 또한 그저 아비가드가 제시한 증거들을 겉핥기식으로만 취급한 것으로 보인다). 그러므로 이러한 새로운 증거들은 결코 알트(Alt)의 관점을 뒷받침해 줄 수 없는 것들이고, 또한 이들은 현재의 논의와도 전혀 상관없는 것이라고 이야기할 수 있을 것이다.

그렇기 때문에, 우리는 증거에 관해서는 현재 본문만을 증거로 축소하게 된다. 그리고 이와 정반대로 보아야 한다는 분명한 증거 혹은 강제적인 증거가 없기 때문에, 우리는 느헤미야를 임명한 것이 유다의 행정적 지위를 근본적으로 변화시킬 만큼 중요한 것이 아니었다고 결론내릴 수 있을 것이다. 우리는 느헤미야에 대한 임명에 대해서 그가 에스라 4:23에 나오는 사건 이후 뒤이어진 공백을 복구한 것으로서 규정할 수 있으며, 또한 그의 개인적인 스타일이나 아르타크세르크세스가 그를 선호하고 좋아했었다는 그의 신분은 유다의 독립에 대한 전망을 좀더 강조하고 힘을 실어 주도록 이끌었을 것이라고 생각할 수 있다.

느헤미야 이전의 유다 총독들은 백성들에게 무거운 세금의 짐을 지웠으며, 그 중 상당 부분은 그들의 개인적인 소득이 되었다. 만약 많은 "예후드" 항아리들을 이 시기와 연결시키는 아비가드(Avigad, *Bullae and Seals*, 34-35)가 맞다면, 그 내용은 이런 사실을 보여 주는 좋은 예들이 될 것이다: "특수 항아리들을 사용해서 세금을 효과적으로 거두어들이는 기구." 이런 방식으로 현금 외에 거두어들이는 세입은 대략 40세겔 정도였다. 이런 숫자들과 분량은 현대에는 별로 의미 있는 분량이 되지 못하겠지만, 이처럼 정확한 숫자를 기록하고 있는 것은 독자로 하여금 그 분량과 사이즈로 인해 강한 인상을 갖게 하려는 것임을 추측할 수 있다.

마지막으로, 총독의 종자들(נער; 4:10⟨16⟩에 대한 "주석"을 보라), 다시 말해서 그에게 개인적으로 충성을 하고 있는 민장들도 백성들을 억압하면서 그들의 권력을 남용했다. 이 점에 있어서 느헤미야의 행동은 다음 구절에서 강조적으로 보여지는 것처럼 또 다른 분명한 대조를 이룬다. 4:10(16)과 17(23)절에 대한 "주석"을 보라.

느헤미야는 자신의 다른 태도들이 "하나님을 향한 경외"에서 비롯된 것으로 돌린다. 여기에 키드너(Kidner)의 주석을 옮겨 적어 본다: "첫 번째로, 하나님을 아버지로서 경외하는 것은 그로 하여금 '백성들을 압제하지 못하게끔'(15b절) 했으며, 그에게 하늘의 평가가 그 무엇보다 가장 중요한 것이 되게끔 만들었다(19절). 그리고 두 번째로, '백성들의 부역이 중했기 때문'(18절)이라는 형제애적인 긍휼이다." 자신의 무뚝뚝한 스타일을 통해 그는 이 두 가지 큰 사명들을 본보기로 제시한다.

16 성벽이 건축되고 있는 동안 느헤미야가 어떻게 행동했는지를 삽입구적으로 진술한다. 이 기록은 그의 총독으로서의 재임 기간이 갖는 일반적인 특징을 조금은 방해하는 것이지만, 전체적인 문맥상 충분히 이해할 수 있는 내용이다. 이 진술의 목적은 느헤미야와 이전 총독들 간의 차이점을 부각시키는 것이며, 또한 그의 행동

이 민장들의 행동과도 차이가 있었다는 점을 부각시키는 것이었다.

느헤미야 그 자신은 건축을 지시하고, 격려하고, 외적인 위협이 없는지를 살피면서 계속해서 성벽 건축자들 사이에서 함께 움직였던 것으로 보인다. 특히 4:12b(18b)을 14(20)절과 더불어 살펴보라. 느헤미야의 종자들이 포함되어 있다는 점이나 어떻게 분포되어 있었는지에 관해서는 4:10(16)을 보라.

느헤미야는 자기 자신과 그의 종자들이 업무를 수행하는 것을 통해 그 어떤 수입도 갖지 않았다는 점을 강조한다. 여기에 사용된 동사 קנה는 "사다"를 의미할 수 있지만, 종종 이보다 훨씬 더 광범위하게 적용되는 의미를 갖는다. 그렇기 때문에 이 점을 강조하는 것은 "어떤 수단을 통해서건 무언가를 획득하는 것은 상황상 적절한 방식"이었다는 의미일 것이다. 그러므로 지금 본문이 제시하는 바는 느헤미야가 돈을 빌려주었지만 그 돈을 상환할 능력이 없는 사람들로부터 그 어떤 소유물도 갖지 않았다는 것을 의미하는 것이 틀림없다.

17-18 느헤미야가 자신이 받을 권리가 있는 비용들을 포기하고 스스로가 부담했다는 점은, 그가 정기적으로 했던 일을 통해서 보면 더욱 특징적이다. 유대인들 150명에게 제공된 식사는 분명 그들의 월급 중 일부분이었으며, 이들에다가 계속해서 외국의 외교적인 방문객들도 더해져야만 했다. 이런 사람들을 대접하는 것은 오늘날까지 전해 내려오는 정부의 특징적인 행동이기도 하다.

그렇게 제공된 음식 중 가장 값비싼 음식들(예를 들어, 고기와 포도주)은 느헤미야의 자비로움을 보여 주기 위해 열거되어 있다. 이것들은 솔로몬 궁궐의 화려함과 경쟁할 만한 것은 못되겠지만(참조. 왕상 5:2-3〈4:22-23〉), 느헤미야의 개인적인 재산이 어느 정도인지를 보여 주는 인상적인 증거로 남아 있다.

느헤미야의 유별난 행동과 접근 방식의 두 번째 이유(첫 번째에 대해서는 15절을 보라)는 그의 백성들이 이미 담부하고 있던 "짐"(עבדה – 아보다)을 그가 인식하고 있었기 때문이다. 이는 아마도 성벽을 건축하는 일을 지칭하는 것은 아닐 것이다. 왜냐하면 성벽 건축에 대해서는 16절에서 다른 단어인 "역사"(מלאכה – 멜레케)를 사용했기 때문이다. 이 짐은 페르시아가 부과한 세금의 짐을 지칭할 것이다. 9:36-37에는 충분한 정치적 자율성이 결여되어 있다는 것과 견주어 볼 만한 태도가 나온다. 이방인들에게 세금을 내야 한다는 점과 그 결과로 유대인들이 스스로 "종"(עבדים – 에바딤)이라고 느끼는 내용이다.

19 이 부분은 느헤미야가 하나님께 자신을 "기억"해 달라고 짧게 기도하는 첫 번째 부분이다. 앞에서는, 그의 기도들은 내러티브 자체 중에서도 매우 생생한 부분

들로 이루어져 있었다(참조. 3:36-37〈4:4-5〉). 하지만 지금 그는 그의 직무로부터 뒤로 물러서 있으며, 조금 후대에 그가 이루고 희생했던 모든 것을 하나님께서 선히 보시기를 구하고 있다. 루돌프(Rudolph)가 관찰하듯이 13:22에 나오는 비슷한 기도에 "주의 큰 은혜대로 나를 아끼시옵소서"라는 단어들을 첨가한 것은 느헤미야가 선대하심과 용서하심을 하나님으로부터 "사들일" 수 없으며, 그것은 오직 하나님의 은혜와 선물임을 잘 깨닫고 있다는 점을 보여 준다. 하지만 동시에 어떤 이유에서건 간에(참조. 서론, "느헤미야 비망록") 느헤미야는 그가 사역했던 동기의 순수성이나 자신이 하나님과 동료 유대인들을 섬기기 위해 헌신했던 것에 대해서, 그가 한 일과 자기 희생적인 자애로움이 영원한 기념비로 서 있게 해 달라고 세부적으로 기도한다.

해설

조화로운 공동체를 분열시키는 데 있어서 개인적인 부와 수입의 극심한 불균형만큼 결정적인 것은 없다. 함께 살펴본 이 장에는 완전한 절망이 나타난다. 이는 경제적인 파산이 대부분 그들의 "형제들" 때문에 올 것이라는 좌절감 때문에 형성된 것이었다. 그리고 느헤미야에게 그토록 강하게 충격을 준 것도 다름아니라 바로 이런 요소였다. 매우 특징적이게도, 느헤미야는 결코 율법에 직접적으로 호소하지 않았다. 비록 이런 방식은 이와 같은 곤경에 빠져 있는 사람들에게 인도적인 도움을 주는 것이기는 했지만, 그렇더라도 느헤미야는 일단 그의 양심과 열정이 깨어난 이후에는 결코 법적인 최소치에 만족하지 않았다. 도리어 그는 율법 아래 자리잡고 있는 정신으로 좀더 깊숙이 파고들어 갔으며, 또한 이렇게 야기된 위험을 제거하기 위해 일했다.

상황을 다루는 데 있어서 그의 특징적인 리더로서의 모습이 세 가지로 두드러지게 나타난다. 첫 번째로, 그는 설령 특별히 광범위한 것은 아니었다 하더라도 자기 자신도 이 상황에 함께 포함시키고 동참하는 친근한 솔직함을 보여 준다. 어느 누구도 느헤미야가 우월감이나 혹은 특권적인 태도를 취했다고 비난할 수 없다. 두 번째로, 비록 비용이 많이 들기는 하지만 그의 계획들은 실제적이고 단순했다. 그는 궤변적인 행동에 대해서는 전혀 여지를 남겨 두지 않았으며, 사랑과 자애로움으로 행동하라고 부자들에게 직접적으로 도전했다. 마지막으로, 이 장의 마지막 구절에서 그는 다른 사람들에게 요구했던 것보다 더 많은 짐을 자기 자신이 자발적으로 그리고 개인적으로 부담했음을 보여 준다. 이는 리더십은 따라오는 사람들보다 한 걸음 더 나아가는 것을 의미한다는 분명한 진리를 고전적으로 보여 준다.

느헤미야가 보여 준 태도는 신약성경에서 상당히 많이 되풀이되거나 짝을 이루고 있다는 점을 발견할 수 있다. 여기에서도 역시 율법이 태도들을 결정할 수 있다기보다는 요한일서 3:17에서 분명하게 표현되고 있는 단순한 전제가 태도를 결정했다고 할 수 있다: "누가 이 세상 재물을 가지고 형제의 궁핍함을 보고도 도와줄 마음을 막으면 하나님의 사랑이 어찌 그 속에 거할까 보냐?" 최근에 매우 빈번하게 제시되고 있는 가난한 자들을 향한 예수 그리스도의 라이프 스타일과 태도의 측면에서 보자면, 분명 성령께서 인도하셨던 초대 예루살렘 교회의 측면에서 보자면(그들이 자발적으로 모든 것을 함께 공유하고자 했던 모습은 이적과 기사, 기도, 교제와 복음 선포의 성공 등과 마찬가지로 오순절 경험의 한 부분으로 제시되었다〈Acts 2:43-47〉. 설령 그들의 그런 모습이 실제로 표현된 것은 성공적이지 못했다 하더라도 말이다), 사도들이 부와 사회적 지위에 토대를 두고 차별을 하지 말라고 계속적으로 훈계했던 측면에서 보자면(예를 들어, 약 2:1-13) 그리고 신약성경 저자들이 모든 사람들에게 선을 행하되 "특히 믿음의 가족들에게" 그렇게 하라고(갈 6:10; 아래의 다른 여러 본문들을 보라. 롬 12:13; 고후 8장; 빌 4:10-19; 히 13:16; 약 5:1-6 등) 지속적이고 급박하게 선포했다는 측면에서 보자면, 요한이 한 질문의 대답은 느헤미야가 예를 보여 준 실천적인 반응에 그 정답이 있다고 할 수 있을 것이다.

성 건축의 완공(느 6:1-19)

참고문헌

Bewer, J. A. "Josephus' Account of Nehemiah." *JBL* 43(1924) 224-26. **Ivry, A. L.** "Nehemiah 6, 10: Politics and the Temple." *JSJ* 3(1972) 35-45. **Kutsch, E.** "Die Wurzel עצר im Hebräischen." *VT* 2(1952) 57-69. **Löw, I.** "טובתיו Neh 6:19." *ZAW* 33(1913) 154-55. **Paul, S. M.** "Nehemiah 6:19 - Counter Espionage." *Hebrew Annual Review* 1(1977) 177-79. **Schiemann, R.** "Covenanting with the Princes: Neh vi.2." *VT* 17 (1967) 367-69.

본 문

1 산발랏과 도비야와 아라비아 사람 게셈과 그 나머지 우리의 대적이 내가 성을 건축하여 그 퇴락한 곳을 남기지 아니하였다 함을 들었는데 내가 아직 성문에 문짝을 달지 못한 때라

1 When Sanballat, (Tobiah),[a] Geshem the Arabian and the rest of our enemies heard[b] that I had rebuilt the wall and that no breach remained in it (though at that time I had not yet hung the doors in the gates),

2 산발랏과 게셈이 내게 보내어 이르기를 오라 우리가 오노 평지 한 촌에서 서로 만나자 하니 실상은 나를 해코자 함이라

2 Sanballat and Geshem sent me a message: "Come and let us meet at Hakkephirim[a] in the plain of Ono." Their scheme was to harm me, however,

3 내가 곧 저희에게 사자들을 보내어 이르기를 내가 이제 큰 역사를 하니 내려가지 못하겠노라 어찌하여 역사를 떠나 정지하게 하고 너희에게로 내려가겠느냐 하매

3 so I sent messengers to them to say, "I am involved in some important work: I am therefore unable to come down lest[a] the work should stop while I leave it[b] to come down to you."

4 저희가 네 번이나 이같이 내게 보내되 나는 여전히 대답하였더니

4 Four times they sent me a message of this sort and each time I replied to them in the same way.

5 산발랏이 다섯 번째는 그 종자의 손에 봉하지 않은 편지를 들려 내게 보내었는데

5 On the fifth occasion, Sanballat sent his servant to me in the same way, but this time he carried an open letter.

6 그 글에 이르기를 이방 중에도 소문이 있고 가스무도 말하기를 네가 유다 사람들로 더불어 모반하려 하여 성을 건축한다 하나니 네가 그 말과 같이 왕이 되려 하는도다

6 In it was written, "It is reported among the nations – and Gashmu[a] confirms it – that you and the Jews are plotting a revolt and that that is why you are rebuilding the wall. [b]According to these reports[b] you are about to become their king,

7 또 네가 선지자를 세워 예루살렘에서 너를 들어 선전하기를 유다에 왕이 있다 하게 하였으니 이 말이 왕에게 들릴지라 그런즉 너는 이제 오라 함께 의논하자 하였기로

8 내가 보내어 저에게 이르기를 너의 말한 바 이런 일은 없는 일이요 네 마음에서 지어낸 것이라 하였나니

9 이는 저희가 다 우리를 두렵게 하고자 하여 말하기를 저희 손이 피곤하여 역사를 정지하고 이루지 못하리라 함이라 이제 내 손을 힘있게 하옵소서 하였노라

10 이후에 므헤다벨의 손자 들라야의 아들 스마야가 두문불출하기로 내가 그 집에 가니 저가 이르기를 저희가 너를 죽이러 올 터이니 우리가 하나님의 전으로 가서 외소 안에 있고 그 문을 닫자 저희가 필연 밤에 와서 너를 죽이리라 하기로

11 내가 이르기를 나 같은 자가 어찌 도망하며 나 같은 몸이면 누가 외소에 들어가서 생명을 보존하겠느냐 나는 들어가지 않겠노라 하고

12 깨달은즉 저는 하나님의 보내신 바가 아니라 도비야와 산발랏에게 뇌물을 받고 내게 이런 예언을 함이라

13 저희가 뇌물을 준 까닭은 나를 두렵게 하고 이렇게 함으로 범죄하게 하고 악한 말을 지어 나를 비방하려 함이었느니라

14 내 하나님이여 도비야와 산발랏과 여선지 노아댜와 그 남은 선지자들 무릇 나를 두렵게 하고자 한 자의 소위를 기억하옵소서 하였노라

15 성 역사가 오십이 일 만에 엘룰월 이십오 일에 끝나매

16 우리 모든 대적과 사면 이방 사람들이 이를 듣고 다 두려워하여 스스로 낙담하였으니 이는 이 역사를 우리 하나님이 이루신 것을 앎이니라

7 and you have even appointed prophets to proclaim in Jerusalem with reference to you that 'There is a king in Judah!' Now, the king will hear of these reports: so then come, let us confer together."

8 I sent him a reply as follows: "Nothing like what you say has happened; you are just fabricating[a] a it in your own mind,"

9 for they were all trying to intimidate us, thinking,[a] "Their resolve to do the work will weaken[a] and it will not get done," but in fact I continued with even greater determination.[b]

10 Later, I went to the house of Shemaiah, son of Delaiah, son of Mehetabel, who was looking extremely worried.[a] He said: "Let us meet at the house of God, right inside the temple. Let us shut the doors of the temple, because they are coming to kill you. They are coming to kill you by night!"

11 But I replied, "Should a man in my position run away? Or who in my state would enter the temple and live?[a] I will not go in."

12 I realized that it was not God who had sent him, but that he had uttered this prophecy against me because[a] a Tobiah and Sanballat[b] had hired him,

13(…)[a] intending that I should take fright, act as he suggested, and so fall into sin. Then they would have a bad name with which to discredit me.

14 Remember Tobiah and Sanballat,[a] O my God, according to these deeds of theirs,[b] and also Noadiah the prophetess and the rest of the prophets who have been trying to intimidate me.

15 So the wall was completed on the twenty-fifth of Elul, in fifty-two days.

16 When our enemies heard of it, all the nations who were round about us were afraid[a] and much deflated in their self-esteem:[b] they realized that this work had been accomplished by (the power of) our God.

17 그 때에 유다의 귀인들이 여러 번 도비야에게 편지하였고 도비야의 편지도 저희에게 이르렀으니	**17** Furthermore, throughout that period [a]the nobles of Judah were sending many letters[a] to Tobiah and Tobiah's letters were coming to them,
18 도비야는 아라의 아들 스가냐의 사위가 되었고 도비야의 아들 여호하난도 베레갸의 아들 므술람의 딸을 취하였으므로 유다에서 저와 동맹한 자가 많음이라	**18** for many in Judah had sworn allegiance[a] a to him since he was the son-in-law of Shecaniah, son of Arah, while his son Jonathan had married the daughter of Meshullam, son[b] of Berechiah.
19 저희들이 도비야의 선행을 내 앞에 말하고 또 나의 말도 저에게 전하매 도비야가 항상 내게 편지하여 나를 두렵게 하고자 하였느니라	**19** They also used to keep telling me about his good deeds[a] a and then reporting my words back to him.[b] Tobiah (however) wrote letters to intimidate me.

원문주해

1.a. "도비야와"가 본문의 일부분으로 간주되어야 하는지, 아니면 그의 이름이 이 리스트에 없다는 것을 발견한 편집자가 나중에 넣은 것인지에 대해서는 논란이 있다. 두 번째 결론을 선호하는 입장에서는 도비야가 2절에서는 언급되지 않았으며, 또한 그의 이름만 전치사 ל가 없는 상태로 도입된다는 점을 지적한다. 그러나 다른 한편으로는 "나머지 우리의 대적" 중에서는 그 누구도 도비야와 마찬가지로 2절에 제시되지 않았다. 반면에 2절에 산발랏과 게셈이 다시 이름을 올렸다는 점은 이 두 개의 리스트 사이에 어떤 종류건 간에 구분이 있었다고 추측할 수 있게 한다. 1절은 아마 즉각 뒤이어서 나올 사건에 대해서만이 아니라, 6장 전체에 대한 도입으로서의 역할을 했을 것이다. 더군다나 전치사가 이름 앞에 없다는 점은 다양한 방식으로 설명할 수 있다. 그러므로 증거는 충분히 균형을 갖추고 있다고 볼 수 있다.

1.b. נשמע…ל은 아람어 숙어인 שמיע ל의 히브리어 형태인데, 페르시아어를 번역 차용한 것이다. "내게 들렸다"는 것은 그저 "나는 들었다"는 표현을 완곡하게 표현한 것에 불과하다. 참조. E. Y. Kutscher, "Two 'passive' constructions in Aramaic in the light of Persian," *in Hebrew and Aramaic Studies*(Jerusalem: Magnes Press, 1977), 70-89, 그리고 Driver, *AD*, 100. 느헤미야가 사용하는 언어가 동방의 숙어 구문에 의해 영향을 받았다는 것은 놀라운 일이 아니다. 그러므로 셈어적으로 본다면 이 구문은 3:33(4:1)과 4:1(4:7)에서 발견되는 표현과 동일하다.

2.a. 우리는 이 부분에서 다른 곳에서는 전혀 알려지지 않은 지명과 만나게 되기 때문에, 70인경(LXX)과 Vg에서는 이것을 케파림(כְּפָרִים, "마을들 〈중의 하나〉")이라고 표현했다. 이런 관점에서 본다면, 산발랏과 게셈은 느헤미야에게 만날 장소에 대해 폭넓은 선택권을 줌으로써 그들의 의도를 숨기고자 했던 것으로 생각할 수 있다. 이와는 정반대의 접근법을 슈어만(Schiemann, *VT* 17[1967] 367-69)에게서 볼 수 있다. 그는 다음 사항들

을 관찰했다. (i) 마소라 텍스트(MT)도 마찬가지로 "사자들과 더불어"라고 번역될 수 있으며, 나 2:12-14 그리고 겔 19:2-6에서의 "사자들"은 "왕자들"을 의미한다. 그리고 (ii) "우리 함께 만나자"라는 구문은 "함께 언약을 맺자"라는 의미를 가질 수 있다(참조. 7절 그리고 시 83:6⟨5⟩). 실제로 Vg은 이 구문을 이런 방식으로 번역한다. 그렇기 때문에 슈어만(Schiemann)은 이 본문이 "우리 함께 왕자들(지역의 우두머리들을 의미하는)과 더불어 언약을 맺자"라는 의미라고 해석한다. 하지만 이런 번역은 별로 그럴듯하지 않다. 왜냐하면 (i) "사자들"은 정황적인 지시 사항 없이 순수하게 "왕자들"을 의미하는 경우가 거의 없기 때문이다. 밀러(P. D. Miller, Animal Names as Designations in Ugaritic and Hebrew, *UF* 2[1970] 177-86)가 이런 용례가 없다는 점을 폭넓은 범위로 살펴보고 조사한 것에 관해 주목하라. 슈어만이 자기 주장을 뒷받침하기 위해 인용한 문단들은 정황상 그 의미가 매우 불분명하고 확장적인 은유들이다. 또한 (ii) 산발랏, 게셈 그리고 느헤미야가 다른 사람들("왕자들")과 언약을 맺어야만 한다는 제안은 이들이 그들 사이에 이미 밀접한 연관성을 갖고 있었고 공통의 정치적 목적을 공유하고 있었다는 것을 함축할 수도 있다. 하지만 이 경우는 정확하게 그 정반대다.

3.a. 라마(למה, 일반적으로 "왜?")가 갖는 의미는 아람어에서는 공통적이며(참조. 스 4:22; 7:23), 일반적으로 생각하는 것보다 훨씬 더 빈번하게 히브리어에서 발견된다. BDB 554a에 나오는 문단 목록과 에를리히(Ehrlich, *Randglossen* 1, 133)를 보라.

3.b. 본문 수정은 불필요하다. 베튼(Batten) 그리고 Joüon, *Bib* 12(1931) 88를 보라.

6.a. 이 철자에 관해서는 2:19a에 대한 "원문주해"를 참조하라. 이 철자는 좀더 일반적인 히브리어 철자 "게셈"(Geshem)보다는 원래의 형태로 추측되는 형태에 가깝다. 이 점은 어떻게 제시되는 본문 수정이건 간에, 우리가 그것을 더 선호하거나 확정해서는 안된다는 점을 보여 준다.

6.b-b. 이 문장은 보통은 "의미가 없고, 7절을 방해하는" 것으로 여겨져 삭제되곤 한다(Bowman). 하지만 위에서 번역한 것처럼 이 단어들은 7절과는 사뭇 다른 뉘앙스들을 가지고 있고 정황에 잘 들어맞으며 어울린다. NEB와 NIV는 모두 이 점을 잘 인식했다.

8.a. בדא의 어원에 대해서는(다른 곳에서는 오직 왕상 12:33에서만 나온다), L. Kopf, "Arabische Etymologien und Parallelen zum Bibelwörterbuch," *VT* 8(1958) 165를 참조하라. 생략된 알렙(א)을 유지하고 발성하는 것에 관해서는 GKC § 23c and 74i를 참조하라.

9.a-a. 문자적으로는 "저희 손이 일에서 떨어질 것이다"이다.

9.b. 마지막 구문에 대한 번역은 논쟁거리다. 많은 영어 성경들은 이 부분을 짧은 기도문으로 취급한다: "그리고 이제, 내 손을 힘있게 하옵소서!" 이들은 "오 나의 하나님"이나 혹은 "그러나 나는 기도했다" 같은 문구를 첨가함으로써 도리어 거북함을 보여 주는데, 왜냐하면 이런 표현들은 본문의 뒷받침을 받지 못하기 때문이다. 이런 식의 접근을 반대하는 이유들은 다음과 같다. (i) 고대 Vrs에서는 이런 식으로 이해하지 않았다. 이들

이 이 구문에 대해 통합된 해석 전승을 제시할 때는 이들을 조심스럽게 생각해야만 한다. (ii) 다른 곳들에서는 "손을 힘있게 하시는"이라는 표현의 주어로 하나님을 언급하고 표현한 곳이 없다. 느헤미야가 이 구문을 사용한 것에 대해서는 2:18을 참조하라(Ehrlich, *Randglossen* 7, 197). (iii) 하지만 느헤미야가 역사적 배경 속에서 분명히 실제로 했던 기도(참조. 3:36-37⟨4:4-5⟩)를 그의 비망록(memoir)에 종종 포함시켰다는 것은 사실이다. 그리고 이들 기도에는 분명히 호격인 "오, 나의 하나님"이라는 내용이 포함되어 있었다. 그러나 이와 같은 몇몇 지시 내용이 없는 것은 그만두고서라도, 이 부분이 기도라는 것을 나타내 주는 표식이 전혀 없다. 그러므로 חזק("힘있게 하다")는 한정동사를 돕는 절대형 부정사로 해석되어야만 한다. 참조. GKC § 113y-gg, 여기서는 "급하거나 혹은 열정적인 스타일, 좀더 분명하고 인상적인 방식으로 언어적 표현과 생각을 드러내기 위해" 이런 구조를 사용한다는 것을 이에 대한 설명 부분으로서 포함한다.

10.a. 예후 아추르(והוא עצור)는 일반적으로는 "문을 잠그다"로 번역되거나(*RSV*) 혹은 그와 비슷하게 번역되곤 한다. 다양한 설명들이 제안되어 왔다. (i) 스마야는 제의적으로 불결한 상태였고, 그렇기 때문에 밖에 나갈 수 없었다 (예를 들어, Bertholet은 렘 36:5과 비교한다). 하지만 만약 그랬던 것이라면, 그는 즉각 성전을 방문하자는 생각을 할 수 없었을 것이다. 렘 36:5이 분명하게 보여 주는 것처럼, (ii) 스마야는 느헤미야가 성전에서 어떻게 문을 걸어 잠그고 들어앉아 있어야 하는지를 상징적인 행동을 통해 보여 주고자 문을 걸어 잠그고 있었다(예를 들어, Keil). 하지만 루돌프(Rudolph)가 관찰하듯이, 만약 그런 경우였다면 우리는 본문이 좀더 명확하게 그런 내용을 기록했을 것이라고 기대할 수 있을 것이다. (iii) 횔셔(Hölscher)와 다른 학자들은 이 언급이 선지자적인 무아경에 사로잡힌 것에 대한 것이라고 주장해 왔지만, 이 어근은 구약성경에서 그런 의미로 사용된 적이 결코 없었다. (iv) 루돌프는 이 구문이 왜 총독인 그가 이 선지자를 그의 집에까지 방문했는지를 설명하는 데 포함되어 있다고 생각한다. 하지만 도대체 무엇이 이 선지자로 하여금 느헤미야의 집에 가는 것은 가로막았으나 성전을 방문하는 것은 가로막지 않았는지에 대해 알아내는 것은 어려운 일이다. (v) 다른 사람들은 그 이유를 모르겠다고 인정하는 것을 선호하며, 따라서 스마야는 그가 느헤미야에게 위험에 처해 있다고 말했던 것과 마찬가지로 자신이 위험에 처한 것처럼 흉내내고 있었을 수도 있다고 추측한다(Bowman). (vi) 마지막으로, 어근 עצר의 의미를 전체적으로 논의하는 과정에서 Kutsch, *VT* 2(1952) 57-69에서는 지금의 사건을 "억압과 압박"이라는 정황이 갖는 의미와 연결시켰다. 그는 여기에서부터 좀더 발전된 의미인 "몹시 지친, 염려스러운"이란 뜻을 추측한다(*bedr uuml ckt, gequält*). 최소한 이는 정황과 매우 잘 맞아떨어지는 장점을 갖고 있다: 스마야는 그가 지금 하려는 거짓말에 적절한 행동을 했다. 70인경의 쉬네코메노스(συνεχόμενος)는 이런 해석을 뒷받침할 것이다. 참조. 눅 8:37 등. Kutsch는 전혀 직시하지 않았지만, 이런 관점이 갖고 있는 어려움은 우리에겐 어근의 의미를 이처럼

은유적으로 발전시킨 실제 증거가 전혀 없다는 점이다. 이런 방식은 히브리어보다는 독일어 "*bedrückt*"가 갖는 의미의 범위에 좀더 많이 의존하고 있는 것으로 보인다. 그럼에도 불구하고, 이런 제안은 불가능한 것은 아니다. 우리는 이 제안을 상당히 주저스럽기는 하지만 지금 본문의 정황에서는 가장 의미가 상통하도록 하는 유일하게 진전된 제안으로 선호한다.

11.a. 와하이(וחי)는 모호하다. 어떤 본문들에서는(예를 들어, 창 3:22) 이 단어가 목적을 표현하기도 하는데, 여기서는 그런 의미를 나타내는 것은 불가능하다("그의 생명을 보호하기 위해서"). 하지만 위에 제시한 번역인 "그리고 살다"라는 번역은 좀더 표준적인 것으로서, 여기에는 보호 없이 거룩한 영역과 접촉한 사람의 경우들이 특별하게 포함되어 있다. 예를 들어, 출 33:20; 신 5:24 등을 보라. 루돌프(Rudolph), 펜샴(Fensham) 등은 반대 주장을 한다. 즉 13절에서 도비야는 느헤미야가 하나님의 은총에서 멀어지게 하는 것을 기대하고 세밀하게 행동했었다고 주장한다. 대하 26:16-21을 보면 웃시야가 이와 똑같은 방식을 범했고, 그래서 그 결과 결국 상당히 오랜 기간 하나님의 은총에서 멀어졌었다. 신학적인 관점에서 보자면, 그가 거룩한 영역에 초청 없이 침입한 것이 그의 생명을 잃게끔 만들었다고 주장할 수 있겠지만 말이다.

12.a. 와우 접속사를 통해 도입되는 원인절에 관해서는 GKC § 158a를 참조하라.

12.b. 산발랏이 일반적인 방식과는 달리 도비야 이후에 이름이 제시되기 때문에, 많은 주석가들은 그의 이름이 나중에 이 곳에 이차적으로 첨가되었다고 생각한다. 하지만 (i) 이와 동일한 순서를 14절에서도 발견할 수 있다. 두 군데 모두에서 첨가가 이루어졌다고 가정하는 것은 별로 그럴듯하지 않다. (ii) 루돌프(Rudolph)가 동의하는 것처럼 단수 동사가 뒤이어 나오는 것(שְׂכָרוֹ, "그에게 뇌물을 주었다")은 결코 결정적인 요소가 아니다. 그는 5:14과 비교하는데, 그는 이 구절에서 이것이 느헤미야의 스타일을 보여 주는 특징적인 표식일 수 있다고 주장했다(그러나 n. 13.a.를 보라). (iii) 처음 두 가지 사항들에 대해서는 이런 특별한 일을 계획하고 구성하는 데 도비야가 두드러진 역할을 했다는 점을 느헤미야가 강조하고 싶어했음을 보여 준다는 긍정적인 방식으로 설명되어야만 한다(이 장의 시작 부분에서 산발랏과 게셈이 이 계획을 시작했던 것과 마찬가지로). 이 점에 대해서는 아주 훌륭한 근거들이 있다(아래의 "주석"을 보라). 이 계획의 경우 산발랏의 역할은 종속적이었고, 단지 후원하는 것이었다.

13.a. 마소라 텍스트(MT)는 여기에서 반복적이 되며, 의미가 통하도록 하기 위해서는 일반적인 구문론을 무시해야만 한다. 이 구절은 레마안 사쿨 후(למען שכור הוא, "저희가 뇌물을 준 까닭은")로 시작된다. 이것은 12절을 좇아 중복적인 것이기 때문에, 뒤이어 나오면서 요약적인 기능을 하는 두 번째 라마안(למען)과 함께 취급해야만 한다. 참조. RV, "이런 목적을 가지고 그는 뇌물을 주었다, 즉 내가 두렵게 하고자." 하지만 이는 라마안(למען)과 평행을 이루지 않는 방식이다. 이 단어는 다른 부분들에서는 항상 앞에 나온

부분들과 관련이 있었기 때문이다. 그래서 이런 방식은 받아들일 수가 없다. 이 문단은 논쟁거리가 되는 이 구문 없이도 의미가 아주 훌륭하게 통한다. 이 부분은 많은 주석가들이 진술하듯이 그저 단순히 중복해서 기록한 오류 때문에 생겨난 것은 아니었을 것이다. 그보다는 H. Guthe(*The Book of Ezra and Nehemiah*[Baltimore: Johns Hopkins Press, 1901])를 따라서 루돌프(Rudolph)가 추측하듯이 세카로 라마안(שכרו למען)과 사쿨 후 라마안(שכור הוא למען)은 한 쌍이었을 것이다. 그렇기 때문에 두 번째 부분은 아마도 각주적인 언급에서 출발했을 것이다: שְׂכָרוּהוּ למען("그들은 …할 목적으로 그에게 뇌물을 주었다…"). 이는 12절에 나오는 단수 동사 세카로(שְׂכָרוֹ)를 수정하거나 대체하려는 의도로 기록되었을 것이다. 참조. n. 12.b. (ii) 위. 그렇다면 이런 본문은 교정된 것이라기보다는 본문에 첨가되었다고 할 수 있다. 이런 첨가가 있었다는 점은 이 본문이 고대에는 일부 MSS와 맞추어 읽혀졌으며, 프로토-마소라 텍스트(MT)는 그런 뒤에 이런 성경 본문들에 "맞춰진" 것이라는 가능성을 열어 둔다. 만약 그렇다면, 뒤이어 나오는 동사가 단수이기 때문에 12절에 나오는 "그리고 산발랏"이라는 표현을 삭제해야 한다는 주장은 좀 더 약화된다. 본문상으로는 세카로(שכרו)는 그 자체가 원래의 것인 שכרוהו의 수정이었을 것이다.

14.a. 참조. n. 12.b.

14.b. 엘레(אלה)에 관사가 붙어 있지 않은 것에 관해서는 GKC § 126y를 참조하라. 전체적인 공식에 관해서는 n. 5:19.a를 보라.

16.a. 마소라 텍스트(MT)대로 해서 *methegh*가 분명해지게 한다. 이 표현이 정황적으로 적절한데, 왜냐하면 (i) 어근 ירא가 이 장의 핵심 단어이기 때문이며(아래의 "양식"을 보라), 또한 (ii) 느헤미야는 종종 대적들의 감정들에 관해 기록하곤 하기 때문이다. 참조. 2:10, 19; 3:33(4:1); 그리고 4:1(7). 다른 대안으로는 *methegh*를 무시하고 다음과 같이 번역하는 것이다. "우리 대적들이 이를 들었을 때 우리 주변의 모든 열방들이 그것을 보았다…." 많은 현대 주석가들과 번역자들이 선호하기는 하지만, 이런 번역은 위에서 고려했던 내용들을 무시하는 것일 뿐만 아니라 "우리 대적들"과 "열방들"을 인위적으로 구분하는 것이다(5:9과 대조하라). "열방들"은 성벽을 볼 수 있을 만큼 가까이에 살고 있었지만, 산발랏과 그의 동맹들은 그저 소문에만 의존했어야 했다는 것은 어색한 일이다(예를 들어, Bowman). "우리 대적들"은 6:1이 보여 주듯이(참조. Vogt, *Studie*, 150) 이방인 지도자들을 의미하며(산발랏 등), "열방들"은 일반적으로 그들의 백성들을 지칭한다. 이방인 지도자들이 느헤미야의 성공에 관해 들었던 것처럼 그들의 추종자들도 낙담하게 되었다.

16.b. 여기서 사용된 히브리어 표현은 정확하게 평행을 이루는 부분이 없긴 하지만, 네펠로 파님(נפלו פנים, "〈그의〉 표정이 어두워졌다")이나 혹은 네펠 레브(נפל לב, "〈그의〉 마음이 가라앉았다") 등과 비교해 볼 수 있다. 하지만 여전히 모호한 구석이 남는다:

이 표현은 "그들은(지도자들은) 그들을(그들의 열방들을) 낮게 평가했다"는 것일 수도 있다. 하지만 좀더 그럴듯한 것은, 느헤미야가 앞부분에서 여러 차례 산발랏, 도비야 그리고 다른 사람들의 상당한 오만함에 관해 함축적으로 이야기했었기 때문에, 그가 여기서는 그들의 교만이 꺾이는 것을 보면서 즐거워했다고 보는 것이다. 하지만 몇몇 주석가들은 클로스터만(Klostermann)을 따라서 와야펠로(ויפלו)를 와야펠(ויפלא)로 본문 수정을 해서 "그들은 그것이 매우 훌륭한 업적이라고 생각했다"로 고치곤 한다(NEB; Ehrlich, *Randglossen* 7, 200, 그는 비교 방법으로서 시 118:23에 관한 언급을 첨가한다). 하지만 이것은 불필요할 뿐만 아니라 별로 지지할 수도 없는 추측일 뿐이다. 즉 뒤이어 나오는 구문에서 마지못해 인정하고 있기는 하지만, 어근 פלא가 일반적으로 함축하는 성취에 대해 열방들이 그토록 긍정적인 관점을 가졌다는 것은 정말이지 그럴듯하지 않다.

17.a-a. 문자적으로는 "유다 귀인들이 여러 번 그들의 편지들을 보내고 있었다"이다. 이는 조금은 어색한 표현이다. 특히 우리는 일반적으로는 분사 형태(מרבים)가 주어(חרי יהודה) 뒤에 나올 것으로 기대하기 때문이다. 하지만 그렇다고 해서 이런 점이 이 구문을 불가능한 표현이 되게 하는 것은 아니다. 특히 느헤미야가 이렇게 기록했던 후기 성경 히브리어에서는 더더욱 불가능한 표현이 아니다. 기껏해야 우리가 의심해 볼 수 있는 측면이란 관사(관계사로서 역할하는)가 오류로 인해 הלכות 앞에서 누락된 것이 아닐까 하는 정도인데, 이것마저도 확실한 것은 아니다. 그럼에도 불구하고, 성경 본문을 좀더 손쉽게 만들고자 약간의 본문 수정을 해야 한다는 제안이 계속해서 있어 왔으며, 가장 널리 퍼진 본문 수정은 다음과 같다. יהודה(haplogr) מחרי(dittogr) גם בימים ההם רבים("또한 그날 동안에도, 여러 유다 귀인들처럼(*casus pendens*), 그들의 편지들도 가고 있었다"). 이럴 경우 결국 의미 차이는 최소한에 불과하게 된다.

18.a. 참조. GKC § 128u.

18.b. 히브리어 성경에서 오직 여섯 차례만 בן 구조가 마케프(*maqqeph*) 없이 등장한다.

19.a. 마소라 텍스트(MT)를 본문 수정하는 것과 관련해서는 몇 가지 제안이 있어 왔다. 예를 들어, מטוביה("도비야에 대해")로 보는 베르톨렛(Bertholet)이나 로우(Löw, *ZAW* 33[1913] 154-55)를 통해서 가이거(Geiger)의 주장인 מבותיו("그에 관한 루머들"; 참조. 아람어, טִבָּא)가 복원되고 있다. 반면에 고르디스(R. Gordis, "The Text and Meaning of Hosea XIV 3," *VT* 5[1955] 88-90)는 히브리어로 "말"을 의미하는 두 번째 단어 טוב가 있었을 것이라고 주장했다(그러나 J. Bart, *Comparative Philology and the Text of the Old Testament*[Oxford: Clarendon Press, 1968], 16-17를 참조하라). 하지만 마소라 텍스트(MT)는 정황상 지극히 안정적이고 만족스러운 본문이다(아래의 "주석"을 보라). 그리고 본문적으로도 다음과 같은 이유들 때문에 선호된다. (i) 도비야라는 이름에 대한 워드플레이, 그리고 (ii) 다바리(דברי, "나의 말들")가 히브리어에서는 "나의 행동들"이라는 의

미를 포함한다는 것을 기억하고 본다면, 뒤이어 나오는 구문과 이 표현은 적합성과 일치성을 갖는다는 점.

19.b. 폴(Paul, *Hebrew Annual Review* 1[1977] 177-79)은 "그리고 그들은 나의 비밀들을 그에게 알려 주었다"라는 번역을 주장하기 위해 아카드어 평행구들을 제시한다. 그러나 이런 번역은 현재 정황 속에서는 그리 정확한 표현이라 할 수 없다.

양식/구조/배경

배경상 느헤미야 6장은 느헤미야 비망록(NM)과 연속성을 갖고 있음을 보여 준다. 이 부분에서는 5장에서 취급된 특수한 문제거리 이후에 다시금 성 건축을 훼방하는 내용을 다루고 있다. 또한 이 부분은 성이 완공된 뒤 느헤미야가 공동체 안의 다른 문제들을 처리하는 내용을 담고 있는 7장과도 분명하게 구분된다.

이 부분은 문학적인 관점에서 보았을 때 앞선 장들에 나온 내러티브의 한 부분임이 분명하다. 느헤미야의 특징적인 스타일이 모든 부분에 나타나고 있으며(아래서 다루어진 이 장의 구조에 관한 주석들을 살펴보라), 또한 여기서의 내용들은 다른 부분들에서 우리가 보아 온 느헤미야적인 외양이나 특징들과 너무나 정확하게 잘 들어맞는다. 토레이(Torrey, *Ezra Studies*, 226 and 248)는 16-19절을 역대기 사가가 편집자적으로 첨가했다는 견해를 과감하게 제시했지만, 이런 주장에 대해 어떤 근거도 제시하지 못했기 때문에 이것을 심각하게 생각할 필요는 없다. 좀더 진중한 의견은 켈러만(Kellermann, *Nehemia*, 22-23)이 발전시킨 루돌프(Rudolph)의 견해다. 그는 11-13절이 편집자적으로 윤색되었다고 생각했다. 이 논의에 대해서는 아래의 "주석"을 보라. 둘 중 어떤 방식이 되건 간에, 이 장의 배경에 대해 우리가 전체적으로 인식하는 결과들은 아무 변화 없이 그대로 남게 된다. 독자적인 다른 윤색들이 이루어졌을 가능성에 대해서는 위의 "원문주해"에서 다루었다.

폭넓게 말해서, 이 장이 갖고 있는 구조는 이미 2-4장에서 친숙해진 패턴이라고 할 수 있다. 첫 번째와 세 번째 중심 부분이 익숙한 공식인 ויהי כאשר נשמע ל("X가 …을 들었을 때", 1절) 그리고 ויהי כאשר שמעו("X가 …을 들었을 때", 16절)로 도입된다는 점에 대해서도 주목하라. 참조. 2:10, 19; 3:33(4:1); 4:1(7) 그리고 9(15)절. 그리고 두 번째 부분이 어떤 방식으로 זכרה("기억하옵소서!") 공식과 더불어 결론맺어지는지에 대해서도 주목하라(이 공식이 느헤미야 비망록〈NM〉 내에서 전체적으로 어떤 위치를 갖는지에 관해서는 서론, "느헤미야 비망록"에서 논의했다. 그 부분에서는 지금 구절이 전체적인 우리의 제안들과 잘 들어맞지 않는다는 점에 관해 살펴보았다. 이 점을 설명하기 위해 두 가지 가능한 설명들이 발전되었는데, 그 중 한 가지는 이 구절이 처음부터 느헤미야 비망록의 일부분이었다고 인정하는 것이었다. 하지만 만약 이 부분이 후대에 첨가된 것이라면, 지금 이 문단에서 하고 있는 논의는 이 구절이 우리가 생각할 수 있는 다른 방식보다 훨씬 더 철저하게 새로운 정황에 통합되었음을 지적해 준다).

그러나 이런 규칙성 내에서 흥미로운 몇몇 변형들이 나타난다. 첫 번째로, 세 개의 부분들 각각은 대적들이 느헤미야를 "위협하려"(ירא의 피엘형) 했었다는 결론으로 마무리된다. 참조. 9, 14, 그리고 19절. 이런 독특한 형태는 즉각적으로 이 장의 단일성과 있는 그대로의 본문이 갖고 있는 연속성을 보여 준다. 이는 또한 이 장을 몇 개의 부분들로 올바르게 구분할 수 있도록 알려 주는 기준 역할을 한다. 즉 이런 표식을 통해서 1-9, 10-14 그리고 15-19절로 부분들을 나눌 수 있다.

두 번째로, 전체적인 단일성 내에서 처음 두 개의 부분들은 서로 밀접하게 연결되어 있지만, 반면에 세 번째 부분은 좀더 독립적이다. 형식적인 수준에서 볼 때 이 점은 זכרה("기억하소서") 공식이 두 번째 부분과 세 번째 부분 사이인 14절에서 사용되었다는 점을 통해 볼 수 있으며, 또한 도입 공식이 두 번째 부분에서는 나타나지 않고 오직 첫 번째와 세 번째 부분에서만 나타난다는 사실을 통해서도 알 수 있다. 이와 유사하게 각각의 부분들이 담고 있는 내용들도 마찬가지 결론을 나타낸다: 첫 번째와 두 번째 부분들에서는 산발랏과 도비야가 중심 인물들로 제시되고 있으며, 이 두 사람은 14절에 함께 묘사된다. 이와는 대조적으로, 세 번째 부분에서는 "유다 귀족들"에게 초점이 맞추어져 있다. 만약 도비야가 언급되었다면, 그것은 그저 유다 귀족들이 그와 연결되어 있었다는 점 때문이다.

이런 배열이 이루어진 이유에 대해서 15-19절이 1-14절과 하나로 묶여서 취급된 것이 분명하기 때문이고(대적이라는 주제와 "훼방한다"를 사용해 이 점을 보여 준다), 동시에 이 부분들은 7-13장의 내용을 통해 판단해 볼 때 대부분의 내용이 유다와 예루살렘의 내적 개혁들을 다루고 있는 비망록의 나머지 부분들로 전환되는 문단으로서의 역할을 하도록 의도되었기 때문이라고 주장할 수 있을 것이다. 이런 전환은 "성벽이 완성되었다"는 15절의 절정적인 묘사 이후가 적절하다.

이 장의 구조와 관련된 마지막 사항은 15-16절의 위치와 관련성을 갖고 있다. 일부 소수 주석가들(예를 들어, Mowinckel, *Studien II*, 29; Myers)은 이 구절들을 17-19절 이후에 나오도록 위치를 바꾸어야 한다고 믿는다. 한편으로는, 17-19절과 1-10절의 내용 사이에 매우 밀접한 연결성이 있다고 주장되며, 반면에 다른 한편으로는 15-16절은 성벽 건축이 완성되었다는 내용을 통해 7장 처음 부분과 연결되어 있다고 주장된다. 이런 주장에 대해서는 순수하게 역사적인 관점에서 본다면 분명 어느 정도 이런 관찰이 사실이라는 점을 인정할 수 있을 것이다. 그러나 15-16절을 뒤로 이동시키는 것을 문학적인 측면에서는 결코 정당화할 수 없다는 점을 이야기해야만 한다. 16-19절은 도입 부분(ויהי כאשר שמעו…)과 결론 부분(ליראני)이 분명하게 보여 주듯이 정확한 순서로 배열되어 있는 것이 틀림없다. 위의 분석을 보라. 16절에 나오는 샤메우(שמעו, "〈그들은〉 들었다")의 선행사로서 15절이 필요하며, 이 설명에 있어서 지금 있는 본문 그대로의 모습은 특별히 두드러진 모습이 아니다. 그러므로 이 부분은 예를 들어 3:38(4:6) 등과 동일한 문학적 역할을 한다. 마지막으로, 16절에서 17절로의 이동(공동체 외부의 대적들이 보인 반응으로부터 공동체 안에 있던 대적들의 태도로의 이동)은 전환이라는 측면, 즉 전체적인 구성에 있어서 이 문단이 역할을 하고 있는 측면을 정확하게 보여 준다.

이 장의 전체적인 양식을 지금 분석한 이런 구조와 구분해서는 안 된다. 하지만 이와 관련된 두 가지 세부 사항에 대해서 짧게라도 주석할 필요가 있을 듯하다.

6-7절에서 우리는 산발랏이 느헤미야에게 보낸 편지의 사본이 무엇을 의도했는지에 관해서 제시받는다. 히브리어 서간학에 관한 연구는 (아람어 서간학과 마찬가지로) 최근 들어 급속하게 발전했는데, 이는 특히나 일반적으로 도편에 기록된 수많은 이런 장르의 예문들이 고고학적인 발굴을 통해 발견되었기 때문이다. 그럼에도 불구하고, 지금 본문에서 다루어지는 예에 관해서는 그리 많은 것을 이야기할 수 없다. 왜냐하면 이 편지가 자리잡고 있는 내러티브가 받는 사람이나 인사말 등과 같은 서간체의 공식적인 특징을 대부분 흡수해 버릴 것이기 때문이다. 분석을 위해 남게 될 지극히 작은 부분에 대해서는 파디(D. Pardee, *Handbook of Ancient Hebrew Letters*[SBLSBS 15; Chico, CA; Scholars Press, 1982], 179)를 통해 그 내용을 인용할 수 있다: "비록 관계성을 보여 주는 어휘적인 표식들이 없기는 하지만, 서신을 주고받는 양자간의 관계는 분명 동등한 것이었다. 이 서신의 중심 부분은 명령형으로 되어 있는 선포적 형태이고, 마지막 부분은 코호러티브 형태로 되어 있다. 전환을 보여 주는 표식인 "그러나 너는"(*wĕ ʿatta*)은 7절에 두 번 나타난다. 그러나 예레미야 29:27에서처럼 이 표현은 여기에서 특별히 서신체적인 기능을 하는 것은 아니다." 사실 느헤미야가 무언가를 인용하고 있는 것이 아니라, 자신의 기억에 토대를 두고 좀더 자유롭게 글을 써내려갔을 가능성도 배제할 수 없다. 6절에서 고임(גוים, "열방들")이 사용되었다는 점도 이런 결론을 추측케 한다.

10절에서 스마야의 말들은 그것이 사실이건 거짓이건 간에 선지자적인 형태에 잘 어울리는 시적 형태로 되어 있다. 운율적으로는 행들이 3+2; 3+2; 3의 형태로 되어 있는 것으로 분석할 수 있다. 이는 일반적으로 탄식과 연관되어 있는 리듬인데, 아마도 스마야는 그의 메시지 내용에 잘 어울리게끔 이런 운율을 적절하게 사용했을 것이다. 첫 번째 행 안에서는 평행법이 분명하게 잘 나타나 있어서 두 번째 부분은 실제로 첫 번째 부분을 강화시켜 준다("하나님의 전으로" → "바로 성전 안에"). 두 번째 행에는 공식적인 평행법은 나타나지 않지만, 여기엔 마지막 행의 클라이맥스 부분과 평행을 이루기 위한 토대가 놓여 있는데, 웨라옐라(ולילה, "밤에")가 특별히 강조된다. 마지막으로, 이 말 자체가 갖고 있는 양식은 그리 눈에 띄는 방식은 아니다: 명령형/코호러티브 뒤에 이를 구체화하기 위해 키(כי, "왜냐하면")가 도입하는 내용이 나오는 것은 후기 선지서들에서는 매우 공통적인 모습이었다. 그러므로 아마도 본문에 나오는 반복적인 어떤 요소들에 대해서도 그것이 후대에 확장된 부분이라고 여겨서 생략할 필요가 없으며, 설령 그렇게 후대에 확장되었다 하더라도 이 문단은 시(詩)라기보다는 잘 배열된 표현들이라고 이야기해야만 한다. 그러므로 이 본문이 온전하고 완결성을 갖고 있다는 점을 형식상의 측면에 토대를 두고 변호할 필요는 없다. 이 본문에 나타나는 진부함은 그저 스마야의 표리부동 때문에 생겨난 것으로 볼 수 있을 것이다.

주석

1 성 건축을 묘사하다가 5장 때문에 잠시 이탈했던 점은 독자들로 하여금 성 건축이라는 과제가 그동안 매우 뚜렷하게 진행되었음을 손쉽게 받아들이게 해준다. 이야기는 성 건축이 거의 다 완성된 지점에서 다시 시작한다: 성 자체는 완성되었고(4:1[7]에서의 상황과 대조하라. 그 부분에서도 여기서 "퇴락한"으로 번역된 것과 동일한 어근의 단어가 사용되었다), 단지 성문에 대한 몇몇 마무리 작업들만이 남아 있었다. 이처럼 삽화적으로 한두 마디 하는 것이 설명을 위해서 필요한데, 1-14절은 건축이 아직 완전히 완공된 것이 아니라고 전제하기 때문이다. 특히 3절과 15절을 참조하라. 동시에 이런 표현은 공사의 구체적인 과정에 대한 유용한 직접적 정보를 제공해 주며, 이를 통해 우리는 3장의 문학적 독립성을 추론할 수 있다. 성문들 자체를 만드는 것에 관해서는 3:3에 대한 "주석"을 보라.

산발랏과 도비야에 관해서는 2:10에 대한 주석을, 그리고 게셈에 대해서는 2:19

에 대한 "주석"을 보라. "그 나머지 우리의 대적들": 우리는 적어도 4:1(7)에 열거되어 있는 다른 그룹들도 여기에 포함되어 있다고 가정할 수 있다. 아래의 16절과 비교하라. 그리고 이 장에 나오는 개인적인 세 명의 이름들은 지금 문제가 되고 있는 주변 민족들의 특별한 지도자들이라고 생각할 수 있다.

이제 성 건축이 상당히 진척되었기 때문에 그들은 자신들이 퍼부었던 조롱과 협박이 성공하지 못했음을 분명히 깨달았을 것이다. 그렇기 때문에 그들은 전술을 바꾸었고, 대신 느헤미야를 제거해 버리는 데 온 힘을 기울였다.

이 구절은 이 장 전체를 도입하는 역할을 한다. 가장 중요한 주동 인물들이 언급되며, 이들은 뒤이어 나오는 부분들에서 각기 따로따로 다루어질 것이다: 산발랏과 게셈은 1-9절에서, 도비야는 10-13절에서 그리고 "우리의 대적들"은 16절에서.

2 산발랏과 게셈이 느헤미야에게 만나자고 제안한 특별한 이유가 무엇인지는 여기에 제시되지 않았다. 그러나 느헤미야는 이것이 자신을 개인적으로 해하려는 것이라고 의심했다. 아크로이드(Ackroyd)는 이 문제에 대해서 우리가 느헤미야의 설명만을 갖고 있음을 상기시킨다. 다른 측면에서 보자면, 이 제안에는 당시 상황을 해결하려는 바람이 들어 있었을 수도 있다. 왜냐하면 페르시아에서는 지방 관료들 간의 다툼을 별로 반기지 않았을 것이기 때문이다.

이 제안을 평가하는 데 있어서는 몇 가지 점을 기억해야 한다. 첫째로, 만약 그의 바람이 순수한 관심의 하나였다면, 산발랏은 그의 첫 번째 제안이 거절되었을 때 예루살렘으로 자신이 오겠다고 제안할 수도 있었을 것이다. 두 번째로, 이전과 이후 그의 태도는 모두(5-9절) 화해를 위해 일하는 사람의 태도처럼 보이지 않는다. 셋째로, 가장 중요한 점은 만약 우리가 아크로이드(Ackroyd)가 이끄는 대로 따라가서 정말로 산발랏의 관점을 통해 일들을 보고자 시도한다면, 산발랏이 보기에 평화를 가로막는 장애물은 분명 느헤미야라고 결론내리게 된다는 점을 알 수 있다. 만약 도비야에 대한 우리 짐작이 맞다면(참조. 2:10), 그가 오기 이전에는 사마리아와 예루살렘 간의 관계는 에스라 4장에서의 붕괴 이후 아주 훌륭한 토대 위에 확립되어 있었을 것이다. 지금 장의 마지막 부분에서는 마치 도비야가 예루살렘이 자신을 수용하도록 하는 데 매우 훌륭하게 성공했던 것처럼 보이는 내용을 기록하고 있다. 그런데 지금 느헤미야는 노골적인 분리주의와 공격적인 정책들을 가지고 왔다. 만약 누군가가 그를 제거할 수만 있다면, 선린관계가 곧 회복될 수 있을 것이다. 만약 이런 생각들이 어느 정도라도 산발랏이 어떤 생각과 이유들을 갖고 있었는지를 설명해 준다면, 우리는 느헤미야가 가졌던 의심이 실제로 충분한 근거가 있는 것이라고 결론지을 수 있다.

학케피림(Hakkephirim)의 위치는 명확하지가 않다. 흔히 성경의 다른 부분에서는 언급되지 않는 오노 평지 안에 있다고 이야기되지만, 탈무드에서는 (11:35의 근거하에서) 공장 골짜기와 동일시된다. 참조. J. Simons, *The Geographical and Topographical Texts of the Old Testament*(Leiden: E. J. Brill, 1959) § 1091. 분명 오노 평지는 성읍 오노와 연결되어 있었음이 틀림없으며(스 2:33에 대한 "주석"을 보라), 오노 성읍보다 상당히 더 광범위했을 것이다. 왜냐하면 그 안에는 서로 떨어져 있는 여러 거주지들을 분명히 포함했기 때문이다. 이 점은 오노 평지를 지역적으로는 그 당시 정치적으로 훨씬 더 분쟁적이었던 예루살렘 북서쪽에 자리잡게 한다.

현재는 두 가지 관점이 제시된다. 첫 번째는 알트(Alt, *KS* 2,343)를 좇는 것으로서 오노 평지가 아스돗과 사마리아 중간에 위치하고 있으며, 페르시아에 의해 직접적으로 관리되던 중립 지역이라고 보는 것이다. 그는 그렇기 때문에 이런 만남을 위해서 이 곳이 적절한 장소였다고 본다. 하지만 알트의 이런 특별한 이론은 근거가 빈약하다. 실제로 그가 제시하고 있는 것처럼 그의 주장은 대부분 이 구절 자체에 대한 그의 해석에 근거를 두고 있지만, 그가 한 방식대로 이 구절에서 그런 내용을 발견하는 사람은 거의 없다.

또 다른 관점은 에스라 2:33과 느헤미야 11:35에 토대를 두고서 오노 평지가 당시에는 유다 지방 내에 속해 있었다고 믿는 것이다(비록 몇몇 사람들은 항상 그랬던 것은 아니었다고 주장하긴 하지만 말이다). 참조. Simons, *Geographical and Topographical Texts*, § 1095, 그리고 다양한 관점들이 스턴(Stern, *Material Culture*, 245-49)을 통해 요약되었다. 본문상의 증거에 덧붙여서 스턴은 그의 결론을 뒷받침하기 위해 고고학적으로 고려해야 할 새로운 사항들을 덧붙이는데, 즉 그가 믿기로는 유대 관료의 것인 많은 봉인 표현들과 *yh(w)d*(Judah)라는 표식을 표면에 갖고 있는 수많은 동전들을 발굴한 장소다. 오노 평지에 관해서 그는 자신이 "북서 세펠라"라고 부르는 지역, 그러니까 이런 발굴이 이루어진 게셀의 중심부에 자리잡고 있는 지역에 위치시킨다. 하지만 불행하게도 이런 종류의 증거는 현재 최종적으로 이 문제를 해결해 주지 못한다. 이런 관점을 가지면 유다의 최북서 코너에도 오노 평지를 자리매김할 수 있기 때문이다(fig. 1 on p. 203를 보라). 이 곳은 게셀에서 매우 멀리 떨어진 곳이기 때문에, 만약 유물들이 그 지역에서 특별하게 나오지 않는다면 우리는 도대체 어디가 경계 지역인지 정확하게 확신할 수 없기 때문이다. 그러므로 우리에게는 문학적인 증거만이 남게 된다. 이 증거는 오노가 유다 지역 안에 위치하고 있음을 만장일치로 지적하는데, 이것은 지리학적으로는 조금 이상하게 보일 수도 있지만 에스라 2:33의 역사적인 토대를 통해 옹호된다(느 3장의 목록에 오노가 생략되어 있다는 점이 이 결론에 반하는 것이라고 볼 필요는 없다: 그 부분에 대한 "주석"에서 살펴보았던 것처럼 그 목록은 완벽한 것이 아니며, 건축자들은 지역 대표들이라는 측면 이외에도 다양한 가능성들로 인해 자원했었다. 더군다나 예루살렘에서부터 오노까지의 거리도 일정 부분 역할을 했을 수도 있다).

만약 그렇다면 오노 성읍은 경계 지역 근처에 자리잡고 있었으며, 우리는 오노 평지는 거기에 걸쳐져 있던 지역이었을 것이라고 추측할 수 있고, 또한 Hakkephirim이 경계 지역 성읍이었을 것이라고 추측할 수 있을 것이다. (그렇다면 이 곳을 비슷하게 발음되는 수 9:17; 18:26; 스 2:25의 기랴다임과 동일시하는 데 아무런 의문의 여지도 있을 수 없다. 왜냐하면 이 곳은 오노의 동쪽에 있는 베냐민 지파의 영역에 있기 때문이다). 이 점은 비록 이런 조건들을 충족시킬 수 있는 예루살렘 근방의 여러 장소들이 있었다 하더라도 회합을 위한 합리적인 배경이었을 것이다. 만약 느헤미야가 학케피림(Hakkephirim)이 상당히 멀리 떨어져 있다는 점으로 인해 우선적으로 의심을 했었다면, 그는 이 점을 응답에 활용하여 사용할 수 있었을 것이다.

3-4 느헤미야의 응답은 어느 정도는 별로 달갑지 않은 만남을 피하기 위한 변명이었다: 1절에 의하면 건축 공사는 이제 완성의 정점을 향하고 있었는데, 만약 느헤미야가 며칠 간 자리를 비울 경우 공사가 중단되어야 하는지는 확실치가 않다. 하지만 아마도 느헤미야가 그저 단순하게 거절하는 것보다는 좀 덜 자극적인 방식을 찾았던 것이 아닐까 싶다. 만약 산발랏이 그의 응답을 이런 분위기로 받아들이지 않았다면, 도대체 어떤 동기로 그가 계속해서 끈질기게 그를 초청하도록 했는지 찾아내기가 어렵다. 하지만 느헤미야에게 있어서 이것은 그가 상정하고 있는 최악의 경우를 그저 확인시켜 줄 뿐이었다.

5-9 느헤미야와의 만남을 보장할 수 없었기 때문에, 산발랏은 전략을 수정했다. 그는 근거 없는 소문에 토대를 둔 공갈 협박 형태를 사용해서 목적을 달성하고자 했다.

5 우리는 산발랏이 그의 나아르(נער, 위에서는 불행하게도 "종"이라고 번역되었다)를 중재자로 역할하게끔 사용했다는 사실을 여기서 처음으로 알 수 있다. 느헤미야서에서는 일종의 공식적인 뉘앙스를 지니고 있는 이 단어에 관해서는 4:10(16)에 대한 "주석"을 보라. 이 경우 그는 예루살렘에 다섯 번째로 가면서 "봉하지

않은 편지"를 가지고 갔다. 이런 일의 중요성은 오늘날보다 훨씬 더 중요하고 중차대하다: 누구든 이 편지를 읽을 수 있었으며, 그렇기 때문에 느헤미야는 공식적인 혐의가 이미 자신에게 주어지고 있음을 깨달았는데, 이 혐의가 얼마나 부당하건 그건 문제가 되지 않았다.

봉하지 않은 편지가 실제로 어떤 외양을 갖고 있었는지는 확실치 않다. 도자기 파편이나 봉하지 않은 파피루스를 사용했을 것이라고 추측되어 왔는데, 두 가지 모두 가능성이 있어 보인다. 다른 방식의 주장으로는 이 부분을 예레미야 32:11-14의 견지에서 읽어야만 하며, 또한 법적인 문서들을 두 개씩 만들어서 하나는 빨리 읽을 수 있도록 봉인하지 않고 다른 하나는 논쟁이 생길 경우를 대비해 봉해 놓는 고대 근동의 관습 차원에서 읽어야 한다는 주장도 있다. 하지만 이는 별로 그럴듯해 보이지 않는다. 이 주장은 원본의 복사본을 담고 있는 점토 "봉함"으로 덮여 있는 수많은 설형문자 서판들이나 유대 사막에서 발견된 훨씬 후기(주후 2세기경)의 문서 파편들에 적절한 주장이다. 하지만 후자의 경우엔 봉인된 것과 봉인되지 않은 문서들이 모두 동일하게 두루마리의 일부분이었다. 구체적인 설명에 대해서는 야딘(Y. Yadin, "Expedition D The Cave of the Letters," *IEJ* 12[1962] 236-37)을 보라. 느헤미야와 예레미야에 대한 몇몇 학자들의 주장들에도 불구하고, 이런 관습은 아마도 엘레판티네(Elephantine)에는 없는 듯하다. 이런 관습이 있었다는 관점은 코울리(Cowley)가 *AramP*(p. xxix)의 서두 부분에서 이야기한 것에서 제시되었는데, 그는 거기서 예레미야 32장을 배경으로 해서 파피루스 2번과 3번이 복제된 것이라고 설명하고자 한다. 하지만 코울리가 인정하듯이 이 두 개의 비슷한 문헌들 간에는 차이점들이 있으며, 그의 주장은 이 두 개의 문헌들이 갖고 있는 유사성에 대한 설명으로 인정되거나 추종되지 못했다. 그러므로 확실치 않은 성경 문단을 설명할 수 있는 일반적 관행인 양 이야기하는 것은 지극히 잘못된 것이다.

그러므로 다음 사항들은 지금의 경우에 "봉하지 않은" 것이 "봉한" 것의 반대 의미를 함축한다고 이해해서는 안 된다는 것을 보여 준다. (i) 이 관행은 법적인 문헌들에서 사용되었는데, 이는 충분히 이해할 만한 일이다. 우리는 이 관행이 서신들의 경우에도 사용되었다는 아무런 증거를 갖고 있지 않다. (ii) 그러나 여기에서는 페투하(פתוחה)라는 단어가 사용된 반면, 예레미야 32:11과 14(그리고 아마도 에 3:14과 8:13과도 비교할 수 있을 것이다)에서는 우리는 גלוי가 사용된 것을 발견할 수 있다. (iii) 이런 관행이 느헤미야 시기에 접근한 때에 성경 외적인 자료들에서 사용된 경우가 전혀 없다.

6 산발랏은 느헤미야에게 그가 들은 "열방 사이"의 소문, 즉 주변 이웃 지역들에 널리 퍼져 있던 소문에 관해 들은 것이라고 주장하는 내용을 전달했다. 여기서 고임(גוים)이라는 단어를 사용했다는 점은 느헤미야가 산발랏의 메시지를 자기만의 단어들을 통해 요약하고 있다는 추측을 하게끔 한다. 왜냐하면 고임(גוים)이라는 단어는 종종 "이방인들"이라고 번역되곤 하며, 그래서 유대인 화자에게 익숙한 단어이기 때문이다. 이미 위의 "양식" 부분에서 하나의 가능성으로서 지적하긴 했지만, 다시 한 번 다음 사항들을 기억해야만 한다. (i) 고임(גוים)이라는 단어는 "이방인"보다는 좀더 폭넓은 중요성을 갖고 있으며, 실제로 때때로 이스라엘 자신을 지칭하기도 했다. 참조. R. E. Clements, *TDOT* 2, 426-33; 그리고 (ii) 우리는 어떻게 해서 이 단어가 유대인 밖의 단체에서 사용되었는지에 관해 거의 아무런 증거도 갖고 있지 않다. 이 단어가 아카디아어 중 마리(Mari) 방언에 나온다는 점(*gāwum/gāyum*)은 이 단어가 히브리어에만 국한되었던 것이 아니라는 사실을 보여 준다. 그 당시에 사마리아에서 히브리어를 사용하던 사람들이 이 단어를 종교적 색채 없이 사용했다는 것은 결코 불가능한 일이 아니다.

가스무(게셈)는 처음 출발 당시부터 산발랏의 계획 속에 포함되어 있었다(2절). 그렇기 때문에 산발랏은 자신이 하는 말이 사실이라는 점을 강화시키기 위해 그를 언급했을 수 있으며, 동시에 만약 도전이 발생할 경우 그에게 자신의 이야기를 후원해 주기를 기대하고 의지했을 수 있다.

느헤미야에게 만나자고 마지막으로 초청하면서 위협이 보이게끔 살짝 베일을 친 내용이 뒤따라왔던 산발랏의 글에는 관련된 두 가지 요소가 있었다. 첫 번째 요소는 성벽 건축이 페르시아 제국에 대한 반역을 준비하는 것이라는 점이다. 산발랏은 이런 비난이 그리 멀지않은 과거에 성벽 재건축을 시도하는 동안 (거짓으로) 제시되었었다는 점을 정확하게 알고 있었다. 참조. 에스라 4:7-16. 그 당시 이런 비난은 왕으로부터 이 작업이 중단되어야만 한다는 명령을 이끌어 내는 데 성공했다(17-22절). 그는 최후의 수단으로 역사 그 자체가 반복될 수 있다고 생각했을 수도 있다. 하지만 좀더 직접적으로는 그는 그의 편지 내용이 일반 대중에게 알려지게 하고자 의도했는데(5절), 이전에 예루살렘에서 일어났던 그런 사태가 다시 반복될 것이라고 전망했다. 그는 과거에 그 사건을 경험했던 사람들 중 여전히 예루살렘 안에 살고 있는 사람들이 느헤미야가 협상에 나서도록 저항할 수 없는 압력을 행사하는, 그런 불안을 야기할 것으로 분명히 기대했기 때문이다.

7 반란에 관한 것으로서 산발랏이 사용하고 있는 고소의 내용은 느헤미야가 자

신을 왕으로 선포하려고 준비하고 있다는 것이었다. 여기서 선지자들을 언급하고 있다는 점은 선지자들이 포로기 이전에 왕을 세우는 역할을 했음을 알고 있음을 보여 주는 것일 수도 있다(예를 들어, 삼상 9-10장과 16장에서는 사무엘이 사울과 다윗을 왕으로 세운다. 선지자 나단의 왕조에 대한 계시는 삼하 7장에 나온다. 엘리사가 예후를 세우는 것은 왕하 9장에 나온다). 비록 뒤이어 나오는 문단에서 선지자들이 무언가 틀림없이 행했음을 보여 주긴 하지만, 우리는 이 후기 시대에 예루살렘에서 선지자들이 어떤 행동들을 했는지에 대해서는 거의 아는 바가 없다. 아마도 스룹바벨에 관해서 학개와 스가랴 선지자의 초기 선포들이 주어지기는 했다. 그 이야기들에서도 마찬가지로 왕가적인 용어들은 전혀 나타나지 않는데, 심지어 스룹바벨이 메시아적인 위장자였기에 제거되었을 수도 있다고 주장하는 사람조차 있다. 이런 관점은 비록 사실성이 있을 수 있다 하더라도 위의 에스라 5:1-2에 의해 불가능한 것으로 평가절하되었다. 이 부분은 앞 구절에서 분석했던 산발랏의 첫 번째 요점과 아주 훌륭하게 평행을 이룬다.

마지막으로, 말이 난 김에 느헤미야를 다윗 가문과 연관시킨 아무런 언급도 등장하지 않는다는 점도 주목할 수 있을 것이다. 만약 산발랏에게 그런 사실이 알려져 있었다면, 우리는 그가 지금 정황 속에서 그 점에 관해 무언가를 언급했을 것으로 기대할 수 있다. 그가 더 이상 아무것도 덧붙여서 언급하지 않는다는 사실은, 우리가 앞에서 주장했던 내용인 느헤미야가 다윗 가문의 후손이 아니었다는 주장에 무게를 더해 준다(2:3에 대한 "주석"을 보라). 산발랏의 말들에 대해 느헤미야가 무언가 신뢰성을 얻어야만 하는 그런 상황 속에 있었다는 주장은 확실치가 않다. 그가 고소한 나머지 내용들도 마찬가지로 얼토당토하지 않은 것이며, 페르시아 제국에서는 왕가 출신이 아닌 찬탈자나 주장자들은 결코 알려진 경우가 없다.

산발랏은 만약 만나자는 자신의 초대에 느헤미야가 응하지 않는다면, 편지들이 곧 아케메네스 수도로 향하게 될 것임을 은근히 알려 주는 내용으로 결론짓는다. 다시 한 번 에스라 4장 후반부의 사건들을 떠올리게 하거나 혹은 심지어 의도적으로 그 사건들이 역할을 하게끔 하는 모습이 분명하게 나타난다. 산발랏은 다음 사항들을 간과한 것으로 보인다. (i) 그와 같은 환경들 속에서 느헤미야와의 비밀스런 만남은 그 자체가 반역을 위해 서로 협력하는 것으로 해석될 수 있다는 점, 그리고 (ii) 봉하지 않은 편지를 보낸 뒤에 비밀스런 회합을 추구하는 것은 무언가 자기모순적이라는 점.

8 느헤미야의 응답은 매우 특징적이게도 직설적이었다. 자신이 완전히 결백하

다는 사실을 알고 있었고(그리고 우리에겐 이 점을 의심할 아무런 근거도 없다), 또한 왕궁에서 그가 결백하다는 이런 본질에 대한 그 어떤 고발들에 대해서 조사한다 하더라도 결백을 입증할 수 있다고 확신했기 때문에, 그는 직접적으로 솔직하게 부정하는 것이 어쩌면 흔들리기 시작했을 수도 있는 그의 지지자들을 규합하는 가장 좋은 방법이 될 것이라고 생각했을 것이다. 산발랏을 만나서 협상을 추진하는 것은 쉽게 자신의 죄에 대해 부분적으로 인정하는 실수가 될 수 있었다.

9 산발랏의 동기들과 어떻게 응답하는 것이 최선인지에 대해 느헤미야가 개인적으로 분석하고 계산한 내용이 여기에 자세히 나온다. 우리는 이 내용을 액면 그대로 받아들였으며, 그 내용을 위의 "주석"에 나오는 주해로 구성했다. 느헤미야는 이런 위협들이 자기 자신은 물론이고 그의 동료들의 결심을 약화시키기는커녕, 도리어 이런 위협들이 좀더 크게 결심하고 이 일에 몰두하게끔 하는 역효과를 만들어 낸다고 결론짓는다.

10-14 6장의 두 번째 중심 문단인 이 부분에서는 도비야가 갑작스럽게 중심 인물로 부상한다. 이는 아마도 그가 예루살렘과 긴밀한 접촉을 했기 때문일 것이다. 산발랏과 긴밀한 협조 속에서 일하고 있긴 했지만, 느헤미야가 자기 공동체 내에서 신뢰를 잃게 만들고자 일을 꾸미는 데는 도비야가 좀더 나은 위치에 있었다. 비록 이 내러티브의 구체적인 내용들을 해석하는 데는 몇몇 어려움들이 잔존하기는 하지만, 전체적인 목적은 다시 한 번 느헤미야를 고립시키려는 것으로 보인다. 위의 2절에서 묘사된 것처럼, 그는 분열이라는 문제를 일으키는 사람으로 여겨졌다. 결과적으로, 도비야는 느헤미야와 제사장 사이를 특히 이간질시키고자 했다. 도비야는 제사장들과 긴밀한 관계에 있었고(참조. 13:4), 그들은 차례로 예루살렘 토착민들에게 상당한 영향력을 행사했다.

10 이 구절은 현재 우리가 갖고 있는 지식만 가지고는 대답할 수 없는 몇 가지 의문점을 일으킨다. 첫째, 스마야는 다른 곳에서는 우리에게 전혀 알려지지 않은 인물이다. 그는 선지자처럼 행세하고 있으며(12절), 그의 이름이나 조상 이름들이 본문의 정황 속에서 타당하게 나타나고 있다(비록 므헤다벨이 오직 여기에서만 사람의 이름으로 등장하긴 하지만). 더 많은 것을 이야기하려고 한다면, 그것은 다만 추측이 될 뿐이다.

둘째로, 느헤미야가 처음에 왜 그를 방문했었는지에 대한 이유가 전혀 기록되어 있지 않다. 스마야는 느헤미야에게 주님께서 그에게 주시는 말씀을 자신이 갖고 있다고 편지를 보냈던 것일까? 우리는 확신할 수 없지만, 스마야는 느헤미야가 분명히 자기를 방문하길 원했다고 볼 수 있는 여지가 있어 보인다. 이러한 줄거리에서는 느헤미야가 개인적으로 스마야를 우연히 만났다는 가능성이 거의 없어 보인다.

셋째로, 이미 위의 "원문주해"에서 논의했던 것처럼 עצור의 의미가 매우 불확실하다. 14절에 나오는 설명되지 않은 다른 여러 암시들과 더불어, 이런 점들은 본문에는 내러티브상 무언가가 생략되어 있다는 생각을 하게 한다(예를 들어, Batten). 하지만 이보다 더 그럴듯한 것은 느헤미야가 지금 생생한 기억들을 가지고 글을 쓰고 있다는 것이고, 그런 경우들에 종종 일어나는 것처럼 그는 우리가 그의 회상을 넘어서서는 알 수 없는 자신이 확실하게 알고 있었던 어떤 배경의 내용들에 관해서 적절하게 인식하지 않았다고 보는 것이다.

스마야의 메시지는 "그들이"(그는 산발랏이 암살자들을 고용했다는 것을 느헤미야가 추측하게끔 한다) 어느 날 밤 그를 죽이기 위해 올 것이라는 내용이었다. 그렇기 때문에 스마야는 느헤미야가 성전의 닫힌 문 뒤편으로 숨는 것을 도와주겠다는 것이었다. 우리는 성소가 이런 경우에 간단하게 사용할 수 있도록 의도되지 않았다는 점을 알아차릴 수 있다. 율법은 도피의 필요에 대해서 인식하고 있었지만(참조. 출 21:13-14), 그것은 성소 그 자체의 앞부분에 있는 개방된 뜰에 자리잡고 있던 제단에서 취해져야만 했다(왕상 1:50). 오직 제사장들만이 "성전" 안이나 혹은 성소에 적합하게 들어갈 수 있도록 허용되었다. (여기에는 스마야가 제사장 가문에 속해 있었을 것이라는 암시가 들어 있다.) 어떤 경우건 간에 암살자들이 도피에 관한 율법을 존중할 것이라는 아무런 보장이 없었으며(참조. 왕상 2:28-34), 느헤미야도 성소에 세밀하고 조심스럽게 적용된 여러 경우에 해당되지도 않았다. 그렇기 때문에 스마야는 느헤미야에게 지극히 단순하게 아마 아무도 그가 거기 있을 것이라고 여겨 찾지 않을 성전에 숨자고만 독려했다.

이 점에서 우리는 이 구절에 대해 전혀 다른 해석을 하고 있는 아이브리(Ivry, *JSJ* 3[1972] 35-45)에게 주의를 기울여야만 한다. 그는 스마야가 느헤미야에게 전체 성전 지역을 캠프 혹은 요새화하기 위해 성전 지역을 징발하고 소유하라고 독려하고 있다고 생각한다. 이는 거룩한 장소의 거룩함 그 자체를 침해하지 않고서도 행할 수 있었다. "물론 병사들과 그들의 사령관들이 자리잡고 있을 것이며, 성전의 성격도 변화될 것이다. 종교적인 변화를 해야 할 필요 없이 제사장들의 신분은 후퇴하고 느헤미야의 특권과 권력은 상승하게 될 것이다. 그러므로 제사장 계층은 정치적으로 중립화될 것이다." 따라서 아이브리는 이 사건을 예루살렘 내에서 완벽한 후원을 획득하기 위한 느헤미야의 투쟁이라는 좀더 폭넓은 정황 속에 배치한다. 하지만 그렇다면 그는 마치 왕처럼 행동하고 있었다는 책임을 져야 할 상황이 될 것이다.

그러나 이런 해석은 적절치가 않다. 첫 번째로, 11절에 나오는 느헤미야의 반응("나 같은 자가 어찌 도망하겠는가?")은 스마야의 제안이 공격적인 움직임보다는 위험을 피하자는 것임을 분명하게 보여 준다. 그러나 성전을 요새로 전환하는 것은 암살자들을 피하는 데 불필요할 뿐만 아니라, 실제적으로도 느헤미야로부터 관심을 돌이키는 것이 아니라 도리어 느헤미야에게 관심을 기울이게 하는 역효과만 불러일으켰을 것이다. 두 번째로, 아이브리(Ivry)는 이 본문 속에는 있지 않은 상당히 많은 양의 내용을 읽어낸다. 예를 들어, 느헤미야와 동행하는 그의 종자들에 대한 언급은 나오지 않는다. 반대로, 스마야와의 접근은 전체적으로 은밀하다. 세 번째로, 아이브리는 스마야가 느헤미야에게 일반적인 방식으로 성소를 사용하라고 독려했다는 관점에 반(反)하는 주장을 제기하면서 출발한다. 하지만 우리는 이것이 스마야의 목적이 아니라는 점을 이미 살펴보았으며, 스마야가 하고 있던 일은 그보다는 느헤미야에게 숨으라고 격려하는 것이었다. 그러므로 아이브리가 이 구절들에서 찾아내는 어려움들은 좀더 추측적인 해석을 피해야 한다는 필요성을 제거하면서 사라진다. 네 번째로, 아이브리는 "성전"(היכל)이라는 단어가 성소가 아니라 성전 전체 영역을 언급하는 것이라고 주장한다. 하지만 그는 היכל라는 단어가 정황이 요구할 때는 성소를 지칭하는 것일 수도 있다는 점을 인정하는데, 바로 지금이 그런 경우라고 주장할 수 있다. (i) 스마야가 한 예언의 첫 번째 행이 갖는 평행법적인 양식(위의 "양식"을 참조하라)은 "성전 바로 안에"라는 것이 요점임을 추측케 한다. (ii) "성전 문을 닫는 것"에 관한 언급은 단순히 성전 뜰이나 방들로 들어가는 것보다는 성소 안으로 들어가는 것으로 이해하는 것이 가장 자연스러운 방법이다. (iii) 11절에 나오는 "나 같은 자가 어찌 성전에 들어가고 생명을 보존할 수 있겠는가?"라는 느헤미야의 말은 거룩한 영역과의 밀접한 접촉을 함축하는 것이며(위의 n. 11.a.를 참조하라), 또한 성소에 가장 적절한 말이기도 하다. 다른 여러 가지 이유들 중에서도 이런 이유들로 인해 10절에 대한 아이브리의 해석은 거부되어야만 한다.

11 위에서 옹호한 번역을 통해서 보자면, 느헤미야는 두 가지 근거 위에서 스마야의 초청을 거부한다. 첫째로, 도망치는 것은 "나 같은 지위의 자"에게는 어울리지 않는 것이기 때문이다. 합법적으로 지명된 관원으로서 느헤미야는 그런 두려움이나 이기적인 모습을 보여서는 안 된다. 사실 우리는 이미 이런 행동이 그의 성격이나 스타일과 상반되는 것이라는 폭넓은 증거를 갖고 있다. 둘째로, 느헤미야는 자신이

제사장이 아니라는 신분에 대해 의식하고 있다. 성소는 제사장들에게만 허용된 곳이었다. 그 곳은 하나님께서 거주하시는 상징적 장소인 지성소에 근접한 곳이기 때문이다. 느헤미야는 율법적으로 죽음의 위험에 처하게 될 뿐만 아니라(참조. 민 18:7), 자기 자신도 준비되지 않은 상태에서 거룩한 곳과 접촉하는 것이 죽음에 이르게 할 것이라는 관점을 분명히 공유하고 있었다(예를 들어, 출 20:21; 33:20; 신 5:25; 삿 13:22; 대하 26:16-21 등을 보라). 그러므로 이 구절은 하나님과 관련해서 느헤미야가 어떤 공경과 겸허함을 갖고 있는지를 드물지만 분명하게 드러내 준다.

루돌프(Rudolph)와 다른 사람들은 느헤미야가 원래 그의 대답을 두 가지 측면에서 제시하려고 의도했을 수는 없을 것이라고 주장하면서, 이것 역시 13절을 해석한 결과들이라고 주장한다. 하지만 루돌프의 출발점은 스마야가 느헤미야로 하여금 율법의 도피소와 합법적인 방식을 추구하게끔 독려하고 있었다는 것에 다시 한 번 일관성을 유지하고 있다. 그러나 우리는 이 점이 틀린 내용이라고 간주해 왔다(시 27:5과 모순되지 않은 관점, *pace* Rudolph; 마카비1서 10:43은 결정적이지 않다. 왜냐하면 이 부분은 데미트리우스〈Demetrius〉가 성경의 도피소 율법에 대해 헬라 관행과 일치시켜서 지지하고 있는 편지의 일부분이고, 따라서 이것은 느헤미야 시대에 대한 증거로는 적용할 수 없기 때문이다). 그렇기 때문에 느헤미야의 응답 중 두 번째 요소를 첫 번째와 동일한 내용이라고 취급하거나 혹은 나중에 윤색되고 첨가된 것이라고 주장할 필요가 없다(Kellermann, *Nehemia*, 22-23).

12 만약 여기에서 주장하는 것처럼 스마야가 느헤미야로 하여금 거룩한 성소와 관련된 율법을 무시하게끔 부추긴 것이었다면, 이 점은 느헤미야가 왜 그렇게 신속하게 이 선지자가 하나님으로부터 온 것이 아니라고 분별할 수 있었는지에 대한 판단의 근거를 설명해 준다. 그렇기에 이 선지자의 출처가 어디인지 정체를 알아내는 것은 어렵지 않았다.

13 다시 한 번 도비야의 의도(느헤미야는 누가 연루되었는지에 대해서는 아마도 스마야의 질문 이후에 알 수 있게 되었을 것이다)는 두 가지 요소를 갖고 있었으며(11절에 대한 위의 "주석"을 보라), 이제 우리는 이 두 가지가 어떻게 연관되어 있는지를 알고 있다: 도비야는 느헤미야의 자기 보호 본능이 그로 하여금 신앙적인 범법 행위로 이끌고 가기를 원했다. 이렇게만 된다면 틀림없이 그는 제사장에게 "불명예롭게" 여겨질 것이고, 일단 그들이 보기에 신뢰를 잃게 된다면 공동체 내에서 그의 입지를 크게 위험하게 만들었을 것이다. 이런 해석으로부터 "그리고 (그래

서) 범죄하게 하다"(וחטאתי – 웨하타티)라는 표현도 후대의 첨가나 윤색 작업으로 취급할 필요가 없다(11절에 대한 "주석"을 보라). 이 문단은 전체적으로 결코 혼동되지 않는 자체적인 일관성과 논리성을 갖고 있다.

14 "기억하옵소서" 공식에 대해서는 서론의 "느헤미야 비망록"을 보라. 그리고 이 구절이 이 장 전체의 구조에서 갖는 위치에 대해서는(시작 부분과 마지막 부분에 이 구문들이 자리잡고 있다는 점과 더불어) 위의 "양식"을 보라. 이전에 느헤미야는 비슷한 단어들을 사용해서 하나님과 그의 동료 유대인들을 향한 그의 섬김을 하나님께서 생각해 달라고 기도했던 적이 있었다. 지금 느헤미야는 법을 자기 손에 쥐고 행사하는 것이 아니라, 원수 갚는 것이 하나님께만 있다는 성경의 반복적 가르침대로 간구하는 것을 선택하고 있다(신 32:35; 시 94:1; 롬 12:19). 앞에 나온 두 단락을 생각해 본다면, 도비야와 산발랏이 제일 먼저 언급되었다는 것은 놀랄 일이 아니다. 하지만 흥미롭게도 스마야를 언급하는 대신 "노아댜와 그 남은 선지자들"이 제시되고 있다. 왜 이런 언급이 나왔는지 그 배경에 대해서는 전혀 알려진 바가 없다. 우리는 스마야의 사건이 독특한 것이 아니었다는 점에 대해서만 확실하게 생각해 볼 수 있을 뿐이다. 그 사건은 그저 느헤미야의 대적들이 느헤미야를 덫에 빠지게 하고자 획책했던 일련의 사건들 중 한 예에 불과했다.

15 이 장의 문학적 구조에도 불구하고, 이 구절은 세 번째 주된 부분을 도입하는 것만을 돕는 역할을 한다(위의 "양식"을 참조하라). 여기에는 매우 흥미로운 역사적 정보가 담겨 있다. 엘룰월은 유대 달력으로 여섯 번째 달이었다. 그러니까 건축은 가을 동안에 완공된 것이다. 정확한 날짜가 언제인지에 대해서는 몇 가지 논쟁거리들이 있는데, 가장 오래된 권위자들은 9월 중순경을 주장하거나 받아들인다. 하지만 최근의 주석가들은 파커(R. A. Parker)와 더버스타인(W. H. Dubberstein)의 *Babylonian Chronology 626 BC-AD 75*(Brown University Studies 19; Providence, RI: Brown University Press, 1956)을 따르는데, 이들의 계산에 의하면 날짜는 10월 2일이다. 어느 쪽이건 간에 느헤미야가 처음에 그의 임무를 받은 지(느 2:1) 6개월이 지나기 이전이며, 건축 그 자체는 단지 52일 만이 소요되었다. (이제는 2년 4개월이 소요되었다는 요세푸스의 언급은 독자적인 지식에 근거한 것이 아니며, 따라서 무시되어야 한다는 데 일반적으로 동의하고 있다. 아마도 이것은 헬라어로의 전환 과정에서 본문의 변조로 인해 생겨났을 것이다. 참조. Bewer, *JBL* 43[1924] 224-26.)

느헤미야의 리더십이 영향을 끼쳤던 열정주의와 소속감뿐만 아니라, 많은 요소들이 이와 같은 놀라운 속도에 기여했다. 여기에 더 첨가해서 재건축을 위한 모든 사전 작업이 반드시 완벽하게 부숴 버리는 것만은 아니었다는 점을 염두에 둘 필요가 있다. 느헤미야는 최악의 상황이었던 도시 동편 지역에서 성벽 라인을 언덕마루를 타게끔 재배치함으로써 시간을 많이 절약했으며(3장에 대한 "양식"을 보라), 또한 이 건축 작업이 모두 특별히 높은 기준은 아니었다는 사실을 기억할 필요가 있다. 참조. K. M. Kenyon, *Digging up Jerusalem*(London & Tonbridge: Benn, 1974), 183. 몇몇 주석가들은 이와 유사한 고대의 명령들을 인용하고 있다. 참조. Bowman; Schneider; Fensham; 그리고 W. Vischer, "Nehemia, der Sonderbeauftragte und Statthalter des Königs", in H. W. Wolff(ed.), *Probleme biblischer Theologie*(Munich: Chr. Kaiser Verlag, 1971), 603-10.

16 이 일이 마무리된 속도는 대적들이 이에 대해 보인 반응들을 통해서 더욱 강조된다. 이 구절의 세부적인 내용들을 이해할 때 생겨나는 주된 어려움들은 위의 "원문주해"에서 논의되어 왔다. 우리의 결론은 "우리 대적들"이라 함은 산발랏과 그의 동료 지도자들을 의미하는 것이며, "열방들"은 그들 민족들을 의미한다는 것이다. 느헤미야의 완공 소식이 지도자들로부터 백성들에게로 점차 퍼져 감에 따라, 그들은 하나님의 권능이 그의 백성들 편에서 역사했다는 분명한 증거로 인해 두려워했다. 특히나 느헤미야를 대적하는 데 앞장섰던 사람들은 자연스럽게 체면을 구기면서 낙담하게 되었다.

17-19 이 부분은 엄격한 시간적 순서를 따라 생각해 볼 때 앞에 나온 두 구절에 비해 나중에 뒤이어 발생한 것이라고 여겨서는 안 된다. 그보다는 17절을 시작하는 단어들이 분명하게 보여 주고 있는 것처럼(גם בימים ההם, "더군다나, 그 기간 동안 내내"), 이 모든 기간 동안 벌어진 음모들에 대해 묘사하는 것으로 보는 것이 더 타당할 것이다. 그러므로 이 부분은 현재의 형태를 위의 "양식"에서 분석했던 전혀 다른 고려사항들에 의존하고 있다.

도비야와 유다 귀인들 간의 편지 교환은 의심할 여지없이 느헤미야의 대적들이 예루살렘 건축의 진전 상황을 알기 위해 계속해서 유지되었을 것이다. 여기 언급된 개인적인 동맹에 관한 내용은 위의 2:10에서 도비야가 사마리아의 산발랏 아래 있던 관료였음에도 불구하고 예루살렘에 거주했었다는 것에 무게를 더해 준다. 아마 그 기간 동안 그와 그의 아들이 유다 가족들과 혼인했을 가능성이 가장 높다(아라 가족들에 대해서는 스 2:5을 참조하라. 베레갸의 아들 므술람에 대해서는 느 3:4과 30절을 참조하라. 이 부분에서 그는 중요한 관리였던 것으로 추정된다. 3장에는 므술람이 느헤미야의 성 건축 역사에 견고한 후원자였음이 나타나 있다. 이 점은 상황이 느헤미야에게 보인 것처럼 다른 모든 사람들에게도 수월하고 분명하게 보이지 않았다는 것을 보여 준다. 일부 사람들은 느헤미야가 분리주의 정책의 핵심적인 상징으로 여겼던 성벽 건축에 그들이 참여하지 않고서 성읍이 수리된 것을 보면서 행복해했을 것이다. 좀더 극단적인 태도에 관해서는 3:5에 대한 "주석"을 보라). 그러나 도비야와의 연관성은 혼인으로 맺어진 것보다 훨씬 더 폭넓었다. 왜 많은 사람들이 "그와 동맹을 맺었는지"에 대한 이유는 분명하지가 않다. 그러나 비록 본문에서는 거의 나타나지 않지만, 예루살렘에는 느헤미야가 다루는 데 어려움을 많이 겪었을 영향력 있는 도비야파가 있었다는 점만은 분명하다. 아마도 그들은 상업과 무역의 이익 측면에서 유다 주변 지역들에 대해 개방 정책을 펴기를 원했을 것이다.

19 이유가 무엇이 되었든 간에, 이 그룹은 느헤미야로 하여금 도비야에 대해 긍정적인 태도를 갖게 하고자 애썼다. 이런 반복은 그들에게 손해를 가져오는 것이었고, 그래서 그들은 중재하고자 노력했다. 하지만 아이러니하게도 느헤미야는 그가 도비야로부터 직접 받은 편지들이 그들이 갖고 있는 의도의 순수성과 맞아떨어지지 않고 모순을 이룬다고 기록한다.

해설

성 건축이 완성되어 감에 따라, 대적들은 이전의 모든 전략들을 포기하고 대신 느헤미야를 제거하는 데 집중했다. 이것은 그 의도에 있어서 개인적인 공격을 하는 것이었고, 뿐만 아니라 5-9절에서는 마치 2:19에서 그렇게 했듯이 공동체 전체에 대한 일반적인 공격을 개인화하는 것이었다. 일반적으로 말해서, 이 세상에서의 하나님의 역사하심은 그의 백성들에게 맡겨지는 것이기 때문에, 느헤미야가 만나고 있는 시험거리들은 다양한 정도와 모습으로 오늘날 모든 제자들이 준비하고 대처해야 하는 것들이기도 하다. 종종 그러하듯이, 예수 그리스도는 가장 두드러진 예로 제시되곤 한다: 재판받으실 때 주님에 대해 제기된 어떤 특별한 공격도 두 사람의 증인이 서로 합하는 경우가 없었지만, 그분의 진정한 정체성이 조사 대상이 되자마자 그분은 즉각 정죄되었다(막 14:53-64).

말할 필요도 없이, 느헤미야는 이런 도전에 대해 응수하거나 혹은 일부러 이런 도전을 만나고자 하지 않았다. 가능하기만 하다면, 그는 적절한 변명들을 제시하거나(3절) 혹은 대놓고 거절(8절)하면서 이를 피했다. 비록 위험을 피할 수 없는 지경이 되었다 하더라도, 그는 그 위험에 매우 실제적으로 대처했다(11절). 하지만 이 경우에 그의 주도적인 목적은 그가 하나님의 율법에 순종하는 것이었다. 불순종을 대가로 지불하고서라도 자신의 생명을 보호할 수 있다는 대안에 직면했을 때, 그는 자신에게 무엇이 우선적인지를 결정하는 데 있어서 결코 주저하지 않았다. 우리는 다름아니라 바로 이런 견지에서 그가 자신의 행동의 이유를 하나님께 돌리고 있다는 것을 읽어내야만 한다(14절). 느헤미야는 양심상 자신이 하나님께서 선택하신 길을 좇고 있다는 점에서 깨끗했기 때문에 하나님께서 그와 그의 대적들 모두에게 의를 행하실 것이라는 확신 가운데 여유를 가질 수 있었다.

이 장의 마지막 부분은 "성벽 건축이 끝났다"는 단순한 진술을 통해 도입된다. 이 진술은 소박하게 뒤이어 나오는 구절들을 장식해 줄 뿐이지만, 이를 통해서 어떤 일이 성취되었는지를 분명하게 드러냈다! 어떤 속도로 이 작업이 진행되었는지에 대해서는 앞으로 우리가 설명하겠지만, 대략 7주 정도의 기간 동안에 느헤미야는 내적인 절망과 외적인 훼방들을 극복했으며, 주변 열방들이 보는 가운데서 단순히 가시적인 성벽만이 아니라 그의 백성들의 자긍심까지 일으켜세웠다.

그러나 이 내러티브가 자화자찬하느라 중단하지 않는다는 사실을 살펴보는 것도 유익할 것이다. 벽돌이나 회반죽, 혹은 다른 측면들도 결코 골격 이상의 것을 제공할 수는 없다. 내용물은 관련된 백성들의 관심과 태도들에 의존한다. 이 경우에 느헤미야가 지향하고 있는 모든 가치들에 대해 적대적인 위치를 점하고 있던 대적에게 개인적으로 선을 대놓고 동맹을 맺고 있던 사람들이 있었으며, 그들이 가하던 위협에 대해 성벽 하나만으로는 충분한 안전을 제공할 수 없었다(16-19절). 그러므로 이 내러티브는 지금부터 시작해서 예루살렘 백성들과 그들의 영적인 풍요에 관심을 기울이면서 앞으로 이어져야 할 길이 무엇인지를 지시해 준다.

예루살렘 인구를 증가시켜야 할 필요성(느 7:1-72a〈개역. 73a〉)

참고문헌

See the bibliography to Ezra 2. The following works are, in addition, of particular relevance to Neh 7.

Barr, J. "Hebrew עַד, especially at Job i.18 and Neh vii.3." *JSS* 27(1982) 177-88. **Driver, G. R.** "Forgotten Hebrew Idioms." *ZAW* 78(1966) 1-7. **Gunneweg, A. H. J.** "Zur Interpretation der Bücher Esra-Nehemia – zugleich ein Beitrag zur Methode der Exegese." VTSup 32(1981) 146-61. **Haupt, P.** "Batim lo benuyim." *Johns Hopkins University Circulars* 13(1894) 108-9. **Schaeder, H. H.** *Esra der Schreiber*, 15-26.

본 문

1 성이 건축되매 문짝을 달고 문지기와 노래하는 자들과 레위 사람들을 세운 후에

1 When the wall had been built and I had hung the doors, the gatekeepers, singers, and Levites were appointed.

2 내 아우 하나니와 영문의 관원 하나냐로 함께 예루살렘을 다스리게 하였는데 하나냐는 위인이 충성되어 하나님을 경외함이 무리에서 뛰어난 자라

2 Then I put my brother Hanani and[a] Hananiah the governor of the fortress in charge of Jerusalem, the latter being a trustworthy man[b] and one who feared God more than most,

3 내가 저희에게 이르기를 해가 높이 뜨기 전에는 예루살렘 성문을 열지 말고 아직 파수할 때에 곧 문을 닫고 빗장을 지르며 또 예루살렘 거민으로 각각 반차를 따라 파수하되 자기 집 맞은편을 지키게 하라 하였노니

3 and I said[a] to them, "The gates of Jerusalem are not to be left open during the heat of the day, [b]but while they are still on duty[c] they must shut the doors and secure[d] them; and arrange [e]rotas of guard duty for[e] the inhabitants of Jerusalem, some[f] at their sentry-posts and some in front of their own homes."

4 그 성은 광대하고 거민은 희소하여 가옥을 오히려 건축하지 못하였음이니라

4 Now, the city was large and spacious, but the people within it were few, without (enough)[a] rebuilt houses.

5 내 하나님이 내 마음을 감동하사 귀인들과 민장과 백성을 모아 그 보계대로 계수하게 하신고

5 So my God gave me the idea of gathering the nobles, the officials, and the people to be

로 내가 처음으로 돌아온 자의 보계를 얻었는데 거기 기록한 것을 보면

registered by families. I found the genealogical record[a] of those who had come up at the first. I found written therein:

6 옛적에 바벨론 왕 느부갓네살에게 사로잡혀 갔던 자 중에서 놓임을 받고 예루살렘과 유다로 돌아와 각기 본성에 이른 자 곧

6[a] These are the people of the province who came up from the captivity of the exiles whom Nebuchadnezzar king of Babylon had taken into exile and who returned to Jerusalem and Judah, each to his own town.

7 스룹바벨과 예수아와 느헤미야와 아사랴와 라아먀와 나하마니와 모르드개와 빌산과 미스베렛과 비그왜와 느훔과 바아나 등과 함께 나온 이스라엘 백성의 명수가 이러하니라

7 They came with Zerubbabel, Jeshua, Nehemiah, Azariah, Raamiah, Nahamani, Mordecai, Bilshan, Mispereth, Bigvai, Nehum, (and) Baanah. The list of the men of the people of Israel:

8 바로스 자손이 이천일백칠십이 명이요

9 스바댜 자손이 삼백칠십이 명이요

10 아라 자손이 육백오십이 명이요

11 바핫모압 자손 곧 예수아와 요압 자손이 이천팔백십팔 명이요

12 엘람 자손이 일천이백오십사 명이요

13 삿두 자손이 팔백사십오 명이요

14 삭개 자손이 칠백육십 명이요

15 빈누이 자손이 육백사십팔 명이요

16 브배 자손이 육백이십팔 명이요

17 아스갓 자손이 이천삼백이십이 명이요

18 아도니감 자손이 육백륙십칠 명이요

19 비그왜 자손이 이천육십칠 명이요

20 아딘 자손이 육백오십오 명이요

21 아델 자손 곧 히스기야 자손이 구십팔 명이요

8 The family of Parosh 2,172

9 The family of Shephatiah 372

10 The family of Arab 652

11 The family of Pahath-Moab, namely the families of Jeshua and Joab 2,818

12 The family of Elam 1,254

13 The family of Zattu 845

14 The family of Zaccai 760

15 The family of Binnui 648

16 The family of Bebai 628

17 The family of Azgad 2,322

18 The family of Adonikam 667

19 The family of Bigvai 2,067

20 The family of Adin 655

21 The family of Ater, that is, of Hezekiah 98 [The family of Azzur 432 The family of Hodiah 101]

22 하숨 자손이 삼백이십팔 명이요

23 베새 자손이 삼백이십사 명이요

24 하립 자손이 일백십이 명이요

25 기브온 사람이 구십오 명이요

26 베들레헴과 느도바 사람이 일백팔십팔 명이요

27 아나돗 사람이 일백이십팔 명이요

28 벧아스마웹 사람이 사십이 명이요

29 기럇여아림과 그비라와 브에롯 사람이 칠백사십삼 명이요

30 라마와 게바 사람이 육백이십일 명이요

31 믹마스 사람이 일백이십이 명이요

22 The family of Hashum 328

23 The family of Bezai 324

24 The family of Hariph 112

25 The family of Gibeon 95

26 The men of Bethlehem and Netophah 188

27 The men of Anathoth 128

28 The men of Beth-Azmaveth 42

29 The men of Kiriath-jearim, Kephirah, and Beeroth 743

30 The men of Ramah and Geba 122

31 The men of Michmas 23

32 벧엘과 아이 사람이 일백이십삼 명이요
33 기타 느보 사람이 오십이 명이요
34 기타 엘람 자손이 일천이백오십사 명이요
35 하림 자손이 삼백이십 명이요
36 여리고 자손이 삼백사십오 명이요
37 로드와 하딧과 오노 자손이 칠백이십일 명이요
38 스나아 자손이 삼천구백삼십 명이었느니라
39 제사장들은 예수아의 집 여다야 자손이 구백
칠십삼 명이요
40 임멜 자손이 일천오십이 명이요
41 바수훌 자손이 일천이백사십칠 명이요
42 하림 자손이 일천십칠 명이였느니라
43 레위 사람들은 호드야 자손 곧 예수아와 갓미
엘 자손이 칠십사 명이요
44 노래하는 자들은 아삽 자손이 일백사십팔 명
이요
45 문지기들은 살룸 자손과 아델 자손과 달문 자
손과 악굽 자손과 하디다 자손과 소배 자손이 모
두 일백삼십팔 명이었느니라
46 느디님 사람들은 시하 자손과 하수바 자손과
답바옷 자손과
47 게로스 자손과 시아 자손과 바돈 자손과 르바
나 자손과
48 하가바 자손과 살매 자손과
49 하난 자손과 깃델 자손과 가할 자손과
50 르아야 자손과 르신 자손과 느고다 자손과
51 갓삼 자손과 웃사 자손과 바세아 자손과
52 베새 자손과 므우님 자손과 느비스심 자손과
53 박북 자손과 하그바 자손과 할훌 자손과
54 바슬릿 자손과 므히다 자손과 하르사 자손과

32 The men of Bethel and Ai 52
33 The inhabitants of (the other) Nebo 52
34 The inhabitants of the other Elam 1,254
35 The inhabitants of Harim 320
36 The inhabitants of Jericho 345
37 The inhabitants of Lod, Hadid and Oho 721
38 The inhabitants of Senaah 3,930
39 The priests: The family of Jedaiah, namely
the house of Jeshua 973
40 The family of Immer 1052
41 The family of Pashhur 1247
42 The family of Harim 1017
43 The Levites: The family of Jeshua, namely of
Kadmiel, of the family of Hodaviah 74
44 The singers: The family of Asaph 148
45 The gatekeepers: The family of Shallum The family of Ater The family of Talmon The family of Akkub The family of Hatita The family of Shobai total: 138
46 The temple servants: The family of Ziha The family of Hasupha The family of Tabbaoth
47 The family of Keros The family of Sia The family of Padon
48 The family of Lebanah The family of Hagabah [The family of Akkub The family of Hagab] The family of Salmai
49 The family of Hanan The family of Giddel The family of Gahar
50 The family of Reaiah The family of Rezin The family of Nekoda
51 The family of Gazzam The family of Uzza The family of Paseah
52 The family of Besai [The family of Asnah] The family of the Meunim The family of the Naphishim
53 The family of Bakbuk The family of Hakupha The family of Hathur
54 The family of Bazlith The family of Mehira The family of Harsha

55 바르고스 자손과 시스라 자손과 데마 자손과

55 The family of Barkos The family of Sisera The family of Temah

56 느시야 자손과 하디바 자손이었느니라

56 The family of Neziah The family of Hatipha

57 솔로몬의 신복의 자손은 소대 자손과 소베렛 자손과 브리다 자손과

57 The sons of Solomon's servants: The family of Sotai The family of Sophereth The family of Peridah

58 야알라 자손과 다르곤 자손과 깃델 자손과

58 The family of Jaalah The family of Darkon The family of Giddel

59 스바댜 자손과 핫딜 자손과 보게렛하스바임 자손과 아몬 자손이니

59 The family of Shephatiah The family of Hattil The family of Pochereth-Hazzebaim The family of Amon

60 모든 느디님 사람과 솔로몬의 신복의 자손이 삼백구십이 명이었느니라

60 Total of the temple servants and the sons of Solomon's servants: 392

61 델멜라와 델하르사와 그룹과 앗돈과 임멜로부터 올라온 자가 있으나 그 종족과 보계가 이스라엘에 속하였는지는 증거할 수 없으니

61 The following came up from Tel-Melah, Tel-Harsha, Kerub, Addon, and Immer, but they were unable to demonstrate that their family or their descent were of Israel:

62 저희는 들라야 자손과 도비야 자손과 느고다 자손이라 도합이 육백사십이 명이요

62 The family of Delaiah The family of Toblah The family of Nekoda 642

63 제사장 중에는 호바야 자손과 학고스 자손과 바르실래 자손이니 바르실래는 길르앗 사람 바르실래의 딸 중에 하나로 아내를 삼고 바르실래의 이름으로 이름한 자라

63 And of the priests: The family of Hobaiah The family of Hakkoz The family of Barzillai. (The latter had married one of the daughters of Barzillai the Gileadite and was called by his name.)

64 이 사람들이 보계 중에서 자기 이름을 찾아도 얻지 못한고로 저희를 부정하게 여겨 제사장의 직분을 행치 못하게 하고

64 These searched for their registration (among) those who had been enrolled by genealogy but it could not be found so they were debarred from the priesthood as unclean.

65 방백이 저희에게 명하여 우림과 둠밈을 가진 제사장이 일어나기 전에는 지성물을 먹지 말라 하였느니라

65 And the governor ordered them not to eat of the most holy food until a priest should arise who could consult Urim and Thummim.

66 온 회중의 합계가 사만이천삼백육십 명이요

66 The whole assembly together: 42,360

67 그 외에 노비가 칠천삼백삼십칠 명이요 노래하는 남녀가 이백사십오 명이요

67 (apart from their 7,337 menservants and maidservants; and they also had 200 men and women singers).

68 말이 칠백삼십륙이요 노새가 이백사십오요

(68) [Their horses 736 Their mules 2]45

69 약대가 사백삼십오요 나귀가 육천칠백이십이었느니라

68(69) Their camels 435 Donkeys 6,720

70 어떤 족장들은 역사를 위하여 보조하였고 방백은 금 일천 다릭과 대접 오십과 제사장의 의복

69(70) Some of the heads of families gave to the work. The governor gave to the treasury

오백삼십 벌을 보물 곳간에 드렸고

1,000 drachmas of gold, 50 bowls, 30 priestly vestments, and 500 minas of silver.[a]

71 또 어떤 족장들은 금 이만 다릭과 은 이천이 백 마네를 역사 곳간에 드렸고

70(71) Some of the heads of families gave to the treasuy, for the work 20,000 drachmas of gold and 2,200 minas of silver,

72 그 나머지 백성은 금 이만 다릭과 은 이천 마네와 제사장의 의복 육십칠 벌을 드렸느니라

71(72) while the remainder of the people gave 20,000 drachmas of gold, 2,000 minas of silver and 67 preistly vestments.

73 이와 같이 제사장들과 레위 사람들과 문지기들과 노래하는 자들과 백성 몇 명과 느디님 사람들과 온 이스라엘이 다 그 본성에 거하였느니라

72(73) The priests, the Levites, the gatekeepers, the singers, some of the people, and the temple servants, even all Israel, settled in their own towns.[a]

원문주해

2.a. 이론적으로는 이 부분의 접속사를 설명적인 와우로 이해해서 다음과 같이 해석하는 것도 가능하다. "내 아우 하나니, 즉 영문의 관원인 하나냐에게 예루살렘을 다스리게 했다." 이럴 경우 하나니는 친근한 가족적 이름이고, 하나냐는 공적인 생활에서 사용된 완전한 형태의 이름이라고 볼 수 있다. 참조. Tuland, "Hanani-Hananiah", *JBL* 77(1958) 157-61; 그러나 1:2에 대한 위의 "주석"을 보라. 이런 해석을 선호하게 하는 한 가지 요소는 2절 뒷부분의 단수 설명 구문인데, 문자적으로는 "왜냐하면 그는 신뢰할 만한 사람이었기 때문에…"이다. 위의 번역에서 보여 주고자 했던 것처럼, 비록 이 점을 다른 방식으로 이해할 수도 있긴 하지만 말이다. 아마도 느헤미야는 이 설명에 나오는 새로운 부류의 사람들에 대해 설명이 필요한 반면, 독자들이 자기 형제의 훌륭한 자질에 대해서는 잘 인식하고 있다고 확신했을 것이다. 하지만 3절은 여기서 두 사람이 언급된 것이라는 관점을 강하게 선호한다. 왜냐하면 느헤미야가 "저희"(복수형)라고 부르기 때문이다. 이런 결론을 피할 수 있는 유일한 방법은 여기서 복수 형태인 "저희"로 언급된 것이 1절에서 언급된 문지기들을 의미한다고 보는 것이다. 하지만 여기에 나오는 명령은 제삼자에게 주어지는 것인데, 문지기들에게 주어진 것이라면 그들 자신들이라고 하는 것이 가장 잘 이해되는 표현이었을 것이다. 그러므로 느헤미야가 여기서 언급하고 있는 것은 두 명의 지도자들이라고 보는 것이 가장 가능성이 있다.

2.b. 카프 *ventatis*에 대해서는 GKC § 118x를 참조하라.

3.a. 5:9에서와 마찬가지로 Q와 Vrs를 통해 와오마르(ואמר, "그리고 나는 말했다")라고 읽으라. K에서는 ויאמר("그리고 그는 말했다")로 되어 있는데, 이는 2절에서 한 사람만 임명되었다고 보는 관점을 지지해 주는 것처럼 여겨질 수도 있으며, 바로 그 사람이 여기 이 동사의 주어라고 여겨질 수도 있다. 그러나 고대의 서기관이 이렇게 이해한 것은

어떻게 K본문이 생겨났는지를 설명해 줄 수 있긴 하겠지만, 위에서 다룬 2.a에 대한 내용 중 마지막 사항이 이런 관점과는 전혀 다르게 이야기한다.

3.b. 아드 홈 하쉐메쉬(עד־חם השמש)라는 표현은 일반적으로 "태양이 뜨거울 때까지는"이라고 번역된다. 이 구문 전체는 성문들이 빛이 처음 나타났을 때가 아니라, 태양이 완전히 떠오른 뒤에 열려야 한다는 의미로 번역된다. 하지만 이 구문은 다른 구절에서는 분명히 하루 중 가장 뜨거운 때, 대개 대부분의 활동이 멈춰지는 때를 언급한다. 특히 삼상 11:9에서 이와 동일하게 사용되었고, 11절에서는 עד־חם היום("날이 더울 때까지")라는 표현으로 사용되었다. 후자의 표현은 창 18:1과 삼하 4:5에서도 사용되었는데, 이 두 곳에서는 낮잠 자는 시간(시에스타)을 보여 주는 표현이었다. 성문을 그런 시간에 여는 것(그리고 사실 그런 시간대까지 문을 닫고 있다는 것도 마찬가지로)은 불합리한 것이기 때문에, 우리는 여기서 עד가 "…동안에"를 의미한다고 해석해야 하며, 위에서처럼(낮이 더울 때는 성문이 열려 있어서는 안 된다) 번역해야 한다. 아드(עד)의 이런 의미는 다양한 구문들을 검토한 결과를 통해 사전에 잘 나타나 있다. 현재 구문에서의 의미도 드라이버(Driver)를 통해 철학적인 뒷받침을 받는다. Driver, *ZAW* 78(1966) 4-6(*WO* 1[1947-52] 238 그리고 412-13도 보라). 하지만 드라이버(Driver)는 이 구문 전체의 의미에서부터 주장하는 것이 아니며, 다음 구문에 대한 그의 해석이 우리 해석과 일치하는 것은 아니라는 점을 주의하라.

3.c. 이 구문은 많은 논쟁을 불러일으켜 왔다. 왜냐하면 이 구절의 첫 번째 부분은 일반적으로 아침 중 언제 성문이 열려야 하는지를 언급하는 것으로 여겨졌고, 또한 이 부분은 저녁 때 언제 성문이 닫혀야 하는지를 언급하는 것으로 이해되어 왔기 때문이다. 폭넓고 다양한 대안들이 중요한 번역들과 주석들을 통해 수정을 포함한 채로 혹은 수정 없이 제시된다. 하지만 이 구절의 첫 번째 부분에 대해 우리가 이해하고 있는 바를 토대로 생각해 본다면, 이런 접근들은 잘못된 것이다. 두 개의 구문은 둘 다 아드(עד)를 통해 도입되면서 동일한 시간을 언급하고 있는 것으로 보아야 한다. 이 구문의 주어인 헴(הם, "저희")은 불특정한 사람을 지칭하거나 혹은 의미에 별다른 차이 없이 1절에 나오는 문지기들을 느슨하게 언급하는 것일 수 있다. 오메딤(עמדים, "서 있는")은 시에스타 동안 앉아 있거나 쉬는 것과 대조를 이루기 위해 사용되었으며, 따라서 "아직 파수할 때에"가 뒤이어 나온다(Driver는 이 단어가 "활동하지 않고 서 있는" 것을 의미한다고 제안하는데, 이것은 하루 중 가장 뜨거운 시간을 보내는 방법이었을 것 같지는 않다). 평범하게는, 성문은 낮 동안에는 열려 있는 채로 유지되었을 것이다. 왜냐하면 느헤미야는 이와 같은 일반적이지 않은 상태들에 대해 명령하고 있었고, 그는 어떤 경우에 어떻게 해야 하는지에 대해 주의를 기울여 정확한 단어들을 사용했기 때문이다. 이 구절이 갖고 있는 이런 문제점에 대해서 이와 유사한 접근이 바(Barr)를 통해 진전되어 왔다. Barr, *JSS* 27(1982) 177-88.

3.d. 아람어 אחר와 밀접한 상관관계를 갖고 있는 단어인 에호주(אחז, "파수하다")의 의미에 대해서는 루돌프(Rudolph)와 세거트(Segert, *ArOr* 24[1956] 391)를 참조하라. 하지만 명령형 형태를 사용했다는 것은 의아한 일이다. 두 개의 MSS에서는 이 부분을 절대형 부정사 형태인 וְאָחֹז("그리고 파수하라")라고 제시하고 있고, 루돌프도 이 형태를 더 선호한다(*inter alia*). 나는 단순하게 마소라 텍스트(MT)를 완료형과 더불어 사용된 와우 연속형으로 모음 구두점을 다시 찍는 방안을 제안한다(미완료형인 יגיפו〈"닫다"〉에 뒤이어서): וְאָחֲזוּ("그리고 그들로 파수케 하라").

3.e-e. 조금은 느슨하게 משמרות 구조를 번역한 것이다. 복수 형태로 사용되면, 이 단어는 일반적으로 어떤 종류의 봉사이건 간에 "할당"을 의미한다. 그러므로 "반차를 따라"라는 표현은 정황상 매우 적절한 표현으로 보인다.

3.f. 이쉬…웨이쉬(איש…ואיש, "한 사람…한 사람")는 분배적인 단수이므로 "(어떤) 사람…(어떤) 사람"으로 다루었다.

4.a. 문자적으로는 "(재)건축된 가옥들이 없었다"이다. 더 멀리 갈 것도 없이, 바로 앞 구절을 통해서 볼 때 몇몇 집들만 있었다는 점은 분명하다! 하지만 집들을 요구하는 상황 속에서 אינן은 의심할 여지없이 "충분히 없다/없었다"를 의미할 것이다(그리고 이와 유사하게 יש는 "충분히 있다/있었다"를 의미한다). 이런 경우에 대해서는 2:14을 보라. 그렇기 때문에 본문을 수정하거나 바꿀 필요가 없다(*contra* Joüon, *Bib* 12[1931] 88. 그는 רבים〈"많은"〉을 בנוים〈"재건축하다"〉를 대신해서 제안한다). 이 본문에 대해 이와는 다른 식의 해석은 처음엔 Haupt를 통해 진전된 제안으로서(Haupt, *Johns Hopkins University Circulars* 13[1894] 108-9) 최근의 많은 주석가들이 따르고 있는 해석이 있다. בית("집")와 בנה("짓다") 둘 다 가정들이 형성되고 있는 상황 속에서 사용될 수 있음을 관찰하면서 제시된다. 이럴 경우 번역은 "가족들이 확립되지/커지지 못했다"가 될 것이다. 가능하긴 하지만, 이런 번역은 정황상 별로 그럴듯해 보이지는 않는다.

5.a. 현재 본문은 문장 구조상 불가능한 것이 아니라면 어려운 문장이다. 왜냐하면 남성 복수형인 העולים("돌아온 자들")이라는 표현은 앞에 나오는 ספר היחש("보계 기록")과 연관될 수 없기 때문이다. 만약 우리가 העולים 뒤에 붙어 나오는 부분을 후대에 편집되어 첨가된 것으로 보지 않는다면(아래의 "양식"을 보라), 우리는 아마도 התיחש를 היחש로 미세하게 변조(서기관의 실수로 철자 하나를 생략하는)한 것이 폭넓게 채택되었다는 점을 받아들여야만 할 것이고, 그럴 경우 이는 위에서 제공한 번역 구조 속에서 동사적 명사(참조. 스 8:1)로 이해할 수 있을 것이다.

6.a. 느헤미야 7장과 관련된 본문 "원문주해"는 평행을 이루고 있는 스 2장에서 이미 병합해서 다루었다.

69(70).a. 몇몇 영어 번역본들에도 불구하고, 이 구절의 마지막 부분은 "오백삼십 벌의 제사장" 의복들로 번역되어서는 안 된다. 그럴 경우 수백이란 표현이 우선 앞에 나와야

하기 때문이다. 이 본문은 그보다는 "삼십 명의 제사장들의 의복들과 그리고 500…"으로 읽어야 한다. 뒤이어 나오는 구절들을 토대로 해서 카일(Keil, ad Ezra 2:68-70, 이후 대부분의 주석가들이 뒤따랐던)은 위에서 번역된 것처럼 וכסף מנים을 복원함으로써 본문을 바르게 제안했다.

72(73).a. 아래에 나오는 "주석"에서의 충분한 논의를 보라.

양식/구조/배경

7장 이후부터 계속해서 느헤미야서의 문학적 역사는 매우 해결하기 어렵게 복잡해졌다. 우리는 불확실한 문제들을 명료하게 정돈하기를 원한다. 반면에 이를 해결하기 위해 선호할 만한 해결책들을 제시할 수는 있지만 불확실한 것들이다. 또한 종종 해결책에 대한 결정들은 실질적인 증거들이 없는 토대하에서 강제로 정해져야 하기도 한다.

7장을 시작하는 구절은 분명 느헤미야 비망록(NM) 내러티브를 계속 이어간다. 뒤이어 나오는 목록(그리고 5b절에 나오는 도입 구문도)을 포함해야 하는지 그렇지 않은지의 문제도 마찬가지로 매우 명료하지 못하다.

어떤 학자 그룹은 이 목록을 느헤미야 비망록에서 제외시켜 버리는데, 그 이유는 이 부분을 에스라 2장이 차용했다고 믿기 때문이다. 이와 같은 차용은 느헤미야 자신에 의해서가 아니라 후대 편집자의 몫으로 돌려져야 한다는 결론을 내려야 한다. 왜냐하면 목록이 끝난 뒷부분에 내러티브를 다시 시작하게끔 열어 주는 단어들을 포함해야만 하고(왜냐하면 이런 단어들은 스 3:1과 평행을 이루기 때문에), 또한 이 내러티브가 느헤미야 비망록에서 온 것이 아니라는 점에 대해서 대부분 동의하기 때문이다. 하지만 이런 관점에 대해서는 나의 연구인 The Composition of Ezra i-vi, *JTS* ns 34(1983) 2-8에서 자세히 다루었고, 또한 나는 이런 결론을 거부했다. 그렇기 때문에 이 목록이 느헤미야 비망록에 속하지 않았다는 우선적인 증거는 없다.

만약 대부분의 주석가들이 그러하듯이 우리가 7:1-5a을 최소한 느헤미야의 손에서 나온 것으로 인정한다면(그리고 이 형태는 이 결론을 매우 강하게 옹호한다), 우리는 이 장이 갖고 있는 **내러티브** 연속성이 느헤미야 11장에서도 발견된다는 점에 분명하게 동의해야만 한다. 이 결론은 비록 느헤미야 11장 그 자체가 느헤미야 비망록(자세한 세부 내용에 대해서는 11장에 대한 "양식"을 보라)에서 온 것이 아님에도 불구하고 그대로 유지된다. 오직 11장에서만 우리는 백성 중 일부가 7:4-5

의 문제에 대한 해답으로 예루살렘에 이주한 내용을 포함해서 백성들의 정착에 대해 관심을 보이고 있음을 발견한다. 그러나 느헤미야 7장과 11장 간의 **문학적인** 연계성은 7:5(Talmon, *IDBSup*, 322과는 달리; 의문스러운 구절들에 대한 "주석"을 보라)에서가 아니라, 7:72a(73a)과 11:1에서 발견해야 한다. 그러므로 가장 단순한 접근은 느헤미야 비망록이 7:72a(73a)에서 끊어졌고, 그 내용이 11장에서 다시 시작되었다고 보는 것이다.

이런 결론에 동의하지 않는 사람들이 항상 특별한 근거들을 제시하는 것은 아니다. 어떤 사람은 그들이 이렇게 동의하지 않는 이유에 대해 이처럼 긴 목록은 느헤미야 비망록의 형태에 전혀 어울리지 않는다는 느낌 때문이라고 이야기한다. 그러나 느헤미야가 이미 3장에서 목록을 포함시켰다는 점을 기억해야만 한다. 이 점은 문학적 타당성에 대한 느낌들이 과거와 오늘날이 동일하지 않을 수도 있다는 경고로서도 도움을 준다. 이외에도 느헤미야는 이런 기록이 자신이 행정 관리로서 주의를 기울이고 있다는 것을 잘 보여 준다고 느꼈을 수도 있을 것이다. 우리는 이 점에 대해 Schaeder, *Esra*, 1526의 매우 흥미로운 관점에 대해 언급할 수 있는데, 그의 관점은 이 목록이 원래는 에스라 비망록(Ezra Memoir)의 일부분으로 작성되었지만, 에스라 8:34 이후 지점에서부터 현재 위치로 옮겨졌다고 보는 것이다(느 8-9장과 더불어). 루돌프(Rudolph, 13)는 이 제안에 반대하기 위해서 설득력 있는 주장을 편다. 그러나 다시금 최근의 저자들로부터 채택받지 못하고 있다. 그러므로 여기서 그 주장을 다시금 세부적으로 논의할 필요는 없을 것이다.

우리 입장과 정반대를 이루는 좀더 전면적인 경우는 켈러만(Kellermann, "Nehemia")의 주장을 통해 나타난다. 하지만 그는 흥미롭게도 7장과 11장이 연결되어 있다는 모든 생각들을 부정한다. 그리고 그보다는 7:5과 가장 자연스럽게 연속성을 갖는 것은 12:27-43에 나오는 성벽 봉헌에 관한 설명이라고 확신한다. 12:31이 느헤미야가 일인칭으로 기록하는 부분을 우리가 다시 발견하게 되는 지점이라는 것은 사실이긴 하다. 그러나 켈러만은 7:5에 나오는 "내가 보계를 얻었는데"라는 부분과 봉헌 의식 간의 연결성에 대해 아무런 설명도 제시하지 않는다. 카우프만(Kaufmann, *History*, 377; 참조. Appendix x)이 제안했듯이, 느헤미야의 관심이나 성읍의 적은 인구라는 문제에서 나온 보계에 대해서는 7:4이 7:1-3에 나온 방법들에 덧붙여진 부가적 설명이라고 믿으면서 구분하는 것이 좀더 논리적일 것이다. 하지만 켈러만은 이렇게 하지 않는다. 즉 그는 "그리고 내가 보계를 얻었는데"라는 표현이 뒤이어 나오는 목록을 이 부분에 첨가시킬 목적으로 느헤미야 비망록에 분명히 들어 있었다고 주장한다. 그러나 이미 우리가 이야기했던 것처럼, 이는 12:27과 추정되는 모든 연결을 완전히 제거한다.

켈러만(Kellermann)이 이 목록에 반대하는 입장에서 했던 다른 주장들도 마찬가지로 근거가 약하다. 몇 가지는 목록 안에서 발견되는 요소들과 느헤미야 당시 때까지 발전되었던 상황 간의 모순들로부터 추출해서 제시되었다. 하지만 이는 별반 관계가 없다. 비록 이 내러티브 중 일부분이 우리에게 전해지지 않고 유실되어 버리긴 했지만(11장에 대한 "양식"을 보라), 이 목록이 좀더 진전된 행동을 위한 토대로서 역할을 했었다는 점만은 분명하다. 마찬가지로 좀더 최근에 이 지방에 온 사람들(스 8:1)이 포함되어 있지 않다는 점은 이 목록이 이런 역량으로 사용되었다는 것을 결코 반대하는 증거가 되지 못한다. 7:5은 아주 분명하다: 느헤미야는 모든 백성들을 목록에 올리기를 원했다. 그는 이 작업을 시작했을 때 좀더 오래된 이전 목록을 발견했다. 이 점에서부터 우리는 그가 새롭게 등록을 개정하는 데 있어서 이 목록을 토대로 사용했을 것이라는 점이 여기에 분명하게 의도되어 있다고 이해하게 된다. 그러나 후대에 그 목록을 베껴쓰는 데 있어서 그는 마지막 몇몇 구절들이 그가 이렇게 베껴쓰는 일을 하던 시기에 갖고 있었던 목적과 엄격하게는 별반 상관이 없었음에도 불구하고 그런 점들에 대해 별로 문제점을 느끼지 않았을 것이다. 그리고 그런 상황에서 계속해서 끝까지 베껴쓰는 작업을 했을 것이다.

그렇기 때문에 우리는 이 목록의 앞부분에 나왔던 내용과 뒤이어 나오는 내용 두 가지 모두(7장 마지막 부분과 11장 시작 부분 사이의 문학적인 연관성)가 느헤미야 비망록 안에 포함되어 있었다고 주장해야 한다고 결론내린다. 이 목록은 이미 성벽을 재건축한 성읍의 삶을 조정하고 질서를 잡는 느헤미야의 위대한 다음 단계의 작업에 중요한 토대로서 역할을 했다. 이 목록 자체가 갖고 있는 양식, 구조, 역사적 배경 등에 관한 의문점들은 위의 에스라 2장에서 다루어졌다.

여기에서 언급해야 할 만한 또 다른 점이자 또한 현재 범주 내에서 이 목록의 배경으로 제시되고 있는 것은 에스라·느헤미야서의 정경적인 형태다. 왜냐하면 의심할 여지없이 동일한 목록이 이렇게 짧은 작품 안에 두 번이나 나타난다는 것은 놀라운 일이기 때문이다. 제아무리 문학 비평의 관점에서 이 사실을 설명한다 하더라도, 우리가 지금 보고 있는 이런 현상을 어떻게 이야기할 수 있단 말인가? 이와 같은 질문에 대답하기 위해서, 우리는 다만 이 문제를 매우 예민하게 다룬 군네벡(Gunneweg, *VTSup* 32[1981] 156)을 지적하기만 하면 된다. 그는 여기에서 재건축과 정화의 마지막 시기를 향하고 있던 이 공동체(스 9-10장)가 성전 재건축 사역에 착수하기 위해 "처음에" 돌아왔던 바로 그 공동체와 동일하다는 사실을 강조하는 것이 중요하다는 점을 관찰한다. 즉 그는 여기서 종말론적인 예언자들이 말하는 하늘의 "생명책"에 기록된 목록의 사본을 보는 데까지 나아간다. "Ist das göttliche Heil präsent, so müssen auch die Namen derer, die es erlangten, namhaft gemacht werden können, wohingegen das apokalyptische Buch des Lebens erst 'an jenem Tage' geöffnet werden wird."

주석

[1] 비록 성이 모두 완성되었음에도 불구하고(참조. 6:15 그리고 6:1을 대조하라), 앞 장의 결론적인 구절들이 강조했듯이 경계를 지속할 필요가 있었다. 느헤미야는 모든 가능성들에 대비해서 세부적인 방어 체계를 직후 구절인 2절에 언급된 지도자들에게 맡겼다. 이렇게 보지 않는다면 "임명되었다"라는 표현은 수동태로 표현된 것이 별로 어울리지 않게 될 것이다.

"노래하는 자들과 레위 사람들"은 후에 "문지기들"에 첨가된 것으로 폭넓게 간주되었다. 만약 그렇다면, "문지기들"(השוערים)은 제의와 관련된 관리들이 아니라(동일한 단어를 아래의 45절이나 혹은 다른 여러 부분에서 사용했던 용례와 대조하라), 그보다는 평신도 파수꾼들이었을 것이다. 후대의 독자가 이 단어가 제의적인 일과 좀더 밀접하게 관련이 있기 때문에 잘못 이해하고서 이 단어를 43절과 44절에 맞추어 윤색해서 첨가했을 것이다. 이런 설명은 충분히 그럴듯하고 가능성이 있지만, 그럼에도 불구하고 단어들의 배열의 순서는 여전히 의아스럽다: 우리는 설령 윤색이 이루어졌다 하더라도 레위 사람들이 제일 먼저 나올 것으로 기대할 수 있기 때문이다. 그러므로 라일(Ryle)이 "사태가 안정되지 못한 상황 속에서…느헤미야는 성읍 전체에 대한 방어를 이 훈련된 '방어대'[즉 성전 문지기들]에게 맡기고 그들의 힘을 훈련된 다른 일단의 무리들, 즉 음악가들과 레위 사람들을 통해 증강시켰다"고 주장한 것은 올바른 생각일 수도 있다. 그렇기 때문에 이런 배열은 응급처치적인 배치였을 뿐이다. 이런 설명에 의거하여 아래 3절에서도 예루살렘의 일반 백성들의 인구를 그들의 파수하는 의무와 관련하여 분리해서 다루었다는 점을 관찰해야만 한다.

[2] 아마도 조금은 역순이긴 하겠지만, 느헤미야는 지금 그가 두 명의 탁월한 시민을 성읍의 일반적인 행정 책임자로 임명했다는 사실을 언급한다. 3절을 통해서

이런 의무들에는 방금 언급했던 파수꾼을 감독할 책임도 포함되어 있다는 점이 분명해진다. 어떻게 그들이 3:9과 12절에 기록된 관리들과 연관되어 있는지(혹은 그들이 대체된 것인지 아닌지)는 설명되지 않는다. 하지만 직접적으로 불일치한다고 볼 필요는 없다. 왜냐하면 3:9에서는 이런 책임이 성읍 그 자체의 책임이라기보다는 도시 중심 지역을 둘러싼 지역의 책임이었던 것으로 주장되기 때문이다.

"내 아우 하나니"에 관해서는 1:2에 대한 "주석"을 보라. 그를 임명한 것은 충분히 이해할 수 있는 일이며, 따라서 더 이상 자세한 설명이 나오지 않는다. 하지만 하나냐는 오직 이 곳에서만 언급된다. "영문"에 대해서는 2:8을 참조하라. 총독으로서의 하나냐는 분명 군사적인 측면에서 성읍을 지키는 일을 감독하는 데 훌륭한 자질을 갖추고 있었다. 하지만 이 점에 덧붙여서 그는 그의 동료들이 신뢰할 수 있는 사람이었고, 또한 그 자신은 하나님을 향해 올바른 태도를 갖고 있는 사람이었다. 다른 점들에서 느헤미야가 중요한 것으로 여긴 특징들은 그의 가치 척도에 있어서 그를 신뢰할 수 있을 만하다는 것을 보여 준다.

3 이 구절을 주해하는 데 있어서의 기초적인 문제점들은 위의 "원문주해"에서 다루어졌다. 대략 정오가 지난 뒤의 몇 시간 동안은 오늘날에도 지중해 인근 나라들에서는 익숙하게 나타나는 졸린 상태로 인해 특히나 취약하고 위험스런 시간들이었다. 사실 드라이버(Driver, *ZAW* 78[1966] 4)는 로마 역사에서부터 이런 위험에 대한 두 가지 예를 제시했다. 참조. 특별히 주후 410년 로마가 사로잡힐 때 살라리안 성문(Salarian gate)은 "정오 직후에, 성문을 지키고 있어야 했던 모든 사람들이 일상적으로 하던 대로 식사 후에 잠자고 있을 때"(Procopius, *de Bell. Vandal.* I.ii. 17.=*History of the Wars*, Book III, ii § 17) 격파되었다.

응급 상황 동안 좀더 준비를 갖추는 방법으로 성읍의 일반 거주자들도 순환 체제를 통해 파수 의무에 징집되었다. 집이 성벽에 인접해 있었던 일부 사람들은 그들이 접하고 있는 지점들을 경계해야만 했다: 이 부분에서의 동기 부여는 성벽을 건축할 때 이와 유사한 상황 속에서 그러했던 것처럼 매우 훌륭했다. 3:20-21에 대한 "주석"을 보라. 성벽의 나머지 부분들을 지키기 위해서는 남자 보초들이 자리를 잡았다.

4 이 지점에서 우리는 성벽 봉헌에 관한 설명(12:27-43)이 나오기를 기대할 수 있을 것이다. 이 사항의 논의에 관해서는 그 문단에 대한 주석 중 "양식" 부분을 보도록 하라. 그 부분에서는 봉헌 의식에 관한 설명은 편집자가 자신의 주제적인 목적을 위해 이 곳에서부터 그 곳으로 옮겼을 수도 있다고 결론내렸다(혹은 좀 가

능성이 덜하기는 하지만 6:19에서부터). 어떤 경우건 간에, 이 내러티브는 여기서부터 새롭고 중요한 고려사항을 향해 움직여나간다. 즉 성읍의 감소한 인구라는 문제인데, 이 문제는 11장에 이르기 전까지는 그 해답이 제시되지 않는다. 오직 카우프만(Kaufmann, *History*, 377)만이 현재 구절을 1-3절에 기록된 갑작스러운 방법들을 설명하는 것으로 해석한다. 그리고 그는 이 장의 나머지 부분들에 대해서도 에스라가 혼합 결혼이라는 문제를 처리한 것을 느헤미야가 뒷받침하기 위해 이동한 것으로 이해함으로써 이런 결론을 피하려고 한다. 하지만 후자의 경우에 대해서는 정황상 아무런 암시도 나오지 않는다.

이런 식의 불필요한 가정이 없다면, 4절과 그 뒤에 나오는 내용을 연결하지 않는 것은 불가능하게 된다. 만약 이런 방식을 취한다면, 이는 느헤미야의 관심과 그의 이후 행동에 대한 분명한 동기를 제공한다: 성읍의 취약성을 해결하는 가장 훌륭한 해결책은 성읍이 사람들로 차는 것을 보는 것이다. 이제 자긍심과 방어할 잠재력이 다시 확립되었기 때문에, 유대인들 중 일부 사람들에게 거기서 살라고 격려할 수 있는 가능성이 실제적인 것이 되었다. 남은 문제는 그렇다면 '누가?'라는 부분이다.

5 그가 생각했던 것처럼 하나님의 인도하심으로 감동을 받았기 때문에(참조. 2:12), 느헤미야는 백성의 지도자들을 함께 모았다. 이 목록은 2:16; 4:8(14), 13(19) 그리고 5:7에 나오는 것과 매우 유사하며, 느헤미야의 전형적인 스타일이다. 11:1과 대조하라. 실제로 이 두 구절 간에는 거의 한 단어도 공통된 단어가 없다. 반면에 72(73)절은 사상이나 어휘에 있어서 11:1과 연결되어 있다. 아래를 좀더 보도록 하라. 이 점은 11:1이 현재 구절을 반복적으로 요약한 것이라는 탈몬(Talmon)의 주장(*IDBSup* 322)에 반하는 것이다.

이렇게 백성의 지도자들을 모은 목적은 인구를 늘리는 것과 관련해서 의견의 일치를 도출하기 위해서인데, 누가 성읍 안으로 이주해야만 하는가와 관련해서 공정한 결정을 이끌어 내기 위해서였다. 이런 결정과 논의를 돕기 위해서 느헤미야는 첫 번째 귀환에 관한 목록을 손에 갖고 있었다. 이 점에 관한 연대기적 순서는 분명하고 깔끔하지가 않다: "나는 얻었다(발견했다)"라는 표현은 이 일이 필연적으로 연대기적으로 함께 모인 이후에(ויתן···ואקבצה···ואמצא) 생겨난 것이라기보다는, 하나님께서 감동케 하시는 것과 관련된 것이라고 주장할 수도 있다. 만약 그렇다면 "내가 발견했기 때문에"라고 번역할 수도 있을 것이다. 어떤 경우건 간에 이 목록은 분명 느헤미야의 목적에 잘 들어맞는 것이었는데, 왜냐하면 이 목록은 사람들이 원래 거주했던 지역들을 알려 주는 내용을 포함했기 때문이다. "처음으로"에 관해서는 에스라 2장에 대한 "양식"의 결론적인 문단을 보도록 하라.

6-72(73)a 이 목록에 대해 생겨난 대부분의 문제들은 이미 에스라 2장에서 다루어졌다. 여기서는 다만 차이가 있는 결론 부분의 몇몇 특징들에 대해서만 첨가하면 될 것이다.

69(70) 이 부분은 에스라 2:69에서 요약한 구절들 중 첫 번째 부분이다. 그렇기 때문에 비록 이 부분이 느헤미야 7장 시기까지는 위치상 분명 에스라 2장에 차용되었다 하더라도, 모빙켈(Mowinckel, *Studien I*, 31)은 이 부분을 원래의 목록의 구성에서 가장 최근의 요소들 중 하나로 여겨야 한다고 강력하게 주장해 왔다: 이 구절의 시작 부분이 다음 구절의 시작 부분에서도 어색하게 반복된다는 점이나, "가족들의 우두머리들" 중에 "총독"을 별로 어울리지 않게 포함시키고 있다는 점이나(스 2:63에 대한 "주석"을 보라), 그리고 이 목록 중 "은 마네"를 다음 두 개의 구절들과는 달리 마지막 부분에 위치시키고 있다는 점을 주목하라. 이 구절은 느헤미야 자신에 의해서나 혹은 에스라서와 느헤미야서 자료 편집자를 통해서 첨가된 것일 수도 있는데, 두 사람 모두 에스라 1-6장의 저자보다 먼저 작업을 했기 때문이다. 느헤미야가 관리직에 있어서 그의 첫 번째 전임자의 역할을 영광스럽게 표현할 목적으로, 그리고 그 이후 자신이 성전 제의를 돌보았기 때문에 타당한 계승자로서 평가될 수 있다는 점을 보여 주기 위해서 이 설명을 첨가했을 것이라고 추측하는 것은 상당히 매력적인 생각이다.

72(73)a 이 구절의 마소라 텍스트(MT) 본문에 대해서는 에스라 2:70에 대한 평행 문단 중 하나라고 위에서 제시했다. 이 두 개의 구절들을 비교해 보면 본문상의 혼동이 있었음을 즉각 보여 준다: "문지기들"과 "백성들 중 몇 사람"은 서로 교환되어 있으며, 반면에 에스라는 "그들 각자의 성읍들"을 "성전을 섬기는 사람들" 뒤에다가 첨가했다. 결과적으로, 둘 중 어떤 본문도 원래의 것처럼 보이지 않는다: 느헤미야의 별난 순서도 의심스럽고, 반면에 에스라의 본문도 불필요하면서도 정형화된 어색한 반복으로 인해 별로 그럴듯해 보이지 않는다.

대부분의 주석가들은 (다소간의 정확성을 가지고) 에스드라1서를 따라간다. 에스라 2:70을 옮겨놓은 5:45(46)은 "그리고 제사장들과 레위인들과 백성들 중 몇 사람은 예루살렘과 그 인근에 거주했지만, 노래하는 자들과 문지기들과 모든 이스라엘은 그들 본성에(거주했다)"라고 번역될 수 있다. 그리고 느헤미야 7:72a(73a)을 옮겨놓은 9:37은 "그리고 제사장들과 레위인들과 이스라엘 중 몇 사람은 예루살렘과 그 인근에 거주했고(새 달 일곱 번째 달에) 또한 이스라엘의 자녀들은 그들의 정착지들에"라고 번역될 수 있다. 이런 토대 위에서 많은 사람들은 수도에 정착한 사람들과 다른 곳에 정착한 사람들을 구분하기 위해서 "예루살렘에"를 마소라 텍스트(MT)에 복구시킨다. 예를 들어, RSV 에스라 2:70을 보라. "제사장들, 레위인들 그리고 백성들 중 몇 사람은 예루살렘과 그 인접지에 살았다. 그리고 노래하는 자들, 문지기들 그리고 성전을 섬기는 자들은 그들의 성읍들에 거주했고, 모든 이스라엘은 그들 성읍들에 거주했다"

하지만 이런 해결책에는 세 가지 장애물이 있다. (i) 본문상으로 볼 때 "예루살렘에서"라는 표현이 에스라1서 시기까지는 분명히 살아남아 있었던 것이 틀림없는데 그 이후에 상실되었다는 것은 거의 타당성이 없다. (ii) 마소라 텍스트(MT)와 주석가들이 이차적인 것으로 평가하는 에스드라1서 사이에는 몇 가지 차이점이 있다. 그러나 누군가가 필요로 하는 의미를 통하는 데 적합해 보이는 요소들을 이런 방식으로 취사 선택하는 것은 좋은 방법이 아니다. (iii) 여하튼 어떤 경우건 간에 최종적으로 주어진 본문은 훌륭하게 의미를 만들어 내지 못한다. 왜냐하면 다른 부분들에서 성전을 섬기던 사람들 중 전체가 아니라 하더라도(참조. 11:3) 적어도 일부 사람들이 예루살렘에 거주했었다고 분명하게 기록하고 있기 때문이다(참조. 3:26, 31; 11:21). 한편으론 이와 마찬가지로 제의 관리들 중 일부 고참들이 성읍 바깥에 살았다고 기록되어 있기도 하지만 말이다(11:3). 그러므로 에스드라1서도 우리가 이미 지적했던 바로 그 동일한 문제점들로 교란되어 있다는 것이 훨씬 더 타당해 보인다. 그리고 특별히 "백성 중 일부"와 "모든 이스라엘" 사이의 구분 때문에 "예루살렘에"를 삽입함으로써 이 목록을 평행적인 두 개의 구문으로 만들 필요를 느꼈을 것이다. 7:6(스 2:1)은 필요한 단서를 제공했을 수도 있다(이후의 고대 Vrs들이 마소라 텍스트를 확인시켜 준다는 것은 놀라운 일도 아니고, 또한 특별히 중요한 것도 아니다.)

루돌프(Rudolph)는 또 다른 방식으로 이 문제에 접근할 수 있는 방법을 제시했다. 이는 7:72a(73a)을 이 목록의 결론과 에스라의 귀환 행렬이 어디에 거주했는지에 관한 기록, 즉 원래는 에스라 8장 말미에 있었지만 지금은 여기에 다른 자료와 함께 옮겨져서 느헤미야 8장에서 발견되는 기록이 혼란스럽게 융합된 결과라고 보는 것이다. 하지만 이런 혼동이 가능하긴 하지만, 본문이 어떻게 해서 지금 형태로 되었는지 그 과정을 재구성하는 것은 너무 지나치게 추측적이어서 확신을 갖게 하기엔 무리가 있다.

내가 판단하기에는, 느헤미야 7:72a(73a)에 대한 마소라 텍스트(MT) 본문은 마지막 편집자의 손에 남겨진 본문과 그리 동떨어진 것이 아니었던 것 같다. 그러나 그가 그 본문에 도달하게 된 과정에 대해서는 새롭게 검토해 볼 필요가 있다. 우선 이 목록의 표제어(7:6)가 돌아온 사람들 중 일부가 예루살렘으로 돌아갔고 다른 사람들은 유다의 다른 곳들로 "각기 그의 성읍으로" 갔다는 것을 구체적으로 명시하고 있다는 점을 주목해야만 한다(에스드라1서의 저자도 그렇게 주목했을 것이다). 느헤미야가(그리고 현대 주석가들도!) 추구하고 있었던 인구의 구분은 에스드라1서를 통한 해결책을 제시되야 할 그런 문제점들 없이도 이미 본문에 제시되어 있다.

두 번째로, 지금 논의하고 있는 이 구절은 진짜로 이 목록의 일부분이 아니라는 점에 대해서, 그리고 한 걸음 더 나아가서 만약 다양한 사람들이 "각자 그들의 본성에" 거했다는 것은 7:6에 의하면 여하튼 예루살렘도 포함할 것이라는 점도 반드시 관찰해야만 한다. 그러므로 다시 한 번 핵심적인 본문 수정을 할 필요가 없다.

세 번째로, 우리는 11장의 시작 부분에 대해 주목해야만 하는데, 그 부분에서는 וישבו 그리고 העם 등과 같은 단어들이 되풀이된다. 또한 그 부분에서는 현재 장의 내러티브가 역시 계속되고 있다. 그러므로 이는 반복적인 요약으로서의 역할을 하도록 의도된 것이었을 것이다.

이제 이런 관찰들을 토대로 해서 우리는 현재 구절들이 어떻게 발전되어 왔는지에 관해 가설을 만들어 볼 수 있다. (i) 현재 구절은 이 목록의 가장 초기 때의 양식상의 특징을 갖고 있지 않다. 즉 느헤미야가 발견했던 목록의 양식적인 특징. 요점은 이 목록의 도입을 통해 이미 제시되었다. (ii) 느헤미야는 이 목록을 자신의 비망록에 합병했을 때 관련된 언급과 더불어, 즉 "제사장들, 레위인들 그리고 백성들 중 몇 사람은 그들의 성읍들에 거주했다"(וישבו הכהנים והלוים ומן־העם בעריהם)라는 언급과 더불어 계속해서 뒤이어 나오는 내러티브를 진행시켰다(정확한 양식은 후대의 편집자를 통해 지금은 덧씌워져 있다. 11장의 "양식"을 보라). 그런 뒤에 그는 계속해서(우리가 11장을 통해 추론하는 것처럼) 백성의 지도자들이 특별히 예루살렘에 거주했었다고 말한다. (iii) 에스라와 느헤미야에 관한 자료 편집자가 이 두 사람의 사역을 함께 하나로 묶었을 때 왜 그렇게 했는지에 대해서는 다음 장에서 명백하게 드러나겠지만, 그가 느헤미야 비망록에 끼어들기 시작한 것은 다름아니라 바로 이 지점이었다. 이 장과 11장 간의 연결을 분명하게 해줄 충분한 증거를 남겨두었음에도 불구하고, 그는 이 구절이 지금의 외떨어진 위치에서 앞에 나온 목록의 요약적인 결론으로서 좀더 강력하게 역할을 해주기를 바랐다. 그렇기 때문에 그는

41, 42절과 43절을 토대로 해서 제의와 관련된 소수의 관료들을 제시했는데, 아마도 원래부터 이런 순서였을 것이다. 그는 어쩌면 또한 다른 단어들도 첨가했을지 모른다: "(그리고) 모든 이스라엘조차도"라는 표현을 그가 지금 확장한 목록을 재개하는 표현으로서 훗날 그의 "모든 이스라엘" 이데올로기의 영향하에서 말이다. 그렇다면 그의 본문은 다음과 같이 읽게 될 것이다: "제사장들과 레위인들과 백성들 중 몇 사람, 그리고 노래하는 자들과 문지기들과 성전을 섬기는 사람들, 모든 이스라엘조차도 그들의 성읍들에 거주했다"(והשוערים והנתינים וכל־ישראל בעריהם וישבו הכהנים והלוים ומן־העםוהמשררים). "백성들 중 몇 사람"이 무엇을 의미하는지를 현재 본문 수준에서 적절하게 이해하는 것에 대해서는 군네벡(Gunneweg, *VTSup* 32[1981] 157)을 참조하라. (iv) 이 본문이 에스라 1-6장의 저자를 통해 복사되었을 때, 그는 "백성들"과 "모든 이스라엘"이라는 구분에 난처했다. 왜냐하면 복사해서 옮겨적던 정황 속에서는 아마도 "이스라엘"은 여하튼 일반 백성들을 지칭한다고 생각했을 것이기 때문이다. 1-6장의 저자가 친숙했던 문단들 속에 나타나는 이런 용례에 관해서는 에스라 10:5; 느헤미야 12:47을 참조하라(그리고 좀 덜 정확한 부분으로는 스 7:7과 느 11:20을 참조하라). 그렇기 때문에 그는 이 둘 간에 무언가 구분을 만들기 위해서 "그들의 성읍들에"(בעריהם)를 "그리고 모든 이스라엘" 앞에 첨가한다. (v) 느헤미야 7:72a(73a)의 본문은 후대에 약간의 변조되었다. ומן־העם와 והשוערים이 드물지 않게 나타나는 형태로 어떻게든 도치되었다. (vi) 특히나 에스라 2장이라는 새로운 본문 때문에 혼동을 겪었기 때문에, 에스드라1서의 저자는 이 목록의 도입 부분을 다시 언급함으로써 상황을 명료하게 하려고 했다. 하지만 본문상의 관점으로부터 볼 때 그의 본문 독해는 전적으로 이차적이다.

해설

앞 장은 성벽의 완공이 그 자체만으로 예루살렘을 방어하는 데 충분치 않다는 것을 보여 주며 결론을 맺었다. 성벽은 골격을 제공했지만, 궁극적으로는 번성한 인구만이 외세들이 손쉽게 예루살렘 지배권을 차지하는 것을 막아 줄 수 있었다. 그러므로 단기간의 응급 처치 방법으로서, 느헤미야는 파수꾼을 세우는 특별하게 엄격한 명령을 했다. 그런 뒤에 그는 즉각 좀더 본질적인 문제를 다루는 것으로 나아갔다.

그는 인구의 핵을 이루고 있었던 가족들의 목록을 발견한 것을 행정적으로 우연히 일어난 일이라고 여겼을지 몰라도, 우리는 이 목록의 현재적이고 신학적인 제시를 결코 간과해서는 안 된다: 하나님의 성읍을 채워야 할 사람들은 이전에 두 번째 출애굽을 통해 하나님의 구원을 경험했던 사람들과 직접적인 연속선상에 있다. 우리들 역시 잘 기억해야만 한다. 벽돌이나 회반죽 그리고 기관들과 조직체들이 필요하긴 하지만, 그리스도의 교회는 이런 것들 위에서만 세워지거나 유지되는 것이 아니다. 그리스도의 신부가 되고 새로운 예루살렘이 되는 사람들은 다름아니라 하나님께서 그들을 위해 베푸신 은혜를 경험했던 사람들, 바로 그들이다(계 21:2; 또한 엡 2:19-22; 벧전 2:5도 보라).

언약 갱신(느 8-10장)

참고문헌

Ahlemann, F. "Zur Esra-Quelle." *ZAW* 59(1942-43) 77-98. **Baltzer, K.** *The Covenant Formulary*. Tr. D. E. Green. Oxford: Blackwell, 1971. 43-47. **Childs, B. S.** *Introduction*, 624-38. **In der Smitten, W. Th.** *Esra*, 35-53. **Kaufmann, Y.** *History*. Appendix vii, 638-49. **Kellermann, U.** *Nehemia*, 90-92. **McCarthy, D. J.** "Covenant and Law in Chronicles-Nehemiah." *CBQ* 44(1982) 25-44. **Mowinckel, S.** *Studien I*, 50-59. **Schaeder, H. H.** *Esra*, 5-26. **Torrey, C. C.** *Composition*, 29-34. ______. *Ezra Studies*, 252-84.

양식/구조/배경

8-10장의 구성은 에스라·느헤미야서의 문학적·역사적 문제의 한가운데 자리잡고 있다. 그렇기 때문에 위에 언급된 논문들과 주석들에서 이와 관련하여 상당히 폭넓은 견해들을 발견할 수 있다는 것은 결코 놀랄 만한 일이 아니다. 이 견해들 중에는 카우프만(Kaufmann)처럼 이 석 장이 전체적으로 하나의 단일성을 갖고 있다는 점을 변호하면서, 이 장들이 올바른 역사적 배경 속에 자리잡고 있다고 주장하는 학자들이 있다. 반면에 토레이(Torrey)처럼 이 석 장이 전체적으로 하나의 단일성을 유지하고 있다는 점에는 동의하지만, 이 장들이 자체적으로 주장하는 시간적 배경에 대해서는 문학적 배경에서뿐만 아니라 결과적으로 역사적인 관점에서도 잘못되어 있다고 주장하는 사람들도 있다(비록 토레이 자신은 이 부분의 역사적 가치에 대해 그리 높은 가치를 두지도 않지만). 또한 8-9장을 함께 묶어 두기는 하지만 이 두 장을 에스라 8장 뒤에 놓고, 10장은 느헤미야 13장 뒤에 놓고자 하는 사람들도 있다. 다른 사람들은 9-10장을 함께 유지하면서 8장에 대해서는 전혀 언급하지 않기도 한다(예를 들어, Baltzer). 그리고 마지막으로, 이 석 장이 모두 각각 전혀 다른 독자적인 기원을 갖고 있다고 주장하는 사람들도 있다.

좀더 자세한 사항이면서 의견의 불일치가 나타나는 부분들은 현재의 본문에 이르기까지 어떤 구성 과정을 거쳤느냐는 것과 느헤미야 내러티브 내에서 이 장들의 배경이 무엇이냐는 데 초점이 맞추어져 있다. 지금 갑작스럽게 에스라가 무대 한가운데 등장하고 느헤미야의 1인칭 설명이 일시 중단되었기 때문에, 이 장들(내가 보기엔 11장과 12:1-26까지도 여기에 함께)은 어떤 의미에서건 분명 "중단"이라고 할 수 있다. 그렇다면 이런 중단은 의도된 것인가, 아니면 본문을 옮겨적는 과정에서 어쩌다 발생한 그저 기술적인 오류에 불과한 것인가? 아니면 원래 형태가 불분명한 이 책들을 후대에 편집한 결과인가? 각각의 관점을 진지하게 주창했던 학자들은 얼마든지 인용할 수 있다.

얼핏 보면 이런 다양한 견해들은 일면 당황스러운 것처럼 보일 수도 있다. 또한 비평적인 접근 자체에 대해 회의론이 생기게 할 수도 있다. 하지만 그렇게 반응하는 것은 공정하지 못하다. 사실 지금 여기에 포함된 문제들은 본문 자체에서 매우 분명하게 나타나는 문제들이며, 이제 각각의 장들과 연관지어서 "양식/구조/배경"에서 조심스럽게 주의를 기울여 살펴볼 것이다. 이 문제들과 관련된 증거를 어느 정도 중시할 것이고 어떻게 평가할 것인지를 논의함에 있어서는 자연스럽게 여러 가지 상당한 여지가 있다. 그러므로 독자들은 각각의 관점에 대한 증거로 제시된 내용들을 토대로 생각하고 판단하며 결심해야 한다. 그러나 본문을 주해하는 그 자체는 정당한 것이다. 사실 본문 자체가 본질상 주해를 요구하며, 어느 누구도 주해하는 것을 타당하게 부인할 수는 없다.

이 주석에서는 8, 9, 10, 각각의 장들이 독자적인 문학적, 역사적 기원을 갖고 있다고 주장할 것이다. 하지만 이처럼 이 점을 도입부에서부터 이야기하는 이유는 이 석 장이 어쩌다가 우연히 함께 묶여졌거나 혹은 옮겨적는 과정에서 실수 때문에 함께 묶여진 것이 아니라는 것을 강조하기 위해서다. 도리어 에스라와 느헤미야 자료들을 책임 있게 편집하고 구성했던 편집자가 매우 사려 깊고 조심스럽게 이 내용들을 하나로 묶었다는 것을 강조하고 확인하기 위해서다.

이 장들이 전체적으로 볼 때 에스라·느헤미야서에서 어느 부분에 자리잡고 있는지에 관한 질문에 대해서는 서론, "신학적으로 읽기" 부분에서 짧게 다루었다. 하지만 여기서는 통일성이라는 문제를 좀더 편리하게 취급했다. 비록 이 장들이 포함하고 있는 시간에 관한 언급들이 이 사건들이 역사적으로 단일한 사건으로 발생할 수 없다는 것을 보여 주기는 하지만, 또한 비록 편집자가 그의 자료들을 신뢰하기 때문이거나 혹은 다른 목적들 때문에 초막절처럼 중간에 끼워넣은 요소들이 있기는 하지만, 우리는 이 석 장의 모든 형태가 종종 언약 갱신이라고 일컬어지는 패턴을 따르고 있음을 관찰하면서 시작할 수 있다. 이 부분의 형태에 대해 개척자적인 연구를 했던 발쩌(Baltzer, *Covenant Formulary* 43-47)는 9-10장만을 염두에 두었다. 그는 이 본문과 포로기 이전 시기의 다른 문헌들 간에는 분명한 차이점들이 있음을 알고 있었음에도 불구하고, 9장이 10장의 내용을 진행하기 위한 선행사적인 역사이며, 9장의 회상이 10장에 나오는 언약 갱신의 맹세보다 반드시 앞서 나와야만 한다고 주장한다. 맥카시(McCarthy, "Covenant and Law")는 이런 폭넓은 분석을 정교하게 만들었고, 율법을 읽는 것(8장)이 언약 갱신 도입 부분에 필요하다고 주장했다. 마지막으로, 켈러만(Kellermann, *Nehemia* 90-92)은 이런 세 가지 구조를 공유하고 있는 다른 본문들에 관심을 기울였다: 율법 선포 – 고백 – 일반적이고 특별한 항목들과 함께 자신이 언약에 속해 있음을 갱신하는 것. 그는 에스라 9-10장; 역대하 15:1-18; 29-31장; 34:29-35:19을 인용한다.

내 생각으로는 이 장들이 신학적 관점에서 볼 때 만족스러운 하나의 단위로 형성되었다는 점에는 의심의 여지가 없다. 본문에서는 다양한 단계들이 자연스럽게 한 단계 한 단계 발전했는데, 이런 단계들은 편집자가 이 장들이 어떻게 읽혀지도록 의도했는지를 분명하게 보여 준다. 하지만 우리는 과연 이런 내용이 정말로 편집자가 알고 있었고 따라하고자 했던 공식적인 제의 과정에 토대를 둔 것인지에 관해서는 판단을 유보하는 지혜를 가져야 한다. 켈러만(Kellermann)은 이 본문에 대한 연구들을 목록화했는데, 그 내용을 보면 고정된 형태의 결론을 제시할 수 없게끔 만드는 수많은 차이점들이 잘 드러나 있다. 예를 들어, 오직 역대하 34-35장에만 하나님의 율법의 말씀을 읽는 것에 관한 언급이 나타난다(다른 곳들에서는 우리는 선지자나 혹은 선지자 비슷한 부류의 선포자만을 발견할 수 있다). 그러나 현재 내러티브에서는 이처럼 율법을 읽는 요소가 가장 중요한 기본적 요소라는 점을 의심할 수 없다. 하지만 이와 비슷한 이유들 때문에 앞에서 열거한 모든 본문들을 단일 저자가 기록한 것이라고 생각할 필요는 없다. 그보다는 내러티브가 전개되는 방식에 신학적 불가피성이 있다고 보아야 한다. 따라서 이 부분 역시 제의적인 경우들에 나오는 표현들을 갖게 되었을 수도 있고, 또한 다른 본문들과 유사성을 갖게 되었을 수도 있다. 여기서 좀더 진전된 추측을 하기에는 증거가 그리 충분치 않다.

율법 낭독(느 7:72b〈개역. 73b〉-8:18)

참고문헌

Driver, G. R. "Studies in the Vocabulary of the Old Testament. II." *JTS* 32(1931) 250-57. **Emerton, J. A.** "Did Ezra Go to Jerusalem in 428 B.C.?" *JTS* ns 17(1966) 1-19. **Falk, Z. W.** "Hebrew Legal Terms: III." *JSS* 14(1969) 39-44. **In der Smitten, W. Th.** *Esra*, 38-47. **Kapelrud, A. S.** *Authorship*, 80-94. **Kellermann, U.** *Nehemia*, 26-32. **Landersdorfer, S.** *Studien zum biblischen Versöhnungstag*. Alttestamentliche Abhandlungen 10/1. Münster: Verlag der Aschendorffschen Verlagsbuchhandlung, 1924. 60-67. **Le Déaut, R.** *Introductionà la literature targumique*. Rome: Pontifical Biblical Institute, 1966. 23-32. **Mosis, R.** *Untersuchungen*, 215-20. **Mowinckel, S.** *Studien III*, 7-11 and 44-61. **Pohlmann, K.-F.** *Studien*, 127-48 and 151-54. **Schaeder, H. H.** *Esra*, 7-26. **Springer, S.** *Neuinterpretation im Alten Testament*. SBB. Stuttgart: Katholisches Bibelwerk, 1979. 78-83. **Torrey, C. C.** *Composition*, 29-34. ______. *Ezra Studies*, 252-84. **Weinberg, W.** "Language Consciousness in the OT." *ZAW* 92(1980) 185-204. **Welch, A. C.** *Post-Exilic Judaism*, 262-75.

본　문

73 이와 같이 제사장들과 레위 사람들과 문지기들과 노래하는 자들과 백성 몇 명과 느디님 사람들과 온 이스라엘이 다 그 본성에 거하였느니라

72(73)[b] When the seventh month came and the Israelites were in their own towns,

8:1 이스라엘 자손이 그 본성에 거하였더니 칠월에 이르러는 모든 백성이 일제히 수문 앞 광장에 모여 학사 에스라에게 여호와께서 이스라엘에게 명하신 모세의 율법책을 가지고 오기를 청하매

8:1 all the people assembled as one man to the open space in front of the Water Gate, and they asked Ezra the scribe to bring out the Book of the Law of Moses which the Lord had commanded for Israel.

2 칠 월 일 일에 제사장 에스라가 율법책을 가지고 남자 여자 무릇 알아들을 만한 회중 앞에 이르러

2 So on the first day of the seventh month Ezra the priest brought out[a] the Law before the assembly which, was made up of both men and women and of any capable of understanding what they heard.

3 수문 앞 광장에서 새벽부터 오정까지 남자, 여

3 He read aloud from it to the men, women, and

자 무릇 알아들을 만한 자의 앞에서 읽으매 뭇백성이 그 율법책에 귀를 기울였는데

those who could understand as he faced the open space in front of the Water Gate from first light until midday while all the people listened attentively[a] to the Book of the Law.

4 때에 학사 에스라가 특별히 지은 나무 강단에 서매 그 우편에 선 자는 맛디댜와 스마와 아나야와 우리야와 힐기야와 마아세야요 그 좌편에 선 자는 브다야와 미사엘과 말기야와 하숨과 하스밧다나와 스가랴와 므술람이라

4 Ezra the scribe stood on a high wooden platform[a] which had been made[b] for the purpose while beside him to his right stood[c] Mattithiah, Shema, Anaiah, Urijah, Hilkiah, and Maaseiah, and to his left Pedaiah, Mishael, Malchiah, Hashum, Hashbadana, Zechariah, (and) Meshullam.[d]

5 학사 에스라가 모든 백성 위에 서서 저희 목전에 책을 펴니 책을 펼 때에 모든 백성이 일어서니라

5 Then Ezra opened the Book in the sight of all the people(for he was above all the people), and as he opened it, all the people stood up.

6 에스라가 광대하신 하나님 여호와를 송축하매 모든 백성이 손을 들고 아멘 아멘 응답하고 몸을 굽혀 얼굴을 땅에 대고 여호와께 경배하였느니라

6 Ezra blessed the Lord, the great God, and all the people responded, "Amen! Amen!," lifting up their hands and then bowing down and worshiping the Lord with their faces to the ground.

7 예수아와 바니와 세레뱌와 야민과 악굽과 사브대와 호디야와 마아세야와 그리다와 아사랴와 요사밧과 하난과 블라야와 레위 사람들이 다 그 처소에 섰는 백성에게 율법을 깨닫게 하는데

7 The[a] Levites – Jeshua, Bani, Sherebiah, Jamin, Akkub, Shabbethai, Hodiah, Maaseiah, Kelita, Azariah, Jozabad, Hanan, (and) Pelaiah – helped the people to understand the Law while the people remained in their places.

8 하나님의 율법책을 낭독하고 그 뜻을 해석하여 백성으로 그 낭독하는 것을 다 깨닫게 하매

8 And they read front the Book of the Law of God paragraph by paragraph[a] giving the sense, and so they understood[b] the reading.[c]

9 백성이 율법의 말씀을 듣고 다 우는지라 총독 느헤미야와 제사장 겸 학사 에스라와 백성을 가르치는 레위 사람들이 모든 백성에게 이르기를 오늘은 너희 하나님 여호와의 성일이니 슬퍼하지 말며 울지 말라 하고

9 Then[a] Ezra, the priest and scribe, and the Levites, who were helping the people to understand, said to them all, "This day is holy to the Lord your God; do not mourn or weep" – for all the people had been weeping as they listened to the words of the Law.

10 느헤미야가 또 이르기를 너희는 가서 살진 것을 먹고 단 것을 마시되 예비치 못한 자에게는 너희가 나누어 주라 이 날은 우리 주의 성일이니 근심하지 말라 여호와를 기뻐하는 것이 너희의 힘이니라 하고

10 Then he said to them, "Go and partake of rich fare and sweet drinks, and send helpings to any who have nothing ready,[a] for this day is holy to our Lord. Do not grieve,[b] for it is the joy of the Lord[c] that is your protection."

11 레위 사람들도 모든 백성을 정숙케 하여 이르기를 오늘은 성일이니 마땅히 종용하고 근심하지 말라 하매

11 The Levites too calmed all the people down by saying, "Hush![a] for this day is holy, so do not grieve."

12 모든 백성이 곧 가서 먹고 나누어 주고 크게

12 Then all the people went away to eat and

즐거워하였으니 이는 그 읽어 들린 말을 밝히 앎이니라

drink, to distribute portions and to celebrate with great joy, for they understood the words that had been declared[a] to them.

13 그 이튿날 뭇백성의 족장들과 제사장들과 레위 사람들이 율법의 말씀을 밝히 알고자 하여 학사 에스라의 곳에 모여서

13 On the second day the heads of families of all the people, together with[a] the priests and the Levites, gathered around Ezra the scribe in order to study[b] the words of the Law.

14 율법책을 본즉 여호와께서 모세로 명하시기를 이스라엘 자손은 칠 월 절기에 초막에 거할지니라 하였고

14 They found written in the Law which the Lord had commanded through Moses, that the Israelites should live in booths during the feast of the seventh month,

15 또 일렀으되 모든 성읍과 예루살렘에 공포하여 이르기를 너희는 산에 가서 감람나무 가지와 들감람나무 가지와 화석류나무 가지와 종려나무 가지와 기타 무성한 나무 가지를 취하여 기록한 바를 따라 초막을 지으라 하라 하였는지라

15 and that[a] they should proclaim the following words and spread them throughout their cities and Jerusalem: "Go out into the hill country and bring branches of olive and of oleaster, of myrtle, palm, and leafy trees[b] in order to make booths, as prescribed."

16 백성이 이에 나가서 나뭇가지를 취하여 혹은 지붕 위에 혹은 뜰 안에 혹은 하나님의 전 뜰에 혹은 수문 광장에 혹은 에브라임 문 광장에 초막을 짓되

16 So the people went out and fetched them and made booths for themselves, each on his own roof or in their courts, or in the courts of the house of God, or in the open space by the Water Gate or in the square by the Gate of Ephraim.

17 사로잡혔다가 돌아온 회 무리가 다 초막을 짓고 그 안에 거하니 눈의 아들 여호수아 때로부터 그 날까지 이스라엘 자손이 이같이 행함이 없었으므로 이에 크게 즐거워하며

17 Thus the whole congregation of those who had returned from the captivity made booths, and they lived in the booths, something that the Israelites had not done from the time of Jeshua the son of Nun until that day, and there was very great rejoicing.

18 에스라는 첫날부터 끝날까지 날마다 하나님의 율법책을 낭독하고 무리가 칠 일 동안 절기를 지키고 제팔일에 규례를 따라 성회를 열었느니라

18 Moreover, he read from the Book of the Law of God each day from the first day until the last while they kept the feast for seven days; and then on the eighth day there was a solemn holiday, according to the ordinance.

원문주해

2.a. 참조. GKC § 741.

3.a. 문자적으로는 "모든 백성들의 귀가 …를 향하여"이다.

4.a. "나무 강단"(מגדל)이라는 표현은 지금 본문과 비교해 볼 수 있는 다른 정황 속에

서는 사용된 적이 전혀 없다. 하지만 이 단어의 일반적인 의미는 분명하다. 여기서 의도하고 있는 뉘앙스를 전달하기 위해서는 형용사 "높은"이 첨가되어야 하지만, 에스라 옆에 섰던 사람들의 숫자 때문에 일반적으로 "단"이라는 번역을 선택한다.

4.b. 비인칭 능동 복수형으로서 수동형을 표현한다.

4.c. 단수형 동사가 복수형 주어 앞에 나타나고 있다. 참조. GKC § 145o.

4.d. 몇몇 고대 번역들에서는 이들 이름들 중 한두 개가 일치하지 않는다. 예를 들어, 하스밧다나(חשבדנה, "하스밧다나")는 하나의 이름인가, 아니면 두 개의 이름인가? 그리고 므술람이 이 목록에 포함되어야만 하는가? 이에 덧붙여서, 일반적인 관습과는 달리 마지막 두 개의 이름들은 연결사를 접두어로 갖고 있지 않다(위의 번역에서 이 점은 눈에 띄지 않을 수밖에 없지만). 반면에 므술람은 스 8:16에서부터 이차적으로 소개된 것일 수도 있고(Rudolph), 혹은 철자상 비슷하게 보이는 미슈몰로(משמאלו, "그의 좌편에")에서 비롯된 오기(誤記)였을 수도 있다고 주장되어 왔다. 마지막으로, 일부 사람들은 에스라의 우편에는 여섯 사람이 언급되었지만 그의 왼편에는 일곱 사람이 언급되었다는 점에 대해서도 흥미를 갖고 관찰한다. 이 점에 대해서는 매우 다양하고 많은 추측들을 만들 수 있고, 또한 그런 추측들이 제기되어 왔다. (i) 전반부를 일곱 명으로 증가시켜서 (일부 번역들의 뒷받침을 통해) 후반부와 균형을 맞추는 것, (ii) 므술람을 생략함으로써 후반부를 여섯 명으로 만들고 전체를 열두 명으로 맞추는 것, (iii) 13명이라는 전체 숫자가 7절에서 같은 숫자를 통해 뒷받침되기 때문에, 므술람을 생략하지만 하스밧다나를 하숩과 바다나로 읽음으로써 후반부의 이름들을 일곱 명으로 유지하는 것 등등. 지금까지는 어떤 추측도 가능성에 있어서 나머지 다른 추측에 비해 더 강력한 주장이 되지 못할 뿐만 아니라, 그 어떤 추측도 분명히 마소라 텍스트(MT)보다 우월하지 못하다.

7.a. 히브리어에서는 웨할레위임(והלוים)이 목록의 마지막 부분에 위치한다. 여기서는 연결 접속사 역할을 하는 와우가 설명적인 역할을 한다는 주장("레위인들조차도")은 확실치가 않다. 몇몇 고대 번역들에서처럼 그저 단순하게 생략시켜 버리는 것이 가장 좋다. 아마도 할레위임(הלוים)을 이 목록의 마지막 이름이라고 착각했던 서기관 때문에 이 연결사가 처음 생겨난 것이 아닌가 싶다.

8.a. 참조. 에스라 4:18.a. 전통적 번역인 "분명히, 명백하게"는 스 4장보다는 여기서 훨씬 더 적합한 의미가 될 수 있다. 그렇기 때문에 단순한 가능성으로서만 여겨서 제외시켜 버려서는 안 된다. 참조. 드라이버(Driver, *JTS* 32[1931] 251-53)와 카펠루드(Kapelrud, *Authorship*, 83-84). 하지만 포크(Falk)는 드라이버와 마찬가지로 언어학적 토대 위에서 앞서 제시한 번역을 더 선호했다. 참조. *JSS* 14(1969) 42-43; 더 자세한 뒷받침에 대해서는 지크프리트(Siegfried), 베르톨렛(Bertholet) 그리고 슈나이더(Schneider) 등을 참조하라. 쉐이더(Schaeder, *Esra*)는 이 단어가 이 부분에서도 임시변통적인 번역을 위해 사용된 기술적인 용어라고 주장했으며, 루돌프(Rudolph), 펜샴(Fensham) 그리고 르 도(Le

Déaut, *Introduction*, 23-32) 등의 학자들이 그의 입장을 좇았다. 그러나 스 4:18.a을 인용한 쉐이더의 관점에 반대하는 주장을 포함한 문헌들을 보라. 그리고 여기에 덧붙여서 현재 정황에 대해 특별하게 언급하고 있는 인 데르 스미텐(In der Smitten, *Esra*, 42-43)과 와인버그(Weinberg, *ZAW* 92[1980] 188-89) 등과 "원문주해"도 보라. 이 단어의 구문론은 부사적인 목적격으로 사용된 분사로 볼 때 가장 잘 설명된다(GKC § 118p). 이 분사는 마치 형용사처럼 역할을 하고 있으며, 또한 엄격하게 말하자면 복수형에 의해 지배되는데도 불구하고 단수 형태를 띠고 있다(GKC § 118o). 그렇기 때문에 본문 수정은 필요치 않다(J. Skinner, *The Divine Names in Genesis*[London: Hodder and Stoughton, 1914] 225-28는 이에 반대다). 뒤이어 나오는 절대형 부정사인 솜(שׂוֹם, "확립하는, 주는")도 이런 결론을 뒷받침해 준다.

8.b. 직접 목적어가 없다는 점(7절이나 9절과 대조를 이루는)은 와야비누(וַיָּבִינוּ, "그들이 이해했다")가 히필 형태가 아니라 "백성"을 주어로 갖는 칼 형태임을 추측케 한다. 12을 참조하라.

8.c. 참조. E. Kutsch, "מִקְרָא," *ZAW* 65(1953) 247-53.

9.a. 이 부분에 대해 마소라 텍스트(MT)에는 느헤미야 후 하티르샤타(נחמיה הוא התרשתא, "총독이었던 느헤미야")로 되어 있다 (이 명칭에 관해서는 2:63.a에 대한 "원문주해"를 보라). 우리는 에스라 · 느헤미야서 내용의 최종적인 형태에다 편집자가 이 단어들을 첨가한 것으로 보는 것이 아니라(아래의 "양식"을 보라), 전체적인 이차적 편집이 이루어진 것으로 본다. 그러므로 이 표현은 원 본문의 일부분이 아니라고 간주한다. 이에 대한 근거는 현재 구절의 동사가 단수형이기 때문이 아니라(이는 문법적으로는 동사가 복합적인 주어 앞에 나올 때는 허용될 수 있다. 참조. GKC § 145o), 다음 구절 역시 단수 동사로 시작하기 때문이다. 이 장의 전체적인 측면에서 보았을 때, 거기에서 에스라가 주어라는 점은 의심할 여지가 없지만(Kidner, 148-50는 이에 반대다), 만약 느헤미야가 지금 구절에서 우선적으로 먼저 언급된 것이라면 그는 주어가 될 수 없다. 참조. Rudolph; Emerton, *JTS* ns 17(1966) 15 등. 더군다나, 어쨌거나 느헤미야가 여기에 이런 방식으로 갑작스럽게 등장한다는 것은 유별난 모습이다. 에스드라1서 9:49에는 "느헤미야"에 해당하는 동의어가 없으며, 또한 70인경(LXX)에는 "총독이었던"에 해당하는 동격적인 표현이 없다. 어떻게 해서 현재의 본문 상태로 발전해 왔는지에 관해 세부 사항들을 다양하게 설명하는 것이 가능하기는 하지만(참조. Williamson, *Israel*, 31-32), 이 구문은 후대에(아마도 서로 다른 단계들에서) 조화를 추구하던 서기관(혹은 서기관들)을 통해 첨가되어 들어오게 된 것으로 보인다. 느헤미야의 직위가 일반적으로 하티르샤타(התרשתא)가 아니라 הפחה라는 점에 대해서도 주목해 볼 수 있을 것이다. 전자는 여기서 아마도 7:69(70)의 영향하에서 사용되었을 것이다.

10.a. 참조. GKC § § 152v 그리고 155n.

10.b. 루돌프(Rudolph, 그리고 *BHS* 이후부터는)는 불필요하게 보(בו, "그 안에")를 첨가할 것을 주장한다. 이렇게 한다면 뒤의 구문을 앞으로 나오게 될 구문들과 연결시키는 효과를 갖게 되긴 한다. 그러나 그렇게 하기 전에 사실 여기에는 의미의 단절이 있으며 (마소라 본문의 *ʾathnaḥ*가 적절하게 지적하듯이), 이 구문은 그 뒤에 따라오는 단어들로 되어 있는 완료형 구조로 구성되어 있다.

10.c. 정황은 이것이 목적격을 나타내는 소유격(즉 하나님 안에서의 이스라엘의 기쁨)이며, 의도를 적절하게 잡아내기 위해 다양하게 번역되어야만 하는 구조임을 분명하게 보여 준다(참조. GKC § 128*h*). 정확한 의미를 잡아내는 것이 그리 쉬운 것은 아니지만(아래의 "주석"을 참조하라), 그렇다고 해서 그런 점이 본문 수정을 해도 좋다는 근거를 제공하는 것은 아니다(*contra* Ehrlich, *Randglossen* 7, 203-4, 그리고 Joüon, *Bib* 12[1931] 88-89). 다양하게 되어 있는 Vrs에서는 서로 다른 *Vorlage*보다는 잘못된 이해에 토대를 두고 그렇게 했다. 참조. Rudolph.

11.a. 비록 여기에서는 동사처럼 영향을 끼쳤지만, 하쓰(הס)는 그저 의성어적인 감탄사일 뿐이다. 참조. GKC § 105a.

12.a. 엄격하게 말하자면, 에스라와 레위인들이 이 (능동) 동사의 주어이긴 하다. 그러나 그런 식으로 번역한다면 좀 세련되지 못한 번역이 될 것이다.

13.a. 마소라 모음은 그저 제사장들과 레위인 가족들의 우두머리들만이 아니라(일반 백성들과는 대조적으로), 그들 모두가 포함되어 있음을 의미한다. 참조. Springer, *Neuinterpretation*, 81.

13.b. 비록 모든 구문론에 대한 가능성이 결국 동일한 해석이 되기는 하지만, 그럼에도 불구하고 구문론 자체는 불확실하다. (i) 보충적인 와우, "그리고 …조차도", (ii) 의도를 담은 뉘앙스를 갖고서 앞에 나온 동사를 계속하기 위한 "와우+라멘+부정사 구조", 참조. GKC § 114p, (iii) 와우를 생략해 버리는 것(Rudolph가 자신의 입장을 지원받기 위해 Vrs에 근거를 두는 것은 별 효용이 없다. 왜냐하면 Vrs는 정확한 의미 전달과 번역을 위해 그들의 언어로 이 부분을 제시해야 할 필요가 없었기 때문이다). אל+להשכיל에 관해서는 시 41:2을 참조하라.

15.a. 웨아세르(ואשר, "and that")를 삭제하는 것은 본문에 토대를 두고 하는 것이 아니다. 비록 이 부분이 어려움을 일으키는 모습이기는 하지만 말이다. 그렇기 때문에 이런 점들은 주해적으로 해결되어야만 한다. "주석"을 참조하라.

15.b. 히브리어 관용어구대로 본문은 실제적으로는 "감람나무 가지들과 화석류나무 가지들과…등"이라고 이야기한다.

양식/구조/배경

회복된 공동체의 언약 갱신과 같은 무언가를 묘사하기 위해 느헤미야 8-10장을 전체적으로 하나의 단위로 편집해서 구성했다는 점이 받아들여지고 있지만, 그럼에도 불구하고 느헤미야 8장에는 무언가 단절된 이질적인 요소가 나타난다는 점도 분명하다. 8장의 처음 도입 부분은 7:72b(73b)에서 새로운 날짜를 제시하면서, 그리고 의도적으로 앞선 단락의 결론을 제시하면서 시작한다. 이 부분이 뒤이어 나올 부분과 분리된다는 점에 관해서는 9장에 대한 "양식"을 보라.

하지만 느헤미야 8장은 자체적으로 하나의 단위로 보아야만 한다. (i) 2절에서는 시일에 관한 언급이 완전한 형태로 다 제시되어 있다. 반면에 13절 시작 구문인 "그 이튿날"이라는 표현은 내러티브가 계속해서 연속되고 있다는 점을 직접적으로 보여 준다. (ii) 8장에서는 단일한 주제가 제시된다. 즉 에스라는 율법을 읽고 설명하며(레위인들의 도움을 받아), 백성들은 율법의 요구에 대해 자발적으로 응답한다. 이 장의 두 번째 부분(13-18절)은 초막절을 이 장의 중심 주제에 종속시키는데, 이 두 번째 부분과 첫 번째 부분은 이 점을 통해 단단하고 밀접하게 연결되어 있다. 13, 14, 15절과 18절은 모두 에스라와 율법에 직접적으로 연관되어 있다. 반면에 유일하게 절기에 관한 내용인 16절과 17절은 백성들이 그들에게 전달되어 온 규정들을 이전 수 세기 동안 전례가 없는 모습으로 훌륭하게 준수했다는 내용이다. 8장에서는 절기에 관한 다른 어떤 측면도 이 점보다 더 많이 언급되지 않았다. 앞으로 관찰하겠지만, 8장 안에 있는 이런 두 가지 통합적인 요소들은 이전에 나온 내용과 앞으로 나올 내용 사이를 구분해 준다.

전체적으로는 이렇게 단일성을 이루고 있지만, 그 안에 있는 몇몇 요소들에 대해서는 이차적으로나 혹은 편집을 통해 나중에 첨가된 것이 아닌가라는 의문들이 종종 제기되어 왔다. 원칙적으로는 우리의 결론이 보여 주듯이 (아래를 보라), 이 장은 원래의 에스라 비망록(EM)을 편집한 것인 듯하다. 하지만 실제적으로 나중에 첨가되고 편집된 요소들을 각기 따로따로 떼어내는 것은 극히 어려운 일이다. 예를 들어, 몇몇 사람들은 3절과 5절 둘 다 원래의 것일 수 없다고 주장해 왔다. 왜냐하면 연대기적으로 볼 때 5절은 3절보다 앞선 것으로 보이기 때문이다. 그러나 켈러만(Kellermann, *Nehemia*, 27)이 이런 주장에 올바르게 대응했던 것처럼, 3절은 뒤이어 나오는 전체 내러티브에 대한 요약으로 보아야만 한다. 그렇기 때문에 이 주장은 별다른 어려움이 아니다. 또한 이름들 목록(4절)과 특별히 레위인들에 대한 소개(7절, 8절의 복수형 동사, 9절과 11절의 일부분)를 후대의 편집자의 편집으로 보아야 한다는 주장이 있는데, 이는 앞선 주장보다 더 깊이 있게 주장되어 왔다. 이 주장의 경우 역대기 사가를 종종 후대의 편집자라고 생각해 왔는데, 역대기 사가가 레위인들에게 관심을 기울인다는 점은 이미 잘 알려져 있기 때문이다. 이런 제안들은 더 진전시키기가 어렵다. 문법적으로나 구문론적으로 보았을 때 이런 문단들과 정반대의 결론을 주장할 근거는 전혀 없다. 반면에 우리가 8:15-20을 통해서 알 수 있는 것처럼 에스라 자신은 2차 귀환 때 레위인들을 반드시 데리고 가야 한다고 염려했었다. 더군다나 이 장에 나타나는 레위인들의 종속적인 역할은 다음 장에 나타나는 그들의 주도적인 역할과 매우 날카롭게 대조를 이룬다. 그러므로 아무리 보더라도 이 장은 분명 에스라 · 느헤미야 자료를 편집한 편집자의 손을 거친 것으로 결론짓는 것이 최상인 것으로 보인다. 최소한 편집자가 자신을 3인칭으로 여기에 자리잡게 했던 것으로 보는 것이 최상의 결론인 것으로 보이며(일단 그가 이 장을 느헤미야 내러티브 이후에 자리잡게 한 뒤에는 이런 단계가 필요했다), 그는 자신이 현재 본문 형태에 기여한 자취들을 우리가 특별히 따로 구별해낼 수 없도록 충분히 잘 덮어 두었다고 보는 것이 최상인 것으로 보인다(이 결론에 대해 유일하게 두드러진 예외로 생각해야 할 점에 관해서는 n. 8:9.a.을 참조하라).

전체적으로 단일성을 갖고 있는 이 장은 매우 단순한 도표 형태로 구분할 수 있는 소단락들로 구성되어 있다(Pohlmann, *Studien*, 132-35를 좇는다. 다만 마소라 사본과 함께 두 번째 문단을 15절 이후에서 나누는 것을 선호하는 것만을 예외로 한다. 이렇게 함으로써 15절과 18절 마지막 부분들에서 각기 평행법인 "기록한 바를 따라"〈ככתוב – 카카투브〉와 "규례를 따라"〈כמשפט – 캄미슈파트〉가 유지된다).

a. 칠 월의 첫 번째 날의 회중, 1-12절

(i) 율법 낭독, 1-8절

(ii) 회중의 해산, 9-12절

b. 초막절, 13-18절

(i) 준비, 13-15절

(ii) 절기 의식, 16-18절

이 장의 중심 주제를 중요하게 강조하는 효과를 갖고 있는 사상들이 있는데, 이를 반복함으로써 각각의 부분들의 경계선이 표시된다. 그러므로 우리는 이 장의 중요한 부분들이 율법과 그에 대한 설명을 듣기 위해 자발적으로 모여든 모임(אסף, 1절과 13절)에서부터 시작한다는 것을 알 수 있으며, 또한 각 부분은 에스라가 하는 주해에 순종하면서 따라오는 기쁨에 관한 것으로 마무리된다는 점(מחה גדולה, 12절과 17절)을 알 수 있다. 이런 양상으로 각 부분이 구성되어 있다.

각각의 소단락 부분의 결론 사이에도 이와 비슷한 양상으로 평행적인 표현들이 나타난다: 8절과 12절(a.의 i부분과 ii부분의 마지막 구절)은 두 군데 모두 백성들이 자신들이 들은 것을 이해했다는 언급으로 마무리된다(בין). 또한 15절과 18절(b.의 i부분과 ii부분의 마지막 구절)에는 결론을 이루는 단어들인 카카투브(ככתוב, "기록한 바를 따라")와 캄미슈파트(כמשפט, "규례를 따라")가 쌍둥이처럼 분명하게 자리잡고 있다. 그러므로 우리가 이미 이 장의 근본적인 사상으로 지적했던 내용이 구조적인 양식 속에 자세하게 설명되어 있는 셈이다: 설명을 곁들여 낭독하는 것은 이해하게끔 이끌어 가고, 또한 여기에서 기쁨이 생겨나게 된다. 그리고 이해한다는 것은 필연적으로 순종이라는 문제를 생겨나게 하고, 이는 다시 기쁨으로 마무리된다.

이 문단 내러티브의 일반적인 모양새에 관해서는 이미 그 윤곽을 제시했다. 이제 1-12절이 저자 당시의 회당 예배 패턴을 반영하고 있다는 관점에 대해 여기서 언급하고자 한다. 참조. K. Galling, "Erwägungen zur antiken Synagoge," *ZDPV* 72(1956) 163-78; Kellermann, *Nehemia*, 29-30; Pohlmann, *Studien*, 136; In der Smitten, *Esra*, 38-47. 비록 이런 의견은 일반적으로 이 본문이 역사적으로는 가치가 없다는 회의론적인 입장과 동반해서 나타나곤 하지만, 이 두 가지가 반드시 하나로 묶여야만 하는 것은 아니다. 에스라와 회중들이 그 당시에 이미 확립되어 있었던 예배 의식을 따르고 있었다고 주장하는 것도 얼마든지 가능하다. 역으로, 루돌프(Rudolph)는 후대의 회당 예배가 바로 이 본문에서부터 그들의 영감을 끌어오고 있다고 주장한다.

1-12절에 대한 이런 결론을 뒷받침하기 위해서 인 데르 스미텐(In der Smitten)은 회당 모임에 대한 다음의 공식적인 요소들을 자신의 목록 안에 포함시켰다: 모임, 토라 중 한 부분을 읽을 것에 대한 요청, 토라-두루마리를 열기, 백성들 곁에 서기, 공동체를 축복함, 공동체의 반응, 엎드려 절함(?), 설교, 토라를 읽는 것, 권면과 더불어 탈굼을 말함, 떠나감(**아가페** 식사를 위해서?). 인 데르 스미텐은 이런 요소들이 예배 의식을 이해할 수 있게 해준다고 주장한다(p. 40). 그리고 그는 여기서 좀더 진전된 근거나 주장을 제시하지 않은 채 이런 요소들이 회당 예배를 형성했다고 추론한다(p. 44).

하지만 이런 전체적인 가설은 수많은 심각한 반대도 받고 있다. 첫째로, 우리는 기독교 이전 시대에 회당이 본질적으로 감당했던 역할이 무엇인지에 대해 전혀 증거를 갖고 있지 않다(회당들이 존재했었다고 가정한다면!). 신약성경(예를 들어, 눅 4:16-27 그리고 행 13:14-43)은 이 주제와 관련하여 기록된 초기의 증거 중 일부를 제공한다. 그러므로 이 이론은 이 주장을 제기한 사람들이 갖고 있던 정보나 지식들에서 분명히 좀더 추측적인 성격으로 나아간 이론이다.

둘째로, 우리가 보고 있는 이 문단에는 후대 시대를 통해서 우리가 알고 있는 회당의 역할 중 몇 가지 요소가 누락되어 있다. 참조. P. Billerbeck, "Ein Synagogengottesdienst in Jesu Tagen," *ZNW* 55(1964) 143-61; S. Safrai and M. Stern (ed⟨s⟩.), *The Jewish People in the First Century* II(Assen/Amsterdam: Van Gorcum, 1976), 914-33; E. Schürer, *The History of the Jewish People in the Age of Jesus Christ* (175 b.c.-a.d. 135) II, ed. G. Vermes, F. Millar, and M. Black(Edinburgh: T. & T. Clark, 1979), 447-54. 회당과 관련해서 활용 가능한 가장 초기의 증거는 다음 요소들이 회당의 정기적인 예배 의식에서 중요한 요소들임을 알려 준다: 쉐마 기도의 인용(*Shemoneh 'Esreh*, 18가지 축원을 포함해서), 토라 낭독(탈굼과 더불어), 선지서 낭독, 설교 그리고 제사장적인 축복.

이 항목들을 느헤미야 8장의 목록과 비교해 보면, 느헤미야 8장의 목록에는 처음 두 가지 항목이 없다는 점을 발견할 수 있다. 물론 이 항목이 얼마나 중요한지는 확실치가 않다. 왜냐하면 쉐마 기도와 *Shemoneh 'Esreh*가 예배 의식에 언제 고정되었는지를 확실하게 모르기 때문이다. 그러나 어떤 종류의 기도도 나오지 않고 누락되어 있다는 점(두루마리를 펼 때 에스라가 했던 축복과는 별개로)은 이 모임에 제의적 성격이 희박했음을 보여 준다. 다음으로, 여기에 제시한 해석에 토대를 두고 본다면, 여기서의 낭독은 탈굼과 더불어 이루어진 것이 아니었다. 비록 여기서 제공한 주해와 설명은 후대에 회당 내에서 탈굼이 감당하던 역할을 충족시켜 주기는 하지만 말이다. 사실 좀더 중요한 것은 선지서 낭독, 마지막 부분의 축복에 대한 기록이 없다는 점이다. 또한 9-10절을 과연 설교로 이해해야만 하는지도 의문스러운데, 왜냐하면 그 내용이 여하튼 이미 낭독한 성경 내용에 토대를 둔 것이 아니기 때문이다.

셋째로, 현재 느헤미야 8장에는 우리가 회당이 갖는 역할에 대해 전혀 기대하지 않는 요소들이 들어 있다: 분명 이 모임은 백성들이 자신들에게 율법을 읽어 달라고 에스라에게 요청하면서 함께 모인 것이었다(1절). 낭독이 더 길게 연장되었고(3절), 연장된 낭독은 백성들 중 일단의 그룹들이 담당했으며, 또 다른 그룹은 해석하는 일을 책임졌다(7-9절; 이 구절들에 몇 가지 후대의 요소들이 포함되어 있을 수 있다는 것도 사실이다. 그러나 그런 요소들이 무엇이건 간에, 이 장은 회당에서 행하던 관습에서 먼 방향이 아니라 좀더 가까운 방향을 향하고 있다는 것이 일반적으로 인정되어 왔다).

마지막으로, 이 문단에서는 오로지 한 가지에만 관심의 초점이 모아지고 있다는 것, 즉 율법 낭독에만 초점이 맞추어져 있다는 사실을 관찰해야 한다. 비록 5-6절에서 분명한 제의적 요소들을 발견할 수 있지만, 그 요소들을 포함한 다른 모든 요소들이 바로 이 한 가지에 종속되어 있다. 그렇기 때문에 이런 개별적인 항목들은 그 당시 회당 예배에 들어 있던 일부분으로 이해하기보다는, 도리어 현재의 제의적 관습들에서 특별하게 차용한 것으로 보는 것이 더 나은 이해가 될 것이다. 따라서 느헤미야 8장은 바로 이런 정도까지만 성전에서 떨어져 있던 회당의 초기 예배에 대한 증거로 사용될 수 있다. 사프라이(Safrai, Safrai and Stern, *The Jewish People*, 912-13에서)는 바로 이 모임과 에스라 하에서 이루어진 이와 유사한 다른 모임들에서 회당이 직접적으로 발전했다고 본다. 우리는 그의 주장에 대해서 예배의 일부 양식이 이미 존재했으며, 또한 그것이 지금 느헤미야 8장의 과정들에도 영향을 끼쳤지만, 이 문단은 이에 관해서는 전혀 기록하지 않고 있을 뿐만 아니라 회당 예배에 관한 어떤 종류의 제의적 묘사도 하지 않고 있다고 결론내린다.

느헤미야 8장의 배경을 논의함에 있어서 문학적으로 고려할 점들과 역사적으로 고려해야 할 점들을 따로 분리한 채 논의를 유지하기란 참으로 어려운 일이다. 우리는 사건들이 실제로(역사적으로) 어떤 과정을 통해 이루어졌는지가 이 장의 문학적 양상에 중요한 영향을 끼치게 된다는 점을 부인하지는 않는다. 그러나 8장에 나오는 특별한 사건의 경우에는 몇몇 집요한 요소들이 문학적인 문제들을 우선적으로 다루도록 명령한다. 예를 들어, 이 장에서는 해(年)와 관련된 아무런 언급 없이 다만 날과 달에 관해서만 언급한다는 점도 그런 예가 될 수 있다. 만약 8장의 자료가 원래는 에스라 7-10장과 함께 작성되었고 느헤미야 1-7장에서 분리된 것으로 결론내린다면, 그 필연적인 결과로서 여기 묘사된 사건들은 발생했던 적이 없는 사건이 되어 버리며, 성경 본문을 표면에 기록된 대로만 읽으면 지금은 에스라가 예루살렘에 돌아온 지 약 13년 이후가 된다. 그러므로 역사적 측면에서 이 13년 간의 공백을 설명하려는 시도들(예를 들어, Kidner, 150-52)은 완전히 초점을 벗어난 것이 된다. 이 부분의 시간과 관련된 용어에 관해서는 아래의 7:72b(73b)에 대한 "주석"을 참조하라.

문학적 증거를 논의하는 사람들 사이에서는 중요한 논쟁거리가 되는 한 가지 항목을 제외한 다른 여러 항목들에서 의견의 일치 내지는 동의가 이루어진다. 의견의 일치를 이루지 못하는 한 가지 중요하고 유일한 예외는 파블로브스키(Pavlovský, "Die Chronologie der Tätigkeit Esras: Versuch einer neuen Lösung (I)," *Bib* 38 [1957] 275-305, 428-56)다. 하지만 이 시기의 문학과 역사에 대한 그의 특이한 재배열은 상당히 추측적인 성격을 갖고 있다. 그의 주장은 정황적인 증거들을 중요한 근거의 포인트로 삼고 있으며, 만약 실수가 아니라면 과연 왜 그렇게 이해하고 해석했는지 의심을 품게 되는 여러 가지 관찰들에 토대를 두고 있다. 이런 내용들 중 몇몇 내용들에 관한 대응에 대해서는 에머튼(Emerton, *JTS* ns 17[1966] 1-19)을 참조하라.

우리는 첫 번째로, 에스라・느헤미야 자료들의 최종 편집자가 느헤미야 8-10장이 느헤미야 7장과 11장 사이에 나중에 삽입되었다는 점을 나타내기 위해 반복적 요약이라는 방식을 사용했다는 점을 기억해야 할 것이다(느 7장의 "양식"을 보라). 주석가들 역시 느헤미야 11장이 느헤미야 7장에서 시작된 내러티브를 다시 연속적으로 이어간다는 점에 대해서 일반적으로 동의한다. 이처럼 첨가된 단계에 있어서 느헤미야 9장과 10장의 자리매김에 대해서는 개방해 두어야만 하겠지만, 여하튼 느헤미야 8장이 다른 어딘가에서부터 현재 위치로 삽입되었다고 결론내릴 수 있을 것이다.

둘째로, 8장의 형태와 내용들을 앞에 나온 장들의 형태나 내용들과 비교해 보면 이 결론은 더욱더 힘을 받는다. 예를 들어, 느헤미야의 1인칭 설명이 여기 8장 내러티브에서는 3인칭으로 바뀐다. 느헤미야서 앞부분에서는 전혀 언급되지 않았던 에스라가 지금은 관심의 중심이 되고 있으며, 반면에 느헤미야 자신은 이 부분에서 원래 언급되고 있었는지 정말 의심스러울 지경이 되어 버렸다. 또한 날짜를 표현하는 방식(날과 달을 숫자로 헤아리는)도 느헤미야가 달을 표현할 때 이름을 붙여 표현했던 것과 대조를 이룬다(예를 들어, 느 1:1; 2:1; 6:15). 형태와 관련된 다른 여러 가지 고려사항들에 대해서는 켈러만(Kellermann, *Nehemia*, 26)을 참조하라.

세 번째로, 만약 이 장의 원래의 문학적 배경을 찾고자 한다면, 우리는 즉각 에스라 7-10장에 관심을 기울이게 된다. 그 부분에서도 여기 8장에서처럼 에스라와 율법이 중심 주제다. 에스라의 특징과 스타일을 제시하는 것도 동일하게 나타난다(백성들의 움직임을 그가 어떻게 기다리고 있었는지에 관해서는 느 8:1과 스 9:1을 주목하라. 그리고 그가 문제들을 심사숙고하는 데 얼마나 많은 시간을 들이면서 문제들을 점차적으로 처리하고 있는지를 주목하라. 느 8:9-10, 13과 스 9:3-4; 10:6, 16). 날짜를 표시하는 체제도 에스라 7-10장과 정확하게 들어맞는다…. 이런 모든 요소들로 인해서 느헤미야 8장은 문학적인 관점에서 볼 때 에스라 7-10장에 속한다는 학문적인 의견의 일치가 폭넓게 그리고 전적으로 올바르게 있어 왔다.

하지만 그렇다면 느헤미야 8장이 에스라 7-10장 중 정확하게 어디에 원래 자리 잡고 있었느냐에 관해 의문이 생긴다. 한 관점에 의하면, 이 문제에 대한 논쟁은 별로 중요하지 않다. 현재 상황에서 이 본문에 대한 해석은 느헤미야 8장(그리고 9-10장)이 편집자를 통해 첨가되었다는 것을 확립하는 것만으로도 이미 충분하다. 그럼에도 불구하고, 우리가 상정한 이 질문은 에스라의 소명이 성취되던 과정을 재구성하려는 시도에 있어서, 그리고 그렇게 함으로써 그의 업적을 평가하는 데 있어서 매우 중요하다.

물론 몇몇 소수 학자들에게는 이 질문은 부적절한 질문이기도 하다. 카펠루드(Kapelrud, *Authorship*)나 켈러만(Kellermann, *Nehemia*, 32) 등과 같은 학자들이 그런 사람들인데, 이들은 "역대기 사가"(그가 한 명의 개인이건 혹은 학파건 간에)가 에스라 자신에 관한 자료는 물론이고(시기적으로 좀더 앞선 자료에 토대를 두고서 그랬건 혹은 그렇지 않건 간에) 느헤미야 자료도 편집했다고 믿는다. 이들의 관점에서 보자면, 느헤미야 8장은 바로 지금 자리에 자리잡고 있었다. 이 위치는 최종 편집자가 구성했다. 그러나 이 관점을 받아들이기는 어려워 보인다. 우리는 이미 원래의 **에스라 비망록**(*EM*)이 있었다고 주장했으며, 또한 이런 학자들의 주장이 함축하듯 편집 작업이 상당히 진척된 것은 아니었다고 제시했다. 어쨌거나 카펠루드(Kapelrud)는 8장에 대한 이런 결론을 지지해 주는 좀더 진전된 주장들을 채택한다. 이런 접근이 갖고 있는 근본적인 토대 – 즉 스타일에 근거를 두고 역대기 사가를 따로 분리해 내자는 주장 – 는 매우 의문스럽다(참조. Williamson, *Israel*, 37-59). 그리고 느헤미야 1-7장에서 8장으로의 전환이 매끄럽지 못하다는 점에 대해서는 느헤미야 8장이 현재 형태로 특별하게 편집되었다는 관점보다는 오히려 원래는 분리되어 있던 다른 원 자료들이 서로 섞여 짜이면서 그렇게 된 것이라고 보는 것이 좀더 설득력 있는 설명이다. 그렇기 때문에 우리는 이 장의 원래의 배경이 무엇이었는지에 관해 탐색해 보아야만 한다.

토레이(Torrey)는 이 문제에 대해 처음에 깊이 고민했던 학자들 중 한 명이다. 그의 제안은 느헤미야 8장이 에스라 8장과 9장 사이에서 잘 들어맞아야만 한다는 것이었다. 참조. *Composition*, 29-34; *Ezra Studies*, 252-84. 그가 제시하는 주된 근거들은 느헤미야 7장의 마무리 구절들(그는 이 구절들을 느 8장에 포함시켰다)이 에스라 8:33-34에서 제시하는 주제들과 잘 맞아떨어진다는 것이다. 그러니까 율법 낭독이 에스라가 예루살렘에 처음에 왔던 가장 중요한 이유였다는 것, 이 관점을 통해서 보자면 에스라 자료에 나오는 연대들의 순서가 부드럽게 잘 맞는다는 것, 그리고 에스라 9장의 사건들이 율법에 대한 지식을 전제로 하고 있으며, 그렇기 때문에 느헤미야 8장 이후에 나올 수밖에 없다는 것 등이다. 토레이는 느헤미야 7:70-8:1이 에스라 2장의 마지막 부분(그 중 많은 부분은 느 7장과 평행을 이룬다)과 유사해서 서기관이 그 부분을 지금 위치로 옮긴 실수 때문에 이런 도치가 발생했다고 믿는다. 그러므로 토레이는 확신을 가지고 그가 소위 "The Ezra Story in Its Original Sequence"라고 부르는 제안까지 나아간다.

소소한 차이점들이 있기는 하지만 그 이후 수십 년 동안 수많은 학자들이 토레이(Torrey)의 관점을 따랐는데, 주목할 만한 사람으로는 쉐이더(Schaeder, Esra, 7-26, Ahlemann, *ZAW* 59[1942-43] 77-98)와 루돌프(Rudolph)가 있다. 이들이 갖고 있는 핵심적인 차이점은 느헤미야 9-10장의 위치에 대한 것이다. 이에 대해서는 이 주석에서 나중에 다룰 것이고, 느헤미야 자료에서 에스라 자료로 변화하는 지점은 느헤미야 7장에서 발견해야만 할 것이다(이에 관한 몇몇 논의에 관해서는 위의 7장에 대한 "양식"을 보라). 이 사항은 결과적으로 어떻게 그리고 왜 이런 도치가 생겼는지를 기교적 측면에서 각기 다른 설명을 하게끔 이끈다.

하지만 최근에는 대안으로 제시된 관점이 상당한 대중성을 얻어 왔다. 비록 이 관점이 베르톨렛(Bertholet)의 주석 등과 같은 일부 이전 연구들에서도 발견되기는 하지만, 이 관점은 모빙켈(Mowinckel, *Studien III*, 7-11, 그리고 *Studien I*, 7-61를 참조하라)을 통해 세부적으로 주장되었다. 또한 몇몇 부가적인 주장들과 함께 폴만(Pohlmann, *Studien*, 127-48), 인 데르 스미텐(In der Smitten, *Esra*, 35-47), 코흐(Koch, *JSS* 19[1974] 179) 그리고 모시스(Mosis, *Untersuchungen*, 215-20) 등의 학자들도 그를 좇았다. 이 관점에서는 느헤미야 8장이 원래는 에스라 8장보다는 느헤미야 10장 이후에 나온다고 본다. 이런 주장을 하는 중심적인 근거들로는 긍정적인 것과 부정적인 것이 있다. 긍정적인 것은 바로 이런 순서를 에스드라1서에서 발견할 수 있다는 점이다. 모빙켈과 폴만은 이 부분이 역대기 사가 작품의 원래의 마무리 부분이라고 믿는다. 또한 축제와 기쁨에 초점을 맞추고 있는 느헤미야 8장이 에스라의 사역 중 클라이맥스 설명 부분으로서 좀더 적절하다고 믿는다. 부정적으로는 느헤미야 8장이 어디에 위치하고 있는지에 관해서 토레이(Torrey)와 루돌프

(Rudolph)가 생각하는 위치가 틀렸다고 생각하는 것이다. 즉 그들은 애당초 처음부터 느헤미야 8장을 이해할 때 느헤미야 8장이 에스라가 새로운 율법을 제시하는 것을 묘사한다고 생각했는데, 이는 잘못된 출발이라고 보는 것이다. 일단 그가 제시한 율법이 이미 유다에 알려져 있던 율법이었다는 사실을 깨닫기만 한다면, 느헤미야 8장을 에스라 9장 앞에 자리잡게 하는 중요한 근거 하나는 분명 사라지게 된다. 마지막으로, 에스라 비망록(EM) 내에서의 연대들을 통해서도 또 다른 주장이 제기되는데, 우리는 이런 여러 주장들이 그리 결정적이지 않다는 점을 이미 제시했다.

이 논의를 평가함에 있어서 내가 우선적으로 이야기해야만 하는 점이 있다. 그것은 이 주석에서는 물론이고 다른 연구들에서도 에스드라1서가 역대기 사가가 쓴 작품의 원래의 마무리 부분을 보여 준다는 관점을 받아들일 수 없다는 것을 반복해서 주장해 왔다는 점이다. 에스드라1서는 이차적인 편집물일 뿐이며, 거기에 나오는 사건의 순서를 비평 없이 받아들여서는 안 된다. 이 점은 위에서 제시했던 두 번째 관점이 갖고 있는 중요한 항목이며, 또한 여러 관점들이 자기 생각을 주장하면서 외적인 증거 자료로 제시하는 유일한 외적 증거이기도 하다. 만약 우리가 에스드라1서를 증거로 간주하지 않는다면, 우리는 그저 단순하게 느헤미야 8장이 어디에서 다른 부분들과 가장 만족스럽게 잘 어울리는지를 자유스럽게 찾아보고 물어볼 수 있다.

모빙켈(Mowinckel)이 깨닫고 있었던 것처럼, 연대를 표현하는 골격은 분명히 첫 번째 관점을 더 선호한다: 에스라는 다섯째 달의 첫날에 도착하며(= 1.5; 참조. 스 7:9), 율법을 7월 1일에 읽었고(참조. 느 8:2) 그리고 9-10월 동안 혼합 결혼 문제를 다룬다(참조. 스 10:16). 그러나 이와는 대조적으로 모빙켈은 율법 낭독이 대략 9달 정도 이후에 제2년째에 일어났다는 관점을 갖고 있다. 그는 에스라가 다음해의 언약 갱신을 하는 때까지, 그러니까 율법을 선포할 수 있는 적절한 시기가 되기까지 기다렸다고 주장하며, 이를 통해서 자신의 관점을 설명한다. 물론 이는 역사적인 것이지 문학적인 설명은 아니다. 모빙켈의 주장은 역사적인 것이기 때문에 본문의 정황과는 잘 어울리지 않는 성격을 갖고 있으며, 또한 우리로 하여금 율법 낭독이 언제 일어났는지, 그 해(年)를 알려 주는 언급이 왜 없는지 의아스럽게 만든다.

다음으로, 우리는 에스라가 백성들에게 읽어 준 율법이 아마도 그들에게 전적으로 새로운 것은 아니었지만, 그가 율법을 제시한 모습이 백성들이 즉각적으로 율법의 내용을 그들 자신들의 상황에 새로운 방식으로 적용할 수 있게끔 율법에 대한 새로운 해석을 제공하는 모습이라는 점에 대해 충분히 동의할 수 있다. 현재의 장이 다루는 구체적인 여러 가지 사항들에 대해서는 아래의 13-18절에 대한 "주석"에서 다루었다. 그러나 혼합 결혼에 대해 율법이 백성들에게 가한 유사한 충격에 관해서는 에스라 9:1-2에 대한 "주석"도 함께 보도록 하라(또한 비록 에스라와 직접적으로 연관된 것은 아니지만, 아래의 느 10장에 대한 "주석"도 좀더 보도록 하라). 그러므로 에스라의 율법을 가르치는 사역에 대한 설명은 에스라 9장 이전에 나오는 것이 위치상 가장 잘 어울리며, 그런 내용을 설명하는 장으로서는 느헤미야 8장이 유일한 후보라 할 수 있다.

세 번째로, 우리가 위에서 논의했던 이 장의 구조와 양식은 모빙켈(Mowinckel), 폴만(Pohlmann) 그리고 인 데르 스미텐(In der Smitten) 등이 생각하고 허용하는 것보다는 율법 제시가 훨씬 더 중요한 핵심이었음을 보여 준다. 우리는 초막절 자체에는 강조점이 그리 많이 주어지지 않았다는 점을 살펴보았다. 이와 마찬가지로, 아르타크세르크세스의 조서(스 7:12-26)가 우리로 하여금 에스라가 율법을 반포할 것으로 기대하게 한다는 것을 부인하는 것도 옳지 않다: 7:14과 25-26절 두 부분은 모두 뒤이어 나오는 내러티브에서 율법 선포가 두드러진 요소가 될 것임을 함축적으로 보여 주며, 또한 율법을 배울 필요가 있는 사람들이 있음을 보여 준다. 그렇다고 해서 이런 필요가 율법이 전적으로 새로운 것임을 의미하는 것은 아니다. 에스라 7:25은 율법이 새로운 것은 아니었지만, 당시엔 이미 율법이 어느 정도 무시되던 상황이었음도 추측케 한다. 우리는 상호보완적인 이 두 가지 사항을 함께 취급하면서, 느헤미야 8장에 대해서 이 부분이 에스라의 예루살렘 사역의 결론 부분이라기보다는 도입 부분으로서 좀더 적절하다고 결론내릴 수 있을 것이다. 더군다나 편집자가 느헤미야 8장을 에스라와 느헤미야 사역의 클라이맥스 중 일부분으로 제시하고 있다는 점도 반드시 기억해야만 한다. 그렇기 때문에 일부 몇몇 주석가들이 이 지점에서 클라이맥스 분위기를 느끼는 것은 이 부분이 원래 클라이맥스로 구성되었기 때문이라기보다는 편집자 때문에 그렇게 된 것이라 할 수 있다.

마지막으로, 3인칭으로 되어 있는 에스라 8장의 마지막 두 구절에 대해서도 에스라 비망록(EM)에 편집적으로 삽입된 부분으로 생각하고 있다는 점을 결코 잊어서는 안 된다.

그러므로 우리는 느헤미야 8장의 원래의 문학적 배경이 에스라 8장과 9장 사이였다고 결론내릴 수 있다. 물론 이 부분의 역사적 배경은 직접적으로 이 결론에서부터 나온다. 하지만 현재의 문단과 장들의 배열은 우연한 것이 아니다. 위에서 느헤미야 8-10장에 관해 전체적으로 설명한 부분(서론)을 보라. 이 자료를 느헤미야 비망록 중 어디에 삽입해야 할지 그 정확한 지점에 관해서는 이제부터 설명할 고려 사항들을 통해 선택했다.

주석

72(73)b 이 구절에는 학자들로 하여금 이 장이 원래는 에스라 8장의 후편으로 구성되었다는 관점으로 이끄는 우선적인 요소들이 있다. 우리는 에스라와 함께 바벨론에서 돌아왔던 사람들이 유다에 거주했다는 언급이 에스라 8장에 나올 것으로 기대하는데, 그와 관련된 언급이 이 구절에 요약되어 있으며, 이 점이 이 부분을 에스라 8장 후편으로 보게 하는 한 가지 요소다. 느헤미야 7장에 나오는 목록도 이와 비슷한 내용으로 결론을 맺는다. 그렇기 때문에 편집자가 에스라와 느헤미야가 행한 사역들 중 신학적인 이유로 인해 에스라가 율법을 읽는 것을 클라이맥스 부분에 포함시키기를 원했을 때, 그는 이런 밀접한 유사성을 활용했고, 이런 특징에 관심을 기울였다. 일단 에스라가 의식적으로 연결점을 추구하고 있었다는 점을 받아들인다면, 이 구절의 두 부분에는 그가 배경(율법 선포의 배경)을 선택한 것을 설명하는 데 있어서 겹치는 부분이 상당히 많다. 그럴 경우 루돌프(Rudolph)는 이 부분이 후대의 편집자가 훨씬 약한 동기를 가지고 옮겼다고 추측해야만 한다. 그러나 굳이 이 구절 앞부분에 좀더 확장적인 중복되는 부분이 있었는데 그 부분을 잃어버렸다고 추측할 필요는 없다. 물론 백성들의 정착을 좀더 다루고 있는 자료를 그 내용이 지금의 정황과 더 이상 관련이 없기 때문에 편집자가 누락해 버렸을 가능성도 남아 있긴 하다. "그리고 이스라엘이 다 그 본성에 거하였느니라"는 상황절은 현재의 배경 속에서는 앞 장과의 연결 역할을 하는 것은 물론이고, 동시에 이 장에 나오는 회중의 처음 행동에 대한 전주곡으로서의 역할도 한다.

날짜는 칠 월이라고 제시되어 있고, 뒷부분에서는 이 점이 구체적으로 칠 월 첫째 날이었다고 표현된다(8:2). 느헤미야서에서 마지막으로 언급된 날짜(6:15)는 성이 완공된 엘룰월 이십오 일이었다. 엘룰월이 유월이기 때문에, 편집자는 여기서 연대기적인 순서를 유지하려고 조절하고 있는 것이 분명하다. 하지만 역사적으로는 여기 포함된 적은 날들은 성벽 건축의 힘겨운 과정들을 마친 뒤 백성들이 고향으로 돌아가기에는, 느헤미야가 의견을 모으기 위해 지도자들을 모으기에는(7:5), 그들 역시 집으로 돌아가기에는(지금 구절이 함축하듯이) 그리고 "모든 백성들이"(8:1)

에스라에게 율법을 읽어 달라고 요청하기 위해 예루살렘에 다시 모여들도록 배치를 하기에는 분명히 충분한 시간이 못 되었을 것이다. 그렇기 때문에 이는 역사가들의 입장에 반하는 좀더 적은 주장이다(위의 "양식"을 참조하라).

하지만 에스라 7-10장의 순서에서는 에스라가 예루살렘에 도착한 지 두 달 후라는 시점이 너무나 잘 들어맞는다(참조. 스 7:9). 우리는 그가 율법을 공식적으로 선포하고 또 그 선포에 토대를 둔 그의 프로그램을 진행시키는 데 있어서 이 날짜를 사용할 의도를 갖고 이미 일을 시작한 것이 아닌지 의심할 필요가 없다. 우리가 주목해야만 하는 점은 여기서 선택된 날짜가 이런 회중 모임에 전적으로 적절한 시기라는 점이며, 이런 점이 이전에도 조심스럽게 배열되었음을 보여 준다는 점이다. 이 시점은 종교력에 있어서 가장 중요한 달들 중 하나였다(참조. 레 23:23-26). 뿐만 아니라 여기 목록들에는 다음과 같은 날들이 들어 있다. (i) 그 달 일 일에는 나팔절. 분명 이 날은 후대의 신년일이었을 것이다. 그러나 당시에도 이 날이 신년일이었는지에 대해서는 많은 논쟁이 있다. (ii) 10일에는 속죄일. 그리고 (iii) 15일에 시작해서 일주일 동안 계속되는 초막절. 그러나 신명기 31:10-13에 의하면, 매 7년마다 초막절 동안 율법을 선포해야만 했고, 많은 사람들은 바로 이것을 언약 갱신 의식의 토대라고 간주해 왔는데, 이 달에 바로 이런 일이 있었다. 신명기와 여기 둘 다에서 백성들이 모두 다 함께 모였다는 것이 강조되고 있다는 점이나, 또한 과정들과 목적이 갖고 있는 일반적인 유사성(적어도 느 8-10장 전체 부분의 편집자가 보여 준 것처럼)은 에스라가 이 규정을 좇을 생각으로 행동했음을 보여 준다.

8:[1] 모임을 시작하고 진행시킨 주도권은 백성들에게 있었다. 하지만 분명한 것은 이와 같은 일이 완전히 자발적으로 일어난 것은 아니라는 점이다. 그러므로 우리는 에스라 9장에서의 과정을 생각해 보면서 이와 유사한 배경과 준비들이 있었다고 가정해 볼 수 있다.

수문 앞 광장에 회중이 모인 것은 3절과 16절에서도 언급되었다. 3:26; 그리고 12:37. 여기가 정확하게 어디인지는 논란거리이지만, 일부 학자들(예를 들어, Pohlmann, *Studien*, 151-54)은 이 장소가 어떤 식으로건 성전과 연관되어 있었을 것이라고 주장한다. 이런 주장은 느헤미야 8:1-12이 정규적인 종교적 모임(예배)을 묘사한다는 광범위한 이론의 일부분이다. 이를 뒷받침하기 위해서 느헤미야 12:37 그리고 40절이 함축하는 내용에 특히 더 호소하곤 한다.

그러나 우리는 위의 3:26에서 수문(water gate)이 느헤미야가 기드론 시냇가를 따라가면서 쌓은 새로운 성벽 라인 동편에(그러므로 바깥쪽에) 자리잡고 있다고 주장했다. 여기에 덧붙여서, 이 이름은 아마도 기혼 샘에 접근 가능케 해주는 그런 것과 연관되어 있지 않나 싶다. 참조. J. Simons, *Jerusalem in the Old Testament* (Leiden: Brill, 1952) 121-23. 이런 사실은 이 수문이 반드시 직접적으로 샘 윗편에 있어야 한다는 것을 의미하는 것은 아니다(참조. Burrows, "Nehemiah 3:1-32 as a Source for the Topography of Ancient Jerusalem," *AASOR* 14[1933-34] 115-40). 물론 그 위치에 있었을 수도 있지만 말이다. 그러므로 에스라가 느헤미야보다 앞서 있다는 가정하에서는 수문은 동편 성벽 쪽에 아마도 파괴된 상태로 서 있었을 것이다. 느헤미야 12장 본문은 이 점과 전적으로 일치하며 모순점이 없다. 왜냐하면 느헤미야 12장은 수문을 행렬이 성을 떠나 성전으로 들어가는 한 지점으로서만 표현하기 때문이다. 이 본문에서는 수문 자체를 성전으로 들어가는 문이라고 이야기하지 않는다.

지정학적인 측면에서 볼 때 그리고 심하게 부서진 성벽과 기타 여러 가지 상태를 고려해 볼 때(참조. 2:14-15), 우리는 이 만남의 장소가 에스라 시대의 성벽 바깥쪽(לפני="in front of," 즉 바깥쪽과 접하고 있는)에 있었다고 추측할 수 있으며, 샘 근처에 흔히 있는 약간 경사진 곳이었다고 추측할 수 있다. 분명히 샘에 접근할 수 있도록 하기 위해서 이 부분은 정리 정돈이 잘 되어 있었을 것이며, 땅 자체는 그렇게 많이 경사져 있지는 않았을 것이다.

정확한 위치에 대한 이런 견해를 받아들이건 그렇지 않건 간에, 이 점에 관한 엘리슨의 연구(Ellison, *From Babylon to Bethlehem*, 47)는 여전히 적절한 의미를 지닌다고 할 수 있다: "장소 선택과 관련해서 우리는 느헤미야의 의미심장하고 의도적인 선포를 갖고 있다. 즉 그는 토라가 성전이나 제물들보다 더 위대하다고 선포했는데, 토라는 지금 언급된 이런 것들을 포함하는 것으로 선포했다." 4절에 대한 "주석"을 좀더 보라.

"율법책"에 관한 논의에 대해서는 서론의 "율법책이 무엇인가에 관하여"를 참조하라. 여기서 율법책을 모세와 분명하게 연관시키고 있다는 점은 이 책이 오경 전부이거나 혹은 일부라는 점을 매우 강력하게 보여 준다. 모세와 관련된 책이, 그것도 이처럼 두드러진 포로기 이후 공동체에서 전적으로 상실되어 있었다는 것은 거의 신뢰할 수 없다. 분명히 이 책은 "모세의" 다른 규율들이 명령한 대로 보전되어 왔을 것이다(Houtman, *OTS* 21[1981] 91-115는 이에 반대다).

2 에스라가 율법책을 읽는 것을 듣기 위해 모인 회중들에는 남자뿐만이 아니라 여자들과 아이들도 포함되어 있었는데, 이 점에 대해서는 관심을 기울일 필요가 있

다. 후자들에 대해서는 "무릇 알아들을 만한 회중"이라는 표현을 통해 언급한 것으로 보인다(참조. 3절에 나오는 유사한 표현). 에스라 10:1에서의 모임도 유사했다(참조. Vogt, *Studie*, 79-80). 비록 거기서는 이제 막 취하려던 행동의 결과들을 두드러지게 표현하기 위해 아이들을 직접적으로 언급했지만 말이다(ילדים). 하지만 여기서는 강조점이 다르다. 여기 사용된 어근 בין("알아듣다")는 이 장의 뒷부분에서 레위인들이 하는 일을 묘사하기 위해 사용된다(7, 8절 그리고 9절). 그들의 행동을 통해 유익을 얻을 수 있는 모든 세대의 사람들이 제시되었다. 또한 10:29도 보라(28). 좀더 넓은 장면으로 보자면, 키드너(Kidner, 105)는 우리에게 지혜롭고 잘 이해하는 사람들을 "율법은 항상 그려 오고 있는데" 그들은 어린 시절부터 하나님의 말씀뿐만 아니라 제의들이 무엇을 의미하는지에 대해 배운 사람들임을 기억하게 해준다(출 12:26f.; 신 4:6; 6:6ff.; 31:12f.). 이성적이지 않은 미신은 이교도의 표식이었으며("그들은 이해할 수 없다", 사 44:18f.), 배교한 이스라엘이 몰락했던 이유이기도 했다(호 4:6: "내 백성이 지식이 없으므로 망하는도다").

3 이 구절은 매우 특징적인 히브리 내러티브 스타일을 통해 이후에 나올 좀더 구체적인 묘사로 가기 위한 요약 정돈을 보여 준다. 그러므로 여기에 나타나는 내용상의 중복은 별다른 어려움을 야기하지 않는다. 우리는 이 구절에서 율법책을 읽는 것이 대략 예닐곱 시간 정도 지속되었음을 알 수 있다. 그러므로 이 장 뒷부분에서 에스라 주변에 다른 사람들이 함께 있었음을 보여 주는 것도 그리 놀라운 일이 아니다. 즉 그것은 실제로도 필요한 일이었을 것이다. 설령 몇몇 삽입적인 설명이 있었다고 하더라도, 율법책이 핵심적인 문서였음에 분명하다. 이 사실은 아마도 발췌된 부분들만이 읽혀졌다는(קרא+accus, "read"가 아니라, קרא ב, "read from"; 아래의 8절에 대한 "주석"도 보라) 것을 통해서도 강조된다. 백성들이 매우 진지하게 경청했다는 점은 이 장 전체의 주제에 있어서 매우 중요한 요소다. 그러므로 이 점은 자연스럽게 율법이 그들에게 완전히 새로운 것이었다는 증거로 사용될 수는 없다.

4 이 일의 세부 사항들이 여기에 잘 나타나 있다. 여기에 첫째로 언급된 내용은 몇몇 사전 작업이 모임 이전에 진행되었음을 다시 한 번 보여 준다. 넓은 강단이 특별히 이 일을 위해 준비되었기 때문이다(לדבר = "for the purpose"; "말씀을 위하여", 즉 하나님의 말씀을 제시하기 위해서라는 것은 언어적으로 시대착오적이다). 비록 때때로 회당의 "연단"과 비교되곤 하지만(그래서 여기서는 자연스럽게 70인경과 에스드라1서를 통해 번역했다), 이전의 연단들은 솔로몬이 첫 번째 성전

을 봉헌할 때 사용했던 대(臺)에 자리잡고 있었다(대하 6:13; 참조. G. Widengren, "King and Covenant" *JSS* 2[1957] 11). 매우 큰 무리가 모였기 때문에, 지도자들이 잘 보이고 또 그들의 소리가 잘 들리기 위해서는 이처럼 높은 강단이 꼭 필요했다. 그러므로 우리는 다시 한 번 이 일이 갖고 있는 독특성에 직접 더 관심을 기울이게 된다.

우리는 에스라의 양편에 서 있는 사람들이 도대체 어떤 사람들인지에 대해 아무런 단서도 갖고 있지 않다. 이 점은 이들이 일반 백성들을 이끌어 가거나 혹은 대표하는 사람들일 가능성을 더 높여 준다. 왜냐하면 제사장들과 레위인들은 일반적으로 직위명을 통해 특별하게 지칭되곤 하기 때문이다. 위의 "원문주해"에서 이미 언급했던 것처럼 이들의 숫자가 정확하게 얼마였는지에 대해서는 확실하게 이야기할 수 없으며, 그렇기 때문에 이 부분에 토대를 두고 있는 추측들(즉 12라는 숫자가 12지파를 표현한다는)은 별로 가치가 없다. 물론 그들이 이 상황이 진행되는 데 어떤 역할을 하는지에 대해서도 아무런 언급이 없다. 이들이 에스라의 두드러진 후원자들이어서 모습을 드러냈다는 것만으로도 그의 권위에 무게를 더해 주었을 수도 있을 것이다. 다른 식으로 생각해 본다면, 이들은 이런 공동체의 모임들에 반드시 등장해야 하는 지도자들이었다고 생각해 볼 수도 있다. 마태복음 23:6은 이 부분과 직접적인 연관성이 없음에도 불구하고 종종 이 부분에 대한 평행구절로 인용되곤 한다. 결국 이들은 에스라가 율법책을 읽는 것을 돕기 위해 선택된 대표자들이었을 것이며, 율법책을 읽는 것은 포로 후기 유대교에서는 제사장들이나 레위인들만이 할 수 있도록 엄격하게 제한된 일이 아니었다. 만약 이런 추론이 옳다면, 에스라가 일반 백성들 가운데서 자신을 도와 율법책을 읽을 사람을 선택했다는 것은 매우 중요한 사실이 될 것이다. 장소에 대한 선택과 짝을 이루어서(1절에 대한 "주석"을 읽으라), 에스라는 담대하게도 토라가 모든 백성들을 위한 것이며, 태생이나 특별한 능력 등을 통해 특화된 몇몇 소수만을 위한 것이 아님을 선언하고 있었다.

여기 언급된 이름들 그 자체를 통해서는 아무 정보도 수집할 수 없으며, 특히나 가족들과 관련된 내용은 전혀 등장하지 않는다. 그렇기 때문에 이 명단이 갖고 있는 역사적 가치에 대해서는 찬성하거나 반대하는 추측을 하는 데 신중해야 한다. 좀 덜 일반적인 이름들 중에서 루돌프(Rudolph)는 다른 곳에서 가족들의 우두머리로 제시되고 있는 두 개의 이름을 지적한다(7:22에서 하숨, 그리고 10:23에서 하나냐). 아마도 좀더 중요한 것으로는, 에스라 10장에서 아내들을 내어보낸 사람들의 명단 안에 몇몇이 다시 나타난다는 점일 것이다(43절에서 맛디디야; 18절에서 마아세야; 25절에서 말기야). 만약 이 사람들 중 누군가가 동일한 사람이라면, 이것은 느헤미야 8장이 에스라 10장과 견주었을 때 이후가 아니라 이전의 문학적 배경임을 지지해 주는 부가적인 작은 요점이 된다.

5-**6** 몇몇 일반적인 주석에 대해서는 위의 "양식"을 보라. "책을 펴니"(ויפתח הספר): 엄격하게 말하면 "두루마리를 폈다"이다. 책자 형태가 만들어지기 이전에는 이 구문은 필연적으로 이렇게 이해되었다. "일어서니라." 이는 존경의 표현이다(참조. 삿 3:20; 욥 29:8; 겔 2:1).

성경을 읽기 전에 했던 송축은 우리가 증거를 갖고 있는 한도 내에서는 매우 오래된 관습이었다. 그러므로 에스라 시대 때 굳이 그렇게 하지 않았을 것이라고 추측할 근거는 전혀 없다. 아마도 이것은 짧고 단순한 찬양의 표현이었을 것이다. "위대하신 하나님"(האלהים הגדול – 하엘로힘 하가돌)이란 표현은 히브리어에서는 낯선 표현이다. 이 표현은 비록 유사한 표현인 하엘 하가돌(האל הגדול)을 1:5; 9:32; 신명기 10:17; 예레미야 32:18 등에서 발견할 수 있긴 하지만 다른 곳에서는 찾아보기가 어렵다. 아람어와 페르시아어 동의어에 관한 주석에 대해서는 에스라 5:8에 대한 "주석"을 보라. 이 표현이 *AramP* 72:15에도 나타난다는 점은, 바우만(Bowman)으로 하여금 이 표현의 궁극적인 기원이 신바벨론에 있었을 가능성이 있다고 추측케 했다(*ilu rabû and bêlu rabû*).

백성들의 반응은 세 가지였는데 아마도 습관적인 패턴을 따라 이루어졌을 것이다. 그들은 에스라의 말들(참조. 5:13)에 호응하면서 "아멘! 아멘!"이라고 외쳤다(강조를 위해 반복했다). 그들이 손을 드는 것은 그들이 하나님의 도우심을 필요로 하며 하나님을 의지한다는 감성을 보여 주는 것이었으며(참조. 스 9:5; 시 28:2; 134:2), 이는 분명히 하나님께서 이제 곧 읽게 될 성경을 통해 그 필요를 채워 주실 것이라는 생각을 갖고 취해진 행동이었다. 그리고 그들이 엎드려 절하는 것은 여기 언급된 대로 그들의 경배와 겸손한 예배를 보여 준다. 이제 우리에겐 그들이 성경을 읽고 듣는 것 그 자체를 위해 다시 일어섰을 것이라고 추측하는 일만 남는다.

7-**8** 만약 우리가 이 두 구절을 지금 모습 있는 그대로 받아들인다면 약간의 혼란이 생겨난다. 레위인들은 백성들이 율법을 이해하도록 도와주었다. 오로지 거기에서만(8절) 우리는 "그들"에 대해 듣게 되는데, 아마도 레위인들은 율법책을 다시 한 번 읽어 주고 그 의미를 해석해 주었을 것이다. 선포 이전에 이미 해석을 언급하고 있다는 특이함과는 별개로, 이미 앞부분에서 에스라가 책을 읽었다고 분명

하게 진술되었는데 지금 레위인들이 읽고 있다는 기록을 보게 되는 것도 이상한 일이다. 그렇기 때문에 많은 주석가들은 7절에 대해서 레위인들에 대한 관심이 불충분하다고 느꼈던 역대기 사가가 보충 삽입한 것으로 본다. 8절은 원래는 에스라에 대해 언급했던 내용이고, 아마도 다른 사람들에 대한 것은 4절에 열거되어 있었을 것이다.

가장 최근에는, 특히 이 장이 형성되는 데 두 단계가 있었다는 것을 인정하지 않는 주석가들 사이에서 이런 변형들이 위의 3절에서 이미 선호되었던 그런 맥락을 따라 만들어진 것이라고 설명하려는 경우들이 있다. 7절은 뒤이어 나오게 될 내러티브를 미리 사전에 도입하는 것으로 여겨진다. 하지만 적어도 7절이 8절보다 사실 더 자세한 묘사를 하고 있기 때문에 이 설명은 그리 설득력이 없다.

우리는 위의 "양식"에서 느헤미야 8장이 이렇게 구성되어 있는 것은 사실 초기 자료를 편집자적으로 재작업한 것을 보여 주는 것이지만, 편집자가 특별히 어떤 기여를 했는지를 우리가 구분할 수 있도록 흔적을 남기지 않았다고 제안했다. 한 걸음 더 나아가, 에스라 자신이 레위인들에 관한 언급을 그의 설명 중 이 지점에 직접 포함시켰을 가능성이 좀더 높은 것으로 이야기했었다. 그렇기 때문에 우리가 이 두 구절의 형태를 전체적으로 이해하기 위해 할 수 있는 추측은 다음과 같다. (i) 우리는 이전에 이미 벌어진 모든 일들을 통해서 에스라가 5-6절에 나오는 도입 부분 이후에 이미 큰 소리로 낭독하기 시작했다고 가정하게 된다. 이 장을 읽는 사람이라면 누구든지 이것이 다음에 일어났던 것임을 의심할 수 없다. (ii) 레위인들은 백성들에게 설명을 해주었다(7절; 아래를 좀더 보라). (iii) 8절은 앞에 있는 문단인 "그들이"(에스라 그리고 그와 함께 했던 사람들) 읽는다는 것에 대한 **요약**이다. "깨닫게 한다"(그러므로 주어가 표현되지 않고 단지 부정사만이 사용되었다)는 것은 "그들"(그 백성들; 참조. n. 8.b.)이 율법책 낭독을 이해했다는 결과와 관련해서 율법책을 읽었던 방식과 레위인들이 했던 일에 대해서 둘 다 언급하는 것일 수 있다. 물론 이런 마지막 결론은 모든 문단의 정점이자 클라이맥스다. 비록 이와 같은 주어의 변화들이 혼란스럽게 보일 수도 있겠지만, 여기 제시된 각각의 행동들을 앞으로 나올 문단 내용의 측면에서 이해한다면 실제로는 주어의 변화들이 그렇게 혼란스럽지 않다. 만약 이 구절을 요약으로 취급한다면, 이 구절은 즉시 좀더 명료해진다.

7 마소라 텍스트(MT; 참조. "원문주해")를 토대로 해서 생각해 본다면, 13명의 레위인의 이름들이 언급되었다. 그렇기 때문에 4절과의 어떤 모종의 연관성이

나타나지만, 다시 한 번 마찬가지로 13이라는 특별한 숫자에 대한 어떤 특별한 설명도 제시되지 않는다. 여기 언급된 이름들 자체는 이들이 누구인지를 명확하게 제시할 구체적인 사항이 없기는 하지만 다른 본문들을 통해 일반적으로 친숙한 이름들이다.

이 레위인들은 "백성들이 율법을 깨닫는 것을 도와주었다". 그들은 이 점에서 구약성경이 그들만의 독특한 역할로 간주했던 일을 수행하고 있었다(참조. 신 33:10; 대하 17:7-9; 35:3; 그리고 G. von Rad, *Deuteronomium-Studien*[Göttingen: Vandenhoeck & Ruprecht, 1948]; ET, *Studies in Deuteronomy*[tr. D. Stalker; SBT 9; London: SCM Press, 1953]). 어떻게 해서 그들이 지금 상황에서 이런 일을 수행하고 실행했는지는 분명치가 않다. 하지만 "그 처소에 섰는 백성"이라고 묘사적으로 서술하고 있기 때문에, 여기에는 레위인들이 그들 주변으로 이동해 갔다는 암시가 있는 셈이다. 그러므로 아마도 율법의 각 부분을 읽은 다음에(참조. 8절) 레위인들은 백성들 사이의 이 그룹 저 그룹 사이를 이동하면서 그들이 이미 들었던 내용에 대해 깨달을 수 있게끔 했을 것이다.

[8] 우리는 이 구절이 결론적인 요약이라는 점을 확립해 놓음으로써 이 구절을 해석할 수 있는 일반적인 기준을 고정해 놓은 셈이다. 즉 각 동사의 주어들과 기록된 행동들이 보여 주는 사실들은 좀더 진전된 무언가를 보여 주는 것이기보다는 이미 설명된 것과 똑같은 내용을 보여 주는 것이다. "문단 문단마다"에 대해서는 "원문주해"를 참조하라(다른 번역으로 "분명하게"가 가능하며, 또한 이런 다른 번역은 이 구절에 대한 우리의 접근 방식을 바꾸어 줄 수 있다는 점에 대해서도 주목하라). 쉬지 않고 계속해서 낭독하는 것은 낭독자뿐 아니라 청중들도 마찬가지로 지치게 했을 것이다. 사실 율법책 본문은 잘 분별할 수 있는 여러 단위들로 나누어져 있다. 이 점은 낭독하는 일을 다른 사람들이 에스라와 공유할 수 있는 기회를 주었을 것이고, 또한 에스라에게는 율법책들 중 그가 가장 적절하다고 생각했던 부분들을 선정할 수 있게끔 해주었을 것이다. 레위인들의 사역과 더불어 이런 모든 점들은 이 장의 클라이맥스 부분인 "백성들이 읽는 내용을 깨달았다"는 부분으로 이끌어 간다. 이 부분은 12절 마지막 부분에서도 평행구절을 찾을 수 있다.

[9] 율법 낭독은 백성들로 하여금 울게 만들었다. 많은 학자들에 의하면 이것은 신년 축하 의례의 일부분이었으며, 그 기원은 가나안 지역의 영향으로까지 거슬러 올라갈 수 있다. 참조. Mowinckel, *Studien III*, 47-59; N. H. Snaith, *The Jewish New Year Festival*(London: S.P.C.K., 1947), 151; F. F. Hvidberg, *Weeping and*

Laughter in the Old Testament(tr. and ed. F. Løkkegaard: Leiden: Brill, 1962), 101-2; Pohlmann, *Studien*, 136-37; J. C. de Moor, *New Year with Canaanites and Israelites*, Part I(Kampen: J. H. Kok, 1972), 23-25. 이런 추측은 맞다고 입증되거나 혹은 틀렸다고 입증될 수 없는 반면, 현재 경우와 관련해서 이런 내용과 주장이 충분한 설명으로서는 부적절하다는 것만은 분명하게 이야기할 수 있다. 모빙켈(Mowinckel, *Studien III*, 52) 자신이 주장하는 것처럼 신년 의식과 연결되어 있는 많은 요소들이 여기에는 누락되어 있는데, 이것은 저자가 그의 주제와 관련된 특별한 부분들만을 선택했기 때문이다. 그는 그의 독자들이 다른 나머지 부분과 "친숙"하다고 생각했다. 자, 우리는 이미 저자(혹은 편집자)가 이 장에서 에스라의 율법 선포와 백성들의 응답 부분을 두드러지게 표현하기 위해 그의 재료들을 선택하고 배열했다는 점을 확립했다. 그러므로 이제 우리는 이런 울음을 문학적인 측면에서 매우 일상적인 순서에 의한 울음이라기보다는 율법의 요구에 그들이 적절하게 순종하지 못했다고 후회하고 탄식하는 측면에서 이해해야만 한다.

이런 설명은 율법이 이를 들었던 사람들에게 완전히 새로운 것이었음을 의미할 필요는 없다. 개인들이나 혹은 모든 회중이 하나님의 요구가 갖고 있는 진지함에 대해서, 그리고 그들이 그 요구를 충족시키지 못했다는 점에 대해서 새로운 방식으로 충격을 받았다는 것은 이상한 일이 아니다. 이 경우 이런 일은 충분히 이런 방식으로 일어날 수 있는 일이었는데, 왜냐하면 더불어 제시된 설명(그리고 의심할 여지없이 적용까지도) 때문이다. 에스라 9장에서는 에스라가 예상치 못한 방식을 통해 이미 역사적으로 구닥다리가 되어 버린 율법들의 요구와 연관시키는 그만의 해석적 특징을 기록한다.

하지만 낭독이 점차 끝을 향해 나아감에 따라 에스라는 백성들이 이 틀을 마음에서 잃어버리게 되는 것을 원치 않았다. 한 관점에서 보자면 백성들의 반응은 적절한 것이었고, 편집자는 9장을 8장과 병렬시킴으로써 이 점을 기록하고 재강조했다. 하지만 두 가지 다른 요소들이 현재 상황에 대한 이런 생각을 뒤엎는 데 도움을 준다: 첫째, 이 날은 주께 "거룩한" 날이었다. 이 점은 레위기 23:24과 민수기 29:1-6에서 나팔절과 관련해서 서술되어 있으며, 또한 매 7년마다 이루어지는 언약 갱신 의식과 관련된 함축도 포함되어 있다(신 31:9-13). 이와 같은 절기들은 구약성경에 나오는 기쁨과 규칙적으로 연관되어 있는데(예를 들면, 신 12:12; 16:11), 아마도 특별히 이런 절기들이 역사적 구원 행위들을 통해 나타나는 그의 백성들을 향한 하나님의 은혜를 기념하는 것과 연결되어 있기 때문일 것이다.

10 이 구절은 에스라가 백성들에게 제시한 눈물짓지 말아야 할 두 번째 이유가 무엇인지로 직접 이끌어 간다: "여호와를 기뻐하는 것이 너희의 힘이니라(보호니라)" 이 정황 속에서 "힘"(보호)은 율법이 범법자들에게 선포하는 심판들과 정반대의 모습임에 틀림없다(예를 들어, 레 26장; 신 27-28장). 이런 것들은 그 자체가 하나님의 심판이기 때문에, 하나님께서 베푸신 이전의 구원 행위들을 회상할 때면 은혜를 베푸시는 것이 그분의 압도적인 본질적 특징임을 인식하게 된다. "여호와를 기뻐하는 것"은 각각의 이스라엘 백성들이 자기 자신을 다시 한 번 새롭게 하나님의 백성 공동체와 동일시하면서 이 절기들에 느꼈던 기쁨이다. 그래서 그들은 자기 조상들에게 베푸셨던 하나님의 구원을 자기 세대에도 다시금 인식했다. 기쁨의 송축과 예배의 형태를 취했던 이런 동일화의 행동 안에는 언약 밖에 있는 사람들에게 임할 심판으로부터 그들을 구원하시는 하나님의 보호하심이 자리잡고 있다. 자연스럽게, 원래의 사건을 거룩하게 다시 재현하는 것이 이 과정의 실제적인 부분을 형성했다. 그러므로 에스라는 백성들로 하여금 성경 낭독을 이런 견지에서 보도록 격려했다. 비록 이런 낭독이 그들의 양심을 일깨우고 힘들게 하기는 하지만, 이런 일은 일차적으로 그리고 우선적으로 그분의 백성을 향한 하나님의 은혜에 대한 선포로 간주되어야만 한다.

그렇기 때문에 에스라는 백성들로 하여금 이 절기의 기쁨을 표현하게끔 하기 위해서 그들을 흩어서 특별한 식사를 함께 나누도록 했다. 구약성경에서는 아마도 교제의 떡을 나누는 중요성을 과소평가해 왔는데, 그것은 단순히 이 일이 너무나 자연스럽고 또한 자주 일어나는 일이었기 때문이다. 교제의 떡을 나누는 것은 정기적인 희생제사의 뒤에 공통적으로 자리잡고 있기는 하지만(레 3장), 동시에 또한 수많은 특별한 경우들을 통해서 언급되기도 한다. 가령, 사무엘하 6:19; 역대상 12:40-41(39-40); 29:22; 역대하 7:8-10; 30:21-26 등. "살진 것"(משמנים)은 예물을 드리는 법을 통해 금지된 부위들은 아니지만(예를 들어, 레 3:17), 가장 최상품이고 값비싼 부위들로서 "사치가 아니면서 식사를 절기로 바꾸어 줄 수 있는"(Kidner) 부위들을 의미한다. "단 것을 마시되"라는 표현은, 비록 이것이 무엇을 표현하는지 정확하게 규정하는 것이 불가능하다 하더라도, 그 의도가 분명 비슷한 것이 틀림없다. ממתקים이라는 단어는 다른 곳에서는 유일하게 아가 5:16에서만 딱 한 번 등장하는데, 이 부분에서는 이 단어가 은유적인 용례로 사용되었기 때문에 특정한 음료수에 관해 아무런 암시도 제공하지 않는다. 마지막으로 백성들은 그들의 음식들을 나누는 데 있어서 너그러워야만 했으며, 그래서 모든 사람들이 참여할 수 있도록 해야만 했다. 우리는 왜 일부 사람들이 준비를 하지 못했는지에 대한 이유를 알 수 없다. 그것은 어쩌면 그들이 너무 가난해서였을 수 있으며, 여기서 다시 한 번 신명기적 율법이 발동되고 있는 것이었을 수도 있다(참조. 신 14:29; 26:12 등). 또 다른 대안적 설명으로는, 율법에 관한 소홀함이나 무지로 인해 일부 사람들은 이 경사스러운 날을 위해 이런 식사를 준비해야만 한다는 사실을 깨닫지 못했다는 주장이 계속 제기되어 왔다. 어떤 경우건 간에, 이 구문 안에는 이 모든 경우들이 전적으로 자발적인 것만은 아니었다는 좀더 암시적인 인식이 들어 있다. 하지만 강조점은 모든 사람들이 이 송축에 참여했다는 것을 확인해 주는 데 있다.

11 일부 주석가들은 이 구절을 편집자가 삽입한 구절로 여긴다. 그러나 이 구절이 비록 일부 반복적인 성격을 갖고 있기는 하지만, 그렇다고 해서 그런 결론을 내리는 것은 불필요하다. 레위인들은 에스라가 슬퍼하지 말아야 할 이유로 이야기한 것들 중 한 가지 사항을 선택해서 백성들에게 슬퍼하지 말라고 격려했다. 비록 에스라가 제시한 이유를 깊이 이해하고 했던 것은 아니었지만 말이다. 다른 한편으로, 편집자들은 이런 부분적인 반복을 통해서 독자인 우리들로 하여금 레위인들이 에스라의 메시지 전체를 백성들에게 전달하는 역할을 했음을 이해하게 하려는 의도를 갖고 있었을 수도 있다.

12 이 부분은 그분의 말씀에 순종하는 일에 동반되는 기쁨을 강조하는 것을 통해 마무리된다. 이 부분이 이 장 전체의 구조 속에서 어떤 위치를 차지하는지에 대해서는 위의 "양식"을 참조하라. 이 구절과 8절의 결론 부분 간의 평행성이 에스라의 해석("그들에게 선포된 말씀들")을 율법 그 자체와 동일한 수준에 올려놓는다는 점에 대해서는 주목할 필요가 있다. 후기 시대에는 율법이 처음에 주어질 때와는 상황들이 너무나 많이 변화되었기 때문에, 율법은 단순히 흥미 있는 오래된 문헌 정도로만 전락해 버릴 위험이 발생했다. 이런 율법을 공동체에 대해 생명력이 있게끔 다시 만든 것은 다름아니라 에스라의 해석이었다. 비록 이론상으로는 성경 본문만이 규범적이었지만, 실제에 있어서는 성경 본문은 해석되기 위해 내려오는 본문이었고, 이런 해석이 유대교의 미래 형태를 형성했다.

13 12절과 15절을 비교해 보면, 백성들의 대부분이 집으로 돌아갔음을 추측케 한다. 이 때는 아마도 많은 사람들에게 일 년 중 가장 바쁜 때였을 것이다. 일곱째 달의 첫날이 지난 뒤의 이튿날은 절기에 속한 날이 아니었기 때문에("둘째 날"; 7:72b[73b]절에 대한 "주석"을 보라), 더 깊은 연구를 위해 여유 시간이라는 사치를 부릴 만한 사람들은 거의 없었다. 하지만 많은 수의 지도자들은 더 깊은 연구를 했

다. 전날에 있었던 신앙의 각성을 되살려 다시 연구하는 일은 아마도 평신도 지도자들(참조. 신 6:6-9)과 종교 지도자들(7절에 대한 주석과 호 4:6; 렘 8:7-9; 말 2:7-8 등과 같은 선지자들의 꾸지람 등을 보라) 모두로 하여금 그들의 책무를 좀더 신실하게 감당해야겠다는 결심을 새롭게 만들어 주었을 것이다. 물론 에스라서에서 이미 그들은 권위를 가지고 가르칠 수 있는 능력을 갖고 있다는 점을 인식했지만 말이다. 그러므로 그들은 좀더 집중적인 연구를 위해 에스라 주변에 모였으며, 의심할 여지없이 좀더 실제적인 상황 속에서 연구를 했을 것이다.

14-15 이런 연구를 통해서 그들은 "일곱째 달의 절기"와 관련된 율법 규정을 발견했고, 즉각 이 절기가 초막절임을 확인했다. 이 구절들은 세 가지 특별한 질문들을 갖게 한다.

첫째로, 레위기 23장의 신앙력에 의하면 첫날인 나팔절과 15일에 시작하는 초막절 사이에 일곱째 달의 열째 날에 속죄일이 오게끔 되어 있음에도 불구하고 여기엔 속죄일에 관한 언급이 없다. 참조. 26-32절. 이 문제를 풀기 위해 몇 가지 설명들이 제안되어 왔다. 어떤 사람들은 에스라 시대 때는 아직 속죄일이 없었으며, 속죄일은 오경에서 제사장적인 율법에 가장 최후에 첨가된 것이라고 주장한다. 다른 사람들은 이런 제의에 있어서 당연히 핵심적인 인물이었던 대제사장과 에스라 간의 관계가 매우 팽팽한 긴장관계였기 때문에 에스라가 이 의례를 허용하지 않았다고 어림짐작하기도 한다. 세 번째 가능성은 이미 9장에서 참회가 표현되었기 때문에 속죄일이 불필요했다는 것이다.

하지만 이들 중 그 어떤 이론도 본문상의 증거를 갖고 있지 않다. 그렇기 때문에 우리는 이미 앞에서 언급했던 이 장이 단일 주제를 갖고 있다는 견지에서 다시 한 번 이 문제를 다루어야 할 것이다. 속죄일은 율법 낭독, 가르침 혹은 율법에 대한 적용 등과는 아무런 밀접한 관계가 없다. 더군다나 그 당시엔 이 의례는 지극히 제사장의 업무였고, 대부분은 백성들이 제외된 성전에서 진행되는 일이었다. 그래서 에스라가 율법을 제사장적인 것으로부터 백성들의 영역으로 옮겨간 묘사와 이 점이 어떤 상관관계가 있는지를 분간하는 것은 어려운 일이다. 그렇기 때문에 이미 우리가 살펴본 대로 만약 이 장에서 다루고 있는 주제와 관련해서 절대적으로 본질적인 요소가 아니라면, 매우 밀접한 내용들조차 8장에서는 누락시키고 있기 때문에 이 장에서 왜 이 내용이 없는지에 대해서는 추측하지 않는 것이 더 나을 것이다.

둘째로, 때때로 13절에 나오는 "이튿날"(둘째 날)이라는 날짜를 보면, 초막절이 레위기 23:33-36에 나오는 대로 15일에서 22일까지가 아니라 이 경우에는 이 달의

3일에서부터 10일째까지 지켜졌기 때문이라는 주장들도 제기되어 왔다. 하지만 이 경우도 마찬가지로 본문상의 보장이 전혀 없다. 우리는 지도자들이 에스라와 얼마나 오랫동안 회합을 가지며 말씀을 더 연구했는지에 대해 찾아볼 수 없을 뿐만 아니라, 어떤 경우건 간에 백성들이 이미 첫날이 지난 뒤 집으로 돌아가 버렸기 때문에(13절에 대한 "주석"을 보라) 그들 모두가 초막을 지을 재료를 가지고 예루살렘으로 다시 모여들었다는 것은 불가능하다. 참조. de Vaux, *Ancient Israel*, 500. 마찬가지로 비록 본문상의 뚜렷한 언급이 없긴 하지만, 정해진 정확한 날짜가 아니라 다른 날짜에 절기가 지켜졌다고 믿을 만한 증거도 없다.

이 구절들이 일으키는 세 번째 문제는 도대체 어떤 구체적인 내용을 "그들이 율법에서 발견했는지"와 관련되어 있다.

이 점에서의 강조점은 분명하게 "이스라엘이 일곱 번째 달의 절기 동안 초막 안에 거해야만 한다"는 명령에 있다. 왜냐하면 이 명령은 이 문단의 마지막 부분에 "이미 앞서 기록한 대로 초막을 만들라"는 단어들과 더불어 다시 반복되기 때문이다. 이 절기를 다루고 있는 오경의 모든 문단들 중에서(출 23:16; 레 23:39-43; 민 29:12-38; 신 16:13-15) 이런 구체적인 규정을 다루고 있는 부분은 오로지 레위기 한 곳뿐이다(비록 신명기의 영향에 대해서도 아래의 분리된 세부 사항에서 볼 수 있어야 하겠지만). 그렇기 때문에 여기서 언급된 문단이 바로 이 부분이라고 가정하는 것은 자연스러운 일이다.

하지만 레위기 23장에 나오는 절기의 특징 중에서 일반 백성들이 반드시 수행해야 하지만 여기에는 언급되지 않은 부분이 있다. 그리고 거꾸로, 여기서 인용된 율법 내용이 레위기의 내용에 짝을 이루는 부분이 없는 그런 내용도 있는 것으로 보인다. 몇몇 학자들은 이를 에스라의 율법책이 오경에서 많이 벗어난 것이었으며, 결과적으로 사라진 율법책이었다는 그들의 결론을 뒷받침하는 증거로 사용해 왔다(참조. 서론, "율법책").

첫 번째 점은 레위기 23:40의 규정인 의례의 일부분으로서 열매와 가지들을 나무에서 따는 것에 관해 이야기한다. 이 점은 후대의 본문들을 통해서도(예를 들어, 마카비2서 10:6-8; 요세푸스, *Ant.* 3 § 245-13 § 372) 송축하는 사람들이 "그들의 손에 종려나무 열매들과 더불어 꽃과 가지들로 치장된 부케를 들고서 흔드는 과정"을 가졌다는 점이나, 혹은 "유대인들이 초막절 때 모든 사람들이 과일 등으로 만들어진 막대를 들고 있는 것이 관습이었다는 점"은 이미 알려져 있었다. 하지만 이 점에 대해서 여기엔 아무런 언급도 나오지 않는다. 가지들은 그저 초막을 만들기 위해서 사용되었을 뿐이다. 여기에 답할 수 있는 두 가지 가능한 대답이 있다. 무엇보다 우선적으로는, 레위기 23장 자체가 분명히 혼합적인 특성을 갖고 있다는 것을 너무나 쉽고 흔하게 관찰할 수 있다는 점이다. 참조. de Vaux, *Ancient Israel*, 472-73 and 496-97; K. Elliger, *Leviticus*(HAT; Tübingen: Mohr, 1966) 304-7. 따라서 열매와 가지들에 대한 상세한 내용들은 이 장의 형성에 있어서 마지막 단계에 속한 것이고, 그렇기 때문에 에스라가 그 본문을 읽었을 때는 아직 포함되지 않았을 수도 있다(so de Vaux). 이런 관점은 깔끔한 측면에서는 매력적이지만, 레위기 23장에 대한 불확실한 문학적 분석에 의존해야만 하는데다 후기 저자가 이미 널리 퍼져 있고 권위를 갖고 있던 성경 본문에 무언가를 자유롭게 첨가할 수 있었다는 가정에 의존해야 한다. 이미 위에서 살펴보았고 지금도 또다시 살펴보겠지만, 에스라와 느헤미야는 성경의 율법을 다루는 데 있어서 이미 견고하게 확립된 본문을 통해 일을 했으며, 성경 본문을 문학적으로 수정하는 것이 아니라 현재에 적용하는 데 몰두했음을 보여 준다. 그러므로 이 어려움에 대한 두 번째 대답은 우리가 갖고 있는 현재 본문이 이 점에 대해 침묵하고 있다는 점에 대해 매우 진지하게 취급한다. 어떤 이유에서건 간에, 이 묘사는 전적으로 초막에 집중되어 있다. 아마도 이 절기는 추수를 경축하기 위한 절기였기 때문에, 열매를 따서 의례에 가지고 오는 것이 오랜 관습이었을 것이다. 그래서 에스라는 율법에서 이전에는 발견하지 못했던 측면에만 집중했을 것이다. 이런 관점에 대한 지지는 이 축제의 다른 많은 측면들로부터도 얻을 수 있는데(즉 민 29장의 예물들), 이런 측면들은 평신도들이 율법에 반응하고 응답했다는 주제와 상관이 없기 때문에 여기서 앞선 측면에 대해서와 마찬가지로 아무런 언급도 없는 측면들이다.

우리는 결국 14b절은 레위기 23:42에 밀접하게 의존하고 있는 것처럼 보이지만, 15절은 초기 율법에 아무런 토대도 두고 있지 않는 것처럼 보인다는 어려움에 봉착하게 된다. ("원문주해"에서 본문 수정이라는 방법을 통해 이런 어려움을 피하려는 시도들은 본문적으로 보증되지 않는다는 점을 이미 살펴보았다.) 여기서 이 문제를 해결하기 위해서는 예닐곱 가지 사항들을 함께 취급할 필요가 있다. 첫째, 비록 15절의 단어들이 율법에서 발견되지는 않지만, 우리는 여기에 언급된 요점을 레위기 23:2과 4절에서 쉽게 연역할 수 있다("기한에 미쳐 너희가 공포하여 성회로 삼을 절기는 이러하니라"). 이 율법을 구체적으로 준수해야 하는 주체라고 할 수 있는 독자는 도대체 그들이 무엇을 선포해야 하는지를 틀림없이 물어보았을 것이다. 그리고 15절은 에스라의 대답을 훌륭하게 잘 표현했을 것이다. 그러므로 이 부분은 그가 고대 성경을 실제적으로 그의 시대에 걸맞게 사용했다는 점에서 더 발전적인 실례다. 둘째로, 이 부분에는 뒤이어 나오는 구절들이 확인해 주는 암시가 있다. 그것은 이 선포가 절기에 참여하고 송축할 사람들을 예루살렘으로 소환했다는 점이다. 레위기 23장에는 비록 이에 대한 언급이 없지만, 이것은 신명기 16:15에서 자연스럽게 도출할 수 있는 추론이었을 것이다. 하나의 문단이 다른 문단에 영향을 끼치는 것("성경 본문이 성경 본문을 해석하는")은 여러 곳에 나타나는 에스라의 주해가 갖고 있는 심화된 특징이다. 따라서 여기서도 그런 양상이 자연스럽게 일어났다. 셋째로, 이 구절의 결론을 맺는 단어들인 "기록한 바를 따라"(ככתוב – 카카투브)라는 표현은 지금 말한 단어들이 율법을 문자적으로 따오려는 의도가 아니라 그 내용을 요약하려는 의도라는 것을 분명하게 보여 준다. 이 점은 "예루살렘"에 대한 언급을 통해 재강조된다. 왜냐하면 어느 누구도 이 부분은 그 내용이 모세가 기록한 어떤 책에 있었다고 추측할 수 없는 부분이기 때문이다. 그러므로 본문 그 자체는 우리가 이 단어들이 율법에서부터 직접 인용한 것이라고 잘못 이해할 수 있는 점들에 대해 적절한 표시들을 남겨 두고 있다. 마지막으로, 내러티브의 연속성은 기록된 것에서 발견한 설명에서부터 "지도자들이 실제로 이에 대해 실천했던 것에 대한 설명"으로 미묘한 변화(shift)가 있어 왔음을 보여 준다. 기록 형태가 치밀하긴 하지만, 이것은 이 장이 갖고 있는 전체적인 강조점과 연관지어 생각해 볼 때 충분히 수용할 만한 점이다.

그러므로 비록 신명기 16장의 영향을 받기는 했어도 그리고 어휘적인 상응점이 없음에도 불구하고, 에스라의 가르침은 레위기 23장에 집중하고 있으며 또한 그의 율법에 대해 다른 본문을 더 깊이 찾을 필요가 없다는 결론을 내릴 수 있다.

"종려 가지"와 "무성한 가지"는 레위기 23:40에서도 발견할 수 있다. 그러나 레위기 23:40은 다른 나무들을 포함하고 있는 반면, 여기서는 언급되고 있지 않다. 하지만 우리가 위에서 했던 일반적인 분석이 옳다면, 이런 점도 어려움이 되지 않는다. 현재의 선포는 초막을 만드는 데 사용되는 재료들에 관한 것을 다루고 있으며, 그렇기에 축제에 관해 따로 분리되어 있는 다른 조항들과 잘 맞아떨어지기를 기대할 필요는 없다.

"기록한 바를 따라": 이 장 전체의 구조 속에서 이 문구가 갖고 있는 중요성에 대해서나, 이 표현이 이 장의 지배적인 주제에 어떻게 기여하는지에 대해서는 "양식"을 보라.

16 이 장의 마지막 부분은 여지껏 오랫동안 순종하지 못했던 율법 조항에 대해

백성들이 얼마나 정확하고 즉각적으로 순종하기 위해 움직였는지를 표현하면서 시작된다(17절). 예루살렘 거민들은 분명히 그들의 집이나 그 주변에 초막을 설치했다. 다른 곳에서 온 사람들은 성전 뜰에서, 수문 근처에서(1절에 대한 "주석"을 보라), 혹은 에브라임 문 광장 등에서(12:39에 대한 "주석"을 보라) 그들이 사용할 수 있는 다양한 공간들을 찾았다.

17 이 구절의 단어 배열은 초막 안에 거하는 것이 이스라엘이 "출애굽 이후 광야에서 떠돌았던" 일을 다시 회상하도록 재규정한 것으로 여겼음을 보여 준다. "사로잡혔다가 돌아온 회 무리가"(השבים מן־השבי)라는 구문이 처음으로 이런 점을 드러내 준다. 이 묘사는 이 장의 다른 부분에서는 사용되지 않았다. 하지만 여기서는 첫 번째 출애굽과 가장 최근의 경험인 바벨론에서 돌아온 사람들이 경험한 "두 번째 출애굽" 사이의 평행성을 그려내고자 도입된 것으로 보인다(스 1:6; 7:9 등의 구절들에 대한 "주석"을 보라). 둘째로, 여호수아를 회상하며 언급하는 것도 여기서 이를 일정 부분 적용하고 있음을 발견케 한다. 마이어스(Myers)가 설명하는 것처럼, "여호수아 시대를 회상하는 것은 초막절 축제를 야웨께서 회막에 거처하셨으며 백성들이 초막에 기거했던 광야 시대와 연결짓기 위한 것"이며(레 23:43; 호 12:9), 이스라엘에게 매우 매력적이었던 농업 축제들과 관련된 관습에서 떼어내기 위한 것이다.

이러한 관찰점들은 이 구절 후반부의 중요성을 결정하는 데 있어서 매우 중요하다. 많은 주석가들은 이 축제의 이름 바로 그 자체가 초막을 사용하는 것이 이 축제의 중요한 요소이며 이를 무시해서는 안 된다는 점을 보여 준다고 주장해 왔다. 여기에 덧붙여서, 우리는 이 축제가 고대 이스라엘에서 정기적으로 즐겨졌다는 증거를 갖고 있다(예를 들어, 삿 21:19; 삼상 1:3; 왕상 8:2, 65; 슥 14:16; 스 3:4 등). 그러므로 이 경우가 갖고 있는 새로운 요소라면, 그것은 예루살렘에서 축제를 하는 것에 초점이 맞추어져 있는 점이라고 제안할 수 있다.

하지만 넓게 퍼져 있는 이런 해석은 옳지 않다. 만약 그렇다면 첫째로, "눈의 아들 여호수아의 시대로부터 이같이 행함이 없었다"고 이야기할 수 없었다. 왜냐하면 예루살렘은 여호수아 시대 때는 중앙 성소가 아니었기 때문이다. 둘째로, 본문은 실제적으로는 초막 안에 거했다는 것이 새롭게 갱신된 요소라고 표현한다.

이 문제에 대한 해답은 위에서 살펴본 관찰점들 안에 있다: 설령 초막들이 에스라 시대 이전의 축제들 때 세워졌다 하더라도, 그것은 단순히 축제가 갖고 있던 추수의 한 측면이었을 뿐이었다. 그 초막들은 다만 추수 시기 동안 들판에서 추수꾼들이 사용했던 초막들을 반영한 것이었다(만약 바로 그와 똑같은 초막들이 사용되지 않았다면). 하지만 지금은 이스라엘의 역사와 관련해서 초막의 중요성을 다시 재도입했다. 수세기 동안 처음으로(여하튼 저자의 관점에서는) 초막들이 광야 유랑을 기억하기 위해서 예루살렘에 세워졌다. 그러므로 엄격하게 관찰한다면, 이처럼 초막을 역사화시켜서 취급하는 것은 레위기 23장의 규정들의 독특한 또 다른 요소라고 할 수 있다(참조. 43절). 그러므로 여기서의 우리의 해석은 14-15절에 대한 우리의 해석과 깔끔하게 잘 들어맞는다.

"예수아"(Jeshua): 이 철자는 여호수아라고 불리던 모세의 "후계자"에 대한 독특한 철자다. 이 철자는 에스라·느헤미야서에서 1차 귀환 때의 대제사장에 대해 예닐곱 차례 사용되었다(참조. 스 2:2). 비록 현대의 몇몇 주석가들이 저자가 분명하게 표현해 놓은 내용을 뒤섞기 위해 고집을 피우고 있기는 하지만, 아버지 이름을 따서 표현하는 "눈의 아들"이라는 표현은 혼란을 피하게끔 해준다. 위에서 해석한 것처럼, 이 언급은 탁월한 해석을 해주며 본문을 변경시킬 필요가 없다. "즐거워하며"라는 요소에 대해서는 "양식"과 위에 나오는 9, 10절 그리고 12절에 대한 "주석"을 참조하라.

18 이 구절은 또한 신명기적인 율법과 제사장적인 율법 양편의 영향에 대해서도 보여 준다. 신명기적 영향은 율법을 매일같이 낭독했다는 점에서 발견된다. 참조. 신명기 31:9 13. 일부 사람들이 추측해 왔던 것처럼 이런 날마다의 낭송이 매해 있었던 언약 갱신 의식의 일부분이 되었던 것인지는 현재 문맥의 증거 속에서는 결정할 수가 없다. 하지만 말할 필요도 없이 이 점은 저자가 이 장 전체를 통해 갖고 있는 관심과 충분히 잘 맞아떨어진다.

다른 한편으로, 제사장적인 율법에서의 영향은 지금 절기를 지키는 기간이 단지 일주일만이 아니라 신명기 16:13에서처럼 레위기 23:36과 39절 그리고 민수기 29:35-38에 나오는 "거룩한 날에 대한 명령대로" 여덟째 날을 첨가하고 있다는 것에서 분명하게 나타난다. 매우 드문 단어인 עצרת를 이런 문단들에서 사용하고 있다는 점은 다시 한 번 매우 강력하게 이 특별한 율법에 의존하고 있음을 보여 준다. 이 단어는 종종 "거룩한 회"라는 단어로 번역되곤 했다. 하지만 쿠치(Kutsch, *VT* 2[1952] 65-67)는 이것은 너무 제한적인 번역이며, 이 모임의 근간에는 특별히 일을 멈춘다는 생각이 자리잡고 있다는 점을 보여 준다. 그러므로 이것은 특별한 모임만이 아니라 언급된 날 하루 전체를 뜻한다.

해설

우리가 한 분석은 이 장의 지배적인 중심 주제가 하나님의 율법에 대한 선포, 이에 대한 설명 그리고 뒤따르는 백성들의 반응임을 보여 준다. 이 장이 이런 주제들을 제시하고 있다는 것을 요약한 뒤에는, 이 장이 안고 있는 현대의 해석학적인 주요 문제에 관심을 기울일 필요가 있을 것이다.

이 장면은 그들을 위해 읽혀질 하나님의 율법을 듣고자 하는 열망을 갖고 있는 회중들이 행복하게 모이는 것에서부터 시작되며, 교사는 그들의 요구들을 충족시켜 줄 것이었다. 백성들의 측면에서 보자면 첫째로, 그들이 경건한 기대감을 가지고 성경 낭독을 고대했다는 점에 대해서(5-6절), 둘째로, 그들에게 율법을 읽어 주고 설명해 주는 오전의 긴 시간 내내 그들이 진지하게 경청했다는 점에 대해서(3절) 그리고 셋째로, 그들이 눈물을 보이는 것을 통해(9b절) 성경 낭독 그 자체와 율법 해석에(12절) 반응을 보였다는 점에 대해서 주목해야만 한다. 이 장의 구조에 대한 분석을 명확하게 해 나감에 따라, 우리는 이 장의 두 번째 부분(13-18절)에서도 마찬가지 주제들을 찾아내고 좇아가게 된다. 우리가 아무리 하나님의 말씀에 대한 교리를 공식화하고 세부적으로 만든다 하더라도, 지금 이 장을 통해서나 다른 많은 경우들을 통해서 볼 때 이 영역의 정통주의는 만약 하나님의 말씀에 대한 선포가 여기서 본보기로 제시되는 그런 실제 행동과 자세들을 만나지 않는다면 실제적으로 아무런 유익이 없다는 점이 너무나 분명하다. 예수님 그분의 사역도 때때로 응답 있는 믿음이 없어서 좌절되곤 했었다. 예를 들어, 마가복음 6:1-6; 마태복음 23:37. 하나님의 말씀의 주된 목적이 성취되도록 하기 위해서는 하나님의 말씀을 읽는 것에 대한 우리의 접근은 기대감이라는 특징을 가져야만 하며, 또한 우리가 말씀을 뒤로 한 채 다시 우리의 생활로 되돌아갈 땐 민감한 반응이 특징적으로 나타나야만 한다.

에스라 편에 서서 생각해 볼 때, 우리는 그가 백성들의 요구를 충족시키려는 의지를 갖고 있었음을 결코 간과할 수 없다. 백성들에게 주도권이 있기는 했지만, 여러 가지 사항들은 에스라가 백성들로부터 청함을 받았을 때 이미 청함을 기다리고 있었고, 또한 이 청함을 갈망하면서 준비했었음을 추측케 한다. 더욱더 중요한 점은, 에스라가 거룩한 성전 구내로부터 떨어져 있지만 백성들이 쉽게 접근할 수 있는 공공적인 장소에서 율법을 읽기로 선택했기 때문에 누구든 여기에 참석하는 데 장애가 되지 않도록 했다는 점이다. 또한 평신도들로 하여금 그와 더불어 모든 과정에 동참케 하도록 선택했다는 점이다(4절). 이와 마찬가지로, 에스라는 듣는 사람들이 그들이 들게 될 내용들을 명확하게 이해하기를 간절히 바랐다. 여기에는 회중들의 마음을 정결하게 해주는 순수한 제의적 낭독을 위한 자리가 있어서는 안 되었다. 마지막으로, 에스라가 좀더 구체적인 해석을 위해 낭독을 시작한 이후에 13절에서 그의 주변에 소그룹으로 일반 백성의 지도자들이 모였다는 것이 두드러지게 나타난다는 점은 주목할 만하다. 아마도 다른 그 무엇보다도 에스라의 중요성은 그가 자기 시대의 성경을 일반 백성들의 손에 쥐어 주었다는 사실에 있을 것이다. 성경은 더 이상 "전문가들"만의 배타적인 전유물이 아니었다. 유대교의 상당히 많은 외양이 이후에 이런 근본적인 업적과 성취를 통해 결정되었다.

하지만 우리가 이 행동의 결과들이 무엇인지에 대해 생각을 계속해 나간다면 문제가 생겨난다. 이 점은 8절과 12절 마지막 부분 간의 의도적인 평행법을 통해 두드러지게 나타난다: 백성들이 낭독한 내용을 "깨닫고 알게 되자", 그들은 울었다(9b절). 하지만 이는 에스라가 의도했던 결과가 아니었다. 그가 이유를 설명했을 때, 그들은 "큰 즐거움을 가지고 기뻐했으니, 이는 그들이 자신들에게 선포된 말씀을 깨달았기 때문이다"(12절). 어떻게 이렇게 날카롭게 대조되는 모습을 설명할 수 있을까?

이 질문에 충분히 대답하기 위해서 우리는 우선 아마도 율법이 읽혀지는 것이 백성들에게 전혀 새로운 일이 아니었다는 점을 회상해야만 한다. 하지만 정기적으로 율법을 읽던 것들 중 상당수가 공동체의 정치적 상황의 변화로 인해 폐기되었다. 그 백성들은 거대한 페르시아 제국에서 작은 식민지 인구의 일부분일 뿐인데 계시된 하나님의 뜻이 그 땅의 법에 똑바로 세워질 수 있는 주권 국가와 관련된 율법이 어떻게 지금 지켜지고 실행될 수 있었겠는가? 우리가 이 장의 13-18절과 에스라 9-10장에서 보아 왔던 것처럼, 에스라는 그와 같은 문제들을 처리하는 데 집중했고, 또한 심지어 변화된 환경들로 인해 율법의 문자적 내용이 별로 중시되지 않게 된 때조차도 율법의 원칙을 계속해서 준수할 수 있게끔 해주는 해석을 소개했다. 우리는 그들의 삶과 관련성을 맺고 있는 율법이 새로운 방식으로 강조되고 있었고, 또한 그들이 이런 율법의 내용들을 무시해 왔다는 것을 새롭게 깨달았기 때문에 이로 인해 백성들이 울게 되었다는 점을 의심할 필요가 없다.

이것이 에스라가 추구했던 결과가 아니었다는 점은, 우리가 9-10절에 대해 주해한 것을 통해 제시되었다. 율법의 세부 사항을 이해함에 있어서 백성들은 실패와 좌절감만을 갖고 남겨졌다. 에스라가 그들로 하여금 율법의 메시지가 전체적으로 우선 그들의 조상들에게 은혜와 구원의 메시지였으며 또한 믿음을 통해 그들에게도 은혜와 구원의 메시지라는 점을 깨닫게 했을 때만 그들의 슬픔은 결과적으로 기쁨으로 전환될 수 있었다. 그 후에야 그들의 개인적인 악습들을 수정한 것(13-18절)이 이 기쁨을 강화시키는 데만 그 역할을 하게 되었다.

이런 경험을 통해서 우리는 성경의 권위에 대한 이론과 실제 사이에 상당한 간격이 있다는 점을 관찰할 수 있다. 개신교 정통주의는 일반적으로 기독교인의 믿음과 삶을 오직 성경만이 만들어 나가야 한다고 주창해 왔으며, 인간의 인성과 교회의 전통이 그렇게 하는 것에 대해서는 반대해 왔다. 하지만 이 장은 두 가지 점에서 우리로 하여금 잠시 멈춰 서서 생각하게끔 한다. 첫 번째로, 만약 정확하고 올바르게 이해하지 못한다면, 도대체 권위는 어떤 가치를 갖는단 말인가? 성경 시대와 지금 우리 시대 간의 문화적인 차이점들은 기독교적 세계의 파괴와 더불어 이 질문을 무시할 수 없다는 점을 제시한다. 두 번째로, 각각의 본문들을 이해했지만, 그것이 성경 전체의 주도적인 가르침에 반하는 방식들로 이루어졌다면 도대체 어떻게 되겠는가? 다른 식으로 말해서, 받아들일 수 있을 만한 해석학이 없는 본문은 다만 화석화된 존경의 대상으로 전락해 버릴 위험성이 있다. 현재의 장에 나타나는 에스라의 행동은 권위의 세 가지 근원(성경 본문, 이성, 전통) 간의 상호작용이 필연적이며, 이들 중에서 성경 본문이 시간이나 무게감에 있어서 가장 우선적이라는 사실을 추측케 한다. 신앙 공동체의 삶의 끊임없는 과정 속에서 각각의 요소들은 해석학적인 나선형에 있어서 자신만의 역할을 감당해야만 하며, 이를 통해서 한 가지 요소의 통찰력들은 계속해서 다른 요소의 진술들을 조사하고 개선한다. 성경 본문이 토대다. 이성은 해석에 적용된다. 그리고 전통은 이 모든 일들이 하나님의 최종적인 말씀이 배타와 심판이 아니라 은혜와 초청이라는 것을 이해하는 좀더 큰 구조 속에서 행해지는 것임을 확신케 한다.

회개의 고백(느 9:1-37)

참고문헌

Ackroyd, P. R. "God and People." *La notion biblique de Dieu*, 145-62. **Ahlemann, F.** "Zur Esra Quelle." *ZAW* 59(1942-43) 77-98. **Baars, W.** "Einige Bemerkungen zu einem altlateinischen Text von Nehemia." *VT* 8(1958) 425. **Couroyer, B.** "'Avoir la nuque raide': ne pas incliner l'oreille." *RB* 88(1981) 216-25. **Driver, G. R.** "Forgotten Hebrew Idioms." *ZAW* 78(1976) 1-7. **Fensham, F. C.** "Neh. 9 and Pss. 105, 106, 135 and 136. Post-exilic Historical Traditions in Poetic Form." *JNSL* 9(1981) 35-51. **Gilbert, M.** "La place de la Loi dans la prière de Néhémie 9." *De la Tôrah au Messie. Mélanges Henri Cazelles*, ed. J. Doré, P. Grelot and M. Carrez. Paris: Desclée(1981) 307-16. **In der Smitten, W. Th.** *Esra*, 47-51. **Kellermann, U.** *Nehemia*, 32-37. **Kühlewein, J.** *Geschichte in den Psalmen*. Calwer Theologische Monographien 2. Stuttgart: Calwer Verlag, 1973. **Liebreich, L. J.** "The Impact of Nehemiah 9:5-37 on the Liturgy of the Synagogue." *HUCA* 32(1961) 227-37. **Mowinckel, S.** *Studien I*, 50-59. **Noth, M.** *The Laws in the Pentateuch*. TR D. R. Ap-Thomas. Edinburgh and London: Oliver & Boyd, 1966. ______. *Überlieferungsgeschichtliche Studien*. **Rad, G. von.** "Gerichtsdoxologie." *Gesammelte Studien zum Alten Testament*, vol. 2. Munich: Chr. Kaiser(1973) 245-54. **Rehm, M.** "Nehemias 9." *BZ* N.F. 1(1957) 59-69. **Schaeder, H. H.** *Esra der Schreiber*. **Torrey, C. C.** *Composition*, 31-33. ______. *Ezra Studies*, 252-84. **Welch, A. C.** "The Source of Nehemiah ix." *ZAW* 47(1929) 130-37. ______. *Post-exilicJudaism*, 26-46.

본 문

1 그 달 이십사 일에 이스라엘 자손이 다 모여 금식하며 굵은 베를 입고 티끌을 무릅쓰며	1 On the twenty-fourth day of this month the Israelites assembled, fasting, wearing sackcloth, and with earth upon their heads.
2 모든 이방 사람과 절교하고 서서 자기의 죄와 열조의 허물을 자복하고	2 Those of Israelite descent separated themselves from all foreigners. They stood to confess their sins and the iniquities of their ancestors,
3 이 날에 낮 사분지 일은 그 처소에 서서 그 하	3 They stood in their places and read from the

나님 여호와의 율법책을 낭독하고 낮 사분지 일 은 죄를 자복하며 그 하나님 여호와께 경배하는 데

4 레위 사람 예수아와 바니와 갓미엘과 스바냐와 분니와 세레뱌와 바니와 그나니는 대에 올라서서 큰 소리로 그 하나님 여호와께 부르짖고

5 또 레위 사람 예수아와 갓미엘과 바니와 하삽느야와 세레뱌와 호디야와 스바냐와 브다히야는 이르기를 너희 무리는 마땅히 일어나 영원부터 영원까지 계신 너희 하나님 여호와를 송축할지어다 주여 주의 영화로운 이름을 송축하올 것은 주의 이름이 존귀하여 모든 송축이나 찬양에서 뛰어남이니이다

6 오직 주는 여호와시라 하늘과 하늘들의 하늘과 일월성신과 땅과 땅 위의 만물과 바다와 그 가운데 모든 것을 지으시고 다 보존하시오니 모든 천군이 주께 경배하나이다

7 주는 하나님 여호와시라 옛적에 아브람을 택하시고 갈대아 우르에서 인도하여 내시고 아브라함이라는 이름을 주시고

8 그 마음이 주 앞에서 충성됨을 보시고 더불어 언약을 세우사 가나안 족속과 헷 족속과 아모리 족속과 브리스 족속과 여부스 족속과 기르가스 족속의 땅을 그 씨에게 주리라 하시더니 그 말씀대로 이루셨사오니 주는 의로우심이로소이다

9 주께서 우리 열조가 애굽에서 고난 받는 것을 감찰하시며 홍해에서 부르짖음을 들으시고

10 이적과 기사를 베푸사 바로와 그 모든 신하와 그 나라 온 백성을 치셨사오니 이는 저희가 우리의 열조에게 교만히 행함을 아셨음이라 오늘날과 같이 명예를 얻으셨나이다

11 주께서 또 우리 열조 앞에서 바다를 갈라지게 하시사 저희로 바다 가운데를 육지같이 통과하게 하시고 쫓아오는 자를 돌을 큰 물에 던짐같이 깊

Book of the Law of the Lord their God for a quarter of the day while they spent a further quarter confessing and worshiping the Lord their God.

4 On the stairs of the Levites[a] there stood Jeshua and Binnui,[b] Kadmiel, Shebaniah, Bunni, Sherebiah, Bani (and) Chenani: they cried out loud to the Lord their God.

5 Then the Levites – Jeshua and Kadmiel, Bani,[a] Hashabniah, Sherebiah, Hodiah, Shebaniah (and) Pethahiah – said, "Stand up and bless the Lord your God: [b]May you be blessed, O Lord our God,[b] from everlasting to everlasting, And may your glorious name be blessed,[c] although[d] it is exalted above all blessing and praise.

6 You alone are the Lord: You have made heaven,[a] even the highest heaven,[b] with all its host, The earth and everything on it, the seas and everything in them: You preserve them all, and the host of heaven worships you.

7 You are the Lord God who chose Abram, Who brought him out of Ur of the Chaldees and gave him the name of Abraham:

8 When you found that he intended[a] to be faithful to you, you made a covenant with him, To give to his descendants[b] the land of the Canaanites, the Hittites, and the Amorites, The Perizzites, the Jebusites, and the Girgashites: And you kept your promise, because you are righteous.

9 You saw the suffering of our ancestors in Egypt: you heard their cry at the Red Sea.

10 You performed signs and portents against Pharaoh, against all his servants and all the people of his land, Because you knew how arrogantly they had treated them, so you made a name for yourself, as it remains to this day.

11 You split the sea open before them so that they passed through the sea on dry land: But you hurled those who were pursuing them into

은 물에 던지시고
12 낮에는 구름 기둥으로 인도하시고 밤에는 불 기둥으로 그 행할 길을 비취셨사오며

the depths, like a stone into mighty waters.
12 You guided them with a pillar of cloud by day and with a pillar of fire by night, To light up the way for them in which they should go.

13 또 시내 산에 강림하시고 하늘에서부터 저희와 말씀하사 정직한 규례와 진정한 율법과 선한 율례와 계명을 저희에게 주시고

13 You came down upon Mount Sinai and spoke with them from heaven; You gave them right judgments and true laws, Statutes and commandments which were good.[a]

14 거룩한 안식일을 저희에게 알리시며 주의 종 모세로 계명과 율례와 율법을 저희에게 명하시고

14 You informed them of your holy Sabbath, And gave them your commandments, statutes, and laws through Moses, your servant.

15 저희의 주림을 인하여 하늘에서 양식을 주시며 저희의 목마름을 인하여 반석에서 물을 내시고 또 주께서 옛적에 손을 들어 맹세하시고 주마하신 땅을 들어가서 차지하라 명하셨사오나

15 You provided them with bread from heaven when they were hungry And brought water out of the rock for them when they were thirsty; You told them to come in and take possession of the land Which you had sworn to give them.

16 저희와 우리 열조가 교만히 하고 목을 굳게 하여 주의 명령을 듣지 아니하고

16 But they, our ancestors,[a] acted arrogantly; they became stubborn[b] and would not obey your commandments,

17 거역하며 주께서 저희 가운데 행하신 기사를 생각지 아니하고 목을 굳게 하며 패역하여 스스로 한 두목을 세우고 종 되었던 땅으로 돌아가고자 하였사오나 오직 주는 사유하시는 하나님이시라 은혜로우시며 긍휼히 여기시며 더디 노하시며 인자가 풍부하시므로 저희를 버리지 아니하셨나이다

17 They refused to obey and did not remember the miracles which you performed among them. They became stubborn and appointed a leader[a] in order to return to their slavery in Egypt.[b] But you are a God more than willing to forgive,[c] gracious and compassionate, Long-suffering and unwavering in your faithful love;[d] you did not abandon them –

18 또 저희가 송아지를 부어 만들고 이르기를 이는 곧 너희를 인도하여 애굽에서 나오게 하신 하나님이라 하여 크게 설만하게 하였사오나

18 Even when they made for themselves a bull calf of cast metal And said, 'This is your god who brought you up from Egypt,' Or when they committed colossal blasphemies,

19 주께서는 연하여 긍휼을 베푸사 저희를 광야에 버리지 아니하시고 낮에는 구름 기둥으로 길을 인도하시며 밤에는 불 기둥으로 그 행할 길을 비취사 떠나게 아니하셨사오며

19 Still in your great compassion you did not abandon them in the desert, By day the pillar[a] of cloud did not cease guiding them in the way Nor did the pillar of fire cease by night to light up the way[b] for them in which they should go.

20 또 주의 선한 신을 주사 저희를 가르치시며 주의 만나로 저희 입에 끊어지지 않게 하시고 저희의 목마름을 인하여 물을 주시사

20 You gave your good Spirit to instruct them. You did not withhold your manna from them, and you gave them water when they were thirsty.

21 사십 년 동안을 들에서 기르시되 결핍함이 없게 하시므로 그 옷이 해어지지 아니하였고 발이 부릍지 아니하였사오며

21 For forty years you sustained them in the desert (where) they lacked nothing; Their clothes did not wear out, neither did their feet become swollen.

22 또 나라들과 족속들을 저희에게 각각 나누어 주시매 저희가 시혼의 땅 곧 헤스본 왕의 땅과 바산 왕 옥의 땅을 차지하였나이다

22 You gave them kingdoms and peoples and assigned them as a boundary;[a] Thus they took possession of the land of Sihon,[b] king of Heshbon, And the land of Og, king of Bashan.

23 주께서 그 자손을 하늘의 별같이 많게 하시고 전에 그 열조에게 명하사 들어가서 차지하라고 하신 땅으로 인도하여 이르게 하셨으므로

23 You made their descendants as numerous as the stars in the sky; You brought them into the land which you had told their ancestors to enter and possess.

24 그 자손이 들어가서 땅을 차지하되 주께서 그 땅 가나안 거민으로 저희 앞에 복종케 하실 때에 가나안 사람과 그 왕들과 본토 여러 족속을 저희 손에 붙여 임의로 행하게 하시매

24 These[a] descendants entered and took possession of the land, while you subdued before them The Canaanites, who inhabited the land, handing them over into their power, Their kings and the peoples of the land alike, that they might do with them as they pleased.

25 저희가 견고한 성들과 기름진 땅을 취하고 모든 아름다운 물건을 채운 집과 파서 만든 우물과 포도원과 감람원과 허다한 과목을 차지하여 배불리 먹어 살지고 주의 큰 복을 즐겼사오나

25 They captured fortified cities and fertile land; They took possession of houses filled with all manner of good things, Cisterns ready hewn, vineyards, olive-groves and orchards in abundance; They ate till they were satisfied and grew fat; they revelled in your great goodness.

26 저희가 오히려 순종치 아니하고 주를 거역하며 주의 율법을 등 뒤에 두고 주께로 돌아오기를 권면하는 선지자들을 죽여 크게 설만하게 행하였나이다

26 Despite this they became disobedient and rebelled against you; they turned their backs on your law[a] And killed your prophets who had solemnly warned them so as to bring them back to you; They committed colossal blasphemies.

27 그러므로 주께서 그 대적의 손에 붙이사 곤고를 당하게 하시매 저희가 환난을 당하여 주께 부르짖을 때에 주께서 하늘에서 들으시고 크게 긍휼을 발하사 구원자들을 주어 대적의 손에서 구원하셨거늘

27 So you handed them over into the power of their adversaries, who oppressed them, But when in their oppression they cried out to you, you heard from heaven, And in accordance with your great compassion you gave them saviors who rescued them from the power of their adversaries.

28 저희가 평강을 얻은 후에 다시 주 앞에서 악을 행하므로 주께서 그 대적의 손에 버려 두사 대적에게 제어를 받게 하시다가 저희가 돌이켜서 주께 부르짖으매 주께서 하늘에서 들으시고 여러 번 긍휼을 발하사 건져내시고

28 However, no sooner were they enjoying a respite than they again started doing what you considered evil. So you abandoned them to the power of their enemies who dominated them; but when they again cried out to you You heard

from heaven and rescued them many times[a] according to your compassion.

29 다시 주의 율법을 복종하게 하시려고 경계하셨으나 저희가 교만히 행하여 사람이 준행하면 그 가운데서 삶을 얻는 주의 계명을 듣지 아니하며 주의 규례를 범하여 고집하는 어깨를 내어밀며 목을 굳게 하여 듣지 아니하였나이다

29 You solemnly warned them so as to bring them back to your law, but they became arrogant and would not obey your commandments; They sinned right against your judgments—the very ones which bring life to the man who keeps them; They turned a stubborn shoulder, grew obstinate[a] and would not obey.

30 그러나 주께서 여러 해 동안 용서하시고 또 선지자로 말미암아 주의 신으로 저희를 경계하시되 저희가 듣지 아니하므로 열방 사람의 손에 붙이시고도

30 You bore patiently with them in your faithful love[a] for many years; You solemnly warned them by your Spirit through your prophets, But they paid no attention, and so you handed them over into the power of the peoples of the lands.

31 주의 긍휼이 크시므로 저희를 아주 멸하지 아니하시며 버리지도 아니하셨사오니 주는 은혜로우시고 긍휼히 여기시는 하나님이심이니이다

31 In your great compassion, however, you did not eliminate them, Nor did you abandon them, because you are a gracious and compassionate God.

32 우리 하나님이여 광대하시고 능하시고 두려우시며 언약과 인자를 지키시는 하나님이여 우리와 우리 열왕과 방백들과 제사장들과 선지자들과 열조와 주의 모든 백성이 앗수르 열왕의 때로부터 오늘날까지 당한바 환난을 이제 작게 여기시지 마옵소서

32 Now therefore, O our God, O gre at God, mighty and awe-inspiring, Who keeps covenant with loving loyalty, do not belittle all the hardship[a] Which has befallen us—our kings[b] and princes, our priests and prophets, our ancestors and all your people—Ever since the time of the kings of Assyria until today.

33 그러나 우리의 당한 모든 일에 주는 공의로우시니 우리는 악을 행하였사오나 주는 진실히 행하셨음이니이다

33 You have been in the right with regard to whatever has happened to us, Because you have acted faithfully whereas we have done wrong.

34 우리 열왕과 방백들과 제사장들과 열조가 주의 율법을 지키지 아니하며 주의 명령과 주의 경계하신 말씀을 순종치 아니하고

34 Our kings,[a] our princes, our priests, and our ancestors have not kept your law, Nor heeded your commandments and solemn warnings which you gave them.[b]

35 저희가 그 나라와 주의 베푸신 큰 복과 자기 앞에 주신 넓고 기름진 땅을 누리면서도 주를 섬기지 아니하며 악행을 그치지 아니한고로

35 Even while they were in their own kingdom, enjoying the great goodness with which you favored them, Even while in the spacious and fertile land which you gave them, They did not serve you nor repent of their evil ways.

36 우리가 오늘날 종이 되었삽는데 곧 주께서 우리 열조에게 주사 그 실과를 먹고 그 아름다운 소산을 누리게 하신 땅에서 종이 되었나이다

36 And so now today we are slaves. Yes! we are slaves Here in the land which you gave to our ancestors so that they might eat its fruit and its

good fare.

37 우리의 죄로 인하여 주께서 우리 위에 세우신 이방 열왕이 이 땅의 많은 소산을 얻고 저희가 우리의 몸과 육축을 임의로 관할하오니 우리의 곤난이 심하오며

37 Its produce piles up to the benefit of the kings whom you have set over us because of our sins: They rule over our bodies and do as they please with our livestock whilst we are in great distress.

원문주해

4.a. NIV는 문장 구조 안에 마알레(מעלה, "층계들")가 있어야만 한다는 사실을 발음으로 인해(정황상) 그리고 이 단어에 정관사가 없기 때문에 간과했다. 그러므로 NIV의 "대(臺) 위에 서 있는 사람들은 레위인들이었다"라는 번역은 받아들일 수 없다.

4.b. 마소라 텍스트(MT)에는 바니가 들어 있고, 이 단어가 이 구절 뒷부분에서 다시 한 번 반복된다. 같은 이름을 갖고 있는 두 사람을 기록했다는 것도 불가능한 것은 아니지만, 10:10(9)과 비교해 보면 루돌프(Rudolph)가 제안한 것처럼 בנוי로 수정하는 것이 훨씬 더 타당해 보인다. 이 두 개의 목록에는 일반적인 유사점들이 있다. 그러나 이와는 별개로 예수아, 바니 그리고 갓미엘 등은 10:10에서는 분명히 뒤이어 나오는 다른 레위인들과 미묘하게 분리되어 (리더로서?) 있다. 현재의 본문에서는 예수아와 갓미엘이 5절 목록에서 맨 앞부분을 차지하고 있다. 그 결과 예수아와 바니는 이 구절에서 마치 하나의 조합을 이루는 것처럼 보인다. 우리는 이 점에 찬성하면서 다른 이름들에는 어떤 접속사도 붙어 있지 않은 반면, 처음 나오는 두 사람의 이름이 4절과 5절 모두에서 연결사와 연결되어 있다는 점을 지적해야만 한다. 만약 이런 본문 수정이 올바르다면, 여기서도 마찬가지로 처음 세 개의 이름들이 나머지 이름들과는 분리되어 있는 것이다. 이 마지막 관찰점은 또한 우브네이(וּבְנֵי, "그리고 …의 아들들")로 바꾸려 하는 또 다른 제안(70인경이 했던 대로)에 강력하게 반대한다. 덧붙여서, 이와 같은 수정이 포함하고 있는 관계들은 10:10-11(9=10)에서 제안된 관계들과 쉽게 잘 들어맞지 않는다.

5.a. 혹은 4절에 나오는 이름의 목록에서 유추하여 "빈누이"로 할 수 있다. 비록 여기서는 뒷부분에 이 이름이 반복되기 때문에 강력한 입장이 되지는 못하지만 말이다. 두 구절에 나오는 8개의 이름들 중 5개가 동일하기 때문에, 이 두 개의 목록이 원래는 동일한 목록들이었다고 종종 주장되어 왔다. 하지만 그렇다면 이 목록들을 굳이 반복할 필요가 없었을 것이다(Rudolph). 그러나 이 두 구절 각각의 후반부는 각기 다른 역할을 하고 있음을 추측케 한다. 중복되는 이름들 중 상당히 많은 부분이 레위인 지도자들이라는 점을 결코 간과해서는 안 된다. 그러므로 이는 그리 놀라운 일은 아니라 할 수 있다. 다른 방식의 관점에 대해서는 토레이(Torrey, *Ezra Studies*, 279-80)를 참조하라.

5.b-b. 이 기도의 시작 부분 중 일부분이 본문상 상실되었다는 점이 폭넓게 인정되어

왔다. 왜냐하면 이 구절의 마지막 행까지 호칭이 2인칭으로 진행되었기 때문이다. 더군다나 뒤이어 나오는 "영원부터 영원까지"라는 표현은 분명히 경배자가 아니라 하나님의 특징이다. 토레이(Torrey, *Ezra Studies*, 280-82)는 이 공식이 시 41편과 106편(그리고 대상 29:10도 참조하라) 마지막 부분에도 나온다는 점을 관찰했는데, 이 부분들에서는 "이스라엘의 하나님 여호와를 찬양할지어다"가 앞에 나왔다. 그는 이 점이 이 부분을 다시 재구성해 볼 수 있는 단서를 제공한다고 주장한다(나는 조금 후에 제시할 여러 가지 이유들 때문에, 그가 포함시킨 "그리고 에스라가 말했다"를 생략한다): 바룩 앗타 야웨 엘로헤이누(ברוך אתה יהוה אלהינו, "당신을 송축합니다. 오 주님, 나의 하나님이여"). 우리는 모음이 찍히지 않은 본문에서 이 단어들이 앞에 나온 구문과 거의 동일하다는 점을 발견할 수 있다(특히나 만약 앗타⟨אתה⟩가 6절에서처럼 불완전하게 철자가 기록된 것이라면).

ברכו את יהוה אלהיכם : "너희는 주 너희 하나님을 송축하라."
ברוך את יהוה אלהינו : "찬양받으소서, 오 주여, 우리 하나님이여."

그러므로 서기관의 실수 때문에 이 구문을 잃어버렸다고 이해할 수 있다. 여지껏 주장되어 온 다른 대안적인 주장들은 별로 그럴듯해 보이지 않는다. 키드너(Kidner)는 "스타일에 있어서 좀 엉성한 부분이" 있다는 점을 인정한다. 그럼에도 불구하고, 2인칭으로 전환되는 지점을 "레위인들이 이때 회중의 반응을 한데 모으는 제스처로서 그들의 손을 하늘을 향해 치켜들었다"라고 제시함으로써 마소라 텍스트(MT)를 지켜내고자 한다. 하지만 이 주장은 본문이 전혀 근거를 제공하지 않는 내용을 추측하는 것일 뿐이다. 더군다나 현재 상황 속에서 "영원부터 영원까지"라는 표현이 갖고 있는 어려움에 대해서도 전혀 다루지 않은 것이다. NEB는 "당신의 영광스러운 이름이 송축받습니다"라고 번역한다. 이는 웨예바레쿠(ויברכו, "그들은 송축했다")를 대신해서 Syr.을 토대로 바룩(ברוך, "송축받는다")으로 읽은 것이다. 또한 드라이버(G. R. Driver, *ZAW* 78[1966] 6-7)도 보도록 하라. 하지만 결과적으로 생겨나는 단어의 어순은 이상 야릇하며, 또한 왜 이런 오류가 생겼는지에 대해서도 아무런 설명을 제공하지 않는다. 마지막으로, 토레이(Torrey) 자신과 그를 좇았던 몇몇 사람들은 와요메르 에즈라(ויאמר עזרא, "그리고 에스라가 말했다") 역시 본문 수정 안에 반드시 포함되어야만 하며, 그렇게 함으로써 기도의 도입부를 형성해야 한다는 부가적인 주장을 했다. 70인경(LXX)에서는 6절이 이렇게 도입된다는 것을 관찰할 수 있다. 하지만 우리는 이렇게 좀더 나아간 본문 수정을 거부해야만 한다. (i) 두 개의 서로 다른, 그러나 거의 동일한 구문들을 가로막는 것은 이 어려움에 대한 설명을 별로 그럴듯하지 않은 것으로 만든다. (ii) 이는 정황에 별로 적절하지 않다. 8장과 비교해 보면, 만약 에스라가 이 고백을 이끌고 있었다면 그가 도입적인 내러티브에서 두드러지게 언급되었을 것이라는 점을 보여 준다. 하지만 실상 관심의 초점은 온통 레위인들에게 맞추어져 있었으며, 그렇기 때문에 우리는 그들이 계속해서 이야기해 온 화자라고 기대하게끔 된다. (iii) 70인경(LXX)에서부터 얻는 증거는 쓸모가 없는데, 왜냐하면 그 증거는 이 구절과 관련된 것이 아니기 때문이다. 또한 순서상 현재 본문에 분명히 에스라가 포함되어 있었을 것이라고 생각했던 누군가가 나중에 이차적으로 첨가한 것이 분명하기 때문이다. 이 단어들이 마소라 텍스트(MT)에 생략되어 있는 이유는 이와 같은 고백을 분명 대제사장이 했기 때문(레 16:21)이라고 제시하는 다른 관점(Stade; Bertholet; Schaeder, *Esra*, 9)도 있다. 그러나 이 관점은 요점에서 상당히 벗어난 것이다. 결과적으로 우리가 갖고 있는 본문은 이 고백을 대제사장에게서는 상당히 멀리 떨어진 것으로 취급한다. 에스라는 적어도 대제사장 가문에 속해 있었지만(스 7:1-5), 레위인들은 그렇지 않았다.

5.c. 비인칭 복수형 수동태다.

5.d. 앞의 "원문주해"는 우리가 문장론적으로 "축복받고 높아지다"로 번역할 수 없음을 보여 준다. 그러므로 뒤이어 나오는 단어들을 통해 생각해 볼 때 루돌프(Rudolph)가 이 부분을 양보를 나타내는 상황절로 해석하는 것이 올바르다고 할 수 있다. 참조. GKC § § 141e; 142d.

6.a. 이론상으로는, 이는 뒤이어 나오는 구문에서는 천국(heaven)을 언급하지만, 여기서는 또한 하늘(sky)을 언급했을 수도 있다. 셈어에서 샤마임(שמים, "하늘")이 얼마나 넓은 의미의 범위를 갖는지는 확실치가 않다. 참조. E. Levine, "Distinguishing 'Air' From 'Heaven' in the Bible," *ZAW* 88(1976) 97-99. 다음 행에서 이 표현이 땅과 대조를 이룬다는 점이나, 이 구절의 마지막 행에서 샤마임(שמים, "하늘")이 영적 존재들의 거주처라는 점은 위에서 적용한 번역을 선호한다.

6.b. 최상급을 표현하기 위한 방법으로서 "같은 단어의 복수 형태 앞에 명사형을 사용"한 것에 대해서는 GKC § 133i를 참조하라.

8.a. 문자적으로는 "그리고 당신께선 그의 마음(heart)이 당신 앞에서 충성됨을 발견했습니다"이다. 히브리어 인류학에서는 마음(heart)은 마음, 생각(mind)과 관련되어 있으며, 그렇기 때문에 의도나 결심을 동일한 관용어구를 통해 표현한다.

8.b. 긴 이름 목록 때문에 부정사 구조가 간접목적어 앞에서 반복된다. 이 점은 여러 번역들로 하여금 이차 간접 목적어(לו, "to him")가 떨어져 나간 것으로 잘못 생각하게끔 했을 수도 있다. 그러나 이 단어를 다시 복구하는 것은 불필요한 일이다. 왜냐하면 약속의 성취는 아브라함 자신의 시대 한참 이후에나 왔기 때문이다.

13.a. 토빔(טובים, "선한")이라는 남성 복수형이 나타나는데, 이 형용사는 이 행의 두 개의 명사들을 모두 수식해야만 한다(왜냐하면 מצות〈"계명"〉은 여성형이기 때문이다). 이 점은 관계절을 통해 영어에서 가장 분명하게 번역된다.

16.a. 해설적인 와우(ו).

16.b. 문자적으로는 "그들은 그들의 목을 굳게 했다"이다. 또한 17절과 29절도 보라.

이 숙어 구문은 일반적으로 고집스런 짐승에 관한 것으로 설명되었다. 하지만 Couroyer, *RB* 88(1981) 216-25에서는 그보다는 이 숙어 구문을 "귀를 기울이다"와 대조시켰으며(특히 렘 7:26; 17:23을 보라), 그 결과 이 숙어 구문의 이미지를 지금 들리는 내용을 듣기를 거부하는 인간의 이미지로 본다. 전통적인 해석에 대한 Couroyer의 핵심적인 반대는 지배에 복종하기를 거부하는 것과 관련된다. 하지만 그는 이 표현이 동물이 그 주인이 원하는 방향으로 가는 것을 거부하는 것을 언급하는 것일 가능성에 대해서는 충분히 다루지 않는다(물론 이것이 비교적 후대의 관습이라 할 수 있는 타는 짐승에 관한 것일 필요는 없다. 이는 또한 옆에서 주인이 함께 걷고 있는 짐을 실은 나귀에게도 적용될 수 있다). 29절에서 "어깨"에 대한 부가적인 언급이 있다는 관점에서 볼 때, 이 장의 29절에서는 후자가 좀더 적절한 것으로 보이며, 인간의 완고함에 대한 것으로 보는 것은 별로 적절하지 않을 듯하다(이미지로서의 경우는 제외하고). 다행스럽게도, 이 이미지와 인상은 이 논쟁 때문에 심각한 영향을 받지는 않는다.

17.a. 몇몇 주석가들은 나탄 로쉬(נתן ראשׁ)가 "결정하다"와 동의어 숙어라고 생각한다. 하지만 이 문단은 분명히 민 14:4에 토대를 두고 있는데, 그 부분에서는 정확하게 "지도자를 임명하다"를 뜻해야만 한다. 민 14:4에서는 이 표현이 백성들의 의도를 표현하지만, 여기서는 이 표현이 이미 발생한 사건을 나타내는 방식으로 되어 있다는 사실이 이 결론에 영향을 주거나 이 결론을 변하게 해서는 안 된다. 이외에도 구약에서 동일한 사건을 설명하는 구절들과 산문 사이에는 이보다 훨씬 더 광범위한 어순 배열상의 차이점들이 종종 나타난다.

17.b. 마소라 텍스트(MT): "그들의 반역에서." 이런 표현도 충분히 이해할 수 있는 표현이긴 하지만, 몇몇 MSS와 70인경(LXX)에서는 원래 이 부분도 민 14:4과 밀접한 본문이라고 주장하면서 이 부분을 베미츠림(במצרים, "애굽에서")이라고 읽는다.

17.c. 확장적인 복수형이다(집약적 복수형). 참조. GKC § 124e.

17.d. 헤쎄드(חסד, "인자") 앞에 붙어 있는 와우(ו)는 Q와 여러 MSS 그리고 Vrs.를 근거 삼아 지워야만 한다.

19.a. 이 부분은 소위 주격을 도입하기 위해 나타나는 접두사 에트(את־)의 전형적인 한 예이다. 32절과 34절도 보라. 이 문단의 의미는 이 현상에 대한 논쟁으로 인해 영향을 받지 않기 때문에, 여기에 그 논쟁을 기록하는 것은 불필요하다. 관련된 서적 목록(bibliography)이나 논쟁에 대해서는 J. Hoftijzer, *OTS* 14(1965) 1-99를 참조하라.

19.b. 일부 MSS와 Vrs. 등을 근거로 해서 웨(ו, "그리고")를 생략한다. 그러나 Baars, *VT* 8(1958) 425를 참조하라. 본문을 수정하면 이 행은 12절의 행과 정확하게 대응된다. RV는 마소라 텍스트(MT) 본문을 번역했다: "그들에게 빛을 보이시고, 그들이 어디로 행해야만 할지 그 길을 보여 주시사." 하지만 이 번역은 첫 번째 구문에서는 레하이르(להאיר, "…에게 빛을 주다" 혹은 "빛을 비추다")를 자동사로, 두 번째 구문에서는 타동

사로 이해할 것을 요구한다. 이는 굉장히 어색한 일이다. 현재 본문은 이 구절의 앞부분에 나오는 웨에트(ואת)의 영향하에서 생겨났을 수도 있다.

22.a. 확실치는 않다. 비록 아카드어에서 *pāṭu*는 "변두리"라는 의미를 갖고 있긴 하지만(*AHW* 851), 페아(פאה)는 일반적으로 "코너" 혹은 "가장자리"라는 의미를 갖고 있다. 그리고 이 표현은 정황상 불합리한 것이 아니다(Rudolph). NEB에서는 분명히 아랍어 동족어에 토대를 두고서 "이것들을 그들에게 전쟁 전리품으로 나눠 주시고"라고 옮겼다(참조. Brockington). 이렇게 하면 분명히 의미가 잘 통하기는 하지만, 충분한 근거 제시와 논의 없이 오직 이 본문에만 토대를 두고서 히브리어 사전에 새로운 어근을 허용하는 것이 과연 적합한지는 의문스럽다.

22.b. 마소라 텍스트(MT)에는 "시혼, 헤스본 왕의 땅까지도"라고 되어 있다(시혼이 헤스본의 왕이었기 때문에 이 와우는 설명적인 와우로 취급되어야 한다). 하지만 웨에트 에레츠(ואת ארץ, "땅을")는 1 MS와 70인경(LXX)에서 뒤이어 나오는 행이 제시하는 것처럼 평행을 이루게끔 하기 위해 삭제하는 것이 더 낫다.

24.a. 문자적으로는 "아들들"이다. 대명사 접미어가 없고 대신 정관사가 사용되었다는 것은 이 언급이 앞 구절에 나온 동일한 그룹을 지칭한다는 점을 보여 준다. 그렇기 때문에 영어에서는 "이들"로 번역한다.

26.a. NEV에서는 이렇게 번역했다. 이 번역은 히브리어의 숙어 의미를 영어로 잘 표현해 준다: "그들은 당신의 율법을 등 뒤로 던져 버렸습니다."

28.a. 형용사 라브(רב)의 복수형은 종종 수식하는 명사 앞부분에 나오곤 한다. 참조. Joüon, *Grammaire* § 141*b*. 이 단어에 성(性)과 정관사가 없다는 점은 의미가 모호해지는 것을 막아 준다. Baars, *VT* 8(1958) 425도 보도록 하라.

29.a. 위의 n. 16.b를 참조하라.

30.a. Ellipse of חסד; 참조. 시 36:11(10); 109:12; 렘 31:3.

32.a. 참조. n. 19.a. 그리고 GKC § 117*aa*.

32.b. 스 1:5.a에서의 ל의 용례와 비교하라.

34.a. 참조. n. 19.a.

34.b. 다른 방식으로 이해하는 것에 관해서는 T. Veijola, "Zu Ableitung und Bedeutung von *hēʿîd* im Hebräischen," *UF* 8 (1976) 343-51를 참조하라.

양식/구조/배경

우리는 이 장 전체의 배경에 관심을 기울이기 전에, 우선 여기서는 5b-37절에 나오는 기도와 관련된 문제들을 다루어야 한다. 위에 제시한 번역에서는 행들을 *BHS*가 제시한 대로 구분해 놓았는데, 이는 이 기도를 시적으로 본 루돌프(Rudolph)의 주석을 따른 것이다. 물론 이렇게 생각하는 것을 정당화해 줄 수 있는 여러 가지 근거들이 분명히 있다: 평행법이 나타나고 있으며(즉 15a절과 b절), 훌륭한 운율이 나타나는 부분들이 있으며(즉 6-7절), 시적인 구문들이 있는데, 가령 동사를 하나의 행에서 다음 행으로 옮기는 것들과 같은 경우들이다(예를 들어, 6b절과 c절). 다른 한편으로는, 산문적 요소인 접두사 에트(את־)와 관계사 아셰르(אשר) 등이 빈번하게 나타나기는 하지만, 이런 특징들은 그 어느 것도 끝까지 지속되지는 않는다. 결과적으로, 19절 같은 구절이 시적 특성을 갖고 있다는 점을 입증하는 것은 어려운 일이다.

그러므로 이 부분이 산문인지 혹은 시인지와 같이 매우 근본적인 질문에 대해서조차도 명확하게 분류하기 어려운 문제점을 안고 있다. 이 부분은 의심할 여지없이 에스라 9:6-15이나 혹은 느헤미야 1:5-11보다는 훨씬 더 시적이다. 이 점만 제외한다면, 시편에 나오는 시들과 이 부분은 많은 유사성을 갖고 있다. 그러나 관행적인 관점에서 보자면, 이 부분은 시편에 나오는 대부분의 시보다 훨씬 더 짧다. 그렇기 때문에 우리는 이 부분을 규칙적인 제의적 언어라고 부르는 것에 만족해야 할 것이다. 그리고 이 부분이 스타일과 문체에 있어서 다른 시적 문단들에 의해서 영향을 받았음을 인식하는 정도에서 만족해야만 할 것이다. 하지만 편의를 위해 우리는 뒤이어 나오는 내용들에 대해서 시를 분석한 언어를 사용할 것이다(예를 들어, stanza).

장르(*Gattung*)에 관한 문제를 정확하게 규정하는 일도 마찬가지로 어려운 일이다. 이 기도는 내러티브를 도입하는 데 있어서 하나님을 찬양하라는 부름과 더불어 찬송적인 형태로 출발한다. 그런 뒤에 수동태 형태로 되어 있는 송축이 나오고(5절을 우리가 재구성한 것에 의하면), 마지막에는 쩌시브(명령형) 형태로 변환된다. 뒤이어 나오는 내용들로 연결해 나갈 때도 규칙적으로 정해진 연결 형식을 사용하지는 않는다(예를 들어, כי, "for"). 그러나 뒤이어 나오는 역사적인 회고(6-31절) 전체의 내용은 내러티브 형태로 되어 있는데, 이는 찬송에 대해 일종의 근거 내용 역할을 하려는 의도를 갖고 있음이 분명하다. 하지만 32절에 나오는 강력한 부사인 웨앗타(ועתה, "그리고 지금")라는 표현은 공동체적 탄식과 좀더 밀접한 형식의 새로운 부분이 시작될 것임을 지시해 준다. 여기서부터는 적절한 탄식(36-37절), 고백(33-35절)이라는 요소뿐만 아니라 은근한 탄원(32절)이라는 요소도 나타난다.

에스라 9장과 느헤미야 1장에 나오는 기도에서 그랬듯이, 이 문단에서도 정확한 평행들은 발견할 수 없다. 그럼에도 불구하고 여기에 예닐곱 가지 구성 요소들이

섞여 있는 것은 결코 우연이 아니다. 각각의 요소들은 각각의 방식을 통해 이 기도를 공동체가 드리는 가장 강력한 고백으로 구성하고 온전한 회복을 요청하는 간구가 되게 하는 데 전체적으로 도움을 준다.

첫째로, 우리는 *Tôrah au Messie*에 실린 이 장에 대한 길버트의 연구(Gilbert, "La place de la Loi dans la prière de Néhémie 9")를 주목해야 한다. 그는 이 기도의 전체적인 구조가 고백과 웨앗타(ועתה, "그리고 지금")를 통해 전환되는 탄원으로 되어 있음을 관찰한다. 그렇기 때문에 그는 우리가 이 기도에 대한 유추를 하기 위해 예언(*contra* Gunkel)이나 혹은 시편(예를 들어, 시 38편; 51편; 106편; 130편)을 생각해야 한다는 점을 부인한다. 그보다는, 그는 역사적인 책들 안에 있는 개인적이고 집단적인 고백들 속에서 이런 패턴의 짧은 기도 패턴들을 많이 찾아낸다. 참조. 민수기 22:34; 사무엘상 15:24-25; 사무엘하 24:10; 출애굽기 10:16-17(개인적인) 그리고 민수기 21:7(ועתה가 없는); 출애굽기 32:31-32; 사사기 10:15; 사무엘상 12:10. 이 정도의 증거 본문들이라면, 우리가 느헤미야 9장을 다룰 때 매우 협소하게 규정된 제의적인 것에 얽어매지 않고 도리어 이스라엘의 생활 속에 깊이 뿌리박고 있는 고백의 형태를 통해 다루고 있다고 주장할 수 있을 만큼 충분한 양이다. 하지만 여기서의 이 기도 형태는 배경과 언어가 보여 주듯이, 제의만이 아니라 율법이 죄를 범한 자를 대적하시는 하나님 그분을 대신하기 시작했기 때문에 그 영향하에서 정교해진 것이다.

둘째로, 그러나 시편과의 그 어떤 접촉도 없었다고 부정하는 것은 궁색한 주장이 될 것이다. 역사적으로 확장된 시선을 가지고 이 기도를 바라본다면 즉시 수많은 시편들과 비교해 보게 된다. 참조. Fensham, "Neh. 9 and Pss. 105, 106, 135 and 136: Postexilic Historical Traditions in Poetic Form," *JNSL* 9(1981) 35-51. 특별히 느헤미야 9장은 종종 시편 106편과 세밀하게 견주어지곤 하는데, 이 두 부분은 역사적 회상을 고백을 위한 도구로 사용하고 있고, 또한 긍휼을 베풀어 달라고 호소하는 토대로 사용하기도 하기 때문이다. 참조. Kühlewein, *Geschichte in den Psalmen*, 122-25. 다른 식으로 표현하자면, 그저 낭송을 했다는 역사적 본보기들만을 가지고 그런 형식들을 찾아서 내용에 의존하는 것은 부적절하다. 우리가 낭송이라는 형식을 넘어서서 이 낭송의 목적이 무엇인지를 탐구한다면, 우리는 다시금 즉각 고백이라는 점에 다가서게 된다.

셋째로, 느헤미야 9장은 폰 라트(von Rad)가 "Doxologies of Judgment"로 구분한 범주 안에 포함되어 있다. 참조. Gerichtsdoxologie, "*Gesammelte Studien.*" 몇몇

논의들에 대해서는 에스라 9장, "양식" 그리고 그 장의 15절에 대한 "주석"을 참조하라. 폰 라트(Von Rad)는 이런 본문들에 공식적인 고백 구문인 앗타 차디크(צדיק אתה, "당신은〈주는〉 의롭도소이다")라는 표현 구문이 나온다는 점으로 인해, 이들 본문들을 고백 구문으로 그룹지었다. 이 표현 구문은 현재 장의 33절에도 나타나는데(8절에 나타나는 이 표현은 전혀 다른 목적을 위해 사용되었다. 아래를 보라), 여기서의 기능은 일종의 경배하는 행동으로서 하나님께서 경배자들에게 그분의 심판을 내리시는 것이 정당하다는 것을 정확하게 시인하는 것이다. 폰 라트가 이런 형태의 기도에 대해 이름붙인 방식 자체가 분명하게 나타내 주듯이, 이 부분은 구약성경에서 가장 분명하고 객관적인 고백 양식이 사용되었기 때문에 가장 고결한 형태로 구성되어 있다.

넷째로, 그러므로 이미 위에서 지적했던 것과 같이 이 문단이 찬송적인 형태로 도입되고 있다는 사실은 우연히 그렇게 된 것이 아니다. 찬송 형태로 시작하는 것은 고백을 찬양이라는 정황 속에 자리잡게 함으로써 다시 한 번 고백의 효과를 두드러지게 강조하기 위해서다. 이 점은 이 장을 몇몇 다른 심판의 영광송(예를 들어, 스 9장; 단 9장)과는 다른 것으로 구분해 준다. 그러나 시편 106편만이 아니라 이미 살펴본 것처럼 특히 아모스서의 영광송(4:13; 5:8-9; 9:5-6)과도 밀접한 연관성이 있다는 쪽으로 끌고 간다. 참조. J. L. Crenshaw, *Hymnic Affirmation of Divine Justice*(SBLDS 24; Missoula: Scholars Press, 1975). 크렌쇼(Crenshaw)에 의하면 이런 영광송들은 포로기나 혹은 포로 귀환 초기 동안 "회개와 고백의 특별한 날들에 사용된 것으로 보인다"(p. 143). 지금 현재의 느헤미야 9장이 갖는 문학적 배경이라는 관점에서 보자면, 사실 이 저자가 제의라는 삶의 배경에서 처음부터 직접 여러 재료들을 끌어다가 사용하지 않았다는 분명한 근거는 없다.

마지막으로, 이 장의 마지막 닫는 구절은 공동체적인 탄식 시편들과 비교되어 왔다. 자연스럽게 말이다.

그러므로 느헤미야 9장을 단일한 장르의 틀 속에 쑤셔넣는 것은 이 장이 갖고 있는 충분한 설득력의 상당 부분을 명백하게 상실케 하는 일이다. 아마도 공적인 참회라는 제의에서 기도 내용을 채용함으로써 저자는 고백과 연관되어 있는 여러 가지 요소들을 한 덩어리로 잘 짜고 묶었다. 이 요소들이 효과적으로 잘 연합되면서, 이것들은 율법이 제시되는 8장과 언약 갱신이 나타나는 10장 중간에 위치하는 9장에서, 그러니까 느헤미야서의 중심적인 클라이맥스 부분에서 저자가 갖고 있는 목적이 잘 드러나도록 훌륭하게 돕고 있다. 위의 8-10장에 대한 서론을 보라.

길게 제시되고 있는 역사적 회고를 어떻게 세분화시켜 나눌 것인지에 대해서는 아래의 "주석"에서 좀더 쉽게 다루어질 것이다. 그러므로 여기서는 중심적인 구분들을 요약적으로만 제시하고자 한다.

6절	창조
7-8절	아브라함
9-11절	출애굽
12-21절	광야 시기
22-31절	땅

이런 구분은 내용, 구조 그리고 단어의 토대 위에서 정당화될 것이다. 또한 각각의 부분들은 일반적으로 잘 알려져 있는 표현들을 사용하고 있다. 그리고 이를 통해 각각의 부분들을 낭송할 때 하나님의 특징들 중 한 가지씩을 잘 고양시켜 보여주는 데 초점을 맞추고 있다는 점도 제시될 것이다. 예를 들어, "오직 주는 여호와시라"(אתה הוא יהוה לבדך, 6절), "주는 의로우심이로소이다"(צדיק אתה, 8절) 등이다. 6, 8, 10, 17절과 31절에 대한 "주석"을 보라. 마지막으로, 처음 나오는 세 부분이 백성들의 배경과 형성에 관해 다룬다는 점을 관찰할 것이다. 비록 이 부분들은 분량상 더 길지만 마지막 두 부분만이 백성들의 삶에 관한 것을 다루고 있으며, 또한 각각 유사한 구조를 갖고 있다: 하나님의 은혜, 백성들의 반역 그리고 하나님의 계속적인 긍휼에 관한 설명. 그러므로 고백 안에도 역사 안에 표현된 하나님의 은혜에 대한 강렬한 기억이 남아서 나타난다. 또한 이 장을 마무리하는 구절들은 하나님께 호소하는 데 있어서 이 점을 근거로 삼는다.

이제 우리는 이 장이 전체적으로 어떤 문학적, 역사적 배경을 갖고 있는지를 다루어야만 한다. 그저 언뜻 보기만 하더라도 8장에서부터 계속된 내러티브가 잠시 동안 짧은 간격만 있었을 뿐 지금껏 계속되고 있다는 점이 1절에서부터 직접적으로 나타난다. 초막절은 이 달의 22일째에 끝날 것이고(8:14-15에 대한 "주석"을 보라), 지금 다루는 이 장은 "이 달의 24일째"까지 계속된다. 따라서 많은 주석가들은 새로운 배경에 대해서는 전혀 추측하지 않아 왔다.

하지만 좀더 깊이 살펴보고 조사해 보면 이런 가정을 결코 정당화할 수 없다는 사실을 알게 된다. 이 논의에 더해서 에스라 · 느헤미야서에 대한 표준적인 주석들과 연구들에 대해서는 웰치(Welch, *ZAW* 47[1929] 130-37, 그리고 *Postexilic Judaism*, chap. 2)와 렘(Rehm, *BZ* N.F. 1[1957] 59-69) 등을 참조하라. 자연스럽게 이 논쟁들은 부분적으로는 느헤미야 8장이 원래 어떤 배경을 갖고 있었는지에 대한 결론으로 나아갔다. 하지만 이제 뒤이어 나오는 내용에서는 이런 특별한 문제와 상관없이 자리잡고 있는 몇몇 사항들을 논의에 포함시키기 위해 시도할 것이다.

첫째, 느헤미야 8장이 원래 에스라 8장 뒤에 자리잡고 있었다는 우리의 관점에 의하면 느헤미야 9장이 느헤미야 8장 뒤에 자리잡을 수 없다는 점이 즉각 분명해진다. 이방 사람과의 절교(2절)와 고백은 에스라 9-10장의 사건들 이전에 완전히 다른 곳에서 일어났던 일일 것이다(*contra* Schaeder, *Esra*, 12, and Michaeli).

느헤미야 8장과 9장 사이의 연결은 그 자체가 지극히 거칠고 어색하다. 많은 학자들은 즐거워하던 분위기에서 갑작스럽게 그리고 확신할 수 없을 정도로 갑자기 탄식하는 분위기로 변화한 것을 주목해 왔다. 또한 이런 큰 간격을 설명하려는 시도들은 별로 확신을 주지 못하고 있다. 토레이(Torrey, *Composition*, 31-33)는 8:9-11에서 백성들에게 슬퍼해서는 안 된다고 명령했던 점이 난관을 만들어 낸다는 점을 강조하면서 이 점에 대해 처음으로 관심을 기울였다. 만약 예를 들어 누군가가 이 장들을 마치 노스(Noth, *Studien*, 148-49), 켈러만(Kellermann, *Nehemia*, 32-37) 그리고 인 데르 스미텐(In der Smitten, *Esra*, 47-51) 등처럼 아무런 제약 없이 자유롭게 재구성한다면, 우리는 아무 동기도 없이 이처럼 문장 서술 방식에 변화가 일어날 것으로는 전혀 생각할 수 없을 것이다. 예를 들어, 고백을 좀더 앞부분에 위치시키는 것이 더욱 자연스러울 것이다. 그러니까 아마도 고백이 그 달 10일째에 있는 속죄일에 있었던 사건으로 자리잡게 하면서 결국엔 즐거운 의식으로 결론맺었다고 배치하는 것이 더 자연스러울 것이다. 이런 순서는 분명 제의적으로 충분히 기대해 볼 만한 것이다(Mowinckel, *Studien I*, 52). 다른 한편으로 만약 이것이 역사적 설명이었다면, 우리는 슬퍼하지 말라고 했던 명령 뒤에 이런 묘한 변화가 생겼다는 점에 대해 주목해야 할 뿐만 아니라 웰치(Welch)가 관찰한 점에 대해서도 주목해야 할 것이다: "속죄일은 이스라엘이 국가적인 율법과 국가적인 절기를 새롭게 확립하고 있을 때 훌륭한 안내자였다: 속죄일은 이들이 갱신된 이후에는 거의 제자리에 있지 않았다"(*ZAW* 47[1929] 131).

다음으로, 에스라가 이 장에 나타나지 않는다는 점도 충격적인 부분이다. 8장에서는 에스라가 주도적으로 활동했는데, 9장에서는 레위인들이 집단적으로 회중들을 이끌고 있다. 그래서 우리는 9장에서 흡사 전혀 딴 세상에 들어와 있는 것처럼 느끼게 된다.

백성들에 대한 모습도 매우 특징적으로 다르게 나타나고 있다. 8장에서의 백성들의 모습은 국가적인 축제들의 가장 중요한 순서들에 대해서조차 무지한 모습이었다. 하지만 여기서의 백성들은 그런 내용들을 가르쳐 줄 필요도 없을 뿐만 아니라, 탄식하고 회개해야 할 정확한 바로 그 날에 자발적으로 모이는 모습을 보여 주고 있다.

2a절의 진술은 느헤미야 8장과 9장 간의 단일성을 주창해 온 사람들을 오랫동안 난처하게 만들어 왔다. 여기에는 백성들이 지금 모든 이방인들과 절교해야만 할 그 어떤 적절한 이유도 제시되어 있지 않다. 그 이유는 8장 시작 부분에 나왔어야 하거나 혹은 전혀 나타나지 말았어야 했다. 하지만 이 구절이 어디에서 왔건 간에, 이 부분은 여기 묘사된 모임이 앞서 있었던 그 어떤 의식에 대해서도 독립적이라는 사실을 매우 강력하게 보여 준다.

마지막으로, 느헤미야 9장에 나오는 회개 고백은 매우 일반적인 용어들로 표현되고 있다. 여기에는 우리가 에스라와 느헤미야서의 다른 부분들에서 읽었던 어떤 특별한 죄목에 대한 암시도 전혀 나타나지 않는다. 이 점에서 이 부분은 에스라 9장에 나오는 회개와 매우 날카롭게 대조를 이룬다. 그러므로 만약 느헤미야 8장 이후에 직접 9장이 나온 것이라면 에스라 비망록(EM)과의 그 어떤 연결점도 별로 가능성이 없어 보인다.

이런 논쟁들의 위력을 인식하고 있던 사람들은 이 장의 원래 배경에 대해 몇 가지 제안을 해 왔다. 예를 들어, 웰치(Welch, *ZAW* 47[1929] 130-37)는 "이 장은 북이스라엘이 금식일이나 고백일 그리고 기도일에 예배하던 기도문을 담고 있다"고 주장한다. 그러므로 그는 이 부분의 연대를 포로기 이후 후기 시대로 잡는다. 반면에 렘(Rehm, *BZ* N.F. 1[1957] 59-69)은 그보다는 이 부분이 느헤미야 비망록에 속해 있다고 "생각했다". 하지만 대다수는 이 부분은 에스라 10장 이후에 자리잡는 것이 가장 적절해 보인다는 토레이(Torrey)의 제안을 따른다.

내가 생각하기에 우리가 이런 제안들을 평가하기 위해서는 다음의 사항들을 염두에 두어야만 한다. (i) 이미 대충 윤곽을 잡아 본 8-9장 사이의 대조점들을 통해 비록 최종 편집자가 그의 폭넓은 목적들을 위해 이렇게 병렬시키는 것을 수용하긴 했지만, 이 부분들에는 이전 원 자료들이 갖고 있던 서로 잘 맞지 않는 어색함들이 분명하게 나타나고 있다. 만약 우리가 전적으로 자유롭게 본문을 재구성한다면 분명히 좀더 부드러운 내러티브로 만들 수 있을 것이다. (ii) 9:2의 단어는 에스라 9-10장과의 모종의 연관성을 보여 준다. 이 부분과 에스라 9:2에서 문자적으로 "씨"(זרע – 제라아)를 의미하는 단어를 사용했다는 점은 매우 두드러진 특징이며(앞 문단에 대한 "주석"을 보라), 다른 곳에서는 이런 특별한 뉘앙스를 가지고 사용한 경우가 없다. "그리고 (그들이) 절교했다"(ויבדלו)라는 동사도 마찬가지로 에스라가 이방 결혼을 처리하던 것과 관련해서 몇 차례 등장했었다. (iii) 이 장에 에스라가 등장하지 않는다는 점은 토레이가 제안했던 것처럼 이 부분이 에스라 원 자료에서 추출해서 확장한 것이 아닌 것으로 보이게 한다. (iv) 이 점은 이 기도가 독자적인 기원을 갖고 있을 수 있다는 가능성과 연관되어 있다. 우리는 이 기도가 아무 특징이 없으며, 바로 인접한 정황과 거의 상관이 없다는 점을 살펴보았다. 그러나 이 기도는 최종 편집자의 목적을 위해서는 상당히 중요했다. 그렇기 때문에 최종 편집자 자신이 당시의 제의에 대한 배경 지식에서부터 이 기도를 끄집어냈던 것으로 보인다. (v) 그렇기 때문에 오직 1-5절만이 에스라 9-10장의 어느 지점에서부터인가 유래되었어야 할 필요가 있었다. 그리고 설령 그런 경우라 하더라도, 이미 다른 부분들에서 지적했던 것처럼 편집적으로 일부 변화들이 있었던 것 같다.

이 점은 루돌프(Rudolph)의 결론과 밀접하다. 비록 그는 이 점에 대해 요약하면서 두세 구절만이 아니라 "느헤미야 9장" 전체가 다 그렇다고 이야기했고, 그래서 도리어 이런 관점을 무색케 하지만 말이다. 그는 이 조각 부분을 에스라 10장 뒤에 위치시킨다. 분명히 그의 결론 중 이런 부분들을 통해서 볼 때 그의 세부적인 주장은 단지 추측일 뿐이다. 그리고 정확하게는 바로 이런 이유로 인해서 우리는 과연 루돌프의 해결책이 최상의 해결책이 될 수 있는지에 대해 의심하게 된다. 백성들은 그들의 이방인 아내들과 결별한 후 고백을 위해 다시 모이기 전 석 주 동안을 기다리고만 있었던 것일까(스 10:17과 느 9:1의 연대와 비교해 보라)? 그리고 이방인 아내들과 이미 이혼을 했다면, 지금 2절이 의미하는 바는 무엇인가? 알레만(Ahlemann, *ZAW* 59[1942-43] 89) 이론의 수정 형태, 즉 이 내용이 원래는 에스라 10:15과 16절 사이에 자리잡고 있었다는 이론의 수정 형태를 되살리는 것에 대해서는 할 이야기가 많다. 그가 15절을 본문 수정한 것을 따라야 할 필요는 없지만, 16절이 분명히 본문상 훼손되었다는 것은 흥미롭고("원문주해"를 보라), 또한 16절을 시작하는 부분에 효과적인 선행사가 없다는 것도 흥미로운 점이다.

이 제안에 토대를 둔다면, 날짜들은 아주 훌륭하게 잘 들어맞는다. 9월 20일에 유다와 베냐민 남자들이 이방 결혼과 관련된 문제를 처리하기 시작하려고 예루살렘으로 왔다(스 10:9). 그런 뒤에 24일에 그들은 고백하기 위해서 모였는데(느 9:1), 이는 시월 초하루부터 앉아서 이 임무를 맡기 이전이었다(스 10:16). 이는 기록되어 있는 에스라의 전체 사역이 정확하게 일 년에 딱 들어맞는다는 것을 의미한다.

지금 추출해서 제시한 이 구절들은 부분적으로는 에스라 10장 나머지 부분들의 표제어로 간주되어야만 한다. 그렇게 이해함으로써 2a절은 훌륭하게 의미가 통하게 된다. 이것은 일반적인 진술일 뿐이고, 그 구체적인 사항은 에스라 10:16-44에 나타나 있다. 우리는 문단을 이와 정확하게 동일한 스타일로 구성한 것을 다른 부분들에서도 지적할 수 있는데, 가령 느헤미야 8:3 등이다. 마지막으로, 만약 5절에 나오는 브다히야를 에스라 10:23에 나오는 동일 이름과 동일인으로 간주해야 한다면, 이 문단이 분리 이전에 갖고 있었던 배경은 분명히 좀더 적절하게 될 것이다.

원래 문단의 단어 배열이 어떠했는지를 정확하게 재구성하려고 하는 것은 자연스럽게 별로 쓸데없는 일이 된다. 왜냐하면 두 가지 경우 모두에서 얼마간 편집자적인 재작업이 있었기 때문이다. 우리는 이 문단에 대해 생각해 보면서 일반적인 측면에서 가장 가능성이 있는 원래의 배경을 확립하는 정도만으로 충분하다. 편집자가 이 부분을 새로운 위치로 옮겼던 이유들은 이 부분이 새로운 부분에서 그가 표현하고자 했던 일반적인 목적에 긍정적인 도움을 줄 수 있었기 때문일 것이다(느 8-10장에 대한 서론을 보라). 또한 이렇게 옮긴 것은 그가 현재의 이 부분에만 클라이맥스에 대한 기대를 남겨 두고 나머지 부분들에서는 그런 기대를 제거하고자 했던 것에 대해서는 부정적이었을 것이다. 이미 앞에서 지적했듯이, 동일한 연대 역시 이 부분을 여기에 옮기는 것에 영향을 끼쳤을 수도 있다.

지금 여기서의 제안은 분명히 가설이다. 느헤미야 9장의 구성에 관한 우리의 일반적인 결론은 루돌프(Rudolph)를 비롯한 다른 많은 학자들의 견해와 밀접하게 연결되어 있다. 그들은 여하튼 이 본문의 원래 배경이 에스라 비망록(EM)에서 나온 것이라는 추측에 의해서 영향을 받지 않았다.

주석

1 연대에 관해서는 위의 "양식"을 보라. "모였다"(נאספו – 네에쓰푸): 아마도 이것은 편집자가 사용한 어휘일 것이다. 참조. 8:1과 13절. 에스라 10장은 동의어인 어근 קבץ를 사용한다. 백성들은 와서 "금식하며, 굵은 베를 입고, 티끌을 무릅쓰며" 있었다. 에스라 8:26을 보라. 우리는 이미 앞부분에서 성경적인 사고에서 탄식하는 것과 고백하는 것 사이에 어떤 연결이 있는지에 관해 집중적으로 살펴보았다. 동일한 관련성이 여기서도 입증된다 (그리고 아래 3절을 보라). 참회의 표시로 입는 베옷에 대해서는 다니엘 9:3; 여호수아 3:5, 8; 역대상 21:16을 참조하라. 그리고 탄

식하는 정황 속에서 티끌을 무릅쓰는 것에 관해서는 사무엘상 4:12; 사무엘하 1:2 그리고 욥기 2:12 등을 참조하라.

[2] 이미 "양식"에서 주목했듯이, 이 구절의 전반부는 역사적으로는 에스라 9-10장이라는 정황에서 설명되어야만 한다. 이 구절의 전반부는 아마도 그 부분에서 이방 아내들을 내어보내는 데 동의한 것을 요약적으로 소개하고 도입한 부분이었을 것이다. 이 구절은 지금의 새로운 정황 속에서 흥미롭게도 8장 이후에 나타나기는 하지만, 언약 갱신에 들어간 공동체의 정결함을 강조하기 위해 여기에 남아 있게 되었을 것이다. 이 구절이 "이스라엘"을 배타적인 종족적 개념으로 이해하고 있다는 점은 "씨"(זרע – 제라아)라는 단어를 사용한 것이나(스 9:2에 대한 "주석"을 보라) "모든 이방인들"을 구별 없이 내보낸 것을 통해서 분명하게 나타난다. 이런 태도는 다른 부분에서는 오로지 에스라 9-10장에서만 발견되며, 에스라 6:21 등의 부분과 특징적으로 대조를 이룬다.

이 구절의 후반부는 "그들의 죄악"(33-37절)과 "그들의 조상들"(16-30절) 두 가지 모두를 언급하고 있다. 그리고 이런 언급을 통해 뒤이어 나오는 고백으로의 적절한 도입을 제공한다.

[3] 이 구절은 종종 편집자가 첨가한 것으로 여겨지곤 한다. 우리는 여기 나오는 복수형 동사의 주어가 레위인들이었으면 하고 기대하게 되는데, 사실 엄격하게 말하면 앞 구절에 나오는 이스라엘 백성들이 주어가 되어야만 한다. 이 구절의 목적은 사건의 패턴들이 8장에 나오는 패턴과 좀더 밀접하게 연관되어 있음을 확인해 주기 위해 2절을 "정확하게" 표현하려는 것으로 보인다. 이 장에 대해 우리가 분석한 내용을 기초로 해서 생각해 본다면 이와 같은 결론이 불가능한 것은 아니다: 편집자의 행동이 거의 모든 지점들에서 나타나고 있는 듯하다. 그리고 우리는 8장과 9장의 사건들을 왜 유사한 패턴으로 묶으려는지 그 의도를 이해할 수 있다. 그럼에도 불구하고 일단 2절이 원래 요약적인 표제어라는 목적을 갖고 있다는 점을 적절하게 이해한다면 이런 결론은 필요가 없다. 만약 정확하게 표현하기 위해서라는 결론이 맞다면, 이 구절은 사건을 좀더 세밀하게 묘사하는 것에서부터 출발했어야 했을 것이다. 예레미야 36장은 이런 경우에 성경 낭독이 부적절한 일이 아님을 보여 준다. 동사들은 비인칭적인 복수형들로 이해할 수도 있으며, 또한 우리는 성경 낭독이 회개와 경배 이전에 이루어졌을 가능성을 제외시킬 이유도 없다. 이런 접근법을 따르자면, 이 구절을 시작하는 단어들은 레위인들을 언급하는 것일 수도 있다. 이 장들에서 율법책을 가리켜 매우 다양한 이름으로 부르고 있다는 점을 주목하는

것도 흥미로울 것이다. 참조. 8:1, 2, 8, 14, 18; 9:3. 각각의 경우에 사용된 언급들은 분명 동일한 책을 지칭하기 때문에, 이런 변형들은 단지 문체적인 고려 때문에 생긴 것으로 여겨야 할 것이다. "낮 사분지 일": 대략적으로 약 세 시간 정도다.

4-5 "레위인들의 대(臺)"(מעלה הלוים – 마알레 하레위임)가 무엇을 의미하는지는 정확하게 규정되지 않았다. 우리는 이 구문을 8:4에 나오는 강단과 연결시키려는 시도들을 거부해야만 한다. 왜냐하면 그 부분에 나오는 강단은 임시적인 구조물이었던 반면, 지금 여기 나오는 단어는 레위인들이 이런 경우들에 사용했던 "잘 알려진 제의 도구"임을 보여 주기 때문이다(Bowman; 키드너〈Kidner〉는 *m. Mid* 2:5을 언급하면서 이 단들이 성전 뜰 한쪽에서 다른 쪽으로 가게 해주는 계단들이었을 수 있다고 주장한다). 이 점은 우리에게 현재의 모임이 8장과는 다른 장소에서 이루어졌을 것임을 알려 주는 암시이기도 하다.

레위인들에 대한 두 개의 목록에 대해서는 위의 "원문주해"를 보라. 레위인들이 공적인 예배를 이끌어 가는 것은 일상적인 일이었다. 이런 측면에서 본다면 다름아니라 8장이 예외적인 특성을 보여 준다. 그러므로 이 구절들은 에스라 비망록(EM)보다는 최종 편집자에게 더 많이 의존하고 있는 것으로 보인다. 그의 관심은 언약갱신으로 이끌고 나가는 회개와 자복이 주도적인 몇몇 개인들에게만 국한된 것이 아니라 공동체 전체의 일이어야만 한다는 데 있다.

본문상으로 4절과 5절이 갖는 역할 구분이 매우 분명하지만, 오늘날 우리에게는 세부적인 구분이 그리 분명하지 않다. "큰 소리로 부르짖고"(זעק בקול גדול – 제아크 베콜 가돌)라는 표현은 일반적으로 빈핍한 가운데 고통을 부르짖을 때 사용되었다(아래 28절을 보라). 그렇기 때문에 여기서 이것은 레위인들이 "이스라엘의 하나님을 향해 잘 알려진 시편을 크게 외친" 것은 아닌 듯하다(Ryle). 이보다 좀더 가능성 있는 것은 이 표현을 두 번째 그룹이 구체적인 언어로 자복하는 기도를 드리기 전에 회중적으로 슬픔을 표출한 것을 지칭하는 것으로 보는 것이다.

5b-37 이 기도에 대해 어휘들이 갖고 있는 풍성한 신학적 의미에 대한 연구나 여기 제시된 암시들에 대한 내용들을 논의하면서 모든 부분을 충분히 주해한다는 것은 현재 이 주석의 한계를 많이 넘어서는 것이 될 것이다. 우리의 목적은 자복하는 것 그 자체에 대해 이 내용과 자료가 어떤 중요성을 갖는지에 대해 살펴보는 것으로 제한되어야만 한다. 하지만 우리는 성경 본문의 중요한 많은 평행절들을 인용할 것이고, 이들 중 일부분은 현재 본문의 원 자료로서 역할을 하게 될 것이다. (좀더 풍성한 목록에 대해서는 마이어스〈Myers〉를 참조하라. 이런 측면에서 한 가

지 분명한 결론이 나오게 되는데, 그것은 오경에 대한 표준적인 비평적 분석에 의해서 본다 하더라도 이 저자가 모세의 책들을 심지어 현재 형태의 오경으로 알고 있었음에 틀림없다는 점이다. 폰 라트〈von Rad, *Geschichtsbild*〉가 보여 주었듯이, 그의 동료들과 마찬가지로 그도 특별히 신명기를 사용하고 있었다. 그러나 일반적으로 규정되듯이 다른 원 자료들 역시 사용하고 있다.) 이런 언급들로부터 독자들은 여기서 건너뛰고 있는 논의점들을 거슬러 올라가는 데 어려움을 느끼지 않을 것이다.

5b 이 기도가 찬송 형태로 도입된다는 점에 관해서는 "원문주해"(몇몇 성경 평행구들이 지적되어 있는)와 "양식"을 보라. 또한 시편 72:19과도 비교하라.

6 성경 그 자체와 마찬가지로, 이 기도는 하나님의 유일하심을 단호하게 선포하는 것으로 시작한다: "오직 주는 여호와시라"(당신만이 주님이시라). 창조에 대한 언급이 사실을 설명한다. 그러므로 하늘이나 땅의 그 무엇도 하나님의 주권에 도전할 수 없으며, "천군이 당신께 경배하는" 사실에 도전할 수 없다. 이 표현이 별들을 지칭하는 것이든 혹은 하늘의 존재들을 지칭하는 것이든 둘 다 주변 문화들에서는 경외의 대상들이었으며, 이들은 지금 여기서는 분명하게 한 분 하나님께 복종한다. 이 찬양은 아브라함을 선택하시고(7절) 그를 통해 이스라엘을 선택하신 은혜와 구원으로 좀더 뚜렷하게 나아간다. 여기에 덧붙여서, 슈나이더(Schneider)는 이 정황이 이 기도의 나머지 대부분을 차지하는 주제인, 이스라엘에게 주어진 선물인 땅이라는 주제에 이미 자리잡고 있다고 주장한다.

이 구절의 두 번째 행은 창세기 2:1(וכל־צבאם, "만물과", 이 표현은 창세기와 이곳 둘 다에서 나타난다)을 이용했을 수도 있다. 만약 그렇다면 오경 중에서도 이 부분들이 가장 최근 부분일 가능성이 있다는 점에서 이 점은 특별한 중요성을 가질 것이다. 이 구절의 남은 부분들에 대해서는 신명기 10:14; 열왕기상 8:27; 열왕기하 19:15, 19; 이사야 37:16; 시편 86:10 등을 참조하라.

7-8 아브라함 부분은 6절과 동일한 단어들로 시작되는데(אתה הוא יהוה, "오직 주는 여호와시라"; 개역성경에서는 "오직 주는 하나님 여호와시라"), 이를 통해 아브라함을 부르셨던 하나님의 권능과 위대함을 강조한다. 하지만 이 부분의 요점은 마지막 부분에 나타난다: "(왜냐하면) 주는 의로우심이로소이다"(כי צדיק אתה). 하나님께서는 창조주이실 뿐만 아니라, 그분의 성품은 그가 약속하셨던 것을 반드시 이루시는 그런 분이시다. 말씀하신 것에 대한 "의로운" 행하심은 완전한 신실하심과 진리를 포함한다. 참조. 신명기 32:4.

창세기의 아브라함 내러티브에 나오는 사건들을 짧게 요약적으로 제시하는 것은 하나님의 신실하심에 대한 클라이맥스를 향해 꾸준히 나아간다. 모든 사건은 독립적으로 제시되거나 혹은 목적 없이 제시되는 것이 아니다. 각각의 사건들은 다음의 사건을 준비하는 성격을 갖고 있다. 이 점은 하나님께서 그분의 약속이 실패한 채로 사라지는 것을 허용하지 않으실 것이라는 확신을 심어 준다: 선택, 구원(והוצאתו, "〈당신께서〉 인도하여 내시고"가 함축하고 있는), 이름을 바꾸어 주는 것, 언약. 마지막 부분은 땅을 선물로 주신다는 것과 관련해서 잘 다듬어져 있으며, 이 기도의 남은 부분이 중점적으로 초점을 맞추고 있는 핵심을 향해 나아간다. 참조. Ackroyd, "God and People," *Notion Biblique*, 154-60, and Gilbert, "Néhémie 9," *Tôrah au Messie*. 하나님의 선물에도 불구하고 백성들은 계속해서 반역했다. 그러나 하나님의 "의로우심"으로 인해 그들은 원래 약속의 아직 성취되지 않은 측면에 감히 호소하고 있다(참조. 32-37절). "그리고 당신은 당신의 약속을 지키셨사오니"(문자적으로는 "그 말씀대로 이루셨사오니"). 이 점은 하나님의 성품과 관련된 표현으로 직접 이끌어 간다. 뿐만 아니라 이 구문은 뒤이어 나오게 될 문단들을 지시해 주며, 더 나아가 이를 통해 이스라엘 역사 안에서 하나님의 목적들이 갖는 단일성이라는 심오한 진리를 보여 준다. 그러므로 이 부분 전체나(Welch, *ZAW* 47[1929] 130-37) 혹은 일부분(Bowman)을 후대의 편집으로 보는 것은 매우 잘못된 것이다. 이 부분은 마지막 호소까지 쉼없이 계속 진행해 나가는 원동력을 확립한다.

저자는 창세기 중 다음 부분들을 사용한다: 15:6, 7, 18 21; 17:5. 여기서 다시 한 번 17:5이 중요한데, 왜냐하면 이 부분은 일반적으로 P문서에 속한 것으로 여겨지기 때문이다. 위튼 데이비스(Witton Davies)가 했던 것처럼 "J문서 역시 이 부분을 갖고 있었던 것이 틀림없다"고 추측하는 것은 결코 적절한 반응을 보이는 것이 아니다. 우리는 증거 자료가 사실을 설명하는 데 적합할 때만 그 자료를 활용 가능한 것으로 다루어 작업해 나가야만 한다. 저자는 자신이 갖고 있던 편지 자료들에 종속되어 있는 종이 아니다. 하지만 그 자료들이 주장한다고 그가 믿었던 것을 끌어다가 사용했다. 그러므로 신명기 4:37; 10:15 등에서 함축하고 있는 것과는 달리, 오직 여기에서만 아브라함이 "택하다"(בחר)의 목적어로 사용되었다. 또한 가나안 거민들의 목록도 포로기 이후의 습성과 같은 맥락으로 창세기 15:19-21과 다르다. 참조. T. Ishida, "The Structure and Historical Implications of the Lists of the PreIsraelite Nations," *Bib* 60(1979) 461-90.

9-11 애굽에서의 압제와 홍해에서의 구원에 대한 언급들은 이 부분이 다루는

범주가 어디까지인지를 표시해 준다. 12절은 광야 전승에 대한 언급을 통해 이런 범주를 넘어서서 새로운 부분으로 나아간다.

하나님께서 어떻게 자기 백성을 구원하셨는지를 마음속 깊이 간직하는 것이 바로 "오늘날과 같이 명예를 얻으셨나이다"(ותעש לך שם כהיום הזה)라는 표현이다. 그러므로 하나님의 계시된 성품과 변치 않는 명성("이름")은 그저 단순히 전능한 창조주(6절)나 혹은 은혜스러운 언약 제공자(7-8절)일 뿐만 아니라 이 백성의 구원자이며 그의 말씀을 실현하기 위해 구체적으로 역사하는 그런 분이시라는 점으로도 나타난다. 이 부분은 그의 백성들을 향한 하나님의 성취들을 무조건적으로 이야기하는 이 시의 세 번째이자 마지막 절이다. 이제부터는 그들은 반역이라는 설명을 통해서 규정될 것이다. 그렇기 때문에 이런 설명 가운데서 지금 이 시점은 "오늘날까지 남아 있는 것처럼"(כהיום הזה)이라는 표현을 선택해서 표현되었다. 이는 32절과 36절에 나오는 백성들의 "오늘"(היום – 하욤)의 환난과 날카롭게 대조를 이루는 고백이다.

이 특별한 문단은 거의 출애굽 설명에 대한 인용문을 모방한 것이다. 참조. 출애굽기 3:7(4:31); 14:10; 신명기 6:22(7:19); 출애굽기 9:16(사 63:12); 14:21-22; 15:5, 9-10, 19.

12-21 이 부분은 길지만 통일된 구조를 갖고 있다. 그러나 주석가들은 거의 대부분 이런 구조를 관찰하는 데 완전히 실패해 왔다. 비록 이 부분 전체가 광야 시기와 연관되어 있기는 하지만, 저자는 다음과 같은 구성을 제시하기 위해 성경의 엄격한 순서를 따르는 것을 잠시 접어 두었다.

(a) 하나님께서 은혜를 베푸시되
  (i) 여행 길잡이를 주시고(구름 기둥과 불 기둥, 12절)
  (ii) 그들의 모든 삶을 비추는 선한 율법을 주시고(13-14절)
  (iii) 광야 생활 동안 먹을 것을 주시고(5a절)
  (iv) 땅을 주시겠다던 옛약속을 새롭게 하시고(15b절).
(b) 애굽으로 돌아가겠다면서 하나님의 율법과 공급을 거부하는 백성들의 배은망덕한 배반(16-18절; 이 부분이 הזידו〈"저희가 교만히 행하여"〉로 도입되고 있음을 주목하라. 이 동사는 10절에서 애굽인들에 대해 사용되었지만, 여기서처럼 이런 의미로는 거의 사용되지 않는 동사다).
(c) 하나님의 계속적인 은혜, 그래서 하나님께서는 이미 베푸신 것들을 거두지

않으셨다. 즉

(i) 불 기둥과 구름 기둥(19절)

(ii) "그들을 가르치시는" 그의 영(להשכילם, 20절, 다른 곳에서는 하나님의 율법을 연구하고 실천한 결과를 표현할 때 사용되었다. 즉 수 1:7-8)

(iii) 광야 생활에 필요한 물질적인 것들(20b-21절).

오직 (a) (iv)항만이 되풀이되지 않았다는 점을 주목해야 할 것이다. 그 이유는 뒤이어 나오는 구절들이 이루는 새로운 부분에서 이 내용이 주제가 되기 때문이다(22-25절에서 15b절의 중심되는 다음 단어들이 계속해서 반복적으로 나타난다는 점을 주목하라: "차지하라"〈ירשׁ – 야레쉬〉, "그 땅"〈הארשׁ – 하아레츠〉 그리고 "주다"〈נתן – 나탄〉). 이런 방식을 통해서 이 기도 전체의 강조점은 새롭게 강조된다(위의 7-8절에 대한 "주석"을 보라. 우리는 17a절에서 믿음 없음의 중요한 본보기로서 언약의 땅에 들어가는 것을 가데스에서 거부했던 것을 이야기함으로써 유사한 효과를 이루었음을 주목해야만 한다).

이 긴 절의 바로 중심 부분에, 백성들의 반역에 관한 묘사들 중간에 끼어 있는 부분에서 우리는 다음과 같은 표현들을 발견하게 된다.

ואתה אלוה סליחות חנון ורחום

ארך אפים ורב ( )חסד

"오직 주는 사유하시는 하나님이시라. 은혜로우시며 긍휼히 여기시며, 더디 노하시며 인자가 풍성하시므로."

바로 여기가 이 부분에서 핵심적인 표현이 나오는 부분이다. 이 부분은 앞서 나온 세 개의 부분들에서 이미 지적된 하나님의 성품을 넘어서는, 좀더 심오한 하나님의 성품의 다른 측면을 드러내 준다. 이 표현들 뒤에는 즉각 "저희를 버리지 아니하셨나이다"라는 내용이 나오는데, 이 내용은 처음에는 설명되지 않았던 것이고, 19a절에서 하나님의 계속적인 은혜에 대한 묘사를 도입하기 위해 반복된 내용이다.

비록 전체 구조에 있어서 성경적인 사건의 순서들을 무시하기는 했지만, 이미 위에서 지적했던 것처럼 계속해서 오경적인 인용과 암시들이 분명하게 나타난다: 12절에 대해서는 출애굽기 13:21-22; 민수기 14:14; 신명기 1:33; 13-14절에 대해서는 출애굽기 19:18, 20; 20:22을 참조하라. 율법에 대한 묘사들은 매우 폭넓고 전형적으로 나타나 있지만, "당신의 거룩한 안식일"에 관한 언급(아마도 포로기 이후 공동체에서의 중요성 때문에 선택되었을 것이다. 참조. 느 10:31; 13:15-22)은 아마도 제사장적인 영향에 기인했을 것이다. 어법상의 유일한 평행은 출애굽기 16:23에서만 나타나는데, 이 부분은 일반적으로는 매우 후기의 것으로 여겨지고 있다. 15절에 대해서는 출애굽기 16:4; 17:6; 민수기 14:30; 20:8을 참조하라. 16-18절은 광야의 반역들에 관한 많은 설명을 요약하고 있는데(종종 신명기적인 어법과 표현들로), 특히 민수기 14:4과 출애굽기 32:1-6을 사용한다. 하나님의 성품에 대한 묘사는 출애굽기 34:6-7을 되풀이한다. 19-20절은 12절과 15절을 반복하지만, 21절은 분명 신명기 8:4에 토대를 두고 있다.

22-31 역사적 기간에 대한 다섯 번째 그리고 마지막 절은 땅 안으로 들어가는 것과 그 안에서의 삶에 대해 다룬다. 넓은 측면에서 보자면, 이 부분의 구조는 앞선 부분의 구조와 잘 맞아떨어진다. 왜냐하면 이 부분도 그의 백성들을 향한 하나님의 전적인 선하심을 이야기하는 것으로 시작하고(22, 25절), 중간 문단에서는 불순종과 반역에 대한 많은 이야기들을 포함하고 있으며, 하나님의 계속적인 은혜(31절)를 새롭게 지적하는 것으로 마무리되는 결론을 갖고 있기 때문이다. 즉 모든 표현의 마지막에 나오는 단어들인 "왜냐하면 당신은 은혜로우시며 긍휼히 여기시는 하나님이시기 때문입니다"(כי אל חנון ורחום אתה)라는 표현은 이 모든 부분이 보여준 하나님의 성품이라는 측면과 우리가 앞서 살펴본 절들의 특성을 짧고 명료한 진술로 표현해 준다. 이 경우에 이 부분이 12-21절과 갖는 유사성은 17절의 마지막 부분에서 반복되는 표현에서 좀더 뚜렷하게 발견할 수 있다. 그 부분에서는 하나님에 관해 "당신은 저희를 버리지 아니하셨나이다"(לא עזבתם - 로 아차브탐)라고 표현했다.

하지만 이런 폭넓은 유사성 안에는 매우 결정적인 차이점이 있다. 이 점은 저자가 그의 재료에 매우 완벽하게 정통해 있음을 보여 준다. 또한 그가 자신의 신학적 목적을 위해 문학적 구조를 사용했으며, 그의 재료가 저자의 글의 형태를 제멋대로 결정하거나 좌지우지하는 것을 결코 허용하지 않았음을 보여 준다. 이 차이점은 백성들의 반역과 이에 대한 하나님의 반응을 다루고 있는 문단 형태와 관련되어 있다. 그는 신명기적 저작들에 자세히 설명되어 있는 백성들의 역사에 관한 해석을 수용하면서 단일한 반역 행위에 관해 이야기하는 것만으로는 충분치 않다고 느꼈다. 그는 그보다는 사사기에서 매우 분명하게 볼 수 있는, 거의 순환적인 관점을 드러내고자 했다. 그러나 바벨론 포로기까지를 좀더 절제된 용어들을 사용하여 표현했다. 그렇기 때문에 이 점을 예술적으로 표현하기 위해서 저자는 패턴화된 반역에 대해 우리에게 세 가지 순환적인 요소를 통해 적절하게 제시하고 있다: 이방 권력에 건네주는 것, 도움을 향한 부르짖음 그리고 은혜와 구원이라는 하나님의 응답(26-27, 28, 29-31절; 도움을 부르짖는 것이 결여된 것과 마지막 주기에서 하나님의 응답이 결여된 것에 대해서는 아래 32-37절에 대한 "주석"을 보라).

좀더 명료하게 살펴보기 위해서 두 가지 사항을 더 첨가해야만 한다. 첫째로, 비교체적인 문체를 사용함으로써 순환적인 용어들로 묘사하려는 분명한 의도가 좀더 뚜렷하게 된다. 예를 들어, 각각의 경우들에 하나님께서 그의 백성을 이방 권력에게 넘겨주시는 것에 관한 진술은 매우 비슷하다: ותתנם ביד צריהם(27절; "그러므로 주께서 그 대적의 손에 붙이사"), ותעזבם ביד איביהם(28절; "주께서 그 대적의 손에 버려 두사"), 그리고 ותתנם ביד עמי הארצת(30절; "주께서 열방 사람의 손에 붙이시고"). 처음 두 개의 순환 구조에서 27절과 28절은 매우 분명하게도 "주께서 하늘에서 들으시고"(ואתה משמים תשמע – 웨앗타 미샤마임 테샤마아)라는 반복적 표현을 사용했으며, 첫 번째와 세 번째에서는 26절과 30절에서 선지자들을 보내 백성들을 경계하셨다는 주제가 반복되어 나타난다. 또한 26절과 29절에서는 백성들로 하여금 돌아오게 하고자(להשיבם) 권면(העיד)하시는 하나님의 의도 등이 나타난다.

둘째로, 그러나 나는 저자가 우리로 하여금 백성들의 반역에 관해서나(물론 비록 29-30절은 분명히 이런 관점에서 볼 때 가장 강력한 진술을 포함하고 있지만), 혹은 적어도 하나님께서 베푸신 심판의 엄중함에 관해서 좀더 강화된 모습을 보게 하려는 의도를 갖고 있었다고 믿는다. 28b절은 현저하게 27a절보다 더 강력하다. 그러나 30c절은 과연 무엇이란 말인가? 그냥 언뜻 보기에 이것은 좀더 부드럽게 보일지도 모른다. 그러나 이 내용은 아마도 뒤이어 나오는 구절의 측면에서 바벨론의 승리와 포로 생활에 관한 진술로 이해되어야만 할 것이다. 그렇지 않다면 "당신께선 저들을 멸하지 않으셨습니다"(לא עשיתם כלה)라는 요소를 이해하기가 어렵다. 또한 이 표현이 역사적 회고의 맨 끝부분에 자리잡고 있다는 사실도 이 결론에 일종의 지지를 보태 준다. 아래에서 32-37절을 구조적으로 좀더 살펴본 내용도 마찬가지다. 에스라 9:14b과의 대조 또한 유익할 것이다. 만약 저자가 이러한 세 가지 순환을 어느 정도 나선형으로 내려가는 형태로 제시했던 것이 맞다면, 그 효과는 이미 주어진 강조를 31b절의 가장 중요한 진술에다 얹어놓는 것이 될 것이다.

22-25 이 구절들은 명료하게 하나의 단위를 이루고 있는데, 공통적인 어휘와 주제(땅을 주시겠다는 하나님의 약속 성취로서의 승리)로 함께 묶여 있다: 위의 15절과의 연관 속에서 이미 지적된 것처럼 야레쉬(ירש, "소유하다"), 나탄(נתן, "주다") 그리고 에레츠(ארץ, "땅")와 같은 어근의 단어들이 매우 빈번하게 사용되었

다. 좀더 단순하게 이 기도의 행을 분석하려는 관심을 통해 루돌프(Rudolph)는 22절을 후대에 삽입된 것으로 여겨 삭제한다. 그는 이 구절이 24절을 미리 내다본다고 생각한다. 하지만 이것은 매우 정당하지 못하다. 문체와 형태상으로 볼 때 22절을 정황 속에서 따로 구분해 내야 할 아무런 이유가 없다. 세 가지 핵심적인 단어들 모두가 22절 안에 나타난다. 주제적으로 볼 때도 이것은 결코 벗어나 있지 않다. 이 부분은 성경적인 관점에서 트랜스 요르단 지역들을 모세 하에서 정복하고 성취했다는 것에 대해서만 이야기한다. 그런 뒤에 이스라엘 백성들의 인구가 증가한 것에 대한 지적이 בניהם/הבנים("〈그들의〉 자손〈들〉/자녀〈들〉, 23절과 24절)이라는 단어의 강조를 통해 뒤따라 나온다(23절). 이 점은 본토에 들어가는 것을 도입하는 내용으로서 적절하다(24절). 왜냐하면 성경의 강조가 모세의 세대가 아니라 그 땅을 차지해야만 하는 사람들인 후손들에게 있기 때문이다(참조. 민 14:29-31; 신 1:35-39). 그러므로 이 구절들의 순서는 전적으로 만족스러우며, 22절을 삭제할 이유가 전혀 없다.

이 구절들이 언급하고 있는 사건들은 민수기 21:21-35과 다음 부분들에 묘사되어 있다(신 2-3장): 민수기 26장; 여호수아 1-12장; 신명기 6:10-11; 8:7-10. 비록 문체에 있어서는 다른 부분들에서도 많은 평행 구절들을 발견할 수 있지만 말이다(참조. Myers).

26-31 비록 이미 위에서 분석하긴 했지만, 이 구절들에 나오는 내용들은 예를 들어 사사기 2:11-23, 열왕기하 17장 그리고 예레미야에 나오는 설교 내용 등과 같은 곳에서 분명하게 표현되어 있는 신명기적 역사관에 토대를 둔 전체적인 조망을 반영한다. 또한 비록 여기 사용된 많은 구문들이 다른 곳들과 평행을 이루는 것으로 볼 수는 있지만, 여기서 저자가 명백하게 좀더 이전 시대의 방식으로 성경의 특별한 문단들을 뒤따르고 있다고 말할 수는 없다. 이 내용은 역사적 전승(문학비평적인 방법보다는) 방법적인 용어들로 보는 것이 좀더 적절하다. 26절과 30절에서 선지자들을 다루고 언급한 것에 관해 좀더 세부적인 예들을 살펴보려면 스텍(O. H. Steck, *Israel und das gewaltsame Geschick der Propheten*, WMANT 23; Neukirchen-Vluyn: Neukirchener, 1967)을 참조하라. 특별히 이 문단에서 주의를 기울여야 할 또 다른 특징은 이 문단이 율법에 대해 두드러진 강조를 하고 있다는 점이다(이를 위해서 다양한 용어들이 사용되었으며, 아마도 단지 십계명에 대해서만이 아니라 모세 율법 전체를 분명하게 지적하는 방식으로 사용되었다. 26절에서 토라가 처음으로 절대적인 의미로 사용되었음을 주목하라. 참조. Gilbert "Néhémie 9," *Tô-*

rah au Messie). 때때로 토라는 실질적으로 하나님 그분 곁에 서 있을 수 있다. 하나님과 토라 중 하나를 거부하는 것은 다른 하나를 거부하는 것이며(26a, 29절), 반면에 이 중 한 가지로 돌아가는 것은 다른 한 가지로 돌아가는 것이다(26b, 29a절). 이 점은 이 기도의 연대를 포로기 이전 시대로 잡는 웰치(Welch)가 틀렸다는 것을 강력하게 보여 준다. 이 기도는 그보다는 토라가 거의 최종적인 정경적 형태를 갖추어 가고 있던 시대에 속한다. 그러므로 이 기도가 회당 제의에 끼친 영향에 대해서 리브라이히(Liebreich, *HUCA* 32[1961] 227-37)가 분석한 내용은 놀라운 일이 아니다. 노스(Noth, *Laws*, 81-83)도 보도록 하라.

32-37 위에서 오랜 역사적 회상을 완결시키는 세 가지 순환적인 구조에 대해 논의하면서 세 번째 주기에서는 하나님께 도와달라고 부르짖는 요소와 그 뒤에 따라나오는 요소가 결여되어 있다는 점을 살펴보았다(29-31절). 이제 왜 그러했는지 그 이유가 매우 분명해진다. 30절은 우리를 포로기 시대로 데리고 간다고 주장한다. 이런 심각한 심판에서부터 아직 회복이 완전하게 이루어졌다고 생각하지 않기 때문에, 저자는 이 마지막 주기의 역사적 성취를 기록할 수 없었다. 그보다는 지금 고백, 탄원 그리고 현재 상황 속에서 일어나는 애가의 말들을 사용하여 자기 자신과 동시대 사람들이 하나님을 향해 도와달라고 부르짖게 하는 것을 실현하는 내용을 마지막 주기에 포함시킨다(참조. Gilbert, "Néhémie 9," *Tôrah au Messie*, 313). 이런 방식으로 12-21절이 22-31절에 함께 묶여 있던 것처럼, 앞에 나온 절은 주기 패턴에 결여되어 있는 요소를 발전시킴으로써 현재의 주기와 함께 묶이게 된다.

이런 움직임의 효과는 이 기도가 갖고 있는 중재적인 측면에서 볼 때 매우 강력하다. 계시된 하나님의 성품에 토대를 두고 있는 순환적인 반복은 탄식 안에 하나님께서 다시 "하늘에서 들으시는" 것을 저버리지 않고 구원으로 응답하실 것이라는 강한 확신이 있다는 것을 의미한다. 마지막 구절들에 나오는 좌절과 절망 표현에 많은 무게를 두어 온 주석가들은 일반적으로 이 기도가 미래의 가능성을 향해 지향하면서 품고 있는 소망이라는 보충적인 측면에 대해 완전히 간과해 왔다.

동시에 이런 위치를 재강조하기 위해 미래적인 장치가 채용되었다. 이제 다음에 지적되겠지만, 많은 핵심 단어들과 역사를 돌아보는 주제들이 여기서 다시 한 번 채택되어 사용된다. 예를 들어, 이 모든 과정에 동반되는 기쁨들과 더불어, 땅이라는 선물은 여지껏 이 기도의 주도적인 주제으로 중시되어 왔다. 이는 아브라함 언약의 토대를 형성했으며, 출애굽의 목표와 승리의 목적을 형성했다. 그렇기 때문에 저자는 땅의 혜택들을 탈취해 가는(36-37절) 이방 권력 하에 있는 현재의 삶의 현실을 하나님께 치켜올리기만 하면 된다. 하나님께서 결정해 오신 역사와 그 역사의 본래적인 요구에 대해 현재의 실패는 너무나 분명하게 나타나고 있다. 그들은 다만 이 두 가지 사이의 대조와 아이러니를 들어올리기만 하면 된다. 32-33절에 나오는 하나님의 성품에 대한 묘사의 반복에 있어서도 마찬가지 내용이 사실로 유지된다. 또한 이 기도가 "우리의 곤란이 심하오며"(ובצרה גדולה אנחנו)라는 표현으로 결론지을 때도 마찬가지로 27절을 되풀이하는 것을 놓칠 수가 없다. 이 부분에는 저자가 아마도 같은 단어 그룹으로 취급했던 것으로 보이는 단어들이 상당히 많이 나타난다.

> ותתנם ביד צריהם ניצרו להם
> ובעת צרתם יצעקו אליך ואתה משמים תשמע
> וכרחמיך הרבים תתן להם מושיעים ויושיעום מיד צריהם
> "그러므로 주께서 그 **대적(들)**의 손에 붙이사 곤고를 당하게 하셨으나",
> 그러나 저희가 환난을 당하여 주께 부르짖을 때에 주께서 하늘에서 들으시고,
> 그리고 크게 긍휼을 발하사 구원자들을 주어,
> **대적(들)**의 손에서 구원하셨거늘.

32 전환적인 이 구절(ועתה – "그리고 이제")에는 숨김없이 요구하는 전체 기도가 담겨 있다. 이 구절은 갸날퍼 보인다. 그러나 이 기도 안에서 필요한 모든 것들을 다 말했고, 그 내용이 다 들어 있다: "우리가 당한 바 환난을 작게 여지기 마시옵소서." 이 기도가 직접 향하며 드려지고 있는 하나님은 이 모든 내용들 중에서 가장 먼저 불려지는데, 이 내용들은 창조주에 대한 묘사(6절)로서 적절한 것들이었지만(비록 이 표현들이 발견되지는 않지만) 하나님을 곧장 그분의 언약과 성실하심(8을 참조하라. 8절에서는 언약이 아브라함과 그의 후손들에게 주신 땅에 대한 약속으로 확장되었다)과 17절을 되풀이하는 "인자"(חסד – 헤쎄드)에 관한 언급으로 규정한다.

"앗수르 열왕의 때"가 언급되고 있는 것은 그들이 여전히 압제자들이기 때문이 아니라(Welch는 이에 반대다), 그들이 북왕조를 침략했을 때로부터 시작해서 하나님의 백성들이 큰 정도이든 혹은 작은 정도이든 결코 이방 권력으로부터 자유롭지 못했기 때문이다. 이런 정황 속에서 "오늘날까지"(עד היום הזה – 아드 하욤 하체)라는 표현은 10절에 나오는 "오늘날과 같이"(כהיום הזה – 키하욤 하체)라는 표현과 대조를 이루면서 그 의미를 분명하게 드러낸다. 10절에서는 하나님께서 애굽에서

구원자로서 얻으신 명성에 관해 언급하면서 사용되었다.

33 여기서 사용된 "주는 공의로우시니"(ואתה צדיק – 웨앗타 차디크)라는 표현은 이 곳에서는 순수한 고백이다. 위의 "양식"을 보라. 그리고 에스라 9:15을 보라. 하지만 이는 8절에서 사용된 동일한 단어들과 대조를 이루는데, 8절에서는 하나님께서는 땅에 대해 약속하셨던 것에 대해 신실하시다는 것을 표현하면서 이 단어들을 사용했다.

34 고백은 이미 앞에 나온 문단들에서 역사적인 부분을 묘사했던 몇몇 부분을 되풀이하는 단어들을 계속적으로 사용한다(예를 들어, 26절 그리고 29-30절).

35-37 이미 지적했던 목적들을 위해서 선물로 주어진 땅과 그 땅의 좋은 열매들 둘 다가 회상된다. 참조. 8, 15절 그리고 22-25절. 하지만 좀더 심화된 두 가지 아이러니가 도입된다: 첫째로, 조상들이 "당신을 섬기지 않았기" 때문에(35절), 지금 우리가 오늘날 종(36절, 두 번)이 되었다는 아이러니다. 둘째로, 하나님께서는 조상들에게 땅을 "주셨지만", 지금은 "우리들의 죄로 인해"(37절) 그분께선 이방 왕들에게 백성들을 "주셨다"는 것이다. 저자는 이 두 가지 대조 모두에서 하나님을 섬기는 것이 실제로 참된 자유라는 그의 인식을 보여 준다.

끝맺음하는 인용 부호는 이 기도문을 끝맺는 것이 아닌데, 왜냐하면 현재 본문에서는 직접적인 연설이 다음 장에까지 곧장 이어지기 때문이다.

해설

우리는 느헤미야 8-10장이 다양한 원 자료들로부터 하나로 묶여졌음을 살펴보았다. 그럼에도 불구하고 이 부분은 다음 장에서 백성들이 언약 갱신과 재확인을 향해 나아가는 데 있어서 전적으로 매우 적절한 사건들로 되어 있다. 저자는 에스라나 혹은 느헤미야를 이 장이 표현하고 있는 위대한 고백에 있어서 두드러지게 표출시키려는 유혹을 억제해야만 했다. 그 대신 레위인들을 통해 나타나는 집단적인 리더십에 집중했으며, 그는 이를 통해서 하나님 앞에서 그들이 져야 할 책임을 인정할 때 백성들이 하나로 일치하고 있다는 데 최대한 관심을 기울였다. 마치 계속해서 나온 기도에서 그들이 앞선 세대의 축복과 실패를 모두 그들 자신의 것으로 규정했듯이 말이다. 이 성경들은 하나님의 백성들을 위해 강력하고 효과적인 리더십이 얼마나 큰 가치를 갖고 있는지를 가르쳐 주는 중요한 많은 교훈들을 갖고 있다. 하지만 그렇다고 해서 이 점을 통해 개개인들이 그들 자신의 개인적인 책임을 지지 않는 것을 변명해서는 결코 안 된다. 그렇게 하면 그들 역시 공동체의 멤버십이 지키고자 했던 바로 그 안전성을 흔들기 때문이다.

이 기도 자체가 갖고 있는 핵심적인 신학적 강조점들에 대해서는 이미 위의 주석을 통해 분명해졌을 것이다. 이 기도는 나라의 지난 과거의 행동에 대해 어떤 변명도 하지 않는다. 도리어 백성들이 성경과 제의를 통해 상당히 익숙하게 잘 알고 있던 양식으로 되어 있던 많은 요소들이 결합되어 있다. 그 내용은 이스라엘이 하나님의 계시된 뜻과 하나님의 본성에 반해 죄를 범했다는 것을 인정하는 것으로서, 직접적인 고백의 표현들로 되어 있다. 동시에 이 기도는 현재 세대를 과거에 하나님의 은혜를 받았던 사람들과 일직선상에 세운다. 그 하나님께서는 창조주로서의 권능을 갖고 계신 분이었으며, 자신이 말씀하고 실현하신 언약적 약속을 통해 그들과 그분 자신을 묶어 두셨던 분이다. 그로 인해 하나님께서는 스스로 이름을 얻으셨으며, 명성을 얻으셨는데(10절), 백성들은 지금까지 그 안에서 영광을 돌린다. 그렇기 때문에 그들은 그들 자신들을 위한 변명은 제시하지 않았지만, 그들의 현재 상황들과 그들을 향한 하나님의 불변의 목적으로 그들이 인식했던 것 사이의 모순에 대해서는 간절히 부르짖고 호소했다. 미래는 아직 알 수 없으며 개방되어 있다. 그러나 이 기도의 결론은 그들의 현재의 모순적인 상황들에도 불구하고 그들 나름대로의 방식을 통해 강력한 믿음과 소망의 분위기를 풍긴다.

우리에게 땅과 그 안의 여러 풍성함이라는 선물에 집중하는 것은 조잡한 물질주의처럼 보일 수도 있다. 만약 그렇게 보인다면, 그것은 오직 기독교 교회가 이 기도의 처음 세 개의 행에다가 네 번째 행을 첨가하는 법을 배웠기 때문이다. 네 번째 행에서는 하나님께서 다시 한 번 움직이고 역사하시는 내용이 나온다. 그러나 이번에는 자기 백성을 향해 아무 이유 없이 뜻밖의 최종적인 은혜를 베풀고 행하신다. 그렇기 때문에 이 기도가 요약하고 있는 하나님의 품성과 특징들에다 우리가 그리스도의 십자가에서 계시된 하나님의 말할 수 없는 사랑을 첨가하는 것은 결코 실수하는 것이 아니다(롬 5:8). 하지만 이런 깨달음은, 궁극적인 얽매임은 세상적인 권력자의 통치에 얽매이는 것이 아니라 내 지체 속에 있는 다른 법…죄의 법 아래로 나를 사로잡아 오는 것이라는 깨달음과도 연결되어 있다(롬 7:23). 그러므로 바울과 마찬가지로 자기 자신의 곤고함을 발견하는 사람들은 부르짖게 된다. "오호라, 나는 곤고한 자로다. 이 사망의 몸에서 누가 나를 건져내랴?" 그러나 그의 승리의 반응과 외침이 나타나는 문단이 허락되어 나타난다. "우리 주 예수 그리스도로 말미암아 하나님께 감사하리로다"(24-25절, KJV).

율법을 지키겠다는 맹세(느 10:1-40〈개역. 9:38-10:39〉)

참고문헌

Brin, G. "The Firstling of Unclean Animals." *JQR* 68(1978) 1-15. **Clines, D. J. A.** "Nehemiah 10 as an Example of Early Jewish Biblical Exegesis." *JSOT* 21(1981) 111-17. **Eissfeldt, O.** *Erstlinge und Zehnten im Alten Testament. Ein Beltrag zur Geschichte des Israelitisch-Jüdischen Kultus.* BWANT 22. Leipzig: J. C. Hinrich, 1917. **Ibáñez Arana**, A. "Sobre la colocación original de Neh. 10." *EstBib* 10(1951) 379-402. **Jepsen, A.** "Nehemia 10." *ZAW* 66(1954) 87-106. **Kaufmann, Y.** *History*, 382-89. **Kellermann, U.** *Nehemia*, 37-41, 100-103. **Kippenberg, H. G.** *Religion und Klassenbildung im antiken Judäa. Ein religionssoziologische Studie zum Verhältnis von Tradition und gesellschaftlicher Entwicklung.* SUNT 14. Göttingen: Vandenhoeck & Ruprecht, 1978, 69-77. **Liver, J.** "The Half-Shekel Offering in Biblical and Post-Biblical Literature." *HTR* 56(1963) 173-98. **Moscati, S.** "I sigilli nell'Antico Testamento." *Bib* 30(1949) 314-38. **Mowinckel, S.** *Studien I*, 135-45; *Studien III*, 142-55. **Welch, A. C.** "The Share of N. Israel in the Restoration of the Temple Worship." *ZAW* 48(1930) 175-87. ______. *Post-Exilic Judaism*, 69-86.

본 문

38 우리가 이 모든 일을 인하여 이제 견고한 언약을 세워 기록하고 우리의 방백들과 레위 사람들과 제사장들이 다 인을 치나이다 하였느니라

10:1 그 인친 자는 하가랴의 아들 방백 느헤미야와 시드기야
2 스라야, 아사랴, 예레미야,
3 바스훌, 아마랴, 말기야,
4 핫두스, 스바냐, 말룩,
5 하림, 므레못, 오바댜,
6 다니엘, 긴느돈, 바룩,
7 므술람, 아비야, 미야민,
8 마아시야, 빌개, 스마야니 이는 다 제사장이요

10:1(9:38) "In spite of all this, we are making a firm agreement in writing:[a] on the sealed document[b] (are the names of) our leaders,[c] our Levites (and) our priests.
2(1) On the seals[a] (are the names of) Nehemiah, son of Hecaliah, the governor,[b] and Zedekiah.
3(2) Seraiah Azariah Jeremiah
4(3) Pashhur Amariah Malchiah
5(4) Hattush Shebaniah Malluch
6(5) Harim Meremoth Obadiah
7(6) Daniel Ginnethon Baruch
8(7) Meshullam Abijah Mijamin
9(8) Maaziah Bilgai Shemaiah. These are the

9 또 레위 사람 곧 아사냐의 아들 예수아, 헤나닷
의 자손 중 빈누이, 갓미엘과
10 그 형제 스바냐, 호디야, 그리다, 블라야, 하난

11 미가, 르홉, 하사뱌,
12 삭굴, 세레뱌,스바냐,
13 호디야, 바니, 브니누요
14 또 백성의 두목들 곧 바로스, 바핫모압, 엘람,
삿두, 바니,
15 분니, 아스갓, 베배,
16 아도니야, 비그왜, 아딘,
17 아델, 히스기야, 앗술,
18 호디야, 하숨, 베새,
19 하립,아나돗, 노배,
20 막비아스, 므술람, 헤실,
21 므세사벨, 사독, 얏두아,
22 블라댜, 하난, 아나야,
23 호세아, 하나냐, 핫숩,
24 할르헤스, 빌하, 소벡,
25 르훔, 하삽나, 마아세야,
26 아히야, 하난, 아난,
27 말룩, 하림, 바아나이었느니라
28 그 남은 백성과 제사장들과 레위 사람들과 문
지기들과 노래하는 자들과 느디님 사람들과 및
이방 사람과 절교하고 하나님의 율법을 준행하는
모든 자와 그 아내와 그 자녀들 무릇 지식과 총명
이 있는 자가

29 다 그 형제 귀인들을 좇아 저주로 맹세하기를
우리가 하나님의 종 모세로 주신 하나님의 율법
을 좇아 우리 주 여호와의 모든 계명과 규례와 율
례를 지켜

30 우리 딸은 이 땅 백성에게 주지 아니하고 우
리 아들을 위하여 저희 딸을 데려오지 아니하며

priests.
10(9) The Levites: Jeshua,[a] son of Azaniah,
Binnui of the sons of Henadad Kadmiel
11(10) And their fellow-Levites:[a] Shebaniah[b]
Hodiah[c] Kelita Pelaiah Hanan
12(11) Mica Rehob Hashabiah
13(12) Zaccur Sherebiah [a]Shebaniah
14(13) Hodiah[a] Bani Beninu.[b]
15(14) The chiefs of the people: Parosh Pahath
-Moab Elam Zattu Bani
16(15) Bunni Azgad Bebai
17(16) Adonijah Bigvai Adin
18(17) Ater Hezekiah Azzur
19(18) Hodiah Hashum Bezai
20(19) Hariph Anathoth Nebai[a]
21(20) Magpiash Meshullam Hezir
22(21) Meshezabel Zadok Jaddua
23(22) Pelatiah Hanan Anaiah
24(23) Hoshea Hananiah Hasshub
25(24) Hallohesh Pilha Shobek
26(25) Rehum Hashabnah Maaseiah
27(26) Ahiah[a] Hanan[b] Anan
28(27) Malluch Harim[a] Baanah.
29(28) The rest of the people – the priests, the
Levites, the gatekeepers, the singers, the temple
sewants, and anyone who has separated himself
from the peoples of the lands for the sake of the
Law of God, together with their wives, their sons
and their daughters, all who are capable of
understanding[a] –
30(29) now associate themselves[a] with their
noble brothers[b] and enter into a curse and an
oath[c] to live by God's Law which was given
through Moses, the servant of God, and carefully
to obey all the commandments, judgments, and
statutes of the Lord our Lord,
31(30) and in particular that:[a] We will not
give our daughters (in marriage) to the peoples
of the land, nor will we take their daughters for
our sons.

31 혹시 이 땅 백성이 안식일에 물화나 식물을 가져다가 팔려 할지라도 우리가 안식일이나 성일에는 사지 않겠고 제칠년마다 땅을 쉬게 하고 모든 빚을 탕감하리라 하였고

32(31) If[a] the peoples of the land bring merchandise or any corn[b] to sell on the Sabbath day, we will not buy from them on the Sabbath or any other holy day. [c]We will forgo (the produce of) the seventh year and every loan made on pledge.[cd]

32 우리가 또 스스로 규례를 정하기를 해마다 각기 세겔의 삼분 일을 수납하여 하나님의 전을 위하여 쓰게 하되

33(32) We hereby pledge ourselves to keep the commandments to give[a] a third of a shekel each year for the service of the house of our God,

33 곧 진설병과 항상 드리는 소제와 항상 드리는 번제와 안식일과 초하루와 정한 절기에 쓸 것과 성물과 이스라엘을 위하는 속죄제와 우리 하나님의 전의 모든 일을 위하여 쓰게 하였고

34(33) for the showbread and the regular grain offering and for the regular burnt offering, the Sabbaths, the New Moons, and for the appointed festivals, and for the holy offerings and for the sinofferings to make atonement for Israel, and (for) all the work of the house of our God.

34 또 우리 제사장들과 레위 사람들과 백성들이 제비 뽑아 각기 종족대로 해마다 정한 기한에 나무를 우리 하나님의 전에 드려서 율법에 기록한 대로 우리 하나님 여호와의 단에 사르게 하였고

35(34)[a] And we—the priests, the Levites and the laity[a]—have cast lots in the matter of the wood offering, (to arrange) to bring it to the house of our God by families at the appointed times each year, to burn upon the altar of the Lord our God, as it is written in the Law.

35 해마다 우리 토지 소산의 맏물과 각종 과목의 첫 열매를 여호와의 전에 드리기로 하였고

36(35) (We pledge ourselves) to bring to the house of the Lord the first-fruits of our land and the first-fruits of every, kind of fruit tree each year,

36 또 우리의 맏아들들과 생축의 처음 난 것과 우양의 처음 난 것을 율법에 기록된 대로 우리 하나님의 전으로 가져다가 우리 하나님의 전에서 섬기는 제사장들에게 주고

37(36) and the first-born of our sons and of our cattle, as it is written in the Law, and to bring the first-born of our herds and flocks to the house of our God, to the priests who serve in the house of our God.

37 또 처음 익은 밀의 가루와 거제물과 각종 과목의 열매와 새 포도주와 기름을 제사장들에게로 가져다가 우리 하나님의 전 골방에 두고 또 우리 물산의 십일조를 레위 사람들에게 주리라 하였나니 이 레위 사람들은 우리의 모든 성읍에서 물산의 십일조를 받는 자임이며

38(37) We will bring to the priests at the storerooms of the house of our God the best of our dough, of our sacred contributions, of the fruit of every kind of tree, of new wine and of oil; and (we will bring) a tithe of (the produce of) our land to the Levites. It is the Levites who collect the tithes in all the towns where we work.[a]

38 레위 사람들이 십일조를 받을 때에는 아론의 자손 제사장 하나가 함께 있을 것이요 레위 사람들은 그 십일조의 십분 일을 가져다가 우리 하나

39(38) An Aaronite priest[a] shall be with the Levites when the Levites collect the tithes,[b] and the Levites shall bring up a tenth of the tithes to

님의 전 골방 곧 곳간에 두되

the house of our God, to the storerooms of the treasury.

39 곧 이스라엘 자손과 레위 자손이 거제로 드린 바 곡식과 새 포도주와 기름을 가져다가 성소의 기명을 두는 골방 곧 섬기는 제사장들과 및 문지기들과 노래하는 자들이 있는 골방에 둘 것이라 그리하여 우리가 우리 하나님의 전을 버리지 아니하리라

40(39) For the Israelites and the Levites are to bring the contribution of corn, new wine, and oil to the storerooms where the sanctuary vessels are kept, and where the ministering priests, the gatekeepers, and the singers are. We will not neglect the house of our God."

원문주해

1.a. 문자적으로는 "그리고 썼다"이다. 이 무소속적인 분사 형태는 분명히 코레팀(כֹּרְתִים, "견고한 약조를 맺는 것")과 평행을 이루는 것으로 보아야만 한다. 그러므로 동일한 주어와 목적어를 갖는 것으로 이해되어야만 한다.

1.b. "인친 무엇"은 렘 32:11과 14절에서 인을 친 문서를 지칭하는 데 사용되었다. 하지만 NEB는 전치사 알(עַל)의 효력을 이해하고 있다.

1.c. 혹은 "왕자들". 그러나 왕가적인 색채는 없이. 15절에 나오는 명칭이 현재의 번역을 제시한다.

2.a. 마소라 텍스트(MT)에는 웨알 헤하투밈(ועל החתומים, "그리고 인친 문헌들에")으로 되어 있다. 종종 언약 맹세에 관해 한 개 이상의 복사본이 만들어졌다고 추측되기도 하고, 혹은 모든 이름을 기록해야 할 문서가 한 개 이상 있었을 것이라고 추측되곤 한다. 그러나 이런 추측으로는 앞에 나온 동사에 명백하게 단수 어미가 붙어 있었던 것에 반해 지금 여기서는 복수형이 사용되었는지를 뚜렷하게 설명하지 못한다. 단수형으로 본문을 수정하는 방안은 거의 입증하기가 어렵다(오직 1 MS에서만). Vrs에서는 자음으로만 된 본문에서 분명 마소라 텍스트에 가까운 모습으로 읽고 있다. 또한 이 단어의 접미어 부분은 복수형으로 되어 있다. 여기에 덧붙여서 70인경(LXX)은 전치사 알(עַל)이 있다는 것을 증명하지만, 반면에 Vg에는 이 전치사와 동일한 의미의 어떤 전치사도 나타나지 않는다. 이는 그저 번역자들이 이 단어를 어떻게 처리해야 할지 잘 몰랐다는 것을 의미할 뿐이다. 그러므로 Syr과 아랍어 버전에 토대를 두고 ואלה로 본문 수정을 해야 한다는 주장(참조. Rudolph)은 근거가 빈약하다. 70인경(LXX)과 Vg는 자음 본문인 ועל החתמים을 제시하며, 또한 두 번째 단어를 복수 분사 형태로 취한다. "인친 자들." 하지만 그보다는 아마도 하호타밈(הַחוֹתָמִים, "인장들 위에")이라고 읽어야만 할 것이다(참조. Schneider; Galling?). 앞 구절의 영향하에 어떻게 해서 현재 같은 방식의 본문 형태가 되었는지를 분간하는 것은 어렵지 않지만, 이런 접근법은 עַל을 그대로 유지하는 장점을 갖고 있다. 그렇다면 이 언급은 개개인의 이름들이 새겨진 인장의 이름들 자체를 언급하는 것이다.

개개인의 이름들로 되어 있는 인장들에 관해서는 많은 경우들이 알려져 있다. 예를 들어, N. Avigad, *Bullae and Seals from a Post-Exilic Judean Archive*(Qedem 4; Jerusalem: The Institute of Archaeology, The Hebrew University, 1976)를 보도록 하고, 출 28:21도 참조하라.

2.b. "방백"에 대해서는 스 2:63a에 대한 "원문주해"를 보라. 이 칭호는 개인적인 이름과 조상에 관한 언급 사이에 위치하고 있는데, 이 점은 많은 사람들로 하여금 이 표현을 후대에 윤색된 것으로 여겨 삭제하게끔 했다. 하지만 중요한 몇몇 자료들에도 이런 어순이 나타나기 때문에 이렇게 삭제할 필요는 없다. 참조. A. T. Clay, *Business Documents of Murashû Sons of Nippur Dated in the Reign of Darius II(424-404 b.c.)*(The Babylonian Expedition of the University of Pennsylvania, Series A, Vol. x; Philadelphia: Department of Archaeology and Palaeontology, 1904), nos 5 and 8; C. C. Torrey, "A Few Ancient Seals," *AASOR* 2-3(1921-22) 107-8; 또한 슈나이더(Schneider)와 마이어스(Myers)도 보도록 하라.

10.a. 접속사 웨(ו)는 예수아 앞에서 아무런 의미도 갖고 있지 않다. 이 접속사는 Vrs와 여러 MSS를 근거로 삼아 삭제해야만 한다.

11.a. 문자적으로는 "그리고 그들의 형제들"이다.

11.b. 똑같은 이름이 이 목록 후반부(13절)에 등장한다. 만약 동일한 이름을 갖고 있던 두 명의 레위인들이 있었던 것이라면, 우리는 그들이 조상 가계를 통해 구분될 것으로 기대해야만 한다. 정상적으로는, 우리는 이들 중 한 가지를 철자상으로 매우 유사한 스가냐(שכניה, "스가냐")로 수정해야만 한다. 일부 MSS와 Vrs에서는 이 부분이나 혹은 13절에서 (5절에 나오는 같은 이름의 제사장이나 9:4과 5절에 나오는 같은 이름의 레위인에 관한 것과 마찬가지로) 그렇게 한다. 하지만 이 경우, 각각의 경우에 이 이름 뒤에는 호디야가 나온다는 점을 관찰해야만 한다. 이 점은 이 구절에서든 혹은 다른 구절에서든 둘 다 이 이름이 제시되는 것이 우연한 반복 때문에 생겨난 것이 아니냐는 의구심을 갖게 한다.

11.c. 앞의 "원문주해"를 보라. 일부 사람들은 호다위야(הוֹדַוְיָה, "호다위야")라고 읽는 것을 선호하거나(스 2:40과 70인경을 참조하라), 혹은 여기와 14절에서처럼 호디야(הוֹדִיָּה, "호디야")로 읽는 것을 선호한다.

13.a-14.a. 위의 nn 11.b. 그리고 11.c.를 참조하라.

14.b. 많은 사람들은 9:4에 토대를 두고 "그나니"(כנני, "그나니")라고 약간 본문을 수정하는 것을 선호한다. 비록 이것은 전적으로 추측에 불과하긴 하지만 말이다. 유사하게 보이는 또 다른 이름들인 바니(בני, "바니")와 분니(בנוי, "분니")는 이미 목록의 앞부분에 나왔으므로, 여기서는 이들 이름을 고려해서는 안 된다.

20.a. Q를 따른다. K: 노바이(נוֹבָי, "노바이"). 번역상의 증거는 나뉜다. 브락킹튼

(Brockington)의 관점에 의하면, 이전에 스 2:23에서 지명인데도 불구하고 사람 이름으로 잘못 취급된 아나돗의 경우와 정확하게 동일한 경우라고 본다. 즉 지금 이 경우에 대해서도 지명을 잘못해서 인명으로 취급한 것이 아닌지, 느보(נבו, "느보")에 대한 오류가 아닌지 의구심을 갖는다. 이보다 좀더 유연한 대안은 일부 가족들이 그들이 정착했던 성읍의 이름을 그들의 이름으로 사용했다고 제안하는 것이다(참조. Meyer, *Entstehung*, 156).

27.a. 이 이름은 이 목록 중 유일하게 접속사 "그리고"를 앞에 달고 있다. 대부분의 Vrs에서는(그렇기에 현대의 대부분의 주석가들도) 이를 생략한다. 이는 충분히 이해할 수 있는 일이다.

27.b. 이 이름은 이미 23절에서 나타났었다. 이 부분이나 23절 중 한 곳은 하나니(חנני, "하나니")라고 읽을 수 있다. 하지만 두 가지 경우 모두 이 이름에는 매우 비슷한 또 다른 이름(23절에서는 아나야〈עניה, "아나야"〉가, 그리고 여기서는 아난〈ענן, "아난"〉이라는 비슷한 이름이)이 뒤따라 나온다. 아마도 이 이름으로 인해 한 걸음 더 진행된 우연한 반복이 있어 왔던 것 같다. 위의 n. 11.b.를 참조하라.

28.a. 이 드문 두 명의 정확한 이름이 위의 5-6절에서도 나타난다. 여기에는 복사자가 실수를 한 번만 저지른 것이 아니라는 혐의가 분명히 있다.

29.a. 분사형을 통해 표현된 보완적인 동사적 개념에 대해서는 GKC § 120a b를 참조하라.

30.a. חזק+על의 히필형은 일반적으로 "압도하다"를 의미하지만, 이런 의미가 여기서는 분명히 잘 어울리지 않는다. 이 동사는 힘 혹은 견고함이라는 개념을 기초적으로 갖고 있기 때문에 "확고하게 붙들다"라는 의미를 갖는다. 이런 구절들이 갖고 있는 구문론은 긴 이름 목록이 삽입되는 것으로 인해 혼동스럽게 되었다. 위에서 제시한 번역은 아마도 마소라 텍스트(MT)가 갖고 있던 것으로 보이는 의도를 표현한다. 그러나 이 문단의 원래의 구문론에 관해서는 아래의 "양식"을 보라.

30.b. 문자적으로는 "그들의 형제들, 그들의 귀인들"인데, 이는 바로 옆 단어를 규정해 주는 동격적인 표현이다.

30.c. 이 두 가지 용어들에 대해서 H. C. Brichto, *The Problem of "Curse" in the Hebrew Bible*(JBLMS 13: Philadelphia: SBL, 1963/1968), 33-34는 중언법(hendiadys)으로 해석했다("형벌이 뒤따르는 맹세").

31.a. 웨아쉐르(ואשר). 30절에는 일반적인 진술이 나왔는데, 지금은 뒤이어 나오는 항목들 속에서 어떤 특수한 상황들을 통해 그것에 대해 부연설명하고 있는 것이 분명하다. 강조를 표현하는(="그리고 특별히") 와우(ו)에 대해서는 GKC § 154a fn 1(b)를 참조하라. 그리고 이와 같은 목적어 항목들을 도입하기 위해 사용된 아쉐르(אשר)에 대해서는 GKC § 157를 참조하라.

32.a. 히브리어에서는 이 문장은 엄격한 조건절이 아니다. 그러나 긴 목적절을 통해 도입되며, 그런 뒤에 메헴(מהם)을 통해 요약된다.

32.b. 이 접속사는 때때로 위의 31.a.절에서처럼 "특별히"라는 의미로 이해되곤 한다. 하지만 안식일에 다른 물건들보다 식물을 사는 것이 더 심각한 범법이었는지에 대해서는 아무런 특별한 근거도 없는 것으로 보인다. 이 접속사는 생각컨대 보충적인 설명을 나타내는 것으로("…조차도") 여겨질 수도 있을 것이다. 그러나 그럴 경우 막카호트(מקחות, "물화들, 물건들")는 완전히 장황한 표현이 되어 버릴 것이다. 이 문제에는 이 표현이 문헌 중 단 한 번만 나오는 표현이라는 것도 문제점으로 자리잡고 있으며, 그래서 우리가 이 단어의 정확한 의미를 확신할 수 없다는 것도 문제점으로 자리잡고 있다. 위의 번역에서는 이 단어와 쉐베르(שׁבר, "식물") 사이를 합리적으로 구별하려고 노력한다.

32.c-c. 이 구문은 간결하게 표현되어 있다. 그래서 일부 주석가들은 에트(את) 뒤에다가 תבואת("…의 산물")을, ונשא를 משא 앞에다가, 그리고 בה를 이 구절의 끝부분에 첨가해서 "그리고 그 안에서 우리가 모든 빚을 탕감하리라"는 의미를 만들고 싶어한다. 그러나 이 본문이 과연 그와 같은 본문 수정이 필요한지는 의심스럽다: 닛토쉬(נטשׁ, "삼가다")는 생략적으로 사용되었을 수도 있으며, 마지막 구문의 의미는 정황상 분명하다.

32.d. 5:7과 10절에 대한 "주석"과 "원문주해"를 보라. 이 자리에다가 야드(יד, "손")라는 단어를 첨가하는 것은 신 15:2에서 발견되는 법률 구문 때문이다. 그러나 의미상으로는 아무런 차이도 없다. 이 단어는 "빚을 증명하는 문서를 잡고 있는 손"을 지칭한다(Bowman).

33.a. 알레이누(עלינו)를 일부 MSS와 Vrs를 근거로 생략하라. 이 구절의 앞부분에 나왔던 동일한 단어를 우연히 반복한 것이다. 마소라 텍스트(MT)에서는 "한 세겔의 삼분의 일을 우리 자신들 위에 부과한다"라는 의미다. 이 단어를 사용하여 의미가 통하게 할 수도 있지만, 이는 처음 구문을 불필요하게 반복하는 일이다.

35.a-a. 이 단어들은 마소라 텍스트(MT)에서는 어색하게 자리잡고 있다. 아마도 후대에 첨가되었을 것이다. 사실 이 장이 전체적으로 갖고 있는 정황은 이 세 개의 그룹들이 계속해서 포함되어 있었다는 것을 분명히 해준다. 아마도 이 단어들은 일부 몇몇 사람들이 이 특별한 맹세가 성전을 섬기던 사람들 중 낮은 계층의 사람들과만(그리고 일반 백성들과만?) 관련된 것이 아닌지 궁금해했기 때문에 이 점을 자세히 설명하기 위해 첨가되었을 것이다.

38.a. 루돌프(Rudolph)는 십일조 규례가 예루살렘을 포함해 아무 구별 없이 모든 성읍들에 적용되었다는 이 번역에 반대한다. 그렇기 때문에 그는 "우리의 제의 성읍들"이라는 번역을 제안한다(참조. Myers). 그러나 유대 율법을 지키지 않는 지역들에서 십일조를 거두지 않았다는 것은 지극히 당연하다. 이 구문은 그보다는 수집하는 곳들을 필요로 했던 한 지역의 농업 중심 지역들을 지칭하는 것으로 보인다. 물론 예루살렘 인근에 살던

사람들은 그들의 십일조를 직접 성전으로 가져왔다.

39.a. 총칭적인 표현이다(참조. GKC § 126l-t). 한 명의 아론의 자손 제사장보다 더 많은 사람들이 있었다.

39.b. 바세르(בעשר)는 일반적으로 ה가 생략된 히필형 부정사로 여겨진다(בְּהַעְשֵׂר). 참조. GKC § 53*k*. 이와 같은 생략은 성경 히브리어 이후 시대에는 일반적인 현상이었으며, 신 26:12에서도 발견할 수 있다. 다른 대안으로는, 우리는 칼형 부정사로 모음을 다시 찍거나(בַּעְשֵׂר, "〈그들이〉 십일조를 받을 때"), 혹은 피엘형 부정사(בְּעַשֵּׂר)로 다시 모음을 찍을 수 있다. 앞 구절을 토대로 생각해 볼 때 후자가 좀더 선호되어야 할 것이다.

양식/구조/배경

이 장은 공동체가 하나님의 율법을 지키겠다고 일방적으로 언약에 동의한 내용을 일인칭으로 설명한다. 도입 이후에는 (1) 언약을 맺기로 인친 사람들의 목록이 나온다(2-28). 공동체의 나머지(29절)는 율법을 지키기로 동의하는 데 있어서 그들과 함께했다(30). 이와 관련해서 예닐곱 가지 독특한 요구들이 특별하게 언급되었다(31-40).

얼핏 보기에는 앞 장과 부드럽게 연결되는 모습이다. 영역에서 이미 다른 방식으로 장을 나누는 것처럼 말이다(영역에서는 10:1을 9장 마지막 부분으로 간주하며, 그래서 여기서 장을 구분하지 않는다).

처음 나오는 단어들인 웨브콜-조트(ובכל־זאת, "이 모든 것에도 불구하고")라는 표현은 무언가 선행사적인 사건을 필요로 하며, 1인칭 내러티브도 9장의 기도가 갖고 있는 1인칭을 계속 진행하기 위해 유지되어야 할 것이다. 그리고 베르톨렛(Bertholet) 등과 같은 초기 주석가들의 견해와는 대조적으로, 이와 같은 맹세가 고백 뒤에 나오는 것은 신학적으로 매우 적절하고 타당한 순서다. 그러므로 현재 느헤미야 8-10장의 구성이나 지금 이 부분이 전체 속에서 갖고 있는 목적에서 볼 때, 느헤미야 10장이 현재 위치를 점하는 것은 매우 자연스러운 일이라고 할 수 있다.

그렇다고 해서 이런 사실을 이해한다는 점이 결코 우리로 하여금 이 장의 현재 배경이 문학적인 관점이나 혹은 역사적인 관점에서 볼 때 원래의 것이라는 입장을 갖게 하는 것은 아니다. 전자(문학적인 관점)와 관련해서는, 우리는 이미 느헤미야 9장의 대부분이 독자적인 기원을 갖고 있다는 점을 살펴보았다. 이 기도의 내러티브 배경이 후에 이차적으로 발전한 것이라는 사실을 이미 인식했기 때문에, 느헤미야 10장과의 연결 또한 자동적으로 같은 방식, 같은 범주로 처리해야만 한다. 역사적으로 고려해야 할 점들에 관해서 보자면, 지금 현재 본문의 순서를 가지고서는 왜 바로 이 시점에서 31-40절에 나오는 특수한 율법들을 선택했는지를 설명할 수 없다. 만약 10장이 8장과 9장에 나오는 사건들의 후속편이라면, 우리는 8, 9장에서 관심을 기울였던 범죄에 대해 10장에서는 훨씬 더 집중할 것으로 기대해야만 한다. 마찬가지로, 에스라에 대한 언급이 없다는 점 역시 이 경우에 놀라운 일이 될 것이다. 이런 점들은 켈러만(Kellermann, *Nehemia*, 37-41) 같은 사람들의 주장과는 대치되는 모습을 보여 준다. 그는 이 장이 아무런 역사적 토대 없이 처음부터 지금 현재의 배경으로 분명하게 구성되고 만들어졌다고 생각한다.

그러므로 우리는 이 장에 대한 분석을 시작할 때 이 장의 문학적이고 역사적인 기원을 지금 주어진 것과는 다른 부분에서 찾아야만 한다는 가정하에서 해야만 한다. 이 가정은 아래에서 논의될 좀더 심화된 내용들을 통해 뒷받침될 것이다.

다음으로, 우리는 2-28절에 나오는 목록에 관심을 기울여야 한다. 왜냐하면 지금은 거의 모든 학자들이 이 목록이 이차적으로 현재 위치에 삽입되었다고 인식하고 있기 때문이다(그렇긴 하지만 이 목록이 문서에 인친 사람들의 목록인지 그렇지 않은지는 별개의 문제이며, 이 점은 아래에서 다시 다루어질 것이다). 이런 의심이 생겨난 것은 인친 자들의 목록이 이 문서의 앞부분에 자리잡고 있는 독특한 모양 때문이고, 이 목록의 순서가 1b절의 앞부분과 다르기 때문이며, 또한 부분적인 반복을 통해 1절과 2절 간의 엉성한 연결을 강화시켰기 때문이다. 그러나 이런 관점을 뒷받침해 주는 결론적인 증거는 이 목록이 1절과 29-30절로 연결되는 단일한 문단 구성을 중간에서 방해한다는 데서 얻어진다(Rudolph). 30절에 나오는 부정사들(ללכת, "걷는=사는"; לשמור ולעשות, "조심스럽게 순종하는")은 29-30a절의 주어와 분사들에만 의존하는 것이 아니다. 이들은 평범한 의미로 볼 때 1절에 나오는 주어와 동사들에도 역시 의존하고 있다. 율법에 순종하기로 동의했던 사람들 속에는 나머지 사람들만이 아니라 지도자들도 마찬가지로 포함되어 있다. 따라서 29-30a절은 원래는 연속되는 1절-30b절에 끼워넣어진 상황절이었다(문자적으로는 "그 남은 백성들은…좇아서…).

이런 결론적인 관점에서 본다면, 이 장의 나머지 부분을 살펴보러 돌아가기 전에 이 목록에 대한 연구를 마무리짓는 것이 가장 간단한 방법이 될 것이다. 구조, 진정성, 배경 등에 관한 문제들은 서로 밀접하게 얽혀 있다. 그렇기 때문에 일반적인 방법과는 달리, 우리는 대표적이고 구체적인 세 가지 연구들을 요약하고 평가함으로써 목록과 관련된 연구를 진행시켜 나갈 것이다.

1. 옙센(Jepsen, *ZAW* 66[1954] 87-106)은 제사장들의 목록(3-9절)이 12:1-7과 12-22절과 매우 밀접한 평행을 이루고 있다는 관찰에서부터 시작한다. 그는 이 부분들 중 뒤쪽 구절들이 더 이른 시대의 것이라고 여긴다. 왜냐하면 후자의 경우 개인들과 가족들의 이름을 포함하고 있는 반면, 전자는 가족들의 이름을 마치 개인의 이름들인 양 다루고 있기 때문이다. 즉 그는 12:12-22이 인친 자들 목록의 원래 형태에 더 가깝다는 생각한다. 왜냐하면 이 부분은 원래 형태의 보존에 관해 설명해 주며, 또한 우리는 이런 목록에서 가족들의 이름만이 아니라 개인들의 이름도 기대하기 때문이다. 그렇기 때문에 그는 이 목록이 לשריה מריה("스라야, 므라야의") 패턴을 따라 개인들과 가족들이 평행적인 열을 이루고 있다고 가정하며, 또한 느헤미야 10장 이후 본문 형태에 있어서 왼쪽 열 전체 부분을 잃어버렸다고 가정한다. 그리고 필연적으로 오른쪽 열에 남아 있는 (가족) 이름들 각각의 앞에서 ל이 생략되어야만 했으며, 그래서 현재의 목록이 이루어지게 되었다고 가정한다.

옙센(Jepsen)은 그 다음에는 그의 결론을 이 목록의 다른 두 부분에 적용한다. 일반인들에 관해서는(15-28절), 그는 처음 절반 부분이 에스라 2장에 나오는 가족 이름 목록의 일부분과 평행을 이루고 있는 반면, 후반부의 절반은 개인 이름들로 구성되어 있다는 점을 관찰한다. 그러므로 그는 원래의 평행적 열들(제사장들의 패턴 이후에)은 한꺼번에 함께가 아니라 연속적으로 읽혀졌다고 생각한다.

이 패턴은 또한 레위인들에 대한 목록에서도 발견된다. 이 주석에서는 재구성을 위해 좀더 복잡한 과정들을 굳이 설명할 필요는 없겠지만, 우리는 목록의 처음 두 개의 이름이 조금 미묘하게 다른 패턴을 따르고 있다는 점을 주목해야만 하며("b의 아들", "d의 자손들 중 c", 일반적 형태인 "x의, y"와는 달리), 또한 세 명의 개인 이름들이 가족과 아무 연관없이 이 목록에 첨부되어 있다는 점에 대해서도 주목해야만 한다.

마지막으로, 우리가 현재 갖고 있는 관심과 관련해서 옙센(Jepsen)은 그가 재구성한 목록을 느헤미야 3장의 목록과 비교하는 쪽으로 나아간다. 그는 예닐곱 명의 이름들이 공통적이라는 것을 발견한다. 그러나 공통적인 각각의 이름들 중 느헤미야 10장에 목록으로 올라가 있는 사람들은 느헤미야 3장에서 성벽 건축에 종사했던 사람들의 조상들(혹은 한 경우에는 할아버지)임을 관찰한다. 그렇기 때문에 그는 느헤미야 10장이 느헤미야 3장보다 한 세대 더 이른 시대의 기록이라고 결론내린다(참조. 12:12의 "요아김 때에"). 그는 그의 논문의 남은 부분들을 느헤미야 10장이 에스라의 사역과 관련해서 결코 부적절한 것이 아니었으며, 또한 이 부분이 느헤미야의 시대보다 앞설 수 없다는 점을 보여 주는 데 할애한다.

옙센(Jepsen)의 연구는 이 장에 가장 세부적인 관심을 기울인 연구 중 하나다. 그러나 내가 알고 있는 한, 그의 연구는 긍정적인 평가건 혹은 부정적인 평가건 간에 결코 충분한 비평적 평가를 받지 못했다. 비록 슈나이더(Schneider, 40-41)와 켈러만(Kellermann, *Nehemla*, 102)이 했던 평가들을 참조할 수는 있겠지만 말이다. 그의 연구가 갖고 있는 위대한 힘은 가족들과 개인들의 이름이 병렬적으로 기록되었기 때문에 발생하는 문제에 관해 그의 연구가 조리 있는 해결책을 제안하고 있다는 점이다. 하지만 매우 많은 점에서 가정에 의존하고 있기 때문에, 우리는 과연 이 해결책이 사실들에 관해 가장 타당한 설명을 제시하는지를 확신할 수 없다. 예를 들어, (i) 제사장들과 관련된 정확하게 하나의 열을 잃어버린 게 틀림없다는 것이 좀 이상하지 않은가? (ii) 만약 이 열들의 원래 모양이 옙센(Jepsen)이 제안한 패턴대로라면, 오른쪽 열에 있는 각각의 이름 앞에 나오는 ל은 왼쪽 열에 나오는 이름들에서도 분명히 마찬가지로 있었어야만 한다. 하지만 이 서기관은 일반 백성들의 목록을 필사할 때 이 점을 알아차리지 못할 만큼 둔감한 것이 아니라, 도리어 오른쪽 열에 위치한 22개의 각각의 이름들 앞에서 모든 ל을 조심스럽게 제거한, 정말이지 이상한 서기관이었다. (iii) 레위인들의 목록 중 제일 처음에 나오는 두 개의 이름들이 이후에 나오는 다른 이름들과는 전혀 다른 패턴을 따르고 있다는 점에 대해서도 아무런 설명을 하지 않는다. 서기관이 올바르게 이해했던 이 이름들이 나머지에 대해 올바르게 해석할 수 있는 단서를 다시 한 번 주는 것은 아닐까? (iv) 옙센의 재구성에 포함되어 있지 않은 "세 명의" 레위인들의 이름은 분명히 우리를 당혹스럽게 한다. (v) 옙센은 Syr.에 부분적으로 의존해서 급격한 수정을 하며, 이를 통해 이 목록의 앞부분에서 느헤미야와 시드기야를 제거하고자 한다. 이는 그가 자포자기하고 있음을 보여 주며, 확신하지 못하고 있다는 것을 보여 준다. Syr 그 자체는 아마도 가장 이차적인 듯하다. (vi) 느헤미야 3장과 비교한 내용들에서 도출한 결론은 옙센이 이 목록의 연대를 결정하는 데 토대가 되고 있긴 하지만, 확실한 것은 아니다. 만약 느헤미야 10장이 느헤미야 13장보다 조금 더 후의 일이라면, 그것은 성 건축 이후 결코 15년보다 더 많이 지나서가 아니다. 실제 건축을 했던 사람들의 아버지들로 언급된 서너 명의 사람들이 여전히 살아 있었고, 그래서 이 목록에 연장자로서 그리고 실질적으로 그들의 가족들을 이끌면서 인쳤다고 추측하는 것은 별로 어려운 일이 아니다. 옙센은 전혀 고려하지 않았지만, 좀더 가능성이 높은 것은 아버지의 이름을 좇아 이름을 짓는 전통이 이 장면을 혼란스럽게 했다는 것이다. 개인의 이름들만 나온 부분에서 얻은 증거는 서로 다른 개인들이 포함되어 있기 때문에 과연 이런 측면 때문에 혼동이 왔는지가 불확실하지만 말이다. 오직 단 한 사람만이 각각의 목록에서 분명하게 규정될 수 있다. 그것은 헤나닷의 아들 레위인 빈누이(3:18 그리고 24; 10:10)다. 하지만 이 경우 성 건축자와 인친 자는 동일인이며 아버지와 아들 간이 아니다.

그렇기 때문에 우리는 옙센(Jepsen)이 재구성한 목록의 구성과 이에 대한 그의 역사적 배경에 대한 생각을 모두 거부해야만 한다.

2. 루돌프(Rudolph)는 이 목록에 관해서 좀더 보수적인 입장을 견지한다. 그는 이 목록이 애당초 처음에 언약에 인을 친 사람들의 목록이라고 믿고 있으며, 편집자가 이 목록을 현재의 새로운 배경에 덧붙였다고 생각한다. 이 결론을 위해서 그는 (i) 느헤미야가 이 목록의 앞부분에 언급된다는 점을 중시한다. 아래에서 주목해야 할 근거들에서 루돌프는 역사적으로 볼 때 이 점은 올바른 것이라고 간주한다. 만약 이 목록이 조작된 것이라면 에스라도 언급되었어야 했을 것이다. (ii) 다른 한편으로, 느헤미야 다음에 나오는 시드기야는 우리가 모르는 이름이다. 만약 이 목록이 창작된 것이라면, 우리는 우리가 알고 있는 누군가의 이름이 나올 것으로 기대할 수 있을 것이다. (iii) 성전 문헌 보관소에서 나온 문헌이라면 당연히 기대할 수 있는 것처럼, 이 목록에서도 대제사장이 비록 가족 이름이긴 하지만 스라야로 목록의 맨 앞에 나타난다(참조. 스 7:1 등). (iv) 이 목록은 이미 "역대기 사가"에게 알려져 있었으며, 그는 이 내용을 9:4-5에서부터 차용했다. 다른 대안적인 위치들에 반대하면서, 루돌프는 본문이 유실되었을 가능성이 있기 때문에 이 목록에 이름이 올라간 사람들의 숫자에 관해서는 확인할 수 없다고 주장한다(토레이〈Torrey〉의 관점에 의하면 7의 배수들). 이 목록은 또한 가족 이름들과 개인 이름들이 뒤섞여 있다는 일반적이고 대중적인 관점을 따른다(참조. Smend, *Listen*, 13; Meyer, *Entstehung*; Myers, etc): 이런 학자들은 옙센(Jepsen)이 그렇게 했던 것처럼, 다른 목록들에도 나타나는 동일한 평행점들을 관찰함으로써 이 목록에 기록된 맹세하고 인친 사람들 중 많은 사람들이 그들 자신의 이름으로가 아니라 그들이 대표하고 있는 가족들의 이름으로 그렇게 했었다고 주장한다. 일반 백성들의 목록에서는 에스라 2장과 견주어 보면 15-21a절에서 이 점이 좀더 분명하게 나타난다. 나머지 부분들은 새롭게 후에 돌아온 가족들이거나, 아니면 그동안 형성된 가족들이거나, 혹은 포로로 끌려가지 않았던 사람들이다. 비록 역대상 24장에 열거되어 있는 24반차들이라는 발전된 단계까지 도달하지는 못했지만, 제사장들에 대해서도 이와 유사한

결론이 나타난다. 비록 레위인들의 목록은 뒤섞여 있고 적은 숫자를 반영하고 있긴 하지만 말이다.

루돌프(Rudolph)는 이 목록이 순수하다는 것을 뒷받침하기 위해 여러 가지 주장들을 진전시켰지만, 그것들은 특별하게 강력하지는 않다: 이 내용의 최종 편집자가 분명히 원했던 것은 어떻게 해서 에스라와 느헤미야의 사역이 통합된 클라이맥스로 이끌어졌는지를 보여 주는 것이었기 때문에, 느헤미야의 이름이 이 목록에 등장하는 것은 충분히 기대할 만한 것이지만, 반면에 8-10장 전체의 정황에서 볼 때 에스라는 이 과정의 주동자로서 생략되었을 것이다. 시드기야의 이름은 13:13 등에 나오는 "서기관 사독"에서부터 도출될 수 있었다. 그렇기 때문에 우리는 좀더 급진적인 세 번째 관점을 검토하는 데로 나아가야만 한다.

3. 모빙켈(Mowinckel)은 느헤미야 10장에 관해 에스라·느헤미야서에 관한 그의 논문 중 예닐곱 부분에서 논의했다. 그 중 가장 주목할 만한 것은 *Studien I*, 135-45, and *Studien III*, 142-55이다. 이 부분에서 그는 독립적이고 공식적인 원래의 문서가 있었고, 그것이 이 장의 기초라는 전제를 받아들인다. 하지만 보다 앞서 이루어졌던 연구에서는 그는 이 목록 자체는 편집자가 순수하게 꾸며낸 것이라고 강력하게 주장했다. 그가 주장한 내용들 중 첫 번째 요점이 가장 약하다. 그는 이 목록이 원래는 "지도자들"(ר״ם)만이 사인했던 것이었으며, 레위인들과 대부분의 제사장들은 29절에 나오는 "나머지 백성들"에 포함되어 있었다고 제안한다. 하지만 이런 생각은 확신할 수 있는 내용이라고 보기엔 상당한 거리가 있다. 또한 1절에 나오는 "레위인들과 제사장들"이라는 단어를 생략해 버리는 것에 많이 의존하는 주장이지만, 그는 이 점에 대해서는 전혀 근본적인 근거를 제시하지 않았다.

모빙켈(Mowinckel)의 주장은 목록 그 자체에 관한 논의에 좀더 무게가 있다. 첫째로, 그는 이 이름들 중 상당수가 개인의 이름들이기보다는 가족들의 이름이라는 사실을 관찰한다(일반적으로 동의되고 있듯이). 하지만 이 이름들은 마치 개인의 이름들인 양 이 목록에 표현되었다. 참조. 15절의 "백성의 두목들", 10절에 나오는 처음 두 개의 이름들(그리고 우리는 느헤미야의 이름을 덧붙일 수 있다), 레위인들 중 일부의 이름들, 이들은 개인의 이름들이라는 것이 인정된다. 그리고 그 어디에서도 제사장 반차에 속한 이름으로 나타나고 있지 않을 뿐만 아니라, 다른 제사장 목록들에서도 가족 이름으로 나타나지 않는 다니엘(7절). 이 점은 이 목록의 인위적인 성격을 나타낸다. 게다가 모빙켈은 확장된 가족들이 그들 자신만의 인장들을 갖고 있었는지(인장들은 일반적으로 개인의 이름들로 되어 있다), 그리고 일반적인 이론이 가정하고 있듯이 이런 가족들이 이미 사회적 단위로 규정될 만큼 준비되어 있었는지에 대해서도 의문을 갖는다.

다음으로, 모빙켈(Mowinckel)은 계속해서 이 목록이 단지 에스라·느헤미야서에 나오는 다른 목록들을 편집한 것에 불과하다는 점을 관찰하는 데로 나아간다(모빙켈의 결론을 수용하지 않는 학자들조차도 이런 상응점들이 처음에 나타난 목록보다 더 밀접하게 나타난다는 점에 동의한다는 사실을 주목해야만 한다. 그러므로 예를 들어, 17절의 아도니야는 거의 분명하게 7:18; 스 2:13에 나오는 아도니감과 동일 인물이다). 제사장들의 목록에 관해서는 다른 부분들에서 일부 덧붙여진 느헤미야 12장을 보라(물론 철자는 약간의 변형들이 있다). 하지만 이것은 그렇게 많이 놀랄 만한 일은 아니다. 왜냐하면 우리는 이후 시대를 통해서 제사장 가족들은 일반적으로 고정된 순서대로 제시된다는 점을 알고 있기 때문이다. 나의 "The Origins of the Twenty-Four Priestly Courses," *VTSup* 30(1979) 251-68를 참조하라. 이와 비슷한 경우를 레위인들에 대해서도 찾아볼 수 있다. 참조. 12:8; 8:7; 9:4-5. 사실 이 목록은 에스라와 느헤미야서의 다른 부분들에 나온 거의 모든 레위인들의 이름을 총망라한다. 하지만 평신도 지도자들에 대해서는 이와 유사한 방식으로 설명할 수 없다. 이 목록의 처음 절반 부분은 에스라 2장의 가족 이름의 목록을 제시한 뒤 에스라 2:20-35에 나오는 지명 네 개를 20-21a절 부분에 효과적으로 함께 묶어주고 있으므로, 이 부분에서는 여전히 이런 식의 설명이 가능할 것이다. 하지만 이와는 분리된 이름들이 므술람부터 시작해서 23개가 등장한다. 이들 중 13개 이상이 느헤미야 3장에서 동일한 순서대로 발견된다(비록 두 곳 모두에서 이 이름들이 연속적인 그룹은 아니지만). 나는 모빙켈의 표에다가 관련 구절을 괄호 처리해서 첨가했다.

느헤미야 3장		느헤미야 10장	
므술람	(4)	므술람	(21⟨20⟩)
므세사벨	(4)	므세사벨	(22⟨21⟩)
사독	(4)	사독	(22⟨21⟩)
요야다	(6)	얏두아	(22⟨21⟩)
믈라댜	(7)	블라댜	(23⟨22⟩)
하나냐	(8)	하나냐	(24⟨23⟩)
핫숩	(11)	핫숩	(24⟨23⟩)
할로헤스	(12)	할르헤스	(25⟨24⟩)

르훔	(17)	르훔	(26⟨25⟩)
하사뱌	(17)	하삽나	(26⟨25⟩)
아나냐	(23)	하난	(27⟨26⟩)
하눈	(30)	아난	(27⟨26⟩)
말기야	(31)	말룩	(28⟨27⟩)

모빙켈(Mowinckel)이 설명하지 않은 몇 가지 점이 있다. 예를 들어, 느헤미야 3:17에는 르훔(바니의 아들)이 분명히 레위인이었다. 반면에 바아나(10:28) 역시 느헤미야 3:4에 나타나기 때문에 그의 족보 계통을 확인할 수 없다. 그럼에도 불구하고 느헤미야 3장의 긴 목록에서 드문드문 이름들을 선택했다고 인정한다 하더라도, 그가 제시한 증거를 과연 모두 동시적인 것으로 설명할 수 있는지는 의심스럽다. 이 점이 갖는 중요성을 결코 간과해서는 안 된다. 다른 목록들과는 달리, 이 목록은 가족들이 배열되어 왔던 전통적인 순서로는 설명할 수 없다. 왜냐하면 느헤미야 3장에서의 순서는 명백하게 다른 원칙이 결정했기 때문이다. 이 점을 가족 이름들이 개인 이름들로 표시되고 있다는 주장과 연결시킬 때, 그리고 이 목록의 진정성을 뒷받침하는 주장들 중 그 어느 것도 정밀한 검토에 견디지 못한다는 점을 생각해 볼 때(위를 보라), 결국 이 목록은 에스라와 느헤미야서에 있는 다른 재료에 토대를 두고서 인위적으로 문학적 편집을 한 것이라는 결론으로 나아가야만 한다(이런 결론은 이 부분이 스 1-6장보다 나중에 구성된 것이라고 주장할 필요가 없음을 주목하라. 왜냐하면 에스라 2장의 목록은 이미 느헤미야 7장 편집자에게 알려졌을 것이기 때문이다). 모빙켈은 오로지 이런 부정적인 결론만을 주장한다. 현재 우리가 갖고 있는 지식의 상황에서 보자면, 내가 보기엔 그의 이런 결론이 증거에 대해 가장 공정하게 반응하는 것으로 보이기는 하지만, 우리는 왜 편집자가 이 목록을 편집하고 포함시켰는지에 대해서도 물어보아야만 한다. 다른 부분들에서 우리는 이미 이 책들에 포함된 목록들이 순수하다고 주장해 왔으며, 이 작업이 이미 많은 목록을 포함시키고 있다는 사실에서 볼 때 좀더 진전된 이 목록을 만들고 구성해야 할 훌륭한 근거와 목적이 있었던 것이 틀림없다.

느헤미야 8-10장에 대한 우리의 이해와 맞물려 생각해 볼 때, 이 맹세가 에스라와 느헤미야의 사역의 절정으로 간주되었다고 제안할 수 있다. 결과적으로 보자면, 저자는 모든 백성들이 지금 제안된 것에 대해서 하나가 되고 한마음이 되어 반응하고 뒷받침했다는 것을 제시하는 데 집중했다. 그렇기 때문에 그는 그가 생각하기에 공동체 내에서 좋은 입지를 갖고 있다고 여겨지는 모든 가족들과 개인들을 거의 다망라한 포괄적인 목록을 작성했으며, 모든 백성들이 뒤이어 나오는 규정들에 부합했다는 점을 강조하기 위해서 이를 우선 앞부분에 자리잡게 했다. 이와 비슷한 이유들로 인해서 그는 아마도 요약적인 29절도 마찬가지로 확장했을 것이다(아래의 "주석"을 보라).

이제 우리는 이 장의 나머지 부분을 다루는 데 관심을 돌리고자 한다(1, 29-40절; 훗날 몇몇 수식들이 이 구절들에 포함되었는지에 관해서는 아래의 "주석"에서 살펴보았다). 우리는 이 부분의 양식과 대략적인 구조, 9장에서 원래부터 갖고 있던 독립성 그리고 결과적으로 현재의 배경이 특별하게 구성되었기에 생겨나는 상이(相異)성 등에 관해서 이미 주목했다. 마지막 결론을 뒷받침해 주는 증거로서, 우리는 이제 2-28절의 목록이 첨가된 것이라는 증거를 보탤 수 있을 것이다. 만약 내가 주장한 대로 이 목록이 8-10장 편집자를 통해 첨가된 것이라면, 이 목록을 그 안에 첨가해 넣은 자료는 이전부터 독립적으로 존재해 왔던 것이 분명하다.

이 문단이 현재 본문 속에 포함되기 전에 어떤 문학적 배경을 갖고 있었는지에 대해서는 나는 에스라나 느헤미야서 본문 어디에서도 이와 관련된 내용을 발견할 수 없다는 점에 동의한다. 이 문단이 제시되는 스타일은 결론적으로 말하자면 직접적으로 차용하는 것과는 상당히 거리가 있다(참조. Mowinckel, *Studien III*, 142-55). 반면에 원래부터 따로 있던 어떤 재료를 여기서 편집적으로 채택했다고 주장할 만한 어떤 증거도 없다. 하지만 마찬가지로, 이 문단을 추출해 냈을 다른 본문 내용에도 그 어떤 비어 있는 부분이 없다. 그러므로 우리는 이 문단(혹은 그 중 일부?)이 원래적으로 독자적인 문서였다는 결론만을 갖게 된다. 이 문단이 성전 문서와 갖는 관련성은 다음의 내용들을 통해 주장되어 왔다. (i) "그들의 귀인들"(אדיריהם – 앗디레이헴)이라는 표현(30절)이 사용되었다는 점. 이 표현은 3:5은 물론이고 3장의 기원을 보여 주는 것으로 여겨지는 여러 표식들과 비교해 보아야만 한다(느 3장에 대한 "양식" 부분을 참조하라). (ii) 이 장의 결론 부분이 성전에 대한 강력한 후원에 관해 기록하고 있다는 점. 그리고 (iii) 이차적인 자료인 40(39)a절을 첨가한 장소로서 가장 가능성이 높은 장소가 성전이라는 점.

마지막으로, 우리는 이 장의 역사적 배경에 대해서 고려해야만 한다. 우리는 이 장이 포로기 시대 때로부터 기인한다는 웰치(Welch, *ZAW* 48[1930] 175-87)의 제안(그리고 *Post-exilic Judaism*, 69-86도 참조하라)을 즉각 도외시할 수 있다. 왜냐하면 이런 주장을 제거할 다른 고려사항들도 있지만, 그와 더불어 이 문단은 분명하게 성전의 존재를 전제하고 있기 때문이다(Rudolph). 베르톨렛(Bertholet) 시대 이후부터 학자들은 일반적으로 느헤미야 10장과 느헤미야 13장의 중심 주제가 매우 유사하다는 점에 대해 매우 깊이 인식해 오고 있다(그러나 Jepsen, *ZAW* 66[1954] 87-106에 관해서도 참조해야 하는데, 그의 관점은 윗부분과 Ibáñez Arana, *Est Bib* 10[1951] 379-402에서 검토되었다). 이 두 부분은 대체로 다음의 내용들을 포함한다.

혼합 결혼	(10:31〈30〉; 13:23-30)
안식일 준수	(10:32〈31〉; 13:15-22)
나무를 드림	(10:35〈34〉; 13:31)
첫 열매	(10:36-37〈35-36〉; 13:31)
레위인들의 십일조	(10:38-39〈37-38〉; 13:10-14)
성전에 대한 소홀	(10:40〈39〉; 13:11).

그렇기 때문에 우리에겐 (i) 이런 악습들이 이미 드러나고 느헤미야가 이 문제를 처리하기 위한 단계들을 밟아 나간 뒤에 공동체가 이런 일들이 재발되지 않게 하겠다고 엄숙하게 맹세하기 시작했다는 관점과, 또한 (ii) 공동체가 이미 어떤 조항들을 정확하게 준수하기로 맹세한 이후에 율법의 그런 항목들을 이후에 다시 어겼다는 관점 둘 중 한 가지를 선택하는 것만이 남게 된다. 대다수의 학자들이 동의하는 대로 전자가 훨씬 더 가능성이 높아 보인다. 따라서 느헤미야 10장은 역사적인 관점에서 본다면 느헤미야 13장 뒤에 온다.

이런 관점을 정당화하기 위해서 두 가지 최종적인 요소들을 염두에 둘 필요가 있다. 첫째로, 이 문서는 느헤미야 비망록(NM)의 일부분이었던 적이 없기 때문에 이 문단과 느헤미야 13장 간의 차이점들에 대해서 우리는 이상하게 생각할 필요가 없다. 느헤미야 13장에 언급되지 않았던 몇몇 점들(예를 들어, 성전세)은 느헤미야와는 아무 상관없는 다른 이유들로 인해 이 맹세 안에 포함되었을 수도 있다. 또한 몇몇 경우들에 있어서는 느헤미야가 자신이 일부 폐해들을 실제 나타난 현상만이 아니라 그보다 좀더 궁극적인 방식으로 그 문제들을 다루었다는 인상을 담기 위해 다른 방식의 기록을 추구했을 수도 있을 것이다. 이와 같은 세부적인 사항들과 관련해서 야기된 몇 가지 점들에 대해서는 아래의 "주석"에서 다루었다. 둘째로, 이와 같은 맹세가 느헤미야의 주도적인 행동을 좇아 만들어졌다는 점은, 우리가 다른 곳들을 통해 알고 있는 그가 일들의 진행시키면서 하는 방식과 정확하게 일관된 모습이다: 5장에서 그는 우선 이 악습을 시정케 했으며(11-12절), 그런 뒤에 맹세한 사람들에게 이런 방식을 요구했고(12b절), 계속해서 이 악습을 행하는 자들을 향한 저주를 규정하여 선포했다(13절). 이 점은 느헤미야 13장을 따르는 느헤미야 10장의 정확한 패턴이다. 특히 10:30(29)을 참조하라. 유사한 과정이 이방과의 혼합 결혼과 관련해서 13:25에 담겨 있는 것으로 보인다. 즉 우리는 이 두 곳의 문단들을 통해서 느헤미야가 10장에 나타난 동의가 갖는 신뢰성을 주장하고 있는 것은 아닌지 생각해 볼 수 있을 것이다.

주석

1 **(9:38)** 이 구절을 시작하는 단어들은 매우 분명하게 이 장을 9장과 연결시켜 주는 역할을 한다. 편집자가 이런 목적으로 인해 이 단어들을 여기에 첨가했는지, 혹은 이 단어들이 10장 이면에 자리잡고 있는 좀더 확장적이고 원래적인 문서를 암시하는지는 현재로선 확정적으로 결정할 수가 없다.

"우리는 견고한 맹세를 한다"(אנחנו כרתים אמנה – 아나흐누 코르팀 아마나, 개역성경에서는 "인을 치다" – 역자주). 마소라 텍스트(MT)는 다른 곳에서는 평행구를 찾을 수 없는 표현을 이 부분에 사용한다. 동사는 카라트(כרת, "자르다")인데, 이는 베리트(כרת ברית, "언약을 맺다")라는 표현과 익숙한 단어다. 하지만 우리는 "언약"(ברית – 베리트)이 들어와야 할 자리에 "굳건한, 참된 혹은 믿음직한 무엇"(אמנה – 아마나)이 자리잡고 있음을 보게 된다. 그렇기 때문에 이 두 개의 구문이 실질적으로는 동의어라고 주장하는 사람들이 있다. 참조. P. Kalluveettil, *Declaration and Covenant*(AnBib 88; Rome: Biblical Institute Press, 1982), 51. 이 부분은 J. Barr, "Some Semantic Notes on the Covenant," in H. Donner, R. Hanhart, and R. Smend(ed(s).), *Beiträge zur Alttestamentlichen Theologie*(Göttingen: Vandenhoeck & Ruprecht, 1977), 23-38를 부정확하게 인용하고 있다. 분명히 카라트(כרת, "자르다", 언약을 맺다)라는 단어는 언약과 관련된 분위기 속에서 사용되었을 수도 있겠지만(참조. 삼상 22:8; 대하 7:18, Batten은 이에 반대다), 현재 본문의 전체적인 정황은 아마나(אמנה, "굳건한")가 이 구문에 특별한 뉘앙스를 더해 주는 양상이다. 즉 자발적으로 언약을 맺었고, 일방적으로 약속이나 혹은 맹세에 스스로를 묶었다는 뉘앙스를 더해 준다. 그러므로 "묶어 버리는 동의"(NIV)라는 표현은 성경 신학의 논의들에서 일반적으로 이해되고 있는 "확고한 언약"(RSV)이라는 표현보다 더 적합한 번역이라고 할 수 있다(현대 영어의 용례 속에서 더 받아들일 수 있는 적합한 유사 표현에 관해서는 Bart를 참조해야겠지만 말이다).

이 동의가 갖는 효력은 내용의 확실성을 보장하기 위해 내용을 기록하고 인을 쳐서 이후에 어떤 유혹에도 흔들리지 않도록 보관되었다는 사실을 통해 보장되었다. 참조. Moscati, *Bib* 30(1949) 320. 현재 구절의 내용은 그들의 이름을 올린 지도자들이 서명한 것이 아니라 오직 인장으로만 그렇게 했다는 관점을 주장하지도 않으며, 요구하지도 않고 또한 배제하지도 않는다. 이와 관련된 관점은 다음 구절을 통해 생겨나는데, 우리는 이미 앞에서 다음 구절이 역사적인 측면에서 본다면 이차적인 성격을 갖는다는 점을 제기했다.

지도자들(아마도 평신도인), 레위인들 그리고 제사장들이라는 순서는 다른 부분과 평행을 이루지 않는다. 이런 양상은 원래는 "우리 지도자들"(שרינו)만 있던 것을 편집자가 확장시킨 것이라는 주장과 반대되는 모습이다.

어떤 설명이든 간에, 여하튼 이 점은 이 문서가 문학적으로 독자적이라는 주장들을 좀더 뒷받침해 준다. 이미 지적했던 것처럼 이 목록은, 비록 느헤미야와 시드기야를 평신도 지도자들로서 제일 처음에 언급하고 있기는 하지만, 사뭇 다른 순서를 좇고 있다. 좀더 분명한 구분점은 15절의 "백성의 두목들"(ראשי העם – 로쉐이 하암)이란 표현을 통해 도입된다. 제사장들, 레위인들 그리고 일반 백성들이 관행적으로 나오는 순서인 반면(참조. 스 8장 그리고 10장), 지금 나온 목록의 순서와 밀접한 평행은 *AramP* 30:18-19에서 발견되는데, 여기에는 "당신의 주인께"(즉 총독), "대제사장 요하난과 그의 동료 제사장들에게", "아나니의 형제들과 유대 귀족들에게" 보낸 편지에 관한 기록이 있다(레위인들은 자연스럽게 이 정황 속에서는 포함되지 않았다).

2-28 **(1-27)** 비록 이 본문 자체에서는 확실하게 나타나지 않지만, 이 목록의 편찬자는 명백하게 각각의 사람들이 이 문서에 개인적인 인장을 가지고 사인을 했다고 믿었다. 위의 n. 2.a를 참조하라. 제사장들의 목록은 시드기야로부터 출발하는 것이 아니라(Bertholet은 이에 반대다), 평행을 이루는 모든 목록이 제시하는 것처럼 스라야로부터 시작한다. 다른 호칭들은 앞에 나오는 데 반해, 왜 "이는 다 제사장이요"(אלה הכהנים – 엘레 하코헤님)라는 구문만 제사장 이름들 부분의 뒷부분에 나왔는지는 명확하지 않다. 어쩌면 이것은 후대에 첨가된 것일 수도 있으며, 제사장 목록의 원래 제목(아마도 단지 "제사장들"〈הכהנים – 하코헤님〉이었을 것이다)은 옮겨 적는 과정에서 잃어버렸을 수도 있다.

이 목록 자체에 대한 주해에 관해서는 위에 있는 "양식"을 참조하라.

29 (28) 위에서 보았던 것처럼 이 구절은 원래는 1절과 직접적으로 연결되어 연속되는 부분이며, 이런 상황 속에서 상황 구문으로서의 역할을 한다. 이런 구성을 염두에 둔다면 좀더 진전된 주어를 생각해 보는 것도 불가능한 것은 아니지만, 아마도 홀로 제시되어 있는 "남은 백성들"이 주어일 것이다. 이 구절의 남은 부분을 통한 내용의 확장은 편집자가 한 일로 돌려야만 한다. 편집자는 이를 통해서 조금 다른 방식이긴 하지만 그가 목록 자체를 통해 보여 주고자 했던 것과 동일한 관심인 포괄적 규정을 보여 준다. 목록 부분에서는 그는 자신이 알고 있던 대부분의 이름들을 모아서 적었다. 여기서는 이미 앞 장들에서 백성들을 묘사한 모든 방법들을 모아서 기록하고 있는데, 이는 전체 공동체가 예외 없이 이 언약 맹세를 했다는 점을 다시 한 번 강조하기 위해서다. 그러므로 이 완전한 목록은 7:72을 생각하게 한다. 그 부분은 8장에 나오는 율법 낭독을 도입하는 부분으로서 역할을 했다. 8장 자체는 남자, 여자 그리고 아이들과 이 구절의 마지막 부분에 나오는 매우 특징적 묘사인 "무릇 알아들을 만한 모든 사람들"(참조. 8:2 그리고 3절)을 강조하고 있다. 반면에 이 구절의 중심 구문에 남아 있는 "이방 사람과 절교한 사람"은 9:2을 매우 유사하게 반복한다. 그러므로 이 구절은 느헤미야 8-10장이 우연하게 함께 묶인 것이 아니라 최종 편집자를 통해 의도적으로 한 단위로 형성되었다는 관점을 매우 강력하게 뒷받침해 준다. 이 편집자는 에스라와 느헤미야의 개혁의 절정 부분이 바로 이 맹세 부분이라고 보았다.

30 (29) 이 구절은 맹세 내용에 관한 일반적인 서술로 구성되어 있다. 매우 적절하게도 율법은 친숙한 용어들을 통해 포괄적으로 묘사되어 있는데, 특히 신명기적 문학 방식들로 표현되어 있다. "맹세"를 통해 그들의 마음을 서약했을 뿐만 아니라, 백성들은 "저주"하는 것을 통해서 그들이 했던 말들을 재강조했다. 이는 아마도 일종의 심판 양식을 제의적으로 정한 것이었을 것이다. 이는 만약 그들이 지금 진행하고 있는 항목들을 어길 경우, 그들 위에 내려져도 그들이 받아들이겠다는 심판에 대한 것이었을 것이다.

31-40 (30-39) 이런 일반적인 진술에 뒤이어서 특별한 조항들이 다양하게 뒤따라 나온다. 이런 많은 조항들을 방금 언급된 율법에 부가적으로 첨가된 것으로 간주해서는 안 된다. 마치 율법이 이런 영역들에 대해서는 아무 법률도 제정하지 않은 것처럼 취급해서는 안 되는 것이다. 왜냐하면 이 모든 내용들은 율법과 관련이 없기보다는 율법과 훨씬 더 밀접한 관계를 맺고 있기 때문이다. 이 여러 가지 조항들은 율법의 요구들이 갖고 있는 중요성을 게으름 때문에 혹은 충분하고 적절하게

이해하지 못했기 때문에 여지껏 범해 왔다고 공동체가 특히 의식하고 있는 몇 가지 문제들을 자세히 이야기하고 있다. 비록 다른 가능성들에 대해 배타적이지는 않지만, 이런 깨달음은 주로 느헤미야 13장의 배경에 관해 설명한다. 위에 나오는 "양식"과 좀더 자세한 내용에 대해서는 아래의 "주석"을 참조하라.

클라인스(Clines, *JSOT* 21[1981] 111-17)의 연구를 통해 이 문단에 대해 가장 유익한 도움을 얻을 수 있다. 그는 비록 특별한 각각의 조항들이 새로운 내용을 포함하고 있기는 하지만, 그럼에도 불구하고 이 모든 조항들은 또한 "이미 존재하고 있는 율법에 대한 주해 작업의 결과"임을 보여 준다고 주장한다. 이런 율법들은 이제 모세오경에서 발견되는 항목들과 동일시되어야만 한다. 하지만 이런 항목들은 제사장 율법학자들이나 혹은 레위인 율법학자들을 통해 작업이 되었는데, 이들은 이 문헌을 "일련의 할라카"로서 작성했으며, 이 할라카는 이후에 백성들로부터 인정받았다. 만약 클라인스가 맞다면, 이 장은 우리가 주장해 왔던 대로 에스라가 대부분 책임지고 있었던 성경적인 율법에 대한 접근이 계속적으로 영향력을 갖고 있었음을 증명한다. 우리는 오경 율법의 모든 중요한 요소들에 대한 암시가 나타나고 있다는 점을 주목해야 할 것이며, 따라서 이 율법책은 그 자체가 다소간 완성된 형태의 오경이었을 것이라고 다시 한 번 간주할 수 있을 것이다: 참조. Mowinckel, *Studien III*, 145-52.

클라인스(Clines)는 다섯 가지 형태의 율법적 발견을 찾아냈는데, 이는 이런 할라카의 근저에 깔려 있는 네 가지 주해 원칙에 토대를 두고 있다. 이 다섯 가지 형태는 다음과 같다. (a) 이전 시기의 정례화들을 실행할 수 있게끔 해주는, 용이하게 해주는 율법의 창조, (b) 실천을 용이하게 해주는 율법의 개정, (c) "오경 율법에 있던 규정들로부터 새로운 규칙들을 창조하는 것", (d) "항상 훨씬 더 포괄적인 방향으로 범주들을 재규정하는 것" 그리고 (e) 분리되어 있는 법률적 규칙들을 통합하는 것. 이런 접근에 깔려 있는 해석적 원칙들은 상당 부분 우리가 예측할 수 있는 것들이다. 즉 율법은 권위가 있으며, 그렇기 때문에 매우 분명한 명령들로 조화롭게 일치시킬 수 있다는 원칙이다. 이 점을 돕기 위해서는 때때로 보충적인 율법이 필요하기도 했고, 또한 때때로 한 율법의 명백한 요구 사항보다는 그 의도를 좇아 재적용하는 것이 필요하기도 했다. 아래의 주석들은 일반적으로 클라인스의 가이드라인을 따를 것이다.

동의가 이루어진 항목들이 과연 몇 개인지 그 숫자에 관해서는 합의가 이루어지지 않았다. 카우프만(Kaufmann, *History*)은 18개를 찾아낸다. 그러나 이는 인위적으로 세분화시킨 것으로 보인다. 이 구절들을 여섯 개의 그룹으로 묶는 것이 더 좋을 것으로 보이며, 이들 중 일부는 보조나 혹은 설명이 필요하기도 하다. 물론 이 장을 마무리하는 마지막 단어들은 분리적인 구문이기보다는 요약하는 단어들이다. 사회학적인 입장을 가지고 이 문단을 주해한 몇몇 학자들에 대해서는 Kippenberg, *Religion und Klassenbildung*, 69-77를 참조하라. 그는 여기서 페르시아 제국이 유착 관계에 있어서, 좀더 국제적인 마인드와 도시 기반적인 귀족 정치를 가지고 헬라 문화에서 그들의 영감을 찾고자 했던 사람들보다는 유다의 농업 중심적이고 성전을 사랑하는 공동체와의 연합에 더욱 흥미를 갖고 있었음을 제시한다.

31 **(30)** 첫 번째 구문은 이방인들과의 혼합 결혼을 금지한다. 이 규정의 법적인 배경에 대해서는 에스라 9:1-2에서 이미 검토했다. 이 율법이 갖고 있는 문제는, 이 부분이 당시엔 이미 오래 전부터 존재하지 않는 나라들에 관해 언급하고 있다는 것이다. 그러나 다양한 주해적 방식들을 통해 이런 문제를 극복하는 것이 가능하다는 점을 지적했다. 광범위한 이방 아내들이 있었다는 문제(9:2, 비록 9:12도 참조해야 하긴 하지만)는 느헤미야 후기 시대 때도 마찬가지였다(참조. 13:23). 하지만 느헤미야는 이방 남자들이나 여자들과의 결혼에 관해 언급하면서(13:25) 자기 자신을 그와 같은 행동이 다시금 되풀이되지 않게 하겠다는 광범위한 맹세에 포함시켰다. 비슷한 식의 참여가 여기에서도 이루어진다. 그렇기 때문에 이는 율법 개정 혹은 업데이트를 표현한다(Clines, *JSOT* 21[1981] 111-17). 오래된 율법의 생명력을 유지하기 위해서(이미 우리가 살펴본 대로 전혀 다른 목적을 위해 원래 주어졌던) 좀더 영구한 "그 땅의 백성들"의 이름이 특별한 족속들의 이름 목록을 대체했다. 그렇기 때문에 에스라의 주해는 맹세 중 "편찬"되었으며, 이는 뒤이어 나올 구문들의 패턴을 형성했다.

32 **(31)** 구약의 안식일 계명은 원래는 직업적인 일을 하지 못하는 금지였지만, 다른 모든 행동의 측면까지 확대되었다. 이런 과정들을 통해 어떤 방식으로 엄격한 적용이 발전해 갔는지를 추적 가능하다는 것이 일반적인 생각이다(참조. 출 20:8-11; 23:12; 34:21 등). 이 율법은 이미 상거래를 금지하는 것으로 이해했지만(암 8:5), 이 부분은 후대에 이르러서는 유대인들과 이방인들 간의 밀접한 관계 속에서 새로운 문제를 일으켰다. 그것은 안식일 날이나 혹은 안식일과 마찬가지로 준수해야 할 "다른 거룩한 날들"에 비유대인에게서 무언가를 사는 것이 금지된 것인가 그렇지 않은 것인가에 대한 문제다. 느헤미야는 이것 역시 율법에 의해 금지된 것이라고 포함시켰다. 참조. 13:16-22. 그리고 뜻하지 않았던 환경들에까지 율법을 확

장시키는 것도 다시 한 번 맹세 속에서 편찬되었다. 클라인스(Clines, *JSOT* 21[1981] 111-17)에 따르면, 13:15에서 언급되었던 안식일 규정을 위반하는 모습은 아무것도 발견되지 않으며, 이 점을 통해 현재 구절의 의도가 바로 이것이라는 점을 다시 강조하고 있다-"이런 경우들에 대해서 율법이 무엇이라 말했는지는 분명했다. 반면에 물건을 사는 경우에 이것을 "일"의 범주에 넣을 것인가 말 것인가의 질문은 이전에는 아직 해결되지 않았었다는 점만이 이런 내용이 담기게 된 이유가 될 수 있을 뿐이다."

맹세의 세 번째 구문은 내용상 관련이 있지만 여지껏 따로 취급되어 온 두 개의 율법을 하나로 묶는다. 한편으로는 모든 땅은 7년마다 한 번씩 휴경지가 되어야 한다는 요구가 있었고, 가난한 사람들은 거기에서 야생으로 자라는 소산들을 누릴 수 있도록 허용되어야 한다는 요구가 있었다. 참조. 출애굽기 23:10-11. 이 요구들을 국가적으로 동시에 준수해야만 했다는 증거는 없다. 하지만 이 명령이 교대로 실천되었다 하더라도, 우리가 이에 관해 포로기 이전 시대의 특별한 기록을 갖고 있지 않다는 사실은 그리 놀랄 만한 일이 아니다. 훗날 7년 중 1년은 땅을 통해 동시에 준수되어야만 한다는 관점이 발전했다. 참조. 레위기 25:1-7 그리고 역대하 36:21. 자, 7년을 하나의 주기로 묶어 둔 또 다른 오래된 율법이 있었다. 그것은 노예가 된 이스라엘 백성을 자유롭게 해주는 율법이다. 참조. 출애굽기 21:2-6. 노예가 되는 가장 빈번한 이유는 아마도 빚을 갚을 수 없어서였을 것이다. 이 관습 역시 신명기 15:1-18이 분명하게 하고 있는 것처럼 보편적인 7년의 주기와 연결되었을 것이다.

7년 주기가 이런 두 가지 율법 세트에 점차 영향을 끼쳐 감에 따라, 이 두 가지 율법 세트 항목들이 어떻게 서로서로에게 연관되어 있는가에 대한 질문이 필연적으로 일어났을 것이다. 더군다나 느헤미야 5장이 묘사하고 있는 사건들은, 백성들이 느헤미야가 율법을 준수해야 한다고 느끼는 만큼 율법을 준수하지 않았다는 것을 보여 주었다. 이 경우에 대한 그의 반응은 즉각적일 필요가 있었으며, 장기적인 관점에서 미래에는 어떤 관습을 갖게 할 것인가의 측면에서 이 문제를 해결했던 것은 아니었다. 하지만 이제 이 두 개의 율법이 함께 취급되어야 하며, 이 법령은 취사선택적인 것이 아니라 누적된다는 점이 분명해졌다. 마카비 시대까지 이 율법들이 실제로 실천되었다는 역사적 기록이 없기는 하지만, 그렇다고 해서 그런 점이 이 맹세의 연대가 느헤미야 시대이거나 혹은 그 근방이라는 점에 반하는 근거가 되지는 못한다(*contra* Kellermann, *Nehemia*, 40-41).

33-34 **(32-33)** 오경 안에는 성전 보전을 위한 세금에 관한 항목이 전혀 나오지 않는다. 그럼에도 불구하고, 제의들이 유지되기 위해서는 꾸준한 수입이 필요하게 되었다. 다리우스가 약속했던 원조(스 6:9-10)가 그의 사후에 유야무야되었는지에 관해서는 알 수 없다. 7:21-24에서 보았던 것처럼, 에스라 시대 때 아르타크세르크세스(Artaxerxes)가 성전을 후원했던 것은 제한된 일부 시기에 대해서만이었다. 이에 덧붙여서, 제의와 관련된 사람들이 대부분 의존하고 있었던 십일조는 정기적으로 주어지는 일이 중단되었고, 그래서 많은 레위인들이 땅을 경작하기 위해 그들의 의무를 등져야만 했다(13:10). 마지막으로, 페르시아 시대 동안 화폐에 토대를 둔 경제가 발전함에 따라 현물뿐만 아니라 현찰을 뒷받침해야 할 필요성이 생겨났을 것이다.

그러므로 이 맹세를 이끌어 냈던 사람들에게는 이 부족분을 채우기 위해 법제화를 해야 한다는 강력한 자극이 있었다. 이 구문을 도입하는 방식이 조금 다르다는 점은 일부 사람들이 단순히 이전 시대의 율법에 호소할 수만은 없었다는 점을 깨닫고 있었을 수도 있음을 추측케 한다. 36-37절에 토대를 둔 루돌프(Rudolph)의 반대는 아마도 이 구절들을 필요 이상으로 33-34절과 구문론적으로 밀접하게 연관시키는 것에 의존하고 있는 듯하다. 하지만 이 점에도 불구하고, 그들이 전례가 무엇이었든 상관치 않고 행동했다고 생각하는 것은 실수하는 것이다. 출애굽기 30:11-16 그리고 38:25-26은 모세가 인구 조사 시에 반 세겔씩을 속죄 비용으로 부과했음을 이야기한다. 비록 리버(Liver, *HTR* 56[1963] 173-98)가 주장하듯이 이것은 매해 내는 세금으로 제시된 것이 아니며, 또한 반 세겔을 드리는 것이 하스모니안 시대까지는 도입되지 않았기 때문에 출애굽 설명은 현재 문단의 토대가 될 수 없다는 주장이 옳을 수도 있다. 하지만 그렇다 하더라도, 우리는 이런 다양한 본문들이 가질 수 있는 모든 연관성을 굳이 부인할 필요는 없다. 즉 이들은 우선 "하나님의 전을 섬기기 위해서"라는 구문을 통해 목적상 연결되어 있는 것으로 보이는데, 이 구문은 출애굽기 30:16을 밀접하게 반영한다(Liver가 이 구문이 레위인들을 위한 섬김에 관해 언급하는 것이라고 설명한 것은 주해적으로는 올바르지만, 이것이 저자들이 평행되는 내용들을 무시했다는 것을 의미하는 것은 아니다). 그리고 세금과 희생 제사의 목적이 "이스라엘의 속죄를 위해서"라고 결론내려져 있는 것을 통해서도 연결되는데, 이 점도 마찬가지로 출애굽기 30:15-16을 떠오르게 한다. 그러므로 문단들 간의 차이점들에도 불구하고, 또한 부과된 세금에 대한 설명에서조차 차이가 있음에도 불구하고(서로 다른 화폐 제도에 토대를 두고 이들을 조화시켜 보려는 시도들은 그리 신빙성이 높지 않다). 우리는 하란과 다른 사람들이 이런 규정이 출애굽기에서 "반 세겔에 관해 언급한 것을 미드라쉬적으로 해석한 것에 토대를 둔" 것이라는 주장에 동의할 수 있다. 참조. M. Haran, "Behind the Scenes of History: Determining the Date of the Priestly Source," *JBL* 100(1981) 323, 혹은 클라인스(Clines)가 이것을 "오경 율법에 있던 규정들로부터 새로운 규칙들을 창조하는 것"에 위치시킨 것을 참조하라(*JSOT* 21[1981] 111-17). 이것이 일반적으로 수용되었던 법 적용의 형태라는 것은 역대하 24:6 그리고 9절에서 추측할 수 있다.

이 돈은 매일 그리고 정기적으로 드려지던 수많은 제사들을 위해 사용되어야만 했으며, 오경에서 말하는 제사장적인 영역과 관련된 일들에 사용되어야만 했다. 여기에 덧붙여서, 결론적 구문인 34(33)절은 아마도 열왕기하 12:12 등에서처럼 성전 건물 그 자체를 유지하는 것과 관련해서 언급하고 있는 듯하다.

35 **(34)** 다섯 번째 구문은 "나무를 드리는 것"과 관련되어 있는데, 이 또한 오경에서 직접 언급되지 않은 내용이다. 하지만 레위기 6:5-6(12-13)은 제단 불이 계속해서 타고 있는 상태로 유지되어야 한다는 요구에 관해 이야기한다. 그러므로 결과적으로 "제사장들이 매일 아침마다 제단에서 나무를 태워야만 하는" 필요가 생긴다. 명백하게 이 단어들은 "율법에 기록된 것과 마찬가지로" 이런 필요에 관해 언급한다("우리 하나님 주께 제단에서 불태우는 것"). 하지만 이 일을 실천하려면 실질적인 할당이 만들어졌어야만 했다. 초창기 때는 나무를 제공하는 것은 기브온 사람들의 의무였지만(참조. 수 9:27), 느헤미야는 다른 방식으로 이 부분에 접근해야 할 필요성을 분명히 발견했다(13:31). 비록 그는 구체적으로는 아무것도 이야기하지 않았지만, 이전 방식으로 목재를 공급하는 것은 틀림없이 결점이 있었다. 여기에서 공동체는 다양한 가족들 간에 해마다 목재들을 교대로 드리도록 분배함으로써 이 책임을 그들 자신에게 지웠다(참조. 삼상 10:19-21). 그렇다면 이는 "용이하게 해주는 율법의 창조"를 보여 주는 한 예였다고 할 수 있다(Clines, *JSOT* 21[1981] 111-17). 이 규정은 성경의 요구가 수행되었다는 것을 확실케 해주는 역할을 한다.

루돌프(Rudolph)는 이 구절이 40절 마지막에 나오는 요약적 항목 바로 앞부분에 나와야 하는데, 지금 본문에서는 위치를 잘못 잡았다고 믿는다. 현재 본문상에서는 36-37절에 나오는 부정사들이 35절에 나오는 긴 배당에 의존하고 있지만, 반면에 이 부정사들은 그보다는 33절의 맹세와 연관되어야 한다는 것이 그의 근거다. 그의 제안은 이 문단에 대한 해석에 있어서 아무런 실질적인 차이도 만들지 않는다. 그가 옳을 수도 있기는 하지만 그의 생각을 뒷받침해 줄 본문상의 증거가 없다. 36-37

절에 나오는 부정사들이 이 맹세의 전체적인 정황 속에서 지배되지 않는 것인지를 의심해 볼 수 있다. 어떤 절(clause)도 앞에 나온 다른 절에 의존하지 않는다. 그보다는 각기 다른 방법들을 통해 각 절들은 30절에 나오는 표제어에 의존하고 있다.

36-40(**35-39**) 이 문단은 아마도 하나의 절로 보아야 할 것이다. 이 부분은 모두 제사드리는 것을 뒷받침하기 위해 드려지는 거룩한 헌물들과 관련된 질문들을 다루며, 이 주제와 관련된 오경의 수많은 율법들을 하나의 진술로 모으려는 것도 중요한 목적으로 갖고 있는 것 같다. 또한 각기 다른 형태의 헌물을 어디로 가지고 와야 하는가와 관련된 질문에도 조심스럽게 주의를 기울이고 있다. 마지막으로, 이 문단은 후대에 일부 확장된 것으로 보이며, 그래서 원래보다 더 길어지게 된 것으로 보인다.

오경은 성소를 위해 바쳐야 할 제물에 있어서 서로 다른 형태의 종류와 헌물들에 관한 다양한 설명들을 포함하고 있다. 신명기적인 개혁 이후로 적어도 이 내용들은 모두 예루살렘 성전을 염두에 두게 되었을 것이다. 그러나 우리는 이런 후원이 매우 나쁜 상황으로 퇴조했고, 그래서 레위인들을 지탱시키기엔 너무 부족하게 되었다는 점을 이미 살펴보았다. 참조. 13:10. 몇몇 사람들은 말라기 3:8-12도 이 상황과 관련지어 생각해 왔다. 다시 한 번 느헤미야는 이런 상황을 시정하기 위해 즉각적인 방안들을 시행했다(13:11-13, 31). 그러나 이 문제에 대한 충분한 해결책을 제시하려면, 어떻게 관련된 다양한 품목들을 서로 연관시킬 것인지를 결정하기 위해 율법을 철저하게 연구하는 것이 필요했다. 우리가 지금 현재 본문에서 보는 것처럼, 후기 할라카에서 그러했듯이 이 율법은 위의 32절에서 이미 지적한 것과 같이 대안들이라기보다는 누적되는 해석의 원칙으로 간주되어야만 한다고 결론내려졌다. 헌물들은 첫 열매(첫 태생에 관한 율법을 포함해서: 36-37절), 주된 물건들(ראשית, 38a〈37a〉절), 그리고 십일조(38b〈37b〉절)라는 제목들을 가지고 그룹화되었다.

36-37(**35-36**) 첫 열매들에 관한 규정들은 출애굽기 23:19 그리고 34:26에서 발견된다. 여기서 종종 인용되곤 하는 신명기 26:1-11은 엄격하게 말하자면 ראשית 혹은 "중요한 소산들" 제물들에 관한 것이다. 이런 본문들에서는 이런 과실들을 성소로 가져오라는 것에 대해서만 이야기하고 있을 뿐이지만, 민수기 18:12-13은 이들이 제사장들 몫임을 분명히 하고 있으며, 이 점은 여기서 분명하게 재확인되고 있다. 분량에 관해서는 여기서 언급되지 않았지만, 매해 첫 수확한 분량은 모든 수확이 하나님께로부터 온 것이었다. 그리고 이 모든 것이 하나님께 속해 있다는 것

을 적절하게 인정하고 드릴 수 있을 만큼의 분량이었다.

모든 종류의 과수의 첫 열매들에 대한 요구는 새로운 요구다. 이 율법은 명백하게 이전보다 좀더 포괄적인 내용으로 이해되고 있다. 이 방향에 대한 지침은 이미 민수기 18:13에서 볼 수 있었다("그 땅 처음 익은 모든 열매").

첫 태생을 드리는 것은 첫 열매를 드리는 것과 평행을 이룬다. 사람의 자손은 "구원받았던" 적이 있었으며(출 13:13; 34:20; 민 18:15), 의심할 여지없이 바로 이 점이 이 항목의 전제로 깔려 있다. 이 드림과 관련된 좀더 깊은 세부적인 내용들은 민수기 18:15-18 그리고 신명기 15:19-23 등에서 발견할 수 있다. 대속의 방식에 있어서 정결한 짐승과 불결한 짐승 간에도 역시 차이점이 있었다. 지금 본문에서는 "생축"은 부정한 짐승을, 그리고 우양은 정결한 짐승을 의미하는 것으로 보인다. 가장 최근의 것으로는 브린(Brin, *JQR* 68[1978] 1-15)을 보라. "생축"(בהמה – 브헤마)은 민수기 18:15의 관련 율법에서 이런 의미로 사용되었다(그리고 레 27:27을 참조하라). 그리고 이 점은 이 정황 속에서 부가된 "율법에 기록된 대로"라는 표현을 통해 특별히 강조된다. 하지만 루돌프(Rudolph)는 브헤마(בהמה)가 원래는 여기에서 매우 일반적인 의미로 사용되었으며, 나중에 우양과 가축들 중 초태생들이라는 표현이 첨가된 것이라고 믿는다. 이 구절의 후반부에 있는 단어들의 배열 순서가 유별난 것은 사실이다. 하지만 민수기 18:15-18의 관점에서 본다면, 가능한 대로 이 순서가 유지되어야만 한다. 그렇기 때문에 이 구절의 후반부에서는 정결한 짐승들의 초태생들을 성전의 "제사장들"에게 가져와야만 했다는 점을 조심스럽게 강조하고 있는 것으로 보인다. 이 점은 어쩌면 민수기 18:15-18의 율법이, 처음 것을 주인과 가족들이 성소에서 먹어야 한다는 민수기 15:19-20보다 더 우선적이라는 점을 보여 주기 위한 방법으로 필요했을 수도 있다.

38 **(37)a** 첫 번째(ראשית – 레쉬트) 제물과 첫 열매는 구분되어야만 했다. 그러므로 이 부분은 이런 정황에서는 시간적 의미인 "처음"보다는 "선택, 최상"이라는 의미를 가져야 한다(영어 단어인 "prime"이 갖는 모호성을 참조하라). 이것 역시 제사장에게 드려져야만 했지만, 성소보다는 골방(저장소)에 직접 드려야만 했다. 신명기 18:4의 율법에 의하면, 이는 백성들로부터 받는 제사장의 당연한 몫으로 간주되었다. 포도주와 기름은 신명기적 율법에서 반복되었다. "가루 반죽"(번역이 충분히 확실하지는 않지만)은 비교해 볼 수 있을 만한 정황인 민수기 15:20-21에서 언급된다. "각종 과목의 열매"는 "만물"에 대한 다른 목록들에서는 나오지 않지만, 아마도 36(35)절에서 나타나는 비교해 볼 만한 영향하에서 소개되었다.

"우리의 거제물"(ותרומתינו – 우테루모테이누)을 어떻게 처리해야 할지는 참으로 어려운 일이다. 몇 가지 가능성이 있다. (i) 민수기 15:20-21에서는 이스라엘 백성들은 거제물을 따로 구별해 두어야만 하고, 거제물은 반드시 곡식 가루 중에서 처음(ראשית – 레쉬트) 것으로 만들어져야만 한다는 사실을 매우 강조했다. 그러므로 지금 본문에서는 이 율법이 성취되고 있었다는 점을 두드러지게 강조하려는 의도가 있었을 것이고, 따라서 접속사 와우는 보충 설명적인 역할을 하는 것으로 이해해야만 한다: "**다시 말해서**, 거제물". (ii) 에스겔 44:30에 토대를 두고 거제물에서 오직 처음 것(ראשית – 레쉬트)만이 제사장들에게 주어져야만 했던 것이며 나머지는 레위인들 몫이었던 것으로 주장되어 왔다. 이 구절은 분명히 우리의 생각과 밀접하다는 것을 암시하지만("너희들은 너희 처음 가루를 제사장들에게 역시 주라"는 표현이 갖는 연속성을 주목하라), 본문이나 번역과 관련해서 어려움들이 없는 것은 아니다. 하지만 ראשית와 תרומה가 모든 시기 동안 반드시 동일했던 것은 아니며(느 12:44 또한 보라), 그렇기 때문에 후자의 경우 현재의 구성 상태에서는 전자에 의존하고 있는 것으로 주장할 수도 있을 것이다(위에서 번역한 것처럼: 참조. Eissfeldt, *Erstlinge und Zehnten*, 92-94). (iii) 40(39)절에는 "곡식을 드리는 것"에 관한 언급이 나온다. "곡식"은 신명기 18:4이 출처인 이 구절 안에 명백하게 들어 있는 것이 아니기 때문에, 이 단어 안에서 이것에 관한 언급을 본다는 것은 흥미로운 일이다. 이 세 가지 가능성 중 그 어떤 것도 어려움이 없는 것이 없으며, 어떻게 이들 중 한 가지를 선택하고 고를지는 참으로 어려운 일이다. 하지만 불확실성이라는 관점에서 생각해 볼 때, 이 단어를 70인경(LXX), 메이어(Meyer, *Entstehung*, 212-13) 그리고 루돌프(Rudolph) 등이 하는 것처럼 생략해 버리거나 혹은 모빙켈(Mowinckel, *Studien III*, 150)처럼 본문을 수정하는 것보다는, 이들 중 한 가지를 선택하는 것이 그나마 더 좋은 방법인 것으로 보인다.

38b-40a(37b-39a) 여기서 십일조를 드리는 것과 관련된 복잡한 율법 역사의 자취를 좇는 것은 불가능하다. 아이스펠트(Eissfeldt, *Erstlinge und Zehnten*)와 가장 최근의 연구로 H. Jagersma, "The Tithes in the Old Testament," *OTS* 21(1981) 116-28를 참조하라. 이 율법의 특별한 측면들에 대해서는 Z. Zevit, "Converging Lines of Evidence Bearing on the Date of P," *ZAW* 94(1982) 481-511에서 추적했다. 느헤미야 13:10-13에 따르면 이 시기까지 십일조는 레위인들의 생계를 위해 정기적으로 바쳐지던 것으로 이해되었다는 점이나, 또한 이 맹세를 통해 공동체가 이런 책임을 감당하기 시작했다는 점을 관찰하는 것만으로도 충분하다. 원리 원칙적인

법적 본문들에 관해서는 민수기 18:21-24; 신명기 14:22-29을 참조하라. 이 율법은 다시 한 번 신명기의 서술이 함축하는 내용의 바탕하에서 제의를 담당하는 사람들 편에서 해석되었다.

이 문단은 후대에 확장된 것으로 보인다. 최소한 40a(39a)절은 그렇게 보아야만 한다: 이 문단이 3인칭 나레이션으로 변환되는 것은 어울리지 않는다. 이 문단은 곳간에 무엇이 들어가야만 하는지를 요약하는 것으로 보이는데, 이는 맹세라는 정황과는 부적절하고 어울리지 않는다. 이 부분은 의심할 여지없이 이런 일들이 망각되어 왔거나 혹은 게을러진 이후에 이 과정들을 분명하게 하기 위해서 첨가되었다.

38(37)b절과 39(38)절의 마지막 구문 역시 덧붙여진 것인지 그렇지 않은지를 결정하는 것은 좀더 어려운 일이다. 덧붙여졌다는 관점에서 우리는 38b(37b)절에서 "레위인들"이 구문론적으로 이 구절의 앞부분에 있는 "하나님의 전 곳간에 있는 제사장들"과 평행을 이룬다는 점을 발견할 수 있을 것이며, 이 점을 통해서 십일조 역시 성전으로 가져와야만 했던 것이라고 추측할 수 있다. 이 경우에 뒤이어 나오는 내용은 후대에 이런 관습을 개정한 것을 보여 준다. 더군다나 "…는 다름아니라 바로 레위인들이다"(והם הלוים – 웨헴 하레위임)라는 표현은 추가적으로 덧붙여졌다는 인상을 준다. 마지막으로, 백성들이 십일조를 레위인들에게 가져올 것이라는 원래의 표현과 레위인들이 십일조를 수집할 것이라는 원래의 표현 사이에는 모종의 긴장이 있다. 이런 관점에서 볼 때 이 맹세는 효과적으로 실천되지 못했으며, 그래서 레위인들은 자신들이 받아야 할 몫을 확실하게 하기 위해 일정 단계를 밟아야만 했다.

하지만 이런 재구성은 확실치 않다. 덧붙인 것으로 가정된 것은 40절에 분명하게 덧붙인 부분과는 달리 최소한 1인칭에서 출발한다. 두 번째로, 우리는 이 맹세의 상당히 많은 부분이 실제로는 어디에 제물들을 가져가야 하는지와 관련된 것임을 이미 지적했다. 그러므로 우리가 이 부분에서 보고 있는 이런 진술이 반드시 어울리지 않는 것은 아니다. 세 번째로, 백성들이 십일조를 레위인들에게 "가져왔다"는 것과 레위인들이 십일조를 "모았다"는 것 사이에는 아무런 모순도 없다. 뒷부분의 표현 같은 경우, 레위인들이 농부들이 십일조를 낼 때 만나게 되는 실질적인 어려움을 없애 주기 위해서 한 지역의 중심적인 곳간들을 만들었다는 사실을 이야기한다. 그러나 우리는 이런 표현에도 불구하고 농부들이 그들의 십일조를 여전히 레위인들에게 일차적으로 가지고 와야만 했다고 추측할 수 있다. 마지막으로, 우리가 38(37)절의 마지막 구문이 맹세 자체 안에 이 상황을 명료하게 표현하기 위해 첨가되었다고 인정하고 받아들인다 하더라도, "제사장들에게"와 "레위인들에게" 사이에 구문론적인 평행이 있다는 점은 아무 어려움 없이 그대로 인정할 수 있을 것이다.

어떤 해결책을 더 선호하건 간에(그리고 건전한 방식은 만약 본문에 반〈反〉하는 주장이 그렇게 할 것을 강요하지 않는다면 본문 자체를 유지해야 한다고 제시한다), 39(38)절은 예루살렘 바깥의 이런 수집들에 대해 제사장들이 관리 감독한다는 주장으로까지 나아간다. 왜냐하면 우리가 이미 민수기 18:25-32에서 들었던 것처럼 십일조의 십분의 일이 다시 제사장들을 위해 드려져야만 했기 때문이다. 평행을 이루는 과정들에 대해서는 위의 38(37)절을 보라.

40 **(39)b** 이 마지막 문장은 이미 앞에서 나온 내용에다가 아무것도 더 첨가하지 않는다. 다만 내용을 요약적으로 서술하면서 13:11에 나오는 느헤미야의 수사학적인 질문에 훌륭하게 대답하는 역할을 할 뿐이다. 성전을 후원하는 것과 그와 관련된 사람들을 후원하는 것은 날카롭게 구분되지 않았다.

해설

이 장은 이미 앞서 다루어졌던 좀더 폭넓은 두 가지 신학적 문제들을 제기한다: "그 땅 이방 민족들"과의 절교라는 문제에 관한 논의에 대해서는 우리는 에스라 10장에 대한 "해설"을 참조할 수 있을 것이다. 맹세하는 과정에서 제시된 오경의 율법들에 대한 해석과 관련하여 야기된 몇몇 질문들에 대해서는 느헤미야 8장에 대한 "해설"을 보라. 여기서 우리는 백성들이 하나님의 율법을 받아들이고(8장) 확대된 고백을 한 이후에(9장) 자신들의 소속을 분명히 하기로 한 것을 묘사한 것에서부터 생겨나는 더욱 중요한 두 가지 사항에 관해 자세히 살펴보게 된다.

첫째로, 이 본문에서는 전체 공동체를 포함시키는 데 핵심적인 강조점을 두고 있다. 위에서 이 목록이 구성된 것에 관해 파악하고 이해했던 측면에서 생각해 볼 때, 이 목록이 표현된 방법들은 우리가 생각하는 방식에서 판단해 볼 때 어느 정도 인위적인 것으로 보이는 게 사실이다. 그러나 저자의 의도는 상당히 분명하다. 이 점은 그가 백성들을 부르는 여러 호칭 중 자신이 선호하는 호칭들을 29(28)절에 함께 모아놓은 것을 통해 확인된다. 그는 분명히 단순하게 "모든 백성들"이라고 말하는 데 만족하지 않았으며, 공동체를 구성하고 있던 개인들 한사람 한사람이 이 맹세에 개인적으로 동의하고 찬성했다는 사실을 자신이 알고 있던 표현 방식을 통해 강조하길 원했다. 개인의 책임과 공동체의 책임 사이의 균형을 실제적으로 유지한다는 것은 어려운 일이다. 그러나 에스라와 느헤미야서 전체와 그리고 이 장은 그와 같은 균형이 타협이 아니라 각각을 극대화해서 긴장 속에 유지하는 것을 통해 이루어진다는 사실을 분명하게 보여 주는 역할을 한다.

두 번째로, 우리는 이 맹세의 일반적인 성격이 무엇인지를 냉정하게 곰곰이 생각하게 된다: 30(29)절에는 이 맹세의 의미에 대한 좀더 광범위한 방식의 진술이 나오고, 그런 뒤에는 상세하고 구체적인 일련의 항목들이 뒤따라 나온다. 분명히 구체적인 항목들은 당시의 상황들을 통해서 결정되었을 것이다. 무엇보다도 당시 유대종교의 제의적 성격을 통해 결정되었을 것이다. 이 중 중요한 부분은 기독교에서는 예수 그리스도의 사역과 성취를 통해 대체되었다. 그럼에도 불구하고, 일반적인 내용과 특수한 항목을 대수롭지 않게 아무 노력 없이 결합하는 것은 선한 의지나 목적을 선포하고서도 구체적이고 개혁적인 행동을 통해 그 내용을 제시하지 않는 것이나 마찬가지다. 이는 제한적인 가치만을 가질 뿐이다. 구약성경에서도, 신약성경에서도, 라이프 스타일이나 실제 삶의 모습에 영향을 끼치지 않는 고백들은 전혀 나타나지 않는다.

예루살렘의 인구, 그리고 관련된 문제들(느 11:1-36)

참고문헌

Albright, W. F. "The Topography of Simeon." *JPOS* 4(1924) 149-61. **Alt, A.** "Bemerkungen zu einigen judäischen Ortslisten des ahen Testaments." *KS* 2, 289-305. **Bartlett, J. R.** "Zadok and His Successors at Jerusalem." *JTS* ns 19(1968) 1-18. **Har-El, M.** "The Valley of the Craftsmen(Ge' Haḥarašim)." *PEQ* 109(1977) 75-86. **Heftmeyer, F. J.** "חנך." *TWAT* III, 4-20. **Johnson, M. D.** *The Purpose of the Biblical Genealogies.* SNTSMS 8. Cambridge: Cambridge University Press(1969) 37-76. **Kellermann, U.** "Die Listen in Nehemia 11 eine Dokumentation aus den letzten Jahren des Reiches Juda?" *ZDPV* 82(1966) 209-27. ______. *Nehemia,* 41-44, 103-5. **Meyer, E.** *Die Entstehung des Judentums,* 94-102; 105-8; 184-90. **Mowinckel, S.** *Studien I,* 48-49; 145-51. **Rad, G. von.** *Das Geschichtsbild des chronistischen Werkes,* 21-25. **Richter, G.** "Zu den Geschlechtsregistern I Chronik 2-9." *ZAW* 50(1932) 130-41. **Williamson, H. G. M.** "The Origins of the Twenty-Four Priestly Courses." VTSup 30(1979) 251-68.

본 문

1 백성의 두목들은 예루살렘에 머물렀고 그 남은
백성은 제비 뽑아 십분의 일은 거룩한 성 예루살
렘에 와서 거하게 하고 그 구분은 다른 성읍에 거
하게 하였으며
2 무릇 예루살렘에 거하기를 자원하는 자는 백성
들이 위하여 복을 빌었느니라
3 이스라엘과 제사장들과 레위 사람들과 느디님
사람들과 솔로몬의 신복의 자손은 유다 여러 성
읍에서 각각 그 본성 본 기업에 거하였고 예루살
렘에 거한 그 도의 두목들은 이러하니

4 예루살렘에 거한 자는 유다 자손과 베냐민 자
손 몇 명이라 유다 자손 중에는 베레스 자손 아다
야니 저는 웃시야의 아들이요 스가랴의 손자요
아마랴의 증손이요 스바댜의 현손이요 마할랄렐
의 오대손이며

1 The leaders of the people settled in Jerusalem.
The rest of the people cast lots to bring one out of
every ten to settle in Jerusalem, the holy city, while
the remaining nine stayed in the (other) towns.
2 And the people blessed all those who volun-
teered to settle in Jerusalem.
3 These are the chiefs of the province who
settled in Jerusalem:[a] although Israel, the priests,
the Levites, the temple servants, and the sons of
Solomon's servants settled in the towns of Judah,
each in their own property in their towns,
4 yet some of the descendants of Judah and of
Benjamin settled in Jerusalem: Of the descen-
dants of Judah: Athaiah, son of Uzziah, son of
Zechariah, son of Amariah, son of Shephatiah,
son of Mehalalel of the family of Perez,

5 또 마아세야니 저는 바룩의 아들이요 골호세의
손자요 하사야의 증손이요 아다야의 현손이요 요
야립의 오대손이요 스가랴의 육대손이요 실로 사
람의 칠대손이라
6 예루살렘에 거한 베레스 자손의 도합이 사백육
십팔 명이니 다 용사이었느니라
7 베냐민 자손은 살루니 저는 므술람의 아들이요
요엣의 손자요 브다야의 증손이요 골라야의 현손
이요 마아세야의 오대손이요 이디엘의 육대손이
요 여사야의 칠대손이며
8 그 다음은 갑배와 살래 등이니 도합이 구백이
십팔 명이라
9 시그리의 아들 요엘이 그 감독이 되었고 핫스
누아의 아들 유다는 버금이 되어 성읍을 다스렸
느니라
10 제사장 중에는 요야립의 아들 여다야와 야긴
이며
11 또 하나님의 전을 맡은 자 스라야니 저는 힐
기야의 아들이요 므술람의 손자요 사독의 증손이
요 므라욧의 현손이요 아히둡의 오대손이며
12 또 전에서 일하는 그 형제니 도합이 팔백이십
이 명이요 또 아다야니 저는 여로함의 아들이요
블라야의 손자요 암시의 증손이요 스가랴의 현손
이요 바스훌의 오대손이요 말기야의 육대손이며
13 또 그 형제의 족장 된 자니 도합이 이백사십
이 명이요 또 아맛새니 저는 아사렐의 아들이요
아흐새의 손자요 므실레못의 증손이요 임멜의 현
손이며
14 또 그 형제의 큰 용사니 도합이 일백이십팔
명이라 하그돌림의 아들 삽디엘이 그 감독이 되
었느니라
15 레위 사람 중에는 스마야니 저는 핫숩의 아들
이요 아스리감의 손자요 하사뱌의 증손이요 분니
의 현손이며
16 또 레위 사람의 족장 삽브대와 요사밧이니 저
희는 하나님의 전 바깥 일을 맡았고
17 또 아삽의 증손 삽디의 손자 미가의 아들 맛
다냐니 저는 기도할 때에 감사하는 말씀을 인도
하는 어른이 되었고 형제 중에 박부갸가 버금이
되었으며 또 여두둔의 증손 갈랄의 손자 삼무아

5 and Maaseiah, son of Baruch, son of Coi-hozeh,[a]
son of Hazaiab, son of Adaiah, son of Joiarib, son
of Zechariah, of the family of Shelab:[b]
6 The total number of the descendants of Perez
who settled in Jerusalem: 468 outstanding men.
7 These were the descendants of Benjamin: Sallu,
son of Meshullam, son of Joed, son of Pedaiah, son
of Kolaiah, son of Maaseiah, son of Ithiel, son of
Isaiah,
8 and his kinsmen, men of valor:[a] 928.
9 Joel, son of Zichri, was their overseer, and Judah,
son of Hassenuah, was second in command over the
city.
10 Of the priests: Jedaiah and Joiarib, the sons of[a]
11 Seraiah, son of Hilkiah, son of Meshullam, son
of Zadok, son of Meraioth, son of Ahitub, the
supervisor of the house of God,
12 and their associates who carried out the work in
the temple: 822; and Adaiah, son of Jeroham, son
of Pelaliah, son of Amzi, son of Zechariah, son of
Pashhur, son of Malkiah,
13 and his associates, heads of families: 242; and
Amasai,[a] son of Azarel, son of Ahzai, son of Meshil-
lemoth, son of Immer,
14 and his associates,[a] men of valor: 128. Their
overseer was Zabdiel, son of Haggedolim.[b]
15 And of the Levites: Shemaiah, son of Hasshub,
son of Azrikam, son of Hashabiah, son of Bunni;
16 —and Shabbethai and Jozabad were those of
the chiefs of the Levites who were in charge of the
external business of the house of God—
17 and Mattaniah, son of Micah, son of Zabdi, son
of Asaph, the leader of the praise[a] who gave thanks
in prayer; and Bakbukiah, who held second place

의 아들 압다니

among his associates: and Abda, son of Shammua, son of Galal, son of Jeduthun.

18 거룩한 성에 레위 사람의 도합이 이백팔십사 명이었느니라

18 The total number of Levites in the holy city: 284.

19 성 문지기는 악굽과 달몬과 그 형제니 도합이 일백칠십이 명이며

19 And the gatekeepers: Akkub, Talmon, and their associates 'who guarded the gates: 172.

20 그 나머지 이스라엘 백성과 제사장과 레위 사람은 유다 모든 성읍에 흩어져 각각 자기 기업에 거하였고

20 The rest of the Israelites, the priests, (and) the Levites were in all the towns of Judah, each in their own property.

21 느디님 사람은 오벨에 거하니 시하와 기스바가 그 두목이 되었느니라

21 The temple servants lived on Ophel: Ziha and Gishpa were in charge of them.

22 노래하는 자 아삽 자손 곧 미가의 현손 맛다냐의 증손 하사뱌의 손자 바니의 아들 웃시는 예루살렘에 거하는 레위 사람의 감독이 되어 하나님의 전 일을 맡아 다스렸으니

22 The overseer of the Levites in Jerusalem was Uzzi, son of Bani, son of Hashabiah, son of Mattaniah, son of Micah, one of the descendants of Asaph who were the singers responsible for the service of the house of God:

23 이는 왕의 명대로 노래하는 자에게 날마다 양식을 정하여 주는 것이 있음이며

23 [a]for they were under royal orders which determined their duties on a day-by-day basis.[a]

24 유다의 아들 세라의 자손 곧 므세사벨의 아들 브다히야는 왕의 수하에서 백성의 일을 다스렸느니라

24 Pethahiah, son of Meshezabel, a member of the family of Zerah, son of Judah, was the king's adviser on all matters relating to the people.

25 향리와 들로 말하면 유다 자손의 더러는 기럇아바와 그 촌과 디본과 그 촌과 여갑스엘과 그 동네에 거하며

25 As for[a] the villages with their fields: some of the people of Judah lived in Kiriatharba and its dependent settlements, in Dibon and its dependent settlements, in Jekabzeel and its villages,

26 또 예수아와 몰라다와 벧벨렛과

26 in Jeshua, Moladah, and Beth-pelet,

27 하살수알과 브엘세바와 그 촌에 거하며

27 in Hazar-shual and in Beer-sheba and its dependent settlements,

28 또 시글락과 므고나와 그 촌에 거하며

28 in Ziklag and in Meconah and its dependent settlements,

29 또 에느림몬과 소라와 야르뭇에 거하며

29 in Enrimmon, Zorah, and Jarmuth,

30 또 사노아와 아둘람과 그 동네와 라기스와 그 들과 아세가와 그 촌에 거하였으니 저희는 브엘세바에서부터 힌놈의 골짜기까지 장막을 쳤으며

30 Zanoah, Adullam, and their villages, Lachish and its fields, Azekah and its dependent settlements. Thus they settled from Beer-sheba as far as the Valley of Hinnom.

31 또 베냐민 자손은 게바에서부터 믹마스와 아야와 벧엘과 그 촌에 거하며

31 Some of[a] the people of Benjamin (lived) in Geba, Michmas, Aiah, and Bethel and its dependent settlements,

32 아나돗과 놉과 아나냐와

32 in Anathoth, Nob, and Ananiah,

33 하솔과 라마와 깃다임과

33 in Hazor, Ramah, and Giltaim,

34 하딧과 스보임과 느발랏과
35 로드와 오노와 공장 골짜기에 거하였으며

36 유다에 있던 레위 사람의 어떤 반열은 베냐민과 합하였느니라

34 in Hadid, Zeboim, and Neballat,
35 in Lod, Oho, and[a] the Valley of the Craftsmen.

36 Some of the Judean Levitical divisions were assigned to Benjamin.

원문주해

3.a. 몇몇 고대의 번역들에서는 우브아레이 예후다(ובערי יהודה, "그리고 유다 여러 성읍에서")를 이 구절의 전반부에 집어넣고 있으며, 루돌프(Rudolph)는 이 점이 논쟁을 일으킨다고 믿는다. 만약 마소라식 모음이 유지된다면, 이 단어들은 브아레헴(בעריהם, "그들 성읍에서〈그들 본성에서〉")과 부조화를 이룬다. 그러므로 그는 이 부분이 단지 4-19절에 대한 제목만이 아니라, 이 장 전체에 대한 제목이라고 생각한다. 그러나 이 표현은 이후 곧장 후속적인 이차적 표현을 선언해야만 했는데, 왜냐하면 이 장의 후반부에서는 성읍들 안에 거하는 사람들의 이름이 아니라 그 성읍들의 이름을 열거하고 있기 때문이다. 루돌프의 핵심적인 주장은 억지스럽지 않다: 만약 브아레헴(בעריהם, "그들 성읍에서")을 바로 직전에 나오는 바아후자토(באחזתו, "그의 소유, 그의 기업")와 밀접하게 연관된 것으로 취급한다면(마치 אשר가 없는 관계절처럼; 참조. GKC § 155n) 아무런 충돌도 없다. 루돌프가 인정하듯이 구두점을 다시 찍은 본문이라 하더라도 뒤이어 나오는 내용에 대해 만족할 만한 표제어를 제공해 주는 것이 아니기 때문에, 마소라 텍스트(MT)를 해석하려고 시도하는 것이 더 선호할 만하지 않은가 싶다. 이는 위에서 번역한 것처럼 양보절을 통해서 이루어질 수 있다. 이 편집자는 앞에서의 이야기가 모두 백성들이 그들의 성읍에 거주한 것에 관한 것임을 알고 있었다: 7장을 참조하라. 그는 자신이 지금 소개하는 목록이 오해되지 않고 확실하게 이해되도록 하기 위해서, 그러면서도 일부 사람들이 예루살렘에 거주했었다는 사실을 주장하기 위해서 이 점을 인정한다. 강조를 표현하기 위한 히브리어 배열 순서인 우브아레이 예후다(ובערי יהודה, "그리고 유다 성읍들에〈조차도〉")와 우비루살롬(ובירושלם, "그리고 예루살렘에〈조차〉") 이 두 가지 표현은 이들 각각의 구문들 처음 부분에 나온다. 그러므로 몇몇 번역들이 뒷받침해 주는 것을 토대로 예슈부(ישבו, "그들은 정착했다") 자리에 대신 와예슈부(וַיֵּשְׁבוּ, "그리고 그들은 정착했다")를 집어넣는 것은 불필요하다. Vrs에서는 일단 구두점을 찍은 다음에는 접속사를 집어넣지 않을 수 없었다. 그렇기 때문에 이런 독해들에는 부가적인 가치나 혹은 독자적인 가치가 전혀 없다.

5.a. 참조. n. 3:15.b.

5.b. 마소라 텍스트(MT)에는 "실로 사람의 자손"으로 되어 있지만, 실로는 유다가 아니라 에브라임에 있기 때문에 이는 올바를 수가 없다. 분명히 우리는 하셸라니(הַשֵּׁלָנִי,

"셀라 가족", 민 26:20을 참조하라)라고 발음해야만 하며, 아마도 벤(בן)을 대상 9:5을 통해 민(מן)으로 수정해야만 할 것이다.

8.a. 마소라 텍스트(MT)의 와아하라이 갑바이 쌀라이(ואחריו גבי סלי, "그리고 그⟨him⟩ 다음은 갑배와 살래")라는 표현은 바른 표현인 것 같지 않다: "그 다음은"은 정황상 아무 의미가 없으며, 이름들 간에는 아무런 접속사도 존재하지 않는다. 또한 이 구문은 이런 목록들이 갖고 있는 일반적인 패턴을 따르고 있는 것도 아니다. 오래 전부터 이 부분에 대해 무엇이 가장 그럴듯하고 가능성 있는 본문 수정인지가 알려져 있었다: גברי חיל ואחיו("그리고 그의 동족들, 용감한 남자들"). 첫 번째 단어에 대해서는 70인경(LXX)을 참조하라. 흡사 레쉬(ר)가 두 번째 단어에서 여기로 옮겨진 것처럼 보인다. 세 번째 단어를 제거하고 이렇게 바꾼 것이 그나마 설명하기 가장 쉬운데, 종종 7절에 나오는 쌀루(סלא, "살루")의 영향 때문이라고 추측되어 왔다. 하지만 브락킹튼(Brockington)은 "운율을 갖고 있는" 이름들이 각기 배치되어 있는 수많은 의심스러운 문단들이 이후에 나오고 있다는 점에 대해 지적하는데, 이는 본문 수정을 이해하는 데 도움을 준다: "이런 문단들은 훼손된 본문에 의미를 부여하기 위한 시도였을 것이다." 제시한 본문 독해는 6, 12, 13, 14절 그리고 19절과 견주어 볼 수 있을 것이다.

10.a. 마소라 텍스트(MT)에는 "여다야 요야립의 아들, 야긴, 스라야…"로 되어 있다. 이는 이 목록의 패턴에 잘 맞지 않을 뿐만 아니라, 대조적인 양상이다. 이 목록은 긴 가계도 형태를 제시한다. 일반적인 해결 방식은 야긴을 벤(בן, "…의 아들")이라고 읽어서(그리고 12:10을 토대로 해서 요야립⟨יויריב⟩을 요야킴⟨יויקים⟩으로 읽는 것 역시 가능하다) 이 부분을 대제사장 가문으로 뻗어 나가는 단일한 가계도로 만드는 것이다: "여다야, 요야김의 아들, 스라야의 아들…." 이런 실수는 마카비 시대 때 생겨났다고 추측되는데, 왜냐하면 요야립은 그들의 조상이었기 때문이다(마카비1서 2:1). 비록 느헤미야 11:12에서 와아헤이헴(ואחיהם, "그리고 그들의 형제들")을 와아헤이오(ואחיו, "그리고 그의 형제들")라고 좀더 본문 수정을 해야 하기는 하지만, 이런 방식도 가능하기는 하다. 그렇기 때문에 이런 어려움을 피하기 위해서 우리는 시험적으로 대안적인 제안을 할 수 있다: 바틀렛(Bartlett, *JTS* ns 19[1968] 4)이 지적하듯이, 여다야와 요야립이라는 제사장 이름들은 몇몇 목록들에서 서로 나타나기는 하지만(대상 24:7; 느 12:6; 12:19), 이들 간의 관계에 대해서는 전혀 언급되지 않는다. 그러므로 아헤이헴(אחיהם "그들의 형제들")이라는 표현은 복수형 선행사를 필요로 하므로, 평행을 이루는 대상 9:10에서 했던 것처럼 이제 이 두 개의 이름들을 여기서도 다시금 묶어 주는 것이 매력적인 방법이 될 것이다. 따라서 마소라 텍스트(MT)에서 벤(בן־, "…의 아들")을 첨가한 것에 대해서는 이 목록들의 일반적인 구성의 영향하에서 훨씬 후대에 변형된 것으로 보아야만 한다. 그러나 도대체 야킨은 뭐란 말인가? 여기서 우리는 다시 한 번 바틀렛(Bartlett)이 관찰한 내용, 그러니까 "야킨"이 시므온의 네 번째 아들로 제시된다는 점(창 46:10; 참조. 출 6:15)을 토대로

해서 방안을 발전시켜 나갈 수 있다. 대상 4:24에서는 그의 자리에 대신 야립이 들어 있다. 그렇기 때문에 대상 9:10과 느 11:10에 나오는 야긴은 요야립에 대해 부가적인 지시사항을 알려 주기 위해 이 본문에 첨가되었다고 볼 수 있다. 우리는 잘 입증된 본문 변조 과정을 통해서 다음과 같이 제안할 수 있다. 난외주에 있던 각주 사항(이 경우에는 야킨〈יכין, "야킨"〉)이 후에 이 본문에 분명히 "정확하고 올바르게" 있던 유사한 단어(이 경우에는 우리는 브나이〈בני, "…의 아들들"〉를 제안한다)를 수정하기 위한 것으로 잘못 여겨졌고, 그래서 어느 시기엔가 대신 자리잡게 되었다고 말이다. 이럴 경우, 우리가 제시하는 문장 독해는 위에서 번역했듯이 ידעיה וייריב בני שריה가 될 것이다. 11절 끝부분에 나오는 단수형인 "맡은 자"에 대해서는 아래의 "주석"을 보라.

13.a. 마소라 텍스트(MT)의 아맛새(עמשסי, "아맛새")는 עמסי와 עמשי가 조합된 것을 보여 주는데, 이 두 가지는 동일한 이름의 단순한 형태적 변형이다.

14.a. 의미가 요구하는 대로 70인경(LXX)을 좇아 ואחיו로 읽으라. 마소라 텍스트(MT)는 12절과 대상 9:13에 나오는 אחיהם의 영향하에서 기록된 것이 틀림없다.

14.b. 이것은 개인적인 이름으로는 가능성이 없어 보인다. 이 단어의 의미는 "위대한 사람들"이다. 이 이름에 대해서는 다음의 여러 가지 방안이 제시되어 왔다. (i) 깃델(스 2:47, 56)이나 혹은 그달랴(스 10:18) 등과 같은 이름들을 수정한 것이거나, 혹은 (ii) "주도적인 가족"을 의미하거나, 혹은 (iii) 단수 하가돌(הגדול)로 읽어야만 하며(접미어 -임〈ים-〉은 뒤에 나오는 ם을 중첩해서 잘못 기록한 것 때문에 생겨났다), 이 단어(문자적으로는 "위대한 사람")는 대제사장에 대한 명칭이라고 생각해야 한다. 그러나 이런 여러 가지 대안 중에서 무언가 한 가지를 선택하는 것은 불가능해 보인다.

17.a. 마소라 텍스트(MT): "시작하는 지도자". 만약 이 표현이 우리가 그 중요성을 모르고 있는 특수하고 기술적인 전문용어가 아니라 단순한 표현이라면, 우리는 LXXL와 Vg를 통해 테힐라(תהלה, "praise")라고 약간의 본문 수정을 해야만 한다.

23.a-a. 문자적으로는 "그들에 대한 왕의 왕령, 날마다의 문제(에 관해) 심지어(설명적인 와우) 노래하는 자들에 대한 분명한 칙령이 있었기 때문에"이다.

25.a. 전치사 엘(אל)은 다른 곳에서는 이런 의미로 사용되지 않았지만, ל이라는 점에서 그리고 이 두 개의 전치사가 종종 혼돈된다는 점에서 정당화될 수도 있을 것이다. 루돌프(Rudolph)는 이런 변칙적인 용례가, 이 구문이 이전에는 20절에 직접 붙어 있었다는 점을 보여 준다고 주장한다: 하지만 엘(אל)은 그런 정황에서도 마찬가지로 부적절하다. 뒤이어 나오는 목록이 마을들이 아니라 성읍들에 대한 목록이라는 점도 현재 본문에 대한 반대 요소다: 성읍들은 계속해서 "그들의 동네들 혹은 비슷한 단어들"과 연결되어 나온다.

31.a. 의미상으로 보나 혹은 25절과의 평행적인 측면에서 보나, 우리가 여기에 나올 것으로 기대하는 멤(מ)은 끼어든 표현인 것이 분명한 메게바아(מגבע, "게바")로 옮겨지는

과정에서 잘못 자리잡게 되었을 것이다.

35.a. 위에서 번역을 제시하기는 했지만, 32절부터 기록되기 시작하는 장소들에 대한 목록은 히브리어에서는 "로드와 오노와 공장 골짜기"가 나오는 35절까지 아무 전치사나 접속사 없이 기록되어 있다. 하지만 이 골짜기는 오노와 동일시되어서는 안 되기 때문에(참조. Har-El, *PEQ* 109[1977] 75-86) 중자탈락을 통해 와우가 생략된 것으로 보인다.

양식/구조/배경

이 장에 대한 분석은 이후 진행될 논의에서 우리가 기억해 둘 필요가 있는 몇 가지 요소들로 얽혀 있다. 첫째로, 3-19절은 역대상 9:2-17과 평행을 이룬다. 하지만 동시에 잠시 살펴보는 것만으로도 이 두 본문 간에 많은 차이점들이 있다는 것을 알 수 있다. 두 본문은 다른 편 본문이 포함하지 않은 상당히 많은 내용을 갖고 있다. 심지어 두 본문 간에 명백하게 평행을 이루고 있는 부분들에서조차도 매우 중요한 몇몇 차이점들이 있다. 이런 모든 요소들을 결코 어느 한편 저자가 분명한 경향을 갖고 있기 때문이라고 원인을 돌릴 수 없기 때문에, 원본이 독자적인지 혹은 의존적인지의 문제는 쉽게 해결되지 않는다. 이는 또한 본문이 정확하게 전달되었느냐는 문제는 물론이고 혹은 후대에 개작되었을 가능성이 있다는 문제들을 일으키기도 한다. 둘째로, 12절에 대한 70인경 본문이 마소라 텍스트(MT)보다 훨씬 더 짧은데, 이런 점을 통해 이 혐의는 더욱 강화된다. 짧은 본문에 누락된 부분들을 순수하게 기술적인 토대 위에서만 설명하는 것이 불가능하기 때문이다. 좀더 짧은 본문인 70인경 본문이 아마도 마소라 텍스트보다는 좀더 원본에 가까운 것으로 추측되어 왔다. 참조. E. Tov, *The Text-Critical Use of the Septuagint in Biblical Research*(Jerusalem: Simor, 1981) 301. 셋째로, 이 장이 갖고 있는 일반적인 패턴을 식별하는 것이 가능하기는 하지만(내러티브 도입부인 1-2절; 예루살렘 거주민들, 3-24절; 예루살렘 밖의 거주 지역 목록, 25-36절), 좀더 세밀하게 살펴보면 이 부분들이 엄격한 질서나 구조를 따르고 있는 것이 아님이 드러난다. 예를 든다면, (i) 20절은 예루살렘에 거주하던 사람들의 목록을 마무리하고 결론짓는 것처럼 보이지만, 곧이어 나오는 21절에서는 성전을 섬기는 사람들이 예루살렘에 거주하고 있는 내용으로 되돌아간다. (ii) 레위인들을 감독하는 사람에 관한 세부적인 내용(22절)은 이 내용이 있어야 할 것으로 여겨지는 15-18절에서 분리되어 있는 것처럼 보인다. (iii) 목록의 순서나 내용 둘 다 일반적으로 제목이라고 생각되는 3-4절과 정확하게 일치하지 않는다(이 내용 자체가 후대에 첨가된 주제였건 그렇지 않건 간에).

그러므로 우리는 본문이 완전히 동일한 패턴으로 되어 있지 않다는 것을 깨달아야 하며, 결국 이 본문을 부분마다 분석해야 한다.

느헤미야 7장은 지금 이 장과 마찬가지로 예루살렘 인구가 희소하다는 문제에 관심을 두고 있다. 일반적으로, 지금 이 장의 내러티브 표제어인 1-2절이 바로 그 7장의 내러티브와 지금 11장 간의 연속성을 보여 준다는 점이 인정되어 왔다(유일하게 반대하는 주된 의견을 제시하는 켈러만〈Kellermann, *Nehemia*〉은 12:27-43이 7:5과 연속성을 갖는다고 주장한다. 이 관점에 대해서는 7장의 "양식"에서 살펴보긴 했지만 불만족스러운 것이었다). 두 장은 주제가 인구의 희소성이라는 점에서 분명한 연속성이 있다. 또한 이 점에 덧붙여, 이 두 부분의 연결성에 관심을 두도록 하기 위해서 11장의 시작 부분에서도 (7장에서 나타난) 반복적 요약을 의식적으로 사용하는 모습이 나타난다는 것을 위의 7장에서 이미 지적했다.

이런 점들을 통해 얻게 되는 자연스러운 첫 번째 결론은, 그렇기에 우리는 이 내러티브를 느헤미야 비망록(NM)과 결합시켜야 한다고 추측하게 된다는 점이다. 하지만 예닐곱 가지 요소들이 이 내러티브를 느헤미야 비망록과 연결시킬 수 없다는 점을 복합적으로 보여 준다. (i) 동사들이 느헤미야의 1인칭 내러티브 형태로 표현되지 않았다. 즉 이 본문에서는 느헤미야를 전혀 언급하지 않고 있다. 그러므로 본문이 지금 있는 그대로의 모습이라면, 이 부분은 느헤미야의 1인칭 설명에 아무런 도움도 주지 않는다. (ii) 기록 형태가 느헤미야와 사뭇 다르다(참조. Mowinckel, *Studien I*, 48-49; Kellermann, *Nehemia*, 43). 느헤미야가 "남은 자"(יתר – 예테르, 2:16; 4:8, 13; 6:1, 14)라는 단어를 사용한 곳을 이 부분은 "나머지, 남은 자"(שאר)라는 표현을 사용했다. 느헤미야가 일반적으로 "관원들"(סגנים – 쎄가님)과 "귀인들"(חרים – 호림, 2:16; 4:8〈14〉, 13〈19〉; 5:7, 17; 6:17; 7:5은 특별히 중요한 부분이다. 왜냐하면 이 구절은 지금 현재 구절들과 동일한 내러티브에서 사용되었음을 보여 주기 때문이다. 12:40; 13:11, 17. "두목들"(שרים)은 오직 12:31-32에서만 자료상 느헤미야에게로 돌려질 수 있으면서 비슷한 의미를 가지고 사용되었다. 하지만 여기서조차도 이 부분이 편집자적인 수정이라고 생각할 만한 동일한 여러 반증과 고려해야 할 점들이 있다. 그의 저술의 다른 부분에서는 이 단어는 조금 독특한 뉘앙스를 가지고 있다)과 같은 단어들을 사용한 곳에 "두목들"(שרים)을 사용했음을 참조하라. 그리고 예루살렘에 대해서 "거룩한 성"(עיר הקדש – 이르 하카도쉬)이라는 표현을 사용했음을 참조하라. (iii) 7장과 연속성을 이룬다는 사실에도 불구하고, 이 구절들(1-2절)은 느헤미야 자신이 7장에서 했던 설명 때문에 우리가 이제 계속해서 나올 것으로 기대하고 있는 내용을 공급해 주지 않는다. 느헤미야는 7장에서 백성들의 두목들을 그들의 가계도를 기록하기 위해 그가 어떻게 모았는지에 관해, 그리고 옛날의 가계 기록을 발견한 것이 그에게 도움을 주었다는 것에 관해 이야기한다(7:4-5). 그러므로 우리는 지금 이 부분에서 그가 예루살렘 재거주에 관해 기록하면서 가족들과 연관시켜 구성할 것이라고 기대한다. 하지만 여기서 우리가 대신 발견하게 되는 것은 (느헤미야가 아니라) 이 백성들이 제비뽑기에 토대를 둔 우연을 통해 거주 배치를 하고 있다는 사실이다.

이런 점들에서 볼 때, 우리는 1-2절이 느헤미야 비망록(NM)에서 온 것도 아니고, 또한 느헤미야 비망록에서 발견한 원래의 무언가를 새롭게 편집해서 다시 작성한 것도 아니라고 결론지어야만 한다(대부분의 주석가들과는 반대로). 그러면 도대체 무엇이 이 구절들의 원본이란 말인가? 주로 메이어(Meyer, *Entstehung*, 94-102)와 같은 몇몇 소수의 학자들은 이들(뒤이어 나오는 목록도 함께 포함해서)이 7장에 나오는 목록과 직접적인 연속성을 보여 주고 있으며, 그렇기 때문에 이 목록은 원래 바벨론에서 처음으로 귀환했던 시대를 언급한다고 추측해 왔다. 하지만 이 목록은 그렇게 보이지는 않는다. 우리는 귀환 당시 예루살렘 재정착에 관심을 기울였다는 점에 관해서 아는 바가 없다. 그리고 처음에 귀환하던 사람들에게는 각자의 지역 경제에서 농업적인 토대를 재정립하도록 격려하는 일이 좀더 중요한 일이었다고 추측해 볼 수 있다. 더군다나 이 구절들은 여기 포함된 백성들이 이미 각자의 본성에 거하고 있었으며, 이 성읍들은 예루살렘에 오기가 상당히 불편할 만큼의 거리에 있었던 것으로 가정한다. 이 상황은 귀환 시기 때 일어났을 경우일 수가 없다. 마지막으로, 4-19절의 목록 중 제의 관료들에 관한 목록에 대해서는 느헤미야 7장(스 2장)을 발전시켜 기록한 것임을 아래에서 살펴볼 것이다.

그러므로 우리는 1-2절 내용의 원래 배경이 무엇이었느냐는 질문에 대해 새로운 해답을 찾아야 할 필요가 있다. 문제시되고 있는 이 본문이 너무 짧기 때문에, 어떤 추측도 불확실할 뿐임은 두말할 필요가 없다. 하지만 1-2절에 나오는 제비뽑기와 관련된 유일하게 다른 예가 딱 한 가지뿐이라는 사실, 그것도 앞 장인 10:35(34)에서 맹세와 관련된 구문 중 하나와 관련되어 나타난다는 사실은 그저 우연의 일치라고 할 수 없다. 더군다나 그 부분도 백성들이 그들의 공동체적인 삶을 인식하고 있는 그들을 향한 하나님의 뜻에 따라 재정리하는 상황 속에 자리잡고 있다(마치 지금 부분이 예루살렘 재거주와 관련된 것처럼). 더군다나 우리는 느헤미야가 이런 개혁들의 일정 부분들에 대해서 아마도 좀더 개인적인 공로라고 주장했을 수도 있다는 점(참조. 13장)을 이미 위에서 지적했다. 그렇기 때문에 우리는 그와 비슷한 무언가가 여기에서도 일어났을 가능성이 있고, 그래서 예루살렘 재거주가 두 번에 걸쳐 기록되었을 가능성이 있다는 점을 받아들일 수도 있다. 한 번은 백성들의 통일된 행동으로서 기록되었고, 다른 한 번은 느헤미야가 그 과정 속에서 자기 자신과 관련된 부분을 집중적으로 기록한 느헤미야 비망록(NM)에 기록했을 수도 있는 것이다. 그러니까 1-2절 본문과 느헤미야 비망록 두 곳에 다른 방식으로 내용들이 기록되어 있었을 수 있는 것이다.

어떻게 이런 다른 설명(1-2절)이 (본문상에) 유지되었는지는 확실치 않다. 이 사건들이 일어났던 것으로 추정되는 연대(즉 13장 이후 시기로 추정되는 10장과 더불어)는 여기 사건들이 맹세 사건의 일부분이었던 것 같지는 않게 한다(비록 인구의 "십일조"로 하여금 "거룩한 성읍"으로 가게 한 것은 10:38-39⟨37-38⟩과 잘 맞기는 하지만). 제비뽑기는 제의적인 일이었다. 참조. 역대상 24:5, 7, 31; 25:8, 9; 26:13, 14 등. 내가 보기엔 이 모든 구절들은 제사장적인 교정자가 열왕기 사가의 원래의 작품을 교정한 것으로 보아야만 한다. 그리고 이 교정자는 느헤미야 시대보다 상당히 후시대에 예루살렘 제의의 상실에 관해 특별히 염려했던 사람이었다. 참조. *VTSup* 30(1979) 251-68. 만약 현재 문단이 제사장 감독이 취한 행동을 묘사하는 것이라면, 이 내용은 적어도 인친 문서 복사본과 밀접한 관련성을 가지고 성전 문헌들 속에 보존되었을 수도 있다. 누가 되었건 간에 아마도 에스라와 느헤미야서의 내용을 연결해야 하는 책임을 갖고 있는 사람이 문학적 측면에서 7장과 연결시키는 효과를 갖게 하기 위해 이 부분을 편집했을 것이다. 왜 그가 느헤미야 자신의 설명보다 이 설명(1-2절)을 더 선호했는지에 대한 이유는 확실치가 않다. 어쩌면 그는 이미 앞에서 지적했듯이 외양적인 유사점들 때문에 이 부분이 10장 이후의 위치에서 더 잘 어울린다고 생각했을 수도 있다. 또한 1-2절의 내용을 담고 있는 목록이 문헌고에 보관되어 있었을 수도 있다. 여하튼 1-2절은 이제 우리가 살펴보아야만 하는 다음 부분의 내용을 기대하게끔 한다.

3-20절에 나오는 목록의 내용은 (a) 유다 자손들(4b-6절), (b) 베냐민 자손들(7-8절), (c) 일반인들의 지도자들(9절), (d) 제사장들(10-14절), (e) 레위인들(15-18절) 그리고 (f) 문지기들(19절) 등으로 구성되어 있다. 만약 3-4a절에 나오는 제목 내용을 잠시만 무시한다면, 이 내용이 예루살렘에 살았던 사람들의 목록임을 보여 줄 수 있는 내적인 표식들이 있다. 참조. 6, 9, 11-12절 그리고 18절. 덧붙여서, 20절은 그들의 본성(本城)에 남아 살았던 인구에 대해서도 진술한다. 이 모

든 것은 우리가 1-2절의 정황, 즉 예루살렘에 인구 보충이 완료된 이후 그 성읍에 살던 사람들의 목록이라는 정황을 토대로 해서 예측한 것과 정확하게 맞아떨어진다. 20절은 결론으로서 아주 훌륭하게 역할을 하며, 그 이후에는 더 이상 아무것도 나올 것으로 기대되지 않는다. 역대상 9장과의 평행적인 내용이 바로 이 지점에서 멈춘다는 것도 주목할 만한 일이다. 그렇기 때문에 우리는 20절이 원래의 목록의 마지막 부분을 나타낸다고 결론지을 수 있다. 또한 이 결론은 아래 31-36절을 고찰해 봄으로써 좀더 뒷받침될 수 있을 것이다.

현재의 배경에서는 이 목록이 확실하다는 강한 추정을 해야만 한다. 그리고 이 점은 몇 가지 점을 통해 강조되는데, 가령 이 목록 내에 독특하지만 평행을 이루지 않는 정보들이 포함되어 있다는 점을 통해서, 이 이름들이 에스라・느헤미야서의 다른 부분에서 인용된 것이 아니라는 사실을 통해서(위의 10장과는 정반대로) 그리고 정확한 숫자들을 통해서(대상 9장을 참조해야 하지만) 강조된다. 참조. Mowinckel, *Studien I*, 147-48. 물론 특별한 몇몇 세부 사항들에 있어서는 결과적으로 일부 본문이 확장되었을 수도 있다는 점(참조. 70인경)을 기억해야만 한다. 또한 마찬가지로 우리가 여기에 포함되어 있을 것으로 기대하는 다른 몇몇 요소들이 편집 과정이나 혹은 이후에 옮겨적는 과정 속에서 누락되었을 수 있다는 점도 기억해야만 한다. 아래에서 지적되겠지만 역대상 9장과의 비교는 매우 확실하게 이런 점들을 지적하고 보여 준다. 그렇기 때문에 이 장을 토대로 역사적 재구성을 세부적으로 너무 많이 시도하는 것은 어리석은 일이 될 것이다. 이 점에도 불구하고, 우리가 이 목록에 관해 논의하는 과정에서 아무런 논의도 하지 않은 한 가지 특징이 분명하게 나타난다. 그러니까 우리가 내리는 일반적인 결론을 옹호하는 한 가지 특징이 매우 분명하게 나타난다. 비주류 제의 관료들(minor cult officials)의 발전과 관련해서 여기서 제시한 장면은 우리가 이 단계에서 보게 될 것으로 기대하는 바로 그 모습이다. 노래하는 자들, 문지기들 그리고 다른 사람들(즉 비주류 제의 관료들)은 귀환 당시에는 그 누구도 레위인으로 간주되지 않았다. 그들은 훗날 레위인들로 간주되었다. 참조. 역대상 23-26장. 지금 우리가 갖고 있는 목록에서 우리는 이런 발전이 이미 시작되었지만 아직 완성되지는 않았다는 것을 발견하게 된다. 왜냐하면 노래하는 사람들은 매우 분명하게 레위인들로 받아들여진 반면(17절), 문지기들은 아직 아니기 때문이다(19절).

현재의 배경에서 이 목록이 과연 진정성을 갖는지를 의심하는 주장들을 점검할 때, 우리는 바로 이런 견지에서 점검해야만 한다(요즘은 이 목록이 완전히 꾸며진

가공물이라고 주장하는 사람이 거의 없다). 모빙켈(Mowinckel, *Studien I*, 149-50)은 이 목록의 연대를 느헤미야 다음 세대라고 주장한다. 왜냐하면 여다야(10절)는 느헤미야와 동시대 사람인 엘리아십(참조. 13:28)의 아들이었기 때문이며, 마아세야(5절)는 성 건축자 중 한 사람의 조카였기 때문이고(참조. 3:15), 또한 제의 관료들 자손의 지위가 에스라 10:24에서보다 더 높아졌기 때문이다. 하지만 이런 것들 중 아무것도 확실한 것이 없다: 마지막 항목은 에스라 시대를 느헤미야 이후로 잡는 것을 전제로 하는데, 이는 확실치가 않다. 즉 본문을 있는 그대로 본다면, 이런 주장의 근거들은 반대 방향을 보여 주는 작은 지침에 불과할 뿐이다. 둘째 근거도 약한데, 왜냐하면 조카와 삼촌 간의 시대적 차이는 종종 매우 적기 때문이다. 첫 번째 항도 마찬가지로 불확실한데, 왜냐하면 11:10과 13:28에 나오는 이름들은 같지 않으며, 따라서 이 본문들이 서로 다른 사람들에 대해 이야기하는 것으로 쉽게 이해할 수 있기 때문이다. 또한 13:28의 요야다는 어떤 경우건 간에 아들이 있거나 혹은 결혼할 수 있을 만큼 충분히 나이를 먹었기 때문이다.

켈러만(Kellermann, *ZDPV* 82[1966] 209-27)은 이 목록의 연대에 대해 좀더 급진적인 공격을 한다. 그는 역대상 9장에 나오는 목록이 느헤미야 11장에서 도출된 것이라고 주장하면서 "용사"(גבורי חיל – 깁보레이 하일, 8절 그리고 14절), "감독"(פקיד – 파키드, 9절 그리고 14절), 백성들을 지파별로 구분한 것과 그리고 지파별 계통과 연결하면서 "족장들"(ראשים לאבות – 로쉼 레아보트, 13절)이라는 단어를 사용한 것 등과 같은 측면들, 그러니까 군사적인 함축을 담고 있는 이 문단의 몇 가지 측면들을 지적한다. 이런 모든 요소들(이들 중 몇 가지는 대상 9장에서는 나타나지 않는다)은 E. Junge, *Der Wiederaufbau des Heerwesens des Reiches Juda unter Josia*(BWANT iv/23; Stuttgart: Kohlhammer, 1937)을 따르는 켈러만(Kellermann)이 제시한 증거들을 통해서 보면 징집군을 소집하는 것과 관련된 다른 본문 재료들에 평행들이 나타난다.

그렇기 때문에 그는 이 목록의 원래의 배경을 유다 왕조가 멸망하던 말년에 예루살렘을 방어하기 위해 만들어진 배열 기록에서 찾는다.

켈러만(Kellermann)이 이 목록의 중요한 특징에 관심을 기울였다는 사실은 의심할 필요가 없다. 우리는 그가 구분해 낸 이런 요소들의 군사적인 뉘앙스와 색채들을 수용해야만 한다. 역대상 2-9장에 나오는 계통 기록의 일부와 관련해서 동일한 목적을 위해 비슷한 점들을 사용한 존슨(Johnson, *The Purpose of the Biblical Genealogies*, 63-68)을 참조하라. 하지만 이 목록의 연대를 굳이 켈러만이 계산한 것처럼 잡지 않더라도 이 특징에 대해 설명할 수 있다. 그가 포로기 이전으로 연대를 잡은 것에 반대하면서 다음의 내용들을 언급할 수 있다. (i) 5절에서 마아세야의 할아버지로 나오는 골호세의 가장 확실한 신분이 3:15에 나오는 살룬의 아버지라는 점. (ii) 10-11절은 우리를 아마도 포로기 때의 대제사장인 스라야보다 더 후대의 시간으로 데리고 간다는 사실. (iii) 노래하는 사람들이 레위인들 가운데 포함되어 있는데(17절), 이는 포로기 이후에 발전한 사항이었다(Kellermann은 이 부분을 후대의 첨가로 간주해 지워 버려야만 한다). (iv) 예루살렘에 대해 "거룩한 성"(עיר הקדש – 이르 하카도쉬, 18절)이라는 표현을 사용했는데, 이 표현은 오직 포로기 이후에만 사용되던 호칭이었다는 점. 그리고 (v) 아마도 에스라 8:33; 10:15 그리고 느헤미야 8:7에서 레위인으로서 기명되었으며, 그렇기 때문에 의심할 여지없이 에스라와 동시대 사람들인(그리고 약 13년 후인 느헤미야와도 의심할 여지없이 동시대 사람인) 삽브대와 요사밧이 포함되어 있다는 점(16절). 참조. Bertholet 그리고 Rudolph(같은 방향성으로 이 이름들을 연결시킬 다른 방안들도 있긴 하지만, 이 이름들이 너무나 일반적인 이름들이기 때문에 확실성이 별로 없다. 예를 들어, 4절에 나오는 웃시야를 스 10:21과 연결시켜야만 하는가?)

우리가 만약 이 목록에 대한 켈러만(Kellermann)의 연대에 동의할 수 없다면, 우리는 그가 관심을 기울였던 현상들에 대해 어떻게 설명할 것인가? 우리는 매우 간단한 해답을 제안할 수 있다. 백성들의 예루살렘으로의 이주가 대부분 방어적인 목적 때문이었으므로, 이와 관련된 목록은 이전에 군대를 징집하고 소집한 것을 상기하는 측면에서 기록되었다고 말이다. 이런 방식이 친숙했다는 점은, 비교해 볼 수 있는 본문인 역대상 2-9장과 민수기 26장이 남아 있다는 점에서 분명한 듯하다. 좀 더 중요한 근거로는 느헤미야가 이와 동일한 형태를 성 건축을 진행하는 동안 예루살렘 방어를 위해 사용했었다는 점을 들 수 있다. 참조. 4:7(13). 이전 방식이긴 하지만 아주 잘 확립된 이런 모델을 의식적으로 차용한 것은 앞선 주석가들이 이 목록 중 설명하고 다루는 데 어려움을 겪었던 요소들을 매우 훌륭하게 설명해 준다.

이제 우리는 3-4a절에 나오는 이 목록의 제목 부분으로 간략하게나마 다시 돌아가야 한다. 이 부분은 이 목록의 원 제목은 아닌 것으로 보이며 후대의 어느 단계에선가 첨가된 것으로 보인다. 이 작업은 우리가 이미 앞부분에서 혐의를 두었던 바로 그 편집자의 손으로 이루어졌을 가능성이 매우 높다. 이 제목 부분이 이 목록보다 더 후대의 것이라는 증거는 모든 비주류 제의 관료들이 분명하게 레위인들로 여겨졌다는 점에서 찾을 수 있다. 이 제목 부분이 뒤이어 나올 목록 부분을 도입하기보다는("성전에서 일하는 사람들과 솔로몬 신복들의 자손들"은 이 목록 자체 안에 나오지 않는다) 도리어 이 모든 다른 그룹 구성원들이 나오는 7장을 회고한다는 사실을 통해서 편집자가 이 내용 구성 안에 포함시켰다고 추측해 볼 수 있다. 하지만 아주 중요한 차이점이 한 가지 있다. 7장은 모든 사람들이 그들 각자의 성읍에 거주했다고 결론짓고 있으며, 이미 살펴본 것처럼 여기엔 예루살렘도 포함되었다(참조. 7:6과 7:72a⟨73a⟩에 대한 "주석"). 그러나 이 편집자는 이 점을 적절하게 인식하지 못했으며, 그래서 불필요한 주의를 기울이면서까지 예루살렘에 누군가가 거주했다는 사실을 일일이 기록했다. 아래의 "원문주해"를 더 보라.

마지막으로, 우리는 이 목록과 역대상 9장을 비교한 자세한 연구들이 내린 결론들을 요약해야 한다. 이런 연구들을 통해서 이 두 본문 간의 차이점들이 단일한 방향성을 갖고 있다고 보기 어렵다는 점이 드러난다. 예를 들어, 역대기 저자는 일반적으로 느헤미야보다 많은 이름들을 포함시키고 있지만, 느헤미야 11:7-8과 12절은 대조를 이룬다. 다른 한편으로는, 역대기 저자는 언급된 백성들의 지위와 역할에 관해서는 세부적으로 거의 아무것도 포함시키지 않지만, 역대상 9:9과 13절에서 그는 느헤미야 11장에서 발견할 수 없는 다양한 종류의 내용들을 포함시킨다. 마지막으로 총괄적인 숫자들이 상당히 다르지만, 이 둘 중 어느 누구도 대략적인 숫자들을 사용하지 않는다. 이런 상황들 속에서 이 두 장이 공통적인 원천으로부터 각기 독립적으로 추려졌으며, 또한 각각 목록들을 제공해야 했던 서로 다른 배경에 맞게끔 개정되었다고 결론짓는 것이 정상적일 것이다(대상 9장은 포로지에서 1차 귀환했던 시기를 다루기 위한 것이다). 사실 이것은 Smend, Listen, 7; Bertholet; Noth, *Studien*, 130-31; 그리고 Michaeli 등과 같은 많은 학자들의 견해다. 공통의 원본에서 점차적으로 분화되는 이런 과정은 느헤미야 11장을 짧은 본문 분량으로 기록한 70인경(LXX)과의 비교를 통해서도 잘 예증될 수 있다. 하지만 루돌프(Rudolph), 모빙켈(Mowinckel, *Studien I*, 146-47) 그리고 켈러만(Kellermann, *ZDPV* 82[1966] 209-27)은 느헤미야에 이 목록이 포함되던 시기에 이미 3-4a절의 표제어가 구성되어 있었다고 결론내렸고, 역대상 9장이 이 표제어와 평행을 이루는 표제어를 포함하고 있기 때문에 역대상 9장이 분명히 느헤미야 11장에 의존하고 있다고 주장해 왔다(이와 관련된 좀더 진전된 논쟁들에 대해서는 Johnson, *The Purpose of the Biblical Genealogies*, 37-38를 참조하라). 만약 이 내용이 자연스럽게 성립된다면, 이 주장은 입증될 것이다. 이 주장을 주저없이 받아들이지 못하고 주저하게 되는 유일한 이유는 지금 의문시되는 구절들 간의 비교 때문이다. 이 구절들은 정확하게 평행을 이루지 않지만, 일부 독특한 어휘들과 상당한 정도의 중복을 포함하고 있다. 이 목록이 분명 원래는 자기만의 표제어를 갖고 있었던 것이 틀림없다고 가정하기 때문에, 두 개의 문단들 역시 원문을 편집자적으로 자유롭게 개정한 문단들이라는 것이 가능한가? 이미 말했던 관점에서 보자면, 이런 관점은 균형적인 측면에서는 루돌프(Rudolph)와 켈러만(Kellermann)의 관점보다 미묘하긴 하지만 조금 덜 그럴듯해 보인다. 그러나 이 문제는 아직은 이미 끝난 문제로 볼 수 없다. 어떤 방식이든 간에, 이 목록의 두 가지 양식들 간의 일부 차이점들은 후대에 본문을 유실했다는 것을 통해 설명해야만 할 것으로 보인다. 비록 이런 유실을 구체적으로 다시 재구성할 수는 없지만, 결여되어 있는 내용물을 한편에서 다른 편으로 공급해 주는 것은 조리에 맞지 않는 일은 아니다.

이 장의 나머지 분량(21-36절)은 예루살렘과는 별개로 유다와 베냐민 자손들의 거주에 관한 목록들로 구성되어 있다. 많은 주석가들은 이 목록이 20절에 직접적으로 연속되는 것으로 보며, 따라서 이 목록 꾸러미 부분이 이미 검토된 것으로 여긴다. 하지만 우리는 위의 "원문주해"에서 20절과 25절 간에 문법적이고 문체적인 연결성이 전혀 없다는 점을 지적했다. 더군다나 전체적인 정황은 우리로 하여금 이런 목록을 기대하게끔 하지도 않는다. 3-20절은 우리로 하여금 이제 나올 것이라고 우리가 예측했던 바로 그 내용에 관해 모든 것을 이야기했다. 즉 예루살렘 안에 거주했거나 혹은 예루살렘으로 이주한 사람들의 목록에 관해서 말이다. 그렇기 때문에 이미 보충적이고 이차적인 성격을 갖고 있다고 보편적으로 생각하고 있는 21-24절과 이 구절들이 어떤 다른 차이점들을 갖고 있는 구절들이라고 여길 아무런 근거도 없다.

그래서 본문 구성에 있어서 어떤 일들이 일어났는가에 관한 우리의 재구성은 다음과 같다: 원래의 본문(20절에서 결론을 내렸던)을 읽은 사람은 비록 성전을 섬기는 사람들이 제목(3절) 부분에는 포함되어 있지만 목록 자체 안에는 포함되어 있지 않다는 점을 주목했다(이것은 그들 모두가 여하튼 예루살렘에 살고 있었기 때문이며, 그래서 이주해 온 사람들은 원래의 목록 안에는 포함되어 있지 않았기 때문이다). 따라서 그는 21절을 첨가했다. 그리고 22절은 15-18절에 나오는 레위인들에 관한 목록을 13-14절에 나오는 제사장들에 대해 제공된 정보를 가지고 보충하는데, 이는 날카로운 안목을 가진 독자가 레위인들에 관한 내용에 빠져 있는 것을 주목한 것이었다. 17절에서는 아삽 자손이면서 미가의 아들인 웃시(22절)가 맛다냐의 증손자라는 사실을 통해 주된 목록보다 더 후대의 것임을 볼 수 있다는 것을 주목하

라. 그리고 23절은 22절을 보충하고, 24절은 23절을 보충한다. 동일한 독자가 그렇게 했는지, 아니면 다른 사람이 이들을 첨가했는지에 관해서는 분간할 방법이 없다.

지금까지 이 문단은 원래의 경계선들을 넘어서서 확장되고 있었으며, 20절은 더 이상 분명한 결론으로서 자리매김하지 못했다. 그러므로 25-36절에 나오는 거주 목록에 대해서 그 이후 부분에 다시금 보충하는 과정들이 계속 진행되었어야 했다는 점은 별로 놀라운 일이 아니다(12:1-26도 참조하라). 1-3절과 20절에 나오는 거주들에 관한 언급은 분명히 이 근거를 더 풍성하게 해준다.

거주 목록 그 자체는 조금은 불가사의한 것이기도 하다. 한편으로는 3장에 언급된 많은 장소들이 여기에는 누락되어 있고, 다른 한편으로는 처음으로 언급되는 여러 군데의 지명들이 여기에 포함되어 있기 때문이다. 그런데 이 지명들은 분명히 포로기 이후 유대 지역에서 벗어난 지역들이다. 즉 마카비 시대 동안인 주전 164년까지 유대인들이 획득하지 못했던 지역들이다. 마지막으로, 이 목록은 구약성경에 포함되어 있는 다른 목록들과 어떤 방식으로건 연관되어야만 할 것 같다. 이 점은 이름들이 서로 상응한다는 점 때문만이 아니라, 이 목록이 다른 목록들에서도 발견되는(참조. 수 15:13; 21:11) 헤브론의 고대 이름인 기랏 아르바(삿 1:10)라는 이름에서부터 출발한다는 사실 때문이기도 하다. 지금의 목록과 주로 비교되어야만 하는 목록들은 여호수아서 후반부에서 지파별로 나누어진 땅 목록, 여호수아 21장에서 레위인들에게 주어진 성읍들을 묘사하는 목록 그리고 역대상 4-8장 안의 다양한 부분들에서 비교할 수 있는 내용들이다.

불행하게도, 이런 복잡한 문제들을 충분히 연구한다는 것은 이 주석의 범위에서 많이 벗어나는 일이 될 것이다. 이미 이루어진 이전의 연구들에 대한 요약들에 관해서는 마이어스(Myers)와 켈러만(Kellermann, *ZDPV* 82[1966)] 209-27) 등을 참조하라. 여기서는 중요한 일반적 사항들을 지적하는 것으로 만족해야 할 것이다. 즉 (i) 이 목록은 후기 유다 왕국의 거주 패턴이나 혹은 왕국 방어와 관련된 당시의 목록을 반영하고 있는 포로기 이전 흔적이다(Kellermann). (ii) 이 목록은 느헤미야 시대의 것이지만, 유다 지역의 성읍들만을 포함하고 있는 것이 아니라 포로기 동안 계속해서 차지하고 있었든 혹은 귀환해서 거주했든 간에(참조. Albright, *JPOS* 4 [1924] 149-61; Kidner; 그리고 Fensham; 이 논제의 다양한 양식은 알트〈Alt, *KS* 2, 289-305〉로부터 나왔는데, 그는 이 목록이 이 시대에 레위인들이 차지했던 성읍들을 언급한다고 생각한다) 유대인들이 거주했던 지역 안팎의 성읍들도 포함한다(참조. 스 7:25). 그러나 이는 추론적일 뿐이다. 왜냐하면 우리가 알고 있는 한 이

나라의 남쪽은 에돔 지역을 넘어서는 것이고, 또한 이미 지적된 전통적인 연결점들에 대해 아무런 설명도 주어지지 않기 때문이다. (iii) 이 목록의 연대는 마카비 시대 때이며 그 시기의 상황들을 반영해 준다. 비록 많은 사람들이 이 점을 확신하고 있기는 하지만, 중요한 첨가가 그렇게 늦게 이루어졌다고 믿는 데는 상당한 어려움이 있다. (iv) 우리는 일반적으로 간과해 온 폰 라트(von Rad, *Geschichtsbild*, 21-25)의 제안으로 이끌린다(또한 Vogt, *Studie*, 68도 보라). 그는 지금 이 목록의 첫 번째 부분이 여호수아 15장에 매우 깊게 의존하고 있다는 것을 관찰하면서(느 3장에서 언급된 것이 대부분의 장소들에서 생략된 것에 대해 설명해 주는 사실), "역대기 사가"가 매우 이상적인 형태로 포로기 이후의 이스라엘을 제시하려는 의도를 갖고 있었으며, 그래서 요시아 시대 때의 유대 영토에 근접하는 모습을 제시했다고 주장한다. 이 제안을 다룸에 있어서 우리는 후대의 편집자가 과거로부터 뽑아낸 열망들을 이상화시키는 것만이 아니라, 미래의 열정을 표현하는 방식으로서 이 지역의 지리를 유토피아적인 관점으로 제시하고 있는 것으로 생각할 수 있다. 그러므로 여기서 채택한 본문 구성에 대한 관점은, 비록 같은 사람에게 귀속되는 것으로 보이지는 않지만, 몇몇 측면들에서 이 목록은 10장에 나오는 이름들과 닮은 점들을 갖고 있다.

주석

이 장의 대부분은 목록으로 구성되어 있기 때문에, 이 장에 대한 주석가의 주요 관심사는 위의 "양식"에서 이미 어느 정도 길게 다루어졌던 주제들에 관한 것이다. 그러므로 이제 여기서 계속될 주석들은 이미 논의된 점들에 대해 짧게 보충적인 사항들을 첨가하는 것으로 제한될 것이다.

1-2 백성들의 계획은 평신도 지도자들과 일반 백성들의 10퍼센트가 예루살렘에 거주하게끔 하는 것이었다. 제비뽑기가 사용된 것은 이 방법을 통해 하나님의 뜻을 알 수 있다고 믿었기 때문이다(참조. 민 26:55; 수 7:14, 16-18; 14:2; 18:6, 8; 삼상 10:20-21; 14:41-42; 잠 16:33). 하지만 이렇게 알게 된 하나님의 뜻이 환영받았다는 것을 의미하는 것은 아니다. 그렇기 때문에 자발적인 사람들은 10퍼센트에 부가적으로 첨가된 것이 아니라 아마도 10퍼센트 안에 포함되어 계수되었을 것이다. 왜냐하면 자발적인 사람들은 지금 있는 곳에 그대로 사는 것을 더 선호함에도 불구하고 억지로 예루살렘으로 이주해야만 하는 사람들의 숫자를 줄여 주었기

때문이다.

3 "성전에서 일하는 사람들과 솔로몬의 신복의 자손들"에 관해서는 에스라 2:43-58에 대한 "주석"을 보라.

4**b**-6 이 문단이 불완전하다고 가정하는 데는 충분한 근거들이 있다. (i) 오직 베레스 가계에 대해서만 총합을 기록했다(6절). 그리고 (ii) 우리는 세라 가계에 관한 언급을 볼 수 없는데(참조. 창 46:12; 대상 2:3-6), 이 가계는 평행을 이루는 역대상 9:6에서는 총합에 대한 언급과 더불어 포함되어 있다. 또한 아래의 24절도 보라. "탁월한 사람들"(אנשי חיל – 아느쉐이 하일)이라는 묘사는 분명히 군사적인 어감을 포함한다. 참조. "양식".

7-8 여기서도 다시 한 번 역대상 9:7-9과의 비교를 통해서 원래 본문에는 하나 이상의 베냐민 자손들에 관한 가계 기록이 포함되어 있었을 것이라고 추측하게 된다.

9 이 구절의 후반부는 "감독"이란 단어를 단지 종족이나 권위라는 측면에서만이 아니라 도시라는 측면에서 이해해야만 한다는 점을 보여 준다. "버금"(משנה – 미슈네)은 일반적인 호칭은 아니다. 그러나 이 본문에서 어떤 의미인지는 17절에서 다시 확인된다. 이 단어는 동일한 단어로서 예루살렘의 "두 번째 사분지 일"을 언급할 때 사용한 단어와 혼동되어서는 안 된다(3:6에 대한 "주석"을 보라).

10-14 에스라 2:36-39에서 언급된 네 개의 제사장 가문 중 하림 가문은 여기에 누락되어 있다. 왜 이렇게 되었는지에 대해서는 명백한 이유가 나오지 않는다. 그렇기 때문에 우리는 아마도 본문을 옮겨적는 일부 단계에서 누락된 것으로 보아야만 할 것이다.

첫째 그룹에 관한 구체적인 세부 사항들 역시 불확실한데, 이는 본문상의 어려움들 때문이다. 참조. "원문주해". 따라서 여다야(10절, 예를 들어, W. F. Albright, *JPOS* 6[1926] 96-100과는 달리)가 누구인지에 대해서는 섣불리 추측하지 않는 것이 최상이다. 하지만 우리는 스라야(11절)에 대해서는 포로기까지 예루살렘에서 집무했던 대제사장 목록에 첨가한다. 몇몇 세부적인 차이점들에도 불구하고, 이와 비슷한 다른 목록들과 비교해 보면(대상 5:27-41〈6:1-15〉; 스 7:1-5 등) 이 목록이 상대적으로 전승에 잘 고정된 것임을 보여 준다. 참조. Bartlett, *JTS* ns 19(1968) 1-18. 그러나 왜 이 목록이 아히둡에서 출발해야만 했는지에 대해서는 명확하지가 않다. "하나님 집의 감독"(개역성경에서는 "하나님 전을 맡은 자" – 역자주)은 대제사장을 의미한다. 역대하 31:10을 13절과 더불어 참조하라. 네기드(נגד, "맡은 자")라는 단어는 단수 형태다. 그렇기 때문에 재구성에 의하면, 이 목록의 출발 지점에 나오는 여러 사람들을 의미하는 것이 아니라 아히둡을 언급하는 것이 틀림없다. "전에서 일하는" 그들 조력자들에 대한 묘사는 매우 일반적으로 이해되어야만 한다. (대상 23:24-32 후반부에서는 이와 유사한 기능이 레위인들의 몫으로 설명된다.) 비록 얼핏 보기에 이것은 13절과 14절의 묘사와 쉽게 맞아떨어지지 않는 것처럼 보일지도 모르지만, 이 기록은 다른 가족들은 위급한 시기에는 군사적인 역할을 할 수도 있는 반면, 이 일은 그들만의 영원한 역할이었음을 함축적으로 보여 주는 것일 수도 있다.

"가족들의 족장들"에 대한 묘사(13절)는 역대상 9:13에서 여기로 편입되어 들어온 것이 아닐까 하는 의심을 계속 받아 왔는데, 왜냐하면 242라는 그들의 숫자는 가정들의 우두머리들로서는 너무 큰 숫자이고(Keil), 또한 이는 13절과 14절의 특별한 기능과도 충돌을 일으키기 때문이다(Rudolph). 하지만 만약 이 용어가 사회학적인 용어라기보다는 군사적 용어로 사용되고 있는 것이라면, 이 두 가지 반대들은 모두 무게감을 잃게 된다. 비록 제사장들은 보통은 이와 같은 의무들로부터 면제되었지만(이는 민 1:47-49의 적용인 것으로 보인다), 예외적인 환경들에서는 이전 시대나(출 32:26-28) 혹은 후대에서도(1 Macc 5:67) 이런 의무들을 행해야만 하기도 했다. 역대하 20:21과 쿰란에서 발견된 전쟁 문서(War Scroll)도 보라.

"그들의 감독"은 방금 목록에 올려진 모든 제사장 가족들을 언급한다. 이 칭호는 9절과 22절에 나오는 것과 동일하며, 그렇기 때문에 다시 한 번 군사적인 계급을 의미할 수도 있다. 자연스럽게 다른 측면들에서 대제사장은 그의 권위를 유지한다.

15-18 레위인들에 대한 목록의 배열은 앞에 나온 것과 다른데, 기능들과 지위가 전체적으로 좀 덜 질서 잡힌 양상으로 흩어져 있다. 후대의 첨가들은 적절한 지점에 집어넣는 것보다는 이 목록 전체(21-23절)를 좇아 이루어진 것이기 때문에, 우리는 이것을 처음부터 이렇게 된 것으로 가정해야만 하며 지금의 모습이 재작업한 결과를 보여 주는 증거가 아니라고 가정해야만 한다.

"하나님 전의 바깥 일"은 12절에 나오는 "성전 일"과 대조를 이룬다. 일반적으로 여기에는 성전 천막 일뿐만 아니라 헌물들과 십일조를 돌보는 것도 포함된다고 추측된다(참조. 10:38-40[37-39]).

세 번째 레위 가족들의 족장인 압다는 또한 여두둔의 후손으로서 노래하는 자들 속에서도 헤아려졌다. 참조. 역대상 25:1-6. 느헤미야 시대와 적절하게 맞아떨어지는 제2성전 시대 때 노래하는 사람들의 조직이 발전되어 가는 과정에서 이 정보가 갖는 역할에 대해서는 H. Gese, "Zur Geschichte der Kultsänger am zweiten Tempel," in *Vom Sinai zum Zion*(BEvT 64; Munich: Chr Kaiser Verlag, 1974) 147-58, 그리고 내가 그의 견해에 관해 *VTSup* 30(1979) 251-68에서 개선한 내용을 참조하라.

19 두 명의 이름들(참조. 대상 9:17)이, 만약 네 개가 아니라면(참조. 스 2:42), 문지기(의 족장들)의 목록에서 누락된 것으로 보인다. 이 지점에서 역대기 사가는 문지기들의 의무 사항에 대해 훨씬 더 구체적이고 충분한 내용을 제시하는 또 다른 원 자료 쪽으로 전환하고 있는 것으로 보이기 때문에, 그가 이전의 좀더 순수한 본문 형태를 활용하고 있는 것인지 아닌지에 대해서는 확실하게 말할 수가 없다. "누가 문들을 지켰는가"라는 점은 이미 "문지기들"에 포함된 내용에 아무것도 첨가해 주지 않는다. 사독(R. Zadok, *ZAW* 94[1982] 298)에 의하면 이런 부분이 필요했다고 생각하지는 않았겠지만, 여하튼 이 부분은 설명 역할을 하는 보충적인 윤색이다.

21 원래의 목록은 분명히 20절에서 결론을 맺는다. 그러나 후대의 독자는 성전에서 일하던 사람들의 목록이 결여되어 있다는 점을 주목했고(참조. 3절), 그래서 이 주해를 첨부했으며, 이렇게 해서 다른 모든 보충이 이루어질 수 있는 길을 열었다. 하지만 사실 그는 그들에 대해서는 어디에 그들이 살았는지(참조. 3:26) 그리고 그들의 지도자들이 누구였는지를 제외하곤 아무것도 몰랐다.

22-24 이런 주해들의 발전에 관해서는 위의 "양식"을 참조하라. 아삽 가족에 부가적으로 더해진 3세대들(22절)은 우리를 레위인들과 노래하는 자들의 의무에 대해 다윗이 명령한 것에 관심을 기울이는 역대기 사자 시대 근처로 이끈다. 참조. 역대상 25장. 느헤미야 12:24은 아래에서 이 계속적인 전통을 증명한다. 이는 23절에 나오는 "왕의 명령들"에 반영되었을 것이다. 비록 일반적으로 인정하듯이 아케메네스 왕조가 그들 피지배민들의 종교에 갖고 있는 관점의 측면에서 페르시아 왕조에 대해 언급했다는 점을 전적으로 배제할 수는 없지만 말이다.

좌우간에 "그 왕"(המלך – 하멜렉)이란 단어는 누가 되었건 24절을 첨가한 사람에 의해 분명 후자의 의미로 사용되었다. 그러나 이 주해는 이 정황에만 한정하는 것에 반(反)하여 첨부되었다. 왜냐하면 이 일에는 페르시아 궁궐 안에서의 거주도 분명 포함되었을 것이기 때문이다(ליד המלך, 문자적으로는 "왕의 수하에서"). 이것이 에스라가 이전에 행했던 직무를 의미하는 것인지는 지금으로선 결정할 수가 없다(스 7:12에 대한 "주석"도 보라). 분명히 예루살렘에서 펼쳐진 일들에 대한 충분한 지식이 필요했기 때문에, 이 구절은 비록 후대의 것이기는 하지만 세라 가족이 그 곳에서 거주했다는 것에 대한 독자적인 증거를 제공한다. 4b-6절을 보라.

25-35 유다 자손과 베냐민 자손의 거주에 관한 이 목록에 대해서는 위의 "양식"을 참조하라. 여기 언급된 다양한 지역들의 위치에 대해서는 지면상의 이유로 인해 독자들이 좀더 충분한 색인을 갖추고 있는 표준적인 역사 지리학 서적들과 성서 사전들을 참고하기 바란다.

30 "브엘세바에서부터 힌놈의 골짜기까지"는 전통적인 유다의 상속지를 완벽하게 합리적으로 요약한 표현이다. 참조. 여호수아 15:8. 하지만 문자적으로는 와야하누(ויחנו, "그리고 그들은 장막을 쳤다")라는 단어는 거주를 표현하기 위해 일반적으로 사용되는 단어는 아니다. 켈러만(Kellermann)이 주장했던 것처럼, 이 단어는 일반적으로 군사적인 주둔을 언급한다. 하지만 동시에 이 단어는 영속적인 기간보다는 일시적인 기간에 관해 이야기하기 때문에, 이 단어는 이 목록이 지역 방어를 위한 유다 자손들의 요새 도시들에 대한 목록이라는 그의 견해도 뒷받침해 주지 않는다(켈러만이 자신의 이론을 뒷받침하기 위해 인용하는 지형적인 고려사항들은 이 문단이 이런 성격을 갖고 있는 관례적인 목록들에 의존하고 있으며, 그런 목록들에서는 경계선들이 주요한 관심으로 규정되어 있다는 점을 통해 설명되어야만 한다). 기능적으로 보자면, 이 단어는 25절에 나오는 야슈부(ישבו, "〈그들은〉 거주했다, 살았다")와 평행을 이룬다. 그러나 이 단어들이 그저 단순한 동의어라고 주장할 근거는 설령 이사야 29:1에 토대를 둔다 하더라도 전혀 없다. 이사야의 이 구절에 대해서는 주석들과 3절과의 관련성을 살펴보라. 뿐만 아니라 베튼(Batten)의 제안도 거의 확실치 않은데, 즉 그는 이 장이 "원래는 최근에 도착한 카라반의 거주를 묘사하려는 것이었다"고 생각한다. 마지막으로 어쩌면 본문을 교정했다고 생각하려는 유혹을 받을 수도 있겠지만(예를 들어, וינחו – "그들은 쉼에 있었다, 거주했다"), 무언가를 본문에서 수정했다는 것을 뒷받침해 줄 증거가 전혀 없기 때문에, 이런 추측은 마지막 도피처 정도로만 받아들여야 한다.

만약 이미 "양식"에서 설명했던 이 목록의 본질을 기억한다면, 우리는 매우 다른 해결책을 생각해 볼 수 있다. 저자 주변 사람들에게는 제2성전이 성막의 직접적인 연속성을 갖고 있다고 간주했다는 증거뿐만이 아니라, 그런 식으로 특별하게 언급했다는 몇몇 증거들도 있다. 역대상 9:23을 19절, 21절과 더불어 참조하라. 이 점은 분명히 백성들이 그들 지파대로 성막 주변에(즉 민 2장) "천막을 쳤던" 때인 광야 시기에 대한 기억들을 환기시킨다. 왜냐하면 우리는 역대상 9:18에서 "레위 아이들의 캠프"에 대한 기록과 전체를 "주의 캠프"(대상 9:19; 대하 31:2)로 언급한 부분을 발견할 수 있기 때문이다. 우리는 쿰란 본문들을 통해서 역시 이런 이데올로기의 영향이 후시대까지도 계속되었음을 알고 있다. 참조. Helfmeyer, *TWAT* III, 6. 그렇기 때문에 우리는 여기에 이와 동일한 단체의 생각들이 반영되어 있다고 추측할 수 있다: 이미 이상화시켜 묘사한 무언가를 통해서, 여기에 덧붙여서 백성들은 광야 시기의 원형적인 신앙 공동체라는 측면에서 묘사되었다.

36 유다 지파와 베냐민 지파의 거주에 관한 세부 사항 이후에 레위에 관한 언급이 나오는 것은 놀라운 일이 아니다.

해설

이 장이 담고 있는 내러티브 내용은 비록 엉성하긴 하지만 매우 흥미롭다. 백성들은 앞 장에 나온 것과 동일한 정신을 가지고 요새화된 예루살렘을 다시 인구가 많은 도시로 만드는 데 응답한다. 이는 주로 방어적인 목적을 갖고 있는 것이었기 때문에, 백성들의 지도자들에 관한 목록은 포로기 이전 시기의 징집 군인들에 관한 형태로 제시되었다. 이 목록에 후대에 다른 내용이 첨가되었는데, 특별히 포로기 이전 왕국의 영토 패턴에 토대를 두고 이상적으로 영역 설명을 묘사한 내용이 첨가되었다. 여기서 나타나고 있는 두 가지 사항에 대해 짧지만 주의를 기울여야 할 것이다. 첫 번째로, 느헤미야처럼(7장을 참조하라) 백성들도 마찬가지로 그들 안에 있는 건물들은 그 자체만으로는 생명력이 없다는 것을 잘 깨닫고 있었다. 외적인 무언가들은 공동체가 그 안에서 발전해 나갈 수 있도록 골격(성읍이건, 교회건 혹은 가정이건 간에)을 제공한다는 목적에서 일단 벗어나 버린다면, 이들은 단순한 의무나 책임 이상의 아무것도 아닐 뿐이다. 만약 백성들이 여지껏 그랬듯이 아무 행동도 하지 않는다면, 그들은 분명히 재요새화된 성읍이 에너지와 자원에 있어서 고갈될 것이고 공동체를 결합하는 데 부가적인 부담과 긴장을 갖게 될 것임을 곧 발견하게 될 것이다. "자발적으로 예루살렘에 거주하겠다는 사람들을 백성들이 축복하고(2절)" 그들의 이름을 감사함으로 기록했던 것은 확신에 찬 모습으로 했던 것이었다.

두 번째로, 25-36절에 나오는 거주에 대한 목록을 단지 이 목록이 후대에 첨가된 것이고 역사적으로 부정확하다는 이유만으로 제거하는 것은 중요한 실수가 될 것이다. 이 목록이 이전 영광들을 뒤돌아보는 점이나, 또한 광야에서의 생활 패턴을 의도적으로 담고 있다는 점(30절에 대한 "주석"을 보라) 등은 저자의 믿음, 그러니까 자신이 지금 직면하고 있는 제한점들과 한계들이 결코 하나님의 마지막 말씀이 아니라고 믿는 그런 믿음을 보여 주는 증거이기도 하다. 히브리서 저자는 11:13-16에서 이미 앞서 살았던 믿음의 영웅들에 관해 이야기하는데, 그들은 약속의 물질적인 성취가 미래에 있음에도 불구하고 여전히 이전과 마찬가지로 약속들을 바라보던 사람들이었다. 그러므로 계시를 통해 베풀어 주신 하나님의 장래에 대한 비전과 실제 상황에 있어서 현재의 좌절이라는 모순을 인식하는 모든 사람들에게는 "하나님이 저희 하나님이라 일컬음 받으심을 부끄러워 아니하시고 저희를 위하여 한 성을 예비하셨느니라"라는 히브리서 저자의 확신이 있다.

제사장들과 레위인들(느 12:1-26)

참고문헌

Cross, F. M. "A Reconstruction of the Judean Restoration." *JBL* 94(1975) 4-18. **Kellermann, U.** *Nehemia*, 105-10. **Meyer, E.** *Entstehung*, 102-4, 168-83. **Mowinckel, S.** *Studien 1*, 151-62. **Widengren, G.** "The Persian Period," *History*, 489-538. **Williamson, H. G. M.** "The Historical Value of Josephus' *Jewish Antiquities* xi. 297-301." *JTS* ns 28(1977) 49-66. ______. "The Origins of the Twenty-four Priestly Courses: a study of 1 Chronicles xxiii-xxvii." VTSup 30(1979) 251-68.

본 문

1 스알디엘의 아들 스룹바벨과 및 예수아를 좇아 돌아온 제사장과 레위 사람은 이러하니라 제사장은 스라야와 예레미야와 에스라와
2 아마랴와 말룩과 핫두스와
3 스가냐와 르훔과 므레못과
4 잇도와 긴느도이와 아비야와
5 미야민과 마아댜와 빌가와
6 스마야와 요야립과 여다야와
7 살루와 아목과 힐기야와 여다야니 이상은 예수아 때에 제사장과 그 형제의 어른이었느니라
8 레위 사람은 예수아와 빈누이와 갓미엘과 세레뱌와 유다와 맛다냐니 이 맛다냐는 그 형제와 함께 찬송하는 일을 맡았고
9 또 그 형제 박부갸와 운노는 직무를 따라 저의 맞은편에 있으며
10 예수아는 요야김을 낳았고 요야김은 엘리아십을 낳았고 엘리아십은 요야다를 낳았고
11 요야다는 요나단을 낳았고 요나단은 얏두아를 낳았느니라
12 요야김 때에 제사장의 족장 된 자는 스라야 족속에는 므라야요 예레미야 족속에는 하나냐요

1 These are the priests and the Levites who came up with Zerubbabel, son of Shealtiel, and Jeshua: Seraiah Jeremiah Ezra
2 Amariah Malluch Hattush
3 Shecaniah Rehum Meremoth
4 Iddo Ginnethon[a] Abiah
5 Mijamin Maadiah Bilgah
6 Shemaiah and Joiarib Jedaiah
7 Sallu Amok Hilkiah Jedaiah. These were the heads of the priestly families and their associates in the days of Jeshua.
8 And the Levites: Jeshua Binnui Kadmiel Sherebiah Judah[a] Mattaniah, who, with his brothers, was in charge of the songs of thanksgiving.[b]
9 Bakbukiah and Unni and[a] their brothers stood opposite them in the service.
10 Jeshua was the father of Joiakim, Joiakim was the father of Eliashib, Eliashib was the father of[a] Joiada,
11 Joiada was the father of Jonathan, and Jonathan was the father of Jaddua.
12 In the days of Joiakim the heads of the priestly families were: of Seraiah: Meraiah of

Jeremiah: Hananiah

13 에스라 족속에는 므술람이요 아마랴 족속에는 여호하난이요
14 말루기 족속에는 요나단이요 스바냐 족속에는 요셉이요
15 하림 족속에는 아드나요 므라욧 족속에는 헬개요
16 잇도 족속에는 스가랴요 긴느돈 족속에는 므술람이요
17 아비야 족속에는 시그리요 미냐민 곧 모아댜 족속에는 빌대요
18 빌가 족속에는 삼무아요 스마야 족속에는 여호나단이요
19 요야립 족속에는 맛드내요 여다야 족속에는 웃시요
20 살래 족속에는 갈래요 아목 족속에는 에벨이요
21 힐기야 족속에는 하사뱌요 여다야 족속에는 느다넬이었느니라
22 엘리아십과 요야다와 요하난과 얏두아 때에 레위 사람의 족장이 모두 책에 기록되었고 바사 왕 다리오 때에 제사장도 책에 기록되었고
23 레위 자손의 족장들은 엘리아십의 아들 요하난 때까지 역대지략에 기록되었으며
24 레위 사람의 어른은 하사뱌와 세레뱌와 갓미엘의 아들 예수아라 저희가 그 형제의 맞은편에 있어 하나님의 사람 다윗의 명한 대로 반차를 따라 주를 찬양하며 감사하고
25 맛다냐와 박부갸와 오바댜와 므술람과 달몬과 악굽은 다 문지기로서 반차대로 문 안의 곳간을 파수하였나니
26 이상 모든 사람은 요사닥의 손자 예수아의 아들 요야김과 방백 느헤미야와 제사장 겸 서기관 에스라 때에 있었느니라

13 of Ezra: Meshullam of Amariah: Jehohanan
14 of Malluch:[a] Jonathan of Shebaniah: Joseph
15 of Harim: Adna of Meraioth:[a] Helkai
16 of Iddo:[a] Zechariah of Ginnethon: Meshullam
17 of Abiah: Zichri of Miniamin:[a] [b] of Moadiah: Piltai
18 of Bilgah: Shammua of Shemaiah: Jehonathan
19 and of Joiarib: Mattenai of Jedaiah: Uzzi
20 of Sallai: Kallai[a] of Amok: Eber
21 of Hilkiah: Hashabiah of Jedaiah: Nethanel
22 In the days of Eliashib, Joiada and Johanan and Jaddua the Levites were recorded as heads of families: so too were the priests in the reign of Darius the Persian.[a]
23[a] The heads of the Levitical families[a] were recorded in the book of the records down to the time of Johanan, son of Eliasbib.
24 And the heads of the Levites were: Hashabiah Sherebiah and Jeshua Binnui[a] Kadmiel and their associates who stood opposite them to offer praise and[b] thanks-giving according to[c] the commandment of David, the man of God, one division corresponding to the other, namely:[d]
25 Mattaniah and Bakbukiah Obadiah. Meshullam,[a] Talmon, (and) Akkub were gatekeepers who kept guard[b] by the storerooms at the gates.
26 These served in the days of Joiakim, son of Jeshua, son of Jozadak, and in the days of Nehemiah the governor and of Ezra the priest (and) scribe.

원문주해

4.a. 마소라 텍스트(MT)의 긴느토이(גנתוי, "긴느도이")는 일반적으로 긴느톤(גנתון, "긴느돈")으로 교정되었다. MSS. Vg, 10:7(6) 등과 아래 나오는 16절에서 그러하다.

8.a. 유다는 스 10:23에서는 레위인의 이름이지만(그러나 스 3:9에서는 그렇지 않다. "원문주해"를 보라), 한 가족의 우두머리로 제시되지는 않았다. 그렇기 때문에 어떤 사람들은 이 부분을 이와 유사한 호디야(הודיה, "호디야; 8:7; 9:5; 10:11〈10〉 그리고 14〈13〉)나 혹은 호다위야(הודויה, "호다위야; 스 2:40) 등으로 교정하기도 한다.

8.b. 의미상 아무런 의심을 사지는 않지만, הידות는 분명 히브리어에서 매우 독특한 형태다. 우리는 아마도 הוֹדוֹת(동사적인 명사로서 역할을 하는 부정사)나 혹은 הודיות로 읽어야만 할 것이다.

9.a. K 웨운노(וְעֻנּוֹ, "그리고 운노"); Q 웨운니(וְעֻנִּי, "그리고 운니"). 의심할 여지없이 후자가 정확한데(많은 MSS와 Vrs가 동의하듯이), 왜냐하면 우선 다른 부분들에서도 이 형태를 발견할 수 있을 뿐만 아니라(참조. 대상 15:18 그리고 20), 또한 이 형태가 아나야 혹은 아나냐의 골격으로서 쉽게 설명될 수 있기 때문이다. 라일(Ryle)은 K에서의 기원에 대해 그가 אחיהם 앞에 회복시켜서 "그리고 그들의 형제들"이라고 만들었던 와우라고 주장하는 아주 탁월한 제안을 한다. 만약 이게 없다면 성가대는 너무 불균형적이었을 것이다. 이럴 경우 K를 동사로 읽어 박부갸를 생략해서 "그리고 그들의 형제들이 (노래를) 책임졌다"라고 보았던 초기 주석가들을 좇을 필요가 없어진다. 참조. 스 3:11.

10.a. 우리가 몇몇 MSS와 Vrs 등에서 하는 것처럼 홀리드(הוליד, "낳다, 아버지가 되다")라는 단어를 복원한다. 그러나 이 단어를 복원하건 혹은 복원하지 않건 간에 의미에는 별 다른 차이가 없다.

14.a. K에는 리말루기(למלוכי, "말루기의")로 되어 있는데, 이는 뒤이어 나오는 요드(י)를 중복 기록한 데서 생긴 결과이며, 다시금 Q의 리멜리쿠(למליכו, "멜리쿠의")를 생겨나게 했다. 복원된 본문인 레말룩(למלוך, "말룩의")은 2절에 토대를 두고 있으며 70인경(LXX)을 통해 뒷받침된다.

15.a. 많은 학자들이 3절과 LXXL 그리고 Syr.을 토대로 리므레못(למרמת, "므레못의")으로 복원한다.

16.a. Q, Syr. 그리고 4절을 통해 이렇게 한다. K에는 라아다야(לַעֲדָיָא)로 되어 있는데, 이는 흔히 생겨나는 요드(י)와 와우(ו)에 대한 혼동 때문에 생긴 결과다.

17.a. 이것은 5절에 나오는 같은 이름인 미야민의 완전한 형태다.

17.b. 분명히 옮겨적는 과정에서 이름 하나를 유실했다. 또한 아래의 14절에 대해서도 보라. NIV가 이런 결론을 피하기 위해 "미야민의 (가족) 그리고 마앗디아의, 빌대"라고 번역한 것은 정당하지 못한데, 왜냐하면 히브리어 본문에는 접속사가 없기 때문이다.

20.a. 이는 입증되지 않는 이름이다. 11:8.a의 "원문주해"에서 고려했던 것을 여기에도

적용하고 있다. 그렇기 때문에 이는 아마도 목록 중 비어 있는 부분을 채우기 위한 서기관의 방식이었을 것이다.

22.a. 이 구절에서 본문상의 문제들을 좀더 폭넓게 생각해야 할 점들로부터 엄격하게 구분한다는 것은 어려운 일이다. 위에서 제시한 번역은 마소라 텍스트(MT)에 밀접하게 가까운 번역을 보여 준다. 이런 수준에서는 일반적으로 "upon"이라는 의미를 갖는 전치사 알(על)에 의심의 초점이 맞추어진다. 여기서는 70인경(LXX)과 Vg를 토대로 "in"으로 번역되었으며, Keil이 이를 정당화하고자 했다. 비록 마찬가지로 추측이긴 하지만 다른 학자들은 아드(עד, "…까지")로 번역하기도 한다. 루돌프(Rudolph)는 좀더 대담하게 עד ספר דברי הימים(-על)…"역대지략(안에)…까지"라는 구문을 복원시키며, 이를 통해 뒤이어 나오는 구절과 구분을 지었다. 이런 제안은 매력적이다(비록 의미에 있어서 결과적인 차이는 그리 크지 않지만). 하지만 서기관의 시선이 알(על)에서 아드(עד)로 건너뛰는 것은 루돌프가 제안하듯 그렇게 현실성 있는 것은 아니다. 또 다른 가능한 추측은 올브라이트(W. F. Albright, *JBL* 34[1921] 112-13)의 것인데, 그는 알(על)을 대신해서 메알(מעל, "…로부터")로 읽는다: 이럴 경우 이 언급은 다리오 I세를 지칭하는 것이 될 것이다. 그를 메데의 다리오와 구분하기 위해서 그에게는 "바사"라는 표현이 붙는다. 그러나 마이어스(Myers)가 제안하듯 이렇게 알(על)이 단독적으로 "…로부터"를 의미한다는 것은 별로 그럴듯하지 않다. 이 구절을 해석함에 있어서 다른 불확실한 관점들의 측면에서 보자면 이 문제는 결정적으로 해결될 수가 없다. 만약 우리가 본문을 엄격하게 고려해야 한다는 점을 넘어서서 생각해 본다면, 우리는 루돌프가 발전시킨 메이어(Meyer, *Entstehung*, 103)의 영향력 있는 추측에 관해서 주목해야만 할 것이다. 루돌프는 22a절이 23절과 모순적이며, 또한 22b절이 제사장들에 관한 내용으로 돌아갈 때 우리는 레위인들을 여기에서 볼 것으로 기대하지 않게 된다는 점을 관찰했으며, 그는 하레위임(הלוים, 레위인들)이 원래는 22절 시작 부분을 대체한 23절의 수정이라고 보았다. 즉 로쉐이 아보트 하코헤님(ראשי אבות הכהנים, "제사장 가족들의 우두머리들"). 그리고 이 형태를 수정한 것이 지금 이 구절 후반부에 나타난 것이라고 보았다. 따라서 그가 재구성한 본문은 다음과 같이 번역될 수 있을 것이다: "엘리아십 (등등) 시대의 제사장 가족들의 우두머리들은 페르시아의 다리오 시대까지 역대지략에 기록되었다." 하지만 이런 재구성은 확실한 것이 아니다. 만약 왜 23절이 윤색되고 수정되어야만 했는지를 설명하지 못한다면(브네이 레위〈בני לוי, "레위의 아들들"〉는 전적으로 타당한 표현이다), 그리고 왜 이런 수정이 22절의 원래 주어를 변환시키는 것을 포함해야만 했는지를 설명하지 못한다면, 결국 우리는 레위 사람들을 주어에 첨가시켜야 할 것으로 기대하게 될 것이다. 마지막으로, 루돌프가 이 구절의 어려움들을 해결하고자 구성한 내용이 해결점으로 나아가는 가장 좋은 방식이 된다는 것이 확실치 않다. 급격한 본문 수정을 피하게 해주는 다른 제안들에 대해서는 아래의 "주석"을 보라.

23.a-a. 문자적으로는 "레위의 아들들, 가족들의 우두머리들"이다. 이 공식에 대해서는 아래의 "양식"을 보라.

24.a. 마소라 텍스트(MT)에서는 벤-(בֶּן־, "…의 아들")으로 되어 있다. 예수아는 다른 곳에서는 갓미엘과 연결되어 있지 않으며, 우리는 이 목록에서 아버지의 이름을 딴 이름도 발견할 수 없다. Vrs는 약간 다른 본문을 제시하긴 하지만 특별히 관찰해 보아야 한다. LXXL: 호이 휘오이 아우투(*οἱ υἱοι αὐτου*)로 되어 있고, 이는 브네이(בניו, "그의 아들들")를 의미한다. 8절의 목록과 연결되면 필연적으로 브네이(בנוי)라고 읽어야만 한다.

24.b. 우리는 Vrs를 근거로 그리고 스 3:11; 대상 16:4; 23:30 등에서 이 구문이 사용된 것을 근거로 여기에 접속사를 첨가시켜야만 한다.

24.c. 어휘통계사전(concordance)을 찾아보면 û("like")와 ב("in")가 이 구문에서 상호교환적으로 사용된다는 것을 추측할 수 있다.

24.d. 케일(Keil)이 관찰하듯이 11:17은 25절에 나오는 처음 세 개의 이름들이 노래하는 자들로 여기에 묘사되어 있음을 보여 준다.

25.a. 이는 비교해 볼 만한 본문인 대상 9:17과 스 2:42에 주도적인 문지기로 나오는 살룸(Shallum)과 동일하다. 대상 26:1-2과 14절에 나오는 셀레먀/므셀레먀 등과 같이 동일한 이름을 다양한 철자로 표현하는 것에 주목하라.

25.b. שֹׁמְרִים과 שׁוֹעֲרִים은 반드시 거꾸로 되어야만 한다. 본문 과정상 비슷한 외양의 단어들이 때때로 잘못된 순서로 놓이는 것은 그리 놀라운 일이 아니다. 내가 쓴 "Word Order in Isaiah xliii. 12," *JTS* ns 30(1979) 499-502를 참조하라.

양식/구조/배경

우리는 이 문단에 대한 비평적 분석을 함에 있어서 이 목록의 내적 구조를 보여 주는 표식들을 고려할 필요가 있으며, 또한 우리가 다른 원 자료들을 통해 포로기 이후의 제사장과 레위인의 발전 과정에 대해 알고 있는 내용들에 관해서도 고려할 필요가 있다. 이 두 가지 측면은 모두 매우 논쟁적이어서 이 점들에 대해 동일한 견해를 갖고 있는 두 명의 주석가도 찾아보기가 거의 힘들 정도다. 이런 상황은 실제적인 두 가지 문제점을 형성한다. 한편으로는, 여지껏 제시되어 온 수많은 이론들을 합리적인 범주 내에서 다룬다는 것은 가능하지가 않다. 다른 한편으로는, 이처럼 불확실한 상태 속에서 여지껏 제시되어 온 다른 제안들과 아무 상관없이 그저 새로운 제안을 진행시켜 나간다는 것도 참으로 오만한 것이 될 것이다. 그렇기 때문에 이제 제시할 다음의 내용들은 의도적으로 타협점을 찾아서 표현한 것이다. 즉 일단은 대안적인 관점들을 충분히 인식하기는 하지만, 그 관점들이 지금 우리가 논의하고 있는 문제들에 관해 직접 다루고 있는 부분들만 언급하려는 시도를 하고자 한다.

이 장의 기본적인 모양새는 단순하고 분명하다. (1) 귀환 시기와 관련되어 있는 제사장들의 목록(1-7절)과 레위인들의 목록(8-9절), (2) 헐겁긴 하지만 가장 이른 시기부터 이 장에서 가장 최근에 이름을 제시한 대제사장 시기까지의 대제사장의 연대기적 목록(10-11절), (3) 요야김 시대부터의 제사장들(12-21절)과 레위인들(24-25절)의 목록, 즉 귀환 다음 세대들, (4) 두 목록에 대한 구분, 원 자료들과 연대에 관한 언급들(22-23절), (5) 목록의 두 번째 쌍을 다시 이야기하는 연대기적인 요약(26절).

그러나 자세히 관찰해 보면 문제들이 그렇게 지극히 단순하거나 수월치 않다는 것이 드러난다. 우선 12절에서 시작하는 문단을 다루어 본다면, 제사장들 목록을 도입하는(12절) 우비메이 요야킴(ובימי יויקים, "요야김 때에")이라는 단어들은 정확하게 26절 시작 부분과 평행을 이루고 있다. 그리고 26절 부분에는 앞에 나온 레위인들 목록뿐만 아니라 아마도 이 장 후반부 전체를 설명하는 역할을 하는 요약이 나오며, 이 단어들(요야김 때에)은 이 요약의 일부분으로서 나타난다. 그러나 두 곳의 도입부 내용 사이에는 이전에는 간과했던 평행적인 내용이 있는데, 이 내용은 이 두 목록을 연관시켜 주는 내용이다. 즉 12절에서는 문자적으로 보자면 "제사장들, 가족들의 우두머리들"(כהנים ראשי האבות – 코하님 로쉐이 하아보트)이라는 표현이 나오고, 23절에서는 문자적으로 보자면 "레위 자손들, 가족들의 우두머리들"(בני לוי ראשי האבות – 브네이 레위 로쉐이 하아보트)이라는 표현이 나온다(개역성경에는 "제사장의 족장", "레위 자손의 족장"이라고 번역되어 있다 – 역자주). 이런 동격을 사용하는 것이 일반적인 것은 아니지만, 지금 정황 속에서는 매우 분명하고 두드러지게 이런 동격이 자리잡고 있다. 브네이 레위(בני לוי, "레위 자손들")라는 표현은 이 문단의 다른 부분에서는 전혀 나타나지 않으며(사실 이 표현은 이 책 중 다른 곳에서는 스 8:15 딱 한 군데서만 더 나타난다), 좀더 선호되는 표현인 하레위임(הלוים, "레위인들")도 이 문단 내에는 나타나지 않는다. 마지막으로, 로쉐이 하아보트(ראשי האבות, "가족들의 우두머리들")라는 표현들은 오직 이 두 개의 구절에서만 정확하게 이 형태로 등장한다. 로쉐이 하코하님(ראשי הכהנים, "제사장들의 우두머리들", 7절), 로쉐이 아보트(ראשי אבות, "가족들의 우두머리들", 22절) 그리고 로쉐이 하레위임(ראשי הלוים, "레위인들의 우두머리들", 24절) 등과 비교하라. 그렇기 때문에 12절이 뒤이어 나오는 제사장들 목록을 도입하는 것과 마찬가지로, 23절이 뒤이어 나오는 레위인들 목록에 대한 원래의 도입의 일부분이라고 결론내리는 것이 합리적인 것으로 보인다. 또한 이런 공식들이 초기 원 자료의 일부분이라고 결론내리는 것이 합리적인 것으로 보인다(이 두 번째 결론은 이와 동일한 목록이 10:3-9〈2-8〉에서도 사용되었다는 점을 통해 뒷받침된다. 나는 그 부분에서의 목록은 에스라・느헤미야서를 결합한 사람에 의해 작성되었지만, 현재 문단은 이후 확장분인 11:21-12:26의 일부분이라고 주장함으로써 10:3-9은 목록을 현재 문단을 포함하고 있던 원 자료에서 추출한 것으로 결론내린다). 그렇다면 이 편집자가 동일한 원 자료에 관해 직접 언급한 것이 23절 나머지 부분이며, 이 언급은 그로 하여금 반복적 표제어인 "레위인들의 우두머리들"(וראשי הלוים – 우로쉐이 하레위임, 개역성경에서는 "레위 사람의 어른")을 첨가하게 했다는 점을 부인할 아무런 타당한 이유가 없다: 24절 처음 부분에서 말이다.

만약 이 점이 맞다면, 그 다음으로는 24-25절에 나오는 레위인들 목록의 연대가 두 번 제시되었다는 점을 관찰해야만 한다: 한 번은 23절에서 엘리아십의 아들 요하난의 때로 제시되었고, 다른 한 번은 26절에서 요야김의 때라고 제시되었다. 우리가 이미 제시한 문학적 분석은 처음 연대가 역사적으로 좀더 정확하다는 것을 강력하게 제시한다. 왜냐하면 이 표현은 분명하게 이전 원 자료에 토대를 두고 있기 때문이다. 이 점은 이 목록 내에서 노래하는 자들과 문지기들이 레위인들로 여겨지고 있다는 사실을 통해서도 다시 확인된다. 왜냐하면 이런 식으로 보는 것은 다른 부분들에 나오는 목록들을 통해서 보면 요야김 시대처럼 이른 시기 때는 불가능하지만 요하난 때는 불가능하지 않기 때문이다(주전 5세기 말). 여기에 덧붙여서, (비록 극히 소수의 사람들만이 지적하는 사항이기는 하지만; 참조. Smend, *Listen*, 10) 이 목록의 처음에 나오는 두 명의 이름인 하사뱌와 세레뱌는 에스라가 귀환할 때 함께 온 가족들의 우두머리들 중 두 명의 이름과 동일한 것이 분명해 보인다(스 8:18-19). 이 경우에 이들은 요야김 때처럼 이른 시기의 목록에는 포함되었을 수가 없을 것이다(그들의 지위에 관한 미묘한 차이점은 다음 그룹의 이름들 앞에 접속사를 사용하는 것을 통해 유지될 수 있을 것이다. 이 그룹의 모든 이름들은 스 2:40에 처음 귀환한 사람들 속에 있던 사람들로서 등장한다〈스 2:40에 대한 "원문주해"를 보라〉). 그러므로 26절은 편집적인 내용으로 확인되며, 이는 야펫(Japhet, "Sheshbazzar and Zerubbabel Against the Background of the Historical and Religious Tendencies of Ezra-Nehemiah," *ZAW* 94[1982] 81)과는 다른 견해다. 물론 비록 우리는 이 편집자를 이 책 나머지 부분의 저자와 동일시해서는 안 된다는 야펫의 의견에 동의하긴 하지만 말이다.

다음으로 우리는 제사장들에 대한 1-7절과 12-21절의 목록을 다룬다. 이미 지적했던 것처럼 첫 번째 목록은 귀환 때의 단순한 목록인 반면, 두 번째 목록은 한 세대나 그 이후의 각각의 가족들의 대표들을 제시한다. 이 목록들 간의 유사성은 거의 모든 주석가들로 하여금 이 두 문단 간에 문학적인 연계성이 있다고 확신하게끔 해 왔다. 1-7절이 12-21절에 의존하고 있다는 것을 의심할 수 없게 만드는 몇 가지 근거들이 있다. (i) 우리는 이미 12-21절이 더 이른 시기의 초기 원 자료에서 끌어왔을 가능성이 있다는 점을 확립했다. (ii) 보다 정교한 목록인 1-7절을 에스라 2:36-39에 나오는 귀환 시기에 목록화된 네 개의 제사장 가족들과 비교해 보면, 1-7절 목록이 인위적인 성격을 보여 준다는 점이 나타난다. (iii) 12-21절에 첨가된 세대들의 이름은 인위적인 것으로 나타나지 않는다. 예를 들어, 이들은 평행을 이루는 다른 부분들이 없다. 그렇기 때문에 누군가가 이 모든 내용을 집어넣었다고 보기보다는, 가족 우두머리들의 이름들이 단순하게 앞 세대로 옮겨졌다고 보는 것이 더 타당하다. (iv) 12-21절에서 스라야, 예레미야 등의 이름들은 분명히 가족 이름들로서 역할을 한다. 이 점은 우리가 다른 부분들에서 이런 이름들이 사용된 것에 대해 알고 있는 내용과 잘 맞아떨어진다. 이들 이름들이 1-7절에 포함된 결과로 나타나는 효과는 이들 모두를 귀환에 포함된 개인들의 이름에 집어넣게 되었다는 것이다. 이 개인들은 즉각 제사장 가문들의 우두머리들이 되었다. 그러나 이는 별로 그럴듯하지 않다. 그러므로 우리는 12-21절이 편집자가 1-7절을 구성하고 기록한 원래의 자료였다고 결론내린다.

이런 결론을 갖고서 생각해 보면, 내가 보기엔 이 편집자가 8-9절에 나오는 레위인들에 대해서도 24-25절에 나오는 내용을 토대로 동일한 과정을 밟지 않았나 싶다. 여기서 복잡하게 만드는 요소는 24-25절이 오직 가족들의 이름만을 제시하고 있으며, 그 결과 이들이 이전 세대를 대표하는 것으로 이전 시대로 옮겨져야만 한다는 사실이다. 이 제안은 8b-9절을 아주 간단한 방식으로 설명해 주는 장점을 갖는다. 루돌프(Rudolph)는 이들이 후대에 첨가된 것이라고 주장해야만 한다. 하지만 우리는 이들을 그저 24b절에 대한 요약으로 본다. 이 두 개의 이름 목록들의 차이점들은 문제거리가 아니다. 유다와 운니(Unni)를 제외한 모든 것이 24-25절에서 왔다. 그러나 유다("원문주해"를 보라)는 아마도 에스라 2:40의 호다위야에서 나왔을 것이다. 우리의 저자는 아마도 이 구절을 귀환 시기의 레위인들 목록을 작성할 때 사용했을 것이다. 운니는 원래 목록의 오바댜 위치에 자리잡고 있다. 이 이론이나 다른 어떤 이론에 토대를 두고서도 이 문제에 대한 단순한 해결책이 제시되지 않는 반면(참조. Rudolph's bewilderment!), 이름 하나가 다른 하나를 변조해서 생겨났다는 가능성은 그럴듯하다(ע/ ע; ד/ ן; י/ י; 똑같은 이름을 11:17에서처럼 압다〈עבדא, "압다"〉로 표기할 수도 있다). 그렇기 때문에 우리는 8-9절이 인위적인 방식을 통해 24-25절에서 나온 것이라고 결론내린다. 마치 1-7절이 12-21절에서 그렇게 나왔듯이 말이다. 만약 이런 결론을 제거해 버린다면, 레위인들에 관한 두 개의 문단 사이에 들어 있는 이름들이 도대체 누구인가라는 문제는 주석가들을 매우 당황스럽게 만든다. 키드너(Kidner)와 펜샴(Fensham)을 참조하라.

우리의 분석이 가야 할 다음 단계는 베이어(Meyer, *Entstehung*, 173)가 관찰한 것을 살펴보는 것이다. 그는 12-21절과 1-7절에 나오는 두 개의 제사장 목록이 확장 과정을 거쳤다는 사실을 관찰했다. 이에 대한 증거는 각각의 목록에 나오는 마지막 여섯 개의 이름들 앞에 접속사 "그리고"(목록의 다른 어디에서도 사용되지 않은)가 사용되었다는 점이다. 정확하게 바로 이 여섯 개의 이름들이 10:3-9(2-8) 목록에 나오는 제사장 이름들에 누락되어 있음을 관찰할 수 있다는 것과 함께 말이다. 우리는 10:3-9의 목록이 이 목록에 의존하고 있다고 주장했다. 바로 이런 상황들의 조합이 이런 결론을 내릴 수밖에 없게 만든다. 모빙켈(Mowinckel, *Studien I*, 155-56)은 흥미롭게도 이런 결과를 피해 가려고 불확실한 시도를 하면서 이 목록의 한 부분만을 다루었다. 원래의 목록은 훨씬 더 짧았으며(현재 본문에는 15개나 16개의 이름들이 있다), 이 점은 원래 목록을 포로기 이후 초기 시대의 것이라고 추정하는 것이 합리적이게끔 만들어 준다고 보는 것이 타당하다. 비록 귀환 시기 때는 단지 제사장들 네 가족만이 언급되었지만(스 2:36-39), 일단 제2성전이 건축된 이후에는 이 목록이 상당 부분 증가될 필요가 있었던 것이 틀림없다. 설령 우선적으로는 이미 존재하고 있는 가족들을 세분화하는 것에 불과했다 하더라도 말이다. 그러므로 요야김 시대 때 이 목록이 좀더 확장적인 목록이 되었다는 것은 비합리적인 것이 아니다. 동시에 짧은 목록을 역대상 24:7-18에서 알 수 있는 24제사장 반차들이나 그 이후의 목록과 비교하려는 유혹은 없애야만 한다. 이름들이나 숫자들 모두 비슷한 모습과는 상당히 멀어져 있다. 하지만 첨가된 여섯 명의 이름들은 24반차라는 방향성으로 전개되고 있음을 분명하게 보여 준다. 이들의 이름 숫자들은 24에 좀더 가깝게 되어 간다. 더욱 중요하게는, 처음 두 명의 이름인 요야립과 여야다는 24반차 중 두 명의 우두머리들이다(대상 24:7).

이제 설명해야 할 남아 있는 구절들은 10-11절과 22절뿐이다. 22절은 독특한 구문 형태로 인해 우리에게 즉각적인 인상을 준다. 내가 보기에는, 이 구절의 처음

부분은 독자가 앞으로 읽게 될 부분이 왜 이미 읽었던 8-9절과 밀접한 관련성을 갖고 있는지를 편집자가 설명하기 위해 조금은 궁색하게 언급한 내용이라고 설명하는 것이 가장 좋은 설명이다. 그는 그 이유에 대해서 후대에도 그들은 개인들로서가 아니라 "가문들의 우두머리들"로서 기록되었기 때문이라고 설명한다. 그런 경우에 우리는 대제사장들의 목록이 여기서 뒤이어 나오는 레위인들의 목록 연대까지만, 즉 요하난 시대까지만 내려갈 것으로 기대할 수 있다. 따라서 얏두아라는 후대의 사소한 삽입은 아마도 요하난 앞의 접속사뿐만 아니라 이 단어 앞에 사용된 접속사를 통해서 만들어졌을 것이다. 보통은 접속사는 모든 이름 앞에 사용되거나 혹은 목록의 맨 마지막에만 사용되곤 한다. 이 구절의 마지막 부분은 분명히 첨가된 것이다. 세부 사항에 대해서는 "주석"을 보라.

그러므로 얏두아의 시기는 이 문단이 조망하는 시기가 아니라, 후대 주석가만의 시기다. 그렇기 때문에 이 부분은 아마도 후대에 첨가한 내용일 것이고, 10-11절은 그 중 일부분일 것이다. 이 결론은 이 부분이 본문의 정황에 잘 융합되지 못한다는 것을 통해서도 뒷받침된다. 우리는 이 부분이 귀환한 첫 번째 세대와 두 번째 세대의 목록들 사이에서 전체적인 연대기 골격을 세우기 위해 삽입되었다고 가정할 수도 있다. 이 부분이 22-23절과 구체적인 세부 사항들에 있어서 일치하지 않는다는 점은 이 부분이 독자적인 기원을 갖고 있다는 주장을 제기하게끔 한다. 참조. Rudolph.

이제 우리는 이 목록이 문학적으로 어떻게 발전했는지에 대해 우리가 이해한 내용들을 요약해야 할 시점이 되었다. (i) 원 자료의 핵심은 요야김 시대부터의 제사장들 목록(12-18절)과 요하난 시대부터의 레위 가문들 우두머리들의 목록이다(23a절, 24-25절). 켈러만(Kellermann, *Nehemia*, 109)도 비록 근거들이 다르기는 하지만 이렇게 보았다. (ii) 이 내용으로부터 편집자는 귀환한 첫 번째 세대에 관해 이야기하는 두 개의 목록으로 구성된 이 문단의 기본적인 모습을 책임지고 구성했다(1-9절). 그는 자신의 목록들에 사용된 원 자료를 나타내 주기 위해서 그리고 레위인들에 관한 그의 목록들이 갖는 유사성이라는 문제를 다루기 위해서 몇몇 설명적인 보충 내용들(22a, 23b절)을 첨가했다. 그는 또한 요약적인 26절을 첨가했으며, 이 구절은 그의 작업을 좀더 넓은 주변의 내러티브와 연결시켜 준다. 참조. "주석". (iii) 편집자 자신이나 혹은 다른 누군가가 곧이어서 19-21절과 6b-7a절에 첨가했으며, 이는 아마도 이 목록을 자기 당대의 상황과 맞물리게 하기 위해서였을 것이다. (iv) 후대의 주석가가 10-11절과 22b절을 첨가했다. 이 주석가들의 연대는 헬레니즘 시대보다 더 빠를 수는 없다. 참조. "주석".

마지막으로, 우리는 이 내용의 정확한 "배경"이 무엇인지를 찾아내고자 해야만 한다. 에스라·느헤미야서는 이미 확장된 내용이라고 입증된 11:21-36뿐만 아니라, 후대에도 계속해서 확장이 진행되었다는 점에서는 의심의 여지가 없어 보인다. 우리는 나중에 12:27이 원래는 11:20에 직접 연결되어 있었다는 점을 제시하게 될 것이다. 우리는 11:21-36을 한 사람이 덧붙였는지 아니면 몇몇 사람이 덧붙였는지에 대해서는 확실하게 말할 수 없기 때문에, 12:1-26의 편집자가 이 일을 한 사람과 동일인인지 아니면 다른 사람인지를 추측하는 일은 별 의미가 없다.

그러나 우리의 저자의 조망은 요하난보다 더 이른 시기가 아니라는 점이 나타난다. 또한 그가 22-23절에서 요하난을 언급한 방식을 통해서, 그가 그 시대 바로 직후에 작업을 했을 가능성이 있다는 점이 나타난다. 즉 주전 4세기 초쯤이다. 이 점은 우리가 이 시기의 제사장과 레위인 가문들의 발전에 대해 알고 있는 내용과 경탄할 만큼 잘 들어맞는다. 좀더 충분하고 구체적인 내용들에 대해서는 윌리암슨(Williamson, *VTSup* 30[1979] 251-68)을 참조하라. 우리는 특별히 다음 사항들을 지적할 수 있다. (i) 노래하는 자들과 문지기들 모두 레위인들로 여겨졌는데, 그들이 해야 할 일들은 다윗이 규정했다(24-25절). 이는 에스라·느헤미야서의 자료가 하나로 묶이기 이전의 시각인데, 여기는 노래하는 자들은 레위인들로 구분되었지만 문지기들은 아직 그렇지 못한 마지막 단계다(11:17-19). 그러나 역대기 사가의 작품에서는(즉 대상 15장; 23:3-5) 아마도 주전 4세기 중반쯤으로 연대를 잡을 수 있을 것이다. (ii) 편집된 제사장 목록은 24반차 체제를 향해 나아가고는 있지만 아직 도달하지는 못한 상태다. 우리는 이 체제의 연대를 페르시아 시대 끝부분으로 잡고 있다(자연스럽게 이렇게 편집된 목록 이면에 있는 좀더 짧은 목록은 이보다 더 이른 시기다). 이 목록의 연대를 심지어 마카비 시대로까지 후대로 잡으려는 시도들은 거부되어야만 한다. 우리는 일단 24반차 체제가 확립된 이후에는 제2성전이 몰락할 때까지 이 체제가 변함없이 유지되었다는 것을 계속적으로 증가하는 증거들을 통해 알 수 있다(*VTSup* 30[1979] 251를 보라). 따라서 현재의 목록은, 설령 좀더 완전한 형태의 목록조차도 이 재료보다 앞서야만 한다.

주석

1-7 이 목록과 12-21절의 상응하는 모습은 마소라 텍스트(MT)에 나타나는

것보다 훨씬 더 밀접하다. 왜냐하면 원래 동일한 이름들이 때때로 전달 과정에서 변화되었기 때문이다. 핫두스는 14절에서 어쩌다가 우연히 잃어버린 것이 틀림없다. 스가냐와 스바냐는 같은 이름일 것이다(כ/ב). 마치 르훔과 하림(처음 두 개의 자음 철자들이 뒤바뀐)처럼, 므레못과 므라욧처럼, 미야민과 미냐민처럼 그리고 마아댜와 모아댜처럼 말이다. 10:4(3)과의 비교는 이 장의 두 목록 모두에서 바스훌을 누락시켰다고 제안하게끔 만들었다. 물론 이런 주장도 가능하긴 하지만 별로 확실치는 않다. 10장의 목록은 이름들을 다양한 원 자료들에서 수집했던 것으로 보이며, 그래서 바스훌을 에스라 2:38에서 직접 가져와 포함시킨 것으로 보인다.

표제어에 대해서는 에스라 2:1-2에 대한 "주석"을 보라. 요약(7b절)과 관련해서는 어려움이 있는데, 왜냐하면 "그들과 관련된 자들(형제들)"이 누구를 언급하는 것인지가 곧장 분명하게 설명되지 않기 때문이다. 그렇기 때문에 루돌프(Rudolph)는 이 문장을 9절 뒤에 나와야 한다고 순서를 바꾸는데, 9절에서는 이 언급이 레위인들을 지칭하는 것일 수 있기 때문이다. 그러나 이런 도치는 만약 우리가 피할 수만 있다면 피해야 하는 단순한 추측에 불과할 뿐이다. 모빙켈(Mowinckel, *Studien I*, 152-53〈fn.〉)은 이 가족 이름들이 가족의 우두머리들과 그들의 형제들을 모두 포함시킬 의도였다고 제안한다. 다른 학자들은 이를 단순한 기계적 첨가로 보는데, 왜냐하면 이런 양상은 이런 위치에서는 일상적으로 일어나는 일이기 때문이다(예를 들어, 11:12, 14, 19; 예를 들어, 베튼〈Batten〉과 슈나이더〈Schneider〉). 반면에 켈러만(Kellermann, *Nehemia*, 106)은 이것이 다음 문장의 출발점이며, 그래서 레위인들을 언급하는 것이라고 제안한다. 이런 것들과는 다른 대안으로서, 우리는 편집자가 자신이 이 목록 마지막 부분에 첨가했던 여섯 개의 이름들을 지칭할 의도였다고 제시해 볼 수도 있다. 그렇다면 그는 이 여섯 개의 이름들이 귀환 당시에는 아직 가족들의 우두머리들이 아니었다는 점을 인식하고 있었음을 보여 준다.

[8]-[9] "양식"에서 보았던 것처럼, 이 문단은 편집자가 문지기들을 여기에 포함시키지 않는다는 것을 알고 있었다는 점만 제외하곤 24-25절에 토대를 두고 있다. 9b절은 교대로 노래부르는 것에 관한 언급인데, 이에 대해서는 11:17과 에스라 3:10-11도 보라.

[10]-[11] 이 대제사장 목록은 이 장에서 가장 최근에 작성된 요소로 보인다. 이 목록은 분명 예수아(1-9절)와 요야김(12절) 간의 연결성을 보여 주기 위해 삽입되었다. 이 부분은 역대상 5:30-40(6:4-14)에서 볼 수 있는 방식과 정확하게 동일한 방식으로 구성되었으며, 사실 그 부분의 실질적인 연속선상에 서 있다. 그 문단에서

입증할 수 있는 것처럼(관련된 부분에 대한 나의 주석을 찾아보라) "…의 아비였다"라는 표현은 종종 문자적인 의미보다는 좀더 폭넓은 의미로 사용되었을 수 있다.

물론 예수아는 귀환 당시와 제2성전 건축 당시의 대제사장으로 확립되어 있었지만, 엘리아십은 거의 80년 이후 느헤미야와 동시대 인물이었다(참조. 3:1). 그럴듯한 것은 아니지만, 요야김이 중간의 빈 기간을 메웠을 가능성도 있다. 참조. Mowinckel, *Studien I*, 158; Cross, *JBL* 94(1975) 10; Williamson, *JTS* ns 28(1977) 60-64. 그렇기 때문에 이유가 무엇이 되었건 간에, 하나나 혹은 두 개의 이름들이 여기에 포함되지 않았을 것으로 보인다. 이 목록이 완벽한 목록이 아닐 가능성에 대해 주의를 기울이는 것은 중요한 일이다.

비록 일부 불확실한 측면들이 이 구절에 대한 해석을 둘러싸고 있긴 하지만, 요야다가 엘리아십을 승계했다는 것은 13:28을 통해 있음직한 일로 보인다. 요나단에 대해서는 다른 내용으로는 알려진 것이 없다. 많은 주석가들은 그를 요하난(22-23절)과 동일인으로 본다. 그러나 이 두 개의 이름들은 동일한 이름들이 아니며, 본문이 명확하게 진술하고 있는 바에 따르면 이들이 가족 내에서 갖고 있던 위치도 동일하지 않았다. 요나단은 엘리아십의 손자였지만, 요하난은 그의 아들이었다(23절). 우리는 이미 이 목록들이 완전한 것이 아니라는 점을 살펴보았기 때문에, 이 두 사람을 동일시하거나 혹은 현재 문단을 수정하는 것은 그리 현명한 처사가 아닌 것으로 보인다. 이렇게 진행시키면서, 크로스(Cross)가 하듯이 파포니미(papponymy, 아버지의 이름을 따서 아들의 이름을 짓는 것) 관습에 근거를 두고서 몇몇 이름들을 이 목록에 더하는 것이 타당한가의 문제는 지극히 의심스럽다. 참조. Widengren, "The Persian Period," *History*, 506-9. 따라서 요나단이 요하난의 조카였으며, 그가 요하난 이후에 대제사장 직위를 이어받았다는 것이 가장 그럴듯해 보인다.

이 목록의 마지막 이름인 얏두아는 일반적으로 알렉산더 대왕이 예루살렘과 가장 밀접하게 접촉하던 주전 333년경의 대제사장과 동일시된다. 이 점은 요세푸스(Josephus, *Ant*., 11 § 302)의 증거에 토대를 두고 있다. 표면적인 모습만 놓고 본다면, 이 점 역시 우리에게 일반적이지 않은 긴 재임 기간을 제시한다. 여기에 덧붙여서, 내가 *JTS* ns 28(1977) 49-66에서 보여 주고자 했던 것처럼 페르시아 시대 후기 때 여기에는 분명 언급되지 않았지만 요하난으로 불리던 대제사장이 있었다고 믿을 만한 강력한 증거가 있다. 그러므로 우리는 세 가지 대안을 갖게 된다. 우리가 현재 갖고 있는 이 목록이 불완전한 것이고 얏두아는 요세푸스가 제시하듯 늦은 시기의 대제사장이었거나, 혹은 얏두아의 연대를 늦은 시기로 잡은 요세푸스가 완전히 틀렸거나, 혹은 얏두아라고 불리던 한 명 이상의 대제사장이 있었다. 세 가지 가능성을 모두 변호할 수 있긴 하지만 첫 번째가 가장 그럴듯하게 보인다. 세 번째 제안은 크로스(Cross)가 제시한 순수한 상상인데, 그의 관점은 근거가 약한 것으로 나타났다(Widengren). 단지 아버지의 이름을 따라 이름을 짓는 관습이 있었다는 이유 때문에 그런 관습을 아무런 증거도 없이 아무 곳에나 적용하고 추측하는 것은 정당화될 수 없다. 두 번째 가능성은 요세푸스가 알렉산더 시기를 취급하는 부분이 상당 부분 매우 모호한 성격을 갖고 있다는 점을 자체적인 뒷받침을 근거로 주장할 수도 있을 것이다(참조. Rowley, "Sanballat"; R. J. Coggins, *Samaritans and Jews* [Oxford: Basil Blackwell, 1975], 95-97; 그리고 V. Tcherikover, *Hellenistic Civilization and the Jews*[tr. S. Applebaum; New York: Atheneum, 1959], 42-45). 그러나 대제사장의 승계와 관련된 문제에 있어서는, 그가 좀더 신뢰할 수 있는 정보들을 제시한다고 할 수 있을 것이다. 참조. D. R. Schwartz, "*κατὰ τοῦτον τὸν καιρὸν*: Josephus on Agrippa II," *JQR* 72(1982) 241-68(252-54). 이 점은 또한 첫 번째 가능성 편에서 좀더 긍정적인 역할을 하는데, 첫 번째 가능성에다가 이 목록이 실제로 한 가지 이상의 결점을 갖고 있다는 이미 언급된 증거를 첨가할 수 있을 것이다. 그러므로 우리는 얏두아는 아마도 페르시아 시기 마지막 때의 대제사장이었다고 결론내릴 수 있을 것이다. 그러나 위의 "양식"에서 제시한 근거들을 통해서, 이런 사실 때문에 이 문단 전체를 이 시기만큼 늦은 시기로 연대를 잡아야만 하는 것은 아니라고 결론내릴 수 있을 것이다.

12-21 요아김이 예수아와 엘리아십 사이에 오고 있기 때문에, 저자는 아마도 그가 에스라가 활동하던 시기 동안 대제사장이었다고 믿었던 것 같다. 26절도 보라. 목록 자체에 관해서는 1-7절에 대한 "주석"과 위의 "양식"을 보라. 목록에 올라 있는 개인 제사장들의 이름들 중에서 한 명의 이름이 누락되었고(17절), 또한 므라야와 갈래 두 사람의 이름들은 20.a절에 대한 "원문주해"에서 제시한 이유들 때문에 의심스럽다. 그러나 일반적으로는 이들은 특별한 문제점이나 어려움을 야기하지는 않는다. 만약 잇도 가문의 스가랴(16절)를 선지자 스가랴와 동일시해야만 한다면(참조. 슥 1:1), 그럴 경우 우리는 이 목록의 연대기적인 배경이 적절하다는 주장이나 혹은 후대로 연대를 잡아야만 한다는 주장에 대해 좀더 적은 지시점을 갖게 될 것이다.

22 이 구절은 어렵고, 이 구절에 대한 해석은 임시적일 수밖에 없다. 그러나 우리는 "원문주해"에서 중심적인 본문을 재구성하려는 시도들을 정당화할 수 없다는

것을 이미 살펴보았다. 그렇기 때문에 우리는 이 구절의 전반부를 편집자가 이제부터 도입하려고 하는 레위인들 목록에 관한 주석으로 이해해야만 한다고 제시한다. 이 부분은 이 이름들이 8-9절에서 동일하게 나타난다는 흥미로운 점을 설명하려는 의도를 갖고 있다. 이 시기를 통틀어서(즉 요야김의 계승자인 엘리아십에서부터 그가 알고 있는 한도 내에서 요하난까지, 그의 시대 때부터 그는 이 목록을 자신이 갖고 있던 원 자료에서 발췌할 수 있었다) 레위인들은 개인들로서보다는 가족들로서 열거되었다. 반면에 몇몇 이름들이 그들이 관련된 직무들과 더불어 기록되었는데, 이들은 분명히 개인들의 이름이다. 이를 통해서 그는 자신이 8-9절을 24-25절로부터 구성한 방식을 포함하는 인위적인 도구로 이 내용을 사용했다는 점을 보여준다.

"그리고 얏두아"는 "양식"에서 후대에 첨가된 것으로 보아야 한다고 설명했다. 원래의 저자는 요하난에서 멈췄다(23절도 보라). 그렇기 때문에 우리는 그를 그 당시나 혹은 직전의 대제사장이었다고 가정해야만 한다. 이 요하난에 관해 알려진 모든 정보는 에스라 10:6의 "주석"에서 열거해 놓았다. 비록 이 요하난과 그 구절의 여호하난을 동일시해서는 안 된다고 결론내렸긴 하지만 말이다. 그러므로 여기서 이 점과 관련하여 더 깊이 논의할 필요는 없을 것이다.

"그리고 제사장들"(והכהנים – 웨하코하님)이라는 단순한 표현으로 도입되는 이 구절의 후반부는 내가 추측하기로는 후대에 이루어진 윤색을 본문 안에 통합시키는 데 있어서는 가장 좋은 구성인 것 같다. 이 점은 이 부분이 구문론적으로 본문과의 통합성이 결여되어 있다는 점이나, 이 문단의 다른 부분들에서는 연대기 표시를 언급할 때는 항상 대제사장을 통해서 목록들을 나타내는 데 반해 여기서는 왕을 사용하고 있다는 점을 통해 알 수 있다. 22a절을 위에서 제시한 윤곽을 따라 이해했던 한 주석가는 이 장의 처음 부분에 있는 목록들의 증거를 통해서 제사장들이 다른 상황으로 제시되어 있다는 점을 관찰했다. 레위인들은 이 시기와 관련되어 있는 시대 동안에는 가족들을 통해서 열거되었는데, 반면에 제사장들은 오직 첫 번째 세대에서만 그런 방식으로 열거되었다. 주석가는 스룹바벨과 예수아가 가장 두드러지게 나타나는 에스라 1-6장의 내러티브 당시 제2성전을 건축할 시점의 왕이었던 다리오를 언급함으로써 이 사실에 주의를 기울였다.

"바사 왕 다리오"가 누구인지는 매우 논란이 되는 문제다. 지역적 표현을 사용한 것은 많은 사람들로 하여금 이 단어가 페르시아의 멸망 이후를 전제하고 있으며, 본문의 정황 속에서 얏두아를 언급하고 있다는 점과 더불어 다리오 3세 코도모누스

(Darius III Codomannus, 주전 336-330년)를 염두에 두고 있는 것이 분명하다고 추측하게끔 만들어 왔다. 그러나 다른 사람들은 이 책들의 연대를 좀더 초기로 잡으려는 것과 다리오 2세 노투스(Darius II Nothus, 주전 424-404년)에 대한 언급을 발견하는 것, 그리고 "바사 제국"이라는 명칭이 제국이 멸망한 것을 전제하는 것이 아니라는 점을 보여 줄 수 있는 동시대의 다른 예들을 열정적으로 찾으려고 한다. 그러나 이는 전적으로 확실한 것이 아니다. 참조. Mowinckel's remarks, *Studien I*, 161, *contra* Rudolph. 모빙켈(Mowinckel) 자신은 이 논쟁이 이 점을 벗어난 좀더 넓은 범위의 논쟁이라고 주장한다. 그는 마지막 다리오를 의도했던 것이 분명하다고 생각하지만, 유대 후기 저자들은 다리오 II세와 III세를 구별하지 않았다고 주장한다. 이 점에 있어서는 그가 옳다. 참조. Williamson, *JTS* ns 28(1977) 64-65. 그러나 그의 실수는 이 "두 번째" 다리오가 "첫 번째 다리오인 메대의 다리오"와 구별되는 바사의 다리오라고 주장하는 데까지 나아갔다는 점이다. "메대의 다리오"는 다니엘서를 통해서만 알려져 있는 의문 투성이의 인물이다(6:1〈5:31〉). 그러나 분명한 사실은 그가 바사 왕 고레스보다 앞선 연대의 사람이며 그와 대조적인 사람이라는 점이다(단 6:29〈28〉). 그렇기 때문에 우리의 윤색자가 다니엘 자료에 관해 어떤 형태로건 알고 있었다면, 그리고 만약 그가 메대의 다리오와 대조시키려는 의도를 갖고 있었다면, 그는 바사 왕 고레스의 패턴을 따라 다리오 I세를 언급하는 방식을 선택했을 가능성이 상당히 높다. 그리고 실제로 그가 이것을 의도했다는 점은, 바로 이 두 곳이 구약성경에서 지역적 형용사인 "바사"가 등장하는 유일한 곳이라는 사실(한 곳에서는 히브리어로, 다른 한 곳에서는 아람어로)이 강력하게 지지해 준다.

요약하면, "바사 왕 다리오"라는 표현은 메대의 다리오와 구분하기 위해서 다리오 I세를 지칭하는 방식이었다. 윤색자의 목적은 그처럼 초기 시대에 레위인들이 수 세대를 걸쳐 그렇게 했듯이 제사장들도 가문을 따라 기록되었다는 점을 보여 주는 것이었다. 이런 형태의 기록과 언급은 분명하게 헬라 시대 때로 연대를 잡아야만 하며, 이를 통해서 22b절이 후대에 윤색된 내용이라는 우리의 판단을 확신시켜 준다.

23 이 구절의 대부분의 내용에 관해서는 위의 "양식"을 보라. 요하난이 엘리아십의 손자가 아니라 사실은 아들이었다는 관점을 변호하는 것에 대해서는 에스라 10:6에 대한 "주석"을 보라. 그러나 우리는 이 이름 목록을 공식적 기록 방식으로 유지하게끔 해준 것이 다름아니라 바로 이 구절이었다는 통찰을 결코 간과해서는 안 된다. 무엇이 되었건 간에, 저자가 그저 단순하게 지나가듯이 언급했던 이 증거

가 정확하다는 사실을 의심할 증거는 전혀 없다. 우리가 이 장의 일부분에서 그렇게 하려고 노력했던 것처럼, 하나의 목록이 이처럼 원 자료로까지 거슬러 올라간다는 것을 보여 줄 수만 있다면, 그런 목록은 최고의 중요성을 갖는 직접적인 역사적 자료로 보아야만 한다.

24-25 노래하는 자들과 더불어 레위인들의 이름에 관해서는 위의 "양식"을 보라. 반차를 따라 교대로 노래하는 것에 관한 언급이 한 번 더 나온다. 참조. 8-9절. 레위인들의 의무가 다윗이 명한 대로 이루어졌다는 분명한 진술 역시 역대기 사가가 갖고 있던 관점이다. 비록 이런 믿음은 이후에 첨가되어 수식하고 있는 것으로 보이지만 말이다. 참조. Williamson, *VTSup* 30(1979) 251-68. "하나님의 사람"이라는 명칭은 오직 다윗에게만 드물게 적용되었는데(아래의 36절과 대하 8:14), 그가 제의 찬양을 조직한 것과 항상 연결되어 있다. 그러므로 이는 선지자적으로 임명된 것이라기보다는, 이스라엘 제의의 중추적 설립자인 모세(신 33:1; 수 14:6)와 비교하려 한다는 점을 보여 준다.

문지기들은 11:19에서처럼 기대한 것보다 적은 숫자의 이름들만이 목록에 올라와 있기는 하지만 관례적인 방식대로 그들의 가문을 따라 열거되었다(참조. 스 2:42).

26 12절에서 얻은 단서를 다루는 것을 통해서, 이 편집자는 자신이 요야김 시기때부터 연대를 두고 있다고 기록한 목록을 요약한다. 이 요약은 제사장들과 관련해서 상당히 정확한 것이었다. 또한 레위인들에 대한 것도 22절에서 설명되어 있는 것처럼 그들이 항상 가족 이름들을 사용하여 기록되었다는 점을 토대로 볼 때 정당한 요약이라고 할 수 있다. 그러나 더욱 중요한 것은 요야김을 느헤미야, 그리고 에스라와 연결하고 있다는 점이다. 이 저자는 분명 요야김이 에스라가 예루살렘에 왔을 때의 대제사장이었다고 믿었다. 우리는 그가 느헤미야 시대까지 엘리아십이 대제사장이었다는 사실에 대해서도 알고 있었다고 기대할 수 있을 것이다. 하지만 그와 같은 정확성이 그의 관심은 아니었다. 그보다는, 그는 그들의 사역이 예루살렘의 회복, 성전의 회복, 성전에서의 예배의 회복 등에 있어서 단일한 행동이었음을 제시하길 원했다. 그러므로 "총독 느헤미야 그리고"라는 표현을 후대에 첨가된 표현으로 보아 삭제해 버리는 것(Rudolph)은 심각하게 잘못 이해하는 것이다. 이 경우는 8:9과는 상당히 다르다. 우리의 저자는 두 명의 개혁자들의 활동을 이미 하나로 녹인 본문을 통해 작업을 하고 있다. 이와 유사한 이유들 때문에, 여기서 이 두 사람의 이름이 나온 순서를 사용해서 느헤미야가 에스라 이후에 그를 뒤좇았다는

관점을 뒷받침하려고 하는 것은 정당하지 못하다. 그보다는, 이 순서는 느헤미야서 자체를 통해서 결정되었다고 보아야 한다. 느헤미야서에서는 에스라가 8장에서야 비로소 처음으로 등장한다.

해설

이 문단에서 우리는 예루살렘으로 귀환하고 제2성전을 건축하고 다른 일들이 있었던 때부터 에스라와 느헤미야 시기를 포함하는 다음 세대의 제사장들과 레위인들의 목록을 제시받는다. 저자는 이 두 시기 동안의 밀접한 가족관계들을 지적하고자 애쓴다.

에스라 · 느헤미야서가 구성되는 과정에 대해 우리가 이해하고 있는 내용을 통해 생각해 보자면, 그는 이미 에스라 자료와 느헤미야 자료를 합한 자료를 이미 갖고 있었고 그 자료에 대해 이미 알고 있었다. 그러나 매우 중요하게도, 에스라 1-6장은 아직 이 설명의 앞부분에 덧붙여져 있지 않았다. 그러므로 이 내용을 첨가하려 했던 그의 목적은 에스라와 느헤미야를 통해 이루어진 예루살렘 제의의 재확립과 개혁들 사이의 연속성을 분명하게 제시하는 것이었음이 분명하다.

현대의 독자들에겐 이 문단의 두 가지 측면이 특별히 낯설게 보였을 것이다. 한 가지는 저자가 자신이 후기 목록들을 초기에 집어넣은 것을 정당화하기 위해 사용한 인위적인 방식이다. 나머지 다른 하나는 그가 연대를 단순화한 것인데, 그는 이를 통해서 회복과 개혁을 연속적인 두 세대 속에 끼워넣었다.

그러나 신학적 진리를 제시하기 위해 이와 같은 구조적인 방식을 사용하는 것은 저자 당시에는 관례적으로 받아들여지던 방식이었다. 그는 역대기 사가의 세계와 매우 밀접하게 연관되어 있으며, 그의 작품 중 처음 9장은 그런 방식들을 보여 주는 예들로 가득 차 있다. 마태복음 1:1-17이 보여 주듯이, 신약성경도 그런 방식의 본문 구성들에 익숙하고 친밀하다. 이 저자는 역사적 관점과 조망을 상당히 단순화시켜 버리는 방식을 사용했다. 이를 통해서 역사적 연속성의 복잡다단한 모습들을 제의의 완전한 회복이라는 목표를 향해 나아가는 질서 잡힌 과정으로 제시했다. 또한 자기 백성을 향한 하나님의 주권적인 목적들이 그 안에 분명하게 담겨 있는 과정들로 제시했다.

성벽 봉헌(느 12:27-43)

참고문헌

Burrows, M. "The Topography of Nehemiah 12:31-43." *JBL* 54(1935) 29-39. **Fullerton, K.** "The Procession of Nehemiah." *JBL* 38(1919) 171-79. **Kellermann, U.** *Nehemia*, 44-46, 93-94. **Simons, J.** *Jerusalem in the Old Testament.* Leiden: E. J. Brill(1952) 446-50. **Snaith, N. H.** "Nehemiah xii 36." *VT* 17(1967) 243. **Williamson, H. G. M.** "Nehemiah's Wall Revisited." *PEQ* 116(1984) 81-88.

본 문

27 예루살렘 성곽이 낙성되니 각처에서 레위 사람들을 찾아 예루살렘으로 데려다가 감사하며 노래하며 제금 치며 비파와 수금을 타며 즐거이 봉헌식을 행하려 하매

12:27 At the time of the dedication of the wall of Jerusalem, the Levites were sought out[a] from wherever they lived to be brought to Jerusalem to celebrate the dedication with joy,[b] with thanksgiving choirs[c] and the accompanying music of cymbals, lutes, and lyres,[d]

28 이에 노래하는 자들이 예루살렘 사방 들과 느도바 사람의 동네에서 모여 오고

28 The singers[a] were assembled both[b] from the district[c] round about Jerusalem and from the villages of the Netophathites,

29 또 벧길갈과 게바와 아스마웻 들에서 모여 왔으니 이 노래하는 자들은 자기를 위하여 예루살렘 사방에 동네를 세웠음이라

29 from Beth-haggilgal and the fields of Geba and Azmavet,[a] for the singers had built villages for themselves round about Jerusalem.

30 제사장들과 레위 사람들이 몸을 정결케 하고 또 백성과 성문과 성을 정결케 하니라

30 The priests and the Levites first purified themselves: then they purified the people, the gates, and the wall.

31 이에 내가 유다의 방백들로 성 위에 오르게 하고 또 감사 찬송하는 자의 큰 무리를 두 떼로 나누어 성 위로 항렬을 지어 가게 하는데 한 떼는 우편으로 분문을 향하여 가게 하니

31 I brought the leaders of Judah up onto[a] the wall and organized two large choirs to give thanks. One went[b] southward[c] along the top of[d] the wall to the Dung Gate,

32 따르는 자는 호세야와 유다 방백의 절반이요

32 followed by[a] Hoshaiah and half the leaders of Judah,

33 또 아사랴와 에스라와 므술람과

33 and by[a] Azariah [Ezra][b] and Meshullam,

34 유다와 베냐민과 스마야와 예레미야며

34 [Judah] and Minjamin[a] and Shemaiah and Jeremiah,

35 또 제사장의 자손 몇이 나팔을 잡았으니 요나
단의 아들 스마야의 손자 맛다냐의 증손 미가야
의 현손 삭굴의 오대손 아삽의 육대손 스가랴와

35 that is, some of the priests[a] with trumpets: (also by)[b] Zechariah, son of Jonathan, son of Shemaiah, son of Mattaniah, son of Micalab, son of Zakkur, son of Asaph,

36 그 형제 스마야와 아사렐과 밀랄래와 길랄래
와 마애와 느다넬과 유다와 하나니라 다 하나님
의 사람 다윗의 악기를 잡았고 학사 에스라가 앞
서서

36 and his associates Shemaiah and Azarel, Milalai, Gilalai,[a] Maai, Nethanel, Hanani, and Judah,[b] with the musical instruments of David, the man of God: and Ezra the scribe went in front of them;

37 샘문으로 말미암아 전진하여 성으로 올라가는
곳에 이르러 다윗 성의 층계로 올라가서 다윗의
궁 윗길에서 동향하여 수문에 이르렀고

37 and (they went)[a] over the Spring Gate. Then they went straight[b] up[c] the steps of the City of David, on the ascent to the city wall,[d] past the house of David and so finally to the Water Gate on the east.

38 감사 찬송하는 다른 떼는 저희를 마주 진행하
는데 내가 백성의 절반으로 더불어 그 뒤를 따라
성 위로 행하여 풀무 망대 윗길로 성 넓은 곳에
이르고

38 The second choir went[a] northwards[b] (I followed, with [the other] half of the people)[c] along the top of the wall past the Tower of the Ovens to the broad wall,

39 에브라임 문 위로 말미암아 옛문과 어문과 하
나넬 망대와 함메아 망대를 지나 양문에 이르러
감옥 문에 그치매

39 past the Ephraim Gate, and over the Mishneh Gate,[a] the Fish Gate, the Tower of Hananel, the Tower of the Hundred as far as the Sheep Gate and came to a halt at the Gate of the Guard.

40 이에 감사 찬송하는 두 떼와 나와 민장의 절
반은 하나님의 전에 섰고

40 Then the two thanksgiving choirs took up their positions in the house of God, as did I and the half of the officials who were with me:

41 제사장 엘리아김과 마아세야와 미냐민과 미가
야와 엘료에내와 스가랴와 하나냐는 다 나팔을
잡았고

41 likewise the priests, Eliakim, Maaseiah, Miniamin, Micaiah, Elioenai, Zechariah, (and) Hananiah with trumpets,

42 또 마아세야와 스마야와 엘르아살과 웃시와
여호하난과 말기야와 엘람과 에셀이 함께 있으며
노래하는 자는 크게 찬송하였는데 그 감독은 예
스라히야라

42 and Maaseiah, Shemaiah, Eleazar, Uzzi, Jehohanan, Malchiah, Elam, and Ezer. The singers sang aloud[a] under the direction of Izrahiah.

43 이 날에 무리가 크게 제사를 드리고 심히 즐
거워하였으니 이는 하나님이 크게 즐거워하게 하
셨음이라 부녀와 어린 아이도 즐거워하였으므로
예루살렘의 즐거워하는 소리가 멀리 들렸느니라

43 They offered up great sacrifices that day and they rejoiced, for God had given them very great joy: the women and children also rejoiced. The sound of rejoicing in Jerusalem could be heard from far away.

원문주해

27.a. 과거를 나타내는 비인칭 복수형이다.

27.b. 문자적으로는 "봉헌식을 하려고 그리고 (기쁘게) 하려고"이다. 후반부의 문구는 8:12에서도 나타난다("기쁨…으로 즐거워하기 위해"). 전체 표현은 중언법(hendiadys)으로 이해하는 것이 가장 좋으며, 따라서 본문 수정은 불필요하다(NEB와는 달리).

27.c. 이 표현은 일반적으로는 "감사 찬양들"로 이해되며, 이 경우 도입적인 와우는 생략해야만 하거나(그러나 Vrs는 그런 경우들을 보장해 주지 않는다) 혹은 설명적인 보충적 와우로 보아야만 한다("더욱 …를 가지고"). 그러나 ´וב…´וב 구조는 이 접속사들이 "…both A and B"라는 의미를 갖게 하려는 의도였을 수도 있다는 가능성을 생각하게 한다(이런 구성은 뒤이어 나오는 구절에서도 마찬가지로 볼 수 있으며, 따라서 와우를 양구절 모두에서 제거하는 것은 별로 매력적이지 못하다). 만약 그런 경우라면 이 두 개의 명사들은 셈어적으로 평행을 이루어야만 한다. 뒤이어 많은 악기들의 목록이 나오기 때문에, 쉬르(שיר)는 이미 주석가들로부터 "음악"으로 여겨지고 있다. 평행을 이루는 대상 25:6과 아래의 36절을 참조하라. 그렇다면 우리는 여기에다가 31, 38절과 40절에 나오는 תודה가 분명히 성가대를 언급한다는 내용을 첨가해야만 한다. 그러므로 이 단어는 여기서도 마찬가지 의미일 것이라고 추측하는 것이 합리적이다.

27.d. 의미상으로나 몇몇 MSS를 통해서나 ב를 뒤이어 나오는 כ에 대한 중복 기록으로 보아 생략하라.

28.a. 문자적으로는 "노래하는 자들의 자손들"이지만, 브네이(בני)는 전문적인 직업 길드에 소속된 멤버십을 지칭하는 데 사용될 수도 있다. 참조. BDB 121 A, 7a; H. Haag in *TDOT*, 2, 152. 그렇기 때문에 (비록 불가능한 것은 아니지만) LXXL가 하는 것처럼 레위(לוי)를 첨가해서 "레위인 노래하는 자들"로 만들 필요는 없다.

28.b. 참조. n. 27.c.

28.c. 참조. n. 3:22.a.

29.a. 혹은 Beth-azmavet; 참조. 스 2:24.b.

31.a. 이 문단에서 사용된 메알 라(מעל ל)는 대하 26:19에서처럼 나중에는 "곁에"를 의미해야만 한다. 여기서도 그런 의미를 갖도록 의도되었을 수 있지만, 동사 알레(עלה)는 그보다는 동일하게 가능성이 있는 의미이면서 위에서 제시한 번역을 좀더 그럴듯한 것으로 만들어 준다. 참조. 대하 13:4과 Burrows, *JBL* 54(1935) 31.

31.b. 마소라 텍스트(MT)에는 웨타할루코트(ותהלכת)로 되어 있는데, 이는 단 한 번만 등장하는 단어이며 일반적으로는 "행렬들"이라는 의미를 갖는 것으로 여겨진다. 그러나 38절과의 비교는 모든 주석가들로 하여금 이런 생각이 옳지 않다고 확신하게끔 만들어 주었다. 그리고 והאחת הלכת("and the one went")라고 약간의 본문 수정을 해야 한다

고 확신하게끔 만들었다. 이런 잘못된 본문은 지금 본문을 좀더 쉽게 이해할 수 있게 해주는 결과를 가져다 주지만, 반면에 수정한 본문은 38절의 웨핫토다 하쉐네이트 하홀레케트(והתודה השנית ‹ה›הלכת, "두 번째 ‹성가대› 때는 진행했다")라는 구문과 정확하게 균형을 갖게 해준다.

31.c. 윌리암슨(Williamson, "Nehemiah's Wall")을 참조하라.

32.a. 문자적으로는 "그들 뒤를 따라갔다"이다. 즉 성가대 구성원들의 뒤를.

33.a. 혹은 "즉"이다. 그러나 이는 별로 그럴듯하지 않은데, 왜냐하면 뒤이어 나오는 내용이 제사장들의 목록을 의도하고 있는 것으로 보이기 때문이다.

33.b. 에스라는 아사랴에 대한 다른 형태다(참조. 10:3‹2›과 12:1, 13). 아사랴를 본문 수정을 해야 한다는 제안이 계속되어 왔지만, 이를 뒷받침해 주는 본문상의 증거가 미미하다. 더군다나 후대의 주석가는 36절 마지막 부분의 서술을 매우 심각하게 다루었으며, 그래서 아사랴의 정체성을 좀더 분명하게 나타내기 위해 "에스라"를 이 자리에 집어넣었다(이 목록의 다른 이름들과는 달리 접속사가 없다는 점을 주목하라). 그러므로 주석가는 "그들 앞에서(앞서서)"(36절)가 "제사장들 앞에서"를 의미한다고 이해했다. 왜냐하면 아사랴는 여기서 제사장들 목록의 맨 앞부분을 차지하기 때문이다. 아래의 "양식"을 좀더 보도록 하라.

34.a. 베냐민(בנימן, "베냐민")은 제사장 이름인 미냐민(מנימין, "미냐민")을 서기관이 잘못 기록해서 생겼을 가능성이 상당히 높다(17절에서처럼). 비록 이 이름이 41절에도 역시 등장하긴 하지만 말이다. 만약 그렇다면 "유다"라는 이름도 후대의 누군가가 이 이름이 지파를 지칭하는 것이 되게끔 하기 위해서 이전에는 다른 이름이었던 것을 후대에 바꾼 것일 가능성이 있다. 유다라는 이름이 이 목록 중에서 접속사를 갖고 있지 않은 유일한 두 개의 이름 중 하나이며(에스라 이외에; 위의 n. 33.b.절을 보라), 제사장으로서는 다른 곳에서 전혀 나타나지 않는 유일한 이름이란 점도 지적해야 할 것이다. "유다"라는 이름이 이 목록에 나중에 단순하게 첨가되었을 가능성도 있지만, 두 개의 행렬 간에 대칭성(참조. "양식")이 나타난다는 점은 이 이름이 다른 누구가의 이름을 바꾼 것이라는 관점을 더욱 지지하게 한다. 그렇다면 처음 철자인 요드(י)는 우리가 본문의 정황상 기대할 수 있는 와우(ו, "그리고")를 제시한다고 볼 수 있을 것이다. 다른 목록들을 근거로 생각해 볼 때, 비록 철자들 간에 상당한 유사성이 있는 것은 아니지만, 유다 자리에 아비아(אביה, "아비아")가 있었을 것으로 추측된다. 다른 대안으로서 스 3:9에 나오는 동일한 실수에 토대를 두고서 호다위야(הודויה, "호다위야")라는 제안도 가능하기는 하다. 슈나이더(Schneider)는 여다야(ידעיה, "여다야")를 제시한다. 그러나 이 이름은 제사장 가운데는 들어 있지 않다.

35.a. 스가랴는 아삽의 후손으로서 레위인들 중 한 사람이었던 것이 틀림없다. 그러므로 나팔을 잡는 제사장들에 대한 언급은 앞 구절과 관계가 있는 것이 틀림없다. 마소라

텍스트(MT)는 "제사장 후손들의 일부"라는 표현을 사용한다. 이와 동일한 숙어 구문에 대해서는 n. 28.a.을 참조하라. 이 표현은 여기 열거되어 있는 제사장들은 가족들의 우두머리들과는 달리 "일반적인 보통" 제사장들이었음을 함축한다. 만약 그렇다면 이 이름들은 에스라・느헤미야서의 다른 부분들에 나오는 제사장들과 동일한 것으로 보아서는 안 된다.

35.b. 비록 영어에서는 이 단어들이 필요하긴 하지만, 히브리어에서는 접속사를 첨가하는 것이 반드시 강제적인 것은 아니다.

36.a. 이 두 개의 이름들은 의문스러운데, 11:8.a.에 대한 "원문주해"에서 제시한 이유 때문이다. 대부분의 주석가들이 말하는 내용에도 불구하고, 12:42에는 지금 이 곳에 지도자들이 포함되어 있는 것과 마찬가지로 그들의 지도자들을 포함해서 아홉 명의 음악가들이 열거되어 있다. 그러므로 이들 이름 중 하나를 중언법으로 보아 그냥 지워 버리는 것은 실수다. 그보다는 본문이 심하게 상한 것을 포함하기 위해 서기관이 사용한 방식이라고 보아야 할 것이다.

36.b. 마소라 텍스트(MT)에는 "그리고 유다, 하나니"로 되어 있다. 가장 간단한 해결방안은 이 두 개의 이름들이 옮겨적는 과정에서 단순하게 첨가되었다고 가정하는 것이다. 참조 n. 12:25.b.

37.a. 이 구절은 한때는 31절과 직접적으로 연결되어 있었던 것으로 보인다. 그렇기 때문에 첫 번째 구문은 여전히 홀레케트(הלכת, "행했다〈갔다〉")의 지배를 받는다. 엄격하게 말하면 그 어떤 동사도 떨어져 나간 것이 아니지만, 32-36절에 목록을 첨가하는 것이 현재 구문 같은 양상을 남겨놓았다. 우리가 만약 이 목록을 괄호 처리하지 않는다면, 우리는 번역에 있어서 31절의 동사를 반복해야만 한다.

37.b. 네겟담(נגדם)의 의미에 대해서는 BDB 617A **i.a.**(b). 항목을 참조하라. 마소라 액센트들은 이 단어를 이 구절의 첫 번째 구문과 묶어서 처리하지만, 두 번째 구문과 묶는 것이 좀더 의미를 잘 통하게 만들어 준다. 아마도 마소라에서는 지금 본문을 있는 그대로 볼 경우 이 구절의 처음 부분이 갖는 어색한 모습 때문에 영향을 받았을 것이다.

37.c. 알(על)은 "over"라는 의미를 갖지만, 동사 알레(עלה, "위로 올라가다") 뒤에서 이런 의미를 갖고 있었다고 보기는 조금 어려울 듯하다.

37.d. 이 구절 전체를 통해서와 마찬가지로, 여기서도 우리의 지정학적인 지식이 모자라기 때문에 특별하게 번역하는 일은 어렵다. 마소라에서는 이 구문을 독자적인 구문으로 취급하며, 따라서 이 부분은 이 행렬이 어떻게 우회로를 따라 성벽 계단으로 합류했는지를 묘사하려는 것이었을 것이다. 다른 한편으로는, 이런 생각과 마찬가지로 계단들이 "성벽의 경사진 부분들" 위에(over) 있었다는 것도 잘 들어맞는 생각이다. 그러나 히브리어 전치사가 가질 수 있는 의미의 범위를 생각해 볼 때 이는 확실하지 않다. 이런 관점에서 일관성을 이루기 위해 대담하긴 하지만 확실하지는 않은 풀러튼(Fullerton)의 시도를 참

조하라: *JBL* 38(1919) 171-79. 상황들을 통해서 주된 본문 수정 주장(예를 들어, Rudolph)은 훌륭하게 피할 수 있다.

38.a. 관사를 중복 기록으로 보아 생략하라(참조. Vg).

38.b. 마소라 텍스트(MT)는 "반대편 방향에서"로 설명해야만 한다. 그러나 철자(א를 갖고 있는)는 예외적이며, 그 의미도 억지스럽다. למול은 다른 곳들에서는 "…앞에"를 의미한다. 31절과 비교해 보면 레쉬모알(לשמאל, "북쪽으로")로 읽어야 할 것을 추측케 한다. 연결형 히브리어 본문에서는 쉰(ש)은 멤(ם)과 함께 나올 때 중자탈락으로 인해 누락되는 경우들이 있곤 하다.

38.c. 이 상황절은 주동사를 반복하는 것을 피하기 위해 삽입 구문으로서 잘 표현되었다. 소레이(שרי "…의 지도자들")를 하암(העם, "그 백성") 앞에 첨가하는 것은 잘못된 것이다. 여기서의 "그 백성"은 일반 백성들과 제사장들을 아우르는 느헤미야의 과정 전체를 포함하는 일반적인 방식으로 사용되었다. 이 점에 대해서는 아래의 40-42절에서 좀더 충분하게 다루었으며, 거기서 일반 백성들이라는 요소는 따로 구분해서 언급했다. 그러므로 위튼 데이비스(Witton Davies)가 정확하다.

39.a. 참조. n. 3:6.a.

42.a. 문자적으로는 "듣게끔 하다"이다. 우리는 "그들의 목소리들"을 목적어로 이해해야만 하거나, 혹은 여지껏 주장되어 온 것처럼 이것이 앞 구절이 상실해 버린 악기들(참조. 36절)을 지칭하는 것일 수 있으며, 원래는 여기서 이것을 목적어로 의도했었다고 이해해야만 한다.

양식/구조/배경

이 문단 내에 느헤미야 비망록(NM)에서 발췌한 부분이 포함되어 있다는 것에 대해서는 아무런 논쟁이 없다(토레이〈Torrey, *Composition*, 43-44〉는 별개로 하고. 뷔로우〈Burrows, *JBL* 54, 1935, 29-39〉는 좀더 특별한 근거들 없이 불안정스럽게 토레이를 좇는다). 7:5 이후로 처음으로 1인칭 내러티브가 다시 시작된다(31, 38, 40절). 이토록 긴 공백 이후에 다시금 이런 방식이 시작된 것을 단순하게 편집자의 스타일이라고만 보기엔 무리가 있다. 다루어지고 있는 중심 주제 역시 우리가 느헤미야 비망록에서 발견할 것으로 기대하는 문제다. 성벽 재건축을 위해 그토록 많은 노력을 기울인 이후에, 만약 완공을 기념하기 위한 어떤 종류의 의식도 없었다면 그것은 놀라운 일일 것이다.

그러나 동시에 학자들은 마찬가지로 이 문단이 전체적으로 느헤미야 비망록(NM)에서 직접적으로 발췌한 것이 아니라는 점에 대해서도 의견의 일치를 보이고 있다. 처음 네 구절에 느헤미야에 관한 언급이 나오지 않는다는 점이나, 제사장들과 음악가들의 이름 목록 둘 다가 내러티브의 흐름을 방해한다는 점, 그리고 이들은 그 어디에서도 느헤미야의 관심사가 아니며 내러티브 자체가 단편적으로 이루어져 있다는 점 등을 근거로 관찰할 수 있다: 예를 들어, 우리는 어디에서 이 과정들이 시작되었는지, 이 과정에 참여한 대부분의 구성원들이 성전에 다가섰을 때 어떤 일이 일어났는지, 어떻게 첫 번째 성가대가 성전에 왔는지 등에 대해서 아무런 내용도 읽을 수 없다. 그렇기 때문에 느헤미야 비망록에서 발췌한 부분을 편집자가 다른 곳들보다도 이 부분에서 더 재작업을 했다고 인정하고 있다. 일반적으로 말해서, 이 결론은 피할 수 없는 것으로 보인다. 특별히 주의를 기울여야 할 점은 32-36절에 나오는 목록이 원래는 31절에서 37절까지 중단없이 연결되어 있던 내러티브를 중간에 잘라먹고 들어와 있는 방식에 대해서다. 또한 두 번째 행렬을 묘사하려고 의도된 내용(40-42절)이 내러티브 중 어색한 곳에 자리잡고 있다는 점에 대해서다. 이 묘사는 아마도 38절 자리에 있었더라면 좀더 자연스러웠을 것이다. 이 사실을 두 개의 행렬 사이의 대칭(아래를 보라)과 연관짓거나 1인칭 내러티브의 표준과 연관지음으로써 조금 거칠기는 하겠지만 31-32절, 37-40절과 43절이 느헤미야 비망록에서 취한 핵심적인 내용을 담고 있다고 주장하는 것이 가능하다. 그러나 이런 수준보다 훨씬 더 정확성을 기하기 위해 이런저런 방법들을 시도하는 것은 지나치게 추측적인 것이 될 뿐이고, 그런 시도는 별다른 가치를 얻지 못할 뿐이다.

그렇다면 도대체 무엇이 이 내용 나머지 부분의 원래 기원이었단 말인가? 대부분의 주석가들은 이에 대해서 "역대기 사가"라고 간단하게 생각한다. 그들은 역대기 사가가 에스라 · 느헤미야서의 편집자라고 본다. 이것 때문에 이 내용은 역사적으로는 별로 가치가 없는 것으로 여겨진다. 이 내용은 이 의식을 목회적인 측면에서 중요한 가치를 가질 뿐인 종교적 의례가 되게끔 하는 데 도움을 줄 뿐이라고 여겨진다(참조. Kellermann, *Nehemia*, 93-94).

하지만 이런 부정적인 판단이 과연 정당한 것인지는 결코 확실하지 않다. 이 내용이 다른 설명과 자료에 토대를 두고 이 의식을 설명했던 것으로 볼 수 있는 몇 가지 사항이 있다. (i) 27-30절은 분명 일부 가치 있는 문헌적인 내용을 포함하고 있으며(28-29절), 이 부분들은 이 의식 과정들을 묘사한 다른 설명과 자료를 여기서 다시 요약한 것으로 충분히 이해할 수 있는 내용이다. 30절이 이 의식에 대한 도입(Rudolph)보다는 도리어 이 의식의 결론을 묘사하고 있다는 점(Ackroyd)은 당연한 일이다. (ii) 이 시작 구절들은 또한 레위인들과 노래하는 자들이 예루살렘에서 멀리 떨어져서 살고 있었다는 점도 함축하고 있다. 우리가 갖고 있는 정보를 통해서 보자면, 이런 경우는 11장에 묘사된 사건들 이전에 성벽이 건축되었던 시대의 경우다(그러나 이 연대는 정확하지 않다). 그리고 이후에(참조. 13:10) 10장에서 묘사된 맹세가 상황을 다시 규정하고 정리할 때까지다. 그러나 이 장들의 현재 순서를 책임지고 있던 편집자가 이런 것과 비슷한 묘사를 그가 공동체의 순종적인 행동들 중 하나로서 수많은 레위인들과 노래하는 자들이 예루살렘으로 이동한 것을 기록했던 바로 이 지점에다 만들었어야만 했다는 것은 별로 그럴듯해 보이지 않는다. (iii) 또한 행렬들에 대한 묘사에는 중복되는 요소가 있다. 우리가 판단할 수 있는 한, 느헤미야 비망록에서는 이와 관련된 부분은 짧은 분량이었다. 그러나 "백성의 절반"(חצי העם – 하치 하암, 38절)과 아마도 "나와 민장의 절반"(חצי הסגנים עמי – 하치 하쎄가님 임미, 40절)은 분명 그의 설명에서 나왔을 것이다. "민장"(סגנים – 쎄가님)은 그가 공동체의 지도자들을 표현하기 위해 규칙적으로 사용하던 단어들 중 하나다(참조. 2:16; 4:8〈14〉, 13〈19〉; 5:7, 17; 7:5; 13:11). 그러나 첫 번째 행렬에 대한 묘사에서 일반 백성들의 지도자들은 "유다 방백들"(שׂרי יהודה – 소레이 예후다, 32절)이라고 표현되었으며, 반면에 느헤미야 자신은 종교 지도자들과 일반 백성 지도자들을 함께 שׂרים이라는 단어를 사용하여 표현했다(31절). 그렇기 때문에 짧은 묘사에서부터 직접적으로 좀더 긴 묘사로 발전했다기보다는, 행렬들에 대한 분리된 두 개의 묘사(이들 중 느헤미야의 묘사는 상당히 짧았을 것이다)가 함께 묶여진 것으로 보인다.

우리는 이 결론이 우리가 이미 10장, 11장과의 연관성과 관련해서 살펴본 내용들과 상당히 잘 어울리는 것을 관찰할 수 있다. 그 부분에서는 사건들에 대한 다른 설명들이 자리잡고 있었다고 제안되었다(사실 성벽 건축 자체와 관련된 설명은 느 3장에서 이미 느헤미야 비망록〈NM〉에 합병되었지만). 이런 두 가지 경우에 있어서 편집자는 이들을 각각 독자적으로 따르는 것을 선호했다(비록 13장은 어느 정도는 다시금 균형을 잡고 있지만). 그와는 대조적으로, 그는 여기서는 이 두 가지를 합쳤다. 그는 분명 느헤미야의 중요한 업적을 치하하는 이 의식에 느헤미야를 개인적으로 포함시키는 것이 적절하다고 여겼던 것 같다.

이 문단의 구조는 방금전에 대략 제시한 구성 방식으로 인해서 어느 정도는 흐트러져 있는 양상이다. 이런 이유 때문에 비주류적인 내적 반복들이 후대에 첨가된 것을 보여 주는 근거라고 지나치게 강조하는 것은 별로 현명하지 못한 일이다(즉 27절과 28절 사이의 반복들). 이것은 두 개의 원 자료를 혼합해서 생긴 결과이든,

혹은 이 문단의 처음 두 구절이 뒤의 내러티브에서 훨씬 자세한 내용(28-29절)이 뒤따라오는 도입적인 선언(27절)을 갖게 되었기 때문에 생긴 결과이든 마찬가지다.

그러나 여기서 좀더 충분히 살펴보고 추구해야 할 사항이 한 가지 있다. 즉 이 두 개의 행렬들 간의 균형이다. 이 행렬들은 다음과 같이 구성되어 있는 것으로 보인다.

(1) 감사 찬양(31절과 38절)
(2) 두드러진 일반 백성: 호세야(32절)와 느헤미야(38, 40절)
(3) 일반 백성 지도자들의 절반(32절과 40절)
(4) 나팔을 잡고 있는 일곱 제사장들(33-35a절과 41절)
(5) 음악 감독: 스가랴(35b절)와 예스라히야(42b절)
(6) 여덟 명의 레위인 음악가들(36절과 42절)

이런 균형과 대칭이 의도적인 것이 아니었다고 추측하기는 어렵다. 그러나 여기 제시된 바로는, 첫 번째 행렬에서 "그들 앞에서(앞서서)"(36절) 나아간 것으로 언급되는 학사 에스라가 들어갈 자리가 전혀 없어 보인다. 에스라를 두 번째 행렬의 예스라히야와 동일인으로 취급하는 것은 명백히 잘못이다(Bertholet 등은 이에 반대다). 그렇기 때문에 많은 학자들은 에스라에 대한 언급에 대해 에스라와 느헤미야의 개혁들을 하나로 묶고자 했던 후대의 편집자가 첨가한 것이라고 주장했다. 역사적인 측면에서는, 여기에 에스라가 포함되어 있는 것은 느헤미야 8:9에서 갖는 가치보다 더 큰 가치를 가지지 않는다.

만약 33-36절까지의 본문이 건전하다면, 내 생각으로는 이 결론은 정당하다. 그러나 우리는 이미 위의 33.b.절의 "원문주해"에서 이것은 그런 경우가 아닐 것이라고 살펴보았다. 두 개의 행렬들 간의 대칭과 균형을 위해 필요한 "에스라"라는 이름은 그 앞에 나오는 아사랴에 대한 윤색일 가능성이 높다: 이름 둘은 철자상 모두 동일하며, "에스라"에는 우리가 기대하는 접속사가 없다. 이제는 아사랴를 서기관 에스라와 동일시해서는 안 된다는 것에 대해서 일반적으로 동의하고 있다. 그는 10:3(2)에서 언급된 제사장 가족들의 우두머리들 중 한 사람이다. 또한 다른 대안적인 철자를 갖고 있는 12:1과 13절을 보라. 그럼에도 불구하고, 에스라는 뚜렷하게 나타나는 제사장 후손이었으며(참조. 스 7:1-5), 따라서 그는 만약 이런 경우로 제시된 것이라 하더라도 제사장들 가운데서 잘 발견되었을 것이다. 어쨌거나 이것이 33절의 주석가가 분명하게 생각했던 바이다. 그러나 그의 실수는 아사랴와 서기관 에스라를 동일시했던 것이다. 만약 그가 에스라를 아사랴 **앞에** 집어넣었다면, 그는 진짜 상황이 어떤 것이었는지를 더 잘 표현할 수 있었을 것이다. 모든 경우에 에스라는 두 개의 행렬들의 대칭과 균형을 유지하기 위해서 필요했을 것이다. 이 목록 중 그의 이름이 마지막에 자리잡고 있다는 점은 스네이스(Snaith, *VT* 17[1967] 243)가 관찰했듯이 욥기 21:33과 약한 평행을 이루고 있는 것으로 볼 수 있다. 그러나 그것은 정확한 것이 아니며, 지금 우리가 갖고 있는 구문의 진정성을 그 본문 자체만을 가지고 결정해 줄 수 있을 만큼 충분히 강력한 증거가 되지는 못한다.

에스라와 느헤미야가 예루살렘에 함께 있었던 적이 있었느냐는 문제는 에스라·느헤미야서와 관련된 중요한 논쟁 주제 중 하나였다. 그러므로 이 문제에 대한 해법이 결국 본문상의 추측(즉 33절에 나오는 에스라가 후대의 윤색이라는 추측)이 가능성이 있는가에 의존한다는 것은 조금은 흥미로운 일이다. 그러나 증명되듯이, 이는 전혀 부적절한 것은 아닐 것이다. 우리는 느헤미야 8장에서 에스라의 모든 중요한 행동이 느헤미야와 상당히 독립적으로 이루어졌음을 살펴보았다. 그렇기 때문에 그가 예루살렘에서 주도적인 제사장 구성원으로서 계속 거주했는지 그렇지 않은지의 문제는 그저 약간 흥미로운 문제일 뿐이다. 이 문단은 그가 그렇게 함께 거주했던 것으로 추측케 한다고 주장할 수 있다. 그러나 만약 그가 동시에 함께 거주하지 않았다 하더라도, 중요하게 변해야 하는 내용은 아무것도 없다.

마지막으로, 우리는 이 문단과 이 문단이 묘사하고 있는 사건들의 배경에 관해서 생각해야만 한다. 역사적으로 보자면, 우리는 봉헌식이 성벽 건축 완공 이후 신속하게 이루어졌을 것으로 기대한다. 느헤미야 비망록(NM)에서는 이런 설명은 7:3 이후나 혹은 6:19 이후에서 잘 들어맞을 것으로 보이지만, 확고한 증거는 부족하다. 그러므로 이 편집자는 분명히 특별한 이유 때문에 이 설명의 위치를 옮겼을 것이다. 그가 느헤미야 8장을 다루었던 내용은 즉시 그 내용이 비슷한 유추임을 추측케 한다. 그리고 편집자의 번역에서 이 본문 바로 직전에 나온 부분과 연결해서 생각해 볼 때, 즉 11:20과 연결해서 생각해 볼 때(우리는 11:21-12:26이 후대에 덧붙여졌다는 사실에 관해 이미 살펴보았다), 이 본문 문단의 시작 부분을 통해 이 점은 확인된다. 각기 본성에 거하고 있던 다양한 그룹의 사람들에 대한 언급(11:20)과 중점적인 의식을 위해 예루살렘에 함께 왔던 사람들에 대한 언급(12:27-28)은 7장 마지막 부분과 8장 처음 부분에서 발견할 수 있는 것과 정확하게 동일한 패턴이다. 그리고 그 부분에서 그 언급이 에스라의 사역의 클라이맥스를 설명하는 서언이었던 것과 마찬가지로, 여기서도 이 언급은 느헤미야에 대해서 마찬가지 역할을 한다. 이 편집자는 우리가 종교적 개혁과 세속적 개혁 사이를 분리하려고 몰고 가는 것을 허용하지 않을 것이다. 그보다는 그는 설명들과 클라이맥스 부분들을 이들 두 가지가 서로서로로부터 발생되었으며, 한편이 성공적인 결론을 맺으려면 다른 한편이 반드시 필요하다는 점을 추측하게끔 한 군데로 뒤섞어 묶어놓았다.

주석

27 이 구절에 깔려 있는 전제와 가정은 이 구절이 원래는 11:20과 직접적으로 연결되어 있었다는 점을 생각해 보면 좀더 분명해질 것이다. 강조점은 이 봉헌식이 "기쁨으로" 드려졌다는 데 있는데, 이 점은 이 설명의 마무리 부분에서도 다시 강조적으로 시작될 것이다(43절). 이 점은 8장에서 에스라가 율법을 읽는 것을 설명할 때의 두드러진 특징으로 지적되었으며, 그렇기에 이 편집자가 종교의 특징을 무엇으로 이해하고 있는지를 잘 반영하고 있다. 따라서 여기 제시된 것처럼 음악은 기쁨을 자극할 뿐만 아니라 기쁨에 대한 표현이었다. 그 결과 그는 여기서 분명하게 중추적인 악기 연주자들로 간주되고 있는 레위인들을 숫자를 세서 제시하는 데 꽤 신경을 기울였다. 마지막에 이름이 등장하는 두 개의 악기(영어로 최대한 동일한 의미를 담도록 표현한)는 둘 다 줄을 갖고 있는 악기였으며 뜯는 것을 통해 연주하는 악기들이었다. 이 악기들의 현의 숫자는 다양했다. 여기에 덧붙여서, 울림통을 갖고 있는 악기들과 그렇지 않은 악기들이 묘사되고 있다. 여기서 가장 중요한 것은, 이 악기들은 이동하면서 연주할 수 있는 악기들이었다는 점이다. 그러므로 가장 빈번하게 번역되는 "하프"라는 표현은 잘못된 인상을 심어 줄 수 있다.

28-29 이 문단을 통해 나타나는 노래하는 자들과 레위인들의 관계는 분명치 않다. 여기서는 이들이 분리되어 다루어진다. 그러나 이들 역시 앞 구절에 나오는 음악가들에 포함된다고 가정하지 않을 수가 없다. 마찬가지로 42절에서도 모호함을 발견할 수 있다. 아마도 이 점은 노래하는 자들이 레위인들로 간주되기 시작했던 시점을 반영할 것이다.

노래하는 자들 거주 목록의 시작과 마지막 부분은 "예루살렘 사방"(ירושלם סביבות – 쎄비보트 예루살람)이라는 반복적 표현이 보여 주듯이 동일한 거주 그룹들을 언급한다. 그렇기 때문에 28절의 ככר은 어떤 특정한 위치보다는 일반적인 "지역"으로 이해하는 것이 가장 좋은 해석이다. "느도바 사람들의 동네들"은 느도바와 거기에 부속된 거주지들을 의미한다. 느도바는 지금의 키르벳 베드 팔루(Khirbet

Bedd Faluh)에 위치하고 있으며, 베들레헴에서 남동쪽으로 약 3.5마일 거리에 자리잡고 있다. 참조. 역대상 2:54; 에스라 2:22; A. Alt, *PJB* 28(1932) 9-12, 그리고 K. Kob, "Netopha," *PJB* 28(1932) 47-54. 근처에 자리잡고 있는 아인 엔 나투프('Ain en-Naṭuf)라고 불리는 샘은 아마도 고대의 이름을 그대로 보존하고 있는 듯하다. 벧-하길갈(벧길갈)은 아마도 길갈로 더 잘 알려져 있는 여리고 인근의 성읍일 것이다. 반면에 게바와 아스마웻은 베냐민 지파의 성읍들로서 예루살렘에서 북동쪽으로 몇 마일 정도 떨어져 있다. 그렇기 때문에 이런 거주지들은 특별한 지역을 중심으로 모여 있는 것이 아니라, 이 주변 언저리 주위로 어느 정도 흩어져 있다. 이는 노래하는 자들이 성전에서 생계를 유지하지 못하게 된 이후에 땅을 통해 그들의 생활을 유지하는 것이 최상이었음을 추측케 한다. 참조. 13:10.

30 본문 자체대로는 정결케 하는 것이 봉헌식의 처음 부분을 표시하고 있다. 이는 고대 이스라엘의 종교에서 나타나는 사례들과 정확하게 동일한 양상이다. 에스라 6:20에 대한 "주석"을 보라. 이 의식들은 몸과 의복들을 씻는 것, 제의적으로 물을 뿌리는 것, 속죄제를 위한 제사, 금식 그리고 성관계의 금욕 등을 포함했을 것이다. 참조. 출애굽기 19:10, 14-15; 레위기 16:28; 민수기 8:5-8; 19장. 성벽과 성문들을 정결케 하는 것은 평행을 찾을 수 없는 개념이지만, "거룩한 도시" 예루살렘에 대한 인식이 점차 증가했음을 반영하는 것일 수 있다(참조. 11:1). 이 거룩함은 매우 오랫동안 이방인들의 침략을 통해 더럽혀졌으며, 슈나이더(Schneider)가 추측하듯이 성벽을 방어하면서 많은 사람들이 그 성벽 위에서 죽었기 때문에 이를 통해서도 오염되었다. 마찬가지로 개인 주택들을 정결케 하는 관습을 행할 때도 이런 경우가 사용되었을(레 14:49-53) 가능성이 상당히 높다(Meyer).

31 봉헌식에 적합하게 하기 위해서 느헤미야는 백성들의 지도자들을 성벽 위로 이끌어올렸다(참조. n. 31.a.). "방백들"(שׂרים – 소레이)이라는 단어를 통해서 느헤미야는 분명히 일반 백성들의 지도자들과 종교적 지도자들을 아무 구분 없이 표현했다. 그러므로 느헤미야 자신은 이 단어를 오직 일반 백성들의 지도자들을 지칭할 때만 사용한(32절) 다른 설명과는 분명하게 구별되는 방식으로 사용하고 있다.

두 개의 행렬이 어디에서 출발하는지에 관해서는 아무런 언급도 나오지 않는다. 그러나 우리는 이 행렬이 골짜기 문에서 출발했음을 분명하게 추론할 수 있다. (i) 이 문은 중요한 경계표이지만, 이 문단이 기록한 행렬의 여정 중 다른 부분에서는 전혀 언급되지 않는다. (ii) 이 문은 각각의 행렬에서 처음으로 언급된 "땅" 부분 사이에 정확하게 자리잡고 있다. 즉 남쪽으로는 분문과 북쪽으로는 풀무 망대(38

절). 참조. 3:11-14과 Burrows, *JBL* 54(1935) 33. (iii) 이 문은 동편 쪽에서 볼 때 입구에서부터 성전에 들어가기까지 성벽 주변 중 거의 절반 지점쯤에 위치한다(40절). 이 문은 느헤미야가 성벽 건축 일을 시작하기 전에 밤에 은밀하게 조사하던 일을 시작했던 지점이기도 하다. 참조. 2:13.

느헤미야는 백성들을 두 개의 행렬로 나누었다. 첫 번째 행렬은 남쪽에서부터 출발했고, 성읍을 시계 반대 방향으로 돌았다. 이 의식을 악령들이나 그와 비슷한 것들을 몰아내기 위해 주술적인 단체들로 읽지 않는 것이 가장 좋은 방식일 것이다. 두 개의 행렬 중 어떤 것도 성읍 전체를 돌지 않았다는 점을 주목해야만 하며, 수문과 양문 사이의 부분은 그 어떤 행렬도 포함하지 않았다는 점도 주목해야만 한다. 이 행렬들은 건축 사역이 완료되었다는 것을 송축하기 위한 것이었으며, 감사하도록 자극하기 위한 것이었고, 모든 것을 하나님께 봉헌하는 데 참여하도록 하기 위한 방법이었다. 시편 48편이나(참조. 특별히 13-14〈12-13〉절) 시편 147편 등을 노래하는 것이 적절하게 동반되었을 것이다.

분문에 대해서는 2:13을 참조하라.

32-36 이 행렬의 구성에 관해서는 위의 "양식"을 참조하라. 민수기 10:8; 31:6 등에 의하면 오직 제사장들만이 나팔을 불었다(대상 15:24; 16:6 등도 참조하라). 동일한 규칙이 분명히 여기서도 적용되었는데, 반면에 음악과 관련된 다른 모든 측면들은 레위인들의 손에 맡겨졌다. "하나님의 사람, 다윗"에 관해서는 12:24을 참조하라.

37 이미 "원문주해"에서 지적했던 것처럼 이 구절은 세부적인 설명에 대해서는 너무나 많은 부분에서 불확실하다. 심지어 전치사들의 역할조차도 불확실하다. 샘문과 다윗 성의 층계들에 대해서는 2:14과 3:15에 대한 "주석"을 보라. 이 행렬은 성벽의 이 지점에서 출발해야만 했던 것으로 보인다(반대 의견에 대해서는 Simons, *Jerusalem*, 449를 참조하라). 이는 이 지역의 가파른 지형과도 잘 맞을 것이다. 다른 한편으로는 느헤미야의 성벽이 완전히 새로운 성벽 라인을 따라 좀더 높은 경사지에서 시작했으며, 그래서 성벽 건축을 진행하기가 좀더 손쉬웠을 것으로 기대한 것이 다름아니라 바로 이 지점임을 3장에서 보여 주었다. 이 점은 이 행렬이 성벽 위를 통해서가 아니라 바깥쪽 주변을 돌았다고 믿는 사람들을 지지해 주는 중요한 점들 중 하나다. 그러나 층계에 대한 언급을 따르고 있는 이 문단이 훨씬 더 불분명하기 때문에, 이 문제는 개방해 놓은 채 남겨 두는 것이 가장 좋다. 비록 3:16을 참고해야 하기는 하지만, "다윗의 궁"에 대한 언급은 뜻밖이다. 설령 이 표현이 그의 궁

궐을 의도하고 있었다 하더라도(참조. 삼하 5:11), 우리는 그 건물이 바벨론의 파괴 때 남아 있었다고 가정할 수는 없다. 그러나 그 위치가 어디인지는 아직까지도 알 수 있다. 다시 한 번 다윗의 궁은 수많은 다른 대체 가능한 경계표들을 언급할 수 있는 상황 속에서 언급되었기 때문에, 이 건물은 이 행렬의 우회와 무언가 상관이 있을 수도 있다. 이 행렬이 가로질러 가기를 원치 않았던 지역이면서 성벽 근처에 자리잡고 있었던 "다윗의 묘실"(3:16)과 무언가 연결점이 있는 것인가?

우리는 "동쪽의 수문"에 대해서는 3:26과 8:1을 통해 알고 있다. 이 구절들에 대한 주석들은 이 문이 포로기 이전 예루살렘 성벽 라인에 자리잡고 있었으며, 따라서 이 문 바깥쪽에 느헤미야가 건축을 했음을 보여 주었다. 그렇다면 여기에 이 건물이 존재하는 것을 설명할 수 있는 세 가지 방법이 있다. (i) 느헤미야는 이전 수문과는 다른 또 다른 수문을 좀더 높은 경사지 쪽에 건축했는데, 여기서는 이 수문이 언급되고 있는 것이다. 그러나 새롭게 만든 수문을 옛 수문과 동일한 이름으로 불렀다는 것은 이상한 일이다(참조. 3:26). 그리고 이와 같은 성문에 대해서 3장에서 아무런 언급도 하지 않았다는 점 역시 묘한 일이다. (ii) 이 행렬은 이 지점에서는 새로운 성읍 성벽 위에 있는 것이 아니라 그 바깥쪽에 있었으며, 그들은 옛 수문이 있는 언덕 위로 해서 돌아갔다. 여기에 어려움이 있다. 우리가 판단할 수 있는 한 이 행렬은 지금 성읍 성벽의 바깥쪽이 아니라 그 위나 안쪽이어야만 하기 때문이다. (iii) 여기서의 묘사는 어느 정도 일반적 의미인 "수문 반대편 성벽 지점"을 의미한다. 어떤 경우건 간에, 이 지점에서부터 이 행렬은 성가대와는 별개로 분명히 성전 방향으로 향했다. 이상스럽게도 우리는 이 점과 관련해서 아무런 이야기도 듣지 못하지만 말이다(40절).

38-39 두 번째 행렬은 골짜기 문에서 출발해서 북쪽을 향해 시계 방향으로 진행했다. 이미 우리에게 3:1-11의 목록을 통해 익숙해져 있는 여러 경계표들을 통과하면서 말이다. 그러나 에브라임 문은 거기에 언급되지 않았다. 그 문은 분명히 포로기 이전 성벽 중 일부분이었으며(이 문이 모퉁이 문에서 400규빗 떨어져 있는 것으로 기록되어 있는 왕하 14:13을 참조하라), 느헤미야의 성벽에도 성문이었던 것으로 보편적으로 확신된다. 그렇다면 이는 3장이 파편적인 성격을 갖고 있다는 것에 대한 증거가 될 수도 있다. 아마도 이 점은 옳을 것이다. 그러나 분명 느헤미야의 성벽에 포함되어 있던 뒤에 나오는 두 개의 성문들과는 달리(על에 반대되는 ל מעל), 이 성문에 대해서는 다른 전치사를 사용하고 있다는 것도 인상적인 점이다. 3장에는 이 문에 관한 언급이 없다는 것과 더불어, 이것은 우리로 하여금 에브라임

문이 느헤미야 성벽 라인에 없었을 수 있다는 가능성을 제기하게끔 한다. 이 문은 포로기 이전 성읍이 서편 언덕 방향으로 확장되기 시작한 바로 그 지점이며, 그 지역의 성벽 쌓기는 즉각 완료되어야 할 필요가 없는 그런 지역이었다. 계속해서 증가하는 지역들은 성읍의 크기가 성장함에 따라 거기에 포함되어야 할 필요가 있었을 것이다. 그렇기 때문에 우리는 이 근접한 지역에 느헤미야의 성벽 바깥쪽으로 몇몇 파괴된 성벽들이 있었을 가능성에 대해 염두에 두어야 하며, 에브라임 문도 그들 중 하나였을 수 있다는 가능성도 생각해야만 한다. 다른 대안으로는, 여러 가지 이유로 인해 우리에게는 알려지지 않았지만 느헤미야의 새로운 성벽이 옛 에브라임 문 곁을 그저 단순하게 지나쳤다고 볼 수도 있다. 흥미롭게도 8:16에서 이 문은 정확히 이 구절에서와 동일하게 "넓은 곳"과 연관되어 있다. 그러나 이미 살펴본 것처럼 그 성문 역시 느헤미야가 훗날 세워야만 했던 성벽 라인의 바깥쪽에 자리잡고 있다. 그러나 이 모든 노력들은 지금 우리가 갖고 있는 본문 그대로를 놓고서 세부 사항들에 주의를 기울였을 때 생겨나는 제안들일 뿐이다. 하지만 이와 관련된 문제에 있어서 확실성을 배제해야 한다는 것이 진정한 사실이다.

"감옥 문"에 대한 언급은 몇 가지 어려움을 불러일으키는데, 특별히 다른 곳에서는 이 문에 대한 언급이 전혀 나타나지 않기 때문이다. 일부 학자들은 이 문을 3:31의 함밉갓 문과 동일시했는데, 이 문이 양문 주변에 있는 다음 문이었기 때문이다. 그러나 왜 이 문이 다른 이름들로 알려져야만 했는지에 대해서는 명확한 이유가 없다. 좀더 중요한 것은, 이 구절을 37절과 비교해 보면 이 행렬이 성벽을 도는 부분적인 순회가 양문에서 끝나는 것으로 추측케 된다는 점이다. 마지막으로 감옥 문은 자연스럽게 시위청(참조. 3:25)과 가장 밀접하게 연관되어 있어 보이며, 그렇기 때문에 일반적으로 성전 남쪽에 자리잡은 것으로 보인다. 만약 이 점이 맞다면, 양문으로 들어가는 이 두 번째 행렬은 성전으로 다시 돌아가기 전에 첫 번째 행렬과 성전 지역에서 가로만나 지나갔던 것이 틀림없다(40절). 좀더 진전시켜서 살펴본다면, 첫 번째 성가대가 어디에선가 멈춰섰다는 묘사나 그와 비슷한 내용이 전혀 없음을 알 수 있다. 그러므로 루돌프(Rudolph)는 "(그리고) 그들이 감옥 문에 그치매"(עמדו בשער המטרה⟨ו⟩ – 웨아메두 브솨아르 하마타라)를 40절 이후에 나오는 것으로 옮겨야 한다고 제안한다. 그렇다면 느헤미야와 그의 동료 백성들이 감옥 문에 멈춰선 반면, 성가대들은 성전 안으로 들어간다. 그러나 이런 구성은 별로 그럴듯해 보이지 않는다. 왜냐하면 (i) 이런 경우라면 동사는 복수형 3인칭이 아니라 1인칭이 되어야만 하며, (ii) 일반 백성 지도자들이 찬양과 감사에 참여하기 위해 성전 지역(물론 거룩한 영역이 아니긴 하지만) 안에 들어갔다는 것을 부정할 만한 아무런 근거가 없고, 또한 (iii) 이 본문을 옮겨야 할 증거도 오류가 일어났다고 생각할 이유도 전혀 없기 때문이다. 그렇기 때문에 우리가 지금 다루는 문제는 편집자가 제시한 것처럼 앞부분에 대한 설명이 아무 결점이 없는 것처럼 보인다는 사실 때문에 야기되었다는 것이 가장 그럴듯하다. 우리는 두 개의 성가대와 백성 지도자들 절반의 최종적인 목적지에 관해서만 듣는다. 첫 번째 행렬(여기에 속해 있는 제사장들과 레위인들을 포함해서!)의 나머지 사람들에 관해서는 아무것도 듣지 못하고 있다. 반면에 41절은 두 번째 행렬에 관해 그 목적을 서술한다기보다는 좀더 단순한 묘사만을 하고 있을 뿐이다. 그렇기 때문에 첫 번째 행렬이 수문에서부터 성전을 향해 이동했으며, 두 번째 행렬은 양문에서부터 이동했을 가능성을 추측해 볼 수 있다. 그러나 그들은 시위청에서 만나 거기서 다시 재결합했으며, 성가대들, 제사장 그룹들 그리고 기타 등등의 사람들이 그 곳에서부터 함께 진행하기 시작해서 성전으로 들어갔다.

41-42 두 번째 행렬에 대해서는 위의 "양식"을 보라.

43 이 결론적인 송축에서는 크게 즐거워한 것이 강조점 중 하나다. 이 단어 자체는 동사와 명사로서 여러 차례에 걸쳐 등장한다. 그러므로 이것은 성전의 봉헌식(스 6:16)이나 에스라가 율법을 읽고 제시할 때를 더 능가한다. 왜냐하면 그 당시에는 이 기쁨(느 8:12, 17)이 이전에는 탄식으로 제한되어 있었기 때문이다(9절). 울음과 뒤섞인 기쁨의 소리로 인해 예루살렘에서 송축 의식을 하는 소리를 "멀리에서도 들을 수 있었던"(스 3:13) 다른 경우와 비교해 보더라도 이 점은 동일하게 나타난다. 그러므로 종교적 센터로서의 예루살렘 재건축이라는 측면에서도 이 점은 에스라·느헤미야서의 클라이맥스 부분으로서 잘 어울린다. 비록 마무리하는 단락들이 이런 경험의 최고조점을 유지하는 것이 쉬운 일이 아니라는 점을 기억하게 해주긴 하지만 말이다.

해설

새롭게 건축된 예루살렘 성벽을 하나님 앞에 드리는 장면은 에스라·느헤미야서의 클라이맥스 부분이다. 이 부분은 포로기 이후 진행된 오랜 회복 과정의 마지막 단계를 장식한다. 백성들의 귀환과 성전 건축과 더불어 시작된 이 회복 과정은 율법책에 토대를 둔 내적 개혁을 통해 계속 지속되었으며, 이제 재건축과 거룩한 성읍이 사람들로 가득하게 된 것을 송축하는 것을 통해 절정에 다다르고 있다.

이 봉헌식에 대한 설명은 그 강조점이 진실하고 순수한 기쁨에 있다는 점에서 독특하다. 오로지 성전 봉헌에 관한 설명만이 이런 방식으로 접근한다. 참조. 에스라 6:16-22. 성벽 주변을 도는 행렬들은 틀림없이 이 사역에 쏟아부은 노력들을 다시금 상기하게 하는 역할을 했다. 그리고 예루살렘에 도착해서 골짜기 문을 통해 초기에 조사를 했던 느헤미야에게만 오로지(2:12-15) 이 일이 터무니없을 만큼 힘겨웠다는 강한 느낌을 갖게 했을 것이다. "성벽의 1인치, 1인치는 하나의 그룹이나 또 다른 그룹에게 아주 특별한 기억을 갖게 했다"(Kidner).

주석가들은 사역이 훌륭하게 마무리된 뒤 이처럼 기쁨을 표현하는 것에 대해 굳이 자세하게 설명할 필요가 없다. 성경적인 믿음은 우리로 하여금 미래의 성취를 사역을 해 나가야 할 분명한 실체적 목표나 혹은 현재의 어려움을 극복해 나갈 동기 부여로 바라보도록 기꺼이 초청한다. 우리는 이런 류의 본보기를 예수 그리스도를 통해 기억하게 된다. "그분은 장차 주어질 기쁨을 생각하시고 십자가와 부끄러움을 참으신 분이었다"(히 12:2).

그러나 일부 사람들은 이 모든 것들이 지나치게 물질적이라고 느낄 수도 있을 것이다. 편집자는 이 설명을 6장에서 이 사역이 끝나는 것을 묘사한 부분 근처에 자리잡게 하거나 혹은 하나님의 율법을 제시하는 설명이 나오고 백성들이 거기에 동참하는 설명이 나오는 부분을 클라이맥스로 설정하는 것이 더 좋지 않았을까? 물질적인 것은 영적인 것을 위해 존재하는 단순한 골격에 불과한 것이 아닌가? 그러나 성경 저자는 그런 이분법을 향유하지 않을 것이다! 그는 조심스럽게 에스라와 느헤미야서의 내용을 이음으로써 물질적인 것과 영적인 것이 사실 단일한 실체의 양면이라는, 그가 강조하는 주장을 이 내러티브 안에서 제시하는 데 최대한 가까이 근접했다. 만약 영적인 것이 물질적인 것을 통해서 표현되지 않는다면, 마치 그는 그것은 전혀 영적인 것이 아니라 단순한 위선에 불과할 뿐이라고 말하는 것처럼 보인다. 그러나 마찬가지로, 만약 물질적인 것이 하나님께 물들어 속하지 않거나 하나님께 의지하지 않는다면, 그것은 고상한 물질주의에 불과할 뿐이다. 그렇기 때문에 마치 이런 교훈을 그의 독자들에게 주지시키려 하고 있기라도 하는 것처럼, 그는 소설가라면 승리와 절정의 설명에서 멈추었을 그런 위치에서 멈춰서지 않는다. 그보다는 그는 비교적 사소한 매일의 준비들을 우선적으로 이야기하고, 그런 뒤에 뒤돌아서 이야기하는 방식을 추구하고 있다. 왜냐하면 이것 역시 소중히 여겨야 할 참된 진보이기 때문이다.

성전 방들: 사용과 남용(느 12:44-13:14)

참고문헌

Kellermann, U. *Nehemia*, 47-51. **Mowinckel, S.** *Studien II*, 34-39.

본 문

44 그 날에 사람을 세워 곳간을 맡기고 제사장들과 레위 사람들에게 돌릴 것 곧 율법에 정한 대로 거제물과 처음 익은 것과 십일조를 모든 성읍 밭에서 거두어 이 곳간에 쌓게 하였노니 이는 유다 사람이 섬기는 제사장들과 레위 사람들을 인하여 즐거워함을 인함이라	**44** On that day men were appointed to take charge of the rooms for the stores, the sacred contributions, the prime offerings[a] and the tithes, to gather into them, according to[b] the fields of the towns, the portions[c] required by the law for the priests and Levites, for Judah delighted in the priests and Levites who ministered,[d]
45 저희는 하나님을 섬기는 일과 결례의 일을 힘썼으며 노래하는 자들과 문지기들도 그러하여 모두 다윗과 그 아들 솔로몬의 명을 좇아 행하였으니	**45** And they performed the service of their God and the service of purification, as did the singers and gatekeepers, according to the commandment of David and[a] Solomon his son.
46 옛적 다윗과 아삽의 때에는 노래하는 자의 두목이 있어서 하나님께 찬송하는 노래와 감사하는 노래를 하였음이며	**46** For long ago, in the days of David and of Asaph, there were[a] both heads[b] of the guild of singers and directors[c] of praise and thanksgivings to God.
47 스룹바벨과 느헤미야 때에는 온 이스라엘이 노래하는 자들과 문지기들에게 날마다 쓸 것을 주되 그 구별한 것을 레위 사람들에게 주고 레위 사람들은 그것을 또 구별하여 아론 자손에게 주었느니라	**47** In the days of Zerubbabel and of Nehemiah all Israel gave the portions for the singers and gatekeepers as each day required.[a] They also set aside the portion for the Levites, and the Levites set aside the portion for the Aaronites.
13:1 그 날에 모세의 책을 낭독하여 백성에게 들렸는데 그 책에 기록하기를 암몬 사람과 모압 사람은 영영히 하나님의 회에 들어오지 못하리니	**13:1** On that day when they read the book of Moses to the people, they found written in it that no Ammonite or Moabite should ever enter the assembly of God,
2 이는 저희가 양식과 물로 이스라엘 자손을 영접지 아니하고 도리어 발람에게 뇌물을 주어 저주하게 하였음이라 그러나 우리 하나님이 그 저주를 돌이켜 복이 되게 하셨다 하였는지라	**2** because they had not met the Israelites with food and water but he had hired Balaam against them to curse them, though our God turned the curse into a blessing,
3 백성이 이 율법을 듣고 곧 섞인 무리를 이스라	**3** When the people heard this law, they separated

엘 가운데서 몰수히 분리케 하였느니라
4 이전에 우리 하나님의 전 골방을 맡은 제사장
엘리아십이 도비야와 연락이 있었으므로

5 도비야를 위하여 한 큰 방을 갖추었으니 그 방
은 원래 소제물과 유향과 기명과 또 레위 사람들
과 노래하는 자들과 문지기들에게 십일조로 주는
곡물과 새 포도주와 기름과 또 제사장들에게 주
는 거제물을 두는 곳이라

6 그 때에는 내가 예루살렘에 있지 아니하였었느
니라 바벨론 왕 아닥사스다 삼십이 년에 내가 왕
에게 나아갔다가 며칠 후에 왕에게 말미를 청하
고
7 예루살렘에 이르러서야 엘리아십이 도비야를
위하여 하나님의 전 뜰에 방을 갖춘 악한 일을 안
지라

8 내가 심히 근심하여 도비야의 세간을 그 방 밖
으로 다 내어 던지고
9 명하여 그 방을 정결케 하고 하나님의 전의 기
명과 소제물과 유향을 다시 그리로 들여놓았느니
라
10 내가 또 알아본즉 레위 사람들의 받을 것을
주지 아니 하였으므로 그 직무를 행하는 레위 사
람들과 노래하는 자들이 각각 그 전리로 도망하
였기로
11 내가 모든 민장을 꾸짖어 이르기를 하나님의
전이 어찌하여 버린 바 되었느냐 하고 곧 레위 사
람을 불러 모아 다시 그 처소에 세웠더니
12 이에 온 유다가 곡식과 새 포도주와 기름의
십일조를 가져다가 곳간에 들이므로
13 내가 제사장 셀레마와 서기관 사독과 레위 사
람 브다야로 고지기를 삼고 맛다냐의 손자 삭굴
의 아들 하난으로 버금을 삼았나니 이는 저희가
충직한 자로 인정됨이라 그 직분은 형제들에게
분배하는 일이었느니라

14 내 하나님이여 이 일을 인하여 나를 기억하옵

out from Israel all who were of mixed descent.
4 Before this, however, Eliasbib the priest, who
was appointed to be in charge of the storerooms[a]
of the house of our God and who was a relative
of Tobiah,
5 had provided[a] for his use a large storeroom
where there had previously been kept the grain
offering, the incense, and the vessels, together
with the tithes of corn, new wine, and oil as
prescribed for[b] the Levites, singers, and gate-
keepers, and the portion set aside for the priests.
6 Throughout this time I was not in Jerusalem,
for in the thirty-second year of Artaxerxes king
of Babylon, I had gone to the king. Then some
time later I had asked permission of the king
7 and came back to Jerusalem. That was when
I appreciated the extent of the evil that Eliashib
had done to favor Tobiah by providing him with
a room in the courts of the house of God.
8 I was very angry and threw all Tobiah's house-
hold belongings out of the room.
9 Then I gave orders that the rooms should be
purified, and I restored to them the temple
vessels, the grain offering, and the incense.
10 I then found out that the Levites had not
been given[a] their portions and that in consequ-
ence the Levites and singers who did the work
had all fled to their fields.
11 contended with the officials and said, "Why
is the house of God neglected?" I recalled them
and reinstated them in their places.
12 Then all Judah brought the tithes of grain,
new wine, and oil to the storerooms,
13 I put Shelemiah the priest, Zadok the scribe,
and Pedaiah, one of the Levites, in charge[a] of the
storerooms, with Hanan, son of Zaccur, son of
Mattaniah, as their assistant, for they were consi-
dered trustworthy. Their task was to arrange the
distribution to their colleagues.
14 Remember me for this, O my God and do not

소서 내 하나님의 전과 그 모든 직무를 위하여 나의 행한 선한 일을 도말하지 마옵소서

erase from your memory the good deeds which I have faithfully[a] done for the house of my God and its services.

원문주해

44.a. 10:38을 보라.

44.b. 지금 본문 그대로는 이 수수께끼 같은 구문은 이 수집이 상당히 규칙적이었기 때문에 들과 들에서(밭과 밭에서) "검토"되어야만 했다는 의미를 제시하는 것으로 보인다. 일부 학자들은 이 점을 믿을 수 없다고 생각하며, 그래서 LXXL을 통해 משרי("성읍들의 들판들에서부터")라고 본문을 수정한다(비록 지금은 ל이 "…로부터"를 의미할 수 있다는 점이 일반적으로 인정되고 있긴 하지만, 지금 본문처럼 상당히 후기 본문에서도 그랬다는 것은 별로 그럴듯하지 않다). 하지만 어떻게 온전한 본문을 변형했는지를 설명하기 위해 제시된 설명들은 확실치가 않다. 이 단어들은 레위인들이 "우리가 일하는 모든 성읍들에서" 십일조를 모아야만 한다는 내용을 기록하고 있는 10:38b(37b)에 관해 언급하는 첨가나 윤색일 가능성이 있는가? 만약 그 구문 자체도 후대에 첨가된 것이라면(이와 관련된 논의를 보라), 이것 역시 이 문단을 새로운 정례화와 짝을 맞춰 정렬하기 위해 첨가했던 것일 수 있다. 그렇다면 그 의미는 "성읍들의 들판들로"가 될 것이다. 일부 MSS와 Vrs에 나타나는 라쇄레이(לשרי, "성읍 우두머리들에게")라는 독법은 분명히 이차적이다.

44.c. GKC § 95n을 참조하라.

44.d. 아메드 레페니 야웨(עמד לפני יהוה, 문자적으로는 "주님 앞에 서다")의 생략형이다. 이는 신 10:8; 겔 44:15; 대하 29:11 등에서와 마찬가지인데, 이 부분들에서는 특히 제사장이 행하던 일들이었다.

45.a. 많은 MSS와 Vrs를 근거로 해서 중자탈락 때문에 생략된 연결사를 ו 뒷부분에 복구하도록 하라.

46.a. 독자들이 놀랍게 생각할지 모르겠지만, 이 구절과 앞 구절 사이의 유일한 연결은 나레이터가 노래하는 자들이 실제로 다윗 시대 정도의 이른 시기 때부터 왕에 의해 정형화된 모습으로 조직되었다고 주장하는 것으로 보는 것이다. NEB에서의 "아삽이 다윗의 때에는 지도자 역할을 했으며…"라는 번역을 가져오는 본문 수정은 단순히 불합리한 추론(*non sequitur*)을 만들어 낸다. 또한 좀더 전격적으로 본문을 개정하는 루돌프(Rudolph)도 보라. 베르톨렛(Bertholet)이 미케뎀(מקדם, "옛적의, 아주 오래 전의")을 대신해서 무프카딤(מֻפְקָדִים, "임명되었다")을 사용한 것은 이 문제의 주제와 관련된 것은 아니지만 가능한 일이기는 하다. 그러나 미케뎀(מקדם)이라는 단어 자체는 정확하게는 앞 구절과

의 연속성이라는 효과를 내기 위해 필요한 단어이며, 그렇기 때문에 파라블렙시스(parablepsis, 필사자의 눈이 부주의 때문에 한 단어에서 비슷한 다른 철자로 옮겨가는 것 – 역자주) 때문에 생략되었다고 보는 것이 가장 좋을 것이다. 그러나 사실 이 단어는 필요하지 않으며, 마소라 텍스트(MT)를 더 선호해야만 한다.

46.b. 우리는 Q를 통해서 복수 형태인 로쉐이(ראשׁי, "머리들, 우두머리들")라고 읽으며, 일부 MSS와 Vg 등에서도 그렇다. K와 70인경(LXX)에서 로쉬(ראשׁ, "머리, 우두머리")라고 읽는 것 역시 가능하다.

46.c. 마소라 텍스트(MT)에는 쉬르(שׁיר, "노래")로 되어 있다. 본문을 어떤 방식으로 이해하건 이 표현에는 어려움이 있다. 에를리히(Ehrlich)의 제안(*Randglossen* VII, 210)인 마지막 두 개의 철자 순서를 바꾸어 줌으로써 소레이(שָׂרֵי, "감독들, 두목들")로 읽자는 제안이 가장 매력적이다. 평행을 이루는 부분에 대해서는 대상 15:27을 참조하라.

47.a. 참조. n. 11:23.a

13:4.a. 대부분의 주석가들이 그렇게 하듯이 복수 형태로 다시 모음을 찍도록 하라(לְשָׁכֹת). 단수 형태는 뒤에 나오는 내러티브에서 특별한 방에 관해 언급한 것으로부터 영향을 받아 발전되었을 것이다.

5.a. 절대형으로 사용된 명사 뒤에서 원래 나올 것으로 기대되던 ויהי가 아니라 미완료형 구성이 사용된 예들에 대해서는 GKC § 111h.을 참조하라.

5.b. 목적적인 소유격 구조인데, 이럴 경우 전체 구문은 앞에 나온 십일조 목록과 동격이 된다. 비록 미츠와트(מצוה, "계명")는 얼핏 이런 정황에 나올 것으로 기대되는 단어가 아니지만, 10:33(32)은 그런 본문 수정이 필요 없음을 추측케 한다.

10.a. 문자적으로는 "레위인들의 몫이 주어지지 않았다"이다. 그러므로 니타나(נתנה, "주어졌다, 받았다")는 여성 복수형인 메나요트(מניות, "몫들")의 지배를 받는다. 그렇다면 우리는 정상적으로는 닛타누(נִתְּנוּ, 단절형)를 기대해야만 한다. 헤(ה)와 와우(ו)는 종종 혼동되며, 이와 같이 본문을 읽는 것은 MS를 통해 약간의 뒷받침을 받는다. 그러나 정확하게는 이것이 좀더 쉽기 때문에, 우리는 이것에 대해 의심해야만 한다. 좀더 그럴듯한 마소라 텍스트(MT)는 드물게 3인칭 복수 여성형으로 표현한다(참조. GKC § 44m, 이 부분에서는 이런 해결법이 거부된다. 그리고 이 문제 자체에 대한 서술에 관해서는 J. Barr, *Comparative Philology and the Text of the Old Testament*[Oxford: Clarendon Press, 1968] 30-31를 참조하라). 이러한 형태는 그 당시의 아람어에서는 흔한 것이었으며, 그 지역에서의 영향은 이 시기에는 상당히 가능성이 높다.

13.a. 마소라 텍스트(MT)에는 일반적이지 않은(참조. GKC § 53n) 오차르(אוצר, "곳간")의 명사 유래어 히필 형태로 되어 있으며, 그러므로 아마도 "곳간에 들이다"라는 의미일 것이다(GKC § 53g). 많은 사람들은 레쉬(ר)를 와우(ו)를 잘못 쓴 것으로 보며(뒤이어 나오는 행의 영향하에), 그래서 느헤미야 글쓰기의 다른 부분(참조. 7:2)에서 발견

할 수 있는 정확한 어구인 ואצוה("그리고 나는 명령했다, 책임지웠다")로 읽는다. 어떤 것이건 가능하며, 의미상으로는 아무런 차이가 없다.

14.a. "충직한"은 위에서 "(나의) 선한 행위들"로 번역된 헤써디(חסדי)의 뉘앙스를 좀 더 잘 잡아내기 위한 시도로서 영어에 첨가되었다. 이 구절에 나오는 이 단어의 의미의 발전에 관해서는 K. D. Sakenfeld, *The Meaning of Hesed in the Hebrew Bible: a New Inquiry*(HSM 17; Missoula: Scholars Press, 1978) 151-53를 참조하라.

양식/구조/배경

13:4-14은 느헤미야 비망록(NM)에서 나온 것으로 보이지만, 반면에 12:44-13:3은 느헤미야 비망록에서 나온 것으로 보이지 않기 때문에, 주석가들은 거의 항상 12:44-13:3을 분리된 하나의 부분으로 취급하며 13:4-14을 "느헤미야의 총독으로서의 두 번째 재임"이라는 표제어 하에 13장의 나머지 부분과 연결시킨다.

아마도 12:44-13:14의 내용의 기원이 무엇인지와 관련된 이런 관찰은 올바른 것이겠지만, 그럼에도 불구하고 내가 보기엔 편집자가 우리로 하여금 이 문단을 하나의 단위로 읽게 하기 위해 표시해 놓은 몇몇 표식들을 간과하는 것은 심각한 실수라고 할 수 있다. 첫 번째로, 이 문단에는 연대기적인 표시들이 분명하다: 12:44과 13:1에 나오는 바욤 하후(ביום ההוא, "그날에")는 이 두 개의 단락을 함께 연결시키며(12:43에 나오는 동일한 구문에 대해서도 주목하라), 반면에 웨리프네이 밋제(ולפני מזה, "이전에")는 13:4을 이 구절과 분리할 수 없는 앞선 내용과 연결시킨다. 10-14절은 분리된 연대기의 도입을 받는 것이 아니지만, 반면에 15절은 23절에서 그러했듯이 좀더 불명확한 시간 표현인 바야밈 하헴마(בימים ההמה, "그 때에")로 시작한다. 이 장의 마지막에 나오는 중추적인 두 개의 문단들을 함께 묶어 주는 몇 가지 요소들이 있는데, 이것이 그것들 중 첫 번째 요소다(15-22절 문단, 23-30a절 문단; 관련된 논의를 찾아보라). 이 문단들은 그런 뒤에 이 요소들을 앞 구절들로부터 다소간 떼어놓는다.

두 번째로, 4-9절과 10-13절 사이에 단절이 없다는 것은 이 두 부분에 있어서 기본적인 주제의 단일성을 통해 좀더 분명해진다. 두 부분 모두 성전 방들의 사용과 남용을 다루고 있다. 엘리아십이 이 방들을 잘못 사용하도록 허락한 4-9절은 상당히 충격적이다: 이 방들은 이전에는 소제물, 새 포도주, 기름 그리고 그 밖의 것들을 두었던 곳이다(5절). 그리고 느헤미야가 이 방들을 정결케 한 결과는 이런 기능과 사용을 다시 회복하는 결과를 낳았다(9절). 그러나 10-13절은 같은 주제에 중

점을 두고 있으며, 느헤미야의 행동의 결과는 다시 한 번 "곡식, 새 포도주, 기름"을 곳간에 들여놓는 것이었다(12절). 그러므로 4-14절은 이 장의 후반부를 다시 채우게 될 유사한 관심사를 통해 연합되어 있다. 이제 주의 깊은 독자는 바로 이 점이 12:44-13:3의 정확한 관심사라는 점을 생각할 수밖에 없다. 독자적인 한 부분인 13:1-3이 여기에 포함된 것은, 뒤이어 나오는 구절들에서 느헤미야가 도비야와 관련된 일을 처리할 방식을 준비하기 위해서라는 점이 일반적으로 시사되고 있다. 그러나 그와 마찬가지로(Rudolph를 참조해야 하긴 하지만), 12:44-47과 13:10-13이 얼마나 밀접하고 유사한 관심사를 갖고 있는지를 여지껏 간과해 왔다(곳간을 책임질 사람에 대한 임명; 성전을 섬기는 사람들을 후원하기 위한 제공; 13:10-13을 준비하기 위해, 13:4-5 이후에 예비적으로 필요한 사역으로서 12:45과 13:9에 나오는 정결케 하는 사역). 그러므로 성전 방들의 사용은 이 문단 전체를 하나로 묶어 주는 분명한 주제이며, 이 주제가 이 문단을 앞부분이나 뒷부분 모두로부터 따로 구분해 표식해 준다.

세 번째로, 이 문단은 좀더 하나로 묶어 주는 역할을 하는 병렬 대칭 구조(chiastic structure)로 이루어져 있다. 그러므로 12:44-47은 이미 관찰했던 것처럼 13:10-13과 밀접하게 연결된다. 반면에 13:1-3과 4-9절 간의 연합성도 마찬가지로 분명하며 폭넓게 받아들여지고 있다.

마지막으로, "기억하소서" 공식이 14절에 나타난다. 이 공식은 이 문단을 다음에 나올 문단과 분리해서 구분해 주는 표시점 역할을 한다. 뿐만 아니라, 여기에 나오는 이 공식의 구조가 앞에 나온 문단들에 드러난 느헤미야의 사고와 단일성을 갖고 있다는 단서를 제공하기도 한다: 그의 행동들을 4-9절에 나오는 "내 하나님의 전"과 연결시키고, 10-13절에 나오는 "성전을 위한 섬김들"과 연결시키는 것은 매력적인 일이다.

그렇다면 이 편집자가 이 문단들을 응집된 문단들로 만들었다고 우리가 믿는 것이 옳다면, 다음으로 우리는 자연스럽게 이 문단들을 구성한 원래의 자료를 탐구해야만 한다. 13:4-14이 느헤미야 비망록(NM)에서부터 주축적인 내용을 가져왔다는 점에 대해서는 거의 의심할 여지가 없다(후대에 수정하거나 윤색했을 가능성이 있다는 의문에 대해서는 아래의 "주석"에 그 여지를 남겨 두어야만 한다). 오직 토레이(Torrey, *Composition*, 44-49)만이 이런 결론을 뒤집으려는 진지한 시도를 했지만, 몇몇 소수의 단어와 구문을 근거로 추진된 그의 분석은 확신을 불러오기엔 너무 협소하고 미약하다. 더군다나 그의 분석은 느헤미야의 대단히 특징적인 몇몇 스타일을 간과하고 있다. 예를 들어, 11a절(그리고 17a, 25a절)을 5:7과 비교해 보라. 동시에 "그러나 이전에"(ולפני מזה – 웨리프네이 밋제, 13:4)라는 표현은 최종 편집자가 작업한 결과로 여겨야만 한다는 것이 우리가 앞에서 했던 논의의 결과다. 그렇기 때문에 우리가 이 문단의 배경을 원래의 비망록 자체 내에서 찾고자 생각할 때 이 점을 고려해야만 하는지는 의심스럽다.

그러나 이 부분의 처음 두 개의 단락들은 쉽사리 그렇다고 결정할 수 없다. 13:1-3을 에스라서의 내용과 연결시키려는 시도들은 실패한 것으로 판단해야만 한다. 왜냐하면 그런 시도들은 여기서의 문제가 혼합 결혼 문제가 아니라 누가 "하나님의 회중"에 들어올 수 있느냐와 관련된 문제라는 사실을 간과하기 때문이다. 본문 내용을 어떤 다른 두드러진 개인과 관련된 결정과 연관시킬 단서는 없다. 그렇기 때문에 많은 사람들은 여하튼 신명기 23장에 많이 의존하고 있는 이 구절들을 느헤미야가 암몬 사람 도비야를 처리한 것을 부드럽게 표현하려는 목적을 갖고 있던 편집자의 몫으로 돌린다. 이런 생각은 옳을 수 있다. 실제적으로 유일한 다른 대안은 이 일반적인 접근을 10-11장에 나오는 접근법과 비교하는 것이다. 우리는 10-11장에서 백성들이 수많은 제의적 측면들에 대해 내린 결정들을 설명한 내용이 어떤 특별한 개인에 관한 언급 없이 보존되어 있다는 증거를 발견할 수 있다. 이 편집자가 제시하듯이(13:4), 이 경우의 결정도 느헤미야의 관련된 행동을 다시 한 번 따랐으며(10장에 나타나는 것과 마찬가지로), 이 행동은 신명기의 내용에 대해 백성들이 좀더 강하게 관심을 기울이게끔 하는 행동이었기 때문에, 우리는 이 부분도 공동체가 헌신하고 지켜 나가겠다고 참여한 몇몇 내용들을 모은 것일 가능성을 제외해서는 안 된다.

12:44-47에 대해서는 활용 가능한 어떤 배경도 제시되지 않았다. 십일조와 제물들에 관한 문제는 이미 10장 말미 부분에서 다루어졌지만, 12:47에 나오는 연대기적인 표현은 이 일이 이 시기 전반에 걸친 일반적인 양상을 반영한 것임을 추측케 한다. 따라서 이 문단은 아마도 이 편집자가 지금의 정황에 맞도록 특별하게 구성했을 가능성이 있다.

그렇기 때문에 이 점은 우리로 하여금 배경에 관해서 생각하게끔 한다. 12:44-47과 13:1-3의 배경에 관해서는 증거가 허락하는 한도 내에서 이미 논의했다. 더군다나 13:4-14이 느헤미야 비망록(NM) 내에서 갖는 배경은 다른 부분에서 최선을 다해 다루었다(참조. 서론, "느헤미야 비망록"). 그러므로 두 가지 점만이 논의해야 할 내용으로 남는다: 여기 기록된 느헤미야의 행동들에 대한 역사적 배경과 이 책

안에서 이 전체 문단이 갖는 문학적 배경.

첫 번째 질문에 대해서는 13:6-7이 직접적인 대답을 제공하는 것으로 보인다. 총독으로서 12년을 보낸 뒤(주전 445-433년), 느헤미야는 불특정한 기간 동안 왕궁으로 돌아갔다. 하지만 그 이후에, 적어도 아르타크세르크세스의 죽음(주전 424년) 이전에 그는 예루살렘으로 돌아갔다(총독으로서였는지 그렇지 않은지에 대해서는 언급되어 있지 않지만). 그런 뒤에 그가 없는 동안 전개된 수많은 폐해들을 시정하기 위한 행동을 취했다.

그러나 최근 모빙켈(Mowinckel, *Studien II*, 35-37)과 켈러만(Kellermann, *Nehemia*, 48-51) 등과 같은 주목할 만한 학자들을 포함한 몇몇 학자들은 느헤미야가 총독으로서 두 번째 재임 기간을 갖고 봉직했다는 전체적인 생각에 이의를 제기해 왔다. 그들은 이와 관련된 구문들은 후대에 윤색된 것이며, 13장에 묘사된 것과 같은 폐해들이 어떻게 발생할 수 있었는지를 우선적으로 설명하기 위해 첨가된 것이라고 주장한다. 이런 관점을 뒷받침하기 위해서, 그들은 만약 12:43, 44 그리고 13:1, 4 등에 나오는 연대 기록을 진지하게 취급한다면 상당한 연대기적 혼란이 있음을 발견할 수 있다는 점을 증거로 제시한다. 느헤미야가 보통은 "그 왕"이라고 표현하는 곳에 사용된 "바벨론 왕"(מלך בבל – 멜렉 바벨)이라는 명칭, 당시 저자에게는 어울리지 않는 것으로 보이는 "바벨론"이라는 단어의 사용 그리고 전체 내용이 삽입구처럼 보인다는 사실이나 이 부분을 생략해도 주변 내러티브에 손상이나 별다른 손실이 없다는 사실. 이런 토대 위에서, 그들은 도비야를 성전에서 축출한 것은 느헤미야가 총독으로서 예루살렘에 처음 도착해서 행했던 여러 가지 일들 중 한 가지라고 주장한다. 그의 비망록에 나타나는 "이전에"(13:4)라는 표현은 성벽 건축에 대한 설명 전체 이전을 의미할 것이다. 그렇다면 13장에 기록되어 있는 다른 사건들도 느헤미야가 총독으로서 12년 간 재임했던 동안(5:14) 다양한 역사적 배경들을 갖고 있을 것이다.

그러나 우리가 모빙켈(Mowinckel)과 켈러만(Kellermann)이 제기한 세부적인 몇몇 사항들을 다루다 보면(아래의 "주석"을 보라) 그들이 제기한 이론의 중요한 몇 가지 점이 역사적 토대들을 통해서 볼 때 우리에겐 결코 불가능한 것으로 보인다. 이런 폐해들 중 몇 가지, 특히나 성전의 방을 도비야에게 제공했던 일 같은 경우엔 느헤미야가 예루살렘에 있는 동안에는 결코 일어날 수 없었던 일이라는 점에 대부분 동의하고 있다. 13:15-22은 안식일 폐습을 시정하는 것에 대해 성벽과 성문이 존재하고 있다는 것을 전제하고 있으며, 그렇기 때문에 성벽과 성문 건축 이후에 있어야만 한다. 이제 그런 종류의 남용은 서서히 발전했으며, 그래서 느헤미야가 예루살렘에 있을 때도 발생했지만, 그의 경계가 이 기간 동안 한편으로 쏠려 있었기 때문에 이 일이 발생했다는 것이 더 그럴듯한 것이 사실이다. 또한 15-22절에 대한 배경이 13장 나머지 부분의 배경과 다르다는 것을 보여 주는 내용은 전혀 없다.

두 번째로, 4-5절이 느헤미야가 예루살렘에 도착했을 때 발견했던 폐습을 묘사한다는 것은 별로 일어날 듯하지 않은 상황이다. 도비야는 처음부터 계속해서 느헤미야의 대적 중 한 사람으로 언급되었는데(2:10), 이런 일(성전 방을 사용한 일)이 대립을 일으켰다는 것과 관련해선 아무것도 언급된 바가 없다. 왜 느헤미야가(혹은 후대의 편집자가) 이 설명을 원래 발생했던 배경에서부터 느헤미야가 성벽 건축을 명령하기 이전으로 옮겨졌는지를 알아내는 것은 어려운 일이다. 더욱이 느헤미야가 도착하기 전에 그가 어떤 지위를 갖고 있었는지에 대해 우리가 알고 있는 바로는 – 이에 대해서는 부분적으로 켈러만(Kellermann)에게 의존하고 있지만(2:10에 대한 "주석"을 보라) – 그가 성전-방으로 나타나는 무언가를 예루살렘에서 필요로 하지 않았음을 추측케 한다. 그는 매우 폭넓은 교제권을 갖고 있었던 것으로 보이며, 또한 공식적인 거주지를 갖고 있었을 수도 있을 것이다. 현재 문단이 묘사하고 있는 그의 지위는 이 점과 전혀 들어맞지 않는다. 그보다는 일단 느헤미야가 없을 때 그를 다시금 영향력 있는 자리로 돌아오게끔 도우려던 도비야의 동지들의 시도로 이해하는 것이 좀더 쉬운 이해다.

세 번째로, 10-13절을 느헤미야가 총독으로서 재임하기 시작했던 시기로 연대를 잡아야 한다는 켈러만(Kellermann)의 제안(p. 153)에 대해서도 이와 비슷한 주석을 해야 한다. 그는 이 부분이 느헤미야가 있는 동안에 일어났다고는 생각할 수 없는 악화된 상황(참조. 10절)을 묘사하고 있기 때문에 이런 관점을 취할 수밖에 없다. 그러나 느헤미야가 성벽 건축에 관심을 기울이기도 전에 제의를 섬기는 사람들을 후원하는 일을 재배치했다고 가정하는 것은, 그가 예루살렘에 와서 하려고 했던 이미 확립되어 있던 우선적인 목적들과 완전히 모순된다. 더군다나, 우리는 느헤미야가 예루살렘에 도착하기 바로 직전에 이런 그의 목적에 중대한 변화가 있었다고 우리로 하여금 가정하게 해주는 그 어떤 단서나 표시에 대한 증거도 없다. 11절은 특별히 느헤미야가 이전에 유지했던 표준에 미치지 못하는 모습을 보여 준다.

마지막으로, 모빙켈(Mowinckel)과 켈러만(Kellermann)은 둘 다 14절 시작 부분의 "이전에"(ולפני זה – 웨리프네이 제)에 상당한 무게감을 둔다. 그들은 이 표현에서 연대기적인 어려움을 발견하면서 이 점에서부터 의심을 품기 시작하고, 또한 이 사건들의 진짜 배경이 무엇인지를 풀어 줄 열쇠를 발견한다. 물론 그들이 바라보는 시각대로이기는 하지만 말이다. 그러나 우리는 이 문구가 편집된 문구일 것이라고 이미 살펴본 바 있다. 그렇기 때문에 이 표현을 사용해서 이 문단 전체의 구조를 넘어서는 역사적 내용의 결론을 내려서는 안 된다.

그러므로 이 표현은 우리로 하여금 최종적으로 이 문단의 배경을 느헤미야서 안에서 찾게끔 한다. 이 문제는 삽입된 내러티브 순서와 어느 정도 점강법(漸降法)적인 인상 때문에 형성되었으며, 이는 (13장의 나머지 부분과 더불어) 12:27-43에 나오는 성벽 봉헌식 이후가 되게 한다. 두 번째 문제는 느헤미야 비망록(NM) 전반의 구성과 관련된 내용들을 살펴봄으로써만 해결될 수 있는데, 이 점에 대해서는 서론, "느헤미야 비망록"을 보도록 하라. 이 편집자는 12:43은 이상적인 마무리를 제공하고자 했으며 이 부분에는 거기에서 추출한 내용이 포함되어 있다는 사실에도 불구하고, 느헤미야의 사역에 분명히 공감적이었던 그는 느헤미야가 제의 개혁들에 끼친 공헌을 결코 간과한 것이 아니라는 점을 확실하게 보여 주기 위해 이런 첨가 내용들을 비망록에 포함시켜야만 한다고 느꼈다. 사실 그는 그의 작업을 이 사건들과 더불어 결론지음으로써, 그리고 백성들이 맹세하던 사건에 대한 설명을 느헤미야의 명성이 더 이상 위협받지 않게끔 확고해진 앞부분 10장으로 이동시킴으로써 이 사건들을 좀더 현저한 사건들로 만들었다.

이런 점에도 불구하고, 12:43에서 곧장 13:4로 이동시켰던 것은 연대기적으로는 물론이고 보다 중요하게는 주제적으로도 매끄럽지 못하게 되었다. 그는 개혁 결과들을 우선 도입했고, 그런 뒤에 이 내용을 12:44과 13:1의 완전히 인위적인 연대기 개념인 "그 날에"로 표현되는 봉헌식과 연결했으며, 이전 부분인 12:43에 나오는 똑같은 구문과 연결함으로써 이 문제를 해결했다. 이것이 인위적인 표시라는 점은 12:47에서 좀더 길게 늘려진 시간을 통해서 그리고 13:4에 나오는 도입을 통해서 나타났다(13:4에는 물론 이런 방식 속에 역사적인 내용을 속이려는 의도가 전혀 들어 있지 않다). 우리는 이런 정도까지는 드브리스(S. J. DeVries, *Yesterday, Today and Tomorrow*[Grand Rapids: Eerdmans, 1975], 61)의 판단에 동의할 수 있을 것이다. 그는 이 구문들이 "인위적으로 연대 배열을 하는" 기능을 갖는다고 판단했다. 비록 이 구문들이 후대에 보충된 것이고, 원래는 앞에 나온 내용들과 연결되지 않는 것이라는 그의 의견(pp 67-68)은 받아들일 수 없는 것으로 보이지만 말이다. 그러므로 이 편집자는 봉헌식이 제의를 뒷받침하고 정결성을 유지하는 것임을 보여 주려는 목적을 갖고 있었다. 그렇기 때문에 이 점은 독자들로 하여금 13장의 나머지 부분이 규범에서 일탈한 것임을 받아들이게 해준다(Rudolph). 그러므로 어떤 점에서는 그는 13:4-31을 과거완료로 보았으며, 12:26-13:3은 느헤미야의 사역의 지속적 클라이맥스를 형성한다고 보았다. 이런 방식과 도구를 통해서 그는 그의 본문을 좀더 읽기 부드럽게 만들었을 뿐만 아니라, 이 마지막 결론에 대해 느헤미야가 끼친 공헌을 더욱 부각시키는 것을 추구했다. 그럼에도 불구하고 우리는 그가 자신의 목적을 이루는 데 충분히 성공하지 못했다고 느낄 수 있다. 그는 스스로가 느헤미야 비망록(NM)의 모양새에 너무 지나치게 좌지우지되게끔 허용했고, 비망록의 점강법(漸降法)적인 모습을 피하려는 시도는 너무 정교해서 성공적으로 유지되지 못했다. 우리는 비록 그런 것들이 매우 특별하게 성공을 거두지 못했다 하더라도 그의 동기와 그가 사용한 방법들에 대해서 존중해야 할 것이다.

주석

44 "그 날에"의 기능에 대해서는 위의 "양식"을 보라. 편집자는 그가 살던 시대에 누가 성전에 드려진 기부물들을 관리해야 하는지에 대해서 분명히 잘 알고 있었다. 그들이 임명된 것을 이 시대까지 거슬러 추적하면서, 그는 일반적인 측면에서 뒷받침을 얻을 수 있었던 10:36-40(35-39)뿐만 아니라 13:13에서도 뒷받침을 얻을 수 있었다. 10:36-40(35-39) 문단에 대한 "주석"은 용어나 포함된 관습들에 대해 동질적이어야만 한다. 그리고 불확실한 표현인 "성읍 밭들을 따라"라는 표현에 대해서는 위의 44.b.절의 "원문주해"를 참조하라.

제사장들과 레위인들에 대한 유다의 즐거움(문자적으로는 "기쁨")은 일반적이지 않은 표현과 생각이지만, 이 표현은 이 구절을 앞 구절과 좀더 연합하게 한다. 이 표현은 몇몇 실수들에도 불구하고 일반적인 용어들을 통해 봉헌식에서 절정에 다다른 클라이맥스가 계속해서 유지되었다는 인상을 강화시킨다. 저자는 오직 그런 상황에서만 십일조와 제물들에 관한 율법을 지킬 필요가 있다고 제시하는 것이 아니다. 여기에는 분명히 저자가 독자들 앞에서 꼭 지탱하고 싶어하는 이상주의적인 요소가 있다.

45 이 배열은 법궤가 영원한 성전에 최종적으로 자리잡게 되었을 때 다윗이 이런 새로운 상황을 위해 만들었고 발전했다고 여겨진다. 이에 관한 대략적인 윤곽은 역대상 23-26장에 나와 있다. 솔로몬은 성전이 실제로 다 건축된 이후에 이런 배치

들을 신실하게 실천했던 것으로 묘사된다(대하 8:14). 일반적인 서술에 덧붙여서 "정결케 하는 일에 대한 섬김-결례의 일"(참조. 대상 23:28)이 따로 언급되며 제시되었는데, 이는 아마도 의식적으로 13:9을 예상해서였을 것이다.

노래하는 자들과 문지기들에 대한 언급은 이차적으로 첨가된 내용들이며, 따라서 이 언급에서 전개되고 발전하는 이 문단의 나머지 부분도 흔히 이차적인 것이라고 가정되곤 한다. 그러나 우리는 이런 제의 관리 그룹들에 대해 대단한 관심을 기울이고 있는 편집자에 관해 이미 다루어 왔고(예를 들어, 12:27-43에 대한 "양식"을 보라), 또한 그가 이 구절들을 상당히 자유롭게 구성하고 있는 것으로 보이기 때문에, 그는 이 단어들을 이차적이 아니라 우선적으로 포함시키지 않았을 타당한 이유가 없어 보인다.

46 이런 보충 설명적인 내용이 갖는 일반적인 중요성에 관해서는 위의 46.a절에 대한 "원문주해"를 참조하라. 제한적인 형태이기는 하지만 노래하는 자들의 조직에는 세 명의 지도자들이 있었으며(아삽, 헤만 그리고 여두둔이나 혹은 에단), 아삽만이 여기에서 우선적으로 리더로서 이름이 거명되었다(참조. 스 2:41). 그가 세 명의 지도자들 중 가장 두드러진 인물이었다.

47 결론을 맺는 구절은 잘 질서 잡힌 공동체의 모습을 느헤미야 시기 전체는 물론이고 스룹바벨의 시대까지도 포함하도록 확장한다. 여기 포함된 공식에 대해서는 브린(G. Brin, "The Formula x-ימי and x-יום: Some Characteristics of Historiographical Writing in Israel," *ZAW* 93[1981] 183-96)을 참조하라. 우리는 여기서 12:1-26에서 계속되고 또한 에스라·느헤미야서 전체에서 완전한 표현을 보게 되는, 포로기 이후 시기에 대한 표현법의 출발을 볼 수 있다. 비록 때때로 여러 십 년 단위로 분리되긴 하지만 회복 과정의 단계들은 점차적으로 정황 속에서 독자적으로 구분되어 지속적인 "구원사"에 병합되었다. 만약 완전히 잊혀지지 않는다면, 퇴보하는 시기들(참조. 말 3:7-12; 느 13:10!)은 계속적으로 짧게 묘사되었으며, 그 결과 하나님의 영광을 반영하고 후세대를 자극하는 역할을 하는 이상적인 그림이 나타나게 되었다.

이런 견지하에서 이 공동체는 제의를 충분히 뒷받침하고 후원했던 것으로 보인다. "따로 놓는다(구별하다)"는 것은 문자적으로는 "거룩하게 한다"는 것이며, 즉 배타적으로 사용하기 위해 거룩한 영역으로 넘긴다는 의미다. 십일조의 십일조를 드리는 것에 대해서는 10:38-40(37-39)에 대한 "주석"을 보라. 노래하는 자들과 문지기들에게 준 것에 대한 언급은 아마도 40(39)절에서 함축적으로 표현한 내용을 좀더 분명하게 설명해 준다. 또한 13:10-12도 보라. 비록 노래하는 자들과 문지기들이 아직 충분히 레위인으로 받아들여지지 않았다는 점에 동의해야 하기는 하지만, 우리는 여기서 11:23과의 아무런 연결성도 볼 수 없다. 아이스펠트(O. Eissfeldt, *Erstlinge und Zehnten im alten Testament*[BWANT 22; Leipzig: J. C. Hinrich, 1917] 100-103)와는 반대로 말이다.

13:1a 이 본문에 대해서는 율법으로부터의 어떤 특별한 배경도 제시되지 않고 있으며, 그 무엇도 이 부분이 특별한 경우라고 추측하지 않는다. 아마도 이 부분은 정기적으로 성경 본문을 읽는 과정에서 일어난 상황을 반영하려는 의도로 기록되었을 것이다.

1b-2 비록 "모세의 책"이란 표현이 모세오경을 전반적으로 지칭하는 것이기는 하지만, 지금 문제가 되고 있는 특별한 율법은 신명기 23:4-7(3-6)이다. 이 인용은 상당한 정도로 축약적으로 이루어졌으며, 필요에 의해 원래 율법에서는 2인칭으로 되어 있던 것을 3인칭으로 전환시켰다. 그러나 다른 측면들에서 보면 이 부분은 신명기의 단어 배열들을 매우 밀접하게 그대로 좇고 있다. 이런 점은 심지어 복수 형태("저희가 영접지 않았다")에서부터 단수 형태("그러나 저가 뇌물을 주어 고용했다")로의 어색한 전환을 그대로 남겨두는 데까지 넓혀지는데, 이것은 그 자체가 이런 비유를 만들어 낸 이야기인 발락을 고용한 모압 왕 발락(민 22-24장)에 의존하고 있는 전환이다. 그러나 이런 생략을 통해 원래 율법의 역할이나 의미를 변화시킬 의도가 있었던 것 같지는 않다: 현대의 수많은 주석가들과 마찬가지로, 그들도 아마 신명기 23:4(3)에 나오는 "열대에 이르기까지"가 "영원히"를 의미한다고 믿었을 것이다(신 23:4〈3〉과 이 곳의 1절).

암몬 사람에 관한 언급은 신명기적 율법 안에서는 설명하기 어려운 요소이지만("주석"들을 보라), 느헤미야 시대의 공동체는 이런 어려움을 생각해야 한다는 점 때문에 곤란을 겪지는 않았을 것이다. 그들에겐 이런 언급이 무엇보다도 가장 실제적으로 관련된 언급이었기 때문이다. 왜냐하면 도비야가 암몬 족속 조상을 두고 있다는 점이 너무나 잘 알려져 있었기 때문이다(2:10 등). 예배하기 위해 모인 백성들을 규정한 "하나님의 회"를 가장 협소한 방식으로 개념을 규정한다 하더라도, 성전에 그의 자리가 있다는 것(4-5절)은 율법을 업신여기는 것이었다. 느헤미야의 행동은 그들에게 이 율법이 적용되어야 한다는 점과 이 율법에 대해 그들이 반응해야 할 필요가 있다는 점을 새로운 방식으로 충분히 자각하게끔 했을 것이다. 많은 주석가들은 여기에 덧붙여서 모압 사람에 대한 언급은 느헤미야가 28절에서 취한 행동에 대해 길을 만들어 주는 도움을 주었을 것이라고 주장한다. 그러나 이 이론이 의지하고 있는 근거인 산발랏이 모압 사람이라는 점을 받아들이는 데는 여러 가지 문제가 있다는 사실을 위의 2:10에서 살펴보았다.

3 이 특별한 반응에 혼합 결혼의 붕괴가 포함되었다는 것을 추측케 하는 내용은 전혀 없고, 공동체가 이 율법에 대해 어느 정도까지 반응했는지도 불분명하다. 정황은 그보다는 거룩한 모임으로부터 그들을 배제했다는 것을 암시한다. 그러나 회심자들은 항상 있어 왔고, 지금도 계속 있으며, 회중에 들어오는 것을 허용받았다. 룻기는 모압 족속과 관련해서 이 점을 가정하고 있다. 그렇기 때문에 "혼합된 후손(섞인 무리)"(כל־ערב – 콜 에렙)은 좁은 의미로 혼합 결혼으로 생긴 자녀들만을 언급하며, 따라서 "혼합된 후손(섞인 무리)"이라 함은 그들이 성인이 되기 이전이어서 부모 중 누구의 종교를 받아들일지 스스로 결정할 수 없는 사람들을 의미할 것이다.

4 엘리아십이 누구인지는 불분명하다. 많은 사람들은 그를 같은 이름의 대제사장과 동일시하지만(3:1, 20-21; 12:10, 22; 13:28), 별로 그럴 것 같지 않아 보인다(스 10:6에 대한 "주석"도 보라). 만약 그런 경우라면, 우리는 다른 모든 곳에서 그랬듯이 그에게 "대제사장"이라는 명칭이 따라붙었어야 할 것으로 기대할 수 있을 것이다. 여기에 묘사된 그의 역할은 대제사장에게는 별로 적절하지 않으며, 도리어 그를 대제사장과는 구별된 다른 사람으로 표현하려는 의도가 있었던 것으로 보인다. 물론 일부 소수의 주석가들이 감지했던 내용에도 불구하고, 대제사장 엘리아십의 손자가 도비야의 사위였다는 사실은 (불확실한) 이 엘리아십과 도비야의 관계와는 아무 상관이 없다. 그렇기 때문에 우리는 엘리아십이 대제사장이 아니라 우연히 그가 관련맺고 있던 도비야로 하여금 그의 야망으로 나아가도록 도와줄 수 있는 역할을 하던(본성상 그렇게 했는지, 아니면 정치적인 이유 때문에 그렇게 했는지는 이야기되지 않았지만) 누군가라고 결론내려야만 한다.

5 성전에는 십일조와 제물들을 모으는 데 사용되던 상당히 많은 수의 방들이 있었다. 참조. 역대하 31:11; 느헤미야 10:40(39) 등. 9절에 나오는 느헤미야가 회복한 것과의 비교는 지금 구절에 나오는 목록이 후대에 확장되었을 수 있다는 점을 추측케 한다. 이는 확실하지 않은데, 왜냐하면 느헤미야는 9절에서 그랬던 것처럼 축약적으로 기록하고 있었을 수 있기 때문이다. 그러나 만약 이것이 그런 경우라면 우리는 편집자만을 보면 된다.

엘리아십이 이런 방들 중 하나를 도비야에게 사용하도록 내주었다는 것은, 그가 느헤미야가 예루살렘에 다시 돌아올 것을 예상하지 못했거나 혹은 최소한 그가 돌아온 시간이 예상치 못한 시간이었다고 추측하게 만든다. 이 방은 도비야에게는 분명 그가 이미 갖고 있던 접촉과 교제들(참조. 6:17-19)을 발전시켜 나가기 시작할 수 있는 기지로서의 역할을 했으며, 이렇게 함으로써 좀더 "자유주의적이고" "개방적인" 정책을 고양시켜서 유다를 레바틴(Levantine) 지역 네트워크에 통합시키려 했을 것이다.

6 느헤미야는 이제 이런 상황이 어떻게 해서 생겨날 수 있었는지를 우선적으로 설명한다: 그는 그때 거기에 없었다. 그가 거기에 없었다는 것과 관련된 내용은 그의 글쓰기를 주도하는 관심사들 속에서 부차적인 것이었기 때문에, 이런 표현은 역사적인 것에 조련되어 있는 우리에게는 필연적으로 대답이 없는 많은 질문들을 제기하게 만든다. (이와 비슷한 상황을 그의 첫 번째 예루살렘 여행에서도 볼 수 있다: 예를 들어, 우리는 그가 총독으로 임명되었다는 점에 대해서 어디서도 들을 수가 없다. 5:14에 대한 "주석"을 보라.) 그는 정기적으로 자리를 비웠던 것일까, 아니면 총독으로서의 그의 재임 기간이 끝났기 때문에 그는 돌아오게 될 것을 기대하지 않았던 것일까? 우리는 엘리아십의 행동이 후자를 추측하고 이루어진 것임을 이미 지적한 바 있다. 반면에 아르사메스(Arsames)가 3년 동안 이집트를 비웠던 것(참조. *AD* and *AramP* 30)은 전자의 경우에 적절한 평행을 제공한다. 또한 얼마나 오랜 기간 동안 느헤미야는 떠나 있었던 것일까? 다양한 추측과 상상들에도 불구하고, 이 문제를 결정짓고 해결할 단순한 증거는 전혀 없다. 다음으로 우리는 느헤미야가 왕이 그에게 책임을 묻는 것에 답하기 위해 소환받은 것인지 아닌지, 혹은 이것이 2:6에서 정해진 기한이었는지 아닌지를 알고 싶어한다. 후자의 제안은 별로 그럴듯해 보이지 않는다: 2:6은 12년이라는 긴 기간을 함축하지 않는다. 마찬가지로, 전자의 제안도 느헤미야 비망록(NM)에 대한 특수한 이해에 의존하고 있는데, 이는 형태나 경우의 측면에서 보더라도 정말 그럴듯하지 않다.

그렇다면 이처럼 많은 불확실성들 중에서 우리는 무엇을 말해야 하는가? 우리는 이미 "양식"에서 느헤미야가 사실 예루살렘에 불특정한 기간 동안 없었다는 사실을 지적했다. 여기서 우리는 느헤미야가 돌아갈 수 있도록 "허락을 요청"했다는 점은 예루살렘으로의 이런 두 번째 방문이 원래 심사숙고해서 준비된 것이 아니었으며, 이 점은 엘리아십의 행동과 잘 어울린다는 사실을 덧붙일 수 있을 것이다. 여기서 더 나아가는 것은 모두 추측일 뿐이다: 그는 예루살렘에서 진행된 일들에 관해 소식을 들었을 수도 있으며(1:1-13에서처럼), 이것이 그를 걱정스럽고 불안케 했을 수도 있다. 그가 총독으로서 자신의 개인적인 권위를 가지고 돌아왔으며, 그래서 이 점이 그가 이 장에서 보여 주는 것과 같은 행동을 할 수 있게끔 해주었다고 믿을 필요는 없다. 전체적으로 볼 때 이 문제에 대해 우리의 원 자료들이 침묵하고 있다는 점을 존중하는 것이 더 나을 것이다.

이 구절과 관련해서 남아 있는 유일하게 심각한 문제로서 모빙켈(Mowinckel)과 켈러만(Kellermann)이 제기한 문제("양식"을 보라)는 느헤미야가 다른 부분들에서는 단순하게 "그 왕"이라고 표현하는 자리에 일반적이지 않게도 아르타크세르크세스에 대한 호칭을 "바벨론 왕"이라고 표현했다는 점이다. 그러나 이 표현을 통해 급격한 결론을 이끌어내는 것 없이 그냥 문제를 인정하는 것이 가능하다. 결국 이 문제는 "바벨론"이라는 용어를 설명하는 것이 어려운 일인 것과 마찬가지의 어려움으로 남게 된다. 에스라 5:13에서 "고레스, 바벨론 왕"이라는 표현과 비교하는 것은 특별한 도움을 주지 않는다. 왜냐하면 그 부분에서는 특수한 고려사항들이 그 용어를 지배했지만, 여기서는 그런 요소가 전혀 없기 때문이다. 그러나 이 단어는 적어도 우리에게 이 명칭을 아르케메네스 왕이 타당하게 사용했었다는 점을 상기하게 한다. 그렇기 때문에 아르타크세르크세스는 느헤미야가 그에게 돌아갔을 때 바벨론에 거주했다는 주장이 가장 그럴듯하다. 비록 갈링(Galling)이 이 점을 분명하게 하기 위해서 본문을 수정한 것은 보증되지 않는 주장이긴 하지만 말이다.

7-9 상황은 느헤미야가 기대했던 것보다 훨씬 더 나빴으며, 그래서 신속하고 단호한 행동이 필요했다. 그러나 그 목적은 긍정적이었다: 이 방들을 이전에 원래 의도했던 목적대로 사용되도록 회복하는 것이었다. 9절의 복수형인 레솨코트(לשכות, "방들")는 마치 방 하나를 도비야가 점유했던 것처럼(5절과 7절) 여러 사람을 당황케 한다. 본문을 수정하거나 혹은 몇몇 방들을 도비야를 위해 합쳐서 하나로 만들었다고 쓸데없이 가정함으로써 이 문제점을 극복하려는 것은 실수다. 그보다는 불결해진 모든 방들이 정결케 되는 것이 필요했다고 보는 것이 훨씬 더 타당하다.

10 백성들이 레위인들에게 십일조를 주지 않았다는 것과 엘리아십이 도비야의 계획에 상당한 여유 방을 갖고 있었다는 사실은 매우 밀접하게 관련되어 있을 수 있다. 그러므로 이 문단의 전체적인 구조에서 나타나듯이, 느헤미야가 이 문제를 다룬 방식 역시 위의 "양식"에서 윤곽을 제시한 것처럼 분명해진다. 와에드아(ואדעה, "내가 발견했다")와 와아비나(ואבינה, "그리고 내가 이해했다", 7절; 위에서는 좀더 자유롭게 번역했다)는 시적인 본문들에서 빈번하게 그렇듯이 평행을 이루고 있다. 참조. M. Dahood, "Ugaritic-Hebrew Parallel Pairs," in L. R. Fisher(ed.), *Ras Sham-*

ra Parallels I(AnOr 49; Rome: Pontifical Biblical Institute, 1972), 197-98. 제사장들이 백성들이 계속해서 분명히 공급했던 거룩한 음식들을 통해 생계를 유지할 수 있었던 것과는 달리(신 18:3; 민 18:8-19), 레위인들은 전적으로 십일조에 의지하고 있었다("그들의 몫"). 그러므로 십일조가 멈춰졌을 때 그들은 다른 곳에서 생계수단을 찾아야만 했다. 신학적으로는, 그들은 땅을 갖지 않았다. 참조. 민수기 18:21-24; 신명기 14:29; 18:1. 그러나 우리는 노래하는 자들이 이미 이런 이상론에서 떨어져 나갔다는 점에 대해서 읽을 수 있다(12:28-29). 그리고 레위인들이 예루살렘 바깥쪽에 거주했다는 것(즉 7:72〈73〉; 11:20)도 마찬가지 의미를 함축했을 것이다. 포로기 동안 유다에 남아 있던 사람들의 상황이 분명 이런 변화를 가져올 수밖에 없도록 만들었으며, 레위인들은 그 이후 그들의 의지와는 상관없이 이런 세속성 속에서 살아남아야만 했다. 여기에 레위인들의 성읍들에 관한 언급이 있다는 것은 별로 그럴듯하지 않다. 왜냐하면 이 성읍들이 설령 역사적으로 실재했다 하더라도, 유다와 베냐민에 있었던 성읍들은 슈나이더(Schneider)가 관찰하듯이 모두 아론 자손들만의 것이었기 때문이다(참조. 수 21장).

11-12 느헤미야는 그가 생각하기에 이런 잘못들에 대해 책임을 져야 한다고 생각했던 시민 지도자들을 책망하면서, 그리고 여지껏 행해진 오류를 올바르게 바로잡는 실천과 행동을 신속하게 취하면서 특징적인 스타일로 반응했다. 동일한 패턴(그리고 어느 정도는 동일한 단어들)이 아래의 17절과 25절은 물론이고 5:7에서도 발견된다. 그의 확신에 찬 대책은 헌물들의 기부가 이루어지기 전부터라도 레위인들의 회복과 복원에 관해 이야기하는 것이다. "헌물을 드려야 하는 것이 일반 백성들의 의무인 것과 마찬가지로, 예배를 섬기는 것이 레위인들의 의무라는 점을 분명하게 했다"(Bowman). 물론 10장을 마무리하는 구절들과의 평행들이 분명하게 나타난다. 특별히 충격적인 것은 그 부분에서 "우리 하나님의 집을 버리지(עזב, 이 곳 11절에서처럼) 아니하리라"는 요약이 나타난다는 점이다.

13 다시 한 번 5장이나 이 장의 뒷부분에서처럼 느헤미야는 이런 대책이 오랜 기간 동안 계속될 수 있게 하기 위한 안전장치들을 마련하는 것과 더불어 즉각적인 행동들을 취했다. 이들은 다름아니라 바로 그가 기울인 노력들의 결과다. 반면에 10장은 우리로 하여금 이와 같은 대책들은 결코 백성들의 전반적인 자발적 동의 없이는 성공할 수 없었다는 점을 기억하게 한다.

곳간을 감독하고 십일조를 공평하게 분배하는 일을 맡을 사람은 매우 조심스럽게 선택되었다. 그들은 성실하다고 인정받는 사람들이었을 뿐만 아니라(참조. 행

6:1-6), 또한 그들은 이런 체제를 통해 주로 유익을 누리게 될 그룹의 대표자들이기도 했다: 한 명의 제사장과 한 명의 레위인이 노래하는 자와 더불어("맛다냐의 후손"; 참조. 11:17, 22; 12:8, 25) 그들의 조력자로 임명되었다. 이들 중 그 누구도 이 사실을 넘어서는 다른 어떤 내용에 대해서도 확실하게 규정할 수 없다. 그들과 더불어 전문적인 행정가인 "서기관 사독"(NEB: "회계사 사독"!)이 거기에서 일했다. 설령 그를 10:2에 나오는 시드기야와 동일시해야만 한다 하더라도, (1) 그 부분에서 그는 느헤미야와 밀접한 연관성을 가진 인물로 나타나지만, 이 구절을 통해서 그를 임명한 느헤미야의 정치적 목적에 관해 지나치게 확대된 결론을 이끌어내어서는 안 된다. 왜냐하면 10장에서 거기에 나타난 그의 이름은 여기에 이름이 나타난 것에 직접적으로 의존하고 있음을 보았기 때문이다. 이 그룹의 계승자들에 대한 여러 주장들에 관해서는 스피로(S. J. Spiro, "Who Was the *Ḥaber*? A New Approach to an Ancient Institution," *JSJ* 11[1980] 186-216)를 참조하라.

마지막으로, 이 구절은 에스라의 연대와 관련된 논쟁과 상관된 특징을 갖고 있는데, 일부 학자들은 느헤미야가 여기서 모종의 위원회(committee)를 만들었으며 에스라가 나중에 돌아와서는 이 위원회를 보게 되었다고(스 8:33) 주장했다. 그러나 이는 매우 불확실한 주장이다. (i) 에스라서에서는 이 위원회가 매우 다른 두 명의 제사장과 두 명의 레위인으로 구성된 것으로 나타난다. 여기 느헤미야서에서는 한 명의 제사장, 한 명의 서기관, 한 명의 레위인과 한 명의 일반 백성으로 구성된 것으로 나타난다. (ii) 두 그룹 간의 기능은 동일하지 않다. 여기서는 십일조의 수집과 분배라는 기능과 관련되어 있지만, 반면에 에스라서에서는 성전 보물들을 다루는 기능과 관련되어 있다. (iii) 에스라 8:33이 이미 형성되어 존재하고 있는 위원회를 다루고 있다고 추측할 아무런 근거도 없다. 이 위원회는 아마 에스라 8:29이 함축하듯이 성전 일을 보던 대표적인 그룹이었을 수도 있다. (iv) 느헤미야가 이 위원회를 처음으로 세웠다는 것은 확실하지가 않다. 그가 십일조 관행을 다시 부활시키는 것과 더불어, 이를 공정하게 관리하는 체제도 다시 부활시켰을 가능성이 있다. 이들 중 어떤 근거로건, 혹은 이들 모두를 근거로 삼아서건, 이 구절이 느헤미야의 연대를 에스라 이전으로 잡아야 한다는 주장은 거부되어야만 한다.

14 "기억하소서" 공식을 형성하는 데 있어서 여기서 다른 부분과는 달리 두드러지게 구별되는 요소가 있는데, 그것은 하나님의 기억을 그 위에 모든 사람들의 행동이 기록되는 판(slate)으로 묘사한다는 점이다. 느헤미야는 자신이 성전을 돌본 것(4-9절)과 그의 섬김들(10-13절)을 도말하지 말아 달라고(מחה: "불어 버리다,

닦아 없애다", 그러므로 "지우다") 간구한다. 참조. K. Galling, "Königliche und nichtköniglicher Stifter beim Tempel von Jerusalem," *ZDPV* 68(1951) 134-42.

해설

삶의 다른 많은 측면들과 마찬가지로 종교적인 경험에서도 일반적으로 가장 강력한 인상을 남기는 것은 다름아니라 성취나 승리의 최고점이다. 그러나 오늘날의 역사가들이 흔히 주장하듯이, 역사는 위대하고 힘있는 사람들의 행동들을 단순히 모아놓은 연대기가 되어서는 안 되며, 일반 대중들이 살아가던 환경과 발전에 대해서 좀더 관심을 기울여야만 한다. 마찬가지로 영적인 성장도 특별하게 고양되는 어떤 순간들을 통해서보다는 일상적인 과정의 질(quality)을 통해서 일반적으로 더 잘 측정된다. 우리는 누가복음 9:28-36에서 기록하고 있는 예수님의 변화되신 모습에 대한 설명을 기억한다. 그 사건 이후에는 곧장 "하나님의 위엄"(43절, *μεγαλειότης*를 사용하는. 이 단어는 엄격하게 말하면 변화되신 모습 자체에 대한 설명이 나오는 벧후 1:16에서도 발견된다)을 표현하는 내용이 나오는데, 이는 마치 산꼭대기에서 예수님께 벌어졌던 사건이 주님께서 "평범하게" 의심과 절망의 골짜기에서 사람들을 치유하시던 일의 일부분임을 보여 주려는 것처럼 보인다. 우리가 고민하고 살펴본 이 문단들은 이런 진리에 대한 깨달음을 보여 준다. 이 본문들은 독자들을 성전 뜰에서의 정결한 예식이 진행되는 깔끔하고 동화 같은 마지막 장면에 남겨 두기보다는, 어떻게 해서 그 기쁨이 더 긴 시간 동안 계속 유지될 수 있었는지를 이야기하도록 재촉한다.

실제적인 모습 때문에 첫인상은 무미건조하거나 융통성이 없는 것처럼 보일 수도 있다. 우리는 의례를 진행하기 위해 진심으로 물질적인 뒷받침을 하라는 선언(이 선언도 분명히 하나의 예로서 의도되었다)을 보게 된다. 그러나 바로 이것이 요점이다. 사실 깊게 자리잡은 본심을 표현하지 않고도 잘 구성된 제의를 유지하는 것이 가능하다. 그러나 역으로, 우리의 저자는 그런 진심이라는 실체도 만약 이 실체가 발전하고 열매를 맺을 수 있게끔 해주는 외적인 골격을 적절하게 유지하지 않는다면 제대로 지탱될 수 없을 것이라고 말하는 것처럼 보인다. 둘 다 필요하며, 둘 다 여기에 묘사되었다. 십일조와 제물들이 정기적으로 드려졌을 뿐만 아니라, 이런 예물들은 "사역하던" 사람들을 향한 "기쁨"에 뿌리를 두고 있었다(44절). 그리고 이런 제의 관료들은 오래 전 이상적인 시대에 "찬양과 감사를 하나님께 드리도록 인도했던" 사람들의 정신을 갖고(46절) 교대로 "하나님을 섬기는 일" (45절)을 감당했다.

그저 작은 왜곡에 불과해 보인다 하더라도, 이와 같은 균형을 가지고 전체를 뒤집을 필요가 있다. 13장을 열어 주는 문단들을 분명하게 연결함으로써 이 편집자는 예물들의 감소가 정기적으로 성전에서 행해지던 일들 중 상당수를 중단(10-11절)하게 만들었음을 분명히 했으며, 또한 유대 종교가 구별적인 정결함을 유지하는 것에 반대하는 관점을 갖고 있던 사람에게 발판을 마련해 주었음을 분명히 한다. 이런 배경에 대해 생각하지 않는다면, 느헤미야의 행동은 거칠게 보인다. 어떤 사람들은 물을 것이다. 그는 하나님을 통해서 이방인을 향한 저주가 축복으로 바뀔 수 있다는 것을 몰랐던 것인가?(2절) 그러나 키드너(Kidner)의 금언은 "거룩함은 협상할 수 있는 것이 아니다"라고 말한다. 분명하게 선을 긋는 데 실패하면 결국 일반적인 쇠퇴로 결론맺게 되는 문제들이 있다. 내가 힘이 있고 안전한 위치에서는 누군가를 돕고, 용서하고 또한 환영하는 것이 가능하다. 그러나 연약한 가운데서는 이편과 상대편 모두 함께 잠겨 들어갈 것이다.

최종적인 개혁(느 13:15-31)

참고문헌

Kellermann, U. *Nehemia*, 51-55. **Luria, B. Z.** "Men of Tyre also, who lived in the city, brought in fish and all kinds of wares(Nehemiah 13:16)"(Heb.). *BMik* 15(1970) 363-67. **Mowinckel, S.** *Studien II*, 39-42; 104-18. **Rowley, H. H.** "Sanballat and the Samaritan Temple." *Men of God*, 246-76. **Rüger, H. P.** "Ein Fragment der bisher ältesten datierten hebräischen Bibelhandschrift mir babylonischer Punktation." *VT* 16(1966) 65-73. **Tigay, J. H.** "*Lifnê haššabbāṯ* and *ʾaḥar haššabbāṯ*='on the day before the Sabbath' and 'on the day after the Sabbath'(Nehemiah xiii 19)." *VT* 28(1978) 362-65. **Ullendorff, E.** "C'est de l'hébreu pour moi!" *JSS* 13(1968) 125-35.

본 문

15 그 때에 내가 본즉 유다에게 어떤 사람이 안식일에 술틀을 밟고 곡식단을 나귀에 실어 운반하며 포도주와 포도와 무화과와 여러 가지 짐을 지고 안식일에 예루살렘에 들어와서 식물을 팔기로 그 날에 내가 경계하였고

15 In those days I saw some in Judah[a] who were treading winepresses on the Sabbath day, collecting heaps of grain and loading it onto donkeys, as well as wine, grapes, figs, in fact[b] every kind of load, and then[c] bringing them to Jerusalem on the Sabbath day. I warned (them) on the day when they sold food.[d]

16 또 두로 사람이 예루살렘에 거하며 물고기와 각양 물건을 가져다가 안식일에 유다 자손에게 예루살렘에서도 팔기로

16 Moreover, Tyrians who were staying there[a] were bringing fish and all kinds of merchandise and selling them on the Sabbath to the people of Judah—in Jerusalem itself!

17 내가 유다 모든 귀인을 꾸짖어 이르기를 너희가 어찌 이 악을 행하여 안식일을 범하느냐

17 So I contended with the Judean nobles and said to them, "What is this evil thing which you are doing—profaning the Sabbath day?

18 너희 열조가 이같이 행하지 아니하였느냐 그러므로 우리 하나님이 이 모든 재앙으로 우리와 이 성읍에 내리신 것이 아니냐 이제 너희가 오히려 안식일을 범하여 진노가 이스라엘에게 임함이 더욱 심하게 하는도다 하고

18 Is not this just what your ancestors did, so that our God brought all this evil upon us and upon this city? And now you are bringing more wrath upon Israel by profaning the Sabbath."

19 안식일 전 예루살렘 성문이 어두워 갈 때에 내가 명하여 성문을 닫고 안식일이 지나기 전에

19 When it began to grow dark in the gates of Jerusalem[a] on the day before the Sabbath[b] I gave

는 열지 말라 하고 내 종자 두어 사람을 성문마다 세워서 안식일에 아무 짐도 들어오지 못하게 하매

orders that the doors should be shut and commanded that they should not be reopened until the day after the Sabbath.[b] I also stationed some of my own men[c] at the gates to ensure that no load should come in on the Sabbath day.

20 장사들과 각양 물건 파는 자들이 한두 번 예루살렘 성 밖에서 자므로

20 Once or twice the traders and dealers in all kinds of merchandise spent the night outside Jerusalem,

21 내가 경계하여 이르기를 너희가 어찌하여 성 밑에서 자느냐 다시 이같이 하면 내가 잡으리라 하였더니 그 후부터는 안식일에 저희가 다시 오지 아니하였느니라

21 but I warned them and said to them, "Why are you spending the night by the wall? If you do it again, I will lay hands on you." From then on they did not come on the Sabbath.

22 내가 또 레위 사람들을 명하여 몸을 정결케 하고 와서 성문을 지켜서 안식일로 거룩하게 하라 하였느니라 나의 하나님이여 나를 위하여 이 일도 기억하옵시고 주의 큰 은혜대로 나를 아끼시옵소서

22 Then I commanded the Levites to purify themselves and come and guard[a] the gates in order to keep the Sabbath day holy. Remember this also to my credit, O my God, and spare me according to your great and merciful love.[b]

23 그 때에 내가 또 본즉 유다 사람이 아스돗과 암몬과 모압 여인을 취하여 아내를 삼았는데

23 Also in those days I saw some[a] Jews who[b] had married[c] Ashdodite, Ammonite, and Moabite women.

24 그 자녀가 아스돗 방언을 절반쯤은 하여도 유다 방언은 못하니 그 하는 말이 각 족속의 방언이므로

24 Half their children spoke the language of Ashdod (or according to the language of the other people mentioned)[a] and were unable to speak the language of Judah.

25 내가 책망하고 저주하며 두어 사람을 때리고 그 머리털을 뽑고 이르되 너희는 너희 딸들로 저희 아들들에게 주지 말고 너희 아들들이나 너희를 위하여 저희 딸을 데려오지 않겠다고 하나님을 가리켜 맹세하라 하고

25 So I contended with them and cursed them, beat some of the men, and pulled out their hair. Then I made them swear by God, saying "You will not give your daughters in marriage to their sons, nor take any of their daughters in marriage for your sons or yourselves.

26 또 이르기를 옛적에 이스라엘 왕 솔로몬이 이 일로 범죄하지 아니하였느냐 저는 열국 중에 비길 왕이 없이 하나님의 사랑을 입은 자라 하나님이 저로 왕을 삼아 온 이스라엘을 다스리게 하셨으나 이방 여인이 저로 범죄케 하였나니

26 Was it not on account of such women that Solomon, king of Israel, sinned? Among the many nations there was no king like him; he was loved by God, and God made him king over all Israel; yet even he was led into sin by foreign wives.

27 너희가 이방 여인을 취하여 크게 악을 행하여 우리 하나님께 범죄하는 것을 우리가 어찌 용납하겠느냐

27 In your case, therefore, ought it not be something unheard of[a] to do all this great evil, to act unfaithfully towards God by marrying foreign wives?"

28 대제사장 엘리아십의 손자 요야다의 아들 하나가 호론 사람 산발랏의 사위가 되었으므로 내가 쫓아내어 나를 떠나게 하였느니라
29 내 하나님이여 저희가 제사장의 직분을 더럽히고 제사장의 직분과 레위 사람에 대한 언약을 어기었사오니 저희를 기억하옵소서
30 내가 이와 같이 저희로 이방 사람을 떠나게 하여 깨끗하게 하고 또 제사장과 레위 사람의 반열을 세워 각각 그 일을 맡게 하고
31 또 정한 기한에 나무와 처음 익은 것을 드리게 하였사오니 내 하나님이여 나를 기억하사 복을 주옵소서

28 Now one of the sons of Joiada, son of Eliashib, the high priest, was a son-in-law of Sanballat the Horonite, so I banished him from my presence.
29 Remember them, O my God, because they have defiled the priesthood and the covenant of the priesthood and the Levites.
30 So I purified them of everything foreign and I established rotas of duty for 'the priests and Levites with specific duties for each person.
31 (I also made arrangements) for the wood offering at the appointed times as well as for the first-fruits. Remember this in my favor, O my God.

원문주해

15.a. 이 구절에는 일련의 분사들이 연속해서 나오기 때문에, 이 분사들은 명사들이 아니라 동사들로 보아야만 하는 것이 분명하다. 그렇기 때문에 이들은 라이티(ראיתי, "나는 보았다")의 목적어로 해석될 수 없다. 이 단어는 여기 공급되어야만 하며, 그런 뒤에 교대로 분사들의 주어로 이해되어야만 한다. 비록 그런 구성이 불가능한 것은 아니지만(참조. GKC § 116t), 그런 방식은 주석가들이 일반적으로 인정하는 것보다 어려운 방식이다. 아래 23절에 나오는 평행적인 표현과 비교해 보라. 그러므로 비유다(ביהודה, "유다에서")는 브네이 유다(בני יהודה, "유다 자손들", 참조. 16절)에 대한 축약으로서(ב´ יהודה) 생겨났다는 Joüon, *Bib* 12(1931) 89의 제안은 매력적이다. 다른 한편으로, 느헤미야는 우리가 일반적으로 수용하는 느헤미야서의 스타일에 부합하는 마지막 저자다. 다행스럽게도 의미상의 차이는 아주 사소하고 미묘할 뿐이다: Joüon의 접근법에 토대를 둔다면, 여러 민족들이 섞인 상황 속에서 유대적인 요소에만 배타적으로 기울였던 관심, 바로 느헤미야의 관심에 훨씬 더 큰 강조를 하게 된다.

15.b. 이 구절에 생산품들이 열거되고 있다는 점은 이 철자를 설명적인 와우로 해석하는 것이 가장 최선임을 보여 준다.

15.c. 마소라 텍스트(MT)는 LXXL를 좇아 이 부분에서 접속사를 생략하는 본문 수정을 해서는 안 된다. 그렇게 하는 것은 앞의 명사들인 웨아프 야인(ואף יין..., "포도주뿐만 아니라...")을 메비임(מביאים, "가지고 오다")의 목적어로 만든다. 그러나 단어 배열 때문에, 그리고 웨아프(ואף)라는 단어가 무언가를 앞에 나온 것에 덧붙이고 있다는 인상을 주기 때문에 별로 그럴듯하지 않다. 참조. GKC § 153. 그렇기 때문에 이 명사들은 그보다는 "짐을 싣다, 운반하다"의 목적어들로 해석되어야만 하며, 그런 뒤에 이 전체 목록은

"가지고 오다"의 목적어로 이해되어야만 한다.

15.d. 이 구문은 해석하기가 어려우며, 한 가지 이상으로 해석하는 것이 가능하다. 몇몇 학자들은 와이드 베헴 메미코르 치드(ואעיד בהם ממכור ציד⟨ם⟩, "그리고 나는 그들에게 그들의 음식을 팔지 말라고 경고했다")라고 수정하는 에를리히(Ehrlich, *Randglossen*, VII, 211)를 좇아가려고 한다. 자연스럽게 "안식일에"라는 규정으로 이해해야만 한다. 이것이 21절과의 비교가 보여 주듯이 구문론적으로 좀더 부드럽게 읽는 방법임에는 틀림없다. 하지만 과연 이것이 정황에 잘 맞는가? 이 구절에서 강조하고 있는 바는, 안식일에 물건을 수송했다는 데 초점이 맞추어져 있는 것으로 보인다. 만약 여기에 유대인들이 포함되어 있었다면, 우리는 느헤미야가 그들에게 안식일에 물건을 파는 것에 관해 경고했을 것으로 추측해 볼 수 있는데, 그는 다른 형태의 일에 관해서는 아무것도 이야기하지 않았다. 만약 그들이 유대인들이 아니었다면, 그러나 그렇다 하더라도 유대 안에 살던 거주자들이었다면, 본문을 수정하는 것이 좀더 의미를 잘 통하게 해주기는 하겠지만, 그럴 경우 이 구절의 처음 부분은 부적절하게 된다: 느헤미야에게는 이방인들이 술틀을 밟고 있던 것은 무관심한 문제였다. 이 일은 유대인들이 여기에 포함될 경우에만 중요성을 갖는다. 유사한 어려움을 A. Van Hoonacker, "La succession chronologique Néhémie-Esdras," *RB* 32(1923) 491-92(그리고 참조. Kellermann, *Nehemia*, 52)에서도 직면하는데, 그는 베욤(ביום)을 "au sujet du jour(ou ils vendaient leurs victuailles)"라고 번역한다(영어로는 "on the subject of the day"이다 – 역자주). 그러므로 유대인들이 포함되어 있었던 것으로 보였기 때문에(이방인들의 경우에 대해서는 다음 구절에서 살펴보았다), 그리고 이 구절의 첫 번째 부분에 강조점이 놓여져 있는 것으로 보이기 때문에, 우리는 마소라 텍스트(참조. Ryle)가 가장 조화로운 의미를 제공하고 있는 것으로 보고 마소라 텍스트를 유지한다. 느헤미야는 관련된 사람들을 (아마도) 다음날, 그들이 그들의 제품들을 예루살렘에서 팔았을 때 책망하고 꾸짖었다. 그는 꾸짖는 일도 안식일 당일에는 하지 않는 것을 선호했다. העיד("경고하다")가 절대형으로 사용된 또 다른 예에 대해서는 렘 6:10을 참조하라.

16.a. 아세르(אשר, "who, which")가 없는 관계절이다. 참조. GKC § 155d-n 그리고 아래의 23절. 보(בה, "그 안에")는 분명 앞 구절의 "예루살렘"을 지칭한다. 루돌프(Rudolph)는 "예루살렘에서"를 이 구절의 마지막 부분에서 처음 부분으로 옮길 것을 제안하지만(결과적인 변화와 더불어), 이런 일은 필요하지 않다: 위의 번역이 보여 주고자 하는 것처럼, 이 단어들은 결코 목적 없이 현재 위치에 자리잡고 있는 것이 아니다.

19.a. 문자적으로는 "예루살렘 성문들이 그림자지게 되었을 때"이며, 대부분의 사전 편찬자들은 צלל가 명사 צל("그림자")와 관련된 동사라고 가정하고 있다. 이는 바깥쪽보다 좀더 일찍 성문 안쪽이 어두워지기 시작했을 것이다. 다른 사람들은 동일한 어원학을 사용하지만 "예루살렘 성문들"을 부사적 목적어로 취급한다: "그림자들이 예루살렘 성문들

(위로) 드리우기 시작했을 때"(Fensham). 그러나 (Myers가 따르는) 루돌프(Rudolph)는 Vrs에 좀더 많은 주의를 기울인다. 그는 시리아어 동의어의 의미가 "청소하다, 깨끗이 하다, 제거하다"라는 점을 통해 צָלְלוּ라고 모음을 다시 찍어 "예루살렘 입구들이 안식일을 준비하기 위해 청소되었을 때"(NEB)라는 번역을 한다. 이와 비슷한 맥락에서 바우만(Bowman)은 아카드어 *ṣalālu*의 증거를 덧붙인다. *CAD*가 열거한 이 단어의 의미들 중에는 "쉬고 있는(버려진 성읍의), 사용되지 않고 남아 있는"이 있다. 이는 루돌프의 주장보다도 실제적으로 번역상의 증거에 잘 부합하지만, 느헤미야가 백성들이 집에 돌아올 때까지 기다리기만 했다는 것보다는 마음속에 특정한 어떤 시간을 염두에 두고 있었을 것이라는 불리함이 있다.

19.b. 이 구문들의 번역에 대해서는 티가이(Tigay, *VT* 28[1978] 362-65)를 참조하라.

19.c. 4:10(16)에 대한 "주석"을 보라.

22.a. 우리는 이것을 접속사가 생략된 구성으로 본다. 이론적으로는 "문지기들로서 오다"로 번역될 수 있다. 사독(R. Zadok, *ZAW* 94[1982] 298)은 분명히 이렇게 추측했다.

22.b. 내가 쓴 "The Sure Mercies of David: Subjective or Objective Genitive?," *JSS* 23(1978) 37-38를 참조하라.

23.a. 종종 히브리어 한정사를 불한정사로 번역해야 할 필요에 대해서는 GKC § 126q-t.를 참조하라.

23.b. 위의 n. 16.a를 보라.

23.c. 스 10:2b에 대한 "주석"을 보라.

24.a. 문자적으로는 "그리고/그러나 민족과 민족의 언어를 따라서"(즉 다른 민족)이다. 이 구문을 취급하는 세 가지 방식이 있다. (i) 만약 이 부분이 이 본문에 반드시 있어야 할 부분이라면, 이 표현은 아마도 "여기 언급된 다른 민족들의 언어"를 의미한다(예를 들어, 암몬 사람들과 모압 사람들). 참조. Rudolph; Myers; NEB; NIV 등. 그러나 단어 배열 순서는 이런 관점에 강력하게 반(反)하는 모습을 보여 주며, 또한 이 구문은 전적으로 윤색된 것임을 보여 준다(70인경은 이 부분을 생략했다). (ii) 윤색된 것으로 보자면, 이 표현은 (i)번 항목과 비슷한 의미를 갖게 하려고 의도되었을 것이다. 암몬 사람들과 모압 사람들이라는 표현은 23절에서 나중에 첨가되었을 수 있다(아래의 "주석"을 보라). 후대의 주석가(윤색자)는 설령 왜 이렇게 첨가가 이루어졌는지 그 의도를 충분히 인식하지 못했다 하더라도, 이 두 가지 언어를 언급한 것이 무언가 실수였다고 믿었으며, 그래서 "다른 여러 언어들 등"이라는 주해를 달았다. (iii) 울렌도르프(Ullendorff, *JSS* 13 [1968] 133-34)는 여기 표현된 아스돗 언어라는 말은 "비(非)셈어이며 전적으로 이해할 수 없는 언어"를 뜻한다고 믿는다. 이 윤색은 이 표현을 설명하려는 의도로 이루어졌다. 즉 "다른 민족의 언어를 따라" 나는 "암몬 사람들과 모압 사람들"이라는 표현을 23절에 첨가된 것으로 간주하기 때문에 두 번째 가능성에 마음이 끌린다.

27.a. נשמע는 대부분의 번역들이 선택하듯이 1인칭 복수 미완료 칼형으로 이해하거나(참조. RSV, "우리가 이제 너희를 듣고…": NEB, "그러면 우리가 너희의 예를 좇아…"), 혹은 3인칭 남성 단수 완료형 니팔형으로 보아서 문자적으로는 "그리고 너희에 대해서는 …하는 것이 들리니"(예를 들어, Keil, Ryle 그리고 Rudolph 등이 이와 같은 방식을 취한다)를 의미하는 것으로 이해해야 한다. 위에서 제시한 번역은 후자의 의미를 잡아내는, 조금은 자유스러운 시도로 이루어졌다. 이를 지지해 주는 것은 이 구절 시작 부분의 단어 배열 순서인데, 이 부분은 솔로몬과 느헤미야 당시의 대조에 강조점을 두고 있다. 일반적인 번역에서는 이 점을 잃어버렸다.

양식/구조/배경

이 곳은 분명하게 두 부분으로 나누어지는데, 각각의 부분은 몇 가지 두드러진 특징들을 갖고 있어서 그것들이 앞에 나온 부분들과 이 부분을 구분하게끔 하는 데 일정한 역할을 한다. (i) 각 부분은 연대기적 언급인 바요밈 하헴마(בימים ההם⟨ה⟩, "그 때에")라는 표현과 더불어 시작한다(15절과 23절). 이 표현은 위의 12:43, 44; 13:1에서 사용된 단수 형태보다는 좀더 일반적인 형태다. 이 점은 이 문단들이 연대보다는 주제를 토대로 해서 하나의 그룹으로 묶여졌다고 추측하게끔 한다. 감(גם, "또")이라는 단어를 23절 시작 부분에서 부가적으로 사용했다는 점은 이 두 문단이 서로 연결된 문단임을 좀더 잘 보여 주는 표식이다. (ii) 각 문단은 라이티(ראיתי, "나는 보았다")라는 표현을 통해 곧장 계속된다. 이 점은 내러티브 골격에 있어서 평행을 이루고 있음을 보여 주는 첫 번째 표시다. (iii) 느헤미야가 관찰했던 성전 방의 남용들을 묘사한 후에 그는 자신이 보기에 책임을 져야 한다고 생각했던 사람들을 "꾸짖었다"(ריב את/עם – 리브 에트/임, "책망했다": 17절과 25절). 우리는 이것이 그의 접근이 갖는 특징임을 살펴보았다(5:7; 13:11). 그러므로 여기서 지적되는 내러티브 평행들이 큰 측면에서는 실제 사건들이 갖는 유사성으로 돌아간다는 점을 부인해서는 안 된다. 그럼에도 불구하고, 사용된 단어 배열 등은 우리로 하여금 이런 평행적 표현들 역시 문학적 차원에서 진지하게 다루게 하려는 의도를 갖고 있다고 믿게끔 한다. (iv) 느헤미야는 자신의 명령을 구체화함에 있어서 이스라엘 백성들의 초기 역사를 묘사하는 수사학적인 질문들을 제기함으로써(18절과 26절) 이 상황이 얼마나 심각한 상황인지를 보여 주고자 했다. 이 점 역시 이 내용이 느헤미야서의 앞부분과 동떨어져 있음을 표시해 준다. (v) 그렇기 때문에 느헤미야가 지금 착수한 문제에서 야기되고 있는 결과적인 세부 사항들을 여러 가지 측면에서 처리한 보충적인 사항들이 뒤이어 나온다. 이 점은 19-22절과 관련해서 분명하다. 그러나 우리는 28-29절 역시 이런 측면에서 다루어져야만 한다고 주장한다. 아마도 이것은 연대기적으로 부적절하겠지만(아래를 보라), 분명히 주제 측면의 이유들로 인해 여기에 포함되었다. 그러므로 개인적인 앙숙관계에 관한 표현으로 시작되었던 것으로 보이는 내용이 좀더 넓은 종교적 원칙의 문제하에 포함되었다. (vi) 마지막으로, 각 문단은 "기억하소서" 공식을 통해 둘러싸여 있다(22절과 31절; 29절은 다르다: 이 구절은 느헤미야가 자기의 유익을 위해서라기보다는 대적들에 대항하는 호소를 하는 것이며, 이 구절은 오로지 앞 구절과만 연관되어 있다).

그러므로 이 문단을 자신만의 논리적인 구조를 갖고 있는 문단으로 다루는 것은 상당히 정당한 일이다. 이 점은 12:44-13:14 역시 불연속적인 부분으로 취급되어야만 한다는 우리의 주장을 확인시켜 주는 데 상당한 도움을 준다(이 문단에 대한 "양식"을 보라. 이는 느헤미야를 마무리하는 이 부분 안에 13:4-31을 덩어리로 묶어서 느헤미야의 두 번째 총독 기간으로 단순하게 설명하는 사람들이 분명하다고 생각하는 것보다는 좀더 큰 무언가 다른 질서가 있음을 추측케 한다.

지금은 이 문단이 느헤미야 비망록(NM)에서 추출된 것이라는 점에 대해서는 보편적인 동의가 이루어지고 있다. 이 부분을 보충적인 부분으로 간주하는 것이 적절할 수 있느냐는 질문(Ackroyd, *The Age of the Chronicler*, 28-29)에 대해서는 다른 부분에서 잘 다루었다. 그러나 우리는 이 부분이 어떤 방식으로건 "가능한 역사적 토대"를 제외하지 않는다는 점을 지적할 수 있을 것이다. 비록 일부 초기 주석가들은 최종 편집자(종종 역대기 사가와 동일시되는)를 통해 이루어진 넓게 퍼져 있는 윤색과 첨가를 찾아냈지만, 지금은 이 점을 적절하고 올바르게 거부하고 있다. 참조. Kellermann, *Nehemia*, 51-55. 이런 관점에서 본 경우들에 대한 주석은 아래의 "주석"을 보라.

거의 대부분에 대해서 좀더 정확한 역사적 배경이 무엇인지를 결정지을 수 없다. 일반적인 방식으로 말하자면, 우리는 이 사건들이 느헤미야가 예루살렘에 돌아온 뒤 상대적으로 곧 발생했다고 추측해야만 한다. 우리가 이미 살펴본 것처럼 연대기적인 지시 사항들은 이 문제에 대해 아무런 도움도 주지 못한다. 그러나 산발랏의 사위를 추방한 일(28-29a절)이 가장 우선적으로 일어났으며, 아마도 이 일이 도비야를 성전에서 배제한 것과 연결지어 일어났다고 추측해야만 한다(4-9절). 느헤미야는 일단 그런 특수한 상황을 알아차린 뒤 결코 기다리지 않았을 것이다.

주석

15 우리는 이미 이 시기의 안식일 준수와 관련된 몇몇 규정들에 관해서 위의 10:32(31)에서 주목했다. 안식일 준수 문제를 안식일의 역사라는 좀더 넓은 문제와 관련하여 통합해서 생각해 보는 것에 대해서는 de Vaux, Ancient Israel, 475-83, 그리고 N.-E. A. Andreasen, *The Old Testament Sabbath. A Tradition-Historical Investigation*(SBLDS 7; Missoula: SBL, 1972) 등을 참조하라.

이방인과 관련해서는 다음 구절에서 따로 분리해서 다룬 것으로 보이기 때문에, "유다에서 어떤 사람이"라는 표현은 그 지역이긴 하지만 예루살렘 밖에 살고 있던 유대인을 의미하는 것으로 보인다. 일부 특별히 규정하지 않은 경우들에 느헤미야는 그들이 안식일에도 다양한 일들을 하고 있는 것을 관찰했다. 느헤미야가 안식일 당일날 시찰 여행을 갔던 것인지(우리는 안식일 규정 중 여행에 관한 후대의 규정이 이미 효력을 발휘하고 있었는지에 대해서는 잘 모른다) 혹은 그가 우연히 다른 이유 때문에 예루살렘 밖에 있었던 것인지는 알 수 없다.

여기 제시된 여러 항목의 곡물들을 추수하는 것은 일 년 중 다양한 시기 때 이루어졌다: 포고는 9-10월에, 곡물은 4월과 6월 사이 등. 하지만 여기 기록된 경우에 한 가지 이상의 경우가 포함되어 있다고 볼 필요는 없다: 술틀에서 밟을 포도들은 의심할 여지없이 이제 막 거둬들인 품목이었겠지만, 다른 품목들에 대해서는 본문은 그 품목들이 시장에 내다 팔기 위해 이미 거둬들이고 저장해 옮겨 둔 상태라고 이야기한다. 그렇기 때문에 이런 항목들은 이전에 이미 거둬들여진 것임에 틀림없다.

이런 폐해는 새로운 일이 아니었다. 이미 주전 8세기에 아모스는 안식일에 장사를 해서는 안 된다는 규정을 참지 못하고 지키지 않던 사람들에 관해서 이야기했으며(암 8:5), 또한 예루살렘 멸망 직전에는 예레미야가 그의 동시대 사람들에게 지금 기록된 것과 매우 흡사한 범죄들에 대해서 경고했던 바가 있었다. 참조. 예레미야 17:19 27. 포로기 이후 시기 때는 아마도 좀더 엄격한 안식일 준수를 요청했겠지만, 그런 규정들과 요구는 분명 지켜지지 않았다. 만약 그 지역 안에 살았던 이방인들이 합법적으로 그 날 장사를 할 수 있었다면, 많은 사람들이 분명히 이 율법이 그들에게 불공정한 상거래와 불이익을 초래한다고 느꼈을 것이다.

느헤미야는 아마도 그날 당일에 공식적인 항의를 제기하는 데 자유스럽지 않았을 것이다. 다른 방식으로 생각해 보자면, 그는 안식일 이후가 될 때까지 안식일을 범한 사람들을 좇아 예루살렘으로 들어오는 것을 자신은 뒤따르지 않는 것을 선호했을 것이다. 어떤 이유에서였건 간에, 그는 이런 물품들이 거래가 되었을 때 아마도 그 다음날 이 경우에 대해 표면적인 경고를 전달했다.

“술틀”(גתות – 깃토트, יקבים〈“술통”〉과 구별되어야만 한다)은 바위틈을 쪼개어 낸 판으로서 이 곳을 통해 포도를 밟아 포도에서 주스를 내게 한다. 그런 뒤 병들에 담겨지거나 혹은 (종종 이미 항아리에 들어 있는) 술통에 들어가기 전에, 이 액을 담아놓는 대야에서 발효되게끔 한다. 이런 모든 과정은 기브온 산업 지역(Industrial Area)에 대한 발굴을 통해 잘 볼 수 있다. 참조. J. B. Pritchard, *Gibeon, Where the Sun Stood Still*(Princeton: University Press, 1962), 79-99, and ibid., *Winery, Defenses, and Soundings at Gibeon*(Philadelphia: The University Museum, 1964), 1-27.

16 동료 유대인들이 안식일 율법 때문에 받게 되는 불이익을 심사숙고하면서 느헤미야는 이방인 거래상들로 하여금 마찬가지로 안식일에도 일하지 못하게끔 해야 이 문제를 진정 해결할 수 있다는 사실을 깨닫게 되었을 것이다. 분명 무역 거래에 특별히 초점을 맞추어 관심을 두고 있던 두로 사람들의 식민지가 있었을 것이다. 그들은 분명 페니키아 사람들이었고, 멀리까지 항해해서 무역하는 네트워크를 갖고 있었던 것으로 고대 세계에서 유명했다. 그들은 여러 인구 밀집 지역들에 “상업 사절단”을 갖고 있었다. 참조. 에스겔 27장; S. Moscati, *The World of the Phoenicians* (tr. A. Hamilton; London: Weidenfeld and Nicholson, 1968); D. R. Ap-Thomas, “The Phoenicians”, in D. J. Wiseman(ed.), *Peoples of Old Testament Times*(Oxford: Clarendon Press, 1973), 259-86; and Luria, *BMik* 15(1970) 363-67. 비록 유대인들의 율법이 그들과 관련되어 있는 것으로 보이지는 않지만, 느헤미야는 이제 그들이 예루살렘에서 안식일에 상업적인 일을 하는 것을 공격하고(이 단어가 갖는 모든 의미에서) 금지되어야 한다는 것을 깨달았다.

17-18 느헤미야는 유대 귀인들을 꾸짖으면서 예루살렘에서 벌어진 일들에 대해 그들에게 책임이 있다고 여겼음을 보여 준다. 그들은 물건을 사는 것이 안식일을 범하는 것이라고 보지 않았던 것 같다. 왜냐하면 물건을 파는 주인만 일을 하고 있는 것으로 여겨졌기 때문이다(물론 이런 변명은 15절에 언급된 사람들에게는 적용되지 않았다). 그러나 느헤미야에게는 이런 일도 예루살렘을 바벨론의 손에 멸명시키게 한 그런 관행의 확장에 지나지 않았다. 참조. 예레미야 17:27; 에스겔 20:12-24. 모든 경우들에 있어서, 설령 이방인으로부터 물건을 산다고 하더라도 안식일

에 물건을 사는 일도 이 일 후에 백성들이 했던 맹세에서는 책망거리라고 규정되었다. 참조. 10:32(31).

19 상인들이 안식일이 끝나기 전에 예루살렘에서 장사를 하기 위한 배경을 마련해서는 안 된다는 것을 확실히 하기 위한 실질적인 단계들이 뒤따랐다. 비록 이 구절을 시작하는 단어에 대한 정확한 번역이 무엇인지가 불확실하기는 하지만, 일반적인 취지는 분명하다: 성문들은 닫혀졌고, 느헤미야의 개인적인 종자들이 파수했으며, 어떤 장사치들도 안식일 동안 예루살렘에 들어오는 것을 허용하지 않았다. 그러므로 성벽은 어느 정도는 유대적인 분리의 상징이 되었다. 이 구절 마지막 부분의 문체는 사적인 개인들이 오고가는 자유는 남아 있었으며, 사실 이 점에서부터 다음 문제가 일어났음을 추측케 한다.

20-21 만약 상인들이 그들의 물건들을 가지고 성읍 안으로 들어갈 수 없었다면, 그들은 적어도 성에서 나오는 사람들을 낚을 수 있다는 희망을 가지고 성벽 바깥쪽에 물건들을 쌓아놓았을 수 있었을 것이다. 느헤미야는 자신이 하고자 했던 정신을 경멸하는 이런 모습을 보며 그들을 물리적으로 옮겨 버리겠다고 위협하는 일에 대해 양심의 가책을 느끼지 않았다. 도비야에게 벌어졌던 일에 대한 최근의 기억(4-8절)은 공격자들로 하여금 이런 위협을 심각하게 받아들이도록 만들었을 것이다. 우리는 그의 "그 후부터는 안식일에 저희가 다시 오지 아니하였느니라"는 결론에서 정색을 한 유모를 발견할 수도 있을 것이다.

22 레위인들을 성문 파수하는 데 포함시켰다는 점은 주석가들로 하여금 몇몇 어려움들을 갖게끔 했는데, 왜냐하면 이런 일은 그들에게 기대되던 역할이 아니었기 때문이며, 또한 이 구절을 19b절과 연결시키는 문제 때문이다. 이 두 번째 점은 아마도 나래이션의 순서가 제시하듯이 일시적인 배치와 영속적인 배치라는 점에서 설명되어야만 한다. 느헤미야는 우선은 자기 종들을 사용했다. 왜냐하면 느헤미야는 그들을 신속하게 배치할 수 있었고, 또한 혹시 어려움을 만난다 하더라도 그들은 결의에 찬 모습으로 느헤미야의 바람들을 실행할 것으로 신뢰할 수 있었기 때문이다. 그러나 이런 배치는 무한정 계속될 수는 없었다. 일단 즉각적인 위험이 지나갔고, 특별한 남용이 중단된 다음에는 레위인들이 문제 재발을 억제하게끔 행동하는 것이 좀더 쉬웠을 것이다.

이 역할에 대해 레위인들을 활용했다는 점은 충분히 이해할 수 있는 일이며, 이에 대해서는 전례도 있었다. 7:1-2에 대한 "주석"을 보라. 그들의 정상적인 의무들은 성전과 관련되어 있었다. 이제 성읍 전체의 거룩함에 대한 관심의 증가와 더불어(참조. 사 52:1; 욜 4:17〈3:17〉), 그리고 안식일의 거룩함과 연계되어 있는 그들의 새로운 역할과 더불어, 이 직무는 아마도 그들이 이미 행하고 있었던 일들이 확충된 것으로 여겨졌을 것이다. 그들에게 내려진 우선 "자기 자신을 정결케 해야 한다"는 명령은 이 명령을 통해 이 점을 설명할 뿐만 아니라 이런 이해를 뒷받침한다.

이 문단은 하나님께 자신을 "기억하소서"라고 새롭게 기도하는 것으로 결론내려진다. 하나님께 덧붙여진 요청인 자신을 아껴 달라는 내용은 어느 정도 정형화된 형태이며, 따라서 이 표현을 토대로 해서 느헤미야가 이 기도문을 쓴 것에 관해 특별한 이론들을 만들어 내서는 안 된다. 이는 다만 "나를 기억하소서"와 평행을 이룰 뿐이다. "기억하소서, 도말하지 마소서"라는 내용을 담고 있는 14절을 참조하라.

23 느헤미야는 다시 한 번 불분명한 상황들 속에서 일부 유대인들이 이방 여인들과 결혼하기 시작했음을 발견했다. 4:1(7)에 대한 "주석"에서 볼 수 있듯이, 아스돗 사람들에 대한 언급을 여기서는 충분히 이해할 수 있다: 아스돗은 유다 서편 지역의 이름이었으며, 국경을 가로지르는 결혼은 이상하게 여길 일이 아니었다. 하지만 북쪽으로 사마리아 사람들과의 혼인이나(28-29절에도 불구하고) 혹은 남쪽으로 에돔 사람들이나 아라비아 사람들과의 결혼에 관한 언급이 전혀 나타나지 않는다는 점은 느헤미야가 관찰한 현상이 특별한 지역에서만 제한적으로 나타난 현상들이었음을 추측케 한다. 이런 결론은 이 사건이 도입된 방식을 통해서도 뒷받침되는데, 왜냐하면 느헤미야가 뒷 구절을 통해 이 잘못을 저지른 사람들을 처리했던 방식들이 무언가 일반적이고 넓게 퍼진 것과는 상반된 것으로 이야기되기 때문이다. 이런 점은 소그룹의 사람들만이 관련되어 있었을 것임을 추측케 한다.

아스돗 사람들 이외에도 두 나라가 언급되었다. 즉 암몬 사람들과 모압 사람들이다. 하지만 이들에 대한 언급은 어려운 문제를 남긴다. 본문상으로 볼 때, 우리는 이들에 대한 언급이 이 구절 마지막 부분에서 아무런 접속사 없이 붙어 나온다는 점을 관찰해야만 한다(영어의 용례를 따르기 위해서 위의 번역에서는 한 개에는 접속사를 덧붙여야 했지만). 이 점은 영어에서 흥미로운 모습인 것처럼, 히브리어에서도 흥미로운 모습이다. 두 번째로, 이 민족들 자신들은 여기에 나올 것으로 기대되지 않는 민족들이다. 이미 지적했던 이유들로 인해서 아스돗 사람들만큼 명백하게 이해하기 쉬운 곳은 없으며, 다른 가까운 지역들보다 이런 지역들에서 아내들을 얻었을 것으로 보이지는 않는다. 암몬은 유다 동편에 곧장 연결되어 있는 것이 사실이다. 그러나 모압과는 비록 자연적인 경계선이 중간에 있기는 하지만 공통적인 국경선이 없다. 세 번째로, 다음 구절에서 아스돗의 언어는 이름을 통해 언급되었지만, 반면에 암몬과 모압은 그렇지 않다는 점도 흥미로운 점이다. 비록 윤색자가 이 점을 보완하기 위해 시도한 것으로 보이지만 말이다. 이런 이유들로 인해서 "암몬 사람들과 모압 사람들"이라는 표현은 느헤미야의 본문에 후대에 첨가된 것으로 보는 것이 최상이다(또한 Mowinckel, *Studien II*, 41와 Kellermann, *Nehemia*, 53도 보라. 켈러만은 수많은 초기 주석가들을 인용한다). 이 내용이 포함된 이유는 매우 명백하다: 아스돗 사람들은 결혼할 수 없도록 금지된 다른 민족들의 목록 속에 포함되어 있지 않았다. 에스라 9:1-2에 대한 "주석"을 보라. 그렇기 때문에 주석가는 그들에 반대하는 느헤미야의 행동을 위의 1-2절에서 인용한 율법이라는 측면에서 설명했다: 아스돗 사람들은 이 율법의 관점에서 보자면 암몬 사람들이나 모압 사람들로 간주되어야만 했다.

24 느헤미야는 그들의 이와 같은 결혼에 대해서 충격을 받았을 뿐만 아니라, 아이들이 이야기하던 언어와 그들이 "유다의 언어"(참조. 왕하 18:26, 28, 그리고 평행구절들)였던 히브리어로 대화하는 것이 완전히 불가능했다는 점으로 인해 충격을 받았다. 유대교처럼 성경이 중심적인 역할을 하는 종교에서는 언어를 확보한다는 것은 지극히 중대한 일이다. 우리는 이것이 얼마나 중요한지를 이슬람교에서 아랍어가 얼마나 중요한지와 견줄 수 있을 것이다. 종교와 국가 문화가 서로 불가분의 관련을 맺고 있을 때, 유대교가 이 시기처럼 서로 연관되어 있을 땐 공동체의 언어에 대한 지식은 필수불가결한 것이었다. 즉 이 점은 공동체 그 자체를 구별하고 지탱하는 가장 중추적인 요소 중 하나였다. 느헤미야로 하여금 그토록 강력하게 반응하도록 만든 것은 다름아니라 바로 이런 사실에 대해 제대로 인식하고 있었기 때문일 것이다.

"절반 그들의 자녀가 아스돗 언어를 말했다"라는 기록은 흥미롭다. 일부 아버지들이 자기 자녀들의 교육을 전적으로 엄마가 책임져야 할 문제라고 생각했던 반면, 다른 아버지들은 그들 자녀들에게 그들의 언어를 가르치는 데 좀더 신경을 썼던 것일까? 그래서 절반만 아스돗 언어를 말했던 것일까? 혹은 이것은 나이의 문제, 유독 아이 때만 히브리어 지식이 집 밖에 나와서 뒤섞이는 문제였던 것일까? 마지막 가능성을 제외한다 하더라도, 이 구절은 여전히 루돌프(Rudolph)의 관점에 대해 어려움이 남게 한다. 그는 느헤미야가 없는 동안 에스라가 예루살렘에 왔다고 생각했다. 그는 느헤미야가 예루살렘에 없었던 시간을 대략 2-3년 정도로 계산한다. 그러나 에스라의 사역은 1년을 꽉 채운 시기 동안 계속되었으며, 우리는 이런 결혼들이 그 이후까지는 줄어들었다고 가정할 수 없다. 이런 기간은 아이들이 태어나서 말을 할 수 있게 될 정도의 시간을 허용하지 않는다. 에스라에 대한 전통적인 연대나 혹은 후기 연대(즉 주전 398년)를 토대로 생각해 보면, 이 구절은 아무런 어려움도 만들지 않는다.

우리는 "아스돗의 언어"가 정확하게 무엇을 의미했는지는 모른다. 많은 학자들은 이것이 비(非)셈어 언어이며 블레셋의 잔재적인 언어였다고 믿는다. 히브리어와 밀접하게 관련되어 있는 모압 언어나 암몬 언어가 히브리어에 대해 갖고 있는 차이점들보다는, 이 언어와 히브리어 사이의 간격이 좀더 먼 것으로 보인다는 사실이 이런 생각을 지지해 준다. 적어도 우리가 모압 언어와 암몬 언어에 대해 알고 있는 지식의 한도 내에서는 말이다. 그러나 우리가 위의 "원문주해"에서 보았던 것처럼, 울렌도르프(Ullendorff, *JSS* 13[1968] 125-35)로 하여금 "아스돗 말"이 결코 언어에 대한 이름이 아니라 이해할 수 없는 모든 말들을 단순하게 표시하는 것이었다고 믿게 만든 것이 바로 이 사실이었다. 다행스럽게도 우리가 이 문단을 이해하는 것은 이 부분으로 인해 크게 영향받지 않는다.

25**a** 느헤미야의 과격한 분노의 폭발은 그가 발견한 모습에 대해 자동적으로 반응한 모습이었을 것이다. 만약 그렇다면, 이 점은 다시 한 번 단지 몇몇 소수의 결혼들만이 여기에 연루되어 있다는 점을 추측케 한다. 우리가 어느 정도까지 여기 사용된 표현들을 밀고 나가야 할지는 분명치가 않다: 그가 범죄자들에게 분명한 용어들로 연설하고 꾸짖었다는 것은 의심할 여지가 없다. 그러나 그렇다고 해서 그가 "몇몇 사람들(두어 사람)"을 때렸다는 것은 모종의 사법적 과정이 있었음을 제시하는 것이 아니다. 마찬가지로, 그가 "그들의 머리털을 뽑았다"는 것도 느헤미야가 그들이 빠져들어 간 불명예가 무엇인지를 보여 주기 위한 표시였다(참조. 삼하 10:4). 다시 한 번 이 일은 매우 많은 사람들이 포함되어 있을 필요가 있거나 혹은 공식적으로 행정적인 처분을 해야 할 일이 아니었다.

이 사건은 수많은 학자들을 통해 에스라가 유다에서 그의 개혁을 아직 착수하지 않았다는 것을 보여 주는 증거로 해석되어 왔다. 예를 들어, 로울리(Rowley, "Chronological Order," *Essays*, 162-64) 등을 참조하라. 브락킹튼(Brockington, 19)은 이것이 에스라의 연대가 느헤미야 이후라는 가장 강력한 논증이라고 부르는 데까지 나아간다. 느헤미야의 행동은 이런 측면에서 에스라의 초기 개혁을 함축하거나 혹은 심지어 언급하려는 그런 시도조차도 하지 않는다. 이것에 대해서는 후대에까지도 아직 충분히 다루어지지 않은 문제에 대해 독립적이면서도 임시적으로 반응한 것으로 이해하는 것이 더 쉬운 방안인 것으로 여겨진다.

그러나 몇 가지 요소들은 그저 단순하게 정당화시켜서 이해하기보다는 좀더 정황 속에서 이해하고 읽어야 한다는 점을 제시한다. 첫 번째로, 우리가 에스라의 연대를 잡을 때는 혼합 결혼 문제에 대해 그가 이 문제를 영구적인 것으로 고착하지 않는 접근을 한다는 점을 주목해야만 한다. 우리가 이 점에 관한 그의 증거를 의심할 아무런 이유가 없는 요세푸스(Josephus)를 통해서 보자면(참조. Williamson, *Israel*, 138), 이 문제는 페르시아 제국 시기를 통틀어서 계속적으로 지속되었다. 그렇기 때문에 이런 각도에서 보자면, 우리가 에스라를 느헤미야 이전으로 연대를 잡거나 혹은 이후로 연대를 잡거나 별다른 차이점이 만들어지지 않는다. 두 번째로, 우리가 위에서 전개했던 이 에피소드 전체를 이해하는 측면에서 보더라도, 느헤미야가 에스라의 개혁에 대해 아무런 직접적 언급을 하지 않았다는 점은 별로 놀라운 일이 아니다. 우리가 믿기로는, 이 사건은 상당히 지엽적으로 국한되어 일어난 것이었다. 급속도로 확산될 위험에 처해 있었다는 점이 중추적인 문제라는 것에 대해서는 의심의 여지가 없다. 여기에 덧붙여서, 느헤미야는 아이들이 사용하던 언어로 인해 자극을 받아 갑작스럽게 분노하게 되었다. 이것은 인격과 관련된 문제이며, 우리가 그가 어떤 사람인지에 관해 알고 있는 바와 연관되어 있다. 마지막으로, 그는 이 문제가 대체적으로 통제하에 있었기 때문에 이런 사람들로 하여금 그들의 아내와 이혼하라고 강요할 정도까지 몰고 갈 필요가 없다고 판단했을 수도 있다(어떤 경우건 간에, 그는 그렇게 할 권위를 갖고 있었던 것일까?) 이 문제는 이 정도로 낮은 수준에서 억제되는 것만으로도 충분했고, 그가 판단하기에 다음에 그들로 하여금 맹세하도록 만들었던 것만으로도 이 목적을 위해 충분했다. 두 명의 개혁자들의 연대기적 순서에 대한 문제에 있어서 이 해석이 갖는 의미들에 대해서는 서론, "에스라와 느헤미야의 연대기적 순서"를 보라.

25**b** 백성들로 하여금 더 이상 이런 종류의 결혼을 하지 않겠다고 맹세하게 만드는 것을 통해서 느헤미야는 아마도 이 문제를 억누르기를 원했을 것이다. 성경에 준하는 언어를 사용한 것(참조. 신 7:3, 그리고 스 9:2과 12절을 주목하라)은 백성들이 그들에게 요구되던 것에 좀더 쉽게 찬성할 수 있게 하려는 의도 때문이었다.

26-27 솔로몬의 예를 인용한 것은, 만약 물질적으로나 영적으로 그토록 많은 은혜를 입었던 솔로몬 같은 사람조차 그의 이방 아내로 인해 죄로 이끌려졌다면, 평범한 대중들은 얼마나 더 많이 그들의 이방 결혼들로 인해 위험에 처하지 않겠느냐는 주장을 뒷받침하기 위해 제시되었다. 이 구절은 원칙적으로 열왕기상 11장을 언급한다. 이 내용을 역대기 사가가 솔로몬 통치에 관해 평행을 이루는 설명 부분에

서 누락시켰다는 점은 중요하다. 이 점은 느헤미야(그리고 아마도 그의 기록과 작업을 현재 느헤미야서에 합병했을 편집자)가 이스라엘 백성들의 역사에 대해 신명기적 번역에 좀더 친숙했다는 증거다. 참조. Williamson, *Israel*, 60-61. "신실치 않게 행동하다"(מעל – 마알)에 대해서는 에스라 9:2에 대한 "주석"을 보라.

28 느헤미야가 예루살렘에 처음 왔을 때, 엘리아십은 대제사장이었다(3:1). 이 구절은 12년 이상이 흐른 지금 그가 여전히 제사장 직무를 하고 있었는지, 아니면 요야다가 그 직책을 계승했는지에 관해서 아무런 분명한 언급도 하지 않는다(12:10, 22). 문법적으로 보자면, "대제사장"이라는 단어는 어느 이름에 대해서건 둘 다를 수식할 수 있다. 모든 경우에 엘리아십의 손자 중 한 사람이 산발랏의 딸과 결혼을 했었다. 대제사장 가문에서 그 당시 이미 이해하고 있었던 율법을 그처럼 심각하게 경시한 것(참조. 스 9:2)은 참을 수 없는 일이었으며, 느헤미야는 그런 범죄를 저지른 사람들을 함께 추방해 버리는 데 결코 주저하지 않았다(이 행동은 에스라가 이혼을 진행시킨 것보다 훨씬 더 멀리 나간 행동이었다). 우리는 이 부부가 사마리아에 있는 신부의 집으로 돌아갔다고 추측해 볼 수 있다.

이 에피소드와 관련된 많은 세부 사항들은 불분명하다. 그렇기에 우리는 너무 많은 내용을 이 에피소드에 근거를 두고 재구성하는 일에 조심스러워야만 한다. 느헤미야는 이 결혼에 대해서 주도적인 제사장 가문이 전체적으로 방종하고 있다는 것을 보여 주는 분명한 표식으로 간주했다(그리고 일부 사람들은 이 점을 13:4-9에 나오는 사건들과 잘못 연계시킨다). 지금 곧장 포함된 부부 이외의 다른 어느 누구에게도 아무런 행동이 취해지지 않았다는 사실은, 우리에게 이 결혼에 대해 정치적인 방식으로 너무 많은 내용을 읽어서는 안 된다고 경고한다. 그러나 우리는 느헤미야가 기대했던 것보다는 훨씬 더 유다와 사마리아가 긴밀한 접촉을 하고 있는 장면을 갖게 된다. 그리고 이런 장면은 여기서만 고립적으로 나타나는 장면이 아니라는 사실을 성경 자료를 통해서나(즉 6:18) 조금 후대의 비성경 원 자료들(즉 *AramP* 30; 32)을 통해서 확인하게 된다.

이 사건의 연대는 기록되지 않고 있으며, 이 사건을 이 문단에 기록되어 있는 다른 사건들과 연대기적으로 연결시켜야 할 근거는 전혀 없다. 이것은 아마도 느헤미야가 처음에 예루살렘으로 되돌아왔을 때의 또 다른 "목적 진술"이었을 것이다. 위의 "양식"을 참조하라.

마지막으로 우리는 많은 학자들이 이 이야기를 요세푸스(Josephus, *Ant.* 11 §§ 306-312)가 좀더 세부적으로 설명하는 관련된 사건과 연결짓고 있다는 점을 주목해야만 한다. 이 번역에 의하면, 대제사장 얏두아의 형제 므낫세(Manasseh)는 산발랏의 딸 니카소(Nikaso)와 결혼했다. "예루살렘의 장로들"이 므낫세로 하여금 그의 아내와 이혼하기보다는 예루살렘을 떠나게끔 했을 때, 그는 그의 장인이 그를 위해 그리심 산 위에 성전을 만들어 놓은 것을 보고 위안을 받았다. 이 모든 것은 알렉산더 대왕의 즉위 이전 다리오 황제의 서거 시기 때 발생했다.

이 설명에 접근하는 네 가지 중심적인 방식들이 있는데, 이 방식들은 모두 학문 연구사에서 일정 시기마다 각각 채택되어 왔다. (i) 요세푸스의 이야기는 완벽하게 정확하며, 우리가 갖고 있는 느헤미야의 본문과 중복되는 것은 역사적인 동일성 때문에 생겨난 결과다. (ii) 요세푸스의 이야기는 완전히 꾸며진 것이며, 느헤미야서의 이 구절 내용을 늘리고 상당히 전설적인 내용들과 복합시켜 만든 것이다. (iii) 이 이야기는 느헤미야서에서 설명한 것과 동일한 이야기이지만, 요세푸스는 그 연대를 1세기나 늦게 잡았다. (iv) 이 이야기들은 동일하다. 그리고 요세푸스가 잡은 연대가 맞다. 느헤미야는 페르시아 시대 말기에 살았다.

네 가지 중에 마지막 것이 가장 가능성이 적다. 우리는 이미 이 방안에 관해 느헤미야 1장의 "양식"에서 검토했다. 로울리(Rowley, "Sanballat")를 좀더 보도록 하라. 그렇기 때문에 이 문제를 여기서 더 추구할 필요는 없다.

비록 최근 몇 년 동안 일부 지지를 얻기는 했지만, 첫 번째 가능성 역시 제한 없이 받아들이기엔 어려움이 있다. 사마리아 파피루스들(Samaria Papyri)이 사마리아 총독으로서 산발랏 2세(Sanballat II)가 있었음을 보여 준다는 사실은 페르시아 제국 마지막 시기 때 산발랏 3세(Sanballat III) 역시 있었다는 주장이 개연성이 있게끔 해준다. 이런 설명은 요세푸스의 설명에 대한 중요한 반대 주장을 제거해 주는 것으로 보일지 모르지만 다른 많은 문제점들이 남는다. 요세푸스 자신은 그의 설명에 나오는 산발랏과 느헤미야의 대적을 동일시하는, 분명히 불가능한 주장을 했다. 우리는 또한 요세푸스가 페르시아 시기를 꽉 찬 두 세대로 축소했다는 점도 알고 있다(내가 쓴 "The Historical Value of Josephus *Jewish Antiquities* xi. 297-301," *JTS* ns 28[1977] 49-66를 참조하라). 그렇기 때문에 그는 자신의 설명을 지금 구절에 대해 대안이 되는 차원에서 생각했던 것 같으며, 이 점은 그가 느헤미야의 경력을 다시 이야기하는 부분 가운데 이 이야기가 나와야 할 지점에서 이와 평행을 이루는 내용이 누락되어 있다는 사실에서도 다시 강조된다(참조. *Ant.* 11 § 182). 마지막으로, 요세푸스가 취한 이야기는 전체적으로 내적으로 부조화를 이루는 많은 부분들이 있다. 이런 점들은 아주 빈번하게 열거되어 왔다(예를 들어, 로울리〈Rowley, "Sanballat"〉와 모빙켈〈Mowinckel, *Studien II*, 104-18〉 등과 같은 사람들을 통해서). 그리고 최근의 발견들과 논의들은 이런 부조리한 점들을 제거하지 못했다. 요세푸스의 내러티브를 이 점에 있어서 액면 그대로 받아들일 수 없다는 것은 매우 분명하다.

하지만 이것을 아무런 변형도 하지 않은 채 느헤미야 시대로 단순하게 옮기는 것도 마찬가지로 어려운 일이다(위에서 언급한 세 번째 가능성). 지금 상황에서는, 이 내용이 분명히 후대에 살았던 사람과 접촉했었다는 사실에서 깔끔하게 벗어나게 할 수가 없다(예를 들어, 원 자료 분석을 통해서). 문학적이거나 고고학적인 토대 위에서 볼 때 사마리아 성전이 헬라 시대 이전에 건축되었다고 믿는 것 역시 실질적으로 불가능하다. 이 논의와 관련해서 이전에 인용했던 문헌들과 함께 다음 논문들을 참조하라. G. E. Wright, *Shechem. The Biography of a Biblical City*(London: Duckworth, 1965), chap. 10; R. J. Bull, "The Excavation of Tell er-Ras on Mt. Gerizim," *BA* 31(1968) 58-72; R. J. Bull and G. E. Wright, "Newly Discovered Temples on Mt. Gerizim in Jordan," *HTR* 58(1965) 234-37; H. G. Kippenberg, *Garizim und Synagoge*(RVV 30; Berlin: de Gruyter, 1971) 50-57; R. J. Coggins, *Samaritans and Jews*(Oxford: Blackwell, 1975) 93-99; F. Dexinger, "Limits of Tolerance in Judaism: The Samaritan Example," in *Jewish and Christian Self-Definition*, II, ed. E. P. Sanders(Philadelphia: Fortress, 1981) 88-114.

그렇기 때문에 모든 점들이 요세푸스 안에 있는 이 이야기가 느헤미야서에서 발견할 수 있는 구절들을 다양하게 왜곡했다는 결론을 지시하고 있다. 그가 첨가했을 가능성이 있는 첨가된 정보 한 가지는 여기에 포함된 부부들의 이름이다. 그러나 이 점을 뒷받침할 증거가 전혀 없기 때문에(예를 들어, 대제사장에 대한 사마리아의 목록에 므낫세는 전혀 등장하지 않는다), 우리는 요세푸스를 통해 이 점을 받아들이는 것에 대해서조차도 신중해야만 한다. 우리의 흥미를 끄는 다른 요소는 므낫세를 배제하는 것을 "예루살렘의 장로들"이 행한 것으로 돌리고 있다는 점이다. 이는 우리가 느헤미야 10-13장의 몇 군데서 발견할 수 있는 개혁에 대한 설명들을 회상케 하는데, 이런 부분들에서는 느헤미야의 사역들을 여러 가지로 상세하게 묘사하고 있지만, 그 모든 사역들을 좀더 일반적으로 공동체 전체가 감당한 것으로 돌리고 있는 것과 평행을 이루는 것으로 보인다. 그렇기 때문에 요세푸스가 여기서 이런 설명을 더욱 심화시켜서 보존해 왔고, 느헤미야의 번역은 거기에 대해 그가 보인 반응으로 기록된 것이라고 추측하고 싶은 유혹이 생긴다. 그러나 이미 지적했던 모든 차이점들이라는 관점에서 볼 때, 이런 가정에 무게감을 두는 것은 모험이 될 것이다.

29 "기억하소서" 공식을 부정적으로 사용한 곳은 오직 6:14에서만 발견된다. 이곳에서 그 공식은 앞 구절을 확장하는 데만 역할을 할 뿐이며, 그렇기 때문에 문단 전체에 대한 결론으로 이해해서는 안 된다. 복수형인 "그들은"은 28절에 언급된 모든 사람들을 지칭한다. 느헤미야는 분명하게 그들 모두를 이 결혼에 책임이 있는 사람들로 묶었다. 이 혼합 결혼은 "제사장직을 불결하게 했다". 대제사장은 결코 이방인과 결혼해서는 안 된다는 레위기 21:13-15의 요구 때문이다: "자기 백성 중의 처녀를 아내로 삼아야만 한다. 그리고 그의 백성 가운데서 그의 씨를 속되게 해서는 안 된다."

비록 오경에서 직접적으로 언급되지는 않았지만, "제사장과 레위인들의 언약"은 말라기 2:4-8에서도 언급되어 있다. 거기엔 하나님을 향한 경외, 삶과 말에 있어서의 의로움 그리고 제사장들이 백성들을 가르치는 책임을 지고 있었던 하나님에 대한 지식이 포함되어 있었다. 이는 국가에 "생명과 평안"을 가져다 주었어야만 했다. 말라기는 제사장들이 이런 이상에서 옆으로 비켜나 있었으며, 특별히 재판 때 더더욱 그러했다(2:9). 느헤미야는 이방인과 결혼한 제사장은 그 당시 매우 예민한 문제였던 이런 영역을 가르치는 위치에 있어서는 안 된다는 생각을 마음속에 가졌을 수도 있었을 것이다.

30-31 느헤미야는 그의 비망록 전체와 이 문단을 결론내리기 전에, 그의 개혁 작업들이 갖고 있는 다른 측면들을 짧게 요약한다. 30a절은 23-29절을 전체적으로 요약한다. 제사장들과 레위인들의 의무 사항을 정례화한 것과 관련된 세부 사항들은 여기에 제시되지 않았다. 여기서 제사장들의 24반차를 관찰해 내는 것은 정당하지 않다. 그보다는, 이 내용은 레위인들을 후원하는 것에 대한 결과적인 대책들이었다(10-13절). 그들은 이제 제의를 섬기는 일에 다시 온전히 헌신해야 할 위치에 있었다.

나무를 드리는 것과 첫 열매를 드리는 것에 관해서는 10:35(34), 36(35)을 참조하라.

이 구절에 나오는 "기억하소서" 공식은 뒷부분에 부가적인 언급이나 혹은 평행적인 언급이 나오지 않는다는 점에서 상당히 독특하다. 이 부분을 느헤미야의 설명 전체가 바로 여기서 실제로 끝난다는 것을 보여 주는 것으로 취급해야 한다고 보는 것도 가능할 것이다. 참조. Kellermann, *Nehemia*, 74.

해설

12장의 클라이맥스 부분 이후에 느헤미야서는 일련의 개혁들을 기록하고 있다. 이 개혁들이 이루어진 영역들은 이미 이전에 관심을 기울였던 주제들이었거나 혹은 이 영역들 중 그 무엇도 본문 그대로는 기독교인의 삶에 적용 가능한 것이 없는 그런 영역들인 것처럼 보인다. 이미 우리가 살펴본 것처럼, 편집자는 이 문단들을 10장과 12:44-13:3의 긍정적인 묘사 이후에 자리잡게 함으로써 이런 여러 가지 문제들이 있긴 했지만 일반적으로 높은 기준에서 볼 때 격리된 폐해였음을 보여 주고자 했다. 하지만 그가 사용한 이 도구는 완전히 성공하지는 못했다. 그러나 클라이맥스에서 아래로 점강(漸降)되는 느낌 없이 이 부분만 따로 떨어뜨리는 것은 어려운 일이지만, 이 느낌은 훗날 이런 남용들 중 몇 가지가 다시 되풀이된다는 것을 기억할 때만 강화된다. 분명히 인간 심성의 사악함을 통제하기 위한 최후의 수단으로서 외적인 대책들은 부적절했다. 그러므로 느헤미야서는 일부 측면들에 대해서 자신의 실수를 지적하고 있다. 그리고 내러티브의 형태를 통해서 다른 부분에서 좀 더 분명하게 표현했던 필요, 그러니까 급격하게 새로운 접근 방식에 대한 필요가 있음을 가리킨다. 그것은 신약성경이 기록한 사건들을 통해 서막이 열린(예를 들어, 히 8장과 10장) 접근법이다.

그러나 우리는 느헤미야의 엄격함에 대한 비평적 태도를 받아들이기 전에 그의 엄격함을 그들의 역사적 정황 속에서 이해하면서 잠시 멈추어야만 한다. 이 부분에서 다루어진 주된 주제들 – 안식일 준수, 강력한 문화와 여기에서 나오는 공동체의 종교적 삶의 종교적, 일치단결적, 본보기적 리더십의 보존 – 은 모두 유대교의 구별적인 정체성의 핵심들이다. 이것이 없다면 세상에 대한 증인 됨은 상실될 것이고, 예수님의 사역과 가르침이 더 깊은 의미를 가질 수 있는 정황은 아무것도 없게 된다.

마지막으로, 지금 같은 문단은 끊임없이 기독교 교회가 직면하게 되는 딜렘마를 강력하게 기억하도록 해주는 역할을 한다. 이 딜렘마는 어느 지점 위에다 경계선을 정확하게 그려야만 하는가에 관한 것이다. 어떤 문제에 대해서 기독교인이 함부로 타협해서는 안 되는지를 확신하는 일은 결코 쉽지 않다. 그리고 우리가 일반적으로 긍정적인 모습을 부정적인 태도보다 더 선호해야만 한다고 느끼는 것은 당연한 일이다. 그러나 궁극적으로는 빛과 소금인 제자의 역할로서 둘 다 필요하다는 점은 분명하다(마 5:13-16). 교회가 만약 세상과 완전히 구별할 수 없는 모습이 되어 버린다면, 교회는 더 이상 섬기는 종으로서의 역할을 감당할 수 없게 될 것이다.

에스라 · 느헤미야

- 2013년 8월 15일 초판 2쇄 발행
- 지은이 : H. G. M. 윌리암슨
- 옮긴이 : 조호진
- 펴낸이 : 박영호
- 펴낸곳 : 도서출판 솔로몬
- 등록번호 : 제16-24호
- 등록일 : 1990년 7월 31일
- 주소 : 서울시 동작구 사당 3동 207-3 신주빌딩 1층
- 전화 : 599-1482 팩스 : 592-2104
- 직영서점 : 596-5225

ISBN 978-89-8255-413-1
ISBN 978-89-8255-267-0(세트)